NENHUM BRASIL EXISTE
– PEQUENA ENCICLOPÉDIA –

JOÃO CEZAR DE CASTRO ROCHA

(organizador)

COM A COLABORAÇÃO DE
VALDEI LOPES DE ARAUJO

NENHUM BRASIL EXISTE
– PEQUENA ENCICLOPÉDIA –

Copyright © João Cezar de Castro Rocha e outros, 2003

Revisão
JOÃO CEZAR DE CASTRO ROCHA
VALDEI LOPES DE ARAUJO

Capa
ADRIANA MORENO

UniverCidade Editora
Rua Humaitá, 275 – 10º andar – Humaitá
CEP: 22261-000 – Rio de Janeiro – RJ – Brasil
Tel.: (21) 2536-5126 – Fax: (21) 2536-5122
e-mail: info@UniverCidade.edu

Todos os direitos reservados pela
TOPBOOKS EDITORA E DISTRIBUIDORA DE LIVROS LTDA.
Rua Visconde de Inhaúma, 58 / gr. 203 — Rio de Janeiro — RJ
CEP 20091-000   Tel.: (21) 2233-8718 e 2283-1039
topbooks@topbooks.com.br

Impresso no Brasil

AGRADECIMENTOS

Projetos como *Brasil nenhum existe — pequena enciclopédia —* somente se realizam através do concurso de várias instituições e de um número ainda maior de colaboradores. Não podemos deixar de mencionar aquelas e agradecer a estes.

Em primeiro lugar, gostaríamos de recordar sua origem. Frank F. Sousa, Diretor do Departamento de Português da Universidade de Massachusetts Dartmouth — o segundo departamento exclusivamente de português dos Estados Unidos —, e Victor J. Mendes, Editor da revista *Portuguese Literary and Cultural Studies*, foram os artífices do projeto, pois deles partiu a idéia de lançar um alentado volume dedicado à cultura brasileira. Devemos aos dois, portanto, um expressivo reconhecimento. E ao Center for Portuguese Studies and Culture, da Universidade de Massachusetts Dartmouth, agradecemos a autorização para publicar em português os ensaios originalmente publicados em inglês.

Nos Estados Unidos, o volume veio à luz como um número especial da revista *Portuguese Literary and Cultural Studies*, com o título *Brazil 2001: A Revisionary History of Brazilian Literature and Culture*. Na edição que ora publicamos, 23 ensaios foram acrescentados, a fim de ampliar o panorama da vida intelectual brasileira.

Em segundo lugar, destacamos a atuação da Universidade do Estado do Rio de Janeiro em todas as fases do projeto. A Reitora da UERJ, Nilcéa Freire, prestigiou o lançamento de *Brazil 2001: A Revisionary History of Brazilian Literature and Culture* tanto na Biblioteca do Congresso, em Washington, quanto na Biblioteca Nacional, no Rio de Janeiro — e aqui também desejamos mencionar o Presidente da Fundação Biblioteca Nacional, Eduardo Portella, pelo apoio dado nessa ocasião. O Sub-reitor de Extensão e Cultura, André Lázaro, e a Diretora do Instituto de Letras, Maria Aparecida Ferreira de Andrade Salgueiro, forneceram indispensável suporte institucional e, sobretudo, o benefício de uma interlocução constante. Através do convênio PROAP/CAPES, a Pós-graduação em Letras colaborou para a produção inicial desse livro. Ainda no âmbito da UERJ, recordamos o trabalho dedicado das estagiárias Aline Cristine Xavier, Cristiane Joaquim da Silva e Juliana Balbina de Moura na padronização dos textos.

Registramos, ainda, um expressivo agradecimento a Ricardo Vieiralves e Paulo Fábio Salgueiro, cujo apoio e estímulo revelaram-se fundamentais na reta final desse projeto.

Agradecemos a iniciativa da Topbooks Editora que decidiu arcar com os riscos deste projeto, fiel à vocação do verdadeiro editor, preocupado com a qualidade dos livros que publica e não com seu "desempenho" no mercado.

Reservamos um reconhecimento especial a Ronald Guimarães Levinsohn: sua compreensão da importância deste volume e seu decidido apoio foram decisivos para a viabilização de *Nenhum Brasil existe — pequena enciclopédia*. Destacamos também o relevante trabalho do Centro de Pesquisas da UniverCidade na elaboração dos índices e no cotejo de fontes e dados bibliográficos, instrumentos imprescindíveis na preparação de um volume de referência.

Por fim, vale ressaltar o caráter ecumênico do projeto: talvez seja essa a primeira vez que professores e pesquisadores de orientações tão diversas estejam vindo à luz num único volume. Tal foi precisamente nosso maior estímulo, isto é, a possibilidade de vida intelectual com base exclusivamente na qualidade, em detrimento do eterno (e monótono) retorno do círculo de amigos ou dos que pensam da mesma forma. Agradecemos pois a todos os colaboradores e colaboradoras: sem sua generosa confiança no projeto, a exemplo do Brasil de Carlos Drummond de Andrade, essa *pequena enciclopédia* não existiria.

SUMÁRIO

Introdução

João Cezar de Castro Rocha (Universidade do Estado do Rio de Janeiro) – "Nenhum Brasil existe": Poesia como história cultural 17

A *Carta* de Pero Vaz de Caminha

Hans Ulrich Gumbrecht (Universidade de Stanford) – Quem foi Pero Vaz de Caminha?.. 35

Guillermo Giucci (Universidade do Estado do Rio de Janeiro) – Uma Carta: Império e nação.. 49

Memory Holloway (Universidade de Massachusetts, Dartmouth) – Prece nas areais: Paula Rego e as representações visuais da Primeira Missa no Brasil 63

Maria Manuel Lisboa (Universidade de Cambridge, St John's College) – Admirável mundo novo? *A Primeira Missa no Brasil* de Paula Rego 73

Intermediários culturais

João Adolfo Hansen (Universidade de São Paulo) – Esquema para Vieira 95

Maria Helena Rouanet (Universidade do Estado do Rio de Janeiro) – Ferdinand Denis e a literatura brasileira: uma bem-sucedida relação tutelar 103

Vera Beatriz Siqueira (Universidade do Estado do Rio de Janeiro) – Aquarelas do Brasil: a obra de Jean-Baptiste Debret 109

Eucanaã Ferraz (Universidade Federal do Rio de Janeiro) – Le Corbusier: Palavras, obras – ação! 117

Cléia Schiavo Weyrauch (Universidade do Estado do Rio de Janeiro) – O futuro posto em questão na obra de Stefan Zweig 135

Paulo Henriques Britto (Pontifícia Universidade Católica – Rio) – Elizabeth Bishop como mediadora cultural 143

Fernanda Peixoto (UNESP / Araraquara) – Roger Bastide e o Brasil: Na encruzilhada de pontos de vista 153

Victor Hugo Adler Pereira (Universidade do Estado do Rio de Janeiro) – A lógica do atraso e seu efeito bumerangue – o caso Ziembinsky 161

Olavo de Carvalho (UniverCidade) – Otto Maria Carpeaux 171

Gustavo Bernardo Krause (Universidade do Estado do Rio de Janeiro) – O estrangeiro 177

Roberto DaMatta (Universidade de Notre Dame) – De volta aos tristes trópicos: notas sobre Lévi-Strauss e o Brasil 185

Gilberto Freyre: Uma teoria de exportação

Enrique Rodríguez Larreta (Instituto do Pluralismo Cultural) – O caminho para *Casa-grande*. Itinerários de Gilberto Freyre   195

João Cezar de Castro Rocha (Universidade do Estado do Rio de Janeiro) – As raízes e os equívocos da cordialidade brasileira 205

Marcos Chor Maio (Fundação Oswaldo Cruz) – Quando o Brasil foi considerado diferente: 50 anos do Projeto UNESCO de relações raciais 221

Mary del Priore (Universidade de São Paulo) – *Sobrados e mucambos*: "a carne e a pedra" no Brasil oitocentista 237

Ricardo Benzaquen de Araujo (IUPERJ / Pontifícia Universidade Católica – Rio) – Raios e trovões. Plasticidade, excesso e modernidade na obra de Gilberto Freyre 243

Simon Schwartzman (IUPERJ) – As ciências sociais brasileiras no século XX 253

Cultura

Francisco José Calazans Falcon (Pontifícia Universidade Católica – Rio) – As reformas pombalinas e a cultura colonial 261

Pedro Meira Monteiro (Universidade de Princeton) – Cairu, moralista 291

Valdei Lopes de Araujo (Pontifícia Universidade Católica – Rio) – Política como história, como literatura: *Um estadista do Império* 303

Roberto Ventura (Universidade de São Paulo) – Manoel Bomfim: Estado e elites como parasitas do povo-nação 313

Luiz Costa Lima (Universidade do Estado do Rio de Janeiro / Pontifícia Universidade Católica – Rio) – *D. João VI no Brasil* 325

Tarcísio Costa (Universidade de Brasília) – Cidadania em Rui Barbosa: "Questão social e política no Brasil" 335

Tereza Virginia Almeida (Universidade Federal de Santa Catarina) – *Retrato do Brasil* no contexto pós-moderno 343

Ângela de Castro Gomes (Universidade Federal Fluminense / Fundação Getúlio Vargas) – USA e Brasil: capitalismo e pré-capitalismo segundo Oliveira Vianna 349

Marcelo Jasmin (IUPERJ / Pontifícia Universidade Católica – Rio) – A viagem redonda de Raymundo Faoro em *Os donos do poder* 357

Robert Wegner (Fundação Oswaldo Cruz) – América, alegria dos homens: uma leitura de *Visão do paraíso* e de *Wilderness and Paradise in Christian Thought* 367

Margarida de Souza Neves (Pontifícia Universidade Católica – Rio) – Para descobrir "a alma do Brasil". Uma leitura de Luís da Câmara Cascudo 377

Carlos Guilherme Mota (Universidade de São Paulo / Universidade Mackenzie) – O mundo que o português criou, ruiu. Florestan Fernandes e nós 389

Lilia K. Moritz Schwarcz (Universidade de São Paulo) – O teatro da política: O Rei como personagem do Estado Imperial brasileiro – Uma leitura de *A construção da ordem: A elite política imperial* e *Teatro de Sombras: A política imperial* 411

Valter Sinder (Universidade do Estado do Rio de Janeiro) – Fronteiras da nação e construção de identidades plurais: *Carnaval, malandros e heróis* ou Roberto DaMatta e o entre-lugar da cultura brasileira 419

Marcus Alexandre Motta (Universidade do Estado do Rio de Janeiro) – Referências, responsabilidades e leitura. O livro *A época pombalina* 427

André Nunes de Azevedo (Pontifícia Universidade Católica – Rio) – *Tempo saquarema*: A construção do mundo imperial 435

Literatura

Adriano Espínola (Universidade Federal do Ceará) – O nativismo ambíguo de Gregorio de Mattos & Guerra 451

Bethania S. C. Mariani (Universidade Federal Fluminense) – Século XVIII no Brasil: Línguas, política e religião 461

Ross G. Forman (Kingston University, Londres) – Palco de influências: o teatro brasileiro no século XIX 479

José Luís Jobim (Universidade do Estado do Rio de Janeiro / Universidade Federal Fluminense) – Nacionalismo em Gonçalves Dias 493

Marcus Vinicius Nogueira Soares (Universidade do Estado do Rio de Janeiro) – *Memórias de um sargento de milícias*: um romance único 505

Ivo Barbieri (Universidade do Estado do Rio de Janeiro) – *Iracema*: a tupinização do português 513

Bluma Waddington Vilar (Universidade do Estado do Rio de Janeiro) – Machado de Assis e as *Memórias póstumas de Brás Cubas* 527

Abel Barros Baptista (Universidade Nova de Lisboa) – A reforma hermenêutica. Acerca da legibilidade de *Dom Casmurro* ... 547

Carmem Lúcia Negreiros de Figueiredo (Universidade do Estado do Rio de Janeiro) – Augusto dos Anjos: paradoxos da modernidade ... 567

Dawid Danilo Bartelt (Universidade Livre de Berlim) – Palavras secas: o discurso sobre o "sertão" no século XIX ... 585

Walnice Nogueira Galvão (Universidade de São Paulo) – *Os sertões*: Paisagens com figuras ... 593

Beatriz Resende (Universidade Federal do Rio de Janeiro) – *Triste fim de Policarpo Quaresma*: a exclusão do herói cheio de caráter ... 605

Ettore Finazzi-Agrò (Universidade 'La Sapienza', Roma) – A identidade devorada. Considerações sobre a antropofagia ... 615

Marcos Antonio de Moraes (Universidade de São Paulo) – Mário de Andrade entre a erudição e o conhecimento ... 627

Heloisa Toller Gomes (Universidade do Estado do Rio de Janeiro) – *Menino de engenho*: a memória das perdas ... 645

Silviano Santiago (Universidade Federal Fluminense) – Monteiro Lobato hoje – ponto e vírgula ... 655

Goiamérico Felício Carneiro dos Santos (Pontifícia Universidade Católica – Goiânia) – Manuel Bandeira: Disfarces de uma vida peregrina ... 667

Erick Felinto de Oliveira (Universidade do Estado do Rio de Janeiro / Universidade Estácio de Sá) – Esquecendo o Brasil: Drummond e a problematização da identidade ... 683

Sabrina Karpa-Wilson (Universidade de Indiana, Bloomington) – A escrita autobiográfica feminina no Brasil contemporâneo e o caso de Adalgisa Nery ... 695

Kathrin Rosenfield (Universidade Federal do Rio Grande do Sul) – *Grande Sertão: Veredas* – ou – João Guimarães Rosa em busca da universalidade ... 703

Eneida Maria de Souza (Universidade Federal de Minas Gerais) – Arquivo e memória em Pedro Nava ... 713

Italo Moriconi (Universidade do Estado do Rio de Janeiro) – *A hora da estrela* ou a hora do lixo de Clarice Lispector ... 719

Karl Erik Schøllhammer (Pontifícia Universidade Católica – Rio) – O caso Fonseca – a procura do real.......................... 729

Antonio Carlos Secchin (Universidade Federal do Rio de Janeiro) – João Cabral em perspectiva.............................. 739

Leonardo Martinelli (Universidade do Estado do Rio de Janeiro) – Ferreira Gullar e o tempo do poema........................ 751

Heloisa Buarque de Holanda (Universidade Federal do Rio de Janeiro) – Duas poéticas, dois momentos........................ 761

Therezinha Barbieri (Universidade do Estado do Rio de Janeiro) – Ficção brasileira hoje: Um ponto de partida.................. 771

Arthur Nestrovski (Pontifícia Universidade Católica – São Paulo) – Três paulistas... 789

Maria Aparecida Ferreira de Andrade Salgueiro (Universidade do Estado do Rio de Janeiro) – Breve introdução à literatura afro-brasileira feminina contemporânea.................... 797

João Almino (Instituto Rio Branco – Fundação Alexandre Gusmão) – O diálogo interrompido: As relações literárias entre o Brasil e Portugal... 807

Pablo Rocca (Universidade da República do Uruguai) – Caminhos que se bifurcam: Borges, a vanguarda rioplatense e o modernismo brasileiro................................ 827

Jorge Schwartz (Universidade de São Paulo) – Abaixo Tordesilhas!... 845

História & Crítica Literária

Roberto Acízelo de Souza (Universidade do Estado do Rio de Janeiro) – Primórdios da historiografia literária brasileira 865

Regina Zilberman (Pontifícia Universidade Católica – RS) – Entre duas histórias: de Sílvio Romero a José Veríssimo..... 873

K. David Jackson (Universidade de Yale) – "O brasileiro abstrato": O malandro como *persona* nacional............................ 883

Regina Lúcia de Faria (UniverCidade) – A crítica dialética de Roberto Schwarz... 903

Raúl Antelo (Universidade Federal de Santa Catarina) – Crítica híbrida e forma histórica... 911

Rachel Lima (Universidade de Brasília) – A crítica literária entre antigas e novas polêmicas 921

Sérgio Alcides (Universidade de São Paulo) – Os caminhos de uma questão: Luiz Costa Lima e o "controle do imaginário" ... 929

Eduardo Coutinho (Universidade Federal do Rio de Janeiro) – Literatura comparada no Brasil nos anos 90 941

Audiovisual

Lia Calabre (Fundação Casa de Rui Barbosa) – A participação do rádio no cotidiano da sociedade brasileira (1923-1960) 953

Eugenio Bucci (Editora Abril) – A antropofagia patriarcal da televisão... 961

Eduardo Neiva (Universidade do Alabama) – Os meios de comunicação: Passado e Futuro 975

Ivana Bentes (Universidade Federal do Rio de Janeiro) – Política e estética do mito em *Deus e o diabo na terra do sol* ... 981

José Carlos Avellar (RioFilme) – A redenção pelo excesso de pecado 993

Jorge Ruffinelli (Universidade de Stanford) – Brasil 2001 e Walter Salles: Cinema para uma aldeia global?.................... 1005

Lara Valentina Pozzobon (Universidade do Estado do Rio de Janeiro) – Clichês machistas em filmes de mulheres 1023

Roberto Conduru (Universidade do Estado do Rio de Janeiro) – Diamantina – Pedra de toque da arquitetura no Brasil 1035

Paulo Knauss (Universidade Federal Fluminense) – A imagem do índio brasileiro: Escultura, regionalismo e disputa simbólica.. 1049

Ivone da Silva Ramos Maya (Universidade Federal Fluminense) – Contra o fetiche Brasil: Afinidades eletivas entre cinema, literatura e artes plásticas 1063

Maria Rita Kehl (Pontifícia Universidade Católica – São Paulo) – A fratria órfã. O esforço civilizatório do rap na periferia de São Paulo 1071

Índice Analítico 1087

Índice Onomástico 1091

"NENHUM BRASIL EXISTE":
POESIA COMO HISTÓRIA CULTURAL[1]

João Cezar de Castro Rocha[2]

Um paradoxo que não deve ser resolvido

De um poema de Carlos Drummond de Andrade veio a inspiração para este volume. O poema, intitulado "Hino nacional", encena a reconstrução de diversos esforços de constituição simbólica do país. Nos seus versos finais, entretanto, eis que o próprio "Brasil" surge e, como uma impossível coisa-em-si kantiana, resiste a todas as tentativas de apreender sua essência:

> O Brasil não nos quer! Está farto de nós!
> Nosso Brasil é no outro mundo. Este não é o Brasil.
> Nenhum Brasil existe. E acaso existirão os brasileiros?[3]

Não se pode ignorar tal paradoxo.[4] O "Brasil" não existe, mas é o mesmo "Brasil" que não se rende às tentativas de traduzi-lo em substanciais volumes de história literária e cultural como, por exemplo, *Nenhum Brasil existe — pequena enciclopédia*. "Hino nacional", poema de *Brejo das almas*, foi publicado em 1934. Quatro anos antes, a "Revolução de 30" aprofundou um processo de modernização que, além da trans-

---

[1] A maior parte desse texto foi originalmente escrita em inglês, "'There is no Brasil': A Poet's Writing of Cultural History", e publicado em *Brazil 2001: A Revisionary History of Brazilian Literature and Culture* (University of Massachusetts Dartmouth, 2001): xvii-xxviii. Agradeço a Bluma Vilar a tradução do texto em inglês.
[2] Professor de Literatura Comparada da Universidade do Estado do Rio de Janeiro.
[3] Andrade 45.
[4] A relevância da noção de paradoxo como forma de abordagem da cultura brasileira já foi destacada por John Gledson: "Brasil é um país de paradoxos, e um dos maiores é que, embora o país pareça se abrir para um fácil entendimento, quanto mais nos aproximamos dele, mais complexo e contraditório se torna" (6).

formação das estruturas econômicas e sociais, incluía um ativo programa cultural cuja meta era tornar os brasileiros orgulhosos de seu país mediante a descoberta e a promoção de potencialidades até então negligenciadas. Esse projeto levou à cooptação de boa parte da geração modernista pelo Estado, incluindo o próprio Carlos Drummond de Andrade. Muito em breve, aliás, seria criada a Rádio Nacional do Rio de Janeiro (1936), convertida num valioso instrumento para assegurar a popularidade de Getúlio Vargas. Aparentemente, o Brasil ali estava, pronto para ser decifrado pelos brasileiros e adequadamente difundido pelas ondas de rádio, filmes de propaganda política, artigos de jornal, livros — romances, poemas, crônicas: todos os gêneros eram bem-vindos, desde que confirmassem a versão oficial.

Numa primeira leitura, portanto, o poema de Drummond parece sugerir que o Brasil oficial não passava de um artifício resultante de cuidadosa orquestração por parte dos revolucionários que tomaram o poder em 1930. Dessa perspectiva, o parodoxo se converte numa crítica: o "Brasil" oficial não coincide com o *Brasil*. Talvez por isso, o Brasil inexista e ao mesmo tempo proclame sua própria inexistência. Em outras palavras, há um Brasil que precede o Estado e, conseqüentemente, não pode ser reduzido à imagem oficial. É como se o Brasil fosse um signo tão pleno de sentido que não pudesse ser apreendido por uma simples operação hermenêutica. O velho clichê parece prevalecer nessa leitura: tão exuberante quanto sua natureza, o Brasil, o Brasil-em-si-mesmo, o Brasil bem brasileiro das declarações ufanistas, só pode ser sentido com o coração e não interpretado racionalmente, pois, ante a plenitude do objeto, a linguagem parece incapaz de expressá-lo.

No entanto, tal leitura não dá conta da complexidade da intuição drummondiana. Se fosse satisfatória, como poderia a pergunta que encerra o poema duvidar da existência dos próprios brasileiros? Se o Brasil-em-si-mesmo excede sua ficção oficial, ele não se teria inscrito no povo — origem da essência nacional, como afirmaria qualquer narrativa romântica? Mais inquietante que pôr em dúvida a existência do Brasil é questionar a realidade dos brasileiros. Se o povo é tão ficcional quanto a narrativa que o Estado forja do país, então, onde estamos? Ou: o que somos nós? Segundo Miguel Tamen, encontramo-nos numa configuração fantasmagórica, somos fantasmas de nossas próprias projeções. Na "introdução" a *A Revisonary History of Portuguese Literature*, Tamen mostra como as noções de *theoria* e *revisio* estão etimologicamente ligadas à idéia de fantasia e fantasma (Tamen xii-xiii). As conseqüências dessa possibilidade importam muito para a reflexão aqui empreendida.

No sentido grego original, a afirmação teórica era um pronunciamento que implicava um ato complexo de re-visão, envolvendo "um grupo de testemunhas profissionais", cuja função consistia em "assegurar que um dado evento tinha ocorrido" e podia assim tornar-se tema para consideração no âmbito da cidade (Tamen xii). Por definição, os ouvintes desse pronunciamento não tinham presenciado o evento referido pelos *theoroi*, era a credibilidade de sua posição a responsável pelo ato suplementar de conferir veracidade ao relato. Tal autoridade, esclarece Wlad Godzich, era atribuída a fim de disciplinar os efeitos do discurso na organização da cidade, mediante uma distinção precisa entre "reivindicações" e "afirmações teóricas". Aquelas podiam ser feitas por qualquer indivíduo, já estas eram prerrogativa dos oficiais designados para a função pública de *theoros*.[5] Esse contexto particular cria um cenário cuja complexidade pode ser relevante para a reflexão sobre a escrita de histórias culturais e literárias. Em suma, o *theoros* tem de relatar um evento por ele testemunhado a uma audiência que não estava presente à circunstância a ela relatada. Tal cena, vale frisar, produz na verdade dois atos de re-visão, e distingüi-los propicia uma melhor compreensão do paradoxo intuído por Drummond. O primeiro, realizado pelo *theoros*, dá origem a uma afirmação propriamente fantasmagórica, uma vez que "fantasmas vêm sempre após alguma coisa" (Tamen xiv). Nesse caso, o ato de relatar vem após o de testemunhar um evento realmente ocorrido — muito embora o processo de ver/contar jamais coincida com o evento em todos os seus múltiplos aspectos. O segundo ato de re-visão é o mais importante para minha argumentação. No caso dos ouvintes, seus fantasmas re-vistos "vêm após coisa alguma", pois são simultâneos ao discurso do *theoros*. O ouvinte não tem a memória de ter presenciado um evento real, mas precisa projetar no relato do *theoros* a credibilidade associada ao caráter público da função. Desse modo, a memória do ouvinte é não apenas social mas secundariamente engendrada, tornando-se um fato na medida em que é aceita como representação fiel de uma realidade prévia. Em síntese, a performance de contar uma história pressupunha originalmente o ato anterior de testemunhar um evento.

Ora, projetos como *Nenhum Brasil existe* constituem casos especiais da segunda modalidade de re-visão — casos em que a complexidade da relação entre presenciar e contar chega a seu limite. No tocante às his-

---

[5] "A cidade necessitava de uma forma de conhecimento mais oficial e segura caso não desejasse perder-se em infinitas reivindicações e contra-reivindicações. (...) Somente o evento teoricamente comprovado poderia ser tratado como fato" (Godizch 165).

tórias literárias e culturais, não há um evento que oriente a organização da narrativa. Na perspectiva grega, é como se nem o *theoros*, tampouco os ouvintes tivessem testemunhado qualquer evento — e aqui vale lembrar que o verbo *theorein* significa "olhar para", "contemplar", "pesquisar" (Godzich 164). Transpondo esse problema para a construção oitocentista do Estado-nação, fica claro que, à sua revelia, os historiadores da literatura e os seus leitores patriotas estavam engajados numa empresa lúdica: a crença numa origem que não podia ser identificada, pois a narrativa da história de uma nação não pode contar com uma visão de seu princípio anterior à própria narrativa. A relação clássica necessita ser invertida, já que o relato deve mostrar-se bem-sucedido, a fim de forjar o testemunho retrospectivo: uma vez escolhido o evento originário, o olhar histórico organiza a escrita de acordo com esse evento. Por seu turno, tal ordenação deve atestar a veracidade do relato. A tautologia é incontornável.[6] Nesse circuito, tanto o relato quanto sua recepção revelam-se substancialmente sem substância, vêm inexoravelmente após coisa alguma, são fantasmas de suas projeções, por assim dizer. Não podem pois fundamentar tentativas de desvendar o "caráter nacional" de uma nação — e, uma vez mais, a redundância é inevitável. Leo Spitzer encontrou a formulação definitiva para o problema em sua resenha de *Poesía española*, de Dámaso Alonso. Tal redundância inaugura a "tautologia nacional", baseada na "afirmação implícita de que uma obra de arte espanhola é grande porque genuinamente espanhola e genuinamente espanhola quando grande" (Spitzer 354).[7] Por essa razão, o paradoxo drummondiano não deve ser resolvido. Do contrário, estaríamos condenados à mesma tautologia. De fato, o autor de "Hino nacional" parece sugerir que, em lugar de signo repleto de um

---

[6] Numa formulação perfeita, Wolfgang Iser resumiu o impasse criado por esse tipo de tautologia: "Sempre que se postulam princípios e fins, a história se transforma num testemunho das noções preconcebidas, as quais devem revelar a si mesmas através da história, embora não se reduzam à história. Ademais, a compreensão dos fatos não seria importante se considerarmos a história o processo de desenvolvimento de algo que a precede ou se considerarmos a história o caminho para um objetivo que, por definição, encontra-se fora dela" (Iser, *The Range of Interpretation* 58). No tocante à obsessão com a "identidade nacional", seu entendimento tautológico faz com que a própria escrita de histórias literárias se revele desnecessária, ou, no melhor dos casos, um ocioso exercício de antiquários cuja única obrigação é reunir fatos que confirmem a verdade que desde sempre já era conhecida. Nesse contexto, atos de interpretação não são exatamente bem-vindos.
[7] Um pouco adiante, Sptizer completou sua crítica à "tautologia nacional" com uma aguda observação: "Devo confessar que sempre apreciei o emprego norte-americano do *this country*: como se o norte-americano entendesse o seu país como um entre os países possíveis, como se tivesse acabado de se estabelecer nele! Esta postura relativista, naturalmente impossível no velho continente, representa uma lição saudável para a autocrítica nacional" (371, nota 2).

sentido que reforça a si próprio, a nação seria antes um significante vazio ao qual se atribui uma carga semântica segundo as diferentes necessidades geradas pela contingência das circunstâncias históricas. Por isso nem o Brasil, tampouco os brasileiros existem, ou melhor, somente existem através das imagens que deles construímos.

Ora, como observou Homi Bhabha, uma nação é antes de mais nada um problema de narração: "a figura ambivalente da nação é um problema de sua história transicional, de sua indeterminação conceitual, de sua oscilação entre vocabulários" (Bhabha 2). Narrar a nação sempre produz discursos que, apesar de prometerem uma inclusão total, são determinados sobretudo por exclusões. Assim, "a 'localidade' da cultura nacional não é nem unificada nem unitária em relação a si mesma" (Bhabha 4), e, por isso, engendra continuamente o "outro" no interior de um pretenso discurso homogêneo. Ademais, como toda narrativa necessita apoiar-se numa seleção inicial de elementos, não pode pretender ser uma representação totalizante. Em conseqüência, revela-se tanto sua arbitrariedade quanto os interesses a ela subjacentes. Renan admitiu em célebre conferência: "Nenhum cidadão francês sabe se é burgúndio, alano, taifale, visigodo; todo cidadão francês precisa ter esquecido São Bartolomeu, os massacres do Sul no século XIII".[8] Portanto, não é apenas a origem que se ignora, há muito mais para um cidadão esquecer a fim de se tornar "genuinamente" francês. Aqui a agudeza da intuição drummondiana se evidencia: tal narração não passa de uma *mise em abyme*, quanto mais histórias nacionais forem escritas, menos seus leitores serão capazes de apreender a totalidade da nação. E acaso há semelhante totalidade?

Em resumo, não produzimos coletâneas de ensaios de história literária e cultural porque ainda não sabemos quem são os brasileiros e esperamos finalmente descobrir sua essência por meio da iniciativa. O mais provável é que as organizamos porque nunca saberemos quem são os brasileiros — assim como não se pode saber quem são os chineses, uruguaios, portugueses, sul-africanos, etc., pois esse não é um problema *brasileiro*, mas uma questão teórica associada à constituição da sociedade moderna. A produção desse tipo de coletânea, portanto, con-

---
[8] Renan 20. A conferência foi realizada na Sorbonne, em 11 de março de 1882. Sem dúvida, a conferência representava uma resposta à derrota sofrida na guerra franco-prussiana, de 1871. Renan poderia ter mencionado um massacre muito mais recente e perturbador: o da Comuna de Paris. Por isso, para ser um cidadão francês, em 1882, exigia-se, antes de tudo, o esquecimento do massacre dos *communards* — requisito a que Renan não deixou de obedecer.

siste num empreendimento parcialmente fictício, uma vez que a ficcionalidade, segundo assinalou Wolfgang Iser, constitui um instrumento mediante o qual tentamos entrar em contato com realidades além do nosso alcance, embora reconheçamos a impossibilidade de apreendê-las em sua totalidade.[9] Se *Nenhum Brasil existe* oferece um aspecto diverso do habitualmente encontrado nesse gênero de coletânea, trata-se do reconhecimento da ficcionalidade envolvida em tal esforço.

Gostaria de concluir essas observações preliminares sublinhando que o fato de se estar ciente dessa ficcionalidade não implica que histórias culturais e literárias não devam ser escritas. Pelo contrário. Entretanto, deveriam ser concebidas como "perguntas filosóficas" na definição de Jean-François Lyotard[10], ou seja, histórias culturais e literárias não deveriam ser escritas para achar respostas — como quer a obsessão com a identidade nacional —, mas para divisar novas perspectivas e suscitar novas perguntas. Afinal, não basta lembrar que diferenças culturais, entendidas como "identidades nacionais", são culturalmente inventadas, se isso acabar significando negligenciar diferenças reais entre as nações. No caso de *Nenhum Brasil existe* o desafio reside em escrever uma história cultural e literária evitando a tautologia de desvelar a identidade nacional. Em relação ao modelo dominante, portanto, este livro sustenta uma divergência básica. Recusa-se a idéia de um Brasil "profundo", anterior às explicações que procuram construi-lo. As interpretações do Brasil são tão importantes quanto as próprias relações concretas que ocorrem nesse território físico e imaginário denominado "Brasil".

O pensamento social brasileiro e a "teologia negativa"

Um aspecto praticamente ignorado do pensamento social brasileiro estimula o projeto desse volume. No trabalho dos mais importantes "pensadores" do Brasil reaparece a perturbadora contradição drummondiana: seus textos desenvolvem o que já denominei de "arqueologia da ausência".[11] Embora busquem definir a "brasilidade", terminam repetindo o artifício da *teologia negativa*, característica de certa hermenêutica religiosa.

---

[9] Ver, especialmente, Iser, *O fictício e o imaginário*.
[10] "Os filósofos propõem perguntas que não possuem respostas, perguntas que devem permanecer sem respostas para merecerem ser chamadas filosóficas. Perguntas que podem ser respondidas são somente questões técnicas" (Lyotard 8).
[11] A arqueologia da ausência "consiste numa avaliação das produções culturais que se baseia na identificação da ausência deste ou daquele elemento, ao invés da análise dos fatores que efetivamente definem o produto cultural estudado". Rocha, 1998, 79.

Como a linguagem humana não é capaz de exprimir a natureza perfeita de Deus, a única forma possível de definição é negativa. "Deus *não* é imperfeito, *não* é incompleto, *não* é..."; desse modo, destaca-se, na insuficiência da linguagem, a plenitude da referência. Os principais pensadores que se dedicam à tarefa de revelar o propriamente brasileiro do Brasil terminam às voltas com uma melancólica descrição do que o país não foi — moderno, democrático, etc. —, do que deixou de ser — igualitário, iluminista, etc. —, do que ainda não é — país de primeiro mundo, potência mundial, etc. Daí sermos eternamente o "país do futuro", ou seja, somos tudo aquilo que um dia *seremos*. Essa intrigante contradição precisa ser mais bem estudada: é essa reflexão que se pretende iniciar com os textos que compõem *Nenhum Brasil existe*.

Devo, porém, ressalvar uma diferença muito importante entre os dois procedimentos. Na teologia negativa de base religiosa, a linguagem não é capaz de exprimir o objeto porque ele se define pela máxima plenitude, logo, a linguagem se revela incapaz de expressá-lo. Como reduzir a totalidade a uma sentença, se toda expressão lingüística parte sempre de uma seleção inicial, portanto, afasta-se da representação do todo? Já no caso da "teologia negativa" da tradição brasileira, o fenômeno se inverte, pois, dada a incompletude constitutiva do objeto — o "Brasil" que *ainda* não é ou *nunca* foi de todo —, a linguagem assume um inesperado papel decisivo. Em outras palavras — pois é delas de que se trata —, como o objeto não provê uma referência estável, cabe à linguagem recobrir sua insuficiência com um número sem-fim de interpretações daquilo que deveria fazer do brasil, Brasil.[12] Essas inúmeras e por vezes contraditórias interpretações são aqui apresentadas ao leitor, que, agora, já saberá que esse problema acompanha toda e qualquer nação moderna. Entretanto, o leitor dificilmente ficará satisfeito com o caráter genérico dessa ressalva, supondo que as circunstâncias históricas da formação social brasileira produziram problemas específicos que, embora possam ser mais bem compreendidos numa abordagem comparativa, demandam um olhar atento para suas particularidades.

O leitor tem toda razão, e para levar adiante esse diálogo proponho que retire da estante *O trato dos viventes*, de Luiz Felipe de Alencastro, cuja instigante hipótese talvez ajude a associar a intuição drummondiana com a especial teologia negativa dos pensadores brasileiros:

---

[12] O leitor terá reconhecido a alusão ao livro de Roberto DaMatta, *O que faz o brasil, Brasil*. Rio de Janeiro: Rocco, 1984.

"'Formação do Brasil no Atlântico Sul': o leitor que bateu o olho na capa do livro estará intrigado com o subtítulo. Quer dizer então que o Brasil se formou fora do Brasil? É exatamente isso: tal é o paradoxo que pretendo demonstrar".[13] Para o historiador, a sociedade brasileira se estruturou num espaço sem território, nas águas do Atlântico Sul, oceano-ponte entre a monocultura escravista, montada no Nordeste brasileiro, a zona de reprodução de escravos, localizada em Angola e o centro do comando, sediado em Lisboa. Sem dúvida, as conseqüências de seu estudo levam muito além do que almejo nessa "introdução", contudo, a abordagem de Alencastro revela que, desde seus primórdios, a engrenagem do que posteriormente seria denominado "Brasil" montou-se num tripé cujos eixos beneficiavam o interesse de uma diminuta minoria às custas da terra e das gentes — encontradas ou trazidas. Daí, "a história do mercado brasileiro, amanhado pela pilhagem e pelo comércio, é longa, mas a história da nação brasileira, fundada na violência e no consentimento, é curta" (Alencastro 355). Eis a (triste) particularidade brasileira no tocante ao problema mais geral de constituição das nações modernas: devido à formidável máquina de exclusão social que se articulou nas condições da economia colonial, a teologia negativa dos nossos pensadores talvez seja menos metafísica do que desejaríamos. Ao que tudo indica, a história da cidadania brasileira ainda está por ser realizada.

Aliás, não é verdade que, mesmo antes da montagem da empresa açucareira, o "brasileiro" era apenas o traficante do pau-brasil? Da extração da madeira à monocultura da cana-de-açúcar, o "brasileiro" designava todo aquele que se beneficiava do comércio nas terras do Novo Mundo. Ser "brasileiro" representava um negócio, antes uma função a ser desenvolvida em proveito próprio do que a promessa de identidade nacional. Desde a difusão do vocábulo, o brasileiro é literalmente uma espécie de estrangeiro para si mesmo, um hóspede do alheio — "uns *desterrados* em *nossa* terra", na formulação paradoxal e definitiva de Sérgio Buarque de Holanda, no parágrafo de abertura de *Raízes do Brasil* (1936).[14] Uma passagem no mínimo intrigante para um livro cujo título em princípio prometeria uma conclusão muito

---

[13] Alencastro 9.
[14] "Trazendo de países distantes nossas formas de convívio, nossas instituições, nossas idéias, e timbrando em manter tudo isso e, ambiente muitas vezes desfavorável e hostil, somos ainda hoje uns desterrados em nossa terra". Holanda 3.

diferente — exemplos similares são constantes no pensamento social brasileiro.

Partindo desse pressuposto, ou seja, radicalizando as conseqüências do passado colonial, com seu corolário de dependência, tanto econômica quanto cultural, compreende-se o eterno retorno da metáfora antropofágica nos momentos de autodefinição da cultura brasileira. Afinal, essa metáfora se apresenta como uma forma privilegiada de digerir a condição pós-colonial, assimilando o outro como se fosse o próprio.

E, de fato, a metáfora tem feito história.[15] Um pouco como o mito que, na intuição de Fernando Pessoa, "é o nada que é tudo".[16] No caso brasileiro, trata-se de um nada com direito a alguma concretude: desde o destino do Bispo Sardinha (um significante *ready-made*), até os dias de hoje, a metáfora tem sido o prato principal de banquetes os mais variados. Entre tantos, foi recuperada por José de Alencar numa nota apensa a seu último romance indianista, *Ubirajara* (1874), nota de rara inteligência etnográfica; tornada moeda corrente no "Manifesto antropófago" (1928), de Oswald de Andrade; representada com inesquecível impacto visual na tela *Abaporu* (1928), de Tarsila do Amaral. Mais tarde, os tropicalistas redescobriram-na através da antológica encenação do *Rei da Vela*, de José Celso, realizada em 1967. Dois anos depois, Joaquim Pedro de Andrade levaria às telas uma decidida releitura antropofágica do *Macunaíma* (1928), de Mário de Andrade. A metáfora antropofágica, portanto, surge como a metonímia do "brasileiro" — assim, colocado entre parênteses, numa espécie de involuntária *epoché* fenomenológica da identidade nacional.

Nos últimos anos, a metáfora reapareceu com força.

Em 1998, a XXIV Bienal de São Paulo utilizou a metáfora como eixo conceitual. No entendimento do seu curador, Paulo Herkenhoff: "A antropofagia, enquanto conceito de estratégia cultural (...) ofereceu um modelo de diálogo — o banquete antropofágico — para a interpretação".[17] Na Bienal, portanto, a metáfora, alçada à condição de conceito, funcionou como elemento catalisador no campo das artes que permitiu reunir um conjunto universal ilustrativo da assimilação de valores exógenos. Nesse contexto, não se pode deixar de mencionar

---

[15] Para uma reavaliação da idéia de antropofagia, ver Rocha & Ruffinelli.
[16] Refiro-me aos versos iniciais de "Ulisses", poema de *Mensagem*: "O mito é o nada que é tudo./ O mesmo sol que abre os céus/ É um mito brilhante e mudo —/ O corpo morto de Deus,/ Vivo e desnudo. (...)".
[17] Herkenhoff 23.

uma iniciativa recente que estudou o rendimento da metáfora antropofágica na cultura brasileira desde os anos 20 até suas reverberações nos anos 50. Essa foi a tarefa assumida por Jorge Schwartz, curador da exposição "De la antropofagia a Brasilia: 1920-1950", organizada no "Instituto Valenciano de Arte Moderno".[18]

Seria provavelmente interessante associar a noção de antropofagia à pesquisa de Luiz Felipe de Alencastro, como uma estratégia de superação ou ao menos de problematização da "teologia negativa". Pois não será verdade que, no tocante à sua autodefinição, os brasileiros também se formaram fora do Brasil? Ora, aprendemos a pintar a luz e a paisagem tropicais com os mestres da Missão Artística Francesa. Ferdinand Denis criou a receita para a literatura romântica brasileira. Karl Friedrich von Martius imaginou como se deveria escrever a história do Brasil. No século XX, o fenômeno se repetiu inúmeras vezes. Em 1924, por exemplo, os modernistas redescobriram a arquitetura e a arte colonial na influente companhia de Blaise Cendrars, deslumbrado com as cidades históricas mineiras. Exemplo recente e nada erudito: precisamos de David Byrne para finalmente escutar a Tom Zé. E não se trata de um fenômeno intrinsecamente brasileiro, mas de uma condição de países pós-coloniais. Os argentinos não precisaram esperar o êxito francês de Jorge Luis Borges e Astor Piazzolla antes de reconhecer-lhes o gênio?

Em última instância, esse é o significado mais intrigante da antropofagia, já vislumbrado visionariamente por Arthur Rimbaud: "*Je est un autre*". E é somente *através* do outro que podemos conhecer (um pouco) de nós mesmos. Como Maria Rita Kehl sugeriu: "Ao propor a indagação sobre a existência de uma função fraterna na constituição do sujeito, já estou sugerindo que sim: o outro, o semelhante — a começar pelo irmão — contribui decisivamente para nos estruturar".[19] Intuição que Oswald de Andrade já havia arranhado com sua inteligência-relâmpago e cujas conseqüências mais radicais ainda não soubemos enfrentar. Ao contrário da "teologia negativa", marcada por uma certa melancolia — afinal, seu propósito secreto era nada menos do que desvelar a essência da nacionalidade —, o gesto antropofágico, partindo do pressuposto da necessária presença do outro, pode transformar alegremente o tabu em totem. Nos termos da reflexão aqui desenvolvida: escrever histórias da cultura e da literatura indiferentes à "tautologia nacional".

---

[18] Para o catálogo da exposição, indispensável obra de referência, ver Schwartz.
[19] Kehl 31.

O volume

Procuramos responder a esse desafio mediante a reconstrução de visões da identidade nacional diferentes e até mesmo opostas. Semelhante pluralidade, por si só, inviabiliza uma abordagem essencialista do "caráter nacional". Em outras palavras, os colaboradores foram solicitados não a abraçar uma concepção predeterminada, mas a desenvolver reflexões sobre textos e contextos que ajudaram a desenhar retratos do Brasil. Se o ato prévio de testemunhar não está em jogo na escrita da história cultural, sua reconstrução tem de começar pela tradição de como se narra a nação, pois a história cultural confunde-se com sua narrativa. Convém chamar atenção do leitor para a natureza das reflexões que ora apresentamos, compostas por ensaios destinados menos a dar a última palavra sobre um tema do que a provocar a imaginação de quem os lê no intuito de estimular o contato direto com a obra analisada.

A primeira seção de *Nenhum Brasil existe* trata de *A Carta do Achamento do Brasil*, mediante um conjunto de ensaios que pretende renovar sua leitura. Para tanto, abandona-se a hermenêutica tradicional que projeta no texto de Pero Vaz de Caminha as angústias da afirmação da nacionalidade. Muito pelo contrário, os ensaios aqui reunidos propõem análises em nada comprometidas com esse projeto. Aliás, a história da *Carta*, desaparecida durante séculos, não deixa de ser um alerta em relação às leituras anacrônicas que sugerem a divertida e quase absurda equivalência da *Carta* com a certidão de batismo do país.

A seção seguinte, "Intermediários culturais", está intrinsicamente relacionada à concepção de *Nenhum Brasil existe* como um projeto paradoxal. Tal seção foi inspirada por uma sugestão instigante, como os versos de Drummond. Na introdução à *Formação da literatura brasileira*, Antonio Candido argumenta que uma literatura como a do Brasil necessita um contato permanente com literaturas estrangeiras, para não correr o risco de perder-se num inevitável provincianismo. Candido distingue literaturas que não dependem de outras experiências literárias para seus leitores apreenderem uma visão de mundo particular — como a literatura russa, a inglesa e a francesa —, de literaturas que, em contrapartida, precisam ter contato incessante com textos estrangeiros — como a brasileira. Recordemos essa observação, tão aguda quanto polêmica:

> Se isto já é impossível no caso de um português, o que se dirá de um brasileiro? A nossa literatura é galho secundário da portuguesa, por sua vez arbusto de segunda ordem no jardim das Musas (...). Os que se

nutrem apenas delas são reconhecíveis à primeira vista, mesmo quando eruditos e inteligentes, pelo gosto provinciano e falta de senso de proporções. Estamos fadados, pois, a depender da experiência de outras letras. (Candido, *Formação* 9-10)

Tal distinção, vale recordar, desencadeou uma série de reações que não caberia explorar numa "introdução".[20] Gostaria, contudo, de ressaltar o potencial subjacente à perspectiva delineada por Candido: ela põe em evidência a natureza comparativa da cultura brasileira, e não só desta, mas de todas as culturas pós-coloniais; um tipo de cultura vocacionalmente antropofágica, pois sua constituição explicita a via de mão dupla dos contatos entre o próprio e o alheio. Desde o princípio, a invenção do Brasil esteve ligada às contribuições dos chamados intermédiarios culturais, a tal ponto, que não seria paradoxal conceber a cultura brasileira, ao menos em parte, como criação de perspectivas estrangeiras.[21] Na seção "Intermediários culturais", o leitor encontrará vários exemplos de sua presença em diferentes momentos da história brasileira.

A próxima seção é dedicada à obra de Gilberto Freire. Sua obra-prima, *Casa-grande & senzala* (1933), veio à luz num período em que os chamados efeitos negativos da miscigenação ainda obsedavam os intelectuais brasileiros. A contribuição de Freire refere-se não apenas à abordagem substancialmente nova da questão da mestiçagem, vista por ele como um fenômeno culturalmente produtivo e não como um problema racial insolúvel, mas também porque, depois de o livro ter sido traduzido para o inglês, por Samuel Putnam[22], a visão de Freire teve influência determinante no modo como a cultura brasileira é percebida no estrangeiro, o que, como vimos, termina afetando decisivamente a

---

[20] Entretanto, menciono algumas das mais relevantes críticas relativas à posição de Candido. Afrânio Coutinho imediatamente replicou em *Conceito de literatura brasileira*. Ver, também, Portella, Campos, Lima. Ligia Chiappini, por sua vez, respondeu a essas críticas em "Os equívocos da crítica à *Formação*". De minha parte, propus uma leitura alternativa da sugestão de Antonio Candido em "*A formação da leitura no Brasil* — Esboço de releitura de Antonio Candido".
[21] Como vimos, o recente livro de Luiz Felipe de Alencastro parece conferir a essa hipótese uma sólida base histórica.
[22] Aliás, no que se refere à difusão dos estudos brasileiros em países de língua inglesa, vale recordar que Randal Johnson assinalou com justiça: "a contribuição de Putnam ao estudo da literatura brasileira ainda não foi devidamente avaliada. Além de ter publicado uma história tratando do tema (*Marvelous Journey*, 1948), ele também iniciou a seção de literatura brasileira no *Handbook of Latin American Studies*, da Biblioteca do Congresso" (Johnson 3). Em 1944, Putnam já havia traduzido *Os sertões*, de Euclides da Cunha, com o título *Rebellion in the Backlands*.

autodefinição dos brasileiros.²³ Donde uma reavaliação crítica da obra do sociólogo ser sempre bem-vinda.

Nas seções "Cultura" e "Literatura" encontram-se variadas invenções textuais do Brasil — uma vez mais, a mera pluralidade de perspectivas já sinaliza enfaticamente a ficcionalidade desses esforços. Tais invenções textuais desempenharam um importante papel na história intelectual brasileira, dada a ausência de universidades, que só foram solidamente implantadas a partir dos anos 30 do século XX. Até aquela época, obras literárias e ensaios interpretativos foram responsáveis por traduzir o processo histórico brasileiro em narrativas da formação do país.²⁴ Nessa seções, trata-se do início da criação de tais imagens, assim como de seus modelos e contramodelos contemporâneos.

O próximo grupo de ensaios compõe a seção "História & Crítica Literária" e proporciona uma visão panorâmica dos primórdios de ambas as disciplinas até a cena contemporânea. Dessa forma, o leitor pode ter uma boa idéia das questões e das dificuldades enfrentadas pela instituição dos estudos literários no Brasil, estudos esses tradicionalmente empenhados na busca da identidade nacional.

A última seção, "Audiovisual", representa um reconhecimento necessário, embora pouco freqüente: as invenções do Brasil dependeram (e ainda dependem) muito mais de meios de comunicação outros que não os da cultura livresca. Em razão também dos altos índices de

---

²³ De fato, os principais livros de Freyre se encontram traduzidos para o inglês. Por exemplo, em 1945 foi publicado pela editora Knopf como *Brazil, an Interpretation*. Em 1946, também pela Knopf, *Casa Grande & Senzala. Formação da Família Brasileira sob o Regime de Economia Patriarchal* (1933) recebeu o título em inglês de *The Masters and the Slaves: A Study of the Development of Brazilian Civilization*. Em 1986, uma edição em brochura, com introdução de David H. P. Maybury-Lewis, foi publicada pela Universidade da Califórnia. *Sobrados e Mucambos. Decadência do Patriarcado Rural no Brasil* (1936), traduzido por Harrier de Onis e publicado pela Knopf em 1963 com introdução de Frank Tannenbaum, recebeu o título em inglês de *The Mansions and the Shanties: The Making of Modern Brazil*. Em 1986 foi editada uma brochura, organizada por E. Bradford Burns, através da Universidade da Califórnia. Finalmente, *Ordem e Progresso; Processo de Desintegração das Sociedades Patriarcal e Semipatriarcal no Brasil sob o Regime de Trabalho Livre: Aspectos de um quase meio século de transição do trabalho escravo para o trabalho livre; e da Monarquia para a República* (1959) foi traduzido por Rod W. Horeon e publicado pela Knopf em 1970, recebendo na versão em inglês o título *Order and Progress; Brazil from Monarchy to Republic*. Uma edição em brochura com introdução de Ludwig Lauerhass, Jr., foi publicada pela Universidade da Califórnia em 1986.

²⁴ Nas palavras de Antonio Candido: "Diferentemente do que sucede em outros países, a literatura tem sido aqui, mais do que a filosofia e as ciências humanas, o fenômeno central da vida do espírito. (...) Um Alencar ou um Domingos Olímpio eram, ao mesmo tempo, o Gilberto Freyre e o José Lins do Rego em seu tempo; a sua ficção adquiria significado de iniciação ao conhecimento da realidade do país" (Candido, "Literatura e cultura" 130 e 136).

analfabetismo no país, a oralidade conservou sua importância na transmissão da cultura — isso, porém, não deve ser entendido como um fenômeno exclusivamente baseado numa falta ou estaríamos renovando a "arqueologia da ausência". Mais promissora é a perspectiva proposta por Caetano Veloso numa entrevista ao *L'Express*: "Desde os anos 20 ou 30 em diante, a música popular brasileira tornou-se uma expressão que se considera confiável. Trata-se de uma força que é respeitada porque diz a verdade da sociedade brasileira. (...) Há uma razão muito simples para explicá-lo: a pobreza do país, a precariedade da formação e da educação. As canções populares são uma forma de expressão acessível a todos".[25]

Não é, pois, uma surpresa que, nos anos 60 do século XX, filmes tenham sido considerados instrumentos para mudanças revolucionárias. A música popular, por exemplo, segue desempenhando um papel significativo na definição de identidades brasileiras. Isto para não mencionar as redes de televisão, que são o mais forte elemento de coesão na sociedade brasileira contemporânea. Por isso, uma exposição da história cultural brasileira ficaria incompleta se não levasse em conta a dimensão audiovisual. *Nenhum Brasil existe* caminha nessa direção.

Numa resenha sobre a coletânea de ensaios *Portugal heute. Politik. Wirtschaft. Kultur*, organizada por Dietrich Briesemeister e Axel Schönberger, Paulo de Medeiros fez um comentário bastante lúcido. Embora questionasse a organização do volume em determinados aspectos, Medeiros não deixou de perceber que a principal conquista do volume era ter explicitado "o quanto os estudos portugueses precisam reavaliar seus objetivos, seus métodos e suas práticas" (Medeiros 229). Sou o primeiro a reconhecer as eventuais lacunas de *Nenhum Brasil existe*, mas espero que possa contribuir significativamente para uma reavaliação semelhante dos estudos brasileiros. Como esta coletânea se destinava originalmente ao público de língua inglesa e era a primeira vez que se fazia uma apresentação tão abrangente da literatura e da cultura brasileiras nessa língua, lacunas eram (e permanecem) ine-

---

[25] Entrevista concedida a Michel Faure. Vale recordar que Arto Lindsay, na "apresentação do CD *Beleza tropical*, já o havia observado com agudeza: "A música popular brasileira desempenha um papel mais destacado na vida cultural brasileira do que a música popular em outros países. Foi somente na segunda metade do século XX que a maioria da população alfabetizou-se. E uma ampla maioria dos brasileiros ainda vive abaixo da linha de pobreza. Talvez esses fatos tenham contribuído para a importância das tradições orais no Brasil".

vitáveis. A essa altura, imagino já estar clara a seguinte impossibilidade: no tocante à escrita de histórias literárias e culturais, o resultado será sempre lacunar, pois nunca daremos conta de um Brasil que não existe. Só aqueles que ainda acreditam ser possível atingir a totalidade, isto é, ainda pretendem apreender a essência de um país deixarão de ver em tais lacunas um irrecusável convite à escrita de outros ensaios e à organização de novas coletâneas.[26] Que sejam bem-vindos futuros volumes, pois só nos resta conjurar fantasmas com outros fantasmas, isto é, as histórias da cultura que escrevemos.

Bibliografia

Alencastro, Luiz Felipe de. *O trato dos viventes. Formação do Brasil no Atlântico Sul.* São Paulo: Companhia das Letras, 2000.
Andrade, Carlos Drummond de. *Brejo das almas. Poesia e prosa* (organizada pelo autor). Rio de Janeiro: Editora Nova Aguilar, 1988 [1936].
Bhabba, Homi. "Introduction: Narrating the Nation". *Nation and Narration*. Homi Bhabha (org.). Londres e Nova York: Routledge, 1990. 1-7.
Briesemeister, Dietrich e Schönberger, Axel (orgs.). *Portugal heute. Politik. Wirtschaft. Kultur*. Bibliotheca Ibero-Americana, Vol. 64, Frankfurt: Vervuert Verlag, 1997.
Candido, Antonio. *Formação da literatura brasileira (Momentos decisivos)*. Belo Horizonte: Itatiaia, 1981 [1959].
_____. "Literatura e cultura de 1900 a 1945". *Literatura e sociedade: Estudos de teoria e história literária*. 7ª ed. São Paulo: Editora Nacional, 1985. 109-38.
Campos, Haroldo de. *O seqüestro do barroco na Formação da literatura brasileira: O caso Gregório de Mattos*. Salvador: Fundação Casa de Jorge Amado, 1989.
Chiappini, Lígia. "Os equívocos da crítica à *Formação*". *Dentro do texto, dentro da vida. Ensaios sobre Antonio Candido*. Maria Angela D'Incao & Eloisa Faria Scarabôtolo (orgs.). São Paulo: Companhia das Letras/ Instituto Moreira Salles, 1992. 170-480.
Coutinho, Afrânio. *Conceito de literatura brasileira*. Rio de Janeiro: Livraria Acadêmica, 1960.
Faure, Michel. "Caetano Veloso. L'Entretien — 'La Musique dit les vérités de la société brésilienne'". *L'Express* (17/2/2000): 10-3.
Freyre, Gilberto. *Brazil, An Interpretation*. Trad. Samuel Putnam. Nova York: Knopf, 1945.
Gledson, John. *Brazil: Culture and Identity*. Liverpool: Universidade de Liverpool, Instituto de Estudos Latino-Americanos, 14, 1994.

---

[26] Não quero concluir sem destacar uma série de volumes muito próximos ao projeto de *Nenhum Brasil existe*. Em primeiro lugar, os dois importantes tomos organizados por Lourenço Dantas Mota, *Introdução ao Brasil. Um banquete no trópico*, publicados em 1999 e 2000, respectivamente, pela Editora SENAC. Carlos Guilherme Mota, também pela Editora SENAC, organizou *Viagem incompleta. A experiência brasileira. Formação: Histórias* (1500-2000), em 1999, e *Viagem incompleta. A experiência brasileira: A grande transação* (1500-2000), em 2000, reunindo uma relevante coleção de ensaios.

Godzich, Wlad. "The Tiger on the Paper Mat". *The Culture of Literacy*. Cambridge: Harvard U. P., 1994. 159-70.

Herkenhoff, Paulo. "Introdução geral". Paulo Herkenhoff (org.). Catálogo da XXIV Bienal de São Paulo relativo ao *Núcleo histórico: Antropofagia e histórias da civilização*. São Paulo: Fundação Bienal de São Paulo, 1998. 22-34.

Holanda, Sérgio Buarque de. *Raízes do Brasil*. Rio de Janeiro: José Olympio, 21ª ed., 1982 [1936].

Iser, Wolfgang. *O fictício e o imaginário. Perspectivas de uma antropologia literária*. Trad. Johannes Kretschmer. Rio de Janeiro: EdUERJ, 1996 [1991].

_____. *The Range of Interpretation*. Nova York: Columbia University Press, 2000.

Johnson, Randal. "Introduction". *Tropical Paths. Essays on Modern Brazilian Literature*. Randal Johnson (org.). Nova York e Londres: Garland, 1993. 3-10.

Kehl, Maria Rita. "Introdução: Existe uma função fraterna?". Maria Rita Kehl (org.). *Função fraterna*. Rio de janeiro: Relume Dumará, 2000. 31-47.

Lima, Luiz Costa. "Concepção de história literária na *Formação*". *Pensando nos trópicos*. (*Dispersa demanda* II). Rio de Janeiro: Rocco, 1991. 149-66.

Lindsay, Arto. "Presentation". *Beleza Tropical*. Vol. 1. Organizado por David Byrne. Luaka Bop Warner Bros. Records, 1989.

Lyotard, Jean-François. "Can Thought Go Without a Body?". *The Inhuman: Reflections on Time*. Stanford: Stanford U. P., 1991. 8-23.

Medeiros, Paulo de. Review. "Portugal heute. Politik. Wirtschaft. Kultur". *Portuguese Literary & Cultural Studies 2* (1999): 225-9.

Portela, Eduardo. "Circunstância e problema da história literária". *Literatura e realidade nacional*. Rio de Janeiro: Edições Tempo Brasileiro, 1975. 21-39.

Renan, Ernst. "O que é uma nação?" *Nacionalidade em questão*. Maria Helena Rouanet (org.). *Cadernos da Pós / Letras*. 1997 [1882], 19: 12-43.

Rocha, João Cezar de Castro. *Literatura e cordialidade. O público e o privado na cultura brasileira*. Rio de Janeiro: EdUERJ, 1998.

_____. "A formação da leitura no Brasil — Esboço de releitura de Antonio Candido". *Literatura e Identidades*. Ed. José Luís Jobim. Rio de Janeiro: UERJ, 1999. 57-70.

_____. & Ruffinelli, Jorge (orgs.). *Anthropohagy Today? Nuevo Texto Críico*. Palo Alto: Stanford University, 1999.

Schwartz, Jorge (org.). *De la antropofagia a Brasilia: 1920-1950*. Valencia: IVAM, 2000.

Spitzer, Leo. "*La Poesia Española* de Dámaso Alonso". *Teoria da literatura em suas fontes*. Luiz Costa Lima (org.). Volume I. Rio de Janeiro: Francisco Alves, 1983. 352-84.

Tamen, Miguel. "Ghosts Revised: An Essay on Literary History". *A Revisionary History of Portuguese Literature*. Miguel Tamen e Helena C. Buescu (orgs.). Nova York e Londres: Garland Publishing, 1999. xi-xxi.

A *CARTA* DE PERO VAZ DE CAMINHA

QUEM FOI PERO VAZ DE CAMINHA?

Hans Ulrich Gumbrecht[1]

Quem leria *A Carta do Achamento do Brasil* hoje se não tivéssemos chegado a identificar a aventura que o autor descreve com a terra agora chamada "Brasil"? Este texto não representa um exemplo "clássico" cuja forma e conteúdo nos fascinam independentemente das circunstâncias nas quais foi escrito. *A Carta do Achamento do Brasil* tem a importância de um documento histórico, o que, neste caso específico, significa que a sua canonização deve-se à conscientização acerca da real importância de sua descoberta, conscientização que os protagonistas envolvidos não podiam possuir. Apesar da dificuldade em mensurar o grau de importância da leitura de tais textos, é louvável possuir uma referência deste tipo, especialmente durante o período de comemorações históricas. Mas a satisfação que extraímos de tais textos (sem contar o forte sentimento de orgulho nacional, ainda hoje perpetuado) não deve ser confundida com o desejo de reagir através de uma livre interpretação. Na verdade, não parece haver interpretações da *Carta* de Pero Vaz de Caminha que possam suscitar dúvidas acerca de sua veracidade. De posse deste texto, o que fazer, então?

Para aqueles que tiveram acesso a documentos similares, pertencentes ao mesmo período histórico, a resposta pode surgir de uma primeira leitura da *Carta*. Seu autor mostra-se mais curioso na medida

---

[1] Professor Catedrático de Literatura Comparada e Literatura Francesa da Universidade de Stanford. Entre outros, autor de *Making Sense in Life and Literature* (Minneapolis: University of Minnesota Press, 1992); *In 1926. Living at the Edge of Time.* (Cambridge: Harvard University Press 1997 — tradução brasileira pela Record); *A modernização dos sentidos* (São Paulo: 34 Letras, 1998).

em que demonstra ser capaz de transmitir uma grande intimidade com o que lhe causa estranheza, em se tratando de uma terra desconhecida para ele, e menos preocupado com ambições exclusivamente materiais do que qualquer outro escritor dos primórdios do colonialismo europeu. Mas não seria esta atitude uma mera projeção retrospectiva? Devemos realmente nos empenhar em celebrar a união de Brasil e Portugal como fruto de um consenso? Amar ambos os países não constitui, certamente, uma razão intelectualmente pertinente para considerar este consenso como benéfico. Talvez, devido a tentativas excessivas de estabelecer celebrações nacional-coloniais, não fique claro qual era o padrão da época — em termos de curiosidade, empatia e cobiça — em relação à procura de documentos relativos aos primórdios do período colonial. Será verdade que os *Diários* de Cristóvão Colombo estavam muito mais impregnados pela ânsia de conquista? Seria Hernán Cortés tão ambicioso quanto apregoaria sua posterior reputação? Seria o enfático épico de Luís de Camões, a celebração da descoberta portuguesa, mais de meio século depois de Pero Vaz de Caminha, a complementação ou o oposto do que a *Carta* prefigura? Eis como organizava minhas impressões sobre o texto de Pero Vaz de Caminha quando, finalmente, percebi que o fator de atração maior do texto da *Carta* reside no efeito que produz de *imediaticidade histórica* (*historical immediacy*). No período de dez dias, compreendido entre 22 de abril e 1º de maio de 1500, a *Carta* nos permite reviver a experiência de 500 anos atrás: o entusiasmo, o trabalho de esforço intelectual e as ambigüidades de um homem a respeito de quem, a não ser por este texto, sabemos quase nada. Provavelmente, nasceu em 1450 na cidade do Porto. Em 1496, herdou de seu pai o cargo de Mestre da balança no local que supomos ser sua cidade natal. Um ano e meio mais tarde foi selecionado, dentre tantos outros, para escrever *Capítulos*, referentes às *Cortes*, convocadas pelo rei de Portugal, em 28 de janeiro de 1498. Sendo assim, podemos afirmar que foi sua capacidade para escrever que o levou à expedição e, um ano e quatro meses mais tarde, a "descobrir" o Brasil. Em 1501, Pero Vaz de Caminha morreu na Índia. Esses fatos isolados e inconsistentes não ajudam a construir uma referência que se aproxime de uma biografia; no entanto, estas lacunas, já que dispomos de apenas dez dias para estruturar toda uma vida, contribuem para torná-lo ainda mais fascinante. Desconsiderando sua vaga biografia, estes dez dias perfazem os cinco séculos que nos separam da descoberta do Brasil.

Entretanto, assim como qualquer outro texto antigo, a maior parte da *Carta* é convencional o suficiente para adiar a urgência das experiências vividas pelo autor. Tendo em vista o destinatário de suas descrições minuciosas, realizadas enquanto observador a serviço da Coroa, Pero Vaz de Caminha se insere em um discurso institucionalizado e, por conseguinte, respeita um padrão cultural situado em um contexto histórico mais amplo: "Queira porém Vossa Alteza tomar minha ignorância por boa vontade, e creia que certamente nada porei aqui, para embelezar nem para enfear, mais do que vi e me pareceu" (156).[2] Em princípio, o mesmo vale para a descrição das discussões travadas entre os demais participantes da expedição que se tornou a origem da *Carta* de Caminha. Depois de alguns dias na nova terra que acreditavam ser o caminho para Calcutá (184), os tripulantes tomaram uma dupla decisão: em primeiro lugar, enviar uma versão sobre as impressões iniciais da nova descoberta ao Rei de Portugal e, em segundo lugar, deixar para trás dois membros da expedição, que haviam sido condenados ao exílio e cuja tarefa era realizar explorações na terra, ao invés de reunir os nativos para levá-los a Portugal: "não cuidássemos de tomar ninguém à força, nem de fazer escândalos, mas sim, para que desta maneira fosse possível amansá-los e apaziguá-los, somente deixar os dois degredados quando daqui partíssemos" (168).

Aparecimento

Se for plausível imaginar que Pero Vaz de Caminha começou a escrever o texto na metade de sua jornada na terra recém-descoberta, podemos deduzir que esta primeira parte foi escrita como resumo de uma retrospectiva, enquanto a segunda parte termina adotando um estilo nos moldes de um diário. Algumas características da *Carta* confirmam esta tese. Apenas uma vez, perto do final do texto, como se estivesse escrevendo um diário, o autor informa ao leitor que, "neste dia", tudo de importante já havia sucedido: "E não houve mais nada que merecesse ser contado" (177). Além disso, apenas em uma ocasião, uma outra vez na segunda parte da *Carta*, observamos Pero Vaz de Caminha modificar uma opinião (prematuramente) formada. Se, em um primeiro momento, ele estava convencido de que os habitantes locais da terra desconhecida não construíam suas casas (172), mais

---
[2] Todas as citações serão extraídas da "Transcrição Atualizada da Carta" (1998).

tarde inclui em seu relatório uma descrição detalhada de "nove ou dez" casas de um cômodo que, nesse meio tempo, outros membros da expedição haviam descoberto (174). Com uma rapidez ainda mais surpreendente, Caminha usou o substantivo "hoje" referindo-se ao dia 1º de maio de 1500, o último de sua estada na nova terra: "E hoje, que é sexta-feira, primeiro dia de maio, saímos pela manhã em terra" (180). Este também foi o dia em que a *Carta* foi oficialmente datada e finalizada com uma frase-padrão: "Beijo as mãos de Vossa Alteza, deste Porto Seguro, de Vossa Ilha de Vera Cruz, hoje, sexta-feira, primeiro dia de maio de 1500" (184). Somos levados a imaginar que esta breve parte final do texto foi escrita por Caminha imediatamente após ter retornado de sua última visita à terra recém-descoberta e isso apenas poucas horas antes de sua partida.

É verdade que todos as impressões de imediaticidade que mencionei até o momento, quase não apresentavam conteúdo. Apenas indicam, sutilmente, a transmissão de fatos genuínos, que haviam acabado de ocorrer, conferindo ao leitor confiança na autenticidade da *Carta*. Mas isso nem mesmo começa a esclarecer a questão central que motiva nossos diálogos com o passado: com as informações disponíveis, extremamente escassas, não temos o bastante para construir uma impressão precisa da época; em outras palavras, não sabemos quais poderiam ter sido suas motivações pessoais, medos, esperanças e obsessões durante os dias 22 de abril e 1º de maio de 1500. Sabemos somente que nosso desejo de nos familiarizarmos com quem era Pero Vaz de Caminha durante esses dias — um desejo que, aliás, não tem nenhuma razão geral, política, de relevância nacional ou o que quer que seja — já não é completamente infundado. A melhor maneira de reviver o que Pero Vaz de Caminha efetivamente viveu talvez seja revisitar, em nossa imaginação, os fatos e situações que ele mais se preocupou em descrever no texto.

O Ouro e a Cruz Sagrada

Sem nenhuma surpresa constatamos que era o ouro a real preocupação dos portugueses ao levarem dois nativos ao navio, encenando uma espécie de recepção na Corte. Ou era este ouro uma das primeiras coisas que Pero Vaz de Caminha acreditava que deveria mencionar em seu relatório para o Rei de Portugal? A referência ao assunto apresenta uma narrativa pouco usual, como vemos na primeira frase do parágrafo que descreve a recepção dos nativos em uma das fragatas:

"Quando eles vieram a bordo, o Capitão estava sentado em uma cadeira, bem vestido, com um colar muito grande no pescoço, e tendo aos pés, por estrado, um tapete" (160). Poucas linhas adiante, o colar do Capitão transforma-se em um objeto fascinante para um dos visitantes do navio, redundando em um ato de significado mais complexo: "Todavia, um deles fixou o olhar no colar do Capitão e começou a acenar para a terra e logo em seguida para o colar, como se quisesse dizer que ali havia ouro. Fixou igualmente um castiçal de prata e da mesma maneira acenava para a terra e logo em seguida para o colar, como querendo dizer que lá também houvesse prata" (161). Como os nativos poderiam saber que seus anfitriões ansiavam por ouro e prata? E, se eles sabiam (ou se eram capazes de adivinhar, pelo fato de dividirem com os portugueses a admiração por esses metais) por que deveriam tão prontamente informar sobre a existência de ouro e prata na terra? Soa como um embuste de Caminha ou, no mínimo, como reprodução de uma mentira inventada por outro; porém, mais do que tudo, sem essa mentira, a legitimidade de toda a expedição estaria ameaçada. Entretanto, poucos dias mais tarde, quando Caminha estava interessado em muitas outras coisas além do que a terra recém-descoberta tinha a oferecer, sua atitude, em relação à disponibilidade de ouro — ou, mais precisamente, sua atitude em relação à disponibilidade de informações sobre ouro —, tornou-se muito mais próxima da realidade. Não havia como estabelecer comunicação sem uma língua comum: "E ninguém o entendia e nem ele a nós, por mais pergunta que lhe fizéssemos com respeito a ouro, porque desejávamos saber se o havia na terra" (170).

Se a ambição por ouro, a única obsessão legítima, evidencia-se nas primeiras páginas da *Carta*, a outra obrigação oficial parece ter preocupado os portugueses apenas durante os últimos dias de visita à costa da nova terra. Foi realizado um esforço para que se criasse um acordo, em relação às necessidades básicas de sobrevivência, antes mesmo de haver segurança suficiente para estabelecer um elo espiritual com os indígenas. Mesmo assim, a questão do papel que a religião teria nesse mundo desconhecido não se evidencia até que dois carpinteiros tomem a decisão de construir uma cruz gigantesca:

> Enquanto cortávamos lenha, dois carpinteiros faziam uma grande cruz de um pau que ontem se cortara especialmente para isso. Muitos deles vinham ali estar junto aos carpinteiros. E acredito que assim o faziam mais para verem a ferramenta de ferro com que os car-

pinteiros trabalhavam do que para verem a cruz, porque eles não têm coisas de ferro e cortam suas madeiras e paus com pedras. (175-76)

Parece que, a essa altura, a esperança de encontrar ouro e prata na terra, cujos habitantes não usavam tais metais, tinha acabado. Conseqüentemente, tornou-se mais importante para Pero Vaz de Caminha manter as esperanças de seus destinatários em aumentar o número de adeptos da fé cristã. Esta questão torna-se tão importante que encontramos, novamente, o autor fabricando uma complicada premissa de conseqüências futuras. A seguir, Caminha descreve o que supostamente ocorreu depois de uma Missa celebrada pelos portugueses no dia 1º de maio de 1500:

> Um deles, homem de cinqüenta ou cinqüenta e cinco anos, se conservou ali com aqueles que ficaram. Esse, enquanto assim estávamos, juntava aqueles que ali tinham ficado e ainda chamava outros. E andando assim entre eles, falando-lhes, acenou com o dedo para o altar, e depois mostrou com o dedo para o céu, como se lhes dissesse alguma coisa de bem; e nós assim o tomamos! (181)

Presentes

Um nativo, que os portugueses viram como fonte de inspiração divina, deveria receber um presente, e invariavelmente, no texto de Pero Vaz de Caminha, os presentes consistiam sobretudo em vestimentas:

> E chegando ao fim disso — era já bem uma hora depois do meiodia — viemos às naus a comer, tendo o Capitão trazido consigo aquele mesmo homem que fez aos outros aquele gesto para o altar e para o céu, e com ele um seu irmão. Aquele fez muita honra e deu-lhe uma camisa mourisca; ao outro, uma camisa d'estoutras. (182)

Esta cena ocorre mais tarde, em uma espécie de jogo, quando os portugueses parecem sentir-se seguros o bastante para comportarem-se, inadvertidamente talvez, como se fossem mestres dos nativos, estabelecendo um tipo de relação feudal. Presentes transformam-se em favores e recompensas. Antes, eram objetos a serem trocados regularmente, e era essa troca profícua que concedia alguma estabilidade na precariedade que permeava o início das relações entre nativos e portugueses. Suas interações começam com uma troca de chapéus, a princípio tímida e improvisada, mas depois quase ininterrupta, que adquire tons carnavalescos. Caminha, ainda que na condição de observador, parece entusiasmar-se com a cena:

> Nessa ocasião não se pode haver deles fala nem entendimento que servisse, pelo grande estrondo das ondas que quebravam na praia. Nicolau Coelho somente lhes pode dar então um barrete vermelho e uma carapuça de linho que levava na cabeça e um sombreiro preto. E um deles lhe deu um sombreiro de penas de ave, compridas as penas, com uma copazinha pequena de penas vermelhas e pardas como de papagaios, e um outro deu-lhe um ramal grande de continhas brancas, miúdas, parecidas com as de aljôfar, peças essas que, creio, o Capitão está enviando a Vossa Alteza. (158)

Entretanto, apesar do lampejo de felicidade que esta cena desperta em Caminha, também testemunhamos uma ruptura com a boa fé que vigorava anteriormente. Os presentes que Nicolau Coelho recebeu eram, na verdade, destinados a ele mesmo — e apenas a ele —, já que ele era o único a conviver de forma direta com os habitantes da nova terra. Caminha, no entanto, indica os presentes enviados ao Rei de Portugal como prova de autenticação da descoberta. Visto sob este ângulo, o que parecia uma simples troca de presentes transforma-se em armadilha e gesto potencial de sujeição.

Corpos

Evidentemente, Pero Vaz de Caminha é ambíguo ao descrever tudo aquilo que vê ou escuta. Mas, por outro lado, realiza múltiplas tentativas de interpretar o desconhecido de acordo com o padrão de conhecimento atrelado ao mundo cristão. Além disso, existe também uma gradativa tendência a cair na tentação de deixar-se levar e seduzir pelo novo. Por exemplo, o interesse inicial nos corpos nus, sobre os quais ele escreve, é um interesse exclusivo em relação à nudez masculina. Ele constata, com alívio, que não são circuncidados: "Então deixaram-se na alcatifa, para dormir, sem nenhuma preocupação de cobrirem suas vergonhas, as quais não eram circuncidadas, e as cabeleiras delas estavam raspadas e feitas" (162). Esta observação, adicionada à crença de Caminha segundo a qual os seres humanos para os quais ele não dispunha de nome também não deveriam possuir nenhuma religião, viria a facilitar a conversão do indígena. Caminha se compraz ao confirmar este fato em algumas ocasiões: "Nenhum deles era circunciso, mas, ao contrário, todos eram assim como nós" (165). Entretanto, às vezes esses corpos têm um aspecto muito diferente daquilo com que Caminha tem familiaridade, e a fascinante diversidade encontrada é rapidamente transformada em exagero. Objeto de incessante maravilhamento são os ossos com os quais os nativos enfeitam os lábios:

> (...) traziam o lábio de baixo furado e metido nele um osso branco e realmente osso, do comprimento de uma mão travessa, e da grossura de um fuso de algodão, agudo na ponta como um furador. Metem-no pela parte de dentro do lábio, e a parte que fica entre o lábio e os dentes é feita à roque-de-xadrez, ali encaixado de maneira a não prejudicar o falar, o comer e o beber. (160)

Ele se encanta com a cor que os nativos utilizam para pintar seus corpos, e também com a cor dos papagaios (175, 176) que os índios costumam trazer junto de si:

> Alguns traziam uns ouriços verdes de árvores, que na cor pareciam de castanheiros, embora fossem muito menores. E eram igualmente cheios de uns grãos vermelhos pequenos que, quando esmagados entre os dedos, se desfaziam naquela tinta muito vermelha com que se apresentavam. E quanto mais se molhavam, mais vermelhos ficavam. Todos andavam rapados até por cima das orelhas, bem como as sobrancelhas e pestanas. Traziam todos as testas, de fonte a fonte, tintas de tintura preta, quase parecendo uma fita de largura de dois dedos. (174)

Caminha nunca duvidou de que estes corpos devessem ser vistos, e ele mesmo não tinha noção de sua própria capacidade em perceber a beleza dos homens: "Esse (...) andava por galanteria cheio de penas pegadas pelo corpo, de tal maneira que parecia um São Sebastião cheio de flechas" (164). Surpreende-se com o fato de a nudez dos corpos femininos não ser motivo de constrangimento: "Ali andavam (...) três ou quatro moças, muito novas e muito gentis, com cabelos muito pretos e compridos, caídos pelas espáduas, e suas vergonhas tão altas e tão cerradinhas e tão limpas das cabeleiras que, de as muito bem olharmos, não tínhamos nenhuma vergonha" (164). Nunca saberemos com absoluta certeza qual era a intenção de Pero Vaz de Caminha ao chamar a atenção para a ausência de pudores das indígenas. Mas ele assegura que não se deixou dominar, apesar de estar exposto ao frescor da juventude de belos corpos. Seria então a ausência de pudores comparável à surpreendente ausência de desejo? Ou queria dizer que, estando afastado do mundo cristão, poderia desfrutar do desejo sem que isto implicasse a incursão em qualquer tipo de pecado? No momento em que compara, muito apropriadamente, os corpos das nativas aos das portuguesas, explica que não era a falta de desejo o que o surpreendia: "era tão bem feita e tão redonda, e sua vergonha — que ela não tinha! — tão graciosa, que a muitas mulheres de nossa terra, vendo-lhes feições provocaria vergonha, por não ter as suas como a dela" (165).

Alimento

Apesar da nudez dos corpos, não havia nada que o interessasse mais do que a comida, ou seja, possíveis fontes de provisão. Pero Vaz de Caminha poderia não estar totalmente consciente deste fato, mas parecia considerar a partilha de alimento como um meio de comunicação. E isso não era apenas uma obsessão individual. Quando, pela primeira vez, os portugueses trouxeram dois habitantes da terra recém-descoberta, passaram a testar sistematicamente suas preferências em termos de comidas e bebidas:

> Mostraram-lhes um carneiro: não fizeram caso dele; uma galinha: quase tiveram medo dela — não lhe queriam tocar, para logo depois tomá-la, com grande espanto nos olhos. Deram-lhe de comer: pão e peixe cozido, confeitos, bolos, mel e figos passados. Não quiseram comer quase nada de tudo aquilo. E se provavam alguma coisa, logo a cuspiam com nojo. Trouxeram-lhes vinho numa taça, mas, apenas haviam provado o sabor, imediatamente demonstraram não gostar e não mais quiseram. Trouxeram-lhes água num jarro. Não beberam. Apenas bochechavam, lavando as bocas, e logo lançavam fora (161).

Entretanto, poucos dias mais tarde, nativos e portugueses haviam inventado novas maneiras de convivência destituída de temor. Pero Vaz de Caminha, em uma linguagem semelhante à paternal, atesta que dois dos novos convidados se "alimentaram muito bem": "Os hóspedes sentaram-se cada um na sua própria cadeira; e de tudo o que lhes deram comeram muito bem, especialmente presunto cozido frio e arroz" (177). Mais tarde, no mesmo dia, na praia, alguns deles chegaram a beber vinho pela primeira vez. Por outro lado, os portugueses, apesar de colherem e se alimentarem de frutas da nova terra (171) e saberem, em detalhes, que tipo de refeição os nativos costumavam fazer quando estavam entre eles (179), parecem relutar em compartilhar uma refeição com os nativos. Estariam eles temerosos, com base em uma visão eucarística da refeição, diante da possibilidade de serem influenciados pela partilha do alimento? Qualquer que seja a resposta, Caminha faz questão de enfatizar que o desejo de manter contato natural com os nativos foi iniciativa dos portugueses. Por isso, também caberia aos portugueses definir a forma desse contato.

Dança

Na medida em que os encontros tornavam-se agradáveis, Caminha não mais se impressiona quando, junto aos portugueses, ao final da celebração da Santa Missa, presencia os índios tocarem músicas e dançarem: "E depois de acabada a missa, quando sentados nós escutávamos a pregação, muitos deles se levantaram e começaram a tocar corno ou buzina, saltando e dançando" (166). Tanto quanto o alimento, a dança transformou-se numa das manifestações sociais nas quais índios e portugueses podiam estar à vontade uns com os outros. Ao contrário das refeições anteriores, os nativos passam a tomar a iniciativa de interagir com os portugueses, porém, uma vez mais, no relato de Caminha, cabe aos portugueses a iniciativa do encontro:

> E do outro lado do rio andavam muitos deles dançando e folgando, uns diante de outros sem se tomarem pelas mãos. E faziam-no bem. Passou-se, então, além do rio. Diogo Dias, que fora tesoureiro da Casa real em Sacavém, o qual é homem gracioso e de prazer; e levou consigo um gaiteiro nosso com sua gaita. Logo meteu-se com eles a dançar, tomando-os pelas mãos; e eles folgavam e riam, e o acompanhavam muito bem ao som da gaita. (171)

O Social

Mas Diogo Dias tornou-se confiante demais. Inspirado pelo que, evidentemente, era interpretado como admiração pela dança, tenta ensinar alguns movimentos acrobáticos, o que acabou provocando certo espanto: "Depois de dançarem, fez-lhe ali, andando no chão, muitas voltas ligeiras e o salto mortal, de que eles se espantavam muito e riam e folgavam. Como ele — Diogo Dias — com esses bailes muito os segurasse e os afagasse, logo se retraíram, como animais monteses, e se retiraram para cima do monte" (171). Aparentemente, Caminha se choca — e se entristece — com o que vê. Ele prossegue com a descrição de como os portugueses, no caminho de volta para os navios, matam um tubarão e o levam para a areia. Mas logo, pensando no destino real de sua correspondência, decide interpretar o incidente como um sinal de inferioridade cultural por parte dos nativos: "Tudo isto bastará a Vossa Alteza para ver como eles passavam de uma confraternização a um retraimento, como pardais com medo do cevadoiro. Ninguém não lhes deve falar de rijo, porque logo se esquivam; para bem os amansar é preciso que tudo se passe como eles querem" (172). Mas quando finalmente decide pronunciar-se a respeito do ocorrido na praia, em mais uma metáfora, ele compara os nativos a animais, embora revele sua admiração por eles:

> Esses fatos me induzem a pensar que se trate de gente bestial e de pouco saber, e por isso mesmo tão esquiva. Mas, apesar de tudo isso, andam bens curados e muito limpos. E naquilo sempre mais me convenço que são como aves ou animais montesinhos, aos quais faz o ar melhor pena e melhor cabelo que aos mansos, porque os seus corpos são tão limpos, tão gordos e formosos, a não mais poder. (172)

Realizando uma breve retrospectiva dos fatos narrados por Caminha, percebemos que sua interpretação daquele fato isolado não passa de mera intromissão na história que pretende contar — a história de interesse mútuo e aumento gradativo de familiaridade. Quase obsessivamente constata o crescimento constante do número de nativos na expectativa de encontrar os portugueses. Quando a nova terra foi avistada, "sete ou oito homens" foram encontrados na praia, "segundo disseram os navios pequenos que chegaram primeiro" (157). Momentos depois, contudo, já havia grupos de homens nus se aglomerando: "acudiram pela praia homens em grupos de dois, três, de maneira que, ao chegar o batel à boca do rio, já ali estavam dezoito ou vinte homens" (158). No dia seguinte, já eram "sessenta ou setenta"(159), e logo o número girava "em torno de duzentos" (162). No dia seguinte à dança e seu súbito final, ele vê "muitos deles mas não tantos quantos antes" (173). Ao final de tudo o número chegava "perto de trezentos"(177) e, por fim, "quatrocentos ou quatrocentos e cinqüenta" (178). Pero Vaz de Caminha, a esta altura, já está ciente da melhora do nível de integração entre portugueses e índios. Com certo exagero, ressente-se do fato de que a intensidade do contato era tamanha a ponto de transformar-se em obstáculo ao cumprimento da missão inicial dos portugueses: "A conversação deles conosco era tanta, que quase nos estorvaram do nosso trabalho" (176); logo depois volta a enfatizar o modo admirável com que os índios haviam superado a crise que se instaurou no episódio da dança: "estavam já mais mansos e seguros entre nós do que nós estávamos entre eles" (178). Caminha cita a única ocasião na qual os nativos tomaram a iniciativa de juntar-se aos portugueses em algum trabalho e, acima de tudo, passa a compreender a importância de ter alguns deles engajados em uma espécie de partida de luta romana, sem que isso se transformasse em um momento de explosão de agressividade incontrolável: "e misturaram-se todos de maneira tal conosco, a ponto de alguns nos ajudarem a acarretar lenha e a transportá-la para os batéis. E lutavam como os nossos, tomando nisto grande prazer"(175).

Desaparecimento

Apenas uma das esperanças de Caminha em relação ao contato entre nativos e indígenas não se concretizou. Por mais que tentassem os portugueses, seus anfitriões, os amistoso donos da nova terra, nunca permitiram que algum dos recém-chegados passassem a noite com eles: "Mandou o Capitão àquele degredado, Afonso Ribeiro, que se fosse outra vez com eles. Ele assim o fez e ficou por lá um bom pedaço, mas à tarde retomou, mandado por eles, que não o queriam por lá. E deram-lhe arcos e flechas; e de seu não lhe tomaram alguma coisa" (172). A cena se repetiu no dia seguinte: "E como já anoitecia, fizeram com que eles logo retornassem, pois não queriam que lá ficasse ninguém" (175). Apesar de tudo, quando o navio deixou a nova terra, no dia 2 de Maio de 1500, o comandante da expedição decidiu deixar dois membros de sua equipe a fim de obter, no futuro, maiores avanços nas relações com os nativos. Mas nenhum navio jamais retornou para resgatá-los e descobrir seus destinos.[3] Sabemos que Pero Vaz

---
[3] Vide "Apresentação" de Almeida Prado, que consta na edição de 1998 de *A Carta do Achamento do Brasil*, 103.

de Caminha viveu por mais um ano. Mas nossa proximidade e diálogo com ele terminam no mesmo dia que separou o autor de *A Carta do Achamento* da terra que viria a se tornar o Brasil.

Tradução de Juliana Balbina de Moura

Bibliografia

Caminha, Pero Vaz de. *A Carta do Achamento do Brasil*. "Apresentação" de J. F. de Almeida Prado. "Texto e Glossário" de Maria Beatriz Nizza da Silva. "Transcrição Atualizada da Carta" de Sílvio Castro. 5ª ed. Rio de Janeiro: Agir Editora, 1998 [1500].

Prado, J. F. de Almeida. "Apresentação." Pero Vaz de Caminha. *A Carta do Achamento do Brasil*. 5ª ed. Rio de Janeiro: Agir Editora, 1998. 11-122.

UMA CARTA: IMPÉRIO E NAÇÃO

Guillermo Giucci[1]

Império

A leitura atual da *Carta* de Pero Vaz de Caminha nos coloca diante de um marco histórico de significação muito diferente do original. O que desejo aqui traçar é uma história dessa significação em dois contextos diversos: o imperial e o nacional. Por contexto imperial, designo a expansão portuguesa de fins de século XV e inícios de XVI. Por contexto nacional, compreendo o processo de releitura do documento — a *Carta* de Caminha — pelos códigos da nação, de fins do século XIX até o presente.[2]

O expansionismo lusitano deu um passo fundamental no dia 22 de abril de 1500, no momento em que a armada de Pedro Álvares Cabral, em caminho às Índias Orientais, ancorou nas costas do que viria

---

[1] Professor da Universidade do Estado do Rio de Janeiro. Autor de *Viajantes do maravilhoso: O Novo Mundo* (São Paulo: Companhia das Letras, 1992); *Sem fé, lei ou rei. Brasil 1500-1532* (Rio de Janeiro: Rocco, 1993).
[2] Fernand Braudel escreveu a esse respeito: "Tampoco la España de los Reyes Católicos es ya un 'simple Estado nacional', sino una asociación de reinos, Estados y pueblos, sin otro lazo de unión que la persona de los soberanos. También los sultanes gobiernan un conglomerado de pueblos conquistados, asociados a su fortuna o sometidos a su yugo. Entre tanto, la aventura marítima comienza a crear, en provecho de Portugal y de Castilla, los primeros imperios coloniales modernos, cuya importancia no alcanzan a comprender, en un principio, ni los más perspicaces observadores de la época. (...) Tal vez, pues, cuando hablamos de los imperios, de su auge o de su decadencia, debamos estar atentos al destino general que los empuja: no confundir los períodos, no ver demasiado pronto la grandeza de lo que un día, con la ayuda del tiempo, llegará a ser grande, ni anunciar prematuramente la caída de lo que, con los años, dejará, otro día, de serlo". Braudel, vol. 2: 12-14.

a ser o Brasil. Os signos do expansionismo são claros. A denominação de Ilha de Vera Cruz institui uma nova geografia; a elevação da cruz indica a legitimidade do Império.

Na versão de Luís Felipe Barreto seria uma história do esquecimento: o Brasil foi achado em 1500 e em 1500 esquecido, de tal modo que a sua criação como espaço colonial é uma resposta a perigos de concorrência essencialmente ligados com a carreira da Índia (Barreto, 1983). De 1500 a 1530, etapa conhecida na historiografia brasileira como "período pré-colonial", a Coroa portuguesa limitou suas atividades no Brasil ao levantamento de informações sobre a exploração potencial das terras descobertas, o arrendamento de suas propriedades para a extração de pau-brasil, a verificação da utilidade de seu território como corredor de contrabando de ouro e prata da América hispânica e a punição dos traficantes franceses. O litoral norte do Brasil, situado entre os atuais estados de Pernambuco e São Paulo, não mostrava sinais de riquezas auríferas. Falta de indícios de metais preciosos que explica que a monarquia lusitana não demonstrasse maior interesse pela colonização da "Terra de Vera Cruz", como a denominara Cabral em 1500.

Essa foi a "história do Brasil" nas primeiras décadas do século XVI. Uma terra de ninguém, aberta a mercadores portugueses e franceses. Menos a história de uma terra que a história do mar. Até a chegada das capitanias hereditárias, dos jesuítas, do Governo Geral e do projeto da França Antártica. Traços minúsculos num território quase desconhecido. A tal ponto que o frade baiano Vicente de Salvador, em 1627, na primeira *História do Brasil* composta por brasileiro, escreveu que não trataria da terra do sertão, "porque até agora não houve quem a andasse por negligência dos portugueses, que, sendo grandes conquistadores de terras, não se aproveitam delas, mas contentam-se de as andar arranhando ao longo do mar como caranguejos" (Salvador 61).

Conhecem-se três relatos de testemunhas sobre o descobrimento da terra de Vera Cruz — a *Carta* de Pero Vaz de Caminha, a *Carta* do Mestre João Faras e a *Relação* do Piloto Anônimo. Em nenhum dos relatos aparece uma noção clara da geografia: pode tratar-se tanto de uma ilha como de terra firme. Uma outra característica comum aos três relatos é a ausência da medição de um código verbal de comunicação com os indígenas. Não há tradutores nem tradução. Na narrativa da descoberta o olhar se insere num espaço físico e social desconhecido sem contar com o apoio do diálogo. Este fato, freqüente nas fases iniciais dos encontros culturais quinhentistas, coloca-nos diante de um viajante que não vivencia a experiência no sentido antropológico. A informação proporcionada pelas testemunhas não deriva, em sentido estrito, da vivência entre os nativos (caso de Frei Ramón Pané, Alvar Núñez Cabeza de Vaca ou Hans Staden), e sim da organização seletiva dos elementos captados pela visão: gestos, sinais, sons e movimentos ocupam o lugar do diálogo.

A comunicação entre os dois grupos é pois, inevitavelmente, um fenômeno fraturado. Ademais, este modelo de comunicação apresenta uma série de características peculiares. Desenvolve-se geralmente mediado pela custódia de uma zona geográfica neutra que preserva a distância física, reforça as identidades e evita a animosidade. Há instantes, porém, em que as barreiras cedem e dão lugar ao contato direto. Ainda que marcados pela assimetria, tais contatos das culturas em Vera Cruz apontam para uma outra história: o processo de ocidentalização.

A *Carta* de Caminha não descreve um mundo monstruoso, sobrenatural ou pleno. Recolhe os fragmentos do desconhecido, que se anexam ao Império. Observa-se o exterior, o único elemento acessível à visão. Nesse sentido, o escrivão é pouco mais que um forasteiro que aplica esquemas de orientação e interpreta o novo meio ambiente nos termos de seu pensar habitual. Simplesmente registra o observado, e em alguns momentos transita sem aparentes problemas do *como* para o *porquê*. A *Carta* oscila entre a descrição realista e a interpretação.

Um exemplo interessante é constituído pela cruz cristã. Em especial, a feitura da cruz chama a atenção dos tupiniquins. Mas a curiosidade não emana do sopro divino, mas da ferramenta de metal. Como as armas de fogo, as ferramentas de metal, em particular facas e machados, produzem um forte impacto nos nativos do litoral. O impacto da tecnologia emerge como um aspecto essencial das relações entre as culturas.

O trabalho do carpinteiro transforma a natureza em cultura: de madeira passa-se à cruz, assim como séculos antes da madeira passou-se ao navio. A presença da cruz em solo americano obriga os nativos, implicitamente, a reconhecê-la como modelo espiritual. Mas nada disto pode ser transparente para os tupiniquins. O símbolo é absolutamente opaco. Os indígenas reconhecem, portanto, o lado *técnico*, que aparece objetivado na cruz. O próprio Caminha não se engana a esse respeito, e sugere que os tupiniquins se agrupavam perto dos carpinteiros "mais para verem a ferramenta de metal com que os carpinteiros trabalhavam do que para verem a cruz, porque eles não têm coisas de ferro".[3] A citação testemunha que a tecnicidade prevalece à religiosidade.

No contexto do Império a busca de informação estrutura o 'diálogo' e exige o discurso da transformação. O fascínio pela diferença social e natural dando lugar ao anúncio do aproveitamento e da conversão. Diante dos sinais de inexistência de ouro, prata ou ferro em Vera Cruz, Caminha ressalta os ares agradáveis, "frios e temperados como os de Entre-Douro e Minho"[4]; e depois destaca, com explícito significado compensatório, o volume infindo das águas. Trata-se da primeira de uma série de assimilações da novidade, que culminará numa dupla transformação, de implicações profundas: a da terra em pousada, e a dos índios em futuros cristãos.

Na carta ao Rei Dom Manuel, Caminha assinala dois benefícios a serem obtidos com a descoberta da nova terra. Primeiro, uma útil "pousada" no caminho da navegação para Calicute; segundo, a expansão da Santa Fé em terras desconhecidas.

"E que não houvesse mais que ter aqui Vossa Alteza esta pousada para a navegação de Calicute, isso bastava", declara o cronista.[5] As plataformas intermediárias adquirem efetividade mercê de sua posição estratégica nas coordenadas do comércio de especiarias e ouro. Triunfa a lei da exigência mínima: a terra de Vera Cruz serve aos portugueses na condição de pousada, como estalagem dos comerciantes de especiarias. A Ilha de Vera Cruz foi, na visão inaugural dos portugueses, uma atraente "pousada", segundo a definição de Caminha, ou, de acordo com a do rei D. Manuel, o Venturoso, um "refresco" para os navios lusitanos em seu caminho para a Índia.

A transformação do encontro das culturas em missão redentora é formulada na *Carta* de modo simples mas poderoso, mediante a inversão do acidental em orientação divina, em um ato de imposição de sentido que qualifica os portugueses como expedicionários imbuídos dos desígnios de Deus. Junto à inscrição do milagroso, que contribui para forjar uma mitologia primeira do descobrimento, desponta a noção da missão lusitana de redenção dos nativos. O rei português "deve cuidar da salvação deles" — assim se expressa o escrivão no final da carta.[6] No

---
[3] Caminha 91.
[4] Idem 97.
[5] Idem 98.
[6] Idem 94.

dia 1º de maio, reitera a idéia a modo de conclusão, ao afirmar que "o melhor fruto que dela [a terra de Vera Cruz] se pode tirar me parece que será salvar esta gente".[7] Salvar de quê? Da falta de cristianismo, da falta de civilização. É um recurso tradicional da legitimidade do império. Ainda não se produziu qualquer animosidade declarada entre os dois grupos, e as palavras prenunciam os enfrentamentos posteriores. O acréscimo da Santa Fé desliza do oferecimento para o dever, enquanto a imagem do lavrador espalhando sementes anuncia a do soldado que implantará os códigos ibéricos de civilização pela violência.

O processo de ocidentalização estará inicialmente orientado pela cristianização da população nativa, no sentido da exigência de conversão espiritual e da atribuição de idolatrias e superstições. Pelo contrário, na *Carta* de Caminha, os nativos não parecem ter nenhuma crença no sobrenatural. A facilidade da conversão seria, em conseqüência, um derivado da ausência de religiosidade. Vazio espiritual que deveria ser preenchido pelo cristianismo e sua concepção binária do mundo.

Tal concepção binária será em grande parte responsável pelas influências dissolventes do expansionismo português sobre as comunidades indígenas. A *Carta* simplesmente anuncia a transformação das sociedades indígenas: alteração da noção de tempo e espaço, redefinição das fronteiras entre o natural e o sobrenatural, mutação nos conceitos de comunidade e individualidade, transferência dos rituais à esfera doméstica, refúgio na clandestinidade. Este processo de ocidentalização tem múltiplas ramificações, e não deve ser limitado à imposição dos códigos ibéricos. Nas palavras de Serge Gruzinski,

> (...) la occidentalización no podría reducirse a los azares de la cristianización y a la imposición del sistema colonial; anima procesos más profundos y más determinantes: la evolución de la representación de la persona y de las relaciones entre los seres, la transformación de los códigos figurativos y gráficos, de los medios de expresión y de transmisión del saber, la mutación de la temporalidad y de la creencia, en fin, la redefinición de lo imaginario y de lo real en que los indios fueron destinados a expresarse y a subsistir, forzados o fascinados. Al margen de las manifestaciones brutales o autoritarias de la dominación colonial, y tal vez mejor que ellas, la fascinación de Occidente — de lo escrito, del libro, de la imagen, de las técnicas, de los santos y de las ciudades — también explica su irresistible influencia. (279-80)

---

[7] Idem 98.

Compreendida como anúncio do incipiente processo de ocidentalização, a *Carta* de Pero Vaz de Caminha testemunha generosamente a pulsão possessiva dos portugueses no Brasil. A busca de um pacto com os tupiniquins se orienta por uma política de cristianização, revelando a fragilidade desta relação. E a ulterior imagem da barbárie do indígena brasileiro não será para os colonos um fenômeno novo, e sim a clarificação de princípios subjacentes que irão recuperar plena vivência junto à demanda de disciplina com vistas a maximizar a capacidade de trabalho do nativo. Tampouco será a violência que se avizinha na faixa litoral do Atlântico equatorial o resultado da ruptura com um mundo idílico. Mais que a passagem do paradisíaco para o infernal, a história do Brasil quinhentista documentará a crise da esperança portuguesa na cumplicidade servil dos nativos e a emergência da percepção do inevitável enfrentamento.

Nação

A narrativa da nação oferece significado a nossa existência e conecta nossas vidas cotidianas com um destino nacional (Hall 52). Enquanto sistema de representação, a cultura nacional depende de um mito de fundação. A "descoberta" do Brasil só retrospectivamente funciona como o ponto de origem de um sistema de representação cultural nacional. Sem dúvida, trata-se da invenção de uma tradição.

Triste foi o destino de outras cartas que narravam o achamento da Ilha de Vera Cruz. Para sempre desapareceram a carta de Cabral, a do escrivão Gonçalo Gil Barbosa, as dos capitães, as dos religiosos. A própria *Carta* de Caminha ficou perdida por trezentos anos. Só seria publicada no século XIX. Até então, as histórias da "descoberta" do Brasil tiveram por base, exclusivamente, a *Relação* do Piloto Anônimo. Mas a *Carta* de Caminha retorna com força no século XIX, durante o Segundo Reinado.

A leitura da nação enfatiza duas vertentes: a terra como promessa e o encontro das culturas como expressão de cordialidade. Não se tem na *Carta* de Caminha a descrição de um ato de colonização. Nada de construção (a não ser a própria cruz), escasso intercâmbio comercial, ausência de tradutores, comunicação por gestos e objetos, mínimo contato social. Em rápidas palavras, uma história anti-épica. No entanto, assim como a modesta chegada, no dia 12 de outubro de 1492, de três naves comandadas por um comerciante genovês ao arquipélago das Antilhas, passaria a representar a gloriosa "descoberta de América", diversas interpretações no século XX encarregaram-se de fomentar não só a transformação do documento em monumento, como também uma visão edênica da descoberta do Brasil. Refiro-me menos ao livro de Sérgio Buarque de Holanda, *Visão do paraíso*, que associa principalmente a idéia de paraíso à tradição hispânica, do que à citação de parte de uma frase recortada da *Carta* de Caminha, convertida num lugar comum: "querendo aproveitá-la, tudo dará nela, por causa das águas que tem".[8]

Por que a seleção de uma frase secundária da *Carta?* Por que o recorte de "querendo aproveitá-la, tudo dará nela"? Por que a mudança, no Brasil, para o chavão "em se plantando, tudo dá"? Inicialmente, seria interessante pensar a sociologia da carta. Georg Simmel, por exemplo, chegou à conclusão de que a escrita é oposta a todo segredo. O escrito possui uma existência objetiva que renuncia a toda garantia de segredo. Por isso a indiscrição para com a carta aparece como particularmente pouco nobre (Simmel 401).

À diferença da palavra falada, a expressão escrita carece de voz e de acento, de gesto e de mímica. "Na realidade a pessoa que recebe a carta não costuma se conformar com o sentido puramente lógico das palavras, que a carta transmite sem dúvida com mais precisão que a conversa; (...) Por isso a carta, apesar de sua clareza, ou melhor, devido a ela, é mais do que a conversa o lugar das 'interpretações', e por isso mesmo das más inteligências" (Idem 402).

No exemplo de Caminha, é necessário diferenciar entre carta e "carta relatória". As "cartas relatórias", na definição de Walter Mignolo, "relatan con cierto detalle un acontecimiento; distinguiendo así las cartas relatorias, culturalmente marcadas, del gran acúmulo de cartas que se intercambian entre los conquistadores y la Corona o entre conquistadores y representantes de la Corona en Indias" (Mignolo 59). A tendência documental da "carta relatória", seu caráter de comunicação, e o fato da escrita literária ser secundária, em nada alteram o diagnóstico simmeliano: também a "carta relatória" é o espaço privilegiado das interpretações. E como poderia a leitura, desde a nação, se conformar com o sentido puramente lógico das palavras?

Não se trata de ouro e prata, pimenta, canela ou marfim. Em seu lugar, destaca-se o mito consolador da terra prometida. O país da abun-

---
[8] Idem 98.

dância, o país do futuro. A celebração do quarto centenário da descoberta do Brasil, em 1900, consolidou a idéia de uma natureza passiva e pictórica, disposta à contemplação e subordinada ao dinamismo do progresso técnico (Wanderley 140). E a expressão máxima do caráter hiperbólico do *topos* da terra prometida se encontra no livro de Afonso Celso, *Porque me ufano do meu país* (1900). Segundo o autor, o Brasil teria um destino manifesto: ser brasileiro deixa de ser condição de inferioridade para significar "distinção" e "vantagem". A contemplação da natureza implica na transformação da terra pela técnica. Nada do prazer desinteressado do belo kantiano. O texto de Afonso Celso, esse entusiasta do *maquinismo* e do progresso, não deixa de ser um patriótico panfleto utilitário e um convite ao trabalho. "Venham os aparelhos modernos, labore-se cientificamente o terreno, e magníficas remunerações se hão de receber, como já vai sucedendo. O Brasil deve tornar-se o verdadeiro El-Dorado que tanto nele buscaram os antigos aventureiros" (Celso 44). De modo semelhante se comporta a personagem de Lentz, em *Canaã* de Graça Aranha. O Brasil é o país da abundância e do futuro, aberto ao homem branco e a seu trabalho.

Os elementos fundamentais que compõem o discurso da promessa nacional são a natureza e a racionalidade técnica. A natureza está à espera da transformação pela laboriosidade e pela técnica moderna. Ela tudo oferece ao projeto modernizador. Porém, a promessa da plenitude regressa como vingança.

Seja no campo filosófico, com o modelo cartesiano do "penso, logo existo", ou de modo mais geral com o ideário do "*sapere aude*" da Ilustração, a racionalidade ocidental se converte no princípio determinante da modernidade. Racionalidade que aparece acompanhada, no plano técnico, pelos princípios de controle, reprodução e maximização, e, no plano moral, pelos valores de liberdade, fraternidade e igualdade.

Uma modernidade instrumental: técnica e racional. Tem uma história e uma geografia de origem, e idealmente deverá atravessar as fronteiras nacionais para integrar as diferentes comunidades em um projeto único. A modernidade, como afirma Giddens, é inerentemente globalizante. Neste sentido América Latina estaria continuamente recebendo a modernidade em uma relação complexa entre importação, situação nacional e adaptação local.

Não precisamos pensar neste momento na outra face da modernidade técnico-racional: a razão ilustrada como barbárie. As teses gerais da primeira geração da Escola de Frankfurt — antipositivismo, crítica da concepção instrumental da ciência, dialética negativa, liberdade como mito, pessimismo cultural — são bem conhecidas. Tampouco parece necessário discutir o tema da liberdade como eixo da modernidade, ou o lugar das formas culturais transplantadas à América Latina como uma fachada postiça ou artificial. Deixo também de lado a identificação do futuro da humanidade com o trópico sul-americano, tal como defendido pelo mexicano José Vasconcelos, na década de 1920. Para ele, a quinta raça universal — a raça cósmica — deveria surgir numa terra de promissão que incluía a totalidade do Brasil, Colômbia, Venezuela, Equador, parte do Peru, parte de Bolívia e a região superior da Argentina. O futuro, escreveu Vasconcelos:

> (...) será de quien conquiste la región amazónica. Cerca del gran río se levantará Universópolis y de allí saldrán las predicaciones, las escuadras y los aviones de propaganda de buenas nuevas. (...) Si el Amazonas se hiciese inglés, la metrópoli del mundo ya no se llamaría Universópolis, sino Anglotown, y las armadas guerreras saldrán de allí para imponer en los otros continentes la ley severa del predominio del blanco de cabellos rubios y el exterminio de sus rivales obscuros. En cambio, si la quinta raza se adueña del eje del mundo futuro, entonces aviones y ejércitos irán por todo el planeta educando a las gentes para su ingreso a la sabiduría. La vida fundada en el amor llegará a expresarse en formas de belleza. (65)

A contribuição de América Latina à civilização residiria na solução racial. É sintomático que Stefan Zweig não tenha priorizado a exigência técnico-racional na introdução a seu livro *Brasil, País do Futuro*. Mais uma vez, a contribuição do Brasil à civilização radicaria na harmonia racial. Escreve Zweig:

> Do grande número de aspectos quero salientar principalmente um que me parece o de maior atualidade e coloca hoje o Brasil numa posição especial entre todas as nações do mundo no que respeita ao espírito e à moral. Esse problema central que se impõe a toda geração e, portanto, também à nossa, é resposta à mais simples e, apesar disso, a mais necessária pergunta: como poderá conseguir-se no mundo viverem os entes humanos pacificamente uns ao lado dos outros, não obstante todas as diferenças de raças, classes, pigmentos, crenças e opiniões? É o problema que imperativamente sempre se apresenta a toda a comunidade, a toda nação. A nenhum país esse problema, por uma constelação particularmente complicada, se apresenta mais perigoso do que ao Brasil, e

nenhum o resolveu duma maneira mais feliz e mais exemplar do que a pela qual este o fez; é para gratamente testemunhar isso que escrevi este livro. O Brasil resolveu-o duma maneira que, na minha opinião, requer não só a atenção, mas também a admiração do mundo. (14-5)

Admitido o contexto bélico que propiciou as reflexões de Zweig, e inclusive o próprio autor reconhecer que estava longe de querer dar a ilusão de que no Brasil já tudo se achava no estado ideal, permanece a percepção de uma solução racial brasileira: contrastes e antagonismos raciais moderados. Que pensar desta solução racial brasileira? Não estaria esta solução racial implicada na história da cordialidade?[9] Que o encontro inaugural entre portugueses e indígenas foi, em 1500, cordial, é um lugar comum na historiografia. São muitos os autores que reafirmam a temática da cordialidade. Em livro recente, Paulo Roberto Pereira pôde propor:

> (...) as cenas captadas por mão de mestre há quinhentos anos não envelheceram: aquele encontro num porto seguro de uma praia sul-americana, com todos os indícios de um Éden ainda não violado, justifica a cena amistosa do encontro entre mundos diferentes que a mão do destino viera entrelaçar para a posteridade. Essa a grande lição da *Carta de Achamento* do Brasil, independentemente do seu significado histórico, etnográfico e cultural: nascia a 22 de abril de 1500 um povo cuja essência da sua personalidade se fundamenta na cordialidade para com os seus semelhantes. (66)

Porque pensar em termos de "essência"? Podemos ainda com legitimidade empregar o conceito ontológico de identidade? Temos que falar com base na nação? Será necessário lembrar que o Brasil não existia em 1500, sendo a mitologia de sua descoberta um fenômeno poste-

---

[9] Utilizo a expressão "cordialidade" no sentido etimológico, associado à hospitalidade, generosidade, afetuosidade. No capítulo V de *Raízes do Brasil*, "O homem cordial", Sérgio Buarque de Holanda propõe uma interpretação diferente da expressão "cordialidade": "se eliminam aqui, deliberadamente, os juízos éticos e as intenções apologéticas a que parece inclinar-se o Sr. Cassiano Ricardo, quando prefere falar em 'bondade' ou em 'homem bom'. Cumpre ainda acrescentar que essa cordialidade, estranha, por um lado, a todo formalismo e convencionalismo social, não abrange, por outro, apenas e obrigatoriamente, sentimentos positivos e de *concórdia*. A inimizade bem pode ser tão *cordial* como a amizade, nisto que uma e outra nascem do *coração*, procedem, assim, da esfera do íntimo, do familiar, do privado" (Holanda 107, n. 157). Para um estudo do problema mencionado, ver Rocha.

rior ao achamento? A distância temporal protege a história de seus escombros: o passado se converte em fetiche.

Como explicar então, no contexto do Império, a "cordialidade" durante a chamada "semana de Vera Cruz"? Se a violência não eclode é porque o sentimento lusitano de posse não tem motivos para dar-se a conhecer, já que os indígenas não opõem resistência armada às entradas de reconhecimento dos expedicionários, nem manifestam um comportamento social feroz. Sua crescente adaptação às expectativas dos viajantes — vejam-se a imitação dos ritos sagrados cristãos, o ato de cortar e carregar madeira para o estranho, o uso de roupas, a ingestão de alimentos oferecidos e o desejo de subir a bordo dos navios —, são traduzidos como submissão espiritual e física aos portugueses. Assim compreendida, a semana de Vera Cruz ilustra a passagem da desconfiança inicial dos tupiniquins para a sua acomodação progressiva à maneira de agir lusitana, assimilação sintomaticamente denominada *amansamento*. A miopia de Caminha atinge tal magnitude, que chega ao extremo de sugerir que a conversão dos indígenas em cristãos depende essencialmente de um ato de compreensão, em especial da língua. "Parece-me gente de tal inocência que, se nós entendêssemos a sua fala e eles a nossa, seriam logo cristãos, visto que não têm nem entendem crença alguma, segundo as aparências".[10]

Tal inocência só é compreensível nos marcos da convicção da superioridade cultural. Lamentavelmente o problema não se limita às dificuldades de uma comunicação adequada. Apesar de o descobrimento de Vera Cruz prenunciar mudanças profundas, o contato com a nova terra e seus habitantes é concebido como uma mera escala, em que é preferível contar com aliados a ter inimigos. Os indígenas, como sugere o exemplo da rejeição sistemática dos degredados, descartam a possibilidade de uma permanência duradoura e organizada dos desconhecidos. A percepção mútua da *descontinuidade* da relação — seu caráter transitório — seria a responsável pela cordialidade da semana de Vera Cruz. O motivo de fundo da manutenção da "cordialidade" tem raízes na ausência de colonização, no caráter meramente simbólico do ritual da tomada de posse.

As leituras "nacionais" da *Carta* de Caminha destacam a promessa, o elemento edênico e a cordialidade. Formas ilusórias de bucolismo, já que a nação não reproduz o Império. Outra mudança na interpreta-

---

[10] Caminha 94.

ção acontece com o Modernismo brasileiro. Na leitura de Oswald de Andrade, na sua *História do Brasil*, a *Carta* de Caminha vira paródia. No poema "As meninas da gare", Oswald de Andrade reproduz quase literalmente um trecho da *Carta*: "Eram três ou quatro moças bem moças e bem gentis/ Com cabelos mui pretos pelas espáduas/ E suas vergonhas tão altas e tão saradinhas/ Que de nós muito bem olharmos/ Não tínhamos nenhuma vergonha".[11]

As palavras do Império, no contexto do modernismo e da nação, são, de modo inevitável, outras. Como acontece no conto "Pierre Menard, autor del Quijote" de Jorge Luis Borges, onde a reescrita do famoso livro de Cervantes por parte de Pierre Menard acumula novos estratos históricos, distintas zonas de contato, fronteiras transformadas e sensibilidades renovadas.

É exatamente no contexto da paródia das cartas dos cronistas que reaparece a referência a Caminha no livro clássico do Modernismo brasileiro. No capítulo IX de *Macunaíma*, "Carta pras Icamiabas", escreve Mário de Andrade que São Paulo é construída sobre sete colinas, "à feição tradicional de Roma, a cidade cesárea, 'capita' da Latinidade de que provimos; e beija-lhe os pés a grácil e inquieta linfa do Tietê". Aparece então a citação irônica à narrativa da descoberta, combinando a *Carta* de Caminha e o diário de navegação de Cristovão Colombo: "As águas são magníficas, os ares tão amenos quanto os de Aquisgrana ou de Anverres, e a área tão a eles igual em salubridade e abundância, que bem se poderá afirmar, ao modo fino dos cronistas, que de três AAA se gera espontaneamente a fauna urbana".[12]

Passagem de fácil reconhecimento, mas que deforma o sentido. A intertextualidade ao serviço da ironia e do anti-realismo. Menos a São Paulo de Lévi-Strauss em *Tristes trópicos*, com as imagens etnográficas da decadência fatal, que o neo-primitivismo estético do modernismo se libertando na narrativa da anti-descoberta, com a mistura dos códigos popular e erudito, a incorporação da oralidade, da montagem e da mitologia.

O que a *Carta* de Caminha tinha de etnografia, embora ingênua; de evidência de uma realidade, embora unilateral; de alegre descoberta e de testemunho da diferença; de serviço a "Vossa Alteza" e à Santa Fé; converte-se no contexto do Modernismo na estilização da

---

[11] Oswald de Andrade 69-70.
[12] Mário de Andrade 102.

linguagem, na tendência ao ludismo e à figuração mítica. O "naturalismo" da narrativa dá lugar à experimentação da forma, e o "realismo" do conteúdo à sátira. Sempre as técnicas de distanciamento explicitando as diferenças entre a língua do Modernismo e a gramática do expansionismo lusitano.

Se por Modernismo entendemos, no sentido amplo de Bradbury, "o advento de uma nova era de alta consciência estética e não-figurativismo, em que a arte passa do realismo e da representação humanista para o estilo, a técnica e a forma espacial em busca de uma penetração mais profunda da vida" (Bradbury 18), pode se comprovar na reescrita modernista os signos da consciência da heterogeneidade e da pluralidade. A crise da cultura, manifestada no anti-figurativismo, no atonalismo, no verso livre, na narrativa por fluxo de consciência, é ao mesmo tempo a sensação de historicismo e a pluralização das interpretações.

Quinhentos anos depois, a *Carta* de Caminha exige a desterritorialização e a inserção no contexto global. Exige uma genealogia em movimento: a cultura transnacional (Randolph Bourne), a miscigenação como elemento positivo (Gilberto Freyre), a transculturação (Fernando Ortiz), as culturas híbridas (Nestor García Canclini), os híbridos culturais (Stuart Hall). Nesse sentido, representa o primeiro capítulo da experiência moderna dos cruzamentos no Brasil. Não só da história sexual, política, econômica e social da mistura racial. Também, entre muitas outras genealogias e histórias possíveis, paralelas, excluídas ou reprimidas, algumas marcas visíveis do nosso cotidiano e do nosso imaginário. A história dos transportes mecânicos, por exemplo. Das caravelas de 1500 ao trem, automóvel, motocicleta, bonde elétrico, ônibus, metrô, avião. Cenário de agentes reciclados e legados incipientes, junto aos complexos interesses políticos e econômicos nacionais e transnacionais, que chegam acompanhando as máquinas. A *Carta* de Caminha, anunciando o grande mundo colonial e, nas palavras de Arjun Appadurai, a "modernity at large" — a grande Modernidade (1996). Mas constitui o anúncio de uma modalidade peculiar dessa ampla história feita de fronteiras flexíveis, diásporas individuais e coletivas, experiências fragmentadas, existências despedaçadas, relações desiguais e assimetrias brutais. Uma modernidade heterogênea, em contínua mutação, fascinante e perversa. Tremendamente perversa. Porque se a história nunca se repete, certamente não desaparece.

Bibliografia

Andrade, Mário de. *Macunaíma. O herói sem nenhum caráter*. São Paulo: Livraria Martins Editora, 1978 [1928].
Andrade, Oswald de. *Pau-Brasil*. São Paulo: Globo, 1990 [1925].
Appadurai, Arjun. *Modernity at Large. Cultural Dimensions of Globalization*. Minneapolis: University of Minnesota Press, 1996.
Barreto, Luís Felipe. *Os descobrimentos e o Renascimento. Formas de ser e pensar nos séculos XV e XVI*. Lisboa: Imprensa Nacional, 1983.
Bradbury, Malcolm/Mc Farlane, James. *Modernismo. Guia geral*. Trad. D. Bottmann. São Paulo: Companhia das Letras, 1989.
Braudel, Fernand. *El Mediterráneo y el mundo mediterráneo en la época de Felipe II*. 2 vols. México: Fondo de Cultura Económica, 1991.
Castro, Silvio. *A Carta de Pero Vaz de Caminha. O descobrimento do Brasil*. Porto Alegre: L&PM, 1987.
Celso, Affonso. *Porque me ufano do meu país*. Rio de Janeiro: Garnier, s/d.
Giucci, Guillermo. *Sem fé, lei ou rei. Brasil 1500-1532*. Rio de Janeiro: Rocco, 1993.
_____. *Viajantes do maravilhoso: O Novo Mundo*. São Paulo: Companhia das Letras, 1992.
Gruzinski, Serge. *La colonización de lo imaginario. Sociedades indígenas y occidentalización en el México español. Siglos XVI-XVIII*. Trad. J. Ferreiro, México: Fondo de Cultura Económica, 1991.
Hall, Stuart. "The Question of Cultural Identity". S. Hall, D. Held e T. McGrew (orgs.). *Modernity and its Futures*. London: Open University Press, 1992.
Holanda, Sérgio Buarque de. *Raízes do Brasil*. Rio de Janeiro: José Olympio Editora, 1984 [1936].
Mignolo, Walter. "Cartas, crónicas y relaciones del descubrimiento y de la conquista". Iñigo Madrigal, Luis (org.). *História de la literatura hispanoamericana. Tomo I. Época colonial*. Madrid: Cátedra, 1982. 57-102.
Pereira, Paulo Roberto. *Os três únicos testemunhos do descobrimento do Brasil*. Rio de Janeiro: Lacerda Editores, 1999.
Rocha, João Cezar de Castro. *Literatura e cordialidade. O público e o privado na cultura brasileira*. Rio de Janeiro: EdUERJ, 1998.
Salvador, Vicente de (Frei). *História do Brasil, 1500-1627*. Rio de Janeiro: Melhoramentos, 1965.
Simmel, Georg. *Sociología. 1. Estudios sobre las formas de socialización*. Madrid: Alianza Editorial, 1986.
Vasconcelos, José. *La raza cósmica*. Baltimore: The John Hopkins University Press, 1997.
Wanderley, Marcelo da Rocha. *Jubileu nacional: A comemoração do quadricentenário do descobrimento do Brasil e a refundação da identidade nacional*. Dissertação de Mestrado. UFRJ: 1998.
Zweig, Stefan. *Brasil, País do Futuro*. Trad. O. Gallotti. Rio de Janeiro: Editora Guanabara, 1941.

PRECE NAS AREIAS:
PAULA REGO E AS REPRESENTAÇÕES VISUAIS DA PRIMEIRA MISSA NO BRASIL

Memory Holloway[1]

No dia Primeiro de Maio de 1500, Pero Vaz de Caminha escreveu uma *Carta* ao rei de Portugal na qual descrevia, com riqueza de detalhes, a Primeira Missa celebrada no Brasil no dia 26 de Abril.[2] Na *Carta*, o autor, funcionário graduado do governo, relata como ele e os demais tripulantes desembarcaram e fincaram uma cruz à margem sul do rio. No trecho a seguir, descreve o desembarque: "Aqui o almirante marcou o local como sendo o mais adequado para se cravar a cruz".[3] Uma vez preparado o local, frades, padres e todos os demais carregaram a cruz em procissão. Esta cerimônia foi observada por um grande número de habitantes locais.

Depois de cravada a cruz e construído um altar em torno dela, Frei Henrique de Coimbra proferiu o Evangelho do dia, no domingo

---

[1] Professora de História da Arte da Universidade de Massachusetts Dartmouth. Entre outros trabalhos, foi curadora da exposição e do catálogo *Paula Rego: Open Secrets* (Dartmouth: Center for Portuguese Studies and Culture, 1999).

[2] A descrição da Missa, transcrita em português moderno por Jaime Cortesão se apresenta como segue: "Ao domingo de Pascoela pela manhã, determinou o Capitão de ir ouvir missa e pregação naquele ilhéu. Mandou a todos os capitães que se aprestassem nos batéis e fossem com ele. E assim foi feito. Mandou naquele ilhéu armar um esperável, e dentro dele um altar mui bem corregido. E ali com todos nos outros fez dizer missa, a qual foi dita pela padre Frei Henrique, em voz entoada, e oficiada com aquela mesma voz pelos outros padres e sacerdotes, que todos eram ali. A qual missa, segundo meu parecer, foi ouvida por todos com muito prazer e devoção". "Domingo, 26 de Abril". *A Carta de Pero Vaz de Caminha*. Cortesão 233-4.

[3] Caminha 26.

posterior à Páscoa, a Pascoela. A passagem inclui a ressurreição de Cristo, os sinais dados por Ele aos discípulos, a dúvida de Tomé, enfim, todas as histórias que pareciam apropriadas à descoberta de uma nova terra. À região, na qual desembarcaram os portugueses, deram o nome de Porto Seguro, de modo que pudessem relacionar ao local de desembarque a sensação de alívio por alcançar terra firme.

Caminha relata que, além dos portugueses, cerca de cinqüenta ou sessenta dos chamados "habitantes locais" também estavam ajoelhados. Quando o Evangelho era exibido, seguiam os portugueses erguendo as mãos; quando os portugueses se sentavam, também o faziam. Quando os portugueses se ajoelhavam, repetiam o gesto. E, após a missa, quando o padre presenteava aqueles que ali permaneciam com crucifixos de metal, cada um beijava-o, trazendo-o no pescoço como se fosse um colar. Tudo isso levou Caminha a pensar que aquelas pessoas estariam prontas para abraçar o cristianismo. Não lhes faltava mais nada, dizia ele, a não ser o entendimento da língua, para tornarem-se efetivamente cristãos.

A *Carta* de Caminha, baseada em detalhes agudamente observados, registrados no seu diário, tem sido reconhecida como a narrativa que relata a descoberta do Brasil. Ao mesmo tempo, sua representação visual, através de pinturas e gravuras, constitui uma história paralela que ilustra e celebra a expansão e a conquista portuguesas. Ambos, texto e imagem, parecem aliviar o peso da narrativa que descreve viagens em forma de cartas e, desta forma, foge à padronização visual relativa às personagens exóticas.[4]

Embora há meio século já existisse o gênero da narrativa de descoberta, Caminha apresenta no texto as raras virtudes de um narrador-observador, traço que o distingue dos escritores que o antecederam.[5] Ao contrário de alguns destes autores, que concebiam a população indígena como aberrações (ciclopes dotados de caudas e olhos nos ombros)[6], Caminha descreve tudo o que observa com máxima verossimilhança. Foram sua capacidade de relatar cuidadosamente o que via

---

[4] Para uma discussão mais detalhada sobre os padrões de representação de personagens exóticos e, em particular, do exótico feminino, ver Guest 283-96.
[5] Cortesão 18-22.
[6] Colombo e, mais tarde, Sir Walter Raleigh ficaram tão impressionados com os cenários inesperados que relatos sobre estranhos seres humanos eram apresentados como fato. "Eu nunca tinha visto coisas tão fantásticas e prodigiosas quanto qualquer daquelas", escreveu Raleigh referindo-se a estes monstros humanóides. Ver Greenblatt 21-2.

nas terras exploradas e a subseqüente celebração da missa que inspiraram artistas a criar, com base na *Carta*, obras de pintura e gravura representando tais momentos.

Dentre estas representações, encontra-se *A Primeira Missa no Brasil* de Paula Rego (1993), a qual faz referência à *Primeira Missa* de Victor Meirelles,[7] que, por sua vez, evoca uma pintura de Horace Vernet. Mais do que procurar extrair uma ligação entre as duas obras, como se o artista anterior necessariamente exercesse "influência" sobre o sucessor, devemos perceber que Rego faz uma releitura do que foi transmitido por tais narrativas. Observar uma pintura de Paula Rego corresponde a levar em consideração imagens anteriores sobre a Primeira Missa que perpassam suas idiossincrasias e leituras individuais em termos de uma dupla colonização: da terra e do corpo feminino.

Embora *A Primeira Missa no Brasil* tenha permanecido no Rio de Janeiro, as gravuras baseadas no quadro de Meirelles eram freqüentemente encontradas em casas portuguesas nos anos 50, durante o governo de Salazar. Historicamente, a gravura e a reprodução apresentam uma circulação muito superior à da pintura original. Gravuras são portáteis, feitas com relativa facilidade e, por esta razão, confeccionadas por um valor irrisório, podendo pertencer a muitos. Isto levou Walter Benjamin a notar que até mesmo a mais perfeita reprodução de uma obra de arte encontra-se destituída da essência única da obra que a originou, formada ao longo do tempo e no espaço. "Um objeto reproduzido não possui a mesma história que constituiu o objeto original através dos tempos".[8] A reprodução técnica viabiliza a colocação da cópia da obra original em circunstâncias que o próprio original nunca poderia alcançar. Um caso que ilustra esse fato foi a ocasião em que Paula Rego teve acesso a uma reprodução da *Primeira Missa* quando era criança. A popularidade da obra advém do fato de poder ser vista

---

[7] A pintura de Victor Meirelles é uma das mais reproduzidas imagens que retratam o Brasil e pode ser encontrada em publicações do meio acadêmico, livros de arte, catálogos e jornais, além de selos e cédulas. Existem também outras obras contemporâneas em contrapartida à pintura, como *Terra à Vista* [A Primeira Vista], 1983/2000, de Nelson Leirner, que observa a Primeira Missa do ponto de vista dos brasileiros. Figuras incluindo carros em miniatura, aviões, Branca de Neve e os anões envolvem um grande abacaxi de papel, enquanto outras figuras emergem do círculo em procissão alinhada. Da segunda à última fileira, estão índios e, por último, surge uma enorme figura de Cristo. Esta é a Primeira Missa em um estilo brasileiro moderno. Gostaria de agradecer a Ruth Rosengarten por ter chamado a atenção para a obra de Leirner.

[8] Ver Benjamin.

sob inúmeras perspectivas. A pintura funcionou no sentido de valorizar a bem-sucedida expedição portuguesa e recordar a grandeza de todo um império físico e lingüístico. Além disso, recordava o poder do catolicismo como um mecanismo de controle sobre a população local. Caminha sabia desta possibilidade quando escreveu: "podemos imprimir a marca que bem desejarmos neles, para que o Senhor lhes conceda belos corpos e rostos, como homens bons".[9] Além do mais, a religião sugere um momento originário de colonização e civilização do povo local, mediante a transmissão da cultura européia para um grupo tido como primitivo. Entretanto, em um nível mais obscuro e menos popular, funcionou como uma lembrança das perdas sofridas: perda da colônia, da saúde e do controle. Finalmente, também recorda a imigração, os laços familiares e as ligações com o Brasil. *A Primeira Missa no Brasil* pode ser considerada um sucesso devido à coexistência de todos estes fatores. Neste sentido, apresenta o mesmo significado, essencialmente mítico, se comparado ao de tantas outras obras norte-americanas, como, por exemplo, *George Washington Crossing the Delaware*, de Emanuel Leutze, ou *Midnight Ride of Paul Revere*, de Grant Wood. Todas essas obras, inspiradas em fatos históricos da nação, que Homi Bhabha descreve como uma "língua eminentemente nacional", até mesmo ao narrar um genocídio, morte, ruptura e domínio, o fazem como a celebração de atos heróicos.[10] Estas narrativas encontram-se no nível que Barthes chamou de mito ou diálogo despolitizado; as coisas que apenas "são", para as quais não há espaço para contestação. Da mesma forma, a gravura apresenta as coisas "realmente" como eram, e nós somos convidados a testemunhar (e a concordar com) o ocorrido na Primeira Missa segundo a concepção expressa na obra sobre como "naturalmente" se deram os fatos. Ademais, a cópia já se encontra um passo afastada em relação à pintura original, visto que o simples processo de confecção de uma cópia, resulta numa inversão da imagem original em que se baseia.[11]

Em seu quadro *A Primeira Missa no Brasil*, datado de 1993, Paula Rego recorreu à gravura para embasar a surpreendente gama de signi-

---

[9] Caminha 25.
[10] Ver Bhabha 176.
[11] Uma gravura é desenhada sobre um prato de metal e, quando impresso, aparece no verso. Isto explica a imagem invertida na pintura de Rego pelo ponto de vista da gravura e não da pintura a oleo de Meirelles.

ficados adicionais encontrados para a obra. Para alguns críticos, tudo começou na casa da artista em Ericeira, ao norte de Estoril, nas mãos de sua idosa babá Luzia, próximo à vila onde costumava passar o verão, junto de seus avós paternos; uniu-se a isso a pintura que simbolizava fortemente o tipo de amor que cercou toda a sua infância. Em termos de composição, a gravura corta firmemente a pintura, de modo que esta se divide em duas partes, ambas lidando com uma mesma questão: as forças colonizadoras da pátria e do patriarcado.

No alto da gravura, o povo daquela terra se subleva, em nome de Deus e do Rei, tendo a cruz de Sagres como metonímia de ambos. Abaixo, na metade inferior da figura, há o corpo colonizado de uma mulher grávida, trajando uma vestimenta azul e escarlate envolta por uma âncora e um navio de expedição. Por um lado, podemos interpretar a gravura como retrato fiel da realidade, por outro, podemos percebê-la como uma pequena fresta na janela por onde se enxerga parte da realidade, um método empregado na pintura modernista[12], o que nos leva a pensar a pintura como uma janela para o real ou como a superfície plana de uma parede repleta de marcas abstratas em sua superfície. Na concepção de Paula Rego, a gravura, com todos os seus múltiplos significados, atua agudamente na figura abaixo.

Como podemos interpretar esta figura reclinada? Como uma mulher simplesmente abandonada na beira da praia? Como uma vítima de seu próprio desejo? Como uma mulher sacrificada? Ou podemos ver estas duas partes da pintura como um comentário sobre poder e controle? Além do mais, não há fluxo de tempo nesta narrativa; pelo contrário, a marca da fluidez surge entre fatos do presente (a filha de Paula, Vitória, estava grávida na época), uma história original (a descoberta do Brasil em 1500) e modelos pictóricos do século dezenove, época do surgimento do Outro enquanto exótico feminino.

Em alguma medida, o tema da pintura é o sacrifício. Há o sacrifício religioso, encenado nas praias do Brasil pelo sacerdote que ergue o cálice no momento da Eucaristia, no qual Cristo, o Cordeiro de Deus, é sacrificado pela salvação do mundo. Como sabemos, na transubstanciação, o vinho transforma-se em Seu sangue. Há o sacrifício do peru para ser consumido, a babá com o avental manchado de sangue e Luzia. E há também o mistério da menina que reflete sobre sua gravidez indesejada.[13]

---

[12] Naturalmente, pensamos em Matisse.
[13] Esta forma de sacrifício pode ser vista como o sentido da pintura. Ver McEwen 207.

Entretanto, existem muito mais aspectos subliminares, incluindo a intertextualidade que liga as posições dos corpos nesta pintura a muitos outros. Ao invés de enxergar a pintura como símbolo de sacrifício, proponho que, em seu quadro, Paula Rego desvela as operações de colonização do Outro e a prática autoritária de controle abrangendo as figuras exóticas do povo brasileiro, de um lado, e do corpo feminino, de outro. Para atingir esse objetivo, ela explicita como o simples posicionamento do corpo veicula sentidos.

Para analisar como esse posicionamento do corpo funciona e, ao mesmo tempo, explorar os múltiplos significados existentes nas posições de frente, de lado e de bruços, temos exemplos comuns ao século XIX em artistas como Manet e Gauguin. Por exemplo, em suas cartas do Taiti, em 1890, Paul Gauguin duvidava do fato de que sua obra seria suficiente para fazê-lo figurar entre os pintores de vanguarda da época. Especificamente, ele se sentia provocado pela *Olympia* de Manet, que se encontra na base da pintura iniciada por ele em 1892, trabalho considerado um dos mais significativos e controversos de sua carreira. Gauguin intitulou sua obra *Manao Tupapau*, que, traduzido do taitiano, significa *O espírito que continua à espreita*, ou *O espectro à sua espreita*. Neste trabalho, Gauguin tentou registrar o temor proveniente de superstições do povo local, em particular sua noção de espíritos de mortos. O quadro mostra uma jovem acomodada em uma espaçosa cama no interior de uma choupana, à noite. Atrás dela está uma figura fantasmagórica que, junto à cama, a observa, justificando seu medo aparente, ou zela por ela, o que esclarece sua necessidade de proteção.

Em um sentido estrito, Gauguin parece ter um interesse antropológico nas crenças da cultura indígena. Mas o posicionamento do corpo sugere uma explicação mais sinistra. A jovem é vista de costas. A posição instável de sua cabeça e a forma como ela se volta para o observador, que em primeira instância é o próprio Gauguin, sugere que não é a figura fantasmagórica que a ameaça, mas é o artista que ela teme.[14] Ambos, a posição do corpo e o olhar de soslaio, sugerem o pano de fundo contra a qual Gauguin trabalhava: a *Olympia* de Manet, cujo olhar revela sentimentos opostos, de autoconfiança, representando um desafio visual para o observador. O modelo taitiano de Gauguin está de bruços, o de Manet, a figura da prostituta Olympia, em posição frontal, opondo-se ao retrato

---

[14] Para mais discussões sobre esta pintura, ver Sweetman 326-7.

convencional da odalisca. Encarada como uma ameaça moderna, Olympia encara fixamente quem a observa.

Em todas estas pinturas, Rego inclui o amor, o afeto, o desejo físico e suas conseqüências circulando em vários níveis. Olympia e a garota taitiana aparentemente trafegavam em pólos opostos. Se, por um lado, Olympia era tentada pelo desejo de sexo ilícito, por outro, a taitiana tinha a fantasia de menina-mulher passiva. Sobre esta última, certamente, Gauguin ateve-se ao retratar em sua pintura o "exotismo selvagem" como cenário. Em contraste com isso, a pintura de Rego transmite os *efeitos* da sobrecarga do desejo sobre a mulher através de sinais físicos.[15]

O que vimos até agora é o modo particular com que as poses estão impregnadas de uma hermenêutica peculiar. Gostaria de me voltar agora para a jovem na cama na pintura de Paula Rego. Mencionei anteriormente o detalhe revelado por Paula Rego de que sua filha Vitória estava grávida na época. Em meio ao material de estudos de Rego para esta pintura existe um desenho de sua filha com o corpo inchado, já nos últimos estágios da gravidez, deitada, dormindo profundamente em um colchão. Debaixo da cama, está uma velha mala, popular nos anos 50, com suportes de latão e alças de couro. Exatamente na mesma época, Paula recorda-se de ter visto a gravura de Meirelles, *A Primeira Missa*, na casa de sua babá. Ela dorme ao seu lado, na posição associada originalmente às odaliscas como as de Velázquez ou Ticiano. Mas, na visão de Rego, temos a imagem inicial da maternidade, da profundidade, e uma incomum forma de segurança sugerida por um sono calmo e tranqüilo. Quando as mulheres são mostradas dormindo nas pinturas, encontram-se freqüentemente atemorizadas por pesadelos e por figuras ameaçadoras que atacam e as controlam através do medo. Ao invés disso, Rego expressa a gravidez como uma forma de auto-repressão.

O que estou querendo dizer é que, quando o artista pinta a mulher na cama, oprimida pelo peso de uma gravidez avançada, encontramos aqui uma leitura que vai de encontro ao transbordamento emocional; leitura essa que contradiz a plenitude associada ao tema

---

[15] Considerando a facilidade com que as poses das mulheres podem ser identificadas com propostas particulares, podemos notar que existem poucos exemplos masculinos em repouso se comparados com as ocorrências de ação. Um destes é Barberini Faun (200 a.C.), obra na qual o efeito de toda a carga erótica do nu masculino deitado de costas perde sua força ao cair em uma sátira pela idéia de que o sujeito em questão dorme profundamente porque bebeu demais, o que faz deste trabalho um contundente objeto de estudo sobre o *voyeurismo* homoerótico. Ver Boardman 206.

da gestação. Este significado, no contexto da colonização do Brasil, remete à colonização do corpo, marcada pela biologia e por instituições como a Igreja e o Estado. Podemos enxergar esse corpo como dupla expressão de fecundidade e possibilidade, ou, o que seria mais plausível no contexto de representação artística da gravura, como expressão física das forças que permeavam o poder patriarcal e a colônia. Forças que Gayatri Spivak identificou como os dois extremos do debate a respeito do período pós-colonial.

Há um outro aspecto digno de atenção em *A Primeira Missa no Brasil* e que foi aprofundado nos trabalhos seguintes de Paula Rego. Refiro-me à questão da horizontalidade e os meios pelos quais se delineiam dois significados específicos relativos ao posicionamento dos objetos na pintura e ao formato da mesma. Estes significados correspondem à subjugação e à carnalidade: a Natureza acima da Cultura, o primitivo em detrimento do civilizado, o feminino ao invés do masculino.

Em contrapartida, o eixo vertical predomina em nossa cultura como o eixo da beleza, reproduzindo o corpo ereto do observador, o que a psicologia da *Gestalt* denomina posição paralelo-frontal. O eixo vertical representa o momento da evolução em que os seres humanos passam a andar de pé, olhando para frente, e são capazes de sublimar o instinto carnal.[16]

Voltando à pintura de Paula Rego, e para a subseqüente *Dog Woman Series* (1994), encontramos a horizontalidade, na qual a mulher, simbolizada na figura de um cão, revela todo seu poder físico, uma força animal interior. "Ser uma mulher-cão", declara a artista, "não necessariamente significa ser oprimida, mas poderosa, o que é plenamente aceitável ao enfatizar a característica física de sua existência".[17] A mulher-cão (*The dog woman*), a horizontalidade feminina, demanda por parte do artista a coragem de investir em áreas inexploradas, tais como humilhação, amor, fidelidade e cumplicidade, além de um certo machismo feminino.[18] Vista nestes termos, a grávida de *A Primeira Missa no Brasil* ganha nova força, já que sua horizontalidade aparece como um símbolo de resistência às forças colonizadoras do patriarcado. Isto se torna bastante evidente no quadro de Paula Rego, que traz à cena todo os elementos mencionados e ainda demarca um território no qual a

---

[16] Este argumento encontra-se esmiuçado em Krauss 130.
[17] McEwen 215-16.
[18] Macedo 12-3.

horizontalidade do corpo e todas as suas implicações — relacionadas ao físico, à natureza e ao controle — constituem um poderoso desafio à verticalidade, e isso no exato momento em que a hóstia é erguida em nome do Rei e da Nação. Uma leitura alegórica desta pintura nos leva a crer que o ato de subjugar coincide com o início da resistência e da independência.

Tradução de Juliana Balbina de Moura

Bibliografia

Benjamin, Walter. "The Work of Art in the Age of Mechanical Reproduction". *Illuminations*. Organização e introdução de Hannah Arendt; tradução de Harry Zohn. Nova York: Schocken Books, 1968.

Bhabha, Homi. "Dissemination. Time, Narrative, and the Margins of the Modern Nation". *The Post-Colonial Studies Reader*. Bill Ashcroft, Gareth Griffiths, and Helen Tiffin (orgs.). Londres: Routledge, 1995.

Boardman, John. *The Oxford History of Classical Art*. Oxford: Oxford University Press, 1993.

Cortesão, Jaime. *A Carta de Pero Vaz de Caminha. Obras Completas*, vol. 7. Lisboa: Portugália Editora, 1967.

Greenblatt, Stephen. *Marvelous Possessions: The Wonder of the New World*. Chicago: University of Chicago Press, 1991.

Guest, Harriet. "Figures of the Exotic in William Hodges's Work". Isabel Armstrong (org.). *New Feminist Discourses: Critical Essays on Theories and Text*. New York: Routledge, 1992.

Krauss, Rosalind E. "Cindy Sherman: Untitled". *Bachelors*. Nova York: MIT Press, 1999.

Macedo, Ana Gabriela. "Paula Rego: Pintura como denúncia". *Jornal de Letras* 747 (19 de Maio a 1º de Junho de 1999): 12-13.

McEwen, John. *Paula Rego*. Londres: Phaidon, 1993.

ADMIRÁVEL MUNDO NOVO?
A PRIMEIRA MISSA NO BRASIL DE PAULA REGO

Maria Manuel Lisboa[1]

Ao domingo de Pascoela pela manhã, determinou o Capitão de ir ouvir missa e pregação naquele ilhéu. Mandou a todos os capitães que se aprestassem nos batéis e fossem com ele. E assim foi feito. Mandou naquele ilhéu armar um esperável, e dentro dele um altar mui bem corregido. E ali com todos nos outros fez dizer missa, a qual foi dita pelo padre Frei Henrique, em voz entoada, e oficiada com aquela mesma voz pelos outros padres e sacerdotes, que todos eram ali. A qual missa, segundo meu parecer, foi ouvida por todos com muito prazer e devoção. Ali era com o capitão a bandeira de Cristo, com que saiu de Belém, a qual esteve sempre alta, à parte do Evangelho (...) Enquanto estivemos à missa e à pregação, seriam na praia outra tanta gente, (...) com seus arcos e setas, os quais andavam folgando e olhando-nos, e assentaram-se.
Pero Vaz de Caminha, *Carta a el-rei dom Manuel sobre o achamento do Brasil*

How beauteous mankind is! O brave new world
That has such people in't!
William Shakespeare, *The Tempest*

Paula Rego pintou *A Primeira Missa no Brasil* em 1993, um ano após o quinto centenário do desembarque de Cristóvão Colombo nas Antilhas, em 1492. O quadro, que toma de empréstimo o título, e cita

---

[1] Professora da Universidade de Cambridge, St. John's College. Autora de *Machado de Assis and Feminism: Re-reading the Heart of the Companion* (Lewiston: E. Mellen Press, 1996) e *Teu amor fez de mim um lago triste: Ensaios sobre* Os Maias (Porto: Campo das Letras, 2000).

pictoricamente os componentes básicos, da imagem do famoso quadro brasileiro de Victor Meirelles, *A Primeira Missa no Brasil*, pintado em 1861, incorpora duas dimensões geográficas distintas: o interior português inspirado na casa da velha ama da artista na Ericeira em Portugal[2], e o exterior brasileiro representado por via do quadro na parede, uma paráfrase visual do quadro prototípico de Meirelles.[3] Este, por seu lado, pressupõe-se, inspirou-se no trecho da carta de Pero Vaz de Caminha, acima citado em epígrafe. Em primeiro plano, no quadro de Paula Rego, deparamos com uma jovem grávida deitada numa cama, ladeada por um peru e por uma mulher de avental ensangüentado. Os outros adereços incluem dois peixes mortos sobre uma arca à cabeceira da cama, e, sobre uma prateleira pendurada abaixo do quadro, duas bonecas em posição de estátuas jacentes, um pato e uma estatueta.

Este quadro afigura-se-nos como sendo um ponto de referência fundamental na evolução da trajetória temática de Paula Rego nas duas últimas décadas: a partir dele desponta, muito mais explicitamente do que previamente, a preocupação com o corpo feminino enquanto epicentro de guiões nos quais contracenam imperativos de violência e de revolução pessoal, mas também nacional e política. O corpo feminino virá a transfigurar-se, em particular no decurso da obra produzida durante a década de 90, num objeto de insistente contemplação, quer nas suas aptidões atlético-animalescas (as mulheres-cão de 1994, as mulheres-avestruzes de 1995), quer na sua função reprodutora (especificamente n'*A Primeira Missa no Brasil*, mas também na série d'*O crime do padre Amaro*, de 1998, e na série *Sem título*, de 1999, sobre o tema do aborto). O tema da maternidade em Paula Rego (e nas culturas lusófonas em que a sua obra insistentemente se inscreve), servir-me-á aqui de lamiré para a discussão que se segue d'*A Primeira Missa no Brasil*, no contexto histórico-político da viagem de Pedro Álvares Cabral em 1500. E aparece já aqui, neste quadro paradigmático, como a metáfora assinaladora da natureza complexa de nascimentos controversos no nível tanto pessoal como nacional.

A maternidade, entendida quer psicanaliticamente que tragicamente (no sentido clássico, grego da palavra), aparece como a repre-

---

[2] McEwen 204.
[3] Fico grata a Suzette Macedo pela informação de se referir este quadro-dentro-do-quadro a uma imgem pendurada na sala da casa de Luzia, a ama da artista, e que era provavelmente uma reprodução do quadro de Victor Meirelles. Luzia foi também o modelo para a figura de avental ensangüentado, em segundo plano.

sentação problemática de um fenômeno complexo que, coincidindo com o advento do Romantismo no Brasil, veio a caracterizar, nos dois séculos que se seguiram, uma variedade de aspectos da procura brasileira de uma expressão cultural emancipada, coeva à independência política alcançada em 1822. O Romantismo no Brasil deu voz a fantasias de nascimento, morte e ressurreição no nível individual e nacional, temporal e edênico, e essas fantasias constituíram os alicerces de um imaginário em busca de uma pátria que veio a ser sempre, e desde sempre, vista pelos seus cidadãos-filhos, amantes mas ambivalentes, como uma *mãe*-pátria.

June Hahner descreveu o Brasil como um país sem memória[4], e a sua análise da vida política da nação no período entre 1850 e 1940 remete, com freqüência, a uma obsessão nacional com a figura da mãe, enquanto ponto de origem (esquecido porém inolvidável) do país e do eu. Qualquer contemplação da cultura brasileira de fundação, então, não poderá nunca omitir uma referência a esta preocupação definidora relativa à metáfora do corpo feminino, quer antropomórfico, quer nacional, enquanto berço da individualidade do eu e da coletividade da nação.

E também assim, par a par com essa metáfora, sobrepõe-se o imperativo político de emancipação, que uniu os fatores culturais do regionalismo, cor local, exotismo, idealismo religioso e utopismo Indianista ao ímpeto nacionalista de autocontemplação e de autodefinição, salientes no Brasil de então e ainda de agora. A urgência de articulação de interesses apoteótico-nacionalistas americanos (brasileiros), prioritariamente a assimilações ultramarinas (européias) que no novo Brasil independente seriam sacrificadas, depara porém com dificuldades. Se a mãe (pátria) a ser inventada *ex nihilo* (e não a partir de um ponto de procedência europeu, agora renegado) era a realidade americana brasileira, essa realidade só poderia ser promovida à custa do ato simbólico de matricídio da mãe européia portuguesa, identificada como progenitora, mas estratégica e visceralmente rejeitada como tal. O enaltecimento de uma realidade brasileira índia pré-contato com a Europa, desde sempre já remota e fugidia, foi um gesto tático indicativo da recusa da influência européia que se seguiu. Mas esse gesto trouxe também dificuldades de natureza ambígua aos imaginadores profissionais (artistas, escritores, poetas), da nova cultura brasileira. A ambigüidade

---
[4] Hahner xii.

adveio da indecisão que levou por exemplo a imaginação novelística indianista a tecer por um lado, fábulas acerca de uma realidade índia efetivamente ignota, mas hagiograficamente enaltecida; e por outro, a inserir esta em enredos cuja moral, paradoxalmente, acabava por ser a de uma miscigenação hesitante, e cuja conclusão narrativa era, habitualmente, a subjugação índia ao ímpeto embranquecedor de desembarques europeus. A ver.

No quadro de Paula Rego, como já ficou dito, figura em grande plano de fundo uma imagem parafraseada da tela de Victor Meirelles, pintada em 1861, na qual são pictoricamente narrados os primeiros momentos de contato luso-índio entre navegadores e missionários europeus de um lado, e os seus perplexos anfitriões brasileiros do outro. Esses primeiros momentos de conhecimento do Outro misterioso, mas pressupostamente desvendável, foram o objeto das grandes imaginações indianistas brasileiras, e nomeadamente de José de Alencar, cujos dois célebres romances, *O guarani* (1857) e *Iracema* (1865), se inspiram justamente no tema de miscigenações amorosas (mas vária e ominosamente fatídicas) entre nações, entre raças e entre amantes. *Iracema* acarreta especial relevância para uma análise do quadro de Paula Rego, visto que em ambas obras a metáfora de uma gravidez melancólica é o ponto de partida para o espetáculo do nascimento de um admirável mundo novo, ou de um bom povo brasileiro.

Iracema, a donzela índia cujo nome é um anagrama de "América", é a virgem cuja sexualidade inexpugnável atua como fiança da potência da jurema, a poção sagrada que garante o poder guerreiro da sua tribo, os tabajaras. Iracema apaixona-se por Martim, um guerreiro branco (português), e entrega-se-lhe sexualmente, mercê dessa ação destruindo o poder da jurema e ameaçando o futuro da tribo na guerra contra a nação inimiga dos pitiguaras. Iracema e Martim fogem, acompanhados do irmão-de-armas de Martim, o índio Poti, com quem Martim participa numa cerimônia-a-dois em que cada um adota certos símbolos da identidade étnica do outro. Iracema engravida e é duas vezes abandonada por Martim, ao qual acenam os prazeres mais másculos (e de parcialidade distintamente européia) da guerra contra índios sortidos, bem como a nostalgia da donzela branca que deixou à sua espera na pátria longínqua. Martim regressa após Iracema dar à luz um filho, Moacir, mas apenas a tempo de testemunhar a morte daquela. Moacir virá supostamente a simbolizar a utopia da futura nação brasileira, paradisiacamente miscigenada.

O enredo é Genesíaco mas também Homérico e Arturiano: a mulher representa o pomo de discórdia, que por amor desencadeia a guerra entre dois povos, embora, no enredo de Alencar, a seqüela seja supostamente não a destruição de um mundo (o Jardim do Paraíso, Tróia, Camelot), mas antes a fundação do novo Brasil-nação.[5] Um Brasil, isto é, fundamentalmente branco (representado por um Martim persistentemente longevo e pelo seu filho e herdeiro), este apetrechado de umas gotas de sangue índio, apenas suficientes para satisfazerem a apetência exótica Romântica, e provenientes de uma mãe convenientemente morta na altura certa, ou seja, mesmo a tempo de não influir demasiado na vida e identidade de um filho de modo nenhum entendível enquanto menino da sua mãe.

Em Alencar, aliás, as restrições impostas ao suposto ímpeto indianista, pressentem-se desde cedo. A troca ritual de sangues e etnias entre Martim e Poti não é simétrica: Poti virá a render-se (literalmente de corpo e alma), ao impulso embranquecedor de Martim, segundo um trajeto de vassalagem assumida, que irá incluir a sua conversão ao cristianismo e a troca do nome índio por um patronímico triplamente europeu (Antônio Filipe Camarão: "o nome do santo cujo era o dia e o do rei, a quem ia servir, e sobre os dois o seu, na língua dos novos irmãos (portugueses)".[6] Ao passo que Martim se restringe, com reciprocidade flácida, a uma conversão epidérmica, literalmente à flor da pele, que requer da sua parte apenas que se pinte com os símbolos (laváveis) da tribo de Poti.

Mas é no que diz respeito a Iracema que o desequilíbrio racial de poder se manifesta com mais força. Iracema dá à luz um filho e morre, deixando-o entregue aos cuidados do pai branco que, segundo o primeiro capítulo analéptico do romance nos participa, irá transformá-lo num guerreiro branco, segundo a matriz heróica e conquistadora do próprio Martim. O sangue índio que circula nas veias de Moacir é assim atenuado, na ausência da mãe morta, pela presença dominante e definidora do pai europeu. E Iracema, por conseguinte, limita-se meramente a desempenhar a função utilitária (e provavelmente inconsciente, por parte de Alencar), de ventre indispensável porém passivo, que tornará possível a parturição de um filho e de um povo cujos líderes fundadores são apenas nominalmente miscigenados ("Iracema é a

---
[5] Sobre este tema, ver Lemaire.
[6] Alencar 1116.

folha escura que faz sombra em tua alma: deve cair, para que a alegria alumie teu seio").[7]

O quadro de Paula Rego apresenta em primeiro plano uma mulher jovem, em estado adiantado de gravidez, e cuja expressão melancólica faz lembrar a de Iracema no abandono prenhe em que a deixou Martim. Se a gravidez deste quadro representa o nascimento, oriundo de um ventre português, do novo Brasil Cabralino e índio, quer esta mãe Reguiana portuguesa, quer a índia de Alencar, são observadas, na sua tristeza, respectivamente por dois pássaros. No caso de Iracema é a jandaia, sua quase-irmã, que faz eco do abandono de Martim ("a linda ave não deixou mais sua senhora, ou porque depois da longa ausência não se fartasse de a ver, ou porque adivinhasse que ela tinha necessidade de quem a acompanhasse em sua triste solidão").[8]

No caso da protagonista d'*A Primeira Missa*, porém, trata-se de uma presença menos doce. O peru que observa a jovem grávida, está ladeado de dois lírios que são, contraditoriamente, os símbolos estabelecidos da morte, mas também as flores da Anunciação cristã (prenúncio do nascimento de um Salvador que pressupostamente traria a vida eterna à humanidade). O peru é um símbolo ele próprio semanticamente duplo, ou triplo, de fertilidade feminina e virilidade masculina, sendo ainda ademais o animal mais freqüentemente utilizado para fins sacrificiais em cerimônias de fertilidade, em certas tribos índias das Américas.[9] A associação entre os lírios e a Anunciação do anjo Gabriel à Virgem Maria remonta também, porventura, ao original significado fálico desta flor.[10] À conjuntura do símbolo fecundador/fálico que é também um *memento mori*, associa-se por conseguinte, aqui, a presença da ave da virilidade masculina, da fertilidade feminina e do sacrifício ritual, bem como a figura hierática de avental ensangüentado. Esta estrutura emblemática multifacetada, justaposta contra a tela das caravelas dos Descobrimentos, contribui no seu todo para a enunciação de uma maternidade sacrificada a objetivos masculinos belicosos e mercantilistas (os Descobrimentos), teológicos e religiosos (um filho para Deus, novos conversos ao cristianismo) e patriarcais-sexuais (virgens desfloradas e devidamente inseminadas). Deparamos aqui,

---

[7] Idem 1109.
[8] Idem 1106.
[9] Becker 310.
[10] Idem 178.

então, com os temas complexamente entretecidos de descoberta e de conquista (no triplo sentido — militarista, evangelizador e sexual — deste último termo).

A mulher grávida está deitada numa cama, com a cabeça repousando sobre uma camisola de marujo decorada com símbolos náuticos, e à cabeceira, pousados numa arca de madeira, estão dois peixes mortos. O peixe é um símbolo de atributos complexos. Oriundo das águas, e por isso associado à fertilidade, essa associação uterina integra-se assim com dupla relevância semântica neste quadro, cujo tema é o nascimento bivalente de um filho e de um povo. No caso deste último, de um povo brasileiro cuja origem (concepção), fica, pelo menos na sua faceta européia (os Descobrimentos portugueses), assinalada pela travessia, feita por marujos diversos, daquelas águas (atlânticas) em que o peixe simbólico origina. Mas se as águas, para além de serem *habitats* písceos (e humanos — ventres molhados e férteis), simbolizam ademais quer o ritual batismal cristão (que os missionários se propuseram levar a hereges ignotos), quer ímpetos variamente náuticos, territoriais, militares e mercantilistas, a simbologia aqui complica-se. Vejamos.

Uma das causas da aventura marítima dos Descobrimentos foi o tal impulso missionário de evangelismo cristão, conforme representado neste quadro de Paula Rego pela imagem em pano de fundo do quadro da Primeira Missa, rezada nas praias do Brasil recém-descoberto. Mais longínquo ainda fica o vulto, porém claramente discernível, das caravelas portuguesas fundeadas na baía de Porto Seguro.

Ora os peixes à cabeceira da cama são também o símbolo mais antigo do cripto-cristianismo clandestino na Roma antiga, com o qual ficaram relacionados, como já ficou dito, por via do elo do batismo pela água, elemento natural desses mesmos peixes. O elo multifacetado entre peixe, água, oceano, cristianismo e Descobrimentos, fica ainda consolidado pelo alinhamento, no plano vertical do quadro, dos peixes (sobre a arca) com o crucifixo-padrão dos descobrimentos (saliente na tela pendurada na parede).

Aqui, porém, os peixes, ominosamente, estão mortos, e oferecem por isso um paralelo às tenebrosas bonecas em postura de estátuas jacentes, arranjadas em jeito incongruente de objetos decorativos, numa prateleira diretamente colocada sob o quadro representativo do nascimento nacional. Este nascimento, e os vários ímpetos que lhe deram origem (militarismo, mercantilismo, missionarismo), ficam assim, por conseguinte, desde sempre já assombrados por presságios de catástrofe enigmática, imponderavelmente dirigida contra descobridores, ou descobertos, ou ambos.

Foi na Primavera (européia) que se deu a chegada dos portugueses ao Brasil (22 de Abril de 1500), sendo esta a estação que representa, na simbologia ocidental, arquétipos de renovação e de (re)nascimento. Num mundo dividido em dois hemisférios, porém, tudo se torna relativo, incluindo as estações do ano. A Primavera européia do hemisfério norte coincide no hemisfério sul, a que pertence o Brasil, com o Outono (prenúncio clássico da morte que o Inverno simboliza), e ademais Abril é o mês que põe fim à casa Zodíaca do Peixe, que no final de Março entra no ocaso e se desvanece. Daí, porventura então, estes peixes mortos, cuja decomposição iminente contravém a semantização de fertilidade (pessoal e nacional — um filho recém-nascido, uma nação recém-fundada) e de renovação religiosa (a emergência do cristianismo), que aqueles de outro modo assinalariam.

O pato na prateleira, arrasta também um significado ambíguo. Em algumas culturas é um animal sacrificial, mas um casal de patos simboliza a felicidade conjugal, enquanto que o pato em imagens cristãs arcaicas nos portais das igrejas, significava os faladores que não eram ali bem-vindos.[11] E as suas conotações pictórico-semânticas, aqui, ficam por essa razão igualmente ambíguas: por um lado aponta para a metáfora de uniões ou casais felizes: o cristão e o seu Criador, a moça e o seu marujo, a Europa e a América, Portugal e o Brasil; e por outro ressoa um timbre discorde de exclusão — os faladores expulsos da igreja, a noiva abandonada, a mãe européia eventualmente rejeitada por uma ex-colônia filha, unilateralmente autodeclarada independente.

A rejeição filial, no caso do Brasil e de Portugal enquanto entidades políticas autônomas, tem aliás ramificações familiares e históricas, específicas e alargadas: D. Pedro, herdeiro de D. João VI de Portugal, e do trono português nos últimos anos da época colonial brasileira, foi nomeado regente do Brasil quando do regresso do resto da família real a Portugal após quase duas décadas de exílio americano, durante a invasão napoleônica da Península Ibérica. D. Pedro imediatamente declarou independência contra o pai em 1822, e autocoroou-se Imperador do Brasil, em jeito edipiano clássico. A seqüela deste acontecimento, porém, veio a ser mais tarde um regresso a Portugal e uma reconciliação se não com o pai, pelo menos com a política de uma

---
[11] Idem 89.

monarquia constitucionalista liberal, que tanto o pai como o filho favoreciam, em oposição à rainha esposa e mãe, D. Carlota Joaquina.

Esta mãe de D. Pedro, partidária da monarquia absolutista, veio, nos anos de guerra civil que se seguiram em Portugal, a provar-se ser a verdadeira inimiga do filho ex-brasileiro, cujas ações tinham traçado o cisma entre Portugal e a sua antiga colônia americana, assim inserindo na história geminada das duas nações um capítulo iniciático de veio edipiano.

Fazemos aqui agora uma digressão por áreas teóricas afins a alguns dos temas acima delineados. A partir de 1925, Sigmund Freud modificou a sua análise inicial do desenvolvimento psíquico-sexual dos dois sexos, incorporando a partir desta segunda fase a aceitação de que estes diferem nos seus mecanismos de desenvolvimento, sendo a distinção baseada na transferência do objeto de amor erótico e de identificação psíquico-sexual durante a fase edipiana. Ambos os sexos começam por se relacionar com a mãe como primeiro objeto de amor, isto é, para o rapaz o primeiro elo amoroso é com um membro do sexo oposto. Na fase edipiana, quando o pai se manifesta na capacidade de rival, o filho alimenta fantasias de matá-lo ou castrá-lo. Estas fantasias levam ao pânico de retaliação por parte do progenitor ultrajado, e o filho passa a sofrer ele próprio de medo de castração, sendo que o conflito se resolve através da repressão radical do desejo pela mãe, que lhe passa a facilitar a identificação com o pai. A recompensa deste sacrifício (a renúncia ao amor erótico-filial pela mãe) reside na própria identificação com o pai, e nas vantagens adjuntas, implícitas na aquisição de uma identidade masculina tida como privilegiada em relação à feminina.[12]

Para a teoria psicanalítica pós-Freudiana, então, a entrada no pelouro masculino do pai, por parte do filho, tem como preço a rejeição da mãe e de um estado pré-eu, pré-identidade, que é a fusão amniótica paradisíaca com o corpo materno. A identificação com o pai, que concede ao filho a vantagem (patriarcalmente entendida e promovida) de ser macho, e que lhe proporciona a individualidade de um eu independente da mãe, exige-lhe porém a repressão do desejo de regresso ao útero, e de simbiose com essa progenitora, rejeitada, sim, porém atávica e perpetuamente desejada.[13]

---

[12] Ver Freud 'Some Psychical Consequences of the Anatomical Distinction Between the Sexes"; "Female Sexuality"; "Femininity".
[13] Ver Lacan, *Écrits*; *Four Fundamental Principles of Psychoanalysis*. Ver ainda Moi; Waugh; Dinnerstein; Chodorow.

O desejo, a partir daí inconsciente, de retorno ao ventre materno representa simultânea e contraditoriamente o impulso de um regresso ao paraíso perdido e o ímpeto autodestrutivo — equivalente à morte — de dissolução do eu (um eu que se tornara previamente viável a preço da rejeição edipiana da mãe). Subjacente ao conflito com o pai e à identificação final com ele, por conseguinte, encontra-se uma necessidade muito mais fundamental e instintiva de fuga à mãe, que ameaça não só a liberdade mas também a possibilidade de existência do próprio eu.[14]

Para a teoria psicanalítica feminista pós-Freudiana, numa cultura em que o cuidado dos filhos cabe quase exclusivamente à mulher, a mãe é simultaneamente o primeiro amor, a primeira testemunha e a primeira fonte de frustração da criança; a mãe tem absoluto poder de vida e de morte sobre o filho, fato que mais tarde dará origem à natureza das relações consciente ou inconscientemente hostis entre os sexos. A mãe representa retrogressão bem como carência de autonomia, e o desejo de regresso ao pelouro feminino materno por parte do filho constitui por isso uma traição contra o seu sexo, e contra um patriarcado que depende da ordeira e obediente exclusão dessa mãe, por parte de filhos ortodoxamente másculos. Independência ou morte.

O que nenhum ramo da psicanálise ortodoxa aborda, porém, é a posição da mãe enquanto sujeito (ou agente), e não meramente objeto (recipiente), destes conflitos psíquicos. Qual é a reação dessa mãe, amada mas rejeitada, perigosa porém vitimizada?

Na tela de Paula Rego, a futura mãe portuguesa está deitada de costas para o quadro, que é também o simulacro de uma janela aberta para o passado ou futuro histórico de um Brasil descoberto e perdido. A pose é de rejeição, e, sendo assim, o peru, algumas de cujas possíveis conotações simbólicas já anteriormente visitamos, adquire outras adicionais. Este pássaro indígena das Américas, e aí utilizado para fins de sacrifício ritual, foi levado para a Europa como parte do espólio colonial, aí sendo tradicionalmente consumido no festival cristão do Natal. (Festival esse em que uma maternidade venerada — a da Virgem Maria — é oferecida enquanto expiação de outra desobediente — a de Eva. A ambivalência psicanalítica relativa à mãe tem raízes ancestrais não só em Sófocles, por fim, mas também em *Gênesis*). O peru, transmutado de

---

[14] Ver Dinnerstein.

símbolo ultrapotente em pitéu natalício, apresenta-nos outra versão, mais universal mas à parte isso com poucas modificações, da história de Poti, índio não-comestível transformado em Camarão português. Neste quadro, porém, a sua presença torna-se potencialmente ameaçadora, porventura especificamente em relação à donzela portuguesa, portadora, não importa quão relutantemente, do interesse colonial. A associação imagística com a sedução ou estupro de Leda pelo cisne — ato que, incidentalmente, engendrou duas irmãs gêmeas, a bela Helena (cujas ações cindiram dois povos), e Clitemnestra (esposa triunfantemente homicida embora, mais catastroficamente para si, também mãe de um filho, Orestes, que mais tarde a matou) — permite também uma inversão dos papéis de colonizador (europeu, violador, explorador) e de terra colonizada (americana, violada, vítima). Neste caso, seria o peru americano quem potencialmente violaria (e inseminaria à força) a donzela européia. Mas por seu lado as donzelas européias, conforme ilustrado por aquelas belas gregas da Antigüidade, embora na eventualidade sucumbam a imperativos masculinos belicosos, ou coloniais, ou reprodutores, antes disso dão água pela barba a machos conquistadores de nacionalidades sortidas.

Por fim, o que sobressai no quadro de Paula Rego, é o que parece mas não é: a janela que não é janela mas sim um quadro, e que ademais não é o quadro que aparenta ser (a orientação dos figurantes em Rego inverte a da imagem de Meirelles, e acentua a presença do oceano e das caravelas das descobertas, aquele apenas vislumbrado e aquelas inteiramente ausentes no quadro original brasileiro). E temos ainda, ademais, o problema de uma maternidade contrafeita e melancólica, visualmente situada no interior da casa de uma quase-mãe que não foi bem mãe da artista (Luzia, a velha ama), sob os auspícios de uma paisagem que não o é, porque é um quadro, simulacro de outro que apenas pretende ser.

A acumulação de camadas semânticas mutuamente contraditórias remete-nos de novo aos peixes mortos, e por via destes a outro quadro mais recente de Paula Rego, mas que tematicamente nos refere a este mais antigo. Os peixes mortos, para além dos vários significados previamente avançados, podem assumir o estatuto de *memento mori* imperial-colonial, parte não só do saque que os homens retiram do mar (e, colonialmene, de além-mar), mas, mais especificamente, parte dos detritos que o mar abandona na praia quando a maré desce (ou quando as colônias se perdem). Passo agora à consideração de um quadro a pastel pertencente à série d'*O crime do padre Amaro* (1998), intitulado *Mãe*.[15]

Este quadro, tal como *A Primeira Missa no Brasil*, alude também, como pretendemos argüir, à dimensão marítima, imperial e colonial da história de Portugal. O império português, como se sabe, foi perdido em três levas. Nos finais do século XVII a maior parte dos territórios índicos tinham já sido rendidos a outras potências imperialistas européias. O Brasil emancipou-se no princípio do século XIX, e as colônias africanas alcançaram a independência em 1975, na seqüela da queda do regime Salazarista/Caetanista. Se, parafraseando Oscar Wilde, perder um império é azar mas perder dois é descuido, perder três começa a parecer uma incompetência deplorável no âmbito da gestão de negócios estrangeiros. Em especial quando, tal como foi o caso em Portugal, o país, face aos avisos adversos de uma série de desmancha-prazeres intelectuais que afinal de contas tinham razão (Gil Vicente, o próprio Camões do "Canto X", Alexandre Herculano, Almeida Garrett, Oliveira Martins, Fernando Pessoa, Miguel Torga), foi para a frente e apostou todo o seu investimento econômico na aventura imperial. O ímpeto econômico, é bem de ver, revestiu-se, pelo menos em parte, e em especial no século XX, da propaganda e do vocabulário de nações e famílias felizes, figurando neste elenco a metrópole, Portugal, como mãe das suas (entenda-se que voluntariamente submissas) colônias-filhas. A aposta falhou, e à medida que as várias parcelas do império se foram desfazendo, Portugal foi ficando relegado à posição de parente pobre na periferia da Europa, posição ainda atualmente ocupada.

Quando, tal como foi o caso após o colapso do Estado Novo em 1974, a derrocada das ambições coloniais se desenrolou par a par com o abatimento das hegemonias aliadas da Igreja e do Estado, entende-se que uma artista como Paula Rego, a criadora, na década de sessenta, apogeu do regime Salazarista, daquele famoso quadro, *Salazar vomita a pátria*, não resistisse a deitar sal na ferida do mastodonte abatido. O quadro *Mãe* configura essa vingança.

No centro emocional bem como geométrico do quadro está situada a concha branca epônima, que a artista declarou representar Portugal, a Pátria-mãe. É aliás absolutamente apropriado que o símbolo escolhido para representar uma nação que durante quase seis séculos se definiu, primeiro realista e depois nostalgicamente, enquanto

---

[15] Paula Rego, *O crime do padre Amaro*.

império transatlântico, fosse uma concha. Como sempre em Paula Rego, porém, a simbologia aparentemente transparente, adquire labirintos de perversidade. Em primeiro lugar porque as conchas, embora belas, são afinal de contas, tal como aqueles peixes mortos d'*A Primeira Missa*, parte dos despojos abandonados por um mar que se ausentou. A concha, neste quadro, torna-se arguivelmente o insulto somado à injúria feita a esta Pátria-mãe outrora navegadora de mares, mas agora perpetuamente encalhada em terra, tão angustiosamente posta a seco como o barco minúsculo em segundo plano, cuja escala diminuta sublinha aquilo a que a aventura dos Descobrimentos ficou reduzida: nomeadamente, ao estatuto de um passatempo de crianças (um brinquedo esquecido numa cadeira), a própria antítese das indomáveis caravelas do século XV, desvendando novos mundos, por mares nunca dantes navegados.

Mas a concha eriçada apresenta além disso a faceta ameaçadora, espinhosa, de uma mãe/pátria porventura ofendida e disposta a retaliar contra os seus desastrados filhos, e contra as aventuras mal-fadadas nas quais, em nome dela, estes se embrenharam, com resultados históricos desastrosos. Se, como lamentaram aqueles desmancha-prazeres intelectuais atrás referidos, os Descobrimentos e o império representaram não a glória da pátria mas antes o seu abandono ao Deus-dará, em troca de lucros ultramarinos mais imediatos, esta concha abespinhada é a mãe nacional e psicanalítica, desavinda dos seus filhos desleixados e oportunistas. O castigo que lhes impõe, e a forma que este adota, não deixam de ser saborosos. Neste ciclo de quadros inspirados pelo romance de Eça de Queirós, *O crime do padre Amaro*, o homem é Amaro, o padre ambicioso que configura a confusão interesseira de imperativos seculares e espirituais, amalgamados por via de uma série de concordatas pouco honrosas.[16] Amaro no quadro está rodeado de três mulheres, que podem representar os confins dos antigos territórios portugueses: uma negra, no centro, que representaria os territórios africanos mais longamente preservados por Portugal; uma indiana à esquerda, representante dos territórios índicos que foram os primeiros a ser perdidos; e uma branca ajoelhada à direita, representante porventura do próprio Portugal, derrubado no restolho das suas aventuras marítimas. O Brasil, reputado, embora

---

[16] Ver Queirós. As concordatas referidas foram assinadas entre Portugal e o Vaticano em 1847 e 1940, a última no auge do regime salazarista do Estado Novo, e fundamentaram o reconhecimento de perenes interesses mútuos entre a igreja e o Estado, na vida nacional portuguesa.

com inexatidão, como a utopia de raças harmoniosamente coexistentes, fica conspicuamente ausente desta composição.

No meio da trindade feminina/nacional situa-se Amaro, efeminizado pela saia vagamente à eunuco, e refletido no espelho por detrás do qual se vislumbra aquele patético barco-*bibelot*, contra o pano de fundo de uma janela que devia ter vista para o mar, mas afinal de contas não tem. O dilema narrado por este quadro histórico, que afinal o é, é o impasse emocional e político, despido de horizontes, daqueles filhos e cidadãos a quem a mãe, seja ela concha, mulher ou nação, em eco daquela outra mãe portuguesa d'*A Primeira Missa* e de uma infinitude de outras mães freudianas, embora por razões ligeiramente diferentes, também virou as costas.

A dimensão política d'*A Primeira Missa*, refrata ainda outra vertente que nos transpõe do pelouro histórico-político, para o político-sexual, e que, a partir da impressão de uma maternidade angustiada e constrangida,[17] nos projeta para uma série de quadros mais recentes (*Sem título*, 1999), sobre o tema do aborto.[18]

Esta série de quadros a pastel foi produzida na seqüência do referendo à nova lei portuguesa do aborto aprovada em 1997 e revogada sob pressão desse referendo em 1998. A controvérsia alargada no nível nacional acerca dos direitos e deveres da mulher relativamente à possibilidade do aborto legal, dividiu-se segundo as demarcações que habitualmente regem este debate, quando quer e onde quer que ele seja travado. O efeito foi a costumada polarização das posições respectivas (e vistas como inevitavelmente mutuamente antagonísticas) da mãe e do feto.

Não tem cabimento neste contexto mais do que uma breve visita a esta série de quadros, porquanto relevantes à obra aqui prioritariamente discutida. De igual modo, a recusa ou aceitação contrafeita do imperativo de produção de filhos para uma nação recém-nascida (o Brasil de 1500) ou ideologicamente recém-reformulada (o Portugal propagandista do Estado Novo de 1933-74, o Portugal pós-referendo de 1998), liga os quadros de 1999 e o de 1993.

Durante as décadas de 40, 50 e 60, Salazar delineou os parâmetros da pátria portuguesa idealizada segundo uma metáfora familiar alargada ao conceito de nação. O Portugal salazarista colonial e pós-Concordata arquitetou a vida nacional na base de uma instituição, a

---

[17] McEwen 207.
[18] Paula Rego, *Untitled*.

maternidade, com resquícios teológicos (maternidade virgem) alusivos à aliança de uma série de interesses temporais (políticos) e religiosos (católicos), diversamente remetentes à realidade corporal e biológica da condição feminina. Este fenômeno foi aliás tornado explícito pelas muitas declarações feitas por Salazar acerca da magnitude da função a ser desempenhada por uma domesticidade feminina tradicional, relativamente à preservação ou ruptura da estabilidade do *status quo*, declarações essas que trasladam o pelouro doméstico, e insignemente o reprodutivo, para o âmbito político:

> O trabalho feminino fora da esfera familiar desintegra a vida em família, separa os membros da família e torna-os estranhos uns aos outros (...) A vida em comum desaparece; o trabalho de educação das crianças sofre e as famílias tornam-se pequenas. (...) Consideramos que é o homem quem deve trabalhar e sustentar a sua família, e sustentamos que o trabalho da mulher casada fora do lar deve ser desencorajado. (...) As mulheres mostram um tal desejo de liberdade, um tal frenesi pelos prazeres da vida. Elas não compreendem que a felicidade se alcança através da renúncia e não do prazer (...) As grandes nações deviam dar o exemplo e circunscrever as mulheres em suas casas.[19]

Para Salazar a mãe era o âmago de um lar que, por seu lado, era o eixo da metrópole-nação, madre das suas colônias, situando-se à cabeça desta estrutura multidimensional mas monolítica, bem entendido, o homem, marido, pai, chefe de família, chefe de Estado e Deus. Ironicamente, o Salazar lendário, solteirão, eremita, arquiteto de alegorias familiares de vida nacional, vinha, afinal de contas, por conseguinte, a ser também, imaginativamente, aquele Salazar vomitando a pátria de Paula Rego, uma espécie de "mãe solteira", presa dos sabidos enjôos de uma gravidez metafórica, porque prenhe de uma visão de existência coletiva (peninsular e colonial) pseudo-doméstica, e, supostamente, domesticada.

Seja como for, os vestígios das declarações ultra-machistas acima citadas pressentem-se ainda, um quarto de século após a derrocada do Estado Novo, na bissetriz introduzida à escala nacional pelo debate que rodeou o referendo sobre a lei do aborto em 1998.[20]

---

[19] Apud Sadlier 2-3.
[20] O resultado do referendo foi um empate. Apenas 31.94% do eleitorado votou. Destes, 49.08% votaram a favor da liberalização. Por uma margem mínima (50.92%) o voto contra ganhou. Em vista deste resultado inconclusivo e revelador da divisão nacional, decidiu-se submeter a lei a uma nova Assembléia após o período parlamentar legislativo de 1999.

À luz destes fatos, qual o significado dos quadros de Paula Rego, quer os referentes ao aborto, quer aquele mais antigo, mas não menos politicizado, d'*A Primeira Missa no Brasil*? No que diz respeito àqueles, argüimos agora, as imagens pungentes com que nos deparamos, integram-se, ou melhor, deturpam, ditames comportamentais caracterizados por linhas demarcatórias de moralidade sexual feminina, linhas essas anteriormente vincadas, mas que estes quadros esborratam, levando à confusão de categorias de outro modo pressupostamente estanques. Essa confusão resulta de serem todas as protagonistas femininas desta série de pastéis (todas elas ostensivamente sozinhas e isoladas em quartos vazios e num mundo de conformismo social de que o ato do aborto presumivelmente as excomungou), não, afinal de contas, mulheres, mas, na maioria destes quadros elas próprias crianças ou adolescentes (n. 4, n. 6, tríptico). As conseqüências desse estatuto etário são significativas. A ver.

A aura de vulnerabilidade que rodeia estas figuras é acentuada pelo uniforme escolar[21] que as coloca impreterivelmente sob a alçada e domínio de outros (os adultos, especificamente pais, parentes, professores, e, prioritariamente, o sedutor — que poderia aliás ter sido um pai, parente ou professor). Com a exceção de um quadro, todas estas imagens representam figuras femininas cujo denominador comum é que nenhuma delas é ainda inteiramente (ou nem de longe) uma mulher adulta, mas sim uma criança ou mocinha: para quem, em suma, e curiosamente, tal como para o feto, a vida ainda não começou. E porque se trata aqui não de mulheres (as mães onipotentes e castradoras pós-Freud), mas perturbadoramente de meninas, aquele binômio que supostamente diferenciaria e separaria a mãe adulta, todapoderosa, assassina e criminosa, conforme imaginada pela facção anti-aborto, do feto cuja vida ela desautorizou, esse binômio, dizíamos, fica afinal de contas insustentável. A história narrada por estes quadros é afinal muito diferente, e foge a essa caracterização desembaraçada, porque, por fim, estas protagonistas pictóricas, embora sendo inegavelmente responsáveis por se abortarem, são também simultaneamente crianças, ou pouco mais que crianças. As suas gravidezes, por conseguinte, pelo mero fato de terem acontecido, assinalam um mundo

---

[21] Paula Rego vive desde os dezessete anos em Inglaterra, onde o uso de uniforme escolar, de aparência semelhante às vestimentas aqui envergadas pelas protagonistas, é mais comum do que em Portugal.

adulto equívoco, em que o abuso de poder (ou pelo menos de proteção ineficaz de menores), são fatos que tornaram possíveis estas maternidades prematuras e mal-fadadas. O que estes quadros nos impõem, então, acima de tudo, é não a bissetriz inimiga entre a mãe-a-não-ser e o feto abortado, mas antes o isolamento grotescamente quase compincha dos dois, perante um mundo e uma moralidade que excluem ambos, num quarto que os enclausura aos dois sozinhos. E sendo assim, deparamos aqui não com uma série de justaposições de mães perversas e de fetos cujas vidas potenciais aquelas cortaram pela raiz, mas antes com apresentações repetidas e doloridas do tema de duas crianças, uma por nascer, e outra inapta a dá-la à luz.

N'*A Primeira Missa no Brasil* de Paula Rego, ao contrário do que se verifica nos quadros sobre o aborto, paradoxalmente mais discretos, o sangue que nestes fica geralmente alusivo, metonimicamente denotado por exemplo por colchas vermelhas (*Sem título* nº 7), naquele é explícito e brutal. A colcha também vermelha em primeiro plano é apenas o presságio visual daquela figura em escala diminuta mas nem por isso menos prepotente, da mulher de avental ensangüentado e braços estendidos em jeito ambíguo de ameaça ou de benesse. Qual é a origem do sangue naquele avental de outro modo tão quintessencialmente doméstico? O peru que uma boa dona de casa vai decapitar e depenar para o almoço da família que a ela, como boa mãe, compete alimentar? O peru que lhe compete sacrificar como sacerdotisa hierática de um ritual pagão, alienado do ímpeto ostensivamente cristão e missionário promovido pelo quadro na parede? A parturição que, como ama-parteira, acaba de facilitar? O desmancho ilícito em que, como abortadeira, acaba de participar? Ou o sacrifício, não de uma virgem, porque a gravidez é inegável, mas de uma mãe pecaminosa porque ilegítima?

No romance de Alencar, Iracema, virgem, ou seja, tecnicamente mocinha ainda por desflorar, rende a virtude, cresce e morre para dar à luz o novo Brasil utópico e miscigenado. No Portugal d'*O crime do padre Amaro*, que Paula Rego variamente transmutou para a tela, as moças morrem vítimas de gravidezes causadas por padres libidinosos, que o *status quo* conspira por proteger. No Portugal pré- e pós-Salazarista de inumeráveis desmanchos ilegais, as jovens abortam-se para perpetuarem a ficção de uma virgindade pré-conjugal inexpugnável, que não pode nunca integrar filhos embaraçosos para mães solteiras. E n'*A Primeira Missa no Brasil* Reguiana, uma futura mãe, cujas feições rechonchudas denunciam uma juventude insólita e uma angústia inapropriada a essa juventude, jaz em pose de rejeição, de costas para um momento histórico racialmente harmonioso, mas que os parâmetros metaficcionais do quadro expõem como sendo afinal pura ilusão, ou pior, falsificação (um quadro forjado com inexatidão intencional, integrado dentro de outro, e condenado a nunca ser mais do que isso).

O quadro original de Victor Meirelles é modificado de várias formas por Paula Rego, incluindo a proeminência concedida às caravelas forasteiras, em praias até aí indesvendadas. A realidade ostensivamente objetiva do fato histórico narrado por Meirelles fica assim fragilizada como sendo afinal susceptível de uma reinterpretação menos cor-de-rosa. Perene em ambos os quadros, permanece a passividade vulnerável dos índios, reduzidos ao estatuto de espectadores de um ritual religioso que lhes deve ter sido, no mínimo, desconforme. Mas exclusivo ao de Paula Rego fica a galeria espectral de figuras jacentes, pequenas e grandes, vivas ou inanimadas, que em jeito de coro grego profetizam futuras realidades desafortunadamente complicadas, aqui em vias de parturição.

> Esta é a ditosa pátria minha amada,
> À qual se o Céu me dá, que eu sem perigo
> Torne, com esta empresa já acabada,
> Acabe-se esta luz ali comigo.
> Esta foi Lusitânia...[22]

Bibliografia

Alencar, José de. *Iracema. Ficção completa e outros escritos*. Vol. II. Rio de Janeiro: Nova Aguilar Editora, 1964 [1865].

Becker, Udo (org.). *The Element Encyclopaedia of Symbols*. Trans. by Lance W. Garmer. Shaftesbury, UK and Brisbane, Australia: Element, 1994.

Camões, Luís Vaz de. *Os Lusíadas*. Porto: Porto Editora, 1987.

Chodorow, Nancy. *The Reproduction of Mothering: Psychoanalysis and the Sociology of Gender*. Berkeley, Los Angeles & Londres: The University of California Press, 1979.

Dinnerstein, Dorothy. *The Rocking of the Cradle and the Ruling of the World*. Londres: The Women's Press, 1987.

Freud, Sigmund. "Some Psychical Consequences of the Anatomical Distinction Between the Sexes". Standard Edition. Vol. 19. Londres: Hogarth Press, 1961.

---

[22] Camões, Canto III.

_____. "Female Sexuality". Standard Edition. Vol. 21. Londres: Hogarth Press, 1961.
_____. "Femininity". Standard Edition. Vol. 22. Londres: Hogarth Press, 1964.
Hahner, June E. *Emancipating the Female Sex: The Struggle for Women's Rights in Brazil, 1850-1940*. Durham e Londres: Duke University Press, 1990.
Lacan, Jacques. *Écrits: A Selection*. Londres: Routledge, 1985.
_____. *Four Fundamental Principles of Psychoanalysis*. Londres: The Hogarth Press and the Institute of Psychoanalysis, 1977.
Lemaire, Ria. "Re-reading *Iracema*: The Problem of the Representation of Women in the Construction of a National Brazilian Identity". *Luso-Brazilian Review*, XXVI, 2 (Winter 1989): 59-73.
McEwen, John. *Paula Rego*. London: Phaidon, 1997.
Moi, Toril. *Sexual/Textual Politics*. Londres: Methuen, 1985.
Queirós, Eça de. *O crime do padre Amaro*. Lisboa: Livros do Brasil (s/d).
Rego, Paula. *Salazar vomita a pátria*. Lisboa: Fundação Calouste Gulbenkian, 1960.
_____. *O crime do padre Amaro*. Londres: Dulwich Picture Gallery, 1998.
_____. *Untitled*. Lisboa: Centro de Arte Moderna José de Azeredo Perdigão, 1999.
Sadlier, Darlene J. *The Question of How: Women Writers and Portuguese Literature*. New York & Londres: Greenwood Press, 1989.
Waugh, Patricia. "Psychoanalysis, Gender and Fiction: Alternative 'Selves' ". *Feminine Fictions: Revisiting the Postmodern*. Londres & New York: Routledge, 1989.

Paula Rego. *A primeira missa no Brasil*, 1993. Acrílico s/papel, 130x180 cm.

Paula Rego. *Primeira Missa no Brasil* (Detalhe).

Nelson Leirner. *Terra à vista*.

Paula Rego. Pastel s/papel montado em alumínio. 110x100 cm.

Paula Rego. Pastel s/papel montado em alumínio. 110x100 cm.

Paula Rego. Pastel s/papel montado em alumínio. 110x100 cm.

Paula Rego. Tríptico — 3º painel
pastel s/papel montado em alumínio (1998).

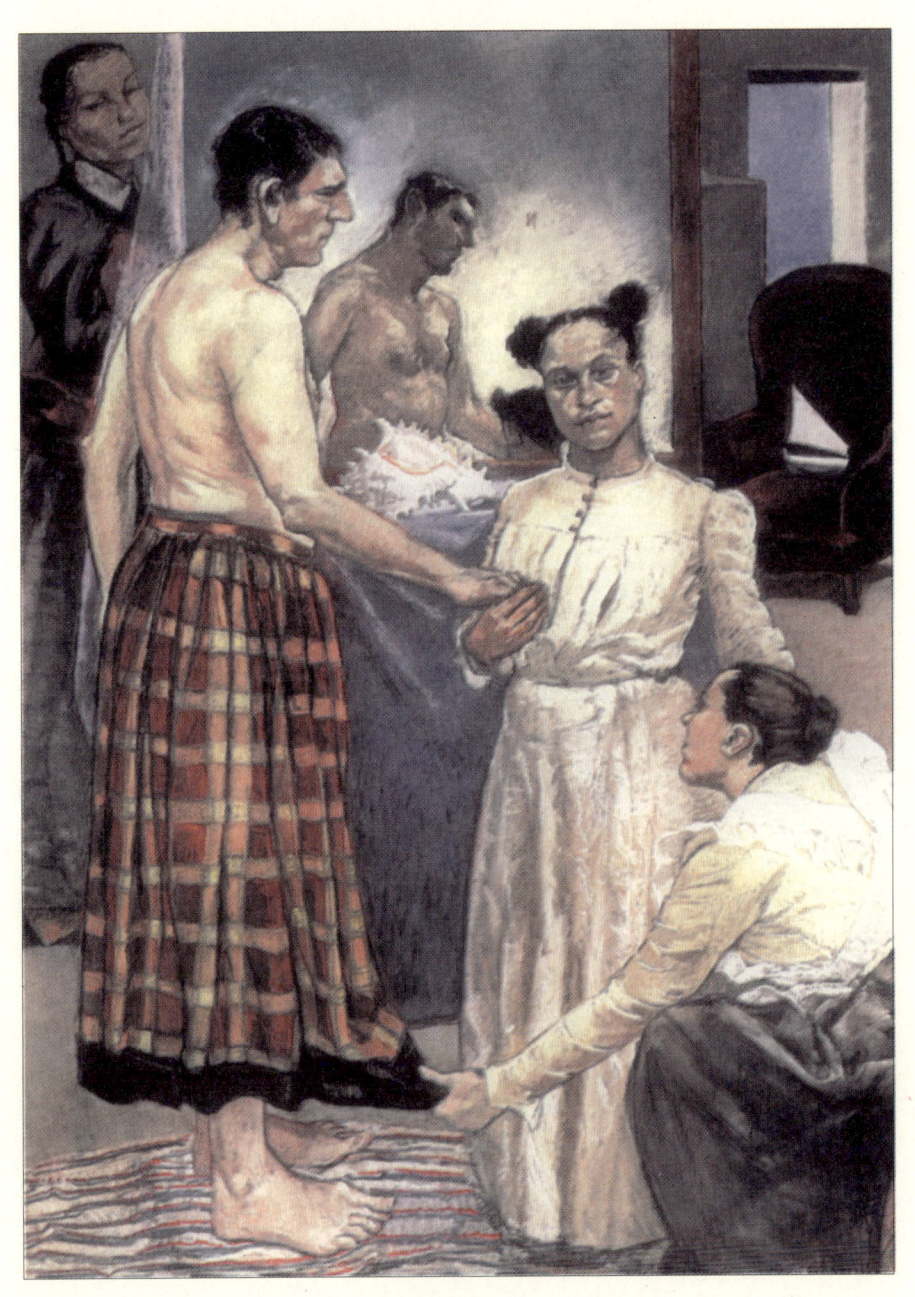

Paula Rego. "Mãe"
pastel s/papel montado em alumínio (1997).

INTERMEDIÁRIOS CULTURAIS

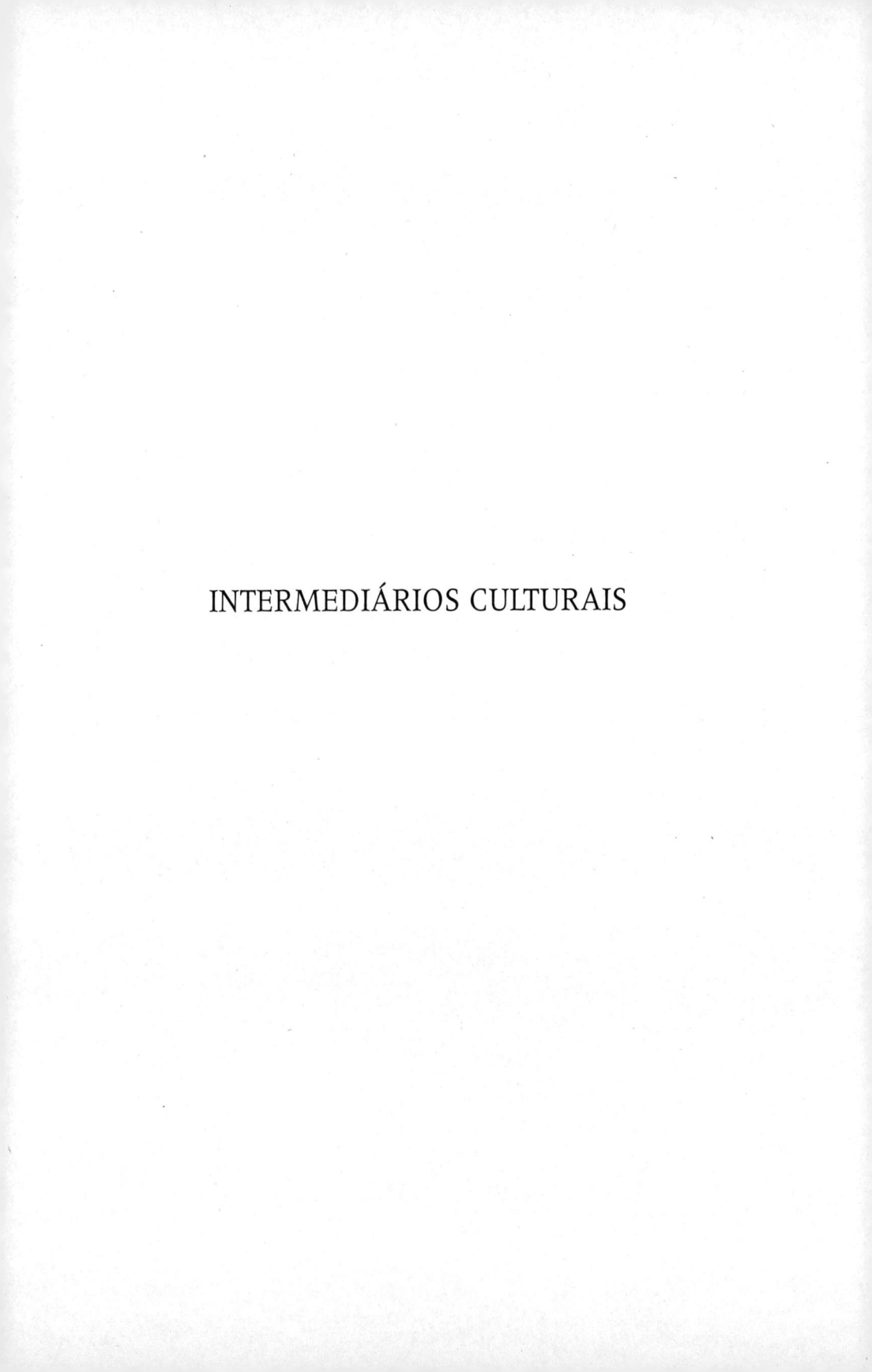

ESQUEMA PARA VIEIRA

João Adolfo Hansen[1]

Nas obras proféticas, sermões e correspondência do jesuíta Antônio Vieira (Lisboa,1608; Salvador,1697), o tempo subordina a natureza e a história como figuras ou alegorias factuais do divino. É tempo teologicamente qualificado como emanação de Deus, evidenciando que é totalmente estranha a Vieira a idéia iluminista, produzida na segunda metade do século XVIII, de que Deus está morto e, logo, de que a história é o processo apenas humano, próprio da *res publica*, que subordina o tempo quantitativamente como um contínuo de superações progressistas rumo à realização final da Razão num futuro utópico. Não se trata, contudo, de temporalidade mítica ou cíclica, nem de panteísmo, muito menos de postulação do mundo histórico como ilusão ou aparência. Jesuíta contra-reformado, Vieira afirma que a eternidade está em todos os tempos, que participam, como tempos criados, da plena realidade do conceito absolutamente indeterminado e absolutamente idêntico a si mesmo de "Deus".

Por isso, duas coisas devem ser lembradas quando sua obra é lida: a primeira é que sua interpretação dos eventos do Império Português propõe que todos os tempos são reais e têm historicidade própria, sendo diferentes entre si justamente porque são espécies semelhantes, mas não espécies idênticas do Tempo; a segunda, que nenhum dos tempos se repete no Tempo, uma vez que a única Coisa a repetir-se em todos os

---

[1] Professor de Literatura Brasileira na Universidade de São Paulo. Entre outros, autor de *A sátira e o engenho: Gregório de Matos e a Bahia do século XVII* (São Paulo: Companhia das Letras, 1989); o *O. A ficção da literatura em* Grande Sertão: Veredas (São Paulo: Hedra, 2000).

momentos dele é a Identidade do conceito divino que os orienta como sua Causa Primeira e Causa Final. Como *tipo* ou *sombra das coisas futuras, umbra futurarum,* todos os tempos prefiguram o eterno e em todos eles o eterno é, desde sempre, totalmente atual, como *Luz* e *Protótipo*. No entanto, na semelhança que há entre eles — ou seja, na diferença deles — os tempos ainda não realizaram o Reino de Cristo. Totalmente atual em Deus ou na identidade do conceito de Deus, o futuro já é, desde sempre, completado no eterno, mas permanece apenas virtual para a humanidade, que até agora apenas o atualizou ou o repartiu de modo incompleto. Cristo já veio uma vez, com certeza, e a Providência continua a revelar caritativamente a eficácia da Nova Aliança para todos os homens, acenando-lhes misteriosamente com o futuro do Segundo Advento. Assim, conforme Vieira, é a vontade de todos os indivíduos, ordens e estamentos do Império Português, como reto desejo do Bem, e a liberdade de todos eles, como reta escolha do Bem já confirmado pelo sacrifício de Cristo, que devem ser orientadas para a atualização do Reino de Deus na terra. A *recta ratio agibilium* e a *reta ratio factibilium*, a reta razão das coisas agíveis e a reta razão das coisas factíveis, contam com a Graça inata ou o conselho de Deus, cuja atualidade de luz natural é, aqui-agora, na *sindérese* acesa nas mentes de todos os homens.

O passado vivido por patriarcas, profetas e heróis da Fé prefigura a realização do sentido providencial da história, por isso os homens e os eventos passados são retomados por Vieira no ato da pregação como *exemplos* a serem imitados pela audiência para aperfeiçoamento do "corpo místico" do Estado português. No caso, a retórica aristotélico-ciceroniana revela-se absolutamente apta para persuadir a audiência acerca do sentido providencialista da história, iluminando as vontades e as liberdades na preparação do advento dos futuros contingentes. Com os mesmos pressupostos teológico-políticos e retóricos, Vieira escreveu uma *História do futuro*, título que desde o século XVIII aparece como paradoxal ou fantástico, mas que se torna historicamente inteligível, evidentemente, quando se reconstituem os pressupostos e as categorias contemporâneos da sua lógica discursiva e dos seus condicionamentos materiais e institucionais.

É preciso lembrar que hoje *lemos* os sermões de Vieira, autonomizando-os da sua prática oral, pois em seu tempo *eram ouvidos*. A pregação católica pressupunha então que a Luz divina acesa na consciência do jesuíta e exteriorizada em sua voz, seu corpo e seu estilo na *actio* oratória legitimava as instituições políticas portuguesas como naturalidade da hierarquia. Pronunciados por uma voz autorizada, os sermões funcionavam como dispositivos de subordinação hierárquica, quando reatualizavam a presença divina que autorizava o poder e as suas práticas. Eram ortodoxamente polêmicos, porque papistas, monarquistas, antiheréticos. O decreto de 8 de abril de 1546, do Concílio de Trento, tinha definido a voz do Padre como mediação das verdades da fé. A pregação de Vieira combate a tese e a prática luteranas da leitura individual da Bíblia, a *sola scriptura*, declaradas heréticas pelo Concílio; ataca a definição maquiavélica do poder político como artifício que dispensa a moral cristã; é voz totalmente empenhada nos negócios temporais do Império, estabelecendo concordâncias analógicas entre os homens e os eventos bíblicos e os homens e os eventos da história de sua pátria, Portugal.

Como agente da *devotio moderna* jesuítica, Vieira nunca dissocia teoria e prática. Suas ações e obras eram estrategicamente contrárias ao Santo Ofício da Inquisição, pois pretendia fixar em Portugal os capitais dos judeus perseguidos que então fugiam com eles para a Holanda. Para fazer frente à competição mercantil com os países reformados da Europa, principalmente a Inglaterra e a Holanda, a Coroa portuguesa usaria os capitais judaicos fundando companhias de comércio para a Índia e o Brasil; em troca, o Santo Ofício abrandaria os "estilos" aplicados contra os cristãos-novos e os judeus. A defesa dos capitais judaicos associava-se intimamente ao sentido profético conferido por Vieira à América. Acima de tudo, sua voz profetizava, com o mais absoluto equívoco, que seria brilhante o futuro de Portugal como nação universalizadora do catolicismo. Nesse futuro, o papel do Brasil e do Maranhão e Grão-Pará era essencial.

Como se pode ler no "Sermão da epifania", que pregou para a Corte portuguesa em 1662, depois que voltou derrotado de mais de dez anos de lutas em defesa dos índios contra os colonos escravistas do Maranhão e Grão-Pará, afirma que os descobrimentos portugueses significaram uma segunda e nova criação do mundo. Na primeira vez, Deus o criou sozinho; na segunda, querendo incorporar ao grêmio da Cristandade "as gentes estranhas e remotas", Deus fez dos portugueses e de Portugal suas "causas segundas" ou instrumentos da sua Vontade:

> Este é o fim para que Deus entre todas as nações escolheu a nossa com o ilustre nome de pura na Fé, e amada pela piedade: estas são as gentes estranhas e remotas, aonde nos prometeu que havíamos de levar

seu Santíssimo Nome: este é o império seu, que por nós quis amplificar e em nós estabelecer; e esta é, foi, e será sempre a maior e a melhor glória do valor, do zelo, da religião e da cristandade portuguesa.²

Em abril de 1659, então em Camutá, na missão amazônica, Vieira tinha escrito uma carta para seu amigo, o Padre André Fernandes, depois bispo do Japão. O texto, conhecido como "Carta do Bispo do Japão", expõe detalhadamente sua interpretação profética das *Trovas* de Gonçalo Anes Bandarra, um sapateiro do século XVI. Aníbal Pinto de Castro propõe que ele as transforma "(...) no fundamento de uma nova concepção de sebastianismo, segundo a qual o regresso do Encoberto não traria já D. Sebastião, mas significava o advento de D. João IV e fazendo delas, por conseguinte, a base essencial da sua crença no Quinto Império e na inevitabilidade da ressurreição do Rei".³

No "Sermão dos bons anos", que pregou em 1º de janeiro de 1642 na Capela Real de Lisboa, ao comentar o versículo do Pai Nosso, *adveniat Regnum tuum, venha a nós o Teu Reino*, Vieira profetizou que o rei vivo e presente na pregação, D. João IV, dava continuidade ao rei morto e ausente, D. Sebastião, cumprindo a promessa feita por Deus a D. Afonso Henriques na batalha de Ourique. No momento, como diz, já veio o Reino que Portugal já foi, mas ainda está para vir o Reino que Portugal há-de ser, o Quinto Império.⁴ (Os impérios anteriores foram o caldeu, o persa, o grego e o romano).

Em 1647, para negociar com os Estados Gerais a paz no Brasil e na África, Vieira esteve em Haia. Nesse tempo, manteve contato com judeus da sinagoga de Amsterdam, como Manassés-ben-Israel, que em 1640 escrevera um texto profético, *Esperança de Israel*, imitado por Vieira em *Esperanças de Portugal*, a carta de 1659 para o amigo André Fernandes. Com o amigo judeu, Vieira discutiu o destino das tribos perdidas de Israel, a restituição de Judá e o advento do Messias, temas tratados em suas cartas e obras proféticas posteriores em que escreve sobre o papel providencial do Novo Mundo e dos índios brasileiros antes do retorno do Messias. Exércitos de índios brasileiros convertidos combateriam os turcos na Europa antes do segundo Advento. Os livros bíblicos de *Daniel* e *Isaías*; as *Trovas* de Bandarra; o tratado *De procuranda*, do

---

² Vieira 2: 10.
³ Castro 125.
⁴ Vieira 1: 315-42.

jesuíta peruano José de Acosta, entre outros, fornecem as matérias com que Vieira interpreta profeticamente o sentido da revelação da palavra divina para os índios brasileiros pelos missionários jesuítas desde a missão de Nóbrega e Anchieta, no século XVI.[5] A missão jesuítica e a catequese dos povos gentios são um mistério da Providência, que faz a Igreja avançar espiritualmente a redenção da humanidade, quando o Novo Mundo é incluído no ágape cristão. É justamente por ser selvagem, bárbaro ou "boçal", que o índio brasileiro deve ser amorosamente conduzido a superar seu estado de barbárie. Quando os coloniais o escravizam, também se tornam culpados pela descrença e pela perda das almas para Satanás. Neste sentido, a Coroa portuguesa é santificada devido ao seu papel apostólico de patrocínio da missão jesuítica, que dá testemunho da Graça inata quando realiza no tempo o projeto sobrenatural de Deus.

Vieira interpreta a escravidão africana do mesmo modo. Como se pode ler no "Sermão XIV do Rosário", é pelo batismo que a Providência divina livra a alma dos gentios africanos do Inferno, para o qual certamente estava destinada se os negros permanecessem na liberdade natural da sua terra de origem.[6] Quase cinqüenta anos depois, em 1691, Vieira foi consultado pela Junta das Missões sobre as medidas que deveriam ser tomadas a respeito de Palmares, a nação dos quilombolas chefiados por Zumbi que atacavam os engenhos de Pernambuco. Apresentou então cinco razões para a destruição do quilombo e o extermínio dos seus habitantes. Afirmou, na primeira, que talvez fosse possível enviar padres negros, naturais de Angola, como embaixadores aos palmarinos; na segunda, que provavelmente seriam tidos como espiões do governo português para concluir, na terceira, que por isso seriam mortos "por peçonha". Com a quarta razão, concedendo que talvez os palmarinos pudessem suspender os ataques contra os colonos, mas que nunca deixariam de acolher escravos fugitivos, Vieira chegou à quinta, talvez a mais decisiva de todas, onde declara que "(...) sendo rebelados e cativos, estão e perseveram em pecado contínuo e atual, de que não podem ser absoltos, nem receber a graça de Deus, sem se restituírem ao

---

[5] Na série de sermões de Francisco Xavier dormindo e Xavier acordado, Vieira estabeleceu homologia entre a ação de Francisco Xavier e de outros jesuítas na Índia e Japão e as missões jesuíticas brasileiras, propondo que Deus atribuiu à monarquia portuguesa a missão essencial de universalizar a fé católica por meio da Companhia de Jesus, preparando o Advento do reino de Deus.
[6] Vieira 11: 301.

serviço e obediência de seus senhores, o que de nenhum modo hão de fazer".[7]

Obviamente, Vieira não era um iluminista; como um jesuíta contra-reformado, não concebe nenhuma doutrina dissociada das coisas práticas, considerando que estas são também atravessadas pela Presença de Deus; logo, a escravidão, o batismo dos escravos, a salvação das almas cativas — mas também o extermínio dos escravos rebelados — não se dissociam do seu projeto de conquistar a hegemonia político-econômica do Atlântico Sul. Evidentemente, seria hegemonia católica, mas só assegurada pelo monopólio português do tráfico negreiro e da mão-de-obra africana. Logo, quando afirma o dever de obediência dos escravos, Vieira pressupõe que a escravidão é "matéria de profunda meditação" prevista pela Providência divina para Portugal. Como costumava dizer, o Brasil tinha o corpo na América e a alma na África.

A finalidade de toda a sua ação e obra é a integração ordenada de indivíduos, estamentos e ordens do Império Português, desde os mais humildes escravos e índios bravos do mato até os aristocratas cortesãos e príncipes da Casa Real, visando sua redenção coletiva como um único "corpo místico" de vontades e liberdades dirigidas para a realização do Império de Deus na Terra, o retorno do Messias. Vieira sacraliza a dinastia dos Bragança, estabelecendo ponderações misteriosas entre o ritual católico, os textos canônicos e a monarquia absoluta definida como instrumento da divindade. Assim, para afirmar a destinação universal de sua terra, que inclui a catequese do índio, a escravidão do africano, as missões asiáticas da Índia, da China e do Japão, a integração dos judeus e cristãos-novos, a fundação das companhias de comércio, a disciplina dos nobres, a sacralização da dinastia dos Bragança como reis escolhidos por Deus etc., Vieira qualifica o meio material da linguagem como algo a ser percebido na experiência da forma. É o mesmo conceito teológico de Identidade divina que fundamenta sua técnica retórica como pensamento da similitude ou racionalidade figural. Aqui, é fundamental pensar a questão da forma.

Luhmann lembra que não vemos a causa da luz, o Sol, mas coisas na luz. Da mesma maneira, não lemos letras, mas, com o auxílio do alfabeto, palavras; e, se quisermos ler o próprio alfabeto, teremos de ordená-lo alfabeticamente. A coordenação de elementos produz a forma, mas o próprio meio de suporte ou de coordenação da forma geral-

---

[7] D'Azevedo 372.

mente não chama a atenção. Na arte de Vieira, vemos coisas na luz e também vemos a Luz; lemos palavras, significantes, mas também a substância das letras e a substância dos sons. Para usar uma expressão de Hans Ulrich Gumbrecht (1999), sua arte é um dispositivo de produção de presença, um dispositivo teológico-político de produção da Presença divina nas instituições portuguesas metropolitanas e coloniais. É outra sua doutrina do signo, pois também seu pensamento se entende como uma metáfora qualificada do divino. Para ele, a linguagem *nunca* se autonomiza instrumentalmente da forma, como uma estética, mas é ela mesma, linguagem, como natureza criada de sons onde se recorta a convenção humana dos signos, a presença do divino na mente dos homens e nas formas da sociabilidade. Assim, as substâncias da expressão e do conteúdo, desdenhadas nas teorias lingüísticas contemporâneas a partir de Saussure, participam também do absoluto poder de coesão do seu princípio metafísico. Logo, a substancialização da linguagem também a torna visível como meio.

A arte de Vieira multiplica o Um, espelhando-o por atribuição, proporção e proporcionalidade nas semelhanças de sons, letras, palavras, conceitos, imagens e argumentos, de modo a fazer também do discurso e do ato do discurso uma figura eficaz do acontecimento da Presença eficiente, que faz o mundo ser e desejar o Ser. Evidentemente, a substancialização da linguagem é um processo histórico e poético *datado*. Não é uma estrutura "(neo)barroca" transistórica; não é uma "ruptura estética" que se possa autonomizar da sua função contemporânea de propaganda católica do Estado absoluto; não é aplicação beletrista ou "original" de "bom" ou "mau-gosto"; não é um irracionalismo pré-iluminista acusado em retrospecções hegeliano-positivistas unilaterais, que concebem o passado como etapa para as glórias do presente neoliberal.

A agudeza dos estilos é uma das principais figuras da analogia metafísica e lógica que articula a oposição complementar de *finito/infinito* das práticas luso-brasileiras do século XVII. Específica da forma histórica da racionalidade de Corte absolutista, a agudeza ensina que a representação é infinita. Nas suas dobras, dobras não-deleuzianas, alude ao inexpresso inefável da sua Causa Primeira, que aparece difusa no meio material da linguagem como um vazio tendencialmente sublime. O efeito sublime da presença de Deus nos signos tem semelhança com os efeitos de irrepresentabilidade da realidade telemática contemporânea. A comparação torna palatável a metafísica contra-reformada dos sermões e obras proféticas do jesuíta. Desde a Revolução Francesa, no entanto, a subordinação metafísica da história ao tempo definido como emanação divina e o decorrente efeito sublime das representações tornaram-se ruínas mais que arruinadas. Só podem interessar, talvez, quando apropriadas para se constituir o seu diferencial histórico irremediavelmente extinto. Um dia, o presente hoje aclamado como eternidade global da "pós-utopia" também se arruinará.

Bibliografia

Castro, Aníbal Pinto. *Antônio Vieira. Uma síntese do barroco luso-brasileiro*. Lisboa: Clube do Colecionador dos Correios, 1997.
D'Azevedo, João Lúcio. *História de Antônio Vieira*. Vol. 2. Lisboa: Clássica, 1920.
Gumbrecht, Hans Ulrich. "Epiphany of Form: On the Beauty of Team Sports". *New Literary History* 30.2 (1999): 551-72.
Vieira, Antônio Padre. *Sermões*. 15 vols. Porto: Lello & Irmão, 1959.

FERDINAND DENIS E A LITERATURA BRASILEIRA: UMA BEM-SUCEDIDA RELAÇÃO TUTELAR

Maria Helena Rouanet[1]

Embora não passe de um bibliotecário medianamente conhecido na França de seu tempo, Ferdinand Denis (1798-1890) é figura nuclear no processo de constituição de uma literatura nacional no Brasil do pós-independência. Ou, pelo menos, vem sendo assim considerado pela grande maioria dos que se detiveram sobre esta questão, desde o século XIX até os dias de hoje.

Depois de haver estado no Brasil Reino por três anos e, ao que tudo indica, tendo aprendido a língua portuguesa, Denis retorna à França em 1818 sendo apenas mais um entre tantos viajantes europeus que rumaram para a América ao longo do Oitocentos. Logo, porém, a Independência da ex-colônia portuguesa veio oferecer-lhe a grande oportunidade e Denis prontificou-se a assumir a função de mediador por excelência entre o Brasil e o continente europeu, tanto em termos de criação quanto de consumo de produtos culturais. De início, seu trabalho limitou-se à divulgação de textos relativos ao Brasil — a carta de Pero Vaz, por exemplo — mas cedo começou a publicar seus próprios trabalhos e, em poucos anos, havia consolidado posição de especialista: era um "Americanista", como se dizia então.

A despeito do privilégio concedido a este francês pela História da literatura brasileira e, conseqüentemente, das tantas referências a ele feitas, estou persuadida que sua atuação ainda pode ter rendimento reflexivo. Contanto que se focalizem, a este respeito, não as razões de

---

[1] Professora de Literatura Brasileira e Francesa. Entre outros, autora de *Eternamente em berço esplêndido: A fundação da literatura nacional* (São Paulo: Siciliano, 1991).

sua figura haver sido consagrada, mas por que mecanismos as relações interculturais são capazes de forjar realidades para os grupos envolvidos nesse processo e de que maneira a alteridade age na constituição de uma identidade cultural.

Muito mais que a condição de especialista — que fazia de Ferdinand Denis a pessoa indicada para dar a conhecer o Brasil aos europeus oitocentistas —, o que merece atenção é seu projeto de estabelecer uma boa literatura, objetivo a ser alcançado através da incorporação daquilo que seria a realidade tropical. Originalmente dirigido a seus compatriotas, tal projeto seria mais tarde redimensionado, muito provavelmente em função da resenha escrita por Sainte-Beuve para o livro *Scènes de la nature sous les tropiques et de leur influence sur la poésie*, publicado por Denis em 1824. Um dos maiores nomes da crítica literária francesa da época vinha não apenas apontar as qualidades do trabalho do jovem viajante, mas também levantar sérios empecilhos à consecução da proposta aí formulada. Havia, segundo o crítico, o "perigo (...) de falar a uma nação de uma natureza que ela não conhece, de apelar para recordações que só existem para o escritor, e reduzir o homem medianamente esclarecido a consultar Buffon ou Cuvier para entender um verso" (*Scènes* 66).[2]

Dois anos depois, Ferdinand Denis publicava o *Résumé de l'histoire littéraire du Portugal, suivi du résumé de l'histoire littéraire du Brésil* tendo, desta feita, os brasileiros por alvo de sua interlocução. É precisamente este texto que dará a seu autor o estatuto de núcleo em torno do qual se constituirá toda uma concepção de Brasil e de cultura brasileira, num processo de leitura retrospectiva que vai remontar à *Carta a el-Rei Dom Manuel*, de Caminha, documento que, não por acaso, Denis traduziu e publicou ainda em 1821.

A parte relativa ao Brasil se compõe de oito seções, de tamanho desigual. A primeira delas intitula-se "Considerações gerais sobre o caráter que a poesia deve assumir no Novo Mundo" e tem cunho introdutório. A segunda propõe uma "Visão sumária de alguns poetas dos séculos XVII e XVIII" e inclui referências a obras de Bento Teixeira Pinto, Botelho de Oliveira e ao dramaturgo Antônio José, entre outros. Segue-se uma parte mais extensa inteiramente dedicada a "José de Santa Rita Durão, *Caramuru*, poema épico" que contém, além das apre-

---

[2] Para uma leitura mais detalhada dos meandros desta questão, remeto ao Cap. IV de meu *Eternamente em berço esplêndido*.

ciações de Denis, transcrição de mais de uma dezena de estrofes do poema em questão. As quarta e quinta seções da obra denominam-se, respectivamente, "Basílio da Gama, *O Uraguai, poema épico*; *Quitúbia*, Cardoso, *Trípoli, poema latino*" e "*Marília de Dirceu*, cantos elegíacos de Tomás Antônio Gonzaga — *Metamorfoses do Brasil*, de Diniz da Cruz; Caldas, Alvarenga, Poesias de M.B., etc.". O volume se encerra com três partes mais genéricas, relativas à "Propensão dos brasileiros para a música", aos "Oradores e historiadores brasileiros: Manuel de Morais, Rocha Pita, Azeredo" e ao tópico "Geografia, viagens, etc.".

Um primeiro aspecto que merece ser assinalado é a presença maciça, entre os autores aí arrolados, de nomes que a História da literatura brasileira virá a consagrar — sob a designação de *nativistas* — como aqueles que teriam constituído a pré-história de nossa literatura *nacional*. Contudo, outro aspecto deste livro merece ainda mais destaque: o *Résumé* foi a primeira publicação a separar a literatura que se fazia no Brasil daquela que se produzia em Portugal, fato que adquiriu tamanha importância para os brasileiros que não são poucas as obras que se referem a este livro omitindo todo o primeiro segmento de seu título. Poder-se-ia dizer que, graças a uma simples vírgula e ao adjetivo "*suivi*", Ferdinand Denis realizava, no plano das letras, o que Pedro I teria realizado no campo político: a proclamação da Independência. E observe-se que, curiosamente, ambas essas proclamações se efetivaram verbalmente.

Se a consideração em separado de uma literatura produzida no Brasil é um dado importante acerca do *Résumé*, é sem dúvida pela formulação proposta na parte introdutória deste livro que a figura de seu autor vai tomar vulto. Ao sentenciar que "*L'Amérique enfin doit être libre dans sa poésie comme dans son gouvernement*"[3], Denis evidenciava, para os brasileiros de então, a possibilidade de existência de uma literatura *efetivamente* brasileira, "livre", "independente", porque desvinculada da que se produzia na antiga Metrópole.

Importa, contudo, sublinhar que o verbo "dever" assume — não só nesta passagem, mas ao longo de todo o livro — uma conotação nitidamente compulsória pois, em virtude mesmo dessa independência política que Ferdinand Denis faz questão de destacar, ele lançará um

---

[3] Citei este trecho — uma das mais citadas observações de Denis — no original em francês, embora outras citações serão traduzidas, porque muitas versões de traduções propostas são amplamente divergentes.

verdadeiro grito de alerta que vai estar sempre presente no pensamento brasileiro a partir de então. Uma vez que a nova Nação, recém-libertada dos vínculos coloniais, falava a mesma língua da ex-Metrópole, alguma coisa deveria distinguir a produção cultural desses dois centros. Tal distinção seria dada, segundo Denis, pela inclusão, em tudo o que aqui se produzisse, dos elementos considerados intrinsecamente brasileiros, ou seja: só a marca dos trópicos — e reencontramos, aqui, a proposta formulada nas *Scènes de la nature*... — seria capaz de cunhar a diferença entre Brasil e Portugal. Ou ainda, numa perspectiva mais ampla, entre o Brasil, Nação americana, e o continente europeu.

Mas é outra passagem do texto que dá a medida exata da carga didática que Ferdinand Denis impõe a este seu livro. "Os Americanos", escreve ele, "não têm feito sempre sentir em suas produções o influxo da natureza que os inspirou; antes da independência, parecia até pretenderem olvidar a própria pátria para pedir à Europa um quinhão de sua glória. *Agora, que têm necessidade de fundar sua literatura, repito: ela deve ter caráter original*" (*Résumé* 47, grifos meus).

Na França ainda romântica dos anos 1820, outra resenha das *Scènes* ajuda a perceber não apenas o que vem a ser exatamente esse "caráter original", mas também a grande oportunidade que o livro de Denis oferecia aos brasileiros da época. Escrevendo no jornal *Mercure de France*, Ader dá uma acolhida mais que calorosa ao projeto de seu compatriota e afirma, visivelmente entusiasmado:

> (...) os guaicurus, os maxacalis são românticos (...). E essa escola, antes de se estabelecer às margens do Sena, florescia há séculos nas bordas do Mucuri. É lá que se ouve, sob os ramos das grandes sapucaias, o som queixoso do maracá que talvez um dia substitua a lira de Apolo. (66)

A história da literatura deixa claro que a previsão de Ader se cumpriu: o maracá efetivamente substituiu a lira da tradição greco-romana no chamado Indianismo, vertente romântica que estabeleceu os contornos definitivos de uma concepção de literatura brasileira ainda hoje vigente, embora, por certo, não mais dominante. Pintar a natureza brasileira e tratar de temas igualmente brasileiros continua sendo a função maior que se atribui à literatura — e às artes, em geral —, se não mais entre os especialistas, sem dúvida alguma por parte do público mais amplo. E isto, tanto em termos de Brasil quanto em termos de visão que o estrangeiro tenha da produção cultural do país.

Todas estas questões já foram bem esmiuçadas por diversos estudiosos e, se tal panorama pode ser considerado um "fato", historicamente comprovável, ele revela uma concepção bastante discutível que, no entanto, talvez mesmo por sua condição de fato, raramente tem sido questionada. Por um lado, há aí a naturalização das percepções que, em si mesmas, são culturalmente forjadas; por outro lado, há a conseqüente absolutização do ponto de vista que, a despeito da incongruência aí contida, faz com que o brasileiro veja a si próprio como *exótico*.

Não pretendo recuperar, aqui, a tão célebre quanto inútil discussão acerca de uma nacionalidade da cultura brasileira *versus* a importação de idéias estrangeiras mais ou menos bem aclimatadas. Tanto mais que ela se limita a acentuar as polaridades. O que julgo indispensável observar é que, nas relações interculturais assimétricas — e este é precisamente o caso, quando se analisa o papel de indivíduos como Ferdinand Denis —, as deformações são inevitáveis: os parâmetros ditados por uma cultura dominante são assimilados pela cultura dominada sem qualquer criticidade e, portanto, de maneira quase sempre irrefletida. Neste sentido, o cotejo de dois textos aparentemente díspares permite que se pense um pouco sobre esta questão.

No "Prefácio da 1ª Edição" de seu *Formação da literatura brasileira*, Antonio Candido propõe tratamento diferenciado para as diversas literaturas, pois há aquelas que representam um patrimônio tal que "[delas] um homem não precisa sair para receber cultura e enriquecer a sensibilidade", e outras que precisam de constante intercâmbio para atingirem idêntico estatuto. A literatura brasileira estaria incluída neste segundo grupo, já que é "galho secundário da portuguesa, por sua vez arbusto de segunda ordem no jardim das Musas" (9).

Observe-se, porém, que esses argumentos eram vivamente contestados, há 450 anos, por Joachim Du Bellay, em seu *La Deffence et illustration de la langue francoyse*, cujos interlocutores eram os eruditos para os quais só as línguas grega e latina eram dignas de figurar nas obras impressas. Para refutar tal convicção, Du Bellay vai lançar mão do mesmo procedimento adotado por Candido: é através de metáforas botânicas que ele constrói sua argumentação. Línguas não são como "relvas, raízes e árvores", escreve ele, umas nascendo "doentias e débeis", outras "sadias e robustas" (12). E se, com o tempo, algumas se tornaram "mais ricas que outras", tal "felicidade" deve ser exclusivamente atribuída "ao artifício e à indústria dos homens" (13).

O que esses autores têm em comum é a posição de representantes de uma cultura dita "menor" que se confronta com uma outra considerada "maior" e, embora sua postura seja diversa, eles representam pólos de um mesmo eixo. É pois o eixo que importa observar: a naturalização dos fenômenos culturais — e, neste sentido, o uso das imagens botânicas é exemplar — impede que se perceba a sua condição de "artifício" e "indústria" e faz com que se perca a noção da relatividade inerente à própria situação do confronto.

Pouco importa, então, que se assuma a visão da cultura dominante e admita que uma cultura como a brasileira "está fadada (...) a depender da experiência de outras letras" (Candido 10). Ou sequer que se acuse a cultura dominante de "arrogância" por arvorar-se o "privilégio de legitimar (...) sua nação e aviltar as outras", como faz Du Bellay com relação aos gregos (17). O que conta é a consciência de que toda cultura é uma *construção* e que a valorização de umas em detrimento de outras está diretamente vinculada à perspectiva adotada para apreciá-las.

Bibliografia

Ader, J. J. "Resenha". *Le Mercure de France* VII (1824): 529-38. Citado em "As *Scènes de la nature sous les tropiques* e a Imprensa", como um adendo para J. P. Bruyas, *Os Maxacalis. Edição crítica*. São Paulo: Conselho Estadual de Cultura, 1979. 61-7.

Bellay, Joachim du. *La Deffence et illustration de la langue francoyse*. 1549. Facsimile critical edition. Paris: Didier, 1970.

Candido, Antonio. *Formação da literatura brasileira. (Momentos decisivos)*. 1959. 2 vols. 5ª ed. Belo Horizonte; São Paulo: Ed. Itatiaia/ Edusp, 1975.

Denis, Ferdinand. *Scènes de la nature sous les tropiques et de leur influence sur la poésie, suivies de Camoëns et Jozé Indio*. Paris: Chez L. Janet, 1824.

_____. *Résumé de l'histoire littéraire du Portugal, suivi du résumé de l'histoire littéraire du Brésil*. Paris: Chez Lecomte & Durey, 1826.

_____. "Resumo da história literária do Brasil". *Historiadores e críticos do romantismo, I. A contribuição européia: Crítica e história literária*. Guilhermino César (org.). São Paulo: Edusp, 1978. 35-82.

Rouanet, Maria Helena. *Eternamente em berço esplêndido: A fundação da literatura nacional*. São Paulo: Siciliano, 1991.

Sainte-Beuve, "Ferdinand Denis. *Scènes de la nature*"... *Premiers lundis. (Œuvres*, vol. 1. Bibliothèque de la Pléiade. Originalmente publicado no jornal *Le Globe* em 1824. Paris: Gallimard, 1949. 65-71.

AQUARELAS DO BRASIL:
A OBRA DE JEAN-BAPTISTE DEBRET

Vera Beatriz Siqueira[1]

A transferência da Corte lusa para o Rio de Janeiro, em 1808, e a conseqüente abertura dos portos para as nações amigas, transformam a antiga cidade colonial em destino de diversas missões artísticas, diplomáticas e científicas. Entre estas destaca-se a Missão Artística Francesa[2], reunindo literatos, arquitetos, escultores, pintores de paisagem e de história, gravadores, com dupla missão civilizatória: dar fisionomia digna à nova capital do vice-Reino e nela fundar uma Academia de Belas Artes. Mas a transferência dos cortesãos portugueses e artistas franceses para o Rio parece sempre marcada pelo sinal negativo de uma realidade que desencoraja os esforços no sentido do implante da civilização.

De rígida formação neoclássica — discípulo de Jacques-Louis David, pintor de história requisitado por Napoleão —, Debret encontra no Brasil a promessa de solução à sua crise pessoal e profissional (tendo perdido um filho, separado da mulher, vê-se sem alternativas profissionais após o fim do período napoleônico). Logo que aporta no Rio de Janeiro, porém, percebe a distância entre os valores éticos e estéticos de sua prática artística e a realidade da cidade colonial na qual deveria se estabelecer e ensinar as belas artes da pintura histórica.

---

[1] Historiadora da Arte e Professora da Universidade do Estado do Rio de Janeiro. Atua no PRONEX/CNPq, como pesquisadora, no departamento de História da Pontifícia Universidade Católica — Rio. Foi curadora em várias mostras. Autora de *Burle Marx* (São Paulo: Cosac & Naify, 2001).
[2] Chefiada pelo literato Joachim Lebreton, a Missão Artística Francesa chegou ao Brasil em 26 de março de 1816. Os artistas que a compunham eram Nicolas Antoine Taunay (pintor de paisagem), Auguste Marie Taunay (escultor), Auguste Henri Victor Grandjean de Montigny (arquiteto), Charles Simon Pradier (gravador) e Jean Baptiste Debret (pintor de história). Posteriormente chegaram o escultor Marc Ferrez e o gravador e escultor Zephirin Ferrez.

Numa aquarela realizada no ano em que chega ao Brasil, *Debret na pensão*, o artista qualifica esse dilema. A ironia manifesta-se na oposição entre as figuras do pintor sentado à mesa e do escravo ao fundo, carregando uma bandeja. A presença do escravo é ambígua. Apresenta-se como ponto de convergência das linhas que formam a perspectivação do assoalho e do teto do albergue. Ao ocultar o ponto de fuga, converte a parede às suas costas num fundo mais ou menos difuso e aproxima o olhar para a cena central: o artista sentado diante da mesa. Entretanto, as funções estruturantes da figura do escravo só podem aparecer de forma dubitativa, obscurecida pela área de sombra da aquarela.

A dúvida sobre a presença do escravo ressoa na dúvida sobre o próprio trabalho do artista. Como o truque do espelho nas obras holandesas, o escravo obriga à duplicação da visão, à adoção desse outro ponto de vista, de trás, como um contraponto da nossa própria visão frontal. É como se o escravo olhasse o artista e nos olhasse vendo a figura de Debret, materializando a incongruência do discurso ético sobre o trabalho artístico numa sociedade escravocrata. Ao mesmo tempo, porém, é a sua presença que possibilita o funcionamento da perspectiva fechada do albergue.

O ceticismo com relação às possibilidades efetivas de atuação do artista nesse mundo novo surge como garantia da distância necessária ao exercício do seu trabalho. Se o impulso narrativo do viajante encontra sua realização nos dados particulares desse universo desconhecido, escapa-lhe seu fundamento e a sua consistência. A cidade colonial não é apenas inculta, o que seria mesmo um valor para o trabalho missionário dos artistas franceses. Ela é inédita; não fornece sequer a base material ou social para o exercício da missão civilizatória.

Apenas quando retorna à França e publica sua narrativa de viagem, Debret recupera para si o sentido heróico da missão:

> Animados todos por um zelo idêntico e com o entusiasmo dos sábios viajantes que já não temem mais, hoje em dia, enfrentar os azares de uma longa e ainda, muitas vezes, perigosa navegação, deixamos a França, nossa pátria comum, para ir estudar uma natureza inédita e imprimir, nesse mundo novo, as marcas profundas e úteis, espero-o, da presença de artistas franceses.[3]

---

[3] Debret 23.

Partir da França, chegar ao mundo novo, voltar à pátria — nesse trajeto, o artista viajante encontra a sua razão de ser. Em suas aquarelas brasileiras, Debret retoma o contraponto anunciado nesse pequeno trecho de seu livro entre o *já* — "já não mais temem" — e o *ainda* — "uma longa e ainda perigosa navegação". A atualidade artística de Debret, aquilo que o torna novo no cenário cultural europeu, vê-se repentinamente velho diante do ineditismo da situação natural e social do Brasil.

Suas aquarelas nos falam da impossibilidade de passar do velho ao novo, de estabelecer uma relação de continuidade entre esses mundos diversos e, conseqüentemente, de formar uma impressão duradoura sobre essa realidade adversa. Inapreensível, resta a Debret converter a realidade brasileira em elementos particulares, em vistas parciais, em personagens anônimos e maltratados, em detalhes exóticos e insignificantes. O próprio artista, no livro *Viagem pitoresca e histórica ao Brasil*, apresenta o seu trabalho como uma "coleção"[4], cujo fim se processa com o retorno à França e a publicação de suas memórias.

Resultado de anos de estudo numa terra longínqua, seu acolhimento favorável surge como única e frágil compensação para a tristeza de não reencontrar alguns de seus antigos mestres e colegas, dos quais "restam os trabalhos imortais para admirar, consolo glorioso mas bem melancólico, se é que há consolo para a separação eterna".[5] Na obra do artista comprometido com o registro documental de uma realidade estranha, a atenção aos detalhes sugere, a um só tempo, o interesse pela diversidade do mundo e o empenho em homogeneizá-lo através da prática civilizatória.

Debret esforça-se, nos anos em que permanece no Brasil, para registrar os costumes antigos, rapidamente modificados pelo contato vaidoso com o cosmopolistismo dos cortesãos europeus. A sua longa estada permite-lhe presenciar a modificação nas vestimentas, nos calça-

---

[4] Debret repetidamente define seu trabalho como uma coleção: "tive à minha disposição todos os documentos relativos aos usos e costumes do novo país que eu habitava e que constituíram o ponto de partida de minha coleção"; "tive a oportunidade de manter, constantemente, por intermédio de meus alunos, relações diretas com as regiões mais interessantes do Brasil, relações que me permitiram obter, em abundância, os documentos necessários ao complemento de minha coleção já iniciada"; "O acaso levou-me assim a iniciar, no centro de uma capital civilizada, essa coleção particular dos selvagens"; "Essa lembrança é uma coleção de desenhos versando especialmente a vegetação e o caráter das florestas virgens do Brasil" (27, 347).
[5] Debret 347.

dos, nos hábitos cotidianos, nas construções, e até na situação política, com a passagem da Colônia para o Império independente em 1822. Justamente neste ano Debret escreve a seu irmão François sobre a deliberação de publicar suas memórias de viagem após retornar à Europa.

Nas primeiras aquarelas em que registra a cidade do Rio, geralmente de escala miniaturizada, a ênfase descritiva recai nos detalhes da casa, do quarto e do ateliê em que o artista se instala. Enviadas a seu irmão, essas imagens apresentam sobretudo o novo cotidiano do francês nos trópicos. A partir de 1822, porém, passa a compor cenas completas, além de realizar centenas de estudos que servirão mais tarde para a elaboração das litografias de seu álbum de viagem. Agora, é preciso se valer da memória para reconstituir hábitos perdidos ou em desuso. Nas famosas representações do *Jantar brasileiro*, do *Interior de uma habitação de ciganos* ou dos inúmeros vendedores ambulantes, há mais do que o espanto com a velocidade com que os habitantes da cidade esmeravam-se em adotar costumes e formas européias. Há o manifesto desejo de ordenação narrativa dessas imagens mnemônicas.

A rememoração, contudo, não serve apenas para o *revival* do passado brasileiro. Serve para aproximá-lo novamente da França, dar novo sentido à sua prática civilizatória. Pois a mesma cidade que adere sem pudor às novas modas resiste ao civismo, mostra-se refratária à própria urbanidade. Incapaz de civilizar sua gente, Debret assume não apenas a tarefa documentarista do viajante, como a sua temporalidade específica: a viagem é uma espécie de hiato de tempo, um intervalo entre a partida e o retorno, preenchido com o trabalho da coleta e registro de dados.

A aquarela de 1827, *Um cientista em seu gabinete*, reflete sobre essa questão. Livros, globo, pássaros empalhados, cadernos de anotações, estantes envidraçadas não são capazes de apagar a instabilidade da rede que sustenta um cientista de roupão e chinelos e das cadeiras e bancos que servem de suporte precário para o registro de seus conhecimentos. Importa notar que, nessa aquarela, aparecem muitos dos elementos característicos do *Kunstkammern* ou Gabinete de Curiosidades, que desde o século XVI serve de modelo não apenas para as coleções, como igualmente para a prática científica e artística.

No gabinete do cientista transparece, entretanto, uma ordem diversa da estratégia taxonômica que preside essas coleções de curiosidades do Novo Mundo. Após 10 anos de convivência com a sociedade colonial, Debret fala de uma presença física não ordenadora, de uma instabilidade que desafia a própria razão. A proximidade do fundo do quarto, a porta fechada, a luz baça que entra pela janela à esquerda materializam esse desconsolo. O cientista é a interface entre o arranjo dos objetos de seu ofício e a dispersão caótica de suas anotações pelo chão.

Diferente de outros viajantes que ficam apenas meses ou poucos anos no Brasil, Debret permanece 15 anos em solo tropical. Nesse espaço de tempo, a promessa de uma vida nova transforma-se em ameaça a seus valores culturais para, depois, readquirir o caráter de promessa pela decisão de convertê-la em discurso — promessa de reconhecimento entre seus pares, consolo melancólico pelo afastamento da terra natal. Nesse movimento, precisa transformar o seu estudo em lembrança, em cálculo mnemônico do tempo passado, mas também do tempo que falta.

As imagens criadas por Debret, portanto, não são voltadas apenas para o registro de uma vida pretérita, mas também para o futuro, para o desenvolvimento da arte européia. Nesse sentido, ao estruturar suas memórias, aposta na duração como fenômeno da lembrança, daquilo que desde o início é produzido na forma do ausente, do longínquo, do desaparecido. A própria utilização da aquarela — técnica que, à época era vista como preparatória — e a aceitação mais ou menos pacífica de sua fluidez e imprecisão mostram que o artista concebia esse conjunto de obras como algo estranho em sua carreira. Estranheza que complementa a dificuldade de decifração desse Novo Mundo e requer a identificação das imagens a vestígios, fragmentos de uma existência que abandona a realidade empírica da presença para transmudar-se em lembrança da distância.

Escrever suas memórias, reunir e selecionar as aquarelas, transpô-las para a técnica da litografia, ordená-las em assuntos, implica na nova direção assumida pelo ceticismo do artista missionário. Remédio para a decepção de Debret quanto às reais possibilidades civilizatórias, essa coleção particular de imagens não é apenas o registro da vida brasileira no início do século XIX; é, sobretudo, a conformação de uma narratividade específica, capaz de fazer dos personagens, lugares e costumes brasileiros algo simultaneamente novo e velho, originário em sua requisição perene de deciframento, mas morto enquanto lembrança.

Paradoxalmente, a ausência de unidade discursiva a fundir esses fragmentos, antes de se remeter à falência dos valores classicistas de Debret, os afirma. Pois no lugar de dotar cada parte de autonomia, de forma a nos remeter ao todo — o que Wölfflin percebeu como uma das características fundamentais do estilo linear —, requisita o seu valor autônomo pela ausência de correspondência a qualquer totalidade. Talvez este tenha sido o grande legado de Debret para a arte e a cultura brasileiras: perceber que não seria possível articular numa totalidade partes velhas e novas, de tamanhos e formas diferentes, a não ser que cada uma delas fosse tomada como todo, fosse simultaneamente partida e regresso, benção e maldição.

Em um de seus estudos, Debret mostra uma negra sentada num degrau, recostada à parede. Maltrapilha, descalça, abandonada, entrega-se ao apoio do muro. Nessa aquarela não há passado, nem futuro. Tampouco há cena ou ação. Na totalidade daquele instante, a negra está parada, repousando. Há uma certa grandeza patética nesse descanso; pode-se mesmo notar resquícios de sensualidade no encontro da mulher com as pedras e o cal sempre úmido. Antes e depois existe a dor, a brutalidade de uma ordem social escravista. Ali, há a violência do abandono, a desolação, mas também o retardamento da dor, o sossego presente, única propriedade dos escravos condenados à uma existência cujas ações são sempre não livres.

É dessa cidade ausente de civismo, cuja beleza parece surgir de uma possibilidade restrita e privada, que nos fala Debret. Retirá-la desses momentos escassos, da intimidade de uma vivência particular, envolve o olhar sensível do artista tanto quanto a sua postura cética. Em suas aquarelas, a existência do belo vem da fraqueza, da distância que a lembrança apenas pode aproximar enquanto vestígio. Ao contrário do que alguns estudiosos brasileiros gostariam, inexiste o encanto do viajante com a doçura do clima, com a naturalidade dos costumes, com a natureza exuberante. Há, isto sim, um renovado ceticismo: do lado objetivo, percebe apenas a possibilidade de um contato superficial do Novo Mundo com a civilização européia, manifesta no luxo das vestimentas, no brilho das ordens honoríficas que ajuda a dar forma, no interesse particular do Rei pelo desenvolvimento das artes e das ciências; do lado subjetivo, não se deixa converter ao Novo, sustenta o estranhamento, a sensação de nunca ter realmente chegado de todo no Brasil.

Logo, embora a grande maioria das análises sobre a obra de Jean-Baptiste Debret goste de enfatizar o seu caráter documental e a sua relevância para o conhecimento da vida cotidiana no Brasil do início do século XIX, parece-me, ao contrário, que esta não oferece um conjunto de dados empíricos e consignáveis. Oferece, antes, uma coleção de imagens, cuja significação não diz respeito à sua capacidade de decifrar enigmas, de esclarecer experiências, mas sim de manter o país como um enigma, algo a ser perpetuamente interrogado.

Bibliografia

Debret, Jean-Baptiste. "Introdução". *Viagem Pitoresca e Histórica ao Brasil*. Vol. I, São Paulo: EdUSP, 1978.

Jean-Baptiste DEBRET (Um cientista em seu gabinete)
1827, aquarela. 16,2x21,2 cm. MEA 180.
Acervo dos Museus Castro Maya, RJ, Brasil.

Jean-Baptiste DEBRET (Meu ateliê no Catumbi, no Rio de Janeiro)
Aquarela, 1816. Coleção Museus Castro Maya, Rio de Janeiro.

Jean-Baptiste DEBRET (Um jantar brasileiro)
Aquarela, 1827. Coleção Museus Castro Maya, Rio de Janeiro.

LE CORBUSIER:
PALAVRAS, OBRAS — AÇÃO!

Eucanaã Ferraz[1]

Em 1929, Le Corbusier (1887-1965) chegou ao Brasil para realizar uma série de conferências em São Paulo e no Rio de Janeiro.[2] Mário de Andrade registrou o fato em crônica no *Diário Nacional* (quinta-feira, 21 de novembro de 1929), lamentando que tivéssemos encomendado ao arquiteto "palavras" e não "obras". Observou, ainda, que faltava à arquitetura moderna um grande edifício — com exceção da "tão ignorada Bauhaus, de Gropius" — que a tornasse definitiva "na consciência social". E concluiu: "(...) não será a velha América do Sul que tome uma iniciativa dessas".[3] A avaliação de Mário seria desmentida, mais tarde, pela construção do Ministério da Educação e Saúde, no Rio de Janeiro, primeiro marco mundial da estética de Le Corbusier e da arquitetura racionalista. O erro de previsão de Mário de Andrade é facilmente explicável pela série de mudanças que, pouco tempo depois, ocorreriam nos planos socioeconômico e cultural com a Revolução de 30 e seus desdobramentos políticos, o que tornou possível o retorno de Le Corbusier para trabalhar num projeto de grande porte.

Quanto à oposição entre "palavras" e "obras", é compreensível que Mário, modernista desbravador e empreendedor, se queixasse da tímida encomenda feita ao arquiteto. O projeto de um edifício, afinal,

---
[1] Professor de Literatura Brasileira da Universidade Federal do Rio de Janeiro. Poeta, autor de *Martelo* (Rio de Janeiro: Sette Letras, 1997).
[2] Esteve, antes, em Buenos Aires, Montevidéu e Assunção. Foi primeiro a São Paulo, depois ao Rio de Janeiro.
[3] Mário de Andrade 161-2.

encerraria impacto e força multiplicadora que quaisquer conferências jamais alcançariam. Mas, cabe notar, "palavras" e "obras" comportavam ambas uma força excepcional na poética corbusiana. O arquiteto era também um teórico, um crítico, um escritor cujos textos foram, durante muito tempo, tão ou mais conhecidos que seus projetos e edifícios. A "ação" corbusiana era, na verdade, uma soma de palavras, desenhos, idéias, edifícios, pinturas, guarda-roupa — os óculos, a gravata —, atitudes, frases, gestos, num exemplo acabado do mais intrépido espírito vanguardista.

A presença de Le Corbusier no Brasil incluiu, sem dúvida, alguns marcos cronológicos, que deve ser pensada sobretudo como desdobramento — não linear e marcado especialmente por desvios, saltos e acelerações —, como a extraordinária ramificação de um caráter.

•

Mário conhecia bem as idéias corbusianas, já que fora um leitor contumaz da revista *L'esprit nouveau* desde seu surgimento, em 1920, até 1925, ano do encerramento de sua publicação. A coleção do poeta paulistano, composta por vinte e oito exemplares, serviu como base para a pesquisa de Maria Helena Grembecki, que partiu das muitas anotações em suas margens para uma análise em que constatou a influência das proposições de *L'esprit nouveau* nas primeiras obras de teoria estética de Mário, o "Prefácio interessantíssimo", de *Paulicéia desvairada* (1922), e *A escrava que não é Isaura, discurso sobre algumas tendências da poesia modernista* (1925).

No número 14 de *L'esprit nouveau*, por exemplo, Ozenfant e Jeanneret (nome de batismo de Le Corbusier, que adota este pseudônimo em 1920) assinam o texto "Les idées de L'esprit nouveau dans le livres et la presse", no qual afirmam que um quadro ou uma escultura são "machines à emouvoir". O exemplar de Mário, segundo Grembecki, tem, na página seguinte, uma anotação à margem: "L'oeuvre d'art est une machine à emouvoir". E n'*A escrava que não é Isaura*, lê-se: "No século XVIII a música já realizara a obra de arte, como só seria definida duzentos anos depois: A OBRA DE ARTE É UMA MÁQUINA DE PRODUZIR COMOÇÕES".

Mário apreendeu, sem dúvida, a idéia corbusiana de que templos, automóveis e navios podem formar um paradigma, embora criados em contextos absolutamente diversos: o maquinismo de uma composição musical — a música de Bach e Mozart, por exemplo —, de um quadro ou de poema não se confunde com valores técnico-científicos restritos aos séculos XIX e XX, afirmando-se, antes, como a perfeição da obra, conquistada pela concordância dos meios técnicos e estéticos com o princípio psicológico que lhe serviu de ponto de partida, donde o necessário controle da matéria e a racionalidade no processo de criação. A emoção — a resposta emotiva —, que Le Corbusier não se cansou de defender como o fim de toda obra de arte, demonstraria a justa colocação de um problema, único modo de garantir aos objetos aquela perfeição que satisfaz os sentidos, a razão, o desejo de equilíbrio e de beleza.

Os textos de *Vers une architecture* exibiam um artista corajoso, a bater-se contra o academicismo e o comportamento comedido, *blasé*, de uma burguesia bem assentada em certezas estéticas e morais. Ao escrever, o arquiteto usava tanto as armas da argumentação luminosa quanto as do ultraje e do desprezo. O tom peremptório, violento, chegava não raro a uma espécie de discursividade histérica, amálgama de influências de escritores tão diferentes entre si como Baudelaire, Nietzsche, Victor Hugo, Lautréamont, Huysmans e Ruskin.[4]

Não é difícil imaginar Mário de Andrade, em luta contra os parnasianos e a supremacia da mentalidade acadêmica, arrebatado pela má língua de Le Corbusier, pelas suas fórmulas lingüísticas cheias de ruptura e surpresa, seu espírito iconoclasta, marcas que, decerto, ajudaram a definir a escrita do "Prefácio interessantíssimo". Nos textos do arquiteto e do poeta-crítico, bem como em outros artistas-ideólogos do tempo, é patente a mesma retórica delirante e utópica, vazada em construções verbais cuja agressão às normas da gramática e do bem falar refletiam uma atitude irreverente e contestadora do *status quo* em que se inseria a arte.

O ódio da extraordinária "Ode ao burguês", de *Paulicéia desvairada*, tem correlato irônico em diversos momentos dos textos corbusianos. Dois exemplos de *Vers une architecture*:

> Os florões, as lâmpadas e as guirlandas, as ovais rebuscadas onde pombas triangulares se beijam e se entrebeijam, as alcovas guarnecidas de almofadas em forma de abóboras de veludo, de ouro e de preto, não são mais que os testemunhos insuportáveis de um espírito morto. Estes santuários asfixiados dos bem-pensantes ou por outro lado as besteiras 'gagás' dos caipiras nos ofendem.[5]

---

[4] Ver Garcias.
[5] Le Corbusier 61.

(...)
Uma lâmpada de 100 velas pesa 50 gramas, mas você tem candelabros que pesam 100 quilogramas ornamentados com formas redondas por cima, de bronze ou de madeira, e tão grandes que ocupam todo o centro da peça e cuja manutenção é terrível por causa das moscas que defecam em cima.[6]

Manipulando livremente e com *humour* os modos de construção dos discursos críticos e interpretativos, Le Corbusier criou uma prosa voluptuosa, semelhante a um fluxo contínuo, não do inconsciente, mas da inteligência, como se uma razão avassaladora, simultaneamente destrutiva e construtora, irrefreável, ganhasse forma no texto. A tendência corbusiana ao sermão, voltado sempre contra a ideologia dominante, tem sua gravidade neutralizada pela alegria intensa e o tom folhetinesco.

Os achados verdadeiramente literários dos textos corbusianos logo se converteram em emblemas discursivos das vanguardas dos anos 20. Mas não se esgotaram aí. Prolongaram-se com a força de dispositivos deflagradores das esperadas revoluções estéticas, sociais e ideológica que marcaram o século.

•

Na esteira da emblemática Semana de Arte Moderna de 22, capitaneada por Mário e Oswald de Andrade, o arquiteto Gregori Warchavchik, emigrante russo radicado em São Paulo, publicou em 1925 um manifesto — *Futurismo*?[7] — no qual expôs alguns princípios técnicos e estético-ideológicos da arquitetura moderna.

Embora não faça qualquer referência explícita a Le Corbusier, o texto é uma espécie de resumo das idéias corbusianas conforme *Vers une architecture*: a habitação é apresentada como "máquina", e automóveis, vapores e locomotivas são tratados como exemplos de racionalismo construtivo e beleza a serem seguidos pela arquitetura.

Três anos depois, driblando impedimentos legais e técnicos, a inspiração corbusiana saiu do patamar da palavra-pastiche, e Warchavchik

---
[6] Idem 79.
[7] O manifesto foi publicado sob este título, em italiano, a 14/6/1925, num jornal de São Paulo, *Il Piccolo*. Uma tradução para o português saiu a 1/11/1925 no jornal *Correio da Manhã*, do Rio de Janeiro. As duas versões estão transcritas como "Apêndice" em *Arquitetura Contemporânea no Brasil*, de Bruand.

concluiu sua casa na Vila Mariana, primeiro exemplar da arquitetura moderna em São Paulo.

Le Corbusier conheceu a casa em 1929. Entusiasmado com o ensaio do vanguardista, indicou Warchavchik para participar dos CIAM como representante do Brasil.[8]

•

Somente pensando a "ação" corbusiana como ampla manifestação de uma energia criadora, como exercício de forças transformadoras, que incluíam tanto "palavras" quanto "obras", pode-se pesar o valor da estada no Rio de Janeiro em 1929. Para a cidade, Le Corbusier projetou algo inédito em termos urbanísticos: um sinuoso edifício-viaduto entre as montanhas e o mar. A mesma radicalidade está presente nos planos para São Paulo e Montevidéu, mas as linhas retas, a simetria e o caráter absolutamente impositivo sobre a paisagem são uma enorme diferença com relação ao que foi proposto para as terras cariocas.[9] O edifício flexuoso surge na obra corbusiana como uma desconcertante ampliação da sutil sensualidade dos projetos de até então e das pinturas puristas, valorizando-se no dialogismo com a natureza o que se desprezara veementemente em *Urbanisme* (1925): a curva, o caminho ondulante.

Além dos próprios croquis para o edifício, uma das mais célebres e eloqüentes imagens do Rio criadas por Le Corbusier é a seqüência de quatro desenhos nos quais se vê o Pão de Açucar: no primeiro deles, a rocha é absoluta, com uma breve curva situando-a na baía; o segundo desenho é uma vista mais distanciada, que faz ver algo de seu entorno; no terceiro momento, o olho recua ainda mais e surge, em primeiro plano, a figura de um homem sentado; no último desenho, o mesmo espectador vê a paisagem de sua sala envidraçada.

Tal desenvolvimento expõe como que um processo de transformação da natureza em paisagem. A esquadria constrói o quadro, dá forma à contemplação, à fruição, sem ruptura ou tensões, propondo a idéia de

---

[8] Os Congressos Internacionais de Arquitetura — que tiveram Le Corbusier como um de seus principais mentores e assíduo colaborador — foram fundados em 1928 e se prolongaram até meados dos anos 60. Reuniam arquitetos de vários países e constituíram-se em um importante fórum de debates que, em grande medida, definiu tanto os rumos para realização de trabalhos práticos quanto o conteúdo ideológico da arquitetura e do urbanismo modernos.
[9] Sobre o projeto do edifício, é fundamental o volume *Le Corbusier — Rio de Janeiro: 1929/1936*, organizado por Yannis Tsiomis.

uma arquitetura e uma urbanização aptas a conciliar cidade e natureza: não há oposição entre as linhas retas dos caixilhos, a transparência plana do vidro e a ondulação da paisagem. Do mesmo modo, os desenhos dispõem-se em seqüência suavemente, num deslizar cinematográfico sem cortes, que mantém o enquadramento e apenas afasta pouco e levemente a baía e sua grande rocha. Não será exagero considerarmos que a mínima vegetação que emoldura a baía guarda alguma semelhança com a iconografia dos viajantes do século XIX, ao fazer ressoar em seus traços breves e modernos a mítica ambiência de um paraíso tropical. Como Thomas Ender, Felix Émile Taunay e Emil Bauch, Le Corbusier mostra o quanto, no Rio de Janeiro, a natureza estrutura a cidade. Mas na breve série de desenhos do arquiteto, a presença de um certo pitoresco romântico não apenas inclui um observador poderoso, capaz de estruturar o espaço com sua lente e sua geometria: a irregularidade topográfica da paisagem, as curvas do Pão de Açucar, da baía, a surpresa do entorno que se vai acrescentando, tudo forma um quadro que, ao final, surge diferenciado, contido pela ordem regular e pela estética clássica da arquitetura moderna. Não há idealização, portanto. A lírica fusão entre sujeito e natureza apenas se esboça no terceiro desenho, e não se dá plenamente porque Le Corbusier programa os três primeiros quadros em função do último. Basta ver que, estrategicamente, já no terceiro quadro, o homem está sentado num sofá e não numa rocha, anunciando a situação do quarto e último desenho. Porém, não há dúvidas de que a tensão entre sujeito e paisagem é mínima, afinal, o propósito é mesmo o de dar a ver uma convivência harmoniosa entre morador-edifício-cidade. No mais, a fim de mostrar o quanto a arquitetura e o urbanismo não deviam ser, necessariamente, uma violenta usurpação da natureza, da cidade e de seus marcos fundamentais, Le Corbusier elegeu como motivo uma vista cujo reconhecimento é incontestável. O Pão de Açucar é o *lugar-comum* — *"ce roc de Rio est très celèbre"*, escreve o arquiteto — que tem de permanecer como paisagem socializada, obrigando o projeto a assumir, antes de tudo, uma percepção coletiva.

Mas a relação do edifício-viaduto com a paisagem ganha outra dimensão quando nos deparamos com os croquis que o situam na cidade. Se Le Corbusier procurou obedecer à topografia sinuosa e acidentada, estruturando o espaço a partir de uma espécie de mimetismo com a natureza, a contrapartida paradoxal dessa vontade de configuração do edifício conforme o meio é o gigantismo da obra e seu aspecto insólito. Assim, pode-se dizer que o edifício semelha um réptil não apenas pelo desejado mimetismo, mas também pelo seu tamanho e forma, ao modo de um basilisco fantástico que coleia entre as montanhas. De fato, aqui, o radical urbanismo corbusiano exibe de tal modo o seu racionalismo avassalador que acaba por fazer ver, como em nenhum outro projeto, o que se poderia identificar como o caráter monstruoso da modernidade. Não por acaso, o pragmatismo da proposta corbusiana para o Rio de Janeiro é comumente eclipsado pelo seu aspecto fantástico. Sua racionalidade é acusada de irracional.

Será preciso, no entanto, acrescentar à monumentalidade do edifício-serpente a escala humana, o uso, a esfera cotidiana, retornando à série dos quatro desenhos em que Le Corbusier simula a relação morador-paisagem. Dentro do edifício, estaríamos dentro do monstro. Mais que um projeto de domesticação da paisagem, portanto, a idéia corbusiana parece propor uma domesticação da própria monstruosidade racionalista-funcionalista-universalista. Um gesto que aniquilasse o aspecto assombroso da modernidade seria impossível, porquanto acarretaria o fim da própria utopia transformadora, positivadora, libertadora que caracterizou o complexo e vário conjunto de idéias que deram forma ao século XX.

Porém, longe do jogo racionalidade/irracionalidade trazido à luz pela Primeira Guerra Mundial, o Brasil não se atemorizou diante da avassaladora razão corbusiana. O plano para o Rio não saiu do papel, mas Le Corbusier cresceu como o mais desejado mito da modernidade brasileira.

•

A partir de 1931, Lúcio Costa, após sua malograda tentativa de modernização do ensino na Escola Nacional de Belas Artes, no Rio de Janeiro, dedicou-se, juntamente com outros amigos arquitetos, ao estudo intensivo e pormenorizado da arquitetura moderna. Ao rememorar esse período, concluído em 1935, Lúcio Costa registrou a importância da obra de Le Corbusier: "(...) estudo apaixonado, não somente de Gropius e Mies van der Rohe, mas, principalmente, da doutrina e da obra de Le Corbusier, encaradas, já então, não mais como um exemplo entre outros, mas como o Livro Sagrado da Arquitetura".[10]

---
[10] Costa 192-3.

Tal avaliação do pensamento corbusiano como escritura sagrada aponta, paradoxalmente, para a conversão em dogmas de princípios que se propunham libertadores. Mas, entre o afeto e a ironia, a imagem é menos um enquadramento "da doutrina e da obra de Le Corbusier" do que da posição dos arquitetos brasileiros naquele momento, reputados como discípulos. O discurso libertário do mestre franco-suíço era uma pedagogia da vanguarda que expunha um conjunto de princípios, normas, apresentando-se mesmo como um sistema, e ainda que seu autoritarismo algo profético fosse flagrante, Lúcio Costa, ao expor uma similaridade entre estudo e crença, buscava chamar a atenção, antes de tudo, para o fato de que os pontos principais da doutrina corbusiana eram, então, fundamentais e indiscutíveis.

A adoção de algumas certezas fundadoras, criaria mesmo uma espécie de "corbusierismo" que, no entanto, jamais mostrou-se integralmente uniforme. Graças ao trabalho de Le Corbusier junto à equipe de Lúcio Costa no projeto do Ministério de Educação e Saúde, a "seita" seria extraordinariamente impulsionada. Mas foi igualmente nesse momento que valores originais se acrescentaram a ela. Cabe notar, porém, que, mesmo após a superação daquele primeiro momento, a arquitetura brasileira continuaria a apresentar uma fidelidade a um "corbusierismo" amplo, mais próximo de uma educação libertadora do que de um gramática com foros de religião.

Assim, admiração, aprendizado e assentimento não se confundiram com servilismo na experiência de trabalho que congregou no escritório de Lúcio Costa, mestre e alunos.

•

Em julho de 1935, por iniciativa do Ministro Gustavo Capanema, o Governo Federal promoveu um concurso de anteprojetos para a construção do edifício-sede do Ministério da Educacão e Saúde. Do total de trinta e quatro inscritos, somente três arquitetos, de linhagem academicista, foram classificados. Num gesto polêmico, Capanema — que presidia a Comissão Julgadora — decidiu desconsiderar o resultado, não levando a cabo a proposta vencedora.

Para realizar um novo projeto, o Ministro convidou, em março de 1936, Lúcio Costa, definitivamente ligado à arquitetura e à arte modernas. O arquiteto tratou de formar uma comissão que contava, inicialmente, com outros dois que, como ele, haviam sido preteridos no concurso: Carlos Leão e Afonso Eduardo Reidy. Aos poucos, juntaram-se a eles Oscar Niemeyer, Jorge Machado Moreira e Ernani Vasconcelos.

Após um projeto considerado por todos insatisfatório, decidiram, considerando-se a importância da obra, fazer Le Corbusier voltar ao Rio, agora como arquiteto consultor. Após a intervenção de Capanema junto ao Presidente da República, Getúlio Vargas, concretizou-se a proposta para conferências e consultorias. Aceito o convite, o arquiteto franco-suíço desembarcou no Rio de Janeiro a 12 de julho de 1936.

Le Corbusier propôs, imediatamente, a troca do terreno destinado à construção do prédio — na Esplanada do Castelo — por outro à beira mar, terreno da antiga praia de Santa Luzia.[11] A seguir, desenhou para o novo local, tomando por base o programa adotado pela equipe brasileira, uma só lâmina vertical sobre pilotis de quatro metros de altura, livre sobre o terreno. O projeto renunciava à volumetria simétrica da composição inicial, considerada conservadora, e apresentava uma síntese de sua linguagem arquitetônica.

Às vésperas do retorno do arquiteto à França, a troca dos terrenos ainda não estava acertada, o que o levou a elaborar um segundo estudo, então destinado à quadra do Castelo. Foi a partir desse estudo — o "risco original" — que a equipe brasileira definiu e desenvolveu o projeto definitivo do Ministério quando da partida de Le Corbusier, a 14 de agosto de 1936.

O novo desenho apresentou consideráveis modificações de partido, de funcionamento e de concepção plástica com relação aos esboços corbusianos. O bloco principal, com uma entrada lateral destituída de qualquer ênfase, teve sua monumentalidade garantida pelo apoio em pilotis de dez metros de altura, responsáveis, igualmente, pela leveza e por grande parte da sintaxe elegante, bem tramada e, a um só tempo, sofisticada e simples do conjunto. Os ressaltos foram aparados, de modo a restarem volumes limpos e puros, com a articulação dos corpos transversos mostrando-se claramente aos olhos dos passantes.

O projeto abraçou em conjunto e com absoluta criatividade os princípios inovadores da arquitetura corbusiana: estrutura independente, plantas e fachadas livres, pilotis, terraço-jardim e *brise soleils*, elementos que após a construção do edifício alcançariam o estatuto de marcas definitivas da arquitetura moderna.

---

[11] Área próxima de onde se encontra, atualmente, o Museu de Arte Moderna.

O trabalho de Le Corbusier junto aos arquitetos foi tanto um fato extraordinário quanto o marco de um processo em andamento, em que pese, decerto, ao atraso intelectual de nossas elites, aspecto que apenas reforça o caráter empreendedor e personalista do gesto de Capanema, firme em seu propósito de erguer um símbolo da modernização do Estado e da própria nação brasileira.[12] Cabe lembrar que um prédio de franca linguagem corbusiana, o da Associação Brasileira de Imprensa — ABI, no Rio de Janeiro, fora projetado pelos irmãos Marcelo e Milton Roberto em 1935, antes, portanto, da vinda de Le Corbusier. Mas se os princípios do "mestre" guiavam nossa moderna arquitetura antes do trabalho em torno do Ministério — acrescente-se ao exemplo da A.B.I. a ação de Luiz Nunes e seu grupo em Recife —, é certo que, após o projeto do edifício (cuja construção teve início em maio de 1937, sendo inaugurado a 3 de outubro de 1945), o quadro se tornou mais nítido e mais amplo, cabendo ao Rio de Janeiro um papel preponderante. Para tanto, foram fundamentais obras como o Edifício Esther, projeto de Vital Brazil, de 1935-1938, o Aeroporto Santos Dumont e o Instituto de Resseguros do Brasil, ambos projetados pelos irmãos Roberto, incluindo-se agora Maurício, de 1938 e 1941, respectivamente; a Estação de Hidraviões, de Attílio Correa Lima, de 1937-8; o Pavilhão do Brasil na Exposição Mundial de Nova York, trabalho conjunto de Lúcio Costa e Oscar Niemeyer, datado de 1939; culminando com o conjunto de edifícios da Pampulha, em Belo Horizonte, projetado por Niemeyer em 1942-3.

Ao final da Segunda Guerra Mundial, portanto, quando a nova arquitetura brasileira passou a ser conhecida e obteve uma imediata consagração internacional, ela tinha a seu crédito um considerável número de realizações de primeira ordem; havia superado a fase das experiências e afirmava-se como um movimento que, em muito devedor da ação teórica e prática de Le Corbusier, havia encontrado uma expressão singular.

•

Visto de "fora", como arquitetura e história, o prédio do Ministério mostra-se, sem dúvida, como um corte profundo. Um olhar "de dentro"

---

[12] Quanto à dimensão ideológica do processo de construção do edifício, ver Lissovsky & Sá. Sobre as questões propriamente arquitetônicas, ver Bruand.

revelará essa mesma dimensão pela exigência de renovação dos hábitos mentais, físicos, simbólicos. Assim, ao invés de buscar alguma citação nos vários excelentes estudos sobre o prédio projetado por Le Corbusier e a equipe de arquitetos brasileiros, faço vir aqui a narrativa íntima de um funcionário — o Chefe de Gabinete do Ministro Gustavo Capanema — que registrou em seu diário a chegada ao novo prédio. Não qualquer funcionário, mas o poeta Carlos Drummond de Andrade. E não apenas o poeta, mas um dos intelectuais mais ativos na série de episódios que, desde o malfadado concurso em que saiu vitorioso o projeto de Archimedes Memória até à conclusão das obras, envolveram o projeto do Ministério em que trabalhava. O trecho do diário de Drummond faz ver exatamente o primeiro momento do corte levado a efeito pela construção do edifício, o gume original do projeto:

> 1944. Abril, 22 — (...) Dias de adaptação à luz intensa, natural, que substitui as lâmpadas acesas durante o dia; às divisões baixas de madeira, em lugar de paredes; aos móveis padronizados (antes, obedeciam à fantasia dos diretores ou ao acaso dos fornecimentos). Novos hábitos são ensaiados. Da falta de conforto durante anos devemos passar a condições ideais de trabalho. Abgar Renault resmunga discretamente: 'Prefiro o antigo...' (...) Das amplas vidraças do 10° andar descortina-se a baía vencendo a massa cinzenta dos edifícios. Lá embaixo, no jardim suspenso do Ministério, a estátua de mulher nua de Celso Antônio, reclinada, conserva entre o ventre e as coxas um pouco da água da última chuva, que os passarinhos vêm beber, e é uma graça a conversão do sexo de granito em fonte natural. Utilidade imprevista das obras de arte.[13]

•

Se Drummond teve um papel decisivo na vinda de Le Corbusier ao Brasil em 1936, foi outro poeta, João Cabral de Melo Neto, que, de modo imprevisto e definitivo, incorporaria a ação corbusiana ao universo autônomo da palavra poética.

Em 1945, com a publicação de *O engenheiro*, o poeta atenuou o veio onírico do livro anterior — *Pedra do Sono* — e deu início a uma poética baseada no rigor construtivo, na luta contra o acaso e na racionalidade. O volume trazia como epígrafe uma imagem tomada a Le

---
[13] Carlos Drummond de Andrade 13.

Corbusier: "... *machine à emouvoir*...". Ao longo da vida, Cabral afirmaria inúmeras vezes:

> Nenhum poeta, nenhum crítico, nenhum filósofo exerceu sobre mim a influência que teve Le Corbusier. Durante muitos anos, ele significou para mim lucidez, claridade, construtivismo. Em resumo: o predomínio da inteligência sobre o instinto.[14]

Ou, ainda:

> (...) a maior influência que sofri foi a de Le Corbusier. Aprendi com ele que se podia fazer uma arte não com o mórbido, mas com o são, não com o espontâneo, mas com o construído. Foi ele quem me curou do surrealismo, definido como arte fúnebre em seu livro *Quando as catedrais eram brancas*. A partir de *O engenheiro*, optei pela luz em detrimento da treva e da morbidez.[15]

O marco original da conversão do pensamento corbusiano em base conceitual da poesia cabralina é, sem dúvida, o poema "O engenheiro", do livro homônimo. Os versos marcam-se pelo uso de termos técnicos próprios da construção civil, o que cria uma austeridade vocabular realçada pela redução radical da metaforização e de figuras de linguagem, solapadas pelo uso marcante de imagens que "apresentam" coisas, objetos, ações, cenas. Predominam os substantivos e os verbos numa sintaxe direta, clara, prevalecendo a coordenação. O ritmo é seco, duro, graças a uma pontuação que "corta" constantemente os versos e cria pausas que sublinham algo como um valor absoluto, material, plástico. Não será forçado reconhecermos que tal ritmo "quebrado" semelha na escrita o "anguloso" das formas espaciais. A nudez retórica dá ao poema, sem dúvida, uma absoluta clareza de sentido. O leitor como que "vê" o poema — seus objetos dispostos linearmente, sua organização sintática limpa e direta, seus "cheios" e "vazios", sua declaração de princípios estéticos e éticos, numa ausência de opacidade textual que mostra, nos níveis da forma e do conteúdo, a mesma transparência do edifício de vidro, sob o sol, que o poema traz à cena.

Mas o poema, ou melhor, sua dedicatória, traz um dado que vale a pena ser observado com atenção: sua dedicatória — "A Antônio B.

---

[14] Melo Neto, "A arquitetura do verso" 3-4.
[15] Melo Neto, "Entrevista a A. C. Secchin" 300-1.

Baltar". O homenageado — Antônio Bezerra Baltar — apenas cinco anos mais velho que João Cabral, engenheiro, urbanista e professor universitário, participou da célebre equipe que implantou a arquitetura moderna em Recife, antes mesmo que Rio e São Paulo experimentassem algo semelhante: Ayrton Carvalho, Fernando Saturnino de Brito, Roberto Burle Marx, Joaquim Cardozo e Luiz Nunes — este último o nome principal, em torno de quem o grupo se reuniu. Arquiteto mineiro chegado a Pernambuco em 1934 para dirigir a Seção Técnica de Engenharia e Arquitetura, que, aproximadamente um ano depois, passaria a se chamar Diretoria de Arquitetura e Construção do Governo do Estado — DAC —, Nunes tinha como responsabilidade projetar edifícios públicos ou subvencionados pelo Estado.

A equipe conseguiu realizar um número significativo de obras, diversificadas e originais, aliando economia, funcionalidade e qualidade estética, levando a cabo as mais importantes propostas da arquitetura racionalista européia. Além de uma economia de meios só encontrável nas construções populares, da introdução de métodos de trabalho inovadores, mais racionais e adequados à economia local, e do uso de materiais modernos, especialmente o concreto armado, ou tradicionais, sempre adaptados à nova linguagem, foram postos em prática, com criatividade e atendendo às necessidades dos programas que se impunham, outros importantes princípios formais da arquitetura de vanguarda, como a estrutura aparente, as coberturas planas e as fachadas de vidro.

Recife, em pouco tempo, viu-se pontuada por prédios que expunham como esculturas de engenharia suas estruturas de concreto armado, volumes de concreto e vidro erguidos sobre pilotis ou pesadamente apoiados no chão, sólidos cuja austeridade geométrica dialogava com o virtuosismo técnico e o requinte plástico de escadas helicoidais ou arcos parabólicos; nos jardins, a beleza áspera da flora da região, inesperadamente exposta fora do *habitat* natural, e canteiros geometrizados que compunham desenhos abstratos e assimétricos. Há que se imaginar o impacto da repentina convivência, lado a lado, dos antigos sobrados com obras sem-par em solo brasileiro: o Hospital da Brigada Militar, a Escola Rural Alberto Torres, o Leprosário de Mirueira, o Pavilhão de Verificação de Óbitos da Faculdade de Medicina, o Reservatório de Água de Olinda e outras obras que marcaram definitivamente o espaço urbano do Recife, materialização de uma estética revolucionária, fruto direto das lições dos mestres racionalistas Gropius, J. J. P. Oud e, sobretudo, Le Corbusier.

As inovações funcionais, estruturais e plásticas dos edifícios tinham uma clara dimensão de reforma social e, coerentemente, surgiam fundadas por uma prática que desde já realizava aquilo que propunha para a sociedade como um todo: engenheiros, arquitetos e operários trabalhavam em igualdade de condições. Some-se a isso a forma inusitada dos edifícios e sua destinação popular e não será difícil entender as razões de o grupo ter sido desarticulado, em novembro de 1935, sob acusação de práticas subversivas.[16]

Nesse quadro, a dedicatória a Antônio Baltar, em "O engenheiro", ganha contornos mais definidos: o engenheiro do poema, ou no poema, não deve ser entendido como referência direta e restrita a Baltar. Ao contrário, a dedicatória aponta para uma individualidade que imediatamente se dissolve num protótipo — "o engenheiro" — sugerindo, a um só tempo, um tipo ideal, utópico, idéia corbusiana convertida em criação poética, e sua contraface real, ou seja, um tipo de engenheiro em ação, reflexo material, palpável da idéia, surgindo o nome "Antônio B. Baltar", na dedicatória, como a ponta visível de um paradigma em que se alinham Luiz Nunes, Ayrton Carvalho, Saturnino de Brito, Burle Marx, Joaquim Cardozo e o próprio Le Corbusier.

Cabral formou seu "juízo estético", portanto, reunindo às suas vivências individuais — estéticas, existenciais etc. — as leituras dos textos corbusianos e a experiência no próprio espaço construído em moldes moderno-racionalistas. O poeta teve condições de avaliar os rumos da nova arquitetura em termos teóricos e práticos, "escolhendo", a partir daí, o que seria sua influência, ou seja, identificando os princípios ideológicos e formais que iriam guiar toda a sua poética.

•

A complicada modernidade brasileira, desde os anos 20, mas sobretudo a partir da década de 30, gerou um quadro ideológico extremamente favorável à penetração e desenvolvimento das experiências estéticas racionalistas, que vislumbravam na forma uma potência transformadora da sociedade. A arquitetura surgiu nesse horizonte como uma experiência modelar, apta a absorver os avanços das outras artes, da ciência, da indústria e, simultaneamente, capaz de impulsionar essas mesmas práticas. A ação corbusiana foi um impulso extraordinário a esse desejo de desenvolvimento do país.

---

[16] Sobre os aspectos políticos do trabalho realizado por Luiz Nunes e seu grupo, ver Alcântara.

Nenhum outro grande nome da arquitetura moderna — Gropius ou Mies van der Rohe — exerceu sobre o imaginário brasileiro a influência de Le Corbusier. Não há que esquecer, evidentemente, a importância de Alfred Agache, cujo plano de remodelação urbanística do Rio de Janeiro (1928-30) deixou marcas de grande efeito na cidade. É preciso registrar, ainda, que Saarinen e Frank Lloyd Wright estiveram no Brasil em 1931. Se este último teve uma presença algo marcante à época de sua visita, quando fez palestras e se solidarizou com a greve dos estudantes que apoiavam Lúcio Costa e suas propostas de modernização do ensino da Escola Nacional de Belas Artes, mais importante foi a influência que sua arquitetura e suas idéias exerceriam mais adiante sobre o trabalho de alguns destacados arquitetos, nomeadamente Vilanova Artigas, após um primeiro momento corbusiano.

Mas, não há dúvidas, o Brasil, tendo então como centro decisivo o Rio de Janeiro, fundou um verdadeiro "corbusierismo", que se fez presente mesmo quando para ser negado — e nunca o foi completamente. Luiz Nunes, Lúcio Costa, Oscar Niemeyer, Attílio Correa Lima, Jorge Machado Moreira, Afonso Eduardo Reidy, Vilanova Artigas, Vital Brazil, os irmãos Milton, Marcelo e Maurício Roberto e outros que se perfilaram na vanguarda da arquitetura moderna brasileira são, inegavelmente, devedores da ação de Le Corbusier.

•

Após o trabalho com uma equipe brasileira em 1936, ensaiaram-se outras vindas de Le Corbusier ao Brasil para realizar algum projeto. Frustadas essas tentativas, a retribuição brasileira veio, como no caso do Ministério, em forma de atividade conjunta. Em 1952, teve início uma série de acordos para a construção da Casa do Brasil na Cidade Universitária de Paris, com projeto de Lúcio Costa e Le Corbusier. No ano seguinte, o anteprojeto do brasileiro foi enviado ao mítico atelier da "rue de Sèvres, 35". Após uma série de transtornos com os responsáveis pela Cidade Universitária e vários ajustes entre os dois arquitetos, o projeto acabou por tomar uma forma distante daquela proposta por Lúcio Costa. Comparando-se com o que ocorrera no Ministério, a Casa do Brasil criou uma espécie de simetria invertida — um quiasmo —, visto que, no Rio, a autoria coube aos brasileiros, consignando-se o "risco original" a Le Corbusier (conforme está gravado no revestimento de pedra da parede do vestíbulo do edifício); em Paris, a condição de autor coube a Le Corbusier, ficando Lúcio Costa responsável pelo "risco original" — sugestão do próprio brasileiro.

Em discurso durante a inauguração do prédio, Le Corbusier apontaria, simultaneamente, para as divergências e as superações das mesmas. O *humour* e o tom declarativo não poderiam ser mais corbusianos

> (...) este pavilhão [é] 'um pouco severo', me disse Lúcio. 'Aqui no Rio nós somos sorridentes e a arquitetura é alegre'. Eu: 'Aqui em Paris o clima é difícil e as pessoas fechadas'. Quando ele estiver acabado e habitado por brasileiros, o pavilhão do Brasil será alegre. Eu sempre criei arquiteturas jovens.[17]

•

Le Corbusier voltou ao Brasil em 1962. Embora tenha sido breve a estada, seu valor simbólico não foi pequeno: além de visitar o prédio do Ministério, o arquiteto esteve em Brasília, a nova capital, planejada urbanística e arquitetonicamente por Lúcio Costa e Oscar Niemeyer como o mais acabado aproveitamento de seu urbanismo, em particular o projeto *Cité Contemporaine de 3 Millions d'Habitants*, de 1922. Em tudo havia a marca de Le Corbusier, mas tudo era, definitivamente, outra coisa. Sobretudo a arquitetura de Oscar Niemeyer exibia um estatuto próprio: a leveza do Ministério de Capanema evoluíra, tornara-se uma marca, uma assinatura. Le Corbusier reconheceu a diferença e a beleza. Projetou, para a cidade, a sede da Embaixada da França, que, infelizmente, não chegou a ser construída.

•

A "indesejada das gentes" chegou a 27 de agosto de 1965. Na despedida a Le Corbusier, estiveram presentes a poesia e a arquitetura brasileiras. Confirmava-se, mais uma vez, a força de uma aliança de naturezas várias e construída por inúmeros lances. Foi o poeta Murilo Mendes quem registrou:

> Assisti a seus funerais no *cour carré* do Louvre, às nove horas da noite, noite demonstrativa de planetas e de estrelas baixas, claríssimas.

---

[17] Apud Santos 283.

Uma multidão comovida. Cerimônia de alto estilo, de ritual cartesianamente planejado e seguido. Um silêncio de outras épocas. A urna coberta pela bandeira tricolor, isolada num ângulo do imenso pátio. Sob as espécies de Malraux, a França sobe à tribuna, rende homenagem a Le Corbusier, citando também o Brasil, Oscar Niemeyer, Lúcio Costa e sua filha Maria Elisa.[18]

Bibliografia

Alcântara Antonio Pedro de. "Luiz Nunes — Uma arquitetura a serviço da sociedade". *Arquitetura Revista* II, Rio de Janeiro: FAU/UFRJ (1º semestre 1985): 2-14.

Andrade, Carlos Drummond de. *O observador no escritório: páginas de diário.* Rio de Janeiro: Record, 1985.

Andrade, Mário de. *Taxi e crônicas no* Diário Nacional. Telê Ancona Lopez (org.). São Paulo: Duas Cidades/SCCT, 1976.

Bruand, Yves. *Arquitetura contemporânea no Brasil.* Trad. Ana M. Goldberger, São Paulo: Perspectiva, 2º ed., 1991.

Costa, Lúcio. *Sobre arquitetura.* 1º vol. Porto Alegre: Centro dos Estudantes Universitários de Arquitetura, 1962.

Garcias, Jean-Claude. "Paradoxes". *Le Corbusier, une encyclopédie.* Paris: Centre Georges Pompidou/CCI, 1987. 289-91.

Le Corbusier. *Por uma arquitetura.* Trad. Ubirajara Rebouças. São Paulo: Perspectiva/EDUSP, 1973.

Lissovsky, Mauricio & Paulo Sergio Moraes de Sá (orgs.). *Colunas da educação: A construção do Ministério da Educação e Saúde, 1935-1945.* Rio de Janeiro: Ministério da Cultura, Instituto do Patrimônio Histórico e Artístico Nacional : Fundação Getúlio Vargas, 1996.

Melo Neto, João Cabral de. "A arquitetura do verso". Entrevista a Oswaldo Amorim. *Revista Veja*, São Paulo (28/6/1972): 3-4.

_____. "Entrevista a A. C. Secchin". *João Cabral de Melo Neto: A poesia do menos.* Antonio Carlos Secchin, São Paulo: Duas Cidades; Brasília: INL, Pró-Memória, 1985. 299-307.

Mendes, Murilo. *Retratos relâmpago. Poesia completa e prosa.* Rio de Janeiro: Nova Aguilar, 1994.

Secchin, Antonio Carlos. *João Cabral de Melo Neto: A poesia do menos.* São Paulo: Duas Cidades; Brasília: INL, Pró-Memória, 1985.

Santos, Cecília Rodrigues dos. (Org.) *Le Corbusier e o Brasil.* São Paulo: Tessela / Projeto, 1987.

Tsiomis, Yannis (org.). *Le Corbusier — Rio de Janeiro: 1929-1936.* Rio de Janeiro: Centro de Arquitetura e Urbanismo da Prefeitura do Rio de Janeiro, 1998.

---

[18] Mendes 1273.

Le Corbusier no Rio de Janeiro em 1929.

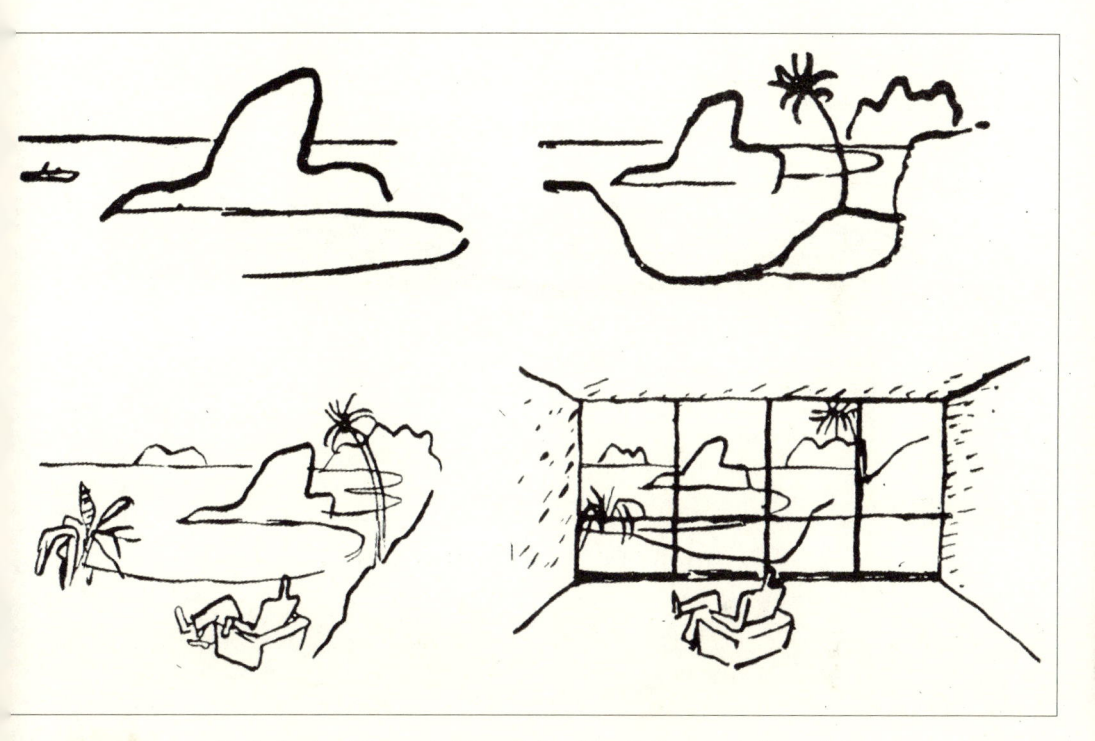

Le Corbusier. "Ce roc de Rio est très celèbre", *Oeuvre complète*, vol. 4.

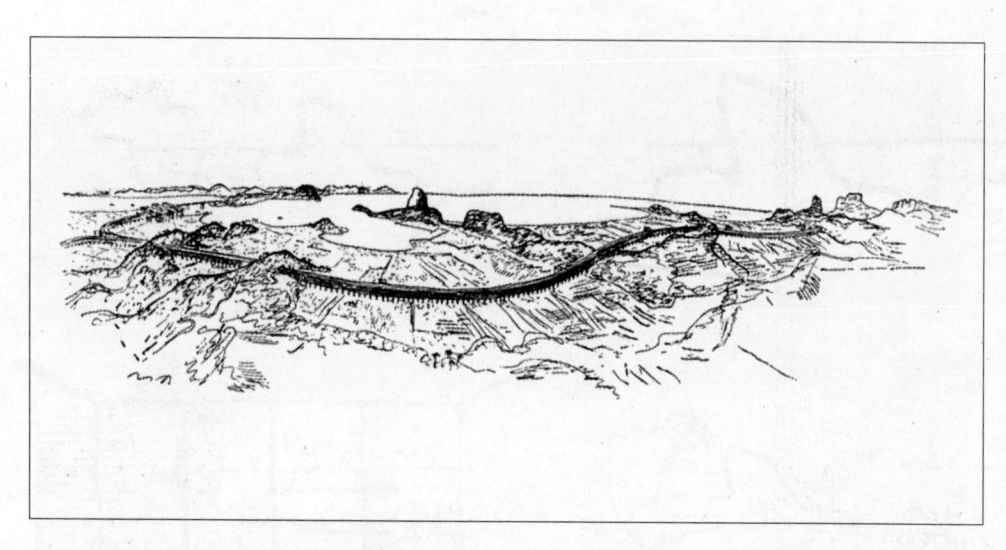

Le Corbusier. "Rio Auto-estrada", 1929.

Luis Nunes. Caixa d'Água, Olinda, PE, 1937.

O FUTURO POSTO EM QUESTÃO
NA OBRA DE STEFAN ZWEIG

Cléia Schiavo Weyrauch[1]

Os acontecimentos históricos que marcaram o século XX, culminando com a eclosão das duas Grandes Guerras, colocaram sob suspeita a realização do humanismo e do pacifismo, das mais diversas formas. No campo da ciência e da arte, a positividade do futuro apresentava-se com a fundação de novas ciências e o surgimento das vanguardas artístico-culturais. Augusto Comte, o fundador da sociologia no século XIX, acreditou na evolução da sociedade, enquanto Stefan Zweig, com base nas suas experiências de juventude, afirmava que "cada década seria uma ante-sala de outra ainda melhor". De um modo geral, as idéias-força de evolução e progresso contaminaram o século XIX e levaram os homens em geral a acreditar que, no século XX, o futuro proposto por essas idéias se concretizaria. Também no campo da religião, a idéia de evolução marcou tanto o kardecismo quanto a religião da humanidade proposta por Augusto Comte. Na prática, a sociologia, nascida sob a égide do progresso e da racionalidade científica, pretendeu traduzir o que já haviam afirmado os filósofos iluministas sobre o poder transformador da razão.

No século XIX, a força do futuro empobrece a noção de amanhã e incorpora uma nova dimensão filosófica de traço prometéico. Os cientistas do século XIX, sociólogos ou não, apostaram na emergência de uma qualidade de sociedade quando anunciaram sua fé nos novos tempos de racionalidade social. Para Augusto Comte, o futuro revelaria

---

[1] Professora de Sociologia da Universidade do Estado do Rio de Janeiro. Entre outros, autora de *Moderno X pós-moderno* (Rio de Janeiro: EdUERJ, 1997); *Pioneiros alemães de Nova Filadélfia* (Caxias do Sul: EDUCS, 1998).

uma sociedade marcada por novas relações humanas, conseqüência do desenvolvimento da ciência em todos os planos. Para ele, a sociedade, após ultrapassar os estados teológico e metafísico, alcançaria o estado positivo da razão, e mesmo a religião da humanidade não possuiria a dimensão teológica.

Stefan Zweig (1881-1942) é um dos autores que põe em discussão o conceito de futuro como certeza de justiça social. O otimismo da juventude é redefinido diante do avanço do nazismo. As obras autobiográficas, *O mundo que eu vi* e *Brasil, País do futuro*, que o tornaram célebre no Brasil, dizem dos seus dilemas quanto ao futuro da democracia social na Europa e da possibilidade da experiência social brasileira vir a ocupar um lugar paradigmático. "O século XIX com seu idealismo liberal achava-se honestamente convencido de estar no caminho reto e infalível para o melhor dos mundos (...). Já se acreditava mais no progresso do que na Bíblia, e esse evangelho parecia irrefutavelmente comprovado pelos novos milagres da ciência e da tecnologia" (Zweig 17).

De fato, a idéia da aderência da racionalidade científica à evolução social da humanidade, proclamada por Augusto Comte, circulava entre os intelectuais na Europa, que a entendiam como segurança social, respeito à individualidade, conquistas gradativas do projeto democrático e intervenções urbanas eficazes. Certamente a idéia de positividade estava publicamente posta ao lado das intervenções nos campos da história, da política, entre outros. Se, para Comte, a cidade era o lugar da Pátria, para Zweig, era o da cultura e da história. Nesse sentido, a descrição que Zweig faz de Viena em *O mundo que eu vi* deixa entrever o entusiasmo do autor por um projeto de cidade que o nazismo destruiu. Como grande universo de interlocução da arte e da cultura, a cidade de Viena projetou uma experiência de nivelamento em que os judeus sobressaíram como agentes universais. O que fez Zweig pensar que o Rio de Janeiro poderia ser o modelo de cidade do futuro?

Quem foi Stefan Zweig?

Stefan Zweig, famoso escritor austríaco, defensor do humanismo conviveu em Viena com os mais ilustres homens de seu tempo.[2] Estudou em Paris, Berlim e, em 1934, deixou Salzburg, fugindo do nazismo em direção a Londres, de onde vem para o Brasil, em 1940.

---

[2] Este círculo de intelectuais incluía Schnitzler, Hofmannsthal, Hermann Hesse, Max Brod, Thomas e Heinrich Mann, Walther Rathenau, entre outros.

A partir de 1932, inicia correspondência com seu editor brasileiro e, em 1936, visita o país pela primeira vez, declarando a um repórter que planejava escrever um livro sobre o Brasil. Em 1940, transfere-se definitivamente para o Brasil, dando prosseguimento a pesquisas que culminaram com a publicação, em 1941, de *Brasil, País do futuro*.

Este livro foi, sem sombra de dúvida, escrito por um auto-exilado europeu sob o impacto da experiência tropical americana e do malogro da experiência liberal na Europa. Considerado por Afrânio Peixoto um dos mais favoráveis "retratos do Brasil", a obra revelou a brasileiros e estrangeiros o amor de um austríaco que, através da poética de sua narrativa, encurtou as distâncias entre os mundos europeu e americano. A narrativa diz do prazer do encontro com a natureza na América que Zweig, sem cessar, celebra. Da questão político-social fala com encanto, contrapondo o modelo alemão ao brasileiro, julgando que se poderia constituir um outro paradigma humanístico diante da falência do modelo político europeu.

A (suposta) tolerância que marcava a vida social brasileira e o tamanho do território predestinavam o país a ser um dos mais importantes no futuro. Seu índice de humanidade representava patrimônio capaz de servir de contraponto a projetos nacionais suicidas em vigor nos anos 1930-1940, na Europa.[3]

Do ponto de vista do cotidiano, o discurso sobre a dimensão democrática da convivialidade social brasileira contrastava com a vivência anterior de Zweig. Na introdução a *Brasil, País do futuro*, uma pergunta anuncia a procura de um novo paradigma: "como poderá conseguir-se no mundo viverem os entes humanos pacificamente uns ao lado dos outros, não obstante todas as diferenças de raças, classes, pigmentos, religiões e opiniões?" (14-5). Ele julgava que o Brasil havia resolvido essa "complicada" situação. E continuava: "com a maior admiração, verifica-se que todas as raças [existentes no Brasil] vivem em perfeito acordo entre si" (15). Zweig, influenciado pela brutalidade do nazismo, não percebeu os limites da tolerância e os atritos político-sociais existentes no Brasil entre raças, classes e nacionalidades. A extensão da violência do processo político alemão havia deixado mar-

---

[3] Entre a primeira e a segunda e definitiva vinda de Stefan Zweig ao Brasil, implantou-se a Ditadura de Vargas, o Estado Novo. Nesse período arbitrário, algumas das garantias democráticas foram suspensas, embora a maioria dos jornais não enfatizasse o que ocorria nos porões da tortura.

cas profundas em sua personalidade e, como outros europeus humanistas, Zweig deixara a Europa por motivos políticos.

Ao contrário de Wilhelm Reich, Herbert Marcuse, Max Horkheimer, Berthold Brecht, Thomas Mann, que se dirigiram à América do Norte, Zweig escolheu o Brasil para viver e aqui se suicidou em 1942. Membro fervoroso da cultura sentimental vienense, Zweig não conseguiu conviver com a interrupção do avanço das idéias democráticas na Europa e morreu, como tudo indica, de "dor política", vendo o fortalecimento do nazismo no continente de origem. Com relação à sua morte, outras hipóteses apresentam-se, embora sem a força dessa.

A conjuntura européia

Embora a história da Áustria tivesse sido marcada por peculiaridades nos campos da cultura e da política, foi dela que Hitler retirou formas de ação anti-semitas.[4] Karl Lueger e Georg von Schönerer tornaram-se, segundo Carl Schorske, fontes de inspiração do Führer, e a ascensão desses líderes na cena política austríaca marcou o início de uma era de obscurantismo.

Escritor humanista, Stefan Zweig conviveu na Europa pós-Tratado de Versalhes com o contraste entre a modernidade técnica e o arcaísmo sócio-político, com o debate sócio-cultural e com o exacerbamento de temas como nação e povo, conduzidos por idéias xenófobas. Para além desses contrastes, presenciou uma grave crise econômica, potencializada pela crise internacional, cujas conseqüências sociais foram drásticas para o continente europeu. O marco da paz de Versalhes, conhecida pela sua brutalidade em relação aos alemães, proporcionou à direita e à extrema direita argumentos para o fortalecimento, na sua dimensão perversa, das idéias românticas de povo e de nação. Como expressões do espírito alemão, tais idéias abrigaram místicas interpretações que exigiam de quem a elas aderisse um comprometimento fanático semelhante à lealdade imposta pelos nacional-socialistas. Por sua vez, na Itália, um regime idêntico se instalara em 1922, ancorando-se na remota história de Roma.

---

[4] Os movimentos nacionalistas na Áustria neutralizaram, a partir de meados do século XX, o avanço das idéias austroliberais multinacionalistas. Karl Lueger e Georg von Schönerer foram expressões desses movimentos. Lueger, cristão anti-semita, tornou-se prefeito de Viena no início do século. Schonerer, industrial, organizou os nacionalistas radicais em 1882 e implementou uma política anti-semita extremada.

Essa ideologia, marcada pela defesa dos confrontos radicais, previa o aniquilamento fosse de uma classe, geração ou raça. A nova sociedade alemã deveria sair dos escombros de uma luta redentora da raça ariana, ameaçada, a partir de 1918, por uma suposta conspiração de socialistas, estrangeiros e, sobretudo, de judeus. Ao contrário do conceito de *biofilia*, defendido por Erich Fromm, apostava-se à época na *necrofilia*, ignorando-se as conquistas que os democratas europeus e alemães haviam alcançado no decorrer dos séculos XIX e XX. O clima em que navegava a democracia supunha que, em breve espaço de tempo, os homens ingressariam na plena cidadania. Ficção ou não, essa idéia, talvez um conceito-limite, alimentou o projeto democrático da modernidade e sensibilizou levas de homens que, pelas vias do liberal e do marxo-iluminismo, lutaram pela institucionalização dos seus direitos. Nas idéias que circulavam na sociedade, encontravam-se temas como igualdade social, tolerância, combate ao despotismo e aperfeiçoamento moral e social. Na prática, os adeptos dessas idéias tinham pressa em afastar os demônios do despotismo, do racismo e do obscurantismo do interior da sociedade.

Mas, a partir da década de 1920, esse eufórico projeto começou a dar sinais de fragilidade diante tanto dos discursos de exaltação nacional quanto da ideologia de conflito racial. À universalidade, propõe-se a nacionalidade, à paz, propõe-se a guerra, à autonomia dos homens, contrapõe-se a sujeição a um chefe inquestionável, à razão humanista, opõe-se o fanatismo.

Com a ascensão do nazismo, instala-se a intolerância e, em conseqüência, uma política radical e sistemática de exclusão que via o projeto inclusivo da modernidade como expressão de decadência e aniquilação de uma germanidade autêntica. Hitler, a pretexto da defesa desta identidade, afirmou no *Mein Kampf*[5], em discursos políticos e em suas conversações privadas[6], ser necessário religar o povo alemão a partir dos laços históricos de sangue e do solo, combatendo sempre os inimigos dessa concepção de identidade. Para ele, a causa do "desregramento da sociedade alemã"[7] estava na tolerância ao ideário democrático, inimigo do genuíno espírito alemão.

---

[5] Ver Hitler *Minha Luta*.
[6] Essa afirmação foi retirada de *Hitler's Secret Conversations*, cujo conteúdo define a personalidade e as idéias radicais conservadoras de Hitler.
[7] No segundo capítulo de *Minha Luta*, Hitler registra suas hostilidades tanto em relação à social-democracia quanto ao socialismo: "O que mais me afastava da social-democracia era sua posição adversária em relação ao movimento pela conservação do espírito germânico" (44). E identifica os franceses e os judeus como os responsáveis pela degradação desse espírito.

Na prática, a política de exclusão voltou-se, de fato, contra os judeus: impedidos de existirem como cidadãos alemães, politicamente diferentes da concepção nazista vigente, como etnia, ou mesmo como indivíduos, quase seis milhões foram exterminados, configurando uma experiência sem precedentes na história.

Como Thomas Mann, Bertold Brecht, Pollock, Max Horkheimer, Herbert Marcuse, entre outros, Zweig, diante da derrota do projeto inclusivo de democracia na Áustria e na Alemanha, deixa a Europa e procura recriar no exílio um novo paradigma humanista.

A urgência da construção do Reich dos mil anos afirmou o conceito de modernidade conservadora dos nazistas, cujo objetivo era estabelecer uma ordem inconciliável com as conquistas decorrentes do iluminismo político. O conceito de futuro contido na narrativa de esperanças para o Brasil, proposto por Stefan Zweig, privilegiava a miscigenação inimaginada pelos regimes nazi-fascistas, sobretudo o alemão.

No novo paradigma, o lugar da cidade-capital

Em *Brasil, País do futuro*, a dialética de complementaridade proposta, com ênfase no universo sócio-político, apóia-se na convergência essencial expressa na relação entre natureza e cultura. No caso do relato sobre a cidade do Rio de Janeiro, associa-se à essencialidade os conceitos de Oriente e Ocidente, a fim de expressar a possibilidade de um padrão urbano que ultrapassasse aqueles discutidos pela vanguarda européia. Para um europeu da primeira metade do século XX, a modernidade de um país era medida pela qualidade moderna de sua capital, pela racionalidade e planejamento de seu território. De fato, a afirmação da centralidade política dependia da imagem de poder de uma cidade sobre o território nacional a ela vinculado. No caso de Berlim, Hitler, ao assumir o poder, em 1933, resolve torná-la cosmopolita e monumental, acima de Paris e Viena, julgando-a inadequada para a capital do Reich que deveria ser o modelo do mundo. Em conversas registradas por Albert Speer, Hitler afirmava que "Berlim não é mais do que um irregular amontoado de edificações" (Speer 76). Portanto, era necessário torná-la regular e simétrica.

Para Stefan Zweig, a cidade do Rio de Janeiro, onde viveu durante mais tempo, expressava o novo paradigma de civilização, devido ao leque de contrastes complementares que conciliava. Além de acentuar que a vida social no Rio de Janeiro tolerava todos os contrastes, aplaudia a cidade porque não era acometida do

> (...) delírio geométrico das avenidas retas, dos nítidos cruzamentos, da horrenda idéia da excessiva regularidade das modernas cidades grandes, que sacrificam a simetria da linha e a monotonia das formas, precisamente o que sempre é o incomparável de toda a cidade: suas surpresas, seus caprichos suas angulosidades e sobretudo seu contrastes — esses contrastes entre o velho e o novo, entre cidade e natureza, entre rico e pobre, entre o trabalhar e o flanar, contrastes que aqui se gozam em sua harmonia sem par. (Zweig 232)

Seu relato sobre a cidade do Rio de Janeiro refere-se a um novo que se construía a partir de uma dimensão inédita de História, sem a violência advinda dos expurgos da vontade de um guia, como era o *Führer* alemão. Para ele, na cidade do Rio de Janeiro, todos se misturavam, conjugando-se o novo e o velho, o antigo e o tradicional, Oriente e Ocidente.

Com olhos não viciados pela modernidade urbanística, além de celebrar a relação natureza-cidade, Zweig via beleza no que se poderia chamar relação Oriente-Ocidente, tão depreciada pelos modernos. Talvez cansado dos megaprojetos, encontrasse na cidade do Rio de Janeiro a beleza da aproximação ideal e necessária entre Natureza e Cultura, Oriente e Ocidente, tão distante das discussões da vanguarda européia. "Por toda a parte a natureza é exuberante, (...) e em plena natureza se acha essa mesma cidade. E uma floresta de pedra com seus arranha-céus e pequenos palácios, com suas avenidas e praças e ruas estreitas de aspecto oriental, com suas choças de negros, e gigantescos ministérios, com suas praias de banho e seus cassinos" (Idem 190).

O Rio de Janeiro aparece, então, como a cidade que se confundia sem parar com a natureza, um belo artifício complementar. Em verdade, Zweig entendia a cidade como um monumento incrustado na Baía da Guanabara e nas florestas que a cercavam por todos os lados. Influenciado, como a maioria dos alemães, pela "união com a natureza", encontrou-a plena nos trópicos, quer na floresta e seus recortes, quer nas interfaces com o mundo civilizado americano.

No Brasil, vivia-se a possibilidade de uma nova convivência democrática, com base na pluralidade étnico-social, o que fornecia um ponto de partida para a revisão dos conceitos de cultura e civilização, entendidos até então pelo registro da razão instrumental. E completa: "já não estamos dispostos a simplesmente equipará-los à idéia de organização e conforto" (Idem 19), sugerindo que apenas o grau de superioridade do espírito humanístico seria capaz de neutralizar os ódios entre etnias, classes, gerações e nacionalidades.

Para além de seu preconceito inicial, descrito na introdução do livro, Zweig confessa com todas as letras: "Eu tinha sobre o Brasil a idéia pretensiosa que sobre ele tem o europeu e o norte-americano e tenho agora dificuldade de retorná-la" (Idem 2). Entretanto, esse austríaco "pretensioso" foi capaz de escrever um livro que, em tempos atuais, serve de reflexão para o estudo das perspectivas do Brasil em relação ao futuro. De fato, Stefan Zweig já amava o Brasil antes mesmo de conhecê-lo. De volta à Europa de sua primeira viagem em 1936, escreveu *Pequena viagem ao Brasil*, que publicou em vários jornais do mundo. Segundo Alberto Dines, seu maior biógrafo no Brasil, nessa época, Zweig já escrevera: "Quem conhece o Brasil de hoje lançou um olhar para o futuro".

Deixo como homenagem a Stefan Zweig uma frase dedicada ao Brasil e à cidade do Rio de Janeiro:

> Quem visita o Brasil, não gosta de o deixar. De toda a parte deseja voltar para ele. Beleza é coisa rara e beleza perfeita é quase um sonho. O Rio, essa cidade soberba, torna-o realidade nas horas mais tristes. Não há cidade mais encantadora na terra. (Zweig 302)

Bibliografia

Dines, Alberto. *Morte no paraíso: A tragédia de Stefan Zweig*. Rio de Janeiro: Nova Fronteira, 1981.
Fromm, Erich. *O coração do homem*. Rio de Janeiro: Zahar, 1974.
Gay, Peter. *A cultura de Weimar*. Rio de Janeiro: Paz e Terra, 1978.
Hitler, Adolf. *Minha luta*. São Paulo: Mestre Jou, 1962.
_____. *Secret Conversations: 1941-1944*. Introdução de H. R. Trevor-Roper, "The Mind of Adolf Hitler". New York: Octagon, 1972.
Kershaw, Ian. *Hitler, um perfil do poder*. Rio de Janeiro: Jorge Zahar Editor, 1993.
Lindholm, Charles. *Carisma*. Rio de Janeiro: Jorge Zahar Editor, 1993.
Loon, Hendrich Van. *Tolerância*. Rio de Janeiro: Companhia Editora Nacional, 1942.
Richard, Lionel. *A República de Weimar*. São Paulo: Companhia das Letras, 1988.
Scholem, Gerschom. *A mísitica judaica*. São Paulo: Perspectiva, 1972.
Schorske, Carl. *Vienna fin-de-siécle: Política e cultura*. São Paulo: Companhia das Letras, 1988.
Shire, William. *The Rise and Fall of the Third Reich*. New York: Simon & Schuster, 1966.
Speer, Albert. *Por dentro do III Reich: Os anos da glória*. Rio de Janeiro: Artenova, 1971.
Toland, John. *Um*. New York: Ballantine Books, 1977.
Zweig, Stefan. *Brasil, País do futuro*. Rio de Janeiro: Guanabara, 1941.

ELIZABETH BISHOP COMO MEDIADORA CULTURAL

Paulo Henriques Britto[1]

Rien ne vous tue un homme comme d'être obligé de représenter un pays.
Jacques Vaché, carta a André Breton (*apud* Julio Cortázar, *Rayuela*)

Para Elizabeth Bishop, a vida privada era a única que contava. O papel público do poeta como profeta ou crítico da sociedade — o tipo de papel que seu amigo Robert Lowell assumia com naturalidade — não lhe servia. Tampouco lhe interessava a posição de crítico da cultura ou estudioso da literatura: como observa Luiz Costa Lima, Bishop era artista e não intelectual (Lima 5); jamais se sentiu à vontade com abstrações e generalizações, e entre acadêmicos era um peixe fora d'água. Como poeta, um de seus principais trunfos era a visão ("Meus olhos saltados doem. São minha única grande beleza, assim mesmo", diz o sapo gigante em "Tempo das chuvas; subtrópicos"), e de modo geral as coisas que lhe atraíam a vista eram pequenas e desprovidas de importância, imbuídas de um significado estritamente pessoal.

No entanto, por obra do acaso — ela conheceu Lota de Macedo Soares no Brasil e as duas se apaixonaram —, Bishop veio a passar quase duas décadas num país estrangeiro onde não se sentia realmente em casa, e cujo idioma nunca se deu ao trabalho de aprender direito. As circunstâncias a colocaram inevitavelmente na posição de mediadora

---

[1] Tradutor e Professor de Tradução da Pontifícia Universidade Católica — Rio. Entre suas mais recentes traduções estão: *Gravity's Rainbow* (1998) de Thomas Pynchon, *Underworld* (1999) de Don de Lillo, *Birthday Letters* (1999) de Ted Hughes, além de uma antologia poética brasileira de Elizabeth Bishop, *Poemas do Brasil* (1999).

cultural; assim, nas suas incontáveis cartas, no livro *Brazil* (escrito em colaboração com os editores de *Life*), na sua tradução de *Minha vida de menina* de Helena Morley, na antologia de poesia brasileira moderna que organizou juntamente com Emanuel Brasil e, talvez mais que tudo, em seus poemas de temática brasileira, Bishop atuou como intérprete do Brasil para seus leitores norte-americanos. Em menor escala, junto ao seu círculo de conhecidos em Petrópolis e no Rio, também desempenhou o papel de representante e intérprete oficiosa da cultura norte-americana; além disso, particularmente quando do golpe militar de 1964, agiu como defensora da política externa dos Estados Unidos, justificando inclusive o apoio dado por seu país à ditadura militar brasileira numa época em que esta estava sendo vigorosamente condenada pela imprensa e os intelectuais liberais norte-americanos. Porém o papel de embaixadora cultural lhe era tão pouco adequado quanto o de intérprete de uma cultura estrangeira, e Bishop sempre se sentiu insegura quanto à sua qualificação para atuar como tal. Quando, em 1969, estava preparando a introdução da antologia de poesia brasileira, escreveu a Lowell: "É terrível pensar que provavelmente vou passar o resto da vida sendo considerada uma espécie de autoridade em matéria de Brasil"(Millier 424).

Quando chegou ao Brasil pela primeira vez, Bishop pouco sabia a respeito do país. Porém, como todo mundo, trazia consigo uma série de idéias preconcebidas, como logo ficou claro. Desde o início assumiu uma posição que poderia ser sintetizada, de modo um pouco simplificado, através da idéia de que o Brasil era basicamente "natureza" enquanto os Estados Unidos representavam a "cultura". Nas primeiras cartas que Bishop escreveu no Brasil vamos encontrar descrições entusiasmadas das belezas naturais da região de Petrópolis[2]; e em alguns dos poemas que começou a elaborar nessa época, em particular "Canção do tempo das chuvas", o meio natural a sua volta — a propriedade de Lota em Samambaia — é representado como um ambiente protetor, benéfico, vital. Bishop passaria o resto da vida tecendo louvores à natureza brasileira, ao mesmo tempo em que lamentava as deficiências do Brasil

---

[2] Eis um exemplo típico, de uma carta de 1953: "Estamos na época das borboletas azuis-claras (...) Elas estão por toda parte, às vezes em bandos de quatro ou cinco, e quando chegam perto ou *entram* em casa a gente vê que são semitransparentes. As árvores da quaresma (...) cobrem as montanhas de roxo, entremeadas de acácias rosa e amarelas" (Bishop, *Uma arte* [doravante abreviado como *UA*] 255).

como país. Em contraste, os Estados Unidos lhe pareciam caracterizar-se por sua "limpeza reluzente [, que] é a coisa de que mais sinto falta no início"; ou seja, representavam os valores do progresso material, civilização e cultura. De modo geral, a poeta colocava-se inequivocamente à favor da cultura — fazia questão de afirmar que, mesmo se continuasse vivendo a maior parte do tempo no Brasil, como pretendia fazer, queria ao mesmo tempo "continuar sendo uma puritana da Nova Inglaterra e da Nova Escócia". Mas tanto natureza quanto cultura tinham aspectos bons e aspectos maus. Natureza era, acima de tudo, ausência de cultura, e portanto "subdesenvolvimento" (para empregar o termo adotado nos anos cinqüenta e sessenta), porém implicava também espontaneidade e calor humano; e cultura, apesar de todos seus valores positivos, significava artificialismo e afastamento dos valores humanos básicos, como veremos.

Já em seu primeiro contato com o Rio, cristalizou-se em Bishop uma imagem da cidade como lugar adverso ao trabalho e à civilização que jamais se alteraria nas décadas seguintes:

> (...) é tanta *bagunça* — uma mistura de Cidade do México com Miami, mais ou menos; tem homens de calção chutando bolas de futebol por toda parte. Começam na praia, às sete da manhã — e pelo visto continuam o dia todo nos lugares de trabalho. (*UA* 226-7)

Essa passagem, extraída da primeira carta publicada de Bishop que contém uma descrição de suas impressões do Brasil, dá o tom de boa parte do que há de seguir-se. A poeta realiza inúmeras viagens no país, mas vê acima de tudo o que já esperava ver: uma natureza exuberante e uma população dividida entre pobres — "primitivos", com todas as qualidades e defeitos que advêm dessa condição — e aristocratas sofisticados como Lota, que falam vários idiomas e viajam ao estrangeiro com freqüência. Não há uma classe média no Brasil, afirma Bishop numa de suas cartas (*UA* 271). Na verdade, já havia na época uma classe média considerável no Brasil; mas no pequeno mundo de Samambaia em que a poeta vivia a estrutura social era mesmo estritamente dicotômica: de um lado havia o círculo de Lota; de outro, a criadagem. Que Bishop fosse capaz de ver esse recanto protegido de Petrópolis como uma amostra representativa do Brasil é característico de sua incapacidade de apreender realidades maiores; que, com base numa perspectiva tão estreita, tenha conseguido escrever um punhado de poemas intensamente perceptivos sobre o Brasil é a marca de seu gênio.

Como indica a citação do parágrafo anterior, uma das idéias preconcebidas que Bishop aparentemente trouxe para o Brasil como parte de sua bagagem intelectual foi a suposta aversão ao trabalho que caracterizaria os latino-americanos. Em 1954 ela observa, a respeito de fotos de Manuel Bandeira escrevendo deitado numa rede, que a seu ver a rede é emblemática do "espírito literário brasileiro" (*UA* 289). Alguns dias depois, numa outra carta, comenta: "Já observei que os escritores daqui costumam aparecer em fotos deitados em redes, e talvez seja este o problema da literatura brasileira — quem sabe eu vou descobrir" (*UA* 291). Essa imagem reapareceria também no livro *Brazil*: "Os escritores brasileiros gostam de se deixar fotografar gostosamente esparramados em redes com franjas. Ao que parece, muitos brasileiros de talento genuíno muito cedo deitam-se na cama — ou na rede" (Bishop, *Brazil* 104). Claramente, essa passagem reflete a opinião que Bishop tinha de Bandeira: em 1962, ela escreveu a Robert Lowell que o poeta brasileiro lhe parecia "muito acomodado".[3] Na época, Bandeira, aos 75 anos de idade, já tinha produzido uma notável obra poética, jornalística e crítica; havia também lecionado literatura, organizado uma antologia de poesia brasileira em vários volumes e traduzido muita poesia e teatro do inglês, francês e alemão; e era reconhecido como um dos maiores poetas brasileiros do século. Porém o impacto da imagem do poeta indolente deitado na rede, que reforçava sua visão estereotipada do Brasil (ou da América Latina), pesava mais do que qualquer informação que Bishop porventura tivesse a respeito da trajetória de Bandeira.

A atitude de Lota com relação a seu próprio país teve, ao que parece, alguma influência sobre o modo como Bishop via o Brasil, reforçando seus preconceitos.[4] Escreve a poeta: "A Lota não tem o menor interesse por nada que seja brasileiro ou 'primitivo'" (*UA* 416). Lota "é muito anglófila"; quando Bishop a conheceu em Nova York, ela afirmou admirar "coisas bem-feitas", "bem-acabadas", tão diferentes dos objetos que se viam no Brasil (*UA* 258). Assim, o amor de Bishop precisamente pelos aspectos "primitivos" do Brasil vinha associado a uma certa condescendência. Mesmo antes de sua vinda para a América do Sul, esta mesma atitude de apreço condescendente já fora despertada pelos elementos da cultura cubana que ela conhecera em Key West, o que aparece de modo mais evidente num texto em prosa escrito em

---

[3] *Uma Arte* 718.
[4] Para uma discussão das impressões de Lota sobre brasilidade e modernidade, ver Jaguaribe.

1939 sobre um pintor primitivo, "Gregorio Valdes".[5] A atitude de Lota — rejeição categórica a tudo que era "atrasado" e admiração por tudo que era estrangeiro — terá certamente acentuado a visão de Bishop de que no Brasil "tudo é muito malfeito, sem acabamento" (*UA* 258). Assim, a poeta passou a ver-se a si própria e a Lota, que como a maioria das pessoas instruídas de sua classe era totalmente europeizada, como pessoas comprometidas com a introdução de hábitos civilizados no Brasil.

Um bom exemplo disso está nos comentários de Bishop sobre puericultura. Em suas cartas, com freqüência reprova o modo como os criados de Lota criam seus filhos. Estimula Lota a traduzir para o português *Baby and Child Care*, do Dr. Spock: "se ela tem um mínimo de patriotismo, devia fazê-lo" (*UA* 343). Quando a cozinheira de Samambaia tem um filho, Bishop insiste com os pais para que lhe dêem alimentos saudáveis, como espinafre. "A dieta aqui é inacreditável, tanto para os ricos quanto para os pobres, de modo geral", escreve ela. Quando a criança está com um ano e meio de idade, Bishop comenta numa carta:

> Mas [ela] não fala — acho que porque a mãe e as tias, que são bem jovens, são burras e não falam *com* ela. (...) Agora sei por que as crianças pobres choram mais que as ricas. Não é que elas passem fome, nada disso: é só porque os pais delas são burros e não sabem lidar com elas direito. (*UA* 321)

O primitivismo é um tópico importante na correspondência e na poesia de Bishop, mas é sempre temperado pela precisão da observação. "Manuelzinho" — poema inspirado por uma pessoa real, misto de posseiro com rendeiro, que vive na terra de Lota — apresenta a caricatura de um "primitivo" brasileiro: um "tonto", um "incapaz", "o pior hortelão desde Caim", ignorante, supersticioso e desavergonhadamente vil. Porém a voz lírica do poema é, supostamente, a de Lota (*UA* 315), e a força do texto reside no modo como ele capta a combinação precisa de irritação impotente com afeto condescendente que caracteriza os sentimentos das classes dominantes brasileiras por seus criados. E se, em "O ladrão da Babilônia", primitivismo e incompetência abissal são traços comuns a Micuçu e aos policiais que finalmente conseguem prendê-lo, não há nada de reducionista nesse poema em que Bishop

---

[5] Incluído em Bishop, *The Collected Prose*.

retoma com sucesso a forma da tradicional balada anglo-escocesa: Micuçu, cruel, mas não desprovido de afeto, condenado, mas decidido a sobreviver o máximo possível, é retratado de modo tridimensional como uma pessoa completa; por mais "primitivo" que seja, não é um estereótipo como Manuelzinho — ou melhor, como Manuelzinho tal como visto por Lota. ("Manuelzinho" já foi muito criticado, no Brasil e nos Estados Unidos, por ser um retrato simplista e arrogante de um pobre brasileiro, mas cabe observar que, como a autoria do retrato é atribuída a Lota, o poema termina sendo igualmente impiedoso com Lota e a classe a que ela pertence — mesmo que não tenha sido essa a intenção consciente da autora).

Por outro lado, porém, o primitivismo "burro" dos brasileiros também implicava uma qualidade positiva: a "naturalidade". Essa qualidade causou forte impressão em Bishop nos primeiros anos em Samambaia, o período idílico de sua vida que foi imortalizado em peças líricas esplêndidas como "O banho de xampu" e "Canção do tempo das chuvas". As cartas escritas no início dos anos cinqüenta estão cheias de passagens como esta: "Sob certos aspectos, este país é mesmo maravilhoso. Aqui, você chega e o zelador, o porteiro, a cozinheira abraçam você com carinho e a chamam de 'senhora' e 'minha filha' ao mesmo tempo" (*UA* 244). Os brasileiros — principalmente "nos lugarejos pobres" — são "absolutamente naturais, e de uma polidez e educação extraordinárias". São "mais realistas com relação à vida, morte, matrimônio, os sexos etc.", e no Brasil "as pessoas amam as crianças mais do que em qualquer outro lugar — com a possível exceção da Itália (...). Com todos os horrores e estupidezas daqui — uma parte do Mundo Perdido ainda não se perdeu aqui" (*UA* 434). Um ano depois, em Seattle, trabalhando como professora pela primeira vez na vida, Bishop em suas cartas manifesta saudades do Brasil, e mais uma vez retrata o país como um lugar onde ainda se preservam alguns dos valores humanos mais simples e básicos que necessariamente se perdem como parte do preço da civilização. Assim, comenta a poeta a respeito de seus alunos na Universidade de Washington:

> Meus 'alunos' são muitíssimo simpáticos, quase todos — mas devo dizer que estou um pouco preocupada com a Juventude Americana. Eles são inteligentes, quase todos eles, mas não parecem se *divertir* muito — têm muito pouca *joie de vivre*, quando penso o quanto os jovens brasileiros se divertem com um violão, ou uma festa, ou apenas um *cafezinho* [sic] e uma conversa... (*UA* 444)

Essa visão original do primitivismo brasileiro seria substituída por uma outra muito diferente, na segunda metade dos anos sessenta, quando o relacionamento com Lota começou a entrar em crise; e essa nova visão exacerbou-se após o suicídio de Lota e durante o período em que Bishop tentou viver com sua nova companheira em Ouro Preto, no início da década de setenta. Se por volta de cinqüenta e poucos os brasileiros lhe pareciam um povo amoroso e acolhedor, ainda que primitivo, com uma visão mais "natural" da vida, no final de seu período no Brasil, Bishop passou a vê-los como seres desprovidos de sentimentos de solidariedade humana. Após a morte de Lota, sente-se abandonada por todos — "ninguém no fundo gostava de mim" — e explode: "Os países atrasados geram pessoas atrasadas e irracionais". As duas visões contrastantes refletem de modo direto a situação pessoal da poeta em dois momentos de sua estada no Brasil, é claro, e correspondem a duas maneiras típicas de encarar o Outro "atrasado" — o bom selvagem e o bárbaro. Porém não são tão contraditórias quanto podem parecer à primeira vista, se levamos em conta o conceito de "homem cordial" desenvolvido por Sérgio Buarque de Holanda. Para o autor, a idéia de "cordialidade" exprime a incapacidade do brasileiro de formar relações humanas que não se fundamentem em bases estritamente pessoais, nossa incapacidade de desenvolver um modelo de civilidade. "Cordialidade" se opõe a "civilidade", "boas maneiras" ou "polidez". Para o brasileiro, as relações interpessoais que se estabelecem na vida familiar passam a ser o "modelo obrigatório" para todas as outras forma de relação (Holanda 106). Por esse motivo, ele não consegue desenvolver os rituais da "polidez", "um disfarce que permitirá a cada qual preservar intatas sua sensibilidade e suas emoções" (107). Sérgio Buarque acrescenta: "O desconhecimento de qualquer forma de convívio que não seja ditada por uma ética de fundo emotivo representa um aspecto da vida brasileira que raros estrangeiros chegam a penetrar com facilidade" (109). As duas visões opostas do brasileiro manifestadas por Bishop na verdade são duas facetas de uma mesma característica nossa, que a poeta nunca chegou a apreender bem.

Como para Bishop o Brasil era "natureza", a idéia de uma cultura refinada no Brasil era para ela quase autocontraditória: era somente entre os pobres que poderia ser encontrada a "verdadeira cultura brasileira" — isto é, a cultura popular. Sua admiração pela arte do Brasil está sempre impregnada da idéia de que tudo que nela há de bom é necessariamente primitivo. Assim, Bishop qualifica as estátuas dos profetas de Congonhas do Campo como "toscas, porém poderosas e dramáticas" (*Brazil* 100) — embora "tosco" seja o último adjetivo que qualquer observador imparcial empregaria com relação à obra de um artista sofisticado como o Aleijadinho. Para a poeta, havia sempre algo de inerentemente suspeito em qualquer obra de arte erudita brasileira. Apesar do respeito que tinha por Drummond, Cabral e outros escritores, as obras brasileiras que realmente a empolgavam eram todas marcadas pela espontaneidade e singeleza: *Minha vida de menina* de Helena Morley, o diário autêntico de uma adolescente mineira no final do século XIX, que Bishop amorosamente traduziu para o inglês; a poesia de cordel nordestina; as músicas de carnaval, "a última poesia popular que ainda se faz no mundo". A pureza da arte popular era incompatível com o requinte da arte erudita; assim, qualquer incursão desta na esfera daquela tinha de ser condenada como conspurcação ou inautenticidade. Em carta a Lowell, Bishop comenta que as letras dos sambas compostos para *Orfeu do carnaval*, filme de Marcel Camus, são ruins precisamente por serem de autoria de "um poeta de verdade", Vinicius de Moraes: "falta-lhes o elemento de surpresa, as palavras usadas erradamente, os termos difíceis etc., que os sambas sempre têm" (*UA* 382).

Se a própria idéia de uma cultura refinada brasileira parece inaceitável a Bishop, por outro lado, quaisquer manifestações de vigor primitivo na cultura norte-americana a constrangem. Assim, recomenda aos "intelectuais brasileiros (...) ler Edmund Wilson, por exemplo, em vez de Henry Miller, para ter uma boa idéia da situação das letras nos Estados Unidos". Parece-lhe que escritores como "[Theodore] Dreiser, [Sherwood] Anderson [e] Miller (...) correspondem melhor à imagem mental que [os brasileiros] têm dos Estados Unidos" do que um escritor como Henry James. Para ela, era James — artista fortemente europeizado, autor de uma prosa cuidadosamente elaborada, cronista de uma sofisticada sociedade transatlântica anglo-americana — que deveria representar os Estados Unidos no estrangeiro, e não o rude e bárbaro Miller, que os brasileiros, influenciados por "alguns escritores franceses místicos", viam como "o novo Blake americano" (*UA* 336). Esse fato explica a ambivalência de Bishop com relação a Walt Whitman, que ela caracteriza, já numa carta de 1938, como autor de obras "datadas e desagradáveis" (*UA* 75), e a respeito do qual afirma, numa entrevista de 1970:

(...) quanto ao maior poeta norte-americano — lembro-me que quando perguntaram a Gide quem era, na sua opinião, o maior poeta da língua francesa, ele respondeu: 'Victor Hugo, *hélas!*' Eu diria que, na minha opinião, o maior poeta norte-americano é Whitman, *hélas!* (Monteiro 52)

Ainda que reconhecesse a grandeza de Whitman, Bishop, ao que parece, julgava que suas qualidades estavam associadas aos aspectos menos refinados e civilizados da cultura norte-americana, dos quais ela vinha conscientemente tentando se distanciar pelo menos a partir do momento em que passou a se ver como representante dos valores progressistas norte-americanos num Brasil atrasado e inculto.

Porém o papel de mediadora cultural assumido por Bishop passou por uma dura prova com o golpe militar de 1964, que a colocou na ingrata posição de apregoar o liberalismo norte-americano no Brasil ao mesmo tempo em que defendia um regime antidemocrático nas cartas a seus amigos nos Estados Unidos. Quando a imprensa liberal norte-americana começa a criticar os militares brasileiros, ela escreve: "Estou uma FERA por conta do que os jornais americanos teriam noticiado". Justifica "a suspensão dos direitos, a expulsão de muitos parlamentares etc.", argumentando que "foram necessárias, por mais sinistro que isto pareça". Nega que os militares estejam cometendo violências, sempre tendo o cuidado de matizar suas afirmações com expressões como "até onde eu sei"; a certa altura, confessa: "Vai ser um alívio sair daqui. Esta constante pressão de sentimentos violentamente contraditórios não é adequada ao meu 'temperamento artístico' (mais do que isso não afirmo ter)".[6] Como em nenhum momento da carta citada ela faz qualquer restrição ao novo regime militar, os "sentimentos violentamente contraditórios" por ela mencionados parecem ser uma alusão ao conflito entre a simpatia por um regime ditatorial e as tendências liberais que havia manifestado ao longo de toda sua existência.

Foi no período imediatamente anterior e posterior a 1964 que se tornou mais óbvio o quanto era inadequado a Bishop o papel por ela assumido. Mas na verdade todo o período em que ela esteve direta ou indiretamente envolvida com o Brasil, na condição de norte-americana expatriada no Rio de Janeiro e em Minas Gerais ou, em seus últimos anos, de volta nos Estados Unidos, na de "autoridade em matéria de Brasil", deve ser visto, de modo geral, como uma sucessão de mal-

---

[6] *Uma Arte* 741-5.

entendidos maiores ou menores. Sem jamais ter conseguido (ou querido) aprender o português corretamente, incapaz de enxergar a floresta por só ver as árvores, Elizabeth Bishop foi a mais inábil (e relutante) das mediadoras culturais; no fundo, tudo que queria do Brasil era um lar — um lugar onde fosse amada e compreendida, e onde pudesse escrever em paz. Durante cerca de dez anos, foi justamente isso que o país lhe deu. Mas a partir do início dos anos sessenta, um período turbulento para o Brasil em geral e para Bishop em particular, sua posição foi ficando cada vez mais difícil, até tornar-se insustentável. Assim, faz sentido que numa das obras-primas de sua última fase, "Crusoé na Inglaterra", ela se identifique com um náufrago solitário numa ilha tropical onde só há um outro habitante. Para Bishop, as únicas coisas que realmente importavam no país em que ela morou por quase vinte anos eram sua amada e o esplêndido cenário natural que a cercava. Quando, de volta a Massachusetts, no final da vida, confessava ter saudades do Brasil, o que na verdade sentia eram saudades de Lota e do mundo mágico e protetor de Samambaia, onde por alguns anos encontrou o lar que procurara em vão durante tanto tempo.

Bibliografia

Bishop, Elizabeth. *The Collected Prose*. Nova York: Noonday, 1984.
_____. *The Complete Poems, 1927-1979*. Nova York: Noonday-Farrar, 1991.
_____. *One Art*. New York: Farrar, 1994.
_____. *Uma arte*. Trad. Paulo Henriques Britto. São Paulo: Companhia das Letras, 1995.
Bishop, Elizabeth e os editores da revista LIFE. *Brazil*. Nova York: Time World Library, 1962.
Holanda, Sérgio Buarque de. *Raízes do Brasil*. Rio de Janeiro: José Olympio, 1982 [1936].
Jaguaribe, Beatriz. "Diamantes e feijão preto: Elizabeth Bishop e o Brasil". *Fins de Século: Cidade e cultura no Rio de Janeiro*. Rio de Janeiro: Rocco, 1998. 77-118.
Lima, Luiz Costa. "Bishop: A arte da perda". *Idéias, Jornal do Brasil* 3/2/1996. 5.
Millier, Brett C. *Elizabeth Bishop: Life and Memory of It*. University of California Press. 1993.
Monteiro, Geoge. (org.). *Conversations with Elizabeth Bishop*. Jackson: University Press of Mississippi, 1996.

ROGER BASTIDE E O BRASIL:
NA ENCRUZILHADA DE PONTOS DE VISTA

Fernanda Peixoto[1]

A centralidade do Brasil na obra de Roger Bastide (1898-1974) é inequívoca. O Brasil é, simultaneamente, caso exemplar de interpenetração de civilizações a ser observado pelo intérprete; solo onde se realiza o cruzamento de distintas tradições intelectuais e produtor de teorias originais de que ele irá se valer, não apenas para compreender as especificidades do país, mas para forjar um ponto de vista particular. No Brasil, na encruzilhada de pontos de vista díspares, o sociólogo afina uma perspectiva de análise. Neste ensaio, tratarei precisamente dos diálogos travados por Bastide no Brasil.[2]

Quando chega ao Brasil em 1938, Roger Bastide traz consigo a *agrégation* em filosofia, a experiência como professor em diferentes liceus franceses, alguma prática política, um projeto literário interrompido, dois livros e uma série de artigos publicados.[3] Em sua obra de juventude é possível visualizar um elenco de temas que ele não mais abandona – a religião, o sagrado, a literatura, a vida mística, o sonho, o imaginário, a memória – e uma atitude intelectual que será permanentemente exercitada, e que implica a combinação de diferentes abordagens: a sociologia, a antropologia, a psicologia, a história.

---

[1] Professora da Universidade do Estado de São Paulo/Araraquara. Autora de *Diálogos brasileiros*: *Uma análise da obra de Roger Bastide* (São Paulo: EdUSP/FAPESP, 2001).
[2] Este argumento encontra-se desenvolvido em meu livro, *Diálogos brasileiros*.
[3] Uma biografia intelectual de Roger Bastide pode ser encontrada em Ravelet, "Bio-bibliographie de R. Bastide". Sobre as ambições literárias do autor, ver, ainda de Ravelet, "Roger Bastide et la poesie"; e também Morin.

Mas se aquele que se tornará o grande eixo temático da obra madura de Bastide, o contato de civilizações, não é ainda explorado neste momento, não se encontra completamente ausente. No livro de 1935, *Éléments de sociologie religieuse*, quando discute os sistemas religiosos e suas transformações, Bastide faz referência às mesclas que se produzem entre diferentes sistemas e mostra como tais cruzamentos e mesclas podem dar origem à transformação de um sistema religioso em um sistema mágico, como por exemplo, no caso dos negros da Bahia.[4]

Um rol de questões aberto neste período de formação permite traçar elos entre as obras de juventude e de maturidade do autor, ainda que as referências teóricas se alterem durante o percurso. Para a compreensão do sincretismo brasileiro, uma das vigas mestras de sua obra a partir de então, Bastide vai retomar as principais teses da sociologia francesa de matriz durkheimiana — com a qual ele vinha debatendo criticamente desde os primeiros trabalhos[5], incorporando em sua produção dos anos 50 as formulações do africanismo francês de Marcel Griaule e Michel Leiris. Outra marca teórica decisiva para a elaboração da noção de interpenetração de civilizações é Georges Gurvitch, com quem intensifica as relações no Brasil, no final da década de 40.[6] A interlocução que se estabelece com a sociologia e a antropologia norte-americanas (fundamentalmente, as obras de M. Herskovits e os autores ligados à chamada Escola de Chicago) que, ao que tudo indica, Bastide conhece no seu período brasileiro, é também fundamental para a delimitação do conceito de sincretismo.[7]

---

[4] *Éléments* 143. O exemplo dos negros baianos deve ter chegado ao conhecimento de Bastide através do comentário feito por Mauss à obra de Nina Rodrigues, "O animismo fetichista dos negros baianos," publicada no *Année Sociologique* 5 (1900-1). Reuter sugere que o desejo de realizar pesquisas na Bahia representou o fator decisivo para a vinda de Bastide ao Brasil.

[5] É curioso observar que, no período brasileiro, Bastide retoma a obra de Durkheim, sobretudo através das interpretações de Mauss e Lévy-Bruhl, abandonando as orientações de Gaston Richard, referência fundamental para o jovem Bastide. Lembremos que a formação do sociólogo se efetua através da ligação com Richard, especialista em sociologia jurídica e seu professor em Bordeaux, e com o grupo de intelectuais protestantes reunidos em torno da *Revue Internationale de Sociologie*, reduto dos opositores da escola durkheimiana. Sobre o grupo liderado por Richard no quadro das ciências sociais francesas dos anos 20, ver Pickering.

[6] Tudo indica que as relações entre Bastide e Gurvitch se iniciaram antes do (re)encontro no Brasil, onde o sociólogo russo de nascimento (1894-1965) também esteve como professor de sociologia. Vide Morin 38-9. Dentre as obras sociológicas de Gurvitch serão os seus trabalhos publicados a partir de 1950, sobretudo *La Vocation actuelle de la sociologie*, que irão infletir mais diretamente sobre as concepções de Bastide a respeito do contato de civilizações.

[7] Ainda que afirme preferir a noção de "interpenetração de civilizações" à de sincretismo, Bastide usa ambas, indistintamente.

No Brasil verificam-se novas adesões teóricas, redefinições traçadas no compasso das observações de campo, das (re)descobertas das tradições francesa e norte-americana e, sobretudo, dos diálogos travados com a produção brasileira, em suas diversas ramificações: as vertentes literária e sociológica. Nos dezesseis anos que permaneceu no país (1938-54) como professor de sociologia da Universidade de São Paulo recém-criada[8], Bastide elabora uma perspectiva particular, essencialmente híbrida, construída a partir do cruzamento de diferentes abordagens.[9]

Bastide pensou e escreveu sobre o Brasil à medida que o foi conhecendo. Na crítica de jornal[10], nas aulas na universidade, nas viagens, nos terreiros de candomblé, nas galerias de arte, nas leituras e nas conversas, ele foi fazendo e refazendo perspectivas de análises. Sua obra sobre o Brasil – vasta e variada – nasce do corpo a corpo com outras, através de discordâncias e debates. Nos diálogos com a produção nacional, Bastide enfrenta o problema mais amplo da cultura brasileira, sua gênese e formação, não se atendo a um aspecto exclusivo das manifestações culturais, recorte habitualmente escolhido, com raras exceções, pelos estrangeiros que estiveram no país.

Com o auxílio de críticos e escritores ligados ao modernismo, Bastide dá os primeiros passos no Brasil. Seguindo as pegadas desses intelectuais, aproxima-se do país — das artes, da literatura, do folclore — revê as leituras de Mário de Andrade sobre o barroco e o Aleijadinho[11] e, fundamentalmente, compartilha as formulações do líder modernista sobre a "autenticidade" da cultura brasileira. É através destas discussões acerca do "genuinamente nacional" que Bastide problematiza também o seu lugar como intérprete estrangeiro que visa alcançar a cultura brasileira autêntica.

No diálogo com esta tradição literária, o intérprete enfrenta a problemática da gênese da cultura brasileira e do sincretismo, num apren-

---

[8] Sobre a criação da Universidade de São Paulo, em 1934, ver Cardoso e Limongi.
[9] Os ensaios de Queiroz e Simon chamam a atenção para este ponto.
[10] Através do exercício rotineiro da crítica jornalística, Bastide acompanhou as artes visuais e a literatura brasileira. Por isso não é estranho que o seu nome seja lembrado como um dos críticos atuantes nos decênios de 30 e 40, ao lado do de Sérgio Milliet. Cabe lembrar que, além da atuação no circuito nacional, Bastide manteve-se ligado à imprensa de matriz francesa no Brasil (*Boletim da Aliança Francesa*) e também a órgãos franceses, por exemplo, à revista *Mercure de France*, com a qual colabora entre 1948-1965. Sobre esta produção, especificamente, ver Amaral.
[11] As reflexões de Bastide sobre o barroco brasileiro encontram-se em *Psicanálise do cafuné* e o registro de sua viagem nordestina, em *Imagens do Nordeste místico em branco e preto*.

dizado do Brasil e da África.[12] O Bastide leitor dos modernistas se dá conta, desde a sua chegada ao país, que a originalidade da cultura brasileira reside em seu hibridismo, na solução ímpar aqui verificada a partir do cruzamento de civilizações distintas. Autenticidade que, como lhe mostram Mário e os modernistas, não se confunde com pureza.

Os modernistas vão buscar nos temas afro-brasileiros, afirma Bastide, "o exotismo no interior de uma terra exótica" (*Poetas* 49). Em outras palavras, vão procurar o diferente dentro do próprio país, capaz de produzir uma sensação de *dépaysement*. Este elemento diferenciado é justamente a África no Brasil (*Poetas* 50). O sociólogo estrangeiro, por sua vez, engajado na superação de uma visão postiça do país, teria que lidar com uma espécie de exotismo em grau superior, já que o Brasil para ele é sinônimo de exótico com letra maiúscula. Nesse sentido, a sua posição supõe uma radicalização da busca modernista: a procura da África no Brasil, no seu caso, é, de fato, a procura do "exótico do exótico", do "outro do outro".

A definição de uma perspectiva de análise é construída, no caso de Bastide, com o auxílio de um jogo especular, que desloca permanentemente o sujeito da observação: o francês olha a África do Brasil e, vice-versa, o Brasil da África. Este é, portanto, o seu campo de observação brasileiro: o triângulo África, Europa e Brasil, sendo este último termo definido como o lugar da barganha dos dois sistemas simbólicos, africano e europeu. A escolha de ferramentas metodológicas eficazes e de recortes temáticos adequados permite a compreensão dos sucessivos arranjos que operam no interior desse triângulo.

O folclore, o barroco e a literatura permitem a Bastide olhar para o país a partir de uma trama sincrética com preponderância de tons europeus. A religião, por sua vez, vai oferecer ao intérprete um ângulo de observação inusitado. Reduto privilegiado da reação africana, os cultos afro-brasileiros permitem iluminar o pólo da resistência africana. Desse modo, possibilitam ao intérprete a decantação da África a partir da composição mestiça.

As pesquisas sobre as religiões africanas no Brasil obrigam o analista a um redimensionamento da discussão sobre o sincretismo; impõem também a eleição de outros interlocutores no cenário nacional. No debate com certa matriz sociológica, e principalmente com

---

[12] Ver "A poesia afro-brasileira" e "A incorporação da poesia africana à poesia brasileira", em *Poetas do Brasil*.

Gilberto Freyre, está em pauta, mais uma vez, a formação da cultura e da sociedade brasileiras, só que agora a face africana do país adquire destaque. Desta discussão emerge o perfil *sui generis* do Bastide-Africanista, simultaneamente envolvido com a etnografia das ilhas africanas no Brasil e com o esboço de uma sociologia dos contatos culturais entre Brasil e África.[13] Mas não só. Da "sociologia híbrida e anfíbia" de Freyre[14], Bastide apreende as articulações entre os níveis micro e macro da análise, a combinação dos pontos de vista sociológico e antropológico e o domínio de uma narrativa sociológica de valor literário.

Gilberto Freyre está presente, explícita e implicitamente, durante todo o primeiro volume de *As religiões africanas no Brasil* (1960). Bastide constrói sua explicação através de um diálogo cerrado com *Casa-grande & senzala* (1933) e *Sobrados e mucambos* (1936) e, no geral, endossa, trinta anos depois, o amplo painel da sociedade brasileira pintado pelo sociólogo pernambucano. Os afastamentos entre os dois devem-se, segundo Bastide, à escolha de perspectivas diversas no tocante à aproximação do fenômeno dos contatos culturais.[15]

É possível dizer que tanto nas duas obras de Freyre quanto em *As religiões africanas no Brasil* está presente a idéia de formação da família patriarcal, no primeiro caso; da civilização africana, no segundo. Nos dois casos, a formação de uma nova civilização se dá a partir de materiais heteróclitos, de origens diversas. A civilização brasileira tem origem, no modelo de Freyre e de tantos outros, a partir das heranças portuguesa, indígena e africana. A civilização africana, nos termos de Bastide, é recriada no Brasil a partir — e apesar — do encontro entre as três civilizações mencionadas. Portanto, a África brasileira não é cópia do modelo original, mas reelaboração, produto também híbrido.

A discussão dos processos formativos, nos dois autores, está baseada no acompanhamento das condições históricas da formação da família patriarcal (no primeiro caso) e da implantação da África no Brasil (no segundo). Em Gilberto Freyre, encontra-se descrita uma sociedade de estrutura dual — casa-grande e senzala; senhor e escravo;

---

[13] Ver *O candomblé* e *As religiões*.
[14] Ver "Passeio sociológico (A propósito da 'Sociologia' de Gilberto Freyre)".
[15] Em suas palavras: "Gilberto Freyre estudou bem em *Casa-grande & senzala* esses diversos fenômenos (do sincretismo) mas estudou-os do ponto de vista da civilização brasileira, e não do ponto de vista, que aqui nos preocupa, das civilizações africanas. Precisamos, pois, retomar a questão, examinando-a, se nos permite a expressão, pela outra extremidade da luneta" (*As religiões* 103).

pretos e brancos; sobrados e mucambos — cujo dualismo não compromete a manutenção do todo; ao contrário a totalidade é alimentada pelo "equilíbrio de antagonismos".[16] A caracterização do processo formativo brasileiro, orientado por um princípio de equilíbrio de antagonismos, emblemática da obra de Freyre, é, em linhas gerais, corroborada por Bastide: nessa obra de 1960, no livro anterior, *Brasil, Terra de contrastes* (1957) e, posteriormente, em *As Américas negras* (1967). Só que na obra do estudioso francês a estrutura dual se complica. Os contrates que cortam o tecido social brasileiro são múltiplos; logo, a integração ou o equilíbrio, sempre problemáticos.

Mas, se, como procurei mostrar, Bastide é um leitor cuidadoso de linhagens já consolidadas entre nós, não podemos esquecer o seu papel como formador de novas tradições no país. Através de sua atuação na Universidade de São Paulo como professor e orientador de pesquisas, foi responsável pela abertura de um novo filão de estudos sociológicos entre nós, que tem em Florestan Fernandes um de seus herdeiros diretos. Com Bastide, Florestan se inicia na pesquisa sociológica investigando o folclore na cidade de São Paulo. Na década de 50, professor e aluno se aliam na coordenação da face paulista da ampla pesquisa sobre relações raciais no Brasil patrocinada pela Unesco.[17]

Mas não apenas os estudos sociológicos em São Paulo se beneficiam da presença de Bastide na Universidade. Ele é também responsável, ao lado de Jean Maugué e Lévi-Strauss, pela formação de uma vigorosa geração de críticos — Antonio Candido, Gilda de Mello e Souza, Décio de Almeida Prado, Paulo Emílio Salles Gomes, entre outros —, que com os professores franceses "aprenderam a estudar" e a se interessar pelas coisas brasileiras. As palavras de Ruy Coelho são exemplares: "Bastide, como todos os outros professores franceses, nos endereçava ao Brasil".[18]

---

[16] Para uma análise da centralidade da noção de "equilíbrio de antagonismos" na obra de Freyre nos anos 30, ver Araujo.
[17] Ver Maio. Os resultados da pesquisa em São Paulo foram publicados em *Brancos e Negros em São Paulo*, de Bastide e Fernandes.
[18] Coelho 129. Sobre os professores franceses na Universidade de São Paulo, ver Peixoto, "Franceses e Norte-Americanos" e "Lévi-Strauss no Brasil". Sobre esta geração de críticos, ver Pontes.

Bibliografia

Amaral, Glória C. "Roger Bastide au *Mercure de France*". *Bastidiana* (Universidade de Caen) 10-11(1995): 23-34.
Araujo, Ricardo Benzaquen de. *Guerra e paz*: Casa-grande & senzala *e a obra de Gilberto Freyre nos anos 30*. Rio de Janeiro: Editora 34, 1994.
Batisde, Roger. *Éléments de sociologie religieuse*. Paris: Armind Colin, 1935.
_____. *Psicanálise do cafuné*. Curitiba: Guaíra, 1941.
_____. "A poesia afro-brasileira". *Estudos afro-brasileiros*. São Paulo: Perspectiva. 1973. [1941].
_____. "Passeio sociológico (A propósito da 'Sociologia' de Gilberto Freyre)". *Diário de São Paulo*, 7/12/1945.
_____. *Imagens do Nordeste místico em branco e preto*. Rio de Janeiro: O Cruzeiro, 1945.
_____. *Poetas do Brasil*. São Paulo: EdUSP / Duas Cidades, 1996. [1946].
_____. *O candomblé da Bahia*: Rito Nagô. São Paulo: Editora Nacional, 1958.
_____. *As religiões africanas no Brasil*. 2 vols. São Paulo: Edusp: Pioneira. 1971. [1960].
Bastide, Roger & Florestan Fernandes. *Relações entre negros e brancos em São Paulo*. São Paulo: Anhembi. 1955. (Reeditado em 1958 pela Cia. Editora Nacional.)
Cardoso, Irene. *A universidade da comunhão paulista*. São Paulo: Cortez, 1982.
Coelho, Ruy. "Declaração". *Língua* e *Literatura* (São Paulo) 10-13 (1981-4): 129.
Limongi, Fernando. "Mentores e clientela da Universidade de São Paulo". *História das Ciências Sociais no Brasil*. Vol. 1. Sérgio Miceli (org.). São Paulo: Idesp: Sumaré, 1989. 111-87.
Maio, Marcos Chor. *História do Projeto Unesco*: Estudos raciais e *Ciências Sociais no Brasil*. Diss. Instituto Universitário de Pesquisas do Rio de Janeiro, 1997.
Morin, Françoise. "Les Inédits et la Correspondance de Roger Bastide". *Roger Bastide ou le réjouissement de l'abîme*. P. Laburthe-Tolra (org.). Paris: L'Harmattan, 1994. 21-42.
Peixoto, Fernanda. "Franceses e norte-americanos nas Ciências Sociais brasileiras (1930-1960)". *História das Ciências Sociais no Brasil* Vol. 1. Sérgio Miceli (org.). São Paulo: Idesp; Sumaré. 1989. 410-60.
_____. "Lévi-Strauss no Brasil: A formação do etnólogo". *MANA-Estudos de Antropologia Social* (Rio de Janeiro) 4.1 (1998): 79-108.
_____. *Diálogos brasileiros*: Uma análise da obra de Roger Bastide. São Paulo: EdUSP/ FAPESP, 2001.
Pickering, William S.F "Gaston Richard: Collaborateur et adversaire". *Revue Française de Sociologie XX* (1979): 163-82.
Pontes, Heloísa. *Destinos mistos: Os críticos do grupo Clima em São Paulo*. São Paulo: Companhia das Letras, 1998.
Queiroz, Maria Isaura P. "Nostalgia do outro e do alhures: A obra sociológica de Roger Bastide". *Roger Bastide*. Maria Isaura P Queiroz (org.). São Paulo: Ática, 1983. 7-75.
Ravelet, Claude. "Bio-bibliographie de Roger Bastide". *Bastidiana* 1 (1993): 39-48.
_____. "Roger Bastide et la poésie". *Bastidiana* 10-11 (1995): 7-22.

Reuter, Astrid. *Entre les civilisations. Roger Bastide (1898-1974) et les religions africaines au Brésil*. Paris: Diplôme d'Études Approfondis de *l'EHESS*, 1987.

Simon, Jean-Pierre. "Roger Bastide et l'histoire de la sociologie". *Roger Bastide ou le réjouissement de l'abîme*. P. Laburthe-Tolra (org.). Paris: L'Harmattan, 1994. 55-68.

A LÓGICA DO ATRASO E SEU EFEITO BUMERANGUE — O CASO ZIEMBINSKI

Victor Hugo Adler Pereira[1]

Diferentes máscaras do estrangeiro revezam-se no percurso da carreira e da biografia do diretor e ator Zbigniew Ziembinski desde que desembarcou no Rio de Janeiro, como refugiado de guerra em 1941, aos trinta e três anos de idade, até sua morte em 1978. A continuidade da viagem para Nova York torna-se impossível e o ator e diretor, como outros imigrantes da época, tem que buscar trabalho num país em que não possuía amigos e nem conhecia a língua. No entanto, pode-se considerar que, em apenas dois anos, transformando-se no emblema da renovação teatral no Brasil, já havia superado a imagem de imigrante pobre, superpondo a esta a de porta-voz da cultura européia junto a um influente círculo de intelectuais e gente da alta sociedade na então capital da República.

A interpretação dominante nestes círculos das dificuldades locais através da ótica do atraso, medido pela comparação a representações do modo de vida europeu, e já então também norte-americano, denuncia a assumida perspectiva do colonizado que favorecia, na prática, a concessão imediata de prestígio e poder de decisão aos representantes dos centros "mais civilizados". Este papel outorgado a Ziembinski franqueou-lhe as primeiras condições para mostrar o seu trabalho como diretor e ator. O caráter inovador dessas primeiras realizações superava a tônica dos trabalhos realizados anteriormente na Polônia —caracteri-

---

[1] Professor de Teoria da Literatura na Universidade do Estado do Rio de Janeiro. Autor de *Nelson Rodrigues e a obs-cena contemporânea* (Rio de Janeiro: EdUERJ, 1999) e *A musa carrancuda: Teatro e poder no Estado Novo* (Rio de Janeiro: Editora da Fundação Getúlio Vargas, 1998).

zado por um "repertório predominantemente comercial e convencional" (35) —, conforme concluiu Yan Michalski, em sua minuciosa e bem documentada biografia de Ziembinski, demonstrando que fora bastante estimulado a usar criativamente seu amplo conhecimento técnico, dada a expectativa que encontrara no Brasil. Certamente uma representação idealizada e generalizante do "adiantado estágio" das artes européias funcionou como alavanca criativa neste caso.

A aproximação de Ziembinski do grupo de amadores "Os Comediantes" resultou numa primeira temporada, da qual constavam *Fim de jornada*, de Robert C. Sheriff, *Pelleas e Melisanda*, de Maurice Maeterlinck, e a até hoje considerada histórica estréia de *Vestido de noiva*, de Nelson Rodrigues, em 28 de dezembro de 1943. O fato de ter conseguido realizar plenamente, em *Vestido de Noiva*, um espetáculo que evidenciava uma nova utilização do espaço cênico deveu-se, não somente a um uso da iluminação até então inédito no país, em que centenas de mudanças de luz acompanhavam o desenvolvimento da ação, mas também ao cenário do talentoso artista plástico Santa Rosa. Outro fator que contribuiu para este sucesso foi a identificação de Ziembinski com o texto do dramaturgo Nelson Rodrigues. Transformados em personagens destacados da vida cultural brasileira, desde a estréia de *Vestido de noiva*, e daí em diante destacando-se de diferentes modos até o fim de suas vidas, teriam seus nomes reunidos em outras bem-sucedidas ou polêmicas montagens. Duas peças do chamado "teatro desagradável" de Nelson Rodrigues contariam com a direção de Ziembinski em sua primeira montagem, *Anjo negro* (1949) e *Dorotéia* (1950); como também duas de suas tragédias cariocas, *Boca de ouro* (1960) e *Toda nudez será castigada* (1965). Coincidente ou não com a afinidade que os aproximou no teatro, é o fato de ambos terem sido marcados, em seu percurso artístico, pela oscilação violenta de avaliação, ora como vanguardistas, ora como serviçais submissos às exigências do mercado, contradição sintomática da instabilidade de critérios e posições no campo da produção cultural no decurso de sua carrreira. Por ocasião das comemorações do décimo aniversário da presença de Ziembinski no Brasil, o crítico Décio de Almeida Prado caracteriza a importância do encontro do diretor com o grupo "Os Comediantes", como um fato significativo para a história do teatro brasileiro, afirmando:

> Era, na prática, dirigida por um experimentadíssimo homem de teatro, toda uma revolução teatral; autores novos, cenógrafos novos,

técnica nova e, sobretudo, uma nova maneira de representar, uma nova maneira de conceber o teatro como espetáculo. Com alguns cinqüenta anos de atraso, era o teatro moderno que chegava repentinamente, estrepitosamente, triunfalmente, ao Brasil. (Apud Michalski 202-3)

Evidencia-se, no comentário de Décio de Almeida Prado, por um lado, a perspectiva de que a bem-sucedida temporada representava a superação do atraso do teatro no país; por outro, de que havia precondições locais, como profissionais talentosos e com ousadas perspectivas, que possibilitaram o trabalho do diretor Ziembinski. A vinculação que o crítico estabelece entre este trabalho bem realizado e um projeto mais amplo para o teatro e a cultura nacionais — ainda mesmo que represente o rompimento de suas tradições locais — sugere paralelo com o "empenho" que Antonio Candido atribuiu aos escritores na construção da literatura brasileira (Candido 26). Ou seja, também no campo das artes cênicas, como observou Mariângela Alves de Lima, apresenta-se a recorrência de propostas de indivíduos ou de grupos que se consideram comprometidos em construir ou reformar o teatro brasileiro em função de um projeto de cultura nacional (Arrabal e Lima 98).

O destaque ao internacionalismo ou o apelo aos valores universais, em algumas iniciativas em que Ziembinski esteve envolvido, não elimina o compromisso com um determinado projeto de cultura nacional; no caso, com sua modernização ou seu cosmopolitismo sem considerações mais amplas de natureza ideológica. E o tipo de círculo intelectual com que Ziembinski inicia as suas atividades no Brasil determina essas diretrizes.

Complexo de índio

No quadro do projeto de modernização autoritária, promovido desde os anos trinta pelo regime Vargas e consolidado a partir de 1937, no *Estado Novo*, um grupo de intelectuais ligados aos órgãos públicos atuava junto ao teatro, promovendo a atualização dos espetáculos segundo os padrões internacionais. Conforme procurei demonstrar em estudo anterior (Pereira, 1998), estes intelectuais e homens de teatro organizavam-se em torno de um dos discursos que procuravam se impor como projeto de organização desse campo de atividades no país. Este se caracterizava pela proposta e implementação de medidas práticas que estimulavam ou apoiavam conjuntos teatrais que representavam uma alternativa ao que julgavam a "incultura" reinante no teatro brasileiro, representada pela *chanchada*, o teatro de revistas e as comédias Trianon, desenvolvendo um determinado padrão de realização artística, mensurável através da comparação com o que julgavam vigorar nos grandes centros europeus e norte-americanos. Mariângela Alves de Lima considera que a perspectiva dos grupos a que se vinculou o trabalho de Ziembinski corresponde a um desejo que atravessa a criação teatral, no Brasil, desde os tempos do Império, de "sermos tão bons quanto...", caracterizando-o bem-humoradamente através do enunciado: "Eu não sou índio!". E acrescenta: "Por trás disso reluz o ideal da comunicação universal — colado à matriz da forma perfeita" (Arrabal e Lima 98).

O modo com que se caracteriza a consecução desse projeto por Ziembinski pode ser aproximado do processo caracterizado por Homi Bhabha como "mimetismo cultural" (Bhabha 85-92). Na condução desse processo, durante alguns anos, em diferentes iniciativas, Ziembinski acabou por exercer uma função capital, graças à autoridade que lhe dava a espécie de máscara de estrangeiro que assumiu. Além de difundir e implantar as novas técnicas — reconhecidamente foi um mestre da iluminação cênica, e imprimia uma unidade aos espetáculos que dirigia, embora com métodos de direção de atores e resultados discutíveis — seu trabalho funcionava como fetiche ou emblema da realização entre nós de um padrão identificado com a superioridade cultural européia. Como aponta Homi Bhabha, a lógica do mimetismo baseia-se numa inadaptação, num deslizamento entre o modelo e a cópia (86), e a carreira de Ziembinski parece denunciar uma certa desavença entre suas tentativas de implantar um modelo no país, de que se julgava representante como estrangeiro, e a pressão constituída pelo decurso da história da cultura em sua dinâmica local. Assim, escapa a adequação entre essas duas esferas. O suceder de máscaras e papéis que o personagem Ziembinski desempenhou no meio teatral e cultural revela, de forma um tanto melancólica, como esses desajustes impunham os deslocamentos de companhia em companhia, e as mudanças decorrentes na posição simbólica ocupada no campo intelectual.

A partir de 1951, a atuação de Ziembinski, como diretor e ator no Teatro Brasileiro de Comédia (TBC), fundado por Franco Zampari, será decisiva para a manutenção da imagem da companhia, identificada como ponta de lança da implantação do padrão de qualidade europeu no Brasil. O empresário idealizara o conjunto com uma forte infra-estrutura, que incluía uma oficina de carpintaria e confecção de guarda-roupa e uma sala especial para ensaios, junto ao teatro da Rua Major Diogo, em São Paulo. A perspectiva modernizante correspondia a um desprezo por qualquer traço das tradições cênicas ou da formação do público no Brasil, conforme observa Mariângela Alves de Lima, correspondendo a um "marco zero", inclusive pela recusa de contratar qualquer profissional que já estivesse atuando no país por muito tempo. Constituiu-se o elenco de amadores orientados por diretores estrangeiros, em sua maioria italianos, contratados por Zampari, como Adolfo Celi, Ruggero Jacobbi, Luciano Salce, Flaminio Bollini e Gianni Ratto.

Nos dois laboratórios principais em que se constituíram para Ziembinski o grupo "Os Comediantes" e o TBC, o ator desenvolveu-se e revelou algumas de suas qualidades, em contraste com a formação intuitiva ou originada em concepções diversas da arte da interpretação vigentes entre os profissionais brasileiros. Muitas de suas interpretações foram reconhecidas como marcantes; em especial, quando não dirigia a si próprio. Foi o caso, por exemplo, do papel do peregrino Luká na montagem de *Ralé*, de Gorki, peça que foi uma exceção no repertório do TBC, que se mantinha, sob a vigilância de Zampari, longe de temas contundentes que pudessem incomodar a platéia cativa de paulistanos endinheirados. Yan Michalski aponta esse como um dos papéis mais brilhantes na carreira do ator Ziembinski, e lembra que o espetáculo fora dirigido pelo jovem diretor Flamínio Bolloni, que tinha domínio amplo do método de Stanislavski (Michalski 199-200).

Como diretor, Ziembinski enfrentou algumas acusações relacionadas ao modo com que procurava impor a imitação de uma versão pessoal da cultura européia, encontrando soluções que seriam contestadas com vigor, em especial nos anos sessenta. Acusavam-no, por exemplo, de ter adaptado à sua moda o método de Stanislavski, e, ao contrário de conduzir a construção de personagens pelos atores, impor um modo de interpretar tão pessoal que obrigava os brasileiros a repetirem os seus defeitos de pronúncia e entonação na língua portuguesa. Também a lentidão excessiva na interpretação era apontada como um defeito do ator e diretor, atribuído a suas origens culturais. Yan Michalski reforça esse argumento, considerando que não se encontra na Europa central e oriental o "dinamismo e a agilidade que fazem parte de nosso perfil nacional" (384). Portanto, a máscara de estrangeiro, capaz de abrir portas no início de sua carreira, revelava posteriormente uma faceta negativa ou inadequada ao meio cultural. O mesmo crítico acrescenta, no entanto, que essa diferença de ritmo devia-se também à "secular tradição literária do teatro europeu, que faz com que o espectador lá experimente prazer ao ouvir um texto valorizado pela inteligência interpretativa e pelos bem treinados recursos vocais do ator, mesmo se a tradução cênica desse texto se realiza de maneira estática e vagarosa" (384). Talvez este argumento justifique a acolhida positiva ao trabalho de Ziembinski a alguns espetáculos baseados em textos como *A Streetcar named Desire*, de Tennessee Williams, ou *Desire Under the Elms* de Eugene O'Neill, ou na dramaturgia de Nelson Rodrigues, em que a palavra tem especial valor em cena.

Uma das realizações de Ziembinski, como ator e diretor, ficou registrada na história do teatro pelo encontro com a atriz Cacilda Becker, na peça *Pinga-Fogo*, do dramaturgo Jules Renard. Justificando o grande sucesso de público e crítica, considera-se que o diretor contracenava bastante eficientemente com a atriz, que revelava a sua plenitude profissional. Essa aliança teria continuidade, de 1958 a 1959, na companhia fundada pela atriz, o "Teatro Cacilda Becker". Nesta e em outras companhias de prestígio, que se foram formando em decorrência do sucesso alcançado pelo modelo empresarial do TBC, a colaboração de Ziembinski parece decisiva para a formação de um espírito profissional, num momento em que entrava em crise o "estrelismo" e se difundia no país o modelo de espetáculo centrado na figura do diretor de cena, tornando-se lendária a severidade com que dirigia os ensaios. Além disso, para a aproximação das condições em que se representava um repertório afinado com o gosto vigente nos grandes centros, era indispensável implantar certas concepções de encenação. Assim, considera Fernanda Montenegro que "ele entrou para a história do teatro brasileiro por ter sido o homem que nos ensinou a fazer personagens; ensinou também, pela primeira vez, o que é unidade de espetáculo" (Michalski 366).

Rebeliões e bumerangues

As transformações históricas que afetaram a produção de cultura no Brasil durante os anos sessenta, como a chegada a uma determinada etapa da industrialização, o estreitamento de relações com os Estados Unidos, entrando num circuito de divulgação de padrões culturais alternativos aos europeus, somado à ampliação de um público com nível mais alto de escolarização, levaram à criação de condições para a recepção teatral muito diversas daquelas conhecidas por Ziembinski em sua chegada ao Brasil. Além disso, a renovação das funções desempenhadas pelo teatro — relacionado intimamente à politização da classe média e do meio estudantil — assim como a solidificação de experiências como a do Teatro de Arena, forneciam instrumentos para a avaliação crítica de contribuições como as de Ziembinski e do TBC. O padrão de qualidade — baseado no desenvolvimento técnico e num repertório que apresentava os chamados clássicos universais ou o nível médio de gosto europeu — não correspondia mais à exigência desse público, em torno do qual se criaram instâncias de julgamento que não se pautavam mais apenas pela comparação com o modelo europeu. Em periódicos da grande imprensa, alguns críticos, com formação mais ampla, acompanhavam os anseios de renovação. A cópia parecia ter adquirido autonomia em relação ao modelo e escapara do controle de um dos responsáveis por sua aplicação, deixando-o desnorteado em relação a suas funções.

O melancólico retorno de Ziembinski à Polônia, em 1963, num momento em que perdera o caminho do sucesso junto ao público e à crítica brasileira, permite-nos constatar que também lá não poderia encontrar uma inserção adequada. Tornara-se uma espécie de estrangeiro para alguns de seus compatriotas que estranhavam o seu modo de dirigir e o repertório apresentado em alguns importantes centros teatrais. O retorno do espectro do atraso nos padrões e concepções de espetáculo se volta contra o próprio Ziembinski.

Em 1971, Ziembinski reconhece o impasse dos projetos de salvação do teatro nacional, colocando em xeque a validade da missão que desempenhara. Nessa ocasião, numa entrevista, calejado pelas dificuldades e contradições do percurso realizado no Brasil, Ziembinski realiza uma avaliação de extrema radicalidade do papel do teatro no conjunto da vida cultural do país, que merece ser considerada ainda hoje. Declara ele, numa expressiva passagem:

> O que acontece é que essa nação ainda se prepara para encontrar sua própria forma daquilo que seria o espetáculo teatral, embora talvez não se chame mais espetáculo teatral, mas no qual a nação se realizaria através de conceitos afins ao drama, e adaptados ao seu temperamento, seu sangue, sua paisagem e sua sensibilidade melódica. O caminho, sem dúvida, é muito longo, mas também é muito sedutor, porque pode sair daqui uma fantástica revolução, que criará um espetáculo que talvez não tenha mais prédio, ou tenha um prédio que nada mais terá a ver com o edifício teatral, ou será uma reunião no gramado ou na praia, ou uma espécie de festa pagã. Então não será mais necessário escrever 'Vamos ao Teatro', porque o povo irá espontaneamente.(Michalski 344)

A dedicação à dramaturgia televisiva, como diretor e ator, oferecerá a saída ao impasse profissional do velho Ziembinski, inclusive pelo sucesso alcançado junto ao público pelos papéis desempenhados nas telenovelas. No entanto, quanto ao teatro, ele próprio melancolicamente reconhecia que sua perspectiva era considerada desatualizada diante das questões que se colocavam na ordem do dia no país.

Restam algumas indagações diante do chamado padrão de qualidade que passou a ser brandido como trunfo da rede televisiva, no tipo de realização teledramatúrgica que Ziembinski ajudou a consolidar. Não seria este padrão um transplante de tradições teatrais de uma versão do modernismo, adaptada ao gosto médio internacional, que uma vertente do teatro brasileiro vinha refutando a partir dos anos sessenta (Costa 130)? Ou teria alguma originalidade? No seio desta contestação de fins dos anos sessenta, ressurgiu o interesse pelas formas teatrais avaliadas como "atrasadas" e inferiores culturalmente, diante do bom gosto "padrão TBC", representativo da onda reformadora surgida nos anos quarenta (Pereira 163-80).[2] A vanguarda dos anos sessenta cobrava uma revisão radical nos termos da reforma teatral empreendida nos anos quarenta. Num outro balanço mais atual, a lição de técnica dramatúrgica e o domínio sobre o padrão médio de gosto — implantados no país com a participação ativa dos italianos e do polonês — são devolvidos na forma de novela televisiva que domina as telas do país, influindo na estética teatral local, e vendendo cada vez mais seus produtos para as redes de televisão européias. Golpes do índio que toma o manejo do bumerangue?

Ziembinski sem dúvida contribuiu para ativar essa cadeia de efeitos, muitos dos quais voltaram-se contra ele, colocando-o diante das contradições dos papéis que assumira na vida cultural brasileira. Neste percurso, com ela confundira a sua biografia a ponto de se poder dizer que, de estrangeiro, também se fez índio — como perceberam, em seu breve retorno, os olhos de sua Polônia natal.

Bibliografia

Arrabal, José e Mariângela Alves de Lima. *O nacional e o popular na cultura brasileira*. São Paulo: Brasiliense, 1983.
Bhabha, Homi. *The Location of Culture*. Londres: Routledge, 1994.

---

[2] Neste contexto, faz-se necessário atentar para a memorável encenação do Grupo Oficina, de José Celso Martinez Corrêa, da obra de Oswald de Andrade, *O rei da vela* em 1967.

Candido, Antonio. *Formação da literatura brasileira (Momentos decisivos)*. 2 vols. Belo Horizonte: Ed. Itatiaia, 1975 [1959].
Costa, Iná Camargo. *A hora do teatro épico no Brasil*. Rio de Janeiro: Graal, 1996.
Michalski, Yan. *Ziembinski e o teatro brasileiro*. São Paulo: HUCITEC / Rio de Janeiro: Ministério da Cultura/FUNARTE, 1995.
Pereira, Victor Hugo Adler: *A musa carrancuda*: Teatro e poder no Estado Novo. Rio de Janeiro: Editora da Fundação Getúlio Vargas, 1998.
_____. "O rei e as revoluções possíveis". *Oswald Plural*. Gilberto Mendonça Telles (org.). Rio de Janeiro: EdUERJ, 1995. 163-80.

OTTO MARIA CARPEAUX

Olavo de Carvalho[1]

O conhecimento começa com o espanto, e o espanto surge da percepção de problemas. Problema, dizia Ortega y Gasset, é consciência de uma contradição. A insensibilidade aos problemas, que repousa em certezas convencionais sem que mesmo as contradições mais gritantes lhe perturbem o sono, é sinal seguro de decadência intelectual, seja dos indivíduos, seja das coletividades e nações.

Quem deseje, por curiosidade sociológica ou afeição aos abismos, avaliar a profundidade da queda da vida intelectual no Brasil de hoje pode colher uma amostra significativa desse fenômeno nas reações unânimes da imprensa cultural brasileira à recente edição dos *Ensaios reunidos* de Otto Maria Carpeaux (1999). Foi tudo uma repetição dos elogios feitos à beira do túmulo do escritor quando da sua morte em 1978 — sem uma só menção aos problemas de interpretação de sua vida e obra[2], para os quais chamei expressamente a atenção dos leitores na longa introdução que preparei para o volume. Neste ensaio, tratarei de alguns desses problemas.

I

Otto Maria Carpeaux chegou ao Brasil em 1939 e, tão logo estreou no jornalismo com ensaios literários publicados no *Correio da*

---

[1] Escritor e filósofo. Entre outros, autor de *O Jardim das Aflições: Ensaio sobre o materialismo e a religião civil* (Rio de Janeiro: Faculdade da Cidade Editora, 1995); *Aristóteles em nova perspectiva* (Rio de Janeiro: Faculdade da Cidade Editora, 1997) e *O futuro do pensamento brasileiro* (Rio de Janeiro: Faculdade da Cidade Editora, 1998).

[2] Para uma discussão mais detalhada a respeito dessas questões, veja meu "Prefácio" para Carpeaux, *Ensaios reunidos*.

Manhã, foi alvo de uma violenta campanha de difamação movida pelos comunistas. Ao morrer, em 1978, tinha-se tornado o ídolo máximo da intelectualidade comunista no Brasil. Dá-se isto por explicado pela oposição feroz do escritor ao regime militar de direita, mas se esta explicação valesse ela se aplicaria também ao romancista Carlos Heitor Cony, companheiro de Carpeaux nessa batalha heróica e desigual, no entanto, até hoje antipatizado pelos comunistas. A transfiguração de Carpeaux de *bête noire* em santo beatificado permanece, pois, um problema, e um tanto mais enigmático porque, enquanto crítico e historiador, Carpeaux jamais aderiu ao marxismo. Sabe-se que no Brasil contribuições financeiras ao Partido Comunista — fortemente hegemônico na imprensa e nos meios editoriais — bastam para absolver um escritor de qualquer pecado ideológico, como aconteceu, por exemplo, com o grande romancista José Geraldo Vieira, que se tornou comunista de carteirinha sem deixar de ser, nos livros, o cristão conservador que sempre fora (se porventura o leitor estrangeiro não compreende estas coisas, saiba que no Brasil também ninguém as compreende; apenas as admite). Mas Carpeaux nunca teve dinheiro.

II

Carpeaux ou Otto Karpsen, judeu nascido em Viena, em 1900, converteu-se ao catolicismo aos trinta anos de idade e no curso da década seguinte tornou-se um dos principais teóricos da direita católica que governava a Áustria sob a liderança de Engelbert Dolfuss. Após a queda do regime, com a invasão nazista, encontrou refúgio no Brasil graças à intervenção do Vaticano. No estudo, aliás, notável *Os judeus do Vaticano*, de Avram Milgren, seu nome, aliás, com grafia errada, consta da lista dos judeus que receberam falsas certidões de batismo para escapar à perseguição (Milgren 49). É um equívoco: Carpeaux não apenas era católico desde bem antes da guerra, mas, quando os nazistas entraram em Viena, ele já era conhecido como teórico do regime austrocatólico, através de seu livro *A missão européia da Áustria* (*Österreichs Europäische Sendung*, 1936). Ademais, na correspondência que, logo após sua chegada ao Brasil, trocou com Álvaro Lins, seus sentimentos católicos são bem patentes. É, pois, um espanto para o pesquisador que esse católico tenha sido sepultado sem ritos religiosos porque, segundo alegou então a viúva, em declarações à imprensa, ele "era homem sem religião". Ainda que a hipótese de uma apostasia senil após a conversão tardia seja um tanto extravagante, ela poderia ser aceita se, no depoimento do amigo mais íntimo do escritor, Carlos Heitor Cony, não constasse a informação de que Carpeaux, até o fim da vida[3], fazia regularmente suas orações, e se o testemunho igualmente insuspeito do filólogo Antonio Houaiss não nos informasse que ele tinha medo de tocar em assuntos religiosos nas rodas intelectuais brasileiras, fortemente materialistas. Bem, se, do ponto de vista de um biógrafo, isso não é problema, não sei o que seja um problema. Para explicá-lo, sugeri a hipótese de que o exilado, cansado de sofrer, disfarçava sua opinião para não desagradar seus anfitriões brasileiros, quase todos ateus. Mas é apenas uma hipótese, e toda encrencada. Como é que um homem tão valente contra os inimigos podia ser tão frouxo ante os amigos? E, ademais, como conceber que a precaução do escritor contaminasse sua esposa a ponto de esta fazê-lo levar o disfarce para o além-túmulo? Não, nada aí está explicado.

III

Carpeaux escreveu toda a parte mais valiosa de sua obra — os melhores ensaios e a monumental *História da literatura ocidental* — num período de não mais de seis anos, entre 1941 e 1947. São quase cinco mil páginas. Fora disso, sua produção continuou volumosa, mas foi caindo de qualidade até baixar ao nível do louvor convencional, na biografia de Alceu Amoroso Lima, seu último escrito. Em 1968, Carpeaux anunciou o fim de sua carreira literária, prometendo dedicar o resto de seus dias à luta política. Assim fez, dispersando seus talentos em polêmicas contra o regime que, se então tiveram a mais assombrosa repercussão, hoje só conservam interesse como documentos históricos. E o fato é que ele já vinha perdendo impulso desde vinte anos antes, de modo que sua famosa abdicação, longe de poder ser compreendida pela motivação exclusivamente política, parece ter sido a cristalização final de um longo processo de autonegação depressiva. Mas isto é também pura hipótese, se bem que confirmada pelo depoimento de um amigo íntimo de Carpeaux, o escritor pernambucano Edson Nery da Fonseca.[4]

Não vou me prolongar em exemplos. Os que citei já bastam para mostrar que Otto Maria Carpeaux, no Brasil, é tanto mais desconhecido quanto mais celebrado. O preguiçoso alheamento com que seu vasto círculo de admiradores e amigos se absteve, por vinte anos, de reu-

---
[3] Depoimento de Carlos Heitor Cony ao autor.
[4] Declaração de Edson Nery da Fonseca ao autor.

nir em livro seus escritos jornalísticos dispersos — uma assombrosa coleção de obras-primas do ensaio literário — já mostra que tinham mais interesse em cultuar um estereótipo do que em divulgar uma obra. O motivo disto é bem evidente. Se Carpeaux, de início rejeitado pela massa da *intelligentsia* esquerdista e só aceito por um grupo seleto de cérebros privilegiados — um grupo politicamente diversificado a ponto de incluir o comunista Graciliano Ramos ao lado dos conservadores Manuel Bandeira e Augusto Frederico Schmidt — acabou por se tornar um ídolo das esquerdas, isto foi graças à série de artigos políticos publicados no *Correio da Manhã*, a partir de 1964, com os quais obteve a fama de inimigo público número 1 do regime militar (o qual, aliás, nunca o perseguiu seriamente, limitando-se a mover-lhe um processo no qual foi polidamente interrogado por algumas horas e que terminou sendo suspenso pela promotoria mesma). A imagem de Carpeaux que se consolidou na imprensa foi a de um militante comunista, que trazia a essa corrente política o reforço da pena afiada por uma erudição prodigiosa a serviço de um estilo literário que deve ser qualificado, no mínimo, de delicioso. Ora, a publicação dos ensaios literários completos dissolvia essa imagem simplória, revelando um Carpeaux religioso e místico, admirador de Léon Bloy, e um elitista preocupado, na linha de Ortega y Gasset, com a ascensão de massas de ignorantes ao comando da máquina cultural. Não espanta que a intelectualidade de esquerda, prevendo as dificuldades, adiasse indefinidamente um confronto com essas contradições, nem que, mesmo após a publicação dos *Ensaios reunidos*, preferisse fazer de conta que não tinha visto nada.

Mas não há homenagem póstuma que possa fazer justiça a um escritor se os louvores que a compõem não vêm junto com um sério esforço de compreensão. Por isto, o coro de elogios que se seguiu à morte de Carpeaux e, agora, à publicação dos *Ensaios*, acabou, de maneira aparentemente paradoxal, por depreciar o escritor, ressaltando-lhe os méritos menores de erudito e divulgador sem atentar para o que sua obra tem de mais original e valioso. Pois o valor e a originalidade dessa obra residem, precisamente, nas suas contradições.

Para começar, a *História da literatura ocidental* é uma tentativa de responder de maneira sintética e simultânea a preocupações dificilmente compatíveis: a compreensão sociológica das épocas e a individualização estilística dos autores, a apreensão da unidade histórica de uma civilização e a avaliação judicativa das obras singulares. Fortemente escorado nos métodos que aprendeu de Burckhardt, Dilthey, Weber e

Max Dvorak, mas também inspirado no senso croceano da individualidade irredutível da obra poética, Carpeaux busca ser inseparavelmente historiador e crítico — e, se falha aqui ou ali, exagerando os julgamentos de obras para harmonizá-los com o desenho das épocas, no conjunto ele se sai perfeitamente bem e compõe uma obra ímpar na bibliografia histórico-literária, alguma coisa de equivalente, na escala do Ocidente como um todo, ao que Francesco de Sanctis fez com a literatura italiana. Para o crítico Mauro Gama, a *História da literatura ocidental* é "simplesmente a melhor obra do gênero já publicada em qualquer língua e em qualquer lugar"(1978).

Em segundo lugar, o modo de pensar de Carpeaux enfatiza antes os problemas do que as soluções, o que o leva a parecer inconclusivo. Alma sacudida por dúvidas e contradições temíveis, ele usa o seu próprio estado interior de perplexidade como instrumento de sondagem das obras e das épocas, e o resultado tem de ser, em muitos casos, uma pergunta sem resposta. Para muitos leitores, o choque dessas contradições é uma experiência especialmente perturbadora e desagradável. Não percebem que é essa peculiar *forma mentis* do escritor o que lhe permite acompanhar o drama íntimo das idéias por baixo das suas manifestações literárias sem cair no simplismo das soluções forçadas.

O estilo literário de Carpeaux reflete o caráter paradoxal de sua visão do mundo. Às vezes, durante páginas e páginas, ele assume o ponto de vista do escritor que está analisando, defendendo as idéias dele como se fossem as suas próprias, para logo em seguida desmenti-las brutalmente ou relativizá-las com a simples menção de um ou dois fatos que as contradizem. O leitor que exige certezas finais é levado ao desespero, mas para aqueles que se deleitam na contemplação da realidade como tal, a leitura de Carpeaux é uma rara exaltação do espírito. No conjunto, a *História da literatura ocidental* permanece uma das obras mais sólidas nesse gênero, superando de muito a de Arnold Hauser, divulgada no Brasil contemporaneamente a ela e ainda hoje investida de muita autoridade e prestígio no nosso país.[5]

Por isso não é exato dizer, como Franklin de Oliveira, que o maior mérito de Carpeaux é ter introduzido no Brasil os métodos da *Geisteswissenschaften* de Dilthey. A *História da literatura ocidental*, se bem

---

[5] Faço referência ao conhecido *Sozialgeschichte der Kunst und Literatur*, popularizado na tradução de Stanley Godman sob o título *The Social History of Art*, realizada com a colaboração do autor (Nova York: Knopf, 1952).

que moldada à luz desses métodos, é algo mais que simples divulgação deles. É realização que ultrapassa, por sua amplitude e perfeição, qualquer aplicação que os próprios inventores possam ter-lhes dado. Nesse sentido, ela não é uma contribuição da escola de Dilthey à cultura brasileira, mas uma contribuição brasileira à escola de Dilthey.

Por isto, no meu livro *O futuro do pensamento brasileiro*, no capítulo dedicado a extrair da massa de produções do pensamento brasileiro a lista quintessencial das conquistas fadadas a permanecer quando tudo o mais se desvaneça, não pude deixar de colocar, ao lado dos escritos de Gilberto Freyre, de Miguel Reale e de Mário Ferreira dos Santos, a obra historiográfica e ensaística de Otto Maria Carpeaux.

O critério aí adotado foi simples: tomei como obras intrinsecamente dotadas da capacidade de durar, não aquelas que "representassem o Brasil", pois nada nos garante que os homens dos séculos vindouros desejarão saber do Brasil, mas sim aquelas que, desde o Brasil, levasse a cada homem, de qualquer país, um ensinamento que o ajudasse a compreender melhor o sentido da vida humana em geral e a dele próprio em particular. O clássico, por definição, não fala de si, da sua época, do seu país: fala de nós. Uma obra histórica — preparada, amparada e completada por uma multidão de ensaios — que logre mostrar a unidade interna do desenvolvimento literário no Ocidente, de Homero a Valéry, é por si mesma um microcosmo da alma humana e se torna merecedora de que o leitor se aproxime dela com um temor devoto, consciente da advertência latina: *De te fabula narratur*.

Bibliografia

Carpeaux. Otto Maria. *Österreichs Europäische Sendung*. Wien: Reinhold Verlag, 1936.
_____. *História da literatura ocidental*. 2ª ed. Rio de Janeiro: Alhambra. 1978.
_____. *Ensaios reunidos*. Organização, introdução e notas de Olavo de Carvalho. Vol.1. Rio de Janeiro: Topbooks, 1999.
Carvalho, Olavo de. *O futuro do pensamento brasileiro*. Rio de Janeiro: Faculdade da Cidade Editora, 1998.
_____. "Introdução a um exame de consciência". Otto Maria Carpeaux. *Ensaios reunidos*. Vol. 1. Rio de Janeiro: Topbooks, 1999. 15-70.
Gama, Mauro. "Apresentação". *História da literatura ocidental*. 2ª ed. Rio de Janeiro: Alhambra, 1978.
Houaiss, Antonio. "Depoimento". Otto Maria Carpeaux. *Alceu Amoroso Lima*. Rio de Janeiro: Graal, 1977.
Milgren, Avram. *Os judeus do Vaticano*. Rio de Janeiro: Imago, 1996.

O ESTRANGEIRO

Gustavo Bernardo Krause[1]

Estrangeiro (e estranho) é quem afirma seu próprio ser no mundo que o cerca. Assim, dá sentido ao mundo, e de certa maneira o domina. Mas o domina tragicamente: não se integra. O cedro é estrangeiro no meu parque. Eu sou estrangeiro na França. O homem é estrangeiro no mundo. (Flusser, 1978, 47)

Quando Vilém Flusser escreveu estas palavras estava vivendo na França, depois de morar por trinta anos no Brasil. Sua vida e obra foram construídas entre dois continentes. De origem judia, nasceu em Praga, na antiga Tchecoeslováquia, em 1920, mas em 1939 escapou da invasão nazista e veio para o Brasil com a sua namorada, Edith Barth — toda a sua família foi assassinada no campo de concentração. Viveu em São Paulo até 1973, quando se mudou para Robion, na França. Em 1991, retornou a Praga para fazer uma conferência, mas morreu em um acidente de trânsito.

Mais conhecido como um filósofo dos *media*, Flusser construiu seu pensamento em quatro línguas — alemão, português, inglês e francês —, traduzindo ele mesmo todos os seus textos nestas línguas. Considerava o gesto de traduzir um gesto tão político quanto existencial; traduzir implica viver a experiência da morte e, paradoxalmente, viver a experiência do outro. Ele sempre tentou manter o ponto de vista do imigrante, ou seja, o ponto de vista do estrangeiro.

---

[1] Professor de Teoria da Literatura da Universidade do Estado do Rio de Janeiro. Entre outros, autor de *Quem pode julgar a primeira pedra?* (Rio de Janeiro: Relume-Dumará, 1993); *Educação pelo argumento* (Rio de Janeiro: Rocco, 2000). Romancista, autor de *Lúcia* (Rio de Janeiro: Relume-Dumará, 2000).

Escreveu muitos livros, a maioria publicada em alemão. Na verdade, não tem muitos leitores brasileiros, mas sua importância para nós é maior do que podemos pensar. Sua *Fenomenologia do brasileiro*, publicada primeiro na Alemanha, em 1994, e no Brasil, em 1998, é um provocativo e interessante estudo sobre nossos caráter e cultura. Seu pensamento procura sintetizar a fenomenologia de Husserl e a lógica de Wittgenstein, sempre tentando surpreender o fenômeno no momento imediatamente anterior a sua simbolização — no momento imediatamente anterior ao seu congelamento pela palavra.

Naturalmente, sua tentativa é, no limite, impossível. Poderíamos entendê-la como um horizonte, ou uma espécie de idéia reguladora kantiana. Essa tentativa lembra a concepção de Coleridge da "suspensão voluntária da descrença", pela qual todo leitor de poesia e ficção precisa suspender sua descrença para se permitir "embarcar" no texto que lê — mas a suspensão voluntária da descrença é, no limite, igualmente impossível, ou possível precisamente como uma ficção. Como teóricos e professores, entretanto, efetuamos uma espécie de "suspensão da suspensão da descrença", para entender o processo que não só faculta como provoca aquela "suspensão da descrença". O que Vilém Flusser nos propõe é algo semelhante, mas um passo à frente. Talvez possamos chamá-lo de "suspensão da crença" — suspensão da crença nos *mapas* (e os mapas são tudo na teoria, na filosofia, na ciência). Este exercício de "suspensão da crença" seria indispensável, para se aprender a escolher e a decidir.

No jargão filosófico, a suspensão da crença é mais conhecida pelo termo grego *epoché*. Para os gregos, a *epoché* implicava um estado de repouso mental, pelo qual não afirmamos nem negamos, o que tanto nos conduz à imperturbabilidade quanto nos deixa abertos a todas as perspectivas dos fenômenos. Husserl revive o conceito, tornando-o o eixo da sua redução fenomenológica. A *epoché*, portanto, corresponde à suspensão momentânea do juízo, para se tentar *ver* o fenômeno sob nova perspectiva. Em termos absolutos, trata-se de um artifício do pensamento. O pensamento, que se confunde necessariamente com o juízo, logo, com a crença, não tem condições de suspender a si mesmo. Em conseqüência, o pensamento precisa enganar-se para abrir um novo acesso a uma outra verdade. O pensamento precisa suspender-se, ou tentar fazê-lo, ainda que a tarefa pareça impossível.

Toda a vida de Flusser é esta experiência. Ele reconhece duas possibilidades básicas de apreciação de uma obra literária: ou como resposta, ou como pergunta. No primeiro caso, a obra literária se vê como uma resposta ao contexto histórico em que surgiu. No segundo caso, a obra literária se vê como uma pergunta a dado leitor em dado momento. Se tentamos compreender a obra como resposta, precisamos analisá-la e analisar as suas relações com o contexto de que emergiu — o campo dessa tentativa é a crítica. Se tentamos enfrentar a obra como uma pergunta, como uma provocação, nos obrigamos a conversar com ela — o campo da segunda tentativa é o da especulação. Sem desvalorizar a crítica, Flusser opta pela especulação, quer dizer, opta por tomar o seu lugar na conversação geral. No entanto, o filósofo não suspende sua crença apenas para ler melhor ficção ou poesia, mas também para "ler" a cultura e o ser humano. Seu movimento de suspender o julgamento implica, resistindo à reificação do fenômeno, pensar "à frente" — e ele tenta pensar à frente da filosofia ela mesma. Para fazer isso, aproxima a prece da literatura e o mito da cultura.

Em artigo de 1965, Flusser recorda o *Êxodo* (20, 4): "Não farás para ti imagem esculpida de nada que se assemelhe ao que existe lá em cima, nos céus, ou embaixo da terra, ou nas águas que estão debaixo da terra." Este é um dos dez mandamentos do Antigo Testamento, que se pode sintetizar em dois termos: "não imaginarás". Podemos explicar a proibição pelo horror da Bíblia ao paganismo e à adoração de imagens. As imagens seriam horríveis porque não são a "coisa", isto é, porque são falsas. A forma ocidental do monoteísmo calca-se na luta contra a falsidade das imagens. O Deus do monoteísmo é inimaginável, porque não pode e porque não deve ser imaginado. Se entendemos Deus como a fundação da realidade, e as imagens visuais como os modelos da realidade, o que o nosso monoteísmo diz é que todos os modelos da realidade não podem esgotar a realidade, logo, são falsos. Paganismo, em decorrência, seria a crença de que os modelos representam a realidade; idolatria seria, então, a explicação da realidade por modelos. Modelos são os falsos deuses "contra os quais se dirige a ira e a náusea dos profetas".[2] Logo, a construção de modelos é considerada, pelo decálogo, como pecado.

O contexto sugere que a proibição das imagens fosse um mandamento ético. Fora do contexto, a proibição se pode apresentar como norma estética — ela poderia estar proibindo a arte figurativa, permitindo justamente a arte abstrata. Sob consideração mais atenta, revela-se ainda uma teoria do conhecimento, ao dizer que as imagens

---

[2] Flusser, "Não imaginarás".

nos trazem conhecimento falso. Para Vilém Flusser, no entanto, os três aspectos do versículo são inseparáveis. "Teoria" não é mais do que a imaginação da realidade, por meio da construção de modelos que ficam no seu lugar, que a substituem. Newton nos deu um modelo que torna imaginável o movimento dos corpos; Darwin um modelo que torna imaginável o desenvolvimento da vida; Freud um modelo que torna imaginável o funcionamento da psique; Marx um modelo que torna imaginável o comportamento da sociedade. Mas, se modelos tomam o lugar da realidade, outros modelos tomam o lugar de modelos anteriores. A teoria da relatividade superou o modelo newtoniano, mas o fez por caminho problemático: a teoria da relatividade não torna imaginável o movimento dos corpos, pelo contrário, torna os próprios termos "movimento" e "corpo" inimagináveis. Estaríamos, na Física, em situação semelhante à dos israelitas diante do Bezerro de Ouro. A realidade aparece por detrás do modelo newtoniano como uma boa demonstração — demonstração de como seria inadequada a imaginação humana

Mergulhados, com Flusser, no clima do Antigo Testamento, estamos tentando entender porque os profetas sentem nojo e horror dos falsos deuses, enquanto o povo se sente atraído por eles. Estamos tentando entender porque o mandamento "não imaginarás" está tão longe de ser cumprido, de vez que não cessam de se multiplicar, nas casas como nas igrejas, imagens e modelos não só da realidade circunvizinha, mas do próprio Deus. A idolatria pode ser compreendida com facilidade: os modelos tornam imaginável a realidade, e significativa a vida nela. De certo modo, "o homem constrói modelos para proteger-se contra a realidade e não permitir que os seus raios o atinjam".[3] A realidade — a divindade — cega. Os modelos são os nossos óculos escuros. Se trouxermos o termo para o feminino, lembrando *das* modelos (de revista, de moda, mais ou menos despidas, nos *outdoors* e nas páginas centrais das publicações ditas masculinas), veremos como elas, usualmente em duas dimensões mais ou menos coloridas, representam a beleza e nos permitem imaginar o desejo e a mulher, ao mesmo tempo que nos protegem da mulher real, tridimensional.

Os exegetas bíblicos procuram, ao contrário do que fazem com a maioria das outras passagens, historicizar o mandamento para torná-lo inócuo e inoperante, pressupondo que tivesse por objeto tão-somente o

---

[3] Idem.

culto de Ichtar e não o culto do freudismo. Flusser, entretanto, distancia-se da exegese bíblica, admitindo, no plano vivencial e no plano estético, a validade presente do mandamento "não imaginarás". A contemplação de um(a) modelo pode de fato causar nojo e horror, na medida em que nos esconde o que intimamente sentimos ser a realidade, ou a beleza, da vida. Em função da onipresença dos *media*, procuramos negar até para nós mesmos esta sensação íntima, mas o fato é que os modelos e as modelos fazem semblante com o asco e com o desespero. Isso significa que Flusser não faz uma defesa libertária e gloriosa da imaginação. A defesa da imaginação *per se* não combina com a fenomenologia.

Intimamente, nós sentimos ser qualquer modelo — o darwinismo, a psicanálise, o marxismo, o construtivismo, o desconstrutivismo — um modelo fechado sobre si mesmo que explica tudo que toca demasiado bem, o que prova, sem sombra de dúvida, sua falsidade intrínseca (em outras palavras, a sua condição de modelo que finge que não é um modelo, mas sim a própria realidade). Perceber isto não implica negar a necessidade dos modelos, mas nos força a enfrentar a reificação dos modelos. Voltamos ao ponto de partida deste trabalho: a necessidade filosófica não apenas da suspensão da descrença, mas, principalmente, da suspensão da crença e do juízo. Porque a fenomenologia é justamente, no dizer de Flusser, a tentativa de assumir uma atitude perante os fenômenos de acordo com o mandamento. A fenomenologia evita os modelos para permitir que a situação se revele vivencialmente.

Em "Não imaginarás", Flusser procura demonstrar que a nossa civilização é a síntese de duas grandes heranças: a grega e a judia. No campo da ética e da moral, prevalece a herança judia, em sua variante cristã. No campo da estética e do conhecimento, prevalece a herança grega. As nossas arte, ciência e filosofia devem muito mais aos gregos do que aos judeus. Nestes campos, de acordo com o significado do Mandamento, ainda seríamos pagãos, dedicados à construção de modelos. No entanto, no presente, a herança judia parece irromper também nestas áreas, forçando-nos a vivenciar os nossos modelos como expressões de falsos deuses. As teorias ditas pós-modernas, por um lado, e o "Princípio da Incerteza" de Heisenberg, por outro, apontam para o medo da crença. Em conseqüência, estaríamos começando a existir dentro de um mundo inimaginável, o que provoca sensação de desorientação e a perda do que pensávamos possuir: o senso da realidade. O mundo se estaria tornando mais e mais absurdo. Isto significa que, pela primeira vez na história do Ocidente, articula-se a vivência judia do mundo, na ciência, na arte — e, através da fenomenologia e do existencialismo, também na filosofia. O filósofo judeu Vilém Flusser, entretanto, não comemora. Entende que este seria um momento perigoso para o desenvolvimento do nosso pensamento, porque pode resultar em antiintelectualismo, assim como pode resultar na articulação de uma nova religiosidade. Provavelmente, os dois resultados são compatíveis, malgrado a contradição.

O ressurgimento do mandamento "não imaginarás" parece trazer à tona herança submersa há milhares de anos. Devemos encarar o acontecimento não apenas pela via estética, mas ainda ética e epistemologicamente. O mandamento "não imaginarás" proíbe imaginar o Deus à nossa imagem e semelhança. O mandamento pode, então, ser atualizado da seguinte maneira: "o mundo rima consigo mesmo". Implica não se imaginar como a medida do mundo, o que representa imperativo decerto mais exigente do que o imperativo categórico. Compreende-se a extensão desta exigência quando se admite, com Flusser, que a língua de fato cria a realidade, o que não significa que a controle, mas sim todo o contrário. A língua articula, à moda de Sísifo, o fundamento do mundo, vale dizer: o que não se pode articular. A língua caminha na direção inversa à que o mandamento estabelece. "Não imaginarás" significa: "não te espelharás", ou: "não te multiplicarás". O verbo, ao contrário, atende à outra ordem, na verdade uma maldição, na saída do Éden: "À mulher ele disse: Multiplicarei as dores de tuas gravidezes, na dor darás à luz filhos. Teu desejo te impelirá do teu marido e ele te dominará" (*Gênesis 3, 16*). Em função dessa contradição existencial, a língua articula o que não se pode articular, tornando-se, menos do que meio de comunicação, fonte pletórica e inesgotável de equívocos.

Conseqüentemente, desfazer o enigma é um pecado. Procurar pela verdade para torná-la uma ferramenta, é um pecado. O último capítulo do último livro de Vilém Flusser, *Gesten* (*Gestos*), fala precisamente deste gesto: do gesto de buscar. Sustenta que nossa crise presente é no fundo uma crise da ciência — em última análise, uma crise de nosso gesto de buscar (ou, pesquisar). O gesto da busca, no qual não se sabe de antemão o que se busca, próximo ao que chamamos "método científico", seria o paradigma de todos os nossos gestos atuais, assim como o gesto ritual, religioso, dominava e informava todos os demais na Idade Média. Só que, para Flusser, o gesto de buscar não deve ser modelo para os outros gestos, porque ele não busca coisa alguma que se haja perdido. Busca com indiferença; não estabelece a meta, não atribui o valor. O lugar ocupado pela investigação científica em nossa sociedade estaria, portanto, em contradição com a investigação mesma. A investigação científica foge dos problemas que possam interessar aos homens para dedicar-se a objetos sem interesse. Porque aqueles objetos se mantêm à distância, são "simplesmente" objetos, enquanto o homem se pode arvorar em seu sujeito, pode conhecê-los de maneira "objetiva". Em relação a coisas tais como pedras e estrelas, o homem põe a si mesmo no lugar de um deus, determinando as coordenadas e as fórmulas. Em relação a coisas como enfermidades e guerras, o homem se põe a si mesmo na posição da vítima, defendendo-se com vacinas e protocolos. Quando o interesse é vital, o interesse científico, paradoxalmente, se esconde. Quando não há interesse vital, então a ciência se interessa. No entanto, o gesto da busca de um conhecimento objetivo e exato está a ponto de converter-se em algo impossível. Os físicos contemporâneos buscam, com a máxima seriedade, a teoria final, que integre o infinitamente pequeno ao infinitamente grande. Buscam, dessa maneira e por via dessa *hybris*, encontrar Deus, ou melhor, transformar Deus no seu objeto. Encontramo-nos, portanto, à beira do abismo.

O limite da crise permite observar a emergência de uma nova perspectiva do mesmo gesto de buscar. Não se pode buscar sem por sua vez desejar e sofrer; sem ter alguns "valores". O conhecimento é, entre outras coisas, paixão, e a paixão é à sua vez um tipo de conhecimento. Tudo isso ocorre na plenitude da vida humana, em seu "estar no mundo". O gesto de uma atitude "pura", eticamente neutra, é um gesto escamoteado. É um gesto inumano, uma alienação, uma loucura. Quando se trata de conhecer os objetos inanimados, esta alienação é exclusivamente epistemológica, e neste caso simplesmente um erro. Mas quando estão em jogo outras coisas, como podem ser as enfermidades, as guerras, as injustiças, a alienação se converte em um gesto criminoso. O investigador, que se aproxima da sociedade como se de um formigueiro se tratasse, e o tecnocrata, que manipula a economia como se fosse um jogo de xadrez, são criminosos.

Tão criminosos quanto, por exemplo, o brilhante engenheiro citado em *Territorio comanche*, romance de Arturo Pérez-Reverte, que, ao inventar o projétil que faz ziguezague dentro do corpo do inimigo, batiza-o de Bala Louise e vai comemorar com a família na Disneylândia. O doutor Frankenstein e Oppenheimer apertam as mãos. O investigador transforma fenômenos em objetos: do canto de um pássaro faz uma vibração acústica, da dor humana uma disfunção do organismo. Desconecta da sua consciência que é pago por alguém para sua busca, não considera se o invento ou o *paper* são bons ou maus para a sociedade, preocupado tão-somente em publicar (ou perecer).

Vilém Flusser formula uma proposta para fazer frente aos aparelhos, ao tecnicismo e ao desenvolvimentismo — para enfrentar o pecado. A proposta de Flusser, como de praxe, se encontra contida no texto e no estilo do filósofo. Deve-se lê-la ali. Atribuir valores é a sua proposta. Só deste modo o gesto de buscar, bem como os demais gestos, se convertem em um gesto que busca o outro — aquele, que simplesmente não se pode e não se deve objetivar. Ele via, na sua relação com o outro, o caminho que começa na revelação religiosa e termina no imperativo moral, o que nos ajuda a compreender a estrada que Flusser percorre da prece à literatura.

Assim como da religião fez-se a arte, da prece pode-se fazer a literatura, como realização privilegiada da ética, uma vez que permite a perspectivização da verdade. Perguntas têm sentido apenas quando não têm resposta. As perguntas acalentam um fruto doce, pesado e misterioso, comumente conhecido como "ficção". Esse fruto é uma prece na direção da autenticidade.

Bibliografia

A Bíblia de Jerusalém. São Paulo: Edições Paulina, 1993.
Flusser, Vilém. *A dúvida*. Rio de Janeiro: Relume-Dumará, 1999.
_____. *Fenomenologia do brasileiro: em busca de um novo homem*. Gustavo Bernardo (org.). Rio de Janeiro: EdUERJ, 1998.
_____. *Ficções filosóficas*. São Paulo: EdUSP, 1998.
_____. *Kommunikologie*. Frankfurt: Fischer, 1998.
_____. *Brasilien oder die Suche nach dem neuen Menschen: Für eine Phänomenologie der Unterentwicklung*. Bensheim: Bolmann, 1994.
_____. *Von der Freiheit des Migranten: Einspräche gegen den Nationalismus*. Bernsheim: Bollmann, 1994.
_____. *Gesten: Versuch einer Phänomenologie*. Düsseldorf: Bollmann, 1991.
_____. *Filosofia da caixa preta*. São Paulo: Hucitec, 1985.
_____. *Für eine Philosophie der Fotografie*. Göttingen: European Photography, 1983.
_____. *Natural:mente*. São Paulo: Duas Cidades, 1978.
_____. *Da religiosidade*. São Paulo: Comissão Estadual de Cultura, 1967.
_____. "Não imaginarás." *O Estado de São Paulo*, 9/10/1965.
_____. *Língua e Realidade*. São Paulo: Herder, 1963.
Pérez-Reverte, Arturo. *Territorio comanche*. Madrid: Alfaguara Hispanica, 1994.
Rapsch, Volker (org.). *Überflusser: Die Fest-Schrift zum 70, von Vilém Flusser*. Düsseldorf: Bollmann Verlag, 1990.

DE VOLTA AOS TRISTES TRÓPICOS: NOTAS SOBRE LÉVI-STRAUSS E O BRASIL[1]

Roberto DaMatta[2]

Não posso dizer como a obra de Claude Lévi-Strauss é vista no Brasil. Isso não caberia em poucas páginas e nem eu teria aquele invejável pendor que existe em alguns colegas cujas carreiras são muito justamente dedicadas a cortar, recortar e costurar aquilo que se tem chamado de "campo intelectual". Não tenho esse talento para alfaiate dos valores, como também não tenho predileção pela topografia ou arqueologia da vida mental. Sou intuitivo e sei que de modo geral a obra de Lévi-Strauss goza de imenso prestígio no mundo intelectual brasileiro. Mas existe, como sabem os estruturalistas, uma relação reveladora e patente do seu trabalho nos tristes trópicos. É que o prestígio social e a ritualização das suas idéias são inversamente proporcionais a uma leitura crítica de sua obra. Desse modo, seu trabalho também é visto através de um prisma de não-criticabilidade, como deve ser, aliás, o labor dos deuses que residem no Olimpo: aquela região situada de algum modo entre a Rue de Écoles e o Boulevard Saint-Michel, essa zona mágica onde acontecem os verdadeiros *mythologiques*. É ali que, na cabeça de muitos intelectuais brasileiros, residem os deuses. Mas é aqui — entre a praia cheia de corpos dourados pelo sol do nosso alegre verão

---

[1] Texto originalmente publicado na revista *Ciência Hoje* (Novembro/Dezembro 1985).
[2] Professor de Antropologia na Universidade de Notre Dame, Indiana. Foi professor visitante nas Universidades de Wisconsin, Califórnia e Cambridge. Também atuou como diretor de estudos na Maison des Sciences de l'Homme. Entre outros, é autor de *Carnavais, malandros e heróis. Por uma sociologia do dilema Brasileiro* (Rio de Janeiro: Zahar, 1979); *Relativizando; Uma introdução à Antropologia Social* (Petrópolis: Vozes, 1981); *Conta de mentiroso. Sete ensaios de antropologia brasileira* (Rio de Janeiro: Rocco, 1993).

tropical e o chuvisco permanente e sério da avenida Paulista — que esses deuses são recebidos pelos seus "cavalos", discutidos pelos seus oráculos e simbolicamente sacrificados pelos seus inimigos.

No universo dos tristes trópicos, ainda hoje temos esse infindável ritual de sucessão de intelectuais-deuses que, surgindo uns após os outros, recriam, por meio dos seus representantes exclusivos, a dinâmica acadêmica dos locais sagrados, tudo isso em espaços tão insuspeitos quanto o de um bar do Baixo Leblon, de um restaurante desconhecido de Niterói ou de um botequim da moda em São Paulo. Trata-se, conforme já assinalou o próprio Lévi-Strauss (numa passagem célebre para os residentes nos tristes trópicos, em *Tristes trópicos*), de um universo fascinado com a hierarquia, com o diferente, com as idéias que não podem ser completamente entendidas; e, sobretudo, com um vago compromisso com os autores da discussão. Um compromisso, deixe-me explicar logo, que nada tem a ver com a aplicação ou com o uso profissional e concreto de suas idéias, mas que está relacionado de perto com as ondas de prestígio que tais idéias podem representar. Aliás, ainda está para ser devidamente estudado esse verdadeiro capital simbólico que se forma com os livros, ensaios e artigos que nos chegam de Paris na forma de idéias recém-criadas, e que tornam possível a elaboração da tese brilhante, do discurso feliz, da vitória do novo e, subitamente, do alçar vôo de uma nova estrela nativa no firmamento das colunas literárias e sociais.

Nos tristes trópicos, as idéias que vêm de dentro são como as emoções indesejadas: aquelas dores no peito que devem passar logo e para as quais não se deve dar muita atenção. Mas quando as idéias vêm de fora, tudo muda. Elas caem imediatamente sobre nós e nos acalentam e protegem como um dossel sob o qual, de agora em diante, tal ou qual problema fica definitivamente apresentado ou simplesmente resolvido... E essas idéias têm, obviamente, sucesso imediato, embora nem sempre se saiba de que assunto, realmente, o autor está falando. Sabe-se disso quando se realiza — como tenho feito nos últimos anos — uma *análise estrutural das citações* nas teses e livros produzidos no Brasil, já que sua lógica é a de situar o colega estrangeiro com relação ao nacional e de indicar sempre o estrangeiro como uma referência de "filiação", enquanto o brasileiro surge como uma citação de "aliança", marcada pela ambivalência e pela oposição. O que se soma de referência bibliográfica estrangeira deve ser subtraído da bibliografia nacional. O resultado é uma série mitológica perfeita graças à impossibilidade de se discutir a genealogia de qualquer problemática importante no campo das ciências humanas.

Ou os estrangeiros inventaram tudo, ou os brasileiros copiaram tudo. E ninguém conseguiu estabelecer qualquer diálogo inteligente. O fato concreto imediato é que aqui temos a citação como um *totem* que confere englobamento e, com isso, identidade intelectual. Daí, certamente, a inversão da obra nos trópicos. É que ela sempre começa do fim. Como um filme passado de trás para diante, toma-se conhecimento das últimas imagens e somente muito tempo depois — e, às vezes, jamais, é que se vai descobrir e ler as primeiras obras do autor. No caso de Lévi-Strauss no Brasil, por exemplo, vale acentuar que a tradução de *Antropologia estrutural* é de 1967, ao passo que a de *Estruturas elementares do parentesco* (segundo livro de Lévi-Strauss) é de 1976. Ainda hoje não se cogita em publicar seus primeiros ensaios etnográficos sobre os Bororo e os Nambikwara. Neste caso, aliás, estamos com o filme pelo meio, posto que já não se discute a publicação dos *Mythologiques*, que marcam, como se sabe, uma etapa crítica do pensamento do autor, pois formam uma espécie de aplicação concreta de sua perspectiva a um conjunto complexo e heteróclito de dados etnográficos. Daí, sem dúvida, os disparates que podemos ler em algumas antologias de textos estruturalistas publicadas no Brasil, onde, no curso da obra, confunde-se matrilinear com matrilateral e primos paralelos com primos cruzados!

Tudo isso, porém, tem um nome que tipifica a chegada de qualquer obra original e profundamente inovadora nos tristes trópicos — como é o caso da antropologia de Claude Lévi-Strauss. É que os trabalhos vêm sem carne. Divorciadas desde logo dos seres humanos concretos que as produziram, vindas como ecos distantes de ambientes universitários cujas regras, valores, mediocridade e vida diária todos desconhecem, idéias nos atingem como verdades reveladas: palavras sem boca ou rosto. Textos divinizados pela mais absoluta ausência de qualquer contextualização. Assim, é curioso constatar que temos que sair do Ocidente para falarmos de *mana orenda* e feitiço, quando de fato conhecemos tão bem esse *charm*, esse *glamour*, esse *it* e esse *carisma* que chegam com o texto que está revolucionando (diz-se) Paris e se tornando um *must* (nada mais verdadeiramente mágico do que esse verbo) da vida intelectual "civilizada". E nisso também reside o mito dos *mythologiques*!

Esse é o panorama geral dos trópicos. Mas no caso de Lévi-Strauss e do Brasil, as coisas são complicadas. É que ele foi conhecido pelos brasileiros muito antes de se tornar o Lévi-Strauss das teorias do parentesco e do pensamento selvagem. O produtor de uma obra que conseguiu sintetizar de modo formidável o melhor da antropologia social anglo-saxã, como as produções mais originais do culturalismo norte-americano de Franz Boas, A. L. Kroeber e Lowie, como a lingüística de Roman Jakobson e, naturalmente, as raízes revolucionárias do pensamento de Durkheim e Mauss. Um intelectual que teve a intuição e a coragem de tomar o pensamento dos grupos tribais que estudou para levá-lo a sério, vendo nele os mesmos mecanismos que presidem algumas de nossas obras literárias e filosóficas mais sofisticadas.

Pode-se dizer que há dois momentos da presença de Lévi-Strauss no Brasil. No primeiro, ele é um de nós, atuando como professor da Universidade de São Paulo, descobrindo, fascinado, um continente brasileiro repleto de fatos sociais, políticos, urbanos e culturais capazes de causar vertigens em qualquer observador interessado em capitalizar a experiência social como um dado crítico da experiência intelectual — uma atitude inovadora que somente a antropologia social de Boas e de Malinowski conseguiu desenvolver no cenário intelectual do nosso mundo. Aqui também está o Lévi-Strauss que coordenou uma grande expedição ao Brasil Central, viagem que lhe valeu um percurso burocrático e sociológico variado, bem como uma associação com o Museu Nacional e, nesta instituição, com Luiz de Castro Faria[3], cujo importante ensaio, "A antropologia no Brasil: depoimento sem compromissos de um militante em recesso", relembra e recupera essa fase. Dela faz parte também um conjunto de cursos relembrados no mesmo *Anuário Antropológico* pelo professor Egon Schaden. Não preciso mencionar que essa fase tem sido elaborada tanto nos *Tristes trópicos* — que faz esse exercício antropológico fascinante e corajoso de juntar a prática com o intelecto, a forma com o conteúdo — quanto nas memórias de quem conviveu com o homem que iniciava sua carreira de autor, pesquisador e professor. Deste primeiro momento resta ainda uma fotografia que Castro Faria generosamente me cedeu[4], onde se vê no pátio do Museu Nacional, no Rio de Janeiro de março de 1939, um jovem Lévi-Strauss acompanhado por colegas norte-americanos (Charles Wagley e Ruth Landis) e brasileiros. Foi nesta foto que vi, pela primeira vez na vida, Claude Lévi-Strauss em carne e osso. Mas é nela que vejo a grande

---

[3] Ver Faria. No ensaio, Faria reacende e recupera esta fase. Parte desta experiência encontra-se também no mesmo *Anuário Antropológico* em um ensaio escrito pelo Professor Egon Schaden.
[4] Ver fotografia no final desse texto.

metáfora da vida intelectual dos nossos tristes trópicos. Permitam-me, pois, estudá-la "estruturalmente" para, com esse estudo, tentar revelar como vejo o encontro do Lévi-Strauss da segunda fase do Brasil com o da primeira. Penso que a fotografia é mais reveladora desse encontro do que a especificação meramente intelectual do segundo momento de Lévi-Strauss no Brasil, momento a respeito do qual falam, de modo eloqüente, nossos livros e nosso interesse pela obra do antropólogo francês. Vamos, pois, ao ícone. O que encontramos?

Primeiramente, a distribuição dos atores. Todos os estrangeiros estão à direita da diretora do Museu, dona Heloísa Alberto Torres, a única figura que se distingue pela roupa negra, pelo grande colar e pela pasta de documentos que carrega na mão direita: a mão da justiça, da regra e do comando. Seus cabelos brancos e seu sorriso mais aberto também formam um contraste formidável com a seriedade dos estrangeiros, em franca oposição com os rostos aparentemente mais felizes dos Brasileiros Luiz de Castro Faria, Raimundo Lopes e Édison Carneiro, todos situados à esquerda de dona Heloísa. Outro detalhe que se pode notar é que a diretora do Museu, como a própria instituição que dirigia, fica no meio — mediadores que são entre os pesquisadores estrangeiros e nacionais, muitas vezes situados em campos diversos e opostos. Neste sentido, vale acentuar as posições de Lévi-Strauss e de Édison Carneiro no quadro. E que ambos são os que estão mais formalmente vestidos. Charles Wagley usa uma roupa muito mais esportiva e norte-americana, e os colegas brasileiros do Museu (Castro Faria e Raimundo Lopes) estão cobertos com seus aventais brancos, típicos "naturalistas-antropólogos" que atuavam num museu que havia sido concebido para ser um local de estudo de história natural e antropologia, naquele sentido antigo que a obra de Lévi-Strauss tanto tem ajudado a liquidar. Hoje nós sabemos, graças ao estruturalismo, que não existem "povos naturais", estudados pelos naturalistas, e povos civilizados, objeto de estudo dos historiadores.

Aliás, um dos impactos, no Brasil, da obra de Lévi-Strauss (ou do Lévi-Strauss no seu segundo momento de Brasil) foi justamente o abalo que suas idéias provocaram sobre a concepção reificada de tempo como história e de história como a única medida científica do estudo do homem, quando o autor defendeu a idéia — sobretudo no *Totemismo hoje* e no *Pensamento selvagem* — de que pode haver tantas histórias quantas quisermos. E que é impossível haver uma "história" total, pois é preciso que haja esquecimentos e lembranças para que exista a história. Isso veio causar sérios problemas num ambiente intelectual dominado pela linearidade evolucionista de um marxismo burocratizado e, quase sempre, grosseiro. Do mesmo modo, foi a obra de Lévi-Strauss que tornou possível o desenvolvimento de uma nova abordagem nos estudos sobre os "nativos brasileiros", quando introduziu outro tipo de mediação entre nós e eles. É que, antes do estruturalismo, os estudos tribais eram fruto de contato cultural e de aculturação. Foi no contexto de um projeto de pesquisa desenvolvido no Museu Nacional pela Universidade de Harvard, projeto que ligou David Maybury-Lewis, do lado de lá, e Roberto Cardoso de Oliveira, do lado de cá, que surgiram vários livros sobre os grupos de língua Gê do Brasil Central, entre eles os Kayapó, os Krahó, os Krikati, os Apinayé e também os Bororo. De acordo com essa nova perspectiva passamos a estudar as sociedades tribais como estruturas que se transformavam ao longo do espaço, sem cairmos num evolucionismo confortável, demagógico e repetidor de Leslie Whyte, como é o caso típico dos estudos de Darcy Ribeiro. Mas isso não é tudo...

É que Édison Carneiro e Lévi-Strauss, na fotografia mencionada, também contrastam em termos de cor. O mais europeu em oposição espacial ao mais brasileiro? É impressionante também observar que essa diferença espacial surge na obra de ambos. Na de Édison Carneiro, que se tornou um dos mais importantes estudiosos do folclore brasileiro, transparece uma certa ingenuidade teórica e um enorme cuidado com relação à massa de dados descritos e descobertos durante suas pesquisas. Sua obra nos leva para dentro do Brasil. Com Claude Lévi-Strauss, é o que já se conhece. Os fatos particulares ganham um significado universal quando colocados em equações relacionais que os ligam em cadeia com uma teoria que é inevitavelmente abrangente e vertiginosa. Mas não seria exatamente isso o que está revelado pelas posições dos atores neste quadro? Assim também, quanto mais perto do seu "centro", mais preocupações com a sociedade brasileira, conforme se nota quando se lê Castro Faria, Ruth Landis ou Charles Wagley. As "pontas" são mais claramente radicais do que o centro, onde predomina uma posição mais eclética. Por último, restaria indicar que, nesta foto, Lévi-Strauss parece revelar-se um tanto impaciente com o enquadramento. Seu corpo fica dentro e fora do quadro. De todos, ele é o único que não está plena ou parcialmente recostado, como ocorre com todos os brasileiros, em oposição aos estrangeiros, que olham para a câmara numa postura muito mais verticalizada. Mas, entre os estrangeiros, Lévi-Strauss dá a impressão de querer sair, como fez, depois, em sua obra e em seu pensamento selvagem, que revelou uma nova maneira de olhar para os tristes trópicos. Aliás, nada mais patente nesta foto do que a grande dicotomia Levistraussiana entre "natureza" e "cultura", já que os personagens são quase que absorvidos pelas árvores que formam todo o fundo da fotografia. Mas entre *natureza* e *cultura*, o que existe? Basta reparar o retrato para nele se ver de novo uma outra imagem muito cara às concepções de Lévi-Strauss. Quero me referir àquela *grade* de ferro trabalhada que tão bem separa os homens das árvores e, assim fazendo, diz como eles devem ficar e onde podem permanecer posando para a posteridade.

Hoje podemos dizer que essa fotografia tão "reveladora" abre as esperanças de uma integração maior entre antropólogos "estrangeiros" e "brasileiros", bem como de um Claude Lévi-Strauss que é lembrança humana com o Lévi-Strauss dos *mythologiques* e das máscaras. Não seria essa dissolução final de todas as oposições possíveis a verdadeira mensagem do estruturalismo?

Bibliografia

Faria. Luiz de Castro. "A antropologia no Brasil. Depoimento sem compromissos de um militante em recesso". *Anuário Antropológico*. Fortaleza & Rio de Janeiro: Edições Universidade Federal do Ceará / Tempo Brasileiro, 1982. 228-250.

Shaden, Egon. "Os primeiros tempos da antropologia em São Paulo". *Anuário Antropológico*. Fortaleza & Rio de Janeiro: Edições Universidade Federal do Ceará/Tempo Brasileiro, 1982. 251-58.

Claude Lévi-Strauss, Ruth Landis, Charles Wagley, Heloísa Alberto Torres, Luiz de Castro Faria, Raimundo Lopes e Édison Carneiro.
Março de 1939.
Acervo do Museu Nacional, Rio de Janeiro.

GILBERTO FREYRE:
UMA TEORIA DE EXPORTAÇÃO

Gilberto Freyre, 1950. Arquivo Fundação Gilberto Freyre.

O CAMINHO PARA *CASA-GRANDE*.
ITINERÁRIOS DE GILBERTO FREYRE

Enrique Rodríguez Larreta[1]

Na biblioteca de Gilberto Freyre em Apipucos estão pendurados dois retratos. O primeiro representa Manuel Oliveira Lima (1853-1928), o historiador e diplomata pernambucano. O outro, Franz Boas (1858-1943), o antropólogo alemão, professor da Universidade de Columbia e fundador da Antropologia Cultural Americana. Esses dois autores são uma referência constante em seus livros e uma presença destacada em *Casa-grande & senzala*. E com eles Gilberto Freyre manteve um constante diálogo ao longo da vida.

Recife — 1917

Com Oliveira Lima a relação começou cedo. Um dos primeiros opúsculos lidos por Gilberto Freyre, por volta de 1913, foi a conferência de Oliveira Lima, "Vida diplomática".[2] Dedicou a ele um artigo em sua primeira incursão jornalística juvenil, em *O Lábaro*, do Colégio

---

[1] Diretor-executivo do Instituto do Pluralismo Cultural, da Universidade Cândido Mendes. Entre outros, organizou *Représentation et complexité* (Rio de Janeiro: UCAM, 1997); *Time in the Making and Possible Futures* (Rio de Janeiro: UCAM, 2000).

[2] Lima, "Vida diplomática". Conferência realizada no Instituto Arqueológico do Recife em 1904. Vale a pena transcrever o seguinte fragmento: "Quantos diplomatas, como o barão de Penedo, no meio dos esplendores das mais faustosas cortes e dos requintes das civilizações mais adiantadas, se recordariam com insistente e mais do que literária saudade da sua povoação natal, modesta em si mas guardando a foz de um dos grandes rios do mundo, elevariam essa saudade ao ponto de vir, depois de quase cinqüenta anos, viver os últimos dias entre os seus compatriotas? Estes são os fortes e são afinal os felizes, não os que esquecem seus horizontes, alheiam seus corações e abdicam suas origens. A vida diplomática pode ser sempre invejável: a morte do diplomata só em casos análogos o é".

Americano Batista, publicando aos 17 anos um artigo cujo julgamento crítico era singularmente seguro. As observações sobre Oliveira Lima historiador, seu estilo, o emprego de livros de viagens e documentos já são uma prefiguração de sua própria abordagem da história. O jovem Freyre valoriza especialmente as qualidades do grande narrador e a visualidade de sua prosa:

> Oliveira Lima não olha, vê; tem uma sensibilidade de placa fotográfica. A sua peregrinação diplomática não foi o simples borboletear de um epicurista. Fez a marcha ascendente de secretário de legação a ministro como uma abelha. Pousou nos Estados Unidos e em vez de olhar pelo prisma estreito de um airado *viveur*, de cigarro na boca e monóculo no canto do olho, mirou a grande terra com a sagacidade de um sociólogo dando-nos, depois, um livro que Garcia Merou chamou o mais completo estudo da República de Lincoln.
> Oliveira Lima faz as suas escavações históricas como um *touriste* sobe as montanhas brancas da Suíça com uma Kodak. Com ela vai surpreendendo tipos, aspectos. Todos se movem — velhos desembargadores metem-se nas suas traquitanas, damas graciosas e pudicas atravessam a rua em palanquins, levados por negros de libré, Alexandre de Gusmão fala ao Rei frade D. João V, e os beleguins deste galopam pelas ruas de Lisboa, ao contato dessa varinha de condão que é o poder evocativo de Oliveira Lima.[3]

A força do historiador reside em sua capacidade evocativa. Nessas linhas de Gilberto Freyre sobre Oliveira Lima, já vislumbramos a intuição central de toda sua obra, que tem como um de seus temas a empatia (*empathy*), uma noção que ele mesmo considerava ter sido o primeiro a empregar em português.

Seu primeiro ensaio de crítica cultural, escrito em 1922, terá como objeto a obra de Oliveira Lima. Trata-se da análise de sua *História da civilização*, uma leitura que consumiu muitas horas em Nova Iorque e que Freyre publicou na *Revista do Brasil*. Monteiro Lobato, diretor da publicação, percebeu a novidade e o brilho do estilo. Nesse artigo, ao mesmo tempo em que valoriza o trabalho do historiador, preserva sua independência em relação ao mestre. Além disso, aparecem suas leituras de história econômica com Seligman, o autor da *Interpretação econômica da história* e Charles Beard, um dos fundadores da "New History",

---

[3] *O Lábaro*, 26 de novembro de 1917.

analista dos fundamentos econômicos da Constituição americana. Esses autores, estudados em Columbia, levam Freyre a questionar o caráter excessivamente político e cultural da perspectiva histórica de Oliveira Lima. Por outro lado, sua visão do progresso da "civilização carbonífera", como chama a modernidade européia em gestação, é mais pessimista que o evolucionismo liberal de Oliveira Lima. O jovem Freyre critica a ideologia do progresso e o sufrágio feminino. Precipitações das quais logo se desculparia em uma carta.

Oliveira Lima foi seu mentor por muitos anos, enviando de Washington livros de sociologia urbana, franqueando-lhe sua importante brasiliana e seus vínculos na América e na Europa: o ingresso na Universidade de Columbia, seus contatos diplomáticos em Lisboa e Paris. Relativamente distante do pai uma boa parte de sua vida, a mãe é a figura familiar central para Gilberto. Por isso, Oliveira Lima foi um substituto da figura paterna de indubitável importância, carregado com toda a aura, para um adolescente imaginativo, de um pernambucano universal, escritor e personagem do fim do Império.

Nova Iorque — 1921

Foi através de Oliveira Lima que Gilberto Freyre conheceu Franz Boas, decidindo estudar na Universidade de Columbia. Franz Boas era um intelectual público importante em 1921, conhecido por suas posições políticas radicais no debate racial e que gozava de um grande prestígio no mundo acadêmico e cultural norte-americano. Discutiu-se muitas vezes a relação de Boas com Gilberto Freyre, a ponto de colocar-se em dúvida sua condição de discípulo de Boas. Contudo, sua correspondência e outras fontes de época mostram que Franz Boas foi uma figura emblemática para Gilberto Freyre em sua época de estudante no Texas antes de ir fazer seu mestrado em Nova Iorque.[4] Gilberto acompanhou cursos em Columbia com Franz Boas e leu com atenção a principal obra de Boas — *The Mind of Primitive Man*. Um de seus principais amigos da época de estudante, Rudiger Bilden, com quem compartilhou inquietações intelectuais e passatempos boêmios em seu apartamento do Village, foi quem manteve vivos os vínculos com Columbia e com Boas durante os anos 20. Não é por acaso que a notícia da morte de Boas em 1943, acompanhada do obituário do *New York Times*, tenha

---
[4] Freyre 1922.

sido recebido através de uma carta de Bilden. Rudiger Bilden viajou ao Brasil em 1926, onde permaneceu por um ano, para realizar sua pesquisa sobre raça com uma bolsa de Columbia. Em mais de uma ocasião, Freyre destaca a importância das idéias de Bilden para a elaboração de *Casa-grande*.[5] Por sua parte, Franz Boas, em seu livro *The Anthropology and Modern Life* (1930), escreve:

> A percepção de raça entre brancos, negros e índios no Brasil parece ser completamente diferente da forma como nós a percebemos. No litoral há uma abundante população negra. A mestiçagem de índios é também muito marcante. A discriminação entre essas três raças é muito menor do que entre nós, e os obstáculos sociais para a mestiçagem ou para o avanço social não são notáveis.[6]

Tal opinião tinha como base um relatório de pesquisa de Rudiger Bilden. Nesse sentido, pode se dizer que, paradoxalmente, Gilberto Freyre teve influência sobre Franz Boas. Tanto nesse parágrafo como no conjunto da discussão de Boas sobre raça, cultura e processos culturais, o alvo será a antropologia física, biologista e determinista. A idéia central será a de relativizar as diferenças raciais a partir do ponto de vista da cultura. Por sua vez, o agnosticismo científico de Boas e sua aversão à teorização abstrata — um método *destrutivo*, para usar um conceito de seu discípulo Edward Sapir — também está presente em Gilberto Freyre e em sua predileção pela descrição sobre a teoria e sua aversão às generalizações. Mas assim como Boas redefiniu o tema da raça a partir de uma visão rica e complexa do papel da cultura — e esta era uma posição radical nos anos 20 e 30 — uma operação similar foi a realizada com a escrita de *Casa-grande* no começo dos anos 30, no tocante à interpretação da cultura nacional. Numa palavra, Freyre considerava a

---

[5] Ver sobretudo as idéias expostas em Bilden.
[6] Boas 67. Acerca da obra de Franz Boas, há uma vasta bibliografia. Ver, por exemplo, L. Kroeber, Ruth Benedict, Murray B. Emenau, Melville J. Herskovitz, Gladys A. Reichard & J. Alden Mason; Richard Handler, "Franz Boas 1858-1924", *American Anthropologist New Seriates* 45.3. Parte 2 julho-setembro (1943); Richard Handler, "Boasian Anthropologist and the Critique of *America Culture*", *American Quarterly* 42.2 (junho 1990), 252-73; Arnold Krupat , "Irony in Anthropology: The Work of Franz Boas", *Modernist Anthropologist*. Marc Manganaro (org.) (Indiana: Indiana UP,1955) 133-45: George W. Stocking, Jr., *Race, Culture and Evolution: Essays in the History of Anthropology* (Chicago: U. of Chicago P. 1982) e *The Ethnographer's Magic and Other Essays in the History of Anthropology* (Madison: U. of Wisconsin P. 1995). A obra de Boas não chega a formar um corpo teórico coerente, com base numa nítida oposição entre raça e cultura, como se depreende do debate de Luiz Costa Lima e Ricardo Benzaquen de Araujo. Ver Araujo.

miscigenação racial como uma potencial contribuição civilizatória e não mais como uma deficiência ou uma barreira intransponível, como vinha sendo discutida até aquele momento pela maioria dos pensadores latino-americanos e brasileiros — Oliveira Vianna, José Ingenieros, Alcides Arguedas. Pelo contrário, Freyre considerou a cultura mestiça um componente positivo, indicador de superioridade. Para tanto, inspirou-se em parte numa de suas leituras da época. Refiro-me a Randolph Bourne, cujo famoso artigo "Transnational America", assinalava a superioridade da América sobre a Europa devido precisamente à mistura cultural, contraposta aos provincianismos das culturas nacionais européias.[7]

A influência de ensaístas como Walter Pater, Lafcadio Hearn e o esteticismo fim-de-século em George Moore e em Huysmans, por exemplo, inspiraram um vivo senso da dimensão erótica e afetiva da cultura, destacando seus aspectos sensoriais, estéticos e concedendo um grau importante à subjetividade. Nietzsche e Simmel foram leituras precoces presentes no tom elegíaco e visual de *Casa-grande*, influindo no destaque do erótico num sentido tanto sensual quanto estritamente sexual. *Casa-grande* é uma erótica da cultura brasileira, no sentido programático apresentado por Susan Sontag: "Em vez de uma hermenêutica precisamos de uma erótica da arte".[8] A própria experimentação sexual de Gilberto Freyre — registrada amplamente em seus diários pessoais publicados parcialmente em *Tempo morto e outros tempos* — contribuiu sem dúvida para sublinhar sua singular perspectiva ausente em estudos de interpretação social da época.[9] Por isso mesmo, não se trata duma casualidade que a obra de Freyre tenha chamado a atenção de um Roland Barthes por seu modo livre de referir-se às dimensões do prazer e da sensualidade. Por outro lado, o próprio Barthes escreveu ao fim de sua vida um diário pessoal — *Incidents* (1979) — com destacadas afinidades com o gosto de Freyre pela singularidade do detalhe biográfico íntimo.

Recife — década de 20

Nos anos 20, *Casa-grande* aparece prefigurada em textos como a tese de mestrado *Vida social no Brasil em meados do século XIX* (1922), que é já uma busca do tempo perdido da família brasileira, na qual se adian-

---

[7] Bourne 37.
[8] Sontag 21.
[9] Freyre, *Tempo Morto*.

tam opiniões sobre a escravidão e a vida familiar que estarão presentes em *Casa-grande* e *Sobrados e mucambos*. Em 1925, no *Livro do Nordeste*, dois artigos — um deles, "Aspectos de um século de transição no Nordeste do Brasil", incorporado depois a *Região e tradição* — anunciam boa parte dos temas de *Casa-grande*: a escravidão, a mistura de raças, a socialização da mulher e do homem na família patriarcal, assim como uma considerável parte das fontes documentais. Nesses ensaios, encontramos o estilo vívido e evocativo de apresentação, o gosto pela transcrição de documentos e a visualidade do idioma. Entretanto, a representação do sistema escravista é menos incisiva que em *Casa-grande* e, algumas vezes, o texto dá a impressão de estar escrito do ponto de vista da escravocracia. Por exemplo, quando denomina as rebeliões de escravos de casos de "insolência coletiva".

A visita em 1926 de Rudiger Bilden ao Brasil, assim como os trabalhos para a instalação no Recife da primeira cátedra de sociologia levaram Gilberto Freyre a uma atualização de suas leituras em ciências sociais; leituras essas que serão parte da infra-estrutura do futuro livro. Até 1930, o plano da obra não se encontrava definido. Desde 1926, Freyre pensa em escrever uma história do menino brasileiro, um projeto concebido em Nova Iorque, em 1921. Projeto que continuou a elaborar no ano seguinte, em sua visita a Nuremberg — a "cidade dos brinquedos" — e a Lisboa, onde realiza pesquisas de arquivo com vistas ao mesmo objetivo.

Stanford — 1931

Tudo muda em 1930: o exílio, a fugaz passagem por Salvador e pelas costas da África na viagem a Lisboa, o acesso a novas bibliotecas em Lisboa e, sobretudo, a Universidade de Stanford. Os "Cadernos" manuscritos com os cursos de Gilberto Freyre realizados em Stanford mostram a importância temática e bibliográfica dessa estada para o plano de *Casa-grande & senzala*, especialmente no tocante às leituras sobre a história da colonização portuguesa. Algumas citações e referências de *Casa-grande* são transcrições diretas de apontamentos de curso. No entanto, todo livro talvez exija um acontecimento que cristalize sua concepção. E no caso de *Casa-grande* tal acontecimento, na minha opinião, foi uma carta enviada por Henry Mencken. É, de fato, durante sua estada na Califórnia que renova seu contato com Mencken, o famoso crítico cultural norte-americano. Gilberto Freyre menciona a Mencken em várias ocasiões. Num artigo enviado de Nova Iorque para o *Diário de*

Pernambuco relata o encontro com sua obra: "Eu primeiro o conheci através dum livro — presente de amigo querido — no qual as idéias do profundo Nietzsche são remexidas e vasculhadas com rara inteligência e conhecimento raro das espessas filosofias germânicas. Seu estudo das correntes literárias americanas — *The National Letters* — é penetrante. Penetrantes são seus estudos críticos de Roosevelt, de Howells, de Wells, de Pio Baroja, de Sundermann, de George Jean Nathan, de Arnold Bennett. William Lyon Phelps, o doutor de Yale, não é capaz de dizer num quilômetro de prosa mole e simplória o que Mencken diz num risco incisivo de pena".

Gilberto Freyre recebeu a terceira edição de *The Philosophy of Friedrich Nietzsche* (1913) com a dedicatória de um amigo: "To Gilberto de Mello Freyre from his friend and admirer, S.E.M. May 12, 1921 N.Y.C". Numa passagem do diário, datada de 1922, quando estava em Nova Iorque, Freyre registra: "Nos Estados Unidos de agora há uma verdadeira revolução literária na poesia, no romance, no teatro — O'Neill que o diga — e na crítica. Na crítica puramente literária com Brooks e na literatura misturada a social e de idéias com o verdadeiramente extraordinário Henry Mencken" (*Tempo morto* 78). Uma série de cartas assinalam o reinício dos contatos do crítico norte-americano com Gilberto Freyre, durante seu exílio, como professor-visitante na Universidade de Stanford. Na primeira e breve nota de 19 de fevereiro, Mencken oferece enviar artigos sobre a situação americana para jornais brasileiros — e sem exigir honorários. Menos de um mês depois, em 18 de março, Mencken responde a uma carta de Gilberto nos seguintes termos:

> I am delighted to hear that you are back in the United States, and certainly hope that you resume work on your projected book. For several yeas past I have had only the vaguest news from you. At the time you were contemplating entering the church, I heard of it. It naturally surprised me greatly. Afterward, I heard nothing and so I assumed that you had gone into a monastery. I am delighted to know that you have not.
>
> Let me know precisely what you propose to put into your book. Maybe I'll be able to help you with materials. Incidentally, if you have any ideas for articles that would fit into *The American Mercury*, I'll be very glad to hear of them.

Esta carta corrobora o registro de *Tempo morto*, de 1923, que menciona uma crise religiosa, na mesma época em que Mencken abria as portas do *The American Mercury* para o jovem ensaísta brasileiro. Essas cartas, trocadas em 1931, sugerem um projeto de publicação por parte de Freyre de um livro sobre Mencken, além de um convite formal para uma visita ao Brasil. O texto mais interessante dessa correspondência se refere ao recebimento da Dissertação de Mestrado de Freyre: "I'll be delighted to have a copy of your *Hispanic American Review* article". Numa carta de 18 de agosto de 1931, entre outros assuntos, Mencken comenta:

> (...) I have read your tract on the good old days with the utmost pleasure. A job very well worth doing, and very well done. Why don't you expand it into a book? There must be a lot of material remaining, and I believe that such a volume would have an excellent chance.

Todas as febris leituras, as pesquisa de arquivos, os múltiplos projetos e os trabalhos parciais tomam forma nesse momento. A "História do menino" é substituída pelo novo livro — que só posteriormente ganhará o título *Casa-grande & senzala*. Ainda em novembro de 1932, quando já haviam sido concluídos dois capítulos, o livro teria outro título: *Vida sexual e de família no Brasil escravocrata*; título, aliás, bastante semelhante ao de sua Dissertação de Mestrado, o que revela a proximidade desses textos.

Na verdade, tanto os temas quanto o enfoque do curso de Stanford preparam a escrita de *Casa-grande & senzala*.[10] Como conta a Austregésilo de Athaide em uma reportagem em Nova Iorque, ele define seu curso na Califórnia como "uma espécie dos exercícios espirituais de Loyola aplicados ao estudo do passado. Procuro dar aos meus alunos estrangeiros uma visão realista do passado brasileiro — como a visão que Loyola procurava transmitir do inferno e do céu (...). Apenas no nosso caso trata-se de terra e de gente". E logo destacava a importância de reviver o passado em todas as suas cores e sabores, manifestando sua impaciência para com a história política e diplomática: "o que me interessa é a história íntima, social (...)".[11]

O contexto de época deve ser destacado. 1930 é um momento decisivo na história moderna do Brasil, que cria os espaços para pensar de maneira renovada o problema da definição do "nacional". As reflexões iniciadas pelos modernistas e pelos intelectuais da década de 20

---

[10] Ver Needell 1995.
[11] Athaide 9.

aprofundam-se, renovando-se extensamente a cena intelectual. A protoglobalização dos anos 30 e a emergência de novas nações periféricas dará o pano de fundo dos grande ensaios de interpretação nacional de Sérgio Buarque de Holanda e Caio Prado Jr. Nesse contexto, importa perguntar: *Casa-grande & senzala* pode ser visto como expressão da ideologia da "Cultura Nacional"? Sim — na medida em que o ponto de encontro dessas produções diversas é o balanço de uma cultura e a reflexão sobre o passado como instalação dos alicerces de um porvir em curso. Não — simplesmente na medida em que uma obra como *Casa-grande & senzala* possui outras dimensões, tendo um alcance maior do que um estudo do caráter nacional, como, por exemplo, o de Ruth Benedict.[12] *Casa-grande & senzala* possui outro vôo histórico, emprega materiais econômicos e sociais que agregam pistas para novas pesquisas da formação histórica do Brasil — vida cotidiana, alimentação, família, sexualidade —, além de reformular o tema da raça. A combinação de história social com antropologia enriquece substancialmente a contribuição da obra de Gilberto Freyre.

A combinação de materiais aparentemente diversos que adquirem um novo sentido ao serem postos em combinação de uma maneira nova caracteriza em um grau elevado a operação da imaginação sociológica, um esforço de representação de todo um conjunto civilizatório, cujos claros-escuros se projetam sobre toda a história do Brasil.

Em suma, *Casa-grande & senzala* é um clássico. Mas o supremo teste de todo clássico é o "tédio" que sua leitura causa. Na quantidade de bocejos e na sensação que o livro cai de nossas mãos, fica registrada a distância em relação ao texto consagrado. É esse desconforto físico que recorda que os grandes livros, como os impérios, as nações e os seres humanos, são filhos do tempo, ou seja, são mortais. Num dado momento, alguns clássicos fecham-se sobre si mesmos e transformam-se em parte irrevogável do passado: provocam tédio porque já não nos dizem nada. *Casa-grande & senzala* é legível, hoje? Eis uma pergunta que temos a obrigação de propor. Acredito que *Casa-grande & senzala* segue sendo legível. Em parte, graças à abordagem original do complexo tema das inter-relações entre raça e cultura, uma questão que ainda está em debate na pós-modernidade. As interpretações de Gilberto Freyre conservam seu interesse independentemente da validez que se atribua a

---

[12] Ruth Benedict. *The Chrysanthemum and the* Sword. *Patterns of Japanese Culture*. Boston: Houghton Mifflin, 1946.

elas. Sua leitura revive espectros do passado que não conseguimos purgar definitivamente. E o faz com uma maestria literária que assegura a *Casa-grande & senzala* um lugar entre as grandes obras da imaginação histórica moderna.

Bibliografia

Araujo, Ricardo Benzaquen de. *Guerra e paz.* Casa-grande & senzala *e a obra de Gilberto Freyre nos anos 30.* Rio de Janeiro: Editora 34, 1994.

Athaide, Austregésilo de. "Na mesa dum grande demônio". *Diário de Pernambuco*, 31/07/1931.

Bilden, Rudiger. *Race Relations in Latin America with Special Reference to the Development of Indigenous Culture* (New York City in Institute of public Affairs, University of Virginia [paper mimeo]).

Boas, Franz. *Anthropology and Modern Life.* New York: Dover, 1986 [1928].

Bourne, Randolph. *The History of A Literary Radical & Other Papers.* New York: S. A. Russell, 1956.

Freyre, Gilberto. *Social Life in Brazil in the Middle of the Nineteenth Century. The Hispanic American Historical Review.* Volume 5 (1922): 597-630.

_____. *Casa-grande & senzala. Formação da família brasileira sob o regime de economia patriarcal.* Rio de Janeiro: Maia e Schmidt, 1933.

_____. *Tempo morto e outros tempos. 1915-1930.* Rio de Janeiro: José Olympio Editora,1975.

Lima, Manuel de Oliveira. "Vida diplomática". Recife: Editora do Jornal do Recife, 1904.

Needell, Jeffrey D. "Identity, Race, Gender and Modernity in the Origins of Gilberto Freyre's Œuvre". *American Historical Review* (February 1995): 51-77.

Sontag, Susan. *Against Interpretation.* New York: Anchor Books, 1990.

AS ORIGENS E OS EQUÍVOCOS
DA CORDIALIDADE BRASILEIRA[1]

João Cezar de Castro Rocha[2]

O ano de 1936 presenciou o surgimento de duas obras fundamentais na história da cultura brasileira. De um lado, Sérgio Buarque de Holanda publicou *Raízes do Brasil*, considerado por Antonio Candido um "clássico de nascença".[3] De outro, Gilberto Freyre prosseguiu com os estudos sobre a formação e a decadência da família patriarcal com *Sobrados e mucambos*. A coincidência entre as datas de publicação deveria estimular um paralelo entre os dois textos. Contudo, os críticos tendem a comparar *Raízes do Brasil* à obra maior de Gilberto Freyre, *Casa-grande & senzala*, que também recebeu reconhecimento imediato. Acredito, porém, que uma comparação mais fecunda possa ser feita entre *Raízes do Brasil* e *Sobrados e mucambos*. Como se trata da abordagem menos comum, devo justificar minha proposta. De imediato, vale recordar que *Raízes do Brasil* foi o primeiro volume da "Coleção Documentos Brasileiros", na época coordenada por Gilberto Freyre

---

[1] Texto escrito originalmente em espanhol, "Las raíces y los equívocos de la cordialidad brasileña", e publicado em *Cuadernos Hispanoamericanos* 601/602 (julho-agosto, 2000): 15-26. Agradeço a Jorge Schwartz o convite para escrever esse ensaio.
[2] Professor de Literatura Comparada da Universidade do Estado do Rio de Janeiro. Autor de *Literatura e cordialidade. O público e o privado na cultura brasileira* (Rio de Janeiro: EdUERJ, 1998), prêmio Mário de Andrade, da Biblioteca Nacional. Entre outros, organizador de *Anthropophagy Today?* (com Jorge Ruffinelli, Stanford University, 2000); *Brazil 2001: A Revisionary History of Brazilian Literature and Culture* (University of Massachusetts Dartmouth, 2001).
[3] Candido, "O significado de *Raízes do Brasil*" XL. Neste conhecido "prefácio", Candido enumera as três obras que desempenharam papel decisivo na formação de sua geração: *Casa-grande & senzala* (1933), de Gilberto Freyre, *Raízes do Brasil* (1936), de Sérgio Buarque de Holanda e *Formação do Brasil contemporâneo* (1942), de Caio Prado Jr.

para o editor José Olympio. Freyre escreveu o "prefácio" de *Raízes do Brasil*, enfocando, principalmente, os objetivos da coleção. De fato, no prefácio, intitulado "Documentos Brasileiros", apenas um parágrafo é dedicado a Sérgio Buarque de Holanda. E, mesmo assim, ao invés de uma análise do conteúdo do livro, Freyre enfatiza os atributos intelectuais do autor.[4]

De fato, *Raízes do Brasil* e *Sobrados e mucambos* compartilham de uma afinidade temática freqüentemente negligenciada pela crítica.[5] O livro de Gilberto Freyre contém o sugestivo subtítulo: "Decadência do patriarcado rural no Brasil". Entretanto, ao contrário de *Casa-grande & senzala*, no qual Freyre descreve os processos de "formação da família brasileira sob o regime de economia patriarcal" (como também informa o subtítulo), em *Sobrados e mucambos* o autor descreve a substituição sistemática dos códigos do mundo rural pelas leis do universo urbano. Nas palavras de Freyre, com o desenvolvimento da urbanização, sobretudo ao longo do século XIX, a rua começou a defender seus interesses contra os abusos da *casa-grande*. A rua começou a impor seus direitos em relação à casa, ao invés de aceitar passivamente seus caprichos e desmandos. Paralelamente ao desenvolvimento da urbanização, ocorria a ascensão social do mulato. Esse é um aspecto tão importante para a tese de Freyre que não é excessivo considerar *Sobrados e mucambos* um livro composto por dois eixos intimamente relacionados: a vitória histórica da casa sobre a rua e o êxito social da mestiçagem. Ora, se *Casa-grande & senzala* ofereceu um vasto panorama da formação da sociedade brasileira sob a égide do patriarcado rural, *Sobrados e mucambos* apresenta o processo de acomodação social que se instaurou com a decadência do patriarcado.

De modo análogo, em *Raízes do Brasil*, Sérgio Buarque estudou a formação da sociedade brasileira e, acima de tudo, o declínio da família patriarcal. Se os primeiros capítulos de seu ensaio são dedicados à análise dessa formação, os dois últimos tratam do advento de uma sociedade, cujo principal traço inovador era justamente a superação da família patriarcal. Esta família, fruto da herança ibérica, possuía características que se tornaram fundamentais para a organização da sociedade brasileira. A mais importante consistiu na resistência às leis de natureza uni-

---

[4] "O escritor paulista é uma daquelas inteligências brasileiras em que melhor se exprimem não só o desejo como a capacidade de analisar, o gosto de interpretar, a alegria intelectual de conhecer". Como se vê, uma apresentação que não deixa de ser um belo exemplo de cordialidade.
[5] Devo, porém, destacar duas importantes exceções: Araujo, 2000 e Monteiro 2000.

versal que definem o Estado moderno. Como este é o ponto central da tese de Sérgio Buarque, vale a pena desenvolvê-lo através de um conceito-chave.

No capítulo V de *Raízes do Brasil*, intitulado "O homem cordial", Sérgio Buarque descreve o mais conhecido conceito da obra, ou seja, a cordialidade, compreendida como uma forma especial de sociabilidade. Na leitura que proponho de *Raízes do Brasil* e *Sobrados e mucambos*, a discussão deste conceito é fundamental. Tentarei demonstrar que, nos últimos sessenta anos, uma curiosa hermenêutica foi produzida na tradição crítica brasileira. Ora, os críticos atribuem o conceito somente ao trabalho de Sérgio Buarque, embora o interpretem de acordo com a orientação de Gilberto Freyre. Entretanto, antes de tratar dessa ambígua hermenêutica, devo apresentar a hipótese de Sérgio Buarque.

A família patriarcal tende a considerar-se auto-suficiente. Os limites da conduta de seus membros têm como juiz supremo os próprios parâmetros do círculo doméstico. Ao mesmo tempo, uma ampla rede de amizades garante a expansão deste círculo, de modo a reiterar seu poder e afirmar sua funcionalidade. Característica do meio rural, somente obedece suas próprias regras e códigos. Em suma, a família patriarcal diz respeito a contextos históricos particulares, diversos do modelo clássico da modernidade, compreendida a partir do predomínio de relações racionalizadas e impessoais. Por isso mesmo, o ideal moderno de abstração encontra um obstáculo intransponível nos ditames da organização patriarcal. Daí, "não era fácil para aqueles que ocupavam postos de responsabilidade, educados neste ambiente, entender a distinção entre as esferas pública e privada".[6] O princípio moderno de organização social, ao menos idealmente, supõe nas regras que concernem à esfera pública uma extensão de princípios necessariamente impessoais que deveriam nortear o Estado, cujos limitados recursos devem ser igualmente distribuídos. Num limite extremo, a família patriarcal pode representar um sério impedimento àquele modelo de modernização; impedimento esse corporificado na figura do "homem cordial".

O homem cordial é o filho dileto da família patriarcal e a etimologia do conceito é muito útil para a presente discussão. A palavra "cordial" deriva de *cor, cordis* — do latim, coração. Dominado por seus sentimentos, o homem cordial rejeita as premissas da vida moderna, já que, ao deixar-se levar por impulsos, vive em função de seus próprios

---
[6] Holanda 105.

interesses. Mediante um provérbio ainda hoje usado, percebemos que os brasileiros permanecem presos a essa lógica: "Aos amigos, tudo; aos inimigos, a lei". Em uma sociedade cordial, princípios universais deixam de ser direitos, transformando-se em potencial punição para todo aquele que não ocupa uma posição hierárquica superior ou que não se encontra incluído nos círculos do poder.[7]

Por esta razão, o homem cordial sente-se um estrangeiro ante a moderação exigida pelas regras universais de comportamento. Nada o incomoda mais do que o meio termo, pois age com base numa organização hierárquica complexa. Como homem de extremos, odeia *e* ama com a mesma intensidade; deseja *e* rejeita ao mesmo tempo; pode ser avaro *e* generoso na mesma proporção. Acima de tudo, opera com dinheiro público como se esse lhe pertencesse. Afinal, a abstração de uma lei imposta por um Estado distante soa como uma piada de mal gosto. O homem cordial pode ser mais bem vislumbrado através de agudo comentário de Jorge Luis Borges: "O Estado é impessoal: o argentino possui uma visão apenas das relações pessoais. Por esta razão, apoderar-se do dinheiro público não constitui um crime para ele. Não o justifico nem defendo. Trata-se de uma constatação".[8]

Este é apenas um dos aspectos da análise de Sérgio Buarque. Como Brasílio Sallum Jr. observou, em *Raízes do Brasil* "se quer identificar qual passado estava então para ser superado e qual futuro embrionário aquele presente histórico continha".[9] Depois de enumerar os elementos constitutivos da sociedade brasileira, Sérgio Buarque concentrou-se na mudança radical provocada pelo processo de urbanização. Em debate com Cassiano Ricardo[10], a questão central esclarecida: "o homem cordial se acha fadado a desaparecer, onde ainda não desapareceu de todo".[11] Sérgio Buarque estava menos interessado em defender o "homem cordial" do que em entender que as relações cordiais não tinham futuro na ausência dos parâmetros que definiam o mundo rural. O crescimento das cidades e a conseqüente transferência da população rural para os grandes centros urbanos levariam ao desa-

---

[7] Para uma indispensável análise dos ditames e ênfases acerca da hierarquia social, ver DaMatta.
[8] Borges 36.
[9] Sallum Jr. 238.
[10] Com uma ponta de ironia, Dante Moreira Leite observou: "O conceito de homem cordial provocou uma curiosa, e *cordial*, polêmica entre Sérgio Buarque de Holanda e o poeta e ensaísta Cassiano Ricardo". Leite 290, grifo meu.
[11] Holanda, "Carta a Cassiano Ricardo" 146.

parecimento da cordialidade, uma vez que perderia o vínculo que validava sua existência: a família patriarcal. Em *Raízes do Brasil*, Sérgio Buarque, com extraordinário poder de síntese, aproxima a formação da família patriarcal — tema de *Casa-grande & senzala* — de seu desaparecimento — assunto de *Sobrados e mucambos*. Porém, sua reflexão encontrava-se muito mais voltada para a promessa de "novos tempos", anunciados pela urbanização, do que para uma investigação da "herança rural".[12] De acordo com Antonio Candido: "Sérgio Buarque de Holanda não apenas esclarecia a nossa história, mas antecipava o futuro imediato".[13] Nessa proximidade temática, encontro a primeira justificativa para o estudo comparativo de *Sobrados e mucambos* e *Raízes do Brasil*.

O conceito de homem cordial fornece a segunda justificativa. Nas duas obras, o conceito de cordialidade desempenha uma função muito importante. Curiosamente, a crítica parece ignorar que as duas obras apresentam propostas adversárias quanto ao significado do mesmo conceito — aliás, à revelia de Gilberto Freyre, que considerava sua interpretação fiel à proposta pelo autor de *Raízes do Brasil*. Posteriormente, estudos críticos passaram a considerar a presença do conceito apenas no trabalho de Sérgio Buarque. Entretanto, como já mencionei, produziu-se uma particular miscigenação hermenêutica, segundo a qual atribui-se a conceituação a Sérgio Buarque, mas se interpreta o conceito com base em Gilberto Freyre. A fim de desenrolar esse nó, esboço uma arqueologia do conceito.

Em carta destinada a Alfonso Reyes, em 1931, Ribeiro Couto denominou "civilização cordial a atitude de disponibilidade sentimental [nascida da] fusão do homem ibérico com a terra nova e as raças primitivas".[14] Sem dúvida, o termo "civilização cordial" pertence ao poeta. No entanto, a idéia que subjaz à pretensa originalidade do processo histórico brasileiro já se encontra em um texto oitocentista, no qual se definia o encontro produtivo entre portugueses, indígenas e africanos nas terras do Novo Mundo como a contribuição propriamente brasileira ao "concerto das nações". Em 1840, o "Instituto Histórico e Geográfico Brasileiro" organizou um concurso internacional, oferecendo um

---
[12] Títulos da edição definitiva de *Raízes do Brasil*. A oposição está ainda mais clara na primeira edição, quando os dois capítulos intitulavam-se "Passado agrário".
[13] Candido, "A visão política de Sérgio Buarque de Holanda" 88.
[14] Couto 30-1.

prêmio à monografia que contivesse o melhor projeto para a escrita da história nacional.[15] Karl Friedrich von Martius conquistou o prêmio com o ensaio "Como se deve escrever a história do Brasil".[16] Em que consistia seu projeto? O autor que desejasse garantir um lugar para o Brasil junto às demais nações, deveria chamar a atenção para a verdadeira novidade representada pela história do vasto território tropical. De acordo com Martius, uma aventura épica ocorreu durante a colonização, e ao historiador caberia desvendar a natureza do processo. Generoso com o futuro pesquisador, o naturalista alemão facilitou a tarefa: "Qualquer que se encarregue de escrever a história do Brasil, país que tanto promete, jamais deverá perder de vista quais os elementos que aí concorrerão para o desenvolvimento do homem. (...) Portanto devia ser um ponto capital para o historiador reflexivo mostrar como no desenvolvimento sucessivo do Brasil se acham estabelecidas as condições para o aperfeiçoamento de três raças humanas, que nesse país são colocadas uma ao lado da outra, de uma maneira desconhecida na História Antiga, e que devem servir-se mutuamente de meio e de fim".[17] As raças podem desempenhar um papel complementar, mas a direção do processo está reservada à européia — aos portugueses: "Jamais nos será permitido duvidar que a vontade da providência predestinou ao Brasil esta mescla. O sangue português, em um poderoso rio, deverá absorver os pequenos confluentes das raças índia e etiópica".[18] Sem dúvida, a importância do ensaio de Martius para a constituição simbólica da sociedade brasileira merece estudo mais aprofundado.[19] Por exemplo, no clássico *Retrato do Brasil*, principalmente no *post-scriptum*, Paulo Prado não apenas celebra a mestiçagem, mas tam-

---

[15] O prêmio foi anunciado nos seguintes termos: "Uma medalha de ouro, no valor de 200$000 Réis, a quem apresentar o plano mais acertado — Plano de como se escrever a História antiga e moderna do Brasil, organizada com tal sistema que nela se compreendam as suas partes política, civil, eclesiástica, e literária". *Revista do Instituto Histórico e Geográfico Brasileiro*, Vol. II, 8, 1840, 628.

[16] A monografia foi publicada em 1845 na *Revista do Instituto Histórico e Geográfico Brasileiro*. Há também uma edição mais recente e, portanto, mais acessível. Ver Martius 1845.

[17] Martius 87 e 89.

[18] Idem 88.

[19] Neste contexto é bom salientar o romance, *Frey Apollonio. Um romance do Brasil* (escrito em 1831, mas publicado somente em 1992), no qual algumas das idéias sobre o problema da miscigenação são ficcionalmente antecipadas. José Paulo Paes propôs uma interessante comparação entre o romance de Martius e *Canaã* (1902), de Graça Aranha, já que os dois textos "têm em comum não apenas a nacionalidade de seus respectivos protagonistas — Hartoman é alemão como Milkau — mas também a absorvente preocupação de ambos com o problema do choque entre autóctones e alóctones" (Paes 11).

bém menciona o texto do alemão em diversas ocasiões: "Foi essa a visão genial que Martius teve da nossa história quando aconselhava o estudo das três raças para sua completa compreensão".[20]

Com alguma prudência, não é difícil reconhecer que esta idéia encontra-se mais próxima de Gilberto Freyre que da perspectiva de Sérgio Buarque. Basicamente, trata-se de identificar a origem do convívio propriamente brasileiro com a mestiçagem. Não é verdade que Freyre estruturou o texto *Casa-grande & senzala* segundo a sugestão de Martius? Em capítulos específicos de sua obra-prima, são estudadas as contribuições dos portugueses, índios e africanos. Ronaldo Vainfas destacou o vínculo entre os trabalhos de Freyre e Martius, relendo a contribuição do naturalista como o primeiro momento no qual as conseqüências culturais da mestiçagem foram explicitamente reconhecidas. Além disso, no projeto de Martius, "a questão da miscigenação étnica e cultural estava posta".[21] Entretanto, é importante recordar que José Honório Rodrigues já havia observado o papel do ensaio de Martius na tradição do pensamento brasileiro, e até mesmo sua repercussão em *Casa-grande & senzala*.[22] No ensaio de Ronaldo Vainfas, pelo contrário, enfatiza-se a distância entre a sugestão de Martius e a tradição da historiografia brasileira.[23] De acordo com Vainfas, Freyre foi o primeiro que realmente desvendou as conseqüências do ensaio de

---

[20] Prado 195. Em outra passagem, Paulo Prado definiu o texto de Martius como uma "magistral dissertação" (186).
[21] Vainfas 8.
[22] Rodrigues 130-42. Para ilustrar este aspecto, vejam-se as seguintes passagens: "Martius é o primeiro a chamar atenção sobre a importância da contribuição das três raças na história brasileira. É o primeiro a dizer que teria sido um erro (...) desprezar as forças dos indígenas e dos negros importados" (130). "O método de trabalho de Varnhagen foi quase que exclusivamente o de realizar investigações materiais dos fatos apontados por Martius importantes e significativos" (132). "E pela primeira vez o velho plano de Martius, do estudo do indígena, do colonizador português e do escravo negro na formação da família e da sociedade brasileira é plenamente realizado. Se Varnhagen seguiu o plano, de Martius, seguiu-o apenas na colheita do material, mas foi Gilberto Freyre que, demonstrando uma enorme capacidade de interpretação, reuniu e relacionou os fatos numa caracterização geral da sociedade e da família brasileiras" (142).
[23] Vejam-se as seguintes passagens do ensaio de Vainfas: "Varnhagen não seguiu em nada os conselhos de seu quase contemporâneo von Martius e produziu obra factual, no estilo do historismo ou historicismo (...). Com Varnhagen, a 'miscigenação' permaneceu oculta, seja racial, étnica ou cultural" (9). "(...) no tocante ao tema da miscigenação, que von Martius apontara como chave para se compreender o Brasil, Capistrano avançou muito pouco" (10). "É caso de repensar (...) a contribuição de Gilberto Freyre. Autor que, a despeito de generalizações abusivas, intuições subjetivas e outros falsetes, pôs em cena a miscigenação. (...) Temática proposta, talvez sem querer — e mal posta que seja — por von Martius, há mais de um século" (22).

Martius. Nesse ponto, porém, José Honório Rodrigues parece ter razão: a presença de Martius, seja implícita, seja evidente, sempre foi e ainda hoje permanece atuante, sobretudo nos clichês relativos à pretensa democracia racial brasileira.

Contudo, é igualmente importante salientar a diferença fundamental entre Freyre e Martius. O escritor alemão entendeu o processo como uma síntese histórica e, acima de tudo, racial, que define a mestiçagem como a contribuição brasileira para a civilização. Ao contrário, o autor brasileiro estava interessado em estudar o complexo histórico e, acima de tudo, social de formação da família patriarcal — complexo também baseado na mestiçagem, mas entendido como uma técnica de convivência. No texto de Martius, a mestiçagem constitui um fenômeno racial, já para Freyre, ela corresponde a um traço cultural.

Em *Sobrados e mucambos*, mestiçagem e cordialidade encontram-se claramente associadas: "simpatia à brasileira (...); a 'cordialidade', a que se referem Ribeiro Couto e Sérgio Buarque de Holanda[24], essa simpatia e essa cordialidade, transbordam principalmente do mulato. (...) O próprio conde de Gobineau, que todo o tempo se sentiu tão mal entre os súditos de Pedro II, vendo em todos uns decadentes por efeito da miscigenação, reconheceu, no brasileiro, o supremo homem cordial: *'très poli, très accueillant, très aimable'*".[25] Neste parágrafo, Freyre compreende a cordialidade por um viés duplo. Por um lado, ela é o resultado do processo de formação da própria sociedade, ou seja, como produto da mestiçagem. Por outro, a cordialidade aparece como indice de relações sociais específicas. Em outras palavras, cordialidade era uma "técnica de bondade"[26], e como tal constitui um traço propriamente brasileiro. Isto foi o que Cassiano Ricardo propôs em seu debate com Sérgio Buarque. Para o poeta, "tudo no Brasil se fez assim: por mediação. (...) Quando falhasse aquele equilíbrio de antagonismos, de que fala Gilberto Freyre, entraria a mediação. Num equilíbrio de antagonismos, um antagonismo alimenta o outro. Na mediação, os antagonismos se destroem paci-

---

[24] Em outra passagem, Freyre volta a mencionar Sérgio Buarque como referência necessária no tocante ao conceito de cordialidade: "O 'desejo de estabelecer intimidade' que Sérgio Buarque de Holanda considera tão característico do brasileiro, e ao qual associa aquele pendor, tão nosso, para o emprego dos diminutivos — que serve, diz ele, para 'familiarizar-nos com objetos' ". Freyre 358.
[25] Freyre 356-7.
[26] Cassiano Ricardo empregou esta expressão em seu debate com Sérgio Buarque. "Que o brasileiro (quando mais polido) sabe tirar partido da própria bondade, e que esse seu *ricorso* se poderia chamar 'técnica da bondade'". Ricardo 22.

ficamente".[27] Daí, a classificação do homem cordial como um ser que vive entre extremos parecia inaceitável. Afinal, cordialidade estaria relacionada à mestiçagem, já que em ambos os casos disporíamos de uma forma de equilibrar pólos opostos até a sua conversão em um novo ponto de equilíbrio. Ao fim e ao cabo, cordialidade torna-se sinônimo de brasilidade tão logo a originalidade do processo histórico brasileiro seja definida como a habilidade em desenvolver meios de convivência harmoniosa. A mestiçagem teria desempenhado esta tarefa em relação ao surgimento do povo brasileiro; a cordialidade teria feito o mesmo no tocante à sociabilidade propriamente brasileira.

O mesmo conceito encontra em *Raízes do Brasil* uma dicção muito diferente. Em primeiro lugar, importa ressaltar que, divergindo de Freyre, Sérgio Buarque opõe a cordialidade à cortesia e inclui o amor, assim como o ódio, no conjunto das reações tipicamente cordiais, como já vimos.[28] Em outras palavras, a afirmação do Conde de Gobineau, utilizada por Freyre como forma de reiterar seu entendimento acerca da cordialidade brasileira, seria considerada um erro de interpretação por Sérgio Buarque. Compreender a natureza desse desentendimento é a melhor maneira de superar a aludida miscigenação hermenêutica.

Apesar da expressão "civilização cordial" ter sido cunhada por Ribeiro Couto, a fundamentação teórica foi encontrada em obra de Carl Schmitt. Sérgio Buarque o reconheceu numa nota na segunda edição de *Raízes do Brasil*.[29] No capítulo III de *O conceito do político*, também em uma nota, Schmitt estabeleceu os parâmetros de sua definição sobre a política.[30] Isto é, a diferença entre amigo e inimigo, com base na separação entre as esferas pública e privada: "Inimigo é apenas o inimigo *público*, pois tudo que refere a tal conjunto de homens, especialmente a um povo inteiro, torna-se, por isto, público. Inimigo é *hostis*".[31] Sérgio Buarque assimilou fielmente o conceito: "A inimizade bem pode ser tão *cordial* como a amizade, nisto que uma e outra nascem do *coração*, procedem, assim, da esfera do íntimo, do familiar, do privado. (...) Assim como a

---

[27] Ricardo 31 e 33.
[28] Raymundo Faoro também observou: "(...) seu conceito de 'homem cordial', tão mal compreendido e tão erradamente parodiado. Cordial não significa afável, brando, senão que abrange também o ódio" (62).
[29] Trata-se da nota 157, localizada nas páginas 106-7.
[30] Schmitt 55, nota 5.
[31] Idem 55.

inimizade, sendo pública ou política, não *cordial*, se chamará mais precisamente hostilidade".[32]

Sérgio Buarque nunca associou o fenômeno social da cordialidade ao processo histórico da mestiçagem. Pelo contrário, identificou suas origens na família patriarcal, na "herança rural", cujos padrões de sociabilidade pressupõem a transposição dos valores da esfera privada para a pública. O homem cordial deve ser entendido como um tipo ideal weberiano: formado num contexto caracterizado pela hipertrofia do privado e pelo predomínio das relações pessoais. A cordialidade, portanto, não deveria ser entendida como uma característica exclusivamente brasileira, mas como um traço estrutural que se desenvolve em sociedades cujo espaço público enfrenta sérias dificuldades para afirmar-se em relação à esfera privada. O conceito de cordialidade pode transformar-se em um importante instrumento de análise de grupos sociais fortemente autocentrados e, por isso, resistente à pressões externas.

Quero dizer que a crítica tem limitado a intuição sociológica de Sérgio Buarque ao papel de mera interpretação da formação social brasileira, sem perceber sua relevância no tocante ao debate teórico.[33] É claro que o autor de *Raízes do Brasil* pretendia oferecer uma interpretação do país, como sugere o próprio título do livro. Entretanto, teremos compreendido o alcance de suas idéias? Vejamos: "A idéia de uma espécie de entidade imaterial e impessoal, pairando sobre os indivíduos e presidindo os seus destinos, é dificilmente inteligível para os povos da América Latina. É freqüente imaginarmos prezar os princípios democráticos e liberais quando, em realidade, lutamos por um personalismo ou contra outro".[34] Tampouco fomos capazes de identificar as afinidades entre Sérgio Buarque e Jorge Luis Borges: "O argentino, diferentemente dos norte-americanos e a maioria dos europeus, não se identifica com o Estado. Este fato pode ser atribuído às péssimas condições de governabilidade destes países acompanhadas de conceituações inimagináveis; como a de que o argentino está correto ao ser considerado como indivíduo, mas não como cidadão".[35] E o que dizer sobre a percepção do sociólogo peruano Joaquín Capelo? Ao analisar a ausência no país de partidos com projetos políticos coerentes, concluiu: "No Peru, cada

---

[32] Holanda 107. Na seqüência, o vínculo com o alemão se esclarece: "A distinção entre inimizade e hostilidade, formulou-a de modo claro Carl Schmitt (...)"; e o brasileiro remete o leitor precisamente à nota 5 da obra de Schmitt.
[33] Propus, em parte, esta hipótese em "Brasil nenhum existe" 17.
[34] Holanda 138.
[35] Borges 36.

partido é pessoal; seu único objetivo é a elevação de determinada pessoa ao poder: o caudilho, lucrando às custas de seus aliados".[36] Passagens de conteúdo semelhante resumem a divergência entre Sérgio Buarque e Gilberto Freyre quanto ao emprego do conceito de cordialidade, ao mesmo tempo em que esclarecem a curiosa miscigenação hermenêutica, mencionada anteriormente.

Em *Sobrados e mucambos*, mais especificamente no último capítulo, a cordialidade aparece como uma homologia para a mestiçagem no nível social. Ora, a transformação descrita por Freyre, que determinou a decadência do patriarcado rural, não ameaçou a manutenção das relações cordiais. Pelo contrário, o século XIX também teria assistido à ascensão do mulato, o homem cordial por excelência. Em outras palavras, cordialidade é índice de nacionalidade: *o homem cordial é o brasileiro por excelência*.

Em *Raízes do Brasil* o cenário não poderia ser mais diferente. Mais do que ameaçar a sobrevivência das relações cordiais, a urbanização levaria a seu progressivo desaparecimento. Em outras palavras, cordialidade é apenas um instrumento para a descrição de uma constelação histórica específica, dominada pela família patriarcal: *o homem cordial é o sintoma da herança rural*.[37]

Apesar dessas diferenças, uma leitura muito particular tem predominado. O conceito de cordialidade é atribuído somente ao trabalho de Sérgio Buarque, como se, no mesmo ano de 1936, Gilberto Freyre não tivesse proposto uma concepção alternativa, aliás, muito mais próxima à definição de Ribeiro Couto. Neste sentido, é sintomático que, para evidenciar seu desacordo com Sérgio Buarque, Cassiano Ricardo tenha recorrido à noção do equilíbrio de antagonismos, idéia cara à estrutura de *Casa-grande & senzala*.[38] Ora, a concepção de Freyre tem muito mais afinidade com certa imagem da cultura brasileira, cuja pretensa vocação seria mediar conflitos, em lugar de explicitá-los.[39]

---

[36] Apud Kristal 41.
[37] "Por fim quero frisar, ainda uma vez, que a própria *cordialidade* não me parece virtude definitiva e cabal que tenha de prevalecer independentemente das circunstâncias mutáveis de nossa existência. Acredito que, ao menos na segunda edição de meu livro, tenha deixado este ponto bastante claro. Associo-a antes a condições particulares de nossa vida rural e colonial, que vamos rapidamente superando". Holanda, "Carta a Cassiano Ricardo" 145.
[38] Para uma importante análise acerca do papel do equilíbrio de antagonismos na obra de Gilberto Freyre, ver Araujo, 1994.
[39] Para um exemplo típico desta crença, leia-se a seguinte passagem do ensaio de Cassiano Ricardo: "Fomos dos primeiros países a abolir a pena de morte. (...) Toda revolução brasileira termina em acordo, e a pena mais rigorosa para os nossos crimes políticos nunca passou do exílio" (41). É bom mencionar que este não é exatamente o caso do "Estado Novo", à época da ditadura

Apesar de o conceito ser atribuído somente a Sérgio Buarque, seu entendimento mais comum associa cordialidade à amizade, simpatia, disponibilidade emocional. Ou seja, o conceito é atribuído a Sérgio Buarque, mas, quanto à interpretação, a proposta de Gilberto Freyre triunfou! Como se viabilizou tal interpretação e como ela segue atual? Uma nova leitura talvez esclareça o enigma. Alguns críticos têm o hábito de rotular o conceito como ideológico já que, como ninguém ignora, o homem cordial *também* é violento, como se existisse alguma incompatibilidade entre cordialidade e violência: trata-se precisamente do oposto. O homem cordial *também* deve ser violento, pois vive à mercê dos sentimentos. Entretanto, aceitá-lo pressupõe o abandono de uma confortável fantasia: "Ora, o que identifica o brasileiro não é o *inimigo* cordial. É o não ter capacidade para ser inimigo, cordial ou não. Esta ausência de ódio, de preconceito".[40] Com uma ironia muito cordial (de acordo com a definição de Ribeiro Couto, Gilberto Freyre e Cassiano Ricardo), o olhar incômodo que Sérgio Buarque dirigiu aos brasileiros não foi enfrentado, mas mediado através do *topos* da cordialidade ingênita. Nobres selvagens ou homens cordiais, provavelmente, continuaremos a ler *Raízes do Brasil* segundo o conceito de cordialidade encontrado em *Sobrados e mucambos*, já que este encontra-se mais de acordo com a tradição cultural brasileira. E, assim como o argentino do ensaio de Borges, provavelmente não perceberemos o aspecto problemático do gesto.

A mestiçagem conceitual se revela mais interessante no contexto delineado num ensaio recente de Pedro Meira Monteiro (2000). O autor destaca que, nos anos 30, ainda não contávamos com uma sólida tradição universitária. Portanto, os autores estreantes estariam à busca de uma linguagem "técnica" ainda não disponível, mas que deveria auxiliar no entendimento das transformações socioeconômicas implicadas no advento da Revolução de 1930. Trata-se de um ponto relevante e que merece ser aprofundado.[41] Ora, a análise da linguagem de ambos os livros necessita levar em consideração alguns fatores. Seguindo a intuição de Pedro Meira Monteiro, o primeiro passo seria a reconstrução do vocabulário crítico da época, pois era preciso cunhar

---

de Getúlio Vargas e da ditadura militar iniciada pelo golpe de 1964, infelizmente conhecidos pela violenta repressão dos adversários políticos.
[40] Ricardo 43.
[41] O ensaio de Monteiro é também muito sugestivo ao situar o fenômeno da urbanização e maneiras diversas de compreendê-lo no centro do diálogo entre *Sobrados e mucambos* e *Raízes do Brasil*.

termos "técnicos", conceitos, a fim de legitimar disciplinas em processo de institucionalização universitária. Ou seja, deveríamos comparar a geração ensaística dos anos 20 com os textos de *Casa-grande & senzala*, *Sobrados e mucambos* e *Raízes do Brasil*, embora muitas vezes não se encontrem diferenças marcantes. Em segundo lugar, procederíamos a identificação de procedimentos discursivos, a um só tempo, estruturantes e característicos de cada autor. Ainda, tratar-se-ia de investigar em que medida os autores incluem referências ao leitor, objetivando a condução da leitura. Por fim, buscaríamos localizar as instâncias de legitimação extratextual, típicas de disciplinas emergentes.[42]

Nesse horizonte mais amplo, as diferentes perspectivas dos autores e, acima de tudo, a miscigenação hermenêutica no tocante ao conceito de cordialidade, talvez expliquem as edições posteriores de *Raízes do Brasil*. Sérgio Buarque introduziu uma série de mudanças entre a primeira e a segunda edição, e continuou a fazê-lo na terceira edição — é como se tais modificações encenassem a verdadeira disputa que estava em curso: a disputa pela autoria do discurso capaz de traduzir o país em transformação.[43] As mudanças efetuadas nas sucessivas edições de *Raízes do Brasil* possuem duas orientações básicas. De um lado, o autor acrescentou notas, com o objetivo de enriquecer os argumentos com dados. Tratava-se do historiador relendo o livro de estréia. De outro, Sérgio Buarque alterou ou simplesmente eliminou passagens nas quais celebrava o trabalho de Gilberto Freyre.[44] Tratava-se do intelectual

---

[42] Um índice comum de institucionalização discursiva pode ser encontrado na presença dos seguintes elementos: a) notas de rodapé (abundantes e nunca analisadas enquanto dispositivo legitimador, por exemplo, em *Casa-grande & senzala*, e, por sua vez, quase ausentes em *Raízes do Brasil*); b) menções à autoridades na área de estudos (constantes em *Casa-grande & senzala*, embora pouco evidentes em *Raízes do Brasil*); c) recurso à comprovação empírica de base documental e/ou sociológica, antropológica, etc. (onipresentes em *Casa-grande & senzala*, apenas sugeridas em *Raízes do Brasil*). Entenda-se: refiro-me ao desejo de contar com sólida base empírica, não à discussão de sua pertinência. Anthony Grafton demonstrou como Leopold von Ranke desenvolveu cuidadosamente um aparato de legitimação cuja face mais visível era fornecida pelas notas de rodapé, metonímia do novo método de comparação e análise das fontes primárias; método esse que se relacionava ao projeto de institucionalização dos estudos históricos: "Alguém se torna historiador (...) submetendo-se a um treinamento especializado. (...) Aprender a elaborar notas de rodapé compõe parte da moderna versão desse aprendizado" (Grafton 5).

[43] Para uma descrição das modificações, ver *Literatura e cordialidade* 164-6 — nessas páginas analiso sobretudo as mudanças referentes ao relacionamento de Sérgio Buarque e Gilberto Freyre.

[44] Nesse contexto, vale lembrar que, apesar de terem sido introduzidos acréscimos e mudanças importantes em edições posteriores de *Sobrados e mucambos*, Gilberto Freyre manteve as menções ao trabalho de Sérgio Buarque de Holanda.

defendendo a especificidade de sua concepção. Para concluir, limito-me a um exemplo. Na primeira edição, o leitor encontra o seguinte juízo sobre *Casa-grande & senzala*: "(...) uma obra que representa o estudo mais sério e mais completo sobre a formação social do Brasil".[45] Na segunda edição, publicada em 1947, o comentário desaparece — a longa passagem, elogiosa a Freyre, é completamente eliminada, assim como o prefácio escrito pelo autor de *Sobrados e mucambos* para *Raízes do Brasil*. Sem dúvida, a reação de Sérgio Buarque foi drástica. Contudo, a obstinada miscigenação hermenêutica, que já atravessa pelo menos seis décadas, não será ainda mais desconcertante?

Tradução de Juliana Balbina de Moura

Bibliografia

Araujo, Ricardo Benzaquen de. *Guerra e paz*: Casa-grande & senzala *e a obra de Gilberto Freyre nos anos 30*. São Paulo: 34 Letras, 1994.

_____. "*Sobrados e mucambos* e *Raízes do Brasil*". Maria do Carmo Tavares de Miranda (org.). *Que somos nós?* 60 anos de Sobrados e mucambos. Recife: Massangana, 2000. 35-46.

Borges, Jorge Luis. "Nuestro pobre individualismo". *Otras inquisiciones. Obras completas*. VII. 1952. Buenos Aires: Emecé, 1989. 36-7.

Candido, Antonio. "O significado de *Raízes do Brasil*". *Raízes do Brasil*. Sérgio Buarque de Holanda. Rio de Janeiro: José Olympio, 1989. xxxi-xl [1967].

_____. "A visão política de Sérgio Buarque de Holanda". *Sérgio Buarque de Holanda e o Brasil*. Antonio Candido (org.). São Paulo: Editora Fundação Perseu Abramo, 1998. 81-8.

Couto, Ribeiro. "Carta a Alfonso Reyes". 1931. *Revista do Brasil* 3.6 (1987): 30-1.

DaMatta, Roberto. *Carnavais, malandros e heróis. Para uma sociologia do dilema brasileiro*. Rio de Janeiro: Editora Guanabara, 1979.

Faoro, Raymundo. "Sérgio Buarque de Holanda: Analista das instituições brasileiras". *Sérgio Buarque de Holanda e o Brasil*. Antonio Candido (org.). São Paulo: Editora Fundação Perseu Abramo, 1998. 59-70.

Freyre, Gilberto. *Sobrados e mucambos. Decadência do patriarcado rural no Brasil*. São Paulo: Companhia Editora Nacional, 1936.

Grafton, Anthony. *Footnote. A Curious History*. Cambridge & Massachusetts: Harvard U. P., 1997.

Holanda, Sérgio Buarque de. *Raízes do Brasil*. Rio de Janeiro: José Olympio, 1987 [1936].

Kristal, Efraín. *Una visión urbana de los Andes. Génesis y desarrollo del indigenismo en el Perú*.1988. Lima: Instituto de Apoyo Agrario, 1991.

---

[45] Na primeira edição, esta passagem pode ser encontrada no capítulo V, 105.

Leite, Dante Moreira. *O caráter nacional brasileiro. História de uma ideologia.* São Paulo: Livraria Pioneira Editora. 1969 [1954].
Martius, Karl Friedrich von. "Como se deve escrever a História do Brasil". *O estado de direito entre os autóctones do Brasil.* São Paulo: Editora da USP; Belo Horizonte: Livraria Editora Itatiaia, 1982. 85-107 [1845].
_____. *Frey Apollonio. Um romance do Brasil.* São Paulo: Brasiliense, 1992 [1831].
Monteiro, Pedro Meira. "Raízes rurais de família brasileira: um diálogo a partir de *Raízes do Brasil* e *Sobrados e mucambos*". Maria do Carmo Tavares de Miranda (org.). *Que somos nós? 60 anos de* Sobrados e mucambos. Recife: Massangana, 2000. 147-69.
Paes, José Paulo. "Utopia e distopia nas selvas amazônicas". *Transleituras. Ensaios de interpretação literária.* São Paulo: Ática, 1995. 9-18 [1993].
Prado, Paulo. *Retrato do Brasil. Ensaio sobre a tristeza brasileira.* Carlos Augusto Calil (org.). São Paulo: Companhia das Letras, 1998 [1928].
Ricardo, Cassiano. "O homem cordial". *O homem cordial e outros pequenos estudos brasileiros.* Rio de Janeiro: Ministério da Educação e Cultura, 1948. 5-46.
Rocha, João Cezar de Castro. *Literatura e cordialidade. O público e o privado na cultura brasileira.* Rio de Janeiro: EdUERJ, 1998.
_____. "Brasil nenhum existe", *Caderno Mais!, Folha de S. Paulo,* 9 de Janeiro 1999.
Rodrigues, José Honório. *Teoria da História do Brasil. Introdução metodológica.* São Paulo: Companhia Editora Nacional, 1978.
Sallum Jr., Brasílio. "*Raízes do Brasil*". *Introdução ao Brasil: Um banquete no trópico.* Lourenço Dantas Mota (org.). São Paulo: Editora Senac, 1999. 237-56.
Schmitt, Carl. *O conceito do político.* Rio de Janeiro: Vozes, 1992 [1932].
Vainfas, Ronaldo. "Colonização, miscigenação e questão racial: Notas sobre equívocos e tabus da historiografia brasileira". *Tempo* 8 (Dezembro 1999): 7-22.

QUANDO O BRASIL FOI CONSIDERADO DIFERENTE: 50 ANOS DO PROJETO UNESCO DE RELAÇÕES RACIAIS[1]

Marcos Chor Maio[2]

Ao refletir sobre a importância de uma renovação ideológica na América Latina, Morse (176-7) inspirou-se em dois estudos sobre as relações raciais nos EUA e no Brasil. No primeiro caso, destaca na obra de Gunnar Myrdal (1944) o drama dos negros nos EUA, confiantes no credo universalista, com base em critérios meritocráticos e na igualdade de direitos e oportunidades, e, ao mesmo tempo, vivendo o violento e cotidiano racismo. O discernimento dessa ideologia, no projeto de Myrdal, era de fundamental importância para a inteligibilidade da discriminação racial tanto em termos legais quanto no âmbito das atitudes sociais e pessoais. Para o sociólogo sueco, o dilema americano seria também um problema moral. A refinada síntese do credo americano e seu paradoxo teve enorme impacto na luta pelos direitos civis dos anos de 1940 aos de 1960.[3]

No caso brasileiro, nos anos de 1951 e 1952, a Organização das Nações Unidas para a Educação, Ciência e Cultura (UNESCO) patrocinou uma série de pesquisas sobre as relações raciais no Brasil. As investigações foram desenvolvidas em regiões economicamente tradicionais, como o Nordeste, e em áreas modernas localizadas no Sudeste, tendo

---

[1] Este texto é uma versão modificada do artigo "O Projeto UNESCO: ciências sociais e o 'credo racial brasileiro'". *Revista USP* nº 46 (junho/julho/agosto 2000): 115-28.
[2] Sociólogo, Doutor em Ciência Política pelo IUPERJ. Pesquisador da Casa de Oswaldo Cruz/FIOCRUZ. Autor de *Nem Rotschild nem Trotsky: O pensamento anti-semita de Gustavo Barroso* (Rio de Janeiro: Imago 1992). Entre outros, organizador de *Raça, ciência e sociedade*, com Ricardo Ventura Santos (Rio de Janeiro: Editora FIOCRUZ, Centro Cultural do Banco do Brasil).
[3] Ver Southern.

em vista apresentar ao mundo os detalhes de uma experiência no campo das interações raciais julgada, na época, singular e bem-sucedida, tanto interna quanto externamente. Morse constata que o ciclo de pesquisas patrocinado pela UNESCO na década de 1950 não gerou qualquer esforço de sistematização de um "credo brasileiro", na medida em que esse "credo" não existiria no Brasil na perspectiva unitária atribuída por Myrdal para os Estados Unidos. Entre outras hipóteses, Morse sugere que "talvez (...) a discriminação contra os negros não se constituísse um salto quântico em relação à discriminação contra outros grupos marginalizados" (177).

Desde meados dos anos 1950, Oracy Nogueira afirmava, a começar pelos trabalhos do projeto UNESCO, que o inventário do preconceito e da discriminação racial produzido por esses estudos revelavam que "pela primeira vez, o depoimento dos cientistas sociais v[inham], francamente, ao encontro e em reforço ao que, com base em sua própria experiência, já proclamavam, de um modo geral, os brasileiros de cor" (1955, 415). Todavia, esse diagnóstico, diferente da pesquisa de Myrdal, não teve qualquer impacto político sobre a sociedade brasileira.

Procuro demonstrar neste artigo que análises e evidências sobre o preconceito e a discriminação racial no Brasil elaboradas pelo projeto UNESCO não importaram no cancelamento de uma sintonia fina entre sociedade e comunidade dos cientistas sociais no Brasil dos anos 1950, ou seja, a crença na especificidade e, em última instância, no compartilhamento de um "credo", a saber, o "credo racial à brasileira". Desse modo, ao contrário de Morse, defendo que o projeto UNESCO reiterou a existência de um "credo brasileiro". Ele não pode ser exposto nos termos apresentados por Myrdal, pois é um conjunto de crenças marcado pela ambigüidade, pelos "meios-tons" ou, como aponta DaMatta, pela "hierarquia, gradualismo e complementaridade" (1979 e 1994).

Arthur Ramos e a proposta de uma agenda das ciências sociais no Brasil

Em meados de outubro de 1949, dois meses após assumir a direção do Departamento de Ciências Sociais da UNESCO, Arthur Ramos finalizou o delineamento de um plano de trabalho no qual estava previsto o incremento de investigações sociológicas e antropológicas no Brasil. Em sintonia com as crescentes preocupações da agência internacional com os problemas do racismo e com as dificuldades socioeconômicas vividas pelos países subdesenvolvidos, Arthur Ramos considerava ser necessária, junto com o programa contra o analfabetismo já implementado pela UNESCO em colaboração com o governo brasileiro, uma atenção especial para os estudos étnico-raciais (índios e negros) para o projeto de integração ao mundo moderno (Maio 1997).

Em junho de 1950, a 5ª sessão da Conferência Geral da UNESCO, realizada em Florença, aprovou a organização de uma pesquisa sobre as relações raciais no Brasil, mas Arthur Ramos, seu idealizador, havia falecido oito meses antes, sem chegar a definir com maiores detalhes o tipo de estudo que tinha em mente. No entanto, é notável que, mesmo sem sua participação no desenho definitivo da investigação, suas preocupações a respeito do Brasil estavam presentes tanto na versão final do Projeto UNESCO quanto nos resultados das diversas pesquisas realizadas em seu âmbito.

Em um de seus últimos trabalhos, de natureza programática, Arthur Ramos reiterava que o Brasil era um "laboratório de civilização", expressão cunhada pelo historiador norte-americano Rudiger Bilden.[4] Apesar da crença na interação positiva no plano das relações raciais, suposta marca de distinção da sociedade brasileira (Ramos 1943, 179), ele não deixou de reconhecer as profundas desigualdades sociais entre brancos e negros, bem como a existência do "preconceito de cor" no Brasil (Ramos 1938, 124-6). O problema da inserção dos negros na sociedade brasileira estava presente em sua obra, ora visto como uma questão social (Ramos 1947, 132; 1951, 146), ora percebido como dificuldade afeita à condição de minoria nos estados do Sul (Ramos 1939, 173-4; 1942, 62-3). Entretanto, Arthur Ramos registrou que, só a partir da década de 1940, as ciências sociais brasileiras haviam iniciado o seu processo de qualificação profissional para tornar realmente inteligível esse "laboratório" (Ramos 1948, 213).

Arthur Ramos acreditava que a institucionalização das ciências sociais em curso oferecia uma oportunidade singular para a superação da fase "livresc[a], literatóide" dos estudos antropológicos sobre o índio e o negro (Ramos 1948, 214-5). A seu ver, destoando da experiência anterior de investigação dos cultos afro-brasileiros, conviria o estudo do passado escravocrata e suas implicações para o entendimento da situação racial brasileira, especialmente "a influência psico-sociológica dos grupos dominantes, não-negros, as relações de 'raça', os estereótipos de

---

[4] Ver Bilden.

opiniões e atitudes, os fatores sociológicos da casta e da classe (...)" (1948, 219).

Em seu "programa da Antropologia brasileira", Arthur Ramos ressalta a importância da elaboração de análises sistemáticas sobre os diversos grupos raciais e étnicos, tendo em vista o entendimento dos processos de mudança cultural inseridos nos variados contextos históricos. Com um viés sociológico, ele assinala a relevância do estudo da inserção dos indivíduos em grupos, estratos e classes sociais, procurando a partir daí entender as desigualdades étnico-raciais (1948, 223). Em sua perspectiva:

> (...) só depois de realizadas séries inteiras de pesquisas desta ordem, poderemos nos aventurar a propor 'interpretações' do Brasil, ensaios de conjunto ou planos normativos de ação, até agora reservados aos estudos impressionistas que podem ser muito interessantes, mas conduzem a generalizações apressadas e perigosas. (...) Do ponto de vista antropológico, não há uma 'cultura' brasileira, mas 'culturas' que só agora começam a ser estudadas e compreendidas. Ainda é cedo portanto para indagarmos do 'caráter nacional', do seu *ethos*, em visões generalizadoras que lancem mão do critério histórico ou social. (Idem 224)

No final dos anos 1940, Arthur Ramos já colocava em questão a ensaística das consagradas chaves explicativas sobre o Brasil elaboradas nos anos 1920 e 1930. Essa proposta, como observa Mariza Corrêa, "menos do que contestar aquelas grandes sínteses, parece que tratava de colocá-las entre parênteses, enquanto se verificava, no campo, a 'realidade brasileira'" (21). Foi esta agenda das ciências sociais, apresentada por Arthur Ramos, que acabou por prevalecer no perfil das investigações do Projeto UNESCO.

Projeto UNESCO: Um processo antropofágico

É comum na literatura sobre as relações raciais no Brasil conceber o ciclo de estudos patrocinado pela UNESCO no início dos anos 1950, como momento de ruptura com a tradição "culturalista" acerca das interações entre brancos e negros no país. Em geral, o relato pode ser sintetizado do seguinte modo: incentivada por obras que, na linha interpretativa de Gilberto Freyre, concebiam a sociedade brasileira como singularmente conformada sob a égide de uma democracia racial, a UNESCO, ainda sob o impacto do Holocausto, esforça-se em combater a ideologia racista que serviu de suporte para a montagem e operação da infernal máquina nazista. Para tanto, a agência internacional resolveu coordenar uma pesquisa comparativa sobre as relações raciais em diferentes regiões brasileiras. O objetivo inicial desses estudos era o de oferecer ao mundo lições de civilização à brasileira em matéria de cooperação entre raças. Na esperança de encontrar a chave para a superação das mazelas raciais vividas em diversos contextos internacionais, a agência intergovernamental teria acabado por se ver diante de um conjunto de dados sistematizados sobre a existência do preconceito e da discriminação racial no Brasil. Evidenciou-se uma forte correlação entre cor ou raça e *status* socioeconômico. A utopia racial brasileira foi colocada em questão. Inaugurou-se neste momento, no campo das ciências sociais, uma produção acadêmica que julgava como falsa consciência o mito da democracia racial brasileira. Acredito, no entanto, que a visão recorrente sobre o projeto UNESCO de relações raciais deva ser matizada. O inventário das desigualdades sócio-raciais e seus mecanismos de reprodução social não importou na eliminação da valorização de algumas características da sociabilidade brasileira.

O projeto UNESCO, na verdade, foi um processo antropofágico. Uma instituição internacional, criada logo após o Holocausto, momento de profunda crise da civilização ocidental, procura na periferia do mundo capitalista uma sociedade com reduzida taxa de tensões étnico-raciais, com a perspectiva de tornar universal o que se acreditava ser particular. Por sua vez, cientistas sociais brasileiros e estrangeiros haviam assumido como desafio intelectual não apenas tornar inteligível o cenário racial brasileiro, mas também responder à recorrente questão da incorporação de determinados segmentos sociais à modernidade. Enfim, uma suposta visão idílica, um propalado *ethos* nacional, é antropofagicamente transformado em problema nacional (desigualdades sócio-raciais, desafio da integração de segmentos excluídos) sem cancelar a importância da singularidade brasileira em matéria racial.

Em princípio, a pesquisa só seria realizada na Bahia. A opção preferencial pela realidade supostamente mais fidedigna da "África no Brasil" parecia adequar-se à imagem do Brasil como uma "democracia racial", imagem essa presente na reflexão de antropólogos e sociólogos nos anos 1930 e 1940 (Pierson 1945; Frazier 1942; Landes 1947; Herskovits 1943). No entanto, os objetivos da investigação foram ampliados, graças sobretudo à influência dos cientistas sociais Charles Wagley, Luiz de Aguiar Costa Pinto, Roger Bastide, Ruy Coelho, Otto

Klineberg, acrescida da visita de Alfred Métraux ao Brasil, nos anos de 1950 e 1951, após a qual veio a afirmar que o Brasil seria uma espécie de terra de contrastes (Maio 1999b).

Essa conexão intelectual transatlântica concordara quanto aos limites de um enfoque restrito à Bahia enquanto síntese do caso brasileiro. Ela indicou a existência, no Sudeste do país, de uma realidade bastante distinta da baiana, onde as tensões raciais seriam mais perceptíveis como já havia verificado a produção elaborada por cientistas sociais, intelectuais e militantes do movimento negro (Nogueira 1942; Fernandes 1943; Bicudo 1945; Filho 1947; Willems 1949; Costa Pinto 1947, 1950; Guerreiro Ramos 1948a, 1948b, 1950a, 1950b, 1950c; Ramos 1938, 1939, 1942, 1947, 1951).

Os estudos do projeto UNESCO realizados nas regiões mais tradicionais, especificamente no Nordeste, onde a presença dos negros era expressiva, revelaram não apenas a enorme distância social entre brancos e negros, mas também reduzida mobilidade social dos não-brancos. Nelas, o preconceito racial assumiria formas mais sutis. As pesquisas realizadas no Sudeste enfocaram as relações raciais nos dois principais centros de desenvolvimento do país, Rio de Janeiro e São Paulo. Essa região caracterizava-se na época pelo ritmo intenso das mudanças sociais e econômicas. Nelas, a população negra e mestiça tinha se defrontado, desde os anos finais da escravidão, com a presença numerosa de imigrantes europeus. As tensões raciais seriam mais visíveis. Não obstante resultados diferenciados nas regiões pesquisadas, houve um consenso quanto a especificidade brasileira, quando da comparação com os EUA, na qual o conceito de raça viria sempre acompanhado de definições fenotípicas e/ou associadas a atributos como classe, *status*, educação, revelando assim o complexo sistema de classificação racial do país.

Ciência e política no Projeto UNESCO

A articulação de ciência e política, tão marcante na inspiração da UNESCO ao decidir pela elaboração do projeto, estava nitidamente presente para os cientistas sociais envolvidos nas pesquisas. Além disso, a atividade científica estava investida, para alguns deles, de um engajamento, ou seja, as ciências sociais seriam o melhor instrumento de compreensão da realidade, constituindo-se numa forma privilegiada de comprometimento e intervenção nas mudanças sociais necessárias. Havia, sem dúvida, uma clara inspiração mannheimeana. Cabe lembrar que a associação cientista social e socialismo era muito comum nas ciências sociais no Brasil nesse período (Peirano 1981). E, enfim, a partir dessa posição gradativamente consolidada, eles chegaram a reavaliar as grandes sínteses interpretativas construídas principalmente nos anos 1920 e 1930, lidando construtivamente com aquilo que a tradição anterior apontara como positivo e singular no Brasil. Segue uma exposição mais pormenorizada do meu argumento.

Florestan Fernandes, ao elaborar o plano de pesquisa a ser realizado em São Paulo, afirmava que a investigação foi idealizada em bases científicas, contudo era oriunda e tinha por meta alvos não-científicos, ou seja, "destina-se a uma instituição, a UNESCO, que [a] solicitou com o propósito de servir-se de seus resultados na reeducação social dos adultos e em sua política básica de aproximação das raças" (Bastide e Fernandes 1951, 324).

A pesquisa da UNESCO foi realizada num momento de transição no desenvolvimento das ciências sociais no Brasil. Ocupando espaços na universidade a partir dos anos 1930, as ciências sociais procuraram nas décadas seguintes consolidar essa institucionalização por meio da ampliação do número de faculdades de filosofia e experimentando novos modelos teórico-metodológicos que dessem maior substância à formação de um novo personagem — o cientista social.

Esse processo avançou no período da democratização do país, a partir de 1945. Nos anos 1950, quando ocorreu a pesquisa da UNESCO, o debate sobre o padrão de desenvolvimento econômico e social que deveria nortear o país tornou-se questão obrigatória para os cientistas sociais. Essa discussão assumiu rumos diversos, mas sempre colocando na ordem do dia o papel das ciências sociais em tempos de mudança social. Não obstante a pesquisa da UNESCO remeter de imediato a um tema específico, ou seja, as relações raciais, ela serviu de "pretexto" para diversas análises acerca da transição do arcaico para o moderno, do nosso sistema de estratificação social, da mobilidade vertical, dos impasses às transformações sociais, do papel dos intelectuais na vida pública e da incorporação de determinados estratos sociais à sociedade de classes.

Desse modo, a mera divulgação de dados concernentes a uma experiência particular em matéria étnica era considerada um objetivo limitado para a maioria dos cientistas sociais envolvidos no projeto UNESCO. Com efeito, o patrocínio internacional de uma instituição de prestígio criara uma oportunidade privilegiada para se decifrar a realidade brasileira sob novos parâmetros. Os cientistas sociais do projeto

UNESCO acreditavam, em graus variados, que o Brasil constituía um "laboratório de civilização". Para abordarmos com cuidado esta questão, é necessário considerar com atenção a convicção, presente entre os pesquisadores, de que o Brasil seria dotado de certa singularidade.

No "Prefácio" a *Cor e mobilidade social em Florianópolis*, resultado da pesquisa realizada por Fernando Henrique Cardoso e Octávio Ianni, Florestan Fernandes considera que os estudos sobre as relações raciais eram um indicador preciso do amadurecimento das ciências sociais no Brasil. Afora a importância das preocupações teóricas e empíricas que mobilizariam os cientistas sociais, ao ampliarem os conhecimentos acerca dos padrões de relações raciais existentes no país, havia o interesse em responder a questões de natureza imediata e de caráter político. A diversidade cultural e racial tinham papel de relevo, segundo Florestan, para a superação de impasses no desenvolvimento pleno da modernidade no Brasil (Fernandes xi).

Contudo, Florestan lamenta que a sociedade em geral não esteja atenta para o significado das pesquisas em andamento. Esse fenômeno é atribuído por ele à crença de que o Brasil vive sob a égide de uma democracia racial. Envoltos por essa ideologia, os "leigos" dificultam o surgimento de uma mentalidade de novo tipo, capaz de canalizar esforços na direção de uma sociedade industrial, democrática em termos tanto políticos quanto sociais. Ao sociólogo caberia desvendar os fundamentos da estrutura social, no intuito de indicar os mecanismos de reprodução do racismo. Dessa forma, ficariam evidentes os fatores impeditivos às transformações sociais (Idem xi-xiii). Florestan Fernandes é categórico:

> Não existe democracia racial efetiva [no Brasil], onde o intercâmbio entre indivíduos pertencentes a 'raças' distintas começa e termina no plano da tolerância convencionalizada. Esta pode satisfazer às exigências de 'bom tom', de um discutível 'espírito cristão' e da necessidade prática de 'manter cada um em seu lugar'. Contudo, ela não aproxima realmente os homens senão na base da mera coexistência no mesmo espaço social e, onde isso chega a acontecer, da convivência restritiva, regulada por um código que consagra a desigualdade, disfarçando-a acima dos princípios da ordem social democrática. (Idem xiv)

Entretanto, afirma Florestan, o desenvolvimento da civilização ocidental no Brasil — a saber, industrialização, democratização da riqueza e do poder e progresso social — deve estar informado por "nossa herança sociocultural", pois "um povo que estimule programas rápidos de mudança cultural, sem orientá-los segundo critérios inteligentes e construtivos, paga preços exorbitantes pelo progresso social" (Idem xvi).

Segundo o autor, a riqueza e a plasticidade da civilização ocidental contemplam diferentes sistemas culturais nacionais, que se ordenam por meio de determinados valores ideais básicos. Neste sentido, caberia incrementar a consciência de cidadania e o exercício mais eficaz da democracia, sem, com isso, cancelar "a tolerância convencionalizada nas relações raciais e o mínimo de sobranceria [de orgulho], que caracteriza a expressão assumida pelo individualismo e pela autonomia da pessoa quer em nosso *homem culto*, quer em nosso *homem rústico*" (Idem xvi, grifos do autor).

Para Florestan, aquilo que nos condena, é também a fonte que pode nos redimir. Ao desenvolver reflexões sobre o antagonismo entre civilização e "cultura de folk", e interessado, sobretudo, no debate sobre as resistências culturais à mudança social, o autor indica que "a tolerância convencionalizada nas relações raciais", um elemento de nossa tradição, que poderia ser traduzido, por exemplo, pela cordialidade, é um valor a ser preservado seja pelos intelectuais, seja pelas camadas populares.

Diante do processo avassalador de desenvolvimento econômico, urbanização, mobilidade social que chega ao auge no período do governo de Juscelino Kubitschek, e em face à convicção de que as desigualdades raciais são um "problema nacional", Florestan alerta para os possíveis efeitos perversos da ausência de parâmetros socioculturais que regulem a expansão desenfreada do capitalismo no Brasil, lacuna essa que impediria uma verdadeira "reforma social à brasileira". Nesse sentido, o sociólogo reconhece o valor de aspectos da sociabilidade no campo das relações raciais e registra a condição ambivalente da convivência do racismo à brasileira com o mito da democracia racial, tendo em vista a relevância dos aspectos culturais que se apresentam no jogo das relações sociais. Em seu aparente paradoxo, revelava o "dilema brasileiro".

Thales de Azevedo já havia alertado para o desafio de combinar o processo de industrialização de sua região com a preservação do *ethos* baiano (Azevedo 197-8). Charles Wagley, por sua vez, não era pessimista quanto à modernização do país, contanto que se atentasse para a preservação da tradição que gerou um tipo de sociabilidade que não seria permeada por crenças racialistas (Wagley 11).

Oracy Nogueira, ao abordar a ideologia tradicional das relações raciais, não via apenas a preterição do negro em relação ao branco no processo de ascensão social. A complexa ideologia da democracia racial, parte constitutiva do "*ethos* nacional" (Nogueira 1955a, 423-4), também seria um parâmetro para situações de constrangimento vividas pelos negros, na medida em que a opinião pública seria sensível a atitudes agressivas que mostrassem abertamente situações de preconceito ou de discriminação racial (Nogueira 1955, 516). Por isso mesmo, o autor acreditava que o "preconceito de marca", próprio ao "racismo à brasileira" (Da Matta 1981, 58), diferente do "preconceito de origem", característico da experiência norte-americana, teria melhores condições de ser superado por meio da educação, ou seja, mediante a utilização de técnicas racionais de esclarecimento que alterassem crenças e comportamentos de negros e brancos no domínio das relações raciais (Nogueira 1955, 518).

Podemos lembrar ainda a esse respeito Roger Bastide, que, inspirado em Gunnar Myrdal (1944), acreditava na existência de um "dilema brasileiro". Ele se apresentaria, segundo o sociólogo francês, do seguinte modo:

> (...) as expressivas mudanças da estrutura social e o desenvolvimento de idéias democráticas tendem a substituir o velho paternalismo por uma luta que não é mais pela igualdade racial legal, mas sim pela igualdade racial no plano da economia. Essa luta gera tanto consciência de raça entre as pessoas de cor quanto discriminação por parte dos brancos. Ao mesmo tempo, o brasileiro tem orgulho das relações afetivas que conseguiu estabelecer entre as raças; ele se identifica com um código de comportamento, que leva significativamente em conta a dignidade do indivíduo e ao ideal de uma fraternidade universal que lhe fez merecer o qualificativo de 'cordial' ('*warm-hearted*'). (Bastide 1957, 512)

Observa-se neste caso que, para Bastide, como na perspectiva de Costa Pinto, modernidade e racismo não se contrapunham (Maio 1999a). O processo de mudança social que gera tensões raciais poderia também vir a ter uma solução promissora "ao se passar do paternalismo à igualdade sem deixar que nesse processo o povo perca a cordialidade, a tolerância e o respeito mútuo" (Bastide 1957, 512).

No caso de Costa Pinto, o sociólogo não admitia diferença substantiva entre o racismo brasileiro e norte-americano. No entanto, a conclusão a que chega, no que se refere à comparação entre os dois países, ocorre em detrimento de uma série de singularidades apontadas pelo próprio sociólogo ao longo do seu trabalho, a saber: a estratégia do branqueamento como possibilidade de ascensão no interior da sociedade tradicional de pardos e negros (as "honrosas exceções"), os atributos associados a cor que, em diversas situações, alteram a posição social dos indivíduos e, finalmente, o sistema de classificação de cores no Brasil, que implicaria uma dimensão cultural e social e, por conseguinte, uma série de "imprecisões", como o próprio Costa Pinto observa nos censos (Maio 1998).

Parece que no contexto em que foi realizado o projeto UNESCO, cientistas sociais brasileiros e estrangeiros não acreditavam que a pesquisa e divulgação de dados acerca do preconceito e da discriminação presentes nas relações raciais no Brasil impedissem o reconhecimento da singularidade do país em matéria racial.

Considerações Finais

O projeto UNESCO é recorrentemente concebido como um momento de inflexão nos estudos sobre as relações raciais no Brasil, ao deslocar o paradigma cultural, representado pela obra de Gilberto Freyre dos anos 1930, especialmente *Casa-grande & senzala*, pelo paradigma sociológico, da estrutura social, que emerge da obra de Florestan Fernandes.

O processo crescente de institucionalização das ciências sociais brasileiras, a partir dos anos 1940 e 1950, criou a possibilidade de se exercitar mais uma vez, no campo da ciência, a "tradição da ruptura". Os novos marcos intelectuais suscitados pela emergência dos cursos de ciências sociais, principalmente em instituições universitárias de São Paulo e do Rio de Janeiro, associados às diversas perspectivas teórico-metodológicas advindas principalmente da França e dos EUA, ofereceram a oportunidade de se afirmar a superação da fase ensaística, pouco rigorosa na perspectiva do então emergente padrão de trabalho científico. Ênfase particular é atribuída a superioridade da nova fase, na qual se busca estabelecer demarcações mas ao mesmo tempo se observa uma relação ambígua com a tradição.[5] Verifica-se, neste caso, o que Wanderley Guilherme dos Santos denominou de "matriz institucional". Afere-se a qualidade do trabalho intelectual fundamentalmente a partir da profissionalização das ciências sociais com o surgimento dos cur-

---
[5] Ver Vilhena 129.

sos universitários no Sudeste. Opera-se, desse modo, um "divisor de águas entre o período pré-científico e o período científico da produção intelectual brasileira" (Santos 26) sem se avaliar o conteúdo substantivo da produção intelectual.

Contudo, Ianni (1966), em análise sobre o contexto de emergência dos estudos sobre as relações raciais no Brasil, enfatiza elementos de continuidade entre o Projeto UNESCO e o pensamento social brasileiro. Como observa o sociólogo:

> (...) as iniciativas da UNESCO e outras instituições estrangeiras colaboraram no desenvolvimento das investigações sobre o assunto. Note-se que dizemos 'colaboraram' e não 'iniciaram'. Na verdade, esses institutos encontraram condições favoráveis à sua realização, inclusive nos meios acadêmicos, sendo chefiados por especialistas brasileiros (Florestan Fernandes, Thales de Azevedo, Oracy Nogueira, L. A. Costa Pinto e outros). Note-se que foram as preocupações *humanitárias* da UNESCO que a levaram a iniciar essas pesquisas, pois que se havia difundido também no exterior que no Brasil reinava a 'democracia biológica'. Recordemos, entretanto, que, antes das iniciativas da Universidade de Chicago e da UNESCO, já se realizavam no país investigações científicas a respeito das relações raciais em geral, desde alguns aspectos da integração sociocultural dos indígenas, ou as técnicas de infiltração social dos mulatos (Freyre), até a análise dos produtos marginais da assimilação dos alemães (Willems). (71, grifo do autor)

Nesta direção, a pesquisa patrocinada pela UNESCO foi um projeto negociado no qual uma demanda internacional foi apropriada em termos locais com base em bem assentada tradição, que vinha desde o século XIX, de auto-reflexão de nossa intelectualidade sobre os problemas do país.

Ao realizarem um denso, amplo e complexo inventário do preconceito e da discriminação racial no Brasil, os cientistas sociais envolvidos no projeto UNESCO não revelaram apenas o racismo à brasileira. Pode-se dizer que eles identificaram a existência de um dilema brasileiro, que se caracteriza por um tipo de sociabilidade que, por um lado, estava calcado no fortalecimento da hierarquia social e racial e, por outro, reproduzia determinados vínculos — afetividade, tolerância, cordialidade —, aspectos essenciais para o desenvolvimento de laços de solidariedade e projetos coletivos.[6]

---

[6] Ver Souza 31.

Julgo assim que o nosso pensamento social tem uma tradição que deve ser interpelada dada a sua riqueza interpretativa dos fatos sociais em solo brasileiro. Acredito, enfim, que essa tradição deve ser fonte constante de diálogo, especialmente no momento em que se debate o desafio multiculturalista e a adoção de políticas públicas anti-racistas no Brasil. O projeto UNESCO é, sem dúvida, um parâmetro obrigatório para essa reflexão.

Bibliografia

Azevedo, Thales de. *As elites de cor: Um estudo de ascensão social*. São Paulo: Companhia Editora Nacional, 1955.

Bastide, Roger. "Race Relations in Brazil". *International Social Science Bulletin*. 1957 (Vol. IX, nº 4): 495-512.

_____. & Fernandes Florestan. "O preconceito racial em São Paulo (projeto de estudo)". *Brancos e negros em São Paulo*. São Paulo: Companhia Editora Nacional, 1959 [1951].

Bicudo, Virginia Leone. "Atitudes raciais de pretos e mulatos em São Paulo". *Sociologia*. 1947 (Vol. IX, nº 3): 196-219.

Bilden, Rudiger. "Brazil, Laboratory of Civilization". *The Nation*. 1/16/1929: 71-4.

Corrêa, Mariza. "Traficantes do simbólico". Mariza Corrêa (org.). *História da antropologia no Brasil (1930-1960). Testemunhos: Donald Pierson/Emilio Willems*. São Paulo: Vértice; Campinas: Ed. da UNICAMP, 1987.

Costa Pinto, Luiz de Aguiar. *O negro no Rio de Janeiro: Relações de raças numa sociedade em mudança*. São Paulo: Companhia Editora Nacional, 1953.

DaMatta, Roberto. *Carnavais, malandros e heróis. Por uma sociologia do dilema brasileiro*. Rio de Janeiro: Zahar Editores, 1979.

_____. "A Fábula das Três Raças". *Relativizando: Uma introdução à Antropologia Social*. Petrópolis: Editora Vozes, 1981.

_____. "Para uma antropologia da tradição brasileira (ou: a virtude está no meio)". *Conta de Mentiroso: Sete ensaios de antropologia brasileira*. Rio de Janeiro: Editora Rocco, 1994. 125-49.

Fernandes, Florestan. "Prefácio". Fernando Henrique Cardoso & Octávio Ianni. *Cor e mobilidade social em Florianópolis*. São Paulo: Companhia Editora Nacional. 1960. xi-xxiii.

Frazier, Franklin. "The Negro Family in Bahia, Brazil". *American Sociological Review*. 1942 (Vol. 7, nº 4): 465-78.

Guerreiro Ramos, Alberto. "Contatos raciais no Brasil". *Quilombo*. 1948a (ano 1, nº 1):

_____. (1948b). "Imigração e preconceito". *A Manhã*, 4/7/1948, 2.

_____. (1950a). "O negro no Brasil e um exame de consciência". *Relações de Raça no Brasil*. Rio de Janeiro: Edições Quilombo, 33-46.

_____. (1950b). "Os estudos sobre o negro brasileiro". *A Manhã*, dezembro de 1950.

_____. (1950c). "Apresentação da negritude". *Quilombo*, junho e julho de 1950, 11.

Filho, Mario. *O negro no futebol brasileiro*. Rio de Janeiro: Editora Civilização Brasileira, 2ª edição, 1964 [1947].

Herskovits, Melville. "The Negro in Bahia, Brazil: A problem in Method". *American Sociological Review*. 1943 (VIII): 394-402.

Ianni, Octavio. "O estudo da situação racial brasileira". *Raças e classes sociais no Brasil*, Rio de Janeiro: Civilização Brasileira, 1966.

Landes, Ruth. *The City of Women*. Albuquerque: University of New Mexico Press, 1994 [1947].

Maio, Marcos Chor. *A história do Projeto UNESCO: Estudos raciais e ciências sociais no Brasil*. Rio de Janeiro: Tese de Doutorado em Ciência Política, Instituto Universitário de Pesquisas do Rio de Janeiro, 1997.

_____. "Costa Pinto e a crítica ao negro como espetáculo" (apresentação). Luiz de Aguiar Costa Pinto. *O negro no Rio de Janeiro: Relações de raças numa sociedade em mudança*. 2ª ed., Rio de Janeiro: Editora da UFRJ, 1998. 17-50.

_____. (1999a). "O diálogo entre Arthur Ramos e Costa Pinto: Dos estudos afro-brasileiros à 'sociologização' da Antropologia". M. C. Maio e G. Villas-Bôas (orgs.). *Ideais de modernidade e Sociologia no Brasil: Ensaios sobre Luiz de Aguiar Costa Pinto*. Porto Alegre, Editora da UFRGS, 1999. 203-21.

_____. (1999b). "O Projeto UNESCO e a agenda das ciências sociais no Brasil dos anos 40 e 50". *Revista Brasileira de Ciências Sociais*. 1999 (Vol. 14, nº 41, outubro): 141-58.

Morse, Richard. *A volta de McLuhanaíma*. São Paulo: Companhia das Letras, 1990.

Myrdal, Gunnar. *An American Dilemma*. New York, Harper & Brother, 1944.

Nogueira, Oracy. "Atitude desfavorável de alguns anunciantes de São Paulo em relação aos empregados de cor". *Sociologia*. 1942 (Vol. IV, nº 4): 328-58.

_____. "Relações raciais no município de Itapetininga". R. Bastide & F. Fernandes (orgs.), *Relações raciais entre negros e brancos em São Paulo*. São Paulo: Editora Anhembi, 1955.

_____. (1955a). "Preconceito racial de marca e preconceito racial de origem (Sugestão de um quadro de referência para a interpretação do material sobre relações raciais no Brasil)". *Anais do XXXI Congresso Internacional dos Americanistas*. São Paulo: Editora Anhembi, 1955.

Peirano, Mariza Gomes e Souza. *The Anthropology of Anthropology: The Brazilian Case*. Série Antropologia, nº 110. Brasília: Fundação Universidade de Brasília, 1991 [1981].

Pierson, Donald. *Brancos e pretos na Bahia: Estudo de contato racial*. São Paulo: Companhia Editora Nacional, 1945.

Ramos, Arthur. "O espírito associativo do negro brasileiro". *Revista do Arquivo Municipal*. 1938 (Vol. XLVII): 105-26.

_____. *The Negro in Brazil*. Washington: The Associated Publishers, 1939.

_____. *A aculturação negra no Brasil*. São Paulo: Companhia Editora Nacional, 1942.

_____. *Guerra e relações de raça*. Rio de Janeiro: Departamento Editorial da União Nacional dos Estudantes, 1943.

_____. "Social Pioneering". L. Hill (org.). *Brazil*. California: University of California Press, 1947.

_____. "Os grandes problemas da antropologia brasileira". *Sociologia*. 1948 (vol. X, 4): 213-26.

_____. "The Negro in Brazil". T. L. Smith & A. Marchant (orgs.). *Brazil: Portrait of Half a Continent*. New York: The Dryden Press, 1951.

Santos, Wanderley Guilherme dos. *Ordem burguesa e liberalismo político*. São Paulo: Livraria Duas Cidades, 1979.

Southern, David W. *The Use and Abuse of An American Dilemma — 1944-1969*. Baton Rouge: Lousiana State University Press, 1987.

Souza, Jessé. "Multiculturalismo, racismo e democracia. Por que comparar Brasil e Estados Unidos? Jessé Souza. (org.). *Multiculturalismo e racismo: Uma comparação Brasil — Estados Unidos*. Brasília: Editora Paralelo 15, 1997.

Vilhena, Luís Rodolfo. "África na tradição das ciências sociais no Brasil". *Ensaios de Antropologia*. Rio de Janeiro: EdUERJ, 1997. 127-66.

Wagley, Charles. "Prefácio". Thales de Azevedo, *As elites de cor: Um estudo de ascensão social*. São Paulo: Companhia Editora Nacional, 1955.

Willems, Emílio. "Racial Attitudes in Brazil". *American Journal of Sociology*. 1949 (Vol. 54): 402-8.

SOBRADOS E MUCAMBOS: "A CARNE E A PEDRA" NO BRASIL OITOCENTISTA

Mary del Priore[1]

Imaginemos que o leitor desse artigo jamais tenha tido o privilégio de debruçar-se sobre *Sobrados e mucambos*, obra magna de Gilberto Freyre publicada, pela primeira vez, em 1936. O título, referente às construções que caracterizavam as cidades brasileiras do século XIX, não registra apenas a fisionomia de certos modelos arquitetônicos sob cujas telhas viviam ricos e pobres, mas um vasto mundo de informações sobre a gente brasileira neste período. Lupa formidável a esquadrinhar com olhar antropológico, além de paredes, *mores*, hábitos e tradições, este trabalho alimenta, metamorfoseia e interpela as noções que porventura tenhamos sobre um Brasil oitocentista extático.

Resumir a obra, bem como apresentar seu autor, seria o que chamam os franceses de *"vaste programme"*. Ambos, obra e homem, são mesmo vastos, complexos e múltiplos. Para conciliar as exigências de objetividade e a necessidade de reinterpretar o passado que são aquelas do historiador, optei por refletir sobre dois temas que atravessam toda a obra: a casa[2] e o corpo[3]. Ou, observatórios do social que são, a cidade e o corpo. Ora, a duplicação do corpo humano no corpo social expres-

---

[1] Professora de História na Universidade de São Paulo e Professora Visitante do Departamento de História na Pontifícia Universidade Católica — Rio. Entre seus 15 livros publicados estão: *Ao sul do corpo: Condição feminina e mentalidades na colônia* (Rio de Janeiro: José Olympio, 1993); *A História das Mulheres no Brasil* (São Paulo: Editora Contexto, 1997); *Esquecidos por Deus: Monstros no ocidente cristão* (São Paulo: Companhia das Letras, 2000).
[2] Sobre este tópico, ver Freyre, *A casa brasileira* e *Oh! de Casa*.
[3] Empresto essa idéia à Maria do Carmo Tavares de Miranda e seu artigo "Casa, corpo, mundo brasileiro". Sou grata a José Mario Pereira pela gentil indicação desta obra.

sa as várias formas que tomou o processo de urbanização de áreas que eram, até bem pouco tempo, agrárias e rurais. A presença de tais temas na obra freyriana dão a medida de sua incrível atualidade, de sua capacidade de antecipar-se ao próprio tempo e avançar novas abordagens e novos objetos. Não vem a "carne e a pedra" sendo tema bem recente de investigação entre os estudiosos americanos?[4]

Contudo — perguntaria o leitor — qual o pano de fundo para observarem-se as relações entre corpo e cidade, entre patriarcas e donas de sobrados, viscondes e barões, bacharéis e artífices, mercadores, marinheiros, mascates, quitandeiras, doceiras, vendeiras, escravos, mulatos e negros livres com os sobrados, as casas conjugadas, as casas de barro, de palha, os mucambos, as praças, as ruas, as igrejas, os mercados e os portos? O cenário é a passagem lenta e inexorável do patriarcado rural e o desenvolvimento do urbano com sua corte de desdobramentos: "constantes de existência e normas de coexistência" dirá o autor no prefácio à terceira edição em 1961. Tal processo, feito de permanências e acomodações, será aquele do "patriarcado rural em declínio e o seu prolongamento no patriarcado menos severo dos senhores dos sobrados urbanos e semi-urbanos; o desenvolvimento das cidades; a formação do Império; (...) quase dizendo, a formação do povo brasileiro".[5] Luiz Felipe de Alencastro resume bem a obra:

> *Sobrados e mucambos* atravessa as barreiras da intimidade patriarcal e penetra no quotidiano da sociedade do Império. Mais do que *Casa-grande & senzala* (1933), clássico de grandes revoadas no tempo e no espaço, aproxima-se das regras de ouro do grande livro de história: uma temática definida com base no conhecimento de uma conjuntura específica, uma periodização conforme ao tema e, enfim, fontes congruentes com a problemática e a época (diários, correspondências, narrativas de viajantes, jornais e teses universitárias oitocentistas). De quebra, Gilberto Freyre granjeia a história oral, a memória relatada por testemunhos do tempo do Império. Gente da mais diversa condição — de ex-escravos à viúva de Joaquim Nabuco — foi por ele inquirida nos anos 1920-1930, quando a maioria dos brasileiros ainda tinha o pé na roça. Quando, nas suas próprias palavras, a residência em apartamentos limitava-se ao Rio de Janeiro e a São Paulo, enquanto o resto do país vivia em casas plantadas em cidades meio campestres.[6]

---

[4] Sennet, *Flesh and Stone*.
[5] Freyre, *Sobrados e mucambos*, vol. 1: xxxiii.
[6] Alencastro 7.

Gilberto Freyre define seu domínio de estudo como aquele do habitual em oposição ao excepcional. É neste terreno que garimpa uma dimensão multidimensional da realidade histórica e social, cujos diferentes níveis procura articular para então capturar-lhe o amplo movimento. Modos, *mores*, usanças, análise dos equilíbrios econômicos e sociais que jazem sob os confrontos políticos, reconstituição dos sistemas lógicos de uma sociedade mestiça, interesse por aquilo que se esconde ou negligencia, representações mentais pouco visíveis, objetos do universo quotidiano e circuitos de trocas de produtos que modificaram a vida biológica e social, são sua permanente preocupação. Mas ele estuda, também, como a urbanização e os comportamentos dela decorrentes, integraram ao gosto, aos gestos, fenômenos não significantes, mas significados, quer dizer, digeridos e interiorizados pela sociedade. Ele estuda, desta forma, a história dos hábitos físicos, mentais e religiosos.

Tomemos como exemplo os capítulos iniciais sobre as cidades que começam a ganhar nova forma substituindo o casario baixo, coberto de palhas e telha, entrecortado aqui e ali pelas torre das igrejas e ruas estreitas serpenteando morros acima. A horizontalidade foi substituída pela verticalidade. Instalaram-se sobrados de amplas janelas, abrindo-se para ruas burguesas. As praças ajardinadas substituíram as encruzilhadas onde, outrora, escravos ajuntavam-se para conversar. Os espaços para abate de animais domésticos e para a lavagem de roupas, as fontes centrais, bem como os terrenos para criação de animais e para cortar lenha foram reduzidos ou transferidos do centro das cidades para a periferia. A arquitetura doméstica se desenvolveu, fazendo da via pública "uma serva da casa". As autoridades contudo, tenderam a estabelecer uma nova atitude em relação às ruas, agora consideradas "públicas" e que, por isso mesmo, deveriam manter-se limpas. Em Recife, por exemplo, os transportes urbanos incrementavam-se graças à iniciativa do barão de Mauá. Serviços como iluminação, calçamento e saneamento faziam sua aparição no cenário urbano. A rua, antes espaço de mulas, mascates, escravos e moleques, se aristocratizara. Corriam, agora, sobre as pedras recém-colocadas, caleças, carruagens e tílburis. No seu interior, alguns dos personagens desta jovem sociedade.

A política econômica portuguesa, no entender de Freyre, valorizava as cidades e os homens de comércio. A aristocracia fundiária colonial esvaía-se frente às demandas burguesas e capitalistas destes que, segundo o autor, eram os aristocratas da cidade, descritos como "de corrente de ouro em volta do pescoço, de cartola inglesa, andando de vitória de luxo, comendo passa, figo, ameixa, bebendo vinho do Porto, as filhas vestidas por modistas francesas para assistirem concertos nos teatros líricos".[7] Deixava-se para trás, o modelo das mulheres da casa-grande, Donas Brites, Donas Franciscas, Donas Genebras, senhoras de carnes anchas e pesadonas, responsáveis por conhecimentos culinários, higiene da casa e cuidados com doentes. Iaiás estabilizadoras da civilização européia no Brasil. Abandonava-se a sociabilidade da comida repartida, típica da mesa do engenho, onde sentavam-se convidados, viajantes e mascates, feitores e capelães, famílias inteiras que vinham de outros engenhos. Mas Freyre vai além da simples descrição das mudanças impostas pelo declínio de um mundo rural, retrato desbotado do desprestígio da cana, do açúcar e do escravismo, num Brasil que tentava articular-se com o capitalismo europeu. Como um anatomista, ele examina os primeiros sinais desta mudança no universo do que chamaríamos, hoje, representações. Representações, diga-se de passagem, capazes de levar em conta as especificidades regionais, sociais e raciais, "tantas vezes modificadora de outros aspectos de seu *status*", diz-nos o autor.[8]

A partir de elementos que podem parecer fragmentários, como os comportamentos físicos ou psicológicos, os sistemas de valores ou os sistemas simbólicos, as motivações conscientes ou inconscientes, ele busca reconstituir as realidades históricas do país recém-urbanizado, na sua totalidade. Sua lupa: o corpo.

O corpo, por exemplo, do baiano que só andava, amolengado, de liteira carregada no ombro de escravos. O do gaúcho, ágil e musculoso sobre o seu cavalo campeiro. O requebro do estancieiro sulino ao som do fandango e a ginga do carioca mulato, negro forro, aos primeiros acordes do samba. O corpo do rico citadino que ingere comida vinda do além-mar — petits-pois, a uva passa, o bacalhau, o chá, a cerveja — e remédios "civilizados", o elixir anti-cholérico de Guilhie ou as pílulas Le Roy, *versus* o corpo do pobre, matuto e caipira, morador das margens da grande cidade, curando-se com ervas e benzimento, comedor de abóbora e bagres, peixe considerado inferior e conhecido popularmente como "mulato velho". As diferenças entre os que dormiam em camas, sinal de distinção social, e os que embalavam seus sonhos em redes. A valorização social começava a fazer-se em torno de elementos

---

[7] Freyre, *Sobrados*, vol. 1: 22.
[8] Freyre, *Sobrados*, vol. 2: 369.

importados da Europa burguesa, donde chegavam novos estilos de vida, contrários aos "rurais ou mesmo patriarcais". A ida ao teatro substituía a ida à igreja, trocava-se a espada e o chicote pela bengala, os sobrados e mucambos iam sofregamente tomando o lugar das casas-grandes e das senzalas. O Ocidente, metaforizado no surgimento de máquinas, de capitais britânicos e de modas francesas, esmagava os hábitos orientais, o cafuné, o banho quente, as cabeleiras negras e longas, restos da dominação mourisca na Península Ibérica, e modelava, agora no Dezenove, os corpos dos brasileiros.

Crítico das interpretações rasteiras que identificavam as tensões culturais à "luta de classes', Freyre é observador arguto dessa que Roger Chartier denominou, bem mais tarde, "luta de representações".[9] Sua análise sobre a apropriação que negros e brancos fizeram da imagem de São Jorge, por exemplo, é uma jóia de instrumentalização da abordagem interdisciplinar entre história e antropologia: enquanto senhores brancos faziam do culto de São Jorge a cavalo um ícone da conservação social, pois remetia à preponderância das elites montadas sobre as camadas subalternas, os "negros mais inquietos e inconformados com sua condição de raça oprimida" liam nele a representação de Ogum, orixá da guerra e da vingança, santo guerreiro que como o católico, carregava uma espada.[10] Ele trata com igual brilho o resultado destas lutas de representação: a emergência do mulato bacharel, "vestindo-se bem, comportando-se como gente fina, tornando-se branca para todos os efeitos sociais"[11], espécie de instantâneo fotográfico — na época aliás da introdução do daguerreótipo no Brasil — da miscigenação que deixava o espaço acanhado da senzala, para instalar-se na cidade grande.

Em *Sobrados e mucambos*, Gilberto Freyre transforma vias públicas, moradias e corpos em objeto histórico, desnudando a ordem infinita de criações entre o indivíduo e o espaço que o cerca. Mais. De forma pioneira, repertoria os mecanismos usados por diferentes grupos da sociedade para a apropriação das cidades litorâneas em transformação por oposição ao campo, iluminando os laços entre lugares e formas de comunicação, investigando as trocas que se fazem e se desfazem entre a casa e a rua, entre o Brasil e a Europa. Ao fazer destas questões um objeto histórico, ele não pretende absolutamente fixá-las ou reduzi-las

---

[9] Ver o seu clássico *A história cultural*.
[10] Freyre, *Sobrados e mucambos*, vol. 2: 504.
[11] Freyre, *Sobrados e mucambos*, vol. 2: 602.

a certa imagem única e definitiva. Não se trata — e nisto ele é mais uma vez pioneiro — de impor um discurso fechado ou conclusivo. Pelo contrário, Freyre ensina a nos insinuarmos, com a ajuda de documentos variados até então pouco utilizados, nas brechas das construções urbanas. São estas aberturas, quase frinchas, que nos permitem observar os espasmos e paradoxos dos autores históricos, ouvir seus desabafos silenciosos ou seus discursos verborrágicos. Através das mais diversas fontes históricas, Freyre nos faz visitar um objeto coerente, uma entidade viva: o espaço urbano, lugar onde se praticam atividades que são tanto sistemas de invenção quanto sistemas de defesa implícitas. Tais atividades engendram, por sua vez, usos estéticos e emocionais. Roupas, penteados, consumo de objetos ecoam as diferentes condutas sexuais, os modos de apropriação masculino ou feminino, e respondem às fragilidades ou ao poder econômico dos grupos negro, branco ou mulato, sem apagar suas diferenças e asperezas. Sabemos que um bom historiador é aquele que expõe as formas e as estruturas das situações sociais, estudando sua evolução no tempo e marcando suas continuidades e rupturas. Gilberto Freyre faz bem mais do que isso. Ele ressuscita o ritmo de vidas já mortas e a história de seus destinos, de seus gestos, de suas incertezas e de suas esperanças.

Bibliografia

Alencastro, Luís Felipe de. "Introdução. Modelos da história e da historiografia imperial". Luís Felipe de Alencastro (org.). *História da vida privada no Brasil Império*: A corte e a modernidade nacional. São Paulo: Companhia das Letras, 1997. 7-10.
Chartier, Roger. *A história cultural entre práticas e representações*. Lisboa: Difel, 1990.
Freyre, Gilberto. *Sobrados e mucambos. Decadência do patriarcado rural e desenvolvimento do urbano*. 6ª ed., vol.2. Rio de Janeiro: José Olympio Editora, 1981 [1936].
_____. *A casa brasileira*. Rio de Janeiro: Grifo, 1971.
_____. *Oh! De casa*. Rio de Janeiro: Artenova; Recife: Instituto Joaquim Nabuco de Estudos Sociais, 1979.
Miranda, Maria do Carmo Tavares. "Casa, corpo, mundo brasileiro". *Sobrados e mucambos. Entendimento e interpretação*. Edson Nery da Fonseca (org.). Recife: Fundação Joaquim Nabuco/ Editora Massangana, 1996. 19-32.
Sennet, Richard. *Flesh and Stone — The Body and City in Western Civilization*. London: Faber & Faber, 1996.

RAIOS E TROVÕES. PLASTICIDADE, EXCESSO E MODERNIDADE NA OBRA DE GILBERTO FREYRE

Ricardo Benzaquen de Araujo[1]

Este texto pretende discutir alguns aspectos da obra de Gilberto Freyre, concentrando-se especialmente no seu livro de estréia, *Casa-grande & senzala* (citado de agora em diante como *CGS*), cuja publicação em 1933 levanta questões até hoje importantes para o entendimento do passado brasileiro.

Vale a pena observar, antes de prosseguir, que o debate intelectual sobre os destinos do país estava, naquele momento, profundamente marcado pelo tema da mestiçagem. Mas a mestiçagem, isto é, o contato sexual entre grupos étnicos distintos, era sempre apresentada como um problema: ora implicava esterilidade — biológica e cultural —, inviabilizando assim qualquer chance de desenvolvimento, ora retardava o completo domínio da raça branca, dificultando o acesso do Brasil aos valores da civilização ocidental. O passado, portanto, era visto fundamentalmente como um peso, uma carga que limitava e constrangia a história nacional, permitindo que ela se realizasse, se isto fosse possível, apenas no futuro.

O enorme impacto produzido pelo surgimento de *CGS* contribuiu para que esta avaliação fosse drasticamente alterada, enfatizando não só o valor específico das influências indígenas e africanas como também a dignidade da híbrida e plástica articulação de tradições que teria caracterizado a colonização portuguesa. Este argumento, que dava ao

---

[1] Professor do do Departamento de História na Pontifícia Universidade Católica — Rio. Autor de *Totalitarismo e revolução: O Integralismo de Plínio Salgado* (1988) e *Guerra e Paz*: Casa-grande & senzala *e a obra de Gilberto de Freyre nos anos 30* (São Paulo: 34 Letras, 1994).

país a oportunidade de superar o "inacabamento", definitivo ou temporário, que o caracterizaria, só teria sido possível, segundo o próprio Freyre, pelo seu vínculo com a antropologia americana e com a orientação relativista de Franz Boas — ele obteve um título de mestre em Columbia, em 1922 —, que lhe teria permitido separar a noção de raça da noção de cultura e conferir a esta última absoluta primazia na análise da vida social. Será este, então, o caminho percorrido pelo nosso autor para contrapor-se à maioria dos seus contemporâneos, redefinindo a idéia de mestiçagem e, de certa forma, reinventando o Brasil.

Essa redescoberta, aliás, começa pelo fato de que o primeiro grupo designado como mestiço em CGS é composto precisamente pelos próprios portugueses. Sublinhando o caráter de fronteira da península Ibérica, rota de passagem entre a África e a Europa e cenário de intercâmbios étnicos e sobretudo culturais, Freyre vai convertê-los em um personagem híbrido, fruto de um amálgama que envolveu, entre outros, árabes, romanos, gauleses e judeus, e que se iniciou muito antes do seu desembarque no continente americano.

Mas qual seria a concepção de mestiçagem aqui utilizada para dar conta do português? Ela importa, creio, em um processo no qual as propriedades singulares de cada povo jamais chegam a se dissolver por completo, guardando indelevelmente a lembrança das diferenças presentes na sua gestação.

Sincrética, mas nunca sintética, esta concepção torna possível a Freyre definir o português — e mais adiante o brasileiro — como um "-luxo de antagonismos" (CGS, 6), que, embora equilibrados, aproximados, recusam-se terminantemente a se fundir em uma nova identidade, separada, indivisível e original. E será justamente esta recusa que fará com que a sociedade colonial brasileira venha a ser observada em CGS sob o prisma da polifonia e da ambigüidade, apontada como:

> (...) indefinida entre Europa e a África. Nem intransigentemente de uma nem de outra, mas das duas. A influência africana fervendo sob a européia e dando um acre requeime à vida sexual, à alimentação, à religião; o sangue mouro ou negro correndo por uma grande população brancarana quando não predominando em regiões ainda hoje de gente escura; o ar da África, um ar quente, oleoso, amolecendo nas instituições e formas de cultura as durezas germânicas; corrompendo a rigidez doutrinária da Igreja medieval; tirando os ossos ao cristianismo, ao feudalismo, à arquitetura gótica, à disciplina canônica, ao direito visigótico, ao latim, ao próprio caráter do povo. (4-5)

Essa "bicontinentalidade", que correspondia "em população assim vaga e incerta à bissexualidade do indivíduo" (7), afetou profundamente a constituição espiritual do português, transformando-o em um povo cujo

> (...) caráter (...) dá-nos principalmente a idéia de 'vago, impreciso' (...) e essa imprecisão é que permite ao português reunir dentro de si tantos contrastes impossíveis de se ajustarem no duro e anguloso castelhano, de um perfil mais definidamente gótico e europeu. (8)

Toda esta indefinição acaba por tornar o português um povo iminentemente poroso, permeável, quer dizer, capaz de amoldar-se plasticamente as mais diversas experiências culturais. Na verdade, será exatamente por esta razão que, ao contrário por exemplo dos ingleses, "que dirigiam, por assim dizer, de luvas e preservados de mais íntimo contato com os nativos por profiláticos de borracha os negócios comerciais e políticos da Índia" (19), os portugueses conseguiram conquistar um império não pela imposição de uma regra única, mas pela sua adaptação às mais variadas tradições locais.

De fato, esta ênfase no que Freyre chama de "antagonismos em equilíbrio" — antagonismos dramatizados, é claro, pelas divisões e pelo despotismo típicos da escravidão colonial — chega a tal ponto que se torna necessário perguntar acerca da existência de algum valor ou instituição capaz de pelo menos amenizá-las, evitando que o referido equilíbrio viesse a se romper.

O exame desta questão, inclusive permitirá que nos aproximemos da segunda característica que, em *CGS*, define a sociedade brasileira. Trata-se, para ir diretamente ao ponto, da enorme importância do papel desempenhado pelas paixões, sobretudo de natureza sexual, na geração de uma atmosfera de intimidade e calor que, sem descartar os antagonismos, tornava possível a sua convivência.

Não se deve, contudo, supor que Gilberto se limite a elogiar as paixões: identificando um grande número de excessos no interior da casa-grande, ele não se furta a condená-los energicamente, assinalando por exemplo que: "à vantagem da miscigenação correspondeu no Brasil a desvantagem tremenda da sifilização" (70-1), "a doença por excelência das 'casas-grandes' e das senzalas" (70), cuja introdução no país deveu-se fundamentalmente à obsessão pelo "amor físico" que animava o conquistador europeu.

Mais ainda: associada, como acabou de se ver, à doença, a voracidade sexual portuguesa realizava-se por intermédio da escravidão, visto que:

> (...) o intercurso sexual entre o conquistador europeu e a mulher índia (...) verificou-se — o que depois se tornaria extensivo às relações do senhor com as escravas negras — em circunstâncias desfavoráveis à mulher. [...Portanto,] o furor femeeiro do português se terá exercido sobre vítimas nem sempre confraternizantes no gozo. (74-5)

Se os argumentos acima mencionados são verdadeiros, como então seria possível ao "erotismo patriarcal" criar o que Freyre chama de "zonas de confraternização", aproximando as heranças culturais dos distintos e até opostos grupos que compunham a sociedade colonial?

Creio que o melhor caminho para se responder a esta indagação exige que façamos um pequeno desvio, o qual, passando do sexo ao corpo, ou melhor, aos excrementos corporais, talvez nos forneça uma pista para esclarecer a dúvida em pauta. Consideremos assim uma passagem em que, discutindo o verdadeiro culto à obscenidade que ele encontra na tradição luso-brasileira, Freyre relata:

> (...) só em Portugal se consideraria pilhéria de salão a que nos referiu um amigo ilustre. Passou-se com ele numa das mais fidalgas casas de Lisboa e em sociedade mista elegantíssima. À hora da ceia anunciou-se uma surpresa aos convivas. Essa surpresa era nada mais nada menos do que os pratos, à mesa, substituídos por papéis higiênicos; e sobre eles, fino doce de cor parda, esparramado em pequenas porções. Imaginem-se entre os convivas, ingleses ou norte-americanos! Teriam sucumbido de pudor. Em Portugal e no Brasil é comum pilheriar-se em torno desse e de assuntos parecidos; somos todos de um rude naturalismo, em contraste com os excessos de reticência característicos dos anglo-saxões. (261)

Assinale-se, antes de mais nada, que esta brincadeira nos faz recordar que tudo aquilo que degrada pode também servir para regenerar: afinal, o recurso às fezes, neste caso, pode muito bem ter o propósito de aproximar os convivas, lembrando-os, de forma até bastante compatível com a tradição cristã, de que são feitos do mesmo barro e sujeitos, portanto, aos mesmos constrangimentos e necessidades.[2]

---
[2] Este parágrafo retoma algumas sugestões levantadas pelo trabalho de Bakhtin (1987) sobre Rabelais.

Do mesmo modo que, nesta curiosa lição de humildade, toda a violência e o excesso ligados às práticas sexuais da casa-grande dão igualmente a impressão de ser atravessados por uma essencial ambigüidade, remetendo simultaneamente ao vulgar e ao sublime, à morte e à ressurreição. Dotado de um duplo sentido, acentuando — até com requintes de perversidade — as diferenças, mas também promovendo alguma fecundidade e confraternização, o domínio das paixões vai, por conseguinte, permitir que a afirmação daqueles antagonismos conviva perfeitamente com um grau quase inusitado de proximidade, recobrindo de um *ethos* particular a experiência da casa-grande.

Esta experiência, entretanto, parece estar inteiramente confinada ao passado, superada pelo conjunto de transformações que, desde o início do século XIX, vinculam o Brasil ao processo de civilização dos costumes característico da modernidade ocidental. Trata-se, como Freyre comenta em outro dos seus livros dos anos 30, *Sobrados e mucambos* (1936), de uma espécie de re-europeização do Brasil, ou seja, da rápida e maciça introdução de um imenso e sistemático quadro de referências que, ocupando virtualmente todos os domínios da vida social, mostra-se totalmente incapaz de coexistir com as diferenças, as paixões, enfim, com o colorido típico da tradição colonial.

Tal aversão às cores deve, inclusive, ser tomada no seu sentido mais literal, pois Freyre observa como:

> [a] re-europeização do Brasil começou tirando de nossa vida o elemento asiático, o africano, ou o indígena que se tornara mais evidente na paisagem ou no trajo e nos usos dos homens. Todo o excesso de cor. A cor das casas. A cor dos sobrados que eram quase sempre vermelhos, sangue de boi; roxo, amarelos; muitos de azulejos. (...) A cor dos chales das mulheres e dos ponches dos homens; (...) das fitas que os homens usavam nos chapéus; dos coletes que ostentavam; das flores que as moças espetavam no cabelo. A cor dos interiores da igreja — os roxos, os dourados, os encarnados vivos (em Minas, chegou a haver igrejas — uma, pelo menos — com enfeites francamente orientais. (260-1)

Como se percebe, a variedade e o excesso que condicionavam a casa-grande também se expressam nesta impressionante profusão de cores vivas e brilhantes:

> [profusão que] foi empalidecendo ao contato com a nova Europa, foi se acinzentando; foi se tornando excepcional — cor dos dias feriados,

dos dias de festa, dos dias de procissão, carnaval [... visto que] a sobre-
casaca preta, as botinas pretas, as cartolas pretas, as carruagens pretas
enegreceram nossa vida quase de repente; fizeram do vestuário, nas
cidades do Império, um luto fechado [... um luto perpétuo] de pai ou de
mãe. (262-3).

Mais do que a referência a uma atmosfera de seriedade e rigor que
passava então a imperar, o que mais me chama a atenção neste trecho
é simplesmente a designação do luto como "fechado" e "perpétuo",
indicação que nitidamente confirma o caráter obsessivamente coerente
e totalizador desta influência européia.

Parece ser exatamente por esta razão, a propósito, que a avaliação
feita por Freyre deste processo de ocidentalização é, com freqüência,
pontuada por um tom irônico e bastante crítico: de fato, ele dificilmente repudiaria esta reconquista européia só em função da sua origem
estrangeira, inclusive porque a abertura para as influências externas
era justamente uma das principais características daquele poroso, plástico e tolerante ambiente analisado em *CGS*.

Na verdade, o que lhe desagrada neste caso é o fato de que os valores europeus não chegam como uma contribuição entre outras. Pelo
contrário, agora eles se impõem como um modelo, uniforme, inflexível
e excludente, disposto a implantar uma ordem absolutamente minuciosa que, deslocando as ambíguas e excessivas tradições coloniais, repro-
duz-se tautologicamente por todas as esferas da sociedade brasileira.[3]

Muito bem: se este foi o rumo tomado pelo processo civilizador no
Brasil, não restam muitas dúvidas de que, produzindo num momento
em que ele já se encontra plenamente vitorioso — faltando, no máximo,
resolver aquele problema da mestiçagem —, Freyre escreve, de certa
forma, contra o seu tempo. Não se trata, é bom deixar claro, de recusar
a modernidade como um todo, pois ele admira, por exemplo, tanto os
feitos estéticos do modernismo internacional quanto os avanços da
medicina e da engenharia, mas, simplesmente, trata-se de questionar a
forma estreita e linear, no fundo estetizante, que a modernidade parece
ter assumido no país.

Acredito, inclusive, que seja por este caminho que se ganhe condições de explicar a sua posição acerca da idéia de história, que ele se

---
[3] Esta dimensão tautológica e estetizante da modernidade pode ser desenvolvida por intermédio
da consulta ao texto de Paul de Man (1984). As sugestões de Goldman (1988, capítulo 5) e
Berman (1989, capítulos 5 e 7) a esse respeito são também extremamente estimulantes.

esforça tenazmente em não ver confundida com o que chama repetidas vezes, e com enorme desdém, de "mera necrofilia". Necrofilia, aqui, significa evidentemente estudar o passado por ele mesmo, adotar uma postura antiquária, retirar prazer do convívio com os mortos mas esquecer das responsabilidades intelectuais em relação às urgências da sua época.[4]

Como fazer, porém, para abrir algumas brechas naquele linear e consistente padrão que havia se difundido pelo país, tornando possível que ao menos parte do espírito do passado pudesse ser retomado e conviver — temperando-a — com essa modernidade? Para enfrentar este desafio, Freyre desenvolve uma longa série de atividades entre 1922, quando chega dos Estados Unidos — com 22 anos de idade —, e 1933, data da publicação de *CGS*: faz conferências, organiza congressos e participa tanto da imprensa diária quanto da vida política do seu estado natal, Pernambuco.

O que mais me importa salientar, contudo, é que esse esforço no sentido da reanimação de alguns dos valores do passado chega ao ponto de influir, até mesmo, na maneira pela qual ele expõe os seus argumentos em *CGS*, sua primeira obra de cunho sociológico. Repudiando as convenções retóricas que, no rastro daquela já mencionada regulação dos costumes, orientavam a produção dos trabalhos acadêmicos, Freyre opta por conferir à sua prosa uma marca eminentemente oral, definida por uma irregularidade, uma negligência e até por uma certa imprecisão que tornam o seu tom muito mais próximo de uma conversa informal do que de uma publicação científica.

Na verdade, entre as várias características da linguagem oral adotadas em *CGS*, cabe ressaltar o próprio inacabamento do seu texto, ou seja, o total desinteresse de Freyre em concluir a sua argumentação, conduzindo-a até um final minimamente necessário ou pelo menos adequado. Composto por cinco capítulos que, estendendo-se na edição original por 517 páginas, discutem sem cessar as relações estabelecidas entre os diversos grupos que colonizaram o país, o livro não chega realmente a conhecer uma conclusão: ele apenas se encerra, interrompe-se, sem que haja qualquer encadeamento narrativo ou sequer a fixação de um limite cronológico para o período estudado.

Este ponto, aliás, torna-se ainda mais relevante se nos lembrarmos que, a este inacabamento, corresponde uma enorme importância

---

[4] O trabalho clássico de Nietzsche, "On the Uses & Disadvantages of History for Life" (1985) mantém-se aqui como a referência básica para a reflexão de Gilberto.

assumida pelo começo do livro. De fato, o seu primeiro capítulo funciona como se fosse uma espécie de *thriller* do restante da argumentação e, se o leitor retornar brevemente àquelas citações que diziam respeito à questão dos antagonismos em equilíbrio — talvez o valor mais proeminente da tradição colonial —, verá que todas são retiradas das primeiras páginas do capítulo inicial.

Afirmados no princípio do texto, esses valores passarão naturalmente a se repetir nos capítulos seguintes, uma repetição que de forma alguma significa uma mera reprodução das questões levantadas no começo, mas que, por outro lado, nunca chega a contradizê-las totalmente.

Deriva daí, aliás, o que parece ser a mais importante conseqüência do emprego de um tom nitidamente oral na confecção de *CGS*: repetindo-se até um final que não importa em uma verdadeira conclusão, os principais valores do período colonial ganham como que uma sobrevida, isto é, revestem-se de uma aura de infinitude, de imortalidade que sugere ao leitor a possibilidade de que eles talvez possam manter ao menos parte da sua influência e vitalidade mesmo nos anos 30 do século XX.

Tal possibilidade, com efeito, pode-se tornar ainda mais sólida se retomarmos o tema da oralidade por um outro caminho, lembrando que, além de ser um dos marcos distintivos da redação de *CGS*, ele também é um dos seus mais estimulantes objetos de estudo. Examinada de diversas maneiras, a linguagem oral, quando assume aquele descuidado e envolvente tom de conversa mencionado há pouco, é diretamente associada à influência exercida pela senzala e pelos grupos de origem africana sobre a cultura brasileira, visto que "a ama negra fez muitas vezes com as palavras o mesmo que com a comida: amolengou-as, machucou-as, tirou-lhes as espinhas, os ossos, as durezas, só deixando para a boca do menino branco as sílabas moles" (343).

Assim, escrevendo como quem fala, e fala de maneira doce, relaxada e irregular, Freyre parece querer deixar claro que aquela dimensão mais popular da língua e da sociedade brasileira continua presente no interior do seu texto. Sua reflexão, todavia, dificilmente poderia ser reduzida a esta dimensão, já que ele também reivindica, e com muito mais vigor, ao longo de praticamente toda a sua obra, uma ascendência aristocrática.

Encontrável um pouco por toda parte, tal reivindicação reaparece em *CGS*, sobretudo em uma passagem do seu prefácio, na qual é reproduzida a seguinte observação do arquiteto modernista Lúcio Costa acerca das velhas casas-grandes do estado de Minas Gerais: "a gente como que se encontra (...) e se lembra de coisas que a gente nunca soube, mas que estavam lá dentro de nós; não sei — Proust devia explicar isso direito". Recuperando a palavra, o próprio Freyre reforça o comentário, garantindo que "estudando a vida doméstica dos antepassados sentimo-nos aos poucos nos completar: é outro meio de procurar-se o 'tempo perdido'. Outro meio de nos sentirmos nos outros — nos que viveram antes de nós; e em cuja vida se antecipou a nossa" (xxxvii e xxxviii).

Escrevendo, então, mais ou menos como o escravo falava, mas jamais deixando de celebrar os seus antepassados ligados à nobreza do açúcar — antagonismos em equilíbrio —, Freyre parece confirmar aquela possibilidade de sobrevivência dos valores coloniais ao se revelar como um intelectual espiritualmente mestiço, quer dizer, definido pela insuperável convivência de diferentes tradições culturais dentro de si mesmo, no interior da sua própria reflexão.

Aqueles vínculos que o ligavam a Boas e à antropologia americana permanecem sem dúvida muito fortes. Além deles, porém, Freyre transmite a sensação de que a sua análise também depende enfaticamente do recurso à memória, posto que ela parece ser em boa medida baseada em uma relação intensa, íntima e autêntica com os objetos que discute.

Transformando-se, por essa via, em uma espécie de arauto, ou melhor, de oráculo das tradições nacionais, Gilberto termina por criar a impressão de que os valores que ele analisa mantêm-se vivos e influentes por intermédio do seu relato, ou seja, vivos porque influentes na confecção do seu relato. *Casa-grande & senzala*, conseqüentemente, deixa de ser apenas um trabalho acadêmico para converter-se em uma espécie de casa-grande em miniatura, uma voz longínqua mais genuína, legítima representante daquela experiência que era discutida em suas páginas, enquanto nosso autor, evidentemente, converte-se em personagem de si mesmo.

Autor e livro demonstram, portanto, a mais perfeita sintonia, ambos autenticando a validade do que um escreve no outro. É precisamente por esta razão, aliás, que a postura de Gilberto em *CGS*, sempre a beira de assumir um tom de celebração ou de lamento nostálgico — ou melhor, sentimental —, acaba por se aproximar decididamente do que poderíamos chamar de uma segunda ingenuidade.

É como se ele experimentasse com toda a naturalidade, ao escrever, sensações idênticas ou ao menos prefiguradas pelas dos seus antepassados coloniais, sensações que não precisam ser obrigatoriamente preservadas em uma tradição contínua, ininterrupta, mas que se conservam como uma opção cultural, como "coisas que a gente nunca soube mas que estavam lá dentro de nós; não sei — Proust devia explicar isso direito".

Bibliografia

Araujo, Ricardo Benzaquen de. *Guerra e Paz*: Casa-grande & senzala e a obra de Gilberto Freyre nos anos 30. Rio de Janeiro: Editora 34, 1994.

Bakhtin, Mikhail. *A cultura popular na Idade Média e no Renascimento*: O contexto de François Rabelais. São Paulo: Hucitec; Brasília: UnB, 1987.

Berman, Russel. *Modern Culture and Critical Theory*. Madison: University of Wisconsin Press, 1989.

De Man, Paul. "Aesthetic Formalization: Kleist's Uber das Marionettentheater". *The Rhetoric of Romanticism*. Nova Iorque: Columbia University Press, 1984. 263-90.

Freyre, Gilberto. *Casa-grande & senzala*. Formação da família brasileira sob o regime de economia patriarcal. Rio de Janeiro: Maia e Schmidt, 1933.

_____. *Sobrados e Mucambos*. São Paulo: Companhia Editora Nacional, 1936.

Goldman, Harvey. *Max Weber and Thomas Mann — Calling and the Shaping of the Self*. Berkeley: University of California Press, 1988.

Nietzsche, Friedrich. "On the Uses & Disadvantages of History for Life". *Untimely Meditations*. Cambridge: Cambridge University Press, 1985. 57-123.

AS CIÊNCIAS SOCIAIS BRASILEIRAS NO SÉCULO XX[1]

Simon Schwartzman[2]

Celso Furtado, com a *Formação econômica do Brasil* (1954) e Gilberto Freyre, com *Casa-grande & senzala* (1933) e *Sobrados e mucambos* (1936) são os autores brasileiros mais importantes do século XX, conforme o resultado de uma enquete feita entre 49 cientistas sociais brasileiros em atividade.[3] Logo a seguir surgem Raymundo Faoro, com *Os donos do poder* (1958) Sérgio Buarque de Holanda, com *Raízes do Brasil* (1936), Victor Nunes Leal, com *Coronelismo, enxada e voto* (1948) e Caio Prado Jr., com dois livros: *Formação do Brasil contemporâneo* (1942) e *Evolução política do Brasil* (1933). Em um patamar um pouco abaixo estão Florestan Fernandes, com referência a diversas obras a partir dos trabalhos clássicos sobre os índios Tupinambá, e Oliveira Vianna, autor de *Populações meridionais do Brasil* (1920) e *Instituições políticas brasileiras* (1949). Euclides da Cunha, com *Os sertões* (1902), ainda é bastante lembrado, e o livro de Fernando Henrique Cardoso e Enzo Falleto,

---

[1] Texto originalmente publicado na revista *Ciência Hoje* (Abril 2000).
[2] Professor do IUPERJ. Entre outros, autor de *Bases do autoritarismo brasileiro* (Rio de Janeiro: Campus, 1981).
[3] A amostra se limitou a uma lista de cientistas sociais com endereços de Internet disponíveis na agenda do autor. Dos 49 que responderam a tempo, 10 eram sociólogos, 13 eram cientistas políticos, 14 eram economistas; 6 eram antropólogos e os demais eram historiadores e pessoas da área do direito, filosofia e da administração. É um grupo bastante *senior*, tendo terminado os cursos de graduação em 1969, em média, e os de pós-graduação ao redor de 1983. Cerca de 40% das pós-graduações foram feitas nos Estados Unidos, outros 40% no Brasil, sobretudo na USP, IUPERJ e UNICAMP, e os demais na Europa e Chile. Nem todos interpretaram da mesma forma as perguntas, e a distinção entre sociólogos e cientistas políticos não é nítida em muitos casos. Estes dados não têm, por todas estas razões, rigor estatístico, mas acredito que sejam representativos das perspectivas dominantes de um grupo significativo e influente de cientistas sociais.

Dependência e desenvolvimento na América Latina, publicado no Brasil em 1970, é citado por muitos como livro dos mais influentes, mas não é reconhecido como de importância equivalente do ponto de vista do mérito. Além destes, outros doze livros ou autores do século XX foram citados por pelo menos duas pessoas como pertencendo ao grupo seleto dos mais importantes ou influentes, sem, no entanto, lograr maior consenso. Na maioria, estas referências são específicas de determinadas áreas de conhecimento, não tendo maior visibilidade fora delas.

Estes resultados podem parecer óbvios e triviais, mas começam a ficar mais interessantes quando começamos a pensar em como seriam as listas resultantes de pesquisas semelhantes feitas em outros países. É possível que, em outras partes, os autores e livros considerados clássicos fossem os de pretensão conceitual e teórica abrangente, ou que se dedicassem a temas e estudos monográficos específicos.[4] Em outros países talvez sobressaíssem biografias, ou textos que tratassem da epopéia ou do destino de comunidades ou grupos sociais, ou a criação de determinadas instituições, como o Estado democrático, as universidades, ou as grandes religiões.

Na lista brasileira, o que chama a atenção em quase todos os autores e livros é que eles têm o Brasil como tema.[5] São livros históricos, muitos deles notáveis pelas descrições detalhadas das circunstâncias e meios de vida da população em determinadas regiões e períodos, uma fenomenologia cujo valor transcende as eventuais interpretações dos próprios autores, propondo uma nova visão a respeito do "Brasil real", por oposição ao Brasil formal das leis ou dos preconceitos e visões importados da Europa pelas elites. Mas talvez por isto mesmo, são livros que mostram uma sociedade sem atores, sem iniciativas, no máximo com instituições precárias, e populações vivendo as conseqüências e o peso de seus determinismos. Falta o Brasil utópico, o Brasil em projeto e em construção.

Chama a atenção, também, o fato de que os livros sobrevivem, mas a maior parte das teorias propostas por seus autores são relíquias do

---
[4] Pesquisa semelhante feita pela International Sociological Association encontrou que a obra sociológica mais importante do século é *Economia e sociedade*, de Max Weber, um grande painel histórico e conceitual das origens e características das sociedades modernas. Todos os demais autores do topo da lista — C. Wright Mills, Robert K. Merton, Thomas Luckman e Peter Berger, Pierre Bourdieu, Norbert Elias, Jürgen Habermas, Talcott Parsons, Erving Goffman — escreveram trabalhos de natureza teórica e conceitual.
[5] As únicas exceções são os trabalhos mais antigos de Florestan Fernandes, de natureza monográfica, e o texto de Cardoso e Falleto, escrito no Chile e tendo a América Latina por oposição ao Brasil.

passado. Ninguém fala mais, hoje, do luso-tropicalismo, do homem cordial, ou dos determinismos geográficos e raciais de nossa organização social e política. Não se pensa mais que o Brasil evoluiu de uma sociedade agrária feudal para uma economia capitalista burguesa como a Europa, ou que tenha tido uma "revolução burguesa"; não se acredita que a industrialização tenha sido um efeito benéfico da crise de 1929; e ninguém pensa que o sertanejo seja, "acima de tudo, um forte". Ficaram, no entanto, as grandes questões do passado, e alguns encaminhamentos de resposta: a idéia de que a história, a cultura e as instituições são importantes; que não se pode entender o país, simplesmente, pela letra das leis, ou pela lógica do interesses em conflito; e a noção de que alguns padrões específicos presentes na formação do país — os processos de colonização, o inter-relacionamento e os conflitos entre raças e culturas, os padrões e valores associados a nossa antiga "nobreza" urbana e agrária, os padrões de dependência e subordinação do povo em relação aos poderosos — tiveram conseqüências duradouras, que ainda persistem na maneira pela qual o país se organiza, e busca se entender.

A comparação entre as respostas de sociólogos, economistas e cientistas políticos mostra alguns consensos inesperados, e algumas diferenças também surpreendentes. Os economistas são unânimes em colocar a Celso Furtado em primeiro lugar, mas não incluem nenhum outro nome ou obra de economistas além de Celso Furtado e Caio Prado Jr. entre os cinco primeiros em sua lista de preferências[6], preferindo dar relevo a vários nomes da tradição sociológica, começando por Raymundo Faoro, Sérgio Buarque de Holanda e Gilberto Freyre; mas desconhecem alguns dos autores considerados mais importantes para o entendimento da formação do sistema político brasileiro — Oliveira Vianna e Victor Nunes Leal. Os sociólogos colocam Gilberto Freyre em primeiro lugar, mas não encontram lugar para Celso Furtado em suas preferências. Os antropólogos, de forma semelhante, também desconhecem os economistas e concentram suas preferências em Gilberto Freyre. Os cientistas políticos são os únicos que colocam nomes de outras disciplinas em primeiro lugar — Celso Furtado, Gilberto Freyre — e mostram um âmbito de interesse mais eclético e multidisciplinar.

A concentração das preferências em autores mais antigos pode ter sido uma conseqüência da restrição que foi feita ao número de autores

---

[6] Mas isto pode ser um efeito da amostra peculiar de economistas que responderam a esta enquete, provavelmente mais próximos das outras ciências sociais do que a maioria.

e obras a serem indicadas[7], ou até mesmo um efeito da idade mais madura de muitos dos respondentes. Uma outra explicação para isto é que as ciências sociais se expandiram muito nas últimas décadas, e as referências a autores mais recentes ficaram muito dispersas, em função da crescente diversidade de metodologias, perspectivas e orientações. Não há maiores diferenças em função de se as pessoas tiveram sua formação mais alta nos Estados Unidos, na Europa ou no Brasil.

Será que estes livros e autores, de alguma forma, definem o "cânone" dos cientistas sociais brasileiros, que todos os estudantes deveriam ler para entender em profundidade nossa realidade, para se tornarem herdeiros condignos de nossas melhores tradições? Feita de forma impensada, esta proposta, ao lado dos benefícios óbvios, correria o risco de perpetuar as limitações e insuficiências que caracterizam nossas ciências sociais: a pobreza dos estudos comparados; a pouca reflexão teórica e conceitual; a ênfase talvez excessiva nos aspectos atávicos e peculiares do país, em detrimento dos projetos, dos logros e das conquistas; e a grande dificuldade em entabular diálogos criativos e enriquecedores com outras tradições de trabalho e outros países.

Será então, afinal, que os clássicos servem para alguma coisa? Pela presteza com que esta enquete foi respondida, e a pouca dificuldade que tiveram as pessoas em atender ao pedido de no máximo cinco referências em cada categoria[8], acredito que estes autores continuam bem presentes na mente de nossos cientistas sociais, definindo suas questões e apontando caminhos e descaminhos para a busca de respostas. Ao contrário do que dizia Robert K. Merton, citando uma frase famosa de Alfred Whitehead, as ciências que temem esquecer seus fundadores não estão perdidas[9], mas, ao contrário, podem sempre buscar no passado os temas de diálogo e de renovação.

---

[7] O que foi pedido foi a indicação de obras, e não de autores; algumas pessoas, mesmo assim, preferiram ficar em nomes. Na análise dos dados, acabamos também por tratar de autores, fazendo ressaltar desta forma contribuições intelectuais que não apareceriam, ou apareceriam menos, se as referências ficassem dispersas entre obras variadas.

[8] Além dos que não responderam, por razões variadas e não ditas, obtive uma recusa formal, e duas ou três respostas que não se encaixaram no formato proposto. Várias pessoas se queixaram da limitação do número, mas nem por isto deixaram de responder.

[9] "A Science which hesitates to forget its founders is lost". Alfred N. Whitehead, *The Organization of Thought*, citado como epígrafe em Robert K. Merton, "On the History and Systematics of Sociological Theory", em R. K. Merton, *Social Theory and Social Structure*. Illinois: The Free Press, 1949.

PRINCIPAIS AUTORES NAS CIÊNCIAS SOCIAIS DO SÉCULO XX

	total		economistas		sociólogos		cientistas políticos		antropólogos	
	influência	mérito	influência	mérito	influência	mérito	influência	mérito	influência	mérito
Gilberto Freyre	44.9%	44.9%	28.6%	28.6%	50.0%	50.0%	46.2%	53.9%	66.7%	50.0%
Celso Furtado	42.9%	44.9%	92.9%	85.7%	0.0%	0.0%	53.9%	61.5%	0.0%	0.0%
Raymundo Faoro	34.7%	34.7%	28.6%	35.7%	20.0%	10.0%	38.5%	38.5%	50.0%	50.0%
Sérgio B. de Hollanda	34.7%	28.6%	35.7%	35.7%	20.0%	20.0%	53.9%	15.4%	33.3%	50.0%
Victor Nunes Leal	20.4%	24.5%	7.1%	0.0%	20.0%	20.0%	38.5%	46.2%	33.3%	50.0%
Florestan Fernandes	10.2%	20.4%	14.3%	14.3%	20.0%	20.0%	7.7%	23.1%	16.7%	33.3%
Caio Prado Jr.	18.4%	20.4%	28.6%	28.6%	10.0%	10.0%	23.1%	30.8%	0.0%	0.0%
Oliveira Vianna	16.3%	16.3%	0.0%	0.0%	10.0%	10.0%	46.2%	23.1%	6.7%	33.3%
Euclides da Cunha	14.3%	14.3%	7.1%	7.1%	0.0%	0.0%	15.4%	15.4%	33.3%	33.3%

Fonte: Enquete entre 49 cientistas sociais brasileiros. Cada qual indicou até cinco obras mais importantes e cinco mais influentes. Quando não foi feita a distinção, a obra foi considerada importante e influente.

Bibliografia

Azevedo, Fernando. *A cultura brasileira*. Rio de Janeiro: Instituto Brasileiro de Geografia e Estatística, 1943.

Cardoso, Fernando Henrique e Enzo Faletto. *Dependencia y desarrollo en América Latina; Ensayo de interpretación sociológica*. México: Siglo Veinteuno Editores, 1969.

Carvalho, José Murilo. *A construção da ordem*. Rio de Janeiro: Campus, 1980.

Castro, Eduardo Viveiros de. *Araweté, os deuses canibais*. Rio de Janeiro: Zahar, 1986.

Cunha Euclides. *Os sertões*. Rio de Janeiro: Laemmert, 1902.

DaMatta, Roberto. *Carnavais, malandros e heróis: Para uma sociologia do dilema brasileiro*. Rio de Janeiro: Zahar, 1979.

Faoro, Raymundo. *Os donos do poder: Formação do patronato político brasileiro*. Porto Alegre: Editora Globo, 1958.

Fernandes, Florestan. *A economia tupinambá*. São Paulo: Departamento de Cultura, 1949.

_____. *A função social da guerra na sociedade tupinambá*. São Paulo: Museu Paulista, 1952.

_____. *A integração do negro à sociedade de classes*. São Paulo: Faculdade de Filosofia, Ciências e Letras da USP, 1964.

_____. *A universidade brasileira: Reforma ou revolução*. São Paulo: Alfa-Omega, 1975.

Freyre, Gilberto. *Casa-grande & senzala. Formação da família brasileira sob o regime de economia patriarcal*. Rio de Janeiro: Maia e Schmidt, 1933.

_____. *Sobrados e mucambos: Decadência do patriarcado rural no Brasil*. São Paulo: Companhia Editora Nacional, 1936.

Furtado, Celso. *Formação econômica do Brasil*. São Paulo: Editora Nacional, 11ª ed., 1972 [1954].

Holanda, Sérgio Buarque de. *Raízes do Brasil*. Rio de Janeiro: José Olímpio, 1936.

Leal, Victor Nunes. *Coronelismo, enxada e voto — O município e o regime representativo no Brasil*. Rio de Janeiro: Revista Forense, 1948.

Prado Jr., Caio. *Evolução política do Brasil*. São Paulo, Revista dos Tribunais, 1933.

_____. *Formação do Brasil contemporâneo. Colônia*. São Paulo, Liv. Martins, 1942.

_____. *História econômica do Brasil*. São Paulo: Brasiliense, 1945.

Rangel, Ignácio. *A inflação brasileira*. São Paulo: Editora Brasiliense, 1978, 3a. edição.

Santos, Wanderley Guilherme dos. *Cidadania e justiça, a política social na ordem brasileira*. Rio de Janeiro: Campus, 1979.

Schwartzman, Simon. *São Paulo e o Estado nacional*. São Paulo: Difel, 1975.

_____. *Bases do autoritarismo brasileiro*. Rio de Janeiro: Campus, 1981.

Simonsen, Mário Henrique. *Gradualismo x tratamento de choque*. Rio de Janeiro: APEC Editora, 1970.

Simonsen, Roberto. *História econômica do Brasil*. São Paulo: Companhia Editora Nacional, 1937.

Souza, Antonio Candido de Mello. *Os parceiros do Rio Bonito: Estudo sobre a crise nos meios de subsistência do caipira paulista*. Tese de Doutorado, Universidade de São Paulo, Faculdade de Filosofia, Letras e Ciências Humanas, 1954.

Tavares, Maria da Conceição. *Da substituição de importações ao capitalismo financeiro*. Rio de Janeiro: Zahar Editores, 1973.

Vianna, Oliveira. *Populações meridionais do Brasil: História, organização, psicologia*. São Paulo: Ed. Monteiro Lobato, 1920.

_____. *Instituições políticas brasileiras: Os problemas brasileiros da ciência política*. Rio de Janeiro: José Olympio, 1949.

CULTURA

AS REFORMAS POMBALINAS
E A CULTURA COLONIAL[1]

Francisco José Calazans Falcon[2]

Introdução

O núcleo que equivale à própria razão de ser deste ensaio — uma reflexão sobre as relações entre as chamadas "reformas ilustradas", à época da governação pombalina, e a cultura no Brasil-Colônia supõe, em termos de análise, a consideração de três níveis ou planos de abrangência sucessivos, do mais geral ao mais particular:

1º — A "prática ilustrada" à época de Pombal em suas características gerais. Trata-se sobretudo das reformas de natureza cultural implementadas ao longo do período pombalino e que se relacionam diretamente ou não com importantes aspectos da história cultural do Brasil-Colônia.
2º — As grandes linhas de força que caracterizam, na teoria e na prática, os projetos reformistas ilustrados pombalinos relativos à sua colônia americana, com ênfase nos de natureza cultural.
3º — A análise de certos aspectos que assinalam as repercussões dos projetos do reformismo ilustrado pombalino sobre alguns componentes essenciais da realidade cultural da Colônia, enfatizando-se, no nosso caso, a história das idéias e da educação.

---
[1] Texto originalmente apresentado no Fórum de Ciência e Cultura da UFRJ, em 1992, e até o presente momento inédito.
[2] Professor de História Moderna na Pontifícia Universidade Católica — Rio. Entre outros, autor de *A época pombalina* (São Paulo: Editora Ática, 1982); *Despotismo esclarecido* (São Paulo: Ática, 1986).

I. Época Pombalina e prática ilustrada — Reformas culturais

Talvez não seja de todo inútil repetir o quanto se deve usar de cautela em face de uma noção aparentemente tão "natural" como a de "Época Pombalina". Cautela, primeiro, a fim de que não a imaginemos como se fora um bloco cronológico à parte, distinto e isolado de tudo que o antecede ou continua; cautela, a seguir, para evitar que o caráter "pombalino" nos leve a imaginar uma história "personalizada", centrada numa grande personagem ou "herói"; cautela, por último, para que não venhamos a ser identificados quer como admiradores, "partidários" do Marquês de Pombal, quer como seus adversários, "detratores" da "obra do grande ministro de D. José I", pois, afinal de contas, parece já não haver mais sentido, hoje em dia, nesses jogos de defesas e acusações que apenas mascaram o culto dos heróis e o exorcismo dos demônios.[3]

Na verdade, as idéias e as práticas características da Época Pombalina, isto é, tudo aquilo que a historiografia tradicionalmente rotula de "reformismo ilustrado", pode ser compreendido em função dos conceitos de "Mercantilismo" e "Ilustração". No entanto, nenhum dos aspectos "mercantilistas" e "ilustrados" do período pombalino nele se esgotam historicamente — é sempre necessário examinar-lhes tanto os antecedentes como os prolongamentos, ou seja, antes e após os anos de 1750 a 1777.

As idéias e as práticas político-econômicas típicas do Mercantilismo estão presentes em considerável proporção no *corpus* textual dos discursos pombalinos e nas próprias medidas de política econômica então implementadas. Muitas delas, evidentemente, visam também setores básicos da economia colonial brasileira, embora não se possa chamá-las propriamente de "ilustradas".

Interessam-nos, sim, as práticas discursivas e as reformas implementadas em Portugal e no Brasil sob os auspícios da ideologia, ou "visão de mundo", mais tipicamente iluminista. Nessas práticas é que afinal de contas se fundamenta a tradição historiográfica que reconhe-

---

[3] Mas é no libelo do jurista Cândido Mendes de Almeida, escrito em 1866, que o ponto de vista jesuítico é defendido com mais veemência. Assumindo passionalmente a causa da Companhia de Jesus, refere-se a Pombal como "jansênico-calvinista", acusando-o de, juntamente com Verney, divulgar Pascal e as teorias racionalistas de Descartes e difundir um "calvinismo mitigado, com aparências de austero catolicismo". Almeida 117-8.

ce/identifica a segunda metade do século XVIII como época por excelência do "reformismo ilustrado".

Não devemos perder de vista, antes de mais nada, a importância que têm, para a compreensão dessas práticas no seu verdadeiro contexto histórico, as "origens" ou antecedentes lusitanos do movimento ilustrado propriamente "pombalino". Com efeito, desde pelo menos os começos do reinado de D. João V, durante as décadas iniciais do século XVIII, algumas manifestações intelectuais e institucionais, quase todas patrocinadas pela Coroa, traduzem ou expressam um certo clima de transformações intelectuais e mentais, culturais em sentido mais amplo. Tal clima começava então a permear alguns setores da vida cultural portuguesa e os segmentos sociais a ela ligados, devendo-se, no entanto, reconhecer que seu impacto talvez não chegasse a ser muito significativo em relação às formas de ser e pensar mais entranhadas no conjunto da sociedade.

Atente-se no entanto para o que pode significar esse trabalho de estarmos aqui a pinçar ou recensear determinadas "novidades" no contexto de uma época a fim de conectá-las a certos aspectos próprios de uma outra época. De fato, tudo depende, nesse caso, do lugar no qual o historiador se situa, uma vez que, pelo próprio fato de ser um historiador, ele possui o futuro em suas mãos podendo, assim, sem muito esforço, reconhecer/descobrir em uma determinada época os sinais/indícios de mudanças que aí ainda se encontram em estado de vir a ser e rotulá-los de precursores ou começos de algo ainda inexistente. Para os contemporâneos, tal clareza é praticamente impossível. Apenas o historiador tem esse dom de promover certos sinais à categoria de signos de realidades ainda em devir.

A par de algumas figuras intelectualmente expressivas dos "tempos pré-pombalinos", intelectuais laicos e padres jesuítas, principalmente, não se deve esquecer o fato de que nesse período teve lugar o ascenso do prestígio dos padres da Congregação do Oratório em Portugal. Os oratorianos introduziram novos métodos e textos para o ensino da filosofia e da gramática latina, um interesse pelas ciências naturais e seu ensino, tornando-se, em poucos anos, grandes rivais dos jesuítas, em Lisboa.

Paralelamente às práticas mercantilistas que caracterizam o reformismo "ilustrado" do período pombalino no campo político-econômico, devemos atentar para um outro tipo de práticas desse período, pois são elas talvez as que mais se identificam ou se aproximam das propostas reformistas habitualmente associadas à "Ilustração". No caso luso-brasileiro, essas propostas visavam alguns dos principais elementos institucionais do Estado monárquico absolutista — suas estruturas e funcionamento, as idéias e formas de pensamento — tanto as de natureza política como as de natureza cultural ou "ideológica".

Admitamos assim a existência de algo como um "projeto modernizante" que tem no próprio Estado o seu sujeito e objeto, sublinhando-se, ao mesmo tempo, a posição de relevo que a redefinição filosófico-doutrinária da ordem jurídica ocupava em tal projeto.

Há entretanto um feixe de componentes desse projeto de modernização o qual, ao mesmo tempo que o prolonga, opera também uma espécie de transbordamento das práticas reformistas para o campo da cultura de um modo geral. Mesmo em se tratando de iniciativas reformistas situadas na dependência imediata do poder do Estado, o fato é que boa parte dos alvos por elas visadas transcendiam a esfera institucional oficial. Diretamente ou não, portanto, as práticas reformistas atingiam de algum modo o universo das formas de pensamento e de expressão intelectuais, artísticas e literárias.

Ao invocar o prestígio das idéias "iluminadas", o Estado absolutista luso visa reforçar o princípio da autoridade monárquica, na teoria e na prática, coisa bastante usual no interior da ideologia dos "déspotas esclarecidos".[4] Complemento natural, indispensável mesmo, vinha a ser o intuito de reorganizar a "máquina" ou aparelho de Estado — estruturas, funcionamento, composição (recrutamento) e finalidades — dispensando-se um cuidado especial a questões como recrutamento dos servidores — oficiais e funcionários — já não mais exclusivamente segundo suas origens mas levando-se em conta, cada vez mais, a formação acadêmica e (ou) especializada, de acordo com as novas necessidades do aparelho burocrático do Estado.

Tomando-se agora as observações acima como outros tantos pontos de partida, logo se percebe que a "reforma do Estado" (e do Príncipe) que andava embutida na concepção "esclarecida" dos "filósofos" acerca do Estado absolutista, aponta para num verdadeiro leque de iniciativas tendentes à empreender a implementação de várias outras reformas:

1 — Das relações entre o poder civil e o eclesiástico, ou entre o Estado e a Igreja. Em Portugal, à época da Ilustração dita "pombalina",

---

[4] Ver Falcon *Despotismo esclarecido* e *A época pombalina*.

isto significava: a questão dos jesuítas, ou dos padres da Companhia de Jesus; questão essencialmente político-ideológica, portadora, ainda, de importante dimensão econômico-financeira, a qual, aliás, tem sido historiograficamente a base do viés interpretativo dominante. De fato, estavam em jogo o próprio sentido do poder régio e a concepção da natureza do Estado em face de uma verdadeira hegemonia eclesiástica sobre uma sociedade que se deseja agora "moderna", ou seja, secular e laica.

2 — Extensões até certo ponto do problema central indicado no item acima seriam portanto:

2.1 A questão educacional — o sistema de educação como um todo: estruturas, princípios métodos, etc.

2.2 A questão jurídica — a redefinição da doutrina e seus efeitos legais.

2.3 O problema filosófico — ruptura com a tradição da "Segunda Escolástica" enquanto requisito para a introdução da "ciência moderna" e dos elementos que se supunha assimiláveis, em parte pelo menos, de uma ética mais individualista.

2.4 O controle, à guisa de patrocínio, da produção cultural, sobretudo a literária e artística, ao lado da censura sobre sua circulação e recepção, a fim de evitar a todo custo quaisquer críticas endereçadas à autoridade e legitimidade do poder monárquico, ou quaisquer manifestações contrárias aos princípios da boa moral.

Implicam-se mutuamente, como se vê, o político e o cultural quando se coloca a questão das reformas ilustradas. Isto se percebe com muita clareza no campo jurídico; aqui, temos tanto as conseqüências da "Lei da Boa Razão"[5] como aquelas medidas mais ou menos pontuais que se inspiram em princípios-chaves da ideologia ilustrada: "liberdade" (tanto para indivíduos sujeitos a condições específicas — como era então o caso dos "Índios do Brasil" e dos "escravos africanos de Portugal" — como para privilégios corporativos); "igualdade" (enquanto repúdio a certos tipos de discriminação sócio-econômica, política ou cultural — como no caso dos cristãos-novos, dos "puritanos", etc.).[6]

Passemos então ao universo intelectual e pedagógico no qual se inserem muitas das idéias e das práticas iluministas. O ideal reformista do Iluminismo objetivava uma transformação radical de todo um siste-

---

[5] Falcon, "As práticas do reformismo ilustrado pombalino no campo jurídico".
[6] *A época pombalina* 395-40.

ma de ensino — não apenas seus agentes, os jesuítas — mas as bases e premissas filosófico-pedagógicas de tal sistema; ou seja, os currículos, programas, métodos e bibliografias, a começar pelos livros-texto que deveriam ser, antes de tudo, questionados. Queriam os reformadores fazer vicejar uma nova filosofia pedagógica, novas formas e conteúdos para a educação em todos os níveis; isto incluiria portanto um redirecionamento de objetivos e uma consciência distinta acerca de sujeitos e objetos do processo educacional como um todo. Todavia, se vastos eram os planos, também formidáveis eram os elementos complicadores, a começar pelas resistências sociais: a sociedade se mantinha basicamente corporativa, apesar dos esforços em contrário; se a secularização registra avanços, a laicização é ainda um alvo distante; a "conservação do Estado" exige defesa da ordem monárquica absolutista; ao lado do insistente apelo à tradicional noção de "bem comum", ou de "felicidade dos povos", aquele objetivo conservador acaba por delimitar o próprio espaço das reformas possíveis. Talvez resida aí, afinal, a imagem de incompletude que se associa a muitas reformas, inclusive as pedagógicas, o que, por sua vez, se articula a tantos outros compromissos e reticências observáveis na esfera das idéias filosófico-científicas, o ecletismo tão típico das formas de pensamento de então.

No território metropolitano, as reformas incluíram, no campo pedagógico, a Reforma dos Estudos Menores, a Reforma da Universidade de Coimbra, a criação da Aula do Comércio, a fundação do real Colégio dos Nobres, dentre as principais.

Não se esqueça porém de algumas outras reformas não menos decisivas como o Novo Regimento do Santo Ofício, de 1774, a criação da Real Mesa Censória, entre outras.[7]

II. O reformismo ilustrado no Brasil-Colônia

Não deixa de ser talvez um tanto artificial este recorte "Brasil-Colônia" como objeto privilegiado das práticas ilustradas. Mesmo assim, pensamos que o historiador pode tentar refletir sobre essas práticas a partir de um recorte deste tipo com o intuito de analisar as características e as formas concretas que teriam assumido tais reformas ditas ilustradas no espaço-tempo colonial. Ao assumir uma perspectiva como esta, deve no entanto o historiador prevenir-se contra as possíveis ilu-

---

[7] Falcon, "Inquisição e poder".

sões ou deformações que possam resultar em conseqüência dessas hipóteses apriorísticas acerca tanto da Colônia como da realidade/possibilidade de estar diante de algo como um programa totalizante e coerente emanado da Metrópole, pronto para ser implementado pelas autoridades coloniais. Trata-se a rigor de duas ilusões: uma que faz pensar a Colônia como sendo algo articulado e uno em termos das tomadas de consciência dos próprios colonos; e, outra, que consiste na idéia de um "projeto ilustrado" harmônico e unificado como algo real.[8]

O olhar da Metrópole dispunha de condições que lhe permitiam perspectivar a Colônia como um todo, mas certamente não escapava a esse mesmo olhar o fato de que os colonos, vivendo como viviam, mergulhados em todo tipo de limitação particularista resultante das diferentes realidades regionais, não poderiam ser vistos em termos de unidade. O olhar metropolitano tendia assim a se filtrar e diluir conforme as contingências das variadas situações vivenciadas na Colônia, se bem que, em seu nível mais profundo, aí sim, funcionasse a lógica do antigo sistema colonial.[9]

Na Colônia, da mesma maneira que na Metrópole, o reformismo ilustrado foi essencialmente mercantilista em termos de suas práticas político-econômicas. No entanto, não nos parece que se possa estabelecer uma equivalência para o campo cultural a partir daí, ou seja, não pensamos que as reformas político-jurídicas e culturais, sobretudo na esfera colonial, se encaixem harmoniosamente nesse conjunto que chamamos de "Ilustração".[10]

Talvez resida na diferença que acabamos de mencionar a explicação para um fato historiográfico interessante: dispomos de alguns estudos a respeito do "reformismo ilustrado pombalino" na Colônia como um todo, mas isto apenas em relação à história econômica e administrativa, já que o mesmo não é exato quando entram em cogitação as manifestações culturais propriamente ditas.

Todavia, por mais que a tradição historiográfica se haja habituado a fazer da importância das "reformas econômicas e administrativas pombalinas" um lugar quase obrigatório,[11] entendemos que é necessário sublinhar a tônica, ou o sentido profundo, de tais reformas, ou seja,

---

[8] Silva Dias, "Pombalismo e projeto político".
[9] Ver Novais.
[10] Falcon, "Luzes e revelação na Colônia" e "Da Ilustração à Revolução".
[11] Ver Carnaxide, Avellar e Reis.

seu caráter, em última instância, eminentemente fiscalista, de olhos postos na taxação/tributação, o que faz do aperfeiçoamento dos mecanismos de arrecadação e controle dos tributos que pesam sobre as atividades econômicas da Colônia a sua verdadeira razão de ser.[12] Não nos deixemos iludir pelo termo "ilustrado"; num contexto como esse, ele apenas significava arrecadar-se sempre mais e melhor para os cofres reais; queria dizer também: envidar todos os esforços possíveis a fim de se eliminar ou reduzir corruptos na administração; no limite, ele significaria contabilizar mais e melhor, racionalmente, com toda segurança e responsabilidade possíveis, tanto as receitas como as despesas relativas ao Erário Régio.[13]

Mas, se assim era de fato, poder-se-ia perfeitamente indagar: em que consistiria afinal o caráter "ilustrado" dessas práticas reformistas? Certamente, aos olhos das autoridades metropolitanas, o "ilustrado" era algo positivo pois vinha associado à maior eficiência, confiabilidade, lucros e créditos crescentes. Para o olhar dos próprios colonos, no entanto, o "ilustrado" vinha envolto em muitas ambigüidades; em vários sentidos ele apenas significava mais coerção e intervenção, mais tirania, abuso e exploração.[14]

Começamos a perceber assim uma coisa um tanto curiosa — as reformas pombalinas podiam ser "ilustradas" ou não, mas, agora, já não mais em função da visão do historiador e sim, bem mais concretamente, de acordo com as condições e as formas possíveis de se percebê-las na sua própria época. Se uma tal possibilidade (de existirem significações múltiplas) se aplica à face mercantilista da "moeda reformista" da Ilustração pombalina, que se deverá esperar da outra face dessa mesma "moeda", aquela propriamente "ilustrada", conforme vemos na historiografia respectiva?

Para esta "outra face da moeda" tudo que talvez possamos fazer aqui será unicamente eleger, ou recortar, um certo número de setores ou aspectos da vida cultural da Colônia e analisar cada um deles de acordo com os pressupostos que já foram expostos até aqui. Teríamos então: a educação (idéias e práticas), a filosofia em geral, o direito, a literatura, as artes, a vida religiosa, os imaginários coletivos, enfim, as

---

[12] Ver Salgado.
[13] Mendonça.
[14] Observe-se que estes aspectos das reformas pombalinas somente costumam entrar em cena nos nossos compêndios quando se trata das origens da Inconfidência Mineira.

práticas e representações culturais. Lembre-se sempre, porém, que todas essas diferentes formas ou "manifestações" culturais apenas adquirem uma real concretude histórica quando as "situamos" no espaço-tempo das distintas realidades regionais da Colônia.

Como estamos a ver, são muitos os recortes possíveis, além de complexos e variados em si mesmos, o que nos leva a propor alguns pontos de partida mais gerais:

Primeiro ponto — Possíveis e (ou) prováveis diferenças entre as reformas empreendidas na Metrópole e aquelas realizadas na Colônia.

Trata-se de distinguir entre dois conteúdos reformistas segundo seus objetivos e a natureza de suas respectivas práticas, conforme se tenham em vista as realidades metropolitanas ou as coloniais. A partir desta primeira distinção, haverá necessidade de um exame mais atento das diferenças também em nível setorial, comparando-se a seguir as mudanças e resistências havidas em Portugal e no Brasil nos diversos campos do cultural.

Segundo ponto — Eventuais conclusões dos esforços de reflexão que buscam adequar o conceito mais geral de "Iluminismo/Ilustração" às especificidades do espaço-tempo luso-brasileiro do Setecentos.

Neste caso, começaríamos por indagar, por exemplo, sobre a significação de tais conceitos no contexto cultural lusitano: suas prováveis fontes e origens, características intelectuais, realidades mentais e abrangência intelectual e social, ou seja, em síntese: qual foi de fato a leitura, ou quais foram as leituras do Iluminismo em Portugal? Quais seus textos fundamentais ou geradores?[15]

Terceiro ponto — Há necessidade de um sério esforço a fim de que avancemos um pouco rumo a uma compreensão mais precisa de como se deu, no Brasil-Colônia, a recepção tanto das idéias quanto das formas de pensamento tradicionalmente qualificadas de "ilustradas".

Em outras palavras: no caso brasileiro, colonial, quando nos deparamos com alusões à presença/existência/influência de "idéias ilustra-

---

[15] Falcon, *A Época Pombalina* 201ss. Ver também Moncada e Carvalho.

das", de qual Ilustração realmente se trata? Da leitura, ou leituras, ibéricas em geral, portuguesas em particular? Da leitura de textos franceses, anglo-escoceses, norte-americanos, etc., recebidos diretamente pelos colonos? De ambas as coisas? Sabemos que, no horizonte intelectual correspondente à Ilustração em Portugal, destacam-se sobretudo as obras de Luis Antônio Verney e A. Genovesi e dos seus epígonos lusos. Já no horizonte dominado pelos "Filósofos" enciclopedistas franceses, ou pelos expoentes do "Iluminismo anglo-escocês", ou ainda, por publicistas e pensadores norte-americanos, de certo seriam muito diversos os textos e outras as suas possíveis leituras.

Ainda que não possamos ou tenhamos que admitir algo como uma "opção" ou escolha necessária, pelos colonos, em face daqueles dois caminhos de acesso à Ilustração, inclusive porque podemos até pensar a Colônia em termos de uma espécie de *locus* privilegiado onde coexistiriam textos e portanto idéias de variadas vertentes, nem por isso deixa de continuar válida a nossa principal pergunta: como foram recebidos na Colônia, isto é, lidos, entendidos, discutidos, divulgados, os discursos provenientes das diversas vertentes do pensamento ilustrado?[16]

Quarto ponto — Natureza das relações existentes entre a expulsão dos padres da Companhia de Jesus, em 1759, e a entrada em cena das idéias iluministas na Colônia.

Na maior parte da produção de que dispomos para o conhecimento ou estudo das relações entre a cultura da Colônia e movimento ilustrado, existe, de forma explícita ou não, um certo pressuposto relativo à possível indissociabilidade entre Ilustração e expulsão dos padres da Companhia de Jesus pelo futuro Marquês de Pombal. Por sinal, um pressuposto já tão sedimentado historicamente que se pode considera-lo até como um corte historiográfico.

"Sabemos" então que foi a expulsão dos jesuítas à época de Pombal um evento crucial, decisivo mesmo, para o curso da trajetória cultural no ambiente da Colônia; sabemos ainda que a guerra movida aos padres da Companhia de Jesus pela governação pombalina estava de acordo com as idéias e práticas "iluminadas" ou "esclarecidas" amplamente difundidas no universo intelectual do Setecentos europeu. Precisamos portanto, agora, passar ao exame de algumas dessas "práti-

---

[16] Falcon, "Tiradentes e o imaginário republicano do século XVIII".

cas reformistas ilustradas" do ponto de vista de história da cultura no Brasil-Colônia.

III. Reformas pombalinas e cultura colonial

Toda vez que a cultura, como objeto histórico, entra em cena, imediatamente emergem problemas conceituais e metodológicos os mais variados. Cultura ou culturas? História da cultura ou história cultural? Que se deve entender por "cultura"? Não é este o momento de voltarmos a esta discussão.[17] Fiquemos então, ao menos por ora, com a noção de cultura mais habitualmente utilizada pela historiografia — a cultura que se identifica como produto de uma "elite" intelectual, cultura "dominante", como preferem outros, e que se traduz numa certa constelação de formas facilmente reconhecíveis enquanto "manifestações" ou objetos bem definidos aos olhos dos historiadores, tais como as idéias (filosóficas, científicas, políticas, sociais, econômicas, estéticas e éticas), a produção artística, literária e científica, os indivíduos e (ou) grupos mais ligados a essa produção cultural, a transmissão e reprodução da cultura, as instituições de toda ordem, oficiais ou não, públicas e privadas, envolvidas de alguma forma com as diferentes formas de atividade cultural, abrangendo, portanto, neste caso, as relações mantidas com o poder, ou por este impostas — ou poderes, no entender de Foucault.

Deste imenso leque de temas e questões ficaremos apenas com as grandes linhas de uma história das idéias e os grandes traços do panorama educacional a partir de meados do século XVIII. Era intenção nossa inicialmente incluir aqui também a história da literatura e da arte, mas verificamos que por enquanto isto seria impossível.

Não se pense entretanto que nossa tarefa, depois de todos esses avisos e explicações, tenha se tornado bem mais simples. Abordar qualquer tema que envolva um conceito de cultura é sempre tarefa problemática para qualquer historiador; bem mais difícil se torna essa tarefa quando está em causa uma "cultura colonial", sobretudo se esta é a "cultura no Brasil-Colônia", pois, neste caso, não tardaremos a nos defrontar com as perguntas clássicas: "cultura colonial", ou "cultura na Colônia?"; e, ainda: "brasileira", "luso-brasileira", ou tão somente "no Brasil-Colônia?". Bem, as possibilidades de indagar e discordar são

---

[17] Falcon, "História e Cultura" e *A História Cultural*.

como sempre quase infinitas; assim, se começássemos por discutir desde a questão da existência ou não de algum tipo de cultura na/da Colônia até chegarmos ao debate acerca de sua natureza, "nacional", "nativa", *versus* "estrangeira", importada, jamais poderíamos aportar em algum lugar.[18]

Afinal, não pretendemos nada mais que indicar alguns poucos e importantes aspectos que entendemos úteis para a compreensão tanto das possibilidades com o dos limites intrínsecos ao reformismo "ilustrado" do chamado período "pombalino".

> A expulsão dos jesuítas, em 1759, os quais constituíam o núcleo principal da nossa intelectualidade colonial, cindiu de modo violento e abrupto o pensamento nacional. Daí em diante e até a Independência, o interesse maior estará voltado de um lado para a formação meramente científica e, de outro, ao que se supõe em proporções deveras limitadas, pela frustração do empenho modernizador capitaneado por Pombal, para as idéias políticas trazidas à baila pelas revoluções Americana e Francesa.[19]

Para ordenarmos nossa exposição, propomos então a seguinte periodização básica:

1º — Características e tendências no campo das idéias filosóficas e das teorias e práticas pedagógicas no Brasil colonial até meados do Setecentos;
2º — A "época pombalina": idéias e reformas ilustradas;
3º – Rumos da história das idéias e das práticas educacionais à época da "crise do antigo sistema colonial", no derradeiro quartel do século XVIII.

Esta periodização representa uma tentativa de estabelecer uma espécie de enquadramento, ou perspectiva global, para a percepção daquilo que seria a seqüência destes grandes momentos, ou fases, que expressam as grandes linhas do ritmo da evolução político-cultural do século em questão. Precisaríamos, agora, examinar como se processou esta seqüência no âmbito de cada um dos elementos ou aspectos constituintes da realidade cultural da Colônia por nós selecionados.

---

[18] Paim, "A filosofia no Brasil"; Azevedo e Cruz Costa.
[19] Paim, *História das idéias filosóficas no Brasil*.

A — Idéias

De acordo com as tentativas de síntese elaboradas por estudiosos como Paim[20], Crippa[21], Oggero[22], Campos[23], Saldanha[24], Azevedo[25], é possível caracterizarmos a evolução geral das idéias filosóficas no interior de cada uma das fases ou momentos acima indicados, da seguinte maneira:

Até 1750-9 — A empresa colonizadora levada a cabo pelos descobridores e conquistadores lusitanos foi em seus primeiros tempos contemporânea do Humanismo e do Renascimento europeus dos séculos XV/XVI. Coexistiam então, no horizonte cultural português, três culturas (ou subculturas): a Escolástica, a Humanista Renascentista, e a dos Descobrimentos — a chamada "Sabedoria do Mar".[26] A partir de meados do século XVI, com a Contra-Reforma começando a dar seus primeiros passos, especialmente após o encerramento do Concílio de Trento (1560), ao mesmo tempo que se dava a ascensão do prestígio e influência da Companhia de Jesus, o triunfo da Escolástica se tornou algo irreversível por quase dois séculos.[27]

Segundo Joaquim de Carvalho, a denominada "Segunda Escolástica Portuguesa"[28] contou, nas suas origens, com algumas reflexões originais, devidas principalmente a Pedro da Fonseca, de Coimbra, tendo sido justamente os seus cursos e livros a fundação sobre a qual foi erguido o famoso *Cursus Philosophicus Coninbricensis*, editado entre 1592 e 1607. Deve-se, no entanto, distinguir nessa "Neo-escolástica" a existência de duas fases muito diferentes entre si, pelo menos no caso de Portugal. Uma primeira fase, chamada de "Escolástica Barroca", situada mais ou menos entre os meados do século XVI e os meados do XVII; uma segunda, que seria a "Escolástica Portuguesa", entre 1659 e 1750.[29]

---

[20] Paim, Idem.
[21] Crippa.
[22] Oggero.
[23] Campos.
[24] Saldanha.
[25] Azevedo.
[26] Barreto.
[27] Ver Carvalho 149ss; Paim, *História das idéias filosóficas no Brasil*, 23-31; Silva Dias, *Portugal e a cultura européia*; Saraiva; Saraiva &Lopes.
[28] Carvalho; Paim, *História das idéias filosóficas no Brasil* 24; Ferrater Mora.
[29] Segundo Paim, esta denominação, e também segundo o próprio J. de Carvalho, lhe foi sugerida, conforme nota do mesmo à página 301, por Carlo Giacon, o qual, com este título — *La Seconda Scholastica* (Milano, Vol,I, 1944, II, 1946), "se ocupou dos grandes comentadores de S. Tomás (Gaetano, Vergara e Vitória) e dos precedentes teoréticos dos problemas Jurídicos (Toledo, Pereira, Fonseca, Molina e Suárez)".

A primeira fase teve duas características principais: a ausência de autonomia quanto ao pensamento espanhol — conforme o demonstram as trajetórias intelectuais de Francisco Suárez, L. de Molina e F. Sanches, no entender, por exemplo, de Saraiva[30], e o fato de que, apesar da repercussão alcançada por essa tentativa de reflexão realmente "moderna" fora dos Países Ibéricos, uma vez que se buscava reinterpretar o pensamento tomista à luz da observação e da experiência propugnadas por algumas correntes renascentistas, já nas origens da "Revolução Científica", sem no entanto romper com a Teologia, apesar disso, repetimos, ou, talvez, exatamente por causa deste seu caráter "moderno", como escreveu Ferrater Mora,[31] o fato é que as propostas daqueles pensadores, tal como as de Pedro da Fonseca, em alguns casos, não encontraram ressonâncias favoráveis no solo ibérico, a começar pelas grandes universidades, como as de Coimbra, Salamanca e Alcalá.

"Parece evidente o papel da obra de Pedro da Fonseca, Suárez e Francisco Sanches, entre outros, na gestação do pensamento moderno e comprovada a sua influência, sobretudo na Europa Central e nos países Baixos, durante o século XVII". Todavia, muito diferente se revelou a realidade portuguesa: "Não obstante, na própria Península, particularmente em Portugal, a linha de autonomia da metafísica e do espírito de pesquisa em sua formulação seria gradativamente substituída pelo tomismo puro".[32]

Seria esta portanto a segunda fase. Trata-se agora de um predomínio do espírito escolástico mesmo — um pensamento que se limita a repetir princípios já estabelecidos, os quais se expressam em formas diversas como a *Ratio Studiorum* e o monopólio virtual do sistema de ensino pelos jesuítas; o Tribunal do Santo Ofício e a censura inquisitorial sobre a vida intelectual e artística; o progressivo abandono, por alguns jesuítas eminentes, das tentativas de se proceder a um "aggiornamento" filosófico-científico criterioso, tanto assim que em 1639 ficou patente a "obrigação de se seguir S. Tomás conforme todo o rigor tomístico como

---

[30] Saraiva, Livro I 150ss; II 68; ver também, Cidade, 1º vol. 327ss.
[31] A noção de "moderno", tal como Ferrater Mora a emprega, contém pelo menos dois tipos de problemas: primeiro, o significado mesmo desse "moderno". Ver Falcon, "Descobrimentos e modernidade ibérica"; segundo, a interpretação em si, em contraste, por exemplo, com Cortesão 51; ou Cruz Costa 35, citando Fidelino de Figueiredo: "a cultura filosófica portuguesa adormecida no comentário teológico" (112).
[32] Paim, *História das idéias filosóficas*, 26 e 27, respectivamente.

em sua escola se ensina".[33] Coroamento disso tudo, foi a oficialização do *Cursus Philosophicum*, de João de S. Tomás, em 1648:

> Assim, a segunda Escolástica Portuguesa foi dominada por um espírito de índole medieval, privando a intelectualidade de um contato aberto com a filosofia moderna. Ainda que em seu bojo se formem, lenta e paulatinamente, os elementos para uma reação que a derrotaria, nos meados do século XVIII, essa reação estaria profundamente marcada pela prolongada tradição de formalismo e de aristotelismo.[34]

A história das idéias e da própria cultura em geral na Colônia, durante a fase da hegemonia escolástica protagonizada pelos jesuítas, a começar pelas idéias filosóficas, constitui um pressuposto essencial para a compreensão histórica do momento ou fase seguinte.

De 1750-9 a 1777 — No "Império Luso-Brasileiro", em meados do Século XVIII, a "Segunda Escolástica" achava-se no seu ocaso. Discordam porém os historiadores na avaliação do processo em si. Para muitos, tal ocaso faz parte de um processo lento e gradual cujos primeiros indícios seriam já perceptíveis desde os primeiros anos do reinado de D João V, ou até mesmo antes.[35] Segundo outros, tratar-se-ia de fenômeno diretamente ligado a uma decisão política no âmbito do assim chamado "momento pombalino".[36] Do nosso ponto de vista, não existe propriamente oposição entre a presença de algumas tendências renovadoras, antes de Pombal, e a radicalização do processo pelo ministro de D. José I.

Segundo Paim[37], pode-se distinguir a existência de pelo menos três fases, ou momentos, ao longo dessa reação antiescolástica: uma primeira, que denomina de "o processo da Escola", foi eminentemente crítica e teve na publicação, em 1745, de *O verdadeiro método de estudar*, de Luís Antonio Verney, seu catalisador mais ativo; a segunda, a qual ele chama de "momento pombalino", foi bem mais ativa e construtiva, pois corresponde à implementação das grandes reformas no ensino; o filósofo desta fase foi Antonio Genovesi — o "Genuense"; finalmente, a

---

[33] Andrade.
[34] Paim, op.cit. 30.
[35] Cruz Costa 58; Carvalho 32ss.
[36] Paim, op. cit. 37, 47; Paim, (org.) *Pombal e a cultura brasileira*; Paim, "Introdução".
[37] Andrade; Ferreira.

terceira fase, que apresenta o conflito entre as correntes tradicionalistas, sufocadas por Pombal, mobilizadas nos primeiros tempos da "Viradeira", e as tendências iluministas, defensoras do essencial das propostas pombalinas, favoráveis à continuidade do reformismo "modernizador" e propulsoras de um certo tipo de pensamento científico mais pragmático e emancipado.[38]

A crítica da escolástica, segundo Joaquim de Carvalho, foi encetada por três correntes: o cartesianismo, o empirismo e o ecletismo.[39] O invólucro "escolástico" da Física de Verney revela, simultaneamente, as possibilidades e limites do empirismo inglês em Portugal — com sua indumentária ainda escolástica e sob proteção oficial para garantir sua aceitação —, servindo de prelúdio, no dizer de Paim, à real explicação dos verdadeiros abismos que separam de fato o pensamento de Verney das autênticas premissas lockeanas do Iluminismo europeu. O mesmo autor alude, do mesmo ponto de vista, aos verdadeiros impasses verneyanos no campo da chamada "filosofia moral", em particular nas esferas da Ética, da Política e do Direito. Quanto ao Direito Natural, para exemplificar, Verney não consegue passar da visão transcendente à imanente, uma vez que não pode, ou não pretende abrir mão da referência à vontade divina como fonte originária desse direito. Falta assim a Verney uma concepção imanente da "natureza", fato esse também verificável no *Tratado do Direito Natural*, de Tomás Antônio Gonzaga, de 1772.

Ao tentar caracterizar as grandes linhas do "conceito de filosofia na Época Pombalina", Crippa explica a preferência pelo empirismo por ser o mesmo "a teoria do conhecimento não só adequada aos tempos modernos, mas indispensável ao progresso da ciência".[40] E seria este o objetivo de Pombal ao reformar a Universidade de Coimbra — abrir suas portas à ciência experimental. Mas, "a ciência é incorporada à cultura luso-brasileira num sentido muito preciso, isto é, como ciência aplicada", considera ainda Paim.[41]

À luz destas diversas tendências e observações é que se pode compreender não só a reforma que se inicia em Coimbra, em 1772, como a adoção, em 1773, das *Instituições da Lógica*, de Genovesi, como compên-

---

[38] Paim, *História das idéias filosóficas*, 38; cf. Oggero 72ss; Nizza da Silva 465ss.
[39] Carvalho.
[40] Crippa; Paim, *Pombal e cultura brasileira*, especialmente; 17-19, 23 e 27-29.
[41] Paim, op.cit. 47; Rovira.

dio oficial, uma vez que Genovesi significava então um Locke do ponto de vista do papel da experiência, mas sem os exageros potencialmente heréticos do empirismo do filósofo inglês; era preciso adequá-lo à tradição racionalista segundo os moldes escolásticos numa versão de "empirismo atenuado, ou mitigado".[42]

De 1777 a 1808-30 — Temos neste caso o momento pós-pombalino da evolução das idéias em Portugal e no Brasil, o qual coincide com o período que se segue imediatamente ao ocaso da Escolástica. De fato, a reação antiescolástica tivera seu maior momento de triunfo atrelado ao regalismo e laicismo do reformismo ilustrado pombalino no quadro do chamado "despotismo esclarecido". Este mesmo quadro explica os limites dessa reação: o empirismo atenuado e ainda em roupagens escolásticas, a depuração dos textos de Genovesi, a mentalidade "cientificista" e não científica, ou seja, a preocupação com as possibilidades operativas do conhecimento científico e sua rejeição a qualquer tipo de especulação ético-política capaz de questionar os pressupostos divinos da legitimidade do poder monárquico e absolutista.[43]

Houve, sim, algo como o compromisso/intenção no sentido de fulminar tanto o verbalismo quanto as disputas retóricas, valorizando-se, em contrapartida, a mentalidade científica e utilitária. Tendeu a predominar mais e mais a ênfase nos resultados práticos a serem obtidos das observações científicas. Trata-se do triunfo de uma certa visão ou sentido da própria ciência e foi exatamente no âmago desse contexto político-intelectual que se efetivou a fundação da Real Academia de Ciências, de Lisboa, em 1779. Lendo as dezenas de "Memórias" produzidas logo nos primeiros tempos da Academia, podemos comprovar a perspectiva ao mesmo tempo emancipadora, "moderna", e pragmática que ali presidiu a recepção da "ciência moderna". Por outro lado, ainda que não minimizemos algumas das mazelas do ensino da Universidade de Coimbra pós-pombalina[44], não podemos ignorar tampouco a importância dos progressos que nela se realizaram então no campo das ciências, em boa parte, pelo menos, os trabalhos de naturalistas e pesquisadores luso-brasileiros eminentes, do final do século XVIII e começos do

---
[42] Carvalho; Paim, op.cit. 27-29.
[43] Ibiapina; Carrato 235ss; Praça 276ss.
[44] Falcon, "Luzes e Revolução na Colônia".

XIX, dentre os quais podemos citar: José Bonifácio de A. e Silva, Conceição Veloso, Arruda Câmara Bittencourt e Sá, entre outros.[45]

O cientificismo, a ciência entendida como um saber eminentemente operativo, esteve presente, já em finais do Setecentos e nos começos do Oitocentos, na criação de diversas instituições de ensino "profissionalizante", tanto em Portugal como no Brasil.[46] Esta visão de "ciência", que então se incorporou à cultura luso-brasileira, associada, ainda, aos pressupostos relativos à natureza especializada e profissionalizante de seu ensino, tem certamente muito a ver com um tipo de indagação que atormenta ainda hoje tantos historiadores e ensaístas: por que não tivemos a universidade mais cedo? Por que sua criação, em princípios do século XIX, foi postergada *sine die* em benefício da implantação de estabelecimentos isolados de ensino superior, todos eles, aliás, nitidamente profissionalizantes?

Por último, para concluirmos esta parte, não nos esqueçamos de uma coisa: entre nós, a "luta contra a Escolástica" não conduziu à sua superação, mas, sim, ao compromisso no qual se assentam as "raízes do ecletismo brasileiro", segundo Mercadante, ou do "patrimonialismo modernizador na cultura brasileira", no entender de Rodriguez.[47]

B — Educação

Assunto por demais conhecido de nossos estudiosos, a dominância exercida pelos padres da Companhia de Jesus sobre o sistema educacional da Colônia até 1759, expressa através de um conjunto hierarquizado de estabelecimentos de ensino com seus programas, disciplinas e método pedagógicos — a conhecida *Ratio Studiorum*, conta com uma bibliografia razoável da qual podemos citar apenas alguns exemplos como Leite[48], Varnhagen[49], Azevedo[50], Calmon[51], Lacombe[52], Cunha[53], pois, uma relação bibliográfica completa seria extremamente longa.[54]

---

[45] Carrato 178 e segs.; Paim, *História das idéias filosóficas* 47.
[46] Santos.
[47] Mercadante 59ss; Rodriguez 110ss.
[48] Leite, Pe. Serafim. *História da Cia de Jesus no Brasil*. Lisboa, *Portugália e Rio de Janeiro*, Civilização Brasileira, Tomos I e II, 1938, III e IV, 1943, V e VI, 1945, VII a IX, 1949 (do II ao IX, INL), cf. tomo I, 73/107.
[49] Varnhagen Vol. II, Tomos III e IV 141-2.
[50] Azevedo.
[51] Calmon 1160-2.
[52] Lacombe 193ss; Lacombe," A igreja no Brasil Colonial" 55.
[53] Cunha 24ss, 74.
[54] Albuquerque; Moacir; Klut; Campos.

Problema bem mais complexo se coloca ao historiador quando tenta analisar as reformas pedagógicas pombalinas. Aqui, de imediato, despontam controvérsias tradicionais e ferrenhas cujo ponto de partida é em geral a própria expulsão dos inacianos decretada pelo todo-poderoso ministro de D. José I. Todavia, queiramos ou não, 1759 permanece como um marco divisório nos estudos dedicados à história da educação no Brasil e, com essa data, persistem, ao mesmo tempo, as discussões sobre os fatores determinantes das medidas pombalinas antijesuíticas. Quanto a este último tema, como sabemos, múltiplas têm sido as explicações aventadas pelos mais diversos tipos de escritores, o que nos permitiria dividi-las em explicações factuais, muito ligadas às "circunstâncias" pessoais do próprio Pombal, e explicações conjunturais e estruturais. Entendemos, entretanto, que talvez mais interessante que percorrermos a selva das explicações até agora produzidas na tentativa de esclarecer as origens ou motivações daquele evento, e bem mais produtivo para nossos objetivos, poderia vir a ser sua interpretação. Segundo Laerte Ramos de Carvalho, o processo de transformação pedagógica que teve na expulsão dos jesuítas seu momento decisivo, insere-se no bojo de um universo de práticas reformistas tendentes à secularização do ensino e do Estado absolutista.[55] Trata-se, de fato, de uma visão peculiar do "moderno", como sinônimo aqui de "ilustrado", a qual é posta oficialmente em termos de negação de um certo "arcaico", ou "bárbaro gótico", como afirmava então Ribeiro Sanches.[56] No fundo, a mola mestra da expulsão e das reformas nada mais é do que o "regalismo" (ou "josefismo", segundo outros), inerente ao "despotismo esclarecido" nos países católicos.

Analisar as reformas pombalinas no terreno das idéias e práticas pedagógicas no interior do espaço luso-brasileiro significa, para o historiador, circunscrever um determinado elenco de questões interligadas e implica também se dar conta da presença de diferentes ênfases avaliativas, distintas e contraditórias em alguns casos.

Posições historiográficas divergentes marcam ao mesmo tempo o conhecimento tanto de aspectos mais ou menos pontuais quanto a maneira de encarar o conjunto do problema. Poder-se-ia estender, quase a perder de vista, a recapitulação de tudo quanto foi escrito acerca da expulsão e das reformas em termos de oportunidade, sentido, eficácia, efeitos a curto e longo prazo, etc.

---

[55] Carvalho 29; Falcon *A época pombalina* 371ss.
[56] Sanches, *Cartas sobre a educação da mocidade* e *Método para aprender a estudar a medicina*.

Se observarmos um pouco mais de perto tais avaliações, os parâmetros que utilizam, provavelmente iremos deparar com uma pergunta do tipo: por que, como e para que se esfacelou de um dia para o outro um sistema, como o dos jesuítas, que, bem ou mal, sempre "funcionara", em proveito de outro que jamais funcionaria de fato, ou que funcionou sempre em condições precárias e insuficientes? Se refletirmos sobre esta indagação, imediatamente concluiremos que ela já traz consigo um juízo de valor positivo, em relação àquilo que existia, negativo em face do que veio depois. Como sempre, também se pode pensar na avaliação oposta: o sistema jesuítico "não funcionava mais", de maneira que o novo sistema, implantado por Pombal, era inevitável e melhor, em que pesem as dificuldades e falhas havidas na sua implementação. A noção de "funcionalidade", como se pode perceber nestas proposições contraditórias entre si, recobre opções filosófico-históricas bastantes diferentes a respeito da natureza da cultura e do sentido do desenvolvimento do processo cultural.

Acontece então que, na prática, dada a indiscutível preeminência desfrutada pelos jesuítas no panorama educacional luso-brasileiro, a tendência dominante no seio das discussões de caráter avaliativo/interpretativo é aquela que desagua no oceano das querelas infindáveis e antinomias simplistas, do tipo "jesuitismo" versus "antijesuitismo", ortodoxia contra heresia, obscurantismo ou esclarecimento, clericalismo e anticlericalismo, como se ainda vivêssemos em meio às lutas e aos debates típicos do século passado.[57]

Nota-se, no entanto, que se o avaliar significa aqui uma tomada de posição "partidária", isto é, se os juízos de valor implicam que o historiador deve partilhar/externar a sua própria opção entre visões simplificadoras e conflitantes, talvez a atitude mais prudente aqui deva ser também rotulada de clerical ou atéia.

Lancemos os nossos olhares então para algumas questões que nos parecem em condições de propiciar uma compreensão talvez mais adequada dos problemas em foco.

1 — "Reforma dos estudos" enquanto dimensão do regalismo presente na teoria e prática do "despotismo esclarecido".

---

[57] Ver a "nota 3" do presente trabalho; Carvalho 28 e 30.

Deste ponto de vista, as reformas pedagógicas dão seqüência a uma política guiada pelo propósito de afirmar e fortalecer a autoridade monárquica e o poder do Estado; era imprescindível a submissão do sistema educacional na sua totalidade ao controle estatal efetivo. Em conexão com isso, vinha o objetivo de laicizar profundamente os quadros docentes e reformular de cima a baixo a estrutura organizacional do sistema e seu funcionamento em todos os níveis de ensino. Simultaneamente, pretendia-se que o próprio ensino viesse a sofrer uma radical transformação que abrangesse a estrutura curricular e os métodos pedagógicos, única maneira, segundo então se imaginava, de criar "estudos" realmente ajustados aos verdadeiros pressupostos ideológicos ilustrados.

Todas essa mudanças, no entanto, de nada valeriam se o próprio espírito da atividade pedagógica, sua autêntica razão de ser, não se adequassem cada vez mais às necessidades de um Estado que se pretendia comprometido com uma certa visão do "moderno" identificada com valores descritos como "civilizados", "policiados" e "iluminados". Ao lado da formação de "oficiais" ou "funcionários" competentes, a reforma deveria corresponder aos reclamos de segmentos sociais, ou da "burguesia" como preferem outros, mais carentes em pessoal preparado e especializado para os novos tipos de atividades e profissões técnico-profissionais e liberais então emergentes.[58]

2 — A dimensão teórico-prática das reformas pedagógicas.

Pelo menos nas suas origens, tal como se lê na "Dedução cronológica e analítica..." e no "Compêndio histórico..." ou ainda, se bem que de forma distinta, em Ribeiro Sanches[59], a reforma dos estudos assumiu como premissa básica a rejeição radical da formação pedagógica ministrada pelos jesuítas, criticando-se seu humanismo excessivamente "retórico e verbalista", o caráter "ornamental" de sua erudição, seu apego exagerado às humanidades e à teologia em detrimento da "filo-

---

[58] Santos.
[59] "Dedução cronológica e analítica", seguida do "Compêndio das desordens que a Companhia de Jesus praticou nos reinos..."; dada à luz pelo Dr. José Seabra da Silva, Lisboa, Oficina de Miguel M. da Costa, 1767/8, 3 vols.; Compêndio Histórico do Estado da Universidade de Coimbra, no tempo da invasão dos denominados jesuítas e dos estragos feitos nas Ciências e nos Professores, e Diretores que a regiam pelas maquinações, e publicações dos Novos Estatutos por eles fabricados. Lisboa, na Régia Oficina Tip., 1772; cf. Carvalho 150-9.

sofia e das ciências modernas", tudo, enfim, que fazia desse tipo de formação uma coisa "inútil" e desvinculada por completo das "reais necessidades" da sociedade e do Estado.

O radicalismo das práticas discursivas do reformismo pedagógico oculta a existência de limites e acomodações no interior mesmo das idéias e das medidas práticas; os discursos pombalinos apenas deixam entrever com sutileza o fato de que sempre haveria de ser essencial para o sucesso das reformas que estas fossem ajustadas, de fato, às condições da sociedade e as necessidades ou objetivos do poder absolutista. Daí não se ter propriamente uma "aplicação" das propostas típicas do "Iluminismo", mas sim uma cuidadosa filtragem das "idéias modernas" que teve nas "Luzes" italianas seu principal elemento filtrante, quer dizer, "um iluminismo essencialmente cristão e católico"[60], como se pode constatar tanto em Verney quanto em Genovesi.

O sistema de ensino deveria corresponder a essas novas posições, emprestando-se a maior importância aos princípios "racionais", emanados da "reta razão", mas acoplados à "experiência e à observação" e visando sempre investigar/conhecer mais e melhor a "natureza", no que não deixava de estar embutido um finalismo pragmático ou utilitarista posto que o conhecer não se podia separar das possíveis utilidades e vantagens — para "os povos e para Sua Majestade" — resultantes da atividade científica.

3 — Os eternos desacertos e descompassos das reformas pedagógicas no campo de sua implementação.

Entre princípios "universais" e metas "esclarecidas", emergiram sempre os desacertos produzidos pelos recursos humanos e materiais insuficientes e por não poucos descompassos e conflitos no cotidiano das vivências individuais e coletivas das práticas reformadoras.

Um dos primeiros itens a considerar, neste caso, é exatamente a tremenda desproporção que logo se estabeleceu entre objetivos e meios efetivamente disponíveis. Pretendeu-se fazer muito e em muito pouco tempo, sem que existissem recursos humanos, materiais e organizacionais à altura. Recursos humanos, isto é, mestres para as escolas criadas (ou a criar) pelo Estado, não existiam nem em quantidade, nem tampouco em qualidade suficientes para uma sociedade que havia sedi-

---

[60] Moncada 8; Carvalho 26.

mentado a transmissão do saber, das primeiras letras à Universidade, no trabalho do clero secular e regular, revelou-se praticamente impossível satisfazer, em poucos anos, às necessidades de professores laicos para todas as "aulas" e colégios.

Ao lado da escassez de "letrados", a insuficiência dos recursos materiais — instalações, livros, material escolar em geral — e financeiros — pagamento dos mestres e aluguel de salas e prédios. Apenas no curso mesmo das tentativas de passagem do papel para a realidade, as reformas puderam ser percebidas em seus verdadeiros custos — gigantescos, na verdade. Custos cada vez mais elevados, embora não prioritários em face de diversas outras "urgências" da governação pombalina. Entra aqui em cena então a burocracia, a máquina administrativa: pouco ou nada afeita à natureza de seus novos encargos, dotada também de uma sensibilidade muito restrita com relação às premências criadas pelas reformas, a burocracia incumbida de gerenciar e fiscalizar a execução das transformações no sistema de ensino não demorou muito a se caracterizar como um de seus principais entraves, sobretudo na arrecadação de recursos e sua aplicação no sistema educacional recém-criado.

Se passarmos da macroanálise das reformas para suas micro-realidades, deparamo-nos igualmente com toda sorte de imprevistos que interferem na prática reformista em sua existência cotidiana. Temos aqui um material dos mais ricos e variados, do qual pinçamos alguns tópicos.

• O recrutamento de quadros docentes — a escassez de candidatos laicos (em quantidade e qualidade), tornou imperioso o aproveitamento de indivíduos pertencentes às diversas ordens religiosas existentes no Reino, além de levar, na prática, à admissão de muitos dos ex-padres jesuítas.

• As delongas e complicações burocráticas — os novos mestres deviam ser selecionados através de concursos públicos, mas como estes tinham uma execução lenta e as nomeações dependiam de Lisboa, a criação e ampliação dos quadros docentes ficou muito aquém das necessidades das reforma, aumentando ainda os inconvenientes e defasagens na proporção direta das distâncias das diferentes regiões em relação a Lisboa.[61]

---

[61] Carrato 145-55. Este historiador e Laerte R. de Carvalho oferecem dados pontuais acerca destes problemas microanalíticos relacionados com a implementação das reformas.

• A escassez crônica de meios — inexistindo recursos financeiros adequados, caso das reformas de 1759, ou sendo eles ainda insuficientes, caso do Subsídio Literário, verificaram-se dificuldades sérias quanto ao pagamento dos mestres e à manutenção das escolas régias; os mestres tiveram ordenados muito baixos, congelados por longos períodos (décadas, em certos casos) e pagos com atrasos de muitos meses, no mínimo; sem dinheiro para manter (construir, nem falar) salas e prédios, pois muitos eram arrendados, as autoridades tão pouco puderam fornecer livros e material escolar, geralmente, era o próprio professor que se incumbia desses aspectos, recebendo contribuições dos alunos e vendendo-lhes os livros, canetas, lápis, cadernos, etc., uma vez que esta foi também a fórmula que muitos encontraram para garantir a própria sobrevivência.[62]

• A imposição de novos métodos de ensino/aprendizagem, por decreto, entrou em choque com velhos hábitos e atitudes docentes e discentes; não foram poucos os casos de revolta, quer de alunos, quer de professores, contra a nova gramática de latim, a nova tabuada, os novos livros de história, ciências naturais, etc. Do mesmo modo, no capítulo da disciplina, muitas seriam as queixas contra o autoritarismo, os caprichos punitivos, a violência de mestres que faziam a muitos sentir saudades da firmeza e da "mansidão" dos antigos mestres jesuítas.

• Os lugares mais distantes dos principais centros urbanos, as zonas rurais, sobretudo, ficaram mais ou menos marginalizados tanto em termos de professores como de livros; nas áreas coloniais, então, como no Brasil, com as distâncias gigantescas entre os núcleos povoados, as reformas soaram como um dobre de finados para a possibilidade de todo e qualquer tipo de "aulas" ou escolas.[63]

4 — Após 1777 — recuos e avanços que se alternam em quase todas as frentes atingidas pelas reformas pedagógicas.

---

[62] Nos textos já citados, de Laerte Ramos de Carvalho, Maria Beatriz Nizza da Silva, Antonio Alberto B. de Andrade, entre outros, encontram-se muitas indicações, com base em fontes primárias, sobre os problemas ligados à imposição dos novos métodos de estudo e ensino, assim como a disciplina.
[63] Carrato apresenta o quadro mineiro de tais problemas (155ss); cf. ainda: Gomes, especialmente o Cap. II — "Duas listas de professores, uma elaborada pelo governo do Marquês de Pombal e outra pela D. Maria I"; ver ainda Gomes "O Marquês de Pombal, criador do ensino primário oficial"; Farinha; Marrocos; Andrade.

Com a "Viradeira", e mesmo depois, a política de laicização do sistema educacional ficou definitivamente comprometida.

À hostilidade ideológica, em relação ao espírito das reformas pombalinas, tido por alguns como "ímpio", ou "ateu", vieram somar-se as pressões da própria realidade: se os mestres leigos eram em número insuficiente, pouco "confiáveis", inclusive, muitos deles, e se, por outro lado, não havia numerário bastante para pagá-los, por que não devolver aos sacerdotes e frades das ordens regulares uma tarefa que sempre havia sido sua, para a qual tinham o preparo necessário e com a vantagem de não ser preciso pagar-lhes mais que uma remuneração quase simbólica, visto que, como "funcionários do Estado" já eram por este mantidos?[64]

O desestímulo ao trabalho docente fez apenas acentuar-se, pois os problemas de recrutamento, remuneração, infra-estrutura, entre outros, agravaram-se. Nem por isso, no entanto, abrandaram-se os rigores burocráticos, ou seja, as exigências minuciosas e a lentidão das respostas.

Às inúmeras mazelas vieram juntar-se algumas outras nesse final do século XVIII: o perigo da entrada e propagação das "novas idéias", as "idéias francesas" em particular, faz pesar sobre os textos e os próprios mestres as atenções e (ou) suspeitas das autoridades interessadas em preservar a "ordem pública". Por toda parte emergem indícios e denúncias, reais ou fictícios, acerca de atividades ou maquinações de pessoas real ou supostamente filiadas à "maçonaria", uma presença ubíqua e difusa no panorama político e mental dessa época.

Completando o painel, vemos eternizarem-se as queixas contra a escassez de recursos, agora tornada crônica e com um agravante: afloram aqui e ali denúncias a propósito de malversação de recursos destinados à educação praticada por altas autoridades regionais e locais; em resumo, gasta-se mal, emprega-se em outras finalidades, ou, nem mesmo se arrecadam minimamente os impostos destinados ao custeio do sistema educacional.[65]

Preferimos deixar para outra ocasião[66], a tentativa de sintetizar algumas das principais características, em particular aquelas mais especificamente "coloniais", do processo de implementação da Reforma dos

---

[64] Carrato 209ss; Novais; Falcon, "Alguns problemas da investigação histórica sobre a recepção da Revolução Francesa no Brasil-Colônia".
[65] Vilhena 8ª carta 291; segundo Pedro Calmon: "bons professores não iam ao sertão", apud Carrato 151; Jobim 49ss; Nizza da Silva 451-558.
[66] Falcon, "As reformas pombalinas na educação e o Brasil colonial".

Estudos Menores, nas diferentes regiões do Brasil-Colônia. Não obstante, pensamos ser oportuno fazermos alusão, nesta oportunidade, a alguns problemas mais gerais percebidos por nós durante o estudo do referido processo.

Talvez um primeiro aspecto a sublinhar deva ser o da escassez de estudos apoiados em levantamentos documentais em nível local ou regional. Trabalhos como os de Carrato, Andrade e Carvalho, na verdade, continuam a ser exceções valiosas. Possuímos, sim, uma quantidade talvez até razoável de histórias ou interpretações gerais sobre a História da Educação no Brasil nas quais os temas vinculados ao Setecentos, ou mesmo ao período colonial como um todo, constituem apenas um, ou alguns poucos capítulos da obra. Nestes trabalhos, como não poderia deixar de ser, há somente um universo restrito de referências e (ou) citações "exemplares" apoiadas em fontes primárias, por sinal quase sempre as mesmas. Talvez disso resulte a impressão de repetitividade em relação a temas, situações, eventos, citados pelos diversos autores.

No momento atual, portanto, pouco é possível avançar-se em relação ao já sabido. Podemos apenas ficar à espreita de pesquisas de cunho monográfico capazes de nos darem acesso a dimensões mais concretas das diferentes práticas reformistas, pombalinas e pós-pombalinas, no quadro das muitas situações espaço-temporais vivenciadas pelos colonos, nos moldes, no mínimo, do estudo de Carrato para as Minas Gerais. É até bem provável que já existam diversos trabalhos com essas características em meio às muitas centenas de dissertações e teses que continuam a dormir seu sono interminável nos arquivos de nossos programas de pós-graduação. Enquanto persistir tal situação, deveremos conviver com esse panorama relativamente pobre, forçados a generalizar ou extrapolar, aqui e ali, sempre hipervalorizando o pouco que ainda se sabe.

Por outro lado, tudo nos leva a crer que a escassez de que o conhecimento preciso se ressente tem sido de certa forma "compensado" pelas interpretações mais abrangentes. Contra estas, no entanto, pesam em muitos casos o viés ideológico, a ênfase mais valorativa, o confronto de visões mutuamente excludentes. Tem-se, nestes casos, o mais das vezes, uma apreensão do processo histórico das Reformas que se apresenta muito mais preocupada em justificar, criticar ou lamentar o próprio presente do historiador do que compreender a natureza e percalços das Reformas Pombalinas.

Um outro ponto, para nós, vem a ser a falta de reflexões mais precisas, ou profundas, sobre as relações entre os discursos reformistas que se apresentavam como "ilustrados" e as diferentes modalidades de práticas pedagógicas, baseadas real ou apenas pretensamente nas mensagens contidas em tais discursos.

Por último, notamos também que a produção de que dispomos para a compreensão de como as práticas pedagógicas reformadoras se articulam com os processos ou movimentos mais gerais de natureza cultural, no espaço colonial é muito limitada. O interesse predominantemente, neste caso, tem se voltado para aquele pequeno universo de brasileiros que puderam prosseguir os seus estudos na metrópole, em Coimbra. Uma atenção especial vem sendo dispensada aos brasileiros que estudaram ali após os Novos Estatutos, de 1772. Todavia, para o outro grupo bem maior de brasileiros, o dos que tiveram que ficar cursando apenas as escolas elementares, ou de "primeiras letras", ou ainda, quando muito, as Aulas Régias de Gramática Latina e apesar de mais escassas, as de Retórica e Poética, Humanidades e um ou outro professor de Geometria, para esse grupo, quase tudo se encontra ainda por investigar.

Bibliografia

Albuquerque, Luis. *Notas para a história do ensino em Portugal*. Coimbra: Ed. do Autor, 1960.
Almeida, Ângela Mendes de. *O gosto do pecado*. Rio de Janeiro: Rocco, 1992.
Andrade, A. Alberto B. de. *Verney e a cultura do seu tempo*. Coimbra: Imprensa Universitária, 1966.
_____. *A reforma pombalina dos estudos secundários no Brasil*. São Paulo, Saraiva, 1978. 4/5.
_____. "O Marquês de Pombal e o ensino no Brasil (Revisão crítica do tema)". *Pombal revisitado*. Lisboa: Estampa, 1982, Vol. I. 227-41.
Avellar, H. de Alcântara da. *História administrativa do Brasil*. Rio de Janeiro: DASP, 1970, vol. V.
Azevedo, Fernando de. *A cultura brasileira*. Rio de Janeiro: IBGE, 1943, 3 vols.
Barreto, L. Felipe. *Os descobrimentos e a ordem do saber*. Lisboa: Gradiva, 1987.
Calmon, Pedro. *História do Brasil*. Rio de Janeiro: José Olympio: 1959, vol. IV.
Campos, Ernesto de Souza. *Instituições culturais e de educação superior no Brasil*. Rio de Janeiro: Imprensa Nacional, 1941.
Carnaxide, Visconde de. *O Brasil na administração pombalina*. São Paulo: Cia. Editora Nacional, 1940.
Carrato, José Ferreira. *Igreja, Iluminismo e escolas mineiras coloniais*. São Paulo: Cia. Editora Nacional, 1968.

Carvalho, Joaquim de. "Introdução ao *Ensaio Filosófico sobre o Entendimento Humano* de John Locke". *Obra completa* I, 2, Lisboa: Gulbenkian, 1981. 302-54.
_____. "Descartes e a Cultura Filosófica Portuguesa". *Obra completa. Filosofia e história da filosofia*, vol. 2.
Carvalho, Laerte Ramos de. *As reformas Pombalinas da instrução pública.* São Paulo: Saraiva, 1978.
Cidade, Hernani. *Lições de cultura e literatura portuguesas.* Coimbra, 1968, 1º vol.
Crippa, A. "A filosofia no Brasil". *As tarefas filosóficas no Brasil. Séculos XVIII / XV / IX.* São Paulo: Convívio, 1978. 11-40.
Cruz Costa, J. *Contribuição à história das idéias políticas no Brasil.* Rio de Janeiro: José Olympio, 1956.
Cunha, Luiz A. *A universidade temporã.* Rio de Janeiro: Civilização Brasileira, 1980.
Falcon, F. J. C. *A época pombalina.* 2ª ed. São Paulo: Editora Ática, 1993 [1982.].
_____. *Despotismo esclarecido.* São Paulo: Ática, 1986.
_____. "Luzes e Revelação na Colônia". *Estudos Avançados* II, 2 (maio/agosto 1988): 73-85.
_____. "As práticas do reformismo ilustrado pombalino no campo jurídico", Revista de História das Idéias, Fac. de Letras, Universidade de Coimbra, 1996, vol. 18, 511-27.
_____. "Alguns problemas da investigação histórica sobre a recepção da Revolução francesa no Brasil-Colônia". Actas do Colóquio Internacional, "A recepção da Revolução Francesa em Portugal e no Brasil". Faculdade de Letras da Universidade do Porto, 1992. 213-26.
_____. "Da Ilustração à Revolução — percursos ao longo do espaço-tempo setecentista. *Acervo* (Revista Arquivo Nacional), IV, 1 (jan./jun./1989): 53/87.
_____. "História e cultura". *História. Balanço e perspectivas.* ANPUH, Rio de Janeiro, 1991. 100-134.
_____. *A história cultural.* Rio de Janeiro, PUC/ Dep. Hist., 1991.
_____. "Tiradentes e o imaginário republicano do século XVIII". A idéia de República no séc. XVIII e Tiradentes. Belo Horizonte: Fundação João Pinheiro, 1994. 101-38.
_____. "As reformas pombalinas e a educação no Brasil: as reformas pombalinas e seu impacto sobre a colônia." Estudos Ibero-Americanos, PUC-RGS, vol. XVIII, nº 2, dez. 1992, 5-41.
Farinha, Bento José de Souza. "Prantos da mocidade portuguesa". *Revista de educação e ensino*, Coimbra, 1947. 106-122.
Ferrater Mora, J. "Suárez et philosophique moderne". *Revue de metaphysique et morale*, Paris, I, 1963.
Ferreira, Joaquim. "Luis Antonio Verney e o verdadeiro método de estudar". *O nascimento da moderna pedagogia: Verney*, op.cit. 53-65.
Figueiredo, Fidelino de. *Estudos de literatura*, IV Série112.
Gay, Peter. *The Enlightenment: An Interpretation.* New York: A.A Knopff, 1966 e 1969. 1º e 2º Vol.
Gomes, Joaquim Ferreira. *O Marquês de Pombal e as reformas do ensino.* Coimbra: Almedina, 1982.
_____. "O Marquês de Pombal, criador do ensino primário oficial". *Revista de História das Idéias.* Coimbra (IV, 1982): 25/41.

Ibiapina, Clarice C. " Questões principais da filosofia brasileira". *Convivium*, 01/86.
Jobim, Leopoldo C. *Ideologia e colonialismo*, Rio de Janeiro: Forense, 1985.
Lacombe, Américo J. "Os primórdios da educação — A família e o ensino". Diegues Jr., M. (org.). *História da cultura brasileira*. Rio de Janeiro: CFC/ Fename, 1972.
_____. "A Igreja no Brasil colonial", Hollanda, S. B. (org.). *História geral da civilização brasileira*, Vol. 2. São Paulo: Difel, 1960.
Klut. D. "O momento pedagógico pombalino: Referências bibliográficas". Paim, A. (org.). *Pombal e a cultura brasileira*. Rio de Janeiro: Tempo Brasileiro, 1982. 32-43
Marrocos, Francisco José dos Santos. "Memória sobre o estado atual dos estudos menores". *Revista de educação e ensino*, VII, 1892 [1799]. Lisboa. 521-41.
Mendonça, Marcos C. de. *O erário no Brasil*. Rio de Janeiro: Serviço de Documentação do Ministério da Justiça, 1968.
Mercadante, Paulo. "As raízes do Ecletismo Brasileiro". Crippa, A. (org.). *As idéias filosóficas no Brasil*. São Paulo: Convívio, 1978.
Moacir, Primitivo. *A instrução e o Império*. São Paulo: Cia. Editora Nacional, 1936, 3 vols.
Moncada, L. Cabral de. *Estudos de história do Direito*. Coimbra 1948/50 , 3 vols.
Nizza da Silva, M.B. "As ciências", *O Império luso-brasileiro*. Lisboa: Estampa, 1986.
Novais, Fernando A. *Portugal e Brasil na crise do antigo sistema colonial*. São Paulo: Hucitec, 1973.
Oggero, U. de, "As origens do pensamento filosófico no Brasil". *Convivium* (01/86): 51-78.
Paim, A. *História das idéias filosóficas no Brasil*. São Paulo: Grijalbo, 1967.
_____. "Introdução". *O nascimento da moderna pedagogia*: *Verney*. Rio de Janeiro: PUC, CFC, 1979.11-12.
_____. *Pombal e a cultura brasileira*. Rio de Janeiro: Tempo Brasileiro, 1982.
_____. "A filosofia no Brasil". *Convivium*, 01, 86, Ano, Ano XXV, vol. 29, nº 1, São Paulo.
Praça, Lopes. *História da filosofia em Portugal*. Lisboa: Guimarães, 1988.
Reis, Arthur Cezar F. "O comércio colonial e as companhias privilegiadas". *História geral da civilização brasileira*. Sérgio Buarque de Holanda (org.). São Paulo, DIFEL, 1960, Tomo I, vol.2.
Rodriguez, Ricardo V. "Persistência do patrimonialismo modernizador na cultura brasileira". Paim A. (org.). *Pombal e a cultura brasileira*. Rio de Janeiro: Tempo Brasileiro, 1982.
Rovira, Maria Del Carmen. *Ecléticos portugueses del siglo XVIII y algunas de sus Influencias en América*. México: FCE, 1958.
Saldanha, Nelson. *Histórias das idéias políticas no Brasil*. Recife: UFPE, 1968.
Salgado, Graça (org.). *Fiscais e meirinhos. A administração no Brasil colonial*. Rio de Janeiro: Nova Fronteira, 1990, 2ª ed.
Sanches, Antônio N. Ribeiro. *Cartas sobre a educação da mocidade*. Coimbra: Imprensa da Universidade, 1922.
_____. *Método para aprender a estudar a medicina*. Coimbra: Imprensa da Universidade, 1922.
Santos, Maria de Lourdes C. L. dos. *Intelectuais portugueses na primeira metade do oitocentos*. Lisboa: Presença, 1988.
Saraiva, A. J. e Lopes, Oscar. *História da literatura portuguesa*. Santos/Porto: Martins Fontes, 1973.

Saraiva, A. J. *História da cultura em Portugal*. Lisboa: Bertrand, 1982.
Silva Dias, J. S. de. *Portugal e a cultura européia*. Coimbra: Imprensa da Universidade, 1953.
_____. "Pombalismo e projeto político". *História e filosofia*, II, Lisboa: INIC, 1983. 185-318.
Varnhagen, F. A. de. *História geral do Brasil*. São Paulo: Melhoramentos, 1978.
Vilhena, Luis dos Santos. *Cartas soteropolitanas*. Salvador: Imprensa Oficial, 1921, 2 vols.

CAIRU, MORALISTA

Pedro Meira Monteiro[1]

> O Ilustre Reclamador tem mais de 60 anos, a sua cabeça é uma biblioteca, porém biblioteca em desarranjo: ali bom e mau está tudo misturado: são fornadas.
>
> (*Correio do Rio de Janeiro*, 23 de maio de 1822, referindo-se a José da Silva Lisboa)[2]

Será penoso, a todo aquele que se ponha a sondar os primórdios de uma literatura de cunho social e político no Brasil, fugir ao tópico da "identidade nacional". Afinal, neste país de passado colonial tão recente, a edificação imaginária da coletividade esteve, quase sempre, escorada na idéia máxima do Estado conformador da nacionalidade. Assim se orienta o discurso de um José da Silva Lisboa, pela generosa constelação dos ideais de harmonia e felicidade sociais, em que se abrigaria, finalmente, a boa estrela da nação moderna.

Entretanto, é possível adivinhar, neste céu novíssimo, a presença de velhos e usuais princípios que, se não nos afastam totalmente o tópico indesejado, ao menos nos fazem lembrar que a busca da harmonia social não é nova entre os homens, e esteve a tentá-los toda vez que a dispersão dos elementos, ou o desregramento dos costumes, espreitaram as sólidas construções da Cidade.

---

[1] Professor de História do Brasil da Universidade de Princeton. Autor de *A queda do aventureiro*: *Aventura, cordialidade e os novos tempos em* Raízes do Brasil (Campinas: Editora da Unicamp / São Paulo: FAPESP, 1999).
[2] Apud Lustosa 182.

O visconde de Cairu — título com que se celebrizaria o bacharel e censor José da Silva Lisboa — é autor de copiosa e irregular obra, reconhecida pela vulgarização da Economia Política no país, mais que pela reflexão extremosa sobre a moral e a filosofia. Porém, o moralista Cairu poderá, talvez, ajudar-nos a compreender, ainda que no breve momento deste ensaio, que um discurso sobre o Brasil — imaginária e improvável figura una — pode expressar, sem que muitas vezes suspeitemos do caso, nada mais que o temor diante da desordem e do caos, antepondo-lhes, no plano das letras, o discurso da ordem que a Cidade requer e recria, diuturnamente.

•

Inicia-se, em 1824, a publicação da *Constituição moral e deveres do cidadão*, catecismo de José da Silva Lisboa, dedicado à "Mocidade brasileira", em que se expõe a "moral publica conforme o espirito da constituição do Império".[3] Conjunto poderoso de correção moral, os cinco volumes da obra dificilmente se inscreveriam entre os manuais de boas maneiras dos tempos imperiais. Sua missão não parece propriamente mundana: não se tratava, apenas, de polir os modos de uma gente rude, desabituada ainda às louçanias da corte; diferentemente, seria a "Filosofia Moral" que viria a estabelecer as bases da "Jurisprudência Universal", da melhor constituição política dos "Estados bem morigerados", baseada na correção dos costumes.[4]

O espírito patriótico de Cairu, tantas vezes recordado por uma literatura encomiástica, legada pelo século XIX, não seria contestado senão pelos seus críticos mais acerbos.[5] E é verdade que, a despeito de

---

[3] Ver Lisboa.
[4] Lisboa Parte I, 1-2. Sobre os manuais de "urbanidade" que grassaram nos tempos da corte brasileira, numa apreciação que culmina na análise do romance de Macedo, leia-se Augusti.
[5] "Rabugento sabujo" e "degenerado baiano" eram, por exemplo, alguns dos epítetos que lhe atribuía o iracundo frei Caneca. Cf. Souza vol.1, 260. Que distância, entretanto, dos elogios estrepitosos de um Alceu Amoroso Lima! Para um balanço crítico da produção historiográfica sobre Cairu, consulte-se Rocha 13-32. Consulte-se, também, um importante estudo que, recentemente, procura recuperar a complexidade do pensamento econômico de Cairu, sugerindo, mesmo, o acerto de suas proposições no campo da política econômica, e relativizando, assim, a matriz interpretativa que lhe atribui o papel de ideólogo do senhoriato brasileiro; matriz esta que deita raízes nas observações clássicas de Sérgio Buarque de Holanda e Celso Furtado. Cf. Novais; Arruda, 9-29. O título de visconde de Cairu, lembre-se, seria concedido apenas em outubro de 1826, quando Silva Lisboa já fora designado senador do Império pela Bahia.

sua atuação à testa do *Conciliador do Reino Unido*, e de sua talvez excessiva cautela diante da opção pela autonomia política brasileira[6], Silva Lisboa pareceu pautar-se, sempre, por um sentimento sincero da coletividade, força nutriz de um discurso eminentemente construtivo, corretório e perfectivo.

Inúmeras são as passagens, nesta obra importante e pouco conhecida, onde as notações de ordem moral podem revelar preocupações com o aspecto gregário do homem, que deriva, logicamente, para a futura sociedade justa, antiqüíssima e nunca esquecida promessa. Tantos outros são os trechos que nos permitiriam refletir sobre as orientações políticas de Cairu, e os impasses, não apenas do seu liberalismo singular, mas do liberalismo como crença genérica nas possibilidades remissórias do homem, este ser político a valer-se de seu livre arbítrio e indústria, e da propriedade, que é a marca mais funda e incontornável de sua condição social.

Contudo, este ensaio não pretende mais que sugerir e acentuar o aspecto edificante do moralismo de Cairu, e sua observação sempre otimista do indivíduo, que o levam a compor um quadro insuspeitamente complexo da humana condição social e política, orientando-o, a um só tempo, às mais urgentes questões locais, e às seculares e universais discussões da moral.

•

Se há um eixo a equilibrar a *Constituição moral*, é a reação sempre vigorosa do autor a toda forma de desvio social, ou de potencial desordem. Como nesta passagem:

> Um dos maiores malefícios das Revoluções é o soltar dos laços da subordinação, e do dever do trabalho, regular e paciente, as classes industriosas, dando aos indivíduos ousadias insolentes para exorbitarem da própria esfera (*Mirabeau*, um dos mais atrabiliários Corifeus da Cabala Revolucionária da França, apregoou, que se deviam castigar nos ricos os crimes dos pobres, como causas deles), e de, em lugar de cada obreiro ter

---

[6] Há quem julgue, porém, que a autoria do panfleto "O despertador brasiliense", saído a lume em dezembro de 1821, e que tanto influenciou o Fico, deva-se a José da Silva Lisboa. De sua lavra, muito provavelmente, é a "Heroicidade brasileira", e, seguramente, os catorze volumes da "Reclamação do Brasil", que tantas polêmicas lhe custaram. Para acompanhar a atividade "jornalística" de Cairu, consulte-se Lustosa.

a justa emulação de rivalizar em barateza e perfeição d'obra na sua arte entre os seus iguais em mester, e (por assim dizer) conseguir excelência a alteza da mestrança e principado na respectiva classe, pela preeminência de sua habilidade e destreza; se arrojam temerários ao vácuo caótico de ambição desordenada de soberania política, mais desenvoltos e desorientados que os átomos de Epicuro na imensidade do espaço, ou das moléculas d'água do salitre reduzidas a vapor pela explosão da pólvora.[7]

A imagem vivaz desta polvorada epicuriana deixa ver, inequívoco, o princípio anti-revolucionário que preside a ação política e orienta as palavras de Cairu, lançando-nos num terreno em que as metáforas não são meros aparatos a cobrir o vazio de sentido do discurso. Pelo contrário, é preciso imaginar um tempo e um contexto, autor e leitores para quem estes dizeres poderiam fazer sentir e propagar o temor diante da revolta popular, tão presente ainda, fosse pelas notícias algo frescas dos terrores da Revolução Francesa, fosse por um haitianismo difuso, mas detectável no horizonte da Ilustração luso-brasileira.

Não será estranhável, portanto, que a reação da ordem, num arranjo moral, parecesse necessária e inadiável.[8] Compreenda-se, ademais, o paralelo curioso entre o atrabiliário revolucionário francês e o caótico atomista grego. Mais que a conhecida francofobia de Silva Lisboa, teremos aqui, estampada, a resistência a toda forma de sedição, e, sobretudo, a toda sorte de desarmonia, num plano em que as razões cosmológicas e sociais são o mesmo.

A marca do economista evidencia-se na disposição que subjaz a este mundo ideal de "justas emulações", "excelência da mestrança" e "barateza da obra". Conquanto possuam um sabor arcaico, as expressões podem revelar o estudo acurado e atualizado de uma ciência nova, mal saída das franjas das investigações morais. O professor de moral Adam Smith é, indubitavelmente, um dos mestres de Cairu, não obstante a resistência do economista brasileiro a certo deísmo da escola de moralistas escoceses.[9]

---

[7] Lisboa, "Suplemento" 20.
[8] Tanto assim que, a acreditar-se em Valle Cabral, mandou D. Pedro imprimir a *Constituição moral*, a partir de seu segundo volume, na Imprensa Nacional, a expensas do Estado. Ver Cabral 34.
[9] "A Universidade de Edimburgo na Escócia se tem distinguido pela sua *Escola moral*, que tem produzido Escritores de grande nome, como *Hutcheson, Shafthesbury, Ume, Smith, Ferguson, Reid, Stewart, Brawn*. Porém o empenho destes Moralistas tem sido o formar um Sistema de Religião Natural, e de Moral Pura, sem consultarem a Revelação contida nas Sagradas Escrituras do Velho e Novo Testamento". Lisboa, *Constituição moral*. Parte I, 42-3.

A desorientação, a desenvoltura e, finalmente, a explosão, são os lugares a exprimir, no plano discursivo, as paixões desordenadas da política, más, sempre que entregues a gente não cultivada. O espírito fortemente hierarquizante de Cairu, admirador e divulgador de Burke no Brasil, nos faz pensar nesta mescla de valores, que permitia a uma imaginação conformada por uma sociedade escravista desenvolver-se em meio às crenças atualíssimas no papel dignificante do trabalho. Seria preciso lembrar, então, que o Brasil do século XIX associaria, de forma sempre complexa, trabalho e moral, no desenho de uma sociedade civilizada, e que a questão servil, malgrado as beneméritas intenções de muitos homens — entre os quais o antiescravista Cairu —, seguiria a incomodar e desafiar.

O sentido da reação moralizante, posta em curso no catecismo oitocentista, é a ordenação das paixões e dos apetites individuais. O autor é claro, ao lembrar que os há bons e maus, e propor seu estudo e análise, de modo a diferenciar aquilo que, nas ações humanas, aparece indistintamente, enganando-nos quanto às intenções daquele que age, e abrindo alas aos demagogos e a todos os que pretendam atar fogo à frágil imaginação popular.

Num tempo em que as razões do corpo e da alma não se separavam claramente ainda, portanto em outro registro, a reação à dissolução dos costumes poderia ensejar tanto o desenho de um passado ideal, de uma corte ainda não corrupta, quanto o desejo de contenção do espírito, e de suas paixões aparentemente incontroláveis. E não se pense apenas na reação estóica que produziu algumas das mais marcantes obras da moral, recuperadas pelo espírito latino, lidas e admiradas pelo professor de letras que era Silva Lisboa. Recorde-se, igualmente, o estoicismo redivivo do fim da Renascença na França, com um Gillaume du Vair a pregar contra o "bando de sediciosos" que são as paixões a agir, desordenadamente, em nosso próprio corpo.[10]

Diante da semente da dissolução do corpo social, é contudo Edmund Burke quem vem em auxílio deste inveterado anglófilo, autor da *Constituição moral*.

> [O] Antagonista dos Revolucionários de todos os países [mostrou que] a Base da verdadeira religião consiste, em estar o corpo do povo sempre seguro na idéia e prática da obediência à Vontade do Eterno

---

[10] Du Vair 71.

Soberano do Mundo, ter confiança nas suas revelações, e aspirar à imitação de suas perfeições. Os homens sábios não são violentos em condenar a fraqueza do entender humano. *A sabedoria não é o mais severo censor da ignorância. As loucuras rivais são as que se fazem mutuamente implacável guerra*; e a que chega a predominar, logo se prevalece de suas vantagens para pôr no partido de suas querelas os espíritos vulgares. Ao contrario, a prudência é um mediador neutro.[11]

É notável que a imagem deste desregramento louco das paixões políticas possa fazer par ao retrato bélico composto por Du Vair, em sua didática narrativa da patologia do corpo humano.[12] Talvez a lembrança da eupatia estóica pareça exagerada, ou descabida. Mas não o será, se notarmos que o moralismo clássico francês e sua reação ao neoestoicismo não eram estrangeiros a Cairu, ele mesmo um leitor admirativo e desconfiado do duque de la Rochefoucauld. O último volume do catecismo, publicado em 1825, nomeava-se, a propósito, "Suplemento à *Constituição moral*, contendo a exposição das principais virtudes e paixões; e Apêndice das máximas de La Rochefoucauld, e doutrinas do cristianismo".

É mesmo possível localizar, no espírito das máximas do duque *frondeur*, uma espécie de contraponto a marcar a melodia da *Constituição moral*. Recolhidos ao final da obra, cuidadosamente traduzidos, os aforismos selecionados ganham um enquadramento singular, ordenados pela potência moralizante de Cairu.

---

[11] Lisboa, "Suplemento" 36.
[12] "Nous appelons PASSIONS un mouvement violent de l'âme en sa partie sensitive, qu'elle fait pour suivre ce qui lui semble bon ou fuir ce qui lui semble mauvais. (...) Or, la nature a donné [aux] sens cette force et cette puissance, tirée de l'âme, de s'appliquer aux choses, en tirer les formes et les embrasser ou rejeter (...). Mais, leur donnant cette puissance, elle leur a aussi prescrit sa loi et son commandement, qui est de se contenter de reconnaître et donner avis de ce qui se passe, sans vouloir entreprendre de remuer les plus hautes et plus fortes puissances et mettre tout en alarme et confusion. Car, en une armée, souvent les sentinelles, pour ne savoir pas le dessein du chef qui leur commande, peuvent être trompées et prendre pour secours les ennemis déguisés qui viennent à eux ou pour ennemis ceux qui viennent à leur secours; aussi les sens, pour ne pas comprendre tout ce qui est de la raison, sont souvent trompés par l'apparence et jugent pour ami ce qui nous est ennemi. Quand, sur ce jugement et sans attendre le commandement de la raison, ils viennent à remuer la puissance concupiscible et l'irascible, ils font une sédition et un tumulte en notre âme, pendant lequel la raison n'y est non plus ouïe ni l'entendement obéi que le loi ou le magistrat en un État troublé de dissension civile." Du Vair 69-71. Note-se que a obra de Du Vair inscreve-se num contexto em que a *civilidade* mesma se punha à prova, quando a crença humanista pulsava, ainda, no quadro tormentoso das guerras de religião. Cf. Bury 45.

Porém, é sabido que o desvendamento do mecanismo das paixões humanas, no registro daquele moralismo clássico, promove, precisamente, o desmascaramento da virtude estóica, e deste Sêneca ideal, tantas vezes ridicularizado no círculo de Madame de Sablé, onde se compôs esta obra-prima que são as *Réflexions ou sentences et maximes morales*, publicadas pela primeira vez, em edição "autorizada", no ano de 1665, em Paris.

Mas a celebração da pura virtude e dos *exempla*, segundo a velha tradição retórica, tão útil para as novas gerações brasileiras, permitira a Cairu, em volume anterior àquele "Suplemento", exprobrar La Rochefoucauld, não sem antes louvar Claudiano, Salústio e o próprio Sêneca. O moralista do século XVII, afinal, seria

> (...) censurável, pelo *péssimo exemplo* que deu em sua obra, que adquiriu celebridade na França, e foi traduzida em varias línguas da Europa, por haver atribuído ao *interesse* ou à *vaidade*, ainda as mais heróicas virtudes; o que influiu na mania de imitadores *Homens de Letras*, que sustentarão igual paradoxo, destrutivo da confidência dos Governos, e Povos, ainda nos seus mais zelosos servidores.[13]

O amor-próprio é, de fato, o móbil das ações humanas, no retrato impiedoso e profundo traçado pelo duque de la Rochefoucauld, cuja ilustre memória mal se resguarda neste trecho, exposta à corrupção dos "Homens de Letras", promotores de uma República ideal talvez demasiado universal para a vontade patriótica de Cairu.

O desmascaramento das virtudes, note-se, não é um movimento gratuito ou puramente cético, menos ainda "niilista", segundo esta expressão tão moderna quanto inútil para a compreensão do *grand siècle*. O desmascaramento é, diversamente, o resultado literário, se assim se puder dizer, de um esforço por desenhar o homem, compondo-lhe, como na fábula, um retrato especular, a um só tempo sedutor e decepcionante.[14] Figura múltipla e plástica, em que o *movimento* é talvez a única força constante, além do amor-próprio. Leiam-se as máximas de La Rochefoucauld, subsecutivamente, e a vertigem das imagens que se fazem e desfazem (fazem para desfazer-se, na lógica intrincada dos frag-

---

[13] Lisboa, *Constituição moral*. Parte III, 47.
[14] La Fontaine dedicaria, ao duque de La Rochefoucauld, "L'homme et son image", fábula que representa as máximas como fonte de (des)encantamento do Narciso que todos somos. Cf. La Fontaine 63-4.

mentos) permitirá vislumbrar um retrato que é todo paradoxos: instável e preciso, delicado e ferino, aprazível e mortal.

É razoável, porém, para a devida apreciação deste intertexto da *Constituição moral*, lembrar o plano sobre o qual a pena do Seiscentos ensaiara seus retratos: a desconfiança diante do homem e suas sempre enganadoras virtudes é a expressão original de uma dúvida que paira sobre a matéria estragada de que nos fizemos. O jansenismo, que é a fonte mais verossímil do desencanto das máximas, nutre-se de velhas doutrinas patrísticas e nos faz pressentir a sombra agônica do pessimismo agostiniano. Na tentativa de compreender o século XVII francês, presente de forma singular no catecismo oitocentista, será útil deixar-se embalar entre os extremos do otimismo e do pessimismo, para entender aquilo a que se chamou, recentemente, "humanisme et anti-humanisme dans les morales du grand siècle".[15]

O recuo, uma vez mais, parecerá talvez impróprio, mas torna-se necessário, desde que se pretenda decifrar a presença incômoda de La Rochefoucauld na obra de José da Silva Lisboa. Perceba-se, então, que a moral das máximas será apresentada, ao fim do catecismo, como um espelho invertido da ética, ou aquilo que a mocidade brasileira deveria, justamente, saber discernir, de modo a evitar. Afinal, que se poderia esperar de um mundo em que as virtudes não são, no mais das vezes, senão vícios disfarçados?[16] Tratava-se, para utilizar os saborosos termos de Cairu, de opor antídoto às "drogas gálicas", encontrando uma oposição segura ao rematado pessimismo do duque moralista.[17] Leiamos as primeiras palavras do "Apêndice" em que figuram as máximas de La Rochefoucauld:

---

[15] Ver Bury, "Humanisme et anti-humanisme dans les morales du grand siècle". Sobre o agostinismo de La Rochefoucauld, consulte-se o clássico estudo de Lafond.

[16] É a epígrafe das máximas: "nos vertus ne sont le plus souvent que des vices déguisés". Em português, consulte-se a mais recente tradução: La Rochefoucauld. *Máximas e reflexões*. Trad. Leda Tenório da Motta.

[17] De fato, a expressão apareceria no primeiro volume da *Constituição moral*, quando Lisboa se refere à obra *pestilenta* de Volney: "Correndo este e outros perniciosos livros Franceses devassamente no Brasil, é do dever de todos que desejam a pureza da Moral Publica do Império para se generalizar o genuíno caracter do *Cidadão probo*, opor, quanto em si estiver, antídoto literário á tais drogas gálicas, que são mais mortíferas que os venenos de Colchos. Tal é o propósito do trabalho que apresento á Indulgencia Nacional, e que empreendi entre muitos encargos de oficio, já valetudinário, no ultimo quartel da vida, estando quase nas raias da eternidade". Lisboa, *Constituição moral*. Parte I, VII.

Havendo, ainda que mui imperfeitamente, exposto a *Constituição Moral*, manifesta pelas luzes da razão, ajudado pelas Regras da Revelação, considerei, que não seria inútil acrescentar um Epilogo da *Moral Mundana*, e da *Moral Cristã*; a fim de que, pelo seu contraste, se conheça a necessidade de guardar-se no Império do Brasil (salva a *Tolerância Política* concedida por imperiosas Razões de Estado) a Religião Católica, Apostólica, e Romana, que mostrou a *Grande Luz* às Nações que viviam nas trevas; perpetuando-se a Doutrina Evangélica, que tem subsistido por não interrompida série de Sucessores do Príncipe dos Apóstolos S. Pedro, o qual traspassou a *Cadeira da Verdade* da Capital da Judéia (cuja total destruição fora profetizada pelo Redentor do Mundo) para Roma, a Capital do Império Romano, então o maior e mais civilizado Estado da Terra, donde em conseqüência melhor se poderia propagar o Novo Código, que continha as Bases da verdadeira *Constituição* das *Constituições*. Desejava também adir uma Dissertação sobre a *Verdade da Religião Cristã*, tão contradita e vilipendiada pelos ímpios, infiéis, e libertinos, que têm produzido maiores males pelo *Furor Revolucionário*, que os que a Humanidade tem sofrido pelo *Erro Fanático* de escuros tempos. O Apostolo das Gentes admoesta aos Cristãos estar prontos para dar *razão da Fé* que professam. Porém essa tarefa, além de muito exceder as minhas faculdades, é mais digna e própria dos *Mestres da Lei*. Restringir-me-ei portanto a um *Resumo* das Regras Evangélicas, e das Razões Filosóficas, que bastem a satisfazer a todo o espírito reto sobre a excelência da Moralidade e Piedade, que o nosso Divino Salvador veio ensinar ao Mundo pervertido. Pelo paralelo dos capítulos seguintes, espero se evidencie o *critério da verdade*, para os bons cidadãos, que não reconhecem mãos motivos das ações boas, se esconjurarem da Moral Mundana, que se funda no *amor-próprio*, e na cobiça de bens caducos, e seguirem a Moral Cristã, que se estabelece no Amor de Deus, e esperança da felicidade eterna.[18]

A importância do extrato justifica a longa citação. O "contraste" é a ordem com que, escolasticamente, vão opor-se a moral "mundana" de La Rochefoucauld e a moral "cristã", diligentemente exposta e analisada em seguida à coleção das máximas francesas, dispostas, elas mesmas, segundo tópicos bem definidos: amor-próprio, amizade, arrependimento, bondade, constância, fidelidade, fortuna, umidade, hipocrisia, etc. Note-se que, "organizando" as máximas, Cairu quebrava a graciosa e calculada desordem das partes, que fornece ao edifício todo aquele

---

[18] Lisboa, *Constituição moral*. "Apêndice" 1-2.

"ar natural", recomendado pelas mais antigas regras da poética, e louvado por tantos dos contemporâneos de La Rochefoucauld.[19]

Seria ingênuo, entretanto, supor simples incompreensão, onde há o profundo entendimento do texto. Cairu violenta a ordem das máximas, talvez porque tenha sabido detectar, com precisão, o plano pessimista em que se move a pena de seu autor. Não será à toa que o catecismo vai se fechando com uma coleção de pensamentos, que não deixa duvidar do potencial fundador deste escrito de Lisboa: as epístolas paulinas fornecem o contraponto à obra francesa, maldita porque nela o homem é pintado em seu estado corrupto, desassistido das Luzes da Revelação.

O discurso de Cairu, ao contrário do texto das máximas, é o discurso da Cidade. Embora não tenha sido um dos Solitários, que se abrigavam em torno à abadia de Port-Royal-des-Champs, La Rochefoucauld compartilhou com Pascal, Nicole, ou Arnauld, este espírito sombrio que descrê na Graça ao alcance de qualquer homem. Sobretudo, descrê no poder do homem, crendo em sua irrecuperável miséria — conquanto, no registro pascalino, na miséria mesma possa revelar-se a paradoxal grandeza da condição humana ou, já no caso de La Rochefoucauld, uma rara e fugidia *honnêteté* rebrilhe na aridez de um mundo de ilimitada dissimulação. Lembrem-se as querelas que opuseram jesuítas a jansenistas, na França, e compreenderemos melhor a incompatibilidade profunda entre o espírito quase missionário de Cairu e o discurso dos que se afastam do mundo para observá-lo e, no limite, desprezá-lo.

Aos "escuros tempos", Cairu parece opor o desenho impreciso de uma sociedade nova, baseada na ordem razoável da Natureza, de que ele é o exegeta. Perceba-se, no extrato do catecismo aqui reproduzido, a presença simultânea da Jerusalém caída e do soerguimento final do Império da cristandade. Silva Lisboa reporta-se ao início da institucionalização do cristianismo, valendo-se da força dos textos gregos de Paulo e Lucas (*Epístolas* e *Atos*), sementes primeiras da evangelização, e marca original da mensagem dirigida à Cidade corrupta, a esta Babilônia iníqua que o autor do catecismo identificaria, sem dificuldade, à Paris revolucionária, signo da desordem e da ambição desmedida dos homens.

---

[19] Veja-se, por exemplo, o belo "Discours" que acompanha as máximas em sua edição original. La Chapelle-Bessé 387-96.

O partido teológico ajudará a compreender e decifrar o sentido das figuras presentes na *Constituição moral*, aqui tratadas tão rapidamente. Resta explorar a relação que une, no plano de um discurso moral, a perversão de cada um ao furor revolucionário de todos; a retomada da ordem às cinzas da Cidade pecadora, sobre a qual se edificará o novo Império; a reconstrução do Estado decaído ao controle eficiente das paixões políticas; e, finalmente, as bases de um Novo Código à constituição mesma de um país.

•

Sugeriu-se, neste breve ensaio, a complexidade de uma pesquisa que busque, em tão pouco conhecido texto, o aspecto construtivo de um discurso que, mais que simplesmente ordenador, é reformador. Discurso moralista, que se detém diante das finezas nem sempre desejadas da dissimulação humana. Fala que se crê, ela própria, desprovida de dissimulação e ambigüidades, porque crê na clareza e perfeição do mundo que deseja.

É tentador, parece-me, buscar o veio moralista que corre, vivo, em vários outros textos daquele século, mais ou menos estudados. Que se pense nas máximas desencantadas do marquês de Maricá, ou nas carapuças do padre Lopes Gama. Que se pense, também, em um moralista tardio, mas mais profundo.

As sombras, que todo discurso da ordem recusa, habitam algumas das mais poderosas obras da literatura universal, e é preciso sentir, amargo, o travo da descrença, para, *en moraliste*, aproximar-se finalmente desta "essência turva do homem", como a nomeou Augusto Meyer, pensando em Machado de Assis. É certo que Cairu pertence a outro universo, e outro tempo. É igualmente tentador, entretanto, imaginar que ele escreveu seu catecismo luminoso contra o céu sombrio da angústia jansenista, onde brilhavam as estrelas de La Rochefoucauld e Pascal, leituras diletas do escritor do Cosme Velho. Mas estas já são outras e várias histórias.

Bibliografia

Augusti, Valéria. *O romance como guia de conduta*: A moreninha *e* Os dois amores. Dissertação de Mestrado, Instituto dos Estudos da Linguagem — Unicamp, 1998.
Bury, Emmanuel. *Littérature et politesse*: *l'invention de l'honnête homme (1580-1750)*. Paris: Presses Universitaires de France, 1996.

_____. "Humanisme et anti-humanisme dans les morales du grand siècle". Dagen, Jean (org.). *La morale des moralistes*. Paris: Honoré Champion, 1999.

Cabral, Alfredo do Valle. "Vida e escritos de José da Silva Lisboa, visconde de Cairu". *Cairu*. Rio de Janeiro: Arquivo Nacional, 1958.

Candido, Antonio. *Formação da literatura brasileira (Momentos decisivos)*. 2 vols. Belo Horizonte: Itatiaia, 1981 [1959].

Du Vair, Guillaume. "La Philosophie morale des Stoïques". *De la sainte Philosophie — Philosophie morale des Stoïques*. G. Michaut (org.). Paris: Vrin, 1946 [1585?].

La Chapelle-Bessé. "Discours sur les Réflexions ou sentences et maximes de morale". La Rochefoucauld. *Œuvres complètes* L. Martin-Chauffier, Jean Marchand (orgs.). Paris: Gallimard, 1964. 387-96.

Lafond, Jean. *La Rochefoucauld: augustinisme et littérature*. Paris: Klincksieck, 1986.

La Fontaine, Jean de. "L'homme et son image" (I, 11). *Fables*. J.-P. Collinet (org.). Paris: Gallimard, 1991.

La Rochefoucauld. "Réflexions ou sentences et maximes morales". *Œuvres complètes* L. Martin-Chauffier, Jean Marchand (orgs.). Paris: Gallimard, 1964.

La Rochefoucauld. *Máximas e reflexões*. Trad. Leda Tenório da Motta. Rio de Janeiro: Imago, 1994.

Lisboa, José da Silva. *Constituição moral e deveres do cidadão, com exposição da moral pública conforme o espirito da constituição do Império*. Rio de Janeiro: Tipografia Nacional, 1824-1825, 5 vols.

Lustosa, Isabel. *Insultos impressos: A guerra dos jornalistas na Independência (1821-1823)*. São Paulo: Companhia das Letras, 2000.

Novais, Fernando; Arruda, José Jobson. "Prometeus e atlantes na forja da nação". Lisboa, José da Silva. *Observações sobre a franqueza da indústria, e estabelecimento de fábricas no Brasil*. Brasília: Senado Federal, 1999.

Rocha, Antonio Penalves. *A Economia Política na sociedade escravista (um estudo dos textos econômicos de Cairu)*. São Paulo: Hucitec/ Departamento de História — USP.

POLÍTICA COMO HISTÓRIA, COMO LITERATURA: *UM ESTADISTA DO IMPÉRIO*

Valdei Lopes de Araujo[1]

A imponente figura do advogado, político e diplomata Joaquim Nabuco, quase esconde o escritor da primeira grande síntese da história do Império brasileiro. A propósito da biografia do senador Nabuco de Araújo, Joaquim Nabuco compõe, a um só tempo, a história do Império, do Imperador e do pai.

Nascido em 1849 em uma importante família de políticos do nordeste, Joaquim Nabuco, igual a muitos representantes da elite política imperial, teve a infância de jovem senhor, cuja vontade não encontrava resistência na escravaria ou agregados.[2] Nos primeiros anos da infância, foi criado por uma tia-madrinha viúva, de quem herdou uma propriedade rural, imediatamente vendida para custear sua primeira viagem à Europa, entre 1873 e 1874. Sua passagem pelo velho continente o marcaria de forma profunda. O estilo europeu no trajar, falar, pensar e escrever, firmou-se com sua atividade de adido da legação diplomática brasileira, primeiro em Washington e, logo a seguir, em Londres.

O modo europeu de Nabuco, em parte influência da cultura urbana do Recife[3], em parte impacto da vida diplomática, não passou despercebido por seus contemporâneos, que o acusavam de ter os pés no Brasil e a cabeça na Europa. Na geração modernista, a "moléstia-de-

---

[1] Foi Professor substituto de Historiografia na Universidade do Estado do Rio de Janeiro. Doutor em História Social da Cultura na Pontifícia Universidade Católica — Rio.
[2] Para a biografia de Joaquim Nabuco, ver Nabuco, "A vida de Joaquim Nabuco".
[3] Ver Mello, "O fim das casas-grandes".

Nabuco" era sinônimo da artificialidade e europeísmo[4] dos intelectuais brasileiros. O historiador Sérgio Buarque de Holanda, ilustraria o fenômeno na fórmula "somos ainda hoje uns desterrados em nossa terra," fixada no parágrafo de abertura de seu mais influente livro, *Raízes do Brasil* (1936).

Estudos recentes, entretanto, vêm contribuindo para a correta compreensão deste aspecto da formação de Nabuco. O historiador Raymundo Faoro, salientou o cosmopolitismo do autor de *Um estadista do Império*, leitor crítico dos construtores da historiografia no século XIX: Ranke, Mommsen, Curtius, Taine e Burckhardt e Macaulay.[5] Por sua vez, Evaldo Cabral de Mello aponta a experiência modernista, entre as décadas de 20 e 30 do século XX, como o fenômeno cultural que bloqueou "nossa capacidade de compreender a sensibilidade do brasileiro do Segundo Reinado e da República Velha".[6] A obsessão pela *identidade nacional*, que marca o intelectual brasileiro desde então, acabaria por impedir o entendimento do verdadeiro significado do cosmopolitismo de Nabuco.

Seguindo a trilha aberta por Evaldo Cabral de Mello, poderíamos pensar que a recepção de Joaquim Nabuco foi decisivamente condicionada pela descontinuidade cultural entre a Monarquia e a República. Mais do que simplesmente uma substituição de regimes políticos, o que vemos surgir é a problematização do "lugar" do Brasil no mundo civilizado.[7] Se a Monarquia, após décadas, havia estabelecido um "lugar," marcado pela continuidade com a cultura européia e ocidental, o que permitia a Nabuco sentir-se em casa no Rio de Janeiro, em Paris ou em Londres, para a República, este "lugar" estava definitivamente perdido.

Quando da morte de seu pai em 1878, a eleição de Nabuco à Câmara de Deputados já estava acertada entre os amigos e aliados políticos do velho senador. A trajetória do jovem Nabuco seguiria naturalmente o seu curso, não fora a marcha dos acontecimentos. Ao assumir a cadeira de deputado em 1879, rompeu com seu destino ao levantar a bandeira da emancipação dos escravos. A luta pela libertação rapidamente deixou a Câmara, onde tinha poucas possibilidades, e, em 1880, transformou-se na Campanha Abolicionista, o primeiro movimento

---

[4] Considerando o emprego desta expressão por Mário de Andrade, ver Neves 278.
[5] Faoro 23.
[6] Mello, "No centenário de *Minha formação*" 13.
[7] Sobre a solução imperial, vide Mattos 80-101, principalmente 101.

organizado de opinião pública no Império, tendo à frente homens como José do Patrocínio, André Rebouças e o próprio Joaquim Nabuco.

A Câmara de 1879 foi dissolvida e Nabuco teve que disputar novamente a eleição em 1881, desta vez sem o apoio dos aliados paternos e mesmo do seu partido. Não se surpreendeu com a derrota: a militância em torno da emancipação o havia tornado popular, mas ele negligenciou os velhos mecanismos políticos necessários para se eleger um deputado. De resto, nenhum dos abolicionistas venceu as eleições naquele ano.

Seja em suas viagens à Europa, onde proferiu palestras e participou de encontros internacionais, seja no Parlamento, para o qual foi eleito em 1885 e 1887 com uma plataforma dedicada à abolição, ou mesmo na atividade de jornalista e escritor, Joaquim Nabuco dedicou-se quase exclusivamente à causa da emancipação.

Em 1888, antes mesmo das previsões mais otimistas do próprio Nabuco, a abolição foi aprovada na Câmara. Com a libertação dos escravos, outra campanha, que cresceu paralelamente a esta, viu-se fortalecida, desta vez tendo Nabuco nas fileiras da reação. Tratava-se da campanha republicana. Defensor da monarquia e do parlamentarismo, admirador do modelo político inglês, Nabuco viu-se duplamente frustrado com uma república presidencialista. Temia que o Brasil tivesse o mesmo destino das nações latino-americanas, devastadas por guerras civis, tendo a vida política dominada por grupos militares em constante revolta. Proclamada a República em 1889, afastou-se por dez anos da vida político-parlamentar, embora mantivesse uma moderada atividade em favor da restauração monárquica.

O retorno à vida pública aconteceu em 1899, quando foi nomeado defensor da causa brasileira na disputa com a Inglaterra em torno dos limites com a Guiana Inglesa. No ano seguinte, acumulou esta função com a de chefe da legação diplomática do Brasil em Londres. O fracasso na disputa com a Inglaterra coincidiu com a criação da embaixada do Brasil em Washington, para a qual Nabuco foi nomeado primeiro embaixador em 1905, posto que ocupou até sua morte em 1910. No contexto da doutrina *Monroe*, a atuação entusiasmada, e às vezes ingênua de Nabuco em defesa do pan-americanismo[8], marcaria o início do deslocamento do centro diplomático brasileiro de Londres para Washington.

---

[8] Ver Prado.

Um ano após a morte do Imperador em 1891, Joaquim Nabuco mencionou em carta, o "velho" projeto de escrever a vida de seu pai. *Um estadista do Império* apareceria em três tomos entre 1897 e 1899. O espírito do livro manifesta-se desde a introdução. Ao narrar as tarefas que antecederam a composição, revela: "Esse trabalho preparativo ocupou-me de 1893 a 1894, principalmente durante os meses da Revolta, quando ao revolver a poeira de nossas antigas lutas pacíficas eu ouvia fora o duelo da artilharia do mar e da terra nesta baía".[9] O livro deveria ser não só a biografia do pai, mas, sobretudo, o registro de uma época com seus costumes, seus homens, seu destino.

O texto de *Um estadista do Império* está dividido em oito partes. Os primeiros seis livros seguem cronologicamente a trajetória do biografado, o senador Nabuco de Araújo (1813-1878). Todo material está reunido em torno dos gabinetes ministeriais, como se esse acontecimento da vida política fosse naturalmente a medida de organização da história do Império. O sétimo livro rompe a homogeneidade cronológica do texto, ao apresentar três capítulos temáticos. Nestes capítulos, a ordenação cronológica é subordinada ao tema, ou seja, a atividade de jurisconsulto do senador Nabuco: advogado, Conselheiro de Estado e redator do Código Civil. O fio geral da narrativa é retomado no livro oitavo, conclusivo, no qual trata do período que vai da morte do pai até o fim do Império, em 1889, extrapolando os limites da vida do velho senador, falecido em 1878.

Para o liberal Nabuco, escrever a história do Império significava traçar o retrato de seus construtores, das individualidades que, no parlamento ou na burocracia do Estado, construíram a nação. Sobretudo, deveria ser narrar a biografia do homem que estava no centro da vida nacional, o Imperador:

> Escrevendo a vida do último senador Nabuco de Araújo, não dou senão uma espécie de vista lateral de sua época. A figura central do segundo reinado é o próprio Imperador, e só quem lhe escrevesse a Vida e a ilustrasse com os documentos que ele deve ter deixado poderia pôr em foco, em seu ponto de convergência, a *Grande Era Brasileira*,[10] a qual lhe pertence.

---

[9] Nabuco, *Um estadista* 31.
[10] Nabuco, *Um estadista* 32.

Em carta datada de 1894, lamentou desconhecer o destino do arquivo particular de Pedro II, coisa com a qual "estimaria dedicar o resto de minha vida, uma *Vida de Dom Pedro II* escrita à luz dos documentos que ele deixou".[11] Mais de uma vez, ao longo do livro, comenta a posição privilegiada de Pedro II, que recebia todas as versões dos conflitos, cartas e documentos dos diferentes partidos e interesses. Simbólica e materialmente, o Imperador estava no centro da vida política. Entretanto, o livro vai muito além de uma história política tradicional. Em *Um estadista do Império* podemos encontrar uma das mais ricas descrições da vida política e social, sem a contaminação do exotismo romântico.

A trajetória do senador Nabuco de Araújo, narrado por seu filho, não tem surpresas. O velho Nabuco encarna o tipo médio da elite política imperial: forma-se em Direito pela faculdade de Olinda, ocupa cargos na burocracia, é promotor público do Recife, Deputado, Presidente de Província, Senador e, por fim, Conselheiro de Estado. Eis a vida de Nabuco de Araújo, típica da elite política brasileira, tal como caracterizada pelo historiador José Murilo de Carvalho. Segundo este autor, foi a homogeneidade de formação e de trajetória um dos principais fatores responsáveis pela integridade política e territorial do Império brasileiro, em contraste com a fragmentação ocorrida na América Espanhola.[12]

É sobre este pano de fundo nada extraordinário que Nabuco reconstruirá os principais acontecimentos da história imperial, tendo sempre em vista a compreensão geral da "Grande Era" do Brasil, marcada pela estabilidade e continuidade. Mesmo rupturas não tão tranqüilas, como o golpe de estado que força a abdicação de Pedro I em 1831, são descritas num tom conciliador: "No fundo, a revolução de Sete de abril foi um desquite amigável entre o Imperador e a nação".[13]

O período mais conturbado da história imperial, marcado por diversas revoltas políticas e sociais, é proveitosamente revertido por Nabuco em favor da monarquia. Em sua interpretação, estas revoltas foram resultado de nossa primeira experiência republicana, ou seja, o período regencial que vai da abdicação de Pedro I, em 1831, até a antecipação da maioridade de Pedro II, em 1840. Do seu ponto de vista,

---

[11] Nabuco, *Um estadista* 1318.
[12] Ver Carvalho.
[13] Nabuco, *Um estadista* 66.

"Se a Maioridade não resguardasse a nação como um parapeito, ela ter-se-ia despenhado no abismo".[14]

Em um comentário sobre o livro deixou clara sua intenção de polir a imagem dos construtores do Império: "Pintei talvez um quadro sem sombras, disse o bem que podia dizer de todos, sem acrescentar o mal que outros poderiam dizer".[15] O que não impede que o autor tenha uma profunda compreensão, talvez um dos primeiros intelectuais brasileiros a tê-la, da dimensão social de alguns dos acontecimentos centrais da história política.

A dimensão social é perfeitamente desenvolvida na compreensão e análise da Revolução Praieira de 1848, vista, até então pela historiografia, como uma simples revolta partidária. Nabuco identificou os vícios da estrutura social na Província de Pernambuco. O "partido" da Praia, após dominar o cenário político na Capital, Recife, viu suas tentativas de penetrar no interior da província frustradas pela estrutura rural/patrimonial, onde, em torno de um grande proprietário de terras, reuniam-se homens livres pobres, ligados por vínculos pessoais e favores. O conflito entre o mundo urbano e o fechado universo rural, aliado ao problema do abastecimento a varejo na capital, praticamente monopolizado por comerciantes portugueses, são identificados como as causas da revolta popular: "A guerra dos praieiros era feita a esses dois elementos — o estrangeiro e o territorial; mais que um movimento político, era assim um movimento social".[16]

Mas é na descrição dos tipos humanos que Nabuco parece estar em seu verdadeiro meio. Considerado por muitos como um homem de salão, elegante, hábil e observador, Nabuco põe seu talento a serviço da descrição das sucessivas gerações parlamentares que ocuparam a câmara ao longo do século XIX. A elegância e a cortesia eram mais que qualidades frívolas, pela disciplina e autocontrole que exigiam eram vistas como verdadeiras forças sociais: um índice disponível ao leitor capaz de identificar o tempo, o lugar e a dimensão de seus portadores. Descrevendo a chegada, em 1843, dos parlamentares da província de Pernambuco à Corte no Rio de Janeiro, afirma:

> A chegada dos *leões do norte*, como eram chamados, era sempre um acontecimento social. Eles possuíam uma tradição de maneiras e um tra-

---

[14] Nabuco, *Um estadista* 67.
[15] Nabuco, *Um estadista* 1354.
[16] Nabuco, *Um estadista* 114.

tamento fidalgo que os diferençava do resto do mundo político, em geral tão abandonado e negligente no tom da vida, como indiferente à galanteria. (...) A cortesia unida à elegância exige uma atenção de cada minuto e de cada gesto, mesmo quando se torna uma segunda natureza. Não é só o espírito que tem sempre de estar alerta, é o caráter que tem de estar em guarda. A igualdade que reina em nossa sociedade é um efeito da indolência e não uma virtude que custe o menor sacrifício ou revele generosidade de sentimento. A indolência de maneiras torna-se facilmente em indolência de caráter e de coração.[17]

O indivíduo é a unidade de análise do livro. Cada personalidade guarda parte dos segredos daquela história, registra, em sua oratória, seus gestos, suas roupas, o espírito de cada geração, que unidas, formam o grande panorama do Império. Embora a figura do Senador Nabuco de Araújo domine o quadro, algumas das linhas mais vivas são dedicadas a outros personagens, não raro adversários políticos do Senador, como a impressionante descrição de Ângelo Muniz da Silva Ferraz:

> Na tribuna da Câmara era um adversário terrível. Tinha a palavra naturalmente fácil, abundante, expressiva, modulada, vigorosa, de ordinário comum, por vezes fulminante, e que pelo seu modo de atacar sempre a fundo, descobrindo-se todo, ainda mais arrebatava o espectador. Ardente, impetuoso, às vezes rude, corajoso sempre, Ferraz era também uma natureza generosa e fácil de captar.[18]

Na maioria das vezes os perfis são traçados em contrastes ora dicotômicos ora complementares. Por vezes, em frases rápidas, quase fórmulas, decifra certas estruturas sociais, como se estivessem refletidas em seus personagens. É o caso de um dos grandes chefes políticos pernambucanos: "Boa Vista era o diplomata, o *grand seigneur*, a figura ornamental de sua corte provinciana formada de parentes, aderentes, parasitas".[19]

Nabuco narra, com envolvimento quase emocional, as transformações sociais, materiais e simbólicas que a sociedade brasileira atravessou ao longo do século XIX. Pelos olhos de seu pai, podia reviver o

---

[17] Nabuco, *Um estadista* 74.
[18] Nabuco, *Um estadista* 175-76.
[19] Nabuco, *Um estadista* 403-04.

século que se despedia como se anunciasse o encerramento de uma era. Visto da perspectiva do fim da monarquia, todo o século parecia uma desagregação progressiva de gerações políticas, mesmo que o progresso material indicasse o contrário:

> A marcha, o engrandecimento do país desde 1822 é um fato incontestável, mas quem não sentirá (...) que realmente os costumes têm outra seriedade, a vida outra dignidade, a sociedade outros vínculos, o caráter outra têmpera, à medida que se remonta ao passado.[20]

A nostalgia de Nabuco tem duas fontes bem distintas. De um lado, o liberal lamenta a perda de um regime político, a monarquia parlamentarista, que acreditava ser o único modelo capaz de mediar os conflitos internos da sociedade brasileira. De outro, sente falta da sociedade aristocrática, senhorial, cujas relações sociais pareciam estar solidamente assentadas na tradição. É a mesma saudade do escravo, descrita em sua autobiografia.[21] Ao longo de *Um estadista do Império*, estes dois tipos de nostalgia aparecem; por vezes, é quase impossível distingui-las.

Poucos homens conseguiam sobreviver à passagem das épocas. Alguns, como Paes Barreto, seriam, por suas proporções medianas, como o "anel de ferro, [que] podia unir as duas extremidades da cadeia de modo a ter toda ele a mesma força e resistência" (Idem, 406). A continuidade entre as épocas, cujas gerações políticas decaíam na direção inversa do crescimento da riqueza material, é o maior desafio que Nabuco registra em seu livro. Na maioria dos casos, a marcha do tempo devora o homens que permanecem apegados à sua época, é o caso de Antônio Rebouças e Teófilo Ottoni. Sobre o primeiro diz:

> Tudo nele recorda outra época, passada e esquecida: espírito, maneiras, formas de argumentação; mais que tudo, porém, é ele uma natureza singular, que reunia o refinamento aristocrático e esse espírito de igualdade próprios dos que possuem no mesmo grau o sentimento de altivez e o da eqüidade.[22]

---

[20] Nabuco, *Um estadista* 184.
[21] Nabuco, *Minha formação* 162.
[22] Nabuco, *Um estadista* 406.

E sobre Ottoni, a conhecida passagem a respeito das eleições de 1860:

> (...) a situação era de Teófilo Ottoni. Se este não fosse então, em frase de Disraeli, 'um vulcão extinto', um homem acabado, de outras eras, que não renovara desde 1831 o seu cabedal político, um veterano novato, aparecendo ao lado de gerações modernamente educadas como um anacronismo vivo.[23]

Escrever história política era, para Nabuco, quase uma redundância: história e política tornam-se sinônimos.[24] Em sua autobiografia, explica a opção pela história, vista como um campo das belas letras: "Ainda assim, talvez tenha apenas havido entre elas as letras e a política uma verdadeira fusão (...). A história é, com efeito, o único campo em que me seria dado ainda cultivar a política".[25] Escrever a história do Império era uma forma de permanecer no campo da ação política, não só pela defesa da monarquia, que sua interpretação sugere, mas principalmente pela missão de registrar para a memória nacional essa "Grande Era Exemplar".

Na sua busca do tempo, também Nabuco terá seus redescobrimentos. Sua narrativa assume a tarefa de encontrar a verdade que sobrevive à passagem das épocas. Daquela sociedade, da qual fora uma das promessas, e que agora não mais existia, restavam os sentimentos, as idéias e as lições. Explicando, em sua autobiografia, a opção pelas letras e o afastamento da vida ativa, assinalou a missão que assumia. Desejava reservar o resto de sua vida "para polir imagens, sentimentos, lembranças que eu quisera levar na alma".[26]

Bibliografia

Acízelo, Roberto. *O império da eloqüência*. Rio de Janeiro: EdUERJ, 1999.
Carvalho, José Murilo de. *A construção da Ordem. O teatro de sombras*. Rio de Janeiro: Editora da UFRJ; Relume Dumará. 1997.

---

[23] Nabuco, Um estadista 422.
[24] Sobre a problemática autonomização das esferas estética, científica e moral no Brasil, ver Costa Lima, *Terra ignota*, principalmente os capítulos I e V. Sobre a manutenção do ensino da retórica no Brasil, ver Acízelo *O império da eloqüência*.
[25] Nabuco, *Minha formação* 219.
[26] Nabuco, *Minha formação* 220.

Faoro, Raymundo. "História e arte". Joaquim Nabuco. *Um estadista do Império*. 5ª ed. Rio de Janeiro: Topbooks, 1997. 21-30.

Lima, Luiz Costa. *Terra ignota*. *A construção de* Os sertões. Rio de Janeiro: Civilização Brasileira, 1997.

Mattos, Ilmar Rohloff de. *O tempo saquarema*: *A formação do Estado imperial*. São Paulo: Ed. Hucitec, 1990 [1987].

Mello, Evaldo Cabral de. "O fim das casas-grandes". *História da vida privada no Brasil*: *Império*. Luiz Felipe de Alencastro (org.). São Paulo: Companhia das Letras, 1997. 385-437.

_____. "No centenário de *Minha formação*". Joaquim Nabuco. *Minha formação*. Rio de Janeiro: Topbooks, 1999. 9-16.

Nabuco, Carolina. *A vida de Joaquim Nabuco*. Rio de Janeiro: José Olympio; Brasília: INL, 1979.

Nabuco, Joaquim. *Um estadista do Império*. 5ª ed. Rio de Janeiro: Topbooks, 1997 [1897-1899].

_____. *Minha formação*. Rio de Janeiro: Topbooks, 1999 [1900].

Neves, Margarida de Souza. "Da maloca do Tietê ao Império do Mato Virgem. Mário de Andrade: Roteiros e descobrimentos". *A História contada*: *Capítulos de história social da literatura no Brasil*. Sidney Chalhoub e Leonardo de Miranda Pereira (orgs.). Rio de Janeiro: Nova Fronteira, 1998. 265-300.

Prado, Maria Emília. "O cavaleiro andante dos princípios e das reformas: Joaquim Nabuco e a política". *O Estado como vocação*. Maria Emília Prado (org.). Rio de Janeiro: Access, 1999. 239-66.

MANOEL BOMFIM: ESTADO E ELITES COMO PARASITAS DO POVO-NAÇÃO

Roberto Ventura[1]

Publicado em 1905, *A América Latina*, de Manoel Bomfim, traz uma curiosa reflexão sobre os males de origem dos países do continente. Os intelectuais da época gostavam de culpar as raças inferiores, as populações mestiças e o clima tropical pelo atraso destes países. Bomfim, ao contrário, discutiu a exploração das colônias pelas metrópoles e dos escravos e trabalhadores pelos senhores e proprietários, recorrendo a uma noção tirada da biologia: o parasitismo. Criticou o Estado brasileiro como tirânico e espoliador e mostrou o artificialismo de uma democracia de fachada, que apenas servia para perpetuar o poder das elites. Acreditava que a falta de democracia no Brasil apenas se resolveria com a difusão do ensino primário, já que as eleições na Primeira República excluíam o voto do analfabeto.

Político, historiador e educador, Manoel Bomfim (1868-1932) é um dos mais originais pensadores brasileiros. Foi elogiado por Darcy Ribeiro como um dos fundadores da antropologia brasileira por ter investigado a formação do povo. É tido por Antonio Candido como o mais radical pensador do início do século devido às suas críticas ao conservadorismo das elites. Propôs, junto com outros radicais, como o líder abolicionista Joaquim Nabuco, um conjunto de idéias e atitudes, que formaram um contrapeso ao movimento conservador que sempre pre-

---

[1] Professor de Teoria Literária e Literatura Comparada na Universidade de São Paulo. Entre outros, autor de *História e dependência: Cultura e sociedade em Manoel Bomfim* (com Flora Süssekind — São Paulo: Moderna, 1984); *Estilo tropical: História cultural e polêmicas literárias no Brasil* (São Paulo: Companhia das Letras, 1991); *Casa-grande & senzala* (São Paulo: PubliFolha, 2000).

dominou. Gerado na classe média e em setores esclarecidos das classes dominantes, o radical é sobretudo um revoltado, que pensa os problemas e propõe soluções na escala da nação como um todo, passando por cima dos antagonismos entre classes (Candido 1990, 297).

Sergipano de Aracaju, formado em medicina na Bahia e no Rio de Janeiro, Manoel Bomfim escreveu *A América Latina: Males de origem* em 1903 em Paris, onde estudava psicologia. Seu livro é uma reação à visão negativa que os europeus tinham da América do Sul. Tal interesse pelos assuntos latino-americanos se manifestara antes, em 1897, quando era diretor de Instrução Pública no Rio de Janeiro e se ofereceu para ser o relator de um concurso para a escolha do livro de história da América que seria adotado nas escolas do Distrito Federal. Deu o parecer sobre a única obra que se apresentou, a *História da América* (1899), de Rocha Pombo, em que os males dos países latino-americanos eram apontados como o resultado de uma herança colonial funesta.

Bomfim investiga, em *A América Latina*, os males que atingem as antigas colônias ibéricas da América Latina, atribuindo-os ao parasitismo transmitido pelas metrópoles às colônias. Utilizou o livro de Rocha Pombo como fonte sobre a América hispânica e se baseou na visão calamitosa da decadência ibérica do historiador português Oliveira Martins, na *História de Portugal* (1879). Alinhando-se entre os intérpretes da sociedade latino-americana que partem da herança colonial, empregou um método genético, ao explicar o presente à luz do passado.

Abordou as relações entre classes e países na América Latina com base no conceito biológico de parasitismo, tomado de empréstimo à botânica e à zoologia. Graças à sua formação médica, consultou os estudos de J. D. Vandervelde e J. Massart que, em *Parasitisme biologique et parasitisme social*, formularam uma teoria do parasitismo, aplicada tanto às relações biológicas entre os seres vivos quanto aos vínculos sociais e econômicos entre os indivíduos e grupos.

Para Bomfim, o parasitismo é a "causa das causas" ou a "causa primeira", capaz de dar conta do surgimento e desaparecimento dos povos e civilizações. A eterna luta entre parasita e parasitado seria, portanto, o principal fator das transformações históricas. Abordou as causas do atraso das ex-colônias de Portugal e Espanha, de modo semelhante a um médico que precisa conhecer o passado do paciente, para fazer o diagnóstico e estabelecer o tratamento: "A cura depende, em grande parte, da importância desse 'histórico'" (Bomfim 1905, 22).

Assim como existem na natureza parasitas que vivem de outros organismos, haveria, na sociedade, dominantes e dominados, senhores e escravos, patrões e trabalhadores, metrópole e colônia, capital estrangeiro e nação, estado e povo. O parasitismo social reproduziria as características próprias ao parasitismo biológico, que traz o enfraquecimento do organismo atacado, submetido à violência do parasita, que suga sua energia. Mas o próprio parasita acaba por degenerar devido à atrofia de seus órgãos, levando-o à decadência e à extinção.

O "caráter nacional" como soma de caracteres herdados resulta, para Bomfim, tanto da herança biológica quanto da educação social. O parasitismo ibérico, que teve origem no espírito guerreiro e nas tendências depredadoras dos povos peninsulares, foi um desses traços transmitidos aos países latino-americanos pela colonização, que acabou por produzir um brutal processo de exploração econômica, levando ao desprezo pelo trabalho imposto ao escravo, "vítima das vítimas", que produzia toda a riqueza absorvida pela metrópole. Tal idéia de transmissão hereditária de traços psicológicos entrava, porém, em contradição com a solução pedagógica que propunha, ao defender um programa de educação popular, capaz de modificar o caráter do povo brasileiro (Leite 255).

O Estado foi implantado no Brasil como "órgão de opressão" a serviço da metrópole, que tinha a função de "*cobrar* e coagir e punir aqueles que se neguem a pagar ao governo centralizador, absolutista, monopolizador". O Estado se tornou assim uma "realidade à parte", um "organismo dominador, tirânico, oneroso, e quase inútil", desvinculado da nação e dos interesses da população, organizado com o intuito de sugar toda a riqueza e produção da colônia. Alheio à nação, o Estado só existia para recolher impostos e organizar as forças armadas, comportando-se como um parasita frente ao corpo que explora: "só sabe existir como poder de opressão, para obrigar os dominados, a massa proletária a fazer a produção em proveito dos dominantes" (Bomfim 1905, 146).

Tal papel parasita do Estado não se alterou, segundo Bomfim, com a proclamação da independência ou a introdução do regime republicano. Mostrou, por exemplo, como o orçamento brasileiro de 1903 continha gastos excessivos com os órgãos do Estado e com as forças armadas, que se tornavam desproporcionais se comparados às despesas diminutas com a educação e a cultura. Propôs, como remédio, uma reorganização do Estado, que deveria abandonar sua "função guerreiro-policial" e assumir o papel previdenciário "de proteger os indivíduos contra a natureza, contra as causas naturais de fraqueza e miséria — contra a ignorância, contra o preconceito, contra a superstição" (Idem 213).

Bomfim atacou ainda o imperialismo dos Estados Unidos, no momento em que este estendia sua influência sobre os países da América Latina sob a forma do pan-americanismo, afirmado pela doutrina do presidente norte-americano James Monroe, que pregava a não-intervenção das nações européias no continente americano. Tal doutrina contava com a simpatia de políticos e intelectuais como o barão do Rio Branco, Rui Barbosa, Joaquim Nabuco e até de inconformados como Sílvio Romero. Bomfim percebeu que o pan-americanismo era um instrumento usado pelos Estados Unidos para descartar a presença econômica européia e estabelecer a sua própria hegemonia (Candido 1990, 287).

Bomfim encerra *A América Latina* com a proposta de um programa de ensino popular, capaz de realizar uma reforma política, ao preparar a massa da população para o exercício da cidadania: "Façamos a campanha contra a ignorância; não há outro meio de salvar esta América" (400). Essa solução educacional foi criticada por Antonio Candido, para quem o livro se encerra com "um decepcionante estrangulamento da argumentação", ao apresentar a instrução como panacéia, ao invés de defender a transformação das estruturas sociais e políticas (Candido 1973, 147). Bomfim só rompeu com tal ilusão ilustrada em seu último livro, *O Brasil nação*, em que pregou a necessidade de uma revolução nacional-popular contra as classes dirigentes, o aparelho estatal e os países imperialistas, que deveria levar os grupos excluídos ao poder.

Parasitas e parasitados

Bomfim criou, a partir da noção de parasitismo, uma "teoria biológica da mais-valia", segundo a qual as elites locais e as metrópoles coloniais e neocoloniais seriam parasitas das classes trabalhadoras, tomando para si a riqueza que estas produzem. Procurou dar conta, por meio de tal concepção organológica, da produção e apropriação do valor do trabalho no nível interno das relações entre classes, e em termos internacionais no vínculo dos países periféricos com as potências imperialistas. Chegou, ainda que partindo de conceitos biológicos, a conclusões semelhantes às formuladas a respeito da mais-valia por Karl Marx, em *Das Kapital*, cujos escritos só leria mais tarde, na década de 1920, ao escrever *O Brasil nação* (Süssekind).

O ensaísta de *A América Latina* revirou as certezas dos intelectuais de sua época, ao criticar o positivismo, o evolucionismo e o racismo, como modelos que justificavam o domínio dos fracos pelos fortes e negavam o progresso, ao lhe dar uma "orientação definitiva" segundo etapas históricas predeterminadas. Mostrou como as teorias racistas e a crença na superioridade das raças ditas "puras" se ligavam aos interesses neocoloniais dos países europeus: "a ciência alegada pelos filósofos do massacre é a ciência adaptada à exploração". Tais teorias não passavam de "etnologia privativa das grandes nações salteadoras" e "sofisma abjeto do egoísmo humano, hipocritamente mascarado de ciência barata" (Bomfim 1905, 278-398).

Até 1910, apenas intelectuais isolados, como Araripe Júnior e Machado de Assis, atacaram a hierarquia entre as raças. O crítico literário Araripe Júnior atribuía o racismo da ciência européia ao expansionismo das nações dominantes, que condenavam as raças não-brancas ou cruzadas, de modo a "autorizar a expansão e justificar a expropriação dos povos sem esquadras". As teorias racistas seriam, para ele, *sociologias de encomenda*, que "mal encobrem as intenções funestas das classes dirigentes e dos governos do lado oposto do Atlântico" (Araripe Júnior 1963, 327-400).

Bomfim mostrou ainda o equívoco dos evolucionistas, que justificavam a livre concorrência, sem interferência do Estado, por meio da idéia de seleção natural que o naturalista inglês Charles Darwin tinha formulado somente para os seres vivos. O darwinismo sociológico de Herbert Spencer não passaria, para Bomfim, de uma justificativa do liberalismo econômico, ao condenar as medidas previdenciárias e a intervenção do Estado na economia sob o argumento de que perturbariam a seleção natural e a evolução da espécie humana. Bomfim condenou, ao contrário, a aplicação à sociedade de conceitos biológicos e de categorias darwinistas, como a luta pela existência e a lei da sobrevivência do mais apto: "Está um tanto desacreditado, em sociologia, esse vezo de assimilar, em tudo e para tudo, as sociedades aos organismos biológicos" (Bomfim 1905, 20).

Bomfim procurou restabelecer o sentido atribuído pelo próprio Darwin à expressão *"struggle for existence"*. "Devo frisar", escreveu Darwin em *The origin of species* (1859), "que emprego o termo luta pela sobrevivência em sentido lato e metafórico, o que implica relações mútuas de dependência dos seres organizados" (69). Bomfim concluiu assim que tanto o elogio da livre concorrência pelos evolucionistas quanto a afirmação das diferenças inatas entre as etnias pelos adeptos das teorias racistas estariam em flagrante contradição com as idéias do naturalista: "Darwin nunca pretendeu que a lei da seleção natural se aplicava à espécie humana, como o dizem os teoristas do egoísmo e da rapinagem" (Bomfim 1905, 288).

A ideologia liberal e o método evolucionista se fundariam, para Bomfim, na transposição indevida do conceito darwinista de luta entre espécies para o campo social, o que levava à apologia da livre concorrência entre indivíduos. Ao contrário do que afirmavam os evolucionistas, a luta entre espécies seria substituída na sociedade pelo concurso e solidariedade entre os homens e só poderia ser empregada, em termos sociais, no sentido figurado em razão das relações de dependência e cooperação. O autor de *A América Latina* se aproximou nesse sentido de Karl Marx e Friedrich Engels, que consideravam a luta pela sobrevivência válida apenas no plano natural e animal e negavam sua aplicação em termos sociais. Para Marx e Engels, a história humana não é regida pela lei darwinista, e sim pela luta de classes, tomada como lei universal (Engels 165, 213).

Embora concebesse a sociedade como um organismo, Bomfim procurou investigar as leis não-biológicas, específicas aos fatos sociais, tidos como mais complexos do que os biológicos. Questionou o conceito de parasitismo, ao estabelecer as diferenças entre o parasitismo *orgânico*, que traria modificações irreversíveis nos organismos, e o *social*, que poderia ser extirpado pelos parasitados — o escravo, o trabalhador, o proletário, a nação — por meio da educação popular ou da rebelião contra as diversas formas de exploração: "as populações podem refazer a sua educação social, corrigindo os vícios havidos na tradição parasitária, e entrar para o progresso; é uma questão de reeducação" (267). A partir da crítica à homologia entre natureza e sociedade, Bomfim escapou ao pessimismo e ao determinismo das teorias do meio, da raça e do caráter nacional, e pôde buscar soluções educacionais ou revolucionárias para a superação do atraso do país.

Da educação à revolução

Manoel Bomfim foi alvo de uma campanha de descrédito após o lançamento de *A América Latina*. Sílvio Romero o atacou em uma série de vinte e cinco artigos no semanário *Os Anais*, depois reunidos no volume de 1906, *A América Latina: Análise do livro de igual título do dr. Manoel Bomfim*. Romero observou indignado que Bomfim resvalaria do terreno da ciência para o das paixões pessoais, ao atacar os teóricos do racismo, como Gustave Le Bon. Considerava, ao contrário de Bomfim, a teoria das desigualdades étnicas como o resultado imparcial de investigações científicas e a utilizou em seus estudos literários e folclóricos, reunidos na *História da literatura brasileira* (1888) e nos *Estudos sobre a poesia popular do Brasil* (1888).

Para Romero, a noção de parasitismo era uma idéia genérica ou uma metáfora desprovida de rigor conceitual, que não poderia servir de base para a explicação da vida política, econômica ou histórica: "Em certo sentido, toda a enorme categoria da existência não passa duma imensa cadeia de parasitismos" (46). Chegou a xingar seu opositor de "mestiço ibero-americano", membro de um "bando de malfeitores do bom senso e bom gosto". Isto em uma época em que a mistura de raças era tomada como sinônimo de degeneração.

Bomfim passou as duas décadas seguintes, após a publicação de *A América Latina*, envolvido com o ensino e deixou de lado os temas históricos de sua obra pioneira. Foi secretário de educação do Distrito Federal, diretor do Instituto de Psicologia Experimental, no Rio de Janeiro, e redator e diretor da revista pedagógica, *Educação e ensino*. Elegeu-se ainda deputado estadual por Sergipe. Publicou, nas décadas de 1910 e 1920, obras de pedagogia e psicologia, como *Lições de pedagogia* (1915), *Noções de psicologia* (1916), *Pensar e dizer* (1923), além de livros didáticos para as escolas primárias, como *Através do Brasil* (1910), em colaboração com o poeta Olavo Bilac.

Só voltou a escrever obras históricas no final dos anos 20, quando já se encontrava doente. Descobriu em 1926 que tinha câncer na próstata e passou por quatorze cirurgias até sua morte em 1932. Escreveu e publicou, em pouco mais de seis anos, três outros livros históricos: *O Brasil na América*, *O Brasil na história* e *O Brasil nação*. Retomou, em *O Brasil na América* (1929), os conceitos apresentados em *A América Latina*, de modo a caracterizar o processo histórico brasileiro a partir das condições latino-americanas de formação colonial.

Abordou, em *O Brasil na história* (1930), a historiografia sobre o Brasil, escrita tanto por brasileiros quanto por estrangeiros. Criticou a deturpação das tradições nacionais feita por historiadores como Francisco Adolfo Varnhagen, autor da *História geral do Brasil* (1855), cuja obra seria uma "história para o trono", que defendia os interesses de dominação da Coroa portuguesa. Para Bomfim, a história deixou de ser "orientadora e estimulante do progresso social", ao ter sido deturpada em proveito das elites e do Estado, deixando de lado os interesses dos vencidos e dos excluídos (Bomfim 1930, 22). A chamada "história universal" teria sido elaborada pelas nações mais poderosas, com o intuito de ressaltar sua própria grandeza em detrimento dos povos dominados, aos quais era imposta tal versão da história.

Bomfim encerrou seus estudos históricos com *O Brasil nação* (1931), em que se radicalizaram suas propostas para a solução dos problemas nacionais: "Não foi mais possível devisar os destinos desta pátria nos plainos da normalidade" (7-9 vol. 1). Considerava que a República trouxera a "degradação dos costumes políticos" e se convertera em um "mundo totalmente podre", ao ter criado uma "democracia sem povo, nem cidadãos", em que apenas uma parcela diminuta da população participava do processo político e eleitoral. Criticou ainda a Revolução de 1930, em que setores políticos do Rio Grande do Sul contestaram a hegemonia política de São Paulo e Minas Gerais, por julgar que tais acontecimentos não trouxeram a substituição de programas e de governantes. Ao invés de ser uma revolução, o movimento de 1930 não passaria do "fermentar da classe dominante", agitada pelos políticos, sem qualquer teor revolucionário.

Abandonou, neste último livro, a proposta ilustrada de *A América Latina*, em que a educação popular era proposta como a salvação das massas. Escreveu agora em *O Brasil nação*: "O remédio para o caso brasileiro está na revolução". Afastando-se de suas posições anteriores, acreditava ser impossível que as classes dominantes levassem a massa popular à soberania política por meio da educação. Pregava uma revolução socialista, em que os grupos excluídos passariam a ocupar o poder, trazendo o "caos santo", capaz de transformar a estrutura do país e redefinir o seu lugar no mundo. Uma "verdadeira revolução" deveria trazer, segundo ele, a "conquista do poder por uma classe que nunca o ocupara, em vista de impor ao grupo todo um novo padrão de valores (...)" (337-71 vol. 2). Mas sua plataforma revolucionária não foi além da oposição entre povo e nação, de um lado, e Estado e nações salteadoras, de outro, deixando de apresentar propostas concretas de reorganização política e econômica.

Bomfim na história

Manoel Bomfim foi precursor de sociólogos e historiadores, como Gilberto Freyre, de *Casa-grande & senzala* (1933), Sérgio Buarque de Holanda, de *Raízes do Brasil* (1936), e Caio Prado Jr., da *História econômi-*

ca do Brasil (1945). Todos deram ênfase aos fatores sociais e culturais, e não mais raciais, na interpretação da história e da sociedade. O perfil interpretativo passou a ser moldado não mais por conceitos como raça e natureza, mas pelos de cultura e caráter (Ventura 66-8). Freyre observou, no prefácio a *Casa-grande & senzala* (1933), que seu ensaio se baseava na diferença entre raça e cultura, de modo a separar os fatores genéticos das influências sociais e culturais (Freyre 77-8).

A reflexão de Bomfim não teve impacto à sua época, por incomodar as elites intelectuais e políticas, a quem atribuía a responsabilidade pelo atraso do país, e por criticar os sistemas de pensamento então dominantes, como o racismo, o evolucionismo e o positivismo. Indignado com as injustiças sociais, sua linguagem é veemente e apaixonada, o que admitiu na apresentação de *A América Latina*, ao revelar preferir a paixão ao "verniz da impassibilidade": "A paixão da linguagem, aqui não dissimulada, traduz a sinceridade com que essas coisas foram pensadas e escritas" (xii).

Tal tom veemente e apaixonado dá um aspecto pitoresco à sua escrita, em que o passado colonial e a independência política do Brasil são vistos sob um viés irônico e satírico, como ao afirmar que o sistema de produção da colônia se resumia a "algumas centenas de escravos e um chicote". Mas a indignação e a revolta com as injustiças sociais fizeram com que seus livros, sobretudo *O Brasil na América, O Brasil na história* e *O Brasil nação*, escritos no fim da vida, sejam enfáticos e repetitivos. *A América Latina*, sua primeira obra de fôlego, permaneceu como sua contribuição mais destacada.

Apesar do caráter pioneiro de sua reflexão, Bomfim caiu em um longo esquecimento após sua morte. Seus livros deixaram de ser reeditados, com exceção da antologia organizada por Carlos Maul em 1935 e de uma segunda edição de *A América Latina*. Só foi redescoberto em 1984, com um ensaio de Darcy Ribeiro, que o elevou à categoria de pensador mais original da América Latina, e com a antologia que organizei com Flora Süssekind, *História e dependência: Cultura e sociedade em Manoel Bomfim*. Voltou a ser lido sobretudo a partir de 1993, quando foi relançada *A América Latina*, seguida de outros livros.

Mas o médico e educador em muito contribuiu para o silêncio em torno de sua obra. Adotou noções biológicas, como o parasitismo, que cairiam em desuso nas ciências humanas e sociais a partir da década de 1930, com o predomínio dos modelos da antropologia, da sociologia e da economia. Apesar de mostrar a falência das analogias biológicas,

Bomfim não chegou a criar um novo sistema conceitual ou uma nova linguagem interpretativa, capazes de superar os limites da abordagem organológica. Apoiou-se, ao contrário, em categorias da biologia, como a noção de parasitismo, que deslocou por meio de uma utilização metafórica. Seu ensaísmo histórico-social é assim profundamente ambíguo pela crítica e pelo emprego simultâneo de um enfoque biológico e organológico, a partir do qual propôs uma teoria histórica da expropriação do valor do trabalho.

Bibliografia

Araripe Júnior, Tristão de Alencar. "Sílvio Romero polemista". *Obra crítica*. Afrânio Coutinho (org.). Rio de Janeiro: Casa de Rui Barbosa, 1963. Vol 3. 271-332. [1898-9]

_____. "Clóvis Beviláqua". *Obra crítica*. Afrânio Coutinho (org.). Rio de Janeiro: Casa de Rui Barbosa, 1963. Vol 3. 367-401 [1899].

Bomfim, Manoel. *A América Latina: Males de origem (O parasitismo social e evolução)*. Rio de Janeiro, Paris: Garnier, 1905. Reed. Rio de Janeiro: Topbooks, 1993.

_____. *Através do Brasil: Leitura para o curso médio das escolas primárias*. Com Olavo Bilac. Rio de Janeiro: Francisco Alves, 1910. Marisa Lajolo (org.). São Paulo: Companhia das Letras, 2000.

_____. *Lições de pedagogia: Teoria e prática da educação*. Rio de Janeiro: Escolar, 1915.

_____. *Noções de psicologia*. Rio de Janeiro: Escolar, 1916.

_____. *Pensar e dizer: Estudo do símbolo e do pensamento na linguagem*. Rio de Janeiro: Electros, 1923.

_____. *O Brasil na América: Caracterização da formação brasileira*. Rio de Janeiro: Francisco Alves, 1929. Reed. Rio de Janeiro: Topbooks, 1997.

_____. *O Brasil na história: Deturpação das tradições, degradação política*. Rio de Janeiro: Francisco Alves, 1930.

_____. *O Brasil nação: Realidade da soberania brasileira*. Rio de Janeiro: Francisco Alves, 1931. Reed. Rio de Janeiro: Topbooks, 1996.

_____. *O Brasil*. Carlos Maul (org.). São Paulo: Nacional, 1935.

Candido, Antonio. "Literatura e subdesenvolvimento". *A educação pela noite e outros ensaios*. São Paulo: Ática, 1987 [1973].

_____. "Radicalismos". *Vários escritos*. São Paulo: Duas Cidades, 1995 [1990].

Darwin, Charles. *The origin of species*. Cambridge/ Mass., 1964. Trad.: *A origem das espécies*. São Paulo: Hemus, s.d. [1859]

Engels, Friedrich. "Discurso diante da sepultura de Marx". Karl Marx e Friedrich Engels. *Textos*. São Paulo: Alfa-Omega, 1976. Vol. 2. 211-4.

_____. "Introdução à *Dialética da natureza*". Karl Marx e Friedrich Engels. *Textos*. São Paulo: Alfa-Omega, 1976. Vol. 2. 151-68.

Freyre, Gilberto. *Casa-grande & senzala*. *Obra escolhida*. Rio de Janeiro: Nova Aguilar, 1977 [1933].

Holanda, Sérgio Buarque de. *Raízes do Brasil*. Rio de Janeiro: José Olympio, 1978 [1936].
Leite, Dante Moreira. *O caráter nacional brasileiro: História de uma ideologia*. São Paulo: Pioneira, 1976 [1954].
Martins, Oliveira. *História de Portugal*. Lisboa: Guimarães, 1972 [1879].
Marx, Karl. *Das Kapital: Kritik der politischen Ökonomie*. Berlin: Dietz, 1988. 4 vols. [1867-1962]
Prado Júnior, Caio. *História econômica do Brasil*. São Paulo: Brasiliense, 1980 [1945].
Ribeiro, Darcy. "Manoel Bomfim, antropólogo". *Revista do Brasil* 2 (1984): 48-59.
Romero, Sílvio. *Estudos sobre a poesia popular do Brasil (1870-1888)*. Rio de Janeiro: Laemmert, 1888.
_____. *História da literatura brasileira*. 2ª ed. Rio de Janeiro: Garnier, 1902-3. 2 vols. [1888].
_____. *A América Latina. Análise de livro de igual título do dr. Manoel Bomfim*. Porto: Lello & Irmão, 1906.
Süssekind, Flora e Roberto Ventura. *História e dependência: Cultura e sociedade em Manoel Bomfim*. São Paulo: Moderna, 1984.
Varnhagen, Francisco Adolfo. *História geral do Brasil*. São Paulo: Melhoramentos, 1978 [1854-1857].
Ventura, Roberto. *Estilo tropical: História cultural e polêmicas literárias no Brasil (1870-1914)*. São Paulo: Companhia das Letras, 1991.

Sugestões de leitura

Aguiar, Ronaldo Conde. *O rebelde esquecido: Tempo, vida e obra de Manoel Bomfim*. Rio de Janeiro: Topbooks, 2000.
Candido, Antonio. "Os brasileiros e a nossa América". *Recortes*. São Paulo: Companhia das Letras, 1993.
Kropf, Simone Petraglia. "Manuel Bonfim e Euclides da Cunha: Vozes dissonantes nos horizontes do progresso". *História, Ciências, Saúde: Manguinhos*, v. III, 1 (mar.-jun. 1996): 80-98.
Süssekind, Flora. "Introdução". Manoel Bomfim. *A América Latina: Males de origem*. Silviano Santiago (org.). *Intérpretes do Brasil*. Rio de Janeiro: Nova Aguilar, 2000. Vol. 1. 609-25.

D. JOÃO VI NO BRASIL

Luiz Costa Lima[1]

Publicado originalmente em 1908, *D. João VI no Brasil*, foi republicado apenas em 1945. E não se exagera em dizer que só depois de sua terceira edição, em 1996, começou a ter expressamente reconhecida sua importância. Dois fatores parecem responsáveis pela demora de sua recepção. Em primeiro lugar, o próprio temperamento do autor, inquieto, briguento e exaltado, apesar da profissão, pouco diplomático. Seu temperamento o levou a se indispor com políticos de prestígio e com as grandes figuras intelectuais da chamada primeira república brasileira, Rio Branco e Joaquim Nabuco. Isso ademais sucedendo em um país sem tradição universitária e intelectual, só poderia provocar o desconhecimento que se deu. Alvo de intrigas, Oliveira Lima afastou-se do serviço diplomático — condição que lhe permitira as pesquisas que alimentavam sua obra; alvo de sátiras na capital do país, por seu corpo de "Quixote gordo" (Gilberto Freyre), Oliveira Lima preferiu ensinar na Universidade Católica de Washington, para a qual, em uma espécie de vingança, doou sua biblioteca e, por fim, retirou-se para sua cidade natal, o Recife, cuja região, o Nordeste, já havia perdido a importância econômica que o açúcar lhe concedera, e política, que mantivera durante o reinado de Pedro II (1840-1889).

Gilberto Freyre, que se declarava seu "quase discípulo", foi um dos raros a defendê-lo, sem, contudo, se empenhar em acentuar sua

---

[1] Professor Titular de Literatura Comparada na Universidade do Estado do Rio de Janeiro e na Pontifícia Universidade Católica — Rio. Entre outros, autor de *Terra Ignota. A construção de Os sertões* (Rio de Janeiro: Civilização Brasileira, 1997); *Mímesis. Desafio ao pensamento* (Rio de Janeiro: Civilização Brasileira, 1999).

singularidade. A propósito de seu *opus magnum*, *D. João VI no Brasil*, diria ter sido "uma façanha de Quixote: um Quixote que se antecipou em reabilitar um aparente Sancho Pança, como ato de justiça: justiça histórica" (Freyre 53), em referência à reabilitação do rei português, freqüentemente associado a uma figura caricata e de monarca toleirão, que só as reviravoltas da história converteria em elemento capital para o modo como o Brasil alcançaria sua independência. Convenha-se que, para quem se dispunha a defender a obra do historiador, era dizer bastante pouco.

Conhecido então apenas de nome pelos *literatti*, Oliveira Lima (1865–1928), teve uma segunda causa para manter-se esquecido: entre as décadas de 1950 e 1980, o Brasil conheceu, *pari passu*, uma grande mudança político-econômica e uma não menos acentuada efervescência intelectual. A industrialização do país, que dera lugar no governo Juscelino Kubitschek (1955-1960) ao chamado ciclo desenvolvimentista, provocou o desdobramento de uma política populista que terminaria com o *coup d'etat* de 1964 e, do lado intelectual, ao estudo sistemático de fontes marxistas, sobretudo por um grupo de jovens intelectuais ligados à Universidade de São Paulo. Este grupo, embora reprimido, cassado da universidade e exilado do país, teve uma influência marcante na *intelligentsia* nacional. Ora, a interpretação de orientação marxista não encontrava maior afinidade com a história narrativa e política em que Oliveira Lima se destacara. Antes, seu livro maior era pouco lido pelos "defeitos" do autor; depois, porque sua obra dava poucos subsídios para a indagação econômica que se privilegiava. Só no prefácio à edição recente doutro livro do autor, *O movimento da Independência 1821–1822* (1922), ele recebe o elogio que durante décadas lhe fora recusado, louvando-se-lhe o caráter de "história narrativa no melhor sentido" e de "história baseada na similaridade de formação dos vários núcleos coloniais" que abrangem o *deep south* norte-americano, as possessões inglesas e francesas do Caribe e do nordeste brasileiro, as altiplanos do México e do Peru etc. (Mello 11, 14).

O louvor de Evaldo Cabral de Mello cabe retrospectivamente ao livro de 1908, pois o tema que focaliza — a permanência do rei português na colônia brasileira (1808–1821) — é desenvolvido de forma evidentemente comparativa. Mais explicitamente, é abordado com um tamanho número de meandros — a luta entre Bonaparte e os interesses ingleses na península ibérica, a nova triangulação que, após a partida, se estabelece entre Inglaterra, Brasil e América Hispânica, o papel da Santa Aliança, depois da queda de Bonaparte, a questão do tráfico escravo — que só uma extrema competência comparativa seria capaz de compô-lo.

O aludido comparativismo não se limita contudo a incidir sobre a variedade de frentes em que o autor tinha de atuar. Ele tem um resultado mais pontual: se *D. João VI no Brasil* pode ser tomado como uma biografia sobre o período capital da vida do rei português, será mais justo considerá-lo uma biografia plural. Pois biografia não só do príncipe regente, que governava em nome da mãe louca, D. Maria I, e só aclamado em fevereiro de 1818, mas da plêiade de nobres e juristas burgueses (o conde Palmela, Antônio de Araújo, o conde Barca, o marquês de Aguiar, Rodrigo de Souza Coutinho, Tomás Antônio Portugal, Silvestre Pinheiro Ferreira), sem a qual as hesitações do príncipe-regente teriam sido paralisia, e suas astúcias, inconseqüências. Biografia plural e também plural repositório de fontes inestimáveis que Oliveira Lima foi o primeiro a pesquisar sistematicamente: as anotações do cônsul francês, o coronel Maler, do norte-americano Thomas Sumter, de viajantes, comerciantes e pesquisadores como Martius, Mawe, Tollenare, Luccock, Koster, Mary Graham, von Luthold, de intrigantes e fofoqueiros como Filipe Contucci e Luiz Joaquim dos Santos Marrocos. Seus informes e cartas são tão preciosos quanto os documentos oficiais ou oficiosos, redigidos por diplomatas portugueses e estrangeiros sobre as decisões que eram tomadas no Brasil ou sobre o Brasil, pacientemente pesquisados em arquivos de Londres, de Paris, de Washington, e não só no Ministério das Relações Exteriores do Brasil.

E, no entanto, mesmo a extensão envolvida por tantos agentes e fontes ainda não dá uma idéia sequer aproximada do livro de que tratamos. Ao chamá-lo biografia plural entendemos que o é não só por tratar de muitos agentes como por conter uma pluralidade de planos. Por questão de brevidade, limitemo-nos a destacar os mais evidentes: I. Situação de Portugal em vésperas da transmigração da corte; II. O cotidiano com que os emigrados se defrontam no Rio; III. O jogo internacional que continua a correr; IV. A volta.

I

Os anos que antecederam o 29 de novembro de 1807, data em que partiu de Lisboa a frota anglo-lusa que conduzia a rainha-mãe, o príncipe regente e sua numerosa corte, mostraram a situação deplorável a que Portugal havia chegado. Já há muito reduzido à condição de "feitoria do comércio britânico", conforme a precisa expressão de Oliveira Lima, e ameaçado pela cobiça de unificação ibérica que a Espanha nunca abandonara, a meteórica ascensão de Bonaparte o deixara em situação de calamidade. O pequeno e depauperado reino tinha de se defender contra três inimigos, dos quais a França e a Inglaterra competiam pelo domínio da Europa e suas extensões. Daí a sucessão de tratados, entre si discordantes. O tratado assinado em Londres, em setembro de 1793, não só impunha ao reino português o envio de barcos que reforçassem a armada britânica, como o de uma divisão auxiliar que se reunisse aos espanhóis, no enfrentamento dos franceses. Além dos gastos com ambos os encargos, o acordo excitou os corsários franceses que causaram prejuízos acima de 200 milhões de francos, "quase tudo em cargas vindas do Brasil" (Lima 25). Dois anos depois, em 1795, a Espanha celebrava a paz em separado com a França. Enquanto Portugal procurava entender-se com o Diretório, a Espanha, ex-aliada, ameaçava castigar o pequeno reino se este não declarasse guerra aos ingleses. Em 1797, Portugal conseguia a assinatura de tratado com a França, porém, alegando as dilações dos portugueses, o Diretório o anulou e Portugal era ameaçado de invasão pela Espanha. Isso o obrigou a se inclinar frontalmente para o lado inglês, aceitando receber seis mil soldados britânicos e reunir suas esquadras. Juntas, elas derrotaram a espanhola, no Cabo de S. Vicente.

Tais idas e vindas, provocadas pelo lado para o qual a balança internacional se inclinava, embora também pela influência de que momentaneamente gozassem os conselheiros favoráveis aos franceses ou aos ingleses, constituíam um jogo indisfarçavelmente perigoso, mas inevitável. Se, por um lado, os exércitos napoleônicos ganhavam terreno pela Europa, por outro, não era de agora que a política britânica consistia em minar as outras marinhas mercantes, em prejuízo particular de Portugal, que se adiantara na conquista de praças ultramarinas. Para qualquer lado que optasse, Portugal tinha de se defrontar contra um inimigo bem mais poderoso. Constituía-se pois uma permanente triangulação em que a situação de derrota e perda era apenas postergada. Ao governo português só cabia esperar que o destino escolhesse seu vencedor. Sua habilidade se restringia a ganhar tempo.

Em 1806, a situação atinge o ponto crítico. Vitoriosa na campanha da Prússia, apenas incapaz de dobrar a armada de seu mais potente inimigo, a Inglaterra, a França decretara o bloqueio continental. Esperava com isso ferir de morte o comércio marítimo de seu grande rival. Não acatar o bloqueio, significaria para Portugal a mera anexação. Pelo tratado de Fontainebleau, de outubro de 1807, o reino luso chegara a ser dividido em três partes, suas colônias repartidas entre França e Espanha, cabendo ao imperador espanhol o título de imperador das duas Américas. Contudo, Espanha já não era um simples peão no xadrez de Bonaparte. Em uma jogada que em médio prazo não lhe seria feliz, Bonaparte invade o território espanhol, prende o rei e, assim, indiretamente, favorece o movimento insurrecional das colônias hispano-americanas. O que se faz em seu desfavor, naturalmente beneficiando os interesses comerciais britânicos. Como quer que seja, do ponto de vista português, a invasão francesa da Espanha implicava a impossibilidade de manter hesitações. O adiamento a que fora submetida a proposta inglesa de transferir o reino para a colônia americana tinha de se cumprir em um prazo mínimo. É dentro deste quadro crítico que a corte, a rainha louca e o príncipe regente se acotovelam nos barcos portugueses que, comboiados por britânicos, partem para Salvador e, depois, para o Rio de Janeiro. Portugal perdia o rei para mantê-lo. Em troca, sem que o príncipe-regente o soubesse, aproximava-se da América para perdê-la. Entre os rivais do momento, a França nunca estivera próxima de conquistá-la. O comércio britânico, ao contrário, parecia viajar a cômodo entre os aflitos nobres portugueses.

II

Pelo primeiro plano, o *D. João VI no Brasil* é uma notável história diplomática. Pelo segundo, uma antecipação do que hoje se chamaria uma história da vida cotidiana. Seu objeto principal: o dia-a-dia do Rio encontrado pela corte desalojada. Em ambos os casos, prima, no historiador, o pesquisador de arquivos, o que sai à procura de informes, despachos e papéis raros ou inéditos. No segundo, sobretudo, o reconstituidor da paisagem histórico-sensível. Mas não basta assinalá-la. Não é suficiente assinalar a organização musical, a oportunidade então dada quer aos músicos trazidos como aos talentos locais, com que o príncipe-regente procurava satisfazer seu gosto de melômano, ou a paisagem das ruas, com que Oliveira Lima se faria um Debret das palavras, os cheiros, os ruídos, os tons da natureza para cuja reconstituição soubera contar com o testemunho dos viajantes. Embora tudo isso seja precioso, e Gilberto Freyre tenha sabido melhor do que nenhum outro explorá-lo, ainda não tem a força interpretativa de que se reveste a passagem: "A distribuição sem medida das honrarias foi, aliás, precisamente um dos modos mais eficazes pelos quais D. João involuntariamente democratizou ou talvez melhor desprestigiou e enfraqueceu a realeza, franqueando esse manancial e deixando-o perder-se, numa terra em que o intercurso tinha por principal alicerce o favor do que mandava e patriarcalmente fazia girar a sociedade em redor do seu sólio, arrastando na sua órbita um cortejo de aderentes" (Lima 60).

Embora Oliveira Lima reconheça em D. João um personagem astuto e pragmático, não pensaria que a facilitação promovida das honrarias fizesse parte de algum cálculo. Nem tampouco lhe pareceria fácil interpretar o significado da decisão. Daí qualificá-la, afirmando que "involuntariamente" tal decisão democratizou a realeza e, em seguida, retificar sua formulação, submetendo-a à dúvida: "ou talvez desprestigiou e enfraqueceu a realeza". Sua astúcia teria estado em romper com a separação do fidalgo reinol quanto aos habitantes da colônia aos quais, por alguma razão, quisesse lisonjear. Mas com isso teria chegado a um resultado que não previa, ou seja, a involuntária democratização. Com o que, em resultado ainda menos previsível, desprestigiou e enfraqueceu a realeza. Deste modo, na tentativa de diminuir sua própria distância e, portanto, de, pragmaticamente, facilitar seu governo em condições inesperadas, adotara uma prática que já teria encontrado na terra: o intercurso fundado no favor, que arrastava um "cortejo de aderentes".

A maneira como o historiador formula sua interpretação não só indica que o resultado não poderia se explicar por um cálculo do governante quanto o próprio intérprete tem dúvidas se a farta distribuição de honrarias foi positiva para a sociedade. Mas assim como D. João teria pagado caro por sua magnanimidade, não tendo quem o apoiasse no momento em que, devendo voltar para Europa, hesitava em fazê-lo, assim também Oliveira Lima pagará caro por não saber aonde o levava seu salto interpretativo. Não é sua hesitação que encontramos na flexibilidade com que Gilberto Freyre interpretará a conduta do homem colonial quanto ao homem de cor? E a quebra de fronteiras não se relaciona com o domínio da cordialidade com que Sérgio Buarque via a inexistência de um espaço público, tradicional no Brasil? Se o termo "cordialidade" não aparece em Oliveira Lima — e mesmo porque o sentido específico que o termo assumirá em Sérgio Buarque dependia de uma fonte, Carl Schmitt, inexistente para Oliveira Lima — nele é bastante explícito elemento que lhe serve de fonte articuladora: a prática do favor. É na prática do favor que se sustenta a experiência do "homem cordial".

Tenha ou não procedência, a especulação assenta em um dado incontestável: Oliveira Lima percebe que, por um gesto de astúcia, D. João introduziu na colônia uma confusão no trato — desigualdade acompanhada de afeto, ascensão social desacompanhada de dinamicidade — que se entranharia em nossa vida social e da qual, quase dois séculos depois, não estamos libertos. Nosso papel aqui não é outro senão assinalar a fonte que tem permanecido ignorada de uma das mais complicadas questões da sociedade brasileira.

No mesmo sentido, segue outra verificação. Sem que o historiador fale no barroco — o que tampouco seria plausível na data em que escreve e publica seu livro — é lícito pensar que, na cena religiosa descrita, ele verificava a transformação que o barroco sofria naquele começo do XIX, no Rio:

> A procissão do Corpo de Deus, (...) compreendendo São Jorge a cavalo, o homem de ferro, picadores e cavalos ricamente ajezados da Real Casa, músicos negros de vestes escarlates, atiradores de foguetes: uma palheta de cores opostas nas peles e nos estofos, uma galeria de trajos de estilos e feitios os mais diversos, uma combinação espaventosa de cetins e veludos, ornatos de ouro e prata, brocados raros e fitas garridas. (Lima 597)

O que no barroco seiscentista fora uma festa para os olhos, visando fascinar, e disciplinar os súditos maravilhados e espantados, convertia-se em um teatro quase diário. O que, no barroco, fora ostentação e artifício, a serviço do absolutismo, convertia-se, nessa sociedade que, sem deixar de ser absolutista, ensaiava involuntários passos democratizantes, em fermento carnavalesco. O rico e aparatoso, continuando a contrastar com a pobreza, ao mesmo tempo em que a ela se superpunha. Contraste e simultânea superposição de riqueza e pobreza, inflação de honrarias e enxame de escravos. Não há astúcia que explique esse resultado.

III

Se, na frente interna, a política de D. João ultrapassava alguma prevista racionalidade, restava o tabuleiro da política internacional para fazê-lo regressar às atitudes esperáveis. O fato de estar a salvo do expansionismo napoleônico, apenas o tornava mais súdito dos interesses britânicos. Assim, se um de seus mais ativos colaboradores, o conde Palmela, sonhava em, aproveitando-se de D. João estar casado com a espanhola Carlota Joaquina, constituir a unidade ibérica na América, chegando à assinatura de tratado que reconhecia os direitos da rainha ao trono de Espanha (1810), à Inglaterra tais planos não podiam ser sequer cogitados. E Palmela reconheceria que sonhara demasiado alto. "Senhora dos mares, (...) queria a Inglaterra mercados variados e abertos"; "o continente meridional" estava reservado "para a expansão econômica das gentes anglo-saxônicas" (Lima 188-9). Compreendê-lo com o nobre português, não significava contudo, para Oliveira Lima, encher-se de indignação patriótica por seu país, embora compreendesse que ele, antes de chegar à independência, já estava marcado para colonização futura. A mesma frieza de analista que então assume não o impede de comentar uma decisão portuguesa que antes favoreceria os comerciantes brasileiros: referindo-se à abertura dos portos (brasileiros) às nações amigas (leia-se sobretudo aos navios britânicos), observa que a decisão do príncipe-regente antes de tudo favorecia os brasileiros ou os aqui sediados. Com a decisão, ganhavam ingleses e brasileiros, ao passo que "a pior conseqüência da medida foi de todo modo para Portugal porquanto, não sendo país manufatureiro e consumindo relativamente pouco dos gêneros coloniais, (...) vivia economicamente das comissões, dos fretes e do lucro do entreposto para os outros países" (Lima 137). As condições objetivas em que eram tomadas as decisões do regente não poderiam senão prejudicar seu próprio povo. O que não significa dizer que elas fossem necessariamente favoráveis aos habitantes da colônia. Outras vezes, essas decisões eram ambíguas quando não claramente negativas para o futuro da colônia. Assim sucedia com as instituições transplantadas, que, "judiciárias, militares, escolares, foram criadas, com as mesmas falhas e vícios" (Lima 136), que já mostravam na metrópole. Do mesmo modo, as escolas de medicina não prosperavam porque não dispunham de quadros e a Academia Militar não despertava entusiasmo em uma população sem passado guerreiro (Lima 163). De maneira mais geral, as iniciativas econômicas fracassavam. E a racionalidade econômica não parecia fazer parte dos cálculos da corte portuguesa. O próprio Banco do Brasil, uma das iniciativas reais, foi quase saqueado "para o regresso da família real para Portugal" (Lima 245).

IV

Reduzamos o quarto plano a breve referência ao retorno a Portugal. Por satisfatória ou mesma prazenteira que tenha sido sua longa permanência no Rio, a verdade simples é que o rei não passava de um peão, relativamente insignificante, em um tabuleiro armado e comandado por outros jogadores. Enquanto Bonaparte se contrapôs aos interesses britânicos, D. João ainda gozava de certas prerrogativas. Derrotado o "usurpador", o rei será mais do que nunca súdito da Inglaterra. Assim, quando se reúne o Congresso de Viena, para dispor da Europa restaurada, Portugal, o mesmo que a Espanha, desempenhará um papel extremamente secundário. A voz ibérica só soa grosso e forte na discussão da abolição do tráfico negreiro. A Inglaterra e seus aliados se apresentam como os grandes campeões dos direitos humanos. Recorrendo ao *Correio Brasiliense*, que sempre estivera entre suas fontes mais freqüentes, o historiador alimenta seu comentário de mordacidade:

> O Congresso de que saiu a Santa Aliança mostrava interessar-se tanto pela liberdade natural dos negros, mas esquecia-se, na frase incisiva de Hipólito (da Costa), de interessar-se igualmente pela liberdade natural dos brancos da Europa, que já estavam ou iam ficar privados da liberdade de imprensa, da liberdade de discussão, da liberdade religiosa e de outras liberdades civis e políticas. (Lima 276)

A reação ibérica protelará o quanto possível a proibição do tráfico. D. João, de sua parte, seria pressionado a retornar ao Tejo. Logo depois morreria. O príncipe herdeiro, que deixara em seu lugar, em breve achará preferível, em vez de curvar-se às exigências das cortes lusas que exigiam o retorno ao antigo *status quo*, proclamar a independência do país. Em breve, renunciará e decidirá combater o irmão pelo acesso ao trono português. A questão da escravatura continuará viva, no Brasil, por mais sessenta e seis anos (1888). A abolição terminará por arrastar consigo a monarquia, que cairá no ano seguinte, sem que os afinal libertos tenham conseguido a efetiva liberdade. Essa liberdade de papelão se incorporará à involuntária democratização e ao barroco carnavalizado que fermentavam desde os tempos de D. João. Peão no xadrez da política internacional, ele ainda o será mais no caráter que assumirá a história do país que logo se autonomizará.

É este o livro que, em rápida síntese, os nossos cientistas sociais se deram ao luxo, até data recente, de ignorar.

Bibliografia

Freyre, Gilberto. *Oliveira Lima, Dom Quixote gordo*. Recife: Universidade Federal de Pernambuco, 1968.
Lima, Oliveira. *D. João VI no Brasil*. 3ª ed., prefácio de Wilson Martins, Rio de Janeiro: Topbooks, 1996 [1908].
Mello, Evandro Cabral de. "Depois de D. João VI". Oliveira Lima. *O movimento da Independência. 1821-1822*. 6ªed. Rio de Janeiro: Topbooks, 1997. 11-6 [1922].

CIDADANIA EM RUI BARBOSA:
"QUESTÃO SOCIAL E POLÍTICA NO BRASIL"

Tarcísio Costa[1]

A alguns meses da eleição presidencial de 1919, em que concorreu com Epitácio Pessoa, Rui Barbosa pronunciou, no Teatro Lírico do Rio de Janeiro, para uma platéia de operários, a conferência "A questão social e política no Brasil". Texto maior em sua obra, a conferência inova no plano conceitual e sugere à ação política opções inexploradas. Introduz no discurso liberal brasileiro o tema dos direitos sociais. Recomenda que se inaugure a cidadania social simultaneamente à modernização das instituições políticas. Na ampla qualidade de ensaio teórico e ato político, discutir-se-á o texto neste artigo.

Aos que se dispõem interpretar a conferência de Rui Barbosa cabe uma precaução. A introdução da questão social se faz com uma nota dissonante: a insistência do palestrante em apresentar sua defesa dos direitos dos trabalhadores como desdobramento de suas convicções abolicionistas. Diz existir continuidade entre os princípios que o haviam animado na luta pela emancipação dos escravos e aqueles que o inspiravam no esforço de retirar os trabalhadores da indigência. A pregação feita para que a abolição não representasse uma simples alforria dos senhores, mas a redenção social e econômica dos libertos, deixaria Rui Barbosa à vontade para reivindicar uma "segunda emancipação", que concluísse a tarefa de regeneração do trabalho no Brasil (Barbosa, "Questão" 427). Urgia atender aos reclamos por bem-estar do

---

[1] Diplomata e cientista político. Doutor em Teoria Política pela Universidade de Cambridge. Foi Professor visitante na Universidade de Stanford. Realiza pós-doutorado no Instituto de Estudos Avançados da Universidade de São Paulo. É pesquisador sênior junto ao Departamento de Relações Exteriores da Universidade de Brasília.

contingente crescente de trabalhadores urbanos e rurais. Tratava-se, como fora o abolicionismo, de uma questão de justiça que exigia verdadeira cruzada moral, a cuja frente somente poderiam estar os habituados a "antepor o direito à iniqüidade" (429).

Feito o pleito pela condição de patrono da causa operária, Rui Barbosa muda o registro. Parece convencer-se de que a honraria que ambiciona lhe terminará chegando pela "coerência de seus atos" (430). Não mais se prende à busca de afinidades entre abolicionismo e reforma social. Identifica particularidades onde até então maximizava semelhanças. É certo que continua a situar a abolição e a "segunda emancipação" como sujeitas à "mesma ordem moral de idéias" (430), já que ambas as experiências perseguiam a valorização do trabalho. Reconhece porém que este objetivo comum não anula as diferenças entre as duas situações históricas, que "distam imenso uma da outra" (430), tanto no tocante ao capital quanto ao trabalho. O capital seria agora menos intolerante, mais inteligente e não se arrogaria "direitos contra a humanidade". Tampouco o operário estava condenado "à morte política e à morte civil que sepultavam em vida o escravo" (429).

Se a situação em 1919 era menos aflitiva, trazia consigo exigências inéditas, alertava Rui Barbosa. Não estava mais em pauta a simples conquista dos atributos básicos da pessoa humana. Impunha-se o desafio de promover a independência econômica do trabalhador. Não mais cabia apologia à liberdade contratual que havia caracterizado o discurso liberal durante a Monarquia e as primeiras décadas da República. Algum espaço teria de ser aberto à intervenção do Estado na área social. Assim recomendava o "sopro de socialização" que agitava o mundo (453), e transformava Rui.

Em 1892, ao dar parecer sobre projeto de lei relativo à construção de casas populares, Rui Barbosa reportara-se à questão social como "triste e culposíssimo arremedo" de circunstâncias européias. A hipótese de regulação pelo Estado das condições de trabalho soava-lhe como idéia fora do lugar. Talvez fizesse sentido na Europa, onde a ocupação desordenada do território já requeria a atenção do poder público. No Brasil, de população escassa e recursos naturais abundantes, caberia, ao contrário, uma expansão franca da iniciativa privada, sem inibições por parte do Estado. Nada interessaria menos ao país, com as potencialidades de que dispunha para gerar riquezas, do que cercear a reprodução do capital e sujeitá-lo a constrangimentos legais.

Para aqueles que se deixavam seduzir pela linguagem do confronto capital e trabalho, Rui Barbosa recomendava que atentassem para a evolução do pensamento de socialistas como Proudhon, para a conversão deste teórico às virtudes do capitalismo, a ponto de defender que o direito de propriedade deveria ser absoluto, mesmo que redundasse em abusos, visto que se depuraria a si próprio. Se o teórico socialista, conhecido pela virulência de sua crítica ao mercado, acatara a "excelência" do instituto da propriedade, por que não esperar o mesmo dos operários brasileiros, que muito teriam a ganhar se a livre iniciativa progredisse sem peias no Brasil?

O contraste entre estas idéias e as desenvolvidas na conferência do Teatro Lírico não poderia ser mais acentuado. A evolução que se deu no pensamento de Rui Barbosa (de 1892 a 1919) pode equiparar-se à que ele percebia em Proudhon, embora em sentido contrário. Rui Barbosa não se torna um inimigo da propriedade, mas proclama a "preeminência" do trabalho sobre os demais fatores de produção. Citando Lincoln, ressalta que o capital não é senão fruto do trabalho; e que o trabalho merece, portanto, "consideração muito mais elevada" ("Questão" 426). Tal reconhecimento se estaria fazendo sentir no campo do direito, com a diluição crescente da concepção individualista dos direitos humanos e a afirmação dos direitos sociais em vários países:

> Já não se vê na sociedade um mero agregado, uma justaposição de unidades individuais (...) mas uma entidade naturalmente orgânica, em que a esfera do indivíduo tem por limites inevitáveis (...) a coletividade. O direito vai cedendo à moral, o indivíduo à associação, o egoísmo à solidariedade. (431)

O modelo que se anuncia e do qual Rui Barbosa logo se diz adepto é classificado de "democracia social" (431). Fundamentado na doutrina social da Igreja, o modelo reuniria características definidas a partir da experiência socialista ou de duas antagônicas modalidades de socialismo: "socialismo devastador" e "socialismo benévolo". O primeiro, ao reduzir a questão social à luta de classes, seria o avesso da democracia "ampla, serena e leal" a que se propunha. Com o "socialismo benévolo", as afinidades do modelo em vista seriam bem estreitas, teriam em comum o compromisso com a eqüidade social. Não menos relevante para a construção da "democracia social" seria a experiência dos socialistas quanto à regulamentação do trabalho:

> Mas não tem (o socialismo) menos razão, quando (...) lança os alicerces desse direito operário, onde a liberdade absoluta dos contratos se atenua (...) para amparar a fraqueza dos necessitados contra a ganância dos opulentos, estabelecendo restrições às exigências do capital. (431)

O apóstolo da liberdade contratual, um dos principais responsáveis pela proibição, no texto constitucional de 1891, da regulação pelo Estado das relações de trabalho, reivindica agora que o legislador interceda para preservar o trabalhador dos abusos do capital. Qualifica de "imaginária" a presunção de igualdade entre patrão e empregado, princípio que seguia para sustentar autonomia e liberdade das partes. Afirma que o contratualismo puro não teria tido outro efeito senão contribuir para a sujeição dos operários a condições degradantes de trabalho. Disso estariam convencidos a Liga das Nações e os países avançados, inclusive os Estados Unidos, por mais apego que tivesse esse país à liberdade de contratar (436). Era momento de dar os passos necessários a que o Brasil se aproximasse da "consciência jurídica universal" (453). O primeiro seria a reforma da Constituição, para permitir que o Congresso legislasse sem cerceamento sobre a questão social.

Rui Barbosa dedica então parte substantiva da conferência à discussão de uma possível pauta social para o Congresso. Não se pretende exaustivo. Comenta matérias ou "pontos culminantes" que lhe parecem suficientemente maduros para um tratamento normativo (443). Inicia pelo tema indenizações por acidente de trabalho, objeto de lei aprovada em janeiro daquele ano (1919) e primeira ação do Congresso na área trabalhista, desde a instauração da República, que ele julga digna de registro. Lamenta que a lei estivesse fadada à ineficácia, por não prever depósito ou seguro que lhe garantisse a execução. Reclama isonomia salarial entre os sexos: a "igual trabalho, salário igual" (444), sentencia. O terceiro item contempla os menores. Propõe que se proíba a exploração do trabalho infantil, com fixação de idade mínima e um padrão salarial mais digno. Defende limitação de horas de trabalho no campo e na cidade. Não quer deixar tal tema "ao domínio da contratualidade", onde ocorreria "preponderância incontrastável da parte mais forte sobre a mais desvalida" (445). Inclui em sua pauta proibição ou redução drástica do trabalho noturno. Sugere que se vete o trabalho do operário em domicílio, onde se assemelha ao "mais triste serviçal" (445). O penúltimo "ponto culminante" diz respeito à proteção da gestante, assunto que, por sua relevância social, não cabe ser confiado ao "arbítrio dos interessados" (446). Rui Barbosa conclui as recomendações com apelo para que se coíba a operação dos armazéns de venda, que vê como sistema de "usura perpétua e lenta" (446).

Em algumas propostas, percebe-se a preocupação de Rui Barbosa em que a legislação social não excluísse os trabalhadores do campo, responsáveis por mais da metade da mão-de-obra nacional. Achava injustificável que em "país essencialmente agrícola e criador" (439) a lei conferisse tratamento diferenciado ao trabalhador urbano, sobretudo quando o camponês muitas vezes estava submetido ao jugo de "um patronato cruel e irresponsável" (440).

Se com a apologia feita aos direitos sociais a conferência não deixa dúvidas do afastamento de Rui Barbosa do individualismo possessivo que caracterizava seus pares liberais, o texto não sugere que ele estivesse se distanciando também daquilo que constituíra até então uma de suas preocupações principais: a modernização político-institucional do Brasil. Pelo contrário. Rui Barbosa reitera no texto teses sobre reforma política adiantadas na campanha civilista, atualizando sua importância histórica, colocando-as a serviço da afirmação da cidadania social. Antecipa a leitura que T. H. Marshall viria a consagrar em seu estudo sobre a evolução da cidadania na Inglaterra, onde os atributos sociais são apresentados como decorrência do exercício franco e generalizado dos direitos políticos. Ao pôr em pauta alternativa à fórmula autoritária que a ortodoxia positivista propugnava para o saneamento institucional da República Velha e o equacionamento dos conflitos sociais, a conferência ganha densidade como ato político. A greve geral de 1917, desenlace de quase duas décadas de manifestações sindicais, demonstrava de modo eloqüente que a questão social chegara para ficar. A dúvida era como encaminhar o tema. Rui Barbosa preferia a legislação social ou "tutela legislativa" como solução, desde que adotada por métodos democráticos, que exigiam instituições representativas saneadas (453).

Na abertura da conferência, Rui Barbosa manifesta enfaticamente a expectativa de que a soberania popular encerre o mando oligárquico. Conclama o povo a desautorizar a imagem de apatia e indolência que dele faziam os donos do poder. Para Rui Barbosa, os "manda-chuvas" da República supunham viver em um país de "resignação ilimitada e terna indiferença", cujo povo era visto como "ralé (...) de escravos de nascença, concebidos e gerados para a obediência" (422). Daí a desfaçatez com que se exercia o poder público. As decisões eram tomadas à mais completa revelia da "opinião nacional" (422). Seria mais do que tempo de o povo assumir a consciência de seu poder e definir que o "Brasil não é isso" (423), que o país não se confundia com os "falsificadores de eleições" (424), os "estadistas de impostura". A "redescoberta pelo povo de sua majestade" não se daria pela força ou pela desobediência civil, mas pelo voto, um voto que refletisse a vontade do eleitor, ao contrário do que havia sido a prática republicana. Bastava lembrar o "estelionato eleitoral" (457) que o levara à derrota contra Hermes da Fonseca em 1910. O desvio de votos e o mecanismo de verificação de poderes pelo Congresso subtraíram-lhe o poder reservado pelas urnas. Não se poderia adiar a reforma constitucional, tema em que se detivera amiúde durante a campanha civilista, propondo, entre outras inovações, o registro eleitoral prévio e o voto secreto. Rui Barbosa sugeriu que se discutisse a possibilidade de adotar o parlamentarismo, sistema que entendia menos propenso a desvios autoritários do que o presidencialismo. Retomou o tema no Teatro Lírico, onde valoriza o espaço que o governo parlamentar abriria para a deliberação, para as "cruzadas morais" como a que ora empreendia pela regeneração do trabalho (428).

A pregação, por Rui Barbosa, da reforma política tinha endereço certo: o positivismo castilhista. A simpatia que nutrira quando jovem por Comte evoluíra para uma atitude de franca reserva, sobretudo em relação à corrente que se perpetuava no poder no Rio Grande do Sul e estava por trás da candidatura presidencial de Epitácio Pessoa. Chama o castilhismo de "parto radical do comtismo" (451). Incomodava-lhe particularmente o viés autoritário da ortodoxia positivista, traduzido na Constituição gaúcha pela exacerbação do poder do Executivo, em detrimento das atribuições do Legislativo. Os apóstolos de Comte preferiam concentrar a função normativa no Chefe de Governo, de quem proviriam as leis "científicas" necessárias para fazer o país saltar de patamar civilizatório, inclusive no campo social. No primeiro ano da República, os positivistas haviam sugerido, sem êxito, que o Marechal Deodoro da Fonseca editasse uma legislação social que incluísse tópicos como limitação da jornada de trabalho e a estabilidade no emprego. A expectativa era de que medidas como essas permitissem ao Executivo afastar os riscos que a transformação do Brasil em sociedade de massas estaria trazendo para a coesão que se julgava indispensável entre capital e trabalho. A partir dos anos 20, teóricos como Azevedo Amaral e Oliveira Vianna emprestariam maior "cientificidade" à plataforma social dos positivistas, desenvolvendo trabalhos que fundamentariam a política trabalhista de Getúlio Vargas. Rui Barbosa não viveria o suficiente para debater com Vianna e contrariar-se com Getúlio. Mas pressentiu que o tratamento da questão social não evoluiria segundo seus desígnios, no marco da democracia. Previu a possibilidade de interrupção da ordem constitucional: "Quando me preocupo com a iminência de comoções (...) não é porque as almeje, (...) mas porque (...) as diviso, e quero convencer os que as promovem de que nos devemos unir todos contra os seus tremendos perigos" (453).

À vitória do positivismo autoritário não se seguiu apenas o arquivamento das teses de Rui Barbosa, mas a deturpação de sua imagem. Passou a ser caracterizado como um ideólogo do antigo regime, um intelectual preso a modelos externos (...) um "idealista utópico", nas palavras de Vianna (2: 28-9). Quem perdeu foi a própria história das idéias no Brasil. Ficou empobrecida a discussão sobre o quadro ideológico da época, que se vê limitado, nos registros históricos, a duas forças: o liberalismo oligárquico, em declínio, e o positivismo castilhista, em ascensão. Não teria havido uma terceira via. Daí a leitura corrente de que a hegemonia do pensamento autoritário se deu como decorrência natural do esgotamento do liberalismo beletrista, ou mesmo como exigência histórica, para legitimar uma necessária diversificação da base produtiva. A emergência do Estado Novo deixou de ser uma escolha, uma opção política entre outras possíveis.

Em publicação recente, Bolívar Lamounier atribui o equívoco em torno de Rui Barbosa à influência de dois discursos: o positivismo ortodoxo e o esquerdismo autoritário, ambos insensíveis ao valor das instituições liberais. Sem avançar nos argumentos de Lamounier, acrescento como causa da visão distorcida sobre Rui o papel histórico dos próprios liberais ou daqueles que assim se proclamam desde o Estado Novo. Rui Barbosa foi negado por seus pares no apreço às liberdades públicas e na preocupação com os direitos sociais. A história dos liberais brasileiros após 1945 é história de golpismo, conivência com o autoritarismo e insensibilidade social.

Escuta-se nos dias atuais um discurso pela *desconstitucionalização* dos direitos sociais, em nome da autonomia das Partes. Tornou-se o Brasil tão igualitário a ponto de dispensar a tutela constitucional nas relações de trabalho? Os contratos leoninos são coisa do passado? Rui esteve sozinho em seu tempo. É provável que hoje também o estivesse.

Bibliografia

Barbosa, Rui. "A questão social e política no Brasil". *Escritos e discursos seletos*. Rio de Janeiro: Nova Aguilar, 1995. 420-59.

_____. "Casas para operários". *Obras completas de Rui Barbosa*. Vol. XIX, Tomo II. Rio de Janeiro: Ministério da Educação e Saúde, 1948. 237-60.

_____. "Plataforma". *Escritos e discursos seletos*. Rio de Janeiro: Nova Aguilar, 1995. 335-88.

_____. "Às classes conservadoras". *Escritos e discursos seletos*. Rio de Janeiro: Nova Aguilar, 1995. 389-419.

Barreto, Vicente (org.). *O liberalismo e a constituição de 1988*. Rio de Janeiro: Nova Fronteira, 1991.

Carvalho, José Murilo de. *Desenvolvimiento de la ciudadanía en Brasil*. México: Fondo de Cultura Económica, 1995.

Dantas, San Tiago, "Rui Barbosa e a renovação da sociedade". *Escritos e discursos seletos*. Rio de Janeiro: Nova Aguilar, 1995. 55-70.

Lacombe, Américo Jacobina. *À sombra de Rui Barbosa*. Brasiliana, Vol. 365. São Paulo: Companhia Editora Nacional, Instituto Nacional do Livro, 1978.

Lamounier, Bolívar, "Rui Barbosa e a construção institucional da democracia brasileira". Rui Barbosa. Rio de Janeiro: Nova Fronteira, 1999. 49-123.

Marshall, T.H., *Citizenship and Social Class*. London: Pluto Perspectives, 1992.

Reale, Miguel, "A posição de Rui Barbosa no mundo da filosofia". *Escritos e discursos seletos*. Rio de Janeiro: Nova Aguilar, 1995. 817-36.

Santos, Wanderley Guilherme. *Décadas de espanto e uma apologia democrática*. Rio de Janeiro: Rocco, 1998.

Vianna, Oliveira. *Instituições políticas brasileiras*. 2 vols. Belo Horizonte: Itatiaia, 1987.

RETRATO DO BRASIL
NO CONTEXTO PÓS-MODERNO

Tereza Virginia de Almeida[1]

O título de *Retrato do Brasil* claramente apresenta o livro como uma das diversas tentativas de representar narrativamente uma cultura cuja história de colonização legou a sua tradição intelectual uma preocupação central com questões referentes à origem e à identidade nacionais. Entretanto, a reaparição de *Retrato do Brasil* em 1998 no mercado editorial é um fato cultural que requer a consideração da singular história do livro ao longo dos setenta anos desde sua primeira edição em 1928.[2]

Publicado quatro vezes durante a vida do autor, *Retrato do Brasil* pode ser considerado um fenômeno editorial. Houve duas edições em 1929 e outra versão revisada em 1931. Dez anos depois, o autor não autorizou a tradução do livro para o castelhano argumentando que o havia escrito para o seu país e que havia já decidido não mais publicar *Retrato do Brasil*. Apenas em 1944 surgiu a quinta edição, após a morte de Paulo Prado em 1943. Outras edições surgiram nas próximas décadas: 1962, 1971 e 1981.

Embora seja possível explicar os intervalos entre as sucessivas edições do livro através do caráter instável da economia brasileira, gostaria de sugerir que os intervalos dizem respeito tanto ao caráter polêmico da obra quanto ao próprio processo de formação do cânone modernista bra-

---

[1] Professora de Literatura Brasileira na Universidade Federal de Santa Catarina. Autora de *A ausência lilás da Semana de Arte Moderna: O olhar pós-moderno* (Florianópolis: Editora da UFSC, 1998).

[2] A primeira edição póstuma foi autorizada pelo filho de Paulo Prado, Paulo Caio Prado, e publicada pela Editora Brasiliense. A Editora José Olympio publicou o livro em 1962, relançando-o em 1972 como parte do volume intitulado *Província e nação*, composto de dois livros: *Retrato do Brasil* e *Paulística*.

sileiro. Em outras palavras, minha abordagem de *Retrato do Brasil* objetiva apresentar a edição de 1998 dentro da moldura da cultura brasileira contemporânea em relação com seus principais artefatos modernistas.

Paulo Prado trabalhou com material coletado das representações narrativas de viajantes e jesuítas através das quais construiu uma história do Brasil na qual o sedutor apelo dos prazeres sensoriais e os recursos materiais da terra determinam os traços característicos da população miscigenada que emergiu do encontro dos colonizadores portugueses com os povos nativos e africanos.

Retrato do Brasil se estrutura em capítulos que funcionam como entradas através das quais Paulo Prado constrói sua tese acerca do Brasil: a luxúria, a cobiça, a tristeza, o romantismo são os quatro eixos temáticos em torno dos quais giram os quatro séculos de fundação da cultura brasileira, da descoberta do Novo Mundo no século XVI à identificação nacional com os ideais românticos nos séculos XVIII e XIX.

Para Paulo Prado, o primeiro século de colonização foi determinado pelo processo de degeneração que caracterizou o português no século XVI. Durante este período, Portugal experimentava uma crise política e o enfraquecimento de poder que culminou em sua dominação pela Espanha em 1580. Longe dos heróicos conquistadores do século XV, os colonizadores portugueses que chegaram ao Brasil eram homens jovens e solteiros, dispostos a experimentar todos os tipos de prazeres que os trópicos poderiam oferecer, o que levou à imediata miscigenação com as mulheres nativas: "Do contato dessa sensualidade com o desregramento e a dissolução do conquistador europeu surgiram nossas primitivas populações mestiças" (76).

Este colonizador é também um miserável aventureiro capaz de qualquer risco e até mesmo de cometer crimes para encontrar riquezas: prata, ouro e pedras preciosas, uma ambição em sintonia com a atitude mantida por Portugal em relação à colônia na medida em que recebia os resultados das expedições exploratórias nas quais as pessoas eram capazes de abandonar o cultivo da terra em nome da cobiça.

A tristeza é, portanto, o resultado central da conjunção da miscigenação racial e das determinações históricas dos primeiros séculos: "A poesia popular, as lendas, a música, as danças, revelam a obsessão melancólica que só desaparece com a preocupação amorosa ou lasciva"(144). Em função desta tendência melancólica, o país estava apto a receber no século XVIII a influência do romantismo, que Paulo Prado descreve através da referência a uma longa trajetória: de Rousseau ao nacionalismo romântico e a expressão literária.

Com organização e introdução de Carlos Augusto Calil, a edição de 1998 inclui paratextos que são cruciais para que o leitor compreenda o contexto original do livro e sua recepção crítica. Além da introdução e da cronologia, o organizador reuniu apêndices que incluem cartas, resenhas e alguns retratos do autor. Através desses paratextos, é possível contextualizar uma obra cujo subtítulo — "Ensaio sobre a tristeza brasileira" — promete uma representação do país que parece contradizer aquelas que se tornaram dominantes através dos séculos, através da imagem da paisagem tropical caracterizada por ritmos vibrantes e festas coloridas.

O leitor contemporâneo deve reconhecer que o autor se utiliza de conceitos de raça e determinações biológicas e geográficas que foram problematizadas pelos complexos debates em torno de questões culturais dominantes nas ciências humanas e sociais nas últimas décadas. Entretanto, o próprio caráter da edição de 1998, nas relações que estabelece entre o texto de Paulo Prado e seus paratextos, possibilita ao leitor tomar a distância necessária da tese central do livro para fruir o texto como um artefato cultural capaz de emblematizar o modernismo brasileiro em sua especificidade.

Nos apêndices, as resenhas demonstram a tendência da crítica em oscilar entre a fascinação pelo estilo do livro e a rejeição a alguns aspectos da tese. João Ribeiro reage à idéia da tristeza: "A terra dos feriados, do amanhã — do tenha paciência — da oratória — do Carnaval — não pode ser o habitat da melancolia" (224). Outro crítico reage contra a interpretação de Paulo Prado da luxúria no encontro do colonizador com os povos nativos e africanos: "Note que o *Retrato do Brasil* nesse capítulo é a repetição de todas as monstruosidades de julgamento do mundo ocidental sobre a América descoberta". (229) Este último crítico é Oswald de Andrade que publicou, em 1928, o "Manifesto antropófago", no qual a idéia de canibalismo opera como uma irônica metáfora que neutraliza a noção de dependência cultural através da afirmação da capacidade infinita de incorporação como o traço principal da cultura brasileira.

Embora pareça claro que a tese de *Retrato do Brasil* foi capaz de levantar um debate polêmico na cena intelectual, é importante observar que este caráter desafiador do livro de Paulo Prado está relacionado a um contexto intelectual em que tanto a identificação do livro, enquanto um texto historiográfico, quanto a posição social do autor são relevantes.

De um lado, *Retrato do Brasil* é um texto claramente reconhecível como exemplo da prática definida como "história das mentalidades". De outro lado, o livro foi produzido por um dos participantes da *Semana de Arte Moderna* que aconteceu em São Paulo em fevereiro de 1922, um evento que tem sido representado pela história literária como o ponto de partida do modernismo no Brasil.

Membro de uma família tradicional de exportadores de café, Paulo Prado foi um dos organizadores e patrocinadores da *Semana de Arte Moderna*, planejada por um grupo de artistas e intelectuais em diálogo com as vanguardas européias: insatisfeitos com a importação brasileira de tendências literárias, o grupo decide reagir através de um movimento que simultaneamente atualizaria a arte brasileira no mundo moderno e liberaria a expressão artística de sua tradição colonizada. O resultado deste desafio é uma série de correntes heterogêneas e contraditórias que originaram na *Semana de 22* e se manifestaram de maneiras diversificadas ao longo deste século.

O fato de o diretor de uma firma de exportação optar por produzir uma obra historiográfica certamente exemplifica as tradicionais relações entre o debate intelectual e as classes economicamente dominantes no Brasil. Paulo Prado (1869-1943) freqüentou a Universidade no Rio de Janeiro, onde seu pai era deputado na época e diplomou-se em Direito em 1889. Depois disto, viajou a Paris, onde viveu até 1897, quando seu pai pediu que retornasse ao Brasil para assumir os negócios da família. Paralela a sua atividade principal como homem de negócios, Paulo Prado atuou como jornalista desde 1862 quando começou a escrever a coluna "Notícias da Europa" para o *Jornal do Commercio*. No Brasil, escreveu artigos para jornais e dirigiu, ao lado de Monteiro Lobato, a *Revista do Brasil*; em 1925, Paulo Prado publicou o volume intitulado *Paulística* que reuniu artigos publicados em *O Estado de São Paulo*. Em seu interesse por história, Prado sofreu influência do historiador Capistrano de Abreu, que, além de ter sido seu mentor desde 1918, foi aquele com quem organizou e editou alguns volumes da História do Brasil.

A decisão de Paulo Prado de escrever uma obra de história ilustra um dos traços mais característicos do modernismo brasileiro: a relação ambivalente com o passado histórico. Embora a estética modernista apresente a tendência de relacionar-se com a busca de originalidade e inovação, no caso brasileiro, esta busca está conectada com o resgate e reescrita do passado brasileiro. Por exemplo, o legado da tradição oral dos povos nativos e africanos através dos mitos, dos rituais e do folclore está fortemente presente na obra de Mário de Andrade, especialmente em *Macunaíma* (1928). Oswald de Andrade também expressou esta tendência em suas alusões ao mundo primitivo presentes tanto no "Manifesto da poesia Pau-brasil" (1924) quanto no "Manifesto antropófago" (1928).

Se observarmos Pablo Picasso, por exemplo, torna-se nítido que esta recorrência temática pode ser associada com a estética vanguardista, mas é importante observar que a imagem do primitivo é para Picasso algo similar ao que o Oriente é para a poesia de Ezra Pound: a alusão à idéia radical de descontinuidade espacial e temporal capaz de estabelecer um sentido de ruptura com a história. O modernismo brasileiro, entretanto, parece incorporar essa concepção estética, mas encontra como desafio principal o fato de o mundo primitivo representar uma parte essencial da própria história da colonização do país.

Se esta problemática ambivalência é resolvida esteticamente nos casos de Mário de Andrade e Oswald de Andrade, Paulo Prado enfrenta o desafio de construir uma narrativa histórica que cobriria o período entre o mundo primitivo reprimido e a modernidade. Em suas palavras, o retrato "foi feito como um quadro impressionista. (...) Desaparecem quase por completo as datas. Restam somente os aspectos, as emoções, a representação mental dos acontecimentos, resultantes estes mais da dedução especulativa do que da seqüência concatenada dos fatos" (186). A tarefa de Paulo Prado é construir uma representação através da qual as complexidades da cultura brasileira no início do século encontrariam suas explicações e causalidades à luz das demandas e promessas da modernidade, uma tarefa que parece estimulada pelo desejo de organizar o passado tendo em vista legitimar a presença do Brasil no século XX. O destino polêmico da obra emerge exatamente da decisão de Paulo Prado de apresentar o país como uma série de problemas que originaram na colonização ao invés de inverter e subverter a história da dependência como faz Oswald através do canibalismo. Para Paulo Prado, diante das revoluções modernas, o Brasil dorme um "sono colonial" no qual, "Apesar da aparência de civilização, vivemos assim isolados, cegos e imóveis, dentro da própria mediocridade em que se comprazem governantes e governados".

É importante observar que a tese de Paulo Prado é explicitamente apresentada em 1928 como uma chamada para a "modernidade", uma palavra que funcionava como um passaporte mágico em direção ao desenvolvimento e à liberdade infinitos. Setenta anos depois, a globalização e a falência dos discursos emancipatórios trouxeram, para a sociedade ocidental e para o contexto brasileiro, determinações que transfiguraram completamente o valor e a definição de "modernidade".

Nas últimas décadas, o debate intelectual tem lidado com o pós-moderno como um termo-chave para a problematização da modernidade. Em 1985, Jean-François Lyotard apresenta uma analogia entre o pós-moderno e um processo psicanalítico através do qual a neurose moderna poderia ser trabalhada, a perlaboração (*Durcharbeitung*): "le 'post' de 'postmoderne' ne signifie pas un mouvement de *come back*, de *flash back*, de *feedback*, c'est-à-dire de répétition, mais un procès en 'ana', un procès d'analyse, d'anamnèse, d'anagogie, et d'anamorphose, qui élabore un 'oubli initial'".[3]

Neste sentido, é possível compreender que, se o debate pós-moderno falha em delinear um novo paradigma capaz de apresentar um conjunto satisfatório de características para definir a estética pós-moderna, é exatamente porque sua problemática central desafia a idéia de totalidades coerentes inerentes à periodização.

Se se considera a proposta de Lyotard de forma a abordar um livro como *Retrato do Brasil* no contexto pós-moderno, o próprio compromisso de Paulo Prado com as utopias modernas se define como uma "neurose moderna" determinada pela demanda de molduras totalizantes e representações típicas do pensamento moderno. Entretanto, o leitor pode fruir o livro à parte do compromisso em encontrar uma representação coerente e estável para o país e pode perceber que o autor preenche com traços estilísticos e metáforas vívidas aquilo que sua narrativa não consegue explicar, estabilizar ou resolver. No final do milênio, em sua falência em fornecer uma representação dominante do Brasil através da reescritura de narrativas anteriores, *Retrato do Brasil* explicita sua natureza discursiva e desafia a própria idéia de nação que originou sua escritura há setenta anos atrás.

Bibliografia

Andrade, Oswald de. "Retoques ao *Retrato do Brasil*". Paulo Prado. *Retrato do Brasil*. Carlos Augusto Calil (org.). São Paulo: Companhia das Letras, 1988. 228-232 [1928].

Lyotard, Jean-François. "Note on the Meaning of Post". *The Postmodern Explained*. Minneapolis: University of Minnesota Press, 1993. 75-80.

Prado, Paulo. *Retrato do Brasil*. Carlos Augusto Calil (org.). São Paulo: Companhia das Letras, 1998 [1928].

Ribeiro, João. "Paulo Prado — *Retrato do Brasil*". Paulo Prado. *Retrato do Brasil*. Carlos Augusto Calil (org.). São Paulo: Companhia das Letras, 1998. 223-8 [1928].

---

[3] Lyotard 77.

USA E BRASIL: CAPITALISMO E PRÉ-CAPITALISMO SEGUNDO OLIVEIRA VIANNA[1]

Ângela de Castro Gomes[2]

Oliveira Vianna aparece hoje, inquestionavelmente, como um clássico do pensamento social brasileiro. A vinculação de suas análises a uma proposta de Estado autoritário, somada ao seu engajamento político na máquina do Estado Novo, por muito tempo desestimulou o debate em torno de sua obra — tachada, com simplismo, de racista e reacionária. Hoje, no entanto, aquelas características vêm se transformando num incentivo para que se reavalie sua produção. Afinal, ao lado de Francisco Campos, Cassiano Ricardo, Almir de Andrade e outros, ele encarna o intelectual que se propõe ultrapassar os limites de seu gabinete de trabalho, considerando que só a participação no governo lhe permitiria efetivar suas idéias. Esse interesse renovado explica que em 1987 se empreendesse a edição de um texto inédito do historiador e sociólogo morto em 1951: *História social da economia capitalista no Brasil*.

O texto, em dois volumes, não chegou a ser concluído — diversos capítulos ficaram incompletos; outros foram apenas planejados. Não importa. Nele, o autor como que relê a própria obra, obrigando o leitor a acompanhá-lo. Essa releitura seria, porém, uma tarefa de fôlego, a que não nos propomos aqui.

---

[1] Texto originalmente publicado na revista *Ciência Hoje* (Abril 1989).
[2] Professora Titular do Departamento de História da Universidade Federal Fluminense. Pesquisadora do Centro de Pesquisa e Documentação de História Contemporânea (CPDOC), Fundação Getúlio Vargas. Entre outros, autora de *A invenção do trabalhismo* (Rio de Janeiro: Relume-Dumará, 1994); *História e historiadores* (Rio de Janeiro: Ed. FGV, 1996); *Essa gente do Rio... Modernismo e nacionalismo* (Rio de Janeiro: Ed. FGV, 1999).

Ao longo de todo o livro, Oliveira Vianna retoma e desenvolve temas que já eram centrais em sua obra anterior. O principal é o "problema social" no mundo e no Brasil, visto como signo e produto do desenvolvimento do capitalismo moderno. Para compreendê-lo e resolvê-lo, como se tentava fazer no país desde os anos 30, impunha-se analisar nossa formação social. A resolução de problemas como o representado pelos modernos conflitos entre capital e trabalho parecia-lhe exigir uma investigação acurada das características de uma nação e de seu povo. Não por acaso, portanto, o texto se inicia com uma referência a *Direito do trabalho e democracia social, o problema da incorporação do trabalho* (José Olympio, 1951) e, várias vezes, remete à primeira obra do autor, *Populações meridionais no Brasil*, de 1920, também com marcado acento histórico.

O objetivo inicial do livro expressa-se no título: tratava-se de fazer uma história social, não uma história da economia capitalista no Brasil, que analisasse os fatos da produção e da evolução tecnológica no país. É o próprio autor que adverte, no "prefácio": uma coisa é reconhecer e acompanhar o desenvolvimento material do capitalismo; outra é analisar as conseqüências sociais gestadas a partir dessas novas condições, o que exige a análise dos usos, das tradições, da mentalidade e dos tipos sociais próprios ao país.

Mas, se foi com esse objetivo que traçou o plano da obra, o autor confessa que se viu obrigado a alterá-lo de forma significativa. Isto porque seu pressuposto era que "a economia capitalista havia dominado todo o Brasil", o que ele reconhece como falso. Desse ponto de vista "havia dois Brasis" e a "cultura" capitalista estava limitada, na verdade, "a uma pequena fração do nosso povo". A maior parte de nossas populações regionais conservava-se fora da influência do supercapitalismo, "mantendo-se dentro de sua primitiva estrutura e da sua primitiva mentalidade pré-capitalista, a mesma que a vem enformando desde os primeiros dias da nossa civilização e da nossa história"(vol. 1, 20). E esta será a tese central dos dois volumes.

Para fundamentar sua análise, Oliveira Vianna recorre a imenso e diversificado número de fontes. Em primeiro lugar, aos "modernos historiadores e sociólogos da economia européia e americana mais recente", como Werner Sombart, Max Weber, Henri Pirenne, Gaetan Pirou, entre os europeus, e Lewis Mumford, Edward Ross, Thornstein Veblen, A . Berle e J. F. Normano, entre os americanos. Toda a obra está, aliás, marcada por uma perspectiva comparativa com a experiência de países europeus, e, principalmente, com a norte-americana, que nos interessa particularmente destacar nesse artigo. Em segundo lugar estão as fontes sobre o Brasil, que incluem relatos de viajantes estrangeiros (como Johann Baptist von Spix, Karl Friedrich von Martius, Johann Moritz Rugendas e John Luccock); textos de cronistas e historiadores brasileiros (como Antônio Vieira, André João Antonil, Afonso Taunay, Joaquim Nabuco, Ambrósio Fernandes Brandão, Joaquim Francisco Lisboa e Manuel de Oliveira Lima), dados dos censos de 1920 e 1940 e ainda obras literárias de escritores do passado e contemporâneos, entre os quais José Lins do Rego e Jorge Amado.

Independentemente das orientações teóricas que lhe balizam o trabalho e das conclusões a que chega, é inegável a originalidade e sensibilidade com que Oliveira Vianna depreende certas características culturais do que chama de "nossos povos" e cataloga uma fascinante bibliografia para a análise do país.

A primeira parte do primeiro volume é uma introdução geral. Nela é definido o que Sombart chama de capitalismo moderno e que, nas últimas décadas, vinha se transformando em supercapitalismo. O objetivo do autor é preciso: há que ter clareza do que é esse novo capitalismo para se poder avaliar sua presença e extensão no Brasil e, mais especificamente, para analisar suas repercussões sociais (na acepção da escola sociológica de Frédéric Le Play). Entre estas, uma o preocupa por excelência: os efeitos do supercapitalismo sobre os conflitos do trabalho e, portanto, sobre as orientações governamentais de uma nova política social. Toda a sua reflexão sobre a singularidade da formação histórica e geográfica brasileira está referida ao "problema social", tanto no tocante a "nossos sentimentos e atitudes tradicionais" em face dos trabalhadores, como no que se refere às novas diretrizes políticas adotadas no Brasil após a Revolução de 1930.

Oliveira Vianna recorre também, sistematicamente, aos trabalhos de Mumford e Ross, que considerava expoentes da moderna ciência social norte-americana. Junto com Sombart, eles lhe permitem analisar o capitalismo sob três aspectos — o técnico, o jurídico e o psicológico — que podem ou não se superpor no tempo e no espaço, tendo cada um emergência e desenvolvimento independentes.

O 'capitalismo técnico' é marcado pela modernização tecnológica e, em especial, pelo fenômeno da concentração em suas múltiplas faces (capital, força motriz, produção, massa operária, lucros industriais etc.). O 'capitalismo jurídico' caracteriza-se por novas técnicas de investimento e empresas com novas estruturas legais. São as imensas sociedades que o autor chama de "mamutes" — os *cartels* e *konzerns* germânicos, as *ententes* francesas, os *trusts* e *holdings* norte-americanos.

Nenhum país exemplifica melhor esse novo tipo de capitalismo e sua complexa técnica de organização tecnológica que os EUA. E é também aí que a dimensão psicológica do supercapitalismo mais se manifesta. Esse 'capitalismo psicológico'— na expressão de Sombart — seria, segundo Oliveira Vianna, inteiramente dominado por um ilimitado espírito de lucro. Não só homens de empresa norte-americanos, mas toda a população trabalharia e viveria orientada pela expectativa de participar de uma "economia de lucro". Nas sociedades em que esse "estado de espírito" predomina, o homem vale pelo que tem; se nada tem, nada sabe, nada é (vol.1, 41). Em seu aspecto psicológico, portanto, o moderno capitalismo corresponde a uma sociedade exclusivamente voltada para o lucro.

Para o autor, "os primitivos elementos desse espírito de lucro" foram transmitidos aos norte-americanos pela velha Europa, através do ciclo das grandes empresas marítimas e de seu mercantilismo. Essa herança cultural teria sido exacerbada em terras americanas pelo que Mumford chamou de "complexo da mineração". Nenhum outro povo do novo continente foi tão fortemente marcado por uma tradição de "enriquecimento rápido e fácil", que acabou por se transferir para todos os campos da atividade produtiva. É este elemento que distingue a trajetória econômica e social dos EUA da do Brasil. Nossos ciclos de enriquecimento, como o da mineração e o do cultivo do café, não tiveram nem a recorrência nem a intensidade que assumiram na experiência americana. Por isso, o "espírito do lucro" aqui não persistiu, nem se irradiou, tendo sido até certo ponto tragado por uma outra tradição cultural.

Portanto, para compreender um "tipo social", um *ethos* próprio a uma sociedade, deve-se analisar sua trajetória histórica e elementos diferenciados, como a dinâmica dos fatos econômicos e a construção de uma herança cultural. A dominância de certa mentalidade social não seria, porém, permanente. Para Oliveira Vianna, a história social do capitalismo norte-americano permite nítida periodização. Até a guerra de secessão e a abolição da escravatura, a civilização agrária norte-americana era francamente pré-capitalista. Foi só no curto intervalo entre 1890 e 1905 que o "espírito do capitalismo" irrompeu e dominou sem quaisquer entraves. Desde então, fez-se sentir uma "reação ética" a seus excessos materiais", que culminou na "política corporativista e anticapitalista do New Deal, de Roosevelt" (vol. 1, 44).

Entre nós, porém, a situação era distinta. No Brasil, ainda mergulhado na mentalidade pré-capitalista, assomava apenas uma ou outra "ilha" de cultura capitalista — e é esta tese que os demais capítulos da *História social* buscarão demonstrar. Numa primeira etapa, o autor analisa a história social da agricultura e da economia comercial e industrial, para comprovar as características, a força e a permanência do "espírito pré-capitalista". Numa segunda etapa, examina o desenvolvimento do supercapitalismo e os obstáculos que aqui encontra, insistindo na preponderância da mentalidade da "economia de manutenção" sobre a da "economia do lucro".

Porém, se nossa sociedade era ainda "pré-capitalista", isto não se devia, para Oliveira Vianna, a um fenômeno de estática social. Fomos e somos capazes de gestar formas mercantilistas de agir e pensar. Mas, entre nós, elas refluem, por amálgama com a mentalidade pré-capitalista, ou são bloqueadas por inadequação. É por isto que, nesta obra, ele dá especial atenção ao regime industrial brasileiro e à classe dos 'capitães de indústria', abandonando a ênfase costumeira na aristocracia territorial. Trata-se apenas, contudo, de uma questão de ênfase: em matéria de história do Brasil, o começo de tudo está na terra.

Um recuo ao período colonial e ao Império permite atestar, em nossa nobreza agrária, as características do que o autor chama de "economia de manutenção", tanto da vida (subsistência), como da posição social (*status*). Toda a nossa atividade econômica, durante séculos, teve duas motivações básicas: nobreza e fartura.

Mas esse quadro também não é estático. Se identifica essa "mentalidade senhorial" e mesmo seu aprimoramento ao longo do tempo, Oliveira Vianna reconhece certa permeabilidade de nossa sociedade rural a estilos do moderno capitalismo. Aponta a indústria açucareira e a cultura do café como experiências agrárias que se deixaram penetrar tanto pelo "capitalismo técnico" como pelo "capitalismo psicológico".

Desta forma, tendo como referencial nossa "nobreza territorial", Vianna analisa a evolução e o papel da burguesia comercial e industrial no Brasil. Fundamental para isso é o exame do nosso passado escravista, que desqualifica não apenas o trabalho manual como qualquer tipo de ocupação nas profissões lucrativas" (vol. 1, 99 e 180). Em relação ao comércio, mostra que, de um lado, uma alta burguesia só começou a se desenvolver no Brasil no sul, e muito tarde, depois da "civilização do café "; de outro, a atividade comercial por si só nunca conseguiu se tornar qualificadora. Em relação à burguesia industrial, o quadro não é muito distinto e a desqualificação do trabalho artesanal é ainda maior, já que desde o início ele fora praticado pelo negro.

Mas, apesar dos obstáculos — sobretudo a concorrência estrangeira, resguardada pelos livre-cambistas —, a evolução do capitalismo industrial brasileiro não cessou. Usando dados censitários, o autor constata uma ascensão progressiva, embora descontínua, no ritmo de nosso progresso industrial (vol. 1, 211). Seu momento-chave é o período posterior à Primeira Guerra Mundial, quando surge um núcleo do moderno capitalismo industrial em seu tríplice aspecto — técnico, jurídico e econômico — em São Paulo.

Assim, após registrar a aparição tardia e localizada de focos desse supercapitalismo, em especial em suas dimensões técnica e jurídica, Oliveira Vianna mostra que uma série de variáveis econômicas, sociais e políticas opõe forte resistência a tal tendência evolutiva, que enfrenta, ademais, uma reação articulada pelo próprio "Estado Nacional" corporativista. Portanto, o exame das condições do desenvolvimento histórico de determinadas atividades produtivas e das classes por elas responsáveis mostra que o moderno capitalismo está ausente do Brasil.

Conclui pelo vigor da "economia pré-capitalista" no Brasil e, em especial, pela permanência do "espírito das classes que não traficam". Tal percurso, nitidamente antiiluminista, não lhe parece involução ou retorno ao passado: a dinâmica da sociedade brasileira expressa, a seu ver, uma "lei histórica, que é também uma lei sociológica". É natural que, contra um ciclo da história, como o supercapitalismo, desenvolvam-se reações que exprimam ao mesmo tempo o enfado, o cansaço e a repulsão dos homens a uma experiência e sua tentativa de articular outra. O novo ciclo da economia — envolvendo o dirigismo, o corporativismo e o socialismo — se em tudo parece restaurar a velha civilização pré-capitalista, não seria repetição, mas recriação. A ocorrência do fenômeno no próprio núcleo do supercapitalismo, os Estados Unidos, seria prova magnífica dessa "lei" (vol. 1, 52, 92 e 105).

Se, no "aspecto material", o supercapitalismo encontrava aqui entraves à sua expansão, maiores dificuldades se opunham ao seu "aspecto psicológico". Embora admitindo que, em futuro distante, o "espírito do supercapitalismo" poderia dominar em nossas empresas industriais, sobretudo as paulistas, julgava que, por muito tempo, mesmo estas continuariam sendo "as bases de vivência dos seus proprietários, dirigidas do bom e tradicional modo pré-capitalista — num espírito de pura economia de manutenção e de *status*" (vol. 2, 63; grifos do autor).

O diagnóstico é feito sem ambigüidades. Se, do ponto de vista do desenvolvimento material, pode-se dizer que há no Brasil um capitalismo moderno, "nada disto, porém, afeta a conclusão geral: no ponto de vista psicológico, ainda temos muito da fase pré-capitalista. Tanto não só os valores espirituais contam, como o dinheiro não é tudo nesses dois centros capitalistas; os títulos universitários ainda são aqui e lá [Rio de Janeiro e São Paulo] a melhor chance para a capilarização dos indivíduos aos cargos da elite. Os nossos superindustriais enriquecidos, fazendo-se conde papalinos, bem revelam que sentem não bastarem fortes encaixes metálicos para valer; são precisas também virtudes cristãs" (vol. 2, 196).

Felizmente, conclui o autor, o "espírito do capitalismo" é no Brasil um dado destoante. Razões culturais de fundo moral, nascidas na mentalidade de nossas aristocracias agrárias, e razões políticas, expressas nas diretrizes neocorporativas da política social inaugurada pelo "Estado Nacional" e mantidas pela Constituição de 1946, fazem-no crer que, por muito tempo, o país estava livre do "espírito de violência e cupidez", resguardado pela "velha mentalidade pré-capitalista, que tanta nobreza, justiça e dignidade espalhou na vida e nas tradições de nosso povo"(vol. 2, 197).

O que a obra propõe é um projeto conservador, atualizado e coerente, de uma economia moderna e moral, em que o aperfeiçoamento tecnológico conviveria com a ética da responsabilidade dos mais ricos perante os mais pobres. Um projeto clássico, em que tradição e modernidade se interpenetram numa síntese possível e necessária, além de absolutamente brasileira.

Bibliografia

Vianna, Oliveira. *História social da economia capitalista no Brasil*. Belo Horizonte, Itatiaia/Universidade Federal Fluminense, 1987 [1951].

A VIAGEM REDONDA DE RAYMUNDO FAORO EM *OS DONOS DO PODER*

Marcelo Jasmin[1]

Os donos do poder: Formação do patronato político brasileiro de Raymundo Faoro (1925) teve duas edições distintas: a original, de 1958, publicada pela Editora Globo, da cidade de Porto Alegre, e a segunda, revista e ampliada, publicada em 1975 por aquela mesma editora em convênio com a Editora da Universidade de São Paulo. As edições diferem fisicamente: a primeira, em volume único com 271 páginas, 14 capítulos e 140 notas; a segunda, em dois volumes, 750 páginas, 1335 notas e muitas referências bibliográficas a mais. A presença notória dos textos de Marx e Engels na edição de 1975, por exemplo, contrasta com a sua ausência na edição original. E os dois capítulos acrescidos expandem detalhadamente o argumento de Faoro para o período republicano antes praticamente inexistente.

Tais acréscimos, no entanto, não modificaram a estrutura da obra nem seus principais argumentos. Acrescentaram-lhe erudição, é verdade, com informação mais extensa que autorizasse sua tese, fundada na sociologia weberiana da dominação tradicional, que permaneceu inalterada. As alterações nem sempre foram bem vistas pela crítica acadêmica: para um ensaio com vigor persuasivo favorecido pela simplicidade de sua interpretação, os acréscimos representaram um peso novo

---

[1] Professor do Departamento de História na Pontifícia Universidade Católica — Rio. Professor no programa de Pós-graduação em Ciência Política no Instituto de Pesquisa do Rio de Janeiro (IUPERJ). Autor de *Alexis de Tocqueville: A historiografia como ciência da política* (Rio de Janeiro: Access, 1997) e *Princípios racionais e história na teoria política* (Belo Horizonte: Editora da UFMG, 1998).

que, para alguns, debilitou a força original advinda da exposição concisa (ver, por exemplo, Iglésias, 142).²

É verdade que a edição em dois volumes conheceu sucesso extraordinário. Se foram necessários 17 anos para que uma segunda edição aparecesse, a esta, vinda à luz em abril de 1975, seguiram-se várias reimpressões, uma já em janeiro de 1976 e outra no ano seguinte. Mas o bom êxito pouco teve a ver com a nova forma do texto. O ambiente cultural de luta contra a ditadura era acolhedor para um livro que trazia em seu título a crítica ao poder autoritário e que propunha novos horizontes para a compreensão da permanência dos militares no comando do Estado brasileiro.

A primeira edição, lançada no final da década de 50, encontrou o debate político e cultural do país tomado pelas disputas em torno de temas como o nacionalismo e o desenvolvimentismo. Talvez isso explique, pelo menos em parte, a modesta recepção que a obra encontrou nos principais meios intelectuais de então, ressalvado o fato do livro ter sido agraciado com prêmio da Academia Brasileira de Letras.

A história da fama de *Os donos do poder* ainda não foi escrita. Pode-se argumentar, com pertinência, que a trajetória pública de Raymundo Faoro em defesa do Estado de direito, como procurador do Estado da Guanabara ou como expoente da Ordem dos Advogados do Brasil — entidade que junto a Associação Brasileira de Imprensa e a Conferência Nacional dos Bispos do Brasil formava a ponta de lança da "sociedade civil" na luta contra a ditadura — chamou a atenção antes para o autor e depois para a obra. E é razoável supor que o sucesso de livro tão volumoso e de leitura difícil, como a segunda edição ampliada, deva muito ao fato de que Faoro já ocupava lugar proeminente na opinião pública ilustrada do país.

É também hipótese plausível que a sensibilidade ao argumento da continuidade do estamento patrimonial e burocrático na formação brasileira tenha sido estimulada pela permanência dos militares no poder e a radicalização da ditadura em 1968. Tornara-se sensato imaginar que, mais uma vez, aquele estamento — ou fração sua, a militar — retoma-

---

² Exposições do argumento de Faoro podem ser encontradas em Iglésias, Mendonça (1995) e Mello e Souza. Para uma visão geral do pensamento de Faoro, especialmente após a publicação de *Os donos do poder*, ver Mendonça (1999). Uma excelente discussão da obra de Faoro no contexto da recepção de Max Weber no Brasil encontra-se em Werneck Vianna. Para uma crítica da noção de estamento burocrático na história brasileira veja-se, por exemplo, Carvalho.

va a condução da história brasileira, o que dava ao golpe militar uma inteligibilidade nova nos quadros interpretativos de *Os donos do poder*. Se os fatos pareciam confirmar a tese do livro, esta servia, naqueles anos setenta, como instrumento à luta contra os militares, ampliando a sua recepção para fora dos meios acadêmicos.

Mas seria equívoco atribuir à fama do advogado ou a circunstâncias particulares o lugar do "clássico" que a obra veio conquistar. Foi o seu argumento persuasivo, capaz de dar sentido ao presente nacional pela interpretação da experiência histórica brasileira, que ofereceu alternativa às concepções hegemônicas da inteligência local e que atraiu os lauréis da crítica.

As mutações da primeira para a segunda edição não alteraram a tese principal de Faoro. Em sua perspectiva, a formação histórica brasileira traz a marca da dominação patrimonialista, transplantada de Portugal para o Brasil pela via da colonização. Trata-se da continuidade renitente de estruturas presentes na consolidação do Estado português moderno que, desde o século XIV, se livrara de vestígios feudais, promovendo a centralização estatal e um tipo de capitalismo politicamente orientado em benefício do Estado monárquico.

A descrição da história portuguesa se faz com as categorias da dominação tradicional de Max Weber. Inicialmente, trata-se de um tradicionalismo patriarcal em que os reis governam o reino "como a própria casa", orientados pelas "relações da economia natural". Constitui-se uma organização social na qual "a nação administrava-se como a casa do soberano, limitada a ação do mercado e quase obstado o uso do dinheiro". Na medida em que se impõe a economia monetária, uma segunda etapa se estabelece: forma-se um quadro administrativo que, originariamente "mera reunião de cortesãos e protegidos", faz-se "órgão de domínio" (*Os donos do poder* 11-2).[3] É aqui, como na teoria de Weber, que a dominação tradicional torna-se de patriarcal em *patrimonial* e *estamental* na medida em que um quadro administrativo se apropria, como se fossem privados, dos poderes de mando e das possibilidades econômicas que lhes correspondem transformando os mecanismos judiciais e militares em fundamentos jurídicos da posição *estamental* privilegiada.[4]

---

[3] Em geral, as citações de *Os donos do poder* serão referentes à primeira edição.

[4] "*Patrimonialismo* e, em caso extremo, o *sultanismo* tendem a levantar questões no âmbito do tradicional, desenvolvendo uma administração e uma força militar meramente utilizadas como instrumento de coerção do mestre" (Weber 231). "O *Estado-dominação* [*ständische Herrschaft*] representa a forma de autoridade patrimonial sob a qual o órgão administrativo responsável encontra-se

Deste movimento inaugural, Faoro derivará suas teses centrais. Em primeiro lugar, a idéia de que a dominação patrimonial, tal como desenvolvida no Estado português e transposta para o Brasil, é correlata a um tipo de capitalismo politicamente orientado que impede a livre expansão da economia de mercado. Dirigido pelo estamento e a seu benefício, o capitalismo comercial é dominado pelos monopólios e pela intromissão real que "limitam, irracionalmente, o desenvolvimento da economia" (11-2). O capitalismo realmente existente — no qual se inscreve a colonização — "cresce à sombra da casa real, faz-se apêndice do Estado". Em contrapartida, a "economia racional, entregue às próprias leis, com a calculabilidade das operações, é frustrada no nascedouro" (12). Sem uma economia formalmente racionalizada e uma "situação de mercado", está impedida a "estabilidade dos planos longos de atividade" e, por conseqüência, a empresa industrial que reivindica bases econômicas regulares e capacidade racional de previsão. "A legalidade racional, campo em que ela (empresa industrial) se expandiria, não existia, nem se poderia consolidar" (13).

A explicação de Faoro para as "causas que impedem o florescimento do capitalismo" industrial moderno segue aquela inscrita no tipo ideal de Weber:

> (...) o patrimonialismo, patriarcal ou de quadro, tem o poder de regulamentar materialmente a economia, desviando-a de seu leito próprio e orientando-a para os fins do Estado, fins e ideais utilitários, de guerras, ético-sociais ou culturais. Esta, em todas, é a circunstância principal, marcante; em virtude dela, a atividade econômica é afastada da racionalidade formal para subordinar-se às necessidades e ao ocasional arbítrio do príncipe. (13)

Em outras palavras: "O capitalismo, tolhido em sua manifestação plena, desvirtua-se, vinculando-se à política" (12). O estamento burocrático opera, nessa interpretação, como inverso e avesso à ascensão de classes sociais autônomas. Pois, à ausência de uma "economia racional" corresponde a carência de atores que organizem seus interesses na universalidade das regras impessoais de mercado e sem relação privilegia-

---

munido de poderes próprios e correspondentes privilégios econômicos" (Weber 232). No Estado-dominação "as funções dos poderes jurídico e militar tendem a ser estruturadas sobre uma base legal que confere aos que os detêm uma situação vantajosa" (Weber 236).

da com o Estado. Com isso se obstrui o pensamento político liberal que seria próprio ao centro dinâmico do capitalismo moderno tal como previsto pelo seu tipo ideal. Na história brasileira, o centro real da atividade se encontra justamente onde tal interpretação da teoria weberiana diz que não deveria estar: no Estado.

A análise elabora assim uma estrutura de dominação que cinde Estado e nação, tornando o primeiro termo o pólo exclusivo de toda iniciativa social, econômica e política, e relegando a segunda à condição de espectadora informe das conseqüências deletérias do capitalismo politicamente orientado. A anemia econômica é também a anemia política, e se a falta do capitalismo industrial é razão do subdesenvolvimento, a inexistência das classes autônomas explica o caráter autoritário e excludente da política nacional. O resultado é que não há sociedade civil independente, pensamento liberal ou capitalismo racional — signos pressupostos de modernidade — mas dominação patrimonial, estamental e burocrática.

Assim transposta para a história brasileira, a teoria dos tipos weberianos de dominação produz o retrato de uma "ausência", de uma impossibilidade, retrato que diz de um *outro*, desejado talvez, mas que não houve e que não há. Não à toa, a tese melhor se formula pela negação: o patrimonialismo estamental e burocrático inviabilizou, no Brasil, a modernidade da economia racional e da legalidade do Estado de direito.[5] A este "desvirtuamento do capitalismo" Faoro chamou, muito significativamente, o "pecado original da formação portuguesa", pecado que, a exemplo de seu congênere sagrado na posteridade mundana de Adão e Eva, marca indelevelmente a formação histórica brasileira e "ainda atua em suas influências, vivas e fortes, no Brasil do século XX" (12).[6]

Essa associação entre a ausência do desejado e o pecado original conforma a estrutura de longa duração da teoria faoriana da história nacional como uma espécie de "não-história" ou de "dialética sem síntese" se mobilizarmos os termos da temporalização hegeliana. Na edição de 58, Faoro buscava na combinação das teorias de Leon Trotsky

---

[5] A perspectiva da "ausência de atributos positivos da nacionalidade no que concerne o ingresso na vida moderna" tem longa tradição no pensamento brasileiro. Ver, por exemplo, o comentário de Moraes sobre os "Retratos do Brasil" (60-7).
[6] O patrimonialismo, dirá o autor em artigo de 1993, "tem a profundidade coincidente com a história brasileira, nesta incluída a origem ibérica. Ele vai desde a monarquia patrimonial, que encontra na dinastia de Avis (séc. XIV) sua vocação marítima, até os planos financeiros da década de 80 e 90 deste século". Faoro, "A aventura liberal" 17.

(*História da revolução russa*) e de Arnold Toynbee (*A Study of History*) a filosofia da história adequada à explicação do porquê frustrou-se o "aparecimento da genuína cultura brasileira" (269-71). Da "lei do desenvolvimento combinado" de Trotsky, retirou a inteligibilidade dos processos de desenvolvimento dos "países atrasados" no âmbito da economia mundial. A necessidade de proteger a sua economia da competição entre as potências econômicas mundiais, faz com que os governos dos países em atraso sejam "forçados a dar saltos, suprimindo fases intermediárias da evolução normal, provocando sérias incongruências na esfera econômica e cultural" (265). Por oposição a esta suposta "evolução normal", com fases bem definidas de desenvolvimento econômico harmonioso, assiste-se, no contexto da desigualdade dos ritmos econômicos, uma "combinação de fases distintas, da amálgama de formas arcaicas com as mais modernas" (Trotsky, apud Faoro 266). Daí, conclui Faoro, as "incongruências culturais marcantes" que combinam alta tecnologia — fuzis e rádios, por exemplo — com "fortes resíduos culturais" — "mezinhas caseiras, de origem supersticiosa, ministradas ao som de rezas e benzeduras" (266).

A essa esquizofrenia que mescla moderno e arcaico corresponderia a cisão entre Estado e nação como "realidades diversas, estranhas, opostas, que mutuamente se desconhecem". Se justapõem duas sociedades: "uma, cultivada e letrada, a outra, primária, sem estratificações, sem simbolismo telúrico". Oscilando "como fantasmas" entre uma cultura européia "que lhes forma a camada intelectual do pensamento" e aquela "de sua gente, que lhes marca o temperamento inconsciente", os membros do estamento tornam-se "homens sem raízes" cuja vocação é a do "idealismo sobranceiro à realidade", do "irrealismo sem contato com as fontes da imaginação". De um lado, legisladores e políticos, propensos ao "jurismo", querem "construir a realidade a golpes de leis"; de outro, um povo marcado por um "primitivismo" que não distingue entre valores religiosos e políticos, e que vive "sob a confusão dos impulsos não decantados", expressa seus anseios numa espécie de "política de salvação" à espera de um taumaturgo (268-9).

A esquizofrenia não se resolvendo, sustenta-se a ordem patrimonialista que se alimenta desse desencontro e frustra-se a possibilidade de uma "genuína cultura brasileira". Aqui, a inteligibilidade dos fenômenos não parte mais de Trotsky, mas da teoria da gênese das civilizações de Toynbee. Ao final do primeiro volume de *A Study of History*, Toynbee sintetizava o padrão de emergência do que chamou "civilizações com parentesco" ("related civilizations"), para referir-se a sociedades cuja origem histórica estivesse associada a um processo de diferenciação e secessão no interior de uma civilização antecedente com a qual guardasse relações de filiação (*Apparentation-and-Affiliation*).[7] Pelo padrão, a decadência da "força criativa" que outrora inspirara uma lealdade voluntária no conjunto de uma dada civilização produziria a desintegração desta em dois pólos opostos: de um lado, uma "minoria dominante" que, permanecendo ligada à "sociedade antecedente", buscaria preservar-se; de outro, um "proletariado" — identificado ao conjunto dos "negativamente privilegiados em relação à minoria dominante" — que, não encontrando naquela minoria representação verdadeira, tornar-se-ia "consciente de sua alma própria [,] decidindo preservá-la com vida". Neste conflito, entre a preservação do antecedente pela minoria e a vontade de segregação inscrita na nova alma consciente de si, "podemos distinguir um desses dramáticos encontros espirituais que renovam a obra de criação levando a vida do universo fora do estancamento outonal, através das dores do inverno, ao fermento da primavera" (Toynbee 336; apud Faoro, *Os donos do poder* 270).

Mas na história brasileira a "secessão" do proletariado não se operou, não havendo, portanto, "primavera". Entre nós, "a nação, suas classes e seu povo, não lograram diferenciar-se", esmagados pelo poder do estamento burocrático. O resultado é uma civilização "franzina", "tolhida no seu crescimento, como se estivesse atacada de paralisia infantil". É a "lição de Toynbee", afirma Faoro, que permitiria dizer que "a sociedade brasileira está impedida em sua expansão pela resistência das instituições anacrônicas". Anacronismo que equivale à força do atraso, ao impedimento da novidade histórica, à não realização do moderno (desejado). O não cumprimento do padrão diferenciação-secessão teria gerado a "monstruosidade social" de uma civilização que, chafurdada no amálgama bastardo do moderno com o arcaico, hesita entre o ser e o não ser a ponto de merecer, de nosso autor, o nome de "veleidade" (Faoro, *Os donos do poder* [1958] 271; *Os donos do poder* [1977] 748).

É verdade que a segunda edição reviu, sem afirmar autocrítica, alguns dos termos da perspectiva histórica de 58 que aderia, em sua

---

[7] Para um apanhado da classificação ver, por exemplo, Toynbee 130-1.

ingenuidade, a uma concepção fortemente linear da história universal. Em 1975, criticando a idéia de que a sociedade capitalista representasse a "realização acabada da história", Faoro afirmou que a "compatibilidade do moderno capitalismo com esse quadro tradicional equivocadamente identificado ao pré-capitalismo" seria "uma das chaves da compreensão do fenômeno histórico português-brasileiro" (*Os donos do poder* [1977] 735-7). Mas essa revisão se fez em reforço da tese principal da "frustração" da cultura brasileira e do impedimento da sua renovação pelo "abraço sufocante da carapaça administrativa" (*Os donos do poder* [1977] 748).

Manteve-se o argumento. Nem o crescimento do Estado nacional e a inevitável burocratização que o acompanha, nem o desaparecimento da monarquia ou a formação do Estado Novo, enfim, nenhuma mudança altera as linhas de força do quadro analítico, linhas essas que reafirmam o império do estamento. Aliás, pelo contrário. Como exposto em 1958, as principais mudanças derivadas da inserção inevitável da economia nacional na dinâmica mundial do capitalismo reforçam a estrutura de dominação: "o capital privado, sem força para sustentar a corrida, é absorvido pelo Estado, que o controla, regula ou tutela, fortalecendo o estamento burocrático, agora o provedor da nação" (43).

Se a modernização que adapta a economia local ao contexto abrangente do capitalismo é a principal fonte da mudança histórica, é também a principal "causa da permanência" do "Estado patrimonial e estamental burocrático" (265). A teoria da história de Faoro se explicita nesse mecanismo reprodutivo: as mudanças no tempo reforçam a estrutura de dominação que permanece inalterada e neutraliza qualquer caráter de novidade. A dinâmica histórica envolve a contínua atualização do poder estamental — manifestação do pecado original — a qual corresponde o eterno retorno da ausência do desejado — a secessão não realizada, a modernidade. A abertura do capítulo final da edição de 1975, que traz o sugestivo título de "A viagem redonda: do Patrimonialismo ao estamento", expressa a dramaticidade da continuidade secular: "De D. João I a Getúlio Vargas, numa viagem de seis séculos, uma estrutura político-social resistiu a todas as transformações fundamentais, aos desafios mais profundos, à travessia do oceano largo" (*Os donos do poder* [1977] 733).

Bibliografia

Carvalho, José Murilo de. *A construção da ordem*: *A elite política imperial — Teatro de sombras*: *A política imperial.* Rio de Janeiro: UFRJ/Relume Dumará, 1996.
Faoro, Raymundo. *Os donos do poder*: *Formação do patronato político brasileiro*. Rio de Janeiro / Porto Alegre / São Paulo: Globo, 1958.
_____. *Os donos do poder*: *Formação do patronato político brasileiro.* 2 vols. 4ª ed. Porto Alegre: Globo, 1997.
_____. "A aventura liberal numa ordem patrimonialista". *Revista USP* 17 (1993): 14-29.
_____. *Existe um pensamento político brasileiro?* São Paulo: Ática, 1994.
Iglésias, Francisco. "Revisão de Raymundo Faoro". *Cadernos do Departamento de Ciência Política* 3(1976): 123-42.
Mello e Souza, Laura de. "Raymundo Faoro: *Os donos do poder*". *Introdução ao Brasil*: *Um banquete no trópico.* Lourenço Dantas Mota (org.). São Paulo: SENAC, 1999. 335-55.
Mendonça, Kátia M. "Um projeto civilizador: Revisitando Faoro". *Lua Nova* 36, (1995): 181-96.
_____. "Faoro e o encontro entre ética e política". *Lua Nova* 48 (1999): 94-108.
Moraes, Eduardo Jardim de. *A constituição da idéia de modernidade no modernismo brasileiro.* Dissertação de Mestrado. Universidade Federal do Rio de Janeiro/IFCS, Rio de Janeiro, 1983.
Souza, Jessé. "A etica protestante e a ideologia do atraso brasileiro". *Revista Brasileira de Ciências Sociais* 13. 38 (1998): 97-116.
Toynbee, Arnold J. *A Study of History.* 2ª ed. Londres: Oxford University Press, 1956.
Weber, Max. *Economy and Society.* Günther Roth e Claus Wittich (orgs.). Nova York: Bedminster Press, 1968 [1922].
Werneck Vianna, Luiz. "Weber e a interpretação do Brasil". *O malandro e o protestante.* Jessé Souza (org.). Brasília: UnB, 1999. 173-95.

AMÉRICA, ALEGRIA DOS HOMENS: UMA LEITURA DE *VISÃO DO PARAÍSO* E DE *WILDERNESS AND PARADISE IN CHRISTIAN THOUGHT*

Robert Wegner[1]

Em um estudo recente sobre milenarismo, Jean Delumeau aponta que as idéias voltadas para a esperança de um período de bem-aventurança e paz na terra desempenharam um papel importante nos séculos XV a XVII na Europa e, conseqüentemente, seu pouco estudo significa que pontos entre o fim da Idade Média e o Renascimento permanecem à sombra. Desse modo, no que diz respeito ao Continente americano, a relevância não teria sido menor, chegando ao ponto de o historiador francês considerar razoável a afirmação de L. I. Sweet de que "a história da América começou com a espera do milênio".[2] Há mais ou menos quatro décadas, notando a importância das idéias relacionadas ao desejo de felicidade e plenitude, Sérgio Buarque de Holanda desenvolveu um estudo sobre os "motivos edênicos no descobrimento e colonização do Brasil", o que resultou no livro *Visão do paraíso*, publicado em 1959. O historiador brasileiro contava então com 57 anos e este, após *Raízes do Brasil* (1936), *Monções* (1945) e *Caminhos e fronteiras* (1957), era seu quarto livro, que corresponde à tese apresentada em novembro do ano anterior no concurso que lhe

---

[1] Pesquisador-residente da Casa de Oswaldo Cruz e atua no PRONEX/CNPq, como pesquisador, no departamento de História da Pontifícia Universidade Católica — Rio. Autor de *A conquista do oeste: A fronteira na obra de Sérgio Buarque de Holanda* (Belo Horizonte: Editora da UFMG, 2000).
[2] Delumeau 87, 200.

permitiu ocupar a cadeira de História da Civilização Brasileira da Universidade de São Paulo.

Se o Jardim do Éden descrito no *Gênesis* do qual nossos pais foram expulsos existiria em algum lugar da Terra, segundo a posição canônica da Igreja Católica, que se delineia a partir de Santo Agostinho (354-430), ele seria inacessível e, ao lado disso, foi repudiada a crença milenarista em um período de felicidade terrestre que antecedesse à segunda vinda de Cristo e à definitiva redenção da Igreja.[3] A despeito disso, os mitos relacionados à existência de um paraíso terrestre permaneceram exercendo forte atração nos homens da Idade Média, chegando alguns a acreditar que ele pudesse ser acessível ou, ao menos, avistado, como acontecera com Moisés diante de Canaã.[4] Não foi difícil que, na época do descobrimento da América pelos europeus, essas esperanças que normalmente eram dirigidas ao Oriente fossem transferidas para o Novo Continente, história esta abordada por Sérgio Buarque em *Visão do paraíso*.

Conforme consta nesse livro, as descrições das novas terras elaboradas por viajantes e religiosos espanhóis e portugueses eram marcadas por motivos edênicos de terras maravilhosas, nos quais se misturavam as tradições literárias cristã e pagã. Esses motivos funcionavam como uma espécie de lente para enxergar as novas terras e, ainda que pudessem ser revistos ou atenuados, não deixaram de ter grande longevidade. Sérgio Buarque mapeia uma série desses *topoi* que se repetem nos textos, seja nos que visavam apenas descrever as terras americanas, seja nos que procuravam demonstrar que nelas, de fato, se encontrava o jardim bíblico do qual Adão e Eva haviam sido expulsos. Estes *topoi*, essas lentes literárias, acabam por se matizar e se refazer, em menor ou maior grau, no confronto com as novas experiências, como se houvesse uma espécie de "compromisso" com a tradição literária e com a experiência que, por conseqüência, levava à busca de uma "via mediana" entre as conclusões práticas a que dera ensejo o descobrimento das terras incógnitas e o prestígio da autoridade dos sábios, sejam pagãos, sejam cristãos.[5]

Muito embora a crença que dizia que em algum lugar desconhecido se encontraria o "paraíso terreal" fosse amplamente generalizada,

---

[3] Holanda 174; Delumeau, *Mil Anos*, capítulo 1; Santo Agostinho Livro XIII, Capítulo XXI; Livro XXII, Capítulo XXX.
[4] *Deuteronômio* 32, 52; 34, 1-4.
[5] Holanda 288.

e não apenas entre os ibéricos, ganhava formas e tonalidades muito distintas em cada nação, de modo que, segundo o estudo de Sérgio Buarque, enquanto entre o espanhóis era pintada em cores fortes e vivas, entre os portugueses se apresentava de maneira mais discreta e chã. Com isso, as novas experiências proporcionadas pelo mundo americano eram descritas entre aqueles com induções audaciosas e delirantes e, por sua vez, entre os portugueses, de uma maneira que faz lembrar "o pedestre 'realismo' e o particularismo próprios da arte medieval, principalmente de fins da Idade Média":

> Arte em que até as figuras de anjos parecem renunciar ao vôo, contentando-se com gestos mais plausíveis e tímidos (o caminhar, por exemplo, sobre pequenas nuvens, que lhes serviriam de sustentáculo, como se fossem formas corpóreas), e onde o milagroso se exprime através de recursos mais convincentes que as auréolas e nimbos, tão familiares a pintores de outras épocas.[6]

Este fenômeno, o das novas experiências serem descritas pelos portugueses com uma frieza e um realismo quase inusitados para a mentalidade quinhentista — tão alheia, como Lucien Febvre observou[7], ao "senso do impossível" —, Sérgio Buarque nomeou de "atenuação plausível".[8] Mas o contraste entre um fundo singelamente crédulo e o realismo é menos forte, avalia o autor, do que se pode supor à primeira vista, pois este realismo é, na verdade, "tributário [da] credulidade, que constitui propriamente uma forma de radical docilidade ou passividade ante o real".[9] Esta credulidade que nutre o realismo português, o qual se contenta em descrever o evidente, o imediato e utilizável, é um traço de "um fundo emotivo extremamente rico e que, por isso, mal atinge aquele mínimo de isenção necessário para poder objetivar-se nas representações fantásticas" relacionadas àqueles *topoi*[10] do paraíso terreal generalizados entre os europeus do século XV e XVI. Dessa maneira, no fundo, o fenômeno da "atenuação plausível" nos remete à plasticidade, característica dos portugueses, já tratada pelo autor em seu livro de estréia, *Raízes do Brasil*, no qual estes colonizadores aparecem

---

[6] Holanda 1-2.
[7] Lucien Febvre, apud Holanda 5.
[8] Holanda 130.
[9] Holanda 105.
[10] Holanda 148.

como "semeadores" de cidades, construindo-as ao sabor das circunstâncias e da geografia local, sem terem chegado a elaborar planos e projetos que indicassem alguma vontade definida. Nesse sentido, os portugueses se diferenciavam de seus vizinhos espanhóis, os quais se assemelhavam mais a "ladrilhadores", pois, não se permitindo aquele desleixo, procuravam vencer os acidentes geográficos para efetivamente implantar seus mapas e planos de cidades nos locais desejados.

Representativo do prosaísmo português em contraste com o caráter maravilhoso das descrições hispânicas é o fato de que, dos diferentes mitos que se disseminaram com a conquista do continente, a maioria teria se propagado a partir das conquistas castelhanas, como a crença nas amazonas, na existência de serras de pratas, fontes da juventude e lagoas mágicas. Estas crenças, assim que penetraram na América lusitana, tenderam a se descolorir e se ofuscar, enfim, passaram por atenuações ao plausível.[11] De outro lado, apenas um mito que percorreu o continente parece ter sido de origem luso-brasileira, que é o caso daquele que diz que São Tomé, o discípulo de Jesus, teria estado na América a pregar as boas novas do mestre. Mas até mais significativo que um único mito tenha se espalhado desde a América portuguesa, é que, ao surgir, se aproximava do prosaico e, os milagres do discípulo, do plausível e, à medida que a crença se disseminava em direção à América hispânica, perdia suas características humildes, vestindo-se São Tomé de vestes mais nobres. Assim, para começar, escreve o historiador:

> (...) andaria [São Tomé], no Brasil, geralmente descalço, segundo o fazem crer as pisadas referidas em vários depoimentos, e levava, se tanto, um só acompanhante, que poderia ser outro discípulo de Jesus ou ainda seu próprio anjo da guarda. (...) Já ao entrar no Paraguai, ele calça sandálias, a julgar pelas pegadas impressas na penedia vizinha a Assunção, mencionada por Lourenço Mendoza e Antônio Ruiz. Ao chegar ao Peru, já o encontram os índios usando uns sapatos semelhantes a sandálias, mas de três solas, como os que deixou perto do vulcão de Arequipa, depois de passar entre fumegantes lavas que escorriam como rio caudaloso. Na sola interna dos ditos sapatos ou sandálias, podia ver-se a marca do suor dos pés e eram de homem tão grande que a todos causava espanto.[12]

---
[11] Holanda 130.
[12] Holanda 119.

Para completar o contraponto com o quadro humilde pintado na América lusitana, de um discípulo de Jesus quase franciscano, vale apontar que:

> (...) outra particularidade da lenda peruana de São Tomé está nisto, que em contraste com o sucedido no Brasil, onde perseguido dos índios, procurava muitas vezes fugir às insídias e tiranias destes, mostrava-se o apóstolo impaciente de qualquer injúria.[13]

Contudo, a despeito do caráter prosaico e humilde que os mitos ganhavam no Brasil, apesar desse fenômeno da "atenuação plausível", não se pode dizer "que a sedução do tema paradisíaco tivesse sido menor para os portugueses, durante a Idade Média e a era dos descobrimentos marítimos, do que o fora para outros povos cristãos de toda a Europa ou mesmo para judeus e muçulmanos".[14] Sendo assim, entre os portugueses, descrições e apologias das novas terras não deixavam de associá-las à visões edênicas, cujo *topos* mais constante, quase um critério de reconhecimento, consistia no clima equilibrado, "nem frio nem quente", que desde os trabalhos de Santo Isidoro de Sevilha estava associado ao paraíso bíblico.[15] Assim, podemos tomar como exemplo da permanência desse *topos* no Brasil um texto publicado em 1663 — embora censurado em seguida —, no qual o Padre Simão de Vasconcelos, com base na tradição escrita, analisa a possibilidade da localização do paraíso em terras americanas. A certa altura escrevia:

> S. Boaventura (...) afirma claramente que situou Deus o Paraíso junto à Equinocial: *Quia secus Equinoctia est ibi magna temperies temporaris*: porque junto à Equinocial há grande temperança dos tempos. (...) Podemos acrescentar, que aquele lugar na Equinocial é temperado, de cópias de águas, e freqüente de ventos que purificam os ares porque tem a experiência mostrado que as regiões que estão debaixo da Zona tórrida, tidas dos antigos por inabitáveis, são temperadas e se habitam com grande comodidade dos homens.[16]

Dessa maneira, ancorado às tradições religiosa e pagã da Idade Média em associação com os relatos sobre os novos mundos, Vasconcelos

---

[13] Holanda 119.
[14] Holanda 149.
[15] Holanda 560-636. No *Locus amoenus* topus, além de *Visão do paraíso*, ver Curtius cap. 10.
[16] Apud Holanda 363-4.

argumenta em defesa da idéia de que o paraíso bíblico se localizaria em terras brasileiras. Nelas se acharia um lugar ameno que teria ficado imune às maldições advindas do primeiro pecado e onde, por conseguinte, não existiriam a dor, o envelhecimento e a morte, e novamente o homem não necessitaria derramar o suor do seu rosto para obter o pão. O paraíso perdido estava, então, em terras brasileiras.

A visão edênica predominante entre os colonizadores ibéricos, que chegava a se confundir com a "terra sem mal" guarani[17], uma vez descrita por Sérgio Buarque, ganhou uma síntese primorosa de George H. Williams, em seu *Wilderness and Paradise in Christian Thought*. Diante da leitura do livro de Sérgio Buarque, o estudioso norte-americano o sintetizou, dizendo que nas partes do Sul do Continente predominou a "visão de um paraíso terrestre *meramente à espera de ser ganho*".[18]

Aliás, se a partir de *Visão do paraíso* já foi possível demarcar um contraponto entre as cores e tons dos motivos edênicos nas conquistas lusitanas e castelhanas, a leitura de *Wilderness and Paradise in Christian Thought*, livro de 1962, no qual o então professor de História Eclesiástica da Universidade de Harvard reúne seus estudos sobre a busca de um paraíso na terra que parece ter inspirado os colonizadores anglo-saxões, pode ajudar a traçar um esboço um pouco mais completo das idéias paradisíacas na colonização da América. Uma aproximação entre a obra do historiador norte-americano e a do brasileiro, ainda que com traços grossos, pode ser esclarecedora e mesmo indicar sugestões instigantes para uma comparação entre as colonizações ibéricas e a anglo-saxã.

Creio que, para completar o esboço, seja útil permanecer perseguindo um dos motivos mais constantes do paraíso terreal detectado por Sérgio Buarque — o clima ameno. Certamente, entre os primeiros colonos norte-americanos, é possível encontrar visões semelhantes àquelas que corriam entre os ibéricos, que buscavam reencontrar o paraíso perdido já pronto, e um bom exemplo disso é o do puritano Thomas Morton, que chegando à Nova Inglaterra em 1622 pensa

---

[17] Holanda 141-42.
[18] George H. Williams 100, grifos meus. Sérgio Buarque comenta o livro de Williams, inclusive a síntese que faz de *Visão do paraíso*, no "Prefácio à segunda edição" (xii - xiii). Sérgio Buarque de Holanda teve a oportunidade de lecionar e pesquisar nas Bibliotecas das Universidades de Indiana, Nova York e Yale entre os anos de 1966 e o seguinte. Foi nessa estada que pôde se atualizar na produção norte-americana sobre os temas afins ao do seu livro, resenhando esta produção em 1968 no "Prefácio à segunda edição" de *Visão do paraíso*.

encontrar a "nova Canaã". Justamente o que lhe faz assim pensar é o critério do *locus amoenus*, pois, para ele, a nova terra:

> (...) partilha ao mesmo tempo do calor e do frio, mas não é sobrecarregada nem por um nem por outro. Pode-se dizer, em verdade, que ela se situa no interior dos limites do justo meio-termo, que é muito propícia à habitação e à reprodução, já que Deus Todo-Poderoso, o Grande criador, a colocou na zona chamada temperada.[19]

No entanto, mesmo contando com casos como esse relatado por Delumeau, parece plausível a insistência de George Williams em perseguir uma visão quase que antagônica a esta, predominante entre os ibéricos, pois, se existe também uma busca do paraíso, ele não se encontra pronto nas terras do Novo Mundo. Ao contrário, a imagem mais corrente entre os puritanos para descrever a nova terra é a do deserto, da qual o historiador norte-americano é capaz de traçar uma longa tradição que remonta ao Velho Testamento e o êxodo do povo judeu do Egito, quando Israel, guiado por Moisés, peregrina durante quarenta anos no deserto antes de alcançar a terra prometida. Nessa longa tradição se delineia o duplo significado do termo *wilderness*, que ganha tanto um sentido positivo de lugar de proteção e de missão dos cristãos, quanto um negativo, de terra devastada e sem redenção, significando, em todo caso, o local onde deverá ser construído o Éden — ainda que este possa ser provisório, o que é uma idéia fiel aos movimentos milenaristas. Assim, o *wilderness* constitui-se em um lugar de refúgio e missão preparado para a verdadeira Igreja perseguida pelo mundo desde os tempos de Moisés, podendo vir a se tornar o Jardim do Senhor através da subjugação moral e espiritual mais do que pela mera conquista física.[20] Nesse quadro, nas prédicas da construção da verdadeira igreja no deserto, a amenidade do clima, deixando de ser uma qualidade inerente às novas terras, pode se transmutar em metáfora da ação transformadora dos pioneiros, conforme, por exemplo, um caso já do século XIX apresentado por Williams, o do fundador da Universidade de Yale, Timothy Dwight, que, discorrendo sobre a missão das instituições de ensino em 1812, pregava dizendo:

---

[19] Apud Delumeau, 237. Sobre Thomas Morton, ver Slotkin, especialmente 58-65.
[20] Williams 5.

> O Evangelho é a chuva e o brilho do sol do paraíso sobre o mundo moral. Onde seus raios se derramam e suas gotas caem, o *wilderness* desabrocha como a rosa e o deserto como o jardim do Senhor; enquanto o mundo ao lado é um deserto do Egito, onde nenhuma fonte jorra, e nenhuma vegetação floresce, e onde a vida mesmo enfraquece, enlanguesce e expira.[21]

Desse modo, talvez seja possível dizer que, se o *topos* do lugar ameno esteve presente entre os puritanos norte-americanos, este motivo foi antes uma metáfora para a ação purificadora do Evangelho, que um atributo do lugar onde o colonizador deveria se estabelecer, independentemente de se saber, nesse caso, se isso era um clichê literário que encontrava ou não correspondência no clima.

Embora no corpo do seu livro Sérgio Buarque tenha evitado generalizar e inferir conseqüências de sua tese que perdurassem mais longamente na história do Brasil, podemos cogitar, para concluir, que esses mitos em torno do paraíso terrestre, mesmo quando foram se desvanecendo, tanto ao Sul quanto ao Norte do continente, exerceram sua força e — como deuses que, tendo perdido seu lastro de crença, continuam exercendo seu poder diretor nas ações dos homens — permanecem a marcar as crenças das pessoas do Novo Mundo. É isto que chega a cogitar George Williams em certa passagem do seu livro transcrita por Sérgio Buarque, na qual diz que tendo sido os homens do Velho Mundo movidos por sentimentos profundamente diversos, haveria de os levar à formulação de padrões de vida tão apartados uns dos outros, que os efeitos destes marcam até hoje os comportamentos diferenciados de seus herdeiros em nosso Continente.[22]

Contudo, deve-se temer os estereótipos que simplificam as complexidades internas, diluindo toda a história da América ou em mitos em torno de um paraíso a ser ganho, ou naqueles que falam de um Éden a ser conquistado, como se não houvesse vozes dissonantes tanto na América lusitana e espanhola quanto na anglo-saxã, casos que mesmo num texto breve como este chegam a se manifestar, como, por exemplo, na referência a Thomas Morton, aquele puritano que ao ver a nova terra a descreve como um lugar ameno e uma terra de delícias.

---

[21] Apud Williams 124.
[22] Williams 100. Apud Holanda no "Prefácio à segunda edição" de *Visão do paraíso* (xiii).

Mesmo assim, perseguir os motivos paradisíacos entre os colonizadores pode sugerir, como lembra Williams, chaves explicativas para a história do continente mais complexas e vivas do que a oposição entre uma América Católica e uma América Protestante.[23] Vale ainda acrescentar que, pela mesma via, a América Católica ganha mais nuanças desde que se explorem aqueles tons diferenciados, apontados em *Visão do paraíso*, de mitos por assim dizer semelhantes àqueles vinculados ao que Williams caracterizou como um paraíso terrestre meramente à espera de ser ganho, mas que podem ser mais prosaicos e humildes entre os luso-brasileiros que entre os hispânicos.

Bibliografia

Santo Agostinho. *Cidade de Deus*. Petrópolis: Vozes, 1990.

Curtius, Ernest Robert. *European Literature and the Middle Ages*. Trad. Willard R. Trask. Princeton: Princeton University Press, 1973 [1948].

Delumeau, Jean. *Mil anos de felicidade*: Uma história do paraíso. Trad. Paulo Neves. São Paulo: Companhia das Letras, 1997 [1995].

Holanda, Sérgio Buarque de. *Visão do paraíso*: Os motivos edênicos no descobrimento e colonização do Brasil. 5ª ed. São Paulo: Brasiliense, 1992 [1959].

Stoklin, Richard. *Regeneration Through Violence*: The Mythology of the American Frontier, 1600-1860. 1973. 2ª ed. New York: Harper Collins,1996.

Williams, George H. *Wilderness and Paradise in Christian Thought*: The Biblical *Experience of the Desert in the History Christianity* & *The Paradise Theme in the Theological Idea of the University*. Nova York: Harper and Brothers, 1962.

---

[23] Williams 100. Apud Holanda, *Visão* (xiii).

PARA DESCOBRIR "A ALMA DO BRASIL".
UMA LEITURA DE LUÍS DA CÂMARA CASCUDO

Margarida de Souza Neves[1]

> Já consultou o Cascudo? O Cascudo é quem sabe. Me traga aqui o Cascudo. O Cascudo aparece e decide a parada. Todos o respeitam e vão por ele. Não é propriamente uma pessoa, ou antes, é uma pessoa em dois grossos volumes, em forma de dicionário, que convém ter sempre à mão. Para quando surgir uma dúvida sobre costumes, festas, artes do nosso povo. Ele diz tim-tim por tim-tim a alma do Brasil em suas heranças mágicas, suas manifestações rituais, seu comportamento em face do mistério e da realidade comezinha. Em vez de falar 'Dicionário brasileiro', poupa-se tempo falando 'O Cascudo', seu autor, mas o autor não é só dicionário, é muito mais. E sua vasta bibliografia de estudos folclóricos e históricos marcam uma bela vida de trabalho inserido na preocupação de viver o Brasil.
>
> Carlos Drummond de Andrade (1998, 13)

As poucas linhas que compõem o perfil de Luís da Câmara Cascudo feito por Carlos Drummond de Andrade são expressivas. Nelas alguns traços aparecem sublinhados e as escolhas do poeta, ao definir aquele que reconhece como folclorista e historiador, são eloqüentes tanto pelo que selecionam quanto pelo que parecem esquecer.

Um duplo movimento preside o retrato de Câmara Cascudo traçado por Drummond. Por um lado, a tensão entre o valor metonímico

---

[1] Professora do Departamento de História na Pontifícia Universidade Católica — Rio. Recentemente organizou, com Yolanda Lima Lôbo e Ana Chrystina V. Mignot, *Cecília Meireles: A Poética da educação*. (Rio de Janeiro: Editora da PUC — Rio / Edições Loyola, 2001).

atribuído a sua obra maior, o monumental *Dicionário do folclore brasileiro*, e o reconhecimento de que Cascudo fizera "muito mais". Por outro, a recorrente associação entre o autor e o Brasil, já que Cascudo é apresentado como aquele que conhece e dá a conhecer "a alma do Brasil" e cujo trabalho intelectual é presidido pela "preocupação de viver o Brasil".

Não é trivial a tarefa de apresentar uma síntese da obra de Cascudo. Personalidade vulcânica e galvanizadora, o filho do coronel nordestino que assumiu como sobrenome familiar a identidade conservadora de seus ancestrais[2], foi simultaneamente o pesquisador respeitado internacionalmente[3] e o freqüentador assíduo da zona da Ribeira[4]; o tradutor dos poemas de Walt Whitman e o entusiasta dos versos de cordel do sertão brasileiro[5]; o marido apaixonado que, já idoso, gostava de contemplar a lua de mãos dadas com a mulher, e o boêmio bebedor e farrista renomado; o católico a quem a Santa Sé outorgou a comenda da ordem de São Gregório Magno e o especialista em magia branca, superstições e amuletos[6], presença obrigatória em todos os terreiros de Natal; o coordenador do movimento integralista no Rio Grande do Norte nos anos 30 e o escritor que na década de 60 era respeitado e admirado por intelectuais de esquerda tais como Celso Furtado, Jorge Amado e Moacyr de Góes; o conhecedor erudito da literatura clássica greco-romana e renascentista e o embevecido interlocutor dos pescadores

---

[2] "Cascudo não denomina realmente minha família paterna (...). Meu avô, Antônio Justino de Oliveira (1829-1894), filho de Antônio Marques Leal (1801-1891), vindo do português do mesmo apelido, era, nos últimos anos chamado o 'velho Cascudo', pela devoção ao Partido Conservador, também com essa alcunha. Dois filhos, Francisco (1863-1935) e Manuel (1864-1909), tiveram a idéia de juntar o Cascudo ao nome". Cascudo, *O Tempo e Eu*, 32-3.

[3] Câmara Cascudo foi membro da American Folklore Society; das Sociedades de Folclore do México, do Chile, da Bolívia, da Argentina, do Uruguai, do Perú, da Irlanda e da Inglaterra; da Sociedade de Geografia de Lisboa; da Société des Américanistes de Paris; da Societé Suisse des Américanistes; do Centro Italiano degli Studi Americani di Roma; do Instituto Português de Arqueologia, História e Etnologia; da Asociación Española de Etnologia y Folk-lore; da Academia Nacional de Historia y Geografia de México; da Comission Internationale des Arts et Traditions Populaires de Paris; da International Society for Folk Narrative Research de Gottingen, na Alemanha; da Academia das Ciências de Lisboa; Sócio Honorário da Sociedade Portuguesa de Antropologia e Etnologia da Universidade de O Porto (Portugal) e recebeu a Honorary Life Membership of the American International Academy.

[4] O bairro da Ribeira é a zona de prostituição da cidade de Natal.

[5] Cascudo, *Vaqueiros e Cantadores*.

[6] Sobre magia branca publicou em 1951 pesquisa e depoimento intitulado *Meleagro*, sobre superstições, publicou em 1958 *Superstições e costumes*; em 1966, *Voz de Nessus* (republicado em 1973 como um dos capítulos do livro *Tradição, ciência do povo*) e sobre amuletos, publicou em 1949 *Gorgoneion*.

Chico Preto ou Pedro Perna Santa e de Bibi, a velha ama da casa de seus pais a quem considerava uma *"Sherazade humilde e analfabeta"*[7]; o grande nome da etnografia e dos estudos de folclore no Brasil e o escritor pouco lido pelas gerações mais jovens de cientistas sociais brasileiros.

No labirinto que se apresenta sempre aos que se aventuram pela vida e pela obra de Câmara Cascudo, o breve retrato traçado por Drummond sugere, pela mágica da palavra do poeta, um fio de Ariadne que permite seguir com alguma segurança dois caminhos que atravessam o polifacético conjunto dos escritos de Luís da Câmara Cascudo: o caráter enciclopédico da obra e o perfil de descobridor do Brasil de seu autor.

Uma enciclopédia brasileira

"O Cascudo", assim substantivado, é, para Drummond como para muitos brasileiros, o *Dicionário do folclore brasileiro*, publicado em 1954 pelo Ministério da Educação e Cultura através do Instituto Nacional do Livro. Por isso o poeta identifica o autor a um de seus livros, e afirma que Cascudo "não é propriamente uma pessoa, ou antes, é uma pessoa em dois grossos volumes, em forma de dicionário, que convém ter sempre à mão".

No prólogo da primeira edição, ao fazer a genealogia do *Dicionário*, Câmara Cascudo fornece uma chave importante para sua leitura: trata-se de uma das muitas tentativas de reviver o sonho dos enciclopedistas de todos os tempos, o de decompor e resumir o mundo, já que o *Dicionário* é a resposta de Cascudo a Augusto Meyer, então presidente do Instituto Nacional do Livro, que convocara uma série de intelectuais brasileiros para finalmente levar a cabo a iniciativa frustrada de Mário de Andrade, que, em 1939, elaborou o anteprojeto de uma *Enciclopédia brasileira*. Também, desta feita, a *Enciclopédia* será apenas um projeto, mas seu único fragmento efetivamente realizado, o *Dicionário* de Cascudo, parece cumprir um desejo de Mario de Andrade para a grande *Enciclopédia*, o de levar uma síntese do Brasil "ao homem culto" como "aos lares operários".[8] Obra única em seu gênero até hoje, o *Dicionário do folclore brasileiro* é livro básico de referência para pesquisa-

---

[7] Cascudo, *Trinta "estórias" brasileiras* 13. Bibi, constantemente citada como sua informante privilegiada em diversas obras de Cascudo, chamava-se Luiza Freire.
[8] Andrade 6 e 22.

dores eruditos como para os festeiros, os cantadores, e os carnavalescos que preparam os enredos das Escolas de Samba.[9]

O *Dicionário* representa uma síntese do trabalho de Cascudo, e foi atualizado até o fim de sua vida em suas várias reedições.[10] Nele o autor expressa seu credo intelectual ao afirmar:

> Ao contrário da lição de mestres, creio na existência dual da cultura entre todos os povos. Em qualquer deles há uma cultura sagrada, oficial, reservada para a iniciação, e a cultura popular, aberta apenas à transmissão oral, feita de estórias de caça e pesca, de episódios guerreiros e cômicos, a gesta dos heróis mais acessível à retentiva infantil e adolescente. Entre os indígenas brasileiros haverá sempre, ao lado dos segredos dos entes superiores, doadores das técnicas do cultivo da terra e das sementes preciosas o vasto repositório anedótico, fácil e comum. O segredo de Jurupari é inviolável e castigado com a morte o revelador, mas há estórias de Jurupari sem a unção sagrada e sem os rigores do sigilo, sabidas por quase todos os homens das tribos. São exemplos positivos das duas culturas. A segunda é realmente folclórica.[11]

O *Dicionário* é também obra de colecionador cuidadoso e obstinado que, desde a publicação de *Vaqueiros e cantadores*[12], em 1939, começara "lentamente a por em ordem um temário do folclore brasileiro".[13] É seu trabalho que conforma a grande maioria dos verbetes, com a colaboração de alguns de seus inúmeros correspondentes por todo o país, entre os quais os músicos Villa-Lobos e Guerra-Peixe, os folcloristas Edison Carneiro e Renato Almeida, e os professores Manuel Diegues Junior e Gonçalves Fernandes.

Ainda no "Prólogo", Cascudo resume seu método de trabalho no cumprimento rigoroso do que entendia ser o protocolo de seu ofício: "As três fases do estudo folclórico — colheita, confronto e pesquisa de origem".[14]

---

[9] Ver a entrevista de João Clemente Jorge Trinta, o Joãozinho Trinta, carnavalesco conhecido por suas ousadias inovadoras à frente das Escolas de Samba Beija Flor de Nilópolis e Viradouro. Oliveira 357-9.
[10] Até 1988 o *Dicionário* teve seis edições.
[11] Cascudo, *Dicionário do folclore brasileiro* xiii. No verbete sobre Jurupari, o autor explica ser este um mito indígena, encarnação do espírito do mal, cujo conhecimento é reservado aos iniciados, homens que, ao alcançar a puberdade, dão prova de saber suportar a dor.
[12] Cascudo, *Vaqueiros e Cantadores*.
[13] Cascudo, *Dicionário* xi.
[14] Cascudo, *Dicionário* xiii.

No entanto, se a importância e a divulgação do *Dicionário* parecem justificar o deslizamento discursivo que permite a Drummond registrar que "O Cascudo", capaz de dirimir todas as dúvidas sobre cultura popular brasileira, é o *Dicionário*, o poeta não deixa de constatar que o Cascudo-autor "é muito mais".

Polígrafo, Câmara Cascudo é o autor de mais de 150 livros sobre os mais diversos temas relativos à cultura brasileira. Como etnógrafo e folclorista recolhe, analisa e publica incessantemente lendas[15], ditos[16], contos[17], realiza estudos monográficos entre os quais destacam-se seus livros sobre a rede de dormir[18] e sobre a jangada[19], e escreve textos de cunho mais teórico.[20] Como historiador, tanto escreve trabalhos que se inscrevem na tradição de uma história positivista [21] quanto outros muitos que caracterizam aquilo que ele mesmo chamou de *"microhistória"*.[22] Cronista que por mais de 50 anos publica suas *Actas diurnas* no jornal *A República* de sua cidade Natal, escreve igualmente em jornais do Rio de Janeiro, de São Paulo e de outras cidades brasileiras. Memorialista, registra suas lembranças em quatro livros de memórias[23]; pesquisador incansável, comunica os resultados de suas investigações em periódicos científicos no Brasil e no exterior; literato faz poesia e escreve um romance de costumes a que atribui particular importância, pois, para o autor, "nenhum outro [livro] possui como este a totalidade

---

[15] Cascudo, *Lendas Brasileiras. 21 Histórias Criadas pela Imaginação de nosso Povo*. Rio de Janeiro: Tecnoprint, 1988.
[16] Cascudo, *Coisas que o povo diz*. Rio de Janeiro: Editora Bloch, 1968.
[17] Cascudo, *Cinco Livros do Povo*. Rio de Janeiro: José Olympio, 1953; *Contos tradicionais do Brasil*. Rio de Janeiro: América Editora, 1946.
[18] Cascudo, *Rede de dormir: Uma pesquisa etnográfica*. Rio de Janeiro: MEC, 1959.
[19] Cascudo, *Jangada: Uma pesquisa etnográfica*. Rio de Janeiro: MEC: 1957.
[20] Ver, sobretudo, *Civilização e cultura: Pesquisas e notas de etnografia geral*. Rio de Janeiro/Brasília: José Olympio/MEC-INL, 1973; *Ensaios de etnografia brasileira*. Rio de Janeiro: INL, 1971; *Folclore do Brasil*. Rio de Janeiro: Fundo de Cultura, 1967 e *Tradição, ciência do povo*. São Paulo: Perspectiva, 1973.
[21] Entre esses trabalhos, destacam-se: *O Conde D'Eu*. São Paulo: Companhia Editora Nacional, 1933; *A intencionalidade no descobrimento do Brasil*. Funchal: Tipografia d'"O jornal", 1937 e *História do Rio Grande do Norte*. Rio de Janeiro: MEC, 1955.
[22] Cascudo, "O sorriso da história". *A República* (Natal, 04/01/1940). No conjunto de livros que podem ser considerados como pertencentes a essa categoria estão, por exemplo, *História dos nossos gestos: Uma pesquisa mímica do Brasil* São Paulo: Edições Melhoramentos, 1976 e *História da alimentação no Brasil*. São Paulo: Companhia Editora Nacional, 1967.
[23] Cascudo, *O tempo e eu. Confidências e proposições*. Natal: Imprensa Universitária, 1968; *Ontem: Imaginações e notas de um professor de província*. Natal: Imprensa Universitária, 1972; *Pequeno manual do doente aprendiz: Notas e imaginações*. Natal: Editora da UFRN, 1969 e *Na ronda do tempo: Diário de 1969*. Natal: Imprensa Universitária, 1971.

emocional"[24]; correspondente compulsivo, troca cartas com intelectuais das mais variadas latitudes geográficas e acadêmicas.

Tem razão Drummond ao declarar que o autor potiguar "*é muito mais*" que sua obra mais conhecida e divulgada, o *Dicionário do folclore brasileiro*. A cada vez que alguém faz uma incursão pela *Babilônia*, como Cascudo chamava de forma bem-humorada sua caótica biblioteca atualmente ameaçada pela incúria dos que deveriam preservar a memória da cultura no Brasil, novos manuscritos são encontrados.[25]

Descobrimentos

Drummond não é o único a associar tão diretamente o nome de Cascudo à busca da "alma brasileira". Dele já foi dito ser "um homem chamado Brasil"[26] e é recorrente a associação de seu nome à plêiade de modernos descobridores do Brasil, intelectuais que, por distintos roteiros, empenharam suas vidas na tarefa sempre nova e sempre a mesma de desvendar os segredos da terra brasileira e de sua gente.

Câmara Cascudo buscou conhecer e dar a conhecer o Brasil como tantos outros, entre os quais não poucos de seus principais correspondentes tais como Mário de Andrade, com quem manteve importantíssima troca epistolar de 1924 até a morte do autor de *Macunaíma*; Monteiro Lobato, a quem Cascudo escreveu mais de 400 cartas; Edison Carneiro, com quem trocou rica correspondência sobre o movimento folclórico no Brasil; Gilberto Freyre, também seu correspondente, já que entre os dois sempre reinou a mútua deferência que caracteriza as relações entre os patriarcas nordestinos; Villa-Lobos; Guimarães Rosa; Josué de Castro e muitos mais. Menos óbvios são a originalidade dos roteiros de seu descobrimento e seu perfil peculiar de descobridor.

Distintivo, no caso de Cascudo, é o fato de tratar-se de um descobridor que elaborou sua vasta cartografia simbólica do Brasil sem levantar âncora de seu porto de origem.

Descobridor excêntrico, no sentido da recusa contumaz em ouvir o canto da sereia dos grandes centros urbanos do sudeste, onde a vida intelectual, as universidades mais significativas do país, a condução do

---

[24] Cascudo, *Canto do muro* 266.
[25] Em 1999 foram localizados os originais de duas obras suas escritas na década de 30, uma história da aviação transatlântica intitulada *No caminho do avião* e *A casa de Cunhaú*, relato do massacre de um grupo de católicos no século XVII.
[26] Esse é o subtítulo do mais recente livro sobre Câmara Cascudo, ver Oliveira.

movimento folclórico no plano nacional, as alentadas bibliotecas e a oferta de cargos públicos mais de uma vez o convocaram, ao longo de seus 87 anos de vida sempre se negou a trocar a cidade nordestina de Natal onde nascera por outras capitais e assumiu como título de glória a identidade de *"provinciano incurável"* que lhe fora atribuída por Afrânio Peixoto. Suas viagens são sempre função de seu trabalho, e são inúmeras, tanto pelo Brasil quanto ao exterior. Mas seu porto seguro era sempre Natal, e seu posto de atalaia o sobrado da Ladeira que então se chamava Junqueira Aires e que hoje leva seu nome.

Essa marca de distinção, no entanto, não era exclusividade sua. Também Gilberto Freyre, o senhor de Apipucos, escolhe voltar a sua Recife natal depois dos anos de estudo no exterior. Como Freyre, Cascudo foi um buscador do Brasil enraizado no nordeste e escritor plural e múltiplo, mas as rotas de sua navegação são diversas daquelas empreendidas pelo sociólogo pernambucano.

A peculiaridade do descobrimento do Brasil empreendido por Câmara Cascudo reside, em primeiro lugar, no método por ele adotado. A chave desse método parece estar na noção de *convivência*.

Cascudo funda sua autoridade etnográfica na convivência com o povo e as tradições populares, por ter sido menino sertanejo e por não ter nunca abandonado a vida provinciana. Por isso se considerava um conhecedor, no sentido quase bíblico, da fala, dos gestos, dos mistérios e dos mitos do povo, e já na maturidade, possuidor de uma erudição reconhecida por todos, se jacta no prólogo de *Tradição, ciência do povo* do procedimento utilizado para as pesquisas ali reunidas, numa frase síntese, quase emblemática: "(...) não bibliotecas, mas convivência"[27], que sugere a valorização da experiência viva compartilhada (*con vivere*) como forma de construção do conhecimento.

No entanto, se é pelo que chama de "convivência" que Cascudo particulariza sua metodologia de pesquisa, é, por um lado, na relação entre esse procedimento fundamental e a coleta do material empírico de seu trabalho mais relevante — os estudos de folclore — e, por outro, com sua tradução em sínteses interpretativas, que Cascudo oferece a possibilidade de identificar o percurso seguido para seu particular *descobrimento do Brasil*.

Possivelmente é em *Canto do muro* onde com maior clareza é possível encontrar, reduzida à sua expressão mais simples, tanto a descri-

---

[27] Cascudo, *Tradição, Ciência do Povo* 10.

ção de seu procedimento de coleta do material folclórico quanto o entendimento de sua função de folclorista, mediador e intérprete daquilo que, visto e conhecido por todos, só a muito poucos se revela em plenitude.

Nesse livro, ao descrever suas observações do mundo animal, ao que atribui inteligência e inventiva, Cascudo afirma ter cuidadosamente anotado tudo o que vira dos bichos que circulavam por seu quintal:

> (...) personagens fixados na liberdade de todas as horas do dia e da noite (...) por mim foram vistos sem que soubessem que estavam sendo objeto de futura exploração letrada.[28]

A afirmação, feita no contexto de um escrito de clara conotação alegórica, permite uma apropriação acomodatícia indicativa não apenas daquilo que para ele significava a *"convivência"* como método, mas também da modalidade de sua observação como etnógrafo.

Para Câmara Cascudo, o folclore é tradição e a tradição é a *"ciência do povo"*. Numa das definições de folclore que formula, sintetiza a importância de seu estudo:

> Todos os países do Mundo, raças, grupos humanos, famílias, classes profissionais, possuem um patrimônio de tradições que se transmite oralmente e é defendido e conservado pelo costume. Esse patrimônio é milenar e contemporâneo. Cresce com os conhecimentos diários desde que se integrem nos hábitos grupais, domésticos ou nacionais. Esse patrimônio é o FOLCLORE. Folk, povo, nação, família, parentalha. Lore, instrução, conhecimento na acepção da consciência individual do saber. Saber que sabe. Contemporaneidade, atualização imediatista do conhecimento.[29]

Em escritos posteriores, aprofunda o mesmo tema e aponta elementos que permitem identificar porque é no folclore que reside o segredo da *"alma brasileira"*. Em 1973 afirmará:

> A Memória é a Imaginação do Povo, mantida comunicável pela Tradição, movimentando as Culturas, convergidas para o Uso, através do Tempo. (...) O Povo guarda e defende sua Ciência Tradicional, secular patrimônio onde há elementos de todas as idades e paragens do Mundo.[30]

---
[28] Cascudo, *Tradição, Canto do Muro* 2.
[29] Cascudo, *Folclore do Brasil* 9.
[30] Cascudo, *Tradição, Ciência do Povo* 9 e 29. O uso de maiúsculas no meio das frases para indicar a importância de uma idéia ou conceito, tal como neste trecho, é freqüente em Câmara Cascudo.

E em 1986:

> Nenhuma ciência como o Folclore possui maior espaço de pesquisa e de aproximação humana. Ciência da psicologia coletiva, cultura do geral no Homem, da tradição e do milênio na Atualidade, do heróico no quotidiano, é uma verdadeira História Normal do Povo.[31]

É portanto no folclore que ganha sentido o que é brasileiro, uma vez que é nele que se evidencia a relação entre cada uma das manifestações da cultura popular e *"a cultura geral do homem"*, entre o particular e o universal e entre o que é datado e o atemporal. E curiosamente, só revelará a "alma brasileira" aquilo que revele vestígios *"de todas as idades e paragens do mundo"*.

O que qualifica de o "homem normal", o homem comum, é para ele o portador da originalidade brasileira, e naquilo que de mais usual acompanha a vida do povo e seu imaginário deixa perceber está tanto o que o faz diferente de todos os demais quanto, paradoxalmente, o que funde no universal os mitos, tradições, gestos, narrativas e crenças do povo brasileiro.

Por essa razão, compara o povo ao celacanto[32], ser pré-histórico que sobrevive inalterado até a atualidade, e, citando Cláudio Bastos, afirma categórico: "O povo é um clássico que sobrevive".[33]

O folclorista-descobridor parece ter para Cascudo uma missão: a de olhar e ver o mundo da cultura do povo de forma análoga àquela que caracterizara outros descobridores, os naturalistas do século XIX, em sua aproximação ao mundo da natureza, uma vez que "O olhar do viajante-naturalista tem por base o princípio de inserção dos seres particulares numa ordem universal".[34]

Cascudo procura cumprir com pertinácia tanto nos infindáveis estudos na biblioteca, que considerava como seu laboratório, quanto em suas pesquisas de campo e em tudo o que escreveu, pelo território da cultura do povo, esse mesmo percurso: para conhecer e dar a conhecer a "alma brasileira" é preciso buscar o que a identifica, não por caminhos da definição de uma identidade brasileira substantiva, mas sim

---
[31] Cascudo, *Contos Tradicionais do Brasil* 15.
[32] Cascudo, *O tempo e eu* 211.
[33] Cascudo, *Folclore do Brasil* 18.
[34] Lorelai Kury e Magali Romero Sá 29.

porque, para ele, é possível encontrar o segredo das "origens", num duplo movimento de inserção.

Em primeiro lugar, o *descobrimento* se dá pela identificação das "origens" comuns entre a cultura letrada e a cultura popular, e pela inserção de ambas num mesmo universo cultural, no caso, aquele da cultura brasileira. É ao empreender a viagem pela literatura oral brasileira que Cascudo pode afirmar, com a certeza do cientista ao encontrar a evidência empírica do que busca:

> Ao lado da literatura, do pensamento intelectual letrado, correm as águas paralelas, solitárias e poderosas da memória e da imaginação popular.[35]

> Verifiquei a unidade radicular dessas duas florestas separadas e orgulhosas de sua independência exterior.[36]

Em segundo lugar, o que Cascudo pretende mapear é outra inserção, aquela que permite encontrar o Brasil como um continente situado no vasto oceano da cultura universal através da cuidadosa classificação de gestos, mitos, lendas e ditos do povo e da identificação das "origens comuns", entendidas como misteriosa permanência, entre esses e tantos outros traços culturais semelhantes, pertencentes a tempos remotos e latitudes distantes.

A reiterada busca o conduz a viajar fisicamente à África à procura das águas que partem desse continente e desembocam no vasto estuário da cultura brasileira, assim como o leva a outras viagens, simbólicas desta feita, pela literatura clássica e pelas tradições de todas as paragens, para nelas achar a fonte comum do particular amálgama que, para ele, é o Brasil...

Quando encontra o que procura, não se furta a anunciá-lo aos quatro ventos, com o orgulho dos descobridores de qualquer tempo. É assim ao surpreender nas palavras de uma parteira do sertão do Rio Grande do Norte, em 1920. A tradição imemorial registrada nas *Metamorfoses* de Ovídio, que reza que em quarto de uma mulher em trabalho de parto ninguém deve cruzar as pernas, sob pena da criança não conseguir nascer:

---

[35] Cascudo, *Contos tradicionais do Brasil* 15.
[36] Cascudo, *Literatura oral no Brasil* 16.

A 'comadre' sertaneja de Santa Cruz ajudava Ilitia, como todas as mães gregas e romanas, milênios antes de Cristo. (...) — Meninos eu vi!... Vira um rito sagrado em plena função defensiva, da Tebas grega ao sertão do Rio Grande do Norte. Indiscutível. Típico. Real.[37]

Para Luís da Câmara Cascudo, a "alma brasileira" a ser descoberta era o amálgama de tradições múltiplas e milenares e que, traduzido pela particular química que é o resultado da "feliz convergência das três raças"[38] conformadoras do povo brasileiro pela *"participação"* indígena, pela *"sobrevivência"* negra e pela *"permanência"* portuguesa[39], fundia-o, sem confundi-lo, na *"raça humana"*.[40]

Bibliografia

Andrade, Carlos Drummond de. "Imagem de Cascudo". 1968. *Revista Província* 2 (1998). Natal: UFRN / IHRGN.
Andrade, Mário de. *Enciclopédia brasileira*. São Paulo: Loyola/EDUSP, 1993.
Araújo, Humberto Hermenegildo: *O modernismo. Anos 20 no Rio Grande do Norte*. Natal: Editora Universitária, 1995.
Batista, Octacílio. *Câmara Cascudo*. Natal: Gráfica União, 1975.
Bregues, Sebastião Geraldo: "A singularidade e o papel de Luís da Câmara Cascudo no estudo do folclore brasileiro". *Revista do Conselho Estadual de Cultura de Minas Gerais*. Belo Horizonte: CEC-MG (1979, nº 9): 129-37.
Cascudo, Luís da Câmara. *Vaqueiros e Cantadores: Folclore poético do sertão de Pernambuco, Rio Grande do Norte e Ceará*. Porto Alegre: Livraria do Globo, 1939.
_____. *Literatura oral no Brasil*. 2ª ed. Rio de Janeiro/Brasília: José Olympio/INL, 1978 [1952].
_____. *Dicionário do folclore brasileiro*. Rio de Janeiro: Instituto Nacional do Livro, 1954.
_____. *Trinta "estórias" brasileiras*. Lisboa: Portucalense Editora, 1955.
_____. *Canto do muro*. Rio de Janeiro: José Olympio, 1959.
_____. *Folclore do Brasil*. Rio de Janeiro: Editora Fundo de Cultura, 1967.
_____. *O tempo e eu. Confidencias e proposições*. Natal: Imprensa Universitária, 1968.
Costa, Américo de Oliveira. *Viagem ao universo de Câmara Cascudo. Tentativa de ensaio biográfico*. Natal: Fundação José Augusto, 1969.
Gico, Vânia. *Luís da Câmara Cascudo: bibliografia comentada (1968-1995)*. Natal: EDUFRN, 1996.

---

[37] Cascudo, *Tradição, Ciência do povo* 150.
[38] Cascudo, *Folclore do Brasil* 101.
[39] A temática da fusão das três raças como uma reação química particular responsável pela identidade brasileira é uma constante na obra de Cascudo, e aparece longamente tematizada nos capítulos 3, 4 e 5 de *Literatura oral no Brasil* 78-183.
[40] Cascudo, *Canto do Muro* 58.

Holanda, Aurélio Buarque de e Peregrino Jr. "Visita do escritor Câmara Cascudo". *Anais da Academia Brasileira de Letras*. Rio de Janeiro: A.B.L., janeiro/junho 1967. Vol. 117.

Kury, Lorelai e Magali Romero Sá. "Os Três Reinos da Natureza". *O Brasil Redescoberto*. Carlos Martins (org.). Rio de Janeiro: Paço Imperial / Minc-SPHAN, 1999.

Lima, Diógenes da Cunha: *Câmara Cascudo. Um brasileiro feliz*. Rio de Janeiro: Lidador, 1998. (3ª edição).

Mamede, Zila. *Luís da Câmara Cascudo: 50 anos de vida intelectual — 1918-1968; Bibliografia anotada*. Natal: Fundação José Augusto, 1970 (3 volumes).

Oliveira, Gildson. *Câmara Cascudo. Um homem chamado Brasil*. Brasília: Editora Brasília Jurídica, 1999.

Peixoto, Afrânio. "Um provinciano incurável". 1968. *Revista Província* 2 (1998). Natal: UFRN/IHRGN.

Silva, Marcos A. da. "Câmara Cascudo e a erudição popular". *Projeto História Revista do Programa de Pós-Graduação em História da PUC-SP*. 17 *Trabalhos da Memória* (Nov. 1998): 317-34.

Veríssimo De Melo, Luís. "O folclore de Cascudo". *Folclore*, nº 12. Guarujá: Associação de Folclore e Artesanato, 1976.

———. (org.). *Cartas de Mário de Andrade a Luís da Câmara Cascudo*. Belo Horizonte: Vila Rica, 1991.

Vilhena, Luís Rodolfo: *Projeto e missão. O movimento folclórico brasileiro 1947-1964*. Rio de Janeiro: FUNARTE/FGV, 1997.

O MUNDO QUE O PORTUGUÊS CRIOU, RUIU. FLORESTAN FERNANDES E NÓS.

Carlos Guilherme Mota[1]

> A principal conseqüência cultural do prolongado domínio do patronato do estamento burocrático é a frustração do aparecimento da genuína cultura brasileira.
> Raymundo Faoro, *Os donos do poder*, 1958

> Com efeito, Portugal parece destinado a esgotar os absurdos, como um justo castigo das suas depredações, violências e injustiças seculares (...), e não foi o Brasil das vítimas o que menos sofreu (...). Aprendamos a ser outros, (...) rompamos.
> Sampaio Bruno, *Brasil mental*, 1898

Esboçando o problema

Nos 500 anos do Descobrimento oficial das terras em que se implantaria a colonização portuguesa na América, quando se revisitam algumas análises que se tornaram clássicas sobre o sentido de nossas histórias (e também se forçam algumas interpretações que insistem numa unidade "luso-afro-brasileira", no calor das celebrações do centenário de nascimento do autor de *Casa-grande & senzala*), vale a pena colocar em relevo duas das principais teorias sobre o legado da colonização portuguesa no Brasil: a de Gilberto Freyre e a de Florestan Fernandes.

---

[1] Historiador e Professor da Universidade de São Paulo e da Universidade Mackenzie. Entre outros, autor de *Ideologia da cultura brasileira 1933-1974* (São Paulo: Ática, 1977); *Idéia de revolução no Brasil (1789-1801): Estudo das formas de pensamento* (Petrópolis: Editora Vozes, 1979). Organizador de *Viagem incompleta: A experiência brasileira: 1500-2000*. 2 vols (São Paulo: Editora SENAC, 2000).

Não se vai aqui, portanto, discutir a anterioridade dos achamentos do navegador Duarte Pacheco Pereira, examinados com percuciência pelo saudoso mestre Joaquim Barradas de Carvalho, grande conhecedor das historiografias brasileira e portuguesa, historiador das mentalidades algo esquecido nas comemorações do V° Centenário... O lugar de Portugal na *Modernidade* é conhecido. Talvez essa discussão até valesse a pena, pois Barradas, como Jaime Cortesão, Vitorino Magalhães Godinho, Oliveira Lima, Cruz Costa, Charles R. Boxer, I. Wallerstein e poucos outros tentaram compreender as duas tradições, no que têm em comum e — não menos importante — de diverso. E tornar mais nítido o caminho historiográfico das imagens recíprocas, em seus encontros e desencontros, sobretudo após o traumático (sobretudo para Portugal) e longo *processo de descolonização* vivido no período crucial que abrange desde as inconfidências e conjurações do fim do século XVIII no Brasil até meados do século XIX (e aqui presto uma homenagem ao meu amigo professor Luís Henrique Dias Tavares, que revelou, em estudo inaugural, o movimento revolucionário na Bahia em 1798, e também a João José Reis, que estudou as insurreições de escravos no século XIX, um legado do sistema colonial). Processo de descolonização — e aqui entra o tema da "modernização" e da "vanguarda" — que se aprofunda na grande insurreição nordestina de 1817, nas participações da vanguarda daquele tempo (penso no baiano Cipriano Barata nas Cortes em Lisboa), de José Bonifácio na Constituinte de 1823 (da qual saiu direto para o exílio), até a emancipação intelectual representada pelas visões de mundo de Machado de Assis e Eça de Queirós. Dois escritores, não por acaso contemporâneos, em vários sentidos, que representam a consciência-limite desse processo. Em sentido amplo, dois escritores que estiveram à frente de seu tempo, portanto na vanguarda, embora na periferia do capitalismo. Esse o quadro maior, a meu ver, em que deveríamos situar nossas reflexões. Pois existe a questão essencial: *de que vanguardas estamos falando*, lá e cá, e também na África? (Quando falo de vanguardas, em nosso mundo, penso na figura maior de Amílcar Cabral, cujo conceito de *cultura* torna-se fundamental neste anos de celebrações freyreanas; perguntava ele, pouco antes de ser assassinado: "cultura, fator de libertação? Não, libertação, fator de cultura". Nessa inversão de termos, está a rotação de perspectiva que talvez devêssemos adotar, para examinarmos possíveis novos olhares sobre nossa história comum.)

Que o problema das relações Portugal-Brasil permanece irresolvido, revela a dúvida levantada pelo historiador português Vitorino Magalhães Godinho, numa conferência inquietante realizada em 1987:

> E será hoje a grande pergunta a fazer: se ainda agora é possível, nesta desagregação em que persistem estruturas e mentalidades arcaizantes, ao mesmo tempo que penetram em enxurrada a 'modernização' e os interesses transnacionais, se ainda é possível construir uma memória para Portugal e para os portugueses? *Essa memória, para mim, tem que se situar na Europa, no meio de desencontrados valores.* Tem de assentar no humanismo universalizante, a não confundir com a inconsistência que muitas vezes leva o português a acomodar-se à outras civilizações.[2]

Nessa visão, o destino da Portugal, "país semiperiférico" (para usarmos o conceito de Boaventura de Sousa Santos), deveria se reorientar em direção ao capitalismo central, na velha Europa. O mundo atlântico — América do Sul e África — não mais constituiria o suporte tradicional para a inserção dos portugueses na contemporaneidade. Mas aí reside um outro problema, qual seja, o da forma como os portugueses digerem sua História, ponto detectado com argúcia por Eduardo Lourenço, um dos melhores ensaístas europeus de nossa (-des)atualidade:

> Nas relações consigo mesmos os Portugueses exemplificam um comportamento que só parece ter analogia com o do *povo judaico*. Tudo se passa como se Portugal fosse para os portugueses como a Jerusalém para o povo judaico. Com uma diferença: Portugal não espera o Messias, o Messias é o seu próprio *passado*, convertido na mais consistente e obsessiva referência do seu presente, podendo substituir-se-lhe nos momentos de maior dúvida sobre si ou constituindo até o horizonte mítico do seu futuro.[3]

Essa é uma diferença significativa entre as duas Histórias de nossos países, e portanto entre as duas maneiras de pensar de suas *vanguardas*. No Brasil, já nos anos 60, Roberto Schwarz perguntava: "o van-

---

[2] "O naufrágio da memória nacional e a Nação no horizonte do marketing". *A memória da nação*. Colóquio na Fundação C. Gulbenkian. F. Bethencourt e D. R. Curto (orgs.). Lisboa: Sá da Costa, 1991, grifo meu.
[3] "Identidade e Memória. O caso português". *Nós e a Europa, ou as duas razões*. 3ª ed., Imprensa Nacional/Casa da Moeda, s/n e s/d).

guardista está na ponta de qual corrida?" O modo como o Brasil constrói sua História tem muito de antropofágico e mesmo autofágico, seja em sua "integração" no continente americano, seja em sua relação com o mundo em geral. A Portugal, pesa-lhe um brilhante passado, mitificado, atrás de si. No Brasil, o Messias dissolve-se num futuro e a redenção ("amanhã há de ser outro dia", como no samba de Chico Buarque) em utopias vagamente situadas num horizonte mirífico, evanescente. (Note-se que os desenhos e dibuxos de Niemeyer não têm a linha do horizonte...).

Mas se a questão é a das vanguardas, sobretudo no campo das fronteiras (em sentido amplo, também o das fronteiras mentais), o tema já foi pontuado por Antonio Carlos Jobim: "Desculpem-me, mas, como diz o Carlos Drummond de Andrade, devido ao adiantado da hora, eu me sinto anterior às minhas fronteiras".

No caso do Brasil, um outro "descobrimento" está se produzindo, inclusive aqui em Salvador. Veja-se o livro de Antonio Risério, *Avantgarde na Bahia*, sobre o grupo-geração de Glauber, Caetano Veloso, Gilberto Gil e tantos outros produtores culturais, filhos da universidade da gestão do reitor Edgard Santos, que polarizou em Salvador uma vanguarda que incluía gente como Agostinho da Silva e Lina Bo Bardi. Em Pernambuco, o mundo de Jomard Muniz de Brito ou de Brennand sugere que há muito a se discutir. Também as análises de Arnaldo Contier sobre o vanguardismo de Villa-Lobos, e sua participação no Estado Novo, jogam uma nova luz sobre a própria idéia de Brasil no Século XX.

Saindo das brumas

Daí a importância de chamarmos a atenção, no limiar do novo século, ao papel dos dois sociólogos-historiadores brasileiros que, em língua portuguesa, representaram duas vertentes distintas de pensamentos originais sobre os destinos do mundo luso-brasileiro, e que não vem sendo devidamente avaliadas em seus significados profundos. Com efeito, Gilberto Freyre e Florestan Fernandes são duas figuras muito conhecidas no mundo acadêmico internacional, porém pouco lidos em profundidade e raramente debatidos com rigor em nossas universidades, escolas, congressos e imprensas. Dois legítimos representantes do *pensamento de vanguarda* no Brasil, que refletiram sobre o mundo afro-luso-brasileiro. (Em verdade, nos desconhecemos cada vez mais: sem Internet, fax, DDI e ensino à distância, as gerações de Joaquim de Carvalho, António Sérgio, Fidelino de Figueiredo, e de Gilberto, Sérgio Buarque e Cruz Costa eram mais próximas, interdisciplinares e instruídas).

Após tres séculos de colonialismo do tipo *Ancien Régime* e quase um século sob o chicote dos Bragança (D. João VI, Pedro I e Pedro II, este exilado em 1889, pela República), muitas das estruturas administrativas, políticas e culturais da ordem colonial remanesceram na vida social da nação brasileira independente. Os quadros mentais são prisões de longa duração, dizia Fernand Braudel, ex-professor de História Moderna e Contemporânea em nossa Faculdade de Filosofia da Universidade de São Paulo. Com efeito, a Primeira República (1889-1930) consagrou o herói da raça branca como o tipo-ideal defendido no Instituto Histórico e Geográfico Brasileiro no século XIX, fazendo com que, como num passe de mágica, nos desfizéssemos de quatro séculos de escravismo. A despeito das denúncias do negro Lima Barreto e do mulato Euclides da Cunha na virada do século passado, da brutalidade e rusticidade de Canudos, dos cortiços e dos inúmeros movimentos sociais dos condenados da terra, foi essa a visão do paraíso branco que prevaleceu em nossa estranha *Belle Époque*. No Brasil, as vanguardas, inclusive as da Semana de 22, eram brancas, com exceção do negro Mário de Andrade, que no fim da vida lamentou: "meu aristocracismo me puniu".

As crises do modelo agro-exportador e europeizante da Primeira República trouxeram à tona conflitos sociais e políticos ancestrais, exacerbados com a crise internacional de 1929 e a Revolução de 1930. É no bojo dessa crise que surge a reação modernizadora-conservadora representada por Gilberto Freyre, um moderado dissidente da oligarquia pernambucana que, incorporando elementos de um certo passado, construirá um novo conceito de "Cultura", aberto, dinâmico, amortecedor de tensões e suavizador de conflitos, numa imaginosa "transição" para uma ordem burguesa. Captado inclusive por algumas lideranças militares que dirão, no início dos anos 80, já na "abertura": "quem fez nossa cabeça foi Gilberto Freyre".[4]

Transição entre aspas, pois não se alcançou em nossa História uma ordem democrático-burguesa plena. O que se prolongou e conso-

---

[4] Lembremos do depoimento general Dilermando Monteiro, em depoimento a Dina Sfat na TV nos anos 80.

lidou, nessa passagem, foi o modelo *autocrático*-burguês, como detectou Florestan Fernandes na segunda metade do século XX, modelo que, a despeito das aparências político-sociais e institucionais, ainda permanece vigente. Tal modelo constituiu-se historicamente na *longue durée*, caracterizando-se por uma estrutura rígida que, remontando ao Antigo Sistema Colonial, incorporou elementos político-jurídicos do período imperial que o ajustaram ao sistema mundial de dependências (sob a égide inglesa), aperfeiçoando-se, já no período republicano, com a implantação do capitalismo monopolista e associado. Daí a expressão pitoresca — "modernização conservadora" — usada por alguns cientistas políticos para caracterizar a História do Brasil no século XX. De nossa parte, preferimos denominar esse processo de "A Grande Transação".

Daí a existência de crítica, como do baiano Eduardo Portella:

> Aqui o imitado nunca foi delimitado. Procurou-se resolver essas questões pendentes, esse contencioso persistente, no âmbito global ou no facilitário da modernidade. No limiar do III° milênio, ainda nos encontramos à voltas com o legado moderno, sem saber ao certo o que ele possa ter de lição e de mal-entendido.[5]

As análises de Gilberto e Florestan se completam, mas se contrapõem. Para Freyre, cria-se uma "Cultura Brasileira", com especificidade e identidade própria, incorporando a "herança" luso-afro-brasileira; já Florestan, após analisar os modelos adotados pelas burguesias nacionais ao longo dessa História, constata a impossibilidade de construção da Nação sem ruptura profunda com os sistemas de dominação do passado. Para ele, "enquanto não rompermos definitivamente com as cadeias invisíveis do passado, não conquistaremos o mínimo de autonomia. Nosso padrão de vida cultural foi moldado numa sociedade senhorial-escravista. Passamos a nos ver à luz de uma concepção estamental do mundo".[6]

Nessa perspectiva, há que se qualificar a temática de hoje: vanguarda e modernização, menos que conceitos, são noções que podem dizer muito, ou nada.

---

[5] *Revista Tempo Brasileiro*. Dez. 1995.
[6] Ver conferência no Instituto de Estudos Avançados da Universidade de São Paulo, setembro de 1986.

Vanguarda de qual "Cultura Brasileira"?

O ponto central deste ensaio torna-se pois, nessa perspectiva, a discussão da própria noção de Cultura Brasileira. Trata-se de expressão que se estabilizou nos discursos históricos, políticos, antropológicos, diplomáticos e outros. Mas surge a pergunta: nesta virada de milênio e de século, como sustentar tal noção do ponto de vista teórico-epistemológico? O problema se torna mais dramático quando tentamos visualizar um mundo orgânico luso-afro-brasileiro, com uma certa unidade interna etc., tal como propunha Freyre, cujas idéias serviram, até mesmo, como fundamento para o ultracolonialismo salazarista.

A principal teoria sobre a Cultura Brasileira foi formulada em 1933 por Gilberto Freyre, filho dos estamentos senhoriais nordestinos e autor dos clássicos *Casa-grande & senzala*, *Sobrados e mucambos* e *Nordeste*, seus três livros mais importantes, e, aliás, notáveis em sua feitura. Tal noção, entretanto, pode ser redimensionada a partir da crítica realizada pelo sociólogo e historiador paulistano Florestan Fernandes, autor de *A revolução burguesa no Brasil*, *Integração do negro na sociedade de classes* e de *Sociologia numa era de revolução social*. Com efeito, Freyre e Florestan podem ser considerados os dois mais importantes sociólogos do século XX não apenas no Brasil, mas no mundo afro-luso-brasileiro e também, em larga medida, do mundo latino-americano, possuindo em comum o fato de terem sido homens de vanguarda em seus tempos: um, liberal; outro, socialista. Internacionalistas, tornaram-se ideólogos e participantes ativos da vida política brasileira: Freyre, após a Segunda Guerra, como deputado pela União Democrática Nacional, a UDN; Florestan, deputado pelo Partido dos Trabalhadores, o PT, após o fim da ditadura, de 1964-84. Outra característica em comum: seus estudos e ensaios foram marcados por forte vocação interdisciplinar, com ênfase nos estudos históricos. Freyre sustentava uma certa harmonia e especificidade no "mundo que o português criou", mercê da miscigenação e de supostas características democratizantes da colonização portuguesa nos trópicos; já Florestan enfatizava a permanência de formas autoritárias e de exclusão ao longo de nossa história comum, até hoje ainda não liberta das estruturas remanescentes do *Ancien Régime* e do sistema social estamental-escravista. Freyre, uma espécie de conde de Lampeduza à brasileira, expressou melhor que ninguém — e não por acaso no Recife — a visão de mundo das elites em decadência na República Velha (1889-1930) que, na crise, fabricaram uma ideologia da Cultura Brasileira (vale dizer, uma idéia de Nação) muito bem articulada, resistente e sofisticada. Um conceito que arredondava as diferenças. Já Florestan, nascido na "lumpenburguesia" de São Paulo (não por acaso, o principal pólo da industrialização no Brasil), filho de modesta imigrante portuguesa, emergiu nos quadros da recém-criada Faculdade de Filosofia da Universidade de São Paulo, expressando o pensamento radical de classe média, construindo uma espécie de visão contracultural e introduzindo novas teorias de estratificação e estruturação social. Como professor e pesquisador, criou condições para uma releitura crítica da História do Brasil. Se Freyre, Caio Prado Júnior, Sérgio Buarque de Holanda e o radical Manuel Bomfim (esse grande esquecido) foram importantes para o grupo-geração — do qual Florestan foi precisamente um dos expoentes — que surge na vida brasileira do segundo pós-guerra, já Antonio Candido, Celso Furtado Florestan e Raymundo Faoro serão fundamentais para as novas interpretações que surgiriam na segunda metade do século XX. Após o golpe de Estado de 1964, eles radicalizariam posições, explicitando suas teorias da história e da cultura. Uma revisão completa e profunda das historicidades de nossa formação histórico-cultural e política surgiria dessas interpretações que, embora clássicas, continuam praticamente desconhecidas do outro lado do Atlântico.

Nada obstante, nos dois lados do oceano fala-se muito em "Cultura Brasileira", sem maior apreciação crítica. Um campo consolidado e distinto, definido em seus códigos, temas e repertórios. Algo assim como a "Cultura Mexicana", que o crítico Carlos Monsiváis, o autor de *Amor perdido* (o livro, não o bolero), também afirma nunca ter existido. Uma *ideologia* mais cristalizada e consolidada que a "Cultura Espanhola" ou a "Cultura Italiana", a noção de "Cultura Brasileira" vem entretanto merecendo reavaliação, sobretudo a partir dos desafios postos pela globalização. O crítico Roberto Schwarz, autor do controvertido ensaio "As idéias fora do lugar", assinalava já na década de 1970 que no Brasil, país então com mais de 90 milhões de habitantes, apenas 50 mil poderiam ser considerados como parte integrante da "Cultura Brasileira", isto é, participantes de um grupo letrado que compartilhava o código culto desse universo coerente de símbolos. Atualmente, com a chamada globalização, poderíamos indagar se o círculo ilustrado que cultiva a noção estamental de "Cultura Brasileira" diminuirá ainda mais, proporcionalmente, ou não.

O problema a enfrentar no milênio que se inaugura é, portanto, o seguinte: quando tentamos vislumbrar e operar num mundo afro-luso-brasileiro, de que "Cultura Brasileira" está-se falando? Sem essa resposta, qualquer discussão pode cair no campo do imenso mal-entendido referido por Eduardo Portella.

A tese da unidade cultural do Brasil, país sustentado por uma única língua, pelo ideal de harmonia social e da miscigenação, foi a ideologia dominante e o instrumento básico de *nossa modernidade*, uma modernidade de meia-confecção numa república tropical. Para redirecionar a jovem República Nova, que poucos anos depois iria a pique com o golpe de Estado de 1937, os ideólogos precisavam criar um "povo", uma "raça" e uma "cultura". Inventar uma Nação, enfim. Esse é um dos motivos pelos quais a literatura desse período discute e busca o "caráter nacional brasileiro" e sua contrapartida, introduzida pela literatura regional de José Américo, José Lins do Rego, Érico Veríssimo, Monteiro Lobato.

Mas a poderosa ideologia de uma única — e dominante — Cultura Brasileira permanece ainda hoje em vários aspectos, tendo em vista que as condições que a engendraram não mudaram. Essa ideologia é a ferramenta mais importante criada para benefício das oligarquias do Nordeste (inclusive da Bahia) e São Paulo, Rio de Janeiro e Minas Gerais. No fim da Primeira Guerra Mundial, a doutrina Monroe se rejuvenesce sob uma nova roupagem, e os intelectuais mais avançados e mais bem informados do Brasil, entre os quais destacavam-se Mário de Andrade e os "meninos dourados" Gilberto Freyre, Sérgio Buarque de Holanda e Sérgio Milliet, mantinham os olhos nas transformações da ordem internacional. Quase todos estudaram no Exterior, mas Freyre, Anísio e Lobato foram os que mais se beneficiaram da experiência norte-americana.

De fato, a "globalização" daquele período trazia a esses jovens um outro sentido de internacionalização, com a Revolução Russa e os primórdios da descolonização na Ásia e na África. Filhos bem-comportados das oligarquias, falavam francês, inglês e até alemão em casa, familiarizando-se com os principais movimentos intelectuais e políticos da época. Marcel Proust, Romain Rolland, André Breton, Thomas Mann, McLeish, Pablo Picasso, William James, Joyce e John Dewey faziam parte, entre muitos outros, de seu quadro de referências e de suas inspirações.

Freyre, Buarque e Caio Prado Jr.

O "fim" do sistema cultural do Segundo Império não se deu por completo até hoje, visto que no Brasil nunca ocorreu uma verdadeira revolução.

Quatro séculos de escravismo impregnaram as mentes das classes e estamentos dirigentes brasileiros que controlavam algumas regiões do país — até hoje sob a dominação de um sistema vertical de estamentos e castas, como nos casos do Maranhão, Piauí ou Bahia. Quatro séculos de escravismo — marcado por resistência continuada, mas sem uma guerra civil, como a que ocorreu nos Estados Unidos entre 1861-1865 — produziram um *habitus* sutil, no plano das mentalidades e da consciência social, que os economistas, alguns historiadores e a maior parte de nossos cientistas políticos desconsideram em seus estudos. Em suma, há que entender porque o "Haiti é aqui", como diz a canção de Caetano Veloso e Gilberto Gil.

O sistema da chamada Cultura Brasileira, cristalizado entre as duas guerras mundiais, era um sofisticado e poderoso complexo de símbolos (temas e conceitos, formas, instituições, livros, sabores e sons) criados para controlar a transição flexível da República Velha ao Estado Novo (1937-1945). Não por acaso Freyre — e na vertente da esquerda, Jorge Amado — "revelaram" esse outro Brasil: também eles constituem um par antitético de um mesmo sistema ideológico... tropical

Numa perspectiva histórica continental, note-se que a ideologia da Cultura Brasileira, da Cultura Peruana, da Cultura Mexicana etc. fortaleceram-se com os mesmo ingredientes suavizadores dos conflitos e de radicalizações durante a passagem da ordem neocolonial ao imperialismo norte-americano, tal como foi analisada por Tulio Halperin Donghi em seu clássico *História contemporânea da América Latina*. Tais teorias da cultura somente foram rompidas quando ocorreram rupturas mais radicais, como em Cuba, com Che Guevara, na Nicarágua, com Ernesto Cardenal, ou na Guiné-Bissau, com Amílcar Cabral.

Essa geração contou com grandes pintores como Di Cavalcanti, Portinari e Pancetti. E um grande compositor, Heitor Villa-Lobos, que combinou em sua obra a tradição européia com as tendências e os sons da música popular, introduzindo o canto orfeônico nas escolas primárias que prosperaram durante o Estado Novo — e mesmo depois.

Uma nova idéia de Brasil surgia no horizonte. Para finalizar, um dos mais importantes poetas da língua portuguesa, Carlos Drummond de Andrade, era o chefe de gabinete do ministro da Educação, Saúde e Cultura, Gustavo Capanema, um dos esteios do Estado Novo. Nesse tempo, ele produziu alguns de seus mais importantes poemas, como "Nosso tempo", em *A rosa do povo* (1945) ("Este é tempo de partido / tempo de homens partidos"), além de um pequeno livro de memórias, *Observador no escritório* (1958), em que registra suas dúvidas sobre o processo vivido. "Eu também já fui brasileiro"...[7]

Essa geração redescobriu o Brasil forjando um sólido ideal cultural, reinventando um passado, um "povo", um estilo, uma nova identidade nacional e "popular", misturada com a tradição erudita, articulada no "mundo que o português criou". Foi uma geração sofisticada e estudiosa, que realizou pesquisas profundas contra a idéia de cultura sustentada pelos "carcomidos" da República Velha. Embora sutil, havia uma atitude firme para criar e divulgar um "conceito homogêneo das coletividades", para usarmos a expressão de Mary Louise Pratt em seu estudo clássico "La heterogeneidad y el pánico de la teoria". É isso, precisamente, o que Freyre representa quando abre o foco de seus estudos com a finalidade de "integrar" os negros e mulatos, mulheres, índios e outras minorias (que são de fato maiorias) num mundo harmonizado, num curioso processo de "miscigenação" — outra palavra-chave para ele. Em todos os cantos do país, e mais abertamente no Nordeste, os padrões de sociabilidade coloniais e imperiais estavam em profunda crise nos anos 1920/30, os movimentos populares adquiriam vulto e a sociedade de estamentos e castas sofria o impacto de novos valores. As teorias de Freyre funcionaram como uma saída, o amálgama decisivo para a construção do bloco no poder numa "nova" ordem republicana pseudo-harmoniosa. Para nós, foi o principal ideólogo da chamada Cultura Brasileira, a "cultura" de um país — como amargamente definiria Caio Prado Jr., já no fim de sua vida — atrasado.

A idéia de "Cultura Brasileira": uma sociedade híbrida

Freyre, cujo centenário também se celebra neste ano, apresenta a essência de seu método: a harmonização dos opostos, a conciliação dos contrários:

---

[7] Na verdade, observação que já se encontra no primeiro livro de versos publicado por Drummond, *Alguma poesia* (1930). Trata-se de verso do poema "Também já fui brasileiro": "Eu também já fui brasileiro / moreno como vocês (...)".

Sem esquecer por um momento que o antagonismo do qual falamos foi demolido pela interpenetração de culturas e pela miscigenação — os fatores democratizantes de uma sociedade que, de outra forma, teria permanecido dividida em dois grupos irreconciliáveis — não podemos ver com indiferença o efeito aristocrático dessas relações interpessoais e interregionais simbolizadas pelo complexo da casa-grande e senzala na história da sociedade brasileira e da *cultura brasileira* (xvi).

Foi esse, precisamente, o cimento ideológico-cultural gramsciano que o novo Estado precisava para justificar as mudanças políticas e sociais. Essa ideologia cultural desempenhou papel essencial na nova ordem — com imigrantes, conflitos abertos, uma grande parcela de trabalhadores desempregados, e a migração em massa do Nordeste pobre para o Sul industrial. Substituir os valores da velha aristocracia, ventilando o passado de conflitos entre brancos e negros, mas resgatando e presumindo relações aparentemente não-conflitivas, era um desafio histórico-historiográfico. Em resumo, Freyre introduziu um poderoso conceito de cultura, trabalhando com o que poderíamos denominar "método dialético negativo". Em suas próprias palavras: "A ausência de rancores violentos devido à raça constituem uma das peculiaridades do sistema feudal nos trópicos, um sistema que, de certa forma, foi suavizado pelo clima quente e pelos efeitos da miscigenação, que tendia a dissolver os preconceitos".

E, posto que tinha que forjar a idéia de cultura nacional, completa: "Esse foi o sistema que, no nosso país, cresceu em volta dos engenhos e, mais tarde, das plantações de café (...)"[8] Isto é, no Nordeste e no Sul, ou seja, em todo o país. A apologia da iniciativa privada é outra chave para se compreender o sucesso das teorias de Gilberto Freyre — o discreto elogio da iniciativa privada — na observação da comparação permanente com a história dos Estados Unidos: "No Brasil, assim como nas colônias produtoras de tabaco, algodão e arroz na América do Norte, as grandes plantações eram o resultado de um esforço de colonização não do Estado, que em Portugal foi sempre irrelevante, mas da corajosa iniciativa privada". A construção de uma sociedade híbrida, baseada na iniciativa privada, seria um bom método para evitar as lutas entre as raças e as classes Não é difícil, assim, compreender porque suas idéias foram tão discutidas tanto no Brasil como nos Estados Unidos.

---

[8] "Prefácio" à primeira edição em inglês, xii. Ver *The Master and the Slaves: A Study of the Development of Brazilian Civilization*. Trans. Samuel Putnam. New York: Knopf, 1946.

A tradução de *Casa-grande & senzala*, terminada em meados da década de 1940, chegava no momento em que os conflitos raciais nos Estados Unidos tinham de ser controlados, visto que o país enfrentava dois fortes desafios. A melhor conclusão a respeito da importância da principal obra de Freyre foi dada entretanto pelo autor da nota biobibliográfica da publicação, o editor Herbert Weinstock: "Freyre serviu na Assembléia Nacional que redigiu a atual constituição do Brasil (1946) e foi responsável pela ampliação dos direitos dos cidadãos naturalizados e pela forma final dada ao princípio de conciliação entre dirigentes empresariais e trabalhadores". Ou seja, ajudou a ampliar a cidadania dos estrangeiros naturalizados e promoveu a conciliação entre capital e trabalho, harmonizados dentro da "Nação".

Ao formular e dar corpo teórico a uma Cultura da Conciliação, ele reforçou os fundamentos históricos de uma linha de pensamento político que, no Brasil, vem do Império e ainda sobrevive em Brasília.

Florestan Fernandes foi o sociólogo e historiador mais importante de sua geração. Socialista inclinado para o trotskismo, foi um intelectual heterodoxo que forneceu um novo ponto de partida para se repensar o Brasil e a América Latina contemporânea. Baseado na leitura dos clássicos — especialmente Marx e Mannheim — pesquisou vários campos das ciências sociais: história, antropologia, literatura e sociologia, como se constata em quase todos seus livros, em particular em *A integração do negro na sociedade de classes* (1964).

Esse grupo-geração lutou contra a ditadura de Getúlio Vargas, contra a oligarquia da República Velha, contra o nazismo e o fascismo. E, depois da década de 1950, contra o imperialismo, a ditadura militar de 1964 e o estabelecimento de corporações multinacionais no Brasil. O modernista Oswald de Andrade chamava esse grupo de intelectuais de "chato boys", devido à nova postura acadêmica que representavam, com teorias, métodos, estudos de campo e técnicas. Eles contavam com uma nova ferramenta: o método científico, e durante aproximadamente vinte anos, de 1945 até 1964, viveram num contexto de liberdade de expressão e criação, de respeitabilidade acadêmica moderna e mantiveram contatos internacionais freqüentes com centros como Columbia, Stanford, Princeton, Colegio de Mexico, Yale, ou com a Escola de Altos Estudos de Paris, por exemplo. Nos Estados Unidos, seus interlocutores faziam parte de uma geração de "brasilianistas" — ou americanistas — brilhantes, como Charles Wagley, Emilio Willems, Donald Pierson, Stanley e Barbara Stein, Richard Morse.

Conforme lemos nas memórias de Lévi-Strauss, *Tristes trópicos*, eram os melhores alunos das missões européias, que trouxeram ao Brasil professores do porte de Fernand Braudel, Bastide, Lévi-Strauss, além de botânicos, biólogos, geólogos e físicos.

Mas, nas humanidades, esses novos professores críticos eram os arautos do pensamento de classe média. Em sua maioria, eram socialistas. Alguns eram comunistas ou radicais republicanos, sempre engajados nas discussões sobre problemas culturais e públicos. Esquerdistas, levemente jacobinos, outros anarquistas moderados, de modo geral eram filhos da Escola Pública democrática e laica. Alguns simpatizavam com Franklin D. Roosevelt e John Dewey. Poucos, geralmente os de classe média alta, podiam viver a ilusão de pertencer ao mundo de Zelda e Scott Fitzgerald.

Antonio Candido foi responsável pela crítica mais radical e direta ao conceito de história e cultura de Gilberto Freyre. Num importante livro, *Plataforma da nova geração* (1943), entre os depoimentos de duas dúzias de intelectuais e cientistas, o jovem Candido escreveu diretamente contra Freyre, o mais conceituado e notório intelectual da vanguarda, advertindo do perigo da entrada das teorias funcionalistas, provenientes dos Estados Unidos. Uma teoria que tendia a ver as coisas de um ponto de vista harmonizador, em detrimento das teorias que procuravam explicar os processos histórico-culturais a partir dos conflitos.[9]

Florestan e suas reflexões sobre a contra-revolução

> O fato de as classes burguesas e suas elites se verem condenadas à contra-revolução permanente conta, por si mesmo, outra história — e *toda a história*, que se desenrolou e está se desenrolando.
>
> Florestan Fernandes, *A revolução burguesa no Brasil*, 1975

Nascido em 1917, na classe média baixa de São Paulo, filho de uma lavadeira portuguesa, "Dona Maria", e de pai desconhecido, depois de estudar numa precária escola pública e trabalhar como garçom e alfaiate, ingressou na Escola Livre de Sociologia e Política de São Paulo, onde conheceu Antonio Candido e alguns membros intranqüilos da nova pequena burguesia universitária paulista.

---

[9] Ver a crítica de Antonio Candido em meu livro *Ideologia da Cultura Brasileira*, SP, Ática, 1977; e também o capítulo "Florestan Fernandes: uma trajetória radical".

Trabalhou duro para sobreviver entre os netos da oligarquia de São Paulo e Minas Gerais. Naquela época, o espaço político, intelectual e social da moderna sociedade civil era muito limitado. O Partido Comunista, por exemplo, conseguiu manter-se na legalidade durante apenas dois anos. Isso demonstra até que ponto o moderno conceito de Cultura Brasileira auspiciado por Freyre — do qual a Constituição de 1946 era a melhor expressão — era, nada obstante, muito excludente, e não apenas com relação ao Partido Comunista e os socialistas. Pois até mesmo os poucos liberais radicais e discretos esquerdistas enfrentaram tempos difíceis nos principais centros urbanos do país.

Florestan, radical e heterodoxo

Nesse contexto, Florestan era considerado muito radical, embora heterodoxo. Em seus primeiros trabalhos acadêmicos, tentava discutir a possibilidade de aplicação de conceitos marxistas, como o de "modo de produção", às sociedades primitivas, principalmente durante o processo de colonização. Causou algumas confusões e debates ásperos, introduzindo conceitos analíticos como os de classe, estamento e casta para reavaliar quatrocentos anos de escravismo no Brasil. Estendeu essa perspectiva sobre várias áreas do conhecimento, combinando abordagens de Psicologia Social, Sociologia, Antropologia, Economia e, sobretudo, de História. Em seus seminários, discutia os clássicos da historiografia brasileira, como Joaquim Nabuco, Manuel Bomfim, Gilberto Freyre, Sérgio Buarque de Holanda e Raymundo Faoro, mas encontrava mais identidade na perspectiva marxista de Caio Prado Jr.

Florestan tinha acesso a autores como Max Weber e Karl Marx, e lia os clássicos traduzidos pelo Fondo de Cultura Econômica, do México, além de cientistas sociais e da nova historiografia inglesa, alemã e francesa da época. Talvez por isso, a maioria de seus escritos e as teses de seus assistentes, como Fernando Henrique Cardoso, Octávio Ianni e quase duas dezenas de outros, possam ser consideradas trabalhos de história. Ele entretanto nunca perdeu a perspectiva da *historicidade* própria dos estudos latino-americanos e terceiromundistas, representada pelos trabalhos de Pablo Gonzalez Casanova, no México, Orlando Fals Borda, na Colombia, Manuel Moreno Fraginals, em Cuba, Stanley e Barbara Stein, nos Estados Unidos, Tulio Halperin Donghi, na Argentina e assim por diante, conforme se vê em *Reflexões sobre a contra-revolução brasileira*[10] ou em *Poder e contrapoder na América Latina* (1981).

Freyre *versus* Florestan

Vimos que Gilberto Freyre abriu os horizontes culturais para uma nova burguesia, contra as tradições estabelecidas, na expectativa de uma possível e pacífica revolução burguesa, criando um novo passado com negros e mulatos participando da história, embora passivamente. Florestan, por outro lado, definiu sua principal área de estudo priorizando as classes subalternizadas e as castas da sociedade, enfatizando os movimentos de resistência. Daí seu interesse pelos Tupinambá, submetidos e praticamente dizimados durante o período colonial, os negros e os imigrantes nos períodos imperial e republicano, e "os de baixo", excluídos antes e depois do golpe de Estado de 1964. Durante todo esse tempo, discutia ele o papel dos intelectuais em sociedades como as latino-americanas. Em seu último livro, póstumo, *Contestação necessária* (1996), cada capítulo trata das vidas e das idéias de Martí, Mariátegui, Prestes, Antonio Candido, Marighella, Lula, e um estudo crítico a respeito de seu velho amigo, Richard Morse. Há muitos anos, traduziu Mariátegui para o português e escreveu um instigante estudo sobre a Revolução Cubana; também coordenou uma importante coleção editorial, Grandes Cientistas Sociais, que incluía seleções de textos de Weber, Marx, Mannheim, Febvre, mas também de Bolívar, Guevara, Ho Chi Minh e Lenin.

Florestan se tornou ainda mais radical e empenhado depois de ter sido cassado da Universidade de São Paulo pelo regime militar de 1964. Quando o sistema político-militar quis negociar a anistia, ele não aceitou a idéia do perdão recíproco: até porque nada havia a "perdoar". A partir de então, tornou-se um engajado publicista, no sentido atribuído ao termo durante a Revolução Francesa. Em visita ao Brasil, Nelson Mandela fez questão de manter um encontro particular com Florestan, a quem admirava.

Uma "civilização brasileira"?

No contexto das discussões sobre a existência de uma Cultura Brasileira ou de uma "civilização brasileira", os estudos realizados por

---

[10] Publicado em inglês por Warren Dean. *Reflections on the Brazilian Counter-revolution*. Trad. Michel Vale e Patrick M. Hughes. New York: M. E. Sharpe, 1981.

Florestan Fernandes sobre a complexidade e os impasses da burguesia brasileira são fundamentais. Nas décadas de 1950 e 1960, ele participou da discussão sobre as características e a dimensão histórica dos processos de reforma e de revolução no Brasil e na América Latina com Caio Prado Jr. — autor do importantíssimo *A revolução brasileira* (1966) —, Gunder Frank e outros marxistas, contra as teorias dos chamados "dois Brasis" (avançado e arcaico, industrializado e rural). Depois de 1964, e durante os trinta anos seguintes, ele lançou as bases para a discussão sobre a dependência, vinculando, porém, as ligações externas de nossa economia às estruturas sociais e à formação histórica de um Estado específico. É interessante que seu livro clássico, *A revolução burguesa no Brasil*, tenha sido escrito durante o final da década de 1950 e terminado durante o período do chamado "milagre econômico", um dos períodos de ditadura mais violenta no país, quando a natureza da revolução burguesa se explicita em todos os seus termos, caracterizando o modelo de exclusão social e política.

Também é importante observar que ele revelava a natureza histórica dessas burguesias, na perspectiva histórica de longa duração, em seus padrões culturais e mentalidades específicas. Uma de suas observações mais interessantes diz respeito à formação de algo como uma "civilização brasileira", um conceito extenso e espaçoso, mas que ele localiza com certo rigor.

A perspectiva histórica em Florestan: as sete teses

Vale a pena notar que Florestan conecta a noção de "civilização brasileira" (em formação) às peculiaridades e funções da dominação burguesa. Passo a indicar sete teses ou hipóteses sobre o Brasil contemporâneo que talvez possam resumir o sistema de idéias por ele esboçado, na última parte de sua vida.

Primeira tese: O Brasil, ou melhor ainda, a burguesia brasileira viveu uma virada histórica na década de 1960, que foi especificamente contra-revolucionária em termos dos modelos "clássicos" e históricos de revolução nacional burguesa democrática. Uma virada que rompeu com todo um arsenal utópico inerente à "tradição republicana" dessa burguesia. Com isso, entramos no "território da consciência de classe e comportamento coletivo de classe que, infelizmente, tem sido pouco estudado".

Segunda tese: "O período de quatro décadas que se seguiu à Primeira Guerra Mundial, foi a época de formação da burguesia (embora, conforme saibamos, isso tenha ocorrido antes); esse período não corresponde, segundo alguns estudiosos indicam, à 'crise da oligarquia'".

Essa crise assumiu a forma de um reordenamento das estruturas econômicas, sociais e políticas, na qual o estamento oligárquico, antigo ou mais recente, foi reabsorvido pela sociedade de classes que estava em processo de formação e expansão.

Em suma, não houve um verdadeiro deslocamento das "velhas classes" dominantes pelas "novas classes", de origem contemporânea.

Terceira tese: Ainda mais amplo e mais dramático, embora não tenha parecido, foi a coalescência estrutural entre diferentes estratos sociais e diferentes agrupamentos econômicos que formaram as "classes possuidoras". Estas últimas identificavam-se, cada vez mais, com uma perspectiva e com o modo de vida burguês, por ocasião da rápida e constante aceleração da revolução comercial urbana e da industrialização.

Os estamentos dominantes do "antigo regime" estavam, portanto, integrados às estruturas da ordem social competitiva e da sociedade de classes em processo de formação e expansão (conforme a região do país). As oligarquias "tradicionais" ou "modernas" foram, não obstante, muito pouco afetadas por isso, e sua "crise de reabsorção não teve a mesma significância quanto teve o surgimento da burguesia enquanto categoria sociohistórica e comunidade política".

Quarta tese: Sobre a unidade nacional. As classes sociais burguesas puderam forjar a unidade nacional tendo por base de sustentação seus interesses materiais, estilo de vida e perspectivas. Mas esse movimento configurou um processo de socialização do poder econômico, social e político de longo alcance. A análise histórica de Florestan é clara: inicialmente, os interesses agro-comerciais enfrentaram alguns obstáculos nesse processo. Mas a Revolução de 1930 demonstra que ele já se encontrava em estado avançado, muitos antes de que os interesses industriais e financeiros atingissem a predominância relativa que atingiram durante o Estado Novo e, particularmente, durante a Segunda Guerra Mundial.

A tese é que a "burguesia, que tinha sido um resíduo social e depois uma camada social atomizada, dispersa pela sociedade brasileira, perdida nos estamentos intermediários e na imitação dos padrões da aristocracia, finalmente adquiriu uma fisionomia distinta, estabelecendo-se enquanto força social organizada e ocupando as posições mais altas da sociedade de classe, onde funcionou como a principal força motriz política, cultural e socioeconômica".

Quinta tese: A fisionomia dessa burguesia. Florestan sabia que esse processo não podia ser visto enquanto fato consumado. "As várias classes e frações de classe burguesas, no seu processo horizontal de integração numa escala nacional, tinham de alcançar uma verdadeira solidariedade de classe burguesa, que lhe permitisse a integração horizontal numa escala nacional de seus interesses materiais e seu comportamento coletivo. E, para cerrar fileiras numa comunidade política unificada, primeiro eles teriam de passar por uma transformação difícil e complexa". Teriam de elaborar uma idéia e uma identidade cultural forte. Uma ideologia cultural, uma noção de Cultura Brasileira, que segurasse toda essa barra. Para tanto, era necessário que eles se despissem da "segunda natureza humana" que o escravismo havia imprimido nas "classes possuidoras". E realizassem um esforço concertado para revisar e redefinir as ideologias e as utopias derivadas das experiências burguesas e democráticas européia e norte-americana da época da emancipação nacional. E, finalmente, que "a burguesia atingisse uma compreensão própria de sua própria realidade, em termos dos papéis e das tarefas históricas que ela pudesse desempenhar enquanto burguesia de uma sociedade de classes subdesenvolvida e dependente numa era de capitalismo monopolista e imperialismo total".

Sexta tese: Comparado com Gilberto Freyre, Florestan Fernandes não criou um novo conceito de Cultura Brasileira. Pelo contrário, Florestan utiliza os processos sociocultural e histórico para melhor definir os conceitos de classes, estamentos e castas, ideologia, patrimonialismo e sociedade de classe dependente, revolução e contra-revolução, que dão o significado próprio de nossa formação sócio-econômica e das formas de pensamento próprias desse sistema.

Sobre "Revolução". Em sua interpretação, "Revolução" significa "algo muito complexo e difícil, não por causa do elemento oligárquico em si, mas porque foi necessário extrair o *ethos* burguês da rede patrimonialista que o enredava, resultado de quase quatro séculos de tradição escravista e de capitalismo comercial rústico".

Para ele, é impossível falar numa Cultura Brasileira homogeneizada, levando em consideração que "a fragmentação das classes burguesas e das frações de classe propiciava seu isolamento regional e sua atomização, mais do que a unificação horizontal de seus interesses e valores numa escala nacional".

Essa tese diz respeito aos limites da "revolução burguesa" no Brasil e, conseqüentemente, à impossibilidade da formulação de uma Cultura Brasileira. Se conectamos a discussão atual sobre o conceito de cultura moderno à existência de frações de classes avançadas na sociedade brasileira, Florestan indica o contrário: "o surgimento tardio e extremamente lento do 'empresário moderno' em escala massiva no alto comércio, na indústria e nas finanças. Numa palavra, uma série de elementos convergiram para inclinar as classes burguesas rumo a uma falsa consciência burguesa, mantendo entre essas classes, e no resto da sociedade, ilusões que causaram violências ainda maiores às ideologias importadas da Europa e dos Estados Unidos".

Desde os propagandistas republicanos do século XIX, aos Modernistas de 1922, passando pelos Tenentes e constitucionalistas, nacionalistas, "podemos dizer que os 'notáveis' da burguesia transformaram essas ilusões em credo político, dando-lhe *mores* de civilização brasileira", conclui Florestan.

Sétima tese: Porque a burguesia brasileira é contra-revolucionária? Florestan mostra que interesses divergentes passaram pelo filtro das concessões e ajustamentos mútuos, cancelando ou reduzindo drasticamente o impacto revolucionário do deslocamento dos interesses dominantes da burguesia. A unidade de classe assume um tom ultraconservador que é facilmente polarizado pelos valores e comportamentos reacionários e até profundamente reacionários.

Paradoxalmente, certos imperativos categóricos desse padrão de dominação burguês obrigaram as classes burguesas a negligenciar, ou até rejeitar, certas tarefas especificamente burguesas que poderiam ampliar o escopo do processo de revolução nacional, assim como o da própria transformação capitalista. Essa negligência e neutralização das capacidades criativas intrínsecas às classes burguesas tiveram conseqüências nefastas.

E aqui está o ponto que ilumina nosso ambíguo presente: dessa articulação, resultou a existência de vários focos de desenvolvimento pré-capitalista ou subcapitalista que mantêm, indeterminadamente, estruturas socioeconômicas arcaicas ou semi-arcaicas, obstruindo a reforma agrária, a valorização do trabalho, a proletarização do trabalhador, a expansão do mercado interno etc. Isso permite o desenvolvimento da especulação num contexto que parece ser mais quase-colonial do que puramente capitalista, em todas as esferas da vida econômica (embora preponderantemente no setor industrial e financeiro, e no capitalismo urbano-industrial mais do que no capitalismo agrário).

Concluindo

Voltemos nossa atenção para a ambigüidade e — ainda mais — a impossibilidade da existência da chamada "Cultura Brasileira", considerando as circunstâncias e esforços realizados por algumas frações da burguesia brasileira no sentido de garantir sua auto-afirmação, autodefesa e autopropagação. Podemos compreender porque isso aconteceu, se levarmos em conta a perspectiva exposta por Florestan Fernandes:

> Não é fácil pilotar o navio, sobretudo quando o desenvolvimento capitalista não conta com uma bússola confiável para orientar a revolução nacional e quando, num extremo do espectro burguês, encontramos formas subcapitalistas ou pré-capitalistas de produção agrária, e, noutro extremo, encontramos 'corporações multinacionais estrangeiras' e 'grandes corporações estatais'. Pode-se alcançar, e até impor, uma convergência de interesses, mas isso ocorreria em detrimento dos papéis burgueses que tem sido negligenciados historicamente, embora sempre por curtos períodos de tempo. A história interna deixa de ser levada em consideração quando os interesses e os conflitos de classes foram abafados, mas os ritmos históricos do capitalismo internacional são inexoráveis.

Para Florestan, "não existe uma reforma que concilie uma minoria todo-poderosa com uma maioria esfarrapada. Se a minoria não está preparada para fazer concessões, a maioria não pode obter ou impô-las, e todos os caminhos permanecem fechados: a nação é uma impossibilidade". Nessa perspectiva, democracia e a revolução nacional existem apenas enquanto mitos, e não como realidades históricas.

Em suma, de que estamos falando, se mal nos conhecemos? Hoje, na virada de século, sessenta anos depois da publicação dos estudos de Gilberto Freyre e um quarto de século após os diagnósticos de Florestan, o Brasil conta com mais de 167 milhões de habitantes. Que conceito de cultura, visando a reinvenção dos estudos sobre o Brasil, Portugal e África podemos propor? De que "raízes africanas" vamos falar no século XXI, se ainda mal absorvemos as lições e teorias de Amílcar Cabral, de Buanga Fele ou Aquino de Bragança?

Que idéia de estudos "latino-americanos", "ibero-americanos", "luso-brasileiros", "afro-luso-brasileiros" ou mesmo "brasileiros" podemos sugerir para o novo milênio, considerando, como notou o escritor e diplomata João Almino, que tais categorias são demasiado generalizadoras e demasiado restritivas, a um mesmo tempo?

O TEATRO DA POLÍTICA: O REI COMO PERSONAGEM NO ESTADO IMPERIAL BRASILEIRO — UMA LEITURA DE *A CONSTRUÇÃO DA ORDEM: A ELITE POLÍTICA IMPERIAL* E *TEATRO DE SOMBRAS: A POLÍTICA IMPERIAL*

Lilia K. Moritz Schwarcz[1]

Apresentado originalmente como tese de doutorado, na Universidade de Stanford em dezembro de 1974, o livro *Teatro de sombras* é, na realidade, a segunda parte de um trabalho mais extenso realizado por José Murilo de Carvalho.[2] No conjunto dessa obra, o historiador, elaborando uma verdadeira radiografia do Império brasileiro, recupera os bastidores das elites políticas locais, suas relações com os partidos imperiais e seus vínculos paradoxais com o próprio Estado.

Na primeira parte do estudo — *A construção da ordem: a elite política imperial* — José Murilo argumenta no sentido de mostrar que a adoção de uma solução monárquica para o Brasil — país cercado de repúblicas por todos os lados —, a manutenção da unidade política da ex-colônia e a construção de um governo civil estável foram, em boa parte, conseqüências do tipo de elite política existente na época da emancipação de 1822, gerada pela própria conformação colonial portuguesa. Essa elite se caracterizaria, sobretudo, pela homogeneidade ideológica e de trei-

---

[1] Professora do Departamento de Antropologia da Universidade de São Paulo. Entre outros, autora de *Retrato O espetáculo das raças. Cientistas, instituições e questão racial no Brasil do século XIX* (São Paulo: Companhia das Letras, 1993); *As barbas do Imperador. D. Pedro um monarca nos trópicos* (São Paulo: Companhia das Letras, 1998).
[2] Tese de Doutorado apresentada com o título *Elite and State-Building in Imperial Brazil*.

namento, fornecida por uma certa socialização específica que passava pela educação, pela ocupação e pela carreira política.

Dessa maneira, sem se limitar às explicações mais tradicionais, que atribuíam exclusivamente à monarquia a tarefa de centralizar esse Império de proporções continentais, Murilo de Carvalho focaliza suas lentes sobre o tipo de formação das elites brasileiras, que passavam por um treinamento político comum e homogêneo, seguindo as características do Estado herdado da tradição portuguesa absolutista e patrimonial. A partir dessa comunicação estrita, mas ambígua, entre Estado e elite, teriam resultado alguns dos traços mais evidentes do sistema político imperial, como a monarquia, a unidade, a centralização e a baixa representação política. Envolvida por essa relação que, de certa forma, se auto-alimentava, a elite, produzida pelo Estado, foi perspicaz na capacidade de fortalecê-lo e garantir o controle social.

É esse o percurso realizado por José Murilo de Carvalho na primeira parte desse trabalho que, em nome de deslindar as múltiplas facetas dessa elite imperial, indaga sobre a burocracia, os juízes, padres, soldados e políticos; "uma verdadeira ilha de letrados" (74) nesse mar de analfabetismo.

A tarefa de *Teatro de sombras* é paralela, mas a viagem é ainda mais vertical. Dessa feita, José Murilo de Carvalho busca analisar os novos horizontes de atuação da elite e do Império após o regresso conservador de 1837, momento em que as turbulências das Regências levaram a uma tentativa de dominação mais consolidada, centrada na aliança entre o soberano e a alta magistratura de um lado; o grande comércio e a grande propriedade — sobretudo a cafeicultura fluminense —, de outro.

Com efeito, as rebeliões Regencias, das décadas de 1830 e 40, representam a melhor das indicações acerca das dificuldades em estabelecer um sistema nacional de dominação, pautado na solução monárquica. Foram basicamente dois os ciclos de rebelião: o primeiro, inicia-se depois da abdicação de D. Pedro I e perdurou até 1835; o segundo, começa logo após a promulgação do Ato Adicional e segue até o Segundo Reinado, mais especificamente 1848, com a Revolução Praieira em Pernambuco. A força e a distribuição espacial desses movimentos serviram para deixar clara uma via política que aos poucos se delineava: o lento processo de convencimento de que a monarquia convinha aos proprietários, preocupados com a ordem que fora constantemente quebrada, até então.

Dessa maneira, tendo como pano de fundo o final da experiência das Regências (período que oscilou entre a maior ou menor centralização política) e a década de 1850 — palco para o final do tráfico de escravos, para a Lei de Terras, e a Lei de reforma da Guarda Nacional —, o historiador acompanhará de perto as vicissitudes no relacionamento entre a Coroa, a elite política e os proprietários de terras. D. Pedro II, que nacionalizou muito mais a monarquia do que seu pai, D. Pedro I, contou com as elites políticas como mediadoras de sua relação com os proprietários de café, absolutamente dependentes da mão-de-obra escrava.

Fazendo da corte um grande "baronato do café", o monarca transformou a distribuição alargada de títulos em moeda de vínculo e de aproximação com os proprietários. Na verdade, a Corte buscava pagar em símbolos de *status* o que retirava em interesse material. É por isso mesmo que o historiador analisará com rigor não só a política fiscal e distributiva do Estado, como a evolução do processo de abolição e a questão da terra, temas que tocavam de perto os interesses dos grandes proprietários; sustentáculos da política imperial. Como se verá, antes de constituírem o mote imperial, os grandes cafeicultores viram seu capital oscilar nas mãos da política monárquica. Afinal, como teria dito o historiador Sergio Buarque de Holanda: "o império dos fazendeiros só começa no Brasil com a queda do Império" (vol. 4, 87).

É nessa chave, também, que José Murilo de Carvalho utilizará a expressão de Guerreiro Ramos, que caracterizou a dinâmica das relações entre a burocracia imperial e os proprietários rurais a partir da expressão "dialética de ambigüidades". Com respeito à política orçamentária, ou ainda no que se refere à Lei de Terras e à abolição da escravidão, a "ambigüidade" se impôs entre o rei e os barões. A análise da relação tensa que se estabeleceu entre o Estado e a elite local só deixa mais frágil a imagem simplificada que se desenhou sobre o Império, que descrevia um domínio tranqüilo de senhores de terra e donos de escravos ou mesmo uma calma autocracia burocrática. Na verdade, a existência do Poder Moderador — uma espécie de quarto poder de uso exclusivo do monarca — introduzia uma distinção evidente no papel do Imperador. Tal qual um resíduo absolutista, numa leitura tropical do modelo de Benjamim Constant, ele dava ao soberano condições de interferência que abrangiam o Legislativo, o Executivo e afetavam a formação da elite política, assim como favoreciam a competição entre facções de grupos dominantes e a própria alternância no poder.

Revela José Murilo, ainda, como, seguindo esse mesmo raciocínio, pode-se dizer que a monarquia começa a cair em 1871, logo após a lei do Ventre Livre, que estabelece o primeiro divórcio entre o rei e os barões, que, inconformados com a medida, entenderam-na como uma espécie de "loucura dinástica". Isso para não falar da lei dos Sexagenários (que dava liberdade aos cativos com mais de sessenta anos) e a abolição final em 1888. Todos esses passos indicam como a Coroa foi esgotando seu crédito de legitimidade perante os fazendeiros, os quais, sentindo-se lesados em seus interesses, deixavam o imperador cada vez mais isolado, conforme se aproximava o final da década de oitenta.

Mas os desajustes não paravam por aí. Como demonstra o historiador, tanto as idéias e valores, como as instituições implantadas pela mesma elite sinalizam para relações, também, "ambíguas" de ajuste e desajuste em relação à realidade social do país: "uma sociedade escravocrata governada por instituições liberais e representativas; uma sociedade agrária e analfabeta dirigida por uma elite cosmopolita voltada para o modelo europeu de civilização" (202).

Entre a face "constitucional do rei" e o arbítrio do poder moderador, a inferência do Conselho de Estado (nas palavras de Joaquim Nabuco o "cérebro da monarquia") e a própria oscilação monótona dos partidos imperiais que, apesar de revelarem coalizões distintas mantinham um perfil de atuação bastante previsível (o partido conservador representando a aliança com o grande comércio e a grande lavoura de exportação e o Partido Liberal a aliança dos profissionais liberais urbanos com a agricultura de mercado interno e de áreas mais recentes de colonização), restava uma monarquia que oscilava entre a aparência e a essência.

Com efeito, imperava no país o modelo do "formalismo"; ou seja, da discrepância entre a norma e a realidade. Antes do que uma atitude alienada, a adoção de idéias e instituições alheias seria, segundo Carvalho, uma estratégia de mudança social, articulada com um mundo de origem ou de referência. O modelo eram os países "civilizados", o governo constitucional e a administração eficiente e organizada, que inspirava as "cópias" locais, por vezes desavisadas.

É esse mesmo formalismo que gradativamente dará uma enorme visibilidade ao poder, centrado na figura do Imperador e no poder Moderador, que passava a nublar o compromisso, também mútuo, presente no sistema. Nesse processo, o peso político recaiu quase que só sobre a Coroa, que, por meio da pompa, dos rituais e do próprio carisma da figura do rei, efetivamente realizava a centralização política.

Mas, como bem demonstra José Murilo de Carvalho, esse poder era em parte ilusório: "a burocracia do Estado tinha cabeça grande mas braços curtos". Era mais uma vez a "ambigüidade" que gerava distorções nas análises dos contemporâneos e mesmo das inúmeras interpretações posteriores. Gestava-se um complexo mecanismo aonde a ficção virava realidade e a realidade ficção, assim como encenava-se o lado teatral do jogo político imperial; seu aspecto de representação e de "fazer de conta".

Seja na versão crítica e ferina de Ferreira Vianna, que, na peça teatral *Conferência dos Divinos*, escrita em 1867, apresenta um imperador tirano e despótico na Roma Imperial; seja na versão de Joaquim Nabuco, presente em *O Abolicionismo*, de 1883, que dizia, de forma positiva e alentada, que o imperador passou 50 anos a fingir governar um povo livre; o certo é que a metáfora do "jogo de aparências" e da dissimulação se impõe tal qual um grande teatro.

Mas não se trata de qualquer teatro e sim de um "teatro de sombras", já que o governo seria a sombra da escravidão, na mesma medida em que os políticos convertiam-se em sombra do poder imperial. O certo é que os diferentes atores perdiam a certeza de seu papel.

Dessa maneira, ao utilizar a metáfora do teatro, o historiador José Murilo de Carvalho revela a (boa) faceta da interdisciplinaridade e dos trabalhos de fronteira, justamente quando introduz uma perspectiva antropológica e dá lugar a uma análise da dimensão ritual e simbólica do poder político. Foi sobretudo o antropólogo norte americano Clifford Geertz quem, em *Negara*, e tendo como base o Estado balinês do século XIX, mostrou as estreitas relações que se estabelecem entre realidade e representação e a importância dos rituais políticos. Com efeito, o ritual e o simbolismo (assim como o carisma) fazem parte de qualquer mecanismo moderno de exercício do poder e, nessa chave, a metáfora teatral revela a força de sua eficácia. A representação política — assim como a representação teatral, tem suas regras de atuação, seus atores, palcos montadas, cenas mais ou menos iluminadas e é composta por muita ficção. Se é na monarquia que o aspecto ritual torna-se mais evidente — e aparece no próprio corpo das leis, ou no ícone máximo do rei — é preciso admitir que na política, de uma forma geral, a representação assume papel central e é isso que José Murilo demonstra com maestria; ou melhor, como um bom diretor de cena.

Nada melhor do que terminar com o derradeiro teatro da monarquia: o monumental baile da Ilha Fiscal, realizado cerca de um mês antes do final do Império em homenagem aos oficiais chilenos aportados na Corte. O ritual, com seu poder condensador, parecia sanar, por si só, mesmo que momentaneamente, todos os conflitos da véspera. No local ricamente decorado, mostravam-se dispostos todos os atores principais: "os anfitriões liberais, os convidados conservadores; lá estavam o rei e sua corte" (389). O povo deixado de fora do baile, como sempre, comemorava a ocasião com lundus e fandangos, em uma praça bem em frente à Ilha Fiscal, numa demonstração, com certeza mais divertida, de como o lazer passava a léguas de distância da política tradicional. No ocaso do Império, como diz Murilo de Carvalho, os conflitos resolviam-se com festa ao som de valsa de Strauss, em meio ao calor dos trópicos.

No entanto, esse seria mesmo o último teatro do Império. Isolada e fragilizada, a monarquia era quase um fantasma de si própria. Longe da eficácia simbólica, o ritual tornava-se ridículo e matéria para a ironia. A queda da monarquia se daria de forma inesperada, assim como pareciam espantados os representantes do novo regime republicano. Mas essa é, com certeza, uma outra história, também analisada em outros livros de José Murilo de Carvalho como *Os bestializados. O Rio de Janeiro e a República que não foi* (1987), *A formação das almas. O imaginário da República no Brasil* (1990), entre tantos outros.

Hora de terminar essa leitura de *Teatro de sombras*, antes que comecemos uma outra. Afinal, as obras desse historiador dialogam entre si, como se cada novo livro respondesse ao anterior ou lançasse questões para o próximo. No entanto, se tudo isso é fato, é verdade também que *Teatro de sombras* tornou-se referência fundamental, para a historiografia brasileira, ao recuperar o perfil político da monarquia e a trajetória da passagem do Império à República, com seus cenários, atores e tensões. Na verdade, José Murilo de Carvalho ilumina a cena sobre um período muito mal tratado pela produção historiográfica local. Com efeito, diante do caráter exótico da América portuguesa colonial, da riqueza do barroco recuperado pelo olhar modernista da década de 1920, ou mesmo das vicissitudes do período republicano e do Estado Novo, o Império brasileiro apareceu nas análises como uma espécie de intervalo, um momento de passagem; cópia de modelos produzidos alhures. Representado como um "grande equívoco", o período monárquico foi, muitas vezes, descartado, como se tivesse menor importância na compreensão do moderno legado republicano e na análise da tradição brasileira mais contemporânea.

Teatro de sombras, pelo contrário, descreve a estrutura da monarquia brasileira, suas contradições e ambigüidades, mas também a força de um modelo que acabou delegando para o rei o papel principal, dentro de um teatro que lhe escapava. Ou melhor, que a todos escapava. De fato, dessa vez era mesmo difícil discernir representação de realidade. Era o teatro da política que impunha-se de outra forma e como ficção.

Bibliografia

Carvalho, José Murilo. *Os bestializados. O Rio de Janeiro e a República que não foi.* São Paulo: Companhia das Letras, 1987.
_____. *A formação das almas. O imaginário da República no* Brasil. São Paulo: Companhia das Letras, 1990.
_____. *A construção da ordem*: A elite política imperial — *Teatro de sombras*: A política imperial. Rio de Janeiro: UFRJ/Relume Dumará, 1996.
Geertz, Clifford. *Negara*: The Theater-State in Nineteenth-Century Bali. Princeton: Princeton University Press, 1980.
Holanda, Sérgio Buarque de. *O Brasil monárquico.* São Paulo: DIFEL, 1977.

FRONTEIRAS DA NAÇÃO E CONSTRUÇÃO DE IDENTIDADES PLURAIS: *CARNAVAIS, MALANDROS E HERÓIS* OU ROBERTO DAMATTA E O ENTRE-LUGAR DA CULTURA BRASILEIRA

Valter Sinder[1]

> *Since the Second World War, fundamental changes have occurred in the world which social anthropology inhabits, changes which have affected the object, the ideological support and the organizational base of social anthropology itself. And in noting these changes we remind ourselves that anthropology does not merely apprehend the world in which it is located, but that the world also determines how anthropology will apprehend it.* (Talal Assad 12)

A publicação, em 1979, de *Carnavais, malandros e heróis*, pode hoje, mesmo passado tão pouco tempo, ser considerada um marco nos estudos de pensamento social no Brasil. Nesta obra, hoje já em sua 5ª edição brasileira, Roberto DaMatta recolocou em cena, de forma densa e original, o Brasil enquanto objeto de reflexão antropológica. Como apontou Mariza Peirano, em seu estudo antropológico da antropologia brasileira, tese de doutorado defendida dois anos depois da publicação de *Carnavais*, é possível apontar em torno deste momento uma mudança de foco nos estudos sobre o Brasil; algo como uma passagem de perspectivas que privilegiavam a integração territorial (ou de estratos) para uma ênfase crescente na integração cultural (Peirano 1981).

Além disso, como enfatiza Vilhena, ao enfocar este mesmo trabalho de Peirano, "se esses autores [Roberto DaMatta e Antonio Candido]

---

[1] Professor de Antropologia na Universidade do Estado do Rio de Janeiro e na Pontifícia Universidade Católica — Rio.

abordaram objetos que, segundo eles, definiriam o Brasil como uma nação — respectivamente o carnaval e a literatura —, eles o fizeram a partir de uma perspectiva relativista e universalista, rompendo a tendência introduzida em nossa ciência social por [Florestan] Fernandes, na qual a ênfase do Brasil enquanto nação como a 'totalidade última' a ser interpretada produziu uma crescente rejeição a influências teóricas estrangeiras" (Vilhena 62).

Como indicou DaMatta na Introdução de *Carnavais*, sua intenção era de "saber o que faz o brasil, Brasil", ou seja, "discutir os caminhos que tornam a sociedade brasileira diferente e única, muito embora esteja, como outros sistemas, igualmente submetida a certos fatores sociais, políticos e econômicos comuns" (15). Nos trabalhos publicados desde então, a discussão destes caminhos e suas múltiplas veredas tem sido objeto privilegiado de reflexão por parte do autor. "A Fábula das três raças" (publicada em *Relativizando*, 1981), *A casa e a rua* (1985), *Conta de mentiroso* (1993) e *Águias, burros e borboletas* (1999), podem ser apontados como momentos importantes no desenvolvimento de um trabalho de interpretação permanente que o autor vem realizando em sua construção de uma sociologia do dilema brasileiro inspirada, como ele mesmo salienta, no estudo clássico de Gunnar Myrdal sobre as relações raciais nos Estados Unidos.

Segundo o próprio DaMatta, o entendimento da sociedade brasileira através do carnaval, da literatura, da música, da saudade, da inflação, da violência e do jogo do bicho, é o resultado de sua "fidelidade a um certo estilo de antropologia social", conjugada a uma "obsessão pela sociedade brasileira" (*Conta de mentiroso* 12), que vem sendo cuidadosamente trabalhada. Tendo como fio condutor uma interpretação do Brasil claramente delineada, podemos acompanhar o desenrolar de seu trabalho como uma tentativa de se manter totalmente afastado de qualquer visão substantiva (essencialista) de uma identidade nacional ou de um caráter brasileiro, a partir de uma proposta de entendimento da construção desta identidade enquanto (um) processo que se faz enquanto uma estória que, nós brasileiros, contamos sobre nós, a nós mesmos.

Este fio condutor se deve a determinação de compreender a realidade brasileira tendo por hipótese ser esta construída a partir de um paradoxo inerente ao seu sistema social. Tal paradoxo seria caracterizado, em linhas gerais, pelo fato do sistema social brasileiro apresentar valores modernos sem, entretanto, "abandonar (ou resolver) um conjunto de práticas (e ideologias) tradicionais (...) que continuam se reproduzindo e governando *relacional* e *hierarquicamente* a sua vida social" (*Conta de mentiroso* 93, grifo do autor). Neste sentido, a instigante digressão sobre a fábula das três raças, que aparece em *Relativizando*, no qual DaMatta apresenta sua visão da emergência e construção deste paradoxo na história do Brasil, pode ser apontada como exemplar para a compreensão do pensamento do autor. Da mesma forma, deve-se consultar também seu último livro, *Águias, burros e borboletas*, publicado em conjunto com Elena Soárez, que tem como temática central o jogo do bicho. Jogo que surge no cenário nacional "em plena alvorada republicana, quando finalmente o país abraça uma política intensamente liberal na área econômica" (*Águias* 32).

Como aponta DaMatta, "é como se o Estado-nação moderno, individualista e impessoal, desconhecesse a sociedade personalista, relacional e carismática. Melhor dizendo: é como se o Estado-nação não tivesse qualquer sintonia com as práticas sociais vigentes na sociedade e na cultura" (*Conta de mentiroso* 94); ou ainda, "é como se o universalismo moderno fosse demandado em público, mas o particularismo continuasse a funcionar nos planos pessoal e privado" (*Conta de mentiroso* 160).

Esta dualidade, que o autor vem caracterizando como o dilema brasileiro, se expressaria em um conjunto de conflitos que *permeiam estruturalmente* o desenrolar da vida nacional. Em *A casa e a rua* (1985), temos explicitamente colocado o principal parâmetro para pensarmos o sentido literal desse dilema:

> Digo, então, que o segredo de uma interpretação correta do Brasil jaz na possibilidade de estudar aquilo que está *entre* as coisas. Seria a partir dos conectivos e das conjunções que nós poderíamos ver melhor as oposições, sem desmanchá-las, minimizá-las ou simplesmente tomá-las como irredutíveis. Afirmo, posto que isso é um ensinamento básico da antropologia social que pratico, que o estilo brasileiro se define a partir de um "&", um elo que permita balizar duas entidades e que, simultaneamente, inventa seu próprio espaço. (21, grifo do autor).

Fenômeno comum a todas as sociedades nacionais contemporâneas, a oscilação entre universalismo-particularismo, individualismo-holismo, igualitarismo-hierarquia, expressam sociologicamente o dilema brasileiro pela forma singular que se manifestam em nossa sociedade.

As conseqüências e os desdobramentos deste dilema são objeto privilegiado de análise nos ensaios reunidos em *Conta de mentiroso* e aparecem concentrados de forma densa e envolvente no ensaio dedicado à exploração "Da matriz cultural da inflação: Notas sobre inflação, sociedade e cidadania". Partindo do princípio de que "não se lobotomiza a inflação sem antes psicanalisar a cidadania; ou seja: sem antes tentar compreender a nós mesmos e, sobretudo, como nós tentamos tradicionalmente nos compreender" (153), o dilema brasileiro nos é paulatinamente revelado através de práticas de convívio equilibrado entre "o universalismo burguês, igualitário e individualista", representado pelas normas da rua, e o "sistema relacional de relações pessoais que é o seu paralelo e seu avesso" (161), que representam as regras da casa. Em um modelo assim ordenado, "o papel social do cidadão é a moeda cívica corrente e oficial do sistema, mas todos sabemos que essa moeda perde valor quando o número de cidadãos se amplia e a cidadania passa a ser um direito de todos" (163). A desvalorização/desmoralização da moeda cívica, ao invés de derrubar o regime, aponta para a existência de "outras moedas capazes de atenuar, compensar e tornar formidavelmente elásticas as perdas financeiras" (171). Como assinala DaMatta, em um sistema inflacionário deste tipo, os mais poderosos são aqueles que tem mais *dinheiros* e mais acesso a todas as moedas. Desta forma, "fica confirmado que o poder fica bem longe do homem comum, e muito perto de quem tem a possibilidade de utilizar muitos códigos e muitas regras" (174).

Como um pano de fundo a esta paulatina construção do que faz o brasil, Brasil, é de fundamental importância, destacar a existência de uma posição, presente de forma implícita em alguns momentos e explícita em outros, de questionar a própria história do fazer antropológico no Brasil. Estabelecendo uma referência constante aos seus contemporâneos ("seus colegas brasileiros" [*A casa e a rua* 10]), a seus interlocutores funcionais (Gilberto Freyre, Sérgio Buarque de Holanda e outros) e a autores que pensam os fundamentos e as implicações de uma escrita da cultura (brasileira?), poderíamos dizer que DaMatta se posiciona, no sentido de assumir novos arranjos, novas disposições e novas maneiras, em relação à meta-antropologia que vem sendo realizada principalmente a partir dos anos 80.

De todo modo, o que fica claro é que DaMatta, apesar de — e talvez mesmo graças à sua convicção consciente de que deveria ou gostaria de fazer o que ele muitas vezes denomina como *old fashioned anthro-*

pology, realiza um texto dialógico, no qual múltiplas vozes são convocadas para defenderem seus modos particulares de se posicionarem em relação ao fazer antropológico, e, nesta polifonia, podemos perceber que a atualidade inegável das questões levantadas nos textos é fruto de um trabalho intencional do autor, de estar sempre de ouvidos atentos a tudo que possa *mexer* com suas posições. Esta assim chamada produção meta-antropológica, quando levada a sério, como faz DaMatta, sem reduzir autores e idéias a pretensos movimentos, produz de imediato uma reação, um repensar da produção antropológica em geral, e da sua em particular, mesmo que seja para reafirmar, a partir de outros patamares, as escolhas anteriormente realizadas.

Esta saudável atitude do autor faz com que tenhamos diante de nós uma *escrita da sociedade brasileira* que é fruto de seu diálogo constante com a produção antropológica em geral e com suas próprias opções em particular. Desta forma, aos poucos, a já declarada fidelidade a um certo estilo de antropologia social vai sendo manifesta: — "É a categoria que conduz a uma consciência aguda do sentimento, não o seu contrário" (*Conta de mentiroso* 21); ou ainda, "o universal não se opõe ao particular, mas o complementa e o ilumina. O contrário é igualmente verdadeiro" (*Conta de mentiroso* 27).

Tal qual em seus outros trabalhos, este livro também pode ser entendido a partir da motivação inicial de entender a sociedade (brasileira) como alguma *coisa totalizada* (ou a partir de uma análise totalizante). O que se lê no ensaio sobre antropologia e literatura publicado em *Conta de mentiroso*, esclarece muito sobre a relação entre a *coisa totalizada* e sua escrita de maneira geral, a saber:

> Descobrir que uma sociedade pode ser invocada por meio de muitas vozes, perspectivas ou textos não significa que ela não possa ter uma visão integrada de si mesma — e que, por isso mesmo, não tenha estabelecido modos de falar de si própria que ela toma como mais adequados ou mais corretos. É a sociedade que estabelece os modos mais 'claros' e mais legítimos de falar de si mesma! (37)

Cabe ao analista identificá-los e entendê-los.

É exatamente isto, nos parece, que DaMatta realiza, pretendendo revelar a dinâmica da constante e complexa construção da identidade brasileira, seja através dos textos literários tomados como etnografias, seja através da descrição, exame e análise da sociedade como texto.

Através da morte, da mulher, da cidadania, da saudade, da música de carnaval, da representação da natureza, da tradição, da matriz cultural da inflação, dos discursos sobre a violência e do jogo do bicho, tudo aquilo que poderia parecer deslocado, quando visto a partir de uma lógica dualista — onde a verdade e a mentira estão separadas de maneira aparentemente neutra e inequívoca —, surge, a nossos olhos, de forma integrada e, ao mesmo tempo, polissêmica: "o problema (...) não é 'descobrir' que as coisas estão fora do lugar, mas compreender o lugar das coisas" (*Conta de mentiroso* 134).

Na relação que se estabelece entre o fazer etnográfico e a possibilidade de compreensão que uma análise totalizante possibilitaria, DaMatta nos leva a responder como Nietzsche:

> O que é a verdade, portanto? Um batalhão móvel de metáforas, metonímias, antropomorfismos, enfim, uma soma de relações humanas, que foram enfatizadas poética e retoricamente, transpostas, enfeitadas, e que, após longo uso, parecem a um povo sólidas, canônicas e obrigatórias: as verdades são ilusões, das quais se esqueceu que o são, metáforas que se tornaram gastas e sem força sensível, moedas que perderam sua efígie e agora só entram em consideração como metal, não mais como moedas. (56)

Tal compreensão, no caso brasileiro, passa pela crítica dos usos e abusos de leituras dualistas de uma lógica social que, como propõe DaMatta, deve ser apreendida como triádica, complementar e hierárquica. Lógica do personagem-metáfora de Dona Flor, explorado por DaMatta em *A casa e a rua*. Lógica do Brasil-feminino (108). Lógica que salienta o ambíguo e o intermediário na produção de fronteiras e dos entre-lugares culturais da nação (espaço de negociação de identidades e diferenças) e que, como enfatiza DaMatta, nos sugere uma outra possibilidade interpretativa que é "a chave para entender sociologicamente o Brasil e, por extensão, a América Latina e a chamada 'tradição ibero-latina' " (*Conta de mentiroso* 146-47).

Para concluir essas minhas notas sobre a escrita de uma antropologia que me parece ser proposta por DaMatta, reproduzo uma história contada por Fernando Pessoa, que aparece como epígrafe em *Carnavais, malandros e heróis*:

> Encontrei hoje em ruas, separadamente, dois amigos meus que se haviam zangado um com o outro. Cada um me contou a narrativa de

por que se haviam zangado. Cada um me disse a verdade. Cada um me contou as suas razões. Ambos tinham razão. Não era que um via uma coisa e outro outra, ou que um via um lado das coisas e outro um lado diferente. Não: cada um via as coisas exatamente como se haviam passado, cada um as via com um critério idêntico ao do outro, mas cada um via uma coisa diferente, e cada um, portanto, tinha razão. Fiquei confuso desta dupla existência da verdade.

Bibliografia

Assad, Talal. (Org.). *Anthropology and the Colonial Encounter*. Londres: Ithaca Press, 1973.
Da Matta, Roberto. *Carnavais, malandros e heróis. Por uma sociologia do dilema Brasileiro*. Rio de Janeiro: Zahar, 1979.
_____. *Relativizando; Uma introdução à Antropologia Social*. Petrópolis: Vozes, 1981.
_____. *A casa e a rua. Espaço, cidadania, mulher e morte no Brasil*. São Paulo: Brasiliense, 1985.
_____. *Conta de mentiroso. Sete ensaios de antropologia brasileira*. Rio de Janeiro: Rocco, 1993.
DaMatta, Roberto e Elena Soárez. *Águias, burros e borboletas*: Um estudo antropológico do jogo do bicho. Rio de Janeiro: Rocco, 1999.
Myrdal, Gunnar. *An American Dilemma*: The Negro Problem and Modern Democracy. 1994. Nova York: Pantheon Books, 1962.
Nietzsche, Friedrich. "Sobre a verdade e a mentira no sentido extra-moral". *Os Pensadores*. Trad. Rubens Rodrigues Torres Filho. São Paulo: Abril Cultural, 1974 [1873]. 43-42.
Peirano, Mariza. *The Anthropology of Anthropology*: The Brazilian Case. Tese de Doutorado, Universidade de Harvard. Cambridge, MA: University of Harvard, 1981.
Vilhena, L.R. *Projeto e missão*: O movimento folclórico brasileiro (1947-1964). Rio de Janeiro, Funarte: Fundação Getúlio Vargas, 1997.

REFERÊNCIAS, RESPONSABILIDADES E LEITURA. O LIVRO *A ÉPOCA POMBALINA*

Marcus Alexandre Motta[1]

Espere. O Livro é longo, como vasta é a sua importância.[2] Ensina além do conteúdo expresso. Reverte ao homem que o elabora. A situação do saber postula uma geração de historiadores. Aqueles que apreendiam do mundo o significado de suas leituras.

Penso, aqui, em certa sensibilidade histórica. Encorajada a se perseverar na razão do interesse ou na capacidade da compreensão. Neste ensaio, abro a questão sobre a escrita autoral de Francisco José Calazans Falcon. Tomo sua conclusão e cito certos trechos. Evito consagrar, aos trechos transcritos, comentários óbvios. Recuso reiterar o que foi dito pelo autor. Desejo manter as passagens autorais na sua dignidade formal. Para isso, não as faço dizer o que já dizem e nem dizer o que está para além de suas potências discursivas. Antes, disponho-me a ler.

Leio a conclusão imaginando um tipo de homem apegado a princípios e finalidades, com pouca possibilidade de adequação aos meios e às circunstâncias. Busco escrever sobre um imperativo moral, a responsabilidade da compreensão e a sua força sinedóquica de organização discursiva. Atrevo-me, porém, a dar a devida atenção às passagens do autor, olhando-as fixamente — o que significa a mesma sensação de

---

[1] Professor visitante de Literatura Portuguesa da Universidade do Estado do Rio de Janeiro. Autor de *Anchieta. Dívida de papel* (Rio de Janeiro: Ed. FGV, 2000) e *Antônio Vieira. Infalível Naufrágio* (Rio de Janeiro: Ed. FGV, 2001).

[2] *A época pombalina*, iniciado em 1967 e terminado em 1975, foi originalmente a Tese apresentada pelo autor ao Instituto de Ciências Humanas e Filosofia da Universidade Federal Fluminense, como requisito acadêmico para o concurso de Habilitação à Livre Docência no setor de História Moderna do Departamento de História.

abandono que sentimos perante imagens olhadas com rigidez; ou seja, não vemos, mas vemos em formas não-prescritas e em outros lugares que não são os descritos pela posição.

Escolho a conclusão (todos os trechos citados aqui pertencem à "Conclusão", que na edição que contemplamos cobre as páginas 483-90) por admitir, de antemão, ser o espaço onde o imperativo moral encontra a sua forma mais perfeita. Refiro-me a subtração delineadora da pesquisa, transfigurada em escrita atenta à qualidade sintética e atuante das frases equilibradas. E por fim, dimensiono o silêncio autoral, após a consagração historiográfica da obra.

> Ao longo de todo este trabalho utilizamos sempre como referências básicas o Mercantilismo e a Ilustração, na teoria e na prática, no plano geral europeu, e no plano ibérico, português. Que é possível concluir agora, ao terminarmos a análise do 'período pombalino' — em função de tais referências? (483)

O autor estrutura a cognição sobre entidades conceituais, a *Ilustração* e o *Mercantilismo*. A formulação empírica reivindica a posse da linguagem como atributo que lhe é próprio. Não possuímos mais estas certezas. Seria tão impróprio dizer nós como dizer ele, o autor. As possibilidades que tinha, não temos.

O dever da referência ocorre assinalado. Entre o homem e o seu discurso, a primazia é da exaustiva pesquisa. A naturalidade dos sentidos conceituais isenta-o da ausência que todo discurso sugere. Denominado o período, o aspecto narrativo destina-se, curiosamente, a manter estática a ambivalência pronunciada.

> Duas conclusões parecem destacar-se em primeiro lugar: o caráter mercantilista que se revela na teoria e na prática, e o caráter ilustrado, algo impreciso na teoria, mas inegável na prática, ainda que consideremos os limites no interior dos quais esta se desenvolveu. Um Mercantilismo de tipo clássico, mas ajustado à defasagem da sociedade lusa, adequado ao absolutismo reformador que dele se serve como instrumento de aceleração das mudanças (...) Ilustração numa sociedade periférica, longamente fechada em si, na qual o movimento ilustrado foi fatalmente alguma coisa vinda de fora, do 'estrangeiro'. (483)

A presença necessária do momento ambivalente da conclusão e o monumento interpretativo do conhecimento, *A época pombalina* obriga o discurso a se pôr como sua própria platéia e no estado de previsão do seu perfeito leitor. Como a indeterminação da referência não pode surgir, a pertinência da questão é metaforicamente convencionada no valor da sinédoque: a temporalidade desajustada de um pequeno organismo geográfico. O texto engendra, portanto, a representação sinedóquica da sensação moral que habita ao lado do texto, a responsabilidade da compreensão.

> Em conseqüência, diversidade de discursos, ecletismo das formas de pensamento, redefinição das práticas ao sopro de uma realidade que dobra mas continua a resistir. Encontro, teoricamente inexplicável, de dois fenômenos que deveriam em princípio repelir-se um ao outro: o Mercantilismo e a Ilustração. Entretanto, ali estavam eles, juntos, articulados, durante todo o período pombalino. É a nível do Estado que se processa tal articulação, daí advindo a imagem 'moderna', ilustrada, que caracteriza a prática da governação pombalina. (483)

Querer saber. Saber qualitativamente o saber. Dizer o que se espera dos fenômenos. E esperar, convicto, o que dizer. Consciência articulada que fala conhecer bem. Conhecer bem? Ou pode ser o bem que se aguarda do conhecimento. Coisas da mente responsável, argüida a todo instante por qualidades que escorregam, dos sentidos reconhecíveis, para alguma outra coisa. Eis a obrigação sinedóquica do discurso de tipo realista: narrar a propriedade da compreensão em fornecer sentidos, que geneticamente, funcionam como ponto reiterativo de sua própria referência.

> Na verdade, o que tais imagens ocultam é o processo mesmo de secularização, aquela passagem da transcendência à imanência que situamos logo no início de nosso caminhar. É o lento e difícil estabelecimento de uma sociedade afinal liberada, não ainda de todo, de instituições e formas de pensamento que não mais correspondiam ao seu movimento real. Afirmou-se desse modo o individualismo, enquanto um novo humanismo e o racionalismo moderno conquistavam posições-chave no nível de ideologias. Visto sob tal prisma, situados dessa maneira os seus significados mais profundos, perde o período pombalino a imagem pombalina tradicional, agora, afinal, um falso problema. (483)

Justifica-se. A autoria mostra o grau de impaciência para a questão antes dele considerada. O autor escapa das premissas historiográficas sem fantasias especulativas; mas, por outro lado, requer o mesmo, fazendo-o silenciar: sacudidas a poeira dos arquivos e as areias do tempo que cobrem o real dos sentidos, revelam-se as profundas fundações orgânicas, sobre as quais se erguem os referentes e, na instância da observação dinâmica, elabora-se o juízo de considerá-las com o devido respeito.

Como pode o discurso responsável narrar a responsabilidade de sua compreensão? Plasmar "organicidades históricas" em sentidos interpretados, mantendo a intenção contratada aos conceitos. Assim sendo, desnudar as fundações de um período desajustado é absorver, na escrita, o lugar das estantes na organização de alguma biblioteca. Lugar da reação formativa a tudo que foge à força da conjugação orgânica.

> No *nível econômico*, pode-se perguntar então, qual é o balanço efetivo? Façamo-lo em partes. Em *primeiro lugar*, encararemos as relações entre o *Mercantilismo e capital comercial* — os *dinamismos mercantis* e as *carências capitalistas*. Toda uma série de incentivos foram postos em funcionamento. (...) Em *segundo lugar*, as relações entre *Mercantilismo e capital industrial*. É o lugar no qual se localizam certas *oportunidades de tipo conjuntural*, mas onde persistem os *obstáculos estruturais*. (...) A comprovação de tais assertivas faz-se por meio de um terceiro e último enfoque: o das *relações entre o Mercantilismo e a acumulação primitiva de capital*. (484)

As possibilidades de mudanças funcionam na descrição sincrônica. Está tudo aí, na base responsável. A régua de medir faz da leitura o reconhecimento do texto idêntico a si mesmo, a fim de produzir uma presença total, cujo significado é inalterável. Como a história se torna o elemento orgânico da lógica escriturária, o retorno do passado mantém-se no equilíbrio do conhecedor. *Capital, oportunidades do tipo conjuntural* e *obstáculos estruturais* são claramente inter-relacionados à rede sumária do riso futuro introjetado na certeza da dúvida e o drama passado projetado no descanso tangível do presente.

Na inexistência de alguém mais determinado que o autor perante o seu Livro, a origem da compreensão impulsiona a conclusão a se comportar como síntese. A influência do pesquisado atua revitalizando os acordes mais graves do texto autoral. Como tal, é somente na transformação das riquezas dos outros, na herança enquanto tarefa, que as próprias riquezas autorais encontram-se capazes de dar vida à responsabilidade da compreensão.

> No nível político e ideológico, qual é a conclusão?
> Através dos diversos discursos que compõem o 'discurso ilustrado' revela-se toda uma retórica que se constituiu a partir de uma referência repetitiva àqueles temas capazes de os identificarem com as teses e pressupostos típicos do discurso ilustrado europeu da época.(...) É um querer sentir-se 'atual', sem abrir mão do saber-se diferente. Ecletismo também do discurso? Talvez sim. (487)

Como o autor é proprietário de toda a sua ação de pesquisa, a verdade requer dele o esquecimento dos meandros, pois sem este ato, não se pode chegar, autoralmente, a fazer alguma coisa. Dessa forma, o autor precisa ser incapaz de demonstrar justiça à herança, pois não deve reconhecer senão uma única lei, a lei daquilo que será, o Livro.

A única justiça possível é a função responsável de compreender. Aquela que protege o presente das insolúveis idiossincrasias do pretérito, que envenenam todo discurso histórico. À custa de outrem, o discurso encontra tudo em si e se deixa ver. Visto, permanece atormentado pela disposição saudável que requer. Nada deve, então, estar no descuido.

> Há, assim, claridades que se propagam e obscuridades que persistem.
> Em seu conjunto, não poderia o historiador deixar de ver na prática ilustrada uma enorme variedade de pontos positivos, conquistas efetivas, embora não faltem também as hesitações, os aspectos negativos. (...) Crítica recusada e colaboração restringida e restrita levaram por fim à realidade das reformas que conservam. (488)

O amparo orgânico dos contrastes permite ao autor a autoconfiança da escrita perante o mesmo assemelhado, a história organizada — *A época pombalina*. Acima de tudo, a autoria consola-se por ter tido a necessidade de vitimar conteúdos. Como alguma coisa escrita, no modo responsável da compreensão, é apresentar à consciência pares de contrários que, na escrita, formam um único todo, a justaposição de idéias busca frases e palavras equilibradas.

> O estrangeirado é alguém que se distanciou, no cérebro e no corpo, de sua própria sociedade. Mantido à distância, ele no entanto tende

a se aproximar-se, no espírito de muitas reformas, na pessoa mesmo de adeptos dessas reformas. Houve estrangeirados dentro e fora de Portugal, portanto, e a Ilustração, ao mesmo tempo que os favoreceu, ao justificar muitas de suas críticas mordazes e sugestões reformistas, comprometeu-os ainda mais aos olhos dos que se consideravam fiéis aos valores tradicionais. (489-490)

Parece ser válido, por inconseqüência proverbial, que algumas frases finais de poucas conclusões, lancem o autor para além da autoria. Manter-se na ilusão orgânica do saber seria fazer da autoria a praga sistemática do autor. O silêncio autoral de Falcon, após o Livro, recomenda-se na sua generosidade intelectual. Se o seu Livro prescreve a máxima de ser obedecido, para compreender a sua responsabilidade de pesquisador, qualquer leitura posterior, que ainda respire e faça, deve reconhecer que o autor definitivo do Livro só chega a esta autoria se não for um tipo de autoridade — pois só não será, se for.

Uma vez que o trabalho autoral é a agressão da responsabilidade, a sua leitura deve corresponder à imagem interiorizada no autor. Se o *estrangeirado* é alguém que se distancia, no cérebro e no corpo, de sua própria sociedade, mantendo-se à distância, a generosidade intelectual requer o mesmo do já escrito. Algo que se explica quando, encenada a leitura, o silêncio, após a ressonância do saber, estende a consciência para além da percepção passiva de que, em certo momento, o autor escreveu um Livro.

É nesse exato instante que a mente generosa, que poderia se ter mantido próxima do reconhecimento acadêmico do seu Livro, adquire a dimensão mais ampla, tornar-se o ato de se desligar da consagração. Se a idéia, ao ser escrita, vai a público, o que se lê não é mais o autor, mesmo que reste a autoria.

Claro que esse desligamento está em desuso. Sabe-se que autores acadêmicos se sentem à vontade em controlar as leituras que se possam fazer dos seus livros. Eis aqui a função básica dos seminários, conferências e coletâneas contemporâneas, em sua quase totalidade. Para um intelectual como Francisco José Calazans Falcon, o silêncio inviolável da produção, proveniente das desconfianças com o seu próprio saber (- sua abertura generosa para a diferença), é a única forma que ainda tem de dar provas de sua responsabilidade compreensiva. O Livro *A época pombalina* de Francisco José Calazans Falcon é o que podemos chamar de clássico. E o é, para plagiar Harold Bloom, por ficar em pé sozinho, sem as escoras do mercado editorial e sem auspícios da serventia de futuros acadêmicos.

Bem, se assim chego ao final deste ensaio é por ter aprendido com Falcon que a história não tangencia apenas a linguagem, ocorre no elemento desta. Este ensinamento, posterior ao seu Livro, dimensiona a sua generosidade com a diferença de outros pensamentos. Encerro e comento.

Uma manifestação vigorosa sempre precede e acompanha uma livre e grandiosa manifestação do sentimento intelectual. Ler este Livro é, em muitos aspectos, ficar admirado com o trabalho de pesquisa. Mede-se o alcance e sondam-se as profundezas da dedicação. Anunciar o que fez um historiador se mover para fora da sua consagração, é dizer: somos todos legisladores reconhecidos de mundos que não fazem mais nenhum sentido. Porém, sem eles, e sem autores como Francisco José Calazans Falcon, não poderíamos chegar à devida teimosia de consagrar tempo e estudo aquilo que é como se fosse, por não mais ser.

Bibliografia

Falcon, Francisco José Calazans. *A época pombalina*. 2ª ed. São Paulo: Editora Ática, 1993 [1982].

TEMPO SAQUAREMA:
A CONSTRUÇÃO DO MUNDO IMPERIAL

André Nunes de Azevedo[1]

Entre as principais contribuições da historiografia brasileira à compreensão da dinâmica política do Segundo Reinado — e nela, mais especificamente, a lógica que regia as relações do Estado com a sociedade — destacam-se três títulos: *Os donos do poder*, de Raymundo Faoro; o conjunto dos dois livros de José Murilo de Carvalho, *A construção da ordem* e *Teatro de sombras*[2], e *O tempo saquarema, a formação do Estado imperial*, de Ilmar Rohloff de Mattos.

O tempo saquarema logo se destacou entre as interpretações do Segundo Reinado. A freqüência com que é lido e discutido nos cursos de graduação e pós-graduação, sua coerência interna e capacidade de revelar elementos de uma tradição que, remontando ao período colonial, permanece atual, tornaram-no leitura obrigatória para historiadores e cientistas sociais interessados na compreensão política do Brasil.

Defendido como tese de doutoramento no Departamento de História na Universidade de São Paulo *O tempo saquarema* traz consigo diversas marcas institucionais.

Uma delas é a formação do autor, realizada nos anos 60 — em 1965, tornou-se bacharel e licenciado em História pela Universidade do Brasil, atual Universidade Federal do Rio de Janeiro, onde o pensamen-

---
[1] Doutorando em História Social da Cultura na Pontifícia Universidade Católica — Rio.
[2] Ver Carvalho. Estas duas obras foram publicadas, por razões editoriais, em separado, em épocas distintas. Primeiramente, foi editada *A construção da ordem*, que data de 1980. Somente em 1988 é que veio a público *Teatro de sombras*. Ambas pertencem à tese de doutoramento do autor, intitulada *Elite and State-Building in Imperial Brazil*, defendida em 1974, na Universidade de Stanford.

to marxista ganhava espaço, estimulando uma historiografia crítica em relação à dominação de classe. Não obstante, a formação dos historiadores da Faculdade Nacional de Filosofia[3] também enfatizava a pesquisa empírica, documental, o que transparece na obra de Ilmar de Mattos, escrita com base em uma pesquisa extensa e meticulosa das fontes.

O tempo saquarema também se relaciona com o espírito dos anos 80 na Universidade Federal Fluminense — onde lecionava —, e na Universidade de São Paulo. A história econômica e social sustenta as conclusões no campo da prática política, da constituição da estrutura política institucional e da própria cultura política, essas duas últimas vistas enquanto forjadas no conjunto dessa prática. Aí se faz sentir a tradição marxista, que o autor revisita, característica da UFF. Ao mesmo tempo, destaca-se a tradição própria da USP, onde a história social é hegemônica — por assim dizer, trata-se de um tributo à influência da Escola sociológica paulista, filha destacada da mesma instituição.

Por fim, o texto não deixa de evidenciar o contexto político e econômico. Na primeira metade dos anos 80, o país vivia um período de distensão política, que estimulou o debate a respeito da remodelação do Estado brasileiro, ainda dominado por uma ditadura militar em declínio. *O tempo saquarema* discute a gênese do Estado brasileiro, seu processo de construção e seu caráter, marcado pela exclusão da plebe[4], que permanecia presença incômoda em pleno século XX.

No plano da reflexão econômica, as teorias da CEPAL, relativas à dependência econômica externa ainda se mantinham fortes, estimulando reflexões acerca das dominações portuguesa e inglesa.[5] A relevância dessas questões aparece no texto nas referências à moeda colonial em restauração, em que se alude a problemática da ingerência britânica na economia nacional.

Naturalmente, *O tempo saquarema* não pode ser explicado apenas pelo contexto dos anos 80. Nesse sentido, desejamos assinalar algumas de suas opções teórico-metodológicas. Por exemplo, a opção pela histó-

---

[3] Faculdade da Universidade do Brasil onde, à época, formavam-se os bacharéis em História.
[4] Mattos entende "povo" em referência tanto ao *popolo florentino*, constituído pelos "cidadãos economicamente ativos", quanto ao *povo* da república holandesa, constituído pelos "homens honestos, trabalhadores e responsáveis". Por sua vez, a plebe seria constituída por toda a gama de homens livres e pobres. Mattos 127.
[5] Ver, por exemplo, Cardoso e Faletto; Furtado.

ria narrativa em um momento em que a abordagem estrutural da historiografia permanecia hegemônica.[6] A construção narrativa da história, que foi retomada recentemente no meio acadêmico brasileiro[7], não tinha boa acolhida no meio intelectual, não raro sendo vista como uma tentativa de "regresso" ao positivismo. A contrapelo dos padrões vigentes, o autor privilegia uma interpretação diacrônica da histórica, tendo como base o resgate do acontecimento e dos efeitos que este produz na maneira de os agentes perceberem a si mesmos e aos demais. *O tempo saquarema* resgata também o rigor da leitura diante das fontes — atitude própria do ofício do historiador — num momento em que a idéia de "ciência social" aplicada à história associava a interpretação da especificidade do texto ao enquadramento conceitual e seu efeito generalizador. Ilmar de Mattos não prescinde do uso dos conceitos; no entanto, redimensiona sua utilização, partindo do próprio texto, ou seja, de uma singularidade a partir da qual o próprio contexto é criado. *O tempo saquarema* é um livro de história, o que o distingue, por exemplo, de algumas das obras sobre o período[8], em que a perspectiva conceitual e a análise sincrônica conferem à temática histórica do século XIX uma abordagem típica das ciências sociais, característica em trabalhos de sociólogos e cientistas políticos[9], embora ainda comum a historiadores.[10]

Ao eleger a diacronia como eixo privilegiado de desenvolvimento da argumentação, Ilmar de Mattos se associou aos estudos acerca da formação da classe operária inglesa de E. P. Thompson.[11] Segundo o historiador britânico, a classe operária inglesa se constituiu a partir da vivência de sua própria história, de suas experiências. O operariado construiu sua autoconsciência em um processo de distinção e identificação coletiva. Em outras palavras, a classe é pensada não mais como categoria sociológica, mas como fenômeno histórico, como fruto de

---

[6] Não se tratava de uma simples transposição da metodologia do estruturalismo para a História. A tradição estruturalista, fortemente enraizada na Europa, influenciou uma forma de abordagem que preteria a narrativa a fim de valorizar a análise sincrônica. Uma discussão acerca da força do estruturalismo nas instituições de ensino superior e na produção intelectual européia pode ser encontrada em Dosse.
[7] Nos anos 90, as discussões atinentes à questão da narrativa em história ganharam forte impulso no Brasil, vindas da França, Inglaterra e Estados Unidos. Ver principalmente Stone.
[8] É o caso das obras de Faoro, Carvalho e Uricoechea.
[9] Este tipo de abordagem pode ser visto na construção weberiana da análise da formação da burocracia brasileira em Uricoechea.
[10] Entre vários trabalhos com esta abordagem, ver Sodré.
[11] Ver Thompson.

uma relação dinâmica que deve ser percebida de formas distintas tanto no tempo como no espaço.

Com base nos princípios de Thompson, Mattos compreende a constituição da classe senhorial brasileira a partir de sua relação com os seus pares e com os demais segmentos da sociedade. Esse processo ocorre em um tempo que surge como metáfora de experiências vividas por um segmento dos cidadãos ativos do Império. Essas experiências articulam valores e instituições que dão corpo a uma consciência do lugar que ocupam na sociedade, assim como informam os caminhos a serem seguidos. O conceito de "classe senhorial" se define pois a partir da narração das experiências vividas pelos membros dessa classe, exigindo o acompanhamento e interpretação dos acontecimentos históricos. Esta opção desfavorece a generalização conceitual, já que se trata de recuperar um tempo e espaço determinado.

Não queremos dizer que Ilmar de Mattos recuse a conceituação. Entretanto, a utilização dos conceitos de Antonio Gramsci[12] — partido, intelectuais, classe dirigente, ou mesmo a idéia de um Estado que não se restringe à sociedade política[13] — não figuram no texto como elemento totalizador. Esses conceitos aparecem como instrumentos na explicitação de idéias que o autor já havia derivado das fontes. Tal ocorre, por exemplo, quando recorre ao conceito de Estado em Gramsci.[14] Em sua argumentação, o conceito reforça a tese: o Estado imperial em formação, mais que um aparelho de repressão, era o lugar de exercício de uma direção moral, visando a construção de um consenso entre as classes.

A eleição de Gramsci como referencial dentro da tradição marxista já aponta para um caminho heterodoxo, revelando a preocupação com o campo político que[15], mesmo sem ser percebido como autônomo, revela-se a questão central do livro. Por isso, as explicações acerca

---

[12] Gramsci é sua maior referência depois de Thompson. Esses conceitos foram extraídos da seguinte bibliografia: Gramsci. *Antología; Os intelectuais e a organização da cultura; Maquiavel, a política e o Estado moderno*. Ver Mattos 296.

[13] Para uma explicitação mais resumida da teoria do Estado em Gramsci, ver Gramsci *Obras escolhidas*.

[14] O autor percebe, no diálogo com as fontes, a dimensão deste Estado, que se encontra para muito além de um aparelho repressivo e/ou burocrático. Sua utilização do conceito de Estado ampliado, presente em Gramsci, se presta muito mais à função de explicitador de uma idéia já desenvolvida no processo de pesquisa histórica. Para um maior esclarecimento da teoria ampliada do Estado em Gramsci, ver Coutinho. No capítulo V de seu livro, Coutinho discute a "teoria ampliada do Estado". Esta ampliação viria em relação às teorias de Lenin, das quais partiu o estudioso italiano.

[15] Percebe-se aí o diálogo com a tradição da historiografia política brasileira, um tanto preterida nos

do plano da infra-estrutura não aprisionam a interpretação dos eventos, esgotando o seu sentido. O autor foge assim às fórmulas mecanicistas que entendem os eventos políticos como mera expressão da base socioeconômica da região.[16] Pelo contrário, Mattos articula os diversos campos, sem impor uma relação de determinação, destacando, no entanto, os eventos políticos como foco primordial de suas análises.

Tendo a sucessão de eventos políticos como fio condutor, Ilmar de Mattos se concentra na compreensão dos processos de construção do Estado imperial e da classe senhorial escravista, os quais considera historicamente concomitantes. Esse processo se constituiria nos termos da restauração de uma tradição de monopólios, presente na história brasileira desde o período colonial e de sua expansão, que seria ainda condição da manutenção da forma do Estado e do modelo de classe forjados nesse processo.

Ao que parece, o autor é sensível à tradição e à capacidade que os setores dominantes da sociedade brasileira sempre tiveram de modificá-la a fim de permitir a reprodução e, dependendo da conjuntura, a ampliação do seu domínio. Não foi sem um propósito muito claro, ligado a essa compreensão da capacidade de adaptação de nossas elites, que Mattos, na conclusão de *O tempo saquarema*, recorreu a Mário Quintana: "O passado não conhece o seu lugar: está sempre presente".

Tendo em vista um dos traços mais marcantes de nossas elites dirigentes, Mattos principia o livro expondo o que denomina "moeda colonial". Como toda moeda, essa tem duas faces, dois lados complementares que se encontram em dependência no desenvolvimento de uma lógica econômica característica da economia moderna.[17] De um lado da moeda, encontra-se a metrópole; de outro, a colônia. Ambos os lados dessa moeda são vinculados ao antigo sistema colonial[18], conjunto de

---

estudos da época, posto que este tipo de história era entendida como politicamente "reacionária" e/ou "defasada" em relação às tendências de produção de uma história social e econômica brasileira. Entre alguns dos autores que se fazem presentes neste diálogo evocado por Mattos, podemos citar Rodrigues e Torres.

[16] Podemos citar Sodré como um exemplo dessa abordagem na historiografia brasileira.

[17] O autor tem como base teórica para o entendimento da economia da idade moderna, vista como transição para o capitalismo, o trabalho de Dobb. Busca compreender como este modelo determinou a lógica da economia colonial, sobretudo em um contexto de crise. Para tanto, Mattos dialoga com Fernando Novais.

[18] A compreensão da dinâmica econômica colonial de Novais busca entender a economia colonial a partir de suas relações com a metrópole. Ver Novais. Um contraponto desta compreensão na historiografia brasileira pode ser encontrado em Lapa.

monopólios que rege as relações de dominação no mundo colonial. Uma relação em que colonos e colonizadores compactuavam, em um processo que incluía, na dinâmica de acumulação, os colonizados.[19]

A face metropolitana funcionava com o poder de um Estado absoluto, centralizado, que se locupletava com a exploração dos produtos tropicais da colônia. De forma distinta, a face colonial não configurava um corpo uno, não havendo nela uma orientação central endógena, mas distintas regiões de posse portuguesa na América. Entre estas destacava-se a região de agricultura mercantil-escravista que alimentava o antigo sistema colonial e conferia *sentido à colonização*[20], e constituiria a parte "civilizada" da colônia, o litoral mercantil escravista, diretamente ligado à Europa, em oposição ao interior, índice da "barbárie" colonial.

O autor considera a moeda colonial em uma relação complementar e hierarquizada pela detenção dos monopólios. No lado da moeda, representado pela Região[21], o escravo é entendido como o mais importante dos monopólios, o que conferia distinção ao plantador escravista. Na face representada pelo Reino, o tráfico negreiro se caracterizava como o principal monopólio que afirma o comerciante escravista.

No entanto, com a Independência, a moeda colonial precisou completar uma recunhagem a fim de promover a manutenção dos monopólios presentes na região de agricultura mercantil-escravista. Nesse momento, a cafeicultura crescia em importância no âmbito da produção nacional, sendo, já em 1830, o principal item na pauta de exportações. Foi principalmente através dessa nova cultura que a moeda colonial operou sua restauração, articulando os interesses de um novo colonizador, o elemento inglês, ao dos antigos colonos, agora cidadãos, ligados à cafeicultura.

---

[19] É importante a diferenciação de *status* político no sistema colonial. O *colonizador* representa a metrópole, o *colono*, a elite proprietária colonial e os *colonizados* representam o homens livres e pobres, o negro forro e o escravo. Ver Mattos 21, 26 e 27.
[20] A idéia de "sentido da colonização" de Caio Prado Jr. é destacada na historiografia brasileira, influenciando toda a geração de historiadores do Brasil da segunda metade do século XX. Este sentido seria a exploração do Brasil pela metrópole nos quadros da expansão comercial européia. Ver Prado Jr.
[21] O conceito de região, criado por Mattos, não se reduz apenas à um espaço geográfico delimitado. Ela deve ser entendida nos quadros do antigo sistema colonial e das relações por ele engendradas. A região, portanto, é entendida como algo dinâmico, resultante do cruzamento das dimensões espacial e temporal. Mattos 24.

Em face dessa nova realidade, a condução da política da coroa brasileira passou a referir-se fundamentalmente à crise do escravismo colonial, tanto no tocante à ação inglesa, que passa cada vez mais a embargar o tráfico escravista internacional, quanto no tocante ao controle das insurreições crescentes que ameaçavam os monopólios. Assim, conduzir os interesses ligados aos setores dominantes nessa sociedade significou "ordenar as grandes famílias".[22] Para isso, a Coroa promove políticas públicas em 1850 a fim de enfrentar aquilo que seria o grande limite da expansão do monopólio fundamental do império: a extraterritorialidade da mão-de-obra. Somava-se às políticas públicas tanto uma forte ação repressiva, para conter rebeliões de escravos e da plebe urbana, quanto uma ação de caráter civilizatório, que teve a sua expressão maior nas instituições de ensino criadas pela elite política imperial.

O esforço de ordenação das famílias de proprietários no universo da moeda colonial em recunhagem foi um processo que não se deu sem conflitos no interior da camada de proprietários escravistas. Foi também o processo de desenvolvimento de uma classe dirigente forjada no esforço de construção do Estado imperial, condição necessária à afirmação de uma diretriz intelectual dentro da luta que se travava para assimilar diferenças no âmbito dos conflitos de classe.

Esse processo, desenvolvido por um duplo movimento e caracterizado por uma simbiose entre Estado e classe, caracteriza-se numa distinção no interior da classe dominante: a dos proprietários da região de agricultura mercantil-escravista. Não obstante esta perspectiva, Mattos inicia o segundo capítulo de maneira emblemática, recorrendo a um provérbio popular no Segundo Reinado: "nada era tão parecido com um Saquarema, como um Luzia no poder".[23] Mattos também se encarregará de explicar a origem das denominações: no segundo caso, refere-se à revolta liberal de 1842, em que os liberais capitularam na cidade de Santa Luzia; no primeiro, aos conflitos ocorridos por ocasião da eleição de 1845, na vila de Saquarema, na província do Rio de Janeiro. Após analisar as semelhanças referidas no provérbio, Mattos destaca as diferenças, em geral pouco assinaladas, explicitando o processo de subordinação que se estabeleceu entre liberais e conservadores.

---

[22] Mattos 90.
[23] Mattos 103.

Mattos produz uma nova interpretação da frase. A historiografia brasileira costumava compreendê-la como a expressão da similaridade de idéias e posições no seio dos dois grupos. A interpretação proposta por Mattos inspirou-se na consulta às fontes. A partir de uma nova compreensão da sentença, ele buscou definir a natureza própria do "Tempo Saquarema". Trata-se de uma estrutura que estabeleceu uma hierarquia entre Saquaremas e Luzias, corporificada na direção política do Estado imperial. Uma hierarquia entre membros do *povo*, que tornava impossível aos liberais, quando lhes cabia governar, agir fora da lógica arquitetada pelos conservadores. O "Tempo Saquarema" representou a era de hegemonia conservadora, que cooptou os próprios liberais.

Este novo tempo começou nos anos 30, no período regencial, época de forte instabilidade política, marcada por diversas rebeliões. Tal período é decisivo na compreensão do "Tempo Saquarema", pois foi então que setores das classes dominantes brasileiras experimentaram o enfrentamento de revoltas, seja no âmbito da *plebe*, seja no interior do *povo*.[24]

Após a abdicação de D. Pedro I, abriu-se o período regencial. Nos seus primeiros anos, foi um período marcado pelo avanço político dos liberais, que conseguiram consolidar no "Ato Adicional" à Constituição de 1824 uma série de medidas que diminuíram a centralização política. Em paralelo a esse movimento, várias revoltas eclodiram em diversas províncias do país. Tais rebeliões, que partiam tanto de elementos do *povo* como da *plebe* foram associadas, pelos regressistas, à guinada liberal que a política brasileira assumiu naquele momento. Esse fato contribuiu para a assimilação de elementos do *povo* — que figuravam entre os liberais — aos quadros regressistas. A utilização política das revoltas como expressão da debilidade liberal e como ameaça aos monopólios do *povo* foi o elemento motivador do "Tempo Saquarema".

Essa experiência tornou patente a fragilidade da estrutura política brasileira, evidenciando a debilidade de seus mecanismos institucionais, que deveriam tanto absorver as divergências no interior do *povo* quanto reprimir as convulsões provenientes da *plebe*.

---

[24] No texto de Ilmar de Mattos alguns conceitos são utilizados: *casa* — que significa os colonos, os proprietários escravistas da colônia — e *rua* — que significa a massa de homens livres e pobres, a plebe sempre vista como foco potencial de desordem. Mattos 119.

Essa percepção, por setores da elite, foi a responsável pela revisão da posição de alguns dos liberais que, temendo pela estabilidade do domínio da *casa*, formaram o grupo dos regressistas. Foi desse grupo que surgiu, em meio ao contexto de revoltas contínuas —para as quais não havia solução no horizonte da regência liberal de Feijó — a chamada "trindade Saquarema", constituída por homens públicos que forjaram a liderança dos futuros conservadores do Segundo Reinado.[25]

Com os monopólios em risco, em virtude da alta instabilidade política, começou a desenhar-se o quadro conservador no Brasil, com a regência de Araújo Lima, em 1838. Nela, iniciou-se o processo de centralização, com a interpretação do "Ato Adicional" de 1834,[26] o que estimulou o golpe da maioridade. Essa ação é vista como decisiva, pois é com ela que o poder migra para as mãos do Imperador. Descontentes com esse movimento que submetia a *casa* ao Estado, os liberais se revoltam, em 1842, e são derrotados pelas forças governamentais sendo paulatinamente integrados à lógica Saquarema.

A prova disso é que, já em 1844, os representantes do grupo derrotado se encontram à frente do gabinete liberal, que permaneceria no poder até 1848, retornando em um gabinete conciliador, em 1853. De fato, nada tão parecido com um Saquarema como um Luzia no poder, *pois a estrutura institucional conservadora já estava montada, com o poder político residindo nas mãos do Imperador — no período regencial, pelo contrário, nada seria mais distinto do que os projetos Saquarema e Luzia*. De fato, na nova hierarquia Saquarema, D. Pedro II passou a encarnar o ideal de soberania, acima das liberdades individuais.

Portanto, foi a experiência de enfrentamento do desafio de manter a casa diante do mundo da desordem, ocorrido no contexto de alta turbulência política dos anos 30, que desencadeou o processo de formação da classe dirigente Saquarema, processo esse associado à construção do Estado capaz de controlar tanto a rua quanto a casa, a fim de garantir a manutenção dos monopólios fundamentais desta última.

---

[25] Esses homens eram: Rodrigues Torres (Visconde de Itaboraí), Paulino José Soares de Sousa (Visconde do Uruguai) e Eusébio de Queirós.

[26] A revisão do "Ato Adicional" de 1834 data de 1840, último ano da regência de Araújo Lima. Esse movimento centralizador dos regressistas (conservadores após 1840) retirou poder dos progressistas (liberais após 1840), o que moveu este último grupo ao golpe da maioridade, que se operou no mesmo ano. O golpe surtiu efeito contrário, deslocando, alguns meses depois do seu acontecimento, o poder para as mãos dos conservadores.

Ilmar de Mattos compreende as elites escravistas em um mesmo mundo, o mundo do governo, distinto e hierarquizado em relação aos outros dois, o mundo do trabalho, constituído pelos escravos, os quais sequer eram vistos como pessoas, e o mundo da desordem, composto pela plebe urbana, ou seja, os homens livres pobres, mestiços e negros forros. O povo e a plebe se distinguiriam dos escravos pela propriedade de suas liberdades. Já o povo se diferenciava da plebe pelo privilégio de outro tipo de propriedade: a propriedade de coisas, entre as quais destacava-se a posse de escravos.

Num primeiro momento, Mattos observa as semelhanças no interior do povo, a fim de melhor esclarecer as diferenças. O papel do mundo do governo, ocupado pelos dirigentes Saquaremas, consistia em regular a ação da casa, a fim de que ela não se impusesse ao Estado, como desejavam os Luzias. De forma quase paradoxal, esse movimento perpetrado pelos Saquaremas ocorria não na perspectiva de anular a casa, mas sim de revitalizá-la, garantir e perpetuar os seus monopólios fundamentais.[27] Esta era a diferença política no interior do povo: o papel que a casa deveria ocupar no mundo do governo. Se para os Saquaremas a casa deveria ser limitada pelas ações do governo, para os Luzias ela deveria constituir o próprio governo.

Mattos mostra como os liberais elaboraram um projeto político que buscou a direção do Estado para garantir dois elementos fundamentais: a liberdade da casa e a igualdade entre o povo.[28] Mas foi justamente por afirmarem a liberdade da casa que os liberais não se consolidaram no poder do Estado, deixando-se assimilar à direção Saquarema, sobretudo após as derrotas nas revoltas liberais de 1842 e 1848. Ao longo dos anos 40 e 50, os liberais percebem que a única possibilidade de reprodução dos seus monopólios ocorreria nos quadros da direção estabelecida pelos Saquaremas. Sentimento reforçado pela experiência do gabinete liberal de 1844 e 1848 e do gabinete da conciliação de 1853.

---

[27] Esses monopólios seriam o da propriedade de outros homens e o do acesso à terra.
[28] Ilmar de Mattos reafirma a especificidade do projeto liberal, distinguindo assim os Luzias dos Saquaremas, muito embora os primeiros tenham sido enquadrados em uma estrutura montada pelos conservadores, fazendo com que ambos, uma vez estando no poder, se assemelhassem. Na polêmica sobre as idéias liberais no Brasil do Segundo Reinado, o autor recusa-se a entrar no debate a respeito do lugar dessas idéias, travado entre Franco e Schwarz, embora se mostre mais próximo da posição de Franco. Mattos se desvia dessa discussão, considerando mais pertinente o livro de Florestan Fernandes, em que a existência dos liberais no século XIX é vista como promotora de uma ordem social mais heteronômica. Ver Fernandes.

Já os conservadores assumiram a posição dirigente, pois souberam coadunar o governo da casa com o governo do Estado. Valendo-se, desde a regência de Araújo Lima, de uma operação de centralização, os conservadores afirmaram uma direção intelectual e moral, estabelecendo uma hegemonia que executou tanto ações mais complexas, como a interpretação do "Ato Adicional", quanto aquelas mais simples, embora muito expressivas no plano simbólico, como a cerimônia de beijar a mão do Imperador.

Os Saquaremas se configuraram como os intelectuais desse Estado que, sob a sua direção, realçou oportunamente a figura do Imperador como elemento de "neutralidade política", garantia da manutenção dos monopólios e da consecução dos dois maiores objetivos: a manutenção da ordem e a promoção de uma civilização.

Este processo complementar de constituição de uma ordem e de uma civilização dependia do reforço da capacidade regulatória do Estado que se forjava. Isso ocorreria na perspectiva da manutenção dos monopólios fundamentais e na operacionalização de uma expansão capaz de assimilar os homens livres do Império à direção intelectual e moral dos Saquaremas.

Os Saquaremas buscaram lançar mão de vários empreendimentos, entre os quais se destacam a consolidação de instituições como a guarda nacional e as Escolas imperiais, e a expansão da burocracia estatal, apresentada como "apolítica", puramente técnica. Agiam também no sentido de reforçar a estrutura centralizada de poder, com base na figura do Imperador, para que o Estado atingisse as diversas regiões do país, controlando desde a gestão das províncias, até a ação policial e dos tribunais. Tal empreendimento representou uma autêntica "teia de penélope"[29], uma estrutura de controle político que se dava não na perspectiva de igualizar as províncias, reduzir as suas diferenças, mas, pelo contrário, agia no sentido de mantê-las, pois era orientada com o fim de promover a manutenção dos monopólios.

As medidas de promoção da ordem tinham como base a promulgação de leis articuladas entre si como, por exemplo, a "Lei Eusébio de Queirós", de 1850, abolindo o tráfico internacional de escravos e a "Lei de Terras", regulamentando o acesso à propriedade fundiária, datada do mesmo ano. A "Lei Eusébio de Queirós" conseguiu mitigar o comércio internacional de escravos. Não obstante, essa medida fomentou uma

---

[29] Título do terceiro capítulo de *O tempo saquarema*. Mattos 193.

nova corrente de tráfico, o interprovincial, decorrência da alta demanda de mão-de-obra na cafeicultura da região Sudeste e da decadência dos setores tradicionais da agricultura nordestina. A "Lei de Terras" teve como efeito a manutenção do monopólio da propriedade agrária nas mãos das camadas economicamente privilegiadas, evitando assim o acesso à terra por parte dos imigrantes e demais homens livres, o que garantiu uma reserva de mão-de-obra à disposição dos cafeicultores do Sudeste brasileiro.

Essas duas importantes leis representavam a defesa contra a ação de repressão ao tráfico por parte dos britânicos e o conseqüente reordenamento da exploração da mão-de-obra. Tal ocorria na perspectiva da preservação dos monopólios. O objetivo dessas leis era resolver o problema da extraterritorialidade da mão-de-obra, que era percebida como fator de instabilidade da situação do proprietário agro-exportador escravista, constituindo sério limite à expansão do Império.

A manutenção da ordem implicava um conjunto de atitudes que estavam além da mera repressão policial a crimes e rebeliões, fossem de homens livres ou escravos. Na realidade, a manutenção da ordem englobava e superava essa dimensão, pois também significava a manutenção de monopólios localizados na relação entre senhor e escravo e entre os homens livres pobres e os proprietários escravistas. Essa relação se projetava, no âmbito da política, entre os cidadãos ativos e os passivos, marginais na condução da vida política nacional. Significava também afirmar o papel do Imperador como uma espécie de "juiz neutro" do jogo político, freio dos projetos que mitigavam o governo diante da casa. Enfim, consistia em ordenar as famílias de proprietários, a fim de dar um sentido à configuração da nação que se formava. Esse sentido era norteado pela idéia de uma civilização *sui generis*, para a qual, em um jogo de inversões, a escravidão não era obstáculo, mas sim condição.

Em *O tempo saquarema*, Mattos revela um conjunto de preocupações: com a formação do Brasil, enquanto sociedade; com o caráter de suas instituições políticas e mesmo com a idéia de uma nação, que não pode se furtar ao desafio do seu passado. Ou seja, do peso da forte presença do latifúndio e da escravidão, da diversidade de raças e culturas que nela figuram, do desafio contemporâneo da integração da plebe ao povo, da aceitação da rua como parte do governo.

Ilmar de Mattos mostra como o Estado brasileiro se montou como um coletivo ilusório, justamente porque foi configurado por um segmento que estava restrito aos quadros de uma fração de classe. Ao mesmo tempo, explicita como esse Estado precisa ser visto para além da universalidade do conceito, nas suas especifidades, naquilo que lhe é próprio. Por isso mesmo, considera que a redução conceitual não é suficiente para revelar sua singularidade. É justamente daí que decorre um dos maiores méritos de sua obra no âmbito da historiografia. Trata-se de uma obra essencialmente diacrônica. O privilégio da diacronia inspira esta perspectiva, que percebe os fenômenos políticos como relações que se desenvolvem no curso do processo histórico. Mattos valoriza o acontecimento político, sua narrativa e a percepção de que aquele conjunto de acontecimentos, a lógica do jogo político, constituía menos um conjunto de conceitos a serem definidos do que um *tempo* a ser investigado. Tempo-metáfora de um processo determinado: *o tempo saquarema*.

Bibliografia

Cardoso, Fernando Henrique e Faletto, Enzo. *Dependência e desenvolvimento na América Latina. Ensaio de interpretação sociológica*. Rio de Janeiro: Zahar, 1975.
Carvalho, José Murilo de. *A construção da ordem*: a elite política imperial — *Teatro de sombras*: a política imperial. Rio de Janeiro: Editora UFRJ, Relume Dumará, 1996·
Coutinho, Carlos Nelson. *Gramsci, um estudo sobre seu pensamento político*. Rio de Janeiro: Campus, 1992.
Dobb, Maurice. *A evolução do capitalismo*. Rio de Janeiro: Abril Cultural, 1983.
Dosse, François. *História do estruturalismo. O canto do cisne*. Campinas: Editora da Unicamp, 1995, vols. 1 e 2.
Faoro, Raymundo. *Os donos do poder. Formação do patronato político brasileiro*. 2 vols. Rio de Janeiro: Globo, 1987 [1958].
Fernandes, Florestan. *A revolução burguesa no Brasil*. Rio de Janeiro: Zahar, 1976.
Franco, Maria Silvia de Carvalho. "As idéias estão no lugar". *Cadernos de Debate*, nº 1 São Paulo (1976): 61-4.
Furtado, Celso. *Formação econômica do Brasil*. Porto Alegre: Ed. Nacional, 1982.
Gramsci, Antônio. *Antología. Selección y notas de Manoel Sacristán*. México: Siglo Veintiuno Ed., 1978.
_____. *Maquiavel, a política e o Estado moderno*. Rio de Janeiro: Civilização Brasileira, 1968.
_____. *Obras escolhidas*. São Paulo: Martins Fontes, 1978.
_____. *Os intelectuais e a organização da cultura*. Rio de Janeiro: Civilização Brasileira, 1968.
Lapa, José Roberto do Amaral. *O sistema colonial*. São Paulo: Ática, 1991.
Mattos, Ilmar Rohloff de. *O tempo saquarema, a formação do Estado imperial*. São Paulo: Hucitec, 1990 [1987].
Novais, Fernando. *Portugal e Brasil na crise do antigo sistema colonial (1777-1808)*. São Paulo: Hucitec, 1979.
Prado Júnior, Caio. *Formação do Brasil contemporâneo*. São Paulo, Brasiliense, 1963.

Rodrigues, José Honório. *Conciliação e reforma no Brasil. Um desafio histórico-político*. Rio de Janeiro: Civilização Brasileira, 1965.
Schwarz, Roberto. "As idéias fora do lugar". Estudos CEBRAP, n. 3 São Paulo (1973): 13-28.
Sodré, Nelson Werneck. *Formação histórica do Brasil*. Rio de Janeiro: Civilização Brasileira, 1979.
Stone, Lawrence. "The Revival of Narrative: Reflections on a New Old History". *Past and Present* (85): 3-24.
Thompson, E. P. *The Making of the Working English Class*. London: The Camelot Press, 1965.
Torres, João Camilo de Oliveira. *A democracia coroada. Teoria política do império do Brasil*. Petrópolis: Vozes, 1964.
Uricoechea, Fernando. *O minotauro imperial*. São Paulo: Difel, 1978.

LITERATURA

LITERATURA

O NATIVISMO AMBÍGUO DE
GREGORIO DE MATTOS & GUERRA[1]

Adriano Espínola[2]

Gregorio de Mattos e Guerra (Bahia, 1636 - Recife, 1695?) é provavelmente o poeta mais problemático, polêmico e prismático da literatura brasileira. Problemático, porque, sob a etiqueta Gregorio de Mattos, palpitam dúvidas autorais e textuais de difícil resolução, em razão do caráter apógrafo da obra, espalhada em cerca de uma trintena de códices, com variações a que somente uma sonhada edição crítica poria término. Polêmico, porque ainda hoje há quem discuta sua originalidade e quem a reafirme. Prismático, porque o escritor baiano seria dono de uma obra multifacetada — religiosa, erótica, lírica, satírica, encomiástica, jocosa —, barrocamente contraditória (Espínola 21-2). De todo modo, tornou-se ele, no dizer de Aderaldo Castello (78), uma figura-síntese do seu século, na poesia, ao lado do Padre Antônio Vieira, na prosa.

Para aqueles que defendem a originalidade do poeta, acrescente-se o fato de que teria sido o primeiro grande escritor autenticamente brasileiro, ao incorporar à sua produção não só temas — o retrato burlesco-satírico da cidade da Bahia colonial e de seus habitantes —, mas também uma linguagem já "brasileira", proveniente dos inúmeros coloquialismos, gírias, tupinismos, africanismos e expressões populares ali correntes, no último quartel do século XVII. Teria sido, também, o primeiro a expressar criticamente um sentimento nativista ou mesmo nacionalista, como é possível observar nos seguintes famosos versos:

---

[1] Texto originalmente publicado na revista *Cult*.
[2] Professor da Universidade Federal do Ceará, poeta e ensaísta. Entre outros, autor de *As artes de enganar: Um estudo das máscaras poéticas e biográficas de Gregorio de Mattos* (Rio de Janeiro: Topbooks, 2000).

> Que os brasileiros são bestas,
> e estarão a trabalhar
> toda a vida por manter
> maganos de Portugal.
> (Mattos, 1172)

O teor satírico de tais versos, voltado para o agente dominador, se, de início, exprime consciência da exploração da empresa colonial, logo desponta como defesa dos brasileiros, que se encontram em posição servil ("...são bestas/ estarão a trabalhar/ toda a vida"). Claro está que o poeta, ao espetar os maganos portugueses e provocar os próprios brasileiros, que se deixam enganar pelos primeiros, coloca-se ao lado dos conterrâneos. Porém, mais que isso, GM sente que lhe pertence afetivamente, por nascimento e merecimento, a pátria baiana, como assim se expressa:

> *O certo é, pátria minha,*
> que fostes terra de alarves,
> e inda os ressábios vos duram
> desse tempo, e dessa idade.
> (Mattos 334; grifos nossos)

A locução "pátria minha" revela, sem dúvida, a forte ligação do poeta à terra natal. Trata-se não só de *sua* pátria, mas, igualmente, da terra dos familiares e amigos, isto é, trata-se de uma possessão comum, coletiva, como, adiante, ao exaltar o capitão Bento Pereira, dirá de forma explícita:

> Amigo Bento Pereira,
> *que em todo o nosso Brasil,*
> sois homens de muitas prendas,
> tendo tão pouco quatrim.
> (Mattos 279; grifos nossos)

Estendendo ao outro esse sentimento comunitário ("o nosso Brasil"), Gregorio de Mattos se apresenta como o primeiro poeta a expressar aliança afetiva e efetiva à América Portuguesa, para além simplesmente do elogio à natureza, tal qual realizou Botelho de Oliveira (1705), em *A Ilha de Maré*, onde os peixes, as pitombas, os melões, as árvores, os ares, o açúcar e as águas é que são exaltados — e não o homem e o meio sociocultural.

Acreditando na "voz brasileiríssima" de GM, Pedro Lyra (63) não hesita em dizer que "a partir do seu grito, a consciência nacional está nas ruas: com maior ou menor vigor nesta ou naquela fase, ela atravessa a nossa história literária no sentido de eliminar o transplante inicial e definir a natureza de um projeto literário inconfundivelmente brasileiro". Lúcia Helena (25) afirma, em consonância, que a poesia satírica do bardo barroco "traz a força contestadora da crítica nacional".

Teria Gregorio realmente tido consciência dessa "crítica nacional" em seus versos contestadores? Em uma primeira e superficial leitura, pode-se pensar que sim, sobretudo quando GM denuncia a exploração da Colônia promovida pelo português — representado aqui pela frota mercantil —, deixando o povo à míngua:

> (...)
> mas frota com tripa cheia,
> e povo com pança oca!
> Ponto em boca.
> A fome me tem já mudo,
> que é muda a boca esfaimada;
> mas se a frota não traz nada,
> por que razão leva tudo?
> (Mattos 339)

Discordando, entretanto, desse nativismo crítico atribuído ao poeta (o de Botelho seria acrítico, por realizar tão-somente o elogio à terra), João Carlos Teixeira Gomes observa que "a brasilidade gregoriana, tão patente na sua poesia, emerge antes de tudo como manifestação de uma embrionária consciência de classe: a dos produtores rurais cujos interesses eram afetados pelas relações da economia colonial, rigorosamente favoráveis à Metrópole" (343).

Opinião semelhante revela Alfredo Bosi, ao assinalar que na poesia de GM "o que está em jogo não é uma forma irritada de consciência nacionalista ou baiana, mas uma rija oposição estrutural entre a nobreza, que desce, e a mercancia, que sobe" (101). O escritor, com efeito, inconformado com a transformação da Bahia, à força de "tanto negócio e tanto negociante", deseja que a cidade se torne de repente "tão sisuda/ que fora de algodão o [seu] capote" (Mattos 333).

Resultado da sujeição do povo brasileiro ou mesmo de uma classe, que se vê espoliada (o pai de GM, por sinal, era homem rico, dono de três fazendas de cana-de-açúcar), o sentimento nativista de GM parece inconteste. Ao criticar a exploração colonial ou ao se referir ao país como "pátria minha" ou "o nosso Brasil", o poeta estaria manifestando, em lance pioneiro e surpreendente, acentuado sentimento patriótico e antilusitano.

O estudo da vida privada e da mentalidade dos protagonistas sociais da colônia baiana, na segunda metade do século XVII, não permite, porém, afirmar que estes soubessem que, a partir do século XIX, a colônia transformar-se-ia em um Estado nacional (Novais 17) e que, muito menos, haveria uma literatura brasileira, autônoma. Viviam simplesmente como se a América Portuguesa fosse uma extensão política, cultural e geográfica do reino.

Se essa concepção prevalecia até mesmo entre os nascidos e criados no Brasil, calculem a situação de GM, ao ter passado cerca de 30 anos em Portugal e convivido com seus escritores, instituições literárias, jurídicas e culturais, sendo considerado na metrópole, segundo afirma, "sábio, discreto, e entendido,/ poeta melhor que alguns,/ douto como os meus vizinhos" (Mattos 152). Natural, portanto, que desejasse continuar a ser visto como tal por seus "vizinhos" e pares portugueses.

A idéia de GM como poeta precursor de sentimento nativista ou mesmo nacionalista começa a se esboroar — independentemente da origem desse sentimento ter sido comunitária, classista ou mesmo impossível naquele momento —, quando observamos os próprios versos e a descrição que dele realiza seu suposto biógrafo, o licenciado Manoel Pereira Rabello. No primeiro caso, observamos, não raro, uma atitude de crítica violenta ou mesmo de repulsa ao país, como na conhecida estrofe em que se define em relação ao Brasil:

> Eu sou aquele que os passados anos
> cantei na minha lira maldizente
> *torpezas do Brasil, vícios e enganos.*
> (Mattos 366; grifos nossos)

Quanto à cidade da Bahia e aos seus habitantes, o poeta deles quer distância, como sugerem os versos:

> *Ausentei-me da cidade,*
> porque *esse povo maldito*
> me pôs em guerra com todos,
> e aqui vivo em paz comigo.
> (Mattos 150; grifos nossos).

Em outro momento, ao se dirigir à prostituta Catona, dispara:

> aos depois os meus desvelos
> me trouxeram *a esta peste*
> *do pátrio solar*, a este
> Brasil (...).
> (Mattos 1032; grifos nossos).

Entretanto, as imprecações contra o país não param aí. Condenado ao exílio, em 1694, e proibido de retornar à Bahia por ordem do governador dom João d'Alencastro, exclamará a bordo da nau que irá levá-lo a Angola:

> Adeus praia, adeus Cidade,
> e agora me deverás,
> *Velhaca*, dar eu adeus
> a quem devo o demo dar.
> (...)
> Adeus Povo, adeus Bahia,
> *digo, canalha infernal*.
> (Mattos 1170; grifos nossos).

Para, em seguida, mostrar toda a sua indignação em ser brasileiro, "branco e honrado":

> Não sei para que é nascer
> *neste Brasil empestado*
> um homem branco e honrado
> sem outra raça.
> *Terra tão grosseira e crassa*,
> que a ninguém se tem respeito,
> salvo quem mostra algum jeito
> de ser mulato.
> (Mattos 1164; grifos nossos).

O ressentimento e a raiva expressos acima se mostram, com toda a evidência, antinativistas: o episódio do exílio alimenta a amargura diante da outrora "pátria minha". A sátira ressoa a vingança ou mesmo a insulto ao burgo natal, que não soube abrigar e proteger o filho. Daí a idéia — já antes posta em circulação em outro poema — de que a "Senhora Dona Bahia" é "madrasta dos naturais/ e dos estrangeiros, madre" (Mattos 334).

Os versos em exame apontam para o fato de que o poeta se sente refratário ao meio e em franca colisão com ele. Por seu turno, a descrição que o licenciado faz de Gregorio reforça a idéia de que este se sente mais português que brasileiro:

> Trajava comumente seu colete de pelica de âmbar, volta de fina renda, e era finalmente *um composto de perfeições, como poeta português*, que são Esopos os de outras nações. (Espínola, 379; grifos nossos).

Como se nota, Rabello o pinta à semelhança de um poeta português típico. Faz sentido. Literariamente, GM teria desejado a inserção no percurso da lírica portuguesa e não da brasileira — naquele momento, aliás, inexistente.

Não devemos esquecer que Botelho de Oliveira, seu coetâneo, orgulha-se, em prefácio ao livro *Música do Parnaso*, em ser "o primeiro filho do Brasil, que faça pública a suavidade do metro", enquanto o licenciado enxerga no *Boca do Inferno* um "perfeito poeta português".

Curiosamente, Botelho de Oliveira, mesmo desejando tornar logo "as musas brasileiras", não alcança o intento. Sua dicção e temática (à exceção, neste último caso, de *A Ilha de Maré*) são francamente lusitanas (sintaxe e vocabulário) e/ou hispanizadas (gongórica). Já GM, posando de "poeta português" e execrando a pátria, consegue — *malgré lui*, pela linguagem e temática utilizadas, notadamente nos poemas jocosos, eróticos e satíricos — tornar brasileira a musa...

Quer dizer: a nossa fundação poética se realiza por vias transversas. Gregorio de Mattos funda uma pátria em negativo: "a peste do pátrio solar". E uma poética, idem, com sua "lira maldizente", que antes quer "falar e morrer/que padecer e calar" (Mattos 1180).

A nossa afirmação identitária proviria, deste modo, da negação do *outro*: torto, magano, caco, patarata, puteiro, caramuru, pasguate, patife, mulato metediço, fidalgo de parola... Que somos, afinal, nós mesmos. Bons de crítica, de gozação, de (auto)zombaria. Inauguradas estas, aliás, por quem se mostrou jogador de primeira, bicho festeiro — de "pança cheia e pé dormente" —, galhofeiro contumaz e satírico incorrigível. Que, com sua musa burlesca e "da viola empossado,/cantava como um quebrado,/tangia como um crioulo,/conversava como um tolo,/e ria como um danado" (...) (Mattos 451).

Há mais de 300 anos, somos, assim, esse Narciso às avessas, diria Nélson Rodrigues, que cospe na sua imagem e ri de sua miséria. Tália, a musa da comédia e "anjo da guarda" do poeta, seria a musa barroca de nossa formação. A musa que preside desde nosso comportamento mais íntimo, feito de "manha e malícia", à explosão rueira, sensual e fantasiosa do carnaval. GM, sob esse aspecto, se apresenta como o nosso primeiro grande intérprete; o tradutor cômico-poético das mazelas particulares e sociais, da mestiçagem mística e erótica, dos desejos, tormentos e prazeres da patuléia luso-tropical. De nossas contradições, enfim.

Haroldo de Campos, escorado no conceito benjaminiano de *Ursprung*, afirma que nossa literatura "não teve infância", já nasceu "adulta", "falando o código mais elaborado da época"; foi, em uma palavra, "vertiginosa". (64)

Entretanto, essa vertigem não pode ser literalmente levada a sério. Proveniente do *Boca do Inferno*, torna-se mordaz, cômica. Que morre, mas não cala.

A nossa origem não estaria propriamente na vertigem, que leva ao sublime, mas na risada, que conduz ao grotesco, à inversão, ao desbocamento. Ou, se quiserem, na "percepção da incongruência entre o que se pensa e o que se vê" (Schopenhauer); no flagrante de situações e comportamentos que se desenrolam "do alto das mais pomposas pretensões até desfazer-se em indecorosidades quase animais"(Staiger 157); na criação de uma tensão exagerada, para desfazê-la em seguida; na observação de extravasamentos e incoerências dos mais diversos tipos da "colônia infernal": padres, governadores, mulatos, prostitutas, juízes, letrados, falsos nobres, fidalgos presumidos...

A origem identitária/poética brasileira decorreria, deste modo, da galhofa teatral gregoriana, capaz de pôr o mundo às avessas, mas também de "reconduzi-lo à ordem, por meio do viés corretivo. Em suma, seria antes *adúltera* — mestiça, misturada, grotesca — que "adulta", de registro alto e sublime...

Voltando à questão, é possível acreditar que GM teria sido o primeiro poeta a exprimir, entre os brasileiros do século XVII, afeição à pátria, chegando a defendê-la em sua sátira. Da mesma maneira, podemos pensar que, longe disso, mostrou-se um antinativista convicto, um indivíduo que detestava o "Brasil empestado" e seu "povo maldito".

Diante do problema — ser ou não ser brasileiro e mazombo, baiano ou fidalgo, ignorante ou sábio metropolitano —, de que modo situar o poeta com justeza? A resposta, para nós, reside no fato de que estamos simplesmente diante de mais uma das contradições gregorianas. Se o escritor, de um lado, se apresenta como um nativista crítico e mesmo antilusitano, de outro, se revela antibrasileiro até, desejoso de passar por um nobre poeta português, distante dos "paiaiás" e da "canalha infernal".

Cremos que a duplicidade de atitude de GM encontra uma explicação se a situarmos inicialmente dentro da própria estética e ideologia barrocas, cuja operação básica se realiza, segundo a *coincidentia oppositorum* dos termos, estruturados de forma gestual, teatral. Nesse sentido, Gregorio de Mattos nada mais faz do que um jogo barroco de oposições. Desta vez centrado no sentimento à pátria.

Obviamente tal procedimento antitético se encontra em consonância com o temperamento do poeta, suficientemente plástico e dramático, capaz de expressar as diversas circunstâncias da Bahia seiscentista, vivenciadas e/ou imaginadas por ele. Acrescente-se a isso, a própria mobilidade de uma sociedade em formação, na qual a troca freqüente de posições e as alterações de fortuna — satirizadas inúmeras vezes pelo poeta, a exemplo do verso: "Bengala hoje na mão, ontem garlopa" — favoreceram, por certo, a labilidade ou a ambigüidade do sentimento nativista de Gregorio.

Quer em termos estéticos, quer em termos psicológicos ou sociais, o fato é que o poeta, em relação ao Brasil, joga entre a identidade e a alteridade. O que significa que seu nativismo ocorre de forma mascarada, *outrada* — como, de resto, a sua própria produção poética, alternativamente lírica, jocosa, satírica, encomiástica, erótica e/ou religiosa. Porque no centro de todas essas manifestações literárias e atitudes encontra-se um *eu* volúvel, descentrado e deslizante. É com ele que GM põe para funcionar sua comédia baiana — barroca —, mostrando-se ora apegado à terra, ora descolado. E é com ele, enfim, que o poeta ajusta a máscara ao rosto cambiante, em um jogo de encenações permanentes e inseparáveis, a um só tempo, de sua arte múltipla e de sua existencialidade empírica, social.

Em conclusão, diríamos que o baiano representa, no sentido teatral, tanto um poeta brasileiro quanto (malogradamente) português. O aspecto moral e afetivo de sua escolha não conta. Daí não ser possível observá-lo sob um ângulo só. Pois, para ele, falar, orgulhoso, no "nosso Brasil" e na "pátria minha" e criticar os "maganos portugueses" é equivalente a referir-se, indignado, à "peste do pátrio solar", não sabendo porque raios teria nascido "neste Brasil empestado" e no meio de tanta gente "ignorante e canalha".

Se essa ambigüidade lhe confere, de um lado, dupla e conflitante nacionalidade, de outro, dá-lhe cidadania permanente no território da poesia barroca, comum aos dois países. Gregorio de Mattos e Guerra, em síntese, se revela simultânea e fingidamente uma coisa e outra. Ora se encontra do lado do colonizador, ora do colonizado. Ou o contrário: ora antilusitano, ora antibrasileiro. Não importa saber, aqui, a quem teria sido mais fiel. Aliás, em matéria de fidelidade — à terra, às amizades ou às mulheres —, não era lá bem o seu forte...

Ao nosso ver, Gregorio de Mattos se assemelha a um Proteu nativista, cuja pátria não era outra senão a própria poesia mascarada, barrocamente mutante nos trópicos aliciantes e/ou infernais. Quem talvez melhor o definiu, nesse sentido, foi o padre Lourenço Ribeiro, seu suposto arquiinimigo e biógrafo às avessas — por isso mesmo, mais crível no retrato que dele nos transmite:

> Tens mudado mais estados
> que formas teve Proteu:
> não sei que estado é o teu,
> depois de tantos mudados.
> (Mattos 608)

O Brasil teria que esperar quase um século para que o sentimento à terra, na poesia árcade de um Cláudio Manuel da Costa, se tornasse mais entranhado, e outro tanto espaço de tempo; para que esse nativismo se transformasse em bandeira nacionalista, plantada "No meio das tabas de amenos verdores" ou balançando-se por entre brisas e beijos, em busca utópica da pátria civil e literária. Esquecendo-se ou mesmo não sabendo, os escritores árcades e românticos, de que essa pátria já tinha sido arrevesadamente inaugurada pelo sopro satírico do *Boca do Inferno*...

Bilbiografia

Bosi, Alfredo. *Dialética da colonização*. São Paulo: Companhia das Letras, 1992.

Campos, Haroldo de. *O seqüestro do barroco na formação da literatura brasileira: o caso Gregorio de Mattos*. 2ª. ed. Salvador: Fundação Casa de Jorge Amado, 1989.

Castello, Aderaldo José. *A literatura brasileira — origens e unidade*. São Paulo: Edusp, 2 vols, 1999.

Espínola, Adriano. *As artes de enganar — um estudo das máscaras poéticas e biográficas de Gregorio de Mattos*. Rio de Janeiro: Topbooks, 2000.

Gomes, João Carlos Teixeira. *Gregorio de Mattos, o Boca de Brasa*. Petrópolis: Vozes, 1985.
Helena, Lúcia. *Uma literatura antropofágica*. 2ª ed. Fortaleza: Edições UFC, 1983.
Lyra, Pedro. Sob o signo da devoração, In: *O real no poético II*. Rio de Janeiro: Cátedra/INL, 1986.
Mattos, Gregorio de. *Obra poética*. James Amado (org.). 3ª ed. Rio de Janeiro: Record, 2 vols, 1992.
Novais, Fernando (org.). *História da vida privada no Brasil*. São Paulo: Companhia das Letras, vol. I, 1997.
Staiger, Emil. *Conceitos fundamentais da poética*. Tradução de Celeste Aída Galeão. Rio de Janeiro: Tempo Brasileiro, 1975.

SÉCULO XVIII NO BRASIL:
LÍNGUAS, POLÍTICA E RELIGIÃO

Bethania S. C. Mariani[1]

Focalizando a situação lingüística existente no Brasil durante o século XVIII, o objetivo deste trabalho é apresentar o deslizamento de sentidos que a noção de língua sofre ao passar da ordem pública do discurso jurídico-religioso para o domínio do discurso privado. Trata-se de uma análise que coloca em confronto, de um lado, as normatizações relativas à imposição da língua portuguesa — o conjunto de leis promulgadas pelos reis de Portugal, que legislam uma política lingüística para o Brasil, e bulas papais, que pretendem instituir a catequese utilizando-se das próprias línguas indígenas — e, de outro, as práticas lingüísticas vigentes na colônia, sobretudo na região de Pará e Maranhão, depreendidas em cartas, depoimentos, autos de defesa e relatos de viajantes.

A situação na colônia

A situação lingüística na região amazônica traz à tona a tensão constitutiva do processo colonizador realizado tanto pelo governo português quanto pela catequese jesuítica: para fazer frente à diversidade de línguas e culturas existentes era necessário impor uma unidade. Para a metrópole, o exercício de uma política lingüística unitária de imposição da língua portuguesa representava a possibilidade de domesticação e absorção das diferenças. Para a Igreja, o caminho mais direto para a

---

[1] Professora da Universidade Federal Fluminense. Autora de *O PCB e a imprensa: os comunistas no imaginário dos jornais — 1922-1989* (Campinas/Rio de Janeiro: Editora da Unicamp/Revan, 1998).

expansão da evangelização realizava-se através da utilização da chamada língua geral ou tupi jesuítico.[2] Tanto em um caso como no outro, uma única língua era convocada para diluir a diversidade, possibilitando, dessa forma, inscrever o sujeito colonizado em uma língua com uma memória outra, hegemônica: a do europeu cristão. Há, neste sentido, um efeito homogeneizador[3] resultante do processo colonizador que repercute ainda hoje no modo como se concebe a língua nacional no Brasil.

Durante mais de dois séculos, Estado e Igreja conjugaram-se em uma mesma direção: civilizar os índios, ou seja, incluí-los nos moldes da civilização européia provendo aquilo que supostamente estaria faltando para esta inclusão: uma estrutura jurídico-administrativa, uma autoridade governamental e uma religião. Esta era a forma de correspondência com o enunciado "sem lei, sem rei, sem Deus" que, desde o século XVI, serviu de mote para a materialização da ideologia lingüística no Brasil. A aliança Estado-Igreja só se desfaz, como veremos mais adiante, com a expulsão dos jesuítas decretada pelo Marquês de Pombal. Enquanto vigorou a referida aliança, predominou em várias regiões do país o uso da língua geral.

Há vários relatos que atestam a tensão entre a diversidade lingüística existente e a unidade imposta, sobretudo nas regiões que hoje correspondem aos estados de São Paulo, Pará, Maranhão e Amazonas. É o que se pode ler, por exemplo, no relato do Pe. Fernão Cardim, feito no século XVI:

> Em toda esta província há muitas e várias nações de diferentes línguas, porém uma é a principal que compreende algumas dez nações de índios: estes vivem na costa do mar (...) porém são todos estes de uma só língua e esta é a que entendem os portugueses (...) porém dos portugueses, quase todos os que vêm do Reino e estão cá de assento e

---

[2] Conforme pondera Borges (1994) a expressão 'língua geral' é polissêmica. Apesar das dúvidas e equívocos que a expressão apresenta, diz o autor que "as perguntas 'que língua é a língua Geral?' e 'qual dos tupis é o Tupi Jesuítico' apresentam pelo menos duas respostas exatas: o Tupi da Costa e o Tupi Setentrional." Bastante esclarecedor sobre a questão do conhecimento das línguas indígneas no Brasil, durante o primeiro século de colonização, é o texto de Rodrigues (1998). Em nossa discussão, entendemos que tal expressão designa o chamado Tupi Jesuítico, resultante do uso e transformação que os missionários fizeram da língua Tupinambá falada na costa, para fins catequéticos. Entendemos que se trata de uma língua imaginária (Orlandi, 1996), fixada em sistematizações gramaticais apriorísticas.

[3] De acordo com Orlandi (1996): "Le rapport de colonisation produit ce clivage — disjonction obligée, hétérogénéité linguistique, duplicité — qui atteint la matérialité de la langue brésilienne." Mas esta heterogeneidade fica camuflada frente à imposição da memória portuguesa.

comunicação com os índios a sabem em breve tempo, e os filhos dos portugueses cá nascidos a sabem melhor que os portugueses (...) e com estas dez nações de índios têm os Padres comunicação por lhes saberem a língua".[4]

No caso específico da igreja, foi a necessidade de ministrar os sacramentos e catequizar os índios mais amplamente, valendo-se, para tanto, de uma só língua, que levou os padres da Companhia de Jesus a desenvolverem um sistemático processo de adaptação, simplificação e posterior gramatização[5] do Tupi, a língua indígena majoritariamente falada na Costa do Brasil.[6] Assim, a descrição gramatical da língua Tupi feita pelo padre José de Anchieta (publicada em 1595) é herdeira tanto da necessidade de evangelização quanto da tradição de gramatização que circulava no pensamento europeu da época. O Tupi Jesuítico foi se tornando uma espécie de língua franca nas áreas das missões e nas aldeias já convertidas, com prováveis incorporações e empréstimos de outras línguas. De qualquer forma, a adaptação/simplificação e o processo de gramatização produziram uma estabilidade desta língua, pois a produção de dicionários e gramáticas[7], instrumentos lingüísticos eficazes na sua estabilização, em muito contribuíram para que ela se tornasse uma língua de comunicação em várias partes do Brasil.

Um século mais tarde, Pe. Antônio Vieira, o Governador de São Vicente, Arthur de Sá e Menezes e o Conselho Ultramarino, este último formando um parecer sobre uma petição dos Padres Capuchinhos da Capitania do Rio de Janeiro, também dão seus testemunhos sobre o vigor da penetração da língua geral nas regiões amazônica e sudeste.[8]

---

[4] Cardim 121.
[5] Auroux 1992 e 1995. Auroux define gramatização como a revolução técno-lingüística que, a partir do Renascimento europeu, tanto conduzirá a uma produção maciça de gramáticas e dicionários monolíngues para as línguas neolatinas quanto proporcionará os meios necessários para a descrição das línguas no Novo Mundo.
[6] Rodrigues afirma que os os portugueses "se aplicaram a procurar conviver com os tupinambás e a aprender a língua destes, que tinha então a virtude de permitir a comunicação em quase toda a grande extensão da costa do Brasil" (60).
[7] Veja-se, por exemplo, as seguintes obras sobre a língua geral citadas no *catálogo da Exposição da História do Brasil*: *Arte da gramática da lingua brasilica* do padre Luiz Figueira, teólogo da Companhia de Jesus, ano de 1687; *Diccionario da lingua geral do Brazil* (*cópia por letra do século XVII*); *Diccionario portuguez, e brasiliano*, obra necessária aos ministros do altar (...) Aos que parocheão missões antigas, pelo embaraço com que nellas se falla a lingua portugueza, para melhor poder conhecer o estado interior das suas consciências... (1795).
[8] Raros são os autores que discordam deste ponto de vista. Edelweiss (1967), por exemplo, minimiza a força da língua geral, afirmando que por mais que ela fosse ensinada, prevalecia o uso das indígenas específicas e do português.

Nos fragmentos das cartas citadas a seguir, dirigidas ao rei de Portugal a partir de meados do século XVII, lê-se a importância dada ao tema.

> Senhor:
> (...) Os moradores deste novo mundo (que assim se pode chamar) ou são portugueses, ou índios naturais da terra. Os índios uns são gentios que vivem nos sertões, infinitos no número, e diversidade das línguas: outros são pela maior parte cristãos que vivem entre os portugueses. Destes que vivem entre os portugueses, uns são livres, que estão em suas aldeias: outros são parte livres, parte cativos, que moram com os mesmos portugueses, e os servem em suas casas e lavouras (...) As causas tão grandes deste dano, e perdição das almas, são a mesma falta de curas e sacerdotes, e principalmente, de religiosos que tenham por instituto estudar e saber a língua, porque sem ela aproveitam pouco os curas, e 50 os que a sabem lhes podem administrar os sacramentos como convém, principalmente o do batismo e da confissão, que são os mais necessários. (Pe. Antônio Vieira, em 20 de maio de 1653)[9]

> A el-rei (...) Foi esta a missão do Padre Manuel Nunes, lente de prima de Teologia em Portugal, e no Brasil, superior da casa, e missões do Pará, mui prático e eloqüente na língua geral da terra. (Pe. Antônio Vieira, em 11 de fevereiro de 1660)[10]

> Sr., obrigado do zelo católico faço presente a V. Majestade o grande dano que se segue para as almas dos fiéis quando os Párocos que vêm providos nas igrejas da Repartição Sul não sabem a língua geral dos índios porque a maior parte daquela gente se não explica em outro idioma e principalmente o sexo feminino, e todos os seus servos, e desta falta se experimenta irreparável perda, como hoje se vê em S. Paulo com o novo vigário que veio provido naquela igreja, o qual era mister quem o interprete (...) em que concorram a circunstâncias de saberem a língua da terra. (Arthur de Sá e Menezes, em 2 de junho de 1698)[11]

> Nela [petição dos moradores] dizem que no ano de 627 fundaram uma aldeia do gentio bravo por nome Gamulhos nos Campos dos Aytacazes junto do rio da Paraiba, os quais foram buscar ao sertão, e assistam (sic) nela de contínuo dois religiosos sacerdotes missionários

---
[9] Vieira 19-22.
[10] Vieira 79.
[11] *Revista do IHGB* de São Paulo 1914, 354.

que sabiam a língua deste gentio, que em tudo era diferente da língua geral dos índios das Aldeias já convertidas, e hoje tinham já na dita Aldeia algumas 500 almas catequizadas (...). (Conselho Ultramarino, Lisboa, 28 de novembro de 1681).[12]

Como se pode observar, a língua geral era utilizada em diferentes situações religiosas como parte do já mencionado trabalho de catequese. E era esta a língua empregada também em outras situações, não apenas as de cunho religioso, mas também nas da conversação cotidiana, bem como naquelas em que havia a necessidade de tradução das confissões. Era sobretudo no círculo familiar, entre crianças e mulheres, que a conversa se dava em língua geral:

> A fama das minas de ouro e prata de Pernaguá (...) Esta é a Vila de S. Paulo (...) na eminência de um plano pouco desigual do campo que em circunferência domina (...) Há muitos de grossos cabedais para aquelas partes, e não poucas famílias bastantemente nobres, e ainda que entre si tragam inimizades particulares, todos se unem para a conservação da sua república. As mulheres são formosas e varonis, e é costume ali deixarem seus maridos à sua disposição o governo das casas e das fazendas, para que são industriosas, e inclinadas a casar antes suas filhas com estranhos que as autorizem, que com naturais que as igualem. Os filhos primeiro sabem a língua do gentio, do que aprendem a materna, são de gentil índole e gênio para as campanhas, e para as escolas, engenhosos para tudo (...). (Relatório do Governador Antônio Paes de Sande, final do século XVII)[13]

Esta situação começa a se alterar no século XVIII. Ao longo deste século, além da força da língua geral começar a declinar na região sudeste do Brasil, hostilidades contra os missionários, sobretudo contra as práticas catequéticas jesuíticas, se iniciam nas capitanias do Grão-Pará e Maranhão. Antigas discussões sobre a liberdade dos índios e o poderio econômico dos jesuítas se reinstalam. Uma tensão se produz entre as diferentes línguas que circulam na colônia. Línguas indígenas específicas permanecem sendo faladas nos ambientes restritos das aldeias e as línguas geral e portuguesa disputam espaços de comunicação. Ao mesmo tempo, ordens reais são expedidas numa tentativa de

---

[12] Anais da Biblioteca Nacional do Rio de Janeiro 1921, 155.
[13] Apud Holanda 89.

conter o avanço da língua geral. E o que se pode ler nos testemunhos transcritos abaixo:

> As mulheres é que ficam com maior ignorância, porque nunca sabem falar senão um português tosco, e é necessário haver nas igrejas, confessores peritos na língua, para as poder confessar (...) donde ainda que os missionários lhes ensinem [aos índios] algumas palavras da língua portuguesa, nestes dois meses, como os portugueses nos dez meses seguintes, não falem com eles, senão pela sua própria língua dos Índios, quando voltam para as aldeias, já se não lembram, nem das palavras que os Padres lhes tinham ensinado; pelo a ordem que requer o dão procurador Paulo da Silva, para os missionários, deve muito especialmente mandar passar, para os moradores do Pará, mandar-lhes que nem entre si, nem com os Índios falem, senão pela língua portuguesa, com que não poderá ter efeito, sem que primeiro se proíba, que os filhos, e filhas dos portugueses, não sejam criados por Índios da terra. (1729, discussão entre moradores do Maranhão e um representante dos Jesuítas)[14]

> Destes [jesuítas] foi a perniciosa composição de uma desgraçada língua (...) a que se pós o nome de geral, sem haver Nações que a pratiquem mais que somente em alguns poucos vocábulos com suas corrupções (...) E não contentes de fazerem [os jesuítas] este dano aos índios, ao parecer em ódio da Língua Portuguesa que sendo proibida barbarirarão (sic) para fazerem a composição de que tenho referido bárbara, o fizeram mais lastimável na introdução pela a toda gente branca e doméstica do Estado do Pará de um e outro sexo de modo que com ela vivem nela, tratam uns com os outros e o que mais é que nesta se congregam tendo-a por natural e própria materna por estranha; e sem parar aqui a sua teima nesta separação que sempre pretenderam atualmente e estão ensinando aos domésticos dos seus conventos e fazendas, em tudo o que com eles praticam por lhe não falarem outra língua. (Relatório do Bacharel João da Cruz Diniz Pinheiro, Ouvidor no Maranhão, século XVIII, s.d)[15]

Em 3 de maio de 1757, com a implementação do chamado Diretório dos Índios ("Diretório que se deve observar nas povoações dos Índios do Pará, e Maranhão") é que a língua portuguesa se impõe oficialmente como língua do Estado. Este Diretório, um conjunto de

---
[14] Reis 189.
[15] *Documentos vários — Maranhão e Grão-Pará* 1719-1809, 35.

prescrições que visavam organizar em várias instâncias as condutas colonizadoras na região norte da colônia implementado pelo Governador Francisco Xavier de Mendonça Furtado, foi aprovado por um alvará régio em 17 de agosto de 1758, alvará esse que, inclusive, estendeu sua aplicação para toda a colônia. Seguindo as diretrizes iluministas do Marquês de Pombal, sua extinção só se efetiva por força de uma carta régia promulgada em 12 de maio de 1798.

Mas, apesar da força coercitiva deste Diretório, a língua geral permanece ocupando espaços de comunicação. Conforme sinaliza Almeida[16], analisando os autos de um processo inquisitorial ocorrido em Barcelos, na Capitania de São José do Rio Negro, em maio de 1766, observa-se neste referido processo que um dos depoentes prestou suas declarações usando a "língua geral dos índios". Já em um outro processo inquisitorial, ao final do século XVIII, o réu era o Padre Manuel do Rosário, da Ordem das Mercês, acusado de catequizar valendo-se da língua indígena.

Com o Diretório dos Índios, torna-se explícito o final da aliança colonizadora Estado-Igreja. A política do Estado Português deixa de oscilar na forma de estabelecer um projeto de colonização. A política lingüística, por sua vez, também é bem clara: a língua da metrópole é a que deve ser falada na colônia. Para compreendermos esta virada lingüística e o modo como ela se coaduna com o projeto político português da época, fazendo deslizar o sentido de língua, apresentaremos a seguir as ordens régias[17] e as bulas papais que determinaram, por dois séculos, uma concomitância da catequese e da colonização associadas às línguas indígenas, portuguesa e geral.

A ordem jurídico-religiosa e as línguas da/na colônia

Em trabalhos anteriores (Mariani, 1996, 1997, 1998), foi possível detectar dois períodos históricos distintos, separados pelo acontecimento lingüístico[18] que foi o Diretório dos Índios.

---

[16] Almeida 310.
[17] De acordo com Almeida (1997), é a matéria contida na ordem real que determina a classe em que se situa (se estatuto, pragmática ou regimento). Os regimentos são cartas de leis (ou alvarás) em que se estabelecem as obrigações de tribunais, magistrados ou oficiais, ao passo que os estatutos são dirigidos a corporações e as pragmáticas são destinadas às reformas sobre abusos.
[18] Trata-se de um acontecimento lingüístico (Guilhaumou. J. Maldidier D., e Robin. R., 1994) na medida em que desloca fronteiras no interior das práticas lingüísticas então vigentes.

Sobretudo no primeiro período, missionários e degredados são designados para colonizar a região norte. De longe, a coroa portuguesa administra as capitanias quase sempre em parceria com a Igreja. Através de inúmeras provisões, ordens régias e leis, o Estado português estabelece os lugares sociais do índio livre e do índio em "justo cativeiro", do negro escravo, dos brancos comerciantes e dos missionários.

No que diz respeito aos índios, desde 1570, quando D. Sebastião proíbe o cativeiro dos índios, excetuando os casos em que os índios fossem aprisionados em uma "justa guerra", alternam-se a liberdade e o aprisionamento. Há ordens régias peremptórias com relação à liberdade, afirmando que "em nenhum caso pode haver índios cativos" (1595) ou ainda que "os índios são inteiramente livres" (1605, 1609, 1611, 1652, 1680). Mas também há aquelas que distinguem os "casos em que é justo o cativeiro de índios" (1653), as que regulam que devem os índios ficar em liberdade durante quatro meses para trabalhar em suas roças (1649), os casos em que os índios deveriam ser reconduzidos às suas aldeias (1683). Há ordens régias apoiando determinadas guerras aos índios, outras condenando os excessos cometidos por portugueses que tornam escravas as "índias de leite" e outras, enfim, que regulavam o casamento entre índios(as) e escravas(os) (1690) ou entre índias e vassalos do rei (1755), sendo que estes últimos não sofreriam "infâmia alguma" e gozariam de "privilégios aos que na América casarem com índias naturais do País".

O Breve do Papa Urbano VIII (1639) e a Bula do Papa Benedito XIV (1741) também se posicionam frente à situação indígena. Urbano VIII declara a liberdade e a necessidade de conversão dos índios, já Benedito XIV é mais enfático, pois proíbe, sob pena de excomunhão, escravizar, vender, comprar, dar, trocar ou separar mulheres de filhos.

A questão da língua, por sua vez, também é tematizada em determinadas ordens reais. Em 1667, através de um regimento ao governador geral do Brasil, dentre as várias recomendações reais relativas aos índios, encontra-se a recomendação da "vulgarização do conhecimento da sua língua, fazendo-se a esse fim compor e imprimir vocabulários".[19] Já em 1722 e em 1727, a essa diretriz acrescenta-se a importância do ensino do português, como pode-se observar nos dois fragmentos abaixo:

---

[19] Beozzo 95.

Dom João por Graça de Deus Rei Faço saber a vós João da Maia da Gama Governador e Capitão General do Estado do Maranhão que (...) seria mui conveniente do serviço de Deus e meu que não só os instruam [os índios] na Religião Católica na sua mesma língua, mas que os ensinem a falar Português; Me pareceu dizer-vos, que aos Provinciais, e Comissários das Religiões da Imaculada Conceição, e Comissário Geral de Nossa Senhora das Mercês, ao provincial dos Religiosos de Nossa Senhora do Monte do Carmo desse Estado, (...) que os Missionários que houverem de pôr (ininteligível) Aldeias, que lhes estão entregues sejam práticos na Língua dos Índios que houvessem de missionar, como fazem os padres da Companhia de Jesus; por que não sendo cientes da dita língua todo o trabalho que tiverem em os doutrinarem, será inútil, e sem fruto, e que depois de estarem capacitados na verdadeira fé, lhes ordenem ponham todo o cuidado em que os ditos Índios saibam a Língua Portuguesa, por que assim mais facilmente receberão com mais conhecimento a nossa Religião (...). (Para o Governador do Maranhão em 2/12/1722)[20]

Dom João por Graça de Deus (...) Faço saber a vós Superior das Missões dos Religiosos (sic) da Companhia de Jesus do Estado do Maranhão que se tem por notícia que assim os Índios que se acham aldeados nas Aldeias que são da administração da vossa Religião, como os que nascem nelas, e outro sim dos que novamente são descidos (sic) dos sertões (sic) e se mandam para viver nas ditas Aldeias não só não são bem instruídos na língua portuguesa, mas que nenhum cuidado se põe em que eles a aprendam de que não pode deixar de resultar um grande desserviço de Deus e meu por isso se eles se puserem práticos nela mais facilmente poderão receber os mistérios da fé católica, e ter maior conhecimento da luz da verdade, e com esta inteligência melhor executar em tudo o que pertencer ao meu Real Serviço e terem maior afeição aos mesmos Portugueses recebendo-se por este meio aquelas utilidades que se podem esperar dos ditos Índios (...) Me parece ordenar-vos / como por esta o faço de que ponhais neste particular uma tal e tão eficaz diligência de que os ditos Índios que são da vossa repartição se façam mui práticos na Língua Portuguesa, mas que usem dos tais ofícios mecânicos para suprirem a falta dos operários brancos (...). (12/2/1722)[21]

---

[20] Com pequenas variantes, esta mesma ordem é enviada para o Comissário Geral dos Capuchos e para o Superior das Missões do Estado do Maranhão.
[21] Silva.

Até a intervenção pombalina, a relação entre língua e fé, conhecimento e catequese é indissociável mas, simbolicamente, as línguas portuguesa e indígena significam de modos diferentes. A língua indígena serve como instrumento inicial de doutrinação, mas seu uso deve ser restringido após o conhecimento da religião. Ou seja, do ponto de vista das ordens régias, a língua indígena é útil em um primeiro momento para que se possa capacitar o índio na religião católica. Mas, tão importante quanto conhecer a religião católica é saber a língua portuguesa, pois é através da língua portuguesa que mais facilmente o índio receberá a fé e aprenderá os ofícios, tornando-se, deste modo, submisso a Deus e ao rei, simultaneamente. Circularmente, língua geral/indígena, língua portuguesa e religião católica estão numa relação de dependência no processo de colonização. Mas, ao mesmo tempo, tanto a língua portuguesa, quanto a religião católica são necessárias sempre, pois só assim se presta serviço a Deus e ao Rei, simultaneamente, enquanto que as línguas indígenas podem com o tempo vir a ser descartadas.

Em resumo, para servir a Deus, deve-se doutrinar, e isto pode ser feito em qualquer língua, mas para servir ao Rei, é necessário ensinar a língua materna do rei, pois é através dela que, além de se compreender a religião, atinge-se, sobretudo, a condição necessária de vassalagem. E, lembremos que a língua do rei é também a língua da sua nação. Se o Brasil é colônia de Portugal, é a língua do Rei de Portugal que deve ser ensinada e usada. Neste sentido, a submissão a Deus se realiza de modo diferente da submissão ao rei. Nas ordens reais, deste modo, duas imagens enunciativas diferentes e divergentes são produzidas.

No século XVIII, a conjunção Estado-Igreja chega de fato ao fim com a expulsão dos jesuítas de Portugal e do Brasil, decretada pelo Marquês de Pombal. A conjunção língua portuguesa-língua indígena, da mesma forma, se desfaz.

O que estas ordens régias representam é que ao Estado português era necessário o assujeitamento da colônia à ordem político-jurídica e tal assujeitamento deveria passar pela mediação da Língua Portuguesa. Ao mesmo tempo, a finalidade inicialmente prática dos religiosos em estudar as línguas indígenas para melhor exercerem a catequese, finalidade essa que caminhava paralelamente aos interesses da coroa portuguesa, havia se transformado em uma finalidade política, tendo em vista o aumento do poder econômico da Companhia de Jesus no solo brasileiro. Tal fato pôs em perigo a conquista, pois produziu uma homogeneização, em uma língua estranha à portuguesa, entre portugueses, brasileiros, índios, negros escravos e mestiços. As medidas tomadas para conter o avanço dos jesuítas e da língua geral foram, então, drásticas.

A seguir estabeleceremos uma correspondência entre a política lingüística contida no Diretório dos Índios e o projeto iluminista das reformas pombalinas.

Os deslizamentos

Em correspondência datada de 8/2/1754, o governador Francisco Xavier Mendonça Furtado, do Grão-Pará, escreve ao seu irmão, o Marquês de Pombal, denunciando "o absoluto domínio que os regulares tem em todo este Estado". Esse domínio podia ser medido, segundo o relato do governador, pelo número de índios que os missionários possuíam:

> (...) Além de que Vossa Excelência sabe muito bem que nestas terras pelo número de escravos é que se medem as riquezas, e como todos os Índios das Aldeias (...) são rigorosamente escravos dos Regulares, por uma natural conseqüência se segue que, em quanto se lhes não tirar o domínio das Aldeias hão de ser senhores de todas as riquezas do Estado (...).[22]

Concluindo sua explanação, o Governador sugere que o Rei tire "dos Regulares todas as fazendas que possuem, todas Aldeias que administram" e que também mande recolher os Religiosos aos seus Conventos" e dê "liberdade aos Índios".

O desfecho do conflito, como mencionamos, é o já citado Diretório dos Índios. Através deste instrumento político de dominação lingüística, o governador e Pombal decidem pela expulsão dos jesuítas e pela imposição do uso e do ensino da Língua Portuguesa.

A separação entre o que é relativo à espiritualidade e o que é relativo à submissão ao Rei é demarcada com clareza no Diretório. Ao rei ainda convém converter os índios, mas também interessa civilizá-los e, para tanto, o aprendizado do português é imprescindível. É o que se pode ler nos parágrafos 4, 5, 6 e 7:

> 4. Para se conseguir pois o primeiro fim, qual é o cristianizar os Índios, deixando esta matéria, por ser meramente espiritual, a exemplar vigilância do Prelado dessa Diocese; recomendo unicamente aos Diretores, que da sua parte dêem todo o favor, e auxílio, para que as

---
[22] Mendonça.

determinações do dito Prelado respectivas à direção das Aldeias tenham a sua devida execução;

5. Enquanto porém à Civilidade dos Índios, a que se reduz a principal obrigação dos Diretores, por ser própria do seu ministério; empregarão estes um especialíssimo cuidado em lhes persuadir todos aqueles meios, que possam ser conducentes a tão útil, e interessante fim, quais são os que vou a referir.

6. Sempre foi máxima inalteravelmente praticada em todas as nações, que conquistaram novos Domínios, introduzir logo nos Povos conquistados seu próprio idioma, por ser indisputável (sic), que esse é um dos meios mais eficazes para desterrar dos Povos rústicos a barbaridade dos seus antigos costumes; e ter mostrado a experiência, que ao mesmo passo, que se introduz neles o uso da Língua do príncipe, que os conquistou, se lhes radica também o afeto, a veneração, e a obediência ao mesmo Príncipe. Observando pois todas as Nações polidas do Mundo este prudente, e sólido sistema, nesta Conquista se praticou tanto pelo contrário, que só cuidaram os primeiros Conquistadores estabelecer nela o uso da Língua, que chamaram geral; invenção verdadeiramente abominável, e diabólica, para que privados os Índios de todos aqueles meios, que os podiam civilizar, permanecessem na rústica, e bárbara sujeição, em que até agora se conservaram, para desterrar este perniciosíssimo abuso, será um dos principais cuidados dos Diretores, estabelecer nas suas respectivas Povoações o uso da Língua Portuguesa, não consentindo por modo algum, que os Meninos, e Meninas, que pertencerem às Escolas, e todos aqueles Índios, que forem capazes de instrução nesta matéria, usem da Língua própria das suas Nações, outra chamada Geral; mas unicamente da Portuguesa na forma, que sua Majestade tem recomendado em repetidas Ordens, que até agora não se observaram com total ruína Espiritual, e Temporal do Estado.

7. E como esta determinação é a base fundamental da Civilidade, que se pretende, haverá em todas as Povoações duas Escolas públicas, uma para os Meninos, na qual se lhes ensine a Doutrina Cristã, a ler, escrever e contar na forma, que se pratica em todas as Escolas das Nações Civilizadas; e outra para as Meninas, na qual, além de serem instruídas na Doutrina Cristão, se lhes ensinará a ler, escrever, fiar, fazer renda, costura, e todos os mais ministérios próprios daquele sexo.[23]

---

[23] Mendonça.

Depreende-se, no Diretório, sua filiação a uma memória universal que relaciona língua, nação conquistadora e nação conquistada. Língua, aqui, não é mais um instrumento catequético, mas sim um elemento constitutivo da civilização.[24] Uma civilização inclusiva, ou seja, que quer incorporar imaginariamente o índio como súdito.

As seguintes correlações são indicativas da diferença entre duas práticas discursivas: idioma / língua do Príncipe / nações polidas do mundo / nações conquistadas / novos vassalos. Ao mesmo tempo, encontra-se no Diretório uma outra direção de sentidos referente à memória particular da conquista do Brasil em que "se praticou o contrário": língua geral ("invenção diabólica") / nação conquistada, mas não civilizada / não há vassalagem. E, indo mais além, o Diretório silencia quanto à cristianização, como se a ausência da língua portuguesa representasse, também, uma impossibilidade de acesso a Deus.

O que o Diretório traz para discussão, com suas afirmações categóricas e silenciamentos, é a raiz histórica da formação lingüístico-discursiva da sociedade brasileira. Nela encontra-se de fato uma diferença lingüística entre o mundo português e a colônia brasileira que instala uma diferença simbólica. E, tal diferença, o Diretório de Pombal ordena que deve ser eliminada através do uso obrigatório e único da língua portuguesa. "Meninos e Meninas", índios, enfim, todos devem fazer "uso unicamente da Portuguesa". Trata-se da imposição jurídica de uma língua que resulta na construção de uma unidade e de uma homogeneidade lingüística imaginárias.

O Diretório tem parte de seus fundamentos filosóficos expressos na *Instrucção Secretissima que Sua Magestade mandou expedir ao Governador do Pará*. Nestas *Instrucções Secretíssimas*, o Marquês de Pombal mais uma vez inscreve a história de Portugal nos rumos das demais nações européias, traçando um paralelo entre o processo de civilização dos europeus pelos romanos e dos índios pelos portugueses:

> (...) os exemplos dos Alemães, dos Ingleses, dos Franceses, dos Castelhanos, e dos mesmos Portugueses. Todos nós fomos bárbaros como hoje o.são os Tapuias só com a diferença de não comermos gente,

---

[24] Em sua análise do Diretório no contexto do projeto colonizador, Almeida afirma: "A posição até aqui enfatizada foi a de que a civilização dos índios participava da colonização como tópico de um programa maior. Vimos que esta postura de inclusão direcionou as ações dos colonizadores no sentido da conservação física dos índios e de sua importância econômica aos processos sociais aí desencadeados" (75).

não consta que na Europa houvesse Antropófagos. Porém porque no tempo em que nos invadiram e dominaram os Romanos em vez de nos fazer servos (...), nos deixaram em plena liberdade, unindo-se e aliando-se conosco: todos fomos civilizados (...) Donde resulta que se aí praticar com esses miseráveis Índios o mesmo que aqui praticaram conosco os Romanos, dentro em pouco tempo haverá no Pará tantos portugueses quanto são os bárbaros que hoje vivem nesses matos, como nós vivemos algum dia...

Nestas Instruções, percebe-se a forma com que Pombal projetava incluir Portugal no movimento histórico da época. Por um lado, igualando o Estado português às demais nações européias, mas, ao mesmo tempo, buscando delimitar sua diferença a partir da relação específica com o Brasil, o outro que contribui no estabelecimento da singularidade de Portugal.

O governo pombalino marcou-se pelo despotismo esclarecido, o que significa ser marcado por uma conjunção entre vontade de progresso e de organização de uma estrutura administrativa eficaz. A expulsão dos jesuítas enquadra-se, assim, no modo como o movimento iluminista se implanta em Portugal, pois para o Marquês de Pombal, os jesuítas "contrariavam o progresso geral do Estado e a clareza das idéias no ensino.[25]

Dois outros aspectos relevantes e contraditórios do iluminismo português são a Razão e o Empirismo. Ainda conforme Teixeira", no campo das ciências, "a Razão é invocada para convicções progressistas e justificar a repressão contra a renovação."[26] Por outro lado, no campo da filosofia e das letras, valoriza-se o experimentalismo inglês e a poética de Boileau.

É interessante chamar a atenção para o fato de que uma das obras que dão sustentação ao projeto pombalino, sobretudo aquele voltado para as reformas do ensino, é o *Verdadeiro método de estudar*, de Luis Antônio Verney, obra publicada em 1746 e influenciada pelo pensamento de Locke. Na carta nona de sua obra, Verney "defende uma linguagem limpa" e critica "a linguagem jesuítica (...) por considerá-la obscura".[27] Para Verney, o que deve ser valorizado é a funcionalidade e

---
[25] Teixeira 23.
[26] Idem 27.

praticidade da linguagem, observando-se sempre uma relação de verossimilhança entre o código, a razão, e a natureza.

Em outras palavras, se é o atributo da clareza que é invocado, o objetivo, na ordem do discurso, é o entendimento. Ainda retomando Teixeira, é extremamente interessante lembrar que, no campo das artes literárias, o modelo invocado é o conceito de uma metáfora transparente, clara, nítida. Deste modo, "deve haver semelhança evidente entre o significado do termo próprio e o significado do termo metafórico. A harmonia entre ambos permite imediata aprovação do entendimento".[28]

O Marquês de Pombal, ao expulsar os Jesuítas e ao instituir o ensino da língua portuguesa nas escolas da metrópole e da colônia, está advogando, deste modo, a favor da clareza e da transparência dos sentidos que se produzem na língua. Ora, lembremos, aqui, que o projeto português está seguindo a trajetória histórica das demais nações européias, qual seja, a da passagem da ordem religiosa para a jurídica, o declínio da influência da Igreja e o incremento da força do Estado. Trata-se de um aumento do poder real associado a uma organização jurídico-administrativa do Estado. É necessário ao poder uma clareza nas relações que ligam os vassalos ao Rei: um projeto jurídico-administrativo-político para a nação mediado por uma língua-instituição desambigüisada que possibilite, por esta via, um assujeitamento dos vassalos ao rei através de um discurso transparente.

Considerações finais: homogeneidade e assujeitamento na colônia

O Diretório busca tornar visível a ordem social e discursiva que antes estava parcialmente encoberta pela opacidade do tupi-jesuítico. Assim, a visibilidade do sujeito brasileiro que está se constituindo entre a submissão a Deus e ao Rei — e aqui não me refiro somente aos Índios, mas a todos os habitantes da colônia — se constitui também na obrigatoriedade da transparência no plano dos sentidos, da língua e das relações sociais. Lembremos que o Diretório durou 40 anos e teve seu "raio de ação" ampliado, pois foi aplicado em todo território brasileiro. Essa amplitude do Diretório nos permite formular, em termos de hipótese, que em outras regiões do Brasil também estavam ocorrendo conflitos

---

[27] Idem 141.
[28] Idem 144.

lingüísticos. Do nosso ponto de vista, embora a situação do Grão-Pará e Maranhão não tivesse similar em outras regiões do Brasil — a denominação *língua geral* é excessivamente ampla, recobrindo as diferenças existentes em outras regiões do país —, entendemos que o Diretório de fato produziu um efeito em termos da constituição imaginária da noção de unidade lingüística.

Retomando o que dissemos no início deste trabalho, a diversidade lingüística cede seu lugar à unidade. A imposição do português representa a possibilidade de transparência e controle, por parte do poder real, do sujeito. Mais ainda, permite transparência na gestão do cotidiano da colônia brasileira. A unidade lingüística, atrelada ao projeto português iluminista, condiciona uma homogeneidade na produção dos sentidos daquilo que é representável na colônia.

Lembrando Pêcheux (1990), para finalizar, nos arriscaríamos a dizer que o acontecimento lingüístico que foi o Diretório institui para o mundo português "um mundo semanticamente normal, isto é, normatizado", no qual a língua com que se fala é una, transparente e homogênea.

Bibliografia

Annaes da Biblioteca Nacionnal do Rio de Janeiro. 1917, volume XXIX. Rio de Janeiro, Oficinas Gráficas da Biblioteca Nacional, 1921.

Aurox, Sylvain. "Língua e hiperlíngua". *Línguas e instrumentos lingüísticos*. Número 01. São Paulo, Campinas: Pontes Editores e Projeto História das Idéias Lingüísticas no Brasil, 1998. 17-31.

Almeida, Rita Heloísa de. *O Diretório dos índios; um projeto de civilização no Brasil do século XVIII*. Brasília: Editora da UNB, 1997.

Beozzo, José Oscar. *Leis e regimentos das missões; política indigenista no Brasil*. São Paulo: Ed. Loyola, 1983.

Borges, Luiz Carlos. "O nheengatú na construção de uma identidade amazônica". *Boletim do Museu Paranaense Emílio Goeldi*, série Antropologia. 10(2), 1994: 107-35.

Camargo, Monsenhor Paulo Florêncio da Silveira. *Ordens religiosas no Brasil*. Rio de Janeiro, Petrópolis: Vozes, 1955.

Cardim, Pe. Fernão. *Tratados da terra e gente do Brasil*. Introdução e notas de Baptista Caetano Capistrano de Abreu e Rodolfo Garcia. São Paulo: Companhia Editora Nacional, 3ª edição, 1978.

Collecção dos Breves Pontifícios, Leys Régias, que forão expedidos, e publicados desde o anno de 1741, sobre a liberdade das pessoas, bem, e commercio dos índios do Brasil. Impressa na secretaria de Estado por especial ordem de Sua Magestade.

Documentos vários do Maranhão e Grão-Pará. 1719-1809. Volume 9. Instituto Histórico e Geográfico Brasileiro.

Documentos relativos ao 'bandeirismo' paulista e questões conexas, no período de 1664 a 1700 — peças históricas todas existentes no Arquivo nacional, e copiadas, coordenadas e anotadas, de ordem do Governador do Estado de São Paulo por Basílio de Magalhães. Revista do Instituto Histórico de São Paulo. Volume XVIII. São Paulo: Typographia do Diário Oficial, 1914.

Edelweiss, Frederico. "O ensino do tupi e do Português nas missões do Brasil, segundo os documentos jesuíticos e a palavra de Pombal". Anais do Congresso Comemorativo do Bicentenário da transferência da sede do governo do Brasil da cidade de Salvador para o Rio de Janeiro. Volume IV. Rio de Janeiro: Instituto Histórico e Geográfico Brasileiro, Departamento de Imprensa nacional, 1967. 175-202.

Galvão, Ramiz (org.) *Catálogo da exposição de história do Brasil*. Introdução de José Honório Rodrigues. Tomo II. Ed. fac-similar. Brasília: Conselho Editorial do Senado Federal, 1998, 3 v. (Coleção Brasil 500 anos).

Guilhaumou, Jaques; Maldidier, Denise; e Robin, Régine. *Discours et arquive*. Liège: Pierre Mardaga, 1994.

Holanda, Sérgio Buarque de. *Raízes do Brasil*. Rio de Janeiro: José Olympio Editora, 1978.

Magalhães, Erasmo d'Almeida. A Língua Geral. Revista da Universidade de Coimbra. Coimbra, 1992: 409-17.

Mariani, Bethania Sampaio Corrêa. "Língua portuguesa e realidade brasileira: o diretório de Pombal segundo Celso Cunha". *Organon 23*. Revista do Instituto de Letras da Universidade Federal do Rio Grande do Sul, Volume 9, número 23, 1995.

_____. "As academias do século XVIII: um certo discurso sobre a história e sobre a linguagem do Brasil". Guimarães, Eduardo e Orlandi, Eni Puccinelli. *Língua e cidadania; o português no Brasil*. São Paulo, Campinas: Pontes, 1996: 95-101.

_____. "As tensões jurídico-religiosas do século XVIII e o imaginário de língua". Anais do Congresso Nacional da Associação Brasileira de Lingüística — ABRALIN. Maceió, Universidade Federal de Alagoas, 1997.

_____. "L'institutionnalisation de la langue, de la mémoire et de la citoyenneté au Brésil durant le XVIII siècle: le rôle des académies littéraires et de la politique du Marquis de Pombal." *Langages — l'hyperlangue brésilienne*. Número 130. Paris: Larousse, junho 1998: 84-97.

Mendonça, Marcos Carneiro de. (org) *Aula de Commercio*. Transcrição e reprodução fac-similar de documentos do Arquivo do Cosme Velho. Rio de janeiro, Xerox do Brasil, 1982.

Pêcheux, Michel. *O discurso: estrutura ou acontecimento*. São Paulo, Campinas: Pontes, 1990.

Orlandi, Eni Puccinelli. "La langue brésiliénne (des effects de la colonisation sur la langue)". *Du dire et du Discours; hommage a Denise Maldidier*. Sous la direction de Claudine Normand e Frederic Sitri. Numéro Spécial de LINX. Nanterre: Université Paris X, Centre de Recherches Linguistiques, 1996: 41-50.

Reis, Artur César Ferreira. *Aspectos da experiência portuguesa na Amazônia*. Manaus: Governo do Estado do Amazonas, 1966.

Rodrigues, Aryon D. "O conceito de língua indígena no Brasil: os primeiros cem anos (1550-1650)". *Linguas e instrumentos lingüísticos*. Série História das Idéias Lingüísticas. Campinas, São Paulo: Pontes, 1998. 59-78.

Silva, Antonio Delgado (org.) *Collecção da legislação portuguesa*; legislação de 1750 a 1762. Lisboa: Typographia Maigrense, 1830.

Teixeira, Ivan. *Mecenato pombalino e poesia neoclássica*. São Paulo: EDUSP & FAPESP, 1999.

Vieira, Pe. Antônio. *Cartas do padre Antônio Vieira*. Tomo 1. Lisboa: Editores J.M.C. Seabra &T.Q. Antunes, 1854.

PALCO DE INFLUÊNCIAS:
O TEATRO BRASILEIRO NO SÉCULO XIX[1]

Ross G. Forman[2]

Os estudos do teatro brasileiro consideram tradicionalmente o século XIX como um grande vazio, um período no qual o teatro foi dominado pelas produções estrangeiras visitantes ou imitações servis de métodos e estilos importados. Este ensaio, entretanto, procura questionar tal idéia, sugerindo como o teatro foi introduzido no projeto de construção da nação, através do desenvolvimento de um fórum de discussões — formado pela elite — de assuntos como a escravidão, a corrupção na política, a tensão entre cidade e campo, a resistência ao imperialismo econômico e a pressão político-militar (*gunboat diplomacy*) desenvolvida por parte das nações européias, como a Inglaterra. Quaisquer que tenham sido os méritos artísticos dos produtos do teatro brasileiro naquela época, e não obstante o teatro brasileiro do século XX ter sido visto como desligado de um *corpus* histórico, o papel que o teatro desempenhou no campo da produção cultural durante o século XIX justifica sua recuperação. A predominância de peças com temas abolicionistas, como *O marajó virtuoso*, ou os *Horrores do tráfico da escravatura*, de João Julião Federado Gonnett — um drama histórico explorando os horrores da travessia do Atlântico e em parte exaltando as virtudes de portugueses, brasileiros e britânicos na luta contra a crueldade dos espanhóis que promoveram o tráfico de escravos —, sugere como o

---
[1] Este texto foi escrito graças a uma bolsa concedida pela British Academy para estudos sobre o teatro brasileiro.
[2] Doutor em Literatura Comparada pela Universidade de Stanford. Pesquisador da Escola de Estudos Orientais e Africanos (SOAS), Universidade de Londres.

teatro brasileiro do período estava investido de questões atuais, assim como sua relação com as tradições liberais das elites urbanas, cujos interesses freqüentemente entravam em conflito com aqueles dos proprietários de terra que apoiavam o *status quo*.

O palco brasileiro do século XIX permanece relativamente ignorado por audiências modernas, e sua avaliação crítica como menor e datado tornou improvável sua recuperação. De estudos brasileiros — como, por exemplo, *Noções de história das literaturas* (1940), de Manuel Bandeira, que afirma não existir nenhuma tradição dramática no país, e o canônico *O teatro no Brasil* (1960), de J. Galante Sousa — a estudos publicados na América do Norte e na Europa — por exemplo, *The Cambridge History of Latin American Literature* (1996) —, o teatro brasileiro encontra-se em segundo plano em relação a outras formas de expressão literária, tendo sido rotulado como "derivado" e "imitativo".[3] De fato, o teatro brasileiro do século XIX é um exemplo que serviu como esteio para a declaração de Sílvio Romero:

> Somos um povo altamente medíocre, e não sei se não será um pouco exagerado o anátema do historiador inglês, depois de falar de nossas grandezas naturais: 'Such is the flow and abundance of life by which Brazil is marked from all the other countries of the Earth. But amid the pomp and splendour of nature, no place is left for Man!'[4]

Ou, como Machado de Assis elegantemente pondera em seus escritos de 1873:

> Não há atualmente teatro brasileiro, nenhuma peça nacional se escreve, raríssima peça nacional se representa. Hoje, que o gosto público tocou o último grau de decadência e perversão, nenhuma esperança teria quem se sentisse com vocação para compor obras severas de arte.[5]

---

[3] Ver Bandeira, *Brief History of Brazilian Literature*, trad. Ralph Edward Dimmick (Washington, DC: Pan American Union, 1958); J. Galante de Sousa, *O teatro no Brasil*, 2 vols. (Rio: Instituto Nacional do Livro, 1960); Severino João Albuquerque, "The Brazilian Theater up to 1900", *Cambridge History of Latin American Literature* (Cambridge: Cambridge University Press, 1996), 240-60. Ver também *Theater in Latin America*, de Adam Versényi (Cambridge: Cambridge University Press, 1993), que ignora o Brasil completamente, e "O teatro brasileiro e as condições de sua existência", de Clóvis Bevilaqua. *Épocas e individualidades: Estudos literários* (Recife: Livraria Quintas, 1889): 87-115.

[4] Romero 157. Romero está citando *The History of Civilization in England*, de Henry Thomas Buckle, vol. 2. (Londres: John W. Parker, 1857) 95.

[5] Assis 24.

Mais recentemente, estudiosos têm observado o teatro brasileiro numa tentativa de construir a história do cenário florescente vivido no final do século XX, e incluir a história do teatro em uma teleologia literária mais geral de nacionalismo e desenvolvimento. Edwaldo Cafezeiro e Carmem Gadelha, por exemplo, no sugestivo título *História do teatro brasileiro: Um percurso de Anchieta a Nelson Rodrigues* (1996), abrem seu trabalho com a seguinte frase: "Estudamos, do ponto de vista da dramaturgia, fatos políticos que a sociedade brasileira produziu na sua luta de libertação. Neste sentido, a história do teatro brasileiro caminha paralela à história do Brasil".[6] Este teatro brasileiro era eminentemente nacional e nacionalista, qualquer que fosse a sua forma e independente da origem dos atores, a encenação de espetáculos dramáticos, vinculados ao desenvolvimento da nação, começou no momento da descolonização. Como Chichorro da Gama explica em *Através do teatro brasileiro* (1907), "Nos tempos anteriores à Independência, não houve no Brasil o que se possa chamar teatro seu".[7] Embora esta teleologia possa não ser tão linear quanto fazem supor Cafezeiro, Gadelha, Gama e outros, nesse ensaio proponho que se caracterize o período compreendido de meados a fins do século XIX como um momento crucial para a dramaturgia brasileira, devido a sua absorção por projetos nacionalistas ou suas implicações com eles. Tais projetos podem carecer de continuidade histórica tanto com o passado quanto com o futuro do palco brasileiro, mas sugerem que a importância do teatro no Brasil do século XIX foi desnecessariamente subestimada. Estes projetos abrangem a literatura no âmbito do desenvolvimento do romantismo e do naturalismo (José de Alencar, por exemplo, foi romancista e dramaturgo); a política, no patrocínio imperial para certos tipos de manifestações teatrais; a economia, na expansão de praças e companhias, tanto na capital, o Rio de Janeiro, quanto em centros regionais como Salvador, Recife e, mais tarde, São Paulo; e até mesmo a arquitetura, na construção de teatros como parte da remodelação geral do Rio como capital nacional, o que ecoava os ideais de uma *belle époque* tropical. Além disso, sem negar que muito do teatro brasileiro deste período contava com a atuação de atores estrangeiros e amadores ou era por eles praticado

---

[6] Cafezeiro e Gadelha 10. Cafezeiro e Gadelha concordam com Melo Morais Filho e Sílvio Romero em relação aos autos jesuítas do século XVII e consideram as misteriosas peças medievais de Anchieta a origem do teatro brasileiro, mesmo considerando a lacuna de 250 anos posteriores.
[7] Gama 5.

(incluindo mesmo oficiais visitantes da Real Marinha Britânica, que, na década de 1860, fizeram uma apresentação a que assistiram o Imperador e sua família), sigo Homi Bhabha e outros, quando sugerem que a própria imitação pode constituir um importante modo de resistência e reconstituição, um mecanismo possibilitador da encenação de conceitos de subjetividade unicamente brasileiros.[8]

Em sua obra seminal, *Lições dramáticas*, João Caetano, o mais famoso dramaturgo do século XIX, explica a importância do teatro para um país que está desenvolvendo tanto seus recursos quanto seu senso de identidade. Ele defende um teatro sustentado pelo Estado, encenado em português, que servirá de celeiro para talentos locais e como correção do produto europeu padrão importado, encenado em italiano ou francês, ou traduzido em língua (menor) portuguesa.[9] A primeira e principal "lição" de Caetano parte da premissa de que o teatro de uma nação representa seu estado de desenvolvimento. Como no século seguinte Augusto Boal o fará, Caetano atribui ao teatro poderes radicais no sentido de instruir o público, especialmente contribuindo para a formação de cidadãos, na usual acepção burguesa: "O teatro, bem organizado e bem dirigido, deve ser um verdadeiro modelo de educação, capaz de inspirar na mocidade o patriotismo, a moralidade e os bons costumes e, ou seja por isto, ou por outras razões, as nações cultas se têm esmerado em aperfeiçoá-lo (...)"[10] Caetano portanto conclama o governo a suprir de recursos escolas de formação de atores com cursos complementares à formação educacional, uma escola que passasse a desempenhar o papel que o governo brasileiro, evidentemente, realizava em outra esfera com o objetivo de promover um "rápido progresso, como lhe é mister", para alcançar a autonomia e "maior ou menor perfeição" que outras formas de arte conquistaram durante o Império. Estes eram, obviamente, apelos por apoio financeiro, que afinal tem faltado. Sem dúvida, tratava-se de um apelo à noção de positivismo e a uma teoria de desenvolvimento sob um monarca esclarecido em que o Brasil se apoiava para superar o complexo de inferioridade em relação

---

[8] Ver Helen Gilbert e Joanne Tompkins, *Post-colonial Drama: Theory, Practice, Politics* (Londres: Routledge, 1996) e a discussão sobre as marcas específicas do drama pós-colonial centrada em noções de performatividade.
[9] Para referências sobre João Caetano como presença fundamental no teatro brasileiro, ver Macedo: "João Caetano brilhou como gênio, e meteoro da cena dramática brasileira" (1876, 512)..
[10] Caetano, "Duas palavras ao respeitável público" s/p.

à Europa, assumindo seu lugar de direito entre as grandes nações do mundo. Caetano conclui seu trabalho com uma "Memória tendente à necessidade de uma escola dramática para ensino das pessoas que se dedicarem à carreira teatral, provocando também a utilidade de um teatro nacional bem como os defeitos e decadência do atual", o que, implicitamente, cria um elo entre o destino do teatro brasileiro e o destino da nação, ao sugerir que um país que não apóia publicamente as atividades teatrais corre o risco de distanciar-se do lema "ordem e progresso".[11]

Os historiadores têm freqüentemente considerado João Caetano, a referência-chave para a emergência do teatro nacional no século XIX: primeiro diretor a criar uma trupe inteiramente brasileira, a encorajar e montar peças de intelectuais brasileiros, e a interpretar de modo verdadeiramente original peças de escritores estrangeiros, como Shakespeare.[12] Sua companhia estreou em Niterói, cidade vizinha do Rio de Janeiro, por volta de 1830, com o hoje perdido *O príncipe amante da liberdade ou Independência da Escócia* (Cafezeiro e Gadelha 116). Caetano também deve seu lugar na história a sua bem-sucedida promoção do dramaturgo Luís Carlos Martins Pena, o "Molière brasileiro", considerado o mais importante dramaturgo do período.[13] Às peças de Martins Pena se credita o fato de terem sido as primeiras que abriram espaço para o drama brasileiro nos palcos, abertura que autores subseqüentes puderam capitalizar. Os críticos também têm considerado como sinal de contínuo acatamento pelo Brasil da autoridade cultural do Ocidente, e do triunfo final da imitação sobre a inovação, o fracasso do projeto de Caetano no sentido de abrir uma escola e prover uma praça permanente para o teatro brasileiro.[14] De acordo com esta linha de raciocínio, Caetano era, na verdade, o gênio excepcional que provou

---

[11] A respeito, Caetano escreveu: "Debaixo de tais condições, nunca o teatro brasileiro poderá igualar-se aos teatros estrangeiros, e continuará a vegetar, arrastando consigo a indiferença a que chegou e a que se acha reduzido: ele reclama portanto uma reforma pronta e decidida" (75).
[12] Respondendo às críticas ao trabalho de Caetano, visto como resultado de imitação e mostrando um interesse concentrado nos modelos teatrais originários da Itália, França e Inglaterra, Roberto Seidl comenta: "E se de fato fez pouco para o teatro verdadeiramente brasileiro, é preciso lembrar que esse 'pouco' foi 'tudo' que estava nas suas mãos fazer" (s/p).
[13] O próprio Caetano criou o título "Molière brasileiro" para referir-se a Martins Pena (*Lições* 73).
[14] Veríssimo mostra-se favorável à noção de inferioridade da produção nacional, ao chamar o trabalho de Martins Pena de vulgar, concluindo que Martins Pena "tinha com elas ajudado Magalhães e outros a começarem o teatro brasileiro e iniciado a comédia nacional. Certamente a iniciou numa forma inferior" (64).

a insidiosa influência da mediocridade. Como assinalou o periódico *O Espectador*, "órgão consagrado à Arte Dramática", quando da comemoração do vigésimo aniversário da morte do grande dramaturgo, em 26 de agosto de 1883, "É este nome de um gênio artístico respeitável e popularizado, que sumiu-se após tantos triunfos nos bastidores escurentos do túmulo".[15]

Entretanto, a situação real é muito mais complicada, indicando que, de certa forma, a imagem do drama brasileiro como cultural e artisticamente inferior, decorre muito mais da parte de críticas mais recentes que enfatizam as ansiedades dos próprios críticos sobre o complexo de inferioridade, como se isto se originasse da inferioridade do trabalho em si. Uma comparação com o teatro britânico do século XIX pode ser útil, já que, em suas formas principais, como o melodrama, ele foi também considerado menor ou inferior. A noção do que constitui "bom teatro", isto é, o teatro europeu, está sempre localizada num passado histórico mais remoto, passado histórico que o Brasil, que somente tornou-se uma nação durante o século XIX, nunca poderia reivindicar. Uma dialética similar funcionou ao longo do século XX e continua a funcionar no século XXI: através de Beckett, Brecht e outros, a Europa, vista como centro, continua a afirmar sua influência sobre o teatro como expressão da "alta cultura" no Brasil.[16] Além do mais, como sugere Harold Bloom em *The Anxiety of Influence* (1973), o próprio processo criativo se desenvolve a partir de padrões de apropriações e representações equivocadas. De acordo com este conceito, a reduplicação do modelo europeu da "comédia de costumes" por Martins Pena produz novas formas teatrais precisamente no seu fracasso de imitar as européias, questão que se torna muito clara por uma peça tardia inacabada sobre um libertino, escrita durante a estada do escritor na Inglaterra; a peça é ambientada na Inglaterra, e inteiramente com personagens britânicos, dentre os quais o Duque, Sir Tockley, e Davidson Max-Irton, cujos nomes e situações tornam-se cômicas quando justapostas à experiência própria dos brasileiros do século XIX.

---

[15] Ver também Moraes Filho: João Caetano foi "O maior ator brasileiro"; "incompleto até então, sem modelo e sem mestres, João Caetano tudo pressentiu à força de talento, tudo tentou realizar por milagre do gênio" (12).
[16] O teatro de rua e o projeto de artistas como Augusto Boal e seu grupo do *Teatro do oprimido* constituiriam, naturalmente, uma "baixa cultura" dentro deste explícito sistema alternativo burguês de categorização.

Sendo assim, a análise do teatro brasileiro do século XIX como simples produto derivado, oculta sua real importância no contexto do período e no contexto das formas teatrais européias dominantes. O Brasil beneficiou-se de uma tradição teatral mais eclética e madura do que a maior parte dos países latino-americanos. Apesar de os teatros estarem disponíveis, prioritariamente, para as elites, havia muito mais teatros apenas no Brasil do que no continente inteiro, assim como um grande número de teatros e produções teatrais dispersos ao longo do Império.[17]

Os primeiros teatros começaram a surgir após a vinda da Família Real para o Rio de Janeiro, em 1808, após a invasão napoleônica de Portugal, momento em que o Rio tornou-se a capital do Império português. Dada a pequena população da elite culta, uma peça bem-sucedida no Rio devia ser apresentada somente dez ou doze vezes, com mais algumas apresentações meses mais tarde.[18] De fato, durante a maior parte do século XIX, o teatro brasileiro sobreviveu, em termos financeiros, em função de trupes estrangeiras, além de imitações e traduções servis de obras populares européias, principalmente francesas ou italianas, ou até mesmo, por volta de 1880, de peças de Shakespeare traduzidas do francês. Um bom exemplo deste tipo de obra é *Os doidos fingidos* (1869), do Barão de Cosenza, uma comédia "européia", apresentada por uma companhia italiana e cuja ação se passava no exterior.

Contudo, paralelos a esta tradição internacional, havia autores nacionais cujas obras sinalizavam que as peças importadas não dominaram completamente a cena ou determinaram o gosto do público, pois havia a necessidade do teatro local corresponder às condições locais. As obras destes escritores podem não ter sido capazes de requisitar o mesmo número de apresentações em teatros do país, ou podem ter sido consideradas "menores" por seu interesse no burlesco e na farsa — e recordemos que formas de teatro "inferiores" também eram parte importante do repertório em centros europeus. Entretanto, em retros-

---

[17] Uma rápida olhada em jornais regionais confirma esta visão. Durante "A Questão Christie", um incidente diplomático ocorrido entre Brasil e Inglaterra em meados de 1860, o periódico *O Jequitinhonha* relatava sobre a produção e imprimia o roteiro de uma peça curta, *John Bull, ou O pirata inglês*, sugerindo que o teatro brasileiro tinha potencial para ir além dos grandes centros urbanos. Ver *O Jequitinhonha* 3.104 (7 de fevereiro de 1863) e 3.105 (14 de fevereiro de 1863) para trechos sobre a produção e o roteiro da peça.
[18] Ver Faria 106.

pecto, elas desmentem as noções de que os brasileiros optaram por expressar-se somente através de outros meios, em especial o romance. Vários autores, hoje considerados canônicos por seus romances, escreveram para o palco. Joaquim Manuel de Macedo, mais conhecido por *A moreninha* (1844), desenvolveu também seu programa abolicionista através de dramas como *Cobé* (1849).

Provavelmente a mais notável característica do teatro brasileiro durante esse período é que sozinho ele teve capacidade de corresponder rápida e publicamente aos acontecimentos políticos e culturais do país. Por exemplo, *A estátua amazônica: Comédia arqueológica* (1851), de Manoel de Araújo Porto-Alegre, satiriza a "descoberta", pelo Conde de Castlenau, de uma estatueta amazônica que ele acreditava provar a existência de uma grande civilização antiga no Brasil. A peça *Meu marido está ministro*, de A. Castro Lopes, apresentada no Teatro Ginásio, e publicada em 1864, comenta, basicamente, a instabilidade do governo neste momento particular, o nepotismo e a corrupção que vigoravam na política imperial. A exemplo disto, Joaquim José da França Júnior, em *Caiu o ministério*, lançado no final de 1882, narra os fatos de um gabinete que controla o governo de janeiro a julho do mesmo ano.[19] Já na primeira metade do século XIX, muitas peças — entre elas *Os ingleses no Brasil*, de 1850, escrita por um autor que se auto-intitulava "Lopes de La Vega" — chegaram aos palcos em resposta à intervenção britânica pelo "Ato de Aberdeen," de 1845, que concedeu aos navios britânicos amplos poderes de busca e apreensão de navios brasileiros suspeitos de envolvimento no tráfico de escravos. A guerra entre Brasil e Paraguai originou trabalhos como *O Brasil e o Paraguai: Cena patriótica o.d.c. aos defensores da pátria pelo artista Francisco Corrêa Vasques* (1865), um monólogo apresentado pelo "Sr. Brasil" em defesa de seu país, que termina com a recitação do "Hino Nacional". A velocidade com que essas peças eram escritas e produzidas permitiram ao teatro seguir a imprensa na discussão dos fatos mais candentes, os quais, por vários motivos (inclusive restrições que poderiam impedir a publicação), não poderiam aparecer tão facilmente em outros gêneros literários, como o romance.

A influência dos estrangeiros nos setores político, econômico e social também constituía a importante temática para o teatro do século XIX, ao fornecer um cenário perfeito no qual se atribuía aos estrangei-

---

[19] Ver Barman 252.

ros o papel de bode expiatório e, assim, se ressaltava a identidade nacional.[20] Freqüentemente, as descrições dos estrangeiros nas peças (particularmente os britânicos) centravam-se em uma falsa promessa de industrialização. *Os dois, ou o inglês maquinista* (1845), de Martins Pena, por exemplo, gira em torno de um empresário britânico, adequadamente chamado Gainer, que tenta promover sua grandiosa invenção, na qual processa ossos transformando-os em açúcar, numa das maiores economias produtoras de açúcar do mundo. *A torre em concurso* (1863), de Macedo, imprime comicidade às relações afetivas dos brasileiros com as coisas e pessoas européias. Nesta peça, uma cidade brasileira, sem nenhum morador estrangeiro, abriga um concurso, aberto somente a ingleses, para selecionar o construtor de um projeto público, produzindo muito mais farsa quando vários brasileiros se passam por ingleses com o objetivo de arrecadar a comissão. Já em *Caiu o ministério*, a ação ocorre em torno da figura do Mr. James, artífice de uma proposta de construção de uma ferrovia até o Corcovado que seria percorrido por trenós puxados por cachorros. (Quando a peça foi escrita, o governo havia acabado de autorizar dois engenheiros brasileiros a construir tal ferrovia. Esta seria a primeira estrada de ferro do país destinada a turistas.).[21] A rejeição a esse tipo de plano por parte de França Júnior e seu público — juntamente com a rejeição ao plano de miscigenação do Mr. James ao lado da personagem Beatriz — é um apelo para o Brasil superar sua aceitação acrítica da superioridade americana e européia em termos técnicos ou culturais. Entretanto, apesar de ideologicamente mais conservador, poderíamos dizer que, a seu modo, França Júnior antecipa as idéias da antropofagia modernista da década de 20, pois, segundo o movimento antropofágico, o Brasil deveria ingerir e regurgitar tudo o que fosse extraído do Velho Mundo, para então ser capaz de desenvolver uma identidade própria.

Estereotipar estrangeiros como método para estabelecer uma subjetividade brasileira hegemônica aparece numa variedade de outras fontes, em que tal subjetividade se apresenta principalmente (mas não exclusivamente) através da linguagem. Nestas obras, a incompetência lingüística assinala outras formas mais profundas de incompetência,

---

[20] Ver Cafezeiro e Gadelha: "A comédia brasileira, rindo de opressores, marca e assinala o caminho da independência no que esta contém de crítica e de capacidade de formulação de novas alternativas" (211).
[21] Ver Semenovitch 17-9.

permitindo a afirmação da voz brasileira como a voz de domínio. A comédia e a farsa engendradas por mal-entendidos lingüísticos e culturais significam não apenas um princípio organizador da ação, mas também um meio de constituir o mimetismo como técnica ou (um vagamente definido) problema do colonizador, mais do que do colonizado. Ao mesmo tempo, e isto se vincula à imagem de Harold Bloom das apropriações equivocadas como força criativa, tais apropriações geram não somente os enredos e as situações cômicas destas peças, mas, sobretudo, transferem o verdadeiro poder criativo aos brasileiros, já que, por dominarem sua própria língua, não estão engajados em atos equivocados de apropriação. *O holandês, ou pagar o mal que não fez* (1856) apresenta um holandês chamado Kolk cuja inabilidade cômica em compreender o português é objeto de vantagens tiradas por outros personagens da pousada em que se encontra, à medida em que estes lhe extorquem dinheiro ao questionar seu decoro sexual. Invertendo as noções brasileiras tradicionais de hospitalidade, a peça sugere que, aqueles que não podem e não se esforçam para entender os costumes brasileiros e a língua portuguesa, transformam-se numa presa fácil: esta é a vingança brasileira dentro da dialética econômica entre colonizador e colonizado — e vale ressaltar que, nesse exemplo, o brasileiro é significativamente representado como alguém de condição social inferior.

Estas peças são particularmente interessantes, pois se evita o casamento entre brasileiros e estrangeiros, e, conseqüentemente, a assimilação. Em *Luxo e vaidade*, encenada pela primeira vez em 1860, Macedo satiriza os empregados Petit, o francês, e Fanny, a inglesa, que reclamam constantemente do Brasil em seu português macarrônico — o bordão de Fanny é "este não se úse n'Ingliterre" —, e que somente permanecem a serviço de uma família brasileira obcecada pela Europa por causa do seu afeto mútuo. O destino natural do estrangeiro é associar-se a outros estrangeiros, mantendo-se assim a integridade da sociedade brasileira, já que seus laços sangüíneos rejeitam as influências externas, em atos de explícita endogamia cultural. Mesmo em *O defeito de família*, obra posterior de França Júnior, encenada na Fênix Dramática, em 1870, desdenha da assimilação, através do retrato do empregado Ruprecht Somernachtsraumenberg, cuja dramática desfiguração da língua portuguesa constitui reminiscência do efeito cômico produzido pelo personagem Dogberry, em *Muito barulho por nada*, de Shakespeare. Ruprecht representa uma articulação de deslocamentos de populações dentro do Brasil, que na época vivia uma crescente imigração da Alemanha, Itália e Suíça, pondo em questão noções de identidade brasileira, adquirida essencialmente através do nascimento e da herança portuguesa. A peça, porém, favorece a manutenção da integridade cultural. Neste mundo às avessas que os autores da época evocam, os europeus, e não os brasileiros, tornam-se marcados, através do mimetismo, como inferiores, ineptos e empobrecidos. Enquanto isso, a audiência encontra-se ao mesmo tempo dentro e fora do espetáculo de hibridismo de Bhabha, através da insistência final na resistência àquilo que é fundamental para produzir hibridismo — a união sexual.

Enfim, estas peças e sua essencialização tanto de brasileiros como de estrangeiros indicam algumas limitações do teatro brasileiro do século XIX, que são, em termos históricos, tão importantes quanto suas conquistas. Em primeiro lugar, o número restrito de praças nas quais as peças podiam ser apresentadas e o perfil de sua audiência, constituída por brasileiros de classe média alta, basicamente de origem portuguesa, significavam que a recepção se restringia a membros de várias elites. Por isso mesmo, os autores talharam suas críticas sociais e políticas a questões pertinentes a um meio educado e influente, evitando a popularização do teatro que ocorreu em alguns países europeus, como a Inglaterra, com o crescimento do teatro de variedades. Este perfil da audiência também aponta para um (freqüentemente direto) envolvimento destes autores no processo de governar o país. Por exemplo, Martins Pena ganhava a vida como diplomata, enquanto Alencar também foi senador. Desse modo, num nível fundamental, o teatro terminou correspondendo ao ideal de João Caetano no tocante ao patrocínio governamental, efetivamente funcionando como extensão do aparato burocrático. Em segundo lugar, uma vez que o teatro como instituição estava localizado predominantemente nas cidades, os dramaturgos escreveram produtos especificamente metropolitanos, freqüentemente restringindo as locações de suas peças aos ambientes do Rio de Janeiro familiares aos espectadores. O foco metropolitano pode ajudar a explicar a relativa ausência de locações em fazendas ou florestas, tão populares em outras formas da literatura brasileira, para não mencionar a evidente ausência do índio no drama em comparação com sua notável presença em outras formas, como o romance.[22] Em terceiro e último lugar, a própria velocidade e a facilidade com que o circunstancial e o político podiam ser representados faziam com que o teatro brasileiro rapidamente se tornasse datado, permitindo que ele caísse no esquecimento, assim justificando noções estéticas de inferioridade, com base na premissa de que a arte de qualidade supera os rígidos parâmetros do tempo e do contexto cultural.

Apesar disso, graças ao teatro brasileiro do século XIX, munido de suas particularidades e através de seu contexto histórico, mais do que estético, chegamos à seguinte conclusão: quaisquer que sejam as suas limitações, o palco brasileiro viveu e sobrevive. "A história mente", declara Antônio José Domingues no soneto que escreveu em homenagem a João Caetano. Caetano e os caminhos que trilhou "não morreram" e não estão confinados às ruínas do tempo. Ao invés disso, leitores e críticos são levados, assim como Domingues, a ouvir os ecos no auditório: "Não lhe ouvis sobre o palco a voz potente, / Que leva a convicção ao centro d'alma?"[23]

Tradução de Juliana Balbina de Moura

Bibliografia

Assis, Machado de. "Notícia da atual literatura brasileira — Instinto de nacionalidade". *Crítica por Machado de Assis*. Mário de Alencar (org.). Rio de Janeiro: Livraria Garnier,1924. 7-28 [1873].

Barman, Roderick J. "Politics on the Stage: The Late Brazilian Empire as Dramatized by França Júnior", *Luso-Brazilian Review* 13.2 (Winter 1976): 240-60.

Bloom, Harold. *The Anxiety of Influence*. Nova York: Oxford UP, 1973.

Caetano, João. *Lições dramáticas*. Rio de Janeiro: Tipologia, Imp. e Const. de J. Villeneuve & C., 1862.

Cafezeiro, Edwaldo e Carmem Gadelha. *História do teatro brasileiro: Um percurso de Anchieta a Nelson Rodrigues*. Rio de Janeiro Editora UFRJ/ EDUERJ/ FUNARTE, 1996.

Cosenza, Barão de. *Os doidos fingidos: Comédia em dois Atos*. Rio de Janeiro: Tipografia, Imp. e Const. de Villeneuve & C., 1869.

---

[22] *Calabar* (1859), de Agrário Menezes, é uma pungente exceção à regra da ausência da figura do indígena, assim como a mais famosa exportação teatral, *Il Guarany*, de Carlos Gomes (1870), uma ópera baseada na história de José de Alencar, *Il Guarany*, lidando, especificamente, com a questão da construção da identidade através da figura do índio. Ver Doris Sommer, "*O Guarani* and *Iracema*: A National Romance (Con)Founded," *Foundational Fictions: The National Romances of Latin America* (Berkeley: University of California Press, 1991) 138-71.

[23] Domingues 3.

Domingues, Antonio José. "João Caetano de Santos". *A Época: Periódico Literário, Crítico e Poético*, 1.5, 4 de Julho de 1863.
Faria, João Roberto. *O teatro realista no Brasil: 1855-1865*. São Paulo: Editora da Universidade de São Paulo, 1993.
França Júnior, Joaquim José da. *Teatro de França Júnior*. Edwaldo Cafezeiro (org.). 2 Vols. Rio de Janeiro: Serviço Nacional de Teatro/Fundação Nacional de Arte, 1980.
Gama, A. C. Chichorro da. *Através do teatro brasileiro*. Rio de Janeiro: Livraria Luso-Brasileira, 1907.
Gomes, A. Carlos. *Il Guarany*. Milão: n. p., 1870.
Gonnet, João Julião Federado. *O marajó virtuoso, ou os horrores do tráfico da escravatura* Rio de Janeiro: n. p., n. d.
──────. *O holandês, ou pagar o mal que não fez*. Rio de Janeiro: Tipografia Dois de Dezembro de Paula Brito, 1856.
Lopes, A. de Castro. *Meu marido está ministro*. Teatro do Doutor A. de Castro Lopes. Vol. 1. Rio de Janeiro: Tipografia do Imperial Instituto Artístico, 1864.
Macedo, Joaquim Manuel de. *Ano biográfico brasileiro*, vol. 2, 1876. 509-515.
──────. *Teatro completo*. 2 Vol. Rio de Janeiro: Ministério da Educação e Cultura, Fundação Nacional de Arte, Serviço Nacional de Teatro, 1979.
Menezes, Agrário de Souza. *Calabar: Drama em verso, e em 5 atos*. Bahia: Tipografia e Livraria de E. Pedroza, 1859.
Moraes Filho, Melo. *João Caetano (Estudo de individualidade)*. Rio de Janeiro: Laemmert & C., 1903.
Pena, Luís Carlos Martins. *Teatro de Martins Pena*. 2 Vols. Darcy Damasceno (org.). 1956.
Porto-Alegre, Manuel de Araújo. *A estátua amazônica. Comédia Arqueológica* Dedicada ao Ilm. Sr. Manuel Ferreira Lagos. Rio de Janeiro: Tipografia de Francisco de Paula Brito, 1851.
Romero, Sílvio. *A literatura brasileira e a crítica moderna*. Rio: Imprensa Industrial, 1880.
Seidl, Roberto. *João Caetano 1808-1863 (Apontamentos biográficos)*. Rio de Janeiro: n. p., 1934.
Semenovitch, Jorge Scévola de. *Corcovado: A conquista da montanha de Deus*. Rio de Janeiro: Editora Lutécia, 1997.
Vasques, Francisco Corrêa. *O Brasil e o Paraguai: Cena patriótica o.d.c. aos defensores da pátria pelo artista Francisco Corrêa Vasques*. Rio de Janeiro: Tipografia Popular de Azeredo Leite, 1865.
Veríssimo, José. "Martins Pena e o teatro Brasileiro". *Revista Brasileira* 4.15 (Julho de 1898): 47-64.

NACIONALISMO EM GONÇALVES DIAS

José Luís Jobim[1]

Após nossa independência política, tivemos uma geração de escritores que se empenhou por uma literatura nacional. Gonçalves Dias (1823-1864) pertenceu a esta geração, da qual foi um dos nomes mais representativos, junto com Joaquim Manuel de Macedo (1820-1882), Bernardo Guimarães (1825-1884) e José de Alencar (1829-1877). Entre seus objetivos estava o de enfatizar a diferença entre a velha metrópole e a nova nação sul-americana. Esta é a razão pela qual eles tanto escolheram concentrar-se em temas vistos como genuinamente brasileiros (nossa natureza, nossos indígenas, nossa cultura etc.) quanto deram atenção especial às diferenças entre os modos brasileiro e português de escrever e falar a nossa língua.[2]

Nascido no interior do Maranhão, Gonçalves Dias era filho de um português com uma mestiça. Em sua infância, trabalhou na loja do pai, porém mais tarde foi estudar Direito na Universidade de Coimbra, que

---

[1] Professor Titular de Teoria da Literatura na Universidade do Estado do Rio de Janeiro. Entre outros, autor de *Palavras da crítica* (Rio de Janeiro: Imago, 1992); *A Poética do Fundamento* (Rio de Janeiro: EdUFF, 1996); *A Biblioteca de Machado de Assis* (Rio de Janeiro: Topbooks, 2001).

[2] A este respeito, em carta a Antônio Henriques Leal (1864), Gonçalves Dias assim se manifestou: "1º — A minha opinião é que ainda, sem o querer, havemos de modificar altamente o português.
2º — Que uma só cousa fica e deve ficar eternamente respeitada: a gramática e o gênio da língua.
3º — Que se estude muito e muito os clássicos, porque é miséria grande não poder usar das riquezas que herdamos.
4º — Mas que, em só pode haver salvação fora do Evangelho de S. Luís, como que devemos admitir tudo o de que precisamos para exprimir cousas ou novas ou exclusivamente nossas.
5º — E que, enfim, o que é brasileiro é brasileiro, e que *cuia* virá a ser tão clássico como *porcelana*, ainda que a não achem tão bonita". Dias 1134.

então era a instituição de ensino superior mais prestigiosa de Portugal. Depois de graduar-se em 1844, retornou ao Brasil e, após uma breve estada no Maranhão, fixou-se no Rio de Janeiro, onde se estabeleceu como professor, mais tarde sendo designado para missões como especialista em etnografia e educação.

A publicação de *Primeiros cantos* (1847), seu livro de estréia, acabou conquistando-lhe um lugar ao sol, pois foi elogiado como exemplo do que deveria ser a literatura de uma nova nação. Alexandre Herculano, então um dos mais famosos escritores de Portugal, terá um papel decisivo na sua recepção positiva, ao publicar em 30 de novembro de 1847, na *Revista Universal Lisbonense*, uma crítica extremamente favorável ao poeta maranhense: "Os *Primeiros cantos* são um belo livro; são inspirações de um grande poeta" (Dias 99). A partir da segunda edição, Gonçalves Dias passará a publicar esta crítica como uma espécie de prefácio àquela sua obra.

As publicações posteriores mais do que confirmaram a reputação ganha com a primeira, e o transformaram em um dos mais famosos poetas de seu tempo. No entanto, embora ele tenha tido uma carreira de sucesso, sua vida pessoal não foi feliz, pois apaixonou-se pela cunhada de um grande amigo, Ana Amélia Ferreira do Vale, mas a família dela não deu permissão para o casamento. Mais tarde, ele se casou com Olímpia Coriolana da Costa, com quem manteve uma difícil e conturbada relação. Provavelmente este terá sido um fator determinante para o poeta maranhense ter estado tão disponível para missões científicas que o mantinham longe do lar por longos períodos. Em 1864, quando retornava de uma missão na Europa, seu navio naufragou. Todos a bordo sobreviveram, exceto ele.

Gonçalves Dias e a Poesia

Embora Gonçalves Dias tenha escrito um certo número de peças teatrais e ensaios etnográficos, ele ainda hoje é mais conhecido por seus poemas. Como poeta, ele conseguiu integrar habilmente o nacionalismo com uma inflexão pessoal. Já no prólogo da primeira edição da coletânea de poemas que o tornaria famoso, o poeta maranhense considera importante que a obra se origine das idéias e emoções do autor, evitando imitar escritores e obras anteriores. Nisto, ele incorpora uma certa atitude do Romantismo brasileiro (em posição contrária à do Arcadismo) que, insurgindo-se contra a imitação dos modelos greco-latinos, pregava a experiência pessoal da escrita, o que, entre outras coisas, determinou o fim da separação rígida entre os gêneros literários, e a criação de novas formas, como o romance. Enquanto no Arcadismo havia uma atitude de seguir as normas neoclássicas, no Romantismo não há preocupação em seguir regra ou modelo anterior. Tudo isto aparece claramente no prólogo dos *Primeiros cantos*:

> Dei o nome de *Primeiros cantos* às poesias que agora publico, porque espero que não serão as últimas.
> Muitas delas não têm uniformidade nas estrofes, porque menosprezo regras de mera convenção; adotei todos os ritmos da metrificação portuguesa, e usei deles como me pareceram quadrar melhor com o que eu pretendia exprimir.
> Não têm unidade de pensamento entre si, porque foram compostas em épocas diversas — debaixo de céu diverso — e sob a influência de impressões momentâneas. Foram compostas nas margens viçosas do Mondego e nos píncaros enegrecidos do Gerez — no Doiro e no Tejo — sobre as vagas do Atlântico, e nas florestas virgens da América. Escrevi-as para mim, e não para os outros; contentar-me-ei, se agradarem; e se não... é sempre certo que tive o prazer de as ter composto.[3]

Com efeito, Gonçalves Dias foi muito hábil em tirar vantagem dos mais variados recursos rítmicos, conforme lhe convinham. Tinha, ao mesmo tempo, um profundo conhecimento das convenções poéticas e um talento para explorar novos caminhos em sua escrita. Talvez seja por isto que conseguiu produzir algumas das texturas mais rítmicas e musicais da literatura brasileira, o que lhe granjeou uma posição ímpar em nosso cânone literário.

Seu poema mais famoso é provavelmente a *Canção do exílio*, um exemplo perfeito da junção do nacionalismo com inflexão pessoal, bem como de suas habilidades musicais:

---

[3] Dias 103.

Canção do exílio

Kennst du das Land, wo die Citronen blühen,
Im dunkeln die Gold-Orangen glühen,
Kennst du es wohl? — Dahin, dahin!
Möcht' ich ... ziehn.
Goethe[4]

Minha terra tem palmeiras,
Onde canta o Sabiá;
As aves, que aqui gorjeiam,
Não gorjeiam como lá.

Nosso céu tem mais estrelas,
Nossas várzeas têm mais flores,
Nossos bosques têm mais vida,
Nossa vida mais amores.

Em cismar, sozinho à noite,
Mais prazer encontro eu lá;
Minha terra tem palmeiras,
Onde canta o Sabiá.

Minha terra tem primores,
Que tais não encontro eu cá;
Em cismar — sozinho, à noite —
Mais prazer encontro eu lá;
Minha terra tem palmeiras,
Onde canta o Sabiá.

Não permita Deus que eu morra,
Sem que eu volte para lá;
Sem que desfrute os primores
Que não encontro por cá;
Sem qu'inda aviste as palmeiras,
Onde canta o sabiá.

Coimbra — julho 1843. (*Poesia* 105)

---

[4] "Conheces a região onde florescem os limoeiros?
Laranjas de ouro ardem no verde-escuro da folhagem?
...Conheces bem? Lá, lá
Eu quisera estar".
(Trad. Ramos 64.)

Este talvez seja o mais influente e famoso poema da literatura brasileira, tendo sido mencionado, citado ou reescrito por muitos autores importantes desde a sua publicação.

Casimiro de Abreu:

> Se eu tenho de morrer na flor dos anos,
> Meu Deus! Não seja já;
> Eu quero ouvir na laranjeira, à tarde,
> Cantar o sabiá! (Abreu 51)

Oswald de Andrade:

> Minha terra tem palmares
> onde gorjeia o mar
> os passarinhos daqui
> não cantam como os de lá. (Andrade 82)

Murilo Mendes:

> Minha terra tem macieiras da Califórnia
> onde cantam gaturamos de Veneza. (Mendes 31)

Carlos Drummond de Andrade:

> Meus olhos brasileiros se fecham saudosos,
> Minha boca procura a "Canção do exílio",
> Como era mesmo a "Canção do exílio"?
> Eu tão esquecido de minha terra...
> Ai terra que tem palmeiras
> onde canta o sabiá! (Andrade 1973, 6)

> Um sabiá
> na palmeira, longe.
> Estas aves cantam
> um outro canto. (Andrade 1973, 94-5)

Embora o título *Canção do exílio* possa sugerir isto, Gonçalves Dias nunca foi exilado. De fato, quando escreveu o poema, ele se encontrava em Portugal por sua própria vontade, com a finalidade de estudar Direito em Coimbra. Assim, quando emprega os advérbios *"aqui"* e "*cá*", refere-se a Portugal, enquanto, ao usar "*lá*", refere-se ao Brasil. A palavra *exílio* no título designa o sentimento de separação da pátria, associado ao desejo de algum dia retornar: "Não permita Deus que eu morra,/ Sem que eu volte para lá".

A epígrafe do poema é tirada de estrofe do poema *Mignon*, de Goethe, e faz menção a um lugar paradisíaco onde limoeiros e laranjeiras desabrocham. O paralelo se faz claro com o outro lugar cheio de qualidades especiais de que fala o poema: a terra natal.

O texto é estruturado como uma comparação entre o que pode ser encontrado "aqui" / "cá" (em Portugal) e "lá" (no Brasil). O resultado desta comparação é o destaque dos atributos de nosso país. Observe-se a utilização do "mais" nas construções comparativas: "Nosso céu tem "mais" estrelas, / Nossas várzeas têm "mais" flores / Nossos bosques têm "mais" vida, / Nossa vida "mais" amores". Sua terra natal tem uma perfeição que ele não encontra em Portugal: "Minha terra tem primores, / Que tais não encontro eu cá;".

Também é interessante notar o uso dos pronomes de primeira pessoa, tanto no singular ("eu", "minha") quanto no plural ("nossa"). As formas singulares ("eu" e "minha") põem em relevo a subjetividade das afirmações feitas e a relação delas com o indivíduo que declara sentir-se melhor à noite em sua pátria e não querer morrer em Portugal. Mas a forma plural "nossa" enfatiza uma comunidade nacional imaginada, no sentido em que Anderson a define: a nação é *imaginada* porque nem mesmo os membros das menores nações jamais conhecerão a maioria de seus compatriotas, nem os encontrarão, nem sequer ouvirão falar deles, embora na mente de cada um esteja viva a imagem de sua comunhão, por imaginarem compartilhar da mesma *nacionalidade*.[5] Assim, o jogo das formas pronominais estabelece uma relação que também engloba o destinatário virtual do poema. Talvez possamos dizer que esta forma plural se dirige a um pretenso sujeito coletivo, o povo brasileiro, razão pela qual possivelmente este poema se tornou uma espécie de hino nacional, de canto à *nossa* nacionalidade.

No entanto, sempre que se fala de nacionalismo em Gonçalves Dias, uma das primeiras coisas a serem mencionadas é seu *Indianismo*. Então, é importante dizer algo sobre a participação de Dias neste movi-

---

[5] Anderson 1991.

mento literário, que teve como um de seus efeitos a criação de uma espécie de protótipo de herói nacional.

O Indianismo de Gonçalves Dias

O primeiro documento dos portugueses, descrevendo sua chegada ao Brasil, é a carta de Pero Vaz Caminha ao rei, na qual relata que os nativos eram "homens pardos todos nus sem nenhuma coisa que lhes cobrisse suas vergonhas".[6] Caminha ressalva que não havia maldade na nudez deles: "Andam nus sem nenhuma cobertura, nem estimam nenhuma coisa cobrir nem mostrar suas vergonhas, e estão acerca disso com tanta inocência como têm em mostrar o rosto".[7]

No entanto, é bom lembrar que a expedição que trouxe nosso primeiro cronista também levou dois indígenas a Portugal. Gonçalves Dias interpretou esta ação como um indício do que viria a ser a conquista portuguesa:

> O primeiro navio destacado da conserva para levar a Portugal a notícia do descobrimento do Brasil, e com instâncias ao rei de Portugal para que por amor da religião se apoderasse d'esta descoberta, cometera a violência de arrancar de suas terras, e sem que a sua vontade fosse consultada, a dois índios, ato contra o qual se tinham pronunciado os capitães da frota de Pedro Álvares. Fizera-se o índice primeiro do que [era] a história da colônia: era a cobiça disfarçada com pretextos da religião, era o ataque aos senhores da terra, à liberdade dos índios; eram colonos degradados, condenados à morte, ou espíritos baixos e viciados que procuravam as florestas para darem largas às depravações do instinto bruto. [8]

De fato, Gonçalves Dias fez parte de um grupo de escritores que decidiu fazer do índio uma espécie de herói nacional. Estes escritores também tentarão representá-lo como o mais legítimo filho do solo brasileiro, como aquele que sempre viveu aqui e lutou heroicamente contra os invasores portugueses.

Para esta linha de representação, era necessário reagir contra uma tradição derivada de documentos europeus e portugueses que apresentavam o indígena com atributos negativos. Gonçalves de Magalhães,

---
[6] Caminha 87.
[7] Caminha 88.
[8] Dias, "Brasil e Oceania" 274.

por exemplo, proclamava a necessidade de não se adotar como parâmetro de julgamento os pontos de vista expressos em documentos produzidos pelos colonizadores, já que estes tinham o papel de justificar as ações e os interesses da metrópole. A primeira subseção de sua "Memória oferecida ao Instituto Histórico e Geográfico Brasileiro" já indica a opinião que desenvolverá em seu texto: "Os documentos escritos sobre os indígenas do Brasil devem ser julgados pela crítica, e não aceitos cegamente" (Magalhães 3). Curiosamente, trata-se da mesma opinião expressa por seu inimigo literário, mas parceiro indianista, José de Alencar, pois certamente poderiam também ser atribuídas a Alencar as suas palavras:

> Quando no estudo da história, religião, usos e costumes de um povo vencido e subjugado outros documentos não temos além das crônicas e relações dos conquistadores, sempre empenhados em todos os tempos a glorificar seus atos com aparências de justiça, e a denegrir as suas vítimas com imputações de todos os gêneros; engano fora se cuidássemos achar a verdade e os fatos expostos com sincera imparcialidade, e devidamente interpretados.[9]

O título da segunda subseção do artigo de Magalhães também é elucidativo: "O fim deste trabalho é reabilitar o elemento indígena que faz parte da população do Brasil" (3). Com efeito, Magalhães argumenta que o elemento europeu constitutivo de uma parte da população do Brasil, e ao qual devemos o incremento da nossa civilização, "não necessita hoje de reabilitação aos olhos da filosofia":

> Ele domina por toda parte e voa através dos mares, até onde a cobiça lhe acena alguma presa. Seus mesmos erros e crimes acham-se suficientemente compensados por ilustres e apregoados feitos que assinalam a sua marcha invasora, a par de muitas devastações e mortes.[10]

Quando se fala em expressar o ponto de vista do índio sobre a conquista portuguesa, um dos mais conhecidos poemas do indianismo é *O canto do Piaga*, de Gonçalves Dias. *Piaga* é a palavra que designa, em tupi, o *pajé*, isto é, aquele que, nas comunidades indígenas brasileiras, tem a atribuição ou o suposto poder de comunicar-se com os espíritos

---

[9] Magalhães 3.
[10] Idem 6.

e entidades não humanas. Por isto, no poema, menciona-se que os deuses falam no canto do piaga: atribui-se a ele o poder de receber mensagens dos deuses e de interpretar sinais da natureza como um presságio.

Neste texto, um fantasma vem à caverna do piaga e lhe diz que *Anhangá*, o espírito do mal, além de obstruir seus sonhos, não está deixando que perceba os sinais da natureza:

> Tu não viste nos céus um negrume
> Toda a face do sol ofuscar;
> Não ouviste a coruja, de dia,
> Sons estrídulos torva soltar?
>
> Tu não viste dos bosque a coma
> Sem aragem — vergar-se e gemer,
> Nem a lua de fogo entre nuvens,
> Qual em vestes de sangue, nascer?
>
> E tu dormes, ó Piaga divino!
> E Anhangá te proíbe sonhar!
> E tu dormes, ó Piaga, e não sabes,
> E não podes augúrios cantar?! (*Poesia* 109-10)

Se o *Piaga* não estivesse sob a influência de Anhangá, teria certamente percebido a escuridão num dia de sol, o pio diurno de uma ave noturna, as copas das árvores se inclinando sem vento, a lua nascendo vermelha entre as nuvens. Mas o espírito do mal, além de ter impedido o pajé de distinguir os sinais que se acumulavam, também prejudicou o seu acesso à outra fonte de predições e vaticínios: o sonho.

Assim, o "horrendo fantasma" anuncia a chegada do conquistador português, que aparece saindo das "entranhas das águas" num "marinho arcabouço" (a caravela), e vem "matar vossos bravos guerreiros,/ Vem roubar-vos a filha, a mulher!" (*Poesia* 110)

Naquele momento, os manitôs —entidades protetoras do lar indígena— já tinham fugido, e a desgraça estava prestes a atingir o próprio piaga, pois o invasor:

> Vem trazer-vos algemas pesadas,
> Com que a tribo Tupi vai gemer;
> Hão de os velhos servirem de escravos,
> Mesmo o Piaga inda escravo há de ser! (*Poesia* 111)

No século XIX, os europeus costumavam, em vez de invocar razões religiosas, como antes, tentar legitimar a aniquilação de tribos nativas com o argumento de que isto faria parte do "progresso". O poeta maranhense parece predizer o destino dos nativos no encontro com a civilização européia, pois, em seu poema inacabado *Os timbiras*, ele já se designa como a voz de um povo extinto, cuja sepultura abrange virtualmente toda a América do Sul. E também denuncia a justificativa do "progresso" para o genocídio:

> (...) — Chame-lhe progresso
> Quem do extermínio secular se ufana;
> Eu modesto cantor do povo extinto
> Chorarei nos vastíssimos sepulcros,
> Que vão do mar ao Andes, e do Prata
> Ao largo e doce mar das Amazonas.[11]

Do ponto de vista do poeta maranhense, seu continente estava bem melhor antes de o mar e o vento trazerem os europeus e seus instrumentos de conquista:

> América infeliz, já tão ditosa
> Antes que o mar e os ventos não trouxessem
> A nós o ferro e os cascavéis da Europa?! (*Poesia* 530)

No período pós-colonial, parecia haver um renovado interesse não somente em descobrir o que era o Brasil, mas também em repensar o passado colonial de nova maneira, diferente da portuguesa. A poesia de Gonçalves Dias não podia deixar de ser influenciada por sua época, e, principalmente no seu *indianismo*, cumpriu o papel de articular uma representação de experiências, sentimentos e aspirações de um suposto núcleo inicial do povo brasileiro. Contudo, é bom assinalar que

---

[11] Dias, *Os Timbiras* 5.

Magalhães não foge ao padrão ideológico de Martius ou Varnhagen, no que diz respeito à adoção de certos padrões racistas, que consideram a raça "caucasiana" superior à "cor de cobre" e à "etiópica". Ele chega mesmo a especular sobre um modelo alternativo de colonização:

> Se os colonizadores seguissem o exemplo dos padres da Companhia, que também dos índios se serviam com muito proveito, se imitassem ao menos aos Franceses, que os tinham por amigos; se não quisessem ávidos enriquecer-se do pé para mão, teriam dispensado os braços africanos, importados pela sórdida cobiça, e pagos com o sangue indígena; maior quantia de índios se teriam cristianizado sem tanta carnificina; e mais aumentada estaria hoje a nossa população, sem a escura mescla da raça de Cam, cuja maldição como que recai sobre o seu próprio trabalho, em maior dano dos que a escravizam.[12]

Note-se que a referência à Bíblia (*Gênesis*, 9, 18 s.) deixa bem claro o ponto de vista sobre a raça negra. Como se sabe, Cam, o antepassado de Canaã, era o filho mais novo de Noé, e foi amaldiçoado pelo pai: "Maldito seja Canaã! Que se torne o último dos escravos dos irmãos" (*Gênesis*, 9, 25).

Bibliografia

Abreu, Casimiro de. *Poesias completas*. São Paulo: Saraiva, 1961.
Anderson. Benedict. *Imagined Communities*. London: Verso, 1991.
Andrade, Oswald de. *Poesias reunidas*. Rio de Janeiro: Civilização Brasileira, 1972.
Andrade, Carlos Drummond de. *Reunião*. Rio de Janeiro: José Olympio, 1973.
Caminha, Pero Vaz. *A Carta de Pero Vaz Caminha*. 4ª ed. Rio de Janeiro: Agir, 1990. [1500].
Cesar, Guilhermino. *Historiadores e críticos do Romantismo — 1. A contribuição européia: crítica e história literária*. Rio de Janeiro/São Paulo: LTC/EDUSP, 1978.
Dias, Antonio Gonçalves. "Brasil e Oceania: Memória apresentada ao Instituto Histórico e Geográfico Brasileiro e lida na augusta presença de Sua Majestade Imperial". *Revista trimestral do IHGB*, Rio de Janeiro, 3º trim. (1867): 5-192.
———. "Brasil e Oceania: Memória apresentada ao Instituto Histórico e Geográfico Brasileiro e lida na augusta presença de Sua Majestade Imperial". *Revista trimestral do IHGB* 23, 4º trim. 1867: 257-396.
———. *Os Timbiras: Poema americano*. Salvador: Livraria Progresso Editora, 1956.
———. *Poesia e prosa completas*. Rio de Janeiro: Nova Aguilar, 1998.

---

[12] Magalhães 60-1.

Jobim, José Luís. "Indianismo, nacionalismo e raça na cultura do Romantismo". Bernardo, Gustavo, org. *Literatura e sistemas culturais*. Rio de Janeiro: EDUERJ, 1998. 79-104.

Magalhães, G. de. "Os indígenas do Brasil perante a história". *Revista Trimestral do IHGB*, (1860): 3-66.

Ramos, Péricles Eugênio da Silva (org.). *Poesia romântica — antologia*. São Paulo: Melhoramentos, 1965.

MEMÓRIAS DE UM SARGENTO DE MILÍCIAS: UM ROMANCE ÚNICO

Marcus Vinicius Nogueira Soares[1]

As *Memórias de um sargento de milícias*, do médico e jornalista Manuel Antônio de Almeida, foram publicadas pela primeira vez no jornal carioca *Correio Mercantil*. A história das diabruras do jovem Leonardo durante o período de estada da corte de D. João VI (1808-1821) na então capital da colônia, a cidade do Rio de Janeiro, foi divulgada anonimamente no suplemento dominical "Pacotilha", entre 27 de junho de 1852 e 31 de julho de 1853. Nos dois anos seguintes, o romance ganharia sua primeira versão em livro, em dois tomos, ambos impressos pela Tipografia Brasiliana de Maximiniano Gomes Ribeiro. Esta edição vinha assinada com o pseudônimo "Um Brasileiro".

Nascido sob condições modestas, no Rio de Janeiro, a 17 de novembro de 1831, Manuel Antônio de Almeida nunca exerceu a carreira médica. Antes mesmo de sua formatura, que se deu no ano de 1856, já ingressara no jornalismo, profissão sobre a qual forneceu o seguinte depoimento: "confesso com prazer que ainda não tive um dia de arrependimento e que só a força das circunstâncias me afastará da carreira começada".[2] Além de redator do *Correio Mercantil*, Almeida ainda exerceria um cargo ligado ao jornalismo: o de administrador da Tipografia Nacional. Contudo, por "força das circunstâncias" — a enfermidade de uma de suas irmãs —, o autor se viu obrigado a afastar-se da carreira, tendo se exilado em Nova Friburgo, cidade situada na região da Serra dos Órgãos, no interior da Província Fluminense, hoje Estado

---
[1] Professor de Literatura Brasileira da Universidade do Estado do Rio de Janeiro. Foi bolsista na Universidade de Stanford, em 1998, com apoio da CAPES.
[2] Rebelo 26.

do Rio de Janeiro. Tal circunstância aumentou consideravelmente seus problemas financeiros, o que o levou a aceitar o convite de tentar a candidatura para deputado. Procurando iniciar sua campanha política, voltou ao Rio de Janeiro onde embarcou no vapor *Hermes* com destino a Campos, litoral norte do Estado. Morreu no naufrágio do navio a 31 de novembro de 1861, aos 30 anos de idade.

Em sua curta e atribulada vida, não se sabe ao certo a importância que o próprio autor conferiu ao romance. O que se sabe é que desde o ano da publicação do segundo tomo das *Memórias*, em 1855, até o ano de sua morte, Manuel Antônio de Almeida não publicou nenhum outro romance. Seu trabalho se restringiu à produção jornalística, escrevendo resenhas, crônicas e um libreto para uma opereta, intitulada *Dois amores*. Só em 1862, por iniciativa de Quintino Bocaiúva, foi impressa uma nova edição póstuma do romance ainda sob o pseudônimo de "Um Brasileiro", apesar da autoria já não ser mais desconhecida. Daí em diante novas edições se sucederam e o romance de Manuel Antônio de Almeida tornou-se um dos mais celebrados e lidos da literatura brasileira.

As *Memórias* e seus contemporâneos

O que sempre incomodou a crítica brasileira deste século ao avaliar as *Memórias* foi a pouca importância que lhes foi atribuída, no decênio de sua divulgação — a década de 50 do século XIX —, pelos homens de letras de então. Se o sucesso de público da obra é uma questão que ainda suscita controvérsia, a sua recepção crítica pode ter um resultado um pouco mais unânime: é possível dizer que não foi muito favorável ao romance. Nenhuma crítica ou resenha foi publicada a respeito das *Memórias* antes do ano da morte do autor, em 1861. Neste ano é que apareceriam as primeiras considerações sobre Manuel Antônio de Almeida e sua obra, assinadas por pessoas ligadas afetivamente ao autor, obviamente motivadas pelo trágico acontecimento. Mas, curiosamente, isto não foi suficiente para que as *Memórias* tivessem melhor fortuna. A nota publicada por Francisco Otaviano, amigo e ex-patrão no *Correio Mercantil*, refere-se apenas ao jornalista de "imaginação ardente", de "estilo rápido e conciso, de sorte que os seus artigos eram admiráveis pela sobriedade da frase, abundância de idéia e beleza da

---

[3] Otaviano 115-6.

forma".³ Augusto Emílio Zaluar, igualmente amigo de Manuel Antônio de Almeida, num esboço biográfico publicado no *Diário do Rio de Janeiro*, em 1862, chamava a atenção principalmente para o amigo e o jornalista, referindo-se às *Memórias* como uma obra digna de uma carreira promissora, caso o autor prosseguisse escrevendo romances. No prólogo que abre a edição de 1862, Quintino Bocaiúva apresentava a razão pela qual ele iniciaria a publicação das obras completas de Manuel Antônio de Almeida pelas *Memórias*: "O romance, que hoje começamos a publicar, apareceu a princípio sem nome do autor. A edição posta à venda esgotou-se ou pelo menos raros são os que possuem hoje um exemplar dela".⁴

Sem dúvida, um certo ostracismo cercou o romance até a morte de seu autor. Mesmo depois de ser recolocado em circulação com a edição de 1862, o romance, se crescia em popularidade, parecia não agradar aos seus pares literários. Em seu *Ano biográfico brasileiro*, um dos romancistas mais prolíficos e lidos do Brasil oitocentista, Joaquim Manuel de Macedo — autor do clássico *A moreninha* —, escreveu um curto perfil, mencionando o romance como "um estudo ameno e precioso de antigos costumes do país" que "brilhou como aurora promissora de fulgurante dia".⁵ Prefaciando a edição de 1876, Bethencourt da Silva, amigo de infância de Manuel Antônio de Almeida, ressaltava o talento do autor que, no romance, "apenas de leve se estampou", já que não se tratava de "uma daquelas produções sublimes que fazem o orgulho de um povo ou a glória da humanidade".⁶

Revisão das *Memórias*

É só no século XX que o romance encontraria um respaldo crítico favorável. A pergunta que aí surge estaria baseada no fato de o texto de Manuel Antônio de Almeida não ter tido uma fortuna crítica mais condizente com o que se mostrava, a partir de então, um grande romance. Resumidamente, a pergunta seria: o que no romance teria desagradado tanto à crítica literária do século anterior? A pergunta pode, sem dúvida, parecer demasiadamente ingênua. Afinal, se tratam de pressupostos distintos no modo de se avaliar uma mesma obra.

---

⁴ Bocaiúva 177.
⁵ Macedo 413.
⁶ Silva 253.

Contudo, os críticos deste século não procuravam apenas questionar pura e simplesmente os valores literários do século passado, mas demonstrar o quanto a obra de Manuel Antônio de Almeida não era representativa destes valores.

Neste sentido, o texto das *Memórias* seria revisto de acordo com duas diferentes perspectivas, ambas coincidentes ao conferir ao romance um caráter anacrônico: por um lado, o romance se caracterizaria por recuar na série literária, já que recupera tradições há muito esquecidas; por outro, se antecipa à série, sendo assim considerado um precursor do Realismo/Naturalismo e do Modernismo da década de 1920. No primeiro caso, se situam os textos de Mário de Andrade e Josué Montello; no segundo, os textos de José Veríssimo, Marques Rebelo e Bernardo de Mendonça.

Na introdução à edição de 1941, Mário de Andrade teria pela primeira vez associado as *Memórias* a uma tradição picaresca. Contudo, em seu texto, tal associação é bastante parcial: o elo entre a história das diabruras de um jovem no "tempo do rei" e as novelas picarescas espanholas se encontra no que Mário de Andrade designa por "maneira psicológica de não-conformismo vital"[7] que, segundo o autor, já podia ser vislumbrada em Herondas ou Petrônio antes mesmo de se manifestar na picaresca espanhola. Este "não-conformismo vital" se caracteriza por

> (...) um reacionarismo temperamental que os põe [os autores] contra a retórica de seu tempo e antes de mais nada contra a vida tal como é, que eles então gozam a valer, lhe exagerando propositalmente o perfil dos casos e dos homens, pelo cômico, pelo humorismo, pelo sarcasmo, pelo grotesco e o caricato. E pela pândega.[8]

Esta perspectiva foi levada adiante alguns anos depois por Josué Montello ao associar diretamente as *Memórias* a textos como *La vida de Lazarillo de Tormes* e *Vida y hechos de Estebanillo González*.[9]

Na última década do século passado, José Veríssimo difundiria a idéia de que o romance de Manuel Antônio de Almeida possuía um aspecto antecipatório, no caso, de precursor do Realismo/Naturalismo do final do século XIX.[10] O romancista Marques Rebelo promoveria

---

[7] Andrade 313.
[8] Andrade 313.
[9] Ver Montello.
[10] Ver Veríssimo.

ainda mais esta idéia. Em sua *Vida e obra de Manuel Antônio de Almeida*, Rebelo lembrava o insucesso da publicação em livro das *Memórias*: "nenhuma revista literária falaria delas. Aquilo não era literatura, concordariam".[11] A concordância, para Rebelo, se deve ao caráter precursor do romance, mesmo segundo os parâmetros do contexto literário europeu da época, "onde só alguns anos mais tarde (...), surgiria o naturalismo"[12] e acrescenta:

> Mas Manuel Antônio de Almeida (...) não foi para o Brasil apenas *o precursor do naturalismo*, foi principalmente *o precursor do romance moderno*, e é nele que vamos encontrar a legítima ascendência de um Antônio de Alcântara Machado, morto igualmente pouco depois dos trinta.[13]

Marques Rebelo procura, assim, estabelecer uma genealogia literária nacional, em cuja origem se encontra Manuel Antônio de Almeida. Nas passagens grifadas, esta genealogia pode ser percebida no emprego dos artigos definidos que garantem a exclusividade da precedência e instauram uma linhagem literária na qual o romantismo brasileiro se converteria num malfadado acidente de percurso (é bom lembrar que para Rebelo as *Memórias* não eram uma obra romântica, muito embora tenham sido escritas no auge do romantismo brasileiro).

Mesmo admitindo o mérito do empenho nacionalista dos autores românticos — de Gonçalves de Magalhães a José de Alencar, passando por Gonçalves Dias — Rebelo insiste, comparativamente aos seus pares europeus, no caráter reprodutor das obras daqueles autores e, consequentemente, da ausência nelas de um original "brasileirismo". Neste sentido, as *Memórias de um sargento de milícias* não só teriam este aspecto precursor, como este aspecto estaria baseado em uma linhagem legítima de fundação da literatura nacional. Manuel Antônio de Almeida teria realizado o que os românticos apenas propuseram em seu empenho: uma literatura genuinamente nacional. Mas, segundo Rebelo, esta realização só vai encontrar respaldo no Naturalismo e na obra de Machado de Assis, isto é, na literatura produzida a partir da década de 1870. Recorrendo à observação feita por Mário de Andrade, na referida introdução à edição de 1941, Rebelo reitera a semelhança estilística

---

[11] Rebelo 38.
[12] Rebelo 38.
[13] Rebelo 38, grifos meus.

entre os dois romancistas, reconhecendo em Machado de Assis a presença precursora de Manuel Antônio de Almeida e, por extensão, no Modernismo de 1922, como se percebe na menção a Antônio de Alcântara Machado.

O extremo desta posição seria formulado por Bernardo de Mendonça ao ver, no descaso crítico das *Memórias* no século XIX, um sintoma do processo de adiamento da modernização da sociedade brasileira, um vez que Manuel Antônio de Almeida era um "precursor do espírito moderno"[14] e não somente de um estilo ou estilos literários.

Terceira via

Embora ambas as perspectivas tenham se difundido bastante, elas não são as únicas. Há uma terceira via caracterizada por não partilhar do mesmo substrato que fundamenta as outras duas, isto é, o caráter anacrônico atribuído às *Memórias*.

No importantíssimo *Formação da literatura brasileira*, Antonio Candido, escrevendo sobre o romance de Manuel Antônio de Almeida, destacava o aspecto excêntrico que caracteriza determinados textos: "Há no romantismo certas obras de ficção que se poderiam chamar excêntricas em relação à corrente formada pelas outras".[15] A excentricidade das *Memórias* se deve menos à tematização de aspectos não-românticos — pré ou pós-românticos — do que à valorização de características do mesmo romantismo, contudo não hegemônicas no momento de sua publicação. Escreve:

> Tanto assim que os contemporâneos, embora estimassem em Manuel Antônio o homem e o jornalista, parecem não ter prezado igualmente o seu livro, meio em desacordo com os padrões e o tom do momento.[16]

Não se antecipando, nem retroagindo na série literária, *Memórias de um sargento de milícias* não se caracterizava por possuir um aspecto anacrônico, já que o romance de Almeida atualizou elementos que, embora não dominantes à época de sua publicação, estavam potencialmente disponíveis. Para Candido, a excentricidade do romance se

---

[14] Mendonça xii.
[15] Candido, *Formação* 215.
[16] Idem 215.

percebe na valorização, por parte do autor das *Memórias,* do romance de costumes, ao invés da "exaltação sentimental e vocação retórica"[17] características da época. Todavia, esta valorização implicava uma atitude plena de inserção no contexto sociocultural da época, pois diante de determinadas dificuldades típicas de sua circunstância histórica (a pouca complexidade social do país, o limitado campo de abordagem literária, a estreiteza da perspectiva psicologizante, etc.), "Manuel de Antônio [foi] um romancista consciente não apenas das próprias intenções como (daí a sua categoria literária) dos meios necessários para realizá-las".[18] A consciência apontada por Candido refere-se propriamente à adequação dos elementos do romance de costume às condições discursivas de produção literária características da época.

Num ensaio posterior, Candido buscaria compreender as *Memórias,* tentando uma vez mais refutar a idéia de anacronismo: tratava-se de "caracterizar uma modalidade bastante peculiar, que se manifesta no livro de Manuel Antônio de Almeida",[19] a que ele designou "romance malandro". Este não antecede nem resgata uma tradição novelística anterior, mas funda uma nova, a partir de um modo específico de tematização dos aspectos culturais e sociais disponíveis à época de publicação das *Memórias* e que, segundo Candido, correspondia também "a certa atmosfera cômica e popularesca de seu tempo".[20] Esta atmosfera já podia ser encontrada nas publicações jornalísticas, propriamente nos folhetins-crônicas e mesmo nos debates políticos (seria esta atmosfera uma das principais características dos textos publicados na própria "Pacotilha").

Sem dúvida, o texto de Candido é muito mais rico em sugestões do que se pode perceber aqui. O que procurei foi apenas enfatizar sua contribuição no que tange à idéia de anacronismo que, de modo geral, tem envolvido as análises das *Memórias*. Contudo, o mais importante ainda a se observar é a sobrevida do romance de Manuel Antônio de Almeida a despeito das inúmeras classificações e tentativas de filiação literária e, principalmente, do total esquecimento a que, por pouco, o romance esteve fadado. Hoje, depois de incontáveis edições, inclusive

---

[17] Idem 215.
[18] Idem 217.
[19] Candido, "Dialética da malandragem" 318.
[20] Candido, "Dialética da malandragem" 322.

traduções para o francês, espanhol, italiano e inglês[21], o romance ainda suscita novos e instigantes questionamentos, sem contar o fato de que tem sido um dos romances novecentistas mais lido fora do círculo acadêmico; fato este que certamente muito teria agradado a Manuel Antônio de Almeida.

Bibliografia

Almeida, Manuel Antônio de. *Memórias de um sargento de milícias*. Cecília Lara (org.). Rio de Janeiro: Livraria Técnicos e Científicos, 1978.

Andrade, Mário de. "Introdução". 1941 *Memórias de um sargento de milícias*. Manuel Antônio de Almeida. Cecília Lara (org.). Rio de Janeiro: Livraria Técnicos e Científicos, 1978, 303-15.

Bocaiúva, Quintino. "Advertência", *Memórias de um sargento de milícias*. Tipografia do Diário do Rio de Janeiro, 1862-3.

Candido, Antonio. *Formação da literatura brasileira (Momentos Decisivos)*. Belo Horizonte: Itatiaia, 1959.

_____. "Dialética da malandragem (Caracterização das *Memórias de um sargento de milícias*)". Cecília Lara (org.). Rio de Janeiro: Livraria Técnicos e Científicos, 1978, 317-42.

Macedo, Joaquim Manoel de. *Ano biográfico brasileiro*. Rio de Janeiro: Tipografia e Litografia do Imperial Instituto Artístico, 1876.

Mendonça, Bernardo de. "D'Almeida, Almeida, Almeidinha, Maneco, um brasileiro: Mais um romance de costume". *Obra dispersa*. Manuel Antônio de Almeida. Rio de Janeiro: Grafia, 1991. vi-xxxviii.

Montello, Josué. "Um precursor: Manuel Antônio de Almeida". Coutinho, A. (org.). *A literatura no Brasil*. Vol. II. Rio de Janeiro, Editorial Sul Americana, 1968.

Otaviano, Francisco. "Notícias diversas". Correio Mercantil, 5 Dezembro 1861; reeditado em Manuel Antônio de Almeida. *Obra dispersa* (Rio de Janeiro: Grafia, 1991). 115-6.

Rebelo, Marques. *Vida e obra de Manuel Antônio de Almeida*. Rio de Janeiro: Instituto Nacional do Livro, 1943.

Silva, Bethencourt da. *Dispersos e bosquejos artísticos*. Rio de Janeiro: Papelaria Ribeira, 1901.

Veríssimo, José. *Estudos brasileiros*. 2º série. Rio de Janeiro, Laemmert, 1894. 107-124.

---

[21] Em francês, *Mémoires d'un sergent de la milice*, trad. Paulo Rónai (Rio de Janeiro: Atlantica, 1944); em espanhol, *Memorias de un sargento de milicias*, trad. Francisco Ayala (Buenos Aires: Argos, 1947); em italiano, *Il sergente delle milizie*, trad. Cesare Rivelli (Milão/Roma: Fratelli Bocca Editori, 1954) e em inglês, *Memoirs of a militia sergeant*, trad. Linton L. Barrett (Washington, D.C.: Organization of American States, 1959). Recentemente, foi publicada uma nova tradução em inglês, *Memoirs of a Militia Sergeant*, trad. Ronald W. Sousa, com posfácio de Thomas H. Holloway e prefácio de Flora Süssekind. Oxford: Oxford University Press, 1999.

IRACEMA:
A TUPINIZAÇÃO DO PORTUGUÊS

Ivo Barbieri[1]

> *A mescla das raças do Velho com as do Novo Mundo não é somente no sangue; é também na inteligência, moralidade, linguagem, religião, divertimentos e alimentação populares.*

(Couto de Magalhães 152)

Quando José de Alencar publicou *Iracema* (1865), já se haviam completado quarenta e três anos que o Brasil se emancipara do longo domínio colonial português e, na literatura que aqui se escrevia, estávamos próximos de completar três décadas de ruptura formal frente ao cânone neoclássico. Como os mais de trezentos anos anteriores tinham sido predominantemente determinados pelas normas lingüísticas e estéticas provenientes da metrópole colonialista, emancipação política e ruptura literária guardam entre si estreita relação. Mas, não obstante terem sido vivamente impulsionadas pelo projeto de construção da nação independente, não foi sem resistências, conflitos e traumas que os primeiros românticos se empenharam na efetivação do novo cânone literário, que nascia comprometido com o momento político. Vivamente impregnado de elementos de exaltação retórica, através da qual o jovem país buscava definir os traços de uma fisionomia própria em que a nação se reconhecesse e identificasse, o Romantismo brasileiro empenhou-se no empreendimento de elaboração de padrões de linguagem que disses-

---

[1] Professor Titular de Literatura Brasileira da Universidade do Estado do Rio de Janeiro. Entre outros, autor de *Oficina da palavra* (Rio de Janeiro: Achiamé,1981) e *Geometria da composição* (Rio de Janeiro: Sette Letras, 1997).

sem a alma da nascente nação. Tíbio de começo, o movimento foi ganhando volume e vigor a ponto de se tornar núcleo de geração e irradiação do imaginário nacional. Foi assim que, às manifestações fartas de boas intenções da década de trinta mas ainda amarradas a convenções anacrônicas, seguiram-se duas décadas de abundante produção de poemas e romances inovadores, criações estimuladas por vozes de apoio e encorajamento provenientes do Velho Mundo. A incidência de reações polêmicas, em que Alencar se viu pessoalmente envolvido, tempera de modo especial a efervescência literária daqueles anos.

Comungando do mesmo sentimento nacionalista, poetas e prosadores trabalhavam comprometidos com o objetivo de plasmação de uma literatura que se diferenciasse frontalmente da portuguesa a que vivera atrelada durante todo o período colonial. Para tanto, buscavam inspiração em temas localistas, como a exuberante natureza dos trópicos, a vida tribal, nômade e independente dos primitivos habitantes da terra e os choques culturais provocados pelo contato do invasor alienígena com os indígenas. O movimento define-se como vontade de escalada consciente às origens, de regeneração das fontes primárias, responsáveis pela formação da alma e do corpo da nação. Com tais propósitos vasculharam documentos e testemunhos antigos, leram com paixão cronistas, historiadores e visitantes europeus dos séculos XVI, XVII e XVIII, e valorizaram sobremaneira os registros dos primeiros contatos do homem branco com os índios. Viram aí o momento inaugural, o dia de criação do mundo novo que se empenhavam em plasmar poeticamente. E, na demanda da originalidade mais radical, recuaram ainda mais: idealizaram uma pré-história mítica em que o aborígene, livre e independente, em contato permanente com a natureza virgem de qualquer contaminação com o estrangeiro, representava matéria privilegiada para aquele momento. Segundo o sentimento da época, começava ali a gênese de uma nova civilização. Em conseqüência, as lendas e tradições indígenas, o contato do índio com o português, as lutas entre ambos, a assimilação de um elemento ao outro, tudo isto foi considerado como fonte original de inspiração, pois que representava o momento inicial de nossa formação, conforme resumiu José Aderaldo Castello em *A polêmica sobre a* Confederação dos Tamoios *e o indianismo romântico* (xxvii). Paralelamente ao empenho direcionado para a elaboração de uma linguagem que apreendesse e desse forma a esse mundo literariamente inédito, registram-se tentativas de construção de um paradigma teórico-ideológico que motivasse e sustentasse o surgimento de obras comprometidas com o programa então esboçado. São da década de quarenta "Bosquejo da história da poesia brasileira"(1840), e "Considerações gerais sobre a literatura brasileira"(1844), ambos de Joaquim Norberto de Sousa e Silva, em que o autor fluminense buscava recuperar elos de uma tradição poética pré-cabralina. Percebe-se, nesses ensaios, o empenho em afirmar a origem autóctone do estro poético. O autor identifica, nos cantos dos *nheengaçaras* (bardos indígenas), vazados em língua nativa, a "imaginação ardente e a espontaneidade de improvisação com que os indígenas manifestavam sua tendência para a poesia, na qual iriam refletir-se seus usos, seus costumes e seus mitos, como nos cantos de todos os povos entregues à natureza e que vivem na mais completa independência" (Silva 1859, 1860). Moduladas em contraponto à literatura portuguesa que, no apogeu de sua idade de ouro, viu brilhar os talentos de Camões, de Sá de Miranda, de Antônio Ferreira, de Gil Vicente, de João de Barros e tantos outros — brilho tão extraordinário que teria apagando o estro e esfriando o entusiasmo nativos —, as palavras do escritor brasileiro faziam coro com as vozes de autores europeus, como Alexandre Herculano e Ferdinad Denis, que estimulavam os novos poetas a trabalharem os temas e os timbres americanos. Coube ao maranhense Antônio Gonçalves Dias, mestiço de índio e português, a primazia de ter respondido, de maneira competente, a tais desafios. Sob o rótulo de "poesias americanas", inseridas nos *Primeiros cantos*, dados à luz em 1846, o poeta pautava um novo discurso sintonizandoo-o com os anseios nacionalistas daquele momento. Retomando a temática indianista, trabalhada no século XVIII, Gonçalves Dias soube afeiçoá-la à temperatura então registrada e contribuiu decisivamente para que ela se tornasse o emblema de uma literatura comprometida com o propósito de formação da alma nacional. O índio das "poesias americanas" recorta, em ritmos acentuados de cadências marciais, o perfil heróico de guerreiros valentes, como também é capaz de modular, em tom menor, o lamento do abandono e o monólogo solitário do mestiço discriminado dentro da própria tribo. O feito poético mais duradouro de Gonçalves Dias que, portador de sangue indígena, conhecia a língua, os costumes e as tradições das tribos tupi-guarani, foi ter inaugurado um padrão de linguagem poética cuja melodia e projeções ideativas se tornariam modelo de dicção própria à poesia brasileira. Se adicionarmos a esse feito, em si extraordinário, o romance folhetinesco de Joaquim Manuel de Macedo, de Manuel Antônio de Almeida e ainda as divertidíssimas comédias de costumes do teatrólogo Martins Pena, teremos desenhado, nas letras brasileiras, o cenário adequado à entrada em cena de José de Alencar.

Em meados do século XIX, como se sabe, a cidade do Rio de Janeiro era a única metrópole sul-americana dotada de suficiente densidade demográfica e aparelhagem cultural para comportar um vigoroso surto de produção ficcional marcada com características próprias. É nesse ambiente adensado pela convergência de vários afluentes que, em 1857, explode o sucesso de *O Guarani*, romance aclimatado ao calor dos trópicos, temperado com acentuada cor local e cuja ação movimentada atravessa espaços e tempos fantásticos narrando os amores românticos e as aventuras cavalheirescas de um herói nativo. Ao lado do enquadramento da família patriarcal em moldura nobre e solene, o ficcionista Alencar faz emergir de um cenário paradisíaco a figura cavalheiresca de Peri, modelo ideal do bom selvagem, talhado de acordo com os moldes fornecidos por Montaigne, Rousseau, Chateaubriand e Cooper. E assim como Gonçalves Dias afinara a sua dicção poética pelo diapasão de uma melopéia cadenciada ao pulsar de rompantes épicos e de confidências líricas, assim também José de Alencar afeiçoou a linguagem de sua prosa à fluência fácil de uma prosódia melódica. Graças a tais expedientes, as rudezas da vida agreste e as cruezas do choque entre o primitivismo nômade e o patriarcalismo encastelado em sua convencional auto-suficiência, como que se dissolvem na deliqüescência de falas amenas. Temperado na árdua polêmica sustentada contra Gonçalves Magalhães (poeta acadêmico favorecido pela corte e favorito do Imperador Pedro II) e treinado na arte de urdir tramas romanescas e tecer fábulas envolventes, Alencar prepara-se para o grande salto de qualidade que efetivamente dará com a publicação de *Iracema*. Fascinado pelo "vigor da linguagem" e pelo "colorido de imagens que só têm os filhos da natureza", como afirma na sétima carta de *A Confedaração dos Tamoios* (50-8), o romancista esmera-se na arte da palavra, tornando-se o fundador da prosa ficcional de acento brasileiro. Embora *O Guarani* seja o marco inicial dessa novidade, *Iracema* epitomiza o modelo de tal dicção. Misto de prosa e poema, de canto e declamação, haurindo eficácia poética da compactação da linguagem, da transfusão do argumento histórico no molde legendário do imaginário primitivo onde cabe fantasia épico-lírica, detalhes naturistas e notas documentais, o texto se deixa fecundar do conúbio do português falado no Brasil salpicado de eruditismos lusitanos, com elementos da língua tupi-guarani.

A tupinização da língua portuguesa atestada pela incidência no texto de inúmeros vocábulos de origem indígena é sinal que indicia o processo geral de miscigenação. Esse, o grande tema que atravessa praticamente todos os planos da obra: argumento histórico, fábula, projeções míticas, implicações ideológicas, discurso e narrativa. De fato, o encontro e cruzamento de duas culturas é o eixo que tudo articula e o centro de gravitação para o qual convergem componentes e procedimentos ficcionais. O episódio de um guerreiro branco (Martim), proveniente de outras plagas que, para dominar o meio e vencer as hostilidades que se contrapõem aos seus intentos de colonizador, precisa combater forças adversas e aliar-se às que o possam favorecer, representa, de uma parte, o esquema de dominação do mais forte revestido de todas as astúcias. Por outro lado, a facilidade com que o adventício se deixa atrair, na terra estranha que o acolhe, pelos encantos, graças e seduções da natureza e da mulher nativa denuncia a sua porosidade aos valores emblemáticos locais. Por isso ele se deixará impregnar dos usos, costumes e tradições indígenas. Ao traço genérico do conquistador adiciona-se ainda o dado específico de um peculiar herói cultural, iniciador do processo de fundação de uma nova civilização. A mulher nativa, por sua vez, mostra-se desde o início extremamente receptiva e permeável ao alienígena. Hostil e agressiva no primeiro relance, Iracema, guardiã das sagradas tradições da tribo tabajara, não demora mais do que alguns minutos para se aproximar do estrangeiro e, em pouquíssimo tempo, está perdidamente apaixonada pelo guerreiro branco que, mal chega, já é alvo da mais generosa hospitalidade por parte da "grande nação tabajara". Mais um pouco de tempo e a índia estará de todo comprometida com o estrangeiro e, para entregar-se a ele e segui-lo, não vacilará entrar em conflito com o pretendente de sua tribo e o sagrado dever que, por dedicação votiva, a prende aos seus. Iracema entrega-se a Martim e, de imediato, a jandaia, o pássaro-símbolo da pureza étnica dos tabajaras, abandona a mulher que ousou violar os mandamentos de sua tribo. A transgressão não se explica unicamente pela paixão, fraqueza ou coragem da heroína. Percebe-se em seu comportamento, desde os primeiros passos, como que um plano traçado a partir de fora do círculo em que se movem os protagonistas. Comando inexorável, instinto ou destino move os pés dos heróis fazendo com que, aparentemente de modo casual, um esbarre no outro e, de imediato, se tornem prisioneiros de elos indissolúveis. As circunstâncias conspiram a favor do destino supra-individual. Nenhuma força pode barrar o seu caminho. Nem a distância cultural, nem uma guerra selvagem, nem os preceitos de Tupã. Cúmplice da traição, até o velho pajé, que, em nome da sagrada hospitalidade, protege o estrangeiro contra a sanha bruta de Irapuã, o rival do adventício, preterido por Iracema. Na fabulação alencariana, que entrelaça história, lenda e mito, Martim e Iracema cumprem o papel de protagonistas da primeira mestiçagem, a que resulta do encontro entre o branco e o índio. O enlace de ambos adquire assim implicações de mito fundador da miscigenação como protótipo étnico e cultural da nacionalidade. A conversão do índio Poti à religião cristã no último capítulo do livro, quando o aliado e amigo de Martim é batizado com o nome de Antônio Felipe Camarão, contrapõe-se simetricamente ao ritual indígena do capítulo XXIV, quando o corpo de Martim é pintado com as cores da nação potiguara e o "jovem guerreiro de estranha raça e longes terras" (53) se torna "um guerreiro vermelho, filho de Tupã" recebendo no ato o nome de Coatiabo (guerreiro pintado). Sem desprezar a observação de Silviano Santiago[2], o simbolismo desta cena é muito forte e não deve deixar de ser contraposta à do batizado de Poti. A sinalização de correspondências paralelas entre ambas encena o cruzamento de duas vertentes culturais atravessadas em forma de quiasmo. De um lado, as tradições enraizadas na memória atávica das tribos selvagens; do outro, as crenças herdadas de uma civilização expansionista. A mediação operada através da linguagem, que é o tabuleiro sobre o qual se desenham as contradições e dissonâncias do diálogo interétnico, torna transparentes as transfusões e transformações decorrentes do cruzamento das duas vertentes. Os melhores analistas de *Iracema* desenvolveram bastante esse tópico, motivados pelo próprio Alencar que, além de apresentar trinta e três notas de caráter filológico ao texto por ele elaboradas, ainda meteu-se em controvérsias lingüísticas com filólogos ilustres. Em resposta às críticas de Antônio Henriques Leal, que denunciara "a monomania de criar um idioma brasileiro"(Apud Alencar 1965, 217). Alencar evidencia, mais que o filólogo, conhecimento lingüístico e sensibilidade estética ante os fatos da língua. Contrapondo a liberdade do escritor à inércia da rotina e à rigidez do dogma, o autor reafirma a diferença do português da América em relação ao da Europa, opinião firmada na situação análoga do inglês e do espanhol da América cuja diferença em relação às línguas-mães da Europa "de dia em dia se torna mais saliente" (Idem

---

[2] "A cerimônia é puramente epidérmica e superficial, pois não há uma mudança básica seja nos gestos, seja nos costumes de Martim, seja ainda na sua maneira de pensar". Santiago 46.

239). E, rejeitando a imitação dos modelos da metrópole, conclui que "o escritor verdadeiramente nacional, acha na civilização da sua pátria, e na história já criada pelo povo, os elementos não só da idéia, como da linguagem que a deve exprimir" (Idem 240).

Iracema conjuga harmoniosamente assunto e expressão, incorporando à fluência de um português melodioso as sonoridades cantantes de um tupi-guarani esteticamente ajustado aos ritmos da oralidade. Partindo das notas engenhosas de Alencar, Manuel Cavalcanti Proença estudou exaustivamente a poética do texto, destacando a recorrência das figuras do símile e da aposição como procedimentos retóricos que põem em relevo a entrada de tupinismos. A natureza aglutinante do tupi-guarani, atestada pelos estudiosos da língua, fica em evidência deste o título *Iracema*, nome composto de dois radicais — *ira*, mel + *tembe*, lábios, alterado este para *ceme* na composição — vertidos pelo autor na expressão *a virgem dos lábios de mel*. Incorporando ao texto a sua tradução, ao invés da explicação de pé de página, Alencar elabora um padrão de linguagem literária que se distingue pelo acavalgamento de elementos heteróclitos ou pelo empastelamento de duas semânticas culturalmente diferenciadas. Fácil supor que tanto a forma dos fonemas indígenas quanto o recorte dos semas sofrem transformações em sua transposição da fonte para o texto ficcional, ajustes determinados quer pelo contágio do espectro fônico e semântico da língua portuguesa, quer pela necessidade de conformação do projeto estético visado pelo autor. Quando o escrúpulo exatista de lingüistas modernos pretendeu "corrigir" o romancista, censurando-lhe a "técnica ingênua e simples" ou "a fantasia etimológica", abriu-se, como acertadamente observa Haroldo de Campos, um "abismo de incompreensão entre a sisudez da pesquisa tupinológica, necessária e respeitável no plano científico em que se deve colocar, e a livre inventiva poética do tupinista amador Alencar" (Campos 69). O ficcionista, que não alimentava pretensões a filólogo nem objetivava rigor científico, trabalha o seu projeto poético com clara consciência das diferenças e das virtualidades que emergem no contato e atrito de duas línguas, e de que o tradutor precisa tirar partido. A justificativa apresentada por ele quanto à escolha do termo português mais adequado ao termo tupi *piguara* dá bem a medida do senso estético e das nuances semânticas por ele perseguidas:

> Guia, chamavam os indígenas, senhor do caminho, *piguara*. A beleza da expressão selvagem em sua tradução literal e etimológica, me

parece bem saliente. Não dizem sabedor, embora tivessem termo próprio, *couab*, porque essa frase não exprimiria a energia do seu pensamento. O caminho no estado selvagem não existe; não é cousa de saber; faz-se na ocasião da marcha através da floresta ou do campo e em certa direção; aquele que o tem ou dá, é realmente o senhor do caminho. (Alencar 142)

Os versos de Antonio Machado: *Caminante no hay camino/ se hace camino al andar* podem ser evocados no intuito de confirmar o requinte da intuição poética do nosso prosador. Mas, além dessa qualidade, a nota revela a preocupação do romancista com a tradução fiel do pensamento selvagem na língua culta. Mais do que uma simples e superficial contaminação léxica mediante assimilação de vocábulos referentes a acidentes geográficos, à fauna e à flora brasileiras bem como a instrumentos, peças do vestuário, atos e rituais indígenas, Alencar realiza com sucesso a transfusão de modos de percepção e expressão estranhos aos hábitos lingüísticos dos usuários de uma língua culta. Esse efeito de estranhamento, produzido a cada passo de sua escrita, fundamenta-se, em grande parte, na propriedade aglutinante do tupi-guarani. Combinando semas que, separados têm uso e sentido próprio, a formação de palavras por aglutinação torna o signo semanticamente transparente e sistemicamente motivado. "Cada nome, assevera Couto de Magalhães, dá a descrição do objeto que representa." Afirmação que o etnógrafo comprova didaticamente com exemplos como o da fruta bem conhecida — *acaju* ou *caju*, que decompõe assim: *a*, fruta; *ju*, amarela; *aca*, de chifre; ou *fruta amarela de chifre*; e aí está a descrição do caju, conclui(Magalhães 154). Antes do pesquisador-lingüista-indigenista Magalhães, Alencar já tinha trabalhado vasto repertório de casos que ilustrariam brilhantemente a tese por aquele abraçada.[3] Traduzindo praticamente todos os antropônimos e topônimos de origem tupi-guarani que compareçem no seu discurso mediante a aposição de expressões analíticas que lhes traduzem os respectivos significados, o autor como que constrói o ambiente semântico adequado ao convívio harmônico de elementos heteróclitos. Passadas algumas páginas, o procedimento deixa de ser percebido com estranheza e torna-se familiar ao leitor. Essa naturalização do hibridismo dá fluência ao trânsito das palavras de uma língua para outra, como se ficassem abolidas fronteiras cul-

---

[3] Ver "Notas da primeira edição" de *Iracema*, transcritas na edição crítica do centenário: 145-60.

turais. Mais do que a assimilação lingüística, o diálogo transcultural favorece a comunhão de sentimentos entre o índio e o branco, como se pode ver nesta conversa entre Poti e Martim:

> — Por que chamas tu Mocoripe, ao grande morro das areias?
> — O pescador da praia, que vai na jangada, lá onde voa a ati, fica triste, longe da terra e de sua cabana, em que dormem os filhos de seu sangue. Quando ele torna e seus olhos primeiro avistam o morro das areias, o prazer volta a seu coração. Por isso ele diz que o morro das areias dá alegria.
> — O pescador diz bem; porque teu irmão ficou contente como ele, vendo o monte das areias. (cap. XXI,14)

O texto funciona aqui como veículo de mediação entre línguas de culturas diferentes, anulando a hierarquia colonizador-colonizado e elidindo distâncias culturais. No espaço discursivo, ambos se entendem fraternalmente e partilham sentimento comum. A tradução das peculiaridades de uma língua para outra se faz entendimento dialógico e o narrador já não se intromete tão ostensivamente na comunicação encenada. Mediador entre o tupi e o português, Alencar busca o momento de equilíbrio, a estase em que alteridades se combinam harmonicamente. Trata-se de um processo complexo em que os tupinismos, explicitados à superfície do texto, indiciam a verticalidade da ação dialógica. Manuel Cavalcanti Proença, no que talvez seja o mais completo estudo de *Iracema*, analisou em detalhe a posição de Alencar como intérprete e tradutor do imaginário primitivo e de modelos narrativos distantes. Transcrevo o período em que o analista introduz sinteticamente a idéia que desenvolverá ao longo do ensaio:

> Os termos indígenas traduzidos pelos apostos: 'tabajaras, senhores das aldeias'; as imagens tiradas da flora e da fauna: 'talhe de palmeira', 'mais rápida que a ema selvagem', recebem o reforço da maneira ornada com que se apresenta a linguagem: utilizando a perífrase para fugir às repetições, para suprir o vocabulário reduzido que deve ser o dos indígenas; o símile, como busca de precisão para uma linguagem primitiva; o uso da terceira pessoa, ainda com o sujeito falante, traço da linguagem das crianças e, por analogia, dos indígenas: até mesmo o uso de vocábulos clássicos, acentuando o recuo no tempo, a velhice da lenda. (Proença 282)

É ainda Alencar que, na carta acima referida, descreve seu próprio papel ao definir o poeta brasileiro como tradutor:

Sem dúvida que o poeta brasileiro tem de traduzir em sua língua as idéias, embora rudes e grosseiras, dos índios; mas nessa tradução está a grande dificuldade; é preciso que a língua civilizada se molde quanto possa à singeleza primitiva da língua bárbara; e não represente as imagens e pensamentos indígenas senão por termos e frases que ao leitor pareçam naturais na boca do selvagem. (141)

Neste ponto, pode-se bem perceber o alcance do ensaio de Haroldo de Campos quando desenvolve a idéia de um Alencar pioneiro e ousadamente avançado em matéria de concepção e execução da tradução e do lugar do tradutor no diálogo transcultural, como capaz de se expor "ao impulso violento que vem da língua estrangeira" (Walter Benjamin, apud Campos 69) e que opera não só "a enxertia heteroglóssica sobre o português", mas que, para captar o pensamento selvagem, reúne, de um lado, a necessidade de "barbarizar" (leia-se "tupinizar") o português para submetê-lo aos "modos do pensamento" indígena, e, de outro, "aquele sentimento de rejeição de uma forma gasta" mediante a crítica à "linguagem clássica" (Campos 73). A contaminação entre tupi e português, línguas e culturas distintas e distantes, se dá, como parece, no *front* da negociação, num espaço de concessões mútuas e adesões recíprocas. Enquanto o português se "barbariza" ou tupiniza adequando-se aos modos do selvagem, o tupi se "civiliza", lusitanizando-se ao contato da fraseologia melódica do português literário de José de Alencar. Couto de Magalhães fala de "um verdadeiro cruzamento, que ocorre quando uma língua é posta em contato com outra." E, considerando tal fenômeno progressivo e inevitável, assegura que o português do Brasil está irremediavelmente modificado pelo tupi, e que essa modificação há de ser cada vez mais sensível, sendo os primeiros produtos grosseiros onde se distinguem facilmente os elementos heterogêneos. Pouco a pouco, porém, os elementos se confundem; seus sinais característicos desaparecem para dar lugar a um produto homogêneo. (Magalhães 89). As fases que o autor de *O selvagem*, como bom evolucionista, viu como etapas distintas de um processo contínuo podemos encontrar sincronicamente presente no texto de Alencar. Nele comparece tanto o momento heteróclito, provocado pelo choque do primeiro contato, quanto o produto homogêneo do momento da síntese. No cuidado de afeiçoar seu discurso à fala dos índios, o autor de *Iracema* encadeia imagens que, traduzindo energia e vivacidade de impressões, sintoniza, mais uma vez, com proposições do autor de *O selvagem*, quando este propõe como propriedades das línguas dos povos primitivos, "muito mais lacônicas e muito menos analíticas que as dos povos cultos, o rápido suceder-se de imagens suprimindo e suprindo, às vezes, um longo raciocínio" (Idem 64) Isto quer dizer que, além do léxico e da sintaxe gramatical, o autor "barbarizou" (leia-se "tupinizou") também a sintaxe do pensamento. Ao referir as figuras de linguagem que não só fixam e valorizam a cor local mas buscam modos de adequação do discurso literário à mentalidade primitiva, tudo vazado em estilo simples e direto ainda que imaginoso (281-2), Cavalcanti Proença desenvolveu com propriedade essa impregnação alencariana da sintaxe tupi.

Ficcionalizando "o ideal histórico da harmoniosa fusão do português colonizador com o indígena" (Castello xxvii), Alencar aproveitou motivos hauridos em fontes historiográficas voltadas para os primeiros tempos de formação da nacionalidade e que haviam ressaltado a plasticidade do colono, quer adaptando-se às adversidades do ambiente físico quer adotando novos hábitos culturais. O acasalamento do português com o índio, de que resultou a primeira mestiçagem brasileira, parece ter sido uma prática bastante comum nas primeiras décadas da colonização. Em *Formação territorial do Brasil*, Raposo Tavares afirma: "O colono, a quem não faltavam tribos para acunhadar-se, tupinizou-se pela poligamia livremente. E não só pela poligamia como adotando, com sua língua, muitos dos costumes e aquisições culturais" (Apud Caldeira 31). Capistrano de Abreu, historiador cearense que pesquisou a fundo a história colonial, escreve:

> Da parte das índias a mestiçagem se explica pela ambição de terem filhos pertencentes à raça superior (sic), pois segundo as idéias entre elas ocorrentes só valia o parentesco pelo lado paterno. Além disso, pouca resistência deviam encontrar de milionários que possuíam preciosidades fabulosas como anzóis, pentes, facas, tesouras, espelhos. Da parte dos alienígenas devia influir sobretudo a escassez, se não ausência de mulheres de seu sangue. É fato observado em todas as migrações marítimas, e sobrevive ainda depois do vapor, da rapidez e da segurança das travessias. (Abreu 32-3)

Embora pudessem ter servido de estímulo na gênese literária de *Iracema*, nenhuma dessas motivações têm acolhida explícita na união de Martim com "a virgem tabajara". A imaginação do ficcionista reelabora a informação histórica em função de objetivos sublimados pelo sentimento de nobreza de que se reveste sua invenção poética. E assim como enobreceu o amor da índia pelo guerreiro branco depurando-o de qualquer interesse pragmático, assim também depurou o caráter e a linhagem de Martim. É ainda Capistrano que segue a pista do português Martim Soares Moreno pelo nordeste brasileiro. Ele nos informa que, chegado de Portugal em 1602, para "aprender a língua da terra e familiarizar-se com os costumes", apenas com dezoito anos incorporou-se à primeira expedição de Pedro Coelho rumo ao Oeste. Tendo-se havido tão bem entre os indígenas, Jacaúna, chefe potiguar, a ele afeiçoou-se com amor de pai. Tendo mais de uma vez visitado o amigo, foi dissipando prevenções e rancores a tal ponto que o índio permitiu-lhe estabelecer-se em território cearense com dois soldados. Foi assim que conseguiu lançar, junto ao rio Ceará, os fundamentos de um forte onde resistiu aos ataques de indígenas não sujeitos a Jacaúna. Com o auxílio deste, tomou duas naus estrangeiras, "nu e pintado de genipapo, à maneira de seus auxiliares" (Abreu 69). Essas referências históricas a respeito do colonizador português bastam para o que interessa ao argumento histórico de *Iracema*. Confrontadas com a fábula tecida pelo ficcionista, elas mostram o sentido das transformações operadas pelo romancista. Primeiro, Alencar naturaliza o estrangeiro fazendo-o nascer em território brasileiro sem, entretanto, negar-lhe o sangue e o nome latino. Segundo, substitui o opaco Jacaúna por Poti, herói indígena nacionalmente conhecido por sua participação nas lutas que redundaram na expulsão dos holandeses das costas brasileiras. Depois magnifica a fundação de uma pequena fortaleza, transformando-a no ato fundador de uma nova civilização. No entanto, aproveita dados históricos, como a aprendizagem da língua nativa e a submissão ao ritual da pintura do corpo, porque tais detalhes, como o abrasileiramento do colonizador, servem ao propósito de depuramento de elementos estranhos e de enraizamento do seu poema no solo de que o faz brotar. Afirmando que um europeu não seria capaz de escrever esse livro, Araripe Júnior identifica no "amor pátrio", no "sentimento da terra, que transuda de todas aquelas páginas", a razão suficiente que faz de *Iracema* "o mais brasileiro de nossos livros" (Araripe 252). E, desde Afrânio Peixoto, os manuais de literatura habituaram-se a ler no título *Iracema* o anagrama de *América*. O próprio Alencar já havia confidenciado a um amigo: "Este livro é pois um ensaio ou antes mostra. Verá realizadas nele minhas idéias a respeito da literatura nacional, e achará aí poesia inteiramente brasileira, haurida na língua dos selvagens" (143). Obra da imaginação nutrida de seiva histórica, *Iracema* é o poema-síntese do nacionalismo literário elevado ao ápice da invenção no Brasil romântico do século XIX, e, por ter consumado de modo eficiente o ideário então perseguido, fez-se obra duradoura — um clássico nas nossas letras inspirando autores de vanguarda do século XX, tão relevantes como Mário de Andrade e Guimarães Rosa.

Em lance de humor iconoclasta, próprio da radicalidade de sua poética, Oswald de Andrade faz blague com o que denomina *erro de português*: "Quando o português chegou/ Debaixo duma bruta chuva/ Vestiu o índio/ Que pena!/ Fosse uma manhã de sol/ O índio tinha despido/ O português" (Andrade 161). Na poética inspirada de *Iracema*, José de Alencar, documentado em fontes históricas e sem fazer blague, induz o índio a despir o português. Já historiadores como Capistrano de Abreu, rastreando o avanço do colonizador terra a dentro, mostraram que, em determinadas situações, o português deixou-se despir pelo índio. Comprova-o o ritual da pintura do corpo de Martim Soares Moreno. Hipnotizado pelos efeitos inebriantes da jurema, Martim, personagem fictício, é literalmente despido por Iracema. Enquanto que, no plano literário, Alencar despe o seu herói de hábitos civilizados, do estereótipo e das convenções do colonizador para, revestindo-o de idealidade legendária, transmutá-lo em fundador mítico de uma civilização assentada no princípio da mestiçagem. O nascimento de Moacir, fruto do enlace do homem alienígena com a mulher indígena, coroa exitosamente a ação heróica do protagonista, que, desbravador e violador de fronteiras étnicas e culturais, "barbariza-se" para "civilizar". A aparente contradição e os conflitos decorrentes do choque cultural se resolvem na combinação dos termos heteróclitos harmonizados dentro da fluência de um discurso melódico e harmonizador. Repassada de lirismo e plasticidade, a narrativa ancora no espaço regional que é berço do escritor e de onde procede a matéria histórica e ficcional narrada. *Iracema* metaboliza, assim, reminiscências pessoais em memória coletiva, fazendo a síntese do local com o regional e o nacional. A fábula que o autor subintitulou *lenda cearense* projeta-se, por sua vez, além do tempo transacto do nacionalismo literário e se inscreve no tempo trans-histórico das obras-primas que, indagando a gênese do passado, provocam a emergência de novos começos.

Bibliografia

Abreu, Capistrano. *Capítulos de história colonial (1500-1800)*. 3º ed. Rio de Janeiro: Briguet, 1934.
Alencar, José de. *Iracema — Lenda do Ceará*. Edição do centenário. Rio de Janeiro, José Olympio, 1965.
Andrade, Oswald. *Poesias reunidas*. São Paulo, Difusão Européia do Livro, 1966.
Araripe Júnior. Tristão de Alencar. *Obra crítica de Araripe Júnior*. Vol. I 1868-1887. Rio de Janeiro: Casa de Rui Barbosa, 1958.
Caldeira, Jorge. *A nação mercantilista — Ensaio sobre o Brasil*. São Paulo, 1999.
Campos, Haroldo de. "Iracema: uma arqueografia da vanguarda". *Revista USP*, 5 (1990): 67-74.
Castello, José Aderaldo. *A polêmica sobre A Confederação dos Tamoios e o indianismo romântico*. São Paulo: Faculdade de Filosofia, Ciências e Letras da Universidade de São Paulo, 1953.
Magalhães, General Couto de. *O selvagem*. Belo Horizonte, Itatiaia, 1975.
Proença, Manuel Cavalcanti. "Transforma-se o amador na coisa amada". *Iracema*. Edição do centenário. Rio de Janeiro: José Olympio, 1965. 281-328.
Silva, Joaquim Norberto de Sousa e. "Bosquejo da história da poesia brasileira". *Revista popular*. Ano I, 4. Rio de Janeiro, Garnier (out-dez 1859): 357-64.
_____. "Considerações gerais sobre a literatura brasileira". *Revista popular*. Ano I, 7 (1860): 153-63.
Santiago, Silviano. *Romances para estudo — Iracema*. Rio de Janeiro, Francisco Alves, 1975.

MACHADO DE ASSIS E AS
MEMÓRIAS PÓSTUMAS DE BRÁS CUBAS[1]

Bluma Waddington Vilar[2]

Qualquer estudante estrangeiro empenhado em conhecer a literatura brasileira não tardará a ler, em manuais de história da literatura, em ensaios ou livros de crítica sobre Machado de Assis, juízos que reconhecem nele um dos maiores escritores de língua portuguesa. Neto de escravos libertos do lado paterno, filho de um brasileiro, pintor de paredes, e de uma portuguesa dos Açôres, também de condição humilde, o mestiço Joaquim Maria Machado de Assis nasceu no Rio de Janeiro em 21 de junho de 1839. Seus pais, ambos letrados, eram agregados da chácara do Livramento, cuja proprietária, rica viúva de um senador do Império, foi madrinha de batismo do escritor. Entre os anos de 1856 e 1858, teria trabalhado como aprendiz de tipógrafo na Tipografia Nacional, segundo a tradição biográfica mais aceita. Nessa época, já havia iniciado suas colaborações em jornais e revistas, atividade que exerceria ao longo de quase toda a vida, como poeta, crítico, cronista, contista, tradutor, folhetinista. Foi funcionário público. Ingressou no Ministério da Agricultura, Comércio e Obras Públicas, em 1873, como amanuense, mas, antes disso, já havia desempenhado outras funções vinculadas à administração pública, como as de censor teatral e de auxiliar do diretor do *Diário Oficial*. Não fez estudos especiais nem cur-

---

[1] A presente versão deste ensaio baseia-se na hipótese de leitura de *Memórias póstumas* que formulei em minha tese de Doutorado em Literatura Comparada pela Universidade do Estado do Rio de Janeiro, *Escrita e leitura: Citação e autobiografia em Murilo Mendes e Machado de Assis* (2001). Agradeço à Capes a bolsa de Doutorado a mim concedida e à Academia Brasileira de Letras a bolsa de estudos que me permitiu concluir o trabalho.

[2] Doutora em Literatura Comparada pela Universidade do Estado do Rio de Janeiro. Escritora e poeta. Entre outros, publicou *Álbum* (Rio de Janeiro: Sette Letras, 1996).

so superior, era sobretudo um autodidata. Em 1896, juntamente com outros escritores, fundou a Academia Brasileira de Letras, da qual foi presidente eleito até sua morte em 1908. Tendo praticado todos os gêneros — conto, romance, crônica, poesia e teatro, destacou-se nos três primeiros e também na crítica.

Machado começa a publicar sua obra em livro no período imediatamente posterior à moda maior do indianismo no Brasil (*Contos fluminenses*, seu primeiro volume de contos, é de 1870, e *Ressurreição*, seu primeiro romance, é de 1872), ou seja, num período em que o romantismo ainda dominava o contexto literário brasileiro, até o naturalismo entrar em cena, na década de 80. No ano de 1880, aliás, Machado publica em folhetim as *Memórias póstumas de Brás Cubas*, cujo texto é reunido em livro no ano seguinte, 1881, ano igualmente da publicação de *O mulato*, de Aluísio Azevedo (1857-1913), romance que, pela repercussão obtida na época, viria a representar o marco inicial do naturalismo brasileiro, embora antes dele já tivesse sido escrito um romance de índole naturalista, *O coronel sangrado* (1877), de Inglês de Sousa (1853-1918). A crítica costuma dividir a produção romanesca de Machado em duas fases: a primeira, de extração romântica, inclui os quatro romances iniciais — *Ressurreição*, *A mão e a luva* (1874), *Helena* (1876), *Iaiá Garcia* (1878) —, e a segunda, inaugurada precisamente com *Memórias Póstumas*, inclui outros quatro romances além deste — *Quincas Borba* (1891), *Dom Casmurro* (1899), *Esaú e Jacó* (1904), *Memorial de Aires* (1908). Críticos de épocas diversas ou de tendências bem distintas assinalaram, entretanto, que as diferenças na forma e na técnica narrativa entre as duas fases, o extraordinário salto de qualidade, as mudanças sensíveis de uma para a outra equivalem não a uma ruptura radical, mas a uma "ruptura dialética", em que *não* há "negação absoluta das obras anteriores" (Astrogildo Pereira), ou, se se preferir, a um "amadurecimento progressivo" (Afrânio Coutinho).[3]

No célebre ensaio crítico "Notícia da atual literatura brasileira — Instinto de nacionalidade" (1873), Machado define o que, a seu ver, de fato constitui a nacionalidade que um escritor deve manifestar, e, com isso, não apenas esclarecia sua posição, mas também antecipava a incompreensão que muitos demonstrariam de sua obra, respondendo

---

[3] Ver Pereira, Astrogildo. "Antes e depois do 'Brás Cubas' ". *Machado de Assis. Ensaios e apontamentos avulsos*. Rio de Janeiro: Livraria São José, 1959, 183-9; Coutinho 23-65, esp. 25-8; e sobretudo Schwarz, "A novidade das *Memórias póstumas de Brás Cubas*" 47-64.

desde logo à alegação de que ela não era representativa do país, por carecer de interesse pela realidade e pelos problemas nacionais. Machado julga importante que uma literatura, principalmente uma literatura jovem como a brasileira, trate dos temas que a sua região lhe propicia. Isso corresponderia até a uma etapa necessária no desenvolvimento de uma literatura — sendo recente, ela atravessaria um período de auto-afirmação. E não sem ironia, Machado emite o seguinte comentário acerca da presença obrigatória de "toques nacionais" nas obras de nossos escritores: "A juventude literária, sobretudo, faz deste ponto uma legítima questão de amor-próprio".[4] Que haja uma orientação para o nacional é justificável, patenteia o "geral desejo de criar uma literatura mais independente".[5] Tal orientação, ressalva o escritor, só não deve tornar-se um valor absoluto e tirânico, não devendo significar, portanto, um nacionalismo estreito e empobrecedor, que só reduziria a amplitude temática e formal da nova literatura, retirando-lhe possibilidades de exploração e realização.

O "instinto de nacionalidade" que se deve esperar de um escritor é, na sempre citada formulação machadiana, "um sentimento íntimo, que o torne homem do seu tempo e de seu país, ainda quando trate de assuntos remotos no tempo e no espaço".[6] Independe, portanto, de paisagens, de tipos característicos, de uma série de elementos que podem estar presentes de modo superficial ou estar sendo descritos segundo um olhar estrangeiro, de uma perspectiva pouco ou nada brasileira. O sentimento a que Machado se refere pode expressar-se até mesmo quando o tema, a língua e a forma, à primeira vista, pouco têm de nacionais. Um tema e uma forma a princípio de caráter universal podem revelar-se extremamente brasileiros num outro nível de articulação, num plano menos superficial e evidente. Em *Um mestre na periferia do capitalismo* (1990), Roberto Schwarz procura mostrar que esse é precisamente o caso de *Memórias póstumas*. Como Schwarz já havia assinalado em outro ensaio, a literatura machadiana "apresenta um brasileirismo desta espécie interior, que até certo ponto dispensa a cor local".[7] Na verdade, a presença e a visibilidade do nacional na obra de Machado

---
[4] Assis 801.
[5] Idem 802.
[6] Idem 804.
[7] Schwarz, "Duas notas sobre Machado de Assis" 166.

verificam-se em mais de um nível, tanto numa esfera mais imediata, concreta e descritiva quanto num plano mais abstrato:

> (...) as singularidades evidentes do país — aquelas em que os patrícios se reconhecem, com orgulho ou com riso — não estão ausentes do romance de Machado, a que entretanto elas não dão a tônica. Digamos sumariamente que em vez de *elementos* de identificação, Machado buscava *relações* e *formas*. A feição nacional destas é profunda, sem ser óbvia.[8]

Recepção crítica da obra e poética da releitura

Como observou Schwarz, na recepção da obra machadiana, podem ser identificadas três correntes.[9] Uma primeira, a dos localistas, já referida antes, acusa o escritor de descaso ou mesmo desprezo pelo que é brasileiro (natureza, sociedade, história, costumes), pois chegava a tratar ironicamente a cor local. Uma segunda corrente, a dos universalistas, vê como qualidade o que os localistas consideram um defeito, louvando precisamente o fato de Machado não conceder primazia às particularidades mais visíveis do país, aos elementos de identificação nacional mais evidentes e típicos, que, como sublinha Schwarz, aparecem com freqüência nos romances do autor, porém de maneira breve, casual, discreta, deliberadamente diminuídos e quase sempre alvo de ironia. Tais críticos prezam em Machado a desprovincianização, o enfoque de questões universais, a preocupação com a "natureza humana", donde o recurso do romancista aos moralistas franceses do século XVII, por exemplo (e não só em termos de análise psicológica e citações, mas também em matéria de estilo, dada a forma sentenciosa que a prosa machadiana assume em inúmeras passagens). Todavia, como não deixa de salientar Schwarz retomando Antonio Candido, essas duas correntes filiam-se ao mesmo movimento de valorização do Brasil, mediante o qual se busca fazer uma literatura que sirva de instrumento de afirmação nacional, seja equiparando nossa produção intelectual aos padrões da Europa culta, seja expressando nossas realidades locais, nossa originalidade.[10]

---

[8] Idem 166
[9] Ver Schwarz, "Duas notas sobre Machado de Assis".
[10] Idem 167 e 169-70, e Candido, *Formação da literatura brasileira (Momentos decisivos)* 9-22, esp. 9-11.
[11]. Para uma reflexão de maior alcance sobre a posição crítica de Machado no tocante à questão da nacionalidade literária e sobre a recepção da obra do autor pela tradição crítica brasileira, é imprescindível o estudo realizado por Abel Barros Baptista no livro *Em nome do apelo do nome*, trabalho originalmente apresentado como Dissertação de Mestrado em Estudos Literários Comparados, na Universidade Nova de Lisboa, em 1990.

Segundo o autor de *Ao vencedor as batatas*, tanto a corrente localista quanto a corrente universalista da crítica incorrem no mesmo equívoco: o de julgar pouco importante a notação local no romance de Machado, em decorrência da posição diminuída que essa notação ocupa. Tal posição diminuída — e não ausência ou escassez de elementos locais, vale insistir — torna-se "sensível sobretudo em seu contraste escarninho com os assuntos ditos universais a que ela serve de matéria" ou pretexto.[11] E é exatamente o despropósito da associação feita, a risível desproporção entre o dado local e a reflexão de ordem geral, entre a circunstância particular e a conclusão abstrata por ela suscitada que Schwarz aponta como uma das chaves da narrativa machadiana e do seu caráter nacional ou, se se preferir, do *realismo social* (e não apenas psicológico), que ela apresenta ao olhar menos imediatista e pedestre do intérprete.[12] Mostrar como esse realismo social se manifesta nas *Memórias póstumas*, por meio de determinados procedimentos ou mecanismos, entre os quais o dessa "conjunção desparelhada" e cômica entre local e universal, sem as mediações necessárias à passagem de um plano a outro, é o que pretende *Um mestre na periferia do capitalismo*, cuja hipótese básica exporei mais adiante.

Uma terceira corrente, na qual Schwarz situa a si próprio, propõe uma "dialética do local e do universal", considerando que Machado soube aproveitar magistralmente os dados sociais e a ficção brasileira existente, sem precisar recorrer ao pitoresco e ao exótico, ao mesmo tempo que lançou mão de vários modelos estrangeiros, cuja influência foi assimilada e *declarada*, cabe acrescentar, numa poética fundamentalmente marcada pela *releitura da tradição*. Machado incorporou tanto as realizações dos autores brasileiros precedentes, em especial Joaquim Manuel de Macedo (1820-1882), Manuel Antônio de Almeida (1831-1861) e José de Alencar (1829-1877)[13], quanto o que a tradição literá-

---

[11] Schwarz, "Duas notas sobre Machado de Assis" 168.
[12] Ver igualmente os livros de John Gledson, *Machado de Assis: ficção e história* e *Machado de Assis: impostura e realismo*.
[13] Sobre as relações entre a ficção de Machado e a desses três autores nacionais, entre outros, ver Candido, Antonio, *Formação da literatura brasileira*, vol. 2 109-118, esp. 117-8; Linhares, Temístocles. "Macedo e o romance brasileiro", in *Revista do Livro*, Rio de Janeiro, no 14, Ano IV- junho-1959, 97-105; Schwarz, "A importação do romance e suas contradições em Alencar" 29-60, e "A novidade das *Memórias póstumas de Brás Cubas*", esp. 63-4; Süssekind, *O Brasil não é longe daqui: o narrador, a viagem*, São Paulo: Companhia das Letras, 1990, esp. 152-55, 260-76, e *O sobrinho pelo tio*, Rio de Janeiro: Fundação Casa de Rui Barbosa, 1995, esp. 9,10, 15, 16, 21-29.

ria ocidental punha à disposição de um leitor arguto como ele.[14] Nesse sentido, cabe recordar a observação de Antonio Candido sobre a independência da ficção machadiana madura em relação às modas literárias de seu tempo:

> Num momento em que Flaubert sistematizara a teoria do "romance que narra a si próprio", apagando o narrador atrás da objetividade narrativa; num momento em que Zola preconizava o inventário maciço da realidade, observada nos menores detalhes, ele cultivou livremente o elíptico, o incompleto, o fragmentário, intervindo na narrativa com bisbilhotice saborosa, lembrando ao leitor que atrás dela estava a sua voz convencional. Era uma forma de manter, na segunda metade do século XIX, o tom caprichoso de Sterne (...). Era também um eco do "conte philosophique", à maneira de Voltaire (...).[15]

Conforme demonstrou Enylton de Sá Rego, no indispensável *O Calundu e a panacéia: Machado de Assis, a sátira menipéia e a tradição luciânica* (1989), entre os modelos que o escritor escolheu na literatura do Ocidente, para compor os textos da chamada segunda fase de sua obra, encontram-se autores integrantes dessa longeva linhagem da sátira menipéia, iniciada no século II a.C. Com sua forma descontínua e digressiva de narração, as *Memórias póstumas* foram alvo, quando publicadas, de indagações sobre o gênero a que pertenciam.[16] Elas seriam, entretanto, um caso exemplar da tradição menipéia, como indica o próprio narrador já no prólogo do livro. Assinalo brevemente duas dessas

---

[14] Sobre as relações da obra de Machado com a tradição literária ocidental, ver, entre outros, Gomes, Eugênio. *Machado de Assis: influências inglesas*, Rio de Janeiro/ Brasília: Pallas/ INL, 1976; Caldwell, Helen. *The Brazilian Othello of Machado de Assis: A Study of Dom Casmurro*.Berkeley: University of California Press, 1960; Lima, Luiz Costa. "A recepção do *Tristram Shandy* no romance machadiano", in *Dispersa demanda: ensaios sobre literatura e teoria*, Rio de Janeiro: Francisco Alves, 1980, 59-64; Candido, Antonio, "À roda do quarto e da vida" 101-4; Passos, Gilberto Pinheiro. *Poética do legado. Presença francesa em Memórias Póstumas de Brás Cubas*, São Paulo: Annablume, 1996; Senna, Marta de. *O olhar oblíquo do Bruxo*: ensaios em torno de Machado de Assis, Rio de Janeiro: Nova Fronteira, 1998; Zilberman, Regina. "*Memórias Póstumas de Brás Cubas*: diálogos com a tradição literária", in *Revista Tempo Brasileiro*, abr.-set., no 133/134, 1998, Rio de Janeiro: Tempo Brasileiro.
[15] Candido, "Esquema de Machado de Assis" 22.
[16] Numa carta a Machado de Assis, Capistrano de Abreu reproduz o que Valentim Magalhães lhe escreveu acerca do livro e revela sua própria perplexidade: " 'O que é *Brás Cubas* em última análise? Romance? Dissertação moral? Desfastio humorístico?' — Ainda o sei menos eu" (Abreu, Capistrano de. "Cartas de Capistrano de Abreu a Machado de Assis", in Rodrigues, José Honório (org.). *Correspondência de Capistrano de Abreu* [1881], Rio de Janeiro, Civilização Brasileira, 1977, Vol. III, 373).

indicações. Brás Cubas declara ter adotado em sua autobiografia "a forma livre de um Sterne ou de um Xavier de Maistre", dois escritores cujas obras *Tristram Shandy* (1760-7), *A Sentimental Journey* (1768) e *Voyage autour de ma chambre* (1795) são representativas do gênero menipeu, e a própria menção de antecessores da linhagem menipéia é uma das constantes dessa tradição (além dos dois mencionados no prólogo, ao longo do romance, o narrador cita Sêneca e Erasmo e alude a Luciano de Samósata. Afirma também ter escrito "com a pena da galhofa e a tinta da melancolia", e o caráter híbrido, sério-cômico, é mescla típica da tradição satírica ligada a Menipo de Gadara.

 Embora se trate de perspectivas críticas inteiramente distintas, importa acentuar que o erudito estudo realizado por Sá Rego sobre as relações entre alguns textos da segunda fase machadiana e aquela tradição satírica não conflita, de um modo geral, com a leitura sociológica que Schwarz faz das *Memórias póstumas* em *Um mestre na periferia do capitalismo*. Situando-os adequadamente no contexto da tradição literária, o livro de Sá Rego contribui para identificar, precisar e redimensionar técnicas, procedimentos e temas utilizados por Machado, nos quais não deixam de incluir-se aqueles descritos por Schwarz como aspectos do princípio formal que, segundo esse crítico, estrutura a narrativa das *Memórias*, conforme veremos mais adiante. Com isso, *O Calundu e a panacéia* permite compreender melhor a poética do escritor e assegura à interpretação o devido ganho em complexidade, qualquer que seja a sua orientação teórica. Compreender melhor a filiação de Machado a essa tradição satírica específica permite identificar em várias práticas adotadas por Machado procedimentos típicos do gênero como, por exemplo, a ostensiva freqüência das citações e sua também freqüente alteração. A meu ver, o assíduo recurso à citação e a maneira como Machado a utiliza em *Memórias póstumas* oferecem uma síntese do *modus operandi* dessa poética de releitura da tradição, recente ou remota, característica do autor. A esse respeito, é digna de nota a seguinte passagem do livro de Sá Rego:

> (...) os textos de Machado citam freqüentemente outros autores, e (...) freqüentemente suas citações não correspondem aos textos citados. Machado, portanto, é um "deturpador de citações", fato amplamente documentado pela crítica brasileira. (...) a utilização de citações truncadas no texto de Machado não deve ser explicada pela qualidade da memória do autor, mas sim por uma prática literária associada à tradição lucianica. (...) tanto Luciano quanto Varrão, Sêneca, Erasmo, [Robert]

Burton e Sterne utilizavam-se sistematicamente de citações deturpadas, para efeitos literários. Como o próprio Machado de Assis o declarou em seu conto "Teoria do Medalhão", trata-se da arte de "renovar o sabor de uma citação, intercalando-a numa frase nova, original e bela". Usando ainda a metáfora gustativa e culinária, metáfora implícita no próprio conceito de *satura*, Machado nos deu até mesmo sua receita para a apropriação artística criadora das obras alheias: trata-se de "buscar a especiaria alheia", mas sobretudo de "temperá-la com o molho de sua fábrica" (*OC*, II, 731).[17]

Portanto, entre as práticas típicas da sátira menipéia que Machado adota em *Memórias póstumas*, inclui-se a das *citações adulteradas*, isto é, precisamente aquela que me parece sintetizar tanto o princípio arquitetônico desse romance quanto o funcionamento da poética machadiana de releitura da tradição. Nesse sentido, Machado toma um gênero — a autobiografia — que, em princípio, reelabora e transforma em texto, em narrativa a *memória individual*, e torna-o ao mesmo tempo uma *releitura* tanto da então jovem tradição ficcional brasileira quanto da longeva tradição da sátira menipéia, realizando desse modo um texto que explicita o seu caráter *intertextual*, noutras palavras, o seu caráter de *memória cultural*, expressa nas relações intertextuais sistematicamente exploradas ali. Assim como a *autobiografia* (e a ficção de autobiografia não deixa de simular isso) manifesta e atualiza a *memória individual*, a *intertextualidade* manifesta e atualiza a *memória coletiva, cultural*, em qualquer de suas modalidades, mas de forma mais visível e eloqüente na instância mais restrita da *citação* e no plano composicional mais amplo da *releitura*.

Citações e princípio da errata

Analisando as citações feitas na ficção de autobiografia de Brás Cubas (entre as quais figuram nomes de autores, títulos de obras ou textos, nomes de personagens e passagens), fui levada a formular a seguinte hipótese: o uso que se faz da citação em *Memórias póstumas* corresponde a uma das manifestações do princípio construtivo que norteia a composição do livro — o *princípio da errata*, que conduz a retificações sucessivas e ressalvas constantes por parte do narrador.

---

[17] Rego 112.

Examinemos algumas passagens que mostram a insistente incidência desse procedimento estilístico de retificação ou ressalva no texto das *Memórias* e contribuem para esclarecer como funciona o que chamei de princípio da errata, denominação sugerida pelo próprio romance, no final do capítulo 27, e pelo título do ensaio de Flora Süssekind "Brás Cubas e a literatura como errata", de 1985. Vejamos então um primeiro exemplo de como esse princípio se manifesta no caso de citações:

> E foi assim que cheguei à cláusula dos meus dias; foi assim que me encaminhei para o *undiscovered country* de Hamlet, *sem as ânsias nem as dúvidas do moço príncipe, mas pausado e trôpego, como quem se retira tarde do espetáculo. Tarde e aborrecido.*[18]

Desde o prólogo do livro, a todo momento o narrador mistura o sério ao cômico. Logo antes da passagem transcrita acima, ou seja, no início do terceiro parágrafo do capítulo 1, o narrador invariavelmente repete esse procedimento. Ao discurso proferido pelo amigo de Brás ao pé de sua cova, no fim do segundo parágrafo (discurso esse que já mescla gravidade e humor, pois parodia o *topos* romântico da correspondência entre a natureza e os sentimentos do indivíduo), segue-se o divertido comentário revelador do cinismo do discursista e do próprio Brás: "Bom e fiel amigo! Não, não me arrependo das vinte apólices que lhe deixei". No trecho reproduzido acima, a nota de gravidade fica por conta da expressão retirada da tragédia de Shakespeare e da referência à personagem de Hamlet, que a utiliza no monólogo do 3º ato, cuja afirmação inicial "ser ou não ser: eis a questão" é recordista em citações. Após a citação, num procedimento que se repetirá no livro, o narrador faz uma ressalva cômica em relação ao que acabou de citar — nesse caso, apenas em relação à personagem citada. Além de propiciar um contraste risível entre a jovem e nobre figura do príncipe atormentado e aquela de um senhor enfastiado, cujo andar é lento e inseguro, a citação da personagem trágica parece ter sido feita sobretudo para que se tivesse a oportunidade de *assinalar antes uma discrepância que um ponto de contato* entre o texto machadiano e o de um autor canônico. Nas *Memórias*, com freqüência, invocam-se os clássicos aparentemente em

---

[18] *Memórias póstumas de Brás Cubas*, cap. 1, "Óbito do autor", 112, primeiro grifo do autor. Todas as citações aqui feitas deste romance serão extraídas da edição referida.

vão, uma vez que, em várias das ocasiões em que são invocados, retifica-se o que foi citado. É como se se estivesse recorrendo a uma "autoridade" que *não se aplica* ali, o que não deixa de ter um irreverente efeito desqualificante: afinal, a "autoridade" termina desautorizada. E mais adiante no mesmo parágrafo, o narrador confirma a disparidade entre o drama de Hamlet e as circunstâncias de sua morte: "Nem o meu óbito era coisa altamente dramática... Um solteirão que expira aos sessenta e quatro anos, não parece que reúna em si todos os elementos de uma tragédia".

Mas, como se trata de um princípio estruturador de toda a narrativa das *Memórias*, conforme já se disse, o procedimento da *retificação* (às vezes até retificações sucessivas) ou da *ressalva* não sucede apenas em relação a citações. É bem mais amplo e freqüente. Eis algumas dessas reformulações no plano estilístico, várias delas com implicações mais drásticas no plano narrativo, ou seja, na estruturação e no andamento do romance:

> Que Stendhal confessasse haver escrito um de seus livros para cem leitores, cousa é que admira e consterna. *O que não admira, nem provavelmente consternará é se este outro livro não tiver os cem leitores de Stendhal, nem cinqüenta, nem vinte, e quando muito, dez. Dez? Talvez cinco.* ("Ao leitor", 109, grifos meus)

> (...) não sou propriamente um autor defunto, *mas um defunto autor*, para quem a campa foi outro berço; (...) Moisés, que também contou a sua morte, não a pôs no intróito, *mas no cabo: diferença radical entre este livro e o Pentateuco*. (Cap. 1, "Óbito do autor", 111, grifos meus)

> *Que me conste*, ainda ninguém relatou o seu próprio delírio; faço-o eu, (...) *Se o leitor não é dado à contemplação destes fenômenos mentais, pode saltar o capítulo*; vá direito à narração. Mas, por menos curioso que seja, sempre lhe digo que é interessante saber o que se passou na minha cabeça durante uns vinte a trinta minutos. (Cap. 7, "O delírio", 119, grifos meus)

> Tinha garbo o traquinas, e gravidade, certa magnificência nas atitudes, nos meneios. Quem diria que... *Suspendamos a pena; não adiantemos os sucessos*. (Cap. 13, "Um salto", 137, grifos meus)

> Ocorre-me uma reflexão imoral, que é ao mesmo tempo *uma correção de estilo*. Cuido haver dito, no capítulo XIV, que Marcela morria de amores pelo Xavier. *Não morria, vivia. Viver não é a mesma cousa que morrer;*

assim o afirmam todos os joalheiros desse mundo, gente muito vista na gramática. Bons joalheiros, que seria do amor se não fossem os vossos dixes e fiados? Um terço ou um quinto do universal comércio dos corações. Esta é a reflexão imoral que eu pretendia fazer, *a qual é ainda mais obscura do que imoral, porque não se entende bem o que eu quero dizer. O que eu quero dizer é* que a mais bela testa do mundo não fica menos bela, se a cingir um diadema de pedras finas; nem menos bela, nem menos amada. (Cap. 16, "Uma reflexão imoral", 142, grifos meus)

Vim... *Mas não; não alonguemos este capítulo.* Às vezes, esqueço-me a escrever, e a pena vai comendo papel, com grave prejuízo meu, que sou autor. Capítulos compridos quadram melhor a leitores pesadões; *e nós não somos um público in-folio, mas in-12*, pouco texto, larga margem, tipo elegante, corte dourado e vinhetas... principalmente vinhetas... *Não, não alonguemos o capítulo.* (Cap. 22, "Volta ao Rio", 153, grifos meus)

Talvez suprima o capítulo anterior; entre outros motivos, *há aí, nas últimas linhas, uma frase muito parecida com despropósito*, e eu não quero dar pasto à crítica do futuro. (Cap. 72, "O bibliômano", 215, grifos meus)

Confesso que este diálogo era uma indiscrição, — principalmente a última réplica. E com tanto maior prazer o confesso, quanto que as mulheres é que têm fama de indiscretas, *e não quero acabar o livro sem retificar essa noção do espírito humano.* (Cap. 131, "De uma calúnia", 279, grifos meus)

Este último capítulo é todo de negativas. Não alcancei a celebridade do emplasto, não fui ministro, não fui califa, não conheci o casamento. *Verdade é que, ao lado dessas faltas, coube-me a boa fortuna de não comprar o pão com o suor do meu rosto.* (...) Somadas umas coisas e outras, qualquer pessoa imaginará que não houve míngua nem sobra, e conseguintemente que saí quite com a vida. *E imaginará mal; porque* (...) *achei-me com um pequeno saldo* (...): — Não tive filhos, não transmiti a nenhuma criatura o legado da nossa miséria. (Cap. 160, "Das negativas", 304)

Como se pode notar, retificações e ressalvas acontecem ao longo do livro inteiro, se não a todo momento, com impressionante freqüência. O capítulo 21, "O almocreve", desenvolve-se essencialmente como uma série de retificações, do princípio ao fim. Os títulos de vários capítulos já contêm ou anunciam retificações, ressalvas, condições: "Triste, mas curto" (cap. 23); "Curto, mas alegre" (cap. 24); "Contanto que"...

(cap. 28); "O senão do livro" (cap.71); "Suprimido" (cap. 98, que termina com a seguinte conclusão: "Não; decididamente suprimo este capítulo"); "Para intercalar no capítulo CXXIX" (cap. 130, que sugere ao fim: "Convém intercalar este capítulo entre a primeira e a segunda oração do capítulo CXXIX"); "Que não é sério" (cap. 132, logo encerrado com a desqualificação antecipada no título: "Mas este capítulo não é sério"); "Inutilidade" (cap. 136, que se resume a este comentário sobre o capítulo precedente: "Mas, ou muito me engano, ou acabo de escrever um capítulo inútil"). Como os exemplos listados antes, tais capítulos (à exceção do 28) encenam o exercício de leitura ou releitura do texto pelo próprio autor, inscrevendo essa dimensão de maneira explícita na composição do livro, juntamente com o papel do leitor nessa arquitetura. Ao leitor (cujas reações o narrador antecipa ou comenta), é fornecido então um modelo de leitura "ruminada", já que a própria escrita assim se apresenta. Em suma, as diversas modalidades de retificação desenham uma escrita que não só se lê e rumina a si mesma, mas também aos escritos alheios quando "corrige" citações.

Vejamos agora trechos que retificam citações:

> Sim, senhor amávamos. Agora que todas as leis sociais no-lo impediam, agora é que nos amávamos deveras. Achávamos jungidos um ao outro, como as duas almas que o poeta encontrou no Purgatório:
> *Di pari, come buoi, che vanno a giogo; e digo mal, comparando-nos a bois*, porque éramos outra espécie de animal *menos* tardo, *mais* velhaco e lascivo. (Cap. 57, "O destino", 87, grifos meus)

> (...) — Que diz ele [Pascal]? Diz que o homem tem "uma grande vantagem sobre o resto do universo: sabe que morre, ao passo que o universo ignora-o absolutamente". Vês? Logo, o homem que disputa o osso a um cão tem sobre este a grande vantagem de saber que tem fome; (...) "Sabe que morre" é uma expressão profunda; *creio todavia que é mais profunda a minha expressão: sabe que tem fome*. Porquanto, o fato da morte limita, por assim dizer, o entendimento humano; a consciência da extinção dura um breve instante e acaba para nunca mais, *ao passo que a fome tem a vantagem de voltar, de prolongar o estado consciente*. Parece-me (se não vai nisso alguma imodéstia), que a fórmula de Pascal é inferior à minha, *sem todavia deixar de ser um grande pensamento, e Pascal um grande homem*. (Cap. 142, "O pedido secreto", 289).

Cabe destacar a famosa passagem final do capítulo 27, quando o narrador define a existência humana como sucessão de edições em que cada nova versão revê e corrige a anterior:

> Deixa lá dizer Pascal que o homem é um caniço pensante. *Não; é uma errata pensante*, isso sim. Cada estação da vida é uma edição, *que corrige a anterior, e que será corrigida também*, até a edição definitiva, que o editor dá de graça aos vermes. (Cap. 27, "Virgília?", 161).

Com isso, fica estabelecida uma clara *homologia* entre a *vida*, assim caracterizada por Brás, e a composição, a *escrita de sua autobiografia*; uma vez que a narrativa das *Memórias* também se desenrola por uma série de mudanças de rumo, digressões, ponderações, ressalvas e retificações; isto é, uma vez que se organiza e avança segundo o princípio da errata, responsável por seu andamento interrompido e irregular, por seu estilo *ébrio*, conforme a descrição feita pelo próprio narrador, no capítulo 71 — "O senão do livro". A "teoria das edições humanas", do homem como "errata pensante", encontra portanto um *equivalente textual* naquele princípio.

Além de inscrever a vida no texto mediante essa correspondência, o procedimento retificador da errata inscreve a leitura na escrita, mostrando, nessa encenação, tanto a impossibilidade de dissociar, no processo criativo, o ato de escrever do de ler, quanto um modo de incorporar a recepção à composição. Se retificar explicitamente o próprio texto expõe o fato de a leitura estar implicada na escrita, "retificar" citações, que constituem a intersecção mais visível entre ambas, supõe uma dupla inscrição, uma leitura da leitura ou uma leitura ao segundo grau.

Princípio da errata e fortuna crítica

Não há como deixar de citar a referência crítica obrigatória no tocante a *Memórias póstumas*, ou seja, a hipótese que Roberto Schwarz desenvolve, em *Um mestre na periferia do capitalismo: Machado de Assis* (1990), sobre o princípio estruturador da narração e determinante do estilo daquele romance — o princípio da *volubilidade*, dada sua semelhança com a idéia da errata na hipótese aqui proposta. Trata-se, nas palavras daquele crítico, da "correspondência entre o estilo machadiano e as particularidades da sociedade brasileira, escravista e burguesa ao mesmo tempo". Ou ainda, entre a estrutura e o funcionamento da nossa sociedade oitocentista e a "forma literária", a "fórmula narrativa de Machado", na qual há uma "alternância sistemática de perspectivas" por parte do narrador, que muda sempre, de modo arbitrário, desidentificando-se continuamente da posição assumida na frase, no parágrafo, no capítulo ou no episódio precedente, e instituindo essa sua *volubilidade* como "regra da escrita". Segundo Schwarz, portanto, o movimento que o narrador caprichoso e volúvel impõe às *Memórias* deve ser entendido tanto como "regra de composição da narrativa" quanto como "estilização de uma conduta própria à classe dominante brasileira". Conforme sublinha o próprio crítico, *"no curso de sua afirmação a versatilidade do narrador faz pouco de todos os conteúdos e formas que aparecem nas* Memórias, *e os subordina (...). Neste sentido a volubilidade é (...) o princípio formal do livro"*.[19] Embora flagrante, convém assinalar uma diferença básica entre a perspectiva de Schwarz e a pretendida neste trabalho: a orientação sociológica da análise realizada por aquele crítico, o interesse nesse tipo de articulação entre o literário e o extraliterário, ou, nos termos de Schwarz, entre "forma literária e processo social"[20], entre estrutura da narrativa e "estrutura do país", ou ainda, entre o "estilo machadiano" e as "relações sociais" características da realidade brasileira à época do autor. Tal interesse obviamente não faz parte do horizonte de preocupações da leitura aqui proposta.

Embora não de natureza sociológica, uma relação entre o literário e o extraliterário estaria em pauta naquela célebre metáfora editorial que traz para o universo do livro a própria vida, a própria condição humana. Nesse sentido, convém lembrar quatro outras passagens. A primeira delas, já citada antes, define o público no qual o narrador se inclui da seguinte maneira: "não somos um público *in-folio*, mas *in-12*, pouco texto, larga margem, tipo elegante, corte dourado e vinhetas... principalmente vinhetas"... (cap. 22, "Volta ao Rio", 153). A segunda relata o momento do delírio de Brás em que ele se sentiu "transformado na *Summa Theologica* de S. Tomás, impressa num volume, e encadernada em marroquim, com fechos de prata e estampas;

---

[19] Schwarz, *Um mestre na periferia do capitalismo* 11, 12, 17 e 31; grifos do autor.
[20] "Forma literária e processo social nos inícios do romance brasileiro": este já era o subtítulo de outro livro de Schwarz — *Ao Vencedor as batatas*.

idéia esta que [lhe] deu ao corpo a mais completa imobilidade" (cap. 7, "O delírio", 120). A terceira retoma a metáfora da vida como sucessão de edições, apresentada no capítulo 27: "Lembra-vos ainda a minha teoria das edições humanas? Pois sabei que, naquele tempo, estava eu na quarta edição, revista e emendada, mas ainda inçada de descuidos e barbarismos; defeito que, aliás, achava alguma compensação no tipo, que era elegante, e na encadernação, que era luxuosa" (-cap. 38, "A quarta edição", 173). A quarta envolve mais uma metáfora livresca, na qual o beijo que sela o princípio do relacionamento clandestino entre Virgília e Brás é visto como o "*prólogo* de uma vida de delícias, de terrores, de remorsos, (...)", vida essa cuja descrição se encerra com o desdobramento lógico da metáfora inicial: "tal foi *o livro daquele prólogo*" (cap. 53, 192, grifos meus).

Uma correspondência entre realidade vivida e componentes de todo e qualquer texto também se encontra nos capítulos 55 — "O velho diálogo de Adão e Eva" — e 139 — "De como não fui ministro d'Estado" —, que, à semelhança de várias passagens do *Tristram Shandy*, de Sterne, dispensam palavras, limitando-se apenas ao uso de sinais de pontuação, tais como a linha pontilhada, que intitula ainda o capítulo 53, citado logo acima.

Na dedicatória, nos capítulos 26 ("O autor hesita"), 125 ("Epitáfio") e 142 ("O pedido secreto"), exploram-se as possibilidades de diagramação e de reprodução do livro. Tanto por seu conteúdo quanto por sua disposição na página e emprego exclusivo de maiúsculas, a dedicatória sugere igualmente um epitáfio. O final do capítulo 26 mostra Brás Cubas "a escrever desvairadamente num pedaço de papel", enquanto seu pai lhe fala empolgado sobre assuntos diversos. O modo anárquico como o protagonista preenche o pedaço de papel é graficamente transposto com exatidão. O capítulo 125, segundo indica o seu título, reproduz um epitáfio, mas não apenas nos dizeres, reduplicando, além destes, a própria forma de inscrição na lápide. Já o capítulo 142 inclui a reprodução de uma breve carta que Virgília endereça a Brás, e, se não se reproduz a caligrafia "grossa e desigual" utilizada pela remetente em lugar de sua "letra fina e correta", estampa-se o texto do modo como ele usualmente estaria disposto no papel da correspondência. Note-se, todavia, que a assinatura abreviada de Virgília é reduplicada em sua própria forma manuscrita.

Entretanto, não caberia, no presente ensaio, analisar as implicações dessa ênfase no literário e em tudo, enfim, que pertence à esfera da escrita e do livro enquanto publicação *impressa*, ou seja, as peculiaridades desse meio de veiculação, sua materialidade, seus aspectos tipográficos e editoriais, sua reprodutibilidade.[21] Nessa linha de investigação, cumpre assinalar o trabalho pioneiro de Flora Süssekind sobre as relações entre a publicação em jornais e periódicos e a escrita da ficção. O "papel decisivo" que tem o "diálogo constante com a imprensa, com a impressão"[22], na fatura ficcional machadiana, é objeto do ensaio da autora, "Machado de Assis e a musa mecânica", incluído em *Papéis colados* (1993). Afirma a ensaísta:

> Se Machado de Assis é um dos escritores brasileiros que melhor soube articular essa vinculação da produção literária local com a publicação em jornal e dar forma à tensão entre escrita e impressão, (...) alguma coisa em sua obra, além dessa encenação, na própria forma literária, das tensões entre composição e *medium* de veiculação, parece sugeri-las reiteradas vezes.[23]

Como elementos que sugerem tais tensões — seja pela assimilação de certas características da publicação em jornais e revistas ou da impressão mecânica, seja pela resistência a outros aspectos das mesmas, vale ressaltar —, Süssekind aponta a grande fragmentação dos capítulos; a "exibição da materialidade gráfica do texto impresso"; o narrador "de presença forte", inadequado à narração típica das notícias e *faits-divers*, além de imcompatível, por suas repetidas erratas, com a "limpeza de paginação, do controle de letras e linhas, do aspecto aparentemente definitivo da página impressa". Some-se a esses elementos "a imagem poderosa do livro", "as figurações livrescas do cotidiano", "do amor, da vida, das pessoas"[24], na ficção de Machado.

Uma das mais importantes contribuições recentes ao estudo do romance machadiano é precisamente um trabalho em que são esmiuçadas as relações entre a ficção do autor e o livro em seus aspectos materiais e simbólicos: *Autobibliografias — a solicitação do livro na ficção e na ficção de Machado de Assis* (1998), de Abel Barros Baptista.

---

[21] Veja-se a respeito das relações entre a materialidade do meio impresso e a ficção machadiana, Pignatari, especialmente 80-94.
[22] Süssekind, "Machado de Assis e a musa mecânica" 184.
[23] Idem 188.

Numa chave de leitura análoga à do ensaio de Flora Süssekind, o crítico português considera que Machado demonstra em seus romances uma clara consciência da materialidade do suporte impresso, do livro tipográfico, e que a ficção machadiana é antes de mais nada "uma ficção da experiência do livro".[25]

Sobretudo em virtude da óbvia proximidade, em determinados pontos, com a perspectiva aqui escolhida, outra contribuição a ser examinada é o estudo de Juracy Saraiva, "*Memórias póstumas de Brás Cubas*: edição e errata", em *O circuito das memórias em Machado de Assis* (1993). Na interpretação da autora, assim como na de Schwarz, evidencia-se uma *correspondência*, não mais entre a estruturação da narrativa machadiana e o funcionamento da sociedade brasileira, conforme postulava aquele último, e sim entre o discurso ambivalente do narrador das *Memórias* e a vida humana, cujo curso é permeado de contradições. Eis o que escreve Saraiva na parte final de seu estudo:

> Quando o eu-enunciador concebe a própria biografia como leitura da vida e dos livros, reúne dois universos semânticos e institui um processo de refração, cujos efeitos recíprocos permitem entrever, nos textos, a vida, e nos procedimentos desta a configuração do texto.[26]

Para a autora, dois são "os princípios formais do relato" do narrador Brás Cubas: *"descontinuidade"* e *"multiplicidade"*, princípios esses que se associam, como se pode perceber no capítulo que, segundo Saraiva, ilustra exemplarmente a ambos — o capítulo 4, "A idéia fixa", no qual

> (...) o narrador dissemina assuntos, os mais diversos, recorrendo aos mais variados argumentos, com o aparente intuito de dimensionar a própria obsessão [...]. À frase inicial, segue uma advertência ao leitor ("Deus te livre, leitor, de uma idéia fixa") que se apóia em expressões bíblicas ("antes um *argueiro*, antes *uma trave no olho*", [...]) para fundamentar-se, depois, na exemplificação histórica, cuja seriedade o narrador desvirtua pela recorrência à sátira. A remissão à história lhe permite introduzir nova questão — a da relatividade das verdades históricas, que se interliga à idéia fixa — pois "é ela que faz os varões fortes e doudos" (...).

---

[24] Idem 188-9.
[25] Baptista. *Autobibliografias* 13.
[26] Saraiva 88.

A impossibilidade de encontrar algo, no plano empírico, que exemplarmente demonstre tanto a fixidez quanto o exotismo da idéia, provoca nova interpelação do leitor e a reflexão de caráter metaliterário, através da qual o enunciador define sua obra como "supinamente filosófica" [...]. Já a tentativa de retornar ao relato da idealização do emplasto Brás Cubas não se realiza sem que, antes, narrador e leitor façam nova incursão nas fontes históricas e sem que o primeiro apresente uma verdade de ordem geral, arrematada por uma comparação que, ao final, entende ineficaz. No capítulo desenvolvem-se, pois, três temas — a obsessão humana, exemplificada pela invenção do emplasto, a volubilidade da história e as características formais do relato (...).[27]

Na verdade, o narrador apenas propõe ao leitor retornarem ao tema do emplasto, o que só acontece no capítulo seguinte. Saraiva então ressalta que a progressão diegética é interrompida, no capítulo descrito acima como no restante da narrativa de maneira recorrente, em função dos rumos que toma a excêntrica imaginação do narrador: além de se evitar a unicidade temática, invocam-se perspectivas divergentes, mediante a reunião da "verdade histórica ao fantasioso, [d]o dogmático à sua desestruturação pelo riso, [d]a reflexão filosófica a banalidades". Com isso, o narrador enfatiza o descontínuo e o múltiplo, convertidos em "procedimento sistemático", e "expõe a *orientação formal do texto*".[28]

Do que foi citado e comentado até aqui do estudo realizado por Juracy Saraiva facilmente se deduz, guardadas as devidas diferenças, que os princípios formais a que ela se refere como *descontinuidade* e *multiplicidade* equivalem ao que Schwarz já havia denominado *volubilidade*. Segundo já se indicou pouco antes, não se estabelece, contudo, na leitura da autora, uma relação entre tais procedimentos característicos do narrador e um comportamento de classe, típico da elite proprietária da nossa sociedade oitocentista. *Volubilidade* remetia a arbitrariedade; abuso; prepotência; a um domínio, ao mesmo tempo exibicionista e escarninho, de praticamente toda a tradição cultural do Ocidente; a uma atitude provocadora e triunfalista; à "ambivalência ideológica das elites brasileiras", imposta ou facultada a elas pela circunstância histórica do Brasil após a Independência, isto é, à acomodação, promovida por nossa classe dominante, do ideário liberal burguês, adotado pelas nações

---
[27] Idem 67.
[28] Idem, ibidem.

civilizadas, a concepções e práticas contrárias ao mesmo, tais como a escravidão e o clientelismo, característicos de uma sociedade ainda ligada ao sistema produtivo colonial.

Nesta exposição, procurei sintetizar algumas interpretações de *Memórias póstumas*, além de apresentar resumidamente minha própria compreensão do romance. Embora tenha dado especial destaque à leitura sociológica de Roberto Schwarz, gostaria de frisar a importância, ao lidar com o texto machadiano, de explorar diferentes visadas e, se possível, integrá-las numa análise que leve em conta e articule os diversos planos de leitura que esse texto comporta. Se as *Memórias póstumas* consistem numa releitura da antiga tradição menipéia e da então recentíssima tradição ficcional brasileira, essa reelaboração de formas e conteúdos se faz de modo a trazer para o âmbito da organização textual o funcionamento perverso de nossa ambivalente e injusta estrutura social na segunda metade do século XIX, transposição essa que permanece atual, dada a persistência dos mesmos mecanismos até hoje. A incorporação, à análise, de outros eixos temáticos, outras articulações entre tema e forma, já identificados e discutidos ou ainda à espera de um estudo mais detido, em princípio só contribuem para tornar mais complexa e fecunda a compreensão crítica das *Memórias* e de uma obra como a de Machado.

Bibliografia

Assis, Joaquim Maria Machado de. *Memórias póstumas de Brás Cubas*. Rio de Janeiro: Ministério da Educação e Cultura / Instituto Nacional do Livro, 1960 [1881].

Baptista, Abel Barros. *Em nome do apelo do nome: duas interrogações sobre Machado de Assis*. Lisboa: Litoral Edições, 1991.

_____. *Autobibliografias. Solicitação do livro na ficção e na ficção de Machado de Assis*. Lisboa: Relógio D'Água, 1998.

Bosi, Alfredo et al. "Mesa-redonda". *Machado de Assis*. São Paulo: Ática, Coleção "Escritores Brasileiros. Antologia e Estudos". 1982. 310-43.

Candido, Antonio. *Formação da literatura brasileira (Momentos decisivos)*. Belo Horizonte: Itatiaia, 1981, 6ª ed., vol. 2 [1959].

_____. "Esquema de Machado de Assis". *Vários escritos*. 2ª ed. São Paulo: Duas Cidades, 1997. 15-32 [1968].

_____. "À roda do quarto e da vida". *Revista USP*, (junho/julho/agosto 1989, nº 2): 101-4.

Coutinho, Afrânio. "Machado de Assis na literatura brasileira". Assis, J.M. Machado de. *Obra completa*. Rio de Janeiro: Nova Aguilar, 1979. 25-65 [1959].

Gledson, John. *Machado de Assis*: *Ficção e história*. Tradução de Sônia Coutinho, Rio de Janeiro: Paz e Terra, 1986.

_____. *Machado de Assis*: *Impostura e realismo. Uma reinterpretação de Dom Casmurro*. Tradução de Fernando Py, São Paulo: Companhia das Letras, 1991.

Pignatari, Décio. "As decifrações semióticas". *Semiótica e literatura: Icônico e verbal, Oriente e Ocidente*. São Paulo: Cortez & Moraes, 1979. 71-103.

Rego, Enylton de Sá. *O calundu e a panacéia: Machado de Assis, a sátira menipéia e a tradição luciânica*. Rio de Janeiro: Forense Universitária, 1989.

Saraiva, Juracy Assmann. "*Memórias Póstumas de Brás Cubas*: Edição e errata". *O circuito das memórias em Machado de Assis*. São Paulo: EdUSP, 1993. 43-92.

Schwarz, Roberto. "A importação do romance e suas contradições em Alencar". *Ao vencedor as batatas. Forma literária e processo social nos inícios do romance brasileiro*. São Paulo: Duas Cidades, 1997. 29-60.

_____. "Complexo, moderno, nacional, e negativo". *Que horas são?* (1987). São Paulo: Companhia das Letras, 1989. 115-25.

_____. "Duas notas sobre Machado de Assis" *Que horas são?*. 165-78.

_____. *Um mestre na periferia do capitalismo: Machado de Assis*. São Paulo: Duas Cidades, 1990.

_____. "A novidade das *Memórias Póstumas de Brás Cubas*". Secchin, Antonio Carlos (org). *Machado de Assis: Uma revisão*. Rio de Janeiro: In-Fólio, 1998. 47-64.

_____. "*Um Mestre na Periferia do Capitalismo* (entrevista)". *Seqüências brasileiras: Ensaios*. São Paulo: Companhia das Letras, 1999. 220-6.

Süssekind, Flora. "Brás Cubas e a literatura como errata". *Revista Tempo Brasileiro*, nº 81, (abril-junho de 1985): 13-21.

_____. "Machado de Assis e a musa mecânica". *Papéis colados*. Rio de Janeiro: Editora UFRJ, 1993. 183-91.

A REFORMA HERMENÊUTICA. ACERCA DA LEGIBILIDADE DE DOM CASMURRO

Abel Barros Baptista[1]

I

Há decerto algumas boas razões para que o destino de *Dom Casmurro* permaneça ligado à célebre questão — ou "enigma" — de Capitu, afinal não tão despicienda como correntemente se tende a supor.[2] Conviria, porém, traduzir o genitivo para termos que sobrelevem o nome próprio, porque a questão — ou enigma, já agora — que persiste não é outra senão a da leitura: o romance de Machado solicita o abandono de algumas presunções que classicamente sustentam a leitura, do mesmo passo que requer a respectiva manutenção. Ou vice-versa. A figura do autor, por exemplo (mas o exemplo da primeira figura decisiva). A presunção clássica dá-o atento e vigilante: o autor inscreve, numa superfície designada "original", certo número de sinais, ao mesmo tempo que vigia de perto a inscrição. Não se processando esta instantaneamente, supõe-se que a vigilância a impede de se desviar do sentido de antemão assinalado ou que reage, em caso de extravio, impondo o reen-

---

[1] Professor da Universidade Nova de Lisboa. Entre outros, autor de *Em nome do apelo do nome: duas interrogações sobre Machado de Assis* (Lisboa: Litoral Edições, 1991); *Autobibliografias. Solicitação do livro na ficção e na ficção de Machado de Assis*. (Lisboa: Relógio D'Água, 1998).

[2] O presente ensaio, que retoma — mas na segunda parte revê — a leitura de *Dom Casmurro* que propus no meu livro *Autobibliografias*, corresponde a parte do curso que lecionei na Pós-graduação em Literatura Brasileira, na Universidade Federal do Rio de Janeiro, em Setembro de 2000, no âmbito da Cátedra Jorge de Sena. Agradeço ao Prof. Antonio Carlos Secchin e à Prof.ª Gilda Santos o generoso convite e a hospitalidade com que me receberam.

caminhamento. Numa palavra, a vigilância subordina a materialidade da inscrição à idealidade do significado dela independente: quer dizer, garante a viabilidade do trânsito, neste regime a melhor descrição de leitura, que conduz do traço inscrito à totalidade do significado.

Ora, *Dom Casmurro* é um romance em que se aprende que inscrição e vigilância são figuras siamesas e que o que vamos chamando "intenção" não passa de um nome para a impossibilidade de as separar; mas é também um romance em que a ruína da intenção decorre por inteiro da ação da vigilância sobre a inscrição, ou talvez mais precisamente: da inscrição da vigilância enquanto tal. O romance exibe uma presença excessiva do autor — e refiro-me, é óbvio, ao autor ficcional, que designarei sempre por Dom Casmurro —, muitas vezes em pleno exercício de vigilância, mas desse excesso e sobretudo dessa vigilância não resulta mais do que uma notabilíssima confusão. Chamo "confusão", aliás pedindo o termo de empréstimo ao próprio Dom Casmurro, ao estado paradoxal do livro em que a inscrição parece fazer-se sem vigilância — como se não existisse um significado prévio a orientá-la — e a vigilância se corrompe na materialidade de nova e específica inscrição a que se vê obrigada: um estado em que nada se emenda bem. A particularidade essencial está em que *Dom Casmurro* coincide materialmente (e quase completamente[3]) com um livro que se apresenta no processo de se escrever, nisso consistindo a ficção fundadora. Daí que a inscrição seja irreversível, pelo que a vigilância, se se pretende eficaz, assume a forma de nova inscrição, e produz um enxerto, que tem o funcionamento da errata: exibe simplesmente a diferença entre um "onde se lê" e um "deve ler-se".

A errata surge neste ponto do capítulo XCVII, "A saída", que o leitor assíduo conhece bem:

> Aqui devia ser o meio do livro, mas a inexperiência fez-me ir atrás da pena, e chego quase ao fim do papel com o melhor da narração por dizer. Agora não há mais que levá-la a grandes pernadas, capítulo sobre capítulo, pouca emenda, pouca reflexão, tudo em resumo. Já esta página vale por meses, outras valerão por anos, e assim chegaremos ao fim.[4]

---

[3] O ponto de incoincidência é a própria assinatura de Machado.
[4] Todas as citações de *Dom Casmurro* seguem a edição preparada por Adriano da Gama Kury (Rio de Janeiro: Garnier, 1988).

A legibilidade do livro de Dom Casmurro decide-se nesta passagem. Aparentemente — e literalmente —, trata-se tão-só de atenuar ou até corrigir os danos produzidos pela inexperiência, assegurando que o livro chega ao fim sem deixar de dizer "o melhor da narração". Um leitor expedito percebe um momento típico de vigilância — não é incomum um autor que anuncia renunciar digressões —, e talvez se apreste a ler a narração direita sem se deter nos termos que a prometem. Acontece, porém, que, se a noção de inexperiência é vaga, talvez enganadora, "fim" e "narração" são aqui noções problemáticas. De acordo com os termos em que o livro foi apresentado, no capítulo II, não há sentido em distinguir um "melhor da narração", menos ainda em dá-lo "por dizer"; para passar o tempo e combater a vida monótona, Dom Casmurro propunha-se contar alguns dos "tempos idos" de Bento Santiago, propósito que, por outro lado, não implica definição prévia de um começo e de um fim. E se o livro ainda fosse composto segundo o método de "deitar ao papel as reminiscências que [lhe] vierem vindo", tão-pouco haveria motivo para que se escusasse da inexperiência que o fez ir atrás da pena: estaria sempre a cumprir a finalidade assinalada ao livro, afinal a simples ação de o escrever, e por isso poderia terminá-lo a qualquer momento ou continuá-lo indefinidamente sem prejuízo da unidade ou da coerência interna. Agora, a dois terços do livro, temos notícia de que a composição está sujeita a limites determinados e de que há urgência em completá-la. É desde logo óbvio que a relação de Dom Casmurro com o próprio livro se alterou. Mas o problema não reside na simples inclusão no livro de duas definições antagônicas do mesmo livro, o que por certo, além de plausível, seria suportável sem risco de desfiguração, considerando que vem sendo escrito segundo um princípio de indeterminação. O problema está em que a nova definição se infere de uma decisão de reencaminhamento perante um desvio que, por sua vez, se conformava com a primeira e explícita definição supostamente em vigor: estamos agora diante de uma definição que se apresenta como se fosse e tivesse sido sempre a única e que justamente define um livro que não suporta senão uma definição única.

De fato, ainda antes de avaliar os efeitos que produzirá sobre a seqüência da composição, este capítulo exige por si mesmo uma dupla inferência: a) o livro de Dom Casmurro é agora definido pelas noções de totalidade e completude, em rigor estranhas ao livro projetado no capítulo II; b) os limites do livro são determinados por uma entidade ideal e exterior ao livro, uma história completa, que também não se confunde com as "reminiscências que vierem vindo". Numa palavra, a relação do "meio do livro" com a urgência de chegar ao fim só é inteligível se o livro tiver sido projetado como totalidade unificada. Acabar o livro significa completar a narração, e o "meio do livro" não designa apenas o meio da história — um ponto de viragem demarcado no encadeamento dos fatos em direção a um desfecho —, designa também ou sobretudo a coincidência do livro com a narração de uma história completa. Daquele "aqui devia ser o meio do livro" só pode, então, decorrer que o livro se desviou da conformação a uma sua representação ideal, que necessariamente o antecede e que orienta e vigia a respectiva composição.

A ação da vigilância consiste, pois, em chamar a história por narrar à atualidade do livro, em ativar, como se reativasse, uma regra de subordinação da escrita à narração de uma história completa. E, no geral, fá-lo com sucesso. Dali em diante, o livro reconfigura-se; dali para trás, porém, nada se altera. Se é indispensável que a narração da história subordine o livro desse ponto em diante, parece não haver prejuízo em que não o tenha subordinado sempre, do princípio ao fim. É evidente que o capítulo conjuga duas atitudes incompatíveis, uma que se conforma com a inexperiência e aceita a irrevogabilidade do livro por ela afetado, outra que prescreve uma subordinação disciplinada aos limites da história. A primeira seria conseqüente na condição de aceitar que o livro pode acabar em qualquer ponto e a qualquer momento, por razões diversas e até heterogêneas ao trabalho da escrita; a segunda exigiria a reconfiguração de todo o livro em função da história e a supressão dos desvios para restabelecer a integridade do caminho. Qualquer delas dispensaria obviamente um capítulo aparentemente — e literalmente — destinado a banir digressões, aliás insusceptível de se inserir no livro sem reincidência no vício que pretende extirpar.

Começamos, então, a perceber a eficácia paradoxal — a confusão — da vigilância sobre a inscrição. Reconfigurando o livro daquele ponto em diante e deixando intocadas as marcas da inexperiência, Dom Casmurro sujeita-se à irreversibilidade da inscrição, e assim divide o livro quando tenta unificá-lo, inserindo dois livros na linearidade do mesmo livro: aquele que subordina forma e limites à história que o precede e aquele que, por vocação ou acidente, não se subordina necessariamente à narração de uma história. Ora, precisamente aqui a vigilância se constitui errata: aqui, quer dizer quando o erro não pode ser emendado. As erratas, de fato, não conseguem corrigir erros, apenas dizem que certos erros não puderam ser corrigidos. Daí a necessidade de distinguir dois efeitos:

a) O efeito regular ou retroativo, consistindo na emenda pela transformação imaterial da inscrição, ou seja, comete ao leitor um programa de releitura: onde se lê "dois terços do livro" deve ler-se "meio do livro"; onde se lê um autor inexperiente arrastado pela pena deve ler-se um caminho narrativo único, delineado de antemão e percorrido do princípio ao fim; onde se lê um livro digressivo, dividido em capítulos curtos, ligados entre si por conexões frágeis, por vezes caprichosas, composto ao sabor das "reminiscências que vierem vindo", deve ler-se um livro projetado como totalidade unificada, cuja forma, limites e método de composição o conformam a uma história completa, configurada de antemão por um princípio, um meio e um fim.

b) O efeito irregular ou, digamos, parasitário: as erratas salientam o erro e sublinham a impossibilidade da emenda. O "meio do livro" representa o lugar de uma imperfeição, ou falha, que afeta todo o livro porque é o livro enquanto totalidade que está em causa. Também deste efeito se deduz um programa de releitura, porém incompatível com aquele outro do efeito regular, já que, partindo do exame do erro apontado, chegará a interrogar a própria ação da errata: esta vem corrigir o desvio pela reposição do caminho projetado ou efetua um novo desvio que agora legitima enquanto caminho? Deparamo-nos, de fato, com uma alternativa em que a decisão é impossível: ou a errata vem impor um caminho que não estava projetado, e então a verdadeira ação não é de correção mas de transformação do livro noutro livro sem tocar no que está escrito; ou a errata vem efetivamente reencaminhar o livro após demoras ou desvios causados pela inexperiência ou o que seja, caso em que, uma vez que também não corrige o erro, suscita um novo princípio de interrogação: que aconteceu ao livro afetado pela inexperiência? Será possível recuperar o livro marcado por demoras, interrupções ou desvios?

A alternativa paralisa a decisão, mas não a leitura; pelo contrário, é ela que a faz avançar, no caso recuando através da operação retrospectiva que a errata em qualquer dos efeitos exige: relendo, o leitor reencontrará, desde o início, diferentes modalidades da mesma alternativa numa tensão entre o livro que se compõe de "reminiscências que vierem vindo" e o livro em que cada momento é parte de um todo a que deveria dar acesso e que por sua vez o iluminaria. A própria escolha da "tarde de Novembro" para começo da "evocação" entende-se lendo "todo o livro" — é o começo da história —, mas também se entende lendo apenas a respectiva narração — é o começo de Bentinho. No extenso e complicado movimento digressivo dessa seção inicial, os dois entendimentos são inseparáveis. Dir-se-á que também não se separam o começo de Bentinho do começo da história, aí residindo justamente toda a "tese" de Dom Casmurro. Porém, o problema não se situa no interior da história, mas no princípio de construção do próprio livro que a conta, e a verdade é que o regresso ao início, depois de lido o capítulo final, não anula a possibilidade do "começo de Bentinho" enquanto começo de um livro que não se destina necessariamente a contar uma história configurada de antemão: a reconfiguração pedida pelo efeito regular da errata não consegue nem absorver nem excluir tudo aquilo que, nesse começo, não se integra na linearidade da narração de uma história. Uma leitura minuciosa dos capítulos iniciais mostra que a noção de começo dependente de uma totalidade inscreve-se no livro precisamente graças ao movimento de escrita que evolui sem relação com a idéia de totalidade.[5]

Como é evidente, a eficácia do efeito parasitário consiste em suspender o efeito regular. Ora, a leitura moderna de *Dom Casmurro* tem dependido da exclusão do efeito parasitário: quatro décadas de interrogação crítica acolheram, sem o interrogar, o efeito retroativo da errata, assumiram-no como declaração explícita da intenção de Dom Casmurro, tomaram essa intenção como princípio totalizante do livro. Poderá estranhar-se que uma tradição crítica que, a partir de Helen Caldwell, leu *Dom Casmurro* desconfiando do autor ficcional, se tenha sujeitado sem sombra de inquietação a esta problemática injunção da errata.[6] Na verdade, tal sujeição é indispensável se se quer reconfigurar todo o livro como totalidade unificada: dela, e apenas dela, resulta a idéia de que o livro de Dom Casmurro se escreve deliberadamente, do princípio ao fim, para contar uma certa história sob um certo ponto de vista. Por isso a operação que imputa a Dom Casmurro uma intenção totalizante se confunde necessariamente com uma transformação imaterial da inscrição, e por isso é inteiramente cúmplice do efeito regular da errata. Decide-se na errata, para dizer logo tudo, a condição de possibilidade de uma leitura hermenêutica.

---

[5] O processo é bem mais complicado, e aqui não posso senão esboçá-lo. Permito-me remeter para a análise que efetuei em *Autobibliografias* (469-85).
[6] Tanto quanto sei, o único ensaio que discute com alguma demora esta passagem do romance é o de Silviano Santiago. O propósito, porém, é o de restabelecer aquilo mesmo que aqui se arruina: a presença efetiva da intenção totalizante de Dom Casmurro. A argumentação de Silviano Santiago assenta na figura da manipulação, a que voltarei. Para uma discussão, ver *Autobibliografias* (110-8).

Compreende-se então que o intérprete sofra a tentação irreprimível de emendar o livro — isso mesmo aliás faz dele intérprete —, afinal visando a reconstituição de um único capítulo, de um livro de capítulo único, como que inscrito instantaneamente, na verdade nem livro nem capítulo, mas entidade ideal desprovida e dispensada de qualquer materialidade veicular. O programa da emenda correspondente ao efeito regular da errata foi exposto de forma lapidar por Doris J. Turner: *"Dom Casmurro* dá a impressão de estar fragmentado em numerosos capítulos de pouca ou nenhuma relação imediata com a narrativa central. No entanto esses mesmos capítulos são fundamentais e parte integrante do todo, já que cada um dá corpo e sustenta muito do significado emotivo e conceptual do romance" (Turner 55). O empreendimento do ensaio de Turner, clarificar os capítulos "estranhos", vale sobretudo pela exposição precisa do objectivo — a restituição do todo —, pela designação do obstáculo — a aparência de fragmentação causada pelos capítulos "estranhos" — e, em particular, pela pressuposição de partida: o livro define-se em função de uma narrativa central e de um significado único. A ação da errata detecta-se justamente no fato de esta pressuposição nunca ser interrogada, não obstante as *aparências*: por que razão a narrativa central define o livro e a fragmentação cria a aparência que o desfigura? Decerto não se poderá sustentar que a aparência enganadora está antes na suposição de narrativa central; mas o efeito de subordinação do livro a uma história, já o vimos, inscreve-se nele enquanto operação de vigilância suscitada precisamente pela ocorrência dos capítulos "estranhos"[7]: e o exame de cada um deles acaba por não produzir mais do que a comprovação da impossibilidade da transformação imaterial da inscrição.

Daí que a figura dominante da tradição crítica, em que se evidenciam tanto o alcance como os limites da sua vocação hermenêutica, seja a manipulação, levada ao ponto em que se pretende com ela descrever a composição do livro: não há verdadeira digressão, nem verdadeiro desvio, nem demora na narração, porque tudo isso se resume a uma estratégia de manipulação da leitura. O trabalho essencial está menos em determinar a intenção totalizante de Dom Casmurro, essa suposta

---

[7] Os capítulos analisados por Doris J. Turner são os seguintes: "A ópera", "Os vermes", "Uma reforma dramática", o episódio Manduca e "O barbeiro". A esta lista se poderiam juntar vários outros, mais ou menos estranhos, além do que cada um deles, em regra, integra uma pequena série de capítulos ou de partes de capítulo.

explícita e inequívoca, do que em delimitar os momentos decisivos em que a voz de Machado interfere para denunciar o autor ficcional. O trânsito interpretativo encara a composição como dúbio artifício que, dado por um, Dom Casmurro, mascara o sentido, e dado, ao mesmo tempo, por outro, Machado, o revela. De Helen Caldwell a Schwarz, a aventura decifradora de *Dom Casmurro* assenta simplesmente nisto: a interpretação faz-se, e só pode fazer-se, contra o autor ficcional e contra a forma singular de composição do livro que escreve. A maior vantagem, como se compreende, é a dissolução da própria errata nessa estratégia geral de manipulação que organiza o livro: Dom Casmurro simularia corrigir um livro que no entanto cumpre escrupulosamente o projeto que delineou. Mas a conseqüência não será menos devastadora: como conciliar numa mesma estratégia manipuladora duas indicações opostas do projeto do livro? Onde está a manipulação: na primeira, no capítulo II, ou na segunda, no capítulo XCVII? Ou em ambas? E que função desempenharia nessa estratégia a indicação do "meio do livro"[8]? Enfim, como compreender que uma estratégia manipuladora acabasse afinal por se denunciar a si mesma, para mais recorrendo a pretexto tão frágil como a falta de papel?

  Não pretendo retomar agora uma discussão que empreendi noutro local.[9] Apenas sublinho que a figura da manipulação conduz a leitura ao impasse porque é tão incapaz como qualquer outra de funcio-

---

[8] Silviano Santiago tem uma resposta para esta pergunta, aliás o esteio da sua leitura do romance. Dom Casmurro estaria a justificar um desequilíbrio necessário para convencer o leitor da justeza da sua tese. Essa tese consistiria, não tanto na culpa de Capitu, mas na idéia de que o conhecimento da Capitu menina o colocava em posição de decidir com justeza sobre os atos da Capitu adulta. Seria este, pois, o ardil a denunciar: Dom Casmurro dedica dois terços do livro à Capitu menina e apenas um terço à Capitu adulta, porque a respeito desta última não dispõe senão de uma interpretação provável; o seu objetivo é utilizar e generalizar como meio de persuasão a autoridade da posição de testemunha, que ocupou no período correspondente à Capitu menina, iludindo a fragilidade da condição de intérprete, que ocupa no período correspondente à Capitu mulher. O apelo dirigido ao leitor no último capítulo ("se te lembras da Capitu menina..."), viria mostrar que toda a estratégia de Dom Casmurro se baseia num preconceito: "Não é de estranhar [...] que gaste 2/3 do livro descrevendo as suas impressões da Capitu menina e 1/3 da Capitu adulta. Ora, o que nos provaria que a tese de Dom Casmurro é válida a não ser certa noção preconcebida, certo preconceito, de que o adulto já está no menino, assim como a fruta dentro da casca." (Santiago 36.) Por sedutora que pareça, a verdade é que esta leitura não é menos prisioneira do efeito regular da errata. De fato, Dom Casmurro não gasta dois terços do livro a descrever "as suas impressões de Capitu menina": há largas digressões em que Capitu nem sequer figura, e a parte do livro que antecede a errata gasta-a realmente a falar de vários outros assuntos.

[9] Cf. em *Autobibliografias* sobretudo a seção dedicada ao que chamei "paradigma do pé atrás" (367-400).

nar enquanto figura totalizante do livro de Dom Casmurro. De um modo mais geral, qualquer aproximação hermenêutica parte de pressuposições que o romance põe em causa. Mais precisamente, o romance reclama uma leitura hermenêutica pela mesma operação que a inviabiliza. A operação da errata, nos seus dois efeitos, tem essa eficácia paradoxal, exigindo, por um lado, a recomposição do livro segundo o ideal clássico do livro e repondo, por outro, um tipo de livro que barra o acesso a uma intenção totalizante. Não há por isso leitura do romance que possa eximir-se ao confronto com o capítulo da errata: nesse confronto se decide a singularidade da legibilidade de *Dom Casmurro*.

II

Entretanto, o problema da história como totalidade unificada surgira pouco antes do "meio do livro", numa notável seqüência de capítulos em volta do destino e do drama, ademais perfeito exemplo do trânsito típico da composição, e que passo a citar:

CAPÍTULO LXXI

(...)
— É o Escobar, disse eu indo pôr-me embaixo da janela, a olhar para cima.

CAPÍTULO LXXII
UMA REFORMA DRAMÁTICA

Nem eu, nem tu, nem ela, nem qualquer outra pessoa desta história poderia responder mais, tão certo é que o destino, como todos os dramaturgos, não anuncia as peripécias nem o desfecho. Eles chegam a seu tempo, até que o pano cai, apagam-se as luzes, e os espectadores vão dormir. Nesse gênero há porventura alguma cousa que reformar, e eu proporia, como ensaio, que as peças começassem pelo fim. Otelo mataria a si e a Desdêmona no primeiro ato, os três seguintes seriam dados à ação lenta e decrescente do ciúme, e o último ficaria só com as cenas iniciais das ameaças dos turcos, as explicações de Otelo a Desdêmona, e o bom conselho do fino Iago: "Mete dinheiro na bolsa." Desta maneira, o espectador, por um lado, acharia no teatro a charada habitual que os periódicos lhe dão, porque os últimos atos explicariam o desfecho do primeiro, espécie de conceito, e, por outro lado, ia para a cama com uma boa impressão de ternura e de amor:

> *Ela amou o que me afligira,*
> *Eu amei a piedade dela.*

CAPÍTULO LXXIII
O CONTRA-REGRA

O destino não é só dramaturgo, é também o seu próprio contra-regra, isto é, designa a entrada dos personagens em cena, dá-lhes as cartas e outros objetos, e executa dentro os sinais correspondentes ao diálogo, uma trovoada, um carro, um tiro. Quando eu era moço, representou-se aí, em não sei que teatro, um drama que acabava pelo juízo final. O principal personagem era Ashaverus, que no último quadro concluía o monólogo por esta exclamação: "Ouço a trombeta do arcanjo!" Não se ouviu trombeta nenhuma. Ashaverus, envergonhado, repetiu a palavra, agora mais alto, para advertir o contra-regra, mas ainda nada. Então caminhou para o fundo, disfarçadamente trágico, mas efetivamente com o fim de falar ao bastidor, e dizer em voz surda: "O piston! o piston! o piston!" O público ouviu esta palavra e desatou a rir, até que, quando a trombeta soou deveras, e Ashaverus bradou pela terceira vez que era a do arcanjo, um gaiato da platéia corrigiu cá de baixo: "Não, senhor, é o piston do arcanjo!"

Assim se explicam a minha estada debaixo da janela de Capitu e a passagem de um cavaleiro, um *dandy*, como então dizíamos. (...)

Ora, o *dandy* do cavalo baio não passou como os outros; era a trombeta do juízo final e soou a tempo; assim faz o Destino que é o seu próprio contra-regra. O cavaleiro não se contentou de ir andando, mas voltou a cabeça para o nosso lado, o lado de Capitu, e olhou para Capitu, e Capitu para ele; o cavalo andava, a cabeça do homem deixava-se ir voltando para trás. Tal foi o segundo dente de ciúme que me mordeu.

Helen Caldwell interpretou estes capítulos no seu modo desembaraçado, reduzindo-os a metáforas do ciúme de Bento: "A interpretação cabal — escreve — parece ser esta: Escobar era a trombeta do juízo final; o dandy, o pistão. Santiago deu a deixa ao contra-regra dizendo: 'É o Escobar.' E o destino contra-regra fez soar 'o pistão', isto é, o 'dandy'. A implicação (...) destes três capítulos é que Escobar era objeto do ciúme de Santiago muito antes de Capitu o ter visto e muito antes de Escobar a ver (...). Fazendo soar 'o pistão' 'a tempo' o destino fez com que o dandy parecesse a 'trombeta do juízo final', isto é, o ciúme subconsciente de Santiago aparece em cena como ciúme consciente do dandy" (Caldwell 65-6). É óbvio que a interpretação aqui consiste em demonstrar que Dom Casmurro diz algo diverso do que diz. Mas não há prova nem evidência que nos façam aceitar que o dandy está em lugar de Escobar; além de que não é o pistão que, por soar a tempo, parece a trombeta — o dandy *é* a trombeta, e precisamente porque soou a tempo. A figura é rigorosa, e não se tem dado muita atenção ao fato de o capítulo se iniciar com uma definição de contra-regra que articula a metáfora do destino com uma anedota de teatro, um caso cômico de falha do contra-regra. A anedota, por outras palavras, ilustra o risco que o destino, porque contra-regra de si mesmo, nunca corre. E de fato, a diferença entre trombeta e pistão não seria nem perceptível nem pertinente se o contra-regra tivesse atuado a tempo; torna-se perceptível e pertinente quando o espetáculo se interrompe e ameaça destruir a fronteira que separa o palco dos bastidores: ao espetáculo não pertence senão o efeito da trombeta, pouco importando o instrumento que produz o som em cena, pistão ou outro: o que faz a trombeta é ser *dita* trombeta. No drama do destino, nunca haverá diferença entre pistão e trombeta, e o texto sublinha isso mesmo quando reitera a figura, rematando a narração: "assim faz o Destino que é o seu próprio contra-regra".

A própria clareza da construção, no entanto, coloca ao intérprete problemas complicados. John Gledson, comentando com demora toda a passagem, formula esta pergunta: "porquê contar a história da falsa trombeta se o dandy era a verdadeira?" (Gledson 27). A simples formulação denuncia a fraqueza da interpretação de Caldwell, mas não liberta Gledson do mesmo padrão de leitura. De fato, o que nela está implicado é a presunção de que o capítulo sobre o contra-regra apenas se justifica se desempenhar uma função na narração, a qual entretanto não se dá a ver porque Dom Casmurro a esconde. E daí que Gledson logo reincida no esforço de encontrar correspondências entre os dois pares aqui em jogo, Escobar-dandy, trombeta-pistão: "Mais uma vez, Bento diz o que quer ao mesmo tempo que evita torná-lo explícito, porque a verdade é que a falsa trombeta podia ser o dandy (se Escobar fosse o 'verdadeiro' destino que Bento tem em mente) ou podia ser Escobar (se o 'verdadeiro' motivo de Capitu não se mostrasse com ele, mas com o dandy). O 'pistão do arcanjo' não está explicado, por mais que Bento diga o contrário, pairando acima da passagem e colorindo-a exatamente da forma que ele pretende" (Idem 27).

Este esforço de decifração tem desde logo o interesse dum sintoma — ou dum exemplo do que acontece quando se tenta emendar a confusão. A narração da anedota de teatro em que ocorre a diferença entre o pistão e a trombeta desvia o livro do episódio da visita de Escobar, mas não do processo regular de composição: trata-se mesmo de um cabal exemplo das "reminiscências que vierem vindo". E também não é anômalo o procedimento através do qual retoma a narração do episódio contaminando-a com a figura da trombeta. O laço que assim se cria entre o começo e o final do capítulo atesta o predomínio da escrita do livro sobre a narração da história: a unidade do capítulo assenta por inteiro no transporte de uma metáfora, e a própria história fica suspensa do respectivo sentido. Ponto crucial, como se verá. A anedota permanece separada da narração do episódio, não deixa de surgir de um desvio ou de uma interrupção, mas tornou-se indispensável à respectiva compreensão. Numa palavra, o intérprete não pode emendar o livro: não pode excluir a anedota do contra-regra, já que esta lhe faz falta não apenas para compreender que o dandy seja designado "trombeta do juízo final", mas ainda para determinar a relação do segundo dente de ciúme com Escobar, que é o que afinal se julga estar em questão na referência ao destino; por outro lado, a própria lógica da anedota não permite dissolvê-la no episódio do dandy, já que, sendo este a trombeta e soando a tempo, o pistão fica de fora e com ele o mesmo Escobar, pois o desaparecimento da oposição à trombeta inviabiliza qualquer meio de o ligar ao dente de ciúme. Literalmente, a trombeta é o dandy: eis o único obstáculo que o intérprete tem diante. Agravado de uma conseqüência: a reiteração da figura tem o efeito de excluir Escobar do âmbito do segundo dente de ciúme, conclusão, já o veremos, tão irrecusável como indispensável para a compreensão de toda a passagem. Ora o intérprete, que aqui segue um fio de encadeamento dos dois capítulos suspenso da pergunta de Capitu sobre Escobar, não se satisfaz, e aliás rejeita uma tal conclusão: só lhe resta então rasurar a inscrição do dandy, ou ignorando a própria letra do texto, como faz Caldwell — modalidade espúria de emenda: onde está dandy deve ler-se Escobar, ou onde está trombeta deve ler-se pistão —, ou concluindo que o pistão não está explicado, como faz Gledson.

A leitura de Gledson, aliás, exemplifica perfeitamente o esforço para incluir Escobar no âmbito do segundo dente de ciúme: de certo modo, não tem mesmo outro objetivo, e assim acaba por tocar o aspecto decisivo de toda a questão, o da relação entre a saída de Escobar e a passagem do dandy: "Na primeira e na segunda situação Bento está na mesma posição, e essa elisão encoraja o leitor desatento a estabelecer um paralelo entre as duas situações, se não mesmo a vê-las como idênticas. Helen Caldwell presume injustificadamente que as situações *são* idênticas e que de fato o dandy passou imediatamente após Escobar ter saído, exemplo admirável de como mesmo um leitor atento pode ser levado a conclusões infundadas por uma retórica engenhosa" (Gledson 27). A ação de tal retórica consistiria em "mostrar, sem prova, que as duas situações *são paralelas* e que o dandy podia muito bem ter sido Escobar" (Idem 27). Gledson, por certo, chega aqui muito perto da leitura de Caldwell, o que agora importa pouco: o essencial está em que imputa a Dom Casmurro a intenção de inserir Escobar no episódio do dandy, por assim dizer *après-coup*, através de uma operação narrativa que manipula a seqüência dos fatos de modo a inculcar que o dandy passou logo após a saída de Escobar.

Há, porém, manifesta desproporção entre a "retórica engenhosa" e a eficácia que a descrição de Gledson lhe atribui; o paralelo entre o dandy e o Escobar, além de efeito improvável da sugestão de seqüência imediata, seria contraproducente, já que delimita uma espécie de pré-história do ciúme, de que, aliás, a leitura de Caldwell se aproveitou abundantemente (e não de todo injustificadamente, como também veremos). Todo o problema reside na seqüência dos dois fatos, mas o ponto frágil da construção de Dom Casmurro está menos na passagem do dandy logo após a partida de Escobar (aliás, mais do que sugestão, um dado narrativo que julgo irrecusável), do que na implicação de um nexo de causalidade entre os dois acontecimentos. Como Aristóteles ensina na *Poética*, é muito diferente uma coisa acontecer por causa de outra de acontecer meramente depois de outra: uma coisa é o dandy passar depois de Escobar partir, outra passar *porque* Escobar partiu. A interpretação da figura da trombeta não enfrenta outro problema senão essa diferença.

Aparentemente, Dom Casmurro apenas narra uma coisa depois da outra, não uma coisa por causa de outra. Toda a passagem, entretanto, joga com a diferença entre a percepção contemporânea dos fatos e a percepção retrospectiva, jogo trivial no discurso memorialístico, mas aqui com conseqüências nada vulgares. Naquele momento, Bentinho não poderia dizer a Capitu muito mais do que o nome de Escobar; pela mesma razão, não poderia saber que o dandy era a trombeta do juízo final. Não há, no entanto, desvio de perspectiva, pois a posição do narrador mantém-se inalterada: no momento em que escreve, Dom Casmurro já sabe que o dandy era a trombeta do juízo final, como já sabe que "amigo [viria a ser] esse tamanho". Simplesmente, combinando a descrição negativa para Escobar com a descrição positiva para o dandy, Dom Casmurro procede pela preterição: diz que não diz mais, dizendo entretanto algo do mais que não diz. Ora esse algo chama-se *destino*, o efetivo elemento comum às duas situações. O destino que impedia Bentinho de dizer mais do que o nome de Escobar fez entrar o dandy *a tempo* — depois de aquele ter partido. Será o mesmo destino? Por outras palavras, há uma razão de ser para a seqüência? É possível imputar ao destino uma intenção?

A pertinência destas perguntas decorre em boa parte do bem conhecido anacoluto final, que reitera o destino e completa enfim a operação da errata: "(...) a minha primeira amiga e o meu maior amigo, tão extremosos ambos e tão queridos também, quis o destino que acabassem juntado-se e enganando-me..." Na densa rede de figuras teatrais, drama e reforma dramática, dramaturgo e contra-regra, Otelo e ciúme, a reiteração final do destino, imputando-lhe literalmente um desígnio, será tudo menos um acidente ou uma licença de expressão; por qualquer razão, teatro e destino persistem ligados, indissociavelmente ligados, por esse preciso ponto em que o destino procede como os dramaturgos: no encadeamento dos fatos, na disposição dos fatos em cena segundo um princípio de unidade e completude. Nesse "resto dos restos", Dom Casmurro declina o princípio totalizante da sua história, que coincide com um princípio de interpretação do destino. "Destino" torna-se outro nome para história enquanto totalidade unificada.

Decerto que naquele "quis o destino" a ambivalência é flagrante; mas o efeito regular da errata funda-se numa implicação recíproca, apelando à releitura e confiando que esta, por sua vez, venha reduzir a indeterminação em favor de um princípio de unidade e completude capaz de suportar a transformação imaterial do livro. Porém, a releitura defrontar-se-á com a mesma ambivalência, conseqüência da deslocação tropológica na passagem do capítulo LXXII para o LXXII. O símile aparente do primeiro reitera-se em metáfora no segundo, mas esta surge para incluir a noção de contra-regra, que contraria aquele: o destino, como os dramaturgos, não anuncia peripécias nem desfecho, mas não é como os dramaturgos, por ser o seu próprio contra-regra. Acresce que símile e metáfora referem dois planos heterogêneos do domínio teatral. No primeiro, o do encadeamento das ações na totalidade linear da história, o destino impede o conhecimento das peripécias e do desfecho em que Escobar desempenhará certo papel, mas não está em causa o fato de ter saído de cena naquele momento. E daí que o capítulo se oriente para a proposta da reforma dramática; trata-se da linearidade da ação dramática, rigorosamente independente do espetáculo, que é o outro plano, referido metonimicamente pelo contra-regra: o destino faz que o dandy entre em cena com uma eficácia imediata, a qual, como é óbvio, dispensa o conhecimento das ações posteriores. Digamos, então, que a inclusão da noção de contra-regra começa por desviar a metáfora do destino do plano do drama para o do espetáculo, o que aqui significa do plano em que o mais importante está por acontecer para o plano em que algo de importante acaba de acontecer: o contra-regra meramente acresce ao dramaturgo, ambos afinal metonímias do espetáculo associadas pelo encadeamento dos capítulos. Mas, por outro lado, uma vez que o contra-regra entra na figura subordinado à condição de dramaturgo — e por isso não temos novo símile: não se diz que o destino atua como os contra-regras, mas que "é também o seu próprio contra-regra" —, a deslocação cria de fato uma nova entidade: o destino é a unidade sem falhas nem mediações do drama e do espetáculo, metáfora da vida como totalidade unificada. Assim sendo, a deslocação do símile para a metáfora tem duas implicações:

a) A reiteração da figura do destino define o livro, antes de qualquer efeito sobre a história narrada e independentemente dela: é um procedimento de articulação do final do capítulo LXXI com os dois seguintes, dispondo na mesma linha a partida de Escobar, a pergunta de Capitu, a proposta digressiva de reforma dramática, a anedota do contra-regra e o episódio do dandy, que retoma a narração. É um procedimento freqüentíssimo, em regra contaminando a narração com a digressão, e não muito diverso do que vimos a propósito da trombeta: a linearidade do livro depende dos nexos de escrita, não dos da história, e por isso, em rigor, o destino dramaturgo não coincide com o destino também contra-regra;

b) A reiteração da figura do destino define o livro dependente da história que narra. Sendo o destino "também o seu próprio contra-regra", a metáfora retroage ao capítulo anterior: não há qualquer razão para que a partida de Escobar escape ao domínio do contra-regra. A noção de soar a tempo da trombeta tem, então, um sentido mais preciso: entende-se no âmbito de um movimento de cena que decorre sem falha, em que a pergunta de Capitu se associa à partida de Escobar e à resposta de Bentinho, que por sua vez se associam à passagem do dandy. A ação do destino consiste em conjugar a saída de Escobar com a entrada do dandy. Neste sentido, a linearidade do livro depende de nexos da história dissimulados no momento em que os fatos ocorrem, por ação do destino, e na narração que os relata, por ação do narrador.

Do ponto de vista do livro e da composição do livro, são suas implicações incompatíveis, uma relevando do livro que se vai escrevendo sem rumo previamente assinalado, no curso das "reminiscências que vierem vindo", outra exigindo um livro unificado na subordinação a uma história completa. Na primeira, temos uma noção fraca de destino, mera metáfora da imponderabilidade do devir biográfico, designando um acaso, um episódio entre outros: o dandy passa meramente depois de Escobar sair. Na segunda, temos uma noção forte de destino, uma ação necessária, uma entidade definida por um desígnio único configurando um drama completo: então o dandy passa porque Escobar saiu, e nesse episódio se surpreende o princípio totalizante de toda a história: o destino não é senão uma metáfora privilegiada da história completa. Mas as duas implicações são também inextricáveis por força do próprio processo em que o livro se escreve, afinal predominando sempre. Por outras palavras, nada garante que a segunda não seja um efeito imprevisto da peculiar composição do livro; como nada garante que a primeira não passe de efeito perverso da dissimulação que a segunda requer. O próprio processo de composição barra o acesso à história narrada e sobretudo torna indecidível a sua relação com o livro.

Reencontramos, é claro, o estado de confusão, razão de ser da errata. A partir do "meio do livro", o pleno sucesso da errata, isto é, a reconfiguração imaterial do livro em subordinação à narração de uma história completa, requer um destino cujo desígnio constitua o princípio totalizante da história de Dom Casmurro. Uma noção forte de destino, no entanto embaraçada na noção fraca. O que chamei acima efeito regular seria a emenda que separasse uma da outra e excluísse a segunda, estabelecendo então esta leitura do episódio:

A única forma possível de incluir Escobar no segundo dente de ciúme consiste justamene em sublinhar que dele foi excluído. O destino, que é o seu próprio contra-regra, faz o dandy entrar depois de Escobar sair, e assim, desencadeando o ciúme, anuncia o que só no desfecho se deixará perceber: que Bentinho continuará ciumento vida fora, que terá ciúmes de tudo e de todos — exceto de Escobar, que, enquanto for vivo, permanecerá excluído desses ciúmes, protegido deles, como se saísse de cena sempre que eles entram. Esta é a forma *corrigida* de interpretar a trombeta associada ao dandy, liberta do pistão e dependente da figura do destino contra-regra: o que a trombeta anuncia não é o ciúme em si mesmo, mas essa causalidade irônica, que levará Bentinho ao desastre. Percebe-se melhor o "meio do livro": ali mesmo, quando, graças à proposta de Escobar, Bentinho sai do seminário para poder casar-se com Capitu, a promessa de felicidade revelar-se-á o passo decisivo no sentido da desgraça. E percebe-se, em suma, que naquele episódio, aparente coincidência fortuita de dois movimentos, estava o padrão do drama, a pequena imagem da ironia que condenava um homem à tortura da suspeita ciumenta de todos menos daquele que o iria de fato enganar. Numa palavra, o dandy designa metonímicamente o princípio totalizante da história da vida de Dom Casmurro. Era a trombeta do juízo final e soou a tempo.

Este sentido é o único susceptível de ser imputado a Dom Casmurro, e por isso a sua decifração corresponde à finalidade última de qualquer leitura de caráter hermenêutico que se aproxime da trombeta ou do contra-regra. Mas não é o único susceptível de ser imputado ao livro de Dom Casmurro. De fato, o mesmo efeito regular da errata vem abrir caminho para uma outra leitura, que, não só se opõe àquela, como sobretudo é dela conseqüência inevitável.

Vimos que, sendo o dandy a verdadeira trombeta, o intérprete não sabia o que fazer do pistão, obstáculo grave, porque assim também não sabia como relacionar Escobar com o segundo dente de ciúme. A indispensabilidade desta inclusão decorria da presunção de que a trombeta que o destino faz soar a tempo não poderia ser senão uma forma dissimulada de designar Escobar: como se este fosse o único objeto de ciúme susceptível de associação a uma qualquer idéia de destino. Ora a errata vem impor uma interpretação que ignora essa presunção e, bem mais, até consagra o oposto, fundando-se na exclusão necessária de Escobar do âmbito do segundo dente de ciúme. Se nem no final do livro tal presunção se inclui na definição da intencionalidade de Dom Casmurro, desaparece a razão que levou Caldwell a inventar um ciúme subconsciente ou Gledson a sustentar que Dom Casmurro sugere que o dandy podia ser Escobar, e em conseqüência abre-se a possibilidade de uma leitura que reduza a trombeta do juízo final ao anúncio do ciúme, da persistência do ciúme e da respectiva ação destrutiva: soaria a tempo num outro sentido, isto é, a tempo de deixar marcado, inscrito no percurso de

Bentinho, que o ciúme já o movia no momento em que, de Escobar, ainda não se podia dizer mais do que o nome. Seria, então, o símile a dominar a deslocação tropológica, pois a ação do contra-regra coordenaria a passagem do dandy com a resposta de Bentinho, não com a saída de Escobar. Inferir daqui que o ciúme foi a única razão da suspeita de adultério é um passo que as palavras finais de Dom Casmurro não autorizam (e não só elas), mas é tão compatível com esta passagem como a idéia do nexo de causalidade entre a saída de Escobar e a passagem do dandy.

Acresce, aliás, que esta segunda leitura teria o apoio precioso de uma outra indecisão: Capitu. A releitura, abrangendo a reapreciação de todo o caso, ao descobrir a possibilidade da inocência de Capitu, apercebe-se da fragilidade da operação que transforma o dandy em trombeta do destino ou, mais precisamente, percebe que o nexo de causalidade entre a saída de Escobar e a passagem do dandy, na medida em que envolve toda a representação que Dom Casmurro faz da sua história enquanto história trágica, é a única interpretação que lhe podemos atribuir, sem que, pelo nosso lado, possamos subscrevê-la (ou recusá-la). E uma vez dado este passo, será possível perceber, enfim, que aqueles dois capítulos não são de todo incompatíveis com a possibilidade da inocência de Capitu, porque a única figura susceptível de se associar ao destino seria o ciúme, não Escobar, muito menos Capitu. Dir-se-ia que o próprio Dom Casmurro escreveu a interpretação de Helen Caldwell, não se desse o caso de esta segunda leitura ser inseparável da primeira: não se desse também o caso de a possibilidade da inocência de Capitu ser inseparável da possibilidade da culpa de Capitu. E não se desse sobretudo o caso de a principal inferência de tudo isto ser outra: que aqueles capítulos não são incompatíveis com o desenvolvimento do livro num caminho que o afastaria da questão de Capitu, ao menos enquanto "o melhor da narração".[10]

---

[10] Recordo o capítulo LXXVII, "Prazer das dores alheias", ainda a respeito do segundo dente de ciúme: "Contando aquela crise do meu amor adolescente, sinto uma cousa que não sei se explico bem, e é que as dores daquela quadra, a tal ponto se espiritualizaram com o tempo, que chegam a diluir-se no prazer. Não é claro isto, mas nem tudo é claro na vida ou nos livros. A verdade é que sinto um gosto particular em referir tal aborrecimento, quando é certo que ele me lembra outros que não quisera lembrar por nada". Obviamente, nada de conclusivo, a não ser um ponto preciso, de que de resto o livro oferece outros testemunhos: a possibilidade de o episódio adquirir um valor próprio, independentemente, até do ponto de vista narrativo, de outros "aborrecimentos" que Dom Casmurro gostaria de não lembrar. Podemos ler aqui o anúncio sibilino da narrativa dos "aborrecimentos", como podemos ler a determinação de não os incluir no livro. Como se o caminho do livro estivesse ainda por determinar.

Esclareço que não sugiro que Dom Casmurro tivesse, neste ponto da composição, uma idéia a respeito do papel desempenhado pelo ciúme diversa da que explicita no capítulo final. Isso é justamente o que não podemos saber, porque todo o problema reside na relação dessa idéia — ou qualquer outra a respeito da própria vida — com a composição do livro. Uma vez mais, enquanto uma interpretação implica necessariamente um livro subordinado a uma história completa, a outra não. O desígnio do destino dramaturgo e contra-regra, o nexo de causalidade entre a saída de Escobar e a passagem do dandy são figuras da configuração da vida em história, e história trágica, que requer um momento de inversão, um momento de reconhecimento e um desfecho em que todo o sentido do drama se revela: o sentido irónico do destino. Pelo contrário, a trombeta como metáfora do ciúme, o segundo dente, depois do primeiro pouco antes contado e ainda que ambos sugiram a dentição completa, não requer necessariamente um encadeamento nem um desfecho — o momento crítico é perceptível em si mesmo, independentemente das conseqüências que, ele ou outro semelhante, produz —, como nem sequer autoriza a expectativa de qualquer tipo de privilégio do ciúme no decurso posterior do livro.

As duas interpretações são incompatíveis porque implicam uma diferença na própria operação autobiográfica, afinal a diferença entre o livro do capítulo II e o livro do capítulo XCVII. O efeito regular da errata é bloqueado pelo efeito parasitário, e reencontramos a mesma indecisão: ou o livro foi projetado para contar uma história completa, dela se desviando reiteradamente no processo de composição; ou o livro foi projetado para registar "reminiscências que vierem vindo", mas a dado momento uma história única impõe-se. A partir do "meio do livro", depois confirmado pelo capítulo final, sabemos o que Dom Casmurro quis fazer do seu livro; mas por isso mesmo não o sabemos sempre, nem podemos garantir que o tivesse projetado desde o início nesses precisos termos. O que acontece ao certo naquele momento? Dom Casmurro descobriu o princípio de interpretação da sua vida, de que não dispunha no início, e tenta conformar o livro em função dele? Ou dispôs-se a contar uma história que não tencionara contar? Ou simplesmente a legibilidade do livro há muito projetado lhe aparece ameaçada? Não sabemos. É pouco relevante, ainda que necessário, realçar que pode ter mudado de idéia, de projeto ou de intenção. É mais relevante perceber a) que a composição do livro exige tanto um autor que a meio caminho muda de idéia, de projeto ou de intenção como um autor cuja intenção, projeto ou idéia permaneceram os mesmos do princípio ao fim, e b) que o próprio Dom Casmurro está sujeito a essa exigência, ou seja, forçado a decidir ele mesmo em que tipo de autor pretende constituir-se em função do livro que escreve e do livro que já escreveu. Quando tenta excluir um deles, Dom Casmurro vale-se do poder de autor: e procede pela errata. Mas aí mesmo perde o poder de autor, porque a errata não emenda, apenas sublinha o erro, ou seja, apenas sublinha que saber sem equívoco o que Dom Casmurro diz que o livro diz não significa saber sem equívoco o que o livro de fato diz. A vigilância arruina a intenção.

Por isso *Dom* Casmurro é antes do mais um livro sobre a possibilidade de escrever livros, e por isso exige do leitor menos a compreensão do que Dom Casmurro intentou dizer do que das razões que o impediram de o dizer num livro organizado para esse fim: ou seja, perceber que para Dom Casmurro se tornou bem mais importante interpretar o próprio livro do que interpretar a vida que esse livro supostamente conta. Impor um sentido ao livro sem tocar na materialidade da inscrição, exercer a vigilância apelando à transformação imaterial do livro, é o procedimento da errata. Mas isso é também o que chamamos leitura. A impossibilidade de emendar o livro é a impossibilidade de o ler; e no entanto, lemos essa impossibilidade e, mais do que isso, a legibilidade do livro depende da possibilidade de a lermos. É a esta possibilidade estranha que chamo a reforma hermenêutica.

Bibliografia

Baptista, Abel Barros. *Autobibliografias. Solicitação do livro na ficção e na ficção de Machado de Assis*. Lisboa: Relógio d'Água, 1998.

Caldwell, Helen. *The Brazilian Othello of Machado de Assis. A Study of* Dom Casmurro. Los Angeles: University of California Press, 1960.

Gledson, John. *Machado de Assis Deceptive Realism. A Dissenting Interpretation of* Dom Casmurro. Liverpool: Francis Cairns, 1984.

Santiago, Silviano. "Retórica da verossimilhança". *Uma Literatura nos trópicos*. São Paulo: Perspectiva, 1978. 29-48.

Turner, Doris. J. "A Clarification of Some 'Strange' Chapters in Machado's *Dom Camurro*". *Luso-Brazilian Review*, 13, 1, 1976.

AUGUSTO DOS ANJOS:
PARADOXOS DA MODERNIDADE

Carmem Lúcia Negreiros de Figueiredo[1]

Em tempos efervescentes de ordem e progresso, Augusto dos Anjos descobre ares sombrios nas imagens anunciadas para o futuro, duvida da onipotência do homem e põe, sob suspeita, a linguagem. Escolhe o viés crítico, perturbador, por isso não cinde, nem integra pólos antagônicos de um conjunto, fascinante e trágico, formado por desígnios de ciência e mistério; arte e conhecimento; história e barbárie; dúvida e progresso; tradição e presente e, sua poesia, transita, com melancolia, entre os extremos.

Do seu observatório de intelectual, simultaneamente, registra esdrúxulas cenas de modernidade explícita:

> Os últimos acontecimentos ocorridos nesta cidade são apagadíssimos.
> Apenas um se impõe forçosamente ao comentário: o eclipse do dia 10 de outubro que decepcionou uma legião inteira de sábios, vindos de longas terras com propósito científico de observar o fenômeno prodigioso, na diafaneidade de nossos céus. Choveu, porém, copiosamente, sendo assim mais uma vez frustrados os desígnios da Ciência. O Hermes da Fonseca[2], indignado com o fracasso, perguntou aos astrônomos se não

---

[1] Professora de Teoria da Literatura da Universidade do Estado do Rio de Janeiro. Autora de *Lima Barreto e o fim do sonho republicano* (Rio de Janeiro: Tempo Brasileiro, 1995) e *Trincheiras de sonho: ficção e cultura em Lima Barreto* (Rio de Janeiro: Tempo Brasileiro, 1998).
[2] Marechal Hermes Rodrigues da Fonseca, militar de carreira, governou o Brasil no quadriênio de 1910-1914.

seria melhor adiar o eclipse para outra ocasião menos chuvosa e mais favorável aos altos interesses da cosmografia mundial (...).[3]

O tom irônico que capta — como num *flash* — o ceticismo e a melancolia inerentes ao cotidiano da Primeira República, nas décadas iniciais do século XX, demonstrou a percepção aguda de Augusto dos Anjos para os dilemas culturais acentuados pela modernização que torna frouxos os limites entre real e absurdo, produzindo cenas tão bizarras, quanto incríveis.

O ideal republicano representara, em seu ponto central, o desejo de modernização do país, a partir da proclamação do novo regime. Como conseqüência, traria aos intelectuais maior participação política para influir nos rumos da sociedade, mas no lugar da voz do artista sobre os destinos humanos, gritaram a burocracia e o tecnocracismo; o retrato de urbanismo e progresso falsificou a miséria e a doença; a política racional e científica prendeu-se nas malhas do passado sufocada pelo autoritarismo; o movimento aglutinador de mudança foi tragado, em sua base, pelo continuísmo.

Modernização técnica, cientificismo, higienização, urbanismo e remodelação do espaço público para a representação do poder republicano, cosmopolita e agrário, violento e de casaca positivista, refinado e autoritário. São estes os ingredientes para o nosso modelo de homogeneização organizado pela elite, atendendo à série de processos relacionados à organização do mundo como um todo.

Augusto dos Anjos teve uma peculiar formação intelectual. Filho de dono de engenho — o Engenho Pau D'Arco, onde nasceu em 1884, no município de Cruz do Espírito Santo, no Estado da Paraíba, nordeste brasileiro — que recebia de Paris os últimos informes sobre literatura e arte e, em cuja biblioteca, encontravam-se os exemplares das obras de Dante, Petrarca, Leopardi que o jovem Augusto lia no original, além de autores portugueses como Antero de Quental, Eugênio de Castro, Cesário Verde, Guerra Junqueiro ao lado de Shakespeare e Poe, estes últimos citados, pelo poeta, entre suas preferências literárias numa enquete de jornal sobre hábitos e pensamentos dos intelectuais.

---

[3] Anjos, Augusto dos. Carta a Sinhá-Mocinha (sua mãe), de 12-10-1912. *Obra completa*. Organização, fixação do texto e notas, Alexei Bueno. Rio de Janeiro: Nova Aguilar, 1994, 204. Todas as citações de poemas ou cartas serão extraídas dessa edição e, portanto, farei a seguir referências apenas aos títulos e número das páginas.

No próprio Engenho Pau D'Arco, recebera do pai as primeiras letras e a instrução secundária para, em Recife, cursar, em 1903, a faculdade de Direito, além de continuar a sua colaboração freqüente no jornal *O Comércio* onde lançara o célebre soneto "Vandalismo", de feição ainda, segundo a crítica, marcadamente simbolista. Quando conclui o curso de Direito, a 2 de dezembro de 1907, já publicara poemas importantes como "Gemidos de arte", o "Poema negro" e "Queixas noturnas" que farão parte do livro *Eu* e sua primeira edição, custeada por ele e seu irmão Odilon, será recebida com impacto, num misto de repulsa e fascínio, por parte da crítica.

Compreende-se a dimensão do impacto quando verificamos o perfil de um público leitor formado pelo ufanismo científico, defensor do progresso ilimitado e embevecido pelas certezas de um conhecimento afirmativo da onipotência do homem sobre a natureza. No entanto, para dialogar com esse público e revirar suas certezas um grupo de intelectuais, escritores e poetas como Augusto dos Anjos, Pedro Kilkerry, Lima Barreto, Euclides da Cunha, Monteiro Lobato — grupo pela afinidade de idéias e projetos, porque diversos e dispersos em seus locais de produção — preocupou-se em refletir sobre como interpretar uma cultura latina, mestiça, tropical em diálogo com a tradição européia e, nesse contexto, ainda pensar qual o papel da arte e da literatura. No lugar das certezas elegem a dúvida para reagir à temporalidade indiferente, contemplativa, insossa do historicismo que receberam como herança, aceitando o desafio de compreender como diferentes temporalizações da história expressaram-se nas formas culturais. Indagam, na própria obra literária, com quais recursos a linguagem pode enfrentar a idéia do novo, sem se prender aos paradigmas do progresso inerentes às ilusões fomentadas no seu cotidiano, afinal, proclama o poeta baiano Pedro Kilkerry: "Olhos novos para o novo! Tudo é outro ou tende para o outro".[4]

Esses escritores atuam, crítica e criativamente, revelando a sensação de modernidade, quase fantasmagórica, porque bizarra num país como o Brasil. A metáfora para tais questionamentos pode ser percebida no perfil de poeta delineado em "Poema negro":

---

[4] Contemporâneo de Augusto dos Anjos, intitulava *Quotidianas-Kodaks*, as crônicas que escrevia para o *Jornal Moderno*, na Bahia, em 1913. Ver Campos 166.

> Para iludir minha desgraça, estudo.
> Intimamente sei que não me iludo.
> Para onde vou (o mundo inteiro o nota)
> Nos meus olhos fúnebres, carrego
> A indiferença estúpida de um cego
> E o ar indolente de um chinês idiota!
>
> A passagem dos séculos me assombra.
> Para onde irá correndo minha sombra
> Nesse cavalo de eletricidade?!
> Caminho, e a mim pergunto, na vertigem:
> — Quem sou? Para onde vou? Qual minha origem?
> E parece-me um sonho a realidade.[5]

Nessa perspectiva, tanto os poemas como a narrativa desses autores, exigirão do leitor uma aprendizagem para lidar com a insólita criação forjada no cosmopolitismo de sentidos e linguagens. Um poeta como Augusto dos Anjos pertence ao ideário da estética moderna que, desde Baudelaire, compreende todo o mundo visível, apenas, como um reservatório de imagens e de signos aos quais a imaginação deverá atribuir um lugar e um valor relativos. Isto significa apresentar uma percepção para a energia potencial oculta em toda a matéria, combinando inusitadas relações a partir do homem, do artificial, do inorgânico — "Vinha-me às cordas glóticas a queixa / Das coletividades sofredoras"[6] — com força lingüística concentrada no ritmo, o que lhe confere o traço peculiar de poeta auditivo pelos recursos de que se valeu para obter musicalidade, entre eles as combinações vocálicas, com aproveitamento de átonas sucessivas; as sucessões de consonâncias iguais ou homorgânicas, uniformes ou variadamente opostas em simetria.[7] Tudo isso reunido numa combinação clássica de versos, decassílabo e heróico quebrado, com a maestria de estruturá-los, muitas vezes, apenas com dois substantivos como em "A sucessividade dos segundos", verso de "O Lamento das Coisas", último poema publicado em vida:

---

[5] Anjos 286.
[6] Anjos 223.
[7] Ver Proença.

Triste, a escutar, pancada por pancada,
A sucessividade dos segundos,
Ouço, em sons subterrâneos, do Orbe oriundos,
O choro da Energia abandonada!

É a dor da Força desaproveitada,
— O cantochão dos dínamos profundos,
Que, podendo mover milhões de mundos,
Jazem ainda na estática do Nada!

É o soluço da forma ainda imprecisa...
Da transcendência que se não realiza...
Da luz que não chegou a ser lampejo...

E é, em suma, o subconsciente ai formidando
Da Natureza que parou, chorando,
No rudimentarismo do Desejo![8]

Na mesma medida em que abre a sensibilidade para captar a beleza extravagante do inorgânico, das vozes subterrâneas, de doentes, prostitutas, bêbados, do homem na sua pequenez diante do cosmos, estabelece um léxico violento e banal, concreto e compacto de expressões como cuspo, escarro, tosse, bacia, escarradeira, ferro, esterquilínio, numa inserção, de termos prosaicos, que dialoga com o melhor da tradição poética brasileira, aquela que, desde o romântico Álvares de Azevedo[9], incorporou imagens do cotidiano na poesia, através da irreverência e coloquialismo.

O que mais estranheza causou aos leitores, da primeira e da segunda edição do livro *Eu*, respectivamente, 1912 e 1920, foi a utilização pelo poeta de termos científicos que, paradoxalmente, satisfazem às necessidades virtuais da poesia por permitirem o alcance da pureza musical — muitas pessoas não dominam o significado dessa terminologia o que possibilita passar do lúcido para o encantatório; além disso, representam a síntese conceitual de uma peça de sistema e resumem, num único vocábulo, todas as características acumuladas na definição,

---

[8] Anjos 309.
[9] Azevedo 203.

o que as torna, por tal acumulação, uma quase apoplexia do verso.[10] Efeito que, provavelmente, garante um dos aspectos significativos da energia lingüística ou da densidade que configura sua poesia:

> Será calor, causa úbiqua de gozo,
> Raio X, magnetismo misterioso,
> Quimiotaxia, ondulação aérea,
> Fonte de repulsões e de prazeres,
> Sonoridade potencial dos seres,
> Estrangulada dentro da matéria![11]

Ao mesmo tempo, todos esses recursos são legítimos para reavivar a linguagem — impregnada de sentidos explicados — e, por isso, abstraem as palavras de seu lugar convencionalizado, recombinando-as de tal forma que as despotencializa. É importante, para o poeta, a rejeição à sintaxe e vocabulário convencionais, porque sugerem exaustão, sofrimento, decrepitude (e isto é revelado ao leitor) para que a "idéia" não esbarre "no mulambo da língua paralítica".[12] A linguagem da tradição é a das sombras, alucinações ou de animais a "ganir incompreendidos verbos" no duelo secreto "Entre a ânsia de um vocábulo completo/ E uma expressão que não chegou à língua".[13]

O artista, único destinado a explodir a realidade convencional, a dar expressão irrestrita às energias aprisionadas; único que poderia ser capaz de abstrair os objetos da banalidade cotidiana e revesti-los de energia psíquica enxerga, com pessimismo, o renascimento da linguagem e essa missão configura-se-lhe um "martírio":

> Tenta chorar e os olhos sente enxutos!...
> É como o paralítico que, à míngua
> Da própria voz e na que ardente o lavra
>
> Febre de em vão falar, com os dedos brutos
> Para falar, puxa e repuxa a língua,
> E não lhe vem à boca uma palavra![14]

---

[10] Proença 140.
[11] Anjos 196.
[12] Idem 204.
[13] Idem 215.
[14] Idem 253.

Pela imagem do artista "paralítico", com "febre de em vão falar", o poeta evidencia, nesta sensação de desamparo, a árdua corrosão do código estereotipado, estéril e o ceticismo quanto à produção de uma forma nova: a linguagem deixa de ser um veículo transparente para converter-se em algo como um superego opressivo — "esquisitíssima prosódia/ de angústia hereditária de seus pais!" — e, sob suspeita torna-se opaca e impenetrável. Para vencê-la, o poeta, qual um experimentador, abre possibilidades outras, como a inserção de expressões da fala cotidiana na sintaxe poética, a grafia de numerais e abreviaturas — "A pesada opressão característica/ Dos 10 minutos de um acesso de asma"; as impressões rápidas, com imagens em fragmentos, a partir de frases nominais — "Recife. Ponte Buarque de Macedo"; a recusa de um ideal de composição harmoniosa pela beleza convulsiva em rimas emparelhadas:

> Em vão com o grito do meu peito impreco!
> Dos brados meus ouvindo apenas o eco,
> Eu torço os braços numa angústia douda
> E muita vez, à meia-noite rio
> Sinistramente, vendo o verme frio
> Que há de comer a minha carne toda.[15]

A junção paradoxal desses traços produzem a destruição de ilusões ligadas à tradição, à linguagem, ao homem e à eficiência do sentido da própria arte, do fazer literário. Por isso, o tempo todo está presente a autocrítica do eu-lírico quanto ao alcance de sua voz — de poeta, "feto malsão", cujo coração é um "hospital onde morreram todos os doentes" — e de sua arte:

> Ao terminar este sentido poema
> Onde vazei a minha dor suprema
> Tenho os olhos em lágrimas imersos...
> Rola-me na cabeça o verbo oco.
> Por ventura, meu Deus, estarei louco?!
> Daqui por diante não farei mais versos.[16]

Em Augusto dos Anjos, a arte pode erguer-se contra o mais terrível dos mistérios humanos, a morte — "Contra a Arte, oh! Morte, em

---
[15] Idem 286.
[16] Idem 289.

vão teu ódio exerces"[17] — no entanto, "arte ingrata", não redime o poeta ainda que porta-voz "das coletividades sofredoras" e realizador da síntese entre toda experiência possível e o vazio. Projeta-se, enfim, a imagem da arte envolvida no desejo de manter tudo, em suspenso, para convencionalizar o extraordinário e o excêntrico — entre a criação e o fim — irracionalizando o racional, em paroxismo que constitui sua essência e qualidade:

> Que dentro de minh'alma americana
> Não mais palpite o coração — esta arca,
> Este relógio trágico que marca
> Todos os atos da tragédia humana!
>
> Seja esta minha queixa derradeira
> Cantada sobre o túmulo de Orfeu;
> Seja este, enfim, o último canto meu
> Por esta grande noite brasileira!
>
> Melancolia! Estende-me a tua asa!
> És a árvore em que devo reclinar-me...
> Se algum dia o Prazer vier procurar-me
> Dize a este monstro que eu fugi de casa![18]

Queixas, gemidos, lamentos e martírios configuram a 'missão' do poeta que, coerente à condição humana projeta sua fragilidade e finitude — "eterna mágoa" — frente à grandiosidade do universo; inventa-se como louco, animal, maldito e traduz sua visão de ego como uma força desequilibradora, que fragmenta e desintegra a tradição. Ao mesmo tempo, anuncia-se porta-voz da dor, da tristeza profunda que caracteriza a consciência crítica, a sensibilidade exarcebada. "Noli me tangere"[19], homens felizes, implora "o poeta do hediondo"[20] para que não sofram "a sensação de todas as misérias."

---

[17] Idem 248.
[18] Idem 293.
[19] Idem 337.
[20] Idem 330.

> "Rasgue a água hórrida a nau árdega e singre-me!"
> E a verticalidade da Escada íngreme:
> Homem, já transpuseste os meus degraus?!"
>
> E Augusto, o Hércules, o Homem, aos soluços,
> Ouvindo a Escada e o Mar, caiu de bruços
> No pandemônio aterrador do Caos![21]

A trajetória do poeta desenha o movimento de uma mente cuja reflexão não se sustenta em processos, exclusivamente, racionais e, contrapondo-se ao positivismo dominante como modo de pensamento, critica a propalada onipotência do homem sobre a natureza, as ações realizadas pela ciência e a razão ocidental para justificar uma raça inferior. Enfim, projeta as causas da dor universal nas muitas doenças da civilização, entre elas, o historicismo e o progresso.

O que permite esse modo alternativo de olhar é o estado psíquico que explora as áreas abandonadas do conhecimento através da desordem, do desequilíbrio, das associações insólitas e do *enjambement*, o processo poético indicador de uma linha corre para outra sem interrupção sintática, dispensando as terminações e começos formais. Muito freqüente nos poemas de Augusto dos Anjos, o *enjambement* transborda de um verso a outro, de uma estrofe a outra e de um poema a outro, numa "tontura" criadora de outra sensibilidade:

> Sucede a uma tontura outra tontura.
> — Estarei morto?! E a esta pergunta estranha
> Responde a Vida — aquela grande aranha
> Que anda tecendo a minha desventura![22]

Ao tecer sua desventura, o poeta desmancha os elos arrumados da história linear, com seus nexos causais, a produzir uma narrativa repleta de ilusões progressistas com aspecto de falsa epicidade. Alguns intelectuais brasileiros, das primeiras décadas do século XX, sabiam não ser mais "tempo de milagre", apesar da modernização. A origem positivista das idéias de progresso e de ciência fundamentara o tecnocracismo e o autoritarismo no exercício do poder, alimentando os princípios da

---
[21] Idem 255.
[22] Idem 300.

ditadura republicana. No entanto, tudo o que é percebido pelo olhar possui o tom da instabilidade expresso na moda, nas imagens velozes, sucessivas e simultâneas e nas novidades técnicas.

Augusto dos Anjos, Lima Barreto, Pedro Kilkerry, entre outros, optaram por suspeitar das fronteiras demarcadas e das certezas da tradição literária e cultural — romântica e naturalista — que explicavam a paisagem, a identidade e a literatura. Quer no mapeamento de temas, tais como os pobres, o índio, o negro ("...as escaveiradíssimas figuras/ Das negras desonradas pelos brancos"[23]) , as cóleras do homem civilizado, a cultura popular, quer pela forma literária — poesia ou narrativa — que se dobra sobre si mesma, para expor suas fissuras e impotência, tingindo de melancolia as cores do progresso e a incutir tensão no sentido de brasilidade.

Em Augusto dos Anjos, vemos a tradição romântica carregando seus "doentes", com a "tosse hereditária" de barbárie e opressão, num ângulo distorcido do saudosismo e com a dose de extravagância que marca a sua individualidade, sem a qual, conforme Baudelaire, não existe o belo. E a beleza e energia que emanam, do texto abaixo, com todos os recursos estéticos paradoxais, sintetizam a dimensão da dor que os poetas e escritores modernos receberam como herança romântica e naturalista:

> Aturdia-me a tétrica miragem
> De que, naquele instante, no Amazonas,
> Fedia, entregue a vísceras glutonas,
> A carcaça esquecida de um selvagem.
>
> A civilização entrou na taba
> Em que ele estava. O gênio de Colombo
> Manchou de opróbrios a alma do *mazombo*,
> Cuspiu na cova do *morubixaba*.
>
> E o índio, por fim, adstrito à étnica escória,
> Recebeu, tendo o horror no rosto impresso,
> Esse achincalhamento do progresso
> Que o anulava na crítica da História!

---
[23] Idem 247.

> Como quem analisa um apostema,
> De repente, acordando na desgraça,
> Viu toda a podridão da sua raça
> Na tumba de Iracema!...[24]

Com os pés no Brasil e a cabeça no mundo, esses intelectuais expressam sua solidariedade com o *outro* — feio, colonizado, pobre, doente — expulso da modernidade, que não se consolida plenamente, na mesma proporção em que se reconheciam diferenciados e com direito a um lugar e voz na História, mesmo sendo o lugar da periferia. O paradoxo e a tensão marcam as suas reflexões: não se consideram o *outro*, ou marginalizados porque acreditam também ter direito à tradição ocidental.[25] Sua condição periférica é, pois, fonte de ansiedade e de angústia na mesma medida em que também é uma fonte de vantagens culturais. Paradoxo a que o escritor Lima Barreto(1881-1922) denominou de "pesadelos de Raskólnikoff".[26]

Um dos aspectos inerentes à tradição cultural brasileira, a ser tocado pela melancolia crítica de Augusto dos Anjos, está na *paisagem*, exuberante e grandiosa, resultado da visão romântica — que silencia o homem frente à majestade do paraíso, enquanto a visão naturalista culpa-o pelas ruínas da terra há muito dissipada.

Se a ciência, em fins do século XIX e princípio do século XX, discutia a natureza com uma história também no tempo, o homem moderno já incorpora a experiência de tempo que passou não mais como desintegração e dissolução; de fato somos o resultado da mutação constante, dos diversos momentos no tempo, produzida pelo olhar que lhe dirige o presente.[27] Em *Lago Encantado*, Augusto dos Anjos investe as coisas do poder de contar a sua história, numa linguagem muda, sem etapas sucessivas e estanques de tempo, mas concomitantes e melancólicas:

---

[24] Idem 240.
[25] Esse dilema do escritor latino-americano pode ser ilustrado pela expressão de Jorge Luis Borges "Qual é a tradição argentina? (...) Creio que nossa tradição é toda a cultura ocidental, e creio também que temos direito a essa tradição, maior que o que podem ter os habitantes de qualquer outra nação ocidental". Borges 294.
[26] Lima Barreto 77.
[27] Como apresenta Proust o seu tempo criador: "A mobilidade das coisas que nos cercam talvez lhes seja imposta pela nossa certeza de que essas coisas são elas mesmas e não outras, pela imobilidade de nosso pensamento perante elas". Proust 9.

> Vamos meu desgraçado tamarindo,
> Por esta grande noite abandonada...
> As árvores da terra estão dormindo
> E a mãe da lua já cantou na estrada!
>
> Quantos laboratórios subterrâneos
> E heterogêneos mecanismos vários
> E ruínas grandes e montões de estrago
> E decomposições de muitos crânios
> Não foram, porventura, necessários
> Para formar as águas deste lago!
>
> Às suas atrações ninguém resiste:
> Este é o lago de todos os Destinos.
> O luar o beija. O círculo dos matos
> Abrange-o, e ele é mais triste e ele é mais triste
> Do que a porta fatal dos Mongrebinos
> Que levou Cristo à casa de Pilatos![28]

A partir de imagens da lírica romântica, em meio ao aspecto soturno de uma "grande noite abandonada" em que "as árvores da terra estão dormindo", o espelho das águas do lago fervilha, sob a aparente placidez, de vida com ruínas em movimento, lento e intenso, capaz de integrar o fluxo do tempo num conjunto de experiência acumulada. Assim, a imagem de um lago, um velho tamarindo ou ainda uma floresta, são estímulos para a renovação de velhas experiências e delinear perfis de nossa própria identidade.

> Rola no mundo um canto de saudade!
> Tamarindo de minha mocidade,
> Vamos nele saber nossos destinos ?![29]

O presente é, simultaneamente, o passado, e toda sua heterogeneidade é percebida tanto no olhar para a *paisagem*[30], quanto para a

---

[28] Anjos 492.
[29] Idem 492.
[30] Há um diálogo intenso quanto à maneira de olhar a *paisagem*, tendo por árbitro a memória, entre os poemas de Augusto dos Anjos e o personagem — intitulado *historiador artista* pelo narrador — do romance *Vida e morte de M. J .Gonzaga de Sá*, de Lima Barreto. Ver Figueiredo

cidade, "de alma lúbrica e revolta", construção humana vista como uma superfície oculta, um substrato esquecido de história e civilização ou de energia psíquica em desordem. O tempo que passa não nos deixa mais pobres, pelo contrário, é o que precisamente enche nossas vidas de conteúdo. Isto permite a compreensão da História e da cultura em condições de permanente fluxo, e a trajetória da natureza e do homem não se limitam à linearidade de unidades distintas:

>Há uma força vencida neste mundo!
>Todo o organismo florestal profundo
>É dor viva, trancada num disfarce...
>
>Vivem só, nele, os elementos broncos,
>— As ambições que se fizeram troncos,
>Porque nunca puderam realizar-se![31]

Como a *paisagem* não pode mais ser compreendida como uma superfície plana, a ser esquadrinhada, impermeável à memória, o mundo também não pode ser representado sem um estado de convulsão que expele fragmentos construindo um belo atordoante e de urdidura fúnebre. Numa época em que "os sábios não ensinam" e "Roma estremece" nada resiste à dúvida com a suspeita projetando-se, com força, sobre a linguagem.

Um dos traços essenciais da modernidade está na concepção de arte, vista como alternativa de conhecimento e libertação, mas expressa pela melancolia não redime o poeta e inquieta o leitor. Essa "dor estética" que "consiste essencialmente na alegria" é, simultaneamente, motivo de crescimento libertador e dilaceração — do artista e leitor — explicando os gemidos, lamentos e mágoas nos poemas de Augusto dos Anjos, num processo intenso de consciência crítica e auto-referencialidade:

>Diabo! Não ser mais tempo de milagre!
>Para que esta opressão desapareça
>Vou amarrar um pano na cabeça,
>Molhar a minha fronte com vinagre.

---

[31] Anjos 318.

> Mas tudo é ilusão de minha parte!
> Quem sabe se não é porque não saio
> Desde que 6ª feira, 3 de Maio,
> Eu escrevi os meus Gemidos de Arte?!

Estabelece-se com o leitor o acordo tácito de fascínio e choque, numa relação paradoxal com as verdades estabelecidas: a musicalidade encantatória dos seus versos, a estruturação em decassílabos e a singularidade dos termos científicos realizam uma aproximação com aquilo que o público intelectualizado acreditava ser um misto de lirismo e termos do conhecimento cientificista dominante (o haeckelianismo e evolucionismo). A junção de tais aspectos atrai o leitor, organiza-lhe o quadro de expectativas antes de introduzir o dado perturbador, deformante, anulando, ironicamente, o sentido do provável ou do esperado. Para o artista, é essencial renovar os códigos literários, lingüísticos, culturais falando, todavia, de dentro desses próprios códigos, a corroer-lhes a unidade para fazer brotar uma forma crítica, fragmentária, instigante, não necessariamente transformadora, nem certamente niilista. Apenas o paradoxo a caracteriza!

Na medida em que a poesia expõe as convenções que a constituem, quebra, pela dissonância e tensão, o pacto de apaziguamento na sua recepção. Como um vândalo, o poeta ousa ainda invadir "os templos claros e risonhos" do leitor (que também são os seus!) para estilhaçar as imagens da tradição que forjam perfis de identidade cultural e individual — difundidos pela própria literatura ou pela história. Essa contradição aponta o fascínio do artista pela consciência em desenvolvimento, no âmbito estético, psicológico ou histórico e permite um diálogo com as reflexões de Mário de Andrade, no sentido de que "escrever arte moderna" não implica somente a apresentação de problemas figurativos, mas crucialmente estéticos, tais como a elaboração de estruturas, o uso da linguagem e o papel do artista.[32]

A simultaneidade, paradoxal, entre a discussão de problemas estéticos e uma via alternativa de conhecimento crítico explica a singularidade do acolhimento do livro *Eu* — publicado no Rio de Janeiro —

---

[32] Mário de Andrade argumenta a respeito: "Escrever arte moderna não significa jamais para mim apresentar a vida atual no que tem de exterior: automóveis, cinema, asfalto. Si estas palavras freqüentam-me o livro não é porque pense com eles escrever moderno, mas porque sendo meu livro moderno, eles têm nele sua razão de ser". Andrade 74.

pela crítica contemporânea a Augusto dos Anjos, como este registra em carta à mãe, de 13-06-1912 : "O *Eu* tem escandalizado o superficialíssimo meio literário daqui."[33] Apenas com a segunda edição (1920), efetivada após a morte do poeta e por iniciativa do seu amigo Órris Soares, o livro obteve um maior número de apreciadores críticos. No entanto, as observações sobre a obra desfiguraram o paradoxal *Eu*, o eu despersonalizado da poesia, síntese e porta-voz das dores do povo subterrâneo, "da incógnita psiquê das massas mortas". Transformaram-no num 'eu doente', isto é, produziram a junção da poesia com a pessoa empírica e os críticos analisaram o desconsolo, a dor, os "tons de catástrofe", a excentricidade como resultado do homem, Augusto dos Anjos, "doente que cantava a própria miséria do sofrimento sem esperança".[34]

Afinal, no Brasil que se modernizava, com o braço forte do poder republicano, impregnado de euforia cientificista, todas as vozes de dúvida e melancolia deveriam ser desqualificadas como versões de doentes ou loucos, malditos, enfim! E Augusto classificou-se como bom poeta, "apesar do vocabulário" e da obsessão pela morte.

Grandes críticos, e seus textos, viriam depois da terceira edição do *Eu*, em 1928, com Andrade Murici, Manuel Bandeira, José Lins do Rego, Gilberto Freyre, Francisco de Assis Barbosa, Antonio Houaiss, Otto Maria Carpeaux e os estudiosos mais recentes Zenir Campos Reis e Lúcia Helena.

Antonio Houaiss foi um dos primeiros a chamar a atenção para a riqueza e originalidade erudita do vocabulário do "poeta do hediondo", assim como destacou o fonetismo pouco comum de seus versos. Recursos que permitiram a inserção do livro *Eu*, nos meios do leitor comum, apenas depois da edição de 1928, mas, paradoxalmente, esses recursos conferiram o ritmo, a musicalidade e a vivência lúdica para um grande número de leitores, transformando Augusto dos Anjos em um dos poetas mais recitados da literatura brasileira. E, para analisar o aspecto formal dos versos, do virtuosismo das imagens às rimas, Manuel Cavalcanti Proença escreveu, nos anos 50, o clássico estudo *O artesanato em Augusto dos Anjos*.

Os novos estudos, nas décadas de setenta e oitenta, identificaram no autor do *Eu* a independência e singularidade que extrapolam qualquer fronteira historiográfica e realizam um diálogo de confluências

---

[33] Anjos, "Carta a Sinhá-Mocinha" 736.
[34] Ribeiro, "O poeta do 'Eu' ". Apud Anjos 73.

com as vertentes estéticas, como o expressionismo, do início do século XX, entre eles estão os trabalhos de Anatol Rosenfeld (*A costela de prata de Augusto dos Anjos*), Lúcia Helena (*A cosmo-agonia de Augusto dos Anjos*), Zenir Campos Reis (*Augusto dos Anjos: poesia e prosa*), Antonio Arnoni Prado (*Um fantasma na noite dos vencidos*). A edição da *Obra completa*, pela Editora Aguilar, estruturou o *corpus* definitivo dos seus escritos, apresentando, além do livro mais importante, *Outras poesias* — textos coletados por Órris Soares, depois da morte do poeta — e os postumamente intitulados *Poemas esquecidos*, um conjunto de poemas coligidos por Francisco de Assis Barbosa e Antonio Houaiss, além da prosa e da epistolografia.

O que também parece interessante para o leitor de nossos dias é o perfil do intelectual Augusto dos Anjos que ficou encoberto por camadas de interpretações românticas ou cientificistas. Nesse sentido, as observações, registradas nas muitas cartas que escreveu, podem ser iluminações breves sobre a trajetória do poeta e do crítico da cultura e dos impasses de seu tempo. Registra, por exemplo, suas primeiras impressões ao chegar ao Rio de Janeiro, centro político e cultural do país, vindo de Recife, admirado com o "dínamo de movimentação" que parecia reger a cidade: "É a terra dos agitados, e das grandes nevroses da civilização".[35] Mas, não se transforma no observador acrítico da modernidade, encenada nas ruas, e nelas flagra o continuísmo e a violência, no reverso das imagens de novo, de auto-suficiência e progresso, escrevendo que "o monstro da politicagem se alastra por toda a parte, com todas as características de uma cancerosidade incurável."[36]

Desenha-se, nas cartas à mãe, um esboço da cidade do Rio de Janeiro agitada, frenética, "atordoadora", "de superficialíssimo meio intelectual", e construções marcadas pela "originalidade de acabamento arquitetural", produzindo com "seus órgãos heterogêneos" os "mesmos contrastes diários", de seu cotidiano antigo e moderno. O diálogo com Sinhá-Mocinha — "delícia espiritual" — também permite perceber a sua percepção crítica das falácias políticas, dos nacionalismos suspeitos e dos jogos de interesse que aceitam a injustiça, banalizando a violência.

O poeta viveu o tenso dia-a-dia da capital, resultante da Revolta da Chibata e, detalhadamente, narra a angústia das pessoas, gerada pela desinformação sobre os riscos e extensão do movimento. Como fantoches, atônitas, as pessoas fugiam dos tiros dos canhões, que navios

---

[35] Anjos, Carta a Sinhá-Mocinha 729.
[36] Idem, Carta a Sinhá-Mocinha 739.

apontavam para a cidade, "invadindo atabalhoadamente os *bonds*, os trens, os automóveis..."³⁷. Merece destaque o seu relato sobre episódio sinistro no qual marinheiros sublevaram-se para a abolição de castigos corporais, segundo Augusto dos Anjos, "meios repressivos desumanos" que, apesar de proibidos legalmente, "a oficialidade, superior, continuava a cortar à chibata o corpo indefeso dos subalternos".³⁸

Augusto indigna-se com a injustiça, a violência e a covardia, mas revolta-se contra a "teatralidade risível" dos opositores ao governo contrários à concessão de anistia aos marinheiros, argumentando que tal atitude abalaria o "brio e a dignidade nacional." A perigosa farsa do nacionalismo, não oblitera a capacidade crítica do intelectual que, estarrecido, relata: "Vieram, depois, os arlequins profissionais da loquacidade quixotesca da época, acoimando de covarde o ato do governo. Injustos! Porque, quanto a mim, não há maior covardia, a ser inscrita no registro das fraquezas humanas, do que negar um direito, a poder de pólvora e de selvagem sabre desembainhado."³⁹

Alternando endereços e promessas de empregos, à caça de "aluninhos particulares" para prover o sustento da família, o professor e advogado Augusto dos Anjos reconhece que "a sabedoria é um trambolho medonho", incompatível com a vida prática, especialmente numa sociedade onde as "cavações" e a "ladinagem" tomam o lugar do talento e mérito. Convidado por Rocha Pombo, historiador de renome à época, passa a integrar o grupo permanente da Enciclopédia Nacional de Ensino, cujo objetivo era a análise das áreas de ensino e publicações didáticas, e do qual faziam parte Fábio Luz, Alberto de Oliveira, Coelho Neto, Afonso Celso, entre outros.

"Uma honraria platônica", observa sua mulher, Ester Fialho, em carta a Sinhá-Mocinha, porque não o retira da condição de desempregado. Por isso, precisa sair do Rio de Janeiro para assumir a direção do Grupo Escolar, no interior de Minas Gerais, numa cidade que impres-

---

³⁷ Idem, Carta a Sinhá-Mocinha 716.
³⁸ Idem 715.
³⁹ Idem 715. Para se compreender a que fatos destinava-se a indignação de Augusto dos Anjos, é importante observar que, aprovada a anistia, os revoltosos entregaram os navios a seus superiores hierárquicos, sem qualquer dano, e com o dinheiro, contido em seus cofres, intacto. No entanto, o recuo governamental era apenas um ato aparente. Com uma manobra estratégica, explorando a diminuta conscientização política dos marinheiros, alimentou um novo levante para facilmente esmagá-lo e, à sombra de um estado de sítio, foram executados, aprisionados ou excluídos numerosos marinheiros. Ver Albuquerque.

sionou o poeta por ser de "um quietismo absoluto", onde tudo se mantém "numa invariabilidade de verdadeiro ramerrão". Falece, a 12 de novembro de 1914, na quieta Leopoldina.

A leitura e apreensão, hoje, de seus poemas tornam-no muito próximo de nossas inquietações porque apresentam a curiosidade profunda diante do novo, do futuro, do progresso para descobrir a fragilidade que os reveste; bordam o viés crítico num presente que suspeita da herança cultural e literária; tecem o belo ambíguo que une a perfeição do decassílabo à banalidade grotesca de um cotidiano onde a racionalidade contamina-se de imaginação.

Bibliografia

Albuquerque, Maurício Manuel de. *Pequena história da formação social brasileira*. 4ª ed. Rio de Janeiro, Graal, 1986.

Andrade, Mário de. "Prefácio interessantíssimo". *Poesias completas*. Belo Horizonte: Itatiaia/ São Paulo: EDUSP, 1987.

Anjos, Augusto dos. *Obra completa*. Alexei Bueno (org.). Rio de Janeiro: Nova Aguilar, 1994

Azevedo, Álvares de. "Idéias íntimas". *Obra completa*. Rio de Janeiro: Nova Aguilar, 2000.

Borges, Jorge Luis. "O escritor argentino e a tradição". *Obras completas de Jorge Luis Borges*. Trad. de Josely V. Baptista. São Paulo: Globo,1998. Vol. I.

Campos, Augusto de. *Re-visão de Kilkerry*. São Paulo: Brasiliense, 1985.

Lima Barreto, Afonso Henriques de. *Correspondência*. Tomo I. *Obras de Lima Barreto*. São Paulo: Brasiliense,1956.

Figueiredo, Carmem Lúcia Negreiros de. *Trincheiras de sonho: ficção e cultura em Lima Barreto*. Rio de Janeiro: Tempo Brasileiro,1998.

Proença, Manuel Cavalcanti *Augusto dos Anjos e outros ensaios*. Rio de Janeiro: Grifo / Brasília: INL, 1973.

Proust, Marcel. *No caminho de Swann*. Trad. de Mário Quintana. Porto Alegre: Globo, 1979.

PALAVRAS SECAS: O DISCURSO SOBRE O "SERTÃO" NO SÉCULO XIX[1]

Dawid Danilo Bartelt[2]

É verdade que os sertões brasileiros se encontram hoje eternizados por obras-primas da literatura, redescobertos pela produção cinematográfica e comercial e duvidosamente homenageados pela indústria fonográfica e pela televisão. Mas também é verdade que ainda se encontram enquadrados, associados "naturalmente" a um quadro discursivo com as pontas Nordeste — Seca — Tradição — Violência. Continua dominante a associação à seca. Esta associação *natural* — porque não há nada mais natural que o clima — é, no entanto, um produto da segunda metade do século XIX. Foi naquela época que o "sertão" assumiu o lugar no qual ainda hoje se encontra.

Os sertões já foram diferentes. Evidencia-se isto, em primeiro lugar, pela semântica histórica do termo. Sobre a etimologia da palavra portuguesa pairam dúvidas. À primeira vista, a origem mais crível parece ser "desertão", visto que o sertão se associa de forma "natural" à seca e sua correspondente vegetação. Mas esta suposição não leva em conta que a semântica de "sertão" durante séculos pouco teve a ver com falta de água. Sabemos que a palavra é portuguesa, não brasileira, talvez designando o conjunto de terras não aradas ou não aráveis ao redor dos burgos medievais[3] ou, como supõe Moacir Silva, derivando-a de *Sertago*, nome de uma aldeia mencionada já no século XII, cuja denomi-

---
[1] Este ensaio sintetiza algumas idéias desenvolvidas na primeira parte da minha tese de Doutorado, *República, Sertão, Nação*: "Canudos" *como evento social e discursivo* — 1874-1903. (São Paulo: EDUSP, 2003).
[2] Doutor em História pela Universidade Livre de Berlim.
[3] Devo esta indicação a Flávio Wolf do Centro Ángel Rama (USP).

nação teria passado por sartão, sertã etc.⁴ Outras explicações etimológicas, como a de Gustavo Barroso, derivam a palavra do termo "muceltão" que se originaria na língua Bunda, de Angola, e significaria "lugar do interior".⁵ Seja como for, a semântica em uso durante a época colonial se aproxima muito mais à segunda teoria etimológica. O sertão foi brasileiro antes do Brasil ter sido batizado. A *Carta* de Pero Vaz de Caminha seria também uma certidão de nascimento do sertão. "De ponta a ponta é toda praia rasa, muito plana e bem formosa. Pelo sertão, pareceu-nos do mar muito grande, porque a estender a vista não podíamos ver senão terra e arvoredos, parecendo-nos terra muito longa. Nela, até agora, não pudemos saber que haja ouro nem prata, nem nenhuma coisa de metal, nem de ferro; nem as vimos. Mas, a terra em si é muito boa de ares, tão frios e temperados (...)"⁶

Temos aqui, por um lado, já um esboço do futuro do chão brasileiro, cujos dotes naturais aproveitar-se-iam para plantação e pasto, visto que a esperança mitológica de achar nele um El Dorado lusitano não se realizará. E temos, por outro lado, uma semântica que também prescreve usos posteriores. O "sartaão" de Caminha começa a poucos passos da praia, em plena mata atlântica. Começa onde termina o espaço conhecido, explorado e seguro ou pelo menos assegurável. Eis a delineação semântica do "sertão" colonial. Trata-se de uma delineação fortemente determinada. Quer dizer: continha uma *direção* e uma *destinação*. O "sertão" era o Desconhecido, o Inseguro, o Selvagem *a ser* explorado, conquistado, cartografado, povoado, assegurado, civilizado. O conceito de sertão continha uma acepção de *frontier* no sentido de Frederick Turner.⁷ Na época em que desmoronaram as paredes de taipa de Canudos sob o fogo da civilização, ele criou o termo para normativizar a colonização do *American West*. Manteve-se esta semântica *frontier*, de forma atenuada, até o século XIX. "A palavra *sertão*", dizia o viajante e fazendeiro inglês, Henry Koster, em 1816, "é empregada de maneira indefinida, não somente significando o interior do país mas, às vezes, grande parte da costa cuja população é parca".⁸

---

⁴ Silva 203.
⁵ Barroso 11.
⁶ Caminha 13.
⁷ Ver Turner.
⁸ Koster 77.

Responsável pela insegurança foram em primeiro lugar os indígenas que resistiram à sua escravização e desapropriação. Depois de ter sido resolvido este problema, o discurso dominante outorgou aos sertanejos a herança semântica. O sertanejo violento, seja por um sistema arcaico de múltiplas honras cuja ofensa teria que ser lavada com sangue, seja por ser bandido, assume um lugar privilegiado no discurso sobre o "sertão" como parte integral da *cultura sertaneja*. Proliferam as caraterizações neste sentido nos relatos dos viajantes europeus e norte-americanos, fontes quase exclusivas sobre o sertão até meados do século XIX. "Os delitos eram tão freqüentes, e eram tão raras vezes punidos, que os sertanejos gozavam uma temível fama entre todas as povoações do interior", resumia o francês Ferdinand Denis em 1837.[9] A violência do sertanejo provém da sua *natureza* bruta, indômita e cruel que é, por sua vez, o produto e o reflexo da natureza *ingrata* da caatinga. No sertão, a Cultura é a Natureza, evidentemente oposta à Civilização.

No entanto, a violência se inscrevera nas relações sociais do sertão de forma diferente, excluída pelo discurso. O sertão nasceu da morte dos indígenas. Este genocídio costuma ser tratado pela historiografia tradicional com uma ambigüidade caraterística. O bandeirante é sempre avaliado dentro de uma perspectiva do Estado-nação. Para este, o bandeirante foi constitutivo. Não haveria um Estado brasileiro se os bandeirantes não tivessem conquistado o interior e os jesuítas não tivessem aculturado os remanescentes. O genocídio é o preço que a história deveria pagar para que a pré-história da nação brasileira pudesse ser superada. Isto não pode ser negado nem pelos historiadores brasileiros menos críticos, contanto que não queiram negar à nação seu território nacional. O crítico pode avaliar este preço alto, muito alto, mas nunca alto demais.

Como em outras partes, no sertão o poder baseava-se na posse da terra. O sistema de execução de poder refinado no século passado, o coronelismo, ligava o poder privado ainda mais intimamente ao poder público, substituindo-o no sertão, dado sua ausência. A violência fazia parte integral da manutenção deste poder coronelista. O sertanejo típico, isto é, o agricultor sem-terra agregado a um coronel (pois o "vaqueiro" foi a figura sertaneja típica da literatura, mas não da realidade social), foi integrado neste sistema antes como vítima do que como exe-

---

[9] Denis 362.

cutor. O discurso, porém, responsabilizou estes *capangas, mocós* e *jagunços* pela violência que emana do sistema de poder. Na Guerra de Canudos, numa mudança semântica significativa, todo sertanejo da região favorável ao Conselheiro, e depois ainda o sertanejo como *tipo*, passou a ser um *jagunço*.[10]

Se a insegurança e violência preconizaram o discurso do "sertão", foi o gado que caraterizou sua economia. O Padre Andreoni, em *Cultura e opulência do Brasil*, fonte primordial para a economia sertaneja colonial, descreve o sertão como a região dos currais, povoado antes pelo boi do que pelo homem. Ele estimou, em 1711, umas 500.000 cabeças na Bahia e até 800.000 em Pernambuco.[11] Na comarca baiana de Jacobina, abrangendo todo o sertão da província, viviam, já em 1779, umas 24.000 pessoas.[12] Destas, a maioria trabalhava na agricultura de subsistência e não na criação de gado. Esta sempre foi uma atividade extensiva, em termos de território e empregados. Mas o gado fazia do sertão nordestino parte integrante da economia "nacional". No auge da colônia, o sertão encontrava-se economicamente muito mais ligado aos centros "nacionais" que então se encontravam no Nordeste, como Salvador e Olinda. O boi sertanejo, criado por uma população formalmente livre, mas, como sem-terra, agregada aos poucos donos das sesmarias, alimentava com a sua carne e produtos derivados a economia escravista de exportação e extração, isto é, de açúcar e de metais preciosos.[13]

Esta estrutura econômica não mudou, mas a situação já era muito diferente quando o geógrafo e político Pompeu Brasil, em 1877, definia o sertão cearense ainda como "o terreno (...) que fica fora do litoral e das serras, onde se faz a criação dos gados".[14] Pompeu escrevia na véspera da Grande Seca de 1877-9. Esta seca, que se considera a maior "catástrofe natural" da história do Brasil, matou pelo menos 200.000 mil pessoas e desalojou outras centenas de milhares. Ela ocorreu no encontro do fator climático, cíclico mas extremo naquele ano, com um fator ecológico de origem humana: o enorme crescimento da população no interior. A comarca de Jacobina que abrangia quase todo o sertão

---

[10] Ver Bartelt.
[11] Antonil 182-6.
[12] Mattoso 84.
[13] Ver Silva.
[14] Brasil 8.

baiano cresceu quase 3.000% entre 1790 e 1890, passando dos 24.000 para 728.979 habitantes.[15] Aumentaram os rebanhos, aumentaram os arraiais, aumentaram as roças de subsistência: esgotadas as terras húmidas na beira dos rios, os rebanhos e as roças subiram às serras que tradicionalmente serviam como refúgio na estação de estiagem.

A Grande Seca foi um evento nacional e público. Assunto em todos os grandes jornais do país, provocou uma série de debates na Assembléia. Por exemplo, na Escola Politécnica do Rio de Janeiro, paradigmática instituição, preocupada com a modernização. Fotografias de vítimas esqueléticas em circulação nas grandes cidades do Sul, de forte cunho etnográfico, mas dramatizadas com versos do tipo " Nu, e do sol aos ardores/ Vive exposto o corpo meu!/ Meu pai e mãe, meus amores/ Tudo de fome morreu!"; versos que ajudaram a promover campanhas de caridade nas capitais do Sul e a criar uma idéia do Outro no próprio país, de um Terceiro Mundo em território nacional, por assim dizer.[16] Apesar de enormes gastos do governo liberal, no poder desde 1878, poucas foram as mudanças substanciais, salvo uma nova linha de ferro e estradas de rodagem no Ceará. O imediatismo, típico da política brasileira, vigorou na esfera infra-estrutural. Uma "Comissão de Açudes", nomeada em 1881, não obteve resultados práticos.[17] Os governos estaduais voltaram, por sua vez, a nomear comissões que se limitaram a propor a construção de açudes; aliás, propostas raramente realizadas.[18]

Criatividade maior mostrou a produção discursiva, pois nasceram dois elementos importantes para o futuro da região.

De um lado, nasceu uma região nova dentro do Brasil: o Nordeste. Ainda que o conceito fosse raramente usado antes de 1930 (entre as exceções, figura Gilberto Freyre, em 1925, com o *Livro do Nordeste*), a criação e atuação de um lobby "nordestino", que solicitava atenção e recursos para seus estados em função da seca fez brotar a "indústria da seca" como uma primeira consciência — frágil e sempre conflituosa — de "Nordeste", superando a simples separação entre "norte" e "sul". Foram as subseqüentes secas da virada do século que

---

[15] Mattoso 88-90.
[16] Biblioteca Nacional, Seção Iconografia, ARM 1.4.1 (1-14) J. A. Corrêa: "14 fotografias da seca do Ceará".
[17] Aguiar 61.
[18] Isso está manifesto nos relatórios anuais do governo da Província da Bahia, documentados no Arquivo Público do Estado da Bahia. "Seção Falas, Mensagens e Relatórios dos Presidentes da Província".

fortaleceram esta consciência, principalmente na medida em que fizeram surgir órgãos públicos destinados ao combate e à burocratização das secas. Estas instituições, como a Inspetoria Federal de Obras Contra as Secas, criada em 1909, atuaram na prática exclusivamente nesta nova região e através disso ajudaram a constituí-la.

De outro lado, nasceu, ainda, um novo discurso. "Sertão" e "seca" ou até "Nordeste" e "seca" se sobrepunham. Surgiu o discurso da "Seca", constituindo a catástrofe como normalidade sertaneja. Este discurso reúne geografia, clima, teorias racistas e culturalistas: liga o Nordeste e seu sertão ao clima tropical, inadequado para europeus, e às estiagens, provando esterilidade; liga-o à inferioridade das "raças" vermelha e negra, e ao *rotinismo*, ao apego a tradições superadas. Tal discurso produziu o Nordeste arcaico, decadente, semibárbaro, irremediavelmente inferior ao Sul modernizador. Relatos de viagem de estrangeiros, relatórios de comissões científicas ora mandadas ao sertão e obras de ficção supriram os elementos. De igual forma, uma das primeiras obras brasileiras não-ficcionais de divulgação pública sobre o sertão, o diário do engenheiro e escritor Teodoro Sampaio sobre uma viagem pelo rio São Francisco, em 1879, influenciou fortemente a construção deste discurso.[19] O discurso das elites imperiais em relação ao "sertão" se baseou no binômio Seca/Nordeste: o sertanejo foje do trabalho honesto; ele é, portanto, um criminoso potencial. Ele é ignorante, passivo e teimosamente apegado às suas tradições e métodos de agricultura e criação. "Ócio" e "vadiagem", associadas à "criminalidade", constituem elementos-chave do discurso do "sertão", que com a abolição e a urbanização serão aplicados às camadas baixas do contexto urbano. O caráter antimodernizador do sertão junta-se a estes. Muitos como o Barão Schüch de Capanema, participante da "Comissão Científica de Exploração" ao Ceará em 1859, atribuíram aos próprios sertanejos a responsabilidade exclusiva pela sua miséria.[20] Eles acreditaram que o solo era tão fértil que até precisaria da estiagem. Esta análise aplicava outro elemento do discurso do "sertão", apresentando um aparente paradoxo. A natureza é nele representada duplamente: como natureza hostil, "ingrata", perigosa, mas também como infinitamente fértil, bela,

---

[19] Ver Sampaio.
[20] Apud Cunniff 69.

pura. O "ufanismo" já tinha um adepto, embora cético, no sertão de 1879, quando Teodoro Sampaio concluiu seu relato: "Como é belo esse Brasil central que tão poucos conhecem e de que nós brasileiros ingenuamente nos ufanamos, exagerando os recursos!"[21] No entanto, apesar de desconhecidos, os "ubérrimos sertões" ocuparam um lugar constante nos textos do século passado. Eles remetem à qualidade promissora de um El Dorado Verde que constitui o Brasil desde a *Carta* de Pero Vaz de Caminha. O Brasil é incomparável em riqueza natural; falta-lhe o beijo do príncipe modernizador. Até lá, o país repousava em berço esplêndido. A mencionada Comissão de Exploração, mandada ao sertão nordestino para explorá-lo de maneira científica e abrangente, dedicou um bom tempo e dinheiro à busca de ouro e prata nos solos pedregosos do sertão cearense.[22]

Tão estabelecido estava este discurso que, já em 1939, provocou a crítica de João Duarte Filho; crítica que ainda hoje não perdeu sua validade: "O sertão era o Nordeste. Sertão brabo que só se entremostrava, antigamente, nas eternas lamentações contra as secas, contra o êxodo eterno dos homens magros, das mulheres esqueléticas, dos meninos famintos, de todas aquelas populações desgraçadas, fazendo fila nas estradas poeirentas (...) o sertão era o Nordeste que somente aparecia no resto do Brasil para fornecer homens para a guerra, para encher efetivos de polícias estaduais e de batalhões de marinha, para pedir auxílios que não se davam e que morriam, como o sertanejo, nos exercícios findos dos orçamentos. O sertão era o sol e a falta d'água".[23]

Evidencia-se, aqui, que o discurso da "seca" não somente exemplificou e gradativamente hegemonizou o discurso do "sertão". Ele também se integrou em discursos mais abrangentes sobre a situação e o futuro do país e da sua população; sobre o futuro da própria identidade nacional. A maior síntese destes discursos do século XIX faria, em 1902, o livro do engenheiro e jornalista Euclides da Cunha, *Os sertões*.

---

[21] Sampaio 90.
[22] Ver Braga. *História da Comissão Científica de Exploração*, que traz ainda os documentos relevantes à Comissão na íntegra.
[23] Duarte Filho 8.

Bibliografia

Aguiar, Manuel Pinto de. *Nordeste, o drama das secas*. Rio de Janeiro: Civilização Brasileira, 1983.

Antonil, André João. *Cultura e opulência do Brasil por suas drogas, e minas*, (...). Edição facsimilar, Recife: UFPE, 1969 [1711].

Barroso, Gustavo. *À margem da história do Ceará*. Fortaleza: Imprensa Universitária do Ceará, 1962.

Bartelt, Dawid Danilo, "Diskursive Belagerung. Interdiskurse zu Antonio Conselheiro und den conselheiristas vor dem Krieg von Canudos". *Afrika/Asien Brasilien Portugal* 2 (1998) : 25-38.

Braga, Renato (org.). *História da Comissão Científica de Exploração*. Fortaleza: Imprensa Universitária do Ceará, 1962.

Brasil, Thomaz Pompeu de Souza. *Memória sobre o clima e secas do Ceará*. Rio de Janeiro: Tipografia Nacional, 1877.

Caminha, Pero Vaz de. *A Certidão de Nascimento do Brasil. A Carta de Pero Vaz de Caminha*. São Paulo: Edição do Fundo de Pesquisas do Museu Paulista da USP, 1975.

Cunniff, Roger L. *The Great Drought: Northeast Brazil, 1877-1880*. Austin: Phil. Diss, 1970.

Denis, Ferdinand. *Brésil*. Paris: Firmin Didot Frères, 1837.

Duarte Filho, João. *O sertão e o centro*. Rio de Janeiro: Livraria José Olympio, 1939.

Koster, Henry. *Viagens ao Nordeste do Brasil*. Recife: Governo do Estado de Pernambuco, 1978.

Mattoso, Kátia. *Bahia, século XIX. Uma província no Império*. Rio de Janeiro: Ed. Nova Fronteira, 1992.

Sampaio, Theodoro. *O Rio de São Francisco, trechos de um Diário de Viagem, e A Chapada Diamantina*, 1879-80. São Paulo: Escolas Profissionais Salesianas, 1905.

Silva, Francisco Carlos Teixeira da. "Pecuária e formação do mercado interno no Brasil-colônia". *Estudos. Sociedade e Agricultura*. N° 8 (1997).

Silva, Moacir Malheiros Fernandes. "A propósito da palavra 'Sertão'". *Revista da Academia Fluminense de Letras*, Vol. 3 (1950): 199-205.

Turner, Frederick Jackson. "The Significance of the Frontier in American History". *American Historical Association Annual Report* (1893): 199-227.

OS SERTÕES: PAISAGEM COM FIGURAS

Walnice Nogueira Galvão[1]

O panorama histórico brasileiro da virada de século impregna de modo inescapável a concepção de *Os sertões*. Isto porque à proclamação da República em 1889, um ano após a libertação dos escravos, sucedem-se tempos que assistem à eclosão de insurreições e levantes de todo tipo pelo território nacional afora, desde aqueles geograficamente restritos até os mais alastrados. Antes que o novo regime se consolide e entre em funcionamento, vários anos decorrerão. A Guerra de Canudos, desencadeada no sertão da Bahia em 1896-1897, não passa de uma dessas revoltas que compõem o cortejo de uma mudança de regime. Dedicado à crônica de um evento histórico que o autor testemunhou de corpo presente, *Os sertões* tem por objeto essa guerra.

*

O primeiro contato de Euclides da Cunha com seu objeto viria através da participação na Guerra de Canudos como enviado especial do jornal *O Estado de São Paulo*. De lá remeteu uma série de reportagens, que se tornaria célebre. Entretanto, o interesse maior da série é o fato de poder ser vista *a posteriori* como o embrião de *Os sertões*.

Essa guerra foi um marco na história da imprensa nacional devido a seu impacto fora do comum: pela primeira vez no país procedeu-

---

[1] Professora de Teoria da Literatura e Literatura Comparada na Universidade de São Paulo. Entre outros, autora de *Desconversa* (Rio de Janeiro: Editora da UFRJ, 1998); *A Donzela-Guerreira* (São Paulo: SENAC,1998); *Guimarães Rosa* (São Paulo: PubliFolha, 2000).

se a uma cobertura jornalística em bloco no palco dos acontecimentos, viabilizada pela recente instalação de linhas de telégrafo sulcando o sertão. As principais folhas de Rio, São Paulo e Bahia criaram uma coluna especial, quase sempre intitulada "Canudos", dedicada exclusivamente ao assunto, por toda a duração da guerra. Além disso, estampavam qualquer coisa: invencionices, pareceres dogmáticos de militares de partido previamente tomado, documentos forjados, cartas falsas. A divulgação de todos esses materiais tinha por objetivo comum reforçar a idéia de uma iminente restauração monárquica. A utilização desse veículo era imperativa: à época, o jornal constituía o *mass medium* por excelência, no vácuo da futura invenção da comunicação audiovisual.

*

Voltando da guerra, Euclides se dedica a acumular uma notável gama de saberes para enfrentar seu objeto, e só em 1902, cinco anos depois, o livro é lançado, com êxito fulminante. É com a primeira parte, intitulada "A Terra", abrindo o livro como um majestoso pórtico, esplêndido em suas galas literárias, que o leitor entra em contacto com *Os sertões*, mediante o privilégio concedido ao espaço.

Considerando a região de Canudos de três pontos de vista, a saber, o topográfico, o geológico e o meteorológico, o autor trata-a com paixão, dando margem a imponentes quadros naturais. Os rios se precipitam, saltam e tombam em catadupas, enquanto a terra firme imita a movimentação fluvial nas contorções de seus acidentes e nos embates entre as diferentes camadas geológicas que a sustentam. Em suma, uma paisagem extraordinária, que mais parece obra da mão do homem mas em escala monumental, à feição de menires colossais ou ruínas de coliseus ciclópicos.

Mas tudo isso é visto de tão alto e de tão longe que só se deixa identificar através de uma espécie de *olhar de Deus*, vislumbrando um deserto imemorial, morto de sede, morto de insolação. As próprias forças cósmicas só podem ser expressas por antíteses.

Como prova do caráter insólito do sertão, o autor submete o leitor a um tratamento de choque, propiciando-lhe o encontro com um soldado que parece deitado a dormir mas que de fato está morto há vários meses, porém em perfeito estado de conservação por ter sido naturalmente mumificado pela secura dos ares.

O flagelo das secas merece especial atenção, dedicada sucessivamente a várias hipóteses sobre sua gênese, que vão desde a influência das manchas solares até o peculiar regime dos ventos. Mais adiante passará das hipóteses a propostas de solução.

As plantas da caatinga se desenvolvem entre dois meios desfavoráveis, quais sejam o terreno árido e o calor do sol. Assim, suas mutações adaptativas vão todas no sentido de proteger-se da morte ou por sede ou por insolação. Mas as estratégias defensivas variam: atrofiar-se, resultando em nanismo que expõe menos superfície às intempéries; enterrar-se, e mal aparecer acima do solo; ou congregar-se em plantas sociais, retendo com suas raízes emaranhadas no subsolo a água e a terra, além de reforçar a segurança mútua.

O autor, em suma, conclui que o sertão de Canudos é único, pois suas características não coincidem exatamente com nenhuma taxonomia preexistente, ao enfatizar como "a natureza se compraz em um jogo de antíteses" (Capítulo V).

*

Do meio físico o autor passa ao exame das etnias. A questão primacial — e por isso a mais complexa — no estudo do homem brasileiro é para ele a mestiçagem, nó conceitual com que se debatiam à época todos os pensadores do país. Dela resultou o sertanejo, com suas características próprias, de corpo e de espírito, herdadas do embate entre as três etnias que lhe deram origem. Tais características, segundo o autor, implicam em vantagens e desvantagens. Entre as primeiras enumera a adaptação ao meio hostil, a resistência, o estoicismo. Entre as segundas conta o fanatismo religioso, a superstição, o equilíbrio psíquico instável, além de um considerável atraso com relação à marcha da civilização.

O determinismo que preside a essa minuciosa análise do meio físico e dos componentes étnicos vai eclodir, também deterministicamente, na pessoa daquele que portava o nome de Antonio Vicente Mendes Maciel, o Peregrino. Com efeito, este constituiu uma síntese do processo histórico em que as correntes de povoamento resultaram, através da miscigenação no isolamento.

O diagnóstico de Antonio Conselheiro é contraditório, o leitor percebendo a hesitação do autor entre considerá-lo um grande homem e decretá-lo "doente grave", afetado de paranóia. "Condensando o obscurantismo de três raças", a pessoa do condutor de homens "cresceu tanto que se projetou na História" (Capítulo IV).

Líder místico católico, Antonio Conselheiro, acompanhado de seus beatos, vagueava pelo sertão numa vida de penitência, proferindo sermões e comandando a construção ou reconstrução de igrejas, cemitérios e açudes. Assim se passaram trinta anos, com o séquito sempre a aumentar.

Tentando elucidar a origem da Guerra de Canudos, Euclides mostra como o advento da República acarreta alterações que perturbam o ânimo dos conselheiristas: novos impostos, separação entre Igreja e Estado, liberdade de culto e instituição do casamento civil, que contradizia frontalmente um sacramento católico.

Repelidos em toda parte, os peregrinos acabaram por se refugiar, por volta do ano de 1893, nas ruínas de uma fazenda abandonada por nome Canudos, no fundo do sertão baiano. Edificam pouco a pouco seus barracos de pau-a-pique — futura "Tróia de taipa", no oxímoro euclidiano.

Não há madeira no sertão, cuja cobertura vegetal típica é a caatinga, a qual não passa de um mato ralo, feito de garranchos, gravetos e cactos. Por isso, o povo de Canudos tinha comprado e pago, antecipadamente, em 1896, na cidade de Juazeiro, um lote de peças necessárias para as obras da Igreja Nova. Não tendo recebido a encomenda, foram buscá-la em procissão, cantando hinos religiosos e desarmados. Entrementes, as autoridades locais tinham convocado para recebê-los tropas estaduais as quais, emboscadas em Uauá, os dizimariam, mas bateram em retirada.

Nova ofensiva, mais numerosa e mais bem armada, deslancha novo ataque policial-militar em janeiro de 1897, que resulta igualmente em derrota.

A terceira expedição seria comandada pelo coronel Moreira César, que vinha de reprimir outra insurreição no Sul, quando se destacara pelo rigor da repressão que exercia e à qual devia o cognome de "Corta-pescoço". O perigo que Canudos veio a representar, após essas duas derrotas, já é agora considerado de alçada nacional e grave demais para ficar sob a responsabilidade de tropas estaduais. Monta-se uma grande ofensiva, com forças federais vindas de todo o país, armamento moderno incluindo canhões, e uma ampla campanha no sentido de excitar a opinião pública. Os ânimos estão exaltados, a demagogia patriótica espicaçada, e insinua-se que os incidentes do sertão apontam para uma tentativa de restauração monárquica.

Acompanhada pela atenção de todo o país, a terceira expedição se reúne em Salvador e marcha para Canudos. Chega a atacar o arraial, mas após algumas horas, sofrendo pesadas perdas, inclusive a de seu comandante, bate em retirada, debandando. Para facilitar a fuga arremessa longe armas e munições — que serão coletadas e entesouradas pelos canudenses — e até peças de farda, como dólmans ou botas.

Euclides mostra em cenas vívidas o que foi a celeuma provocada por mais esta derrota. Manifestações de rua nas duas principais cidades do país, Rio de Janeiro e São Paulo, acabaram se transformando em motins em que o furor da multidão se desencadeou sobre os alvos mais óbvios, ou seja, os poucos jornais monarquistas sobreviventes: quatro foram empastelados e o dono de um deles foi linchado. Todos clamavam pelo aniquilamento desta ameaça à novel República. Os estudantes assinaram uma petição exigindo a liquidação dos sequazes do "degenerado". Deputados e senadores não discutiam outra coisa no Parlamento. Os jornais trataram a derrota como uma calamidade nacional, disseminando a insegurança e o alarme por toda parte, multiplicando notícias falsas, cartas forjadas e denúncia de focos conspiratórios até internacionais.

Prepara-se então uma quarta expedição, na qual novamente sobe a patente em comando, agora o general Artur Oscar de Andrade Guimarães, assistido por quatro outros generais. Um marechal viria a ser o chefe supremo, na pessoa do ministro da Guerra, Marechal Machado Bittencourt, que se deslocou para o teatro das operações com seu estado-maior e ali montou seu gabinete. As tropas são mobilizadas em todo o país. Foi integrado nesta expedição, na qualidade simultânea de repórter e adido ao Estado-maior do ministro da Guerra, que Euclides se tornou testemunha ocular da campanha, enviando para o jornal *O Estado de São Paulo* a série de correspondências que levaria o título de *Diário de uma expedição*.

Da leitura dessas correspondências, depreende-se como Euclides se encaminhou para Canudos presa da mesma lavagem cerebral que as forças armadas e os demais jornalistas, tomados todos de entusiasmo republicano e de fervor sacrificial. Encontravam-se prontos a dar a vida pela República que tanto prezavam, não sem antes extirpar do mundo a ameaça monarquista. É ao longo do desenrolar das reportagens que o leitor pode entrever dúvidas incipientes a se insinuarem no espírito do escritor, que dá os primeiros sinais de desconfiar da propaganda maciça. Essas dúvidas serão depois intensamente elaboradas em *Os sertões*.

Arrancando em junho de 1897, a quarta expedição iria assediar o arraial, o qual é cercado para impedir socorros ou reforços. O alvo estratégico maior, todavia, era cercear o abastecimento de água, tão preciosa na caatinga seca e penosamente obtida pelos canudenses em cacimbas abertas no leito seco do Vaza-Barris, um uede, ou rio temporário, só cheio e correndo por ocasião de temporadas de fortes chuvas.

Graças ao desastre da terceira expedição, os canudenses se armaram. Se antes só dispunham de poucas e arcaicas peças de fogo, daquelas de carregar pela boca — arcabuzes, bacamartes e colubrinas — passaram a dispor do mais moderno armamento da época, abandonado pelas tropas em debandada. Dentre todos, os mais cobiçados eram os rifles de repetição Mannlicher austríacos e as carabinas Comblain belgas.

A poderosa arremetida de tantos recursos conjugados — abundância de homens, fartura de armas e munições, concurso de muitos canhões — implanta o assédio que vai constringindo o arraial, do qual alguns setores são aos poucos ocupados. A resistência inquebrantável dos canudenses desafia a compreensão e se constitui em enigma. Alguns dias antes do final, parlamenta-se uma rendição, negociada por Antonio Beatinho. Para consternação dos atacantes, entregam-se cerca de trezentas mulheres, reduzidas pela penúria à condição de esqueletos, acompanhadas pelas crianças e por alguns velhos. Após o que a resistência recrudesce, com mais ânimo agora porque desvencilhada de um peso morto. E, castigando o arraial por intenso bombardeio durante vários dias, procedeu-se à utilização pioneira de uma espécie de napalm improvisado, a gasolina espalhada sobre as casas ainda habitadas sendo incendiada mediante o lançamento de bastões de dinamite. O arraial se calou, sem se render, a 5 de outubro de 1897. Os últimos resistentes, calcinados numa cova no largo das igrejas, não eram mais que quatro, dos quais dois homens, um velho e um menino. Sempre lembrado, esse final inglório tornou-se representativo daquela que foi uma guerra de extermínio contra uma população indefesa.

O exército, intrigado com o vulto da resistência, encetou um recenseamento que computou 5.200 casas, o que, à base da estimativa conservadora de uma média de cinco pessoas por casa, o que não é muito para o sertão, dá uma população de 26.000 cabeças. Ou seja, a contagem elevou Canudos à posição de segunda cidade do estado da Bahia na época, coeva de uma São Paulo que mal atingia 200.000 habitantes. O cadáver de Antonio Conselheiro, que morrera de doença no dia 22 de setembro, pouco antes do final, foi exumado. Sua cabeça foi cortada e levada para a Faculdade de Medicina da Bahia para ser autopsiada, com a intenção de descobrir-se a origem de seus descaminhos, o que, segundo rezavam as teorias lombrosianas então em vigor, podia ser inferido a partir das dimensões do crânio e da dissecação do cérebro. Entretanto, o laudo oficial furtou-se a apresentar alguma conclusão definitiva, adensando o mistério, para desapontamento de quantos queriam responsabilizar algo palpável, como a anatomia do líder.

*

A Guerra de Canudos, como vimos, acabou por se revelar ingloriamente como uma chacina de pobres-diabos. Tornou-se evidente que não houvera conspiração alguma e que este bando de sertanejos miseráveis não tinha qualquer ligação com os monarquistas instituídos — gente branca, urbana e de outra classe social, com horror a "jagunços" e "fanáticos", os quais não passavam de mestiços pobres como os canudenses —, nem qualquer apoio logístico, seja no país, seja no exterior.

A reviravolta resultante foi notável: a opinião mudou de lado e passou a lamentar o massacre de valentes compatriotas numa luta fratricida. Ademais, deixou de ser segredo que a conduta do exército estivera longe de ser irreprochável. Alguns escassos correspondentes de guerra já haviam revelado a prática de degolar em público os prisioneiros indefesos, sancionada por todos, inclusive pelos comandantes.

Com a Guerra de Canudos, completa-se o processo de consolidação do regime republicano. Graças a ela, exorcizou-se o espectro de uma eventual restauração monárquica. Posteriormente, tendo à vista os testemunhos, pode-se dizer que a opinião pública foi manipulada e que os canudenses serviram de bode expiatório nesse processo. Eles desempenharam involuntariamente o papel de adversário comum a todos, aquele que se enfrenta coletivamente e que permite forjar a união nacional. À falta de um inimigo externo, capaz de provocar a coesão do corpo social e político, infalível em caso de guerra internacional, suscitou-se um inimigo interno, com invulgar eficácia.

*

Euclides escrevera dois artigos com o mesmo título de "A nossa Vendéia", estampados em *O Estado de São Paulo* — periódico com que colaborava habitualmente desde o ano anterior à proclamação da República, quando fora expulso da Escola Militar por insubordinação

— em março e julho de 1897, o primeiro provocado pelo desastre da terceira expedição e o segundo pela arrancada da quarta. Assim se tornou um candidato natural a correspondente. Além de mostrar-se enfronhado no assunto, já expendendo opiniões sobre a natureza do sertão e da campanha, criaria com o título uma expressão que marcou época e que foi repetida por todos. Ele mesmo a renegaria mais tarde, depois de ter passado tempos a afirmar que o livro que se destinava a escrever repetiria o título. A felicidade da fórmula era um modelo de concentração ideológica. Num conciso sintagma de três termos, transpunha para o coração do Brasil a revolta monarquista católica coligando campesinato e nobreza (1793) em reação contra a Revolução Francesa, democrática, laica e republicana. Mas, quando o livro saiu, ele já sabia que a fórmula, embora feliz, era tendenciosa, e deturpava o caráter do que ocorrera. Por isso, desistiu de empregá-la novamente.

Indicado por *O Estado de São Paulo*, acumularia ainda o cargo de adido ao Estado-maior do ministro da Guerra, que obteria mediante pedido de Júlio de Mesquita, diretor do jornal, ao presidente da República, Prudente de Morais.

As reportagens, começando já a bordo do navio *Espírito Santo*, que conduzia tropas no percurso Rio-Bahia, impressionam por serem tão bem escritas, quando se sabe que as condições materiais de trabalho eram penosas, e piorariam a partir da capital. Escreveria ao balanço do trem, em lombo de montaria ou, literalmente, no joelho, enquanto vivia em barracas no acampamento militar, sob o troar da metralha. Já em Salvador fora tocado pelo testemunho de um jagunço de catorze anos, feito prisioneiro. Este negara o que os interrogadores sugeriam, que o Conselheiro fazia milagres e que garantia a ressurreição dos mortos em combate. Indagado, então, quanto ao que o Conselheiro prometia como recompensa aos canudenses que arriscavam a vida, respondera: "Salvar a alma". Surpreendido, Euclides observa: "(...) não mentem, não sofismam e não iludem, naquela idade, as almas ingênuas dos rudes filhos do sertão".

Esse é o primeiro sinal de que a inteligência de Euclides está prestes a captar algum engano no ar. Penetrando no sertão e chegando até Canudos, o escritor vai gradativamente intensificando esses sinais, e mitigando o entusiasmo patriótico que no início demonstrara, sem todavia perdê-lo de vez. Desviando-se dos demais repórteres, fará reflexões sobre o cunho equivocado da acolhida a bala dada aos canudenses, quando outro tipo de tratamento mais civilizado poderia resolver os problemas. E dali a um palmo está o surgimento da admiração que por eles passa a manifestar.

*

Cinco anos, ou um pouco menos computando os trâmites editoriais, foram necessários para a verdadeira metamorfose que vai das reportagens a *Os sertões*: cinco anos e uma grande ambição. A massa de informações científicas e históricas acumuladas no livro aponta para o risco da dispersão. Mas, ali reunidas, ganham uma certa unificação, que lhes é conferida pelo estilo naturalista, então predominante na literatura brasileira, junto com um tratamento parnasiano da paisagem. A mescla de descrição impessoal com preocupação genética, à maneira do Naturalismo, é posta aqui a serviço da crônica de uma guerra. E a guerra, como se sabe, é literariamente a figuração do drama, ou confronto entre duas pessoas, duas famílias, duas equipes, dois partidos, dois povos, e assim por diante.

Entretanto, o que se observa é que a formação da Terra na primeira parte e a do Homem na segunda parte já são igualmente tratadas como um drama. No que concerne à Terra, os seres da natureza, antropomorfizados, são dotados de sentimentos ou mesmo de desígnios. No caso do Homem, o tema central é o confronto feroz de três raças em disputa de hegemonia. Todavia, como ocorre amiúde nas obras naturalistas, as idéias e as teorias são a cada passo postas em relevo, adquirindo voz própria. O determinismo, o cientificismo, o evolucionismo, a noção de linearidade do progresso tido como inelutável, as preocupações ligadas aos fatores hereditários, tudo isso tem freqüentemente voz ativa na narrativa. Disso resultando o caráter polifônico do livro em seu conjunto.

O modo como essa polifonia se realiza decorre da intertextualidade. Ao longo do livro, e é o que lhe dá seu sopro enciclopédico, textos e autores são incessantemente citados e submetidos à discussão. Na parte sobre "A Luta" o autor recorre não somente a suas próprias reportagens e cadernetas de campo, mas também às reportagens dos outros correspondentes, às ordens-do-dia do exército, aos relatórios de governo. No capítulo inicial, "A Terra", são mobilizados textos e autores de geologia, de meteorologia, de botânica, de zoologia, de física, de química. Em "O Homem", o autor, ao passar em revista escritos de história da colonização, de folclore, de psiquiatria, de neurologia, de sociologia, de etnologia, embrenha-se por conjecturas que tornam essa a parte mais polêmica do livro.

A dificuldade em lidar com uma tal avalanche de saberes é patente, e se resolve em paráfrases discordantes que se sucedem. Na impossibilidade de realizar uma síntese, ou mesmo sínteses parciais, o texto avança jogando com todo tipo de antíteses, antinomias e contradições. Estas podem tomar o aspecto de uma figura freqüentemente privilegiada, o oxímoro, isto é, uma aproximação violenta de contrários: "Tróia de taipa" para definir o arraial, "Hércules-Quasímodo" para definir o sertanejo.

A complexa questão da composição de *Os sertões* segue em geral essas linhas. E a maneira como o texto a enfrenta está à altura dessa complexidade, pondo em jogo recursos nada simplistas ou lineares como a polifonia e a intertextualidade. Para amarrar a matéria, Euclides tomou ainda emprestada dos canudenses, milenaristas e messianistas, que ali se concentraram na Terra Prometida que escolheram para esperar o Juízo Final anunciado pelo fim do século, numa vida de oração para salvar suas almas, a visão escatológica. E mostra como, ao operar uma inversão demoníaca das imagens bíblicas que presidem ao mito salvacionista, é possível vislumbrar o ponto de vista deles. O Belo Monte — como rebatizaram o arraial — ou Nova Jerusalém, tinha se transformado no seu oposto, o inferno. O rio da Cidade de Deus, o rio da vida eterna, se presentifica no leito sem água do Vaza-Barris. As muralhas de ouro garantidas pelas Escrituras, que aguardam os justos, não passam de edificações de pau-a-pique. A vegetação luxuriante do jardim de delícias pelo qual anseiam se degrada na caatinga seca e desnuda. E assim por diante. Seu mundo tinha-se desencantado.

Por isso, o grande sintagma narrativo de *Os sertões* — começando pelo *Gênesis* telúrico e terminando pelo Juízo Final contido no *Apocalipse*, simbolizado pelo aniquilamento de Canudos pelo fogo — haure sua inspiração visionária na mimese do paradigma bíblico.

Bibliografia

Cunha, Euclides da. *Os sertões*. Edição Crítica de Walnice Nogueira Galvão. 2ª ed. São Paulo: Ática, 1996 [1902].

Walnice Nogueira Galvão (org.), Euclides da Cunha, *Canudos — Diário de uma expedição*. Jornalivro, nº 10, novembro de 1972, primeira quinzena.

_____. *No calor da hora*. São Paulo: Ática, 1974; 1977 , 2ª ed.; 1994 , 3ª ed.

_____. "De sertões e jagunços". *Saco de gatos*. São Paulo: Duas Cidades, 1976.

_____. "O correspondente de guerra Euclides da Cunha". *Saco de gatos*. São Paulo: Duas Cidades, 1976.

_____. "Ciclo de Os sertões", em *Gatos de outro saco*. São Paulo: Brasiliense, 1981.
_____. (org.) "Introdução e notas a Euclides da Cunha". *Los sertones*. Caracas, Biblioteca Ayacucho: 1980.
_____. (org.) Introdução e notas a *Euclides da Cunha*. Col. Grandes Cientistas Sociais, nº 45, Coord. Florestan Fernandes. São Paulo: Ática, 1984.
_____. Edição Crítica de *Os sertões*. São Paulo: Brasiliense, 1985; São Paulo: Ática, 1996, 2ª ed.
_____. "Euclides da Cunha". Ana Pizarro (org.) *América Latina — Palavra, literatura e cultura*. Vol. 2. Campinas: Unicamp, 1994.
_____. *Correspondência de Euclides da Cunha* (com Oswaldo Galotti). São Paulo: Edusp, 1997.
_____. "Remendando 1897", *Desconversa*. Rio de Janeiro: EUFRJ; São Paulo: Edusp, 1998.
_____. (org.) Euclides da Cunha. *Diário de uma expedição*. São Paulo: Companhia das Letras, 2000.

TRISTE FIM DE POLICARPO QUARESMA, DE LIMA BARRETO: A EXCLUSÃO DO HERÓI CHEIO DE CARÁTER

Beatriz Resende[1]

Lima Barreto nasceu no Rio de Janeiro, em 1881, num 13 de maio — dia em a escravidão será abolida em 1888 — *pardo*, como então eram registrados os mulatos, e com nome de rei português: Afonso Henriques. Morreu no final do ano da Semana de Arte Moderna, 1922, implicando com os modernistas de São Paulo, por considerá-los *futuristas*, seguidores das "cabotinagens do Il Marinetti", poeta que o irritava sobretudo pelo elogio da guerra. Ao receber a recém-lançada revista Klaxon, a ele enviada por Mário de Andrade, pareceu-lhe que à sedução do fascismo do escritor italiano juntava-se naqueles intelectuais, o gosto — para ele imperdoável — pelo americanismo. Politicamente, recusa o Modernismo que surgia e recebe troco impiedoso do mais forte movimento da literatura brasileira. Morre, portanto, excluído de um modernismo que ele mesmo antecipara. A história literária, por falta de rótulo melhor, chama-o de "pré-modernista". Fica num espaço *entre*, num *quase*, que tudo tem a ver com sua biografia *à margem*.

Mulato, é suficientemente branco para ingressar numa Universidade racista e preconceituosa, quase chega a bacharel mas é excluído antes de se formar. É excessivamente negro para entrar na Academia

---

[1] Professora de Literatura Comparada e Teoria Literária da Faculdade de Letras da Universidade Federal do Rio de Janeiro, pesquisadora do Programa Avançado de Cultura Contemporânea — PACC/UFRJ — e do CNPq. Entre outros, autora de *Cronistas do Rio* (Rio de Janeiro: José Olympio, 1995), *Lima Barreto e o Rio de Janeiro em fragmentos* (Rio de Janeiro, Editora UFRJ/UNICAMP, 1993).

Brasileira de Letras em suas duas justificadas tentativas. Suficientemente branco para exercer o jornalismo é negro demais para enfrentar o dono do jornal onde iniciara sua carreira. O então poderoso jornal Correio da Manhã, após a publicação de seu primeiro romance, *Recordações do escrivão Isaías Caminha*, onde os poderosos homens da imprensa são duramente criticados, decreta-lhe total bloqueio. Sua condição de mulato, pobre, morador da área suburbana da Capital da Primeira República decide sua opção definitiva pela *Marginália*, como intitula um de seus volumes de crônicas e contos.

O conflito que se estabelece entre Lima Barreto e os "mandarins da literatura", os detentores do poder cultural, naquela República instaurada por militares toscos, tem duas faces. Se, por um lado, isola sua obra romanesca no momento em que é editada, por outro, a torna peculiar. A crítica oficial, de gosto parnasiano e elitista, nega-lhe um discurso legitimador, mas a marginalidade imposta o preserva. Lima Barreto aparece como um intelectual independente num momento em que a cooptação dos intelectuais pelo poder é freqüente.[2] Livre de qualquer vínculo que ligue sua produção ao Estado ou qualquer outra instância política de legitimação, exercerá por toda sua vida a crítica aos fundamentos mesmos da Primeira República: o patriotismo e a bélica concepção de Pátria então vigente, o cientificismo, o racismo que se apóia sobre um darwinismo perigoso e, finalmente, o nacionalismo fundador, na América Latina, do populismo

Lima Barreto publica *Recordações do escrivão Isaías Caminha* às próprias custas e editado em Portugal, em 1909. Segundo ele mesmo, a obra fora escrita para marcar sua oposição à literatura parnasiana, formal e pedante. Um livro "propositalmente mal feito, brutal por vezes, mas sincero sempre. Espero muito dele para escandalizar e desagradar", como diz em carta ao crítico de arte e romancista Gonzaga Duque. O terceiro e mais importante de seus romances, *Triste fim de Policarpo Quaresma*, é de 1911, inicialmente publicado sob a forma de folhetins no Jornal do Commércio. Nem os romances, nem a revista Floreal, de que foi editor durante os quatro números de circulação, trazem reconhecimento, ainda que o *Policarpo* lhe tenha rendido várias críticas favoráveis. A Primeira Guerra e a Revolução Russa definem suas posições políticas: a favor do anarquismo, simpático ao bolchevismo, defensor intransigente do direito de todos à cidadania.

---

[2] Trato desta questão mais detalhadamente em "Lima Barreto, a opção pela marginália".

Triste fim de Policarpo Quaresma saiu em livro em 1916, publicado também às expensas do próprio autor. O personagem Policarpo Quaresma é um burocrata do Rio de Janeiro, então Capital Federal, decidido a conhecer e valorizar nossa verdadeira identidade nacional, a salvar o campo abandonado de um país de imenso território, defender as cores de bandeira brasileira, afirmar os valores nacionais e lutar pela república.

Na primeira parte do romance, Policarpo, afirmando a legitimidade do Tupi-Guarani como autêntica língua brasileira, escreve documento na língua indígena, é considerado louco e encarcerado no Hospício Nacional. A narrativa aponta aí a estrutura do favor que organiza o país o caráter ornamental da cultura, e o "bovarismo" do personagem.

— O Quaresma está doido. (...)
— Nem se podia esperar outra coisa, disse o doutor Florêncio. Aqueles livros, aquela mania de leitura(...)
— Devia até ser proibido, disse Genelício, a quem não possuísse um título 'acadêmico' ter livros. Evitavam-se assim essas desgraças. (...) Aquele Quaresma podia estar bem, mas foi meter-se com livros... É isto! Eu, há bem quarenta anos que não pego em livro...
(*Triste fim* 77-8)

Ao deixar o manicômio, é no campo que julga encontrar a salvação do país. A confiança na terra, onde "em se plantando tudo dá" como disse Pero Vaz de Caminha na carta onde relata ao Rei de Portugal o descobrimento da nova terra, se alia à certeza de êxito dos métodos científicos. As saúvas e o coronelismo o derrotam. Redige ainda um projeto de reformas para o campo que entrega ao Presidente. É com a resposta que este lhe dá que conclui a segunda parte: "Você, Quaresma, é um visionário".

Em seguida, a Pátria parece estar em perigo. Diante da "Revolta da Armada" — marinheiros submetidos a condições subumanas servem de pretexto ao conflito republicano —, é preciso deixar o campo para lutar ao lado Marechal de Ferro, o tolo Floriano Peixoto que, de forma autoritária, fora feito presidente. A pátria, com tudo que de perigoso este conceito pode ter, surge então diante de Policarpo Quaresma como a grande utopia pela qual se deve lutar. Mais uma vez este homem comum se dirige às autoridades. Já no final do livro o discurso do personagem cola-se, belamente, ao do narrador quando os revoltosos humildes são condenados à morte:

Não se pudera conter. Aquela leva de desgraçados a sair assim, a desoras, escolhidos a esmo, para uma carnificina distante, falara fundo a todos os seus sentimentos; pusera diante dos seus olhos os seus princípios morais; desafiara a sua coragem moral e a sua solidariedade humana; e ele escrevera a carta com veemência, com paixão, indignado. (*Triste fim* 284)

Na contra-mão do nacionalismo ufanista dos intelectuais da Primeira República do Brasil — nascida de um golpe de estado dado por militares — visto por ele como: "o regime da corrupção. Todas as opiniões devem, por esta ou aquela paga, ser estabelecidas pelos poderosos do dia", Lima Barreto faz ao patriotismo uma crítica incomum nos primeiros anos do século.

O romance termina com a desilusão do derrotado patriota Policarpo Quaresma, que, tarde demais, a caminho da própria morte, tudo percebe:

A Pátria que quisera ter era um mito; era um fantasma criado por ele no interior de seu gabinete. Nem a física nem a intelectual nem a política que julgava existir havia. (*Triste fim* 285)

O tema continuará, de forma absolutamente inédita naquele momento em que não pensávamos que a nação pudesse ser uma comunidade imaginada ou que a defesa de territórios e fronteiras levassem o mundo todo a conflitos generalizados com habitantes dos mesmos territórios atirados em lutas fratricidas até mesmo no interior da Europa, tido com o cerne da civilidade e espaço de exercício da cidadania.

Em crônica publicada na revista Careta, mais tarde reunida a outras do mesmo período em *Coisas do Reino do Jambom*, junta, com argúcia, aos perigos no nacionalismo os do racismo:

(...) os charlatões do Estado, em nome da Pátria e da estúpida teoria das raças, instilaram na massa ignata das populações sentimentos guerreiros de agressão. (...) A pátria é uma idéia religiosa e de religião que morreu, desde muito. (...) Quanto à raça, os repetidores das estúpidas teorias alemãs são completamente destituídos das mais elementares noções da ciência, senão saberiam perfeitamente que a raça é um abstração. (*Coisas do Reino* 75)

Estávamos em 1914 e o mundo começava sua primeira grande guerra. Em crônica de 1919 continuará na mesma convicção:

> Não sendo patriota, querendo mesmo o enfraquecimento do sentimento de pátria, sentimento exclusivista e mesmo agressivo, para permitir o fortalecimento de um maior, que abrangesse, com a terra, toda a espécie humana (...). (*Marginália* 78)

É a partir de 1917 que as dificuldades com a edição de seus romances o levam a intensificar sua ação como jornalista, colaborador de revistas ilustradas de pouca sofisticação, cronista episódico em jornais e revistas mais conhecidos como O país, Diário de Notícias e redator constante de publicações críticas como a Careta, progressistas como A.B.C. ou anarquistas como A voz do trabalhador e O Debate. Essas publicações menores e mais radicais tinham sempre a vida breve, sendo rapidamente fechadas pela polícia em nossa tênue democracia. Nesse momento, o escritor opta pela sátira e publica *Crônicas sobre a República das Bruzundangas* e *Coisas do Reino do Jambon*.

É como se a derrota do visionário Major Quaresma, que termina o livro fuzilado pelo ditador, trouxesse ao autor uma desistência em relação aos padrões mais formais de constituição de uma literatura seriamente crítica. Restava a sátira, como a crítica tradicional costuma classificar tais escritos de Lima Barreto. Prefiro vê-los como paródia, num contexto intertextual onde sua obra se contrapõe a livros como *Contos pátrios* dos autores da alta literatura parnasiana Coelho Neto e Olavo Bilac ou *Por que me ufano do meu país*, do merecidamente esquecido Conde Afonso Celso. Paródia da história oficial, dos relatos heróicos da memória republicana.

É na crônica jornalística que o autor encontrará maior visibilidade, transformando-a em atividade permanente até o final da vida e veículo através do qual busca interferir na vida da cidade. Mas a crônica, todos sabemos, foi, por muito tempo, considerado um "gênero menor". O cronista é um artista perseguido por *chronos*, acuado pela necessidade de seguir sempre adiante, sem tempo de ficar olhando para trás. São, no entanto, as contingências de pressa e obrigação profissional características da crônica na modernidade que levam à opção por uma coloquialidade agradável que faz do leitor um cúmplice. Essas condições de sua produção e sua ligação direta com o veículo que a divulga, o jornal — que serve para ser lido hoje e embrulhar o peixe amanhã, como se dizia na época em que os peixes ainda eram embrulhados com jornal — trazem também imperfeições, eventuais incorreções (como as causadas pelo fato do cronistas citarem sempre de memória) e a presença de contradições. Ser contraditória e polêmica é freqüentemente uma característica própria da crônica. Mas é em seu aspecto fragmentário que está o mais interessante, ligando-a a outras expressões literárias menos *nobres* ou consagradas como as memórias, os depoimentos e os diários. De tudo isso há um pouco na prática da crônica literária, inclusive a possibilidade de assumir publicamente a defessa dos humilhados e ofendidos. É o que faz nosso cronista em verdadeiras campanhas como a que assume em defesa das mulheres assassinadas por maridos ou amantes: "Deixem as mulheres amar à vontade. Não as matem, pelo amor de Deus", dos operários em greve: "Os operários que estão agora a reclamar dos patrões e dos governos contra as condições de vida que lhe são impostas, foram até agora de uma cordura e de uma longanimidade de santos" e dos militantes anarquistas, espanhóis e italianos ameaçados de deportação "os anarquistas falam da humanidade para a humanidade, do gênero humano para o gênero humano, e não em nome de pequenas competências de personalidades políticas".

O escritor que vai se ligando a gêneros periféricos, rejeitados pelos defensores da "alta literatura" é, naquele momento, ele mesmo um excluído da sociedade carioca. Em seu diário íntimo, Lima Barreto anota em 1917: "eu ia para a cidade, quando me senti mal, tinha levado o mês a beber, sobretudo parati (um tipo de cachaça). Bebedeira sobre bebedeira, declarada ou não. Comendo pouco e dormindo sabe Deus como. Andei porco, imundo". A bebida, a pobreza que se reflete em suas roupas, a moradia distante do centro vão construindo esse exílio na cidade que toma, obsessivamente, como tema de toda a sua obra.

A imagem deste homem, que atravessa diariamente a cidade e ao fim do dia faz sua crônica, opõe-se de forma contundente à de seus colegas de ofício "Não sou desse figurino e sei que irrito os altos espíritos dos manequins intelectuais". Ainda que, em determinado momento, o escritor chegue a assumir sua figura com uma espécie de arrogância, como na crônica em que diz "(...) e não se incomodem com o meu esbodegado vestuário, porque ele é a minha elegância e a minha pose", a rejeição por parte das instâncias legitimadoras da literatura da época não podem deixar de provocar revolta como a bela e dolorosamente expressa em crônica ainda do início de sua carreira: "Eu quero ser escritor porque quero e estou disposto a tomar na vida o lugar que colimei. Queimei os meus navios, deixei tudo, tudo, por essas coisas de letras".[3]

É o alcoolismo que levará Lima Barreto à mais forte de todas as exclusões: a exclusão pela loucura. A vida imita a arte.

Antes de escrever *Triste fim de Policarpo Quaresma* seu convívio com a loucura fora o acompanhamento da doença mental que também atingiu seu pai. É de 1914 sua primeira entrada no Hospício. Como o Policarpo Quaresma só foi publicado em livro em 1916, muitos críticos vêm na loucura do personagem traços da própria biografia de Lima, o que não é verdade, ou pelo menos *ainda* não é. Havia sim o medo da loucura, o receio de que, segundo os princípios do determinismo então vigente, também a ele estivesse reservada a sorte do pai. O fato é que a descrição da permanência de Policarpo no Hospício é tão comovente quanto a que fará da sua própria estada na "Praia da Saudade"[5] em seu inacabado romance *Cemitério dos vivos*.

> No bonde vinham outros visitantes e todos não tardaram em saltar no portão do manicômio. Como em todas as portas de nossos infernos sociais, havia de toda a gente, de várias condições, nascimentos e fortunas. Não é só a morte que nivela; a loucura, o crime e a moléstia passam também a sua rasoura pelas distinções que inventamos. (*Triste fim* 99)

Na noite de Natal de 1919, Lima Barreto foi levado pela segunda vez para o "Hospício Nacional dos Alienados" permanência sofrida de que não mais terá tempo de se recuperar. Em sua ficha de internação está o curioso texto de sua anamnese feita pelo psiquiatra da Seção Pinel do Hospital, transcrito na importante biografia de Lima Barreto escrita por Francisco de Assis Barbosa:

> Perfeitamente orientado no tempo, lugar e meio, confessa desde logo fazer uso, em larga escala, de parati; compreende ser um vício muito prejudicial, porém, apesar de enormes esforços, não consegue deixar a bebida. (...) Indivíduo de cultura intelectual, *diz-se escritor*, tendo já quatro romances editados, e é atual colaborador da *Careta*. (356-7)

---

[3] Uma comovente declaração de uma crônica escrita quando Lima Barreto tinha 30 anos e que será repetida ao longo de sua vida. A crônica foi publicada na *Gazeta da Tarde*, 28 de junho de 1911.
[4] Denominação que então recebia a Praia Vermelha, área ao sul do Rio de Janeiro onde se situava o Hospício Nacional.

Pôr sob suspeição a palavra daquele cidadão enlouquecido, como se a declaração de ser escritor fizesse parte do delírio, era necessária para tornar sua internação coerente, atirando-o, a despeito dos traços de cultura, no pavilhão dos miseráveis por três meses. Na situação em que se encontra, então, só lhe resta a única reação também radical à acusação de loucura, a afirmação de um discurso próprio. Lima Barreto inicia, então, as anotações em que busca resgatar a própria individualidade, buscando salvar o homem humilhado. Escreve um dos mais belos e fortes documentos em defesa da cidadania do mais excluído dos cidadãos, o louco. Escreve o *Diário do Hospício*, sua crônica da loucura. É neste momento que se sente próximo dos grandes escritores do cânone ocidental. No início deste *diário* escreve:

> (...) ele me fez baldear a varanda, lavar o banheiro, onde me deu um excelente banho de ducha de chicote. Todos estávamos nus, as portas abertas, e eu tive muito pudor. Eu me lembrei do banho de vapor de Dostoiévski na *Casa dos mortos*. Quando baldeei, chorei; mas lembrei de Cervantes, do próprio Dostoiévski, que pior deviam ter sofrido. (*O cemitério* 24)

O último romance de Lima Barreto, *Clara dos Anjos*, terminado em janeiro de 1922, projeto de uma vida inteira que custou a realizar, termina com uma frase de sua personagem, a jovem mulher, mulata, pobre, suburbana, desvirginada pelo rapaz branco: "Nós não somos nada nesta vida".

Diz Mikhail Bakhtin que "um autor é um prisioneiro de sua época, de sua contemporaneidade. As épocas posteriores o liberam desta prisão e os estudos literários devem ajudar nesta liberação" (Bakhtin 366). No entanto, para que a afirmação de Bakhtin possa nos auxiliar, precisamos compreender com ele que a literatura é uma parte inalienável da cultura e não pode ser compreendida fora do contexto de toda a cultura. E, ainda, que a vida mais intensa e produtiva da cultura se dá nos limites entre suas diversas zonas e não onde e quando essas zonas se fecham em suas especificidades, como afirmou o crítico em sua entrevista à revista *Novy Mir*.

Quando morre, Lima Barreto deixa grande parte de sua obra não publicada, sob forma de livro. Deixa-a, porém, cuidadosamente preparada para ser editada, inclusive com as crônicas em volumes, quase todos com título já dado. Caberá ao historiador e crítico literário Francisco de Assis Barbosa publicar o conjunto da obra quase completa — dezessete volumes — em 1956. É nessa ocasião que os diários, a correspondência e as crônicas se tornam acessíveis ao público leitor. Mas ainda foram necessários bem 20 anos para que academia começasse se interessar de forma mais positiva pelo autor e só mesmo a partir dos anos 80 que Lima Barreto começou a ser considerado autor de importância no quadro de nossa literatura.

É interessante observar que o que se deu, neste meio tempo, foi uma mudança na compreensão teórica do que é literatura, introduzindo-se um pluralismo crítico necessário à nova história literária.

A literatura de Lima Barreto, condenada à sua época sempre sob o mesmo pretexto, o de falta de apuro literário, de ser uma escrita *desleixada*, de criar com uma sintaxe *frouxa* demais, de não freqüentar, enfim, as normas da alta literatura, hoje, pela atenção que recebe da crítica e sobretudo por migrar com freqüência da literatura para o teatro e o cinema, realiza a intenção mesma de seu autor: aproximar-se das grandes massas de fruidores, os leitores de jornais, leitores de crônicas ou textos satíricos. Esse desejo de falar para e pelas camadas subalternas é o que fez dele o "libertário itinerante que o destino apagou sob a barbárie dos trópicos" (Prado 13).

Voltemos ao título do romance. No antecipador "triste fim", que inverte a ordem da narrativa, já estava o reconhecimento da impossibilidade mesma do heroísmo cheio de caráter de Policarpo Quaresma, tese que se verá definitivamente confirmada quando Mário de Andrade cria o antropofágico personagem Macunaíma, "o herói sem nenhum caráter".

Bibliografia

Bakhtin, Mikhail. "Os estudos literários hoje". *Estética da criação verbal*. São Paulo: Martins Fontes, 2000. 359-68 [1970].

Barbosa, Francisco de Assis. *A vida de Lima Barreto*. Rio de Janeiro: José Olympio, 5ª edição, 1975.

Barreto, Afonso Henrique de Lima. *Triste fim de Policarpo Quaresma*. *Obras de Lima Barreto*. Organizada por Francisco de Assis Barbosa. São Paulo: Brasiliense, 1956. Vol. II.

_____. *Coisas do Reino do Jambom*. *Obras de Lima Barreto*. Organizada por Francisco de Assis Barbosa. São Paulo: Brasiliense, 1956. Vol. VIII

_____. *Marginália*. *Obras de Lima Barreto*. Organizada por Francisco de Assis Barbosa. São Paulo: Brasiliense, 1956. Vol. XII

_____. *O cemitério dos vivos*. Obras de Lima Barreto. Organizada por Francisco de Assis Barbosa. São Paulo: Brasiliense, 1956. Vol. XV

Prado, Antonio Arnoni. Prefácio a *Lima Barreto e o Rio de Janeiro em fragmentos*. Rio de Janeiro: Editora UFRJ; Campinas: Editora UNICAMP, 1993. 13-5.

Resende, Beatriz. "Lima Barreto, a opção pela marginália". Schwarz, Roberto (org.). *Os pobres na literatura brasileira*. São Paulo: Brasiliense, 1983.

_____. *Lima Barreto e o Rio de Janeiro em fragmentos*. Rio de Janeiro: Editora UFRJ; Campinas: Editora UNICAMP, 1993.

A IDENTIDADE DEVORADA — CONSIDERAÇÕES SOBRE A ANTROPOFAGIA

Ettore Finazzi-Agrò[1]

Sem se deter no aparente detalhismo fútil da pergunta e na inevitável generalidade e inadequação das eventuais respostas, talvez seja preciso colocar a questão preliminar relativa a que perspectiva, gerada por que horizontes de sentido e situando-se (aqui-e-agora) em que contexto cultural, pode ser encarado o tema da antropofagia. É preciso colocar esta questão também e principalmente para orientar o olhar, para compreender o que se entende e a que se visa quando se volta a propor, após tantos anos, textos que surgiram num contexto histórico-social peculiar, alimentando-se desse contexto e a ele ficando vinculados de forma indissolúvel. Enfim, torna-se necessário colocar a questão para tentar ir além destes textos ou, no mínimo, para refletir a respeito de seu alcance, da "longa duração" que os projeta para além dos significados históricos, circunstanciais, de que eles parecem estar incrustados, e os faz chegar até nós, saindo de um espaço "exótico" e atravessando um tempo desmedido de cinismo e de violência.

Na verdade, a antropofagia (na sua peculiar forma americana, conhecida como "canibalismo") constitui um daqueles emaranhados simbólicos que, em razão de seu excesso de significação e, também, de

---

[1] Professor da Universidade "La Sapienza" de Roma. Entre outros, autor de *Apocalypsis H. G.: Una lettura intertestuale della Paixão segundo G. H. e della Dissipatio H. G.* (Roma: Bulzoni, 1984); *Um lugar do tamanho do mundo. Tempos e espaços da ficção em João Guimarães Rosa* (Belo Horizonte: Ed. da UFMG, 2001). Organizou, junto com Maria Caterina Pincherle, *La cultura cannibale. Oswald de Andrade: da Pau-Brasil al Manifesto antropofago*. Roma: Meltemi, 1999. O presente ensaio foi originalmente publicado como posfácio a essa edição (79-93), que possui ainda uma contextualização histórica na "Introduzione", de Maria Caterina Pincherle (7-24).

sua opacidade e essencialidade, sustentam não tanto uma qualquer eventual categorização cultural, mas, principalmente, uma possível fenomenologia existencial, uma hipotética apreensão do Humano. Houve, de fato, quem a definisse como mito — que é outra maneira de dilui-la na aleatoriedade do inexplicável, na nebulosidade de algo que não foi provado — e quem a tratasse como tabu — afastando-a num recalque tal que dela constem somente os efeitos "de retorno".[2] Pois vejamos: se a antropofagia é sem dúvida ambas as coisas, isto é, um mito e um tabu, ela é também, antes de mais nada, um *evento* humano fundador que se atualiza continuamente numa infinidade de *acontecimentos*, dos quais podemos e devemos avaliar, sem nunca desistir, o alcance cultural e cultual, histórico e religioso, ideológico e ético, metafórico e real.

Portanto, voltando à questão inicial: de que forma se manifesta e o que nos comunica a antropofagia hoje? O que ela pode explicar-nos de nós mesmos, de nosso relacionamento com o fora-de-nós? Questões, repito, que arriscam transpor os limites do "fato" singular que é a escrita do "Manifesto antropófago" por parte de Oswald de Andrade; questões que podem, afinal, fazer esquecer as motivações peculiares e as condições históricas e materiais que deram lugar ao Movimento Antropofágico naquele Brasil (e principalmente naquela São Paulo) do fim da década de 1920: Brasil orgulhoso por despontar como protagonista na cena mundial e pela impura evidência de sua identidade, cônscio da inconveniente e reconhecível "agramaticidade" de sua linguagem. Mas, se assumimos o risco e se temos que voltar novamente a colocar tais questões, isto significa, porém, que o alcance e o sentido daquela explosão de euforia "canibalesca" ainda hão de ser decifradas plenamente, pois a questão colocada por Oswald atravessa nosso presente endurecido e ensimesmado, conformado com seu estar além daquela modernidade da qual procede o "Manifesto antropófago".

E observe-se que, após tê-lo escrito, seu autor o glosou incessantemente durante toda a sua vida, consciente (talvez somente *a posteriori*) da validade não ocasional e não meramente antagônica e iconoclasta daquela incitação juvenil e irreverente à devoração, e consciente, por outro lado, da necessidade de explicar o "Manifesto", colocando-o em relação com questões gerais, até para driblar sua ostentada "excepcio-

---

[2] Resultando evidente a referência a Freud no tocante ao tabu da antropofagia, vale ainda a pena mencionar, quanto à sua redução (ou sublimação) mítica, a notória pesquisa de William E. Arens.

nalidade", que marcava fatalmente os limites do texto e sublinhava suas incongruências. E nós, por nossa vez, embora neste lugar nos interroguemos fundamentalmente a respeito do Movimento Antropofágico e de seu mentor, não podemos nem devemos ignorar que ele não representa decerto um evento único e irrepetível — a recuperação específica de um mito, a infração individual de um tabu — no âmbito da cultura do século XX. Será suficiente apontar, para ficar nas cercanias do Brasil, a imagem "intestinal" da identidade latino-americana proposta pelo argentino Oliverio Girondo, o qual, em 1922 (portanto, seis anos antes a escrita do *Manifesto*) já falava de um estômago continental "capaz de digerir y de digerir bien, tanto unos arenques septentrionales o un kouskous oriental, como una becasín cocinada en la llama e uno de esos chorizos épicos de Castilla".[3] Quanto à cultura européia, basta lembrar o Manifesto e a Revista *Cannibale* redigidos e organizados por Francis Picabia em 1920, do seio do movimento dadaísta[4]: manifesto e revista que talvez Oswald conhecesse — ou talvez não, já que aquilo que importa, na verdade, é, por um lado, a especificidade da Antropofagia brasileira, e por outro, sua carga metafórica, seu sentido geral espelhando-se, paradoxalmente sem se esgotar, também naquela possível fonte.

Entretanto, para não relegar a *Antropofagia* em seu sentido literal, em sua função ocasional e, até, lúdica, é preciso continuar interrogando-se a respeito das conotações ideológicas, éticas, sociais que a configuram — enquanto movimento que se origina numa cultura colonizada que pretende definir-se autonomamente em relação a uma cultura colonizadora —, e que a colocam, por conseqüência, atravessada sobre as nossas certezas, apresentando problemas até hoje não resol-

---

[3] Devo a citação ao magistral ensaio de Antelo, "Políticas canibais" 5.
[4] O "Manifeste cannibale Dada" foi publicado por Picabia, em março de 1920, no número 7 da revista *Dada* (com subtítulo *Dadaphone*), dirigida por Tristan Tzara. Posteriormente o "Manifesto" — rebatizado de "Manifeste cannibale dans l'obscurité" — foi lido por André Breton, com acompanhamento musical, numa noite dadaísta realizada em Paris no dia 27 de março de 1920. Em abril daquele ano, Picabia funda a revista *Cannibale*, da qual aparecem somente dois números (ver *Documents Dada*, organizado por Y. Poupard-Liessou e M. Sanouillet, Génève: Weber, 1974, 37 e *Almanach Dada*, organizado por Richard Helsenbeck, Paris: Éd. Champ Libre, 1980). Entretanto, o fato de que o ideal canibal circulasse no grupo dadaísta já desde antes de 1920 é nitidamente comprovado no breve artigo com título "Civilisation", assinado por Georges Ribemont-Dessaignes e publicado no número 3 da revista *391* (março 1917), esta também dirigida por Francis Picabia (ver também a nota 15).

vidos, desenhando, aqui e agora, cenários que ainda estamos longe de pensar em toda a sua complexidade e articulação. O que, afinal, nos vem ao encontro na antropofagia é um permanente paradoxo que impede de pensar a relação entre culturas e/ou tradições diferentes no interior de cada cultura nacional. Nesta perspectiva, é preciso avaliar, primeiramente, como a "ingestão do outro" comporta, desde sempre, uma peculiar forma de poder, um poder que se revira, paradoxalmente, em seu contrário: num de-poder que finalmente exalta o Outro e o sacraliza (na formulação de Oswald: "Absorção do inimigo sacro. Para transformá-lo em totem"[5]). Ato que tem sua origem na hostilidade (ao menos nas formas de exocanibalismo), na agressividade e na prevaricação sobre um inimigo real, a devoração torna-se, contudo (aliás, justamente em razão do fato de configurar-se como um *excesso*, como uma saída do *próprio*), um modo — a um tempo simbólico-ritual e empírico, material — de abrir-se àquela mesma alteridade negada no ato da assimilação e da aniquilação na profundeza das entranhas. Em outras palavras, come-se para absorver as virtudes do comido, para "encarnar" seu valor, de forma que a *incorporação* do outro acaba configurando-se como um modo de *dar corpo* ao outro, seja ele inimigo ou amigo, observe-se, já que a motivação se manifesta também na modalidade do endocanibalismo (devoração de um parente ou de um membro notável da comunidade).

Não pretendo, evidentemente, aprofundar-me numa dissertação antropológica (é tal a minha distância, que trato como sinônimos os termos "antropofagia" e "canibalismo", o que faria se insurgirem com toda razão os estudiosos de etnologia): ainda assim, convém lembrar que a deglutição do homem por parte do homem é freqüentemente notada pelos antropólogos como um elemento estrutural discriminante das sociedades ditas "primitivas", distintas e classificadas não só a partir da forma de comer — cru ou cozido —, como também, principalmente talvez, a partir do que é comido. Fica claro que a carne humana não poderia ser considerada uma comida entre outras; e mais, que a escolha deste peculiar alimento comporta desde sempre, fatalmente, um valor cultural proeminente.

Não será por acaso que uma das primeiras marcas da diversidade americana tenha sido individualizada justamente nos hábitos canibalescos: começando por Cristóvão Colombo (a quem se deve a *invenção*

---
[5] Andrade 51.

da palavra "canibal", singular fusão entre um termo ouvido — "caribi" — e a reminescência dos fantásticos cinocéfalos, homens com cabeça de cão — "canibi" —, os quais não somente segundo os *libri monstrorum* e os vários *livres de merveilles* medievais eram de fato antropófagos, como, o que é mais importante, podiam constituir uma das tribos submissas ao fabuloso Grão-Khan[6] descrito por Marco Polo, a cujo território o grande navegador esperava estar se aproximando), até chegar ao shakespeariano Caliban da *Tempestade*, emblema vivo de uma diferença cultural que se anagramatiza no traço "canibal" de seu nome. O terror para com os costumes canibalescos (verdadeiros ou supostos) dos povos americanos acompanha durante séculos, com efeito, o viajante europeu que se aventura num território enorme e desconhecido: o medo de ser completamente absorvido por aquela espantosa *wilderness*, de ser "devorado" por aquele desmedido espaço selvagem, de ser despido não somente do corpo como também da alma, concretiza-se materialmente na figura do canibal e é por ela duplicada.[7]

É sabido, por outro lado, que tem sido em primeiro lugar o Brasil (e não, curiosamente, a verdadeira pátria dos *caribi-canibi*, ou seja o Caribe) identificado como terra eletiva dos antropófagos: leia-se "Terra dei camballi", ou definições similares, nos diversos mapas quinhentistas que desenham o incerto perfil daquela região do continente americano.

Para reforçar tal crença vêm contribuir, mais tarde, as crônicas daqueles viajantes que se deparam com as tribos antropófagas, primeira, entre todas, a do alemão Hans Staden, prisioneiro dos Tupinambás por quase um ano, sempre a ponto de ser devorado, que narrará sua terrível vivência num celebérrimo livro de memórias (*História verdadeira e descrição de um país de selvagens, nus, ferozes, canibais...*) publicado pela primeira vez em 1557, acompanhado por uma série de hediondas representações, várias vezes republicado na Alemanha, finalmente traduzido e publicado em muitos países europeus até os primórdios do século XX.[8]

O Brasil torna-se assim, no imaginário europeu, uma espécie de enorme "boca infernal" (usando a incisiva expressão do jesuíta Manuel da Nóbrega, aportado na Bahia em 1549 e primeiro Padre Provincial da

---

[6] *Gran Cane*, na ortografia italiana, valendo também por "Grande Cão" (Nota da Tradutora).
[7] Para um tratamento mais amplo deste imaginário e destas fobias européias, vejam-se, entre outros, os meus ensaios "O duplo e a falta. Construção do Outro e identidade nacional na literatura brasileira" e "Il mondo a dismisura. Il senso dello spazio nei primi documenti sul Brasile".
[8] Vejam-se as várias edições dessa obra na introdução de sua edição brasileira: Staden 5-24.

Companhia de Jesus na América portuguesa[9]): algo como um abismo de entranhas que devoraria a civilização européia e seus representantes no Novo Mundo. Equação esta que pode revirar-se no seu contrário, conforme o variar da perspectiva a respeito do chamado "estado de natureza", que de fato configura-se — inicialmente com Montaigne — na imagem do *bom selvagem*, mas que permanece como marca indelével no avesso de cada boa intenção, como se fosse um contraponto demoníaco (*contraltare demoniaco*) oposto àquela conceituação edênica do Brasil. Com estas premissas, é quase óbvio que, no momento em que a cultura brasileira começa a pensar-se e projetar-se em sua identidade e especificidade, ela recorre primeiramente à figura benévola e heróica do bom índio (como acontece, na primeira metade do século XIX, no âmbito do Indianismo romântico, com obras que exaltam o caráter autóctone da raça brasileira ou, pelo menos, sua origem mestiça, fruto da afortunada mistura entre portugueses e índios), para mais tarde resgatar aquela imagem ancestral do selvagem feroz e "voraz" que o Romantismo havia tentado destituir ou, no mínimo, esconder debaixo do tapete da história.

O "Manifesto antropófago" surge justamente daqui: deste anseio de readquirir e impor a qualquer custo uma identidade antagônica à européia; deste desejo de livrar-se para sempre do peso de séculos de sujeição cultural. E surge, veja-se, num âmbito intelectual — e primeiramente da caneta de um escritor — profundamente imbuído da cultura do Velho Continente, atento às manifestações mais radicais das vanguardas européias, mas, ao mesmo tempo, tomando parte de um movimento histórico de grande euforia, seja no nível socioeconômico, seja no artístico (principalmente, na efervescente São Paulo do começo do século). A primeira importante tentativa de refletir a inversão de perspectiva é, não casualmente, realizada por Oswald de Andrade com o manifesto e a poesia *Pau-brasil*: maneiras para dizer (ou para gritar) que o Brasil se tornava, finalmente, um país exportador de cultura. Isto, contudo, não seria suficiente, visto que permanecia problemática a questão da origem de tal cultura, de sua natureza mais profunda e dos

---

[9] A definição de Nóbrega (segundo o qual a colônia brasileira seria "uma boca infernal de comer a tantos cristãos, quantos se perdem em barcos e navios por toda a costa") encontra-se em Souza 65. É notório que, entre os náufragos no litoral brasileiro, consta o nome (ominoso!) de Pero Fernandes Sardinha — primeiro bispo do Brasil e, aliás, adverso a Nóbrega e à ação dos jesuítas —, preso e devorado pelos índios Caetés: data-se, com coerência, a partir deste evento histórico o "Manifesto antropófago" — "Ano 374 da Deglutição do Bispo Sardinha".

mecanismos que a haviam acionada, levando-a a ser uma cultura "à parte". A Antropofagia, exaltando os índios devoradores de europeus, é, portanto, a resposta, genial por si só, apesar da sua inicial formulação contraditória, que Oswald encontra para descrever a originalidade da cultura brasileira.

Evidentemente que a ambigüidade está contida no "Manifesto antropófago", bem como em muitas outras eufóricas expressões do modernismo brasileiro, na redescoberta de si por intermediação do olhar do outro, visível, por exemplo, na afirmação: "Já tínhamos o comunismo. Já tínhamos a língua surrealista. A idade de ouro. *Catiti Catiti/ Imara Notiá/ Notiá Imara/ Ipeju*"[10], segundo a qual a cultura indígena se colocaria, paradoxalmente, numa espécie de "futuro do passado" em relação à arte e à ideologia européias.[11] Mas em nada isto reduz a originalidade do "Manifesto" quanto à sua capacidade de espelhar e interpretar a dinâmica de forças entre cultura hegemônica e cultura periférica: uma inovação de perspectiva que não deixa de incomodar o nosso presente também, volto a dizer, tornando até inútil a indagação sobre as possíveis fontes da inspiração oswaldiana. De tal maneira que, se, por exemplo, os *cannibales* dadaístas também lançam, antes de Oswald, a provocação antropofágica, fazem isto de dentro de uma cultura que não está, como a brasileira, marcada pelo traço distintivo, histórico e étnico, do "infernal" costume de comer o próprio semelhante: por este viés, a prática secular de devorar o outro para "transformá-lo em totem" legitima a antropofagia brasileira além (ou melhor, aquém) de qualquer eventual modelo europeu. A práxis, por assim dizer, impõe-se à reproposição hipotética e provocadora do mito; sendo assim, o projeto antropofágico é mil vezes amplificado — tornando-se "gritante" — pelo fato de estar sendo proposto na própria Terra dos "camballi".

Na verdade, uma opção discriminante é logo assinalada por Oswald de Andrade; está aliás inscrita na abertura do "Manifesto antropófago" e que acabou virando a frase em que todo o texto se resume: "Tupy or not tupy". Opção radical, que expressa, finalmente, a impossibilidade de se pensar e de se dizer a relação entre cultura dominante e dominada, senão do interior da segunda, ainda que ela possa estar estigmatizada,

---

[10] Andrade 49.
[11] No que diz respeito às limitações da proposta antropofágica de Oswald de Andrade, vejam-se, ao menos, dois relevantes ensaios. De um lado, de Luiz Costa Lima: "Antropofagia e controle do imaginário"; de outro lado, Luís Carlos Lima, "Oswald de Andrade — a utopia antropofágica: uma utopia sem história".

maculada e adulterada pela contínua prevaricação e sobrepujança da primeira (contaminada ou bastarda é, de fato, a citação paródica do *To be or not to be*). Opção, entretanto, sem solução e aparentemente sem saída, que persiste em afirmar como qualquer identidade pode revelar-*se* e expressar-*se* de forma plena somente na interação contínua com o outro, só "habitando-o"; ou, melhor, somente se colocando naquele espaço mediano e não localizável, naquela "terra de ninguém" que divide e junta o idêntico ao diferente e que na corporeidade, enquanto dimensão linear e aberta, encontra sua mais expressiva metáfora. Donde não parece fortuito que Oswald opte por reapresentar, parafraseando-a — isto é, assumindo ironicamente a perspectiva do outro —, a Dúvida por excelência (a dúvida de Hamlet), uma das inquietações mais radicais e emblemáticas em que a cultura européia se espelha há séculos. Repito mais uma vez: é só habitando a diferença ou seu duvidoso limiar que a Identidade cultural (a brasileira também, evidentemente) pode entreabrir-se ao sentido, um sentido sempre "em relação".

A impossibilidade de definir-se em termos positivos, desde sempre percebida por uma cultura minoritária e dependente, encontra assim na proposta antropofágica, se não ainda uma efetiva superação, ao menos um contorno, uma estratégia simples, "primitiva", de inversão e reorientação da relação com a cultura dominante: se não for possível reintegrar a identidade primordial, definitivamente perdida, pode-se ainda, porém, tentar reafirmá-la na assimilação, na incorporação consciente daquilo que deriva de outro e já habita de forma estável em nosso horizonte identitário. Afinal, quem perdeu, quem foi derrotado diante do olhar impassível da história, pode e deve assumir sua condição de perdedor, desde já, como hipótese de desforra histórica: se não puder derrotar o outro instalado em você, então siga mastigando sua língua, destroçando seus discursos, abocanhando suas ideologias, filosofias, obras de arte e pensamento. Desta ingestão-digestão surgirá algo em parte novo, em parte velho, algo, contudo, diferente por seu caráter a um tempo residual e "desviado" (pois revela um desvio, uma distância do material ingerido e de seus valores); algo, enfim, que a passagem por este corpo fatalmente alterou, invertendo seu sinal originário. A dimensão visceral torna-se então a dimensão de um possível resgate diante de toda pureza conclamada e imposta: o que é atacado e decomposto pelos sucos gástricos retorna, impuro e triunfante, a despontar na superfície da história; e mais, dá lugar a uma nova história, propicia um deslocamento definitivo de sentido.

Contra a *mímesis* ou a macaquice do outro — da cultura e da língua do "civilizador" — a antropofagia pronuncia seu veredicto incontestável, tramitando a inevitável sujeição ou totemização pelo caminho estreito, mas viável, de uma prática marcada pelo tabu. O recalcado se reapresenta, sim, porém regenerado pelo trânsito na dimensão corporal; volta, portanto, diferente: de uma instância simbólica a ser decifrada, torna-se uma práxis material e artística, com seu específico alcance cultural e com uma evidência que não requer maiores explicações (é só pensar, afinal, as múltiplas formas em que a arte contemporânea tem repensado e reproposto o corpo como lugar não só de assimilação, mas também de elaboração do discurso poético e plástico, reafirmando, com força talvez definitiva, a equação entre ingestão/digestão e o processo criativo[12]). Não surpreende, portanto, que Oswald de Andrade finalize seu manifesto atacando a "realidade social, vestida e opressora, cadastrada por Freud", e opondo-lhe uma "realidade sem complexos, sem loucura, sem prostituições e sem penitenciárias"[13]; não por acaso, pois, na iminência da devoração, o tabu posto em prática extirpou todos os vínculos e as articulações de alcance cultural, apagou toda mediação social.

Este espaço de liberdade que o escritor brasileiro reivindica tem seu preço, por fora ou aquém da ostentada euforia do "Manifesto antropófago". Em primeiro lugar, a condenação à ironia, já que a reciclagem do que é imposto e assimilado não pode efetuar-se, como já disse, senão num perpétuo estado de desvio, de sobra, quanto ao sentido literal: é preciso insinuar-se no discurso alheio com obrigação de deslocá-lo. Projeto que Oswald de Andrade havia genialmente levado a efeito nos poemas que compõem "História do Brasil", em *Poesia Pau-Brasil* (1925): citações ao pé da letra de antigos textos de cronistas e viajantes europeus a respeito do Brasil, porém arbitrariamente recortados, reorganizados em versos e apresentados com títulos incongruentes, entreabrindo, de fato, a possibilidade de um tempo outro e de um espaço diferente, já que se modifica a disposição gráfica do discurso na página e a pas-

---

[12] Exemplo extremo, e ao mesmo tempo "exemplar", desta sublimação da produção corporal, ou melhor, de uma arte percebida como "resíduo intestinal" e produto da atividade metabólica, talvez ainda pode ser apontada a célebre *Merda d'artista* (1961), de Piero Manzoni. Fica todavia evidente que, neste caso, o "produto" visa a pôr em ridículo o "mercado", enquanto, ao meu ver, a intenção da Antropofagia (pelo menos, legível no "Manifesto antropófago") ainda permanece encerrada no seio da lógica da "mercadoria", da arte como produto de exportação, que já havia moldado o "Manifesto da poesia pau-brasil".

[13] Andrade 52.

sagem da prosa para o verso impõe à leitura um ritmo e um "tempo" diversos. O risco, com efeito, é que a técnica do *pastiche* e do *collage*, o recurso do *ready-made*, a permanente postura de *bricoleur* que desestrutura e reestrutura incessantemente os discursos alheios, sendo frutos de opção ideológica cultural sem retorno, se transformem num limite estético, em mais uma "penitenciária" ou um "complexo" ou uma "prostituição", sem fim.

Outro perigo, obviamente, é a negação de qualquer tradição: "Contra a Memória fonte do costume. A experiência pessoal renovada".[14] Esta também uma escolha quase que obrigatória, uma vez que se toma o caminho da incorporação do outro com seus vetos e suas normas, uma escolha, porém, arriscada e difícil de se sustentar, seja no nível prático, seja no ideal, pois transforma qualquer discurso num percurso sem começo nem fim, mudando a história num mero processamento de eventos singulares, sem encadeamento. O risco consiste na perda de qualquer plausível horizonte de sentido, numa espécie de nova "loucura". O próprio Oswald de Andrade, de resto, deve posteriormente ter se dado conta do *impasse*, uma vez que, por um lado, salienta, em seu manifesto, o efeito sacralizador que a devoração provoca sobre a cultura devorada, assim preservando sua memória histórica, ainda que de fato inutilizável: uma mera "relíquia"; e, por outro lado, indica a valência utópica implicada em suas declarações de 1928. Uma proposta ainda para ser realizada, uma "marcha" em direção a uma história futura ou já inteiramente esgotada (veja-se o seu texto publicado póstumo em 1966, com o título *A marcha das utopias*: uma espécie de glosa tardia do "Manifesto antropófago").

O que perde a validade, neste caso, é aquele valor de "prática", cultural também e artística, inicialmente assumido pela antropofagia quando pretendia alcançar uma "peristalse" infinita: ou seja, representar uma pausa perpétua no dinamismo metabólico de digestão do passado, permanecer definitivamente na perda e na incessante reinvenção memorial. Este "ficar no paradoxo" deve ter parecido a Oswald oco de qualquer estabilidade e positividade, a ponto de instigá-lo, em idade mais avançada, a preservar do "Manifesto antropófago" essencialmente a proposta ilusória, anti-histórica e anacrônica (e não produtivamente a aistórica e acrônica) de volta ao matriarcado, como antídoto ao paternalismo colonial e como alternativa sociocultural à norma euro-

---

[14] Idem 51.

péia. Teria sido suficiente, para salvaguardar o papel essencial da Memória, que o canibal brasileiro, ao invés de negá-la, refletisse sobre as implicações da dúvida ou da pergunta colocada por outro *cannibale*, Georges Ribemont-Dessaignes: "posséder par le coeur ou posséder par le stomac?".[15] Questão que não se pode resolver, já que a resposta vem implícita na pergunta, já que a alternativa não se dá, se é verdade que a apropriação, também memorial, vem sendo metaforizada desde sempre (ao menos, desde a Idade Média européia) em formas corporais e alimentares, de "ruminação" intestinal; se é verdade também que, desde sempre (desde a Idade Média, o que já é suficiente), a distinção entre "coração" e "corpo" é bem tênue, e o coração, junto com as entranhas, é eleito sede do *re-cordo*, isto é, do ato de relembrar *par coeur*.[16]

Não é difícil perceber que o antropófago Oswald de Andrade tem, com o tempo, perdido os dentes, obstinando-se em remoer noções óbvias, em redesenhar indefinidamente o alcance e o sentido de suas propostas. Talvez não estivesse plenamente consciente de ter dado lugar (e tempo) à arrebatadora hipótese de uma outra história, que funcionaria conforme ritmos e regras novas: os ritmos de ingestão-digestão, as remotíssimas regras do corpo (do coração). Sua proposta ainda pode ensinar-nos — aqui e agora, nesta Europa marcada pelo multiculturalismo e cada vez mais estigmatizada pelo feroz contato/conflito destruidor entre culturas — que a relação entre grupos étnicos, sociais e religiosos diferentes pode chegar à harmonia somente mediante uma plena assunção da Diferença, uma assimilação sem hegemonia, uma incorporação que dá corpo ao Outro. Só a partir deste processo de apropriação "intestinal" (que é também cardíaca, ou seja, sempre um ato de amor) a Diversidade pode ser metabolizada sem ser negada, tornando-se alimento e devolvendo vigor e valor à Identidade debilitada.

Tradução de Alessandra Vannucci

---

[15] Georges Ribemont-Dessaignes, "Civilisations", *in 391*, n.3 (março 1917), p. 2 (agora *in* G. R-D, *Dada: manifestes, poèmes, articles, projets* (1915-1930), organizado por Jean-Pierre Begot, Paris: Éd. Champ Libre, 1974, 105-6).

[16] Quanto ao imaginário e aos "lugares" da memória na cultura medieval, com base numa indistinção entre "coração" e "corpo" que se aproveita também da homofonia — como, por exemplo, na lírica provençal onde o termo *cors* pode vir a significar as duas coisas, remeto, por brevidade (a bibliografia é, na verdade, desmedida), somente ao meu ensaio *Sylvae*. Os (des)caminhos da memória e os lugares da invenção na Idade Média.

Bibliografia

Andrade, Oswald de. "Manifesto antropófago". *A utopia antropofágica*. São Paulo: Globo, 1995. 47-52.
Antelo, Raul. "Políticas canibais: do antropofágico ao antropoemético". *Letterature d'America*, XVI, 67-8 (1996): 5-27.
Arens, William E. *Il mito del cannibale*. Torino: Boringhieri, 1980.
Lima, Luis Carlos. "Oswald de Andrade — a utopia antropofágica: uma utopia sem história". *Oswald plural*. Gilberto Mendonça Telles (org.). Rio de Janeiro: EdUERJ, 1995. 93-8.
Lima, Luiz Costa. "Antropofagia e controle do imaginário". *Revista Brasileira de Literatura Comparada*, n°1 (março 1991): 62-75.
Finazzi-Agrò, Ettore. "O duplo e a falta. Construção do Outro e identidade nacional na literatura brasileira". *Revista Brasileira de Literatura Comparada*, n°1 (março 1991): 52-61.
_____. "Il mondo a dismisura. Il senso dello spazio nei primi documenti sul Brasile". *Il Portogallo e i mari: un incontro tra culture*. L.U.O. Liguori, 1996. 311-9
_____. "*Sylvae*. Os (des)caminhos da memória e os lugares da invenção na Idade Média". *Critica del testo* (I/1, 1998): 253-89.
Souza, Laura de Mello e. *O diabo e a terra de Santa Cruz*. São Paulo: Companhia das Letras, 1989.
Staden, Hans. *Suas viagens ao Brasil*. Belo Horizonte: Itatiaia, 1974.

MÁRIO DE ANDRADE ENTRE A ERUDIÇÃO E O CONHECIMENTO

Marcos Antonio de Moraes[1]

O verbete "Erudição" do *Fichário analítico*, manuscrito no Arquivo Mário de Andrade, traz uma definição do próprio idealizador dessa espécie de enciclopédia, a princípio destinada a seu uso pessoal. O enunciado do verbete espelha com nitidez um projeto de saber, definindo certa atitude intelectual: "Uma pessoa pode ter erudição duma coisa (...) sem que essa coisa seja pra ela objeto de conhecimento/ (M. A.)". Entre "erudição" e "conhecimento", Mário interpõe um fosso intransponível, pois esses conceitos adquirem valores antagônicos quando situados no plano da finalidade do saber. No primeiro termo podem caber o brilhantismo do medalhão com o vezo colecionista de citações, os dados bastantes a si mesmos e uma ação estéril. Uma alegoria criada pelo próprio Mário traduz esse conceito de erudição por meio do estudioso satirizado em crônica do *Turista aprendiz*, de 1928 — aquele que passa "vinte anos escrevendo três volumes sobre a expressão fisionômica do lagarto".[2] Já para o "conhecimento" convergem o caráter organizado e integrador do saber, determinando um objetivo para o processo de busca.

Ao distinguir o aprendizado de acumulação — sem propósito — do conhecimento que humaniza porque proporciona o retorno da

---
[1] Doutor em Literatura Brasileira pela Universidade de São Paulo. Pesquisador-estagiário do Instituto de Estudos Brasileiros (USP). Professor de Literatura Brasileira na Universidade de São Paulo. Entre outros, organizador de *Mário e o pirotécnico aprendiz: Cartas de Mário de Andrade e Murilo Rubião* (São Paulo: Instituto de Estudos Brasileiros & Editora Giordano; Belo Horizonte: Editora UFMG, 1995); *Correspondência Mário de Andrade & Manuel Bandeira* (São Paulo: EdUSP, 2000); *Correspondência Mário de Andrade e Zé Bento* (São Paulo: EdUSP, no prelo).
[2] Andrade, "Natal, 15 de dezembro, 22 horas". *O Turista aprendiz* 232.

matéria conquistada pelo intelecto como instrumento para se avaliar o universo das relações culturais, Mário parece reafirmar a função do saber para o homem de letras: "servir". Esse valor pragmático e "interessado", expresso no verbete "erudição", apenas reafirma em escala menor aquilo que Antonio Candido observou em 1946, no ensaio "Mário de Andrade", antevendo a intrigante coerência dessa psicologia: "[Mário] possuía da inteligência uma concepção ao mesmo tempo muito alta e muito simples. Concebia-a como um nobre instrumento de revelar a beleza e servir o próximo (...)".[3]

Nesse breve estudo — até hoje visto como um bem-sucedido esforço de caracterização biográfica e como válido diapasão crítico para se interpretar a obra de Mário de Andrade — Antonio Candido logra delinear o escopo do projeto mariodeandradiano, amarrando as estratégias do intelectual às idiossincrasias do homem. No retrato verossímil do ensaio, confirmado pelas pesquisas posteriores, sobretudo em seu arquivo, conjugam-se o "homem de estudo" e um certo "complexo de inferioridade" de quem cultivava o desejo de conhecer sempre mais e que o tornaria músico de muitos instrumentos do saber. "O culto da solidariedade humana" — predicado *sine qua non*, segundo Candido, para a compreensão da obra de Mário — redefine o enciclopedismo dessa personalidade inquieta. Entende-se que o compartilhar da sua inteligência permeia os procedimentos intelectuais do escritor. Um olhar mais detido sobre a sua produção jornalística e sobre a sua prodigiosa atividade epistolar — intuída pelo crítico como "porventura o maior monumento do gênero, em língua portuguesa" — apontam para uma vigorosa pedagogia imbuída de interesses que, durante a vida do escritor, não se estagnariam.

Se o ensaio de Antonio Candido explicita o caráter eminentemente participativo da obra de Mário de Andrade, sublinha também a "probidade intelectual" do escritor, baseando-se na observação do seu processo de trabalho — um "vagaroso ruminar" —, por meio dos projetos que deixou inacabados. Mário, dotado de imaginação criadora notável, não prescindiu do miúdo trabalho de leituras e pesquisas que resultou em vasto material compósito, conservado em seu arquivo. Um manuscrito dele, em processo de sedimentação, congrega sempre documentação heterogênea, que vai de pequenas referências em bloco de bolso a

---

[3] Candido, "Mário de Andrade".

indicações remetendo a obras e revistas em uma biblioteca de aproximadamente 17.000 volumes; que salva redações de idéias mais ou menos elaboradas, *insights* ou apenas pistas de pesquisa, quando não registra a dúvida. Contribuições de amigos, matérias recortadas de periódicos, cartas etc., ajudam também a suprir o "dossiê preparatório" de um estudo. As várias pesquisas paralelas — em que se contam de textos literários a projetos específicos como, por exemplo, o estudo de manifestações lingüísticas na *Gramatiquinha da fala brasileira* — vão tomando corpo ao longo do tempo, das leituras e das possibilidades. O que hoje se reconhece como a "Série Manuscritos Mário de Andrade", com seu conjunto de projetos, entre publicados, sujeitos a retomada, e inéditos, referenda ainda uma vez a opinião de Antonio Candido: "A vida e a obra — construídas ambas como um repto do espírito ordenador à indisciplina das tendências".[4]

Esse "espírito ordenador" que desafia o caos e a dispersão encontra reflexo na própria organicidade do "Arquivo Mário de Andrade". No conceito moderno de arquivística, a segmentação em séries e subséries na organização de arquivos pessoais de escritores, serve apenas para traçar linhas estratégicas em um organismo extremamente coeso em suas relações internas. Documentação pessoal, manuscritos, matéria extraída de periódicos, correspondência, fotos, discos, objetos de arte e até papéis aparentemente fortuitos como bilhetes aéreos ou recibos de compra de livros são traços dispersos da trajetória de uma personalidade a caminho de um saber constituído. Ao relacionar documentos desse universo em migalhas, o pesquisador refaz o complexo itinerário de uma vida, recuperando marcas da biografia e perfazendo um ideário artístico-intelectual. Mário de Andrade, disciplinado, também criou mecanismos integradores para os papéis com que lidava em seus projetos. Com isso, deu um primeiro passo para otimizar o saber, evitando os desassossegos da procura atabalhoada e o cabotinismo intelectual que se alimenta apenas de intuições.

Sob essa perspectiva, a ordenação do material de estudo adquire importância decisiva. Mário de Andrade organizou funcionalmente sua biblioteca, que tomava boa parte dos cômodos e o porão do sobrado da rua Lopes Chaves. Hoje, ao consultar qualquer dos volumes que pertenceram ao seu acervo de livros, o consulente se defronta, na página

---

[4] Idem 72.

de rosto do exemplar, com uma etiqueta branca colada, retângulo de pequenas dimensões, onde estão, impressos, no alto, o nome do proprietário e, logo abaixo, uma cruzeta. Nos quatro vãos da cruzeta, inserem-se números e letras, indecifráveis ou inexpressivos para o leitor desavisado. Um pequeno bilhete, na série "Documentação Pessoal", explica esta etiqueta, cujos dados devem ser lidos horizontalmente: "Letras pras salas/ Números da esquerda pra direita entrando nas estantes, prateleiras e livros/ Prateleiras de cima pra baixo/ Começar numeração de livros em cada prateleira". Espraiando-se a biblioteca pela casa, a indicação das salas vinha em letras maiúsculas; ao lado dela, a da estante, em algarismos romanos para, logo abaixo aparecer a designação das estantes, em letra minúscula, seguida do número dos livros em algarismos arábicos. A obra *A tristeza contemporânea*, do belga Fierens-Geavaert[5], por exemplo, tem em sua etiqueta E/II/f/3 que restitui seu lugar original: sala E/ estante II/ prateira F / volume3.[6] Percebe-se, portanto, que a ordem e a técnica eram primordiais para Mário de Andrade, tanto que, José Bento Faria Ferraz, quando iniciou, em 1934, seu trabalho de secretário daquele que tinha sido seu professor no Conservatório, recebeu de presente, para estudar, as *Instructions élementaires et techiniques pour le mantient en ordre des livres d'une bibliothèque* de Léopold Delisle, em edição parisiense, sem data.

Essa ordenação biblioteconômica de caráter geral do acervo emparelhava-se com as disposições internas a cada pesquisa em curso. Assim, o manuscrito do *Dicionário musical brasileiro*, iniciado em 1929, completa-se com uma bibliografia seqüenciada, em ordem numérica arábica, definindo a sucessão do fichamentos de livros. Cada livro consultado que continha dados para o dicionário recebia um número. Na página do volume, o termo era sublinhado a lápis, com a remissiva à margem "Dic". Em uma folha de bloco de bolso, Mário dava ao livro um número, acusava a página e guardava a informação no envelope

---

[5] Ver Fierens-Gevaert.
[6] O sobrado da Rua Lopes Chaves, 108 (546, após a reestruturação urbana) ainda existe, mas, vendido ao Governo do Estado, uma reforma desfigurou em 1988 a divisão dos cômodos para abrigar um órgão da Secretaria de Cultura. Vale a pena lembrar a disposição das salas na casa. No andar térreo ficavam a sala A ou o *hall* de entrada, a B ou a sala de música, onde Mário dava aulas de piano, e a C, no escritório ao lado; no pavimento superior estavam a sala D, ou o dormitório, a E ou o *hall* de distribuição, a F que era o estúdio; no porão, instalara-se a sala G. Após a morte do escritor, um inventário prévio realizado pela família acusou a presença de 17.684 livros, 8.063 dos quais guardados na sala B.

que colecionava outros dados sobre o verbete em questão. Como os projetos eram muitos, divisamos também outras abreviações como, por exemplo, "Zoof", que significava Zoofonia", outro estudo de caráter musical, extenso e intricado, que Mário deixou interrompido e que desaguaria em um capítulo do *O banquete*.[7] O trabalho de reunião das informações pertinentes amparava-se, assim, em uma ordem preestabelecida. Nota-se que as leituras de Mário eram sempre uma destinação, pois o prazer da leitura e a descoberta de dados para seus diversos trabalhos pareciam não se dissociar. Em 1935, quando Manuel Bandeira foi incumbido de compor verbetes de música para um dicionário, recorreu ao amigo "musicógrafo". Este elaborou então, em carta, súmulas flexíveis sobre "embolada", "martelo", "jongo", "modinha" etc., mas adverte: "E em geral, tenho colhido documentos e definições em fichas, sem me dar ao trabalho de chegar a uma noção perfeita de certas coisas muito fugidias".[8]

Em face dessa organização em perspectiva espacial integradora que sugere a amplitude e os meandros de uma ordenação mental, valeria a pena indagar qual a natureza desse saber, de quê forma esse conhecimento se constituía, e, por fim, perscrutar como a erudição se transformava em conhecimento moldado pelo dever de partilhar. Três projetos de Mário de Andrade dão substância para essa discussão, por materializarem o anseio de ordenar o conhecimento: O *Fichário analítico*, o *Dicionário musical brasileiro* e o *Anteprojeto da Enciclopédia brasileira*. Ao que se pode concluir, visavam a ações diferenciadas e neles, o ideário mariodeandradiano subjaz de forma inconsútil.

Enciclopédia e dicionário: *Mode d'emploi*

O *Fichário analítico* tem cunho endógeno no arquivo de Mário de Andrade, apresentando principalmente feição remissiva e globalizante das informações presentes nos conjuntos documentais e bibliográficos coligidos pelo escritor[9], procedimento a que o arquivista chamaria de

---

[7] No plano, no manuscrito de *O banquete*, está previsto o capítulo "Zoofonia" que certamente ordenaria a profusão de notas prévias recolhendo material sobre o assunto.
[8] Carta de Mário de Andrade a Manuel Bandeira, de 9 jan. 1935. *Correspondência Mário de Andrade & Manuel Bandeira* 607.
[9] O *Fichário analítico* foi indexado através do projeto "Mário de Andrade na pesquisa e na crítica de Artes plásticas e Música, através do seu arquivo", por Vera L. Natale, sob a coordenação das Prof.as Telê Ancona Lopez e Flávia Toni, entre março de 1991 e outubro de 1992, com subvenção do CNPq.

"Referência cruzada". O manuscrito, todavia, não exclui a presença de textos autorais em primeiro esboço, como aquele em que o crítico discute aspectos do nacionalismo na pintura de Tarsila do Amaral. O feitio árido do *Fichário analítico*, indicativo na maior parte das vezes, não declarava um objetivo de publicação. Composto de 9634 documentos, entre fichas de cartolinas, envelopes e anexos, o fichário possui 10 divisões: Obras Gerais, Música, Literatura, Artes Plásticas, Estética (Crítica Geral), Filosofia e religiões, Ciências, Psicologia e Etnografia, Sociologia e História Universal e Brasil. No interior dessas divisões, novos segmentos, em complexa ramificação. Literatura, por exemplo, desdobra-se em Generalidades, Prosa, Poesia, Literatura Brasileira. Esta última abriga outras seis subclasses: Generalidades, Literatura Popular, História Geral, Crítica Geral, Prosa e Poesia. E, não pára aí o alcance dessa especialização cultural enciclopédica: "Prosa", por exemplo, desdobra-se em Crítica Geral e Crítica Individual. E, visando abranger ao máximo, essa descrição um tanto esquemática oferece, em todos os tópicos, relação de assuntos e de nomes. Na "Crítica Individual", no segmento "Prosa", nada menos que 112 verbetes, arrolam artigos e ensaios, convalidando tanto a presença de nomes fundadores da ficção nacional, como a de escritores obscuros.

Observando as fichas, chega-se à conclusão de que, para Mário de Andrade, o saber devia se escorar na dialética estabelecida entre a opinião pessoal (onde o gênio da criação impera) e a fortuna crítica constituída. O que parece um procedimento talvez banal em tempos de agilidade midiática, e o único intelectualmente satisfatório para um pesquisador em nossos dias, significava para Mário um esforço de disciplina capaz de consolidar o terreno para a meditação crítico-historiográfica. Assim, as fichas sobre Manuel Antônio de Almeida e os estudos a elas ligados — transcritos de livros — alimentaram o ensaio introdutório feito para a edição de *Memórias de um sargento de milícias*, em 1940. E do Rio de Janeiro, em 1938, para onde se transferira, após a frustração com a derrocada do Departamento de Cultura, causada pela mudança política na da Prefeitura de São Paulo: Mário, afastado de seu acervo, transmitia instruções ao seu secretário, norteando-lhe em São Paulo: a busca a ser empreendida e já prevendo alguns resultados. Escrevia-lhe cartas. Apesar de longo, interessa citar o trecho de uma delas que fornece os parâmetros de um método de trabalho:

> Você veja aí nos meus fichários o que tenho sobre o livro e sobre o homem. O que for recorte, artigo, revista pequena mande. O que for

volumoso o melhor é não mandar, mas copiar e mandar cópia. Mande também cópia do que falam sobre ele e a obra nossas histórias da literatura brasileira (menos a do Manuel que tenho aqui), especialmente Sílvio Romero, José Veríssimo e Ronald de Carvalho, e Arthur Mota. O homem, não se esqueça, viveu de 1830 a 1861, e publicou em livro as *Memórias* em 1854. Veja também se o Alfredo Pujol, no capítulo ou capítulos do seu Machado de Assis em que trata do tempo deste, não se refere ao livro ou ao homem. Pretendo fazer um prefácio não erudito, nem insistentemente científico com bibliografia e bobagens. Será antes uma evocação do tempo, mais ou menos crítica da obra e com muito de literatura. Se se lembrar aí de mais alguma coisa que possa me interessar, me mande. Seria talvez bom você ler o livro e ver se não tenho alguma coisa sobre os costumes folclóricos que ele descreve. Pelo menos me proponha o que achar digno de proposta pra que eu resolva antes de você ter o cuidado de copiar.[10]

A metodologia, aliás, não excluía, como se vê, o alcance pedagógico — a formação do jovem secretário.

Supondo-se que Mário de Andrade quisesse escrever sobre Graça Aranha, contemporâneo seu e incômodo (mas necessário) personagem das hostes vanguardistas, o percurso deveria, certamente, se iniciar pela busca de fontes críticas, além de incluir a leitura, em sua biblioteca, dos títulos do autor de *Canaã*. Quatro fichas formam o verbete "Graça Aranha" no *Fichário analítico*. Recuperam referências de textos sobre Graça nos periódicos modernistas *Klaxon*, *Estética*, *Revista do Brasil*, *Revista*, com indicações simples como: "Um homem essencial, S. B. Holanda Estética 1". A informação se esconde nas malhas do arquivo e o método criado pelo crítico proporciona a localização. Uma das indicações encaminha o consulente para o grupo de pastas de recortes jornalísticos que foi por Mário denominada "Brasília", obviamente restringindo-se ao assunto ali presente: "Crítica de M. de Alencar ao Projecto G. A. na Academia veja Brasilia IV em *Alencar*". Outra direciona a pesquisa para o livro, fornecendo inclusive os dados do tombamento: "1- Integralismo cósmico de Graça Aranha, in Espelho de Ariel, o.p. 195./ Carvalho (Ronald de) C-II-d-66".

Mais informações se juntam às 21 entradas de busca bibliográfica: a letra da irmã, Maria de Lourdes, primeira secretária, apõe em uma das

---

[10] Carta de Mário de Andrade a José Bento Faria Ferraz, de 28 out. 1940. *Correspondência Mário de Andrade & Zé Bento*. Org. Marcos Antonio de Moraes (no prelo).

fichas "Morte: 26 de janeiro 1931". E o dossiê cresce com a transcrição de um longo trecho de carta de Mário ao musicólogo Renato Almeida: "*Graça Aranha*/ O Graça não soube ter a discrição da própria sabedoria. (É mais ou menos isto: Tudo o que ele fala e todos os gestos dele são um alarde de si mesmo e de suas teorias). Em carta pro Renato Almeida"/ 'O que caracteriza a psicologia do Graça é a vaidade monstruosa do seu semi-saber. (...) Graça foi por demais vaidoso pra ser justo e permitir a independência alheia. A mocidade se afastou. E o benefício que podia ter feito foi cortado talvez mais que de metade". É preciso, entretanto, não esquecer que essas declarações nunca se fecharam em um antagonismo que perdurasse ao longo dos anos, pois o inquieto pensar irmanava-se à dúvida. Em 1944, Mário, ao sugerir em carta a Antonio Candido o estudo de Graça Aranha como tese a ser apresentada em concurso a cadeira de Literatura Brasileira na Universidade de São Paulo retoma suas considerações: "imagino sempre que a filosofice dele é mais respeitável do que nós a pensamos".[11]

Pouco se sabe sobre essa documentação de fôlego, como ela se formou a partir do marco zero, possivelmente espelhada na ordenação decimal bibliográfica do norte americano Melvin Dewey. Todavia, não é difícil situar o momento de maior atividade no *Fichário analítico*: os anos 30, conforme atesta o grande número de recortes de matéria jornalística a ele pertencente, ainda que alguns desses recortes coligidos recuem a 1921. Talvez o único testemunho das relações do escritor com seu o *Fichário analítico* seja o de Mário da Silva Brito quando o entrevista para o jornal *Diário de S. Paulo*: "Havia muitas coisas para ver e aprender. Por exemplo: um fichário em que se trancam tantas horas de estudo e de paciência. — Se há homem organizado entre nós, intelectual que trabalha com método e leva uma vida inteiramente dedicada ao seu mister, esse é Mário de Andrade".[12] O jornalista ainda incluiria reminiscências desse encontro em *Diário intemporal*:

> Metódico, extremamente organizado e trabalhador, — trabalhador que chegava até a exaustão, — Mário de Andrade mantinha um fichário — fichário de que muito se falava — sobre os inúmeros assuntos de sua especialidade, ou sobre outros que, eventualmente, lhe cha-

---
[11] Candido, "Mário e o concurso" 242.
[12] "Uma excursão pelo fichário de Macunaíma — Reedições, novas obras e planos de futuros trabalhos de Mário de Andrade — O mais organizado intelectual do Brasil" (2 dez. 1943). Andrade, *Entrevistas e depoimentos* 93.

massem a atenção, e que, um dia, pudessem ser objeto de estudo mais acurado ou de mera citação. Nas fichas e nos envelopes cheios de papeizinhos com anotações suas, relativas a obras que havia lido ou idéias que lhe ocorriam quando andava pelas ruas pensamenteando, guardava-as um mundo de conhecimentos, de saber rigoroso, de horas e horas diárias de labor, estudo e paciência. Exibindo-me o famoso fichário, foi dando-me explicações de como procedia e do material que ali reunira:
— Aqui estão as fichas sobre *catimbó*, por exemplo, Estas são as de pintura. Agora as de crítica. E as de música, e de pintura, e assim por diante.[13]

O pesquisador certamente mostrara ao jornalista seu *Fichário analítico*, bem como a miríade de envelopes verdes que compõe o manuscrito do *Dicionário musical brasileiro* e a documentação de *Na pancada do Ganzá*[14], já que menciona as fichas sobre o "Catimbó". Os que se debruçam sobre o arquivo de Mário, no IEB-USP, bem sabem que o *Dicionário* e *Na pancada do Ganzá* têm uma existência comum, que compartilham a mesma bibliografia fichada e que ambos se destinavam a uma publicação, uma vez que Mário alimentou esses dossiês até o final de sua vida, em fevereiro de 1945. Flávia Toni, a pesquisadora que levou a termo a edição do *Dicionário musical brasileiro*, trabalhando ao lado da discípula de Mário, Oneida Alvarenga, pôde constatar a origem do *Dicionário* em um "glossário", proposto para complementar elementos focalizados em *Na pancada do Ganzá*, projeto que se consolidou após a permanência de Mário de Andrade no nordeste, entre o final de 1928 e o início de 1929. Nesses três meses de intensa pesquisa, contando apenas com papel, caneta e a memória, ele recolheu *in loco* documentos da música e do folclore: composições de cantadores, danças dramáticas, vivendo intensamente as festas do sincretismo religioso popular do fim de ano e o carnaval de Recife. O material colhido alicerçava um *corpus* original que exigia a "tradução" dos termos empregados pelos cantadores para designar instrumentos, danças e formas musicais, e demandava esclarecimentos a respeito da terminologia adotada, no desejo de facilitar o próprio tratamento científico. *Na pancada do Ganzá*, segundo a indicação de Mário de Andrade no manuscrito, inicia-se em 23 de

---

[13] Brito 165.
[14] *Na pancada do ganzá* rendeu a publicação póstuma de *Danças dramáticas do Brasil* (3 volumes), *Música de feitiçaria do Brasil, Os cocos, As melodias do boi e outras peças*, obras organizadas por Oneyda Alvarenga, a quem Mário, em carta com valor de testamento, ofereceu o material. Os manuscritos desses trabalhos fazem parte do "Arquivo Mário de Andrade" (IEB-USP).

agosto de 1929; em 2 de outubro do mesmo ano já se pode também constatar a existência de um "Dicionário".[15]

O sistema cumulativo do saber para esses e outros projetos do mesmo período desenvolveu-se sempre de modo acelerado e apaixonadamente. Em 1930, Mário de Andrade enviou a muitos amigos "uma espécie de inquérito sobre coisas folclóricas". Pedia ao gaúcho Augusto Meyer, em 22 de janeiro: "Cavuque a memória pra ver se se lembra de alguma coisa e quando puder pergunte pros conhecidos". E se desculpava pela "amolação", justificando-se no "desejo muito sincero mesmo de valorizar o Brasil".[16] Algumas dessas cartas, contendo contribuições ao estudo do folclore, foram por ele integradas ao *Dicionário musical brasileiro*. Ainda em 1930, Mário, ao retornar das férias na chácara de Pio Lourenço Correia, parente seu de Araraquara, escreveu a Manuel Bandeira: "Topei com 18 volumes da *Revista Lusitana* e percorri todos. Trouxe comigo 300 *notas*!!! já é trabalho heim! Ando satisfeito de mim que você não imagina".[17] Em 1933, ao constante amigo (e *alter ego* intelectual) Bandeira, menciona especificamente a situação do *Dicionário*: "Ainda não trabalhei diretamente pra esse opúsculo [*O seqüestro da Dona Ausente*], da mesma forma como ainda não trabalhei nem uma hora diretamente por *Dicionário*. No entanto já tenho pra mais de mil palavras arroladas!... Na verdade não estou atualmente trabalhando senão em dois livros, a *Pancada do ganzá* que é técnico, e o *Café*, que é lirismo". Uma soma de 3754 envelopes, cada qual dizendo respeito a um verbete, definiu o espectro contundente desse *Dicionário* que privilegia formas musicais, gêneros folclóricos, danças e instrumentos brasileiros em detrimento de conceitos consagradas como "Filarmônica" ou "escala", já constituídos à exaustão pelo o saber enciclopédico universal.

Ainda que Mário de Andrade não tenha redigido em definitivo nenhum dos verbetes do *Dicionário musical brasileiro*, deixando, em muitos casos, apenas esboços de redação, é possível aquilatar o procedi-

---

[15] Existe sempre a hipótese do *Dicionário musical brasileiro* ter sido idealizado alguns anos antes, a se tomar como exata a menção de Manuel Bandeira em carta de 8 de abril de 1933 a Mário: "Já em 27 você falava no *Dicionário musical* e dizia: 'é obra para dez anos'". Manuel Bandeira, como se sabe, muitas vezes deixava-se trair pela memória em cartas a Mário. A expressão por ele citada, aludindo à carta de 1927, não aparece na correspondência atualmente conhecida entre os escritores. *Correspondência Mário de Andrade & Manuel Bandeira* 556.

[16] Andrade, 1968 79-80.

[17] Carta de Mário de Andrade a Manuel Bandeira, 15 jul. 1930. *Correspondência Mário de Andrade & Manuel Bandeira* 452.

mento de transposição das fichas para um estudo monográfico, quando se analisa o ensaio de apresentação das *Modinhas imperiais*, publicadas em 1930.[18] Muitas da peças do *puzzle* desmontado no verbete do *Dicionário* "Modinha" — um envelope estufado de apontamentos! — ganharam imagem nítida no ensaio, ao serem incorporadas a ele, estruturando-se pela coerência, invenção e... instabilidade. Mal saído do prelo o livro, Mário já havia constatado incorreções de juízo crítico no seu estudo e compartilha a angústia com Manuel Bandeira: "(...) toda esta parte sobre originalidade modulatória das modinhas está péssima. Não sei onde estava com a cabeça. Me lembro só que muito fatigado já e desejoso de acabar a escritura. O pior é que depois a gente lê, relê, corrige, mas como *sabe o que quer dizer*, não vê que não está dito. Depois vem o livro e daí tudo enxerga como leitor. (...)"[19]

Os envelopes protegem uma gama respeitável de informações assentada em suportes diversos, como folhas de caderneta de bolso, recortes de jornal, fotografias, cartas, etc. O mecanismo de busca dessas informações coincide com o método de trabalho, na rua Lopes Chaves, em outros projetos, recorrendo em geral a remissivas. Todavia, a natureza desse empreendimento, que intentava recensear e descrever com precisão a variadíssima expressão musical brasileira, ao justapor informações de caráter erudito e popular, tocaria inevitavelmente uma questão central no pensamento mariodeandradiano. A diversidade de fontes e a exigência de fidedignidade resultaria em um caldeamento absolutamente original se tivesse sido levado a cabo pelo escritor. Os testemunhos epistolares presentes no manuscrito — aspecto que pode ser exemplar da problemática que contrapõe "culto" e "inculto" —, mostram o respeito do escritor pela cultura em um amplo conceito de manifestações e a sua proposta de uma possível equivalência de fontes. O verbete "Rematar" traz uma carta mal alinhavada de um padeiro de Araraquara, José A. Menezes: "Senhor Mário/ Sei muitos outro mais/ So com nosa vista porque/ não adianta nada ir/ Escuto mais sem o senhor/ Saber como começu e/ como ramata porque cada/ um tem um sutaque para cantar" (...). No verso da carta, a tradução... comentada de Mário: "(...) não adianta nada ir. Escuto (quer dizer: ao escrever os ver-

---

[18] A musicóloga Flávia Toni desenvolve atualmente, entre outras perspectivas de seu projeto de estudo da parcela de manuscritos da área de música no "Arquivo Mário de Andrade", um estudo demonstrando o princípio genético do ensaio que introduz as *Modinhas imperiais*. Devo a ela as informações aqui relatadas.

[19] Bandeira 281-2.

sos estou sentindo internamente a melodia com que os canto) (...)". Em contrapartida, o verbete "Crioléu" é abonada pela carta do poeta Murilo Mendes como "baile de mulatinhas e crioulas no Rio". Toda a primeira página dessa missiva, escrita em Pitangui — Estrada de Ferro Oeste de Minas, em 28 de janeiro de 1931 —, descreve circunstanciadamente a dança, seus participantes, local de apresentação e dias da semana em que preferencialmente se realizava. O depoimento merece a confiança de quem já observara com volúpia um "Crioléu" carioca: "A dança mais fabulosa que eu já vi na minha vida foi o *blackbottom* executado por um casal de pretos no crioléu Lírio do Amor, em Botafogo".[20]

Ao lado da problemática popular *versus* erudito, que determina uma extensão de valores e interesses no procedimento de pesquisa de Mário, alinha-se a questão da diversidade informativa em busca do aprofundamento intelectual. Não é difícil perceber a heterogeneidade no material agregado aos verbetes. Tome-se, por exemplo, a entrada "Metáfora musical" para se dar conta da multiplicidade de pontos de vistas a serem modulados pelo lexicógrafo. A intenção de Mário vem expressa ao traçar o objetivo de reunir "as maneiras com que a música e sua terminologia penetram em nossa fala quotidiana, na linguagem e na expressão de literatos, homens públicos, etc." Fora a originalidade da proposta, matéria sem dúvida para uma alentada tese em áreas interdisciplinares, surpreendem a diversidade de documentos que a sugestão rendeu e a discussão que já prometia algumas das indicações de Mário ao comentar o excerto coligido. O material? Em enumeração caótica: chiste do próprio avô, Leite Moraes, professor da Faculdade de Direito de São Paulo ("Na *contradança* da justiça, o crime dança de *vis-a-vis* com o crime".), discurso da plataforma de Getúlio Vargas, versos de Casimiro de Abreu, Fagundes Varela, Castros Alves, Shakespeare em tradução própria; poesia e crítica de seu tempo, bibliografia musical autorizada, toda essa mixórdia que um tema assim autorizaria. E, ao cercar no objeto todos os campos possíveis, Mário garantia o aprofundamento e a análise crítica, amparando-se na diversidade dos eventos coletados.

Da prática à teoria: Enciclopedismo e ação cultural

Macunaíma, rapsódia de 1928, foi escrita "na primeira versão em seis dias de cigarros e cigarras", segundo relata o próprio Mário de

---

[20] Andrade, *Dicionário Musical Brasileiro*, verbete "Crioléu".

Andrade em prefácio que nunca publicou.[21] Essa escritura em roldão, que pode sugerir falsamente um transe de criatividade miraculoso, obviamente, não desprezou o "estado de possessão preparada", como confidencia o escritor em carta a Henriqueta Lisboa, em 1942.[22] Ora, como se pode deduzir do processo aqui demonstrado, "preparar" para Mário significava um complexo movimento de construção que, no caso de *Macunaíma*, nasce das notas marginais de leitura/tradução de algumas páginas do segundo volume de *Von Roraima zum Orinoco* de Theodor Koch-Grünberg, em sua biblioteca, e evolui até "desgeografização" do Brasil, através do processo de bricolagem de todos aqueles elementos folclóricos da cultura brasileira, conquistados meticulosamente em fontes multifárias, algumas documentadas em fichas de seu arquivo encimadas pela menção "Macunaíma/usado", "Macunaíma", bem como os retalhos ligados ao exemplar de trabalho do escritor. Aqui também trabalho intelectual e projeto de Brasil se confundem, burilados pela arte, pois *Macunaíma* pode significar, entre tantas coisas, uma interpretação do Brasil conduzida por um "herói sem nenhum caráter" e uma "antropofagia" *avant la lettre*, capaz de metabolizar a expressão cultural do povo e o pensamento erudito, com intenção artística. Talvez, a fissura mais eloqüente desse projeto esteja justamente no afastamento que esta escrita experimental, tecida com elementos da própria cultura popular, sempre causou nos leitores mais desfavorecidos. A lição de *Macunaíma*, até hoje, quando oferecida aos jovens estudantes, necessita de alguma propedêutica para ser assimilada em seu vigor simbólico, questionador e enciclopédico.

Macunaíma não se proletariza em facilidades panfletárias, não se exotiza em regionalismos, nem se assume como documento de erudição: "Evidentemente não tenho a pretensão de que meu livro sirva pra estudos científicos de folclore. Fantasiei quando queria e sobretudo quando carecia pra que a invenção permanecesse arte e não documentação seca de estudo".[23] Mário de Andrade se lançou em transfigurações estéticas refinadas como *Macunaíma* — força artística não isenta, certamente, do germe problematizador de aspectos centrais da cultura brasileira — e isso não impediu que o seu projeto de democratização cultural atingisse os terrenos mais carentes da realidade educacional brasileira. O

---

[21] Andrade, "Notas e 2° prefácio — 1928".
[22] Andrade, *Cartas a Henriqueta Lisboa* 74.
[23] Apud Lopez 94.

direito do cidadão aos diversos estratos da cultura, por exemplo, efetivou-se em ações concretas por ele empreendidas na direção do Departamento de Cultura, entre 1935 e 1938: parques infantis, bibliotecas ambulantes, concertos abertos no Teatro Municipal de São Paulo, entre outras. O saber tomado como premissa para a realização integral do homem norteou também o anteprojeto da *Enciclopédia brasileira*, pequeno texto concebido em 1939 quando se ligou ao Instituto Nacional do Livro, órgão ligado ao Ministério da Educação e Saúde de Gustavo Capanema.

Esse trabalho pode ser considerado relevante na produção intelectual de Mário de Andrade, na medida em que representa uma síntese de muitos aspectos do seu ideário nacionalista de cunho crítico, além de possibilitar a expressão do *modus faciendi* da enciclopédia, que renega o exclusivismo elitista e o ranço de populismo. O saber que deseja informar e formar, coloca-se como objetivo da *Enciclopédia brasileira*. O anteprojeto, publicado com pequenas modificações na revista *Observatório Econômico e Financeiro*, sustenta-se em dois critérios de valores: o "peso nacional" e "multivalência" das informações. O primeiro propósito determinava, desde a década de 20, a preocupação em desenvolver procedimentos artísticos que realizassem a avaliação crítica das idéias estrangeiras, buscassem as raízes culturais do país, mas tendo como alvo projetar um núcleo diferenciador civilizatório que inserisse o Brasil "no concerto das nações". Abranger a universalidade no traço que "singulariza e individualiza" o Brasil transformou-se em bordão do ideário do escritor, trazendo subliminarmente sua proposta de captar um *ethos* nacional. A *Enciclopédia brasileira*, tanto quanto o *Dicionário musical brasileiro* objetivam ainda esse intento de valorizar manifestações da expressão e da realidade nacional: "É óbvio que a *Enciclopédia brasileira* tem de ser nacionalista, não apenas pelo que de Brasil contiver nas suas páginas, mas ainda pelo serviço de cultura geral que tem de prestar à gente brasileira em sua tão variada generalidade".[24] Mário também anteviu a "validade universal" dessa Enciclopédia, porque ela significaria um contribuição inalienável do Brasil a planos similares de reunião do conhecimento, como as Enciclopédias *Britannica*, *Italiana*, *Jackson* e *Brockhaus*, por ele analisadas, enquanto estruturação e objetivos. Os projetos de Mário de Andrade, na área do saber enciclopédico, como se vê, se erguem em um maciço de intenções onde a própria idéia

---

[24] Andrade, *A Enciclopédia brasileira* 18.

de Brasil, conjunto de valores formativos, se une ao pragmatismo da formação individual do cidadão, considerado no quadro das diferenças sócio-econômicas.

Esse amplo direcionamento do conhecer que respeita a diversidade dos leitores, reafirmando, segundo Flávia Toni, o "compromisso do intelectual que se preocupa com o amelhoramento e a instrução do homem do povo brasileiro — disseminar o saber"[25], baseia-se na concepção de "multivalência", explicitada no anteprojeto da *Enciclopédia brasileira*. Quando Mário se propõe a responder "A quem deverá servir?" essa enciclopédia, incorporam-se à sua visão globalizante do saber, as estratégias para se chegar a ele. Essa obra, certamente volumosa, algo entre dez e doze volumes, ultrapassando o milhar de páginas cada um, ilustrada com métodos menos falseadores possíveis da realidade, e que pudesse "conforme o assunto, se dirigir à classe que este assunto diretamente interesse, e a todas as classes ser útil"[26], organizar-se-ia em um sistema de redação diferenciadora de verbetes, o qual, em linhas gerais, permitiria ao leitor comum chegar ao conhecimento de dados que pudessem formá-lo com segurança (e informá-lo utilitariamente), ao mesmo tempo que serviria para o leitor "culto" adquirir significações específicas de um campo de determinada ciência ou filosofia. Algo, hoje, símile aos *links* informáticos que permite o consulente aprofundar-se em conceitos expressos na superfície de um texto de caráter monográfico. O vultoso compêndio iluminista do século XVIII, *Enclyclopédie des sciences, des arts et des métiers*, comprometido com a razão, globalizador de conhecimento e ideologicamente orientado por filósofos como Diderot, Voltaire, Montesquieu, sempre incita a comparações. De um Iluminismo histórico que deseja homens "virtuosos" e "felizes" até um enciclopedismo mariodeandradiano, pode-se traçar uma linha de concordância: o respeito pelo conhecimento humano que deve, enfim, ser compartilhado.

A enciclopédia assim entendida por Mário de Andrade, balizada pelo caráter democrático e "nacionalista", que deveria ser posta em prática por equipes irmanadas pela disponibilidade e firmeza intelectual, pela despersonalização lingüística e pelo interesse comum só poderia caber no escaninho promissor... das utopias brasileiras — ainda que não se possa esquecer a imaginação utópica como semente das realizações.

---

[25] Toni xx-xxi.
[26] Andrade, *A Enciclopédia brasileira* 20.

Evidentemente, nunca a *Enciclopédia brasileira* de Mário de Andrade pôde vir à luz para integrar funcionalmente (e não como enfeite) as estantes dos lares mais simples e as bibliotecas dos abastados. Em janeiro de 1944, Mário ainda se viu às voltas com um novo convite para planear "uma pequena Enciclopédia Brasileira", feito pela Editora Globo de Porto Alegre, através de seu representante paulista Edgard Cavalheiro. O plano já estava na realidade pronto, explícito em anexo à essa carta, bem delimitado em seus propósitos comerciais, e parecia apenas pedir a conivência intelectual de Mário. Este, em resposta da qual conservou cópia, deprecia o caráter fragmentário, estanque e seletivo do projeto inicial de edição que a Globo previa encampar. O escritor se resguarda de tanto trabalho "sujeito a mil mudanças e tergiversações da casa editora, que sabe mais que eu quais são as suas próprias possibilidades e interesses".[27] Lembra-se do anteprojeto de Enciclopédia que fizera para o Ministério, propõe mostrá-lo particularmente ao interlocutor, dispõe-se a dialogar e termina a missiva um tanto desolado: "Me desculpe desta vez, mas V. há-de reconhecer que pediu coisa grande demais, arre, um plano de Enciclopédia!"[28]

Não será descabido imaginar que Mário tenha talvez repudiado o projeto editorial ao perceber as exigência dos "donos da vida" sobrepondo-se aos interesses do cidadão. Intelectual atento aos destinos de seu país — imbuído de uma "força de participação" a que se refere Antonio Candido — Mário de Andrade, não tendo se envolvido com partidarismos políticos, trazia para seus projetos a arma que lhe parecia mais adequada a um intelectual em um país que buscava (e busca) seu destino: o saber e o compromisso de uma ação cultural democrática. Seria mesmo essa a definição que ele próprio daria para "intelectual"? O vocábulo também é verbete no *Fichário analítico*, mas exige decifração sujeita a erros de interpretação. Mário remete o leitor à revista francesa *Europe*, em seu acervo, indicando o artigo traduzido do inglês, "Les limites du marxiste" de Henry Baymford-Parkes. Na revista, à margem do texto das quatro páginas finais do ensaio, deixa traços a lápis e sublinha a indicação "un groupe important d'intellectuels". Qual seria a utilidade reflexiva desse ensaio que situa o intelectual fora das contingências econômicas e políticas? Possivelmente um trecho como o que

---

[27] Carta de Mário de Andrade a Edgard Cavalheiro, de 13 janeiro de 1944 (Arquivo Mário de Andrade, Série Correspondência, IEB-USP).
[28] Idem.

segue, teria servido a ele como o negativo de um retrato que desejaria para si mesmo: "le vrai intellectuel aspire à être un 'esprit libre'; il parvient à la grandeur dans la mesure où il se libère d'idées spéciales à une classe, à une race ou à une époque particulière". Não é essa, certamente, a imagem do Mário de Andrade que, em 1944, em entrevista à revista *Diretrizes* acusava: "Todos são responsáveis! — Os intelectuais puros venderam-se aos 'Donos da vida'".[29]

Bibliografia

Andrade, Mário de. *Macunaíma*. Ed. crítica de Telê Ancona Lopez. 2º ed. Paris: ALLCA XX/EdUSP, 1996. Fac-símile, seção "Notas e 2º prefácio — 1928".
_____. *Mário de Andrade escreve cartas a Alceu, Meyer e outros*. Rio de Janeiro: Editora do Autor, 1968.
_____. *Entrevistas e depoimentos*. Telê Ancona Lopez (org.). São Paulo: T. A. Queiroz, 1983.
_____. *Mário de Andrade & Manuel Bandeira*. Organização, introdução e notas de Marcos Antonio de Moraes. São Paulo: EdUSP, 2000.
_____. *Correspondência Mário de Andrade e Zé Bento*. Marcos Antonio de Moraes (org.). São Paulo: EdUSP, 2002 (no prelo).
_____. *O turista aprendiz*. 2º ed. Estabelecimento de texto, introdução e notas de Telê Ancona Lopez. São Paulo: Duas Cidades, 1983.
_____. *Querida Henriqueta*. Cartas de Mário de Andrade a Henriqueta Lisboa. Rio de Janeiro: José Olympio, 1990.
_____. *Dicionário musical brasileiro*. Flávia Toni e Oneyda Alvarenga (orgs.). São Paulo: Ministério da Cultura/IEB-USP/EdUSP; Belo Horizonte: Itatiaia, 1989.
_____. *A Enciclopédia brasileira*. São Paulo: EdUSP/ Giordano/ Loyola, 1993.
Bandeira, Manuel. "Meu amigo Mário de Andrade", II, (12 out. 1960) *Andorinha, andorinha*. 2º ed, Rio de Janeiro: José Olimpio, 1986.
Brito, Mário da Silva. *Diário intemporal*. Rio de Janeiro: Civilização Brasileira, 1970.
Candido, Antonio. Mário de Andrade. *Revista do Arquivo Municipal*, nº 106. Ed. Fac-similar nº 198. São Paulo: Departamento do Patrimônio Histórico, 1990.
_____. "Mário e o concurso". *Recortes*. São Paulo: Companhia das Letras, 1993.
Fierens-Gevaert, Hyppolite. *A tristeza contemporânea*. Trad. de João Correa de Oliveira. Porto: Magalhães e Moniz, s.d.
Lopez, Telê Ancona. Macunaíma: *A margem e o texto*. São Paulo: HUCITEC — SCET-CEC, 1974.

---

[29] As considerações sobre o "método" Mário de Andrade, propostas neste ensaio, resultaram em grande parte do diálogo com a Profa. Telê Ancona Lopez, que desenvolve no Instituto de Estudos Brasileiros da Universidade de São Paulo projetos ligados ao Arquivo do escritor. Mais que as indicações de caminhos a percorrer na pesquisa, devo à Profa. Telê minha formação intelectual.

> Modinha
>
> Um viajante estrangeiro, citado por Eugenio Egas num discurso do Rotary Club (tenho dentro do n° 65) diz que "quem nunca ouviu as modinhas brasileiras cantadas por senhoritas que se acompanham ao violão, não tem ideia do que seja musica melodiosa: tem-se a impressão de estar bebendo um copo de leite puro e fresco."

Arquivo Mário de Andrade. Instituto de Estudos Brasileiros (USP).

Nocturno
   Tonalidade
Também uma parte em menor e o alegro em maior, aparece como na sambo-chata do Gigante de Pedra, uma capa, em agua-forte, é uma das mais deliciosas

capas gênero e bestas que jamais se inventaram aqui

Medulhas
Títulos deliciosos
"Acabou-se os meus
tormentos" no Trovador
de 1876, vol V, p. 132
=
a) "Rosinha querida"
Trov. V,
"Eu sofro angustias, me
sufocar" Trovador I, 145
=
a "Eu vivo, mas oh!,
não vivo" O Trovador
III, 109
=
"De amor lições
proveitosas"
Trovador II, 53
=

2341
Aranha (Graça)

1- Integralismo cosmico de Graça Aranha, in Espelho de Ariel, o.p.195.
   Carvalho (Ronald de)   C-II-d-66
2- Graça Aranha. in Suave convivio, o, p.291.
   Andrade Muricy.   C-II-f-80

Graça Aranha (3)   2341
Nov. R. II n 14 (inteiro "Viagem Maravilhosa")
  "   "   " n 15 (Ron. de Carvalho sobre " "
  "   "   V - 1930
Adeus da Academia R. da A. II, 1931
R. da A.   1932, II
Retrato, por Ronald Carvalho Rev. Nova, I, 1
Morte: 26 de janeiro/1931

Graça Aranha (1)   2341

"Malazarte" por Richard Mounier   R. do B. 1923, III

"Machado de Assis" por Ronald   R. do B. 1924, I, Resenha

G. creador de entusiasmo
Estetica de Malazarte
Preconceito de raça   } Klaxon nº 8
G. e a critica europea
assim ele compõe

Um homem essencial, S. B. Holanda   Estetica, 1

Critica de M. de Alencar ao Projecto G. A. na Academia, nefa Bra-
                                                    silia", em Alencar
Critica de Medeiros Albuquerque ao mesmo projecto, nefa Brasilia IV
                                                    em Medeiros
Espírito Moderno (Martins de Almeida) Revista I, 7
   "   "   Estetica III
por Galeão Coutinho (ataque)   Jornal, I, 19

2341

Graça Aranha

O Graça não soube ter a discreção da própria sabedoria. (É mais ou menos isto: Tudo o que ele fala e todos os gestos dele são meu alarde de si mesmo e de suas teorias) Em carta pro Renato Almeida.

O que caracteriza a psicologia do Graça é a vaidade monstruosa do seu semi-saber. Quis ser o mandatário da mocidade brasileira porem ele não soube nem poderia saber compreender qual a substancia do caracter votivo que toda verdadeira mocidade tem. Graça não compreendeu o caracter votivo da mocidade. Por isso tendo cedido muitas vezes, tendo transigido muito não soube ceder nem transigir. A mocidade que se aproximava e se emergava a ele não soube ceder ante a ignorancia bonita e natural da mocidade. Queria que ela fosse

tão sabia como ele e por isso em vez de ensinar ela mostrou-se ensinada, o que é rebarbativo prá independencia alheia dos moços. E o que é pior não soube dar tempo ao tempo, deixar que a mocidade errasse pra aprender por si que é sempre pra moços a unica maneira de aprender. E quando transigiu apreciando ou louvando obras e gestos de moços, não soube transigir aceitando outras teorias, outras orientações que as dele, em vez tudo desvirtuava, tudo torcia pra que entrasse dentro das teorias dele. A mim por exemplo, tenho dele um cartão conservado em que elogia as Danças pela sua alegria, quando por consciencia, por psicologia e por critica sei que as minhas Danças são tristes profundamente. Aquele dar-de-ombros, aquele rir-assim-sorrindo não prova um abatimento total, porem um momento da minha vida de que me envergonho em que perdi a esperança, me desiludi, e me entreguei ao desanimo total e comecei sem poder rir, me rindo. A mocidade se dá com prazer, porem no seu caracter votivo subsiste sempre a independencia e o sentimento de justiça. Graça foi por demais vaidoso pra ser justo e permitir a independencia alheia. A mocidade se afastou. E o beneficio que podia ter feito foi cortado talvez mais que ele metade.

MENINO DE ENGENHO:
A MEMÓRIA DAS PERDAS

Heloisa Toller Gomes[1]

"Meu tio explicava como aquele barro preto fazia o açúcar branco".
José Lins do Rego

Na década transcorrida entre 1922 — ano da Semana de Arte Moderna, em São Paulo — e 1932, ano da publicação de *Menino de engenho*, a literatura brasileira foi agitada por fortes ventos de renovação. Isto se deu, como sempre e em grande parte, por razões que transcenderam o âmbito literário propriamente dito. Foram anos turbulentos, aqueles que encerraram a República Velha (1889-1930). Eles testemunharam a rebelião dos jovens militares no Forte de Copacabana; conviveram com a crise do café, com a deposição do Presidente Washington Luis, a Revolução de 30 e a ascensão de Getúlio Vargas. Foram também anos de modernização liberal e de grande fermentação intelectual.

A intelectualidade mais progressista do país começava então a buscar, no âmbito doméstico, parâmetros para a reflexão e discussão das grandes questões nacionais, assim como novas diretrizes para a criação estética, almejando libertar-se de padrões externos ou europeizantes. Foi a década dos polêmicos e provocadores Prefácios e Manifestos modernistas: a "Arte moderna" de Menotti del Picchia e o "Prefácio interessantíssimo" de Mario de Andrade (1922); "O Espírito moderno" de Graça Aranha e o "Manifesto da poesia Pau-Brasil" de

---
[1] Professora da Universidade do Estado do Rio de Janeiro. Autora de *O poder rural na ficção* (São Paulo: Ática, 1981); *O Negro e o Romantismo Brasileiro* (São Paulo: Atual, 1987) e *As marcas da escravidão* (Rio de Janeiro: EdUERJ, 1994).

Oswald de Andrade (1924); o "Manifesto regionalista" de 1926[2], os Manifestos das Revistas *Festa* e *Verde* (1927), o "Manifesto antropófago" de Oswald de Andrade (1928), o "do Verde-Amarelismo, ou da Escola da anta" (1929).

Delinearam-se, naqueles anos, as duas vertentes principais do modernismo literário brasileiro: a vertente do Sul, com seu nacionalismo irreverente e sua escrita iconoclasta, geradora e herdeira da "Semana"; e o modernismo regionalista do Nordeste, mais carrancudo e introspectivo, desconfiado do humor desbragado da nova literatura paulista e menos explicitamente ousado em termos formais. Esse segundo modernismo desdenhava a "calçada das cidades inacessíveis"[3], optando pelo cenário das grandes plantações e pelos ermos do agreste e da caatinga. Insistindo no meio físico e antropo-social da seca, do brejo e do sertão, ele também procurou, à sua maneira, sons, gostos e cheiros a partir dos quais modelar espaços, personagens e dramas entranhadamente brasileiros. Surgiu, assim, o chamado "romance de 30", que teria em *Menino de engenho* uma de suas mais celebradas produções e cujo marco inicial é, para muitos, o ano de 1928, com a publicação de *A bagaceira* de José Américo de Almeida.

O sentido de brasilidade da produção literária nordestina, embora bem diferente daquele exibido pelos modernistas de São Paulo e do Rio de Janeiro, era também ambicioso em suas propostas estéticas, indo além da manipulação do rico repertório imagístico e temático nacional — este, aliás, já intensamente explorado desde o romantismo e agora coloridamente reinaugurado na novidade das diversas nuanças modernistas. Na verdade, complementavam-se as duas perspectivas, a do Sul e a do Nordeste, em relação a um Brasil que, encaminhando-se de maneira incerta para uma controvertida e avassaladora modernidade, necessariamente dramatizaria e confrontaria, na cena literária de então e das décadas subseqüentes, a sofisticação e a miséria das metrópoles aos grandes sertões e às decadentes casas-grandes, com a sua "senzala dos tempos do cativeiro".[4]

Tal matéria-prima prenhe de brasilidade tornava-se, para os autores nordestinos, inseparável de uma experiência existencial que a utili-

---

[2] Foi decisiva a influência do ideário do "Manifesto regionalista" e de Gilberto Freyre, seu grande articulador, na obra de José Lins do Rego em geral e em *Menino de engenho* em especial. Apenas atestamos o conhecido fato, explorando neste ensaio uma outra direção de leitura.
[3] Andrade 126.
[4] Rego 38.

zasse de dentro para fora, por assim dizer, a confirmar e a validar o seu produto como literatura nacional e como criação ficcional. E nesse "de dentro para fora", a partir do cerne do Brasil, logrou-se, em alguns grandes momentos, transcender o limitado âmbito de uma "literatura regional" definida primordialmente por sua localização geográfica. Nesse sentido, quer na utilização de uma perspectiva memorialista e de uma visada autobiográfica (caso de *Menino de engenho*) quer na adoção de uma postura narrativa mais destacada ou impessoal (como em *Fogo morto*, ou em *Vidas secas*), com uma percepção mais aguda do social, a direção do olhar seria, invariavelmente, do sertão para o mundo, não do mundo para o sertão. Contrastem-se, por outro lado, os referenciais urbanos e cosmopolitas que, com freqüência, nortearam o modernismo paulista, a "descobrir" certas vezes o Brasil de fora para dentro.[5]

Assim como se deu com a escrita do Sul, que também explorou o veio da ficção memorialista[6], o romance de cunho autobiográfico serviu aos propósitos do modernismo nordestino. "É um narrador-intelectual que fala de si e dos outros ao dar balanço no passado. O testemunho individual do memorialista se torna registro da experiência de muitos por revelar características gerais de sua época", escreve Adriana Oliveira, que ressalta a primazia, nessa produção literária, do discurso da classe dominante.[7]

A atração pela visão retrospectiva da infância embrenhada na natureza e a conseqüente postura memorialista não se restringiram à prosa ficcional, expressando-se igualmente na poesia nordestina. Assim, a poesia de Jorge de Lima confidencia:

---

[5] É sugestivo o depoimento de Paulo Prado, de 1924, sobre o amigo Oswald de Andrade: "Oswald de Andrade, numa viagem a Paris, do alto de um atelier da Place Clichy — umbigo do mundo — descobriu, deslumbrado, a sua própria terra. A volta à pátria confirmou, no encantamento das descobertas manuelinas, a revelação surpreendente de que o Brasil existia. Esse fato, de que alguns já desconfiavam, abriu seus olhos à visão radiosa de um mundo novo, inexplorado e misterioso. Estava criada a poesia 'pau-brasil'". Prado 5.

[6] A esse respeito, escreveu Silviano Santiago: "Oswald de Andrade e Lins do Rego (...) depois de publicarem no início da carreira romances memorialistas, como *Memórias sentimentais de João Miramar* e *Menino de engenho*, respectivamente, sentem a necessidade, já na velhice, de reescreverem o *mesmo* livro, o mesmo livro dado de presente pelo texto da lembrança, só que agora sem a moldura conivente de "romance": *Um homem sem profissão* e *Meus verdes anos*. Essa coincidência é tanto mais significativa porque nos mostra como são frágeis as distinções das escolas literárias (...) e como são fluidas e pouco pertinentes as fronteiras entre discurso ficcional memorialista e discurso autobiográfico no conceito brasileiro". Santiago 33.

[7] Oliveira 32.

> Pulei tanta tacha de engenho,
> passei tanta correnteza,
> conheci tanto perau fundo![8]

Também na escrita de *Menino de engenho*, o histórico/documental enlaça-se ao ficcional, sendo ambos costurados à experiência individual do escritor — esta, relativamente acobertada (e liberada) por nomes fictícios.

O romance de estréia de José Lins do Rego atingiu, em 1999, a sua 75ª edição. A consagração se justifica. Dotado da fluência dos contos populares e dos "contornos de fábula" que encantaram Carlos Drummond de Andrade, o romance narra as reminiscências infantis do narrador-protagonista nos anos em que viveu no engenho de açúcar do avô. A partir das minúcias da introspecção e da vida doméstica, o texto delineia um subjetivo painel físico e antropo-social daquele mundo agrário, pré-industrial, a sustentar o seu equilíbrio em rígida hierarquia de classes acionada por mecanismos paternalistas de favor.

As linhas de sua trama são singelas: o texto se abre com o relato do efeito, na criança de quatro anos, do assassinato da mãe. Os capítulos iniciais pintam o quadro da tragédia familiar, segundo os fragmentos das vivências infantis. O menino vai para o engenho e, a partir de então, o leitor o acompanha em suas experiências e impressões sobre a família na casa-grande, com os pobres do eito, entre os animais soltos no pasto. Por fim, aos 12 anos, ele toma o trem na direção inversa, do engenho para o colégio no Recife. Sua permanência no colégio de padres viria a ser o tema do segundo romance de José Lins, *Doidinho* (1933). Mas o percurso existencial do protagonista está fadado ao fracasso: "Narrador-personagem da trilogia *Menino de engenho* — *Doidinho* — *Bangüê*, Carlos de Melo, o Carlinhos, narra a trajetória de si próprio, em direção à nulidade".[9]

A fragilidade estrutural do personagem, confirmada nesses romances posteriores, não se restringe a ele apenas porém abarca uma ordem social enferma, fadada ao desmoronamento, e de cuja elaboração ficcional José Lins do Rego foi grande artífice. Como William Faulkner com relação ao Sul dos Estados Unidos, José Lins empenhou-se em registrar, em sua ficção, o processo de decadência da antiga clas-

---

[8] Lima 32.
[9] Marques Jr. e Marinheiro 20.

se dominante e as repercussões desse processo em seus descendentes e nos que dela dependiam. O Nordeste açucareiro de José Lins é, primordialmente, o Nordeste dos engenhos decadentes, na dramática fase de transição entre uma economia mercantil herdada dos tempos coloniais e a emergente economia de cunho capitalista, e apenas nominalmente liberto da escravidão.[10] O texto de *Menino de engenho* é incisivo a respeito: "A senzala do Santa Rosa não desaparecera com a abolição. Ela continuava pegada à casa-grande, com as suas negras parindo, as boas amas-de-leite e os bons cabras do eito" (41). Trata-se de um romance cativante, com seu feitio espontâneo e sua escrita permeada de oralidade. No dizer de Blaise Cendrars — "Todo o Brasil está neste livro transparente".[11] Tal "transparência", no entanto, é ilusória, sendo parte integrante do caráter encantatório que o texto possui e que explora, no comércio com o seu leitor. Assim, não é casual que, nele, insinuem-se tantos elementos do fantástico, os quais são mais do que homenagem ao imaginário nordestino.

Estas histórias da velha Totonha, com "rei e rainha", e "forca e adivinhações"; criaturas estranhas do mato, os terrores infantis do sobrenatural: "Um mundo inteiro de duendes em carne e osso vivia para mim" (34), diz o narrador. Esse relato do fantástico, por vezes sob forma de texto embutido no texto, é confrontado ao relato factual concreto, representado (sempre através da ótica do narrador) pela fala do avô: "Estas histórias do meu avô me prendiam a atenção de um modo bem diferente daquelas da velha Totonha. Não apelavam para a minha imaginação, para o fantástico. Não tinham a solução milagrosa das outras (...) Era uma obra de cronista bulindo de realidade" (62).

Um dos interesses em se trabalhar com *Menino de engenho* está em que o romance, dotado da vitalidade que falta a vários de seus personagens e de uma fluidez que sugere a "transparência" elogiada por Cendrars, abriga em seu bojo uma forte tensão. Esta reside na (utópica) tentativa, por parte do texto, de se constituir como um tecido contínuo, sem brechas e obstáculos, por mais que nele se desenhem as durezas da vida e as injustiças sociais, *expostas e exibidas* mas nunca *problematizadas*. A leitura textual revela esse desejo de continuidade e de uma escrita — mágica como as histórias da velha Totonha, com "soluções milagrosas" — cujo fluir neutralizasse indesejáveis arestas. O anseio pela lisura e

---

[10] Gomes 38.
[11] Apud Villaça xv.

pela continuidade patenteia-se como metonímia, e a voz narrativa compraz-se momentaneamente na amplidão ininterrupta das terras do "avô José Paulino". Sintomaticamente, nesse momento, o narrador recorre ao próprio vocabulário dos contos de fadas, misturando-o à descrição do latifúndio nordestino:

> As terras do Santa Rosa andavam léguas e léguas de norte a sul. O velho José Paulino tinha este gosto: o de perder a vista nos seus domínios. Gostava de descansar os olhos em horizontes que fossem seus. Tudo o que tinha era para comprar terras e mais terras. Herdara o Santa Rosa pequeno, e *fizera dele um reino*, rompendo os seus limites pela compra de propriedades anexas. (51 — grifos meus)

Menino de engenho sofre, paradoxalmente, da tensão de não assumir as tensões que o permeiam, advindas, não só da própria natureza do texto literário mas também de sua imersão na dura temática da terra e do homem nordestinos. Essa carga de tensões insinua-se na sua fluência sedutora e na melancolia das reminiscências que constroem a sua ficção. Dentro da postura narrativa que orienta o texto, porém, nada ali se desestabiliza voluntariamente, tudo parece obedecer a uma ordem maior — quer da natureza, que sempre retorna à normalidade após calamidades como as cheias do rio Paraíba, quer no âmbito humano, a partir da figura carismática do velho patriarca que corrige desmandos, passa descomposturas, trata dos doentes e dos necessitados: "No engenho, o meu avô botava jucá nos feridos" (58).

Tanto *Menino de engenho* passa ao largo de tensões que vários de seus personagens atuantes ou apenas nomeados (o moleque Ricardo, Vitorino "Papa Rabo", o seleiro José Amaro, o Coronel Lula de Holanda, o próprio Carlos de Melo) emergem sem a densidade e, no caso de alguns, sem os componentes trágicos que viriam a adquirir em outros romances. O avô José Paulino é, aqui, o "santo que plantava cana"; o coronel Lula, figura patética em *Fogo morto*, é descrito como "aquele simpático velhinho (...) com o seu Santa Fé caindo aos pedaços". A população pobre, por sua vez, aceita estoicamente a miséria e as desgraças que a acometem:

> E a minha tia Maria distribuiu com aquela gente toda a carne-de-sol e o arroz que nos trouxeram. Eles pareciam felizes de qualquer forma, muito submissos e muito contentes com o seu destino. A cheia tinha-lhes comido os roçados de mandioca, levando o quase nada que

tinham. Mas não levantavam os braços para imprecar, não se revoltavam. Eram uns cordeiros. (21)

A carga tensional do texto emerge, assim, de maneira oblíqua. Não é à toa que Carlinhos seja "um menino triste", sua vida correspondendo a uma sucessão de perdas: da mãe e da pequena prima Lili, levadas, respectivamente, pelo assassinato e pela doença; do pai assassino jamais revisto, internado em manicômio judiciário; de Maria Clara, a primeira namorada ("Tinha perdido a minha companheira dos cajueiros"); da segunda mãe, a "tia Maria", pelo casamento desta com o primo do Gameleira; da inocência, na brutalidade dos encontros sexuais precoces, entre as prostitutas do eito e as bestas dos currais. Finalmente, a perda do próprio engenho, na partida para o colégio.

O texto, porém, é mais astuto do que parece e previne, na singeleza de seu título, que não se trata do *engenho* em primeiro plano, porém do *menino* que o habita. Este é o seu filtro narrativo, mas não o possui, *sendo por ele possuído*: "Menino perdido, menino de engenho" — são as palavras finais do romance. Pois, mesmo vivendo os sortilégios da infância e a realidade sempre glorificada do ainda poderoso avô, esse engenho e seu universo escapam à posse do personagem — da mesma forma como o mundo rural nordestino, tão crua e dolorosamente pungente, transborda e frustra os poderes da pena romanesca, insinuando-se em suas frestas, esbarrando-se contra a sua bem-realizada fluidez.

A perspectiva da classe dominante marca, como já se observou, a escrita de *Menino de engenho*. Assim, a grande referência, o eixo do equilíbrio narrativo, será sempre a autoridade do avô — segundo a voz narrativa, José Paulino não conversa "com", conversa "para": "O meu avô costumava à noite, depois da ceia, conversar para a mesa toda calada", (60). Toda e qualquer demonstração de independência ou rebeldia neutralizam-se diante do poder maior.

O exemplo que se segue é curioso, porque nele aparentemente duas vozes se confrontam:

> João Rouco vinha com três filhos para o eito. A mulher e os meninos ficavam em casa, no roçado. Com mais de setenta anos, agüentava o repuxo todo, como o filho mais novo. A boca já estava murcha, sem dentes, e os braços rijos e as pernas duras. Não havia rojão para o velho caboclo do meu avô. Não era subserviente como os outros. Respondia aos gritos do coronel José Paulino, gritando também. Talvez porque fossem da mesma idade e tivessem em pequeno brincado juntos. (59)

No entanto, logo depois, a voz do narrador aplaca e encerra o episódio: "E quando [o avô] precisava de gente boa, para um serviço pesado, lá ia um recado para João Rouco".

Também a presença viva da natureza, nas reminiscências de "Carlinhos", está sempre atada a uma força maior: a sua classe de origem. Vejamos: "Tudo aquilo para mim era uma delícia — o gado, o leite de espuma morna, o frio das cinco horas da manhã, a figura alta e solene de meu avô". É essa classe de origem que inicia o menino nos mistérios do engenho: "Tio Juca me levou para tomar banho no rio. Com uma toalha no pescoço e um copo grande na mão, chamou-me para o banho. 'Você precisa ficar matuto.'" O episódio assume um verdadeiro caráter ritual: "Na volta, o tio Juca veio dizendo, rindo-se: "Agora você já está batizado" (8).

A ansiedade do texto está em que a perspectiva da classe dominante, embora absoluta, vai fatalmente atritar-se com o pendor documental que também habita o romance. O relato de prosperidade dessa classe, pois que realizado em retrospecto, necessariamente carrega consigo elementos da decadência anunciada. A utopia do discurso harmonioso, de apaziguamento, desvia-se ocasionalmente para o escape do mágico — quer em evocações de nostalgia, como nas referências à velha Totonha, quer em confidências de terror: "Na mata do Rolo estava aparecendo lobisomem"; ou: "Os zumbis também existiam no engenho" (32-3). Uma postura textual diferente, ou seja, cruzar mais incisivamente o material documental (criticamente visto, em seu sentido social) e a elaboração estética, equivaleria a admitir as tensões que *Menino de engenho* opta por negar. Assim, o texto parece tomar fôlego e deixar para mais tarde a tarefa.

Apenas no conjunto da obra de José Lins — ou, isoladamente, em *Fogo morto* — serão problematizadas com maior densidade dramática as questões existenciais e socioeconômicas ambientadas na decadente sociedade patriarcal nordestina, outrora bem encravada na monocultura e na escravidão. No romance que é a sua obra-prima, a maior complexidade do ponto de vista, o realce de personagens de diversos extratos socioeconômicos e a ruptura da cronologia conferem força e dinamismo à composição, que se constrói justamente com o reconhecimento das brechas negadas no romance de estréia.

A obra maior de José Lins dramatizaria posteriormente a decadência dos latifúndios, o apagar dos engenhos e o surgimento das usinas: o "fogo morto" daquele mundo semifeudal que se configurara em *Menino de engenho* como um "reino", aos olhos retrospectivos de seu intérprete. Reino esse que torna-se persuasivo porque o seu narrador é capaz de evocar, sem pieguices, a poesia da infância. Apesar da noite que se aproxima, carneiros ali transformam-se em corcéis: "Por debaixo das cajazeiras, o escuro frio da noite próxima. O carneiro corria. E o medo daquele silêncio de fim de dia, daquelas sombras pesadas, fazia-me correr depressa com o meu corcel" (51). Mas, mesmo quando cedendo espaço ao fabuloso, o texto é perseguido pela realidade circundante. Continuemos seguindo a mesma passagem: "Trabalhadores, de enxada no ombro, vinham do serviço para casa. Conversavam às gaitadas, como se as 12 horas do eito não lhes viessem pesando nas costas" (51).

No dizer de Antonio Carlos Villaça, há em *Menino de engenho* a vitória do romancista sobre o memorialista.[12] Acrescentamos que o romance inicial de José Lins equilibra-se, poeticamente, entre a documentação honesta do real, sua ilusória negação e o complexo "como se", na elaboração da difícil memória das perdas.

Bibliografia

Andrade, Oswald de. "Dote". *Cântico dos cânticos para flauta e violão. Oswald de Andrade Poesias reunidas: Obras completas*. Vol. 7. Rio de Janeiro: MEC/Civilização Brasileira, 1972.

Gomes, Heloisa Toller. *O poder rural na ficção*. São Paulo: Ática, 1981.

Lima, Jorge de. "Flor Sanctorum". *Novos poemas: Poemas escolhidos / Poemas negros*. Rio de Janeiro: Lacerda Editores, 1997.

Marques Jr., Milton e Elizabeth Marinheiro. *O ser e o fazer na obra ficcional de Lins do Rego*. Paraíba: Edições FUNESC, 1990.

Oliveira, Adriana A. de. *Memorialismo e autobiografia — Na reconstrução da infância na literatura brasileira*. Rio de Janeiro. Dissertação de Mestrado: Pontifícia Universidade Católica — Rio 1991.

Prado, Paulo. "Poesia Pau-Brasil". *Oswald de Andrade. Poesias reunidas: Obras completas*. Vol. 7. Rio de Janeiro: MEC/Civilização Brasileira, 1972 [1924].

Rego, José Lins do. *Menino de engenho*. 75ª edição. Rio de Janeiro: José Olympio, 1999 [1932].

Santiago, Silviano. "Vale quanto pesa (A ficção brasileira modernista)". *Vale quanto pesa: Ensaios sobre questões político-culturais*. São Paulo: Paz e Terra, 1982. 25-40.

Villaça, Antonio Carlos. "*Menino de engenho*". José Lins do Rego. *Menino de engenho*. 75ª edição. Rio de Janeiro: José Olympio, 1999. xv-xxi.

---

[12] Villaça xx.

MONTEIRO LOBATO HOJE – PONTO E VÍRGULA[1]

Silviano Santiago[2]

> Estou ansioso por verificar, pessoalmente, se a morte é vírgula, ponto e vírgula ou ponto final
> Monteiro Lobato, em 1948, *apud* Edgard Cavalheiro.

Ao descrever os últimos dias de vida de Monteiro Lobato, Edgard Cavalheiro, seu admirador e primeiro biógrafo, conta que o escritor encarava o fim próximo com humor e coragem. Em 21 de abril de 1948, tinha sofrido um espasmo vascular cerebral. O cérebro de Lobato fora atingido, informam os autores de *Furacão da Botocúndia*, em duas funções que eram nele muito desenvolvidas: a leitura e a escrita. O escritor repentinamente ágrafo perguntava aos íntimos: "Como é possível que eu não saiba o que está escrito nesse livro?" Há cinqüenta anos, diante da morte iminente, os olhinhos vivos e inquietos do escritor, emoldurados por cerradas e negras sobrancelhas, pulavam das órbitas e dançavam no ar, substituindo o silêncio do corpo doente pelo trasbordamento duma inquietadora vida espiritual.

Lobato, recordemos, não aspergia água benta na morte. Essa atitude sua já está clara no conto "Bocatorta", primeiro escrito pelo autor, como está dito em *Furacão na Botocúndia*. Posteriormente incluído em

---

[1] Este ensaio foi originalmente publicado no suplemento "Mais!" da *Folha de São Paulo*, Julho, 1998.
[2] Professor de Literatura Brasileira na Universidade Federal Fluminense. Crítico literário e romancista. Autor de vários livros, entre eles: *Stella Manhattan* (Rio de Janeiro: Nova Fronteira, 1985); *Keith Jarret no Blue Note* (Rio de Janeiro: Rocco, 1996); e *Uma literatura nos trópicos* (São Paulo: Perspectiva, 1978). Organizou, escreveu a introdução e coordenou a antologia em três volumes, *Intérpretes do Brasil* (Rio de Janeiro: Nova Aguilar, 2000).

Urupês, "Bocatorta" é a versão cabocla e anunciada do clássico norte-americano *King Kong* e do filme francês *A bela e a fera*. Um negro mísero, disforme e horripilante, um Quasímodo alforriado, se apaixona pela bela e distante filha do fazendeiro. Não podendo demonstrar o amor sublime e satisfazer os desejos hediondos, a figura monstruosa persegue a moça com os olhos durante o dia e, à noite, se intromete nos sonhos dela. Morta de estranha e compreensível doença, a virgem é enterrada pelos pais e o noivo. Altas horas da noite, o negro profana o túmulo e se abraça à moça branca, beijando-a. O narrador do conto descreve o quadro macabro: "um corpo branco jazia fora do túmulo — abraçado por um vulto vivo, negro e coleante como o polvo". Vida, amor e morte se entrelaçam conflituosamente, como numa escultura decadentista.

Desde jovem, graças a sua incontrolável bisbilhotice, Lobato já sabia e muito sobre a morte humana. Seu lema de escritor está expresso numa de suas narrativas curtas: "Contos andam aí aos pontapés, a questão é saber apanhá-los". A predisposição do escritor levou-o a querer triunfar na literatura brasileira, passando adiante causos engraçados, espantosos, doloridos e amorosos, narrados em primeira mão pela gente simples com quem convivia. Nas anedotas que "apanha" para narrar, sobressaem intrigas corriqueiras em que vida e amor se tecem com vistas ao encontro fatal dos personagens com a mais indesejada das gentes. Desde cedo, Lobato foi-se familiarizando com o gosto amargo da morte sem o ter verdadeiramente provado. Experimentava-o, abrindo os ouvidos e anotando essas estórias extraordinárias, "que têm força de ímã", como afirmava.

Não fosse o conselho pouco sábio do médico e sanitarista baiano Artur Neiva, *Urupês*, a sua primeira e mais famosa coleção de contos, teria se chamado *Doze mortes trágicas*, título mais sugestivo e apropriado que o definitivo. Por infeliz idéia do amigo, Lobato abandona a "morte trágica" como fio condutor da leitura dos doze contos de estréia, para acatar a denominação metafórica do *ethos* caboclo. "Sombrio urupê de pau podre, a modorrar silencioso no recesso das grotas" — eis o modo como já caracterizava na época o seu futuro personagem-tipo, Jeca Tatu. Lobato é obsessivo e, por isso, reincidente.

No livro seguinte, abandona o conselho desastrado do amigo, para adentrar-se pelos labirintos das cidades fantasmas do interior paulista. O autor não titubeia dessa vez. Dá ao novo livro o título justo e apropriado: *Cidades mortas*. Comunidades outrora ricas, lépidas e prósperas que, no momento de transição do Segundo Reinado para a República, se desfaziam no chão como madeira tomada pelo cupim. O olhar aparentemente objetivo do narrador, na verdade causticamente enamorado da decadência e do progresso, detém-se na descrição pormenorizada dos casarões em ruínas "que lembram ossaturas de megatérios onde as carnes, o sangue, a vida, para sempre refugiram".

A pena do escritor, de posse de abundante, extravagante e multicolorido vocabulário, passeia pela morte das casas grandes como se estivesse conversando com um companheiro de aventuras. No conto "Os negros", é passional a descrição da decrepitude da casa grande: "Paredes lagarteadas de rachas, escorridas de goteiras, com vagos vestígios de papel. Móveis desaparelhados — duas cadeiras Luís XV, de palmilha rota, e mesa de centro do mesmo estilo, com o mármore sujo pelo guano do morcego". E acrescenta o personagem: "Macacos me lambam se isto aqui não é o quartel general de todos os ratos de asas deste e dos mundos vizinhos!"

Obsessivo e reincidente, já tocado pelo prazer mórbido proporcionado pela experiência freqüente da morte, Lobato se dedica a pintar o majestoso cenário fúnebre onde foram fincadas as cidades fantasmas e por onde transitam os fazendeiros e caboclos. O fogo foi tomando conta das matas do país, recobrindo-as de "crepe negro". Ao simples riscar dum pau de fósforo, a natureza sedenta de chuva arde em chamas e passa a liderar o cortejo fúnebre da flora e da fauna em próxima extinção. Tomando de empréstimo imagens bélicas que lhe eram sopradas da Europa pelas proezas incendiárias dos "vons" alemães (o texto é escrito logo no início da Primeira grande guerra), Lobato denuncia as queimadas anuais que se alastram furiosas e impunes pela serra da Mantiqueira. Ela arde do mesmo modo como ardem as aldeias na Europa.

A queima das matas, a morte da natureza. A Mantiqueira, denuncia ele, é "hoje um cinzeiro imenso". Anota o patriota: "As velhas camadas de húmus destruídas; os sais preciosos que, breve, as enxurradas deitarão fora, rio abaixo, via oceano; o rejuvenescimento florestal do solo paralisado e retrógrado; a destruição das aves silvestres e o possível advento de pragas insetiformes..." Não custa lembrar. A meia dúzia de Neros de pé-no-chão, de que falava Lobato no início do século, se multiplicaram neste fim de milênio, incendiando a outrora longínqua região de Roraima.

Não é de se estranhar, pois, que o escritor paulista, devido à familiaridade que desde cedo manteve com a morte, exercitasse nos últimos dias de vida o sadio humor, e também o humor negro, entregando-se a blagues sobre a doença e a condição em que ela o tinha deixado. Chegado é o momento. Vai tentar — acredita ele, recolhido aos seus aposentos —, outras experiências, vai aprender novas coisas. No conto "Os pequeninos", incluído em *Negrinha*, o personagem se sente aprendiz da dolorosa vida sangrenta dos animais selvagens por ter calado a voz interior, que lhe ditava tolas lembranças do passado, e ter aberto o ouvido agudo e curiosíssimo para ouvir as peripécias duma estória original contada por um desconhecido.

O causo alheio, ouvido à sorrelfa no cais do porto, parece bem mais interessante a esse personagem do que as caraminholas subjetivas a que a imaginação do escritor costumeiramente se entrega. Diz o personagem: "Uma das interrupções [nas minhas lembranças] me pareceu mais interessante que a evocação do passado, porque a vida exterior é mais viva do que a interior (...)" Introjetada na memória viciada do escritor, a anedota alheia reganha linguagem castiça e estilo, é divulgada aos quatro cantos pela imprensa. Ao mesmo tempo, perde a autenticidade e a naturalidade originárias. O causo alheio, a partir do momento em que é trabalhado pelo espírito criativo do ficcionista, ao virar conto, entra num jogo de perde-ganha. O texto literário assinado Lobato é menos interessante do que as circunstâncias que o geraram e o tornaram possível.

Para Guimarães Rosa — lembremos os prefácios de *Tutaméia* —, a anedota é como um fósforo, depois de riscado, depois de deflagrada, perde a serventia. Mas muita atenção! acrescenta Rosa, ela ganha outra e mais severa serventia. No universo ficcional de *Tutaméia*, a anedota, mesmo deflagrada, serve de apoio "nos tratos da poesia e da transcendência" (3). Lobato concorda apenas com a primeira parte do raciocínio roseano. Ganha-se um conto e se atropela uma forma de narrar. Depois de deflagrado, Lobato apanha o caso, estiliza-o, porque se não o estilizar não escreve contos nem publica livros. Mas o presuntivo autor é decididamente contra a estilização. Esclarece o narrador do conto "Mata-pau": "O camarada contou a história que para aqui traslado com a possível fidelidade. O melhor dela evaporou-se, a frescura, o correntio, a ingenuidade de um caso narrado por quem nunca aprendeu a colocação dos pronomes e por isso mesmo narra melhor que quantos por aí sorvem literaturas inteiras, e gramáticas, na ânsia de adquirir estilo". E conclui: "Grandes folhetinistas andam por este mundo de Deus perdidos na gente do campo, ingramaticalíssima, porém pitoresca no dizer como ninguém". Havia também esclarecido noutro conto: "Não reproduzo suas palavras da maneira como [o folhetinista anônimo] as enunciou. Seria impossível, sobre nocivo à compreensão de quem lê".

Lobato deprecia a tal ponto a estilização literária que o editor das suas obras faz questão de transmitir aos pósteros uma frase recorrente na boca do contista. Ele teria dito e repetido: "O meu melhor livro seria o em que eu contasse como e porque escrevi meus contos, um por um; a história deles é melhor que eles".

Em Lobato, a subjetividade criadora conta pouco; conta mais o gesto de "apanhar" a estória alheia, típico de escritor que é um terço viajante, outro terço detetive e, finalmente, civilizador. O complexo processo de interiorização do causo e a sua expressão pela linguagem literária é minimizado pelo autor no desejo de engrandecer as circunstâncias exteriores. Rebaixado o produto artístico em si, pouco interessou a Lobato o próprio fazer ficcional, a psicologia da composição literária. Suas divagações por assim dizer poéticas seguem de perto a lição da geração de 70, de Sílvio Romero e José Veríssimo, e se resumem à crítica das idealizações nacionalistas feitas pela literatura romântica.

Em página bastante conhecida sobre a expressão literária da nacionalidade, Lobato substitui o índio pelo caboclo. A simplicidade no raciocínio evolutivo é tão grande que parece estarmos diante de uma errata pouco pensante. Escreve Lobato: "O cocar de penas de arara passou a chapéu de palha rebatido à testa; a ocara virou rancho de sapé; o tacape afilou, criou gatilho, deitou ouvido e é hoje espingarda troxada (...)" — e assim continua a enumeração. Em "A criação do estilo" volta ao cacoete. Propõe que faunos, sátiros e bacantes, frutos do imaginário europeu, sejam substituídos pelas nossas Iaras e Marabás. Novamente dá uma sova nos romancistas românticos em *Cidades mortas*. Dessa feita escolhe Bernardo Guimarães para judas: "Lê-lo é ir para o mato, para a roça — mas uma roça adjetivada por menina do Sion, onde os prados são *amenos*, os vergéis *floridos*, os rios *caudalosos*, as matas *viridentes*" (...) — e assim por diante.

Rebaixado o valor literário do próprio conto, interessa mais a Lobato o provável consumidor do produto. Interessa-lhe uma outra circunstância *exterior e imprevisível* — o diálogo do livro com o leitor. Livros existem para ser lidos, eis a pequena grande descoberta de Lobato num país de analfabetos. O conto "Facada imortal", verdadeira obra-prima, foi escrito por motivos sentimentais. Teria sido mais correto escrever, em lugar do conto, as circunstâncias que o levaram a ser escrito. Tendo como personagem principal o amigo Raul, "Facada imortal" foi também escrito para ele. Quando o escritor se depara com o corpo do amigo tomado por doença terminal, quer amenizar suas dores. Como? inventando um causo em que o próprio doente seria personagem. A leitura do conto acabou por servir, lê-se na nota do editor, "como a melhor injeção de morfina que lhe proporcionaram". Contos ajudam os amigos a suportar as dores da morte, acreditava Lobato.

Talvez seja por essas e semelhantes razões que o editor e divulgador de livros Lobato, tão presente na série dos substantivos artigos colecionados sob o título de "Opiniões", conte mais do que o escritor, conte mais do que o bisbilhoteiro incurável. Mas as motivações para a escrita e a leitura do conto não são sempre as ditadas pela caridade cristã e os bons sentimentos fraternos. Edgard Cavalheiro chama corajosamente a atenção para o fato de que a criação genial do Jeca Tatu pode ser dada como "vingança do fazendeiro fracassado". Contos ajudam a nos vingar de pequenos e miseráveis desafetos, acreditava Lobato.

Sérgio Milliet finca com maior precisão o punhal na ferida. Afirma ele que "o Jeca Tatu é quase uma vingança pessoal; é o caboclo visto com o olhar azedo do fazendeiro malogrado" (267). Jeca Tatu foi escrito por fazendeiro para agregados, isto é, para ser lido por aqueles que julgava serem os jeca tatus da vida. Não é por acaso que, até 1982, as edições do *Jeca Tatuzinho*, financiadas pelo Laboratório Fontoura, tenham ultrapassado a marca dos cem milhões de exemplares. Deve ser o *best-seller* dos *best-sellers* brasileiros. Por tudo isso, Milliet detecta nos contos satíricos de Lobato menos humor e mais sarcasmo. Explica o crítico: "o humor, já o disse um conhecedor, jorra da ternura e do pudor dos tímidos. É uma compensação. Ao passo que o sarcasmo é uma transferência do espírito de revolta. É com o sarcasmo que o intelectual se vinga dos outros; é pelo humor que ele se castiga a si próprio" (267).

Monteiro Lobato era muito cônscio do próprio valor e do valor do seu legado. No momento em que um espasmo vascular cerebral o aproxima do acerto de contas com a morte, entre uma e outra blague, dessas que servem para afastar da imaginação as lembranças do passado, Lobato soltou uma frase que o biógrafo e admirador apressou em copiar. Disse que estava ansioso "por verificar, pessoalmente, se a morte era vírgula, ponto e vírgula ou ponto final" (Cavalheiro 59).

Aparentemente um mero gracejo de velho bisbilhoteiro e rabugento, a frase acima citada retoma a idéia obsessiva que vimos salientando nesta leitura das obras literárias para adultos de Monteiro Lobato. Homem pragmático, queria saber o valor e o peso da vida e da obra, já. A morte é o único metro e, por isso, o padrão verdadeiro para medir e avaliar a vida no planeta terra, seja ela a do homem, do vegetal ou do animal. É ela também o verdadeiro padrão que serve para medir e avaliar as obras do homem. Durante a atribulada vida, Lobato acabou se familiarizando com a morte graças a inúmeros e interpostos personagens e situações que abundam nos seus contos e impressões ficcionais. Isso não era suficiente.

Tomado passageiramente pela agrafia, quer ouvir a fala de além-túmulo. Quer conhecer *pessoalmente* a morte. Quer conhecer nova balança, pesos e medidas. Não é no jogo da antítese morte/vida, antítese sempre mediatizada pelo amor, que estaria a verdade sobre uma vida? sobre uma obra artística? No já citado e célebre conto "Facada imortal", o narrador pergunta: "que é o conto senão uma antítese estilizada?" No conto que dedica a Maupassant, em *Urupês*, ao aclarar os princípios da arte ficcional do escritor francês, Lobato declara com as mesmas palavras o norte da sua arte ficcional: "Porque a vida é amor e morte, e a arte de Maupassant é nove em dez um enquadramento engenhoso do amor e da morte". Lembremos uma vez mais que o título original de *Urupês* era *Doze mortes trágicas*.

O metro que escolheu para medir vida e obra, Lobato tomou-o de empréstimo ao padrão gramatical, que aprendeu para construir as frases barrocas, metafóricas, afirmativas, tonitruantes. Uma parada pode ter pouca importância — a frase se prolonga incisiva depois de uma vírgula. Uma parada pode ser um tropeço passageiro, serve para deixar a frase respirar, ganhar galeio e se prolongar — a frase continua robustecida depois de um ponto e vírgula. Uma parada definitiva pode acontecer — eis a fatalidade de um ponto final. É pela frase que escutou como bisbilhoteiro, anotou como antropólogo, escreveu e remendou como ficcionista, burilou e publicou em letra de forma para virar escritor, é pela frase trabalhada e rebelde, dinamite pura, que Lobato quer ser julgado pelos cidadãos e pela crítica.

A vida e obra de Monteiro Lobato desapareceriam definitivamente como desapareceram o Bocatorta, as cidades fantasmas e a serra da Mantiqueira? Ou durante alguns poucos anos encontrariam abrigo em algumas poucas palavras generosas? Ou ganhariam a notoriedade e a consagração *post-mortem*, concedidas por muitas e repetidas palavras elogiosas, proferidas em cinqüentenários, centenários?

Um dos seus mais lúcidos e impiedosos críticos, Sérgio Milliet, formulou precocemente a pergunta sobre o legado de Monteiro Lobato e a respondeu quatro anos antes da morte do autor, no dia 30 de setembro de 1944. No segundo volume do *Diário crítico*, lemos que Lobato "passará pelo crivo das revisões impiedosas e ainda encontrará entusiasmos alucinados. Do barulho sairá para as antologias uma dúzia de contos modelares. E mais boa parte de sua literatura infantil que só encontra paralelo nas grandes literaturas infantis internacionais" (269).

Avesso à indolência tropical, francamente a favor tanto do trabalho que dá alma ao homem e constrói líderes carismáticos, quanto da evolução da ciência que traz o progresso para a nação e das técnicas que propiciam o bem-estar dos cidadãos, tocou a Lobato começar a vida profissional numa época de "bestializados". O país estava entregue ao total abandono moral e cívico, de que são exemplo na nossa literatura as obras nitidamente pessimistas e amargas de Afonso Arinos, Euclides da Cunha e Lima Barreto. Na República Velha, são eles os "enquadradores engenhosos do amor e da morte". Na descoberta precoce do movimento que gera os conflitos da "antítese estilizada", talvez esteja aí uma das razões pelas quais Lobato tenha sido sempre tão sensível e pouco paciente diante de qualquer *parada* (ou de qualquer abandono, de qualquer paralisia, ou de qualquer "caquexia", para usar o seu vocabulário precioso, tão fora de moda na estética minimalista hoje dominante).

"O nosso progresso", escreveu ele em *Cidades mortas*, "é nômade e sujeito a paralisias súbitas". E continua: "Progresso de cigano, vive acampado. Emigra, deixando atrás de si um rastilho de taperas". Em livro posterior, acrescentará: "Tudo por aqui é emergência, isto é, solução pessoal, ocasional, momentânea, provisória". Lobato busca e sempre buscou o significado preciso de qualquer parada, de qualquer abandono, de qualquer paralisia, para melhor criticá-los. Valia-se, para tal, do metro da vida, vale dizer, quer salientar as razões para o atraso do país. Foi um lutador que, pelo uso fácil e desabusado da palavra brutal e inesperada, levantou frentes de rebeldia, angariando com isso a antipatia do mundo oficial da República Velha, da Nova República e do Estado Novo.

Dono de uma linguagem elaborada e senhor de grande erudição, como pôde Monteiro Lobato ter chegado a diagnósticos tão simplistas e tão abrangentes sobre a realidade cultural, social e econômica brasileira? O pano de fundo para a resposta a essa pergunta está no pessimismo aristocrático, cheio de boas intenções, que Monteiro Lobato, a semelhança do Paulo Prado autor do *Retrato do Brasil*, cultivava diante da nossa trôpega formação étnica. O colorido definitivo desse cenário aristocrático está no dito, quase provérbio, que se encontra em *Mr. Slang e o Brasil*: "Grão-de-bico, pacova e quimbombô banana e o negro com o quiabo deram na nossa terra os frutos que podiam ter dado". Nesse cenário tropicalista *avant la lettre*, Monteiro Lobato se instala como um escritor, dublê de médico, de sanitarista, de biólogo, de pregador bíblico e de economista.

Aos "technical experts" desta ou daquela disciplina, ele opõe o bom-senso do caixeirinho de armazém, desde que instruído pela cartilha de Henry Ford. Na combinação do conhecimento enciclopédico do generalista, imbuído pelo pessimismo patriótico, com o bom-senso do caixeirinho do armazém, ingênuo mas direcionado pela ideologia do progresso individual pelo trabalho, é que Lobato consegue diagnosticar com *imprecisão de detalhes* os nossos grandes males. Com o espírito do generalista e do caixeirinho, ele detecta as causas simples para as doenças da nossa civilização tropical (causas ditas complexas pelo Estado burro e corrupto, leia-se o conto "Um suplício moderno", e pela elite embusteira) e procura saneá-las com o proselitismo de pregador evangélico.

O generalista retira do bolso o receituário e entrega a receita para o caixeirinho aviar. O primeiro é capaz de prescrever, para cada mal diagnosticado, o remédio perfeito e eficiente, e o segundo é capaz de aplicar as injeções milagrosas, estabelecendo novas diretrizes para o desenvolvimento e o progresso que retirariam país e cidadãos da paralisia asfixiante. A simplicidade na análise, repitamos, é amiga da visão abrangente e também dos remédios milagrosos.

Havia latente no primeiro e segundo Lobatos um "fordismo" que se tornou evidente e publicitário a partir da sua viagem aos Estados Unidos em fins da década de 1920. Escreve ele em *Mr. Slang e o Brasil*: "Depois que Henry Ford demonstrou como se aproveitam até cegos e aleijados, ninguém tem o direito de alegar o não presta. Tudo presta. Até um cego, um estropiado presta. A questão toda está em *proporcionar-lhes condições para prestar* [grifos de Lobato]".

A antiga e definitiva batalha de Lobato, e a que lhe rendeu a fama precoce, foi a de querer proporcionar condições para que o parasita Jeca Tatu prestasse. Para se chegar ao diagnóstico sobre o atraso do Jeca Tatu, o "médico" neutralizou os efeitos nocivos causados por ele e seus pares na constituição do miserável objeto de estudo e, por isso, Lobato se posava de libertador do povo e, no entanto, era injusto e impiedoso para com esse povo. Lobato se esqueceu de que ele — e demais latifundiários amigos — eram os verdadeiros parasitas dos antepassados dos atuais agregados, como o tinham sido dos velhos escravos. É na condição de também parasita que competia a ele diagnosticar os males do caboclo-parasita. Os defeitos do explorador do trabalho alheio (do latifundiário) se escondem para que mais salientem a indolência do explorado (do caboclo).

O caboclo vivia — se se pode chamar a isso de vida — como um parasita da terra, afirma o Lobato fazendeiro. Ele se apresentava aos seus olhos como "um piolho da terra", em tudo semelhante ao *Argas* (que ataca as galinhas) e ao *Sarcoptes mutans* (que ataca as pernas das aves domésticas). Era um depredador, solto no espaço social, como certos monstros nos filmes mais recentes da ficção científica hollywoodiana. Ele é, como se diz hoje, do mal. É contra a vida. Como o mata-pau, o caboclo é um parasita que destrói a vida. "A árvore morre e deixa dentro dele [do mata-pau, do parasita] a lenha podre". Acaba com a boa semente. O caboclo é *natural dos trópicos*, é tão selvagem quanto a natureza que o formou, por isso um é cópia do outro. Não há uma História que conte a luta dos "parasitados" contra a natureza tropical e contra os poderosos que o descobrem tardiamente na condição de parasita. Todos os caboclos são parasitas e bandidos. É preciso exterminar a raça dos vilões intestinos. "A higiene, eis o segredo da vitória", repete Lobato. Tarefa para sanitaristas, Lobato deles se aproxima. Benéfica e patriótica tarefa, sem dúvida, e daí?

São inúmeras as versões literárias que Lobato nos dá dos males do miserável parasitismo brasileiro, versões elaboradas e sempre cercadas pelo conhecimento enciclopédico do generalista, tomadas que são da biologia e da zoologia. O exemplo clássico, objeto de conto em *Urupês*, encontra-se na árvore que mata outra, o mata-pau, cuja imagem habilmente desenhada pelo escritor circula em belas reproduções pelos seus livros (*Furacão da Botocúndia* 85). Diante do mata-pau, a imaginação do narrador só não pensa em si, pensa na literatura. Nesta descobre "as serpentes de Laocoonte, a víbora aquecida no seio do homem da fábula, as filhas do rei Lear, todas as figuras clássicas da ingratidão".

Encontra-se outro exemplo de parasita nas constantes referências ao pássaro conhecido como chupim. O mais perturbador dos exemplos de parasita está, sem dúvida, no conto "Os pequeninos". O pequeno periperi descobre e ataca sem piedade o ponto fraco da grande ema. Ele se instala debaixo da asa, de onde não consegue ser retirado pela ema.

A ema fica girando como uma louca enobrecida pela dor, sem nunca conseguir se livrar do sanguessuga. O parasita tem moral darwiniana, ele será forte, matando a ema. Esqueçamos as boas intenções na leitura desse apólogo. Quem é a ema? Quem é o parasita? Por que são os "pequeninos" demoníacos e a ema, nobre?

Transferindo a temática dos contos caboclos para o mundo urbano, Lobato empresta de novo ao parasitismo imagens biológicas e cria novos personagens. Em "O Fisco", incluído na coletânea *Negrinha*, o narrador elabora sucessivas comparações entre o organismo humano e a vida na cidade. A rua é a artéria; os passantes, o sangue. O desordeiro, o bêbado e o gatuno são os micróbios maléficos, perturbadores do ritmo circulatório determinado pelo trabalho, em particular dos imigrantes italianos. O soldado de polícia é o glóbulo branco — o *fagócito* de Metchnikoff. E continua o conto: "Mal se congestiona o tráfego pela ação anti-social do desordeiro, o fagócito move-se, caminha, corre, cai a fundo sobre o mau elemento e arrasta-o para o xadrez". O combate ao parasitismo urbano desenha uma Paulicéia repressiva, pujante e ordeira, apenas perturbada agora pelas restrições nocivas do Estado à livre iniciativa, que aparece sob a forma do "fisco corrupto" ("Da camisola de força", *Mr. Slang e o Brasil*).

Roberto Ventura, em capítulo notável do livro *Estilo tropical*, mostrou como Manuel Bonfim, embora concebesse a sociedade como organismo, procurou também investigar as leis não-biológicas, específicas aos fatos sociais. Em lugar de estabelecer homologias simples entre o conhecimento biológico e o conhecimento social (como é o caso de Monteiro Lobato acrescentamos nós), delimitou a diferença entre as duas áreas. Manuel Bonfim tomava de empréstimo conceitos da biologia e da zoologia, mas precisava com nitidez a validade da transferência dos conceitos científicos para a análise do campo social. Portanto, há que tomar cuidado na análise do conceito de *parasitismo* em Manuel Bonfim e Monteiro Lobato.

Na passagem de Bonfim para Lobato há um emburguesamento, um empobrecimento teórico na rentabilidade dos esquemas homológicos como passíveis de serem ferramentas explicadoras da realidade social do país e do mundo ocidental. Em Bonfim, o esquema do parasita e parasitados na natureza serviria para explicar, na sociedade, dominantes e dominados, senhores e escravos, capital e trabalho, metrópole e colônia, imperialismo e nacionalismo. Passo mais importante dá Bonfim ao recusar a homologia entre a biologia e a sociedade. Agindo dessa forma, escreve Roberto Ventura, o ensaísta conseguiu estabelecer "as diferenças entre o parasitismo *orgânico*, que traria modificações irreversíveis nos organismos, e o *social*, que poderia ser extirpado pelos parasitados — o escravo, o trabalhador, o proletário, a nação — por meio da luta contra as diversas formas de exploração" (157). É dessa forma, continua Ventura, que Bonfim escapa ao pessimismo e ao determinismo das teorias do meio, da raça e do caráter nacional brasileiro.

Antonio Candido, em sucinto e definitivo artigo sobre Manuel Bonfim, complementa as palavras de Roberto Ventura, assinalando que o parasitismo, dado em *A América Latina* como "mal de origem", mostra como o parasita, vivendo à custa da exploração completa do parasitado, acaba incapaz de sobreviver sem ele, degrada-se ele próprio e cai, dando lugar a novos elementos dirigentes. Conclui Candido: "Deste modo se mantém a continuidade da estrutura na mudança dos agentes e nunca se criam as condições para o trabalho realmente livre, que permite o bem-estar e o equilíbrio social" (138).

Bibliografia

Azevedo, Carmem Lúcia de, Maria Mascarenhas de Rezende Camargos, e Vladimir Sacchetta. *Monteiro Lobato: Furacão da Botocúndia*. São Paulo: SENAC, 1997.

Candido, Antonio. "Os brasileiros e a nossa América". *Recortes*. São Paulo: Companhia das Letras, 1993. 130-9.

Cavalheiro, Edgar. "Vida e obra de Monteiro Lobato". *Urupês*. Monteiro Lobato. São Paulo Brasiliense, Monteiro Lobato. *Obras completas*. Primeira Série, Literatura Geral. 9ª ed. São Paulo: Brasiliense, 1959. 3-79.

Milliet, Sérgio. *Diário* crítico. 2ª ed. São Paulo: EdUSP, 1981.

Rosa, João Guimarães. "Aletria e hermenêutica". *Tutaméia*. Rio de Janeiro: José Olympio, 1967. 3-12.

Ventura, Roberto. *Estilo tropical: História cultural e polêmicas literárias no Brasil. 1870-1914*. São Paulo: Companhia das Letras, 1991.

MANUEL BANDEIRA:
DISFARCES DE UMA VIDA PEREGRINA

Goiamérico Felício Carneiro dos Santos[1]

> Somos muitos Severinos
> iguais em tudo e na sina:
> a de abrandar estas pedras
> suando-se muito em cima,
> a de tentar despertar
> terra sempre mais extinta,
> A de querer arrancar
> algum roçado da cinza.
> mas, para que me conheçam
> melhor Vossas Senhorias
> e melhor possam seguir
> a história de minha vida,
> passo a ser o Severino
> que em vossa presença emigra.
>
> João Cabral de Melo Neto
> *Morte e vida Severina*

Os ataques da doença severina

Nesse vislumbre interpretativo da poética construída por Manuel Bandeira ao longo de uma existência ancorada e, possivelmente, justificada pela poesia, vemos que o São João Batista dos modernistas pas-

---

[1] Professor de Teoria da Literatura e Literaturas de Língua Portuguesa da Pontifícia Universidade Católica de Goiás. Coordenador do curso de Publicidade e Propaganda da Faculdade Cambury.

sou a construir disfarces da dor exarada por uma existência não concretizada nas beberagens de sinceras alegrias, tampouco calcada numa felicidade perene, recheada das alegres plenitudes nas quais se realiza uma existência.

Quais as marcas enunciativas que prenunciam a obra literária de Bandeira? Em que medida, essas marcas se associam ao poeta esquálido, todo frágil de saúde, um sobrevivente que desde criança sempre teve como ameaça uma vida de tempo contado? No depoimento de Aloysio de Paula[2], amigo médico, companheiro solidário (pois que passou a sofrer do mesmo mal da tísica), além de fervoroso e atento leitor da poesia de Bandeira, e que o acompanhou até o fim: "Em Manuel Bandeira, a poesia precedeu, de muito, a doença. É a partir dos dezoito anos, quando a tuberculose o assalta, que passam elas a conviver, em permanente influenciação recíproca".[3]

Mal ensaiou os primeiros passos, Manuel Bandeira já os direcionou no encalço da poesia. A tenaz perseguição da doença chegou depois, sem avisar, para flagelar o menino Manuel, tornando toda uma vida repleta de possibilidades uma renitentemente doce, afável existência conformada à condição de severina existência.

Batizado à pia como filho do engenheiro Manuel Carneiro de Sousa Bandeira, o futuro poeta sorveu todo um ambiente de poesia exalado por uma Recife cortada pelo Capibaribe e banhada pelo mar. Mas a poesia estava mais próxima, pois o seu pai, como bom versejador que era, fez com que Manuel Bandeira viesse a beber das fontes cristalinas das artes poéticas, colocando-o em estreito contato com os mestres da Antigüidade Clássica. Mas o poeta, em sua sofrida trajetória, foi afinando-se cada vez mais com os cultores da moderna literatura européia.

A estada no sanatório de Cladavel, perto de Davos-Platz, verdadeira Pasárgada às avessas, propiciou ao jovem poeta duas revelações: a revelação do ainda secreto mal da tuberculose e a descoberta da vocação poética, verdadeira tábua de salvação para quem teria que mergulhar em mundos imaginários, sem restrições.

Em suas memórias[4], Bandeira deixou um indelével documento de história literária, um prato cheio para os exegetas de sua obra, no qual está registrada a trajetória de sua poesia e também toda uma concepção de literatura em tempos de intensa ebulição e mudanças de paradigmas

---

[2] Silva 45-54.
[3] Idem 45.
[4] *Itinerário de Pasárgada*.

acerca do objeto literário. Registre-se que, em seu *Itinerário*, Manuel Bandeira enumera parte da influência que recebera de grandes vultos da literatura européia, como que a dar um testemunho de suas fontes nos campos da retórica e da poética:

> As influências literárias que fui recebendo são incontáveis. Foram sucessivas, não simultâneas. Me lembro de uma fase de Musset, de uma fase de Verhaeren... Villon... Eugênio de Castro... Lenau... Heine... Charles Guérin... Sully Prudhomme... Até Sully Prudhomme? Dirá algum requintado de hoje. Até Sully Prudhomme. Foi ele quem me deu a vontade de estudar a prosódia poética francesa, o que fiz no compêndio de Dorchain. Assim se explica a mania em que andei algum tempo das formas fixas — baladas, rondós e rondeis; assim se explica a alternância de rimas agudas e graves da maioria dos poemas de *A cinza das horas*.[5]

As tradições revividas pela gente simples com a qual conviveu o menino Manuel, o carinho e o desvelo dos familiares que cercavam-no contra os males do mundo não o impediram de vir a sofrer com a desdita, com a ameaça trazida pela tuberculose que então significava verdadeira sentença capital. Mas ao fim do interregno em que o poeta é acometido pela doença, delimitado pela publicação de *A cinza das horas*, Bandeira sente-se compelido a refazer o seu *Itinerário*. Daí o arrependimento advindo de suas memórias — na verdade, escritas à custa da insistência dos amigos Fernando Sabino e Paulo Mendes Campos. Tal arrependimento, como diz o poeta, vem da consciência das suas limitações poéticas. Essa constatação revela o afloramento de uma maturidade literária, também fruto do conhecimento dos mestres franceses. Daí talvez o impasse criativo, a consciência culpada por arriscar-se numa empreitada que poderia levá-lo a mais um fracasso, a mais uma impossibilidade das tantas com que o poeta deveria conviver.

> Tomei consciência de minhas limitações. Instruído pelos fracassos, aprendi, ao cabo de tantos anos, que jamais poderia construir um poema à maneira de Valéry. Em "Mémoires d'un poème (*Variété V*)" confiou-nos o grande poeta que a primeira condição que ele se impunha no trabalho de criação poética era *"le plus de conscience possible"*; todo o seu desejo era *essayer de retrouver avec volonté de conscience quelques résultats analogues (entre*

---
[5] Idem 45.

cent mille coups quelconques) lê hasard mental". Anteriormente chegara ele a dizer que preferia *"avoir composé une oeuvre médiocre em toute lucidité q´un chef-d'ouevre à éclair, dans um état de transe"* (...).[6]

É como se a descoberta de uma quase forçada vocação literária também ocorresse por contágio: Cladavel, Meca dos leprosos, recebera para tratamento poetas, como Paul Claudel. Coincidentemente, no mesmo lugar onde fora instalado o sanatório, estivera o poeta português António Nobre, cujos versos tanto impressionara Bandeira. Ali, o novo inquilino trava contato com uma personagem que muito o influencia na tomada de decisão, na aceitação de um novo sortilégio: ser poeta.

Estranha-se que Manuel Bandeira, em seu *Itinerário*, quando nos dá conta do seu embarque para a Suíça, em junho de 1913, negue qualquer tipo de influência literária, à exceção das leituras de Goethe, Heine e Lenau. Pois o seu relato parece sugerir que não foi sem qualquer marca que Bandeira retornou à pátria.

Afinal, é nesse mesmo espaço de confessada não influência em seu *Itinerário de Pasárgada* que Manuel Bandeira alonga-se no relato do encontro com dois poetas. Paul Eugène Grindel, que depois denominou-se Paul Claudel, o festejado poeta francês, no mesmo instante em que confessava a Bandeira sua indecisa vocação de poeta, travava longos debates com o brasileiro em busca de cura. Com ele, Manuel Bandeira efetuou trocas das obras de suas preferências. A formação literária de ambos parece ter tido uma marca ainda no sanatório. A formação completa de Claudel foi efetuada com o contato com os dadaístas e impressionistas.

Enquanto isso, Bandeira, já tocado pelo sopro de mudanças, decide ali mesmo, em Cladavel, dar à lume seu livro de poesias. Estava decidido: o sortilégio que o afastara da Escola Politécnica, de onde sairia engenheiro aos moldes do pai, impusera-lhe um novo rumo. A poesia seria a sua razão de ser.

A doença tocou fundo em Bandeira, enfurnando-o no reino da linguagem. Negar qualquer influência nessa opção pela literatura não seria negar que a doença também o empurrara para a poesia? Senão vejamos uma outra personagem que coabitou Cladavel com Bandeira,

---
[6] Idem 39.

e que muito o impressionou. Trata-se de um poeta húngaro, cujo destino foi diverso de Bandeira e Claudel, que driblaram a doença ao longo dos anos: "Mais interesse me despertava em Cladavel a figura de um poeta húngaro, Charles Picker, muito original como pessoa. Devia ter os seus vinte e poucos anos e se sentia perdido. Enfrentava, porém, a doença com grande bravura e *humour*".[7]

Inegável seria, pois, a impressão que exercera sobre Bandeira o poeta Picker que tão cedo naufragou ante uma doença que até então dificilmente perdoava as suas vítimas. Tão impressionado ficara Bandeira com a brava e resistente figura de Picker que ele fez questão de resgatar em seu *Itinerário de Parságada* os contundentes versos do húngaro para que os mesmos não se perdessem nas dobras do tempo. Essa, convenhamos, não poderia deixar de ser uma contudente pista de que o poeta Bandeira se deixou tocar pelo colega de desdita:

> Nada roubaste hoje, amigo, aos deuses imortais?
> Pobre perdulário! Então os deuses te roubaram o dia.
> Mas infinito é o oceano da Grande Memória
> E nele, mais docemente do que a vaga e o vento, afundam
> [irrecuperáveis tesouros].[8]

> Parece que ainda estou vendo os pequeninos olhos de Picker, doces e maliciosos, dizendo esses versos... Tenho que se ele houvesse resistido à tuberculose, como eu e Éluard resistimos, seria a esta hora um dos grandes nomes da literatura: possuía tudo para isso.[9]

A postura de grande bravura e o humor com que Picker enfrentou a doença até o fim parece ter sido herdada pelo poeta que depois passou a adotar a mesma estratégia de despiste ante um sofrimento tão renitente, passando a ser mesmo parte constitutiva dos temas desenvolvidos pelo poeta.

Prova maior de que Manuel Bandeira passou a exercer o ofício poético tendo como ponto de abordagem a sua condição de condenado, sempre acossado pelo tempo cada vez mais breve, quem nos dá é Mário de Andrade. A amizade entre os dois nunca sofreu qualquer tipo de descontinuidade. Os missivistas davam conta um ao outro de cada pas-

---

[7] Idem 54.
[8] Idem 54.
[9] Idem 55.

so, de cada empreitada rumo à construção de suas obras. Mesmo quando um fazia reparo ao outro quando da apreciação de seus escritos, ainda no nascedouro, quando cada um submetia à leitura crítica do amigo a produção recém-saída do forno. Por exemplo, à opinião desfavorável sobre *Paulicéia desvairada*, Mário redargüiu como um verdadeiro *gentleman* ao valorizar o leitor-crítico Manuel Bandeira: "Para mim a melhor homenagem que se pode fazer a um artista é discutir-lhe as realizações, procurar penetrar nelas, e dizer francamente o que se pensa".[10]

Manuel Bandeira aceita a proposta de exercício crítico estabelecida pelo amigo. Como vimos, não poupa o modernista Mário de Andrade. As suas contínuas e esclarecedoras cartas dão conta desse movimento de mão dupla no exercício crítico, que ambos exercem implacavelmente. Mas quando o autor de *Macunaíma* toca na ferida mais dolorida do amigo, esse reage parecendo não ter assimilado um reparo de Mário quanto ao verso construído à custa de uma insistente dor e de um agudo sofrimento pessoal. Nesse momento, parece que Manuel Bandeira sente-se magoado com o reparo de Mário:

> A crítica de Mário, "Manuel Bandeira", na *Revista do Brasil* de novembro de 1924, indaga da validade de uma concepção poética toda ela situada no limite da patologia, a tísica do poeta. Para o crítico, a 'teatralidade ingênita' absorve o eu lírico de *Cinza das horas*, acentuando o mero *topos* poético: 'Mentira! É mentira! (...) Ninguém poetou jamais a se exaurir'. Os argumentos de Bandeira recuperados na carta insinuam-se nas relações da vida e da literatura: 'Será preciso ser tísico para sentir certas coisas de tísico?', indaga o cortante Bandeira.[11]

Bandeira acusa o golpe dizendo pouco se importar se gostam dos seus versos ou não — aliás, a simples menção sugere o contrário do que afirma o poeta. Para defender-se da crítica, Bandeira não perde o tom cordato e afável, enaltecendo as inegáveis qualidades de um Mário dotado de um forte cabedal de cultura literária. A crítica, ainda que magoasse o amigo, afetou Bandeira. O testemunho de que suas palavras mereceram todo o crédito foi dado pelo poeta que sofria as dores da tísica nos pulmões e que agora se machucara em sua inconfessada vaidade de poeta que não perde tempo para defender a sua "cria", conforme se vê no

---
[10] Moraes 23.
[11] Idem 25.

epílogo de uma longa carta, de 09 de abril de 1927, na qual abundam assuntos variados, como que temendo entrar num assunto que o deixaria pouco à vontade. Por isso, os circunlóquios, as divagações. Somente no penúltimo parágrafo, Bandeira se defende, antes tomando o cuidado de elogiar fartamente o amigo, para terminar com mais uma amenidade:

> Acho graça de ler as suas aporrinhações com a literatura. Acho graça porque nisso sou tão diferente de você. É verdade que não sou um escritor como você, sujeito que se prepara, estuda, propõe-se problemas, resolve-os, etc. Quando se faz um esforço assim, fica-se safado de ser julgado levianamente e quando se põe tanto amor como você põe na obra, o desamor dos outros dói. Eu não faço nada disso. Minha arte não é arte. É secreção que alivia... excreção... apesar de todas as mudanças por que passei e que você assinalou na sua crítica o móvel e razão profunda do *Carnaval* e *Ritmo dissoluto* como que veio depois são os mesmos da *Cinza das horas*.[12]

A bem da verdade, Manuel Bandeira deu a Mário armas para insinuar a insistente estética do sofrimento pessoal de um poeta em constante lamento pelo triste fado a que se vê condenado. Assim, a doença passou a ser seu motivo de tristeza e também de cantares. *A cinza das horas*, de 1917, tem como pórtico a "Epígrafe" que bem denuncia um lamento pela condição de perda e frustração a que se vê sujeitado o poeta. Esse fato não carece de ser interpretado como "mera coincidência":

> Sou bem nascido. Menino,
> Fui, como os demais, feliz.
> Depois, veio o mau destino
> E fez de mim o que quis.
>
> Veio o um gênio da vida,
> Rompeu em meu coração,
> Levou tudo de vencida.
> Rugiu como um furacão. (119)[13]

O poema "Desencanto", de 1912, escrito no retiro de Teresópolis, que se segue à "Epígrafe", insiste no lamento de um poeta que passa a

---
[12] Idem 343.
[13] As referências diretas da poética de Bandeira, daqui pra frente, serão extraídas de *Manuel Bandeira: poesia completa e prosa*.

conviver com esparsas tristezas mescladas a intenso prazer. Nesse ponto, Manuel Bandeira parece ser tocado pelo conceito socrático do prazer que nunca deixa de estar acompanhado do seu oposto:

> Eu faço versos como quem chora
> De desalento... de desencanto...
> Fecha o meu livro, se por agora
> Não tens motivo nenhum de pranto. (119)

As defesas do poeta

Dor e prazer. Duas sensações aparentemente tão inconciliáveis! Mas, em essência, vemos que ambas sensações convivem harmonicamente, andando de par em par, como se cada uma delas existisse para justificar a outra. Como se uma — dor ou prazer — só pudesse se fazer presente quando instada pela outra. Companheiras tão próximas, tão necessárias uma da outra, dor e prazer acabam mesmo justificando, plenificando a existência.

A propósito dessas análogas sensações, recordemos o *Fédon*. Assim que se encontra a sós com o discípulo Críton, Sócrates, que se encontrava em sua última hora antes do suplício, pôs-se a filosofar acerca da situação em que se encontrava. Assim, brinda os seus circunstantes começando sua derradeira peroração. Inusitadamente, o filósofo dá início ao diálogo fazendo referência não à dor que o afligia, mas ao princípio do prazer que nunca está sozinho, nunca deixa de ter por vizinho, sempre à espreita, a ameaça da dor. O fato é que, depois da dor, quanto mais aguda, mais forte e necessária advirá uma rara sensação de prazer que, em essência, nunca será contrária à dor:

> É uma coisa muito estranha — disse — isso que os homens denominam prazer. Ela harmoniza perfeitamente com a dor que se acredita seu contrário. Porque se não é possível que sejam encontrados juntos, quando se é objeto de um dos dois, deve-se esperar quase sempre o outro, como se fossem inseparáveis.[14]

Para Sócrates, a morte vem a significar libertação da vida. Já para o poeta, a libertação da morte será encontrada na poesia. Se a dor físi-

---
[14] Platão 120.

ca ou existencial é por demais insolente, é na linguagem que se evade o poeta. É na linguagem, somente na linguagem, que pode se realizar a depuração da dor:

> Meu verso é sangue. Volúpia ardente...
> Tristeza esparsa... remorso vão...
> Dói-me nas veias. Amargo e quente,
> Cai, gota a gota, do coração. (119)

Para lograr o necessário despiste da "indesejada", o poeta canta a vida mesmo em momentos de angústia, mesmo quando as horas são cinzentas. Mesmo quando se encontra encurralado, sem saída, como se o fim fosse a solução de tudo. Mas o poeta resiste pela palavra, ainda que em tom de lamento:

> E nestes versos de angústia rouca
> Assim nos lábios a vida corre,
> Deixando um acre sabor na boca,
> — Eu faço versos como quem morre. (119)

Como conviver com a triste verdade de que o fim está sempre próximo, que a morte está constantemente à espreita? Tomar o viés da alegria, assumir com toda a carga os sentimentos mais variados e díspares; enaltecer o amor, o prazer e a alegria, ainda que não vividos satisfatoriamente; aceitar o belo que deve estar nas coisas mais simples, nos fatos mais cotidianos. Eis aí a possível virada de Bandeira nos rumos de sua poética, avessa à alternativa oferecida por Nietzsche: "Quem sofre gravemente olha, da sua condição, com uma assustadora frieza para as coisas *lá fora*: todas aquelas pequenas feitiçarias mentirosas, nas quais de hábito bóiam as coisas quando o olho do sadio volta-se para elas, desapareceram para ele: ele próprio está diante de si sem plumagem e sem colorido".[15]

É como se Bandeira se tivesse deixado tocar pelas palavras de Hölderlin, que em seus escritos filosóficos pondera com rara beleza acerca dos sentimentos que tocam fundo o homem, que sensibiliza sempre mais quanto mais consegue captar o "essencial e significativo" em nome da alegria da descoberta:

---
[15] Nietzsche 170.

Deveria, assim, todo o conhecimento ter princípio no estudo do Belo. Porquanto, foi grande o ganho daquele que soube, sem luto, compreender a vida. Bons são também o entusiasmo e a paixão, o temor que não ousa tocar, que não ousa conhecer a vida e, além disso, a desesperança, quando a vida emerge de sua infinitude. O profundo sentimento da mortalidade, da mudança, da limitação no tempo impele o homem a sempre tentar mais, a ensaiar, exercitar todas as suas forças. Impede-o de sucumbir ao ócio e faz com que lutemos por quimeras, até que, enfim, reencontremos, para nosso conhecimento e nossa ocupação, algo de real e verdadeiro.[16]

Na defesa à crítica de Mário de Andrade, que colocara a poesia de *A cinza das horas* como reflexo de uma patologia, Bandeira alude ao fato de que nele a poesia é visceral e que a sua experiência com a dor, no espaço literário, não passa de uma recriação para que o outro — o leitor — possa compartilhar a emoção traduzida poeticamente. A emoção inicial, fruto da vivência do poeta em seu estado civil é apenas um ponto de partida. Só faltou Bandeira usar como argumento de defesa uma estratégia discursiva bem cara à lírica moderna. A estratégia de separação da pessoa física do eu lírico está bem presente em Baudelaire. Em *As flores do mal* (1857), não se limitou a fazer confissões pessoais nos versos que provocaram verdadeiro abalo sísmico nos ambientes literários da época, inaugurando novos procedimentos e novos padrões estéticos: "Com Baudelaire começa a despersonalização da lírica moderna, pelo menos no sentido que a palavra lírica já não nasce da unidade de poesia e pessoas empírica, como haviam pretendido os românticos, em contraste com de muitos séculos anteriores".[17]

Poderíamos dizer que Manuel Bandeira constrói a sua poesia segundo procedimentos análogos aos de Charles Baudelaire. Esse, ao escrever *As flores do mal* o faz a partir do "eu". *Nas flores* há um "eu" que sofre totalmente consigo mesmo. Esse "eu", porém, não representa o poeta enquanto personagem da vida; antes, esse "eu" constitui-se enquanto *persona*. Além do mais, não é característico da lírica o poeta estar voltado sobre si mesmo, numa atitude quase que de isolamento do mundo, numa atitude egoística? Ora, Bandeira não parece propor-se a construir uma poesia sintomática de seus males. O fato é que, em

---

[16] Apud Rosenfield 165.
[17] Friedrich 37.

casa, desde menino, Bandeira respirou poesia, recebendo do pai uma boa herança literária. Se a tísica conseguiu mudar o destino de Bandeira, afastando-o da Escola Politécnica, onde seguiria os passos do pai engenheiro, essa mesma doença propiciou-lhe uma nova direção. A literatura, poesia, deixou de ser, então, mero diletantismo para se constituir em condição de vida.

Relacionar-se com a doença passou a ser uma questão de sobrevivência. A doença da tísica naqueles tempos significava verdadeira fatalidade, quase sempre uma sentença cabal. Se o poeta, mesmo sendo "um fingidor", fala o que sente, mesmo quando não é sua a dor, como não falar da dor vivida? A experiência, os embates do poeta com a concretude da vida, de certa forma, constitui-se em chão, matéria-prima para o poetar. Registre-se que os poemas de *A cinza das horas* serão eivados de penumbra e de tristeza. Imperam o desalento, a sensação de que tudo se esvai como a névoa. O simbolista Bandeira não poderia deixar de expressar "sinceridade", mesmo quando a tristeza expressa é outorgada ao outro, como vemos em "Inscrição":

> Aqui, sob esta pedra, onde o orvalho roreja,
> Repousa embalsamado em óleos vegetais,
> O alvo corpo de quem, como uma ave que adeja,
> Dançava descuidosa, e hoje não dança mais...
>
> Quem a viu é bem provável que não veja
> Outro conjunto igual de partes naturais.
> Os véus tinham-lhe ciúme. Outras, tinham-lhe inveja.
> E ao fitá-la os varões tinham pasmos sensuais.
>
> A morte a surpreendeu um dia que sonhava.
> Ao pôr do sol, desceu entre sombras fiéis
> À terra, sobre a qual tão de leve pesava...
>
> Eram as suas mãos mais lindas sem anéis...
> Tinha os olhos azuis... Era loura e dançava...
> Seu destino foi curto e bom...
> — Não a choreis. (123)

O poeta não pede clemência pela dor sofrida, tampouco quando a morte instala-se, inadvertida e sorrateira, ceifando uma vida entregue ao sonho. O aprendizado e a iluminação propiciada pela dor possibilitam chegar ao conhecimento. Assim, para Manuel Bandeira, expressar a dor não seria um modo de sorvê-la, poética e longamente, sem qualquer ressentimento ou amargura, assegurando que se pudesse alcançar o conhecimento. A poesia, já na concepção aristotélica, seria a fonte do prazer e do aprendizado. Não por acaso, Bandeira serviu-se dessa apologia do filósofo que assumidamente constituiu-se em nosso primeiro teórico de literatura. Talvez por isso o tom acinzentado de sua poesia foi sendo abandonado, pois o poeta estava já no caminho da superação da dor para assumir a clave do humor e da ironia. Ao mesmo tempo, o aprendizado de Bandeira veio a se consubstanciar na própria concepção de poesia. Modernista *avant la lettre*, no livro seguinte, *Carnaval*, superado o tom pungente, o poeta se propõe entrar na roda viva da vida:

> Quero beber! cantar asneiras
> No esto brutal das bebedeiras
> Que tudo emborca e faz em caco...
> Evoé Momo! (158)

E, divertidamente, o poeta exalta os deuses do amor, da luxúria e da alegria. É também em *Carnaval* que o poeta cristaliza o seu engajamento com a linguagem. Vê-se Bandeira atingindo a maturidade poética, assumindo a condição iconoclasta que servirá de guia e inspiração para toda uma geração de modernistas. A intenção dos modernistas da paulicéia era, declaradamente, romper com o passado parnasiano-simbolista. Mas não bastava, para sacudir os alicerces da provinciana elite cultural paulista, revoltas e barulho. Eles precisavam de amparos, precisavam de baluartes para que fossem levados a sério. A bandeira que ajudou a sacudir os alicerces do Teatro Municipal de São Paulo foi tomada de empréstimo do bom e manso Manuel, então já uma estrela a brilhar no firmamento literário nacional. Seu famoso poema, "Os sapos", que causou furor quando lido por Ronald de Carvalho na Semana de Arte Moderna, revelou um Bandeira disfarçado em ironia e humor. Tudo indica que Manuel Bandeira, tendo tomado de empréstimo o espírito com que seu colega do sanatório de Cladavel Charles Pincker enfrentou a doença, agora disfarçara-se em corrosiva blague para dar rasteira na repetitiva cantilena da saparia parnasiana.

O poeta, então, resolveu brincar com a sorte, inventando um novo jeito de relacionar-se com a vida. Brincando, o poeta, agora guia espiritual dos modernistas, passou a usar e abusar das formas poéticas, inventando ritmos, bailando leve porque leve lhe parecia a vida. O

"Debussy" dá bem o tom da nova rítmica de um poeta que celebra o gozo, a brincadeira. A tristeza é cada vez mais esparsa, cada vez menos reclamada pelo poeta como motivação. O amor buscado é manso, pois o poeta parece ter domado a fúria dionisíaca:

>Para cá, para lá...
>Para cá, para lá...
>Um novelozinho de linha...
>Para cá, para lá...
>Para cá, para lá...
>Oscila no ar pela mão de uma criança
>(Vem e vai...)
>Que delicadamente e quase a adormecer o balança
>— Psiu... —
>Para cá, para lá...
>Para cá e...
>— O novelozinho caiu. (168)

Para Bandeira, tudo é leve, tudo é música, tudo é delicado, suscetível de movimento. O menor movimento se amplia pela lente que passa a evocar a fragilidade da vida, a falta de domínio de um simples novelozinho com que se brinca. "Debussy" é bem um registro de limitação do poeta. Mas a própria frustração recebe um disfarce. Essa impossibilidade também é compensada pela habilidade que o poeta esbanjava. Bandeira domina a linguagem o bastante para fazer música sem melodia. Não por acaso, suas composições poéticas são hoje aproveitadas como letras de canções: "Eu faço versos para me consolar de não ter idéias musicais: nunca a melodia mais precária ou mofina me passou pela cabeça. (...) Ainda bem que não me falta o sentimento do ritmo e da estrutura musical. Onde as encontro, gozo-as libidinosamente".[18]

A libertação de todos os laivos de amargura trazida pela doença — as cinzas que davam uma pátina de tristeza tão evocada nos versos inaugurais de Manuel Bandeira — se fazem notar com o aparecimento de *Libertinagem*. Aqui, como bem pontifica Mário de Andrade em sua festejada interpretação de *Libertinagem*, Bandeira atinge o máximo domínio estético, como bem o ilustra o abusado e gostosíssimo "Poética", que hoje obrigatoriamente deve fazer parte de qualquer antologia digna de respeito.[19]

---

[18] Moraes 23.
[19] Apud Brayner.

Em *Libertinagem*, fazendo uso de todos os ritmos, de todos os metros, como somente fazem os grandes mestres da poesia, Manuel Bandeira conquista a tão buscada libertação pessoal. Observa-se que a alegria ganha o tom de deboche; a ironia, de tão abusada, não é mais disfarce de uma vida severina, que ficou pra trás. Agora, o inconformado Bandeira, mais do que nunca está liberto de todas as amarras, de todas as impossibilidades. Aquele Manuel Bandeira que podia ser tachado de disfarçadamente triste e mergulhado numa renitente introspecção, entrega-se ao êxtase dionisíaco, numa alegria incontidamente contagiante.

Em *Libertinagem* a ironia, o humor e a euforia são espontâneos. A liberdade poética não mais é utilizada com meias-medidas. Mais modernista que antes, mais ousado que qualquer experimentalista de seu tempo, Bandeira também é capaz de fazer troça de qualquer sentimento de negatividade, e com a maior naturalidade. Assim, rompe com as normas estéticas, acidamente criticando a tudo e a todos, sem pedir licença. Até mesmo a vida social de seu tempo não escapa aos olhos do observador engajado que, à beira do salão carnavalesco, não poupa a ninguém. Tudo agora é matéria poética para Bandeira, desde que soprem os ares da bem-aventurança. E aquela probabilidade, mínima que seja, de que qualquer vivente possa ser assaltado por uma adversidade é desconsiderada pronta e diligentemente:

> Uns tomam éter, outros cocaína.
> Eu já tomei tristeza, hoje tomo alegria.
> Tenho todos os motivos menos um de ser triste.
> Mas o cálculo das probabilidades é uma pilhéria... (202)

A tristeza de Manuel Bandeira parece ser inegável, conforme depoimento do amigo Fernando Sabino, na evocação que faz ao poeta em seus cinqüenta anos:

> Era uma tarde clara e fresca, vínhamos andando à toa da cidade. Ele fez um comentário qualquer sobre a mudança na aparência das ruas — às vezes chegava a estranhar o aspecto de certas partes do Rio tão diferentes de seu tempo. Falamos então nessa estranha perspectiva que é a de termos de morrer um dia — um dia que para ele estava mais próximo, pois já fizera 80 anos. Lembro-me que ele se deteve e pôs carinhosamente a mão no meu ombro, para dizer sorrindo: na verdade eu já morri, não passo de um fantasma; meus pais já morreram, os parentes

quase todos, os amigos — Rodrigo, Mário, Ovalle — e eu fiquei sobrando por aqui, feito um espírito errante, por estas ruas de sonho...[20]

Mas a tristeza no poeta Manuel Bandeira só de vez em quando ressurge aqui e ali, como se ele estivesse a experimentar seus sentimentos, brincando de ser triste, conforme as notas do brevíssimo "Poema do beco", de *Estrela da manhã*. Laivos de tristeza também se pode detectar no circunstancial "Dedicatória", que faz parte de *Lira dos cinqüent'anos*:

> Estou triste estou triste
> Estou desinfeliz
> Ó maninha ó maninha
>
> Ó maninha te ofereço
> Com muita vergonha
> Um presente de pobre
> Estes versos que fiz
> Ó maninha ó maninha. (257)

O poeta que principiara desfraldando a bandeira da tristeza sente pejo de num breve interregno estar impregnado de uma negatividade que acabou se constituindo em matéria-prima para a feitura dos versos acima. Serão esses os novos disfarces do poeta que agora "brinca" de estar "desinfeliz"?

> O que amo em Tucídides, o que me faz honrá-lo mais alto do que Platão? Ele tem a mais ampla e imparcial alegria com tudo o que é típico no homem e nos acontecimentos e acha que a cada tipo cabe um *quantum* de *boa razão*: é esta que ele procura descobrir.[21]

Bibliografia

Arriguci Jr. Davi. *Humildade, paixão e morte: a poesia de Manuel Bandeira*. São Paulo: Companhia das Letras, 1990.
Bandeira, Manuel. *Poesia completa e prosa* (org. pelo autor). Rio de Janeiro: Nova Aguilar, 1985.
Brayner, Sônia (org.). *Manuel Bandeira*. Coleção Fortuna Crítica. Rio de Janeiro: Civilização Brasileira; Brasília: MEC, 1980.

---

[20] Fernando Sabino, "Evocação no aniversário do poeta". Apud Silva 207-10.
[22] Nietzsche 175.

Friedrich, Hugo. *Estrutura da lírica moderna: Problemas atuais e suas fontes*. Trad. Marise M. Curioni. São Paulo: Duas Cidades, 1978.

Moraes, Marcos Antonio de (org., introd. e notas). *Correspondência Mario de Andrade e Manuel Bandeira*. São Paulo: EdUSP, 2000.

Nietzsche, Friedrich. *Obras incompletas*. Sel. de textos de Gerard Lebrun; trad. e notas de Rubens Rodrigues Torres Filho; posfácio de Antonio Candido. São Paulo: Abril Cultural, 1983.

Platão. *Diálogos*. São Paulo: Abril Cultural, 1999.

Pontieiro, Giovanni. *Manuel Bandeira (visão geral de sua obra)*. Ed. Ilustrada. Trad. Terezinha Prado Galante. Pref. Antonio Candido. Rio de Janeiro: José Olympio Editora, 1986.

Rosenbaum, Yudith. *Manuel Bandeira: uma poesia da ausência*. São Paulo: EdUSP; Rio de Janeiro: Imago, 1993.

Rosenfield, Kathrin (org.). *Filosofia e literatura: o trágico*. Rio de Janeiro: Jorge Zahar Editores, 2001.

Silva, Maximiano de Carvalho (org.). *Homenagem a Manuel Bandeira*. Niterói: EdUFF/ Sociedade Sousa da Silveira, Presença Editora, 1989.

---

[22] Nietzsche 175.

ESQUECENDO O BRASIL: DRUMMOND E A PROBLEMATIZAÇÃO DA IDENTIDADE

Erick Felinto de Oliveira[1]

> Eu também já fui brasileiro (...) mas acabei confundindo tudo.
> Carlos Drummond de Andrade

A poesia de Carlos Drummond de Andrade talvez possa ser definida como uma tensão permanente entre unidade e diversidade. A grande variedade de temas, de estilos, de experimentos lingüísticos combina-se, misteriosamente, com um sentido igualmente poderoso de unicidade e repetição. Do interior da diversidade, surgem constâncias, obsessões, palavras e idéias que se repetem consistentemente. Não é à toa que um dos trabalhos mais conhecidos sobre a poética de Drummond venha debruçar-se precisamente sobre o problema estilístico da repetição (Teles 1976). Nessa tensão entre a diferença e a repetição, passeia o escritor que nasceu na pequena cidade de Itabira, Minas Gerais, em 1902, e que iria tornar-se, nas palavras de Antonio Carlos Secchin, "um dos maiores poetas brasileiros do século" (233). Esse qualificativo merecido deriva da profunda originalidade de Drummond, que elaborou uma poética marcada por sua maturidade intelectual, consciência social e independência em relação aos modelos poéticos então dominantes. Desse modo, pode-se afirmar que Drummond realizou plenamente, na poesia brasileira, a força de inovação e de choque

---

[1] Professor de Comunicação da Universidade do Estado do Rio de Janeiro e Coordenador do Núcleo de Pesquisa em Comunicação da Universidade Estácio de Sá.

do movimento modernista (Merquior 243). Ainda assim, a experiência da vida na cidade pequena e de horizontes limitados está nitidamente presente na poesia desse artista cosmopolita, imbricada aos espaços ilimitados do desejo moderno de abraçar e recriar o mundo. Em Drummond, a coexistência desses valores — moderno, tradicional, regional-cosmopolita — tornar-se-á constitutiva.

É fato que Itabira e o ambiente interiorano aparecem com vigor especial nos primeiros livros, como *Alguma poesia* (1930) e *Brejo das almas* (1934), mas essa ambiência não se dissipa nem mesmo nas suas últimas produções, onde a imagem da cidade grande é um dos principais objetos poéticos. Belo Horizonte, para onde Drummound muda-se em 1920, e o Rio de Janeiro, onde se fixa em 1934, serão temas constantes de muitas de suas poesias. Mas aparecerão lado a lado com o mundo itabirano das origens. Bom exemplo dessa idéia é um poema como "Canção imobiliária", de *Viola de bolso* (1952), em que o nome da cidade natal surge num edifício de Copacabana, que "todo em abstrato concreto" cumpre o ofício de ser "retrato" do poeta. Um retrato onde se combinam a frieza e o gigantismo dos espaços modernos à tranqüilidade sem tempo da vida na terra de origem. Na passagem de um mundo para o outro, percebe-se a presença de problemas não resolvidos e indagações não respondidas. A tensão permanece como indefinição final.

Essa tensão entre elementos e forças opostas na obra de Drummond já foi apontada por críticos como Luiz Costa Lima. Ele observa que, desde o primeiro livro, *Alguma poesia*, o clima melancólico e repetitivo dos poemas era contrabalançado pela utilização insistente da ironia. Desse modo, através do que Costa Lima denominou como "técnica da fragmentação", o poeta recusava tanto a defesa da voz romântica e tradicional como a simples exaltação da novidade metropolitana, convertendo "(...) seu poema em palco onde se encenam e condensam os sinais de tempos antagônicos" (1989, 288-9), o tempo da vida rural e o tempo da modernização. Essa utilização da ironia é preparação para o que, nas obras posteriores, seria descrito por Costa Lima como "princípio-corrosão", a combinatória do pessoal e do impessoal numa poética que apresenta a passagem do tempo ao mesmo tempo como perda e transformação.

Tal faceta da tensão constitutiva da obra drummondiana entre temporalidades distintas implica também a flutuação entre o local e o universal, entre os temas regionais e nacionais e os da tradição literária ocidental. E a multiplicidade de valores e perspectivas, esse traço mutável e cambiante de idéias e conceitos, não desintegra, curiosamente, a marcante unidade que caracteriza toda a obra do poeta; unidade também afirmada pela crítica mais recente (Sant'Anna e Gledson). Em lugar de dividir a obra drummondiana em períodos nitidamente demarcados — a fase irônica dos dois livros iniciais, a fase social de *Sentimento do mundo* (1940) e *A rosa do povo* (1945) e a etapa metafísica de *Claro enigma* (1951) e *Boitempo* (1968) — seria mais acertado descrever o paradoxal modo de convivência da ironia, do social e do metafísico no conjunto da produção de Drummond. Essa convivência pode ser identificada tanto nas coleções de poemas quanto em poemas individuais. Um poema como "Anúncio da rosa" (*A rosa do povo*), por exemplo, conjuga numa tessitura quase inconsútil os três aspectos. A rosa é simultaneamente *irônica* ("Imenso trabalho nos custa a flor. Por menos de oito contos vendê-la? Nunca"), *social* ("Ó fim do parnasiano, começo da era difícil, a burguesia apodrece") e *metafísica* ("Deus me ajudara, mas ele é neutro, e mesmo duvido que em outro mundo alguém se curve, filtre a paisagem, pense uma rosa na pura ausência, no amplo vazio").

A leitura isolada dos livros de Drummond pode dar a impressão da escolha de determinados eixos temáticos centrais: o tempo passado, em *Alguma poesia*, o amor desiludido, em *Brejo das almas*, a melancolia e o apocalipse, em *Sentimento do mundo*, a solidão, em *José* (1967), a tarefa e os anseios do poeta, em *A rosa do povo*. Contudo, cada um desses temas dominantes é pontilhado pela presença dos outros; cada um deles é expresso em relação com outros problemas e questões. A solidão de José no poema que dá título ao livro resulta de uma série de diferentes fatores e envolve uma multiplicidade de indagações: o fracasso das utopias ("não veio a utopia"), a irrecuperabilidade do passado ("quer ir para Minas, Minas não há mais"), a impossibilidade de uma religiosidade ou metafísica tranqüilizadoras ("sem teogonia, sem parede nua para se encostar").

Talvez seja possível encontrar as raízes dessa *multiplicidade unitária* nas reflexões estéticas do jovem Drummond. Como mostra John Gledson, desde muito cedo o poeta já desenvolve, na forma de ensaios, um pensamento singular e complexo sobre as questões estéticas que circulavam em seu tempo. O raciocínio de Drummond funcionava por meio de paradoxos e contraposições. Ao refletir, por exemplo, sobre o problema da tradição, Drummond elabora conceitos bastante semelhantes ao que o argentino Jorge Luis Borges desenvolvera em certos momentos de sua obra. A tentativa de constituir uma "tradição brasileira" à força era criticada por Drummond como falsificação e, paradoxalmente, só poderia resultar em uma *imitação* sem vida. A "tradição brasileira" repousava num romantismo de idéias européias e ultrapassadas. Por outro lado, a idéia de um nacionalismo bárbaro e absolutamente autóctone também é rejeitada: "é um doce engano, esse de que teremos uma literatura genuinamente brasileira apenas com a utilização de motivos genuinamente brasileiros" (apud Gledson 34). Nem nacionalismo ingênuo nem o puro romantismo europeizante. Na verdade, certos aspectos de ambas as pulsões combinam-se na obra de Drummond, dando origem a uma mescla de estilos, já apontada em certos níveis por Merquior (14 e 244), e, mais que isso, a uma estrutura de sensibilidade multiforme que reúne o local e o universal em um mesmo espaço. Retomando a discussão sobre o tema da tradição, Drummond arrisca um argumento que o aproxima de maneira surpreendente da posição de Borges: "Hoje, embora seja a mesma a alma dos homens, e não haja uma sensibilidade inédita, há, pelo menos, *novas maneiras* da nova sensibilidade" (apud Gledson 44, grifos meus).

Na passagem acima, Drummond faz referência ao universo dos mitos e lendas, afirmando que estes são sempre essencialmente os mesmos. Contudo, podem adaptar-se aos novos sentimentos e ideais dos homens. Se não existe uma sensibilidade absolutamente nova, se não é possível ter liberdade absoluta em relação à tradição literária já estabelecida, pode-se, porém, lançar mão dessas novas maneiras da sensibilidade. A idéia é muito próxima do conceito borgiano de *tom, entonação* ou *maneira de dizer*. Para Borges, a tradição comporta um número limitado de metáforas e imagens poéticas. O escritor deve prender-se a esse horizonte inevitável da tradição, mas deve também buscar aí uma nova sensibilidade, um modo peculiar de dizer as mesmas imagens, uma *entonação diferenciada* (1988, 182). Drummond encontrou essa dicção nova, peculiar, em sua relação com a tradição. Em "Fuga", o poeta parece exaltar a tradição, a metafísica e a arte da Europa: "as atitudes inefáveis, os inexprimíveis delíquios (...) não são possíveis no Brasil (...) Na Europa reina a geometria e todo mundo anda — como eu — de luto". Contudo, o *tom* geral do poema é irônico. Não é possível levar inteiramente a sério a exaltação do tradicional. Termos como "orgias" em "vou perder-me nas mil orgias do pensamento greco-latino", ou "papa-fina", em *"Thaïs*, jóia soberba. Não há cocaína, não há morfina igual a essa divina papa-fina", são índice da mescla de estilos e da nova maneira da sensibilidade impressa às imagens da tradição.

Para Affonso Romano de Sant'Anna, o que garante a unidade drummondiana em meio a essa diversidade de estilos e temas é a presença constante da um personagem central (o poeta disfarçado em heterônimos) que desenvolve uma narrativa "no tempo e espaço concebidos como um *continuum*" (15). De fato, sem certa pessoalidade, ainda que mascarada, não seria possível que a repetição da tradição adquirisse uma entonação diferenciada. A voz do poeta, sua subjetividade, está presente, como também assinala Costa Lima (1989, 290), mas uma voz de entonações diversas a cada momento. Por outro lado, não há dúvida que o tema do tempo constitui elemento fundamental da poética de Drummond. A água que corre representa freqüentemente a passagem de uma temporalidade que arrasta as coisas de maneira inevitável, como na metáfora heraclitiana: "O Rio das Velhas lambe as casas velhas" ("Lanterna mágica"); "minhas lembranças escorrem" ("Sentimento do mundo"); "Oh vamos nos precipitar no rio espesso que derrubou a última parede entre os sapatos, as cruzes e os peixes cegos do tempo" ("Noturno oprimido"); "Óculos, memórias, retratos fluem no rio de sangue. As águas já não permitem distinguir seu rosto longe" ("Viagem na família"). Mas as imagens da temporalidade são múltiplas e complexas, positivas ou negativas, como na cena dos ratos roendo o prédio de "Edifício Esplendor", em *José*. Passado, presente e futuro são todos dimensões essenciais da existência, mas às vezes até mesmo a ausência de temporalidade pode ser afirmada como positividade. Em "Procura da poesia", o poeta deve lutar para alcançar um céu platônico onde as palavras habitam imóveis, onde os poemas "esperam ser escritos (...) paralisados (...) em estado de dicionário".

O poema destaca o caráter eterno das palavras. Estas se tornam realidades concretas e temporais quando o poeta consegue penetrar em seu reino silencioso e recebê-las. Para tanto, o artista precisa aceitar o poema com naturalidade, como este lhe vier. Trata-se de uma atitude de recolha e escuta, experiência não inteiramente diversa da que Rilke descreve em alguns dos sonetos a Orfeu: "Não edifiqueis monumentos! Deixai apenas a rosa florescer todo ano em sua glória!" (29). Aqui, a caracterização do gesto estético alcança dimensões efetivamente metafísicas. O canto do poeta não pode agarrar-se a circunstâncias, sentimentos ou preocupações individuais. Deve buscar uma dimensão mais essencial, oculta — "cada uma [das palavras] tem mil faces secretas sob a face neutra" ("Procura da poesia" 161) —, universal e atemporal.

Como pode esse anseio metafísico conviver com a concretude e cotidianeidade tão características da poesia do autor de *Lição de coisas* (1962) é um dos mistérios mais fascinantes da obra de Drummond. O poeta se posiciona contra o mundo dos objetos, o mundo da mera objetividade, esfera do movimento insensato das coisas que pode acabar por roubar a própria vida do mundo: "stop. A vida parou ou foi o automóvel" ("Cota zero"). Mas nesse combate da poesia contra o mundo, a salvação metafísica das palavras deve ser dirigida para a captura da essência da vida. "a vida: captada em sua forma irredutível, já sem ornato ou comentário melódico, vida a que aspiramos como paz no cansaço (...) apenas o vivo, o pequenino, calado, indiferente e solitário vivo. Isso eu procuro" ("Vida menor"). Desse modo, não se trata, essencialmente, de ser simplesmente universal, metafísico, platônico. É preciso encontrar uma metafísica renovada, impura, sensível, capaz de dar conta da complexidade múltipla da vida. Essa idéia de impureza é genética na poesia de Drummond. Iumma Maria Simon encontra-a em algumas das principais poesias de *Rosa do povo*. Sua análise de "O elefante" demonstra que "a colagem de materiais heterogêneos instaura não só a idéia de fragmentação como de 'impureza' da imagem construída poeticamente, inclusive porque contém elementos do sistema denotativo" (76). O poema é, de fato, uma colagem de materiais heterogêneos, uma mistura que aponta para o caráter problemático do gesto poético. Sua contradição, irresolúvel, é a de aspirar ao absoluto ao mesmo tempo em que deve ligar-se à relatividade da vida. A "poética do risco" de que fala Simon, situada entre o anseio metafísico da poesia e a necessidade da comunicação, é também uma poética da mistura, da combinação, da impureza.

Em relação ao problema do nacional, a idéia é semelhante. Merquior aponta o traço de universalidade do poeta, mas sua formulação arrisca apagar o lado local da equação poética drummondiana:

> Profundamente enraizada numa época de transição, a mensagem poética de Drummond se elevou dessa forma ao nível das significações universais. Nacional por sua linguagem e sua inspiração, sua obra nada tem de exótica; não é sequer "regionalista", se bem que se trate de um escritor que não pudesse ser mais obsedado por suas origens. (244)

O que universaliza a visão do artista é sua relativização dos símbolos tradicionais da nacionalidade. O nacional é objeto freqüente de indagação e questionamento, e em inúmeros momentos aparece em diálogo com o universal. Em "Também já fui brasileiro" (*Alguma poesia*), Drummond recusa a mera utilização dos estereótipos nacionais para a elaboração de uma identidade. Pontear viola e guiar um Ford são apresentados como índices de um nacional construído artificialmente. "Aprendi nas mesas dos bares que o nacionalismo é uma virtude. Mas há uma hora em que os bares se fecham e todas as virtudes se negam", explica o poeta. O Brasil, aparentemente, é um país que ainda precisa ser descoberto, como nas linhas iniciais de "Hino nacional" (*Brejo das almas*). Mas, em um movimento oximorônico, os versos finais do poema exigem esquecê-lo: "precisamos *esquecer* o Brasil!" (grifos meus). Tudo isso para terminar por uma pungente negação-indagação: "Nenhum Brasil existe. E acaso existirão os brasileiros?" Até aqui existe um sentido de indefinição, como se perguntar pelo nacional fosse tarefa fadada geneticamente ao fracasso.

A idéia do esquecimento do Brasil reaparece em um poema bem posterior de *As impurezas do branco* (1973). Em "Canto brasileiro", lê-se: "Meu país, essa parte de mim fora de mim constantemente a procurar-me. Se o *esqueço* (*e esqueço tantas vezes*) volta em cor, em paisagem..." (grifos meus). É fato que agora o esquecimento é seguido por uma lembrança ao menos parcial, fragmentária. O poeta enumera cores e sons típicos do sentimento brasileiro. Há um clima geral diverso do de "Hino nacional". Os dois poemas parecem dialogar, o segundo em princípio dissipando as incertezas do primeiro por meio de uma linguajar afirmativo e seguro. Contudo, o ser brasileiro aparece como uma condição de multiplicidade. O poeta é mineiro, carioca, amazonense, "coleção de mins entrelaçados". E, mais que isso, a herança européia igualmente participa dessa multiplicidade, como demonstra uma série de interrogações angustiadas: "minha arte de viver foi soletrada em roteiros distantes? A vida que me deram foi dada em leis e reis? Me fizeram e moldaram em figurinos velhos?". O adjetivo "moreno", que conecta "Canto brasileiro" a "Também já fui brasileiro" ("Eu também já fui brasileiro/ moreno como vocês"), agora aparece sem a ironia cáustica de sua utilização inicial. Ser brasileiro é, sim, ser "moreno", mas também é ser capaz de conversar intimamente com o resto do universo: "moreno irmão do mundo é que me entendo/ e livre irmão do mundo me pretendo".

Em outro poema, onde o problema da identidade ultrapassa o nacional, a própria noção de América Latina é problematizada. "Como poderia compreender-te, América? É muito difícil". Em "América" (*A rosa do povo*), a angústia provocada pela pequenez do poeta em relação ao gigantismo americano é ainda intensificada pela universalidade que habita o coração do artista: "uma rua começa em Itabira, que vai dar no meu coração (...) Nessa rua passam meus pais (...) passa também uma escola — o mapa —, o mundo de todas as cores". A América é uma multiplicidade, onde passeiam "índios, negros, mexicanos, turcos, uruguaios". A mesma rua que começa em Itabira e que desemboca no coração do poeta acaba por "dar em qualquer ponto da terra". Itabira é o lugar de origem, ponto local de onde partem linhas de fuga universais.

Mais tarde, em *Lição de coisas*, a indefinição identitária iria reaparecer com a pergunta "Onde é o Brasil?", do poema sugestivamente intitulado "Origem". Mas a resposta traz um índice de indiferença e universalidade: "Que importa este lugar se todo lugar é ponto de se ver e não de ser?". Todo lugar é ponto de se ver: sugere-se assim a condição existencial de um observador. O lugar, seja ele qual for, não é condição de essencialidade, não é determinação do ser. O lugar é simplesmente uma perspectiva, ponto de vista, sítio relativo de contemplação. É interessante observar que o ponto de partida, a "origem", é, de fato mais uma vez, Itabira, que aparece disfarçada no composto "Auritabirano" no início do poema. Como explica John Gledson, a palavra é um jogo com o termo "Aurignaciano", designação científica do período préhistórico das pinturas rupestres das cavernas. Reúnem-se assim, os momentos de origem do homem como animal criativo e do poeta em sua formação de criador em Itabira (267).

As três estrofes iniciais do poema são anunciadas pela repetição da palavra "Aurignaciano", ao passo que a segunda parte se abre com "Auritabirano". Nessa segunda parte, hermética e complexa, tem-se a idéia de um processo de aprendizado pelo qual passou o poeta. Nesse processo, há um momento de liberação fundamental:

> O que se libertou da história,
> ei-lo se estira ao sol feliz
> Já não lhe pesam os heróis
> e a cavalhada morta, as ações.

Essa libertação da história faz parte da percepção de que a questão da identidade é mais complexa do que parece à primeira vista ("Agora sabes que a fazenda é mais vetusta que a raiz: se uma estrutura se desvenda, vem depois do depois, maís"). A história já não pesa mais, pois os heróis, as narrativas do passado não são mais que ficções de identidade.

A terceira parte já permite, então, reconhecer que a voz poética é "dispersa", e essa dispersão é figurada também na distribuição gráfica dos primeiros versos dessa seção. A voz dispersa, não unitária nem pura, é que mantém "vivas as coisas nomeadas". E essas "coisas" parecem se originar de várias temporalidades e locais. De seus lugares, "esvaídos no espaço, nos compêndios", as coisas são ressuscitadas pela palavra do poeta.

Segue-se então, na quarta parte do poema, uma sucessão de palavras — muitas delas "mortas" — marcadas por um sabor regional, o que justifica a ligação expressa no subtítulo do poema ("A palavra e a terra") entre a linguagem e as forças telúricas. Elas são reavivadas pelo artista, pois "toda forma nasce uma segunda vez e torna infinitamente a nascer", como esclarece a quinta seção do poema. A palavra aparece, finalmente, como uma multiplicidade que "reparte-se em signos" — mais uma vez regionais: "Pedro, Minas Gerais, beneditino" —, mas apenas para "incluir-se no semblante do mundo". Por meio do poder da palavra poética, o local se insere assim no universal, insere-se no horizonte mais amplo da palavra "terra, palavra espacial, tatuada de sonhos, cálculos". Daí, a pergunta sobre *onde é o Brasil* deixa de ser importante, e todo lugar converte-se em ponto de vista, do mesmo modo como toda temporalidade, passada e presente, é relativizada: "toda hora já se completa longe de si mesma". Esse verso difícil parece indicar que toda hora só existe enquanto percebida retrospectivamente, a hora se completa apenas longe de si mesma, quando já é outra hora e dela resta apenas, mais uma vez, nosso ponto de vista. Lausimar Laus assinala o caráter conflitivo das últimas indagações do poema, que acabam por deixá-lo aberto, em estado de tensão irresoluta:

> Uma dessimetria alcança o objetivo das perguntas. O poeta penetra unidades de local que não é local, de cor que não é cor, de condensação que não se condensa, fura horizontes obscuros, para atingir suas perspectivas diante das coisas impossíveis que chegam a ser possíveis. (59)

Restringir-se ao local e à cor local seria para o poeta uma limitação injustificada. Afinal, como ele diz em "Idade madura" (*A rosa do povo*), "estou solto no mundo largo (...) absorvo epopéia e carne, babo tudo, desfaço tudo, torno a criar, a esquecer-me".

Com sua impureza, com suas tensões constitutivas, com sua multiplicidade, a obra de Carlos Drummond de Andrade se apresenta quase como um retrato histórico e panorâmico da poesia brasileira. Da experimentação modernista à preocupação social e a flertes com o concretismo (*Lição de coisas*), Drummond percorreu diversas regiões poéticas com desembaraço. Decidiu ser consistente em sua multiplicidade, criando uma obra que é ao mesmo tempo surpreendente em cada um de seus momentos e dotada de significativa unidade orgânica. Itabira, o regional e o nacional nunca aparecem em seus escritos como realidades simples, não problemáticas. Pelo contrário, desfaz-se constantemente ali a idéia de uma identidade poética que pudesse ser puramente local e concreta ou universal e metafísica. Drummond sustenta, assim, uma poética da tensão e da fragmentação, que dissipam a idéia da poesia como objeto passível de explicações definitivas.

Não se pode negar que existe no poeta o desejo da explicação, e esse desejo é fundamental para a empresa poética. Mas ele sabe, também, que se trata de uma busca ideal, sem termo final, sem resposta conclusiva. Em sua investigação da atividade poética, Drummond não negava a importância da tradição. "Não posso negar o passado: um enforcado não pode negar a corda que lhe aperta o pescoço", dizia ele. Mas sempre se reservou o direito de "afirmar que a corda está apertada demais" (apud Gledson 19 e 51). Assim, fez da corda da forca uma corda bamba, onde caminhou entre mundos em transição. Para Roberto Reis, esse sentido transitivo significava imobilidade, "a mesma sensação de imobilidade sufocante que aflige uma parte significante da produção intelectual modernista" (126). Contudo, a constatação da extraordinária importância que o tempo e sua passagem adquirem na obra de Drummond, torna difícil concordar com a leitura de Reis. Não se trata de simplesmente estacionarmos na questão sobre *o que é o Brasil*. Trata-se, antes, de denunciar a complexidade do problema bem como revelar sua transitividade temporal. Não existe apenas um Brasil, mas vários. E o Brasil do passado, de Itabira, é nitidamente diverso do Brasil cosmopolita e moderno, ainda que igualmente problemático. Um Brasil que não pode ser fixado na memória, outro tema fundamental da poética drummondiana. Daí provavelmente a repetição tão obsessiva do *topos* do esquecimento da terra natal, apontado nas linhas acima e que surge mesmo antes dos poemas analisados, já em "Europa, França e Bahia", poema presente no primeiro livro do escritor. Após passear pelo mundo observando sua diversidade, os olhos do poeta se cansam da Europa. Mas não lhe vem à memória os versos de Gonçalves Dias: "Como era mesmo a 'Canção do Exílio'?/ *Eu tão esquecido da minha terra...*" (grifos meus). Exige-se, assim, uma "Nova canção do exílio", como aquela que aparece em *A rosa do povo* e explica que somente na noite, "onde tudo é belo e fantástico", podem os sabiás e palmeiras funcionar. É na noite da imaginação, na noite da ficção poética, que construímos nossa identidade sempre provisória. E é como uma ficção mutável que devemos sempre encará-la.

Bibliografia

Andrade, Carlos Drummond. *Poesia e prosa*. Rio de Janeiro: Nova Aguilar, 1983.
Borges, Jorge Luis. *Borges A/Z*. Madrid: Siruela, 1988.
Gledson, John. *Poesia e poética de Carlos Drummond de Andrade*. São Paulo: Duas Cidades, 1981.
Laus, Lausimar. *O mistério do homem na obra de Drummond*. Rio de Janeiro: Tempo Brasileiro, 1978.
_____. *Obras completas*. Buenos Aires: Emecé, 1974.
Lima, Luiz Costa. "Drummond: As metamorfoses da corrosão". *A aguarrás do tempo*. Rio de Janeiro: Rocco, 1989.
_____. *Lira e antilira*: *Mário, Drummond, Cabral*. Rio de Janeiro: Civilização Brasileira, 1968.
Merquior, José Guilherme. *Verso Universo em Drummond*. Rio de Janeiro: José Olympio, 1976.
Reis, Roberto. "All History is Remorse". *The Pearl Necklace*. Gainesville: University Press of Florida, 1992.
Rilke, Rainer Maria. *Sonetos a Orfeu — Elegias de Duino*. Tradução de Emanuel Carneiro Leão. Petrópolis: Vozes, 1989.
Sant'Anna, Affonso Romano de. *Carlos Drummond de Andrade*: *Análise da obra*. Rio de Janeiro: Nova Fronteira, 1980.
Secchin, Antonio Carlos. "Joao Cabral in Perspective". João Cezar de Castro Rocha (org.). *Brazil 2001*: *A Revisionary History of Brazilian Literature and Culture*. Darmouth: *Portuguese Literary & Cultural Studies*. 4/5 (Spring/Fall 2000. 2001): 233-44.
Simon, Iumna Maria. *Drummond*: *Uma poética do risco*. São Paulo: Ática, 1978.
Teles, Gilberto Mendonça. *Drummond*: *A estilística da repetição*. Rio de Janeiro: José Olympio, 1976.

A ESCRITA AUTOBIOGRÁFICA FEMININA NO BRASIL CONTEMPORÂNEO E O CASO DE ADALGISA NERY

Sabrina Karpa-Wilson[1]

São poucos os exemplos de autobiografia no Brasil anteriores a 1933, ano que Antonio Candido identifica como marco essencial devido ao "sucesso extraordinário" das *Memórias* de Humberto de Campos, ("Literatura" 12).[2] Como Candido aponta, é possível identificar tendências ou traços autobiográficos em certa poesia árcade (Candido, "Poesia" 51-2), e no século XIX publica-se um número reduzido de memórias, na sua maioria de estadistas, mas em geral conta-se nos dedos os exemplos de auto-representação explícita publicados no Brasil antes do século XX. Depois de 1933, o país presencia uma mudança radical em relação à autobiografia, pois os modernistas voltam-se em massa para a escrita do eu, perscrutando seus "textos da lembrança" pessoais por meio da ficção e da autobiografia declarada (Santiago 1982, 33). Esta adquire com os modernistas um prestígio intelectual e literário até então inusitado. Desde a década de 30, o texto autobiográfico brasileiro tem adotado enfoques vários, da política à psicologia, dos detalhes aparentemente triviais da infância às experiências dramáticas

---

[1] Professora e Diretora de Estudos portugueses na Universidade de Indiana, Bloomington.
[2] Ampliando a conhecida definição de Philippe Lejeune, o termo "autobiografia" é aqui usado como Candido o utiliza em seus ensaios sobre o assunto, para abarcar narrativas dedicadas principalmente à história de um indivíduo, assim como textos que Silviano Santiago chamaria de "memorialistas", cujo enfoque é a memória de uma família, "clã", ou comunidade. Ver Lejeune (4); Candido, "A literatura brasileira em 1972" e "Poesia e ficção na autobiografia"; Santiago, "Prosa literária atual no Brasil" (30).

de prisão e tortura, daí, a escrita abertamente pessoal entrou definitivamente para o rol dos gêneros mais intensamente cultivados no Brasil.[3]

Curiosamente, a imensa maioria das autobiografias brasileiras são de autoria masculina, ou pelo menos é o que se conclui da leitura das poucas bibliografias sobre o assunto.[4] Com algumas notáveis exceções — entre as mais conhecidas ressaltamos Helena Morley e Carolina Maria de Jesus — as escritoras brasileiras contemporâneas ou optaram por não escrever autobiografia ou possivelmente não lograram atrair o interesse da indústria editorial por memórias femininas que foram engavetadas.[5] Isto não quer dizer que não tenham produzido textos auto-referenciais, mas de modo geral a escrita feminina do eu tem se manifestado preferencialmente através de outros meios narrativos e/ou poéticos. A crônica tem sido um dos meios usados por escritoras para articular uma voz autobiográfica; outro veículo corrente é o romance autobiográfico.

A auto/biografia recente de Rachel de Queiroz, *Tantos anos* (1998), talvez nos forneça uma explicação para esta aparente rejeição feminina da autobiografia explícita. Texto híbrido, composto de trechos ditados ou escritos por Rachel, de reproduções de conversas entre ela e sua irmã, Maria Luíza, e de diversas "intervenções" por parte desta (10), *Tantos anos* é ao mesmo tempo autobiografia e biografia. A razão para tal hibridismo, segundo Maria Luíza, foi a aversão de Rachel a escrever suas próprias memórias (9). Logo no início do texto, Rachel declara sua oposição ao gênero:

> — Você sabe que eu não gosto de memórias... É um gênero literário — e será literário mesmo? — onde o autor se coloca abertamente como personagem principal e, quer esteja falando bem de si, quer confessando maldades, está em verdade dando largas às pretensões do seu ego (...). O ponto mais discutível em memórias são as confissões, gênero que sempre abominei, pois há coisas na vida de cada um que não se contam. (11)

---

[3] Sobre memórias de infância, ver Zagury; sobre autobiografia modernista e tendências mais recentes, ver Santiago, "Prosa literária" e "Vale quanto pesa"; sobre memórias pós-64, ver Süssekind.

[4] Ver Sodré e Vieira.

[5] *Minha vida de menina* de Morley (1942) e *Quarto de despejo* de Jesus (1960) foram ambos *best-sellers* traduzidos em várias línguas além do inglês. Não se sabe quantas autobiografias escritas por mulheres ainda estão por ser descobertas, mas desde a onda de diários políticos na década de 70, nota-se um visível aumento no número de publicações autobiográficas femininas.

O que mais incomoda a escritora, segundo esta explicação, é a falta de decoro do gesto auto-referencial: a ênfase descarada na auto-exaltação e na exibição de detalhes escusos da vida íntima. Pondo de parte o valor documental desta explicação, não deixa de ser interessante do ponto de vista psicológico e sociológico o fato da autora lançar mão de noções como o recato, a discrição e o retraimento, comportamentos tradicionalmente exigidos das mulheres, ao menos das mulheres de certa classe social, até bem pouco tempo.[6] Aqui a escritora alarga o âmbito de tais qualidades, através do substantivo masculino "universalizante" "autor", identificando-as como atributos desejáveis para qualquer escritor que queira merecer o rótulo de "literário".

Se uma escritora não deve "se coloca[r] abertamente como personagem principal", por outro lado parece não haver obstáculo moral ou estético para a elaboração de auto-retratos via ficção. Vários romances de Rachel se adentram em dilemas de ordem pessoal através de protagonistas femininas que funcionam como alter egos mais ou menos evidentes da autora. É o caso de *O Quinze* (1930), assim como de *As três Marias* (1939), entre outros: romances que abordam de forma ambivalente o conflito entre atitudes de mulher "emancipada" e papéis femininos tradicionais (*Três* 446). Nestes, como em outros textos, Rachel se serve da ficção para explorar conflitos interiores e articular desejos e receios sem ter que apelar para o desconforto despudorado das "confissões". É claro que poderíamos dizer o mesmo de todos os ficcionistas — que suas criações ficcionais e seus "textos da lembrança" mantêm necessariamente uma relação de densa cumplicidade. Graciliano Ramos depõe sobre esta relação em sua obra: "Nunca pude sair de mim mesmo (...) E se meus personagens se comportam de maneiras diferentes, é porque não sou um só" (Senna 55).[7] No entanto, ao contrário de Rachel, em dado momento de sua carreira Graciliano passa a dedicar-se quase exclusivamente à autobiografia, descartando publicamente as máscaras da ficção para se expor através do "pronomezinho irritante [da primeira pessoa]" (*Memórias* 1:37).

---

[6] Ver Molloy sobre o conceito variável de autobiografia na América Espanhola. As linhas gerais da argumentação da autora dizem respeito ao Brasil também.

[7] Ou, como observa Georges Gusdorf, "cada obra de ficção corresponde a uma autobiografia intermediária" (46).

Para Graciliano, como para outros escritores brasileiros, a autobiografia parece oferecer algo específico: um perfil de autoridade mais nítido desde o qual depor sobre a realidade vivida. O primeiro capítulo das *Memórias do cárcere* é sugestivo neste sentido: se por um lado o autor rejeita a noção ingênua de acesso a uma verdade absoluta e primeira através da escrita autobiográfica, por outro lado, insiste que a "deforma[ção]" ficcional não serve aos seus propósitos e ao seu "dever" de prestar depoimento sobre as barbaridades do processo histórico nacional (*Memórias* 1: 33, 35). A autobiografia explícita parece ser o único caminho a seguir, talvez porque, sugere-nos o texto de Graciliano, a afirmação de plena responsabilidade pessoal que a subjaz empresta à narração autobiográfica uma autoridade muito particular.

O conceito de uma autoridade peculiar à autobiografia talvez nos ajude a aclarar a exígua presença feminina neste campo discursivo no Brasil. A preferência, por parte de tantas escritoras brasileiras, pelo romance tipo "autobiografia por intermediário" (Gusdorf 46) ao invés da autobiografia declarada com todas as letras deve-se possivelmente não só a noções de decoro como à questão fundamental da autoridade. Afinal, para poder assumir a posição de autoridade privilegiada do discurso autobiográfico, o/a escritor/a já deve possuir um certo cunho de autoridade. Isto é, deve estar convicto/a de que a afirmação de responsabilidade pessoal que a autobiografia perfaz será valorizada pela sociedade e respeitada pelo público leitor. Tal convicção nem sempre foi possível a mulheres escritoras.

O problema da autobiografia e da autoridade femininas aparece com uma acuidade crítica, talvez única nas letras brasileiras, na obra de Adalgisa Nery (1905-1980). Em vida, Nery obteve certo renome como poeta, romancista, jornalista e deputada, mas são raros os estudos de sua obra literária. Hoje é mais conhecida pela sua atuação política, como se vê em uma biografia recente.[8] No entanto, seu primeiro romance *A imaginária* (1959) foi muito bem recebido pela crítica e pelo público, e a primeira edição esgotou-se em tempo recorde (Callado 100). A maioria dos leitores parece ter reconhecido de imediato o caráter autobiográfico do romance (Callado 33), e se deliciado com os detalhes da vida íntima da viúva do pintor Ismael Nery e ex-mulher de Lourival Fontes, diretor do DIP durante o Estado Novo. Porém este

---

[8] Ver Callado.

mesmo público, assim como a maior parte da crítica, parece ter ignorado quase por completo certos aspectos literários, sociais e psicológicos mais sutis do livro. Em um dos poucos ensaios críticos sobre *A imaginária*, Affonso Romano de Sant'Anna afirma que o texto de Nery é "fundamental para o estudo da constituição da voz narrativa feminina na moderna ficção brasileira" (91). Diríamos mais, que é fundamental para o estudo da voz *autobiográfica* feminina nas letras brasileiras.

Sant'Anna comenta que o romance se coloca "entre a biografia e a ficção", mas não aprofunda criticamente a questão (92). Contudo, nas últimas duas décadas, uma série de abordagens feministas vem aperfeiçoando instrumentos para leituras críticas de processos autobiográficos femininos, através da investigação dos vínculos entre ideologias de gênero, noções culturais e sociais de subjetividade feminina *versus* subjetividade masculina, e autobiografia. *A Imaginária* vai ao encontro desta problemática feminina/feminista, tematizando agudamente as tensões entre as realidades do universo feminino e os requisitos da autobiografia em seus moldes tradicionais.

A definição do gênero autobiográfico tradicional dada por Philippe Lejeune tem como eixo a noção de um "pacto" ou contrato entre autor e leitor, garantido pelo uso do "nome próprio" do escritor (8-14). Graciliano Ramos provavelmente reconheceria os critérios deste contrato, pois baseia-se em uma afirmação de responsabilidade ou na promessa, através do uso do nome próprio, de que o autobiógrafo irá "honrar" sua declaração de identidade (14). Entretanto, a conceituação contratual/legal da autobiografia elaborada por Lejeune parte de um modelo masculino de subjetividade e de autoridade do "nome próprio", apresentando deficiências como instrumento crítico para a leitura de textos autobiográficos femininos. Isto porque, historicamente, o nome próprio da mulher não tem funcionado como veículo de autoridade; muito pelo contrário, tem marcado a sua sujeição como propriedade do homem (Gilmore 81). Emblema de uma identidade problemática, marcada pela limitação mais do que pela afirmação de autoridade e independência, o nome próprio feminino tem sido como conseqüência freqüentemente preterido por escritoras ao longo da história, substituído por pseudônimos ou disfarces ficcionais (Gilmore 81). Esta diferença histórica mina radicalmente a base conceitual da definição proposta por Lejeune.

Tensões como esta se tornam eixos estruturais e temáticos importantíssimos no texto de Adalgisa Nery. Como pode uma mulher reivindicar a autoridade que a escrita autobiográfica confere, pondo-a a serviço de depoimentos sobre a experiência feminina? *A imaginária* se move em torno a esta pergunta, propondo soluções através da ironia, entre outras estratégias narrativas. Em primeiro lugar, não é gratuita a escolha do rótulo "romance" para a obra, aliado a um mínimo de esforço no sentido de disfarçar o conteúdo autobiográfico do texto. A conseqüência natural desta justaposição seria o colapso de quaisquer diferenças genéricas significativas: o desaparecimento das fronteiras já tênues entre ficção e autobiografia. Entretanto, o texto reintroduz o problema da diferença genérica pela voz da protagonista, destacando a hibridez aparentemente descuidada da narrativa como escolha não somente consciente mas além de tudo irônica. Ao encetar a história de sua vida, Berenice, a narradora-protagonista, nega a intenção de escrever "autobiografia": "Não poderia descrever toda a minha vida (...) porque então estaria tentando fazer autobiografia. E não é esse meu intuito (...) pois acabei de declarar que me sinto na equação de (...) uma experiência e não um acontecimento. A experiência não traz o sentido do definitivo" (7). Autobiografia, no seu entender, liga-se ao "acontecimento (...) definitivo" enquanto o que ela tem a nos contar é "experiência (...) sujeita às mutações" (7). No final da narrativa, Berenice retorna ao tema, adotando agora um tom de claro autodesprezo: "Fosse eu menos abalada, não vivesse continuamente sob o cáustico das descrenças e análises, não estivesse eu convicta da falta de importância da minha vida, tentaria iniciar a minha biografia" (208). Depois de uma noite de insônia, a narradora-personagem crê ter "cisma[do]" inutilmente sobre experiências pessoais de pouca ou nenhuma importância, que não merecem ser eternizadas pela escrita, mas paradoxalmente, nós, leitoras/es, acabamos de ler sua "[auto]biografia" (206, 208). Esta insistente reiteração temática, em moldura textual difícil de ser ignorada, salienta duas distinções centrais — entre ficção e autobiografia, e entre protagonista ficcional e autora implícita — e abala o conceito de autoridade autobiográfica.

Berenice nos informa que a autobiografia requer um conteúdo específico e uma concomitante atitude da parte do autobiógrafo. Este deve ter plena confiança na importância de sua vida, entendida como "acontecimento". Em outro trecho da narrativa, porém, a própria Berenice problematiza os valores desiguais atribuídos a acontecimento *versus* experiência. Recordando o dia em que viu um "movimento revolucionário" passar pelos portões de sua casa, desmascara o status aparentemente "definitivo" do acontecimento, aqui claramente ligado a conceitos tradicionais de valor histórico. Ao perguntar a um dos participantes do "movimento" o que ele entende por "opressão", Berenice se surpreende com os argumentos "pueris" do homem, que parece apenas estar repetindo mecanicamente slogans revolucionários (123). A "revolução" — referência provável à Revolução de 1930, um "acontecimento" considerado chave na história nacional — funda-se em chavões inteiramente esvaziados de significado real. Por outro lado, ela descobre que sua experiência pessoal, feminina e doméstica, lhe ensinou o verdadeiro sentido da palavra "opressão": "A minha opressão estava dentro de casa" (123). A descoberta inverte os valores da experiência e do acontecimento, solapando a autoridade arrogante da autobiografia tradicional, entendida como narração de acontecimentos históricos.

A dupla negação que emoldura os "cismares" de Berenice, a leitura que esta faz da "revolução", assim como várias outras cenas textuais, alcançam um sentido particular por meio de uma distância irônica que separa a percepção da narradora-protagonista da perspectiva da autora implícita, isto é, do pensamento organizador do olhar e da voz da personagem. Ao negar-se o direito ou a capacidade de escrever autobiografia, Berenice expressa conceitos convencionais de gênero (literário e sexual), mas a sua narrativa abala os alicerces destas convenções. Enquanto, já ao final do romance, a personagem-narradora persiste em asseverar que sua vida não serve para "biografia", a autora implícita retraça os parâmetros do auto/biografável, e neste retraçar, acontecimento, historicamente ligado à esfera masculina, é substituído pela experiência feminina-íntima, doméstica e jamais trivial. Tudo indica que a importância desta reformulação crítica foi largamente ignorada, a julgar pelo silêncio de décadas em torno do romance de Nery. Já é hora de rompermos este silêncio, resgatando as propostas inovadoras de um texto no qual o instrumental da ficção é usado não como guardião do decoro feminino mas, muito pelo contrário, como meio valioso de crítica a definições categóricas de gênero.

Bibliografia

Callado, Ana Arruda. *Adalgisa Nery. Muito amada e muito só*. Rio de Janeiro: Relume Dumará, 1999.
Candido, Antonio. "A literatura brasileira em 1972". *Revista Iberoamericana* 43 (1977): 5-16.

_____. "Poesia e ficção na autobiografia". *A educação pela noite*. São Paulo: Ática, 1987. 51-69.
Gilmore, Leigh. *Autobiographics: A Feminist Theory of Women's Self-Representation*. Ithaca: Cornell University Press, 1994.
Gusdorf, Georges. "Conditions and Limits of Autobiography". *Autobiography: Essays Theoretical and Critical*. James Olney (org.). Princeton University Press, 1990. 28-48.
Lejeune, Philippe. *On Autobiography*. Paul Eakin (org.). Trad. Katherine Leary. Minneapolis: University of Minnesota Press, 1989 [1975].
Molloy, Sylvia. *At Face Value: Autobiographical Writing in Spanish America*. Cambridge: Cambridge University Press, 1991.
Nery, Adalgisa. *A imaginária*. 3ª ed. Rio de Janeiro: José Olympio, 1970 [1959].
Queiroz, Rachel e Maria Luiza de. *Tantos anos*. São Paulo: Siciliano, 1998.
Queiroz, Rachel de. *As Três Marias. Quatro romances de Rachel de Queiroz*. Rio de Janeiro: José Olympio, 1960.
Ramos, Graciliano. *Memórias do cárcere*. 28ª ed. 2º vol. Rio de Janeiro: Record, 1994.
Sant'Anna, Affonso Romano de. "Masculine Vampirism or the Denunciation of Pygmalion: A Reading of Adalgisa Nery's *A imaginária*". *Tropical Paths: Essays on Modern Brazilian Literature*. Randal Johnson (org.). New York: Garland, 1993. 91-9.
Santiago, Silviano. "Prosa literária atual no Brasil". *Nas malhas da letra*. São Paulo: Companhia da Letras, 1989. 24-37.
_____. "Vale quanto Pesa". *Vale quanto pesa*. Rio de Janeiro: Paz e Terra, 1982. 25-40.
Senna, Homero. Revisão do modernismo". *Graciliano Ramos*. Sônia Brayner (org.). Rio Janeiro: Civilização Brasileira, 1977. 46-59
Sodré, Nelson Werneck. "Memórias e correspondência". *O que se deve ler para conhecer o Brasil*. Rio de Janeiro: Civilização Brasileira, 1977. 357-64.
Süssekind, Flora. "Polêmicas, retratos & diários (Reflexos parciais sobre a literatura e a vida cultural no Brasil Pós-64)". *Fascismo y experiencia literaria: Reflexiones para una recanozición*. Herman Vidal (org.). Minneapolis: Institute for the Study of Ideologies and Literature, 1985. 255-95.
Vieira, Nelson H. "A Brazilian Biographical Bibliography". *Biography* 5.4 (1982): 351- 64.
Zagury, Eliane. *A escrita do eu*. Rio de Janeiro: Civilização Brasileira, 1982.

GRANDE SERTÃO: VEREDAS — OU — JOÃO GUIMARÃES ROSA EM BUSCA DA UNIVERSALIDADE

Kathrin Rosenfield[1]

Quase trinta anos depois da morte de João Guimarães Rosa, seu grande romance, *Grande Sertão: Veredas* (1956)[2], é ainda considerado uma obra prima incomparável. "Incomparável" em dois sentidos: primeiro, como obra de arte inigualável, segundo, como um esforço de elaboração universalizante do problema da identidade brasileira que se distancia de engajamentos ideológicos. Esse projeto de cunho universal enraíza-se no mesmo século XIX que desempenhou um esforço considerável para consolidar a identidade brasileira independentemente de modelos europeus, sem, no entanto, ignorar ou menosprezar os parâmetros culturais da Europa. O ensaio de Euclides da Cunha, *Os sertões* (1902), é uma das mais importantes contribuições nesta direção. Ele descreve e analisa as condições materiais e espirituais que levaram ao atroz extermínio de uma seita de sertanejos, produto da miséria, da injustiça e da violência social. Animados por esperanças milenaristas, esses desesperados seguidores de Antônio Conselheiro resistiram em Canudos, cidade-símbolo dos preceitos do Conselheiro, a sucessivas campanhas do governo até seu massacre pelas tropas federais. O ensaio denuncia a ignorância e a indiferença da *intelligentsia* brasileira e revela

---

[1] Professora do Departamento de Filosofia da Universidade Federal do Rio Grande do Sul. Entre outros, autora de *Os Descaminhos do Demo. Tradição e ruptura em Grande Sertão: Veredas* (Rio de Janeiro: Imago, 1993); *Antígona — de Sófocles a Hölderlin. Por uma filosofia 'trágica' da literatura* (Porto Alegre: LPM, 2000).
[2] A partir de agora, *GSV*.

um Brasil até então desconhecido. Esse desvendamento da alteridade admirável do sertão veio a ser o ponto de partida para uma nova maneira de conceber o Brasil e a "brasilidade". É ponto de partida também de uma espiritualização imaginária que se opera na obra de Guimarães Rosa. Esta é um raro, senão único esforço de rastrear a particularidade brasileira sem perder o nexo com um patrimônio universal de imagens, idéias e parâmetros.[3] Escrito para o público urbano e letrado, para um leitor que está paradigmaticamente presente como o "Senhor" erudito, porém silencioso, com o qual Riobaldo estabelece seu mono-diálogo[4], *GSV* estende uma ponte sobre o hiato imaginário que separa o mundo intelectual das cidades brasileiras do universo do sertão iletrado — universo que Rosa redime do preconceito de ser "atrasado" e pobre. A narrativa roseana aprofunda, no plano da intensidade íntima e da experiência espiritual, o interesse da análise sociológica de Euclides, fazendo sentir a grandeza metafísica das alegrias e dos medos dessa gente que é "simples" no sentido nobre e elevado do termo.

Como o ensaio de Euclides, *GSV* recebeu rapidamente a admiração geral e conservou um *status* à parte na crítica literária — em particular devido à conciliação extraordinariamente sutil de concepções artísticas modernas e tradicionais (técnicas modernistas, associativas, fonosemânticas, fragmentares, numa moldura épica rigorosa apoiada na narrativa popular). Tudo isso não bastou, entretanto, para assegurar uma popularidade ampla a este romance no Brasil. Também no estrangeiro, as traduções alemã, norte-americana e francesa não tiveram o eco que se poderia esperar para este romance incomum. Em grande parte, isso se deveu à dificuldade da linguagem artística — bastante "joyceana" — do romance, que se baseia, de um lado, na musicalidade da fala popular brasileira, de outro, na aglutinação e na incrustação de idiomas (e idéias) estrangeiros, elaborados como sofisticadas charadas filosóficas. Esta bem equilibrada mistura de linguagens familiares e

---

[3] Lourenço 19-24. Lourenço sublinha que Rosa evita certas tendência modernistas, chegando assim a uma integração bem sucedida do realismo moderno na moldura de valores universais e de reivindicações metafísicas.

[4] O romance se baseia numa concepção especulativa (e até mística) do diálogo, tal como a encontramos, por exemplo, em Blanchot (*L'entretien infini*, Paris, 1969), para quem "distância, intervalo e reconhecimento da alteridade" são as características fundamentais do diálogo. Nesta moldura, é apenas natural que o diálogo se passe entre os dois pólos da alteridade constitutiva do próprio sujeito (Riobaldo-jagunço e Riobaldo-narrador). Em termos freudianos, poder-se-ia dizer que esta alteridade é "introjetada".

estrangeiras, do ingênuo e do erudito, da extrema simplicidade com infinita sutileza, do senso comum e do rigor filosófico, coloca essa história de uma "demanda" quase medieval numa cena literária bastante híbrida: ela ocupa um lugar entre o folclore tradicional e o romance moderno (na esteira de Joyce, Musil ou Proust). *GSV* representa, portanto, um artefato que molda numa harmoniosa estrutura épica os mais heterogêneos elementos dos imaginários brasileiros e universais: a linguagem cotidiana regional, contos, causos e mitos, reminiscências do ensaísmo brasileiro do final do século XIX, fragmentos de poesia popular, diálogos platônicos, livre-associação freudiana e a reflexão heideggeriana sobre o pensamento mitopoético dos pré-socráticos.

A "demanda" riobaldiana de tudo e nada

"Nonada" — "nada", "bagatela" — é a primeira palavra que abre o interminável mono-diálogo do herói Riobaldo, que, como homem velho e jagunço dos sertões do Norte de Minas Gerais, Goiás, Bahia, Pernambuco e até do Piauí, passa em revista sua vida. Riobaldo retirou-se da sua vida desregrada junto com os bandos dos latifundiários-chefes e vive nas propriedades de Selorico Mendes. Este "padrinho" lhe legou suas fazendas sem jamais se ter declarado formalmente seu verdadeiro pai. O agora rico fazendeiro fala para um invisível e mudo "senhor"[5], tentando explicar a este o inexplicável, a "matéria vertente", isto é, os aspectos sempre mutantes da vida de um jagunço, metáforas da experiência desconcertante da mutabilidade da vida. Suas primeiras palavras, "Nonada. Tiros que o senhor ouviu foram de briga de homem não (...)", são apresentadas deliberadamente como fragmentos da conversa monologada que constitui todo romance. Nessa moldura, a simples palavra "nonada" assumirá significações surpreendentemente diversas e profundas: "no nada", "perdido no não-ser", isto é, sentidos que envolvem as contradições equívocas de uma "experiência" insólita e no limite do nominável. Riobaldo fala deste tipo de experiência com palavras ambíguas e frases densas, com imagens que evocam outras e mais sugestivas reflexões. O nome do principal adversário de Riobaldo, Hermógenes, por exemplo, traz à tona a questão difícil da linguagem natural no diálogo platônico *Crátilo*, sem mencionar as alusões aos seres ambíguos

---

[5] Este *Senhor* pode ser seu próprio eu educado, civilizado, ou, também, o Senhor-Deus, idéia da Ordem metafísica.

engendrados pelo deus Hermes (hermo-geneos), temidos como avessos à (e da) civilização. O singelo roedor do mato, a irara, cria um nexo secreto entre Hermógenes e Diadorim. O enigma poético se esclarece para quem lembra que, nos mitos indígenas do Brasil, a irara é um emblema do desejo ardente. Outro detalhe local é o tamanduá. Mas, na arte roseana, este bicho do serrado deve ser compreendido através da linguagem popular, que compreende "tamanduá" como "problema moral difícil de resolver". O que parecia ser, à primeira vista, uma simples evocação da cor local, desdobra-se em contemplação do bem e do mal e em reflexão filosófica sobre a essência da condição humana.

Estas camadas subliminares são muito difíceis de traduzir e requerem não só uma leitura cuidadosa e sensível, mas também alguns comentários.[6] Num primeiro momento, a linguagem roseana parece ser muito moderna e experimental, combinando a associação livre com técnicas melopaicas, fonosemânticas e pictográficas que marcam a poesia moderna de Ezra Pound ou de T. S. Eliot. Como *The Waste Land*, de Eliot, *Grande Sertão: Veredas* não é um mero "fragmento", mas uma espécie de ruminação rítmica ("rhythmical grumbling"):[7] ânsia artística, tentativa de des-construir os elementos da tradição lírica. No entanto, Rosa admira também Homero e Dante, Goethe e Dostoievski, Mann e Musil e isto significa que ele aprecia a construção épica[8] e reconstrói os fragmentos poéticos numa nova constelação romanesca. O substrato lírico desse romance-poema torna-se particularmente evidente na leitura em voz alta, que revela as belezas secretas do discurso oral popular. Isto não exclui, entretanto, uma anedota bem construída que emerge progressivamente, revelando-se depois das primeiras cinqüenta páginas de divagações deliberadamente "livres" e associativas.

O mal e a "matéria vertente"

O mal nas suas inúmeras facetas é o tema musical que o romance submete a um "processo de modificações" (B 55) que revela diversos

---

[6] Para os diferentes aspectos da arte roseana (contexto socioeconômico e político, discurso oral, folclore, dimensão filosófica), cf. os ensaios de Antônio Cândido, Roberto Schwarz,, Luiz Costa Lima, Walnice Nogueira Galvão, J. C. Garbuglio, Benedito Nunes, Leonardo Arroyo, Kathrin Rosenfield. A "metafísica" roseana é freqüentemente confundida com hermetismo e esoterismo.
[7] É assim que o próprio Eliot definiu *The Waste Land*. Rosenfield, "Poesia em Tempo de Prosa" 144.
[8] Estamos preparando um estudo detalhado sobre a intertextualidade brasileira e universal na obra de Rosa no seguinte livro: *The Work of Guimarães Rosa — An Introduction*.

modos de ver, sentir e pensar o mundo. O velho Riobaldo-narrador fala dos périplos de sua vida pregressa, esforçando-se em extrair o sentido secreto de suas reminiscências caóticas. No contexto brasileiro, o imaginário tradicional europeu do mal demoníaco é enriquecido pelas crenças africanas e índias, o que cria uma transição híbrida entre estruturas mentais distantes (índias e africanas, indo-européias e gregas, romanas e cristãs). Rosa explora essa heterogeneidade de maneira brilhante, questionando, através de choques de imagens inconciliáveis e de modos de comportamento incompatíveis a consistência daquilo que temos o hábito de chamar de "bem" e de "mal". Depois de introduzir uma avalanche de pensamentos e imagens caóticas — Rosa os chama de "magmáticas" — as ruminações do protagonista se compõem. Surgem as reminiscências da infância e as aventuras do jovem que foge da ambígua posição junto ao "padrinho", acomodando-se em diferentes bandos de jagunços; sua amizade intensa com o enigmático e belo Diadorim é um dos motivos pelos quais ele suporta mais as constantes violências sangrentas do que o teria feito normalmente. Assim, ele se vê transformado, primeiro, em "seguidor" passivo, depois em chefe de guerra dos bandos aliados. O horizonte referencial do romance é a situação socioeconômica do latifúndio, a insubmissão dos proprietários locais às leis do governo federal e as lutas de poder entre bandos rivais.[9]

Com a concisão maravilhosa do *contador de casos*, Rosa delineia os traços de seu herói. Riobaldo nasceu como filho da "Bigrí", nome que sugere a miscigenação freyreana — a mulher índia emprenhada pelo colonizador português. Esta mãe solteira vive e trabalha como agregada nas fazendas de diferentes proprietários e cria seu filho de pai desconhecido. Depois da morte de Bigrí, o menino é recebido como filho pelo rico padrinho Selorico Mendes, que é, na verdade, seu pai. A revelação de sua origem através de um terceiro significa para Riobaldo menos o acesso ao seu verdadeiro estatuto social, do que a queda na condição precária do jagunço: condição provisória e improvisada segundo os acasos, indefinida, sempre oscilando entre excesso e penúria, civilização e selvageria. Rosa aumenta a ambigüidade característica da realidade social do jagunço, transformando-a em metáfora e emblema da condição humana, conferindo-lhe profundidade metafísica. Palavras tornam-se trocadilhos, frases encobrem charadas, imagens revelam-se

---

[9] Para estes aspectos antropológicos, ver Euclides da Cunha, *Os sertões* (1902), e Sérgio Buarque de Holanda, *Raízes do Brasil* (1936).

pouco a pouco como anamorfoses, nomes e conceitos terminam sendo anagramas. Zé Bebelo, uma das figuras paternas simpáticas, traz no seu nome a marca do *trickster* demoníaco (anagrama de *Belzebub*), o amigo angelical e materno, Diadorim, desliza no diabólico Diá, ao passo que o terrível Hermógenes assume o papel de um protetor materno e acolhedor. Este tipo de experiência escorregadia é a própria essência do sertão, da vida no meio da "matéria vertente", do mercuriano "azougue maligno". A linguagem artística de Rosa desenvolve esse tema em diferentes metaníveis: em discussões subliminares sobre a essência do narrar e do pensar que se imbricam nas figuras poéticas. Ele comentará essa tendência excessiva (para além da história ou anedota) de sua escritura com o tradutor Edoardo Bizzarri "Perdoe-me (...) "estou com a cachorra", a invenção é um demônio sempre presente..!"[10]

Daí a necessidade de manter a poesia "pura" em limites formais, isto é, o apreço pela estrutura épica que contrabalança as experimentações com a linguagem. Contra as tendências do modernismo brasileiro, Rosa escolhe como moldura de sua obra o relato do narrador popular, do contador de casos ou causos. Esta figura corresponde aos hábitos tão tipicamente brasileiros da comunicação conversacional, que tende a apagar os limites nítidos entre a vida pública e a privada, entre a intimidade subjetiva e a objetividade fatual. O fulcro metafísico e contemplativo do romance roseano transcende assim um duplo lastro imaginário: o da narrativa popular, de um lado, o da análise científica-antropológica (Euclides da Cunha, Gilberto Freyre), de outro.

Transposições euro-brasileiras

Rosa, o autor mais poliglota do Brasil, falava fluentemente sete idiomas e dominava mais meia dúzia razoavelmente. É destas fontes que ele tirava o material para seus jogos de linguagem, transpondo estruturas lexicais, sintáticas e imaginárias de um contexto para o outro. Isto pode ser uma das práticas modernas mais comuns, mas, no caso de Rosa, essa arte adquire um alto nível de integração com as cores locais brasileiras. Assim, o leitor ingênuo quase não percebe a que ponto o sistema de nomes próprios, por exemplo, está sobredeterminado por significações estrangeiras e eruditas. Nomes e títulos quase sempre parecem ser autênticas criações populares, embora veiculem intencio-

---

[10] *Correspondência com Edoardo Bizzarri* 67-8.

nalmente sentidos que escapam à cultura popular brasileira. Um dos inúmeros exemplos é o título do conto "Cara de Bronze", que alude à expressão idiomática inglesa da insolência cara de pau — "brazenfaced" significa literalmente cara de bronze. Outro exemplo seria o nome da "canção de Siruiz", que, à primeira vista, se parece com uma reminiscência das sagas medievais. Mas, além destas conexões sugestivas, "siruiz" é, em romeno, a fórmula com a qual um amante diria à dama do seu coração "minha bem-amada".

O mesmo ocorre com estruturas narrativas, por exemplo, uma da mais encantadoras cenas do romance: o encontro do jovem Riobaldo com um menino maravilhosamente belo e corajoso de sua idade, com quem ele cruza, numa canoa, o rio São Francisco. Esta cena inscreve as "aberturas" da narrativa medieval (o transpor da fronteira entre a vida familiar, civilizada, e a aventura inquietante e perigosa, por exemplo, no tema de Percival) nos moldes do conto popular brasileiro. O incomparável da arte roseana está no modo como ele faz o leitor absorver referências intertextuais: este nem sequer nota esta presença alheia, mas mesmo assim capta intuitivamente algo da sua profundidade. A complexa teia destas referências intertextuais desenvolve-se "naturalmente" a partir de singelos "causos" que se combinam entre eles e, assim, enxertam nos pequenos problemas práticos implicações morais e espirituais indo muito além do *exemplum* medieval. Um cuidadoso arranjo dos causos segundo o princípio da variação musical cria constelações de imagens e pensamentos de alto teor filosófico. A questão aparentemente ingênua se o demônio existe ou não ou a ruminação em torno da violência gratuita ou deliberada segue discretamente certos eixos conceituais. Sempre de novo encontram-se alusões a questões filosóficas e teológicas como a teodicéia ou o mal radical. Além disto, a apresentação de formas de violência aparentemente ingênuas e inconscientes, porém altamente malignas, não deixa de trazer à tona as grandes sombras da história recente — a "banalidade do mal",[11] e outros deslizes inquietantes que transformam "boas" intenções em atrocidades difíceis de nomear.

Quando Riobaldo procura abandonar a violência terrível que ele observa na sua função de professor no bando de Zé Bebelo, ele reencontra o menino maravilhoso de sua infância, Reinaldo-Diadorim, que

---

[11] Rosa, que salvou várias vidas quando trabalhava como Cônsul-Adjunto em Hamburgo (1938-1942), pode aqui ter transposto a idéia de Hannah Arendt sobre a *banalidade do mal*.

o introduz aos chefes Joca Ramiro, Medeiro Vaz e Hermógenes. Fugindo à guerra destes bandos, ele se envolve agora ativamente na guerra jagunça. A aura fascinante de Diadorim prende Riobaldo aos hábitos violentos até a abjeção que normalmente ele teria rejeitado. Ao mesmo tempo, entretanto, a investigação narrativa do passado mostra que tais costumes, aparentemente avessos à sua vontade e às suas convicções morais, se alimentam da necessidade e dos desejos obscuros que subvertem e usurpam a estrutura do pensamento intencional, da linguagem comunicativa e da ação. Ao nível das estruturas profundas, figuras aparentemente opostas — por exemplo, o belo Diadorim e o repugnante Hermógenes, traidor e assassino de Joca Ramiro — tornam-se duplos cujas características se entrelaçam e invertem em complicados quiasmos. Preso ao maravilhamento de Diadorim, Riobaldo penetra cada vez mais no fundo enigmático e obscuro da vida jagunça (metonímia da condição humana). Eis porque ele é incapaz de abandonar Diadorim e a vida dos bandos, embora a monótona repetição da violência e da guerra lhe é cada vez mais penosa. Assim ele termina por atender — contra sua própria vontade — o desejo de Diadorim que lhe pede para assumir a liderança da campanha contra o traidor Hermógenes. Essa curiosa reversão do "seguidor" passivo em chefe ativo está sob o signo de um pacto ambíguo, pacto que coloca a ação por vir tanto sob o signo do mal como do bem, da morte e da vida, do ser e do nada. Assim, toda ação posterior é marcada pela ambigüidade carnavalesca, por comportamentos extravagantes e, no limite da loucura, por estranhos gestos intuitivos, projetos aparentemente impossíveis de realizar. A campanha "insensata", desviante e estranhamente instintiva produz, no entanto, sucessos imprevistos e a vitória final sobre o inimigo traidor. Mas a vitória da última batalha mostra-se, por sua vez, como totalmente comprometida e ambígua. Nela se espelha a estrutura "vertente" da narrativa — e da vida — de Riobaldo. O primeiro confronto termina com uma vitória heróica. Durante o segundo, porém, Riobaldo faz novamente a experiência do fundo obscuro da ação, de "raízes da alma" que escapam totalmente à consciência e à deliberação, de um desamparo passivo que precipita constelações trágicas. Aguardando o início da segunda batalha, o invencível Urutú Branco é tomado pelo desejo de repouso, cedendo ao fado inscrito no seu nome comum — Riobaldo, derivado da idéia dantesca da *baldanza*, do saborear preguiçoso. Neste estado indefeso ele é "surpreso" pela irrupção do inimigo. A cena desenvolve sutilmente o paradoxo do encontro com um evento totalmente familiar e esperado, mas que irrompe como algo radicalmente inquietante e provoca um desamparo trazendo à tona a estranheza do próprio ser e, ao nível psicológico, do eu consigo mesmo. O chefe insuperável perde o controle de si e, incapaz de agir, assiste paralisado ao combate singular de Diadorim e Hermógenes, que termina com a dupla morte dos adversários. Velando o corpo do amigo, Riobaldo descobre que seu valente companheiro de armas era uma donzela-guerreira, filha de Joca Ramiro.

Diante desta figura das reversões permanentes da matéria vertente, o jagunço Riobaldo — homem de ação cuja vida se esgota na vivência imediata — se transforma em homem contemplativo, no narrador que procura pensar o passado, rastreando a ordem secreta dos eventos confusos. O velho Riobaldo é assolado pela responsabilidade de encontrar a oculta necessidade — o Deus *absconditus* — que resgata a vida da contingência e da banalidade diabólicas.

O hiato entre a compreensão finita de experiências pontuais e o sentido infinito da vida revela-se nos deslizes mercurianos — no "azougue maligno" — das coisas vividas. Contra esta indeterminação, o velho Riobaldo procura, como o *Crátilo* de Platão, reconstruir os elos entre as aparências e a verdade eterna. Ele o faz do modo ingênuo, resumindo suas ruminações na fórmula pouco alentadora: "O diabo não há! (...) Existe é homem humano. Travessia".

Bibliografia

Blanchot, Maurice. *L'Entretien infini*. Paris: Gallimard, 1969.
Lourenço, Eduardo. "Guimarães Rosa ou o terceiro sertão". *Terceira Margem* (Porto) 2 (1999): 19-24.
Rosa, João Guimarães. *Grande Sertão: Veredas*. Rio de Janeiro: José Olympio, 1959-1960
_____. *Correspondência com Edoardo Bizzarri*. São Paulo: T.A. Queiroz, 1981.
Rosenfield, Kathirn. *Os descaminhos do demo*. Rio de Janeiro: Imago, 1993.
_____. "T.S. Eliot e Charles Baudelaire". *Poesia em tempo de prosa*. São Paulo: Iluminuras,1996. 127-65.

ARQUIVO E MEMÓRIA
EM PEDRO NAVA[1]

Eneida Maria de Souza[2]

(...) uma das coisas que mais me impressionou até hoje e que funcionou como uma madeleine de Proust para mim, foi uma corrente de relógio que o meu pai tinha me dado quando eu era menino. Meu pai saía comigo, às vezes vestido igual a ele. Então me deu um relógio e uma corrente, evidentemente barata. Mas esta corrente eu perdi de vista, me esqueci completamente dela até que um dia, já aqui no Rio, minha mãe me apareceu com ela. Disse: "Esta corrente era sua". Aí eu me lembrei completamente destes fatos todos. Essa corrente me prendeu, me ligou ao passado de uma maneira que eu mesmo não poderia imaginar.

Pedro Nava ("Entrevista" 107-8)

Pedro Nava (1903-1984) iniciou a escrita de suas *Memórias* em 1968, após ter-se aposentado da profissão de médico, exercida durante mais de trinta anos. A sua experiência literária, iniciada na década de 1920 em Belo Horizonte, contou com a companhia dos jovens escritores que começavam a se integrar ao movimento modernista de São Paulo. Carlos Drummond de Andrade, Abgar Renault, Emílio Moura, entre outros, tornaram-se poetas de renome nacional, ao contrário de Nava, que só em 1972 publica *Baú de ossos,* primeiro volume de suas *Memórias.* O encontro com a literatura viria cumprir um compromisso

---
[1] Texto originalmente publicado na revista *Ipotesi,* 4 (2000): 23-28.
[2] Professora Titular de Teoria da Literatura da Universidade Federal de Minas Gerais. Entre outros, autora de *Traço crítico* (Belo Horizonte: Editora UFMG, 1993); *Mário de Andrade* (Belo Horizonte: Editora UFMG, 1997); *Modernidades tardias* (Belo Horizonte: Editora UFMG, 1998).

com os colegas de sua geração, uma vez que o escritor, com exceção de alguns poemas publicados na *Revista*, em 1925, era considerado poeta bissexto, destacando-se entre as poucas realizações poéticas, "Mestre Aurélio entre as rosas" e "O defunto", reeditadas por Manuel Bandeira na *Antologia dos poetas bissextos*, em 1946. O acerto de contas com o passado fez de Nava o grande nome modernista do memorialismo brasileiro, por se empenhar na tarefa infindável de uma escrita marcada pelo saber enciclopédico e pela paixão dos detalhes, pela reconstrução de histórias de família, da formação educacional e profissional do escritor e da própria geração intelectual à qual pertencia. Carlos Drummond de Andrade (*Boitempo, Menino antigo*) e Murilo Mendes (*A idade do serrote*) já haviam realizado obras de teor memorialístico, evocando lembranças da infância, refletindo sobre a estrutura patriarcal e latifundiária mineira, mas nenhum deles se propôs realizar uma narrativa de dimensão épica e monumental da maneira como o texto de Nava se pautou.

Seis volumes são publicados, num intervalo de pouco mais de dez anos — 1972-1983 — compreendendo os trinta anos de vida do biografado, além das trinta e seis páginas inéditas de *Cera das almas*, o livro que daria continuidade à série. *Baú de ossos* (1972), *Balão cativo* (1973), *Chão de ferro* (1976), *Beira-Mar* (1978), *Galo-das-Trevas* (1981) e O *círio perfeito* (1983) compõem o painel memorialístico do autor, texto que se situa a meio caminho da ficção e do documento, pela reinvenção dos fatos vividos tanto pelo escritor quanto pela sua geração.

O impacto causado pela publicação do primeiro volume das *Memórias* propiciou a releitura do cânone literário brasileiro, em plena década de 1970. A retomada da tradição memorialística brasileira representava para a crítica a necessidade de se refletir sobre conceitos até então recalcados pela vanguarda literária, tais como o de tradição, de memória, de escrita do eu e de autobiografia. Com a estréia de Nava, descortina-se novo panorama para as letras brasileiras, no qual se mesclam a história e a ficção, a tradição e o novo, com o objetivo de ampliar a própria concepção de texto memorialístico e de enriquecer o estatuto do texto literário. O *boom* da escrita autobiográfica não tardaria a ter lugar na história da literatura contemporânea, principalmente com a abertura política no Brasil e com a volta dos ex-exilados ao país. O registro das experiências vividas durante o período de ditadura militar inaugura outra modalidade de relato.

O texto memorialista de Nava, que participou do movimento modernista de 1920, inscreve-se de forma distinta do relato autobiográfico da geração de exilados que retornam no final da década de 1970, como Fernando Gabeira, por se pautar por uma escrita que contempla a narrativa de vida do escritor desde a infância até o início da maturidade. Reveste-se de caráter totalizante, no sentido de realizar um projeto narrativo de forma detalhista e grandiosa, abrangendo as várias etapas da vida privada e pública do escritor. O mesmo não se passa com os textos de exílio, que têm como princípio negar ou ignorar o passado familiar e a genealogia do indivíduo, por se tratar de uma escrita que não visa a canonização do sujeito e nem de uma determinada classe social. As *Memórias* de Nava resgatam não só o gênero literário que se encontrava em baixa, como se impõem como referência histórica, política e cultural da realidade brasileira das primeiras décadas do século XX. A crítica literária vê-se inclusive obrigada a rever metodologias e teorias do texto, abrindo-se para abordagens de ordem mais interdisciplinar e cultural, por sentir a necessidade de ampliar o conceito do literário e de revisar o lugar do sujeito no ato da escrita, seja ela de natureza ficcional, memorialística ou ensaística.

Na elaboração do vasto material armazenado pela memória, Nava utiliza-se de um número razoável de metáforas, de bom rendimento para a compreensão de seu processo criador, além de ter sido bastante explorado pela crítica especializada em sua obra. Imagens se multiplicam e se suplementam através da incessante necessidade revelada pelo escritor de recorrer à metalinguagem e à teorização do ato de escrever. Escrita frankenstein, elaborada à maneira de um *puzzle*, de um caleidoscópio, de um texto-palimpsesto e de uma bricolagem, em que são colados os fragmentos e pedaços de textos, lembranças e objetos guardados no baú de ossos. A crítica apropria-se, assim, dessas imagens e elabora conceitos que se relacionam ao processo naviano de escrever: "móbile da memória", "construção arbórea" (Davi Arrigucci), "pentimento", "memória esponjosa" (Antônio Sérgio Bueno), "escrita frankenstein" (Celina Fontenele Garcia), "memória-esqueleto com muitas vértebras" (Joaquim Alves de Aguiar), "baú de madeleines" (Maria do Carmo Savietto), e assim por diante.

A leitura das *Memórias* de Nava percorre os vários níveis de análise textual, considerando-se que o documento memorialístico é ao mesmo tempo objeto artístico, objeto de conhecimento e fato cultural. O gesto contínuo de lidar com os manuscritos deixados pelo escritor remete a um tempo em movimento, a uma atuação direta no presente e a uma enunciação que está se processando de forma intermitente e contínua, nas várias etapas da leitura. Verifica-se não só o contato do leitor com o texto em si, mas a percepção de ser fruto de um ato biográfico que ainda irá culminar na reconstituição de um vasto painel cultural.

Uma das fontes mais significativas do estudo dessa obra é a consulta ao arquivo de Pedro Nava, sediado na Fundação Casa de Rui Barbosa. Constata-se a presença do entrecruzamento entre arquivo, escrita e memória por meio da profusão de fotos, cartões postais e desenhos que permitiram a construção das variadas fases de elaboração de seu texto. No corte cirúrgico desse material, procedeu-se à eliminação de muitos dados, tornando-se difícil avaliar, com base na versão em livro, a exata dimensão da atividade escritural que precedeu a efabulação do texto definitivo. O exame deste arquivo revela ser o trabalho anterior da escrita semelhante à técnica da bricolagem, em que se cruzam as informações e a vivência pessoal de quem se introduz como sujeito, ainda que fragmentado do discurso.

O processo criativo apresenta-se em três fases: inicialmente, fichas e papéis soltos, recheados de pesquisa do memorialista, como desenhos, retratos, recortes de jornal, ao lado de informações enviadas pelos amigos; num segundo momento, tem-se a organização dos "bonecos", na qual são esboçados os capítulos e o seu desenvolvimento futuro. Na terceira etapa, o cadáver e o *boneco* ganham vida e discurso, configurando-se no texto datilografado e quase pronto para ser enviado à editora, embora a página em branco dos originais, no lado direito da folha, esteja sujeita a correções a serem adicionadas no ato de revisão.

A relação entre a série médica e a literária se concretiza através da imagem do *boneco*, que assume vários significados na obra de Nava, desde a forma original conferida aos rascunhos até os desdobramentos metafóricos. A marca do médico se inscreve no material usado para os rascunhos das *Memórias*, em papel ou cartão timbrado com endereço do doutor Pedro Nava. Essa marca configura-se como o reverso e o espelho do escritor, a outra face complementar do memorialista. Nessa rede de cruzamentos textuais, o "boneco", segunda fase da escrita, pode se referir tanto à imagem do projeto gráfico de um livro como à idéia de cadáver, de um corpo já dissecado e preparado para estudo. Na sua função de esboço e simulacro, o "boneco" não atinge o estatuto de um produto acabado, mas se revela em constante processo de elaboração. Esse texto incorpora a imagem de um texto-cadáver, a ser manipulado, refeito e bricolado pelo seu criador. Os atos de cortar, de costurar, de dissecar e de formar o desenho interno do corpo humano durante as aulas de Anatomia permitem que se opere a associação entre a escrita memorialística e a prática do médico-estudante com os bonecos-cadáveres: o médico e o monstro, o escritor e a sua criatura, a escrita frankenstein.

A última observação a respeito dessa técnica memorialística de Nava reside na presença de duas cenas relatadas em *Beira-Mar*. Trata-se da teorização relativa à diferença entre arquivo e memória, considerando-se esta última como um procedimento estático e fossilizado. A primeira cena diz respeito ao momento em que o avô materno decide se desfazer de todos os seus guardados, jogando fora os documentos relativos à família materna de Nava. O futuro guardião das histórias de família recolhe os papéis e os retratos pertencentes aos Halfeld, amarrando o material em pacotes e organizando o que havia sobrado. Torna-se proprietário legítimo do espólio e, graças a ele, escreve parte de *Baú de ossos*, principalmente o que se relaciona à linhagem materna.

A outra cena refere-se à venda do relógio de ouro, recebido de herança do avô paterno, por nada mais significar como objeto de memória, em razão de sua inutilidade funcional. Embora o objeto possuísse as iniciais de família — PSN, relativas a Pedro da Silva Nava — o jovem estudante o descarta, por considerá-lo um objeto morto, símbolo de um tempo estancado da memória, o tempo como fetiche:

> Eu, durante o dia, tinha vendido na *Joalheria Diamantina* um velho relógio que fora de meu avô paterno, patacão comprado na Suíça, vidro revestido por cobertura preciosa de ouro, duplo fechamento posterior também de ouro, com a cercadura e a argola. As duas tampas com monograma igual e primorosamente gravado: PSN. Ainda era dos de dar corda mas perdera-se a chave e ele, relógio, virara num objeto inútil.

No baú da memória guarda os textos, os documentos. Do relógio parado da família, descarta o sentido de memória parasitária, assim como de cadáver incapaz de ser tocado e de retornar à vida. Separa e une o nome ao objeto, vendendo a outrem uma herança que nada representa como documento de arquivo, por ser um arquivo morto. Distinta posição frente a um objeto recebido como dom e merecimento — e como símbolo de continuidade profissional e de herança conquistada — ocorre quando Nava torna-se possuidor do anel de médico que pertencera ao pai. A corrente do relógio que recebera de presente do pai quando criança torna-se, mais tarde, uma verdadeira "madeleine" proustiana, pela força mágica de ligar e reativar a memória do intérprete das histórias familiares.

Memória de arquivo, "mal de arquivo" (142), como assim se expressa Jacques Derrida, nostalgia e paixão da origem — são esses os princípios que norteiam o trabalho infinito de escavação da genealogia textual. Estar doente, ser possuído pelo "mal de arquivo", é considerá-lo como espectro e cadáver, fantasma que possibilita o diálogo incessante da morte com a vida. Compete à escrita memorialística cumprir o papel de suplemento e de simulacro desse diálogo.

Bibliografia

Aguiar, Joaquim Alves de. *Espaços da memória*: Um estudo sobre Pedro Nava. São Paulo: Edusp/Fapesp, 1998.
Arrigucci Jr., Davi. "Móbile de memória." *Enigma e comentário*. São Paulo: Companhia das Letras, 1987. 67-111.
Bueno, Antônio Sérgio. *Vísceras da memória*. Belo Horizonte: Editora UFMG, 1997.
Derrida, Jacques. *Mal d'archive*. Paris: Galilée, 1995.
Garcia, Celina Fontenele. *A escrita frankenstein de Pedro Nava*. Fortaleza: UFC, 1997.
Nava, Pedro. *Baú de ossos*. Vol. 1. *Memórias*. Rio de Janeiro: Sabiá, 1972.
_____. *Balão cativo*. Vol 2. *Memórias*. Rio de Janeiro. José Olympio, 1973.
_____. *Chão de ferro*. Vol 3. *Memórias*. Rio de Janeiro. José Olympio, 1976.
_____. *Beira-Mar*. Vol. 4. *Memórias*. Rio de Janeiro. José Olympio, 1978.
_____. *Galo-das-Trevas*. Vol 5. *Memórias*. Rio de Janeiro. José Olympio, 1981.
_____. *O círio perfeito*. Vol. 6. *Memórias*. Rio de Janeiro. José Olympio, 1983.
_____. "Entrevista." Santilli, Maria Aparecida (org.). Seleção de Textos, Notas, Estudo Biográfico, Histórico e Exercícios. *Pedro Nava. Literatura comentada*. São Paulo: Abril Educação, 1983. 105-8.
Savieto, Maria do Carmo. *Baú de madeleines*. Dissertação — Universidade de São Paulo, 1988.

A HORA DA ESTRELA OU A HORA DO LIXO
DE CLARICE LISPECTOR

Italo Moriconi[1]

Escrito em 1976, publicado um mês antes da internação que levou a autora à morte em dezembro de 1977, *A Hora da estrela* faz parte de um grupo de textos de Clarice Lispector que não apenas constituem mas também encenam o final, assim como o final enquanto dissolução. Final da vida, final da carreira, final da obra. Uma etapa de sua escrita que ela mesma chamou de "hora do lixo", ao responder às críticas feitas ao livro de contos *A Via Crucis do Corpo* (de 1974).[2] Hora da estrela, hora do lixo. As críticas a *Via Crucis* diziam respeito ao caráter esquemático de suas narrativas e à suposta crueza no tratamento da questão sexual. Hora do lixo, hora da morte. Morte de Macabéa, estrela de cinema ao avesso, personagem não trágica, protagonista de uma não vida, cujo auge se dá na cena final do atropelamento, sátira de um apocalipse banal. Morte física da autora, que talvez já soubesse de sua doença quando começou a escrever *A hora da estrela*.

A hora do lixo cobre um período relativamente curto na carreira de Lispector e abrange seus últimos escritos, posteriores a *Água viva* (1973). Representa apenas mais um momento de radicalização numa trajetória desde o começo classificada de radical ou idiossincrática por todas as vertentes canônicas da moderna crítica literária brasileira.

---

[1] Professor de Literatura Brasileira da Universidade do Estado do Rio de Janeiro. Entre outros, autor de *A provocação pós-moderna* (Rio de Janeiro: Diadorim, 1994). Organizador das antologias *Os cem melhores contos do século* (Rio de Janeiro: Objetiva, 2000) e *Os cem melhores poemas do século* (Rio de Janeiro: Objetiva, 2001).
[2] Ver Gotlib 417; Ferreira 268.

Enquanto inflexão radical, os textos da hora do lixo mantêm estreita vinculação com *Água viva*. Fazem parte de um mesmo gesto estético, desdobrando um jogo, uma dialética paradoxal ou ambivalência, entre o sublime e a dessublimação. Se *Água viva* ainda pode ser lido na clave de um sublime feminino, associado à valorização dos atos sublimes de pintar e/ou escrever, traços decisivos já no livro de estréia (*Perto do coração selvagem*, 1944), verificamos em *A hora da estrela* uma inversão total desse jogo.[3] O narrador e/ou protagonista feminino é substituído pela voz brutal e sádica (apesar de titubeante) de um narrador masculino. O ato narrativo faz mínimas concessões ao que não seja sarcástico ou grotesco. O próprio caráter de jogo dialético entre o sublime e o dessublime, tão evidente em *Água viva*, com seu apelo freqüente ao meramente orgânico e visceral, é aqui paralisado. A hora do lixo seria a recusa de qualquer sublimação. Nesse sentido, valendo-nos da engenhosa equação concretista, *Água viva* representa o momento de *luxo* imprescindível à configuração do *lixo* enquanto entidade estética.

O diagnóstico do "caso Clarice" como radical ou idiossincrático explica-se, num primeiro momento, por sua inadequação à hegemonia dos valores nacionalistas e sociais, históricos e referencialistas de avaliação do literário, dominantes no cânone crítico modernista. Lispector apareceu no cenário em 1944 com uma ficção subjetivista e uma retórica não mimética, cheia de metaforizações insólitas, violentos desvios metonímicos, estranhamentos produzidos por um narrar que se deixava conduzir por um descrever alusivo, fundado em intensa atenção ao sensível e ao detalhe.[4] Entrava na literatura brasileira pela porta de uma vertente sofisticada, em que a base introspectiva dava margem à indagação moral e existencial. Um tipo de ficção ainda hoje pouco levado em conta pelos modelos conceituais dominantes na historiografia universitária, embora seus autores individualmente possam ter contado com alguma atenção da crítica. Incluem-se aqui os nomes de Cornélio Pena, Otávio de Faria, Lúcio Cardoso, entre outros. Porém, distinguindo-se dos romances produzidos por esses autores, o texto de Clarice foi dado como surpreendente sobretudo por trazer inequívoca componente experimental, ao lado de um explícito, embora não total, engajamento da escrita e da arte em geral com a banda sombria da existência: o mal, o pecado, o crime.

---

[3] Sobre o sublime feminino em Lispector, ver Peixoto 68-72.
[4] Ver Santiago, "A Aula inaugural de Clarice".

Ao longo do tempo, a componente experimental acentuou-se, sofrendo inflexões diversas, configurando uma *evolução* que, se por um lado teve a necessária dimensão linear e previsível, por outro apontou para uma ordem da *repetição*. A repetição em diferença de um mesmo gesto transgressor trazendo mudanças progressivas ao discurso. Tal dinâmica intensificou-se depois de *A maçã no escuro* (1961), radicalizando-se o elemento auto-reflexivo, dentro de uma lógica textual vanguardista. Desta são exemplos *A Paixão Segundo G. H.* (1964) e *Uma aprendizagem, ou O livro dos prazeres* (1969). O primeiro reescreve em clave feminina o mito kafkiano do homem-barata. Quanto a *Uma aprendizagem*, basta lembrar que seu texto se inicia por uma vírgula, evocando, de saída, seu caráter de texto *escrevível* (o termo de Barthes), realçado por diversos críticos.[5]

Sob certos aspectos, os textos produzidos no que está sendo aqui chamado de hora do lixo encenam os limites, a exaustão de um projeto de progressiva radicalização da escrita auto-reflexiva. Do ponto de vista estético, este é o final mais espetacular, que provavelmente determina todos os demais: o fim do modernismo. De um ponto de vista descritivo, os textos da hora do lixo, incluindo agora no termo o próprio *Água viva*, caracterizam-se por extremo fragmentarismo. Os livros tornam-se curtos, os contos esquemáticos e nervosos. O que chamo aqui de "livros" são em última instância *assemblages* de fragmentos unificados por algum tipo de fio condutor: falo de *Água viva*, *A hora da estrela* e do postumamente publicado *Um sopro de vida*. Esse fragmentarismo radical interage com uma face jornalística. A autora publica trechos de seus livros e contos no corpo de suas crônicas para o *Jornal do Brasil*, de que foi colaboradora semanal entre os anos de 1967 e 1973. Por seu turno, as crônicas assumem freqüentemente um tom "literário" e filosofante, com reflexões, meditações, metáforas e jogos irônicos típicos de seus textos literários. Cria-se assim uma porosidade entre os dois gêneros, um sistema de trocas erráticas, que vem associar-se à permanente prática da reescritura por Clarice.

A hora do lixo clariceana envolve pois uma dualidade entre o literário e o jornalístico, o erudito-vanguardista e o *kitsch*, o bom e o mau gosto, o alto e o baixo, a poesia e o clichê, o irônico e o sentimental. Tradicionalmente, a crônica é um gênero para-literário brasileiro, con-

---

[5] Ver, por exemplo, Santos e Helena.

cebido, na sua versão dos anos 50/60, como algo endereçado a leitores "sensíveis". O discurso da hora do lixo assume então, de um lado, sua face popular, dada pela crônica meditativa: amar Clarice tornou-se um mito na cultura brasileira que significa declarar-se sensível ou mesmo sensitivo. E de outro lado, a face literária experimental-vanguardista dada pelos livros, em que o "baixo" do clichê sentimental-existencial se entrelaça ao estranhamento provocado pela complexidade da linguagem auto-remissiva própria do alto modernismo.

•

Em *Água viva*, *A hora da estrela* e *Um sopro de vida* a estratégia discursiva mais marcante é a declaração do desejo do narrador de criar efeitos de simultaneidade com a escrita. Escrita que se propõe como inscrição simultânea ao efetivar-se de um pensar/sentir, logogrifo imediato de um bloco de afecto/percepto (no sentido deleuziano). Para usar a expressão icônica cunhada em *Água viva*: uma escrita do *instante-já*. Tal simultaneísmo associa-se ao modo como se apresenta a subjetividade narradora. Se nas obras anteriores a *Água Viva* esta é encenada através do jogo clássico entre enunciação narrativa e personagens, aqui o palco desloca-se integralmente para o espaço do foco narrativo. A filosofia ficcionada da subjetividade em Clarice passa a concentrar-se exclusivamente na figura de um ego que é *ego scriptor*, seja ele *naïf*, como no caso da pintora que resolve escrever em *Água viva*, seja ele representado por experientes escritores — masculino em *A hora*, feminino em *Um sopro*.

A subjetividade escritora, além de engendrada, é cindida e desfere um percurso que vai do dialógico ao diaspórico. Em *Água viva*, a cisão se dá mediante uma estratégia da intersubjetividade. A narradora pintora dirige seu discurso a um destinatário masculino, assumindo assim o texto o caráter de simulacro de uma carta. A intersubjetividade define-se aí como dialógica, sendo seu terceiro termo um referente: a realidade ou a verdade da pura sensação. A busca da simultaneidade entre escrita e acontecimento mantém um conceito *ontológico* do vivido, tido como substância a ser alcançada pela atividade representacional, a qual, no entanto, como é óbvio, sempre fracassa. A narradora de *Água viva* não consegue ultrapassar o abismo da *différance*, figurado no texto pelo uso dos espaçamentos gráfico e temático.

Em *A hora da estrela*, já não se trata mais de atingir uma realidade substancial. O triângulo da comunicação se dá agora entre o narrador masculino (chamado Rodrigo S. M.), o leitor e a personagem Macabéa, cuja história se reduz a mínimos acontecimentos biográficos: orfandade, emprego de datilógrafa, namoro fracassado, roubo do namorado pela colega de trabalho, ida à cartomante e a cena final da morte por atropelamento. O efeito de simultaneidade aqui se dá na medida em que o plano narrativo mais importante no texto é aquele em que o narrador comenta com o leitor o seu processo de criação de uma personagem ficcional que lhe é completamente estranha. O motivo central de *A hora da estrela* é a seqüência dos sentimentos conflitivos do narrador em relação à personagem que ele quer criar, esforço que nunca se afasta de um simples esboço caricatural. Já não se busca mais a simultaneidade entre escrita e sensação e sim entre escrita e leitura. Erigida em eixo da narrativa, a dimensão auto-reflexiva configura-se como auto-reflexão do narrador sobre sua *relação* com a personagem. Entre os fascinantes efeitos produzidos por essa operação discursiva, destaca-se o desnudamento do caráter de simulacro do próprio leitor. Radicalizando a experiência feita por Machado de Assis com o Bentinho de *Dom Casmurro*, Clarice cria um Rodrigo que é S. M. (sádico e masoquista) tanto em relação à personagem quanto ao leitor.

•

Mas a personagem Macabéa não é qualquer uma, tanto assim que praticamente toda a fortuna crítica sobre *A Hora da Estrela*, e também o filme de Suzana Amaral baseado no livro, concentram nela sua atenção. Macabéa é uma caricatura de nordestino. E "nordestino" não é uma categoria inocente na cultura brasileira. Nordestinos na literatura brasileira são pobres, excluídos, periféricos, seres provenientes de um Brasil arcaico em relação ao país surgido desde fins do século XIX, cultural e economicamente dominado pelo poderoso Sudeste. Na ideologia da ordem do discurso hegemonizada pela civilização do Sul, o estereótipo do nordestino é o de "raça subdesenvolvida", "sub-raça" pela falta de recursos. Num paralelo com o discurso racista norte-americano, talvez Macabéa equivalha a *white trash*, embora ela seja descrita nos termos de uma idéia muito especificamente brasileira e elástica de "raça branca", pois sua cor de pele é dita parda.

Um dos aspectos de originalidade de *A hora da estrela*, no plano mimético-documental, é que Rodrigo S. M. retrata uma nordestina já urbanizada, não uma nordestina flagrada no seu sertão original, nem a nordestina deslocando-se pelo país como retirante da pobreza de sua região, duas imagens tipicamente modernistas. A nordestina de Rodrigo S. M. é a imigrante já estabelecida na periferia das grandes cidades do Sudeste, a nordestina pós-moderna que, no cinema, foi pioneiramente mostrada em *O amuleto de ogum*, de Nelson Pereira dos Santos (1975). Nesse cenário contemporâneo, posterior aos anos 70, nem mesmo o sertão pode mais ser encenado na linguagem substancialista da origem autêntica. Como no recente filme *Central do Brasil*, de Walter Sales, o lugar sertão já não é mais um cenário de cactos espinhentos e caveiras de vacas e sim, apenas, área periférica suburbana ocupada por um conjunto habitacional semelhante aos das metrópoles do Sudeste. Além de nordestina, a Macabéa criada por Rodrigo S.M como símbolo de pobreza é a representação grotesca e caricatural de uma subjetividade totalmente definida pela faixa mais imediata do consumo: ela se alimenta de Coca-Cola e seu único passatempo é ouvir a Rádio Relógio.

Lispector faz Rodrigo S.M. transgredir todas as regras de pieguice e utopia sociais que sustentaram o mito literário do nordestino na literatura modernista. Nesse sentido, a relação entre o narrador e Macabéa é a representação alegórica da relação entre o intelectual modernista e a população pobre e excluída. Nas versões mais populistas desse modernismo, os escritores pensaram redimir-se de sua culpa social através da salvação do pobre pelo texto-denúncia. Entre os autores mais consagrados da geração surgida nos anos 20/30, apenas Graciliano Ramos, em *Memórias do cárcere*, e Carlos Dummond de Andrade, em alguns momentos de sua desconstrutiva poesia dita "social", ousaram aludir àquilo que *A hora da estrela* apresenta de maneira tão brutal: toda a hipocrisia e o sadismo inerentes à relação entre o intelectual e o pobre na tradição cultural brasileira.

Rodrigo S.M. busca o que parece impossível no Brasil: falar de exclusão social sem fazer demagogia. O texto de Lispector na verdade é publicado no momento mesmo em que se inicia profunda transformação na cultura política brasileira, ocorrida na virada dos anos 70/80: a conquista de voz pública pelos próprios setores excluídos, independentemente da tutela dos velhos partidos, políticos e intelectuais populistas de classe média.[6] Rodrigo S.M. sabe que sua motivação é completamente exterior ao drama efetivamente vivido pelos modelos inspiradores de sua Macabéa. "Por que escrevo?", pergunta ele no início de sua

---

[6] Ver Santiago, "Democratização".

narrativa. E responde: "Antes de tudo porque captei o espírito da língua e assim às vezes a forma é que faz o conteúdo. Escrevo portanto não por causa da nordestina mas por motivo grave de 'força maior', como se diz nos requerimentos oficiais, por 'força de lei'".

A partir daí, o *leitmotif* do narrador será dado pelos contraditórios sentimentos provocados por seu esforço hercúleo de *identificação* com Macabéa. Rodrigo S.M oscila entre a repugnância e a empatia, entre a indiferença cruel e a piedade, reatualizando o jogo entre sadismo e sentimentalismo que Gilberto Freyre detectara, nos anos 30, como constitutivo das relações entre a classe patrimonial branca ou parda e a escravidão negra no Brasil. Para ilustrar minimamente meu argumento, transcrevo a seguir o parágrafo em que Rodrigo S.M. faz uma primeira apresentação de Macabéa:

> Ela nascera com maus antecedentes e agora parecia uma filha de um não sei quê com ar de se desculpar por ocupar espaço. No espelho distraidamente examinou de perto as manchas no rosto. Em Alagoas chamavam-se "panos", diziam que vinham do fígado. Disfarçava os panos com grossa camada de pó branco e se ficava meio caiada era melhor que o pardacento. Ela toda era um pouco encardida pois raramente se lavava. De dia usava saia e blusa, de noite dormia de combinação. Uma colega de quarto não sabia como avisar-lhe que seu cheiro era murrinhento (...) Nada nela era iridescente, embora a pele do rosto entre as manchas tivesse um leve brilho de opala. Mas não importava. Ninguém olhava para ela na rua, era café frio. (34)

Observamos que Rodrigo S.M. repete clichês do discurso do preconceito racial e social contra os nordestinos (sujeira, doença, inconsciência), levando suas descrições ao extremo do clownesco, como parte do esforço de evitar uma identificação demagógica e artificial com Macabéa.[7] No entanto, é impossível escrever sobre um outro sem o mínimo de empatia, sem o mínimo de projeção subjetiva. Essa empatia, porém, vai aparecer no seu texto também de maneira paródica. Eis o que se lê logo em seguida ao trecho acima citado:

> E assim se passava o tempo para a moça esta. Assoava o nariz na barra da combinação. Não tinha aquela coisa delicada que se chama

---

[7] Para uma leitura extremamente original e interessante do *clownesco* em *A hora da estrela*, ver Arêas.

encanto. Só eu a vejo encantadora. Só eu, seu autor, a amo. Sofro por ela. E só eu é que posso dizer assim: "que é que você me pede chorando que eu não lhe dê cantando? (34)

Apenas num aspecto Rodrigo S.M. consegue construir um eixo de identificação não paródica com Macabéa, embora ainda farsesco devido à heterogeneidade radical entre criador e criatura. Trata-se da solidão. Esse é o único elo que possibilita a construção de um discurso conectando diferentes tão diferentes. De maneira também completamente exterior e artificial, Rodrigo S.M estabelece um paralelo entre a solidão irremediável do *ego scriptor* e o anonimato mudo de Macabéa. A solidão faz com que o escritor pertença a uma esfera residual dentro do ordenamento das coisas e é como resíduo, é pela *idéia* de resíduo, que Rodrigo pode estabelecer um fiapo de identificação com a nordestina. Identificação, porém, que carrega ainda um outro elemento crucial de diferença, pois o escritor possui o bem inestimável da palavra, ao passo que Macabéa dela se encontra desprovida:

> (...) Quisera eu tanto que ela abrisse a boca e dissesse:
> — Eu sou sozinha no mundo e não acredito em ninguém, todos mentem, às vezes até na hora do amor, eu não acho que um ser fale com o outro, a verdade só me vem quando estou sozinha.
> Maca, porém, jamais disse frases, em primeiro lugar por ser de parca palavra. E acontece que não tinha consciência de si e não reclamava nada, até pensava que era feliz (...) (Vejo que tentei dar a Maca uma situação minha: eu preciso de algumas horas de solidão por dia senão "me muero".) (83)

A cena final do atropelamento de Macabéa por um carro de marca Mercedes-Benz, em lugar do noivo louro que a cartomante lhe tinha prometido, acentua a vitória do artificialismo da escrita sobre a piedade social como móvel da criação artística. "O final foi bastante grandiloqüente para a vossa necessidade? (104)", pergunta ao leitor o mais cínico dos narradores jamais criados por Clarice Lispector. Na sarjeta, a cena do corpo morto de Macabéa alegoriza não apenas um certo conceito de *ego scriptor*, mas, sobretudo, fornece uma imagem impiedosa de si mesma feita por Clarice na hora final, pela boca de Rodrigo, seu travesti sadomasô:

Escrevo por não ter nada a fazer no mundo: sobrei e não há lugar para mim na terra dos homens. Escrevo porque sou um desesperado e estou cansado, não suporto mais a rotina de me ser e se não fosse a sempre novidade que é escrever, eu me morreria simbolicamente todos os dias. Mas preparado estou para sair discretamente pela porta dos fundos. Experimentei quase tudo, inclusive a paixão e seu desespero. E agora só quereria ter o que eu tivesse sido e não fui. (27)

Bibliografia

Antelo, Raúl (org.). *Declínio da arte / Ascensão da cultura*. Florianópolis: Letras Contemporâneas.
Arêas, Wilma. "O sexo dos *clowns*". *Revista Tempo Brasileiro* 104 (1991): 145-53.
Ferreira, Tereza Cristina M. *Eu sou uma pergunta*: *Uma biografia de Clarice Lispector*. Rio de Janeiro: Rocco, 1999.
Gotlib, Nádia Battella. *Clarice — Uma vida que se conta*. São Paulo, Ática, 1995.
Helena, Lucia. *Nem musa, nem Medusa*: *Itinerários da escrita em Clarice Lispector*. Rio de Janeiro, Ed. Universidade Federal Fluminense, 1997.
Lispector, Clarice. *Perto do coração selvagem*. Rio de Janeiro: A Noite, 1944.
_____. *A maçã no escuro*. Rio de Janeiro: Francisco Alves, 1961.
_____. *A Paixão segundo G. H.* Rio de Janeiro: Ed. Autor, 1964.
_____. *Uma aprendizagem ou O livro dos prazeres*. Rio de Janeiro: José Olympio, 1969.
_____. *Água viva*. Rio de Janeiro: Artenova, 1973.
_____. *A Via-crúcis do corpo*. Rio de Janeiro: Artenova, 1974.
_____. *A hora da estrela*. 4ª ed. Rio de Janeiro: José Olympio, 1978.
_____. *Um sopro de vida*. Rio de Janeiro: Nova Fronteira, 1978.
Miranda, Wander Melo (org.). *Narrativas da modernidade*. Belo Horizonte: Autêntica, 1999.
Peixoto, Marta. *Passionate Fictions*: *Gender, Narrative and Violence in Clarice Lispector*. Minneapolis: University of Minnesota Press, 1994.
Rosenbaum, Yudith. *Metamorfoses do mal — Uma leitura de Clarice Lispector*. São Paulo: EdUSP / FAPESP, 1999.
Santiago, Silviano. "Democratização no Brasil — 1979-1981 — Cultura versus arte". *Declínio da Arte / Ascensão da Cultura*. Raúl Antelo (org.). Florianópolis: Letras Contemporâneas, 1998. 11-23.
_____. "A aula inaugural de Clarice". *Narrativas da Modernidade*. Wander Melo Miranda (org.). Belo Horizonte: Autêntica, 1999. 13-20.
Santos, Roberto Corrêa dos. *Lendo Clarice*. Rio de Janeiro: Atual, 1986.

O CASO FONSECA:
A PROCURA DO REAL

Karl Erik Schøllhammer[1]

> Não diga sovaco. Diga axilas.
> Rubem Fonseca (1973, 17)

> Se a realidade pudesse entrar em contato direto com o nosso consciente, se pudéssemos comunicar imediatamente com as coisas e com nós mesmos, provavelmente a arte seria inútil, ou melhor, seríamos todos artistas.
> Rubem Fonseca (1973, 99)

Motivos para destacar a prosa de Rubem Fonseca (Juiz de Fora, 1925) na literatura brasileira contemporânea não faltam. Com 18 títulos de romances e livros de contos, Fonseca marca a trajetória da prosa contemporânea de maneira central. Entretanto, não se trata aqui de elogiar a excelência da obra do autor, pois a crítica nacional já cuida desta tarefa. É mais importante entender a contribuição inovadora da sua proposta criativa dentro das correntes principais da literatura nacional. Entre os críticos é consenso que Fonseca consolidou a tendência urbana na prosa das últimas três décadas e, desta forma, represente a emergência na literatura do Brasil moderno das grandes metrópoles. Também se concorda, normalmente, em que o retrato da nova realidade urbana, pintado por Fonseca, privilegia uma dimensão marginal da violência e do crime que

---

[1] Professor de Literatura Brasileira e Teoria da Literatura da Pontifícia Universidade Católica — Rio.

alegoricamente representava uma forma de resistência política contra o regime golpista e autoritário posterior à "Revolução de 64".

Durante a década de 70, três tendências perfilavam as abordagens literárias à situação sociopolítica da época: em primeiro lugar, surgia uma prosa engajada em torno do tema da luta contra o regime militar e a clandestinidade, com títulos como *A casa de vidro*, de Ivan Angelo (1979), *O calor das coisas*, de Nélida Piñon (1980) e *Os carbonários*,[2] de Alfredo Sirkis (1981). Em segundo lugar, popularizava-se uma nova tendência, o "realismo documentário", inspirado nas reportagens da imprensa, denunciando a violência repressiva dos aparelhos policiais e esquivando-se da censura nos jornais por via do meio literário, como nos livros *Pixote, a lei do mais fraco* e *Lúcio Flávio — passageiro da agonia*, de José Louzeiro, ou *A república dos assassinos* (1976), de Aguinaldo Silva. Em terceiro lugar, fortalecia-se uma vertente denominada por Alfredo Bosi de *brutalismo* — detonado por Rubem Fonseca, já em 1963, com a antologia de contos, *Os prisioneiros*.[3]

O *brutalismo* era, tematicamente, caracterizado pelas descrições e recriações da violência social entre bandidos, prostitutas, leões-de-chácara, policiais corruptos e mendigos. Sem abrir mão do compromisso literário, Fonseca criava um estilo próprio — enxuto, direto, comunicativo —, de temáticas do submundo carioca, apropriando-se não só de suas histórias e tragédias cotidianas mas, também, de uma linguagem coloquial que resultava inovadora para o seu particular "realismo marginal". Outros escritores como Ignácio Loyola Brandão, Roberto Drummond e, mais tarde, Sérgio Sant'anna, Caio Fernando Abreu e João Gilberto Noll, seguiam os passos de Fonseca e de seu companheiro, precursor e alma gêmea, o paranaense, Dalton Trevisan, desnudando uma "crueza humana" até então inédita na literatura brasileira.

Além de ser um elemento realista de uma literatura urbana, parece que a exploração da violência alavancava uma procura de renovação da prosa nacional. A cidade, sobretudo a vida marginal nos *bas-fonds*, tornava-se um novo pano de fundo para uma revitalização do realismo literário e a violência, um elemento, aqui presente, cuja extrema irrepresentabilidade convertia-se em desafio para os esforços poéticos dos escritores. A literatura das últimas décadas vem desenhando uma nova

---

[2] Uma literatura que se aproximava do memorialismo autobiográfico, como foi o caso de *O que é isso, companheiro?* (1981), de Fernando Gabeira.
[3] Bosi 18.

imagem da realidade urbana — e da cidade enquanto espaço simbólico e sociocultural, tentando superar as limitações de um realismo — ou memorialista ou documentário — que, embora acompanhando as mudanças socioculturais, já não conseguia refletir a cidade como condição radicalmente nova para a experiência histórica. Na prosa dos anos 60 e 70, a realidade complexa das grandes metrópoles brasileiras se oferece um novo cenário para a narrativa de uma geração emergente. Aqui, a cidade já não representava um universo regido pela justiça e pela racionalidade, mas uma realidade dividida na qual a cisão simbólica, que antes se registrava entre "campo" e "cidade", se percebia entre a "cidade oficial" e a "cidade marginal".[4]

Para a maior parte da crítica e para alguns censores do Estado, a revelação das paixões violentas e da desumanização da vida urbana continha uma denúncia implícita da realidade brutal emergente do regime político repressivo.[5] Com certa razão, percebiam na literatura de Fonseca uma implícita apologia à violência, incitando a revoltas violentas contra um aparelho estatal sem legitimidade. Era como dizer: se a realidade social é violenta e autodestrutiva, é apenas conseqüência de uma violência maior do próprio sistema, que por sua vez acaba legitimando a violência social, contanto que esta se dirija contra os poderosos guiada de modo politicamente correto.

Entretanto, de um outro ponto de vista, essa literatura representava na época uma tentativa de compreensão de uma realidade social excluída e uma reação da classe média urbana às ameaças criadas pelas crescentes desigualdades sociais: assaltos, seqüestros e assassinatos. Neste sentido, a ficcionalização do mundo do crime podia ser compreendida em termos de ressimbolização da violenta realidade emergente dos confrontos sociais no submundo das grandes cidades. A recriação literária de uma linguagem coloquial "chula" desconhecida pelo público de leitores — na sua grande maioria de classe média — representava a vontade de superar as barreiras da comunicação social e, ao mesmo tempo, imbuir a própria linguagem literária de uma nova

---

[4] A idéia da cidade dividida percorre a sociologia urbana brasileira com os destaques dos livros de Maria Alice Rezende e Zuenir Ventura.
[5] Em 1976, o livro de contos *Feliz ano novo* foi confiscado pela censura por ser "atentatório ao moral e aos bons costumes". O escritor entrou com recurso contra a decisão mas, em 1980, a Justiça confirmou a sentença, alegando que o livro "incitava à violência". Só em 1988 o tribunal resolve apoiar a causa do escritor e liberar a reedição do livro, além de indenizá-lo pelos danos materiais.

vitalidade, para poder sair do impasse do realismo tradicional diante da moderna realidade urbana. Articulava-se desta forma uma simbiose feliz na prosa de Fonseca entre, por um lado, uma literatura com uma clara preocupação político-social, e, por outro, uma procura artística de uma expressão que pudesse resolver impasses representativos notáveis no realismo histórico e regionalista.

Em "Intestino grosso", o conto final de *Feliz ano novo* (1975), o relato se constrói como uma entrevista com um escritor acusado de ser "pornográfico", insinuando que se trata de um alter ego do próprio autor. Mesmo correndo o risco de nos iludirmos pelo jogo ficcional de Fonseca, é relevante considerar algumas das opiniões do personagem como chaves de compreensão da obra do autor. O entrevistado conta, em primeiro lugar, como, em início de carreira, era prejudicado pelas expectativas de editores, críticos e suplementos literários dos jornais que insistiam que ele "escrevesse como Machado de Assis" — o que, para quem "morava num edifício de apartamentos no centro da cidade" ouvindo o "barulho de motores de automóveis" não tinha muito sentido. A seguir, a crítica à tradição literária brasileira do personagem se manifesta em oposição tanto ao *naturalismo* e ao *realismo histórico* quanto ao *regionalismo* folclórico. Essas tendências são rejeitadas como inadequadas diante da nova experiência humana de origem urbana abrindo caminho para as histórias sórdidas da vida nos submundos marginais e excluídos das grandes metrópoles. Acusado de ser um escritor "pornográfico", o autor entrevistado rebate a crítica assumindo positivamente seus livros "cheios de miseráveis sem dentes" (1994, 461). Assim, a noção de pornografia — defendida polemicamente pelo entrevistado para rejeitar o argumento favorito da censura — não corresponde à definição tradicional. Em vez de identificar sua literatura dentro das características próprias do gênero, o autor-personagem reivindica a "pornografia" como aquela literatura que, revelando temas proibidos e excluídos, procura uma nova eficiência expressiva da linguagem literária. Segundo o entrevistado, o problema do romance realista e naturalista é que ele, na atualidade, já não oferece uma representação da realidade capaz de despertar as emoções do leitor. Isto acontece, em primeiro lugar, em conseqüência de um desfoque temático em que as "paisagens típicas" que funcionavam como pano de fundo para as narrativas históricas há muito se afastaram da nova realidade urbana que atualmente condiciona a maioria da população. Significa, em segundo lugar, que o realismo com sua linguagem representativa convencional não reflete mais a realidade vivida nem consegue provocar — por via da identificação com a ficção — um efeito afetivo e sensual à altura das paixões e emoções contemporâneas.

Segundo o autor ficcional entrevistado, a perda de força expressiva vem prejudicando a capacidade simbolizadora da literatura diante da nova realidade descrita. Embora dirigido ainda ao mundo histórico e procurando manter a fidelidade imitativa, o *realismo* deixou de extrair do tema social um conteúdo de valor humano na ausência de uma linguagem literária que expressasse sua experiência viva. Diante desta impotência, uma opção para o autor contemporâneo é escolher temas e objetos ligados aos temas excluídos e proibidos em nossa cultura — não só o sexo, que hoje já não recebe o mesmo estigma cultural, mas a miséria, a violência, a loucura e a morte.

Diante dos temas proibidos, a linguagem literária pode recuperar um papel cultural importante, confrontando-se, indiretamente, com a proibição excludente do regime discursivo que domina nossa sociedade e que, materialmente, se garante através de instituições, meios de comunicação, estruturas cibernéticas e outros aparelhos ideológicos. Quando a literatura — em procura de inovação expressiva — se depara com os limites da representação, chega a expressar, na derrota da transgressão, a própria proibição na sua forma mais concreta. Desta forma a batalha se dá dentro da linguagem, num embalo entre a literatura subversiva e os discursos afirmativos cujo papel principal é definir o que merece ser considerado "real" ou não. No centro da criação literária, o esforço poético visa a criar, ficcionalmente, efeitos de "realidade", através das emoções mais violentas, e não a procurar prazeres ilusórios. Para o autor-personagem trata-se de buscar um "palavrão pra valer", pois só o palavrão parece surtir o efeito procurado e, assim, criar na literatura algo que pelo menos serve de pretexto para o escândalo. Diferente da palavra bem comportada que tem, para o autor entrevistado, sua origem como expressão da vergonha humana diante da sua nudez e da sua natureza animal. "As metáforas [surgem] para os nossos avós não terem de dizer — foder"[6], disse, demarcando ao mesmo tempo "a palavra" como o lugar de seu embate artístico com a sociedade.

---

[6] "Essas restrições ao chamado nome feio são atribuídas por alguns antropólogos ao tabu ancestral contra o incesto. Os filósofos dizem que o que perturba e alarma o homem não são as coisas em si, mas suas opiniões e fantasias a respeito delas, pois o homem vive num universo simbólico, e linguagem, mito, arte, religião são partes desse universo, são as variadas linhas que tecem a rede entrançada da experiência humana". Fonseca, 1994, 463-4.

Pode parecer fútil procurar este tipo de efeito "escandaloso", mas aqui se esconde uma ambição cuja tradição data de bem mais longe e cuja origem talvez tenha um parentesco significativo com a noção moderna de literatura. Michel Foucault alegou, nos anos 70, que a literatura moderna tem como seus verdadeiros precursores o romance gótico inglês e francês e a obra de Marquis de Sade. O filósofo francês argumentava que tanto no romance gótico — que logo abre espaço para a literatura fantástica — quanto na inquietante obra do Marquis de Sade — que não deixava de ser uma espécie de literatura gótica também — havia, pela primeira vez, o propósito consciente, por parte dos escritores, de criar um *efeito sensível*, além da mensagem que a narrativa poderia passar para o leitor.[7] O medo, o terror, a inquietação e a excitação eram apenas alguns dos sentimentos que o texto poderia despertar, e nesse momento a literatura começava a aparecer como um meio não só de representar realidades nos moldes clássicos convencionais, mas de criar por conta própria uma realidade perceptiva.[8] O "novo" da literatura moderna, representado pelos exemplos dados por Foucault, consistia em que o efeito sensível aqui não necessariamente corroborava com o conteúdo da mensagem, mas indicava um limite deste conteúdo enquanto sentido apontando para um além dele, ou seja, para o seu não-sentido. Neste limite a linguagem da literatura moderna se confrontava com o seu avesso, com o inominável ou o indizível.

O romance *O caso morel* (1973), o primeiro de Fonseca, representa ao mesmo tempo um exemplo claro do projeto literário do autor e uma exceção relativa. Em diálogo com a crítica textualista e discursiva dos anos 70, o romance se apresenta excepcionalmente como uma experiência formal que mistura vários fragmentos de gêneros como romance, diário, relatório policial, citações apócrifas, laudo de autópsia, cartas etc. Dentro de uma metadiscussão pseudo-acadêmica de como representar a realidade[9], o enredo se desenvolve como a procura da verdade sobre a morte da Joana (ou Heloísa), amante de Morel (ou Morais) que é o narrador principal, acusado de assassinato. Nos roman-

---
[7] Ver Foucault.
[8] É claro que existe, desde a Antiguidade, um reconhecimento desta função da literatura — por exemplo, na noção aristotélica de *catharsis* da tragédia grega, em que se enfatiza o papel ritualístico e simbolizador do drama —, mas sempre intimamente ligado à universalidade da trama, ou seja, ao conteúdo.
[9] "Obrigada pelo estímulo. Temos então aquilo que se pode denominar de realidade da imagem por um lado, e realidade de l'imagé, por outro" (163).

ces posteriores de Fonseca, esse tipo de encenação intertextual não é comum[10], mas aqui a narração mantém uma dupla articulação como, por um lado, a narração de um crime e, por outro, a história do *devir* da narração. Para o narrador e personagem principal — o músico-pintor e fotógrafo Paul Morel (ou Morais) —, a escrita serve explicitamente de instrumento na rememorização dos fatos que levaram à morte da Joana como uma espécie de *Durcharbeitung* (perlaboração) freudiana em que o narrador tenta reviver os fatos pelo processo artístico de criação. Desta forma, as palavras na consciência do narrador procuram sua origem num enigma que embora articulado como o segredo convencional do gênero policial — "who is guilty?" — encobre um enigma mais fundamental sobre a relação entre a escrita e os fatos. No processo de procura do narrador, trata-se de revelar os acontecimentos em torno da morte de Joana mas, ao mesmo tempo, a escrita parece ser para o narrador o meio através do qual a realidade emerge enquanto evento do real sensível. Se o romance se constrói narrativamente como imersão na memória oculta de Morel numa reconstrução dos fatos, de uma perspectiva de leitura, os fatos emergem entre as várias explicações textuais numa aproximação crescente entre as palavras e as coisas. O verdadeiro enigma se intercala aqui como uma distância intransponível que, apesar dos empenhos de detetive por parte dos personagens e dos leitores, não é diluída, mas resta como o silêncio da vítima Joana. Permanece sem resposta a pergunta chave sobre o que realmente aconteceu naquela tarde na praia entre Morel e Joana.

Numa primeira versão Morel escreve:

> Passamos a tarde bebendo, em silêncio. Depois saímos e Joana deitou na areia. Ficamos olhando o pôr-do-sol. Depois espanquei Joana a pontapés, como se ela fosse uma lata vazia.
> 'Viu o que você me fez fazer?'
> Ela não respondeu.
> 'Tenho horror de crueldade, eu disse, quase chorando.
> Joana abriu os olhos e fitou o céu tranquilamente. Sua boca estava manchada de sangue, mas ela não parecia sentir dor.
> 'Não quero mais te ver', eu disse.
> Fui para casa. (111)

---

[10] Apesar de algumas experiências de gênero como nos contos "Lúcia McCartney" e "Romance negro".

Em seguida segue uma segunda versão:

> Dei pontapé em Joana. Ela riu. Continuei dando pontapé nela enquanto ela ria e eu olhava o pôr-do-sol. Era uma coisa linda, indescritível.
> Joana parou de rir. (113)

Assim o relato chega ao fim sem aliviar a dúvida sobre o que realmente aconteceu naquele dia. Se Joana morreu em conseqüência do espancamento de Morel. Se foi Francisco, seu admirador zeloso, ou o casal de caseiros pobres que ocultaram seu cadáver? E quem é culpável da sua morte se ela parecia procurá-la e provocá-la nos rituais sadomasoquistas? O romance introduz uma característica típica do romance policial de Fonseca, isto é, o segredo sem solução e sem alívio hermenêutico para o leitor. Na frustração da procura do detetive, Fonseca não tenta apenas copiar um traço *noir* do *Falcão Maltês*, mas dirige a atenção sobre a aparição da realidade enquanto sentido na linguagem. Com o mesmo empenho que Morel, procura uma comunicação afetiva com o mundo alienado, culminando com a violência explícita contra Joana, a escrita do romance tenta penetrar na realidade sensível levando a palavra à beira do eclipse no silêncio da morte. É desta forma que o fato inominável e incomunicável transparece no relato como o avesso da expressão no qual já não existe representação possível.

Sugerimos assim, à guisa de uma conclusão, que a opção temática pela violência na prosa de Fonseca deve ser entendida como reflexo de uma procura expressiva visando à inovação das linguagens literárias da tradição. Embora sendo freqüentemente denominado um autor "pós-moderno", por exemplo, pela presença da realidade das mídias na consciência dos personagens, a literatura de Fonseca não deve ser identificada com uma desestabilização cética da realidade e do sentido. Seu alvo principal parece consistir em encontrar uma linguagem ou expressão literárias adequadas à nova realidade urbana diante da impotência de, por um lado, o realismo histórico, e, por outro, da experiência modernista. Neste sentido, é melhor caracterizar sua prosa de *neo-realista*, insistindo que essa denominação de neo-, hiper ou transrealismo se qualifica na obra de maneira singular dentro da perspectiva temática da violência. Enquanto o realismo histórico procurava a "ilusão de realidade" através do mimetismo discreto e distanciado da linguagem convencionalmente comum — um "efeito do real" diria

Barthes[11] —, o *neo-realismo* de Fonseca está na concretude sensual da sua linguagem que parece conter a vivência direta do fato — um "afeto do real" — em que a representação da violência se converte na violência da representação.

Bibliografia

Barthes, Roland. "L'Effet de réel". *Comunications*. 11 (1968) : 84-9.
Bosi, Alfredo. "Situação e formas do conto brasileiro contemporâneo". *O conto basileiro coemporâneo*. São Paulo: Cultrix, 1975. 7-22.
Carvalho, Maria Alice Rezende de. *Quatro vezes cidade*. Rio de Janeiro: Sette Letras, 1994.
Fonseca, Rubem. *O caso Morel*. Rio de Janeiro: Artenova, 1973.
_____. *Contos reunidos*. São Paulo: Companhia das Letras, 1994.
Foucault, Michel. "Language to Infinity". *Language, Counter-Memory, Practice*: Selected Essays and Interviews. Tradução e edição de Donald D. Bouchard. Ithaca, Nova York: Cornell University Press, 1977 53-67 [1963].
Ventura, Zuenir. *Cidade partida*. São Paulo: Companhia das Letras, 1994.

---

[11] Barthes explica a descrição de detalhes aparentemente insignificantes na ficção de Flaubert como um tipo de redundância mimética que somente significa que a descrição "é, de fato, real". Ver Barthes.

JOÃO CABRAL EM PERSPECTIVA[1]

Antonio Carlos Secchin[2]

Minha primeira consideração é acerca do lugar de João Cabral na literatura brasileira. Sempre se pergunta: qual o lugar desse poeta, que posição ele ocupa, qual a sua vizinhança e o seu patamar no contexto da produção brasileira? Não estaria exagerando se dissesse que a crítica o situa, ao lado de Carlos Drummond de Andrade, como o maior poeta brasileiro do século XX. Mas, embora sejam ambos poetas excepcionais, não o são da mesma maneira. Grandes poetas acrescentam novos capítulos à história da literatura, e certamente Drummond escreveu alguns textos fundamentais para a poesia brasileira. Mas autores como João Cabral, em vez de acrescentarem um capítulo, conseguem criar uma outra gramática. A diferença entre capítulo e gramática é que o capítulo, por extraordinário que seja, se insere numa seqüência de outros, precedentes e posteriores. A produção de Drummond é legível a partir da fermentação poética do modernismo de 22, do qual representa a expressão mais perfeita. Nesse sentido, Drummond é responsável por capítulos novos e importantes no âmbito de uma história que se explica pelo contexto literário e cultural do Brasil dos anos 20 e 30. Já a obra de João Cabral de Melo Neto apresenta-se quase isolada em nosso panorama literário, por não existir uma linhagem ostensiva na qual ela se possa inscrever, à exceção, talvez, da dicção de um Graciliano Ramos. Cabral não se coaduna com a geração de 45, à qual cronologi-

---

[1] Texto inicialmente publicado em *Pensamento original: Made in Brazil*. Rosane Dantas e Aristides Alonso (orgs.). Rio de Janeiro: Oficina do Autor, 1999. 169-178.
[2] Professor Titular de Literatura Brasileira na Universidade Federal do Rio de Janeiro. Poeta e ensaísta, entre outros, autor de *João Cabral: a poesia do menos* (São Paulo: Duas Cidades, 1985); *Poesia e desordem* (Rio de Janeiro: Topbooks, 1996).

camente pertence, e tampouco se caractériza como um simples continuador do complexo estético e ideológico da poesia de 22. Essa situação faz dele um autor que desbrava uma nova trilha, a exemplo de Machado de Assis e de Guimarães Rosa, que explodem (n)a literatura brasileira trazendo consigo um olhar arraigadamente pessoal. Ora, o fato de o poeta criar uma gramática implica também, num primeiro momento, certo desconforto para o leitor, que vai defrontar-se com esse discurso a partir de gramáticas já conhecidas. A tendência inicial será de recusa, o que leva a uma conseqüência algo paradoxal: João Cabral é poeta muito valorizado, mas talvez insuficientemente lido em sua complexidade; dele só se divulga *Morte e vida Severina*[3], sucesso extraordinário de público, talvez o livro brasileiro de poesia com maior número de edições em menor lapso de tempo. A obra, publicada em 1956, já ultrapassou o montante de 50 edições, o que, para um mercado tão refratário à poesia, é absolutamente espantoso. Trata-se de texto efetivamente lido, amado, e representado no palco, no cinema, na televisão, mas que representa apenas *um* aspecto da obra de João Cabral, e não necessariamente o mais inovador.

Quando o poeta lançou, em 1956, sua primeira grande coletânea, deu-lhe, significativamente, o título de *Duas águas*[4], explicando o que elas queriam dizer: duas dicções, dois estilos de fazer poesia, um deles agregando os poemas "em voz alta", em que o receptor seria mais ouvinte do que leitor; nessa água se incluem, evidentemente, os textos de maior comunicabilidade, a exemplo de *Morte e vida e severina*. A outra água, que não chamamos de primeira ou segunda para não estabelecer hierarquia, compõe-se de poemas que exigiriam leitura e *releitura*, através de contato silencioso com o texto. Quase toda a obra de João Cabral, com certas infiltrações recíprocas, poderia ser compartimentada entre poemas de uma ou outra água, a da comunicação imediata ou a da leitura reflexiva. A grandeza de João Cabral só se revela na consideração de ambas, e não no endosso unilateral da água que "comunica", a de *Morte e vida severina*. Além do oceano comunicativo, há que se atentar para o minguado riacho nordestino, que é seco e exíguo, demandando um leitor paciente para infiltrar-se em seus cursos. O oceano da comunicação atinge 50 edições e o filão (ou filete) da poesia mais reflexiva, complexa e intelectualizada permanece em rala segun-

---

[3] *Morte e vida severina* [1956]. Melo Neto. *Obra completa* 169-202.
[4] *Duas águas*. Rio de Janeiro: José Olympio, 1956.

da ou terceira edição. É como se existissem simultaneamente dois poetas, um que atinge a graça do público e outro que lhe atinge a desgraça, na medida em que o público ignora seus textos.

O leitor, porém, poderá sentir-se tão atraído por essa poesia supostamente complicada quanto pela poesia mais simples, ao descobrir que em ambas João Cabral desenvolve o mesmo horror ao vago, ao informe. A obra do poeta é clara, de claridade, porque é solar, meridiana, invadida de luz por todos os lados, e é também clara, de clareza, porque não propõe charadas. Não se cogita de "isso quer dizer o quê? qual a mensagem escondida?" Tudo está ali, à flor da página, à flor do texto. Mas o claro, quando excessivo, ofusca. Então, nos desnorteamos frente ao poema, não por ele ser hermético, mas por recuarmos diante de sua clareza. É ostensivamente visível o jogo proposto, e nós, caçadores de profundezas mirabolantes, perdemos a chance de topar com um tesouro que está na superfície da folha, sem aspirar a mistério algum. E, quando falo em superfície, imediatamente convoco a noção de sintaxe. Cabral trama uma poesia em que seres e objetos se concatenam, se entrelaçam através de uma elaboradíssima sintaxe. O poeta abre um período no verso 1 e, às vezes, só irá concluí-lo no 32. O leitor, habituado à poesia-minuto, em que a iluminação do vate costuma durar 3 versos, aturde-se ao constatar que já está no meio de um longo poema e Cabral ainda nem desenrolou o seu primeiro fio. A premência da velocidade, o culto ao instantâneo e o elogio da explosão intuitiva são o contrário da poesia cabralina. Ela solicita uma leitura que queira percorrer, lentamente, as muitas angulações de uma inteligência que se desdobra através de meandros sintáticos, numa discursividade oposta à idéia de texto como *flash* ou instantâneo. O melhor correlato para sua arte não é a fotografia, mas o cinema, com seu espraiar-se no espaço e no tempo.

João Cabral publicou 20 livros e, nos limites de um ensaio, não há condições, evidentemente, de percorrermos todo o conjunto. Tentarei apontar a originalidade cabralina não num acompanhamento linear de textos, mas através de um recorte que localize os elementos inovadores de sua obra a partir do menor, o fonema, até o maior, que é um livro inteiro. Entre o fonema e o livro, atravessaremos a palavra, o verso, a estrofe e o poema, num progressivo alargamento do campo de referência.

Partindo da oposição clássica entre consoantes e vogais, concebemos de bom grado a poesia associada à tradição do melódico-vocálico;

basta recordar o famoso poema de Rimbaud que fala de sinestesias e fantasias adormecidas nas vogais. João Cabral, no entanto, será o escritor das consoantes. Declara guerra à melodia, por considerá-la entorpecente, fonte de distração, e valoriza a áspera acústica dos encontros consonantais, que fogem à previsibilidade melodiosa da vogal. Tal atrito de consoantes apresenta como correlato semântico o signo pedra, não como obstáculo a evitar, mas como horizonte supremo a ser atingido. Alguém vai pelo caminho, distraído, de repente tropeça. O tropeço é um acordar para a circunstância, pois implica trocar a posição de devaneio pelo defrontamento com o chão em que se pisa, com a contundência dos objetos que nos cercam. Para João Cabral, essa acuidade, mesmo incômoda, é condição necessária à poesia. Num poema chamado "Catar feijão"[5], compara a criação poética ao prosaico gesto de catar feijão, porque em ambos releva a prática manual, com uma ostensiva diferença: no catar feijão, o catador retém o grão e descarta a pedra ou o caroço, enquanto o poeta faz o oposto; ele deve, no seu catar feijão (que equivale a peneirar as palavras no poema), guardar as pedras e com elas travar o verso, combatendo a melodia por meio de pedras vocabulares, sintáticas e fonéticas. Lembremo-nos de um outro poeta, Vinícius de Moraes, que costuma ser colocado em contraponto a João Cabral. Ambos partilharam pelo menos 2 atributos: foram diplomatas, perseguidos e expulsos do Itamaraty; e desenvolveram uma inequívoca vocação para a poesia, embora em direções contrárias. Vinícius é o poeta da celebração, do sentimento, da mística, da noite, da metafísica, do amor, das vogais... João Cabral teria dito que Vinícius fazia poesia para embalar o leitor, enquanto ele a fazia para jogá-lo no chão. Considerava que Vinícius era a maior vocação desperdiçada da poesia brasileira, com um potencial imenso, esvaziado pela adesão à vertente da música popular, com grande competência, sem dúvida, mas sem maior esforço ou radicalidade.

Se partirmos do fonema e formos ao nível seguinte, encontraremos a palavra, que em Cabral será predominantemente concreta, vinculada a uma experiência sensorial, e, além disso, socializável. Cabral sustenta que, quando se diz a palavra mesa ou a palavra microfone, todos sabem do que se trata. Mas se alguém pronuncia "beleza", "amor", ou "saudade", cada indivíduo vai entendê-las de um modo particular, obstruindo, pela polissemia, a dimensão univocamente

---

[5] "Catar feijão". *Educação pela pedra* [1966]. Melo Neto. *Obra completa* 346-7.

compartilhável a que o poeta aspira. Encontramos na obra de João Cabral um predomínio inconteste de substantivos concretos sobre os abstratos. Outro dado interessante é que ele nega a existência de palavras que sejam *a priori* "poéticas", pois isso implicaria a demissão do próprio poeta, reduzido a coletar ingredientes previamente preparados para adicionar à receita do texto. João Cabral sustenta que o poético é um efeito *sintático*, obtido no corpo a corpo com as palavras, e introduz na poesia brasileira vocábulos que ninguém ousava utilizar: cabra, ovo de galinha, aranha, gasolina, todos eles signos prosaicos, "vulgares". E abre uma confessa exceção: nunca conseguiu incluir "charuto" em sua obra, considerando-o o termo menos aproveitável da língua portuguesa. Até hoje Cabral não ascendeu ao charuto, mas ainda resta algum tempo... Sobre a chancela da tradição poética, outra vez pode-se evocar Vinícius de Moraes, como esse outro, que é seu oposto: quando eclodiu a bossa-nova, João Cabral ouvia Vinícius cantar suas parcerias com Tom Jobim, e começou a se aborrecer porque em todas as letras surgia a palavra coração; mas, diplomata e educado, nada comentou. Na quarta música, surgiu de novo o coração. Não se conteve e suplicou: "Ó Vinícius, não dá para trocar de víscera, não?" Um poema com fígado, pulmão, pâncreas...

Outro dado relevante: João Cabral, considera que, além de substantivos, também existam adjetivos concretos: torto, áspero e quadrado seriam concretos; belo e inteligente, abstratos. Para diferençá-los, bastaria verificar se o adjetivo é ou não vinculado a uma realidade sensorial: percebemos algo como rugoso ou redondo, mas belo ou inteligente estariam na mesma zona de impalpabilidade dos substantivos beleza e inteligência. Novamente é a pedra que simboliza à perfeição esse universo, agora não do fonema, mas do vocábulo, porque a pedra cabralina, contrariamente à de Drummond (que estava no meio do caminho), o acompanha o tempo todo, é objeto portátil. Na edição das *Poesias completas* de 1968, constata-se um fato revelador: o primeiro livro de João Cabral se chama *Pedra do sono*, de 1942, e o (até então) derradeiro, de 1966, se intitula *A educação pela pedra*. Uma pedra plantada no começo e outra no final do caminho, sendo a primeira, do sono, oriunda de um Cabral contrário ao próprio Cabral, em sua única obra noturna e de forte impregnação surrealista. Já o livro final acolhe uma pedra desperta, ativa e pedagógica, que propõe ao ser humano um padrão de conduta: freqüentá-la para aprender sua resistência, sua capacidade de não se dissolver, de perdurar. Em vez de *projetar* na realidade uma multidão de fantasmas, João Cabral vai tentar *extrair* da realidade modelos e comportamentos éticos. O poeta não é senhor, mas aprendiz do universo.

Inserindo a palavra numa unidade maior, chegamos ao verso. Ao combater o melódico, ele recusa os três padrões que representam por excelência as métricas cantantes da língua portuguesa: a redondilha menor, a redondilha maior e o decassílabo. Daí advém um efeito particular: com freqüência, as sílabas parecem sobrar ou faltar em seus textos. Com o verso melódico, o leitor pode até se desligar do que se diz, para permanecer anestesiado pela música de fundo. Ao combater a escuta automatizada, João Cabral se vale de versos de 8, 9, 11 sílabas, ou então, empregando a redondilha, habilmente desloca a acentuação tônica na seqüência dos versos, porque a melodia só se torna previsível quando são rigidamente predeterminadas as sílabas onde os acentos tônicos vão incidir.

Ao situarmos o verso numa estrutura mais ampla, chegaremos à estrofe. A partir de "O Rio (1954), o poeta passa obsessivamente a trabalhar com a quadra. Não se trata de um detalhe, de um arabesco formal, pois essa opção está ligada a um sentido muito preciso. Cabral abomina o ímpar e elege o 4 porque o ímpar deixa um termo solto: conecta-se o 1 com o 3, por exemplo, e o 2 fica solteiro. Quando opta pelo 4, o poeta cria relações mais fechadas, estáveis e sólidas. Ele necessita visualizar o 4 à sua frente, como uma estrutura completa em si mesma. No livro *Museu de tudo*[6], chega a criar um poema dedicado ao número 4. Para Cabral, há poucos objetos mais admiráveis do que uma mesa, pela solidez das patas travadas, pelo equilíbrio e distribuição de seus pontos de apoio; até a roda seria uma invenção do 4: primitivamente um quadrado, de tanto ser girado sobre si próprio acabou adquirindo sinuosidades. João Cabral aposta em tudo que é anguloso, com pontas e arestas. A ele repugna o que é amaciado e atenuado, porque tais configurações abrigam o torpor, a sombra, o sono, enquanto a aresta e o ângulo integrariam a ordem da vigília e do olhar aceso.

Às vezes um poema de Cabral ocupa uma única e longa estrofe, aparentemente desobrigada do 4. Mas, se computarmos o total de versos, chegaremos a 16, 32, 64... De 4 em 4 sempre ocorre uma espécie de insulamento de sentido, como se o poeta precisasse exatamente dessa medida para elaborar um pensamento. Outro aspecto pouco enfatizado

---

[6] "O número 4". *Museu de tudo* [1975]. Melo Neto. *Obra completa* 396.

em sua obra é a profusão de rimas, sem que, todavia, elas sejam evidentes. Sua rima não é usual na lírica em português. Nossa rima tradicional é a soante, em que, a partir da vogal tônica, ocorre uma perfeita coincidência fônica. João Cabral, seguindo a prática espanhola, utiliza a rima toante, que o leitor distraído mal percebe. Nela há coincidência de vogal tônica, mas sem plena identidade posterior: "negro" e "rede", por exemplo. Certa vez, João Cabral explicou por que rimava, porquanto vivia alardeando sua repulsa à melodia, e a rima não deixava de ser um recurso melódico. Argumentou que a rima toante não era melódica, e que, por outro lado, precisava da rima como um desafio para fazer o verso. E recorreu a uma curiosa comparação de Robert Frost: fazer versos sem rima era como jogar tênis sem rede...

Se partirmos da estrofe até o nível seguinte, chegamos ao poema. Para Cabral, o poema é concebido como máquina de linguagem, onde cada elemento está funcionalizado e cada palavra ou imagem só adquire sentido na conexão que estabelece com sua vizinhança e com o poema como um todo. Numa entrevista concedida à revista *Veja*, Cabral observou que a tradição da poesia de língua portuguesa consiste em valorizar a tessitura em detrimento da estrutura.[7] O artista, embevecido, embeleza a metáfora, troca uma palavra, borda outra imagem, tudo no varejo do verso, e não no atacado do poema. O alvo dessa crítica, a meu ver, poderia ser Murilo Mendes, a cujo poesia João Cabral fez ao menos uma restrição: a de não saber estruturar-se.[8] Poeta de imagens transbordantes, sim, mas, talvez por isso mesmo, incapaz de atá-las com um fio organizador. Seus poemas ocorrem por explosão e, portanto, em fragmentos refratários à noção de conjunto. Esse dado é importante quando pensamos no papel que João Cabral confere à sintaxe como instância responsável pela transformação do caos em estrutura. É ela o fio que vai atravessar o poema, costurá-lo e garantir organicidade ao tecido poético. E, além da sintaxe no sentido tradicional da gramática, há em Cabral uma sintaxe de outra espécie, de imagens, em que de uma metáfora-matriz novas metáforas são desdobradas, num caminho inverso à proliferação aleatória do imaginário. Ocorre um *continuum* imagístico que é similar ao novelo sintático de João Cabral. Além disso,

---

[7] "Entrevista." *Revista Veja* 4.
[8] No tocante ao comentário crítico acerca da poesia de Murilo Mendes, ver "Entrevista de João Cabral de Melo Neto." *João Cabral: A poesia do menos* 327. Entrevista concedida em novembro de 1980.

seus poemas também vão cometer a ousadia de reelaborar formas poéticas abandonadas pela alta literatura desde o romantismo. João Cabral afirmou, em palestra nos anos 50, que o poeta moderno escrevia sem considerar a existência dos novos meios de comunicação de massa.[9] Ao levar em conta esse novo auditório, não foi à toa que pouco depois ele lançou os seus poemas "em voz alta"... Também lamentou a confusão estabelecida, a partir do século XIX, entre poesia e lirismo. Até o século XVIII, a poesia não tinha vergonha de contar uma história. Além de lírica, podia ser didática, narrativa, pastoril... Com a inflação do "eu" no século XIX, a lírica se assenhorou de todo o latifúndio do verso e relegou ao quintal da literatura, como forma menor, todas as demais manifestações do poético. A narrativa em versos foi acolhida como sobrevivente em nichos pouco "nobres", a exemplo da literatura de cordel, herdeira de uma tradição expulsa de cena pelos grandes poetas dos séculos XIX e XX. João Cabral sugeriu a recuperação dessas formas populares; propôs em teoria e realizou na prática. *O rio* é poema narrativo, em que o Capibaribe, em primeira pessoa, conta sua história, desde o nascimento no sertão até o desaguar no Atlântico. *Morte e vida severina* é poema dramático baseado no folclore do Nordeste e da Espanha. Em ambos os casos, a poesia popular opera em diálogo com a produção culta, através da revitalização de fontes até então menosprezadas.

  Partindo do poema, tratemos agora de seu aproveitamento em livro, entendido tanto como instância de organização do material nele contido quanto em seu caráter de objeto gráfico. João Cabral serviu como cônsul em Barcelona e lá comprou uma prensa para editar livros com a própria mão. Essa prática se coaduna com as concepções cabralinas de valorização da atividade artesanal — o poeta literalmente pôs a mão na massa para ver a obra nascer. Quanto à organização interna, contrastemos com o livro de um romântico brasileiro, como Casimiro de Abreu. Nele encontramos um poema dedicado à mãe, já que em determinado dia o poeta sentiu saudades dela; mais tarde visitou o pomar, e compôs alguns versos para a laranjeira... A obra romântica era uma espécie de espelho da dispersão existencial, um retrato do caráter difuso das experiências do artista. Cabral, obsessivamente empenhado no cultivo da organização, não permite que a obra flua de maneira arbitrária. Muitas vezes a organização do próprio livro é tão laboriosamen-

---

[9] A palestra "Da função moderna da poesia" foi apresentada no "Congresso de Poesia", realizado em São Paulo em 1954, tendo sido publicada no mesmo ano. Melo Neto. *Obra completa* 769.

te arquitetada quanto a produção de cada texto individualmente considerado. Trata-se de uma relação macroestrutural: assim como o romântico cria ao sabor do momento, e o poema entra aleatoriamente na coletânea, Cabral, combatendo o acaso, vai tentar inserir o poema funcionalmente no corpo maior do livro. Ele levou esse mecanismo a um procedimento que, de tão lúcido, parece próximo da loucura, em *Serial* (1961), que contém 16 poemas, ou seja, 4 ao quadrado. O número se repete com tal constância que não se pode aventar coincidência. Em relação às rimas, existem 4 poemas no esquema a-b-a-b. Quanto à métrica, há 4 textos com hexassílabos, 4 com heptassílabos, 4 com octossílabos, e 4 com diferentes combinações entre hexa e octossílabos. Cada poema de *Serial* é dividido em 4 partes; 4 deles possuem partes de 2 estrofes, 4 de 4, 4 de 6 e 4 de 8 estrofes. Em alguns textos há palavras grifadas, que funcionam como síntese temática; contabilizam-se 8 poemas com palavras grifadas, sendo que os grifos incidem em 4 categorias gramaticais: verbo, substantivo comum, substantivo próprio e adjetivo. Finalmente, a separação entre as 4 partes de cada poema é feita pela utilização de 4 símbolos diversos, cada qual acarretando um modo especifico de trabalhar o poema: travessão, asterisco, número ou sinal de parágrafo.[10] Num grau crescente de dificuldade, o poeta, certamente, traçou a planta baixa do livro e, a partir dela, mobiliou-o com 16 peças de rigorosa centimetragem, perfazendo o mais árduo e belo poema, que é o próprio livro em sua arquitetônica integralidade.

Após todas essas considerações de caráter genérico, proponho que examinemos, por fim, o funcionamento da engenharia poética de João Cabral num texto em particular: "Tecendo a manhã". Trata-se de poema bastante divulgado, inclusive em manifestações de sindicatos, embora, nesses casos, em geral, só exibam sua primeira estrofe, que é a mais fácil. João Cabral conta que demorou 8 anos para concluir o texto, do qual fez mais de 32 versões. Recordemo-lo, na íntegra:

---

[10] Em meu livro, *João Cabral: a poesia do menos*, analiso em detalhes todas essas configurações. Cf especialmente 230-2.

1
Um galo sozinho não tece uma manhã:
ele precisará sempre de outros galos.
De um que apanhe esse grito que ele
e o lance a outro; de um outro galo
que apanhe o grito que um galo antes
e o lance a outro; e de outros galos
que com muitos outros galos se cruzem
os fios de sol de seus gritos de galo,
para que a manhã, desde uma teia tênue,
se vá tecendo, entre todos os galos.

2
E se encorpando em tela, entre todos,
se erguendo tenda, onde entrem todos,
se entretendendo para todos, no toldo
(a manhã) que plana livre de armação.
A manhã, toldo de um tecido tão aéreo
que, tecido, se eleva por si: luz balão.[11]

 Proponho aqui 3 níveis de leitura. O primeiro seria quase literal: percebe-se o nascer de uma manhã cuja claridade não emana do sol, e sim de uma luz do chão, resguardada no bico do galo. Nessa primeira leitura, parafrásica, os galos emitem não um canto, mas fios que se entrelaçam e se encorpam, gerando a manhã, como dádiva para todos. Um segundo nível, também muito visível, consiste na reapropriação e na estilização do ditado "uma andorinha só não faz verão": "um galo sozinho não tece uma manhã". Tal linha politizada do texto implica o elogio do trabalho solidário, mas João Cabral dribla a expectativa do lugar comum, ao inscrever o político onde menos se espera: no meio dos galos, e não na dicotomia do patrão, do operário, do escravo e do senhor, que configuram uma retórica já diluída, representando o bem e o mal em espaços e linguagens domesticadas. Para aceder à terceira leitura, observemos que os versos 1 e 2 se referem a um galo improdutivo: sozinho, não tece a manhã. Ora, o galo solitário está sintaticamente aprisionado nos versos iniciais através de um ponto. Aqui forma e conteúdo se correspondem: Cabral fala de um galo isolado e a sintaxe do texto reforça o isolamento na "prisão" do dístico. A partir do verso 3

---

[11] O poema se encontra em *Educação pela pedra*.

a solidão é rompida. A sintaxe do poema faz-se de novo solidária, porque não se isola nem se encerra: um galo entrelaça seu fio ao de um outro, enquanto uma frase se conecta à frase anterior e a lança à seguinte antes de silenciar. Omite-se o verbo que daria caráter conclusivo à frase, flagrada a meio caminho pelo poeta, como o fio do galo fora apanhado no ar por outro galo, num processo de convergência entre a matéria que está sendo expressa, o nascer do dia, e a forma do poema, réplica do que se narra. Há 2 fios que se encontram, um de luz e outro de sintaxe, no discurso de um poeta que constrói ao mesmo tempo a manhã e o texto. Ocorre, portanto, nesse terceiro nível, um sutil exercício de metalinguagem; à maneira do galo, uma palavra sozinha não tece um poema: ela precisará sempre de uma outra, que pegue esse fio que ela antes e o lance a outra, até que o texto, desde uma frase tênue, se vá tecendo, entre todas as palavras. Para materializar a idéia de algo muito leve, teia tênue, que se encorpa, João Cabral promove um espessamento em torno do fonema /t/: "tela" é mais espessa do que "teia", e "tenda", mais do que "tela". A seguir, com "todos" e "toldo", a solidariedade de sentido reflete-se de novo no estrato fônico, através do jogo paronomásico de palavras que reciprocamente se "entretendem": o texto inteiro se desenrola em teias solidárias de sentido, de sintaxe e de fonética, numa confluência irreprimível em direção à manhã. E o poema desenha um objeto simetricamente invertido em seu final; no início, 2 versos com o galo encarcerado; no epílogo, 2 versos com a manhã liberada, numa luminosa metáfora da liberdade.

Bibliografia

Barbieri, Ivo. *Geometria da composição*. Rio de Janeiro: Sette Letras, 1997.
Barbosa, João Alexandre. *A imitação da forma*. São Paulo: Duas Cidades, 1975.
    Cadernos de literatura brasileira 1 — João Cabral de Melo Neto. São Paulo: Instituto Moreira Salles, 1996.
Lima, Luiz Costa. "A traição conseqüente ou a poesia de Cabral." *Lira & antilira. Mário, Drummond, Cabral*. 2ª ed. Rio de Janeiro: Topbooks, 1999 325-33 [1968].
Melo Neto, João Cabral de. *Obra completa*. Rio de Janeiro: Nova Aguilar, 1994.
_____. "Da função moderna da poesia". *Obra completa*. 765-70.
_____. "Entrevista". *Revista Veja* 1972 (28 de junho 1972): 4.
Merquior, José Guilherme. "Nuvem civil sonhada". *A astúcia da mímese*. Rio de Janeiro: José Olympio, 1972. 69-172.
Nunes, Benedito. *João Cabral de Melo Neto*. Petrópolis: Vozes, 1971.
Secchin, Antonio Carlos. *João Cabral: A poesia do menos*. 2ª ed. Rio de Janeiro: Topbooks,1999 [1985].

FERREIRA GULLAR E
O TEMPO DO POEMA[1]

Leonardo Martinelli[2]

Procuramos por toda parte o incondicionado, e encontramos sempre apenas coisas.

Novalis

A revolução poética moderna experimenta seu parentesco com o transporte político e sente a tensão de um desvio necessário. Experimenta a necessidade de recortar, de retraçar a linha de passagem que separa e reúne as palavras e as coisas.

Jacques Rancière

Estranhas epígrafes, para um texto que se propõe a refletir sobre o modo como a poesia de Ferreira Gullar relaciona os materiais do poema — suas imagens e elipses, temas e metáforas, seus vazios e silêncios — com uma visão bastante peculiar da noção de *tempo*. Daí a idéia, a desenvolver-se aqui, de que o poeta exprima uma preocupação obsessiva com o que chamarei o *tempo do poema*. Tempo que se quer marcar não apenas nos termos de um desenrolar histórico e sentimental, mas também pela sua duração sensorial e intelectiva no corpo da página; seu condicionamento estético-formal; e ainda, mais genericamente, em sua relação política com o aparato comunicativo da linguagem, na comunidade da língua.

---
[1] Ensaio originalmente publicado na Revista *Inimigo Rumor*. (setembro-dezembro 1997): 39-46.
[2] Doutorando em Literatura Comparada na Universidade do Estado do Rio de Janeiro.

Nem tão estranhas epígrafes, enfim. Porque a obra de Gullar expressa, desde *A luta corporal* até *Barulhos*, a necessidade de enfrentamento da experiência poética com a própria contingência do poema. Enfrentamento este dramatizado por meio de uma dupla resistência. Primeiramente, resistência do corpo, da vida e da linguagem a quaisquer tentativas de raptos divinatórios ou idealistas — espécie de *parti pris* da matéria, efetivado na paródia escatológica, que denuncia e rechaça as armadilhas metafísicas do sublime: "Tempo acumulado nas dobras sórdidas do corpo, linguagem" ("Um programa de homicídio", 1, *A luta corporal*). Essa primeira resistência é figurada sob diversas formas ao longo da obra. Já em *A luta corporal*, a *persona* lírica fala de um anjo, "contido em pedra e silêncio", cuja presença lhe causa um misto de fascínio ("Me ilumino!/ Todo o existido/ fora apenas a preparação/ deste encontro") e desidentificação ("Tão todo nele me perco/ que de mim se arrebentam/ as raízes do mundo"). Assim, coloca-se em dúvida tanto a experiência sensível do poeta como a abstração criativa do poema; é quando surge a pergunta fundamental:

> Antes que o olhar, detendo o pássaro
> no vôo, do céu descesse
> até o ombro sólido
> do anjo,
>   criando-o
> – que tempo mágico
> ele habitava?

O olhar que desce do céu onde detinha o vôo do pássaro (um olhar experimental, imediato, de passagem) para criar o anjo a partir do seu "ombro sólido" (a metonímia indica o procedimento típico do poeta-demiurgo) — este olhar se sabe habitante de um *outro* tempo, que não o "tempo mágico" da criação. O choque produzido pela percepção dessa diferença será então concretizado na *luta corporal* — imagem (des)ordenadora do poema — mediante o corpo que olha superpondo-se ao olhar que cria, enfrentando a "neutra existência" angelical: "tamanha/ a violência do seu corpo contra/ o meu,/ que sua neutra existência/ se quebra".

"Neutra" porque "num desprezo/ à vida/ arde intensamente": daí a necessidade da luta. Finda a cena, o poeta declara: "O anjo é grave/ agora./ Começo a esperar a morte." Mas não se dará por satisfeito. Pois como escreverá mais adiante, "um arsenal disponível/ guerreia sempre" ("O arsenal"). E é com um instrumento deste arsenal que ele descobrirá, numa das cenas mais terríveis de *Crime na flora*, o cadáver do anjo:

> Verde e açucarado, o odor me revolvia o estômago. A pá entrava fácil na terra. Mais abaixo, um barulho novo me chamou a atenção; como se decepasse um maço de papel. Cavei mais afastado, cuidadosamente. Era o cadáver de um anjo, com suas asas rompidas. A essa altura o fédito era tal que o vômito me descia em golfadas pelo corpo. Mas não interrompi o serviço. Consegui retirá-lo da terra e, arrastando-o, depositá-lo a alguns passos da cova. A tontura foi aos poucos me tomando. Recobrei os sentidos na manhã seguinte, com o sol. O corpo do anjo, longo, branquencardido, brocado, jazia à margem do buraco. O fédito se esvaíra de todo. Arrastei-o pelas asas para o canto do quintal (as formigas começavam a comê-lo, e me mordiam as mãos) próximo ao banheiro, onde se amontoavam restos de utensílios imprestáveis. Voltei a cavar, agora com toda pressa e certeza.

O anjo é apenas uma entre várias imagens utilizadas por Gullar para cumprir a primeira parte do programa da "dupla resistência". Sua morte simbólica era um sinal evidente da reviravolta estético-formal que já se anunciava nos poemas finais de *A luta corporal*. A estratégia do poeta sempre foi marcada pela radicalidade; resistir ao apelo fácil das fórmulas canônicas exigia, nesse sentido, uma atitude ofensiva em relação ao conservadorismo vigente, à época em que iniciava sua produção poética (lembre-se a "tão justamente difamada" Geração de 45, na feliz expressão de Armando Freitas Filho). Matar o anjo: explodir a sintaxe tradicional do verso, bem como todo o repertório "nobre" e pretensamente classicizante da chamada alta poesia. Opor à dicção "pura" dos anjos, seres eternos e assexuados, anteriores à vida, a *fala impura* do homem comum, em toda sua vivacidade material e contingente. O que o levará a experimentar, na sensibilização das coisas através de palavras violentamente inadequadas à representação mimética, a fratura e a decomposição da linguagem, com a morte alegórica do autor-demiurgo:

> finda o meu
> sol
>   pueril
>   o ilícito

>   sol
>   da lepra acesa da pele
>
>   (...)
>
>   torres
>   de consumição
>
>   carne de meu corpo
>   fornos da glória.

Os trechos selecionados não deixam dúvidas: seguindo a trilha da devastação sintático-morfológica do "Roçzeiral" ("Rozal, ROÇAL/ l'ancêndio Mino-/ Mina TAURUS/ MINÔS rhês chãns/ sur ma parole"), resta ao poeta chafurdar entre escombros lingüísticos, beirando o abismo do não-sentido. As palavras parecem reivindicar o papel das coisas, compondo uma antimatéria verbal do mundo; o que leva o poema ao corte radical dos nexos espaço-temporais da língua ("URR VERÕENS/ ÔR/ TÚFUNS/ LERR DESVÉSLEZ VÁRZENS"). A linguagem se recusa a permanecer sob o jugo da lógica da identidade, suicidando-se dramaticamente.

Crime na flora, texto que sucede *A luta corporal* na cronologia do autor — muito embora só viesse a ser publicado em 1986, foi escrito em 1953 — é uma tentativa de "voltar à tona", ou seja, retomar a poesia numa dimensão mais respirável, sem no entanto capitular frente às exigências do experimentalismo. A partir desse momento, já se pode apontar a segunda camada significativa daquela "dupla resistência" a que me referia acima. Se o primeiro aspecto a ser trabalhado fôra a recusa ao discurso do sublime (o que se comprova pela paródia homicida a imagens divinatórias, conforme o caso do anjo, bem como no recurso a uma linguagem não-representativa, plasmada na explosão da língua), impunha-se agora nova tarefa revolucionária: fazer o poema encontrar seu próprio quadro de referências concretas, que não as impostas pela tradição canônica. Desse novo gesto expressivo, contudo, não deveria resultar o suicídio da linguagem, mas sim *a resistência vitalista do ato criativo*, contra as tentativas de dissimulá-lo e enfraquecê-lo recorrendo à institucionalização canônica. Contra uma *ars poetica* limitada por esquemas seguros de identificação e reprodução, Gullar segue propondo uma *ars patetica* calcada no aproveitamento produtivo do acaso, sequer alimentando a fantasia formalista de suprimi-lo. O tempo do poema é o tempo do seu *acontecimento*, quer se dê na página em branco ou na matéria plástica, na língua da comunidade ou nos escombros da linguagem violada, no traçado da escrita ou na putrefação dos corpos. Importa apenas ao poeta encontrar formas livres e consistentes para sua ânsia experimental:

> (...) voltando eu depois para tomar conta da casa e das hortênsias e do horto e da horta e do morto e da morta e do lorto e da porta e das agulhas e do veneno e do nome sob uma pedra na flora e dos livros nas prateleiras de vidro sendo dado ao homem apenas a metade do ouro na manhã bela junto ao poço entrei pelo terreno baldio de vermelho verde negro branco amarelo azul de cada coisa pelo muro protegido de cacos.

O trecho final de *Crime na flora* evidencia a abertura de um novo espaço expressivo a ser desbravado pelo poeta. A pista é clara: o "nome sob a pedra" remete ao poema-objeto "LEMBRA", da fase neoconcreta. Se, nos anos de militância concretista, Gullar se destacara pela pesquisa de uma linguagem capaz de "verbivocovisualizar" relações entre os sentidos e a matéria, o tempo e a leitura, a cor e o movimento — "o cão vê a flor/ a flor é vermelha/ anda para a flor/ a flor é vermelha/ passa pela flor/ a flor é vermelha" —, a dissidência neoconcretista o levará ainda mais longe em termos semióticos. "LEMBRA" consiste num quadrado de madeira branca, em cujo centro se engasta um cubo de madeira verde; sob este cubo, grafada em letras maiúsculas, lê-se a palavra que dá título à obra — mensagem que só acontecerá se o "leitor" interferir fisicamente no objeto que lhe foi dado conhecer, retirando o cubo do lugar em que repousa. Significação possível: também a palavra possui sua materialidade específica, em atrito direto com outras materialidades concretas; por meio deste choque material, não por seu caráter meramente representacional, pode o poema alcançar sua realidade comunicativa.

Desnessário dizer o quanto as experiências artísticas neoconcretas, realizadas por Gullar e seus companheiros (Hélio Oiticica, Lygia Clark, entre outros) na segunda metade da década de 50, foram decisivas para o redimensionamento das "artes & manhas em geral" (conforme provarão os rebentos tropicalistas, na década seguinte). Paralelamente às atividades do movimento, porém, Gullar desenvolvia um interesse crescente pela tematização do *tempo histórico*, o tempo dos "grandes" e "pequenos" acontecimentos do cotidiano comunitário, no interior do tempo criativo do poema verbal — confrontados ambos através de uma dicção simultaneamente coloquial e concisa. Tal fato se atesta pelos poemas de *O vil metal*, escritos entre 1954 e 1960, nunca coligidos num volume independente; o que de maneira alguma diminui o impacto estético da série. Superficialmente, *O vil metal* marca uma transição política na atuação artístico-intelectual do autor: do arquétipo de "poeta maldito", vanguardista por excelência, Gullar passará a ser caracterizado como uma espécie de porta-voz da esquerda nacionalista, "poeta popular" e crítico das vanguardas (especialmente o concretismo, cujo papel renovador negará peremptoriamente).

De minha parte, considero sua poesia muito mais significativa que os limites impostos pelo corporativismo literário. Prossigo. Desse rito de passagem de uma posição a outra, a obra em questão reflete um amplo espectro de possibilidades, continuamente reelaborados por seus livros posteriores. Leia-se, por exemplo, "O escravo":

> Detrás da flor me subjugam,
> atam-me os pés e as mãos.
> E um pássaro vem cantar
> para que eu me negue.
>
> Mas eu sei que a única haste do tempo
> é o sulco do riso na terra
> – a boca espedaçada que continua falando.

Veja-se como, mesmo trabalhando com tropos habituais do lirismo universal (flor/pássaro/terra) — os quais aliás nunca abandonou, até nos poemas neoconcretistas — a posição dramática da *persona* lírica muda significativamente, em conseqüência da adoção de um novo ponto-de-vista face ao tempo do poema: a fala da "boca espedaçada", sulcando a terra com seu riso, a troçar do pássaro cantante e dos poderosos que se escondem atrás da flor — essa boca escravizada (mas jamais calada) é para o poeta "a única haste do tempo". Em sua sede de existência, o poema quer se ligar ao mundo por esta haste; como em "Biografia", "Dezembro " e "Recado", respectivamente:

> Estávamos há quase dois séculos da Revolução Francesa
> E aquela enorme flor amarela que nasceu no quintal junto ao banheiro
> pólen corpo incêndio

(...)

Dia terrestre,
falam num mesmo nível de fogo
minha boca e a tua

(...)

Às mortes que me preparam e me servem
na bandeja
sobrevivo,
que a minha eu mesmo faço, sobre a carne da perna,
certo,
como abro as páginas do livro
– e obrigo o tempo a ser verdade.

É bastante nítida a guinada coloquializante na tonalidade afetiva dos seus versos. Por um lado, este giro assinala uma tentativa de maior adequação da linguagem do poema à língua comunitária — talvez pretendendo salientar seu condicionamento estético-formal à realidade viva da fala social, bem como o relacionamento ambíguo da cena do poema com os acontecimentos históricos e sentimentais (os quais acionam o desejo de escrita na *persona* lírica). Obrigar "o tempo a ser verdade" implicaria portanto em assumir uma temporalidade poética indissociável dos estímulos concretos que a animam; a poesia, afinal, é figurada diretamente "No corpo":

O sonho na boca, o incêndio na cama,
o apelo na noite
agora são apenas esta
contração (este clarão)
de maxilar dentro do rosto.

A poesia é o presente.

Já estamos falando de *Dentro da noite veloz* — coletânea de poemas escritos entre 1962 e 1975. Geralmente, este livro é interpretado apenas no sentido manifesto de um engajamento social efetivo — o que se confirma pela insistência temática em acontecimentos históricos (o assassinato de Che Guevara, no poema-título; a mortalidade infantil em "Poema brasileiro"; a exploração econômica do latifúndio, em "O açúcar"; a perseguição política ocasionada pelo regime militar, em

"Maio 1964", "Exílio" e "Dois poemas chilenos"; a guerra do Vietnã em "Por você por mim"). Mas esta abertura temática ao contemporâneo representa apenas uma das facetas da composição textual da obra; faceta, aliás, muito coerente com o direcionamento formal que vinha se imprimindo em seu trabalho, desde *O vil metal*, na procura de uma maior proximidade do tempo criativo do poema em relação ao seu espaço estético e político de inscrição. Disso não resulta que a poesia de Gullar abdique de experimentar, no tecido de sua linguagem, a iminência catastrófica dos diversos "incêndios" que a permeiam: "falo/ e por muitos incêndios ao meu redor/ no incêndio do mar às minhas costas/ (ou a lembrança)/ no alto incêndio das nuvens sobre as cidades/ no incêndio das frutas na mesa de jantar" ("Ao Nível do Fogo").

A imagem do "incêndio" conforma e libera, ao desdobrar-se sobre as coisas, linhas-de-força que constituem o devir criativo dessa poesia radicalmente afirmativa e antimetafísica, como também a queria Drummond: "O tempo é a minha matéria, o tempo presente, os homens presentes,/ a vida presente".[3] O *Poema sujo* (1975) matizará, ao longo de suas dezenas de páginas, a compreensão poética deste incêndio primordial, a um só tempo cotidiano e transcendental, em que se consomem e se recriam palavras e coisas, vozes e corpos, matéria e memória, público e privado. O real consumado na linguagem revela, no tempo presente do poema, o desejo em sua contínua produção:

> longe daquela mobília onde só vive o passado
> longe do mundo da morte da doença da vergonha
> da traição das cobranças à porta,
>   ali
>   bebendo a saúde da terra e das plantas,
>   buscando
>   em mim mesmo a fonte de uma alegria
>   ainda que suja e secreta
>   o cuspo morno a delícia
>   do próprio corpo no corpo
>   e num movimento terrestre
>   no meio do capim,
>   celeste o bicho que enfim alça vôo
>   e tomba.

---

[3] "Mãos dadas", *Sentimento do mundo* (1940).

Operando um síntese temporária das diversas forças "incendiárias" (porque simultaneamente corrosivas e vitalizantes) filtradas através de sua linguagem, o *Poema sujo* redimensiona o plano estético-formal em que se dá o acontecimento da obra. Daí em diante, a poesia de Gullar assumirá a figura do *paradoxo* como elemento inalienável de sua experiência crítica e reflexiva; o confronto da *persona* lírica com os materiais do poema rejeita o menor vestígio de analogia entre *ser* e *dizer*, ciente de sua natural imperfeição e contingência, como em "OVNI", publicado em *Na vertigem do dia* (1980):

> Sou uma coisa entre coisas
> O espelho me reflete
> Eu (meus
> olhos)
> reflito o espelho
>
> (...)
>
> Eu guardo o espelho
> o espelho não me guarda
> (eu guardo o espelho
> a janela a parede
> rosa
> eu guardo a mim mesmo
> refletido nele):
> sou possivelmente
> uma coisa onde o tempo
> deu defeito.

Esse poema caracteriza exemplarmente o ponto-de-vista adotado pelo poeta. É o próprio *estatuto representacional do dizer poético* que se questiona, desde o pressuposto sujeito da experiência (o *eu* que discursa sobre as coisas) até a visualização dos objetos do conhecimento (que *são falados* pelo mesmo). Pois o sujeito se percebe "uma coisa entre coisas"; seus olhos também são espelhos que *refletem* (é notório o duplo sentido dessa reflexão, relacionando os aspectos físicos e abstratos da imagem mental). A diferença que separa o sujeito-coisa da imagem-objeto é que aquele imagina guardar na memória sinais que o espelho dispersa (imagens perdidas de si e das coisas), tornando-se em algo "onde o tempo/ deu defeito". O tempo defeituoso dessa *persona* lírica é *o tempo que o cria, a si e ao seu poema*; não o tempo da matéria das coisas, em seu permanente ciclo de geração e decomposição (ver o belíssimo "Bananas podres", de *Barulhos*) com o qual ela se confronta experimentalmente. Um tempo decididamente *outro*, donde o poema irradia sua potência criativa — a quem se decida enfrentá-lo, como em "Barulho":

> O poema
> é sem matéria palpável
>   tudo
>   o que há nele
>   é barulho
>   quando rumoreja
>   ao sopro da leitura.

Especificado o tempo do poema — de que resulta, por extensão, o tempo da sua duração sensorial e intelectiva no imaginário ao qual ele nos remete, desde o momento em que nos damos conta do seu "barulho" — poderia se pensar que tipo de "sopro de leitura" a poesia de Ferreira Gullar parece reivindicar. Como essa poesia *subversiva* (na medida em que se constitui, para usar novamente as palavras do filósofo Jacques Rancière, "não como uma experiência de si ou uma descoberta da natureza ou da sensibilidade, mas como uma nova experiência política do sensível ou experiência sensível do político") se comunica com seu público? Recrutando leitores *cúmplices*? Provocando o leitor passivo, sedento de "identificação" e sensibilização pelo poeta-demiurgo? Ou antes exigindo, no exercício rigoroso de sua outra temporalidade, o questionamento dos velhos esquemas e muletas com que a crítica tradicional ensaia aproximar-se, sem jamais conseguir, do rumor inquietante com o qual "irrompe/ donde menos se espera" ("Nasce o poema")? Este ensaio não quer se alongar por tamanhas especulações; seu tempo se esgota aqui.

Bibliografia

Gullar, Ferreira. *Toda poesia*. Rio de Janeiro: Civilização Brasileira, 1980.
____. *Crime na flora*. Rio de Janeiro: José Olympio, 1986.
____. *Barulhos*. Rio de Janeiro: José Olympio, 1987.
Rancière, Jacques. "Transportes da liberdade". *Políticas da escrita*. São Paulo: Editora 34, 1995.

DUAS POÉTICAS,
DOIS MOMENTOS

Heloísa Buarque de Hollanda[1]

Pretendo examinar aqui a poesia jovem emergente em dois momentos específicos da cena cultural e política brasileira, ambos identificados como momentos de colapso ou pelo menos, de decréscimo, da liberdade e da qualidade da criação artística. É o caso da *poesia marginal* — produzida nos anos 70 em plena vigência da ditadura militar — e o de uma *nova estética do rigor*, como vem sendo caracterizada a poesia produzida nos anos 90 sob a mais recente forma de ditadura, a ditadura exercida pela lógica do consumo e dos processos de globalização.

Inicio meus comentários pela poesia marginal que, de forma desconcertante, se tomarmos em conta a recepção negativa desta geração de poetas na época, termina entrando para o cânone como a expressão, por excelência, da poética dos anos 70 no Brasil.

O que hoje chamamos de poesia marginal foi, digamos, um acontecimento cultural ou, melhor, um "surto" poético (para evitar a palavra movimento que sinaliza a idéia de um projeto homogêneo e programático), um "surto" que, por volta de 1972-1973, teve um impacto significativo na cena cultural do silêncio determinado pela censura e pela violência da repressão militar no Brasil.

Essa poesia, caracterizava-se basicamente por uma informalidade quase estrutural, não apenas no que diz respeito à produção textual

---

[1] Professora Titular de Teoria Crítica da Universidade Federal do Rio de Janeiro e Coordenadora do Programa Avançado de Cultura Contemporânea (PACC). Entre outros, autora de *26 poetas hoje* (Rio de Janeiro: Aeroplano, 1999); *Esses poetas: Uma antologia dos anos 90* (Rio de Janeiro: Aeroplano, 1999).

marcada por uma dicção coloquial e bem humorada, mas também à forma com que os autores concebiam a produção artesanal e a distribuição independente dos novos e criativos livros de poesia.

O nome marginal, ambíguo desde o início, oscilava entre uma gama inesgotável de sentidos: marginais do cânone, marginais do mercado editorial, marginais da vida política do país.

Uma primeira evidência da novidade desta produção foi a forma inesperada com que conseguiu mobilizar, em torno da poesia, um grande público jovem, até então ligado mais à música, ao cinema, shows e *cartoons*, portanto, um público de traços bastante diferenciados do consumidor tradicional de literatura. Esse fenômeno de intensa mobilização em torno da poesia, além de quantitativamente intrigante, trazia consigo algumas novidades de estilo e *performance* para a República das Letras.

Já de início a poesia marginal sinaliza sua ambivalência. Surge como uma poesia apenas *light* e despretensiosa, mas que colocava em pauta uma questão grave e bastante relevante: o *ethos* de uma geração traumatizada pelos limites impostos à sua experiência social e pelo cerceamento de suas possibilidades de informação e expressão pelo crivo violento da censura e dos mecanismos repressivos desenvolvidos durante a vigência da ditadura militar no país.

Esse é certamente um dos aspectos mais marcantes desta poesia que se tornou um dos registros mais contundentes do testemunho da geração conhecida como a "geração AI-5".[2]

Em cada poema-piada, em cada improviso, em cada rima do conjunto destes textos, emerge o relato da história e da experiência desta geração cujo traço distintivo foi exatamente o de ser coibida de narrar sua própria história.

Neste sentido, os poemas marginais revelam uma aguda sensibilidade para referir — com maior ou menor lucidez, com maior ou menor destreza literária — o cotidiano do momento político em que viviam estes poetas.

São poemas que muitas vezes experimentavam o uso da alegoria enquanto instrumento para viabilizar a referência ao *status quo*, como Antônio Carlos de Brito em "Aquarela":

---

[2] AI-5, abreviação para o Ato Institucional que instalou o estado de exceção no país em 13 de dezembro de 1968.

> O corpo no cavalete
> é um pássaro que agoniza
> exausto do próprio grito.
> As vísceras vasculhadas
> principiam a contagem
> regressiva.
> No assoalho o sangue
> se decompõe em matizes
> que a brisa beija e balança:
> o verde — de nossas matas
> o amarelo — de nosso ouro
> o azul — de nosso céu
> o branco o negro o negro

Ou que traziam o traço seco e insólito de Francisco Alvim, em "Aquela Tarde":

> Disseram-me que ele morrera na véspera.
> Fora preso, torturado. Morrera no Hospital do Exército.
> O enterro seria naquela tarde.
> (um padre escolheu um lugar de tribuno.
> Parecia que ia falar. Não falou.
> A mãe e a irmã choravam.)

Na ala mais jovem, encontramos, como procedimento mais recorrente, a descrição ou o relato de fatos aparentemente insignificantes, mas que denunciam o sentimento de paranóia permeando o cotidiano brasileiro pós-1968. É o que descreve Chacal nesse fragmento do "poema épico" Orlando Takapau:

> Sentado e estudantil, Orlando prescrutava o
> absurdo e o rabo da professora. De repente
> passos no corredor atrás da porta fechada.
> "serão polícias ou alunos atrasados?"
> Takapassou a mulher com giz e abriu a porta.
> O homem colado com as orelhas entregando
> saiu de banda. Bandeira. Sua suástica caiu
> no chão. Orlando viu o lance achou nada
> pisou na escada e não apareceu mais por ali.
> Pra quê?

Outra dicção da "poética do sufoco" — como também era chamada a poesia marginal — acha-se expressa em poemas agressivos e performáticos como os de Wally Salomão, que escreveu um livro de estilo híbrido, meio poesia, meio prosa, meio teatro, meio música, chamado sugestivamente "Me segura que eu vou dar um troço" transformando-se num *hit* do momento.

Estes poetas, determinados em não deixar o "silêncio" se instalar, definiram uma poesia com fortes traços "antiliterários" que se chocavam com o experimentalismo erudito das vanguarda daquele momento. Uma dicção poética que, sobretudo, parecia empenhada em "brincar" com os padrões vigentes de qualidade literária, de densidade hermenêutica do texto poético, da exigência de um leitor qualificado para a plena fruição do poema e seus subtextos.

Assim, os marginais interpelavam, com um só gesto, a crítica e a instituição literária oferecendo uma poesia coloquial, descartável e biodegradável que não parecia importar-se nem com a permanência de sua produção, nem com o reconhecimento da crítica informada pelos padrões canônicos da historiografia literária.

Ao contrário, marcavam sua posição ao não explicitar qualquer projeto literário ou político e ao apresentar-se claramente como não-programática, mostrando-se avessa a escolas e a enquadramentos formais. Através do uso irreverente e irônico da linguagem poética, das artimanhas criadas para sua divulgação e da afirmação de um desempenho fora do sistema, os poetas marginais pareciam estar buscando, na realidade, uma aproximação radical entre arte e vida.

Esses procedimentos, ao lado do clima geral de transgressão que dava o tom dessa poesia, terminou por colocar em pauta, de forma inevitável, o questionamento da própria noção de valor literário.

Como conseqüência, abriram-se não apenas novas fronteiras para a experimentação de uma até então impensável variedade de estilos, dicções e novos campos de expressão, mas também uma não menos significativa pluralidade de projetos e posicionalidades políticas e culturais no trato poético.

Sem dúvida, ao lado da resistência que ofereceu ao vazio cultural gerado pela censura de pela repressão, a quebra de paradigmas que se anuncia neste momento vai ser a maior contribuição literária da poesia marginal, repercutindo decisivamente na poesia dos anos 90. A ela, deve-se muito da atual desenvoltura da novíssima poesia, uma poesia conhecida por trazer no seu bojo a marca de uma ditadura não menos radical: a ditadura do mercado.

Se, nos anos 70, os jovens poetas se defrontaram com os limites impostos pela censura, hoje os poetas se vêem num quadro dominado pela lógica de um mercado cultural extremamente competitivo e marcado por um processo acelerado de massificação, transnacionalização e especialização na produção e comercialização de seus produtos. Ou seja, um novo jogo de poder, que pede novas estratégias de produção.

O poeta 90 vai procurar portanto enfrentar os novos desafios. Seu perfil vai ser o de um poeta letrado que vai investir sobretudo na recuperação da *expertise* no trabalho formal e técnico com a literatura, marcando assim uma clara diferença com a geração marginal *antiestablishment* por convicção.

Mas, como toda ditadura, a ditadura do consumo tem suas brechas. Se à distância, a produção poética contemporânea se mostra pouco original, um pouco amorfa, sem grandes inovações aparentes, ao mesmo tempo, salta aos olhos uma surpreendente pluralidade de vozes, o primeiro diferencial significativo dessa poesia.

A presença feminina na cena literária, que havia sido uma das *pièces de résistance* da década passada, mostra agora um crescimento definitivo que se traduz numa quase equivalência entre homens e mulheres no mercado de poesia. A poesia negra pode também ser notada, com maior nitidez, no contexto atual. O novo traço comum entre ambas, trazido de forma incisiva pela produção anos 90, é uma inédita liberdade experimental que se diferencia substancialmente da produção da geração anterior na qual, a presença de uma lírica comprometida e engajada com a afirmação identitária era o *leitmotif* temático e formal da poesia feita até então por mulheres e negros no Brasil. Casos recentes como os das poetas Claudia Roquette-Pinto, Lu Menezes, Joseli Vianna, Vivian Kogut e tantas outras atestam o atual trabalho da poesia feminina e o rendimento diferenciado e criativo da amplidão de movimentos conquistada pelas lutas — políticas e poéticas — travadas pelas feministas do período anterior.

Mas, sobretudo, o quadro plural da poesia anos 90 vai surpreender ao abrir definitivamente espaço para algumas vozes que não haviam encontrado maiores possibilidades de expressão nas décadas anteriores. Chamo atenção aqui para emergência de uma sensibilidade erudita e auto-irônica assumidamente judaica (afirmação cultural curiosamente rara no Brasil) e, muito especialmente, para a presença agressiva e original do *outing gay* na poesia 90. Neste caso, estão alguns de nossos melhores e mais representativos novos poetas como Nelson Ascher, Antonio Cicero, Valdo Mota entre outros.

Mas, na realidade a grande surpresa deste final de milênio no panorama poético brasileiro 90 é a presença crescente de poetas provenientes dos bairros de periferia ou subúrbios de baixa renda na literatura ao lado da intensificação do movimento editorial em favelas e comunidades residenciais mais pobres. Ou seja, pela primeira vez, o poeta pobre passa a ter vez e voz com alguma visibilidade.

Ao longo da década, foram lançadas, no Rio de Janeiro, inúmeras publicações como, por exemplo, a *Antologia de poetas da Baixada Fluminense* (RioArte), *Tem poeta no morro* (Federação das Associações de Favelas do Estado do Rio de Janeiro), a coletânea *Poetas do Vidigal* ou o livro *Fora de perigo*, de José Alberto Moreira da Silva, com poesia multimídia. Em 1992, a antologia *Poetas do Araguaia* e *Ausência em falso* vão trazer alternativas para se repensar o Brasil dos sem-terra.

Um outro ponto interessante que vale a pena registrar são as estratégias de produção eleitas pela poesia 90. Além de se beneficiar com a criação de pequenas editoras utilizando as facilidades oferecidas pelas novas tecnologias de reprodução digitalizadas, o que permite edições de baixa tiragem a custos razoáveis, a poesia vem tirando partido da inesperada popularidade de coleções de CDs de poesia como a série *Poesia falada* do produtor Paulinho Lima, *A voz do poeta* do selo *Drum* ou mesmo das produções de discos de poesia pelas gravadoras maiores com a Som Livre e Leblon Records.

Acompanhando esse sucesso, firmam-se também as leituras de poesia ao vivo, interpretadas por atores ou cantores de renome como, por exemplo, Maria Betânia e Chico Buarque, que muitas vezes chegam a lotar teatros e espaços culturais.

Há ainda casos interessantes embora raros, como o fenômeno Elisa Lucinda, que mistura poesia, teatro e *pocket-show* num formato até então impensável para a literatura que é o da poesia como consumo de massa, da poesia que é *show business*.

Digamos que a poesia estaria começando a tender na direção de uma culturalização, ou seja, uma inédita ampliação de seu raio de consumo — e, por que não, de sua própria função social — através da abertura de espaços culturais não formais e da emergência de novos hábitos sociais e comportamentais.

Também bastante importante e característico de nosso momento, é o efeito decisivo na textualidade da literatura 90 do processo de erosão das fronteiras entre a cultura alta (ou de elite) e a cultura baixa (de massa ou popular), marca, por excelência, da cultura no ascenso da modernidade.

No caso da poesia 90, a visão deste processo muitas vezes torna-se cristalina. Vê-se, de fato, nesta produção poética, a formação de uma textura híbrida de fundo, na qual já não é mais possível distinguir, com nitidez, um desnível real entre as formas de expressões artísticas de elite ou de massa ou entre culturas de mídias diversas. Evidência eloqüente neste sentido é o aparecimento do poema clip, da vídeo poesia tridimensional, ou de experiências como a da "fotonouvellevague", gênero criado por Filipe Nepomuceno, que, além de deslizar continuamente do português para o espanhol, apresenta uma forma de mistura do *strip*, da fotonovela, da fragmentação de contatos fotográficos, de palavras grafadas e de uma trilha sonora com som instrumental e leitura de poemas.

Acho importante sublinhar, com ênfase, que essa nova textura experimental da poesia 90 apresenta traços, marcadamente próprios, de hibridização estrutural que não se confundem nem com os procedimentos programáticos das vanguardas de rejeitar a "pureza" da linguagem literária através do uso de temas e suportes disponibilizados pelas novas mídias, nem com a criatividade das improvisações gráficas da poesia alternativa dos anos 70.

Mas este ainda não é o ponto mais polêmico dessa nova poesia. Para uma crítica que se aproxima de um movimento poético em busca de uma proposta estética ou política, a presença flagrante, nessa nova produção, de uma total heterogeneidade de experimentação e de adesão descompromissada — e quase cínica — a este ou aquele estilo, ideologia ou escola, promove um sentimento desconcertante.

Entretanto, esse fenômeno é diagnosticado, com grande naturalidade, pelos novos poetas como sendo a prática de uma literatura de invenção. E, por literatura de invenção, os novos poetas entendem a "literatura que busca, em certos materiais, a linguagem".[3] *Material*, neste caso, seria um repertório que abriga de forma indiscriminada versos longos, verso curtos, metáforas, metonímias, linguagens mais surrealizantes, linguagens mais realistas; todos equivalentes, disponíveis e igualmente rentáveis em função de uma maior ou menor perícia do poeta.

Em vez de definir caminhos, o poeta 90 evidencia apenas dois compromissos:

---

[3] Definição de Carlito Azevedo, colhida em um debate na Universidade Federal Fluminense. Ele é um dos mais importantes poetas dos anos de 1990. Correntemente, é editor das revistas *Inimigo rumor* — Rio de Janeiro: Sette Letras), que já se encontra no número 14 — e *Ficções* (Rio de Janeiro: Sette Letras).

- a ampliação de seu acervo de informação e
- a aquisição de um domínio seguro da métrica, da prosódia e das novas tecnologias ou seja, de seus recursos de expressão, tornando estes compromissos a marca e o avanço da literatura anos 90.

O novo, agora, é identificado com a afirmação de um desempenho competente, com a originalidade na articulação, com a reinvenção experimental e criativa da tradição literária.

Torna-se delicado identificar nessa lógica, substancialmente diversa das anteriores, uma linha política, uma ideologia, ou ao menos um projeto que possa servir de parâmetro para estabelecer os valores que informam essa produção.

Por sua vez, os critérios de aferição da qualidade de um poema também mudam de eixo: deslizam da avaliação da presença de um maior ou menor valor crítico ou inovador, em direção à presença da habilidade em articular procedimentos antagônicos e em expandir o acervo de referências a serem refuncionalizadas ou mesmo "clonadas" pelo novo poeta. A lógica das influências no trabalho de um autor torna-se caótica, fractal e, muitas vezes, quase museológica, revelando claros sintomas da emergência de novas formas de recodificação do passado no presente como eixo de uma temporalidade pós-moderna. Essa recodificação, no caso da poesia 90, não se limita a inventariar ou mesmo experimentar novas articulações entre escolas e estilos literários. Constitui-se, sobretudo num exercício crítico de ressemantização e de criação estéticas. É precisamente nesse interstício que se abrem as brechas para a invenção e para a intervenção da novos poetas.

Em meio ao surgimento de um claro neoconservadorismo político e estético, hoje majoritário mesmo no campo da poesia, surge portanto, também, uma produção procurando questionar, mais do que explorar, os códigos culturais, explorar, mais do que dissimular, afiliações políticas e sociais. É aquela poesia menos interessada no rigor estético por si e mais ligada na procura de estratégias que possibilitem posições críticas e inovadoras frente aos desafios do novo *Zeitgeist*. Uma poesia que vem marcando com firmeza sua posição no espaço mínimo que se oferece hoje para a criação e para o exercício de uma imaginação política possível.

Bibliografia

Alvim, Francisco. *Sol dos cegos*. Rio de Janeiro: José Olympio, 1967.
_____. *Passa tempo*. Rio de Janeiro: n. p.,1974.
_____. *Lago montanha*. Rio de Janeiro: n. p.,1978.
_____. *Elefante*. São Paulo: Companhia das Letras, 2000.
Azevedo, Carlito. *Collapsus linguae*. Rio de Janeiro: Lynx,1991.
_____. *As banhistas*. Rio de Janeiro: Imago, 1993.
_____. *Sob a noite física*. Rio de Janeiro: Sette Letras, 1996.
Batista, Josely Vianna. *Ar*. São Paulo: Iluminuras, 1991.
_____. *Corpografia — Autópsia — Poética das passagens*. São Paulo: Iluminuras, 1992.
Brito, Antonio Carlos de: *Palavra cerzida*. Rio de Janeiro: José Olympio, 1967.
_____. *Grupo escolar*. Rio de Janeiro: n. p., 1975.
_____. *Segunda classe*. Rio de Janeiro: n. p., 1975.
_____. *Beijo na boca*. Rio de Janeiro: n. p., 1976.
_____. *Mar de mineiro*. Rio de Janeiro: n. p., 1982.
Holanda, Heloísa Buarque de. (org.). *26 poetas hoje*. Rio de Janeiro: Aeroplano, 1999 [1976].
_____. (org.). *Esses poetas*: *Uma antologia dos anos 90*. Rio de Janeiro: Aeroplano, 1999.
Kogut, Vivian. *Água rara*. Rio de Janeiro: Sette Letras, 1996.
Martins, Alberto: *Poemas*. Coleção Claro Enigma. São Paulo: Duas Cidades, 1990.
Menezes, Lu. *Abre-te Rosebud*! Rio de Janeiro: Sette Letras, 1996.
Nepomuceno. Filipe. *O marciano*. Rio de Janeiro: Sette Letras, 1997.
Roquette-Pinto, Cláudia. *Os dias gagos*. Rio de Janeiro: n. p., 1991.
_____. *Saxífraga*. Rio de Janeiro: Salamandra, 1993.
_____. *Zona de sombra*. Rio de Janeiro: Sette Letras, 1997.
_____. *Corola*. São Paulo: Ateliê Editorial, 2000.

FICÇÃO BRASILEIRA HOJE:
UM PONTO DE PARTIDA

Therezinha Barbieri[1]

Este trabalho procura compreender a produção literária dos anos oitenta e noventa brasileiros na perspectiva do diálogo contextual com as linguagens que fazem da imagem visual seu eixo de articulação e desenvolvimento. Mas, ao me deter no momento de encontro da palavra com a imagem, não quero perder de vista o contexto da contemporaneidade em que esse encontro se processa. Por isso, minha atenção se volta, de saída, para uma visão de conjunto que dê visibilidade às obras dentro de um horizonte aberto deixando para um segundo tempo a leitura dos textos ficcionais. Obviamente, o quadro extrapola o recorte do *corpus* e as duas décadas focalizadas. Mas, para não me distanciar muito do meu objeto, contento-me com um esboço muito sucinto. A síntese que me convém encontro-a em declarações de Hans Ulrich Gumbrecht que, em entrevista ao *Jornal do Brasil*, em 3 de setembro de 1988, ausculta, a partir de um ponto de vista agudamente compreensivo, o pulso intelectual, político e moral do Brasil daquele momento.

Gumbrecht, em uma de suas visitas ao Brasil, enxerga o país acometido de desesperança, desilusão e desintegração que, de acordo com a perspectiva adotada, caracterizam a cultura deste final de milênio. Na chamada década perdida, revivemos aqui as nossas ilusões perdidas. A classe média perplexa, confundidos os caminhos, sentia-se impotente para desvendar qualquer rumo. O olho perspicaz do estrangeiro, lido e viajado, viu o cenário e entrou no clima. Citando Habermas, Gumbrecht

---
[1] Professora de Literatura Brasileira na Universidade do Estado do Rio de Janeiro. Doutora em Literatura Brasileira pela Pontifícia Universidade Católica — Rio.

reforça a idéia de uma condição opaca, densa e obscura. Declara: "há algo próximo a uma paralisia, pois a pós-modernidade é a época do fim dos grandes mitos, dos grandes modelos cosmológicos para explicar o mundo"[2], tempo talvez de crise das ideologias, crise de utopias voltadas para o futuro e, neste sentido, crise das vanguardas. Por outro lado, é esse tempo-crise dos discursos unitários e totalizantes, tempo de uma cultura marcada por múltiplas alternativas e percepções fragmentárias que tornam patentes discrepâncias até então mascaradas. Sintonizado nessa freqüência, Silviano Santiago se dá conta de que "o tecido social é feito de diferenças apaixonadas e que a negação das diferenças é também o massacre das liberdades individuais, o recalque das possibilidades mais autênticas do ser humano".[3] O ensaísta-ficcionista acrescenta ao esboço traçado pelo ensaísta-filósofo a dimensão da intuição sensível capaz de discernir na apreensão de conjunto as particularidades que fracionam o todo. Nesse sentido, as duas citações aproximadas acima discrepam e se completam. Gumbrecht inscreve a imagem de um momento peculiar no quadro geral das idéias em movimento; Santiago lê no texto conjuntural signos discrepantes que anunciam riscos à vista. Enquanto isso, os meios de comunicação limitavam-se a registrar a crise desprovidos de instrumentos que capacitassem o olho a furar o nevoeiro. E é nesse contexto que se destaca a interferência dos textos literários surgindo, aqui e ali, como vozes desafinadas a sobressair no coro das perplexidades e geral pasmaceira.

Num mundo, destituído de valores, sacudido pela quebradeira generalizada de padrões e paradigmas, cada gesto se mede pelo seu custo. Mais do que nunca, fica então difícil identificar critérios de validade que possibilitem alinhar lado a lado, num arranjo de sentido abrangente, linhas de dispersão e contraste, contradições e discrepâncias múltiplas. Onde localizar o ponto de fuga de onde partem tantos fios em tantas direções? Como explicar a aceitação súbita do, até pouco, recusado? Onde deitar âncora se não há mais fundo firme? Assumindo a volubilidade da moda, as oscilações do gosto aclimatam a arte no horizonte do provável, e sai de cena a idéia de obra perene. Mesmo os clássicos passam por revisões constantes e padrões consagrados assumem a precariedade do transitório. Será que a literatura e a poesia ainda teriam vez nesse mundo extremamente cambiante? Por quem poderia ainda ser

---

[2] Gumbrecht 10-1.
[3] Santiago 35.

captada a singularidade da sua voz nessa orquestração estrepitosa de *marketing*, propaganda consumista e empastelamento de mensagens massificadas? Qual o sentido de seus aparentes desfalecimentos? Essas e outras indagações me perseguem quando interrogo a prosa de ficção produzida recentemente em nosso país. A anarquia formal que de imediato se observa seria sintoma de agonia ou sinal de revitalização? Exaurido o experimentalismo das vanguardas, dessacralizadas as fontes inspiradoras do sublime e de idealismos românticos, anacronizados os padrões da reprodução mimética, que vertentes restariam ainda a ser exploradas pela narrativa literária? Mas, apesar de tudo, pode-se ler sinais de vida nesse corpo transmudado. Acredito, com Octavio Paz, que poesia e literatura, mesmo condenadas a ocultar-se nas catacumbas impermeáveis ao ruído e alarde do grande mundo, sobrevivem com acento e timbre inconfundíveis, como *a outra voz*.[4]

Volto agora ao mapa desenhado por Gumbrecht cujos aspectos de desesperança, desilusão e desintegração compareçam, de maneira exemplar, numa narrativa típica da atmosfera brasileira dos oitenta: *Hotel Atlântico*, de João Gilberto Noll. Nesse texto, o ficcionista realiza a ventura fantástica de fixar em palavras a mutabilidade de um mundo destituído de valores, deserdado de utopias e atravessado de ideologias em crise. Luneta assestada, de dentro do nevoeiro, Noll procura enxergar através de novas formas de significar. Combinando diversos registros de linguagem, violando territorialidades discursivas demarcadas, trabalhando imagens carregadas de magnetismo do tempo, a narrativa corporifica figuras de significação espessa.

Hotel Atlântico é o relato de uma viagem sem destino e, aparentemente, sem sentido, de um excluído do mundo do capital, do trabalho e da moda. O percurso é banal e prosaico: um ator desempregado, saído do Rio de Janeiro, segue de ônibus pelas rodovias asfaltadas do sudeste-sul e vai desembarcar num hotel do litoral gaúcho. Sem saber o porquê nem o para-quê dessa viagem, o personagem atravessa situações extravagantes e participa de cenas estranhas. A cada volta da estrada, a cada despertar de modorrentas apatias, o viajante é sacudido por bruscos incidentes. Aparentado a uma fuga, o périplo do protagonista anônimo reveste-se de significados contraditórios. Perseguido e perseguidor fundem-se numa única figura nessa viagem meio onírica, meio

---
[4] Paz 133-48.

insone em que se alternam ansiedade e prazer, distração e tensão, morte e sexo, olhares ternos e fisionomias ameaçadoras. Arregalado sobre a consciência alienada de tudo, nessa excursão entremeada de banalidades e alucinações, a agudeza de um olhar que o persegue como o olho de uma câmera empenhada em registrar, microscopicamente, os seus mínimos movimentos. Por trás da câmera, um narrador-montador ocupado em escolher planos, recuperar instantâneos e colar fragmentos. O leitor vê-se diante de um jogo ficcional cujas regras desconhece e, se quiser captar o sentido da nova dinâmica, necessita refazer o pacto com o texto já que este, sem deixar de ser literário, não é mais puramente literário. Ficção com bossa de documentário e fábula romanesca rompendo a moldura do real. O discurso narrativo, opondo-se a hábitos e convenções de leitura, torna-se um desafio novo para o leitor.

Vou calçar minha intuição a respeito desse tipo de narrativa no que diz Umberto Eco em *Seis passeios pelos bosques da ficção*:

> (...) o leitor precisa aceitar tacitamente um acordo ficcional (...), tem de saber que o que está sendo narrado é uma história imaginária, mas nem por isso deve imaginar que o escritor está contando mentiras. De acordo com John Searle, o autor simplesmente finge dizer a verdade. Aceitamos o acordo ficcional e fingimos que o que é narrado de fato aconteceu.[5]

Aceito o acordo ficcional, favorecido pelo imaginário concreto de Gilberto Noll, o leitor se apropria daquele olho ágil que focaliza o personagem e passa, com este, a deslocar-se prazerosamente nesse cenário móvel, desenraizado de tudo, esvaziado de subjetividade, privado de objetivos e de referenciais que pudessem servir de norte, jogo de uma representação em crise, igualmente partilhada por leitor e escritor. Mas, nas dobras dessa escrita de aparente *non-sense*, múltiplas significações se acotovelam. É preciso aguçar a atenção e afiar a capacidade de discernimento para captar a diferença que emerge do texto. O ex-ator à deriva vive uma situação-limite. Em meio a hotéis, cadáveres, amantes e roteiros ocasionais, assiste-se à imobilização gradual desse eu-em-trânsito, obrigado a usar muletas, cadeira de rodas, forçado à mudez, à interrupção simultânea da errância e do fluxo verbal, imagens que lemos/olhamos se formando e deformando em inestancável mobilida-

---

[5] Eco 75.

de. Movimentos lentos e acelerados de um eu alheado que capitaliza as próprias perdas.

Ousando o cruzamento semiótico, parece vir a propósito a aproximação de procedimentos narrativos de Noll com a maneira cinematográfica de narrar de Wim Wenders. Este, em *A lógica das imagens*, declara: "muitos dos meus filmes partem de viagens em vez de partirem de argumentos. Isso, por vezes, é como um vôo cego sem instrumentos. Voa-se de noite, e de manhã chega-se a qualquer lado". Voam pela noite, sem instrumentos, a imagem e a palavra — *Paris, Texas* e *Hotel Atlântico*. Em ambos, a construção de personagens despojados de atributos humanos, de vínculos concretos com tempo e espaço determinados, distanciados das veredas em que se operam construções, demolições e reconstruções no afã diário dos homens. Vôo cego, desbussolado, marca a trajetória do personagem em transe/trânsito de Noll: "Voltei a andar com o meu bordão. No mesmo caminho de antes, de quem não podia se dispersar com as coisas do mundo, de quem suportava uma cegueira que lhe abria o contacto com as forças. Me interromper seria um insulto".[6]

Ao paradoxo da cegueira que, em vez de cerrar, abre possibilidades de contacto, adicione-se a fatalidade da errância, espécie de maldição abençoada pela vítima que nela encontra toda a razão do seu existir. Linguagem despojada, seca e cortante acentua as demolições físicas e psíquicas do personagem-narrador. É assim a prosa de Noll: despoetizada, chão áspero de pedras irregulares, por onde o leitor, em vez de deslizar, tropeça e avança aos solavancos. Produtor de imagens que o produzem, o escritor Noll pensa visualmente o mundo contemporâneo, um mundo compacto e concentrado.

Para melhor situar a vertente do pensar por imagens, tão acentuada na prosa ficcional de Noll, farei uma excursão às fronteiras da literatura com outras linguagens. Sem remontar às cabeceiras, registro o momento em que as águas se misturam. *Notas de Manfredo Rangel, repórter (a respeito de Kramer)*, de Sérgio Sant'Anna (1973), é título marcante, não só porque assinala o surgimento de um ficcionista de fôlego no horizonte literário da década, mas sobretudo porque o texto ficcional de Sant'Anna nasce de uma bem sucedida mesclagem intersemiótica de diversas linguagens. Percorrendo as 21 narrativas que integram a coletânea, constata-se a relevância desse procedimento, promo-

---

[6] Noll, *Hotel Atlântico* 66.

vido à matriz constituidora e organizativa da poética do livro. O que olhado de fora parece uma superposição um tanto arbitrária de retalhos heteróclitos, visto mais de dentro, funciona como articulação de membros desconjuntados. A descontinuidade do discurso narrativo deixa à mostra, na recorrência de suas múltiplas fraturas, reminiscências, clichês automatizados, ênfases retóricas, pedaços de reportagens, filmes, peças de teatro e de TV. Inevitável recorrer aqui à noção de simulacro, ao verificar que Sant'Anna opera na faixa da representação de segundo grau. Representação de representações, a prosa de suas ficções não se propõe inaugurar território virgem. Pelo contrário, a prosa de *Notas de Manfredo Rangel, repórter* explora espaços discursivos minados de múltiplos signos que aderem à sua escrita. Já no primeiro conto, intitulado "Pela janela", o narrador se dá conta da reduplicação.

> A velha ia falando e era como se o homem já soubesse tudo o que ela iria dizer. Como se fosse um livro já lido muitas vezes e o homem tinha a impressão de que ele e a velha não eram reais, mas personagens de uma estória qualquer, mórbida e grotesca, onde eles se repetissem todos os dias e sem nenhuma possibilidade de alterar mesmo uma pequena frase ou gesto de seu destino.[7]

Nesse dobrar-se do texto sobre si mesmo, a crise da representação contracena com discursos banalizados, desgastados pelo uso e esvaziados de significação. "O espetáculo não pode parar", última narrativa do livro, encerra o conjunto com o parágrafo-chave para a leitura que venho propondo:

> O espetáculo é horrível: grotesco, vulgar e até óbvio, em alguns momentos, beirando o subliterário. O espetáculo é, antes de tudo, patológico. Mas o público gosta. Acontece todas as noites, exceto às segundas-feiras.[8]

Fragmento de um monólogo, o discurso do ator-narrador acolhe, na transparência do simulacro, clichês do jargão crítico entremeados ao relato da representação teatral que, por sua vez, se sobrepõe à fala confidencial de uma experiência particular. Incorporando à sua fala termos e trechos de outras falas, expressões despersonalizadas e anônimas, o

---

[7] Sant'Anna 9.
[8] Sant'Anna 212.

narrador faz do literário o lugar de passagem e interação multidiscursiva marcado por artifícios que denunciam ambigüidade e desgaste do poder de significar. É isso mesmo que declara Manfredo Rangel, o repórter-narrador do conto que dá título ao livro: "Começo a entender que tudo aquilo que se escreve ou fala, mesmo de fatos ou pessoas reais, sempre se torna mítico, escorregadio e arbitrário".[9] Declaração aposta nas "Notas Suplementares da narrativa", à maneira de *post scriptum*, depois de justapor hipóteses, trechos de depoimentos, entrevistas, pronunciamentos, citações e confissões íntimas, aclamações públicas, cenas de televisão, rumores e boatos, notícias e apontamentos, tudo apressadamente montado à maneira de um documentário jornalístico inconcluso, ela frisa, em comentário à margem, o caráter duplamente ensaístico desse tipo de prosa — ensaio no sentido teatral de exercícios preparatórios do espetáculo, ensaio no sentido metalingüístico de discurso auto-reflexivo. Nessa perspectiva, o texto de Sant'Anna abre bastante o leque combinatório: área de confluências várias, a prosa de ficção sabe-se, agora, invadida, inibida e expandida pelo cinema, pelo jornal, pelo rádio e pela televisão. Em vez de recusar as interferências em nome de uma improvável especificidade literária, o autor tira partido do hibridismo e passa a trabalhar o texto na interface de uma gramática multissemiológica. Permeável aos signos icônico-áudio-cênicos dos meios de comunicação de massa, a escrita literária estabelece com eles um diálogo irônico-crítico na interface, acrescentando-lhe valor de simulacro:

> Uma Análise Psicológica de Kramer: Quando Fio subiu mais alto que Brito na área e cabeceou para marcar o gol da vitória do Flamengo contra o Botafogo, a alegria de Kramer, abraçando-se aos populares no Maracanã, parecia totalmente espontânea. O político é um ator. O bom político é um excelente ator nos moldes de Stanislavski. Ou seja, identifica-se com a figura do personagem, assumindo-o totalmente, de maneira que passa a sentir e representar aquilo que quer — e precisa — sentir e representar. A alegria de Kramer no gol do Flamengo foi quase autêntica.[10]

Tanto oportunismo, demagogia, mistificação de Kramer, o personagem-objeto das notas de Rangel, quanto ambigüidades, acum-

---
[9] Sant'Anna 205.
[10] Sant'Anna 187.

pliciamentos e omissões do repórter, o personagem-sujeito da narração, são atributos consubstanciais ao discurso que, ao escancarar para o leitor os procedimentos da composição, faz a crítica tanto do personagem configurado quanto do personagem configurador. O texto funciona como uma máscara amplificadora que tudo põe a nu, nada escapando à violência do simulacro. A cena vai sendo tão fortemente iluminada que não deixa margem a sombras. A escrita mitifica/desmitifica imagens num percurso sem entrelinhas, em conformidade com este outro *post scriptum* do repórter: "Estas notas que, escritas resumidamente, mais se assemelham a um roteiro de cinema. Como se eu tivesse procurado os ângulos mais fotogênicos de Kramer. Eu imagino, sobretudo, cenas finais de grande impacto: Kramer flagelado e crucificado sobre um palanque eleitoral em Recife, Pernambuco".[11]

"No último minuto", segundo texto da coletânea, concentra-se, em uma imagem-síntese, a força e a economia dos meios expressionais sincronizados com o objeto em foco. O tempo da ação, não diretamente encenada, não passa de uma fração de minuto: o lance do gol ocorrido no último minuto de jogo. O *flash* desse lance, filmado por três canais de televisão, é visto e revisto de vários ângulos, em velocidade normal e câmera lenta pelo goleiro que o sofre. Imagem obsessiva e torturante, o instante do gol é multiplicado e eternizado pelos meios televisivos. Evidente que não se trata aqui de um desvio sadomasoquista. A ficção simula práticas da comunicação de massa que, obcecada pelos índices de audiência, se degrada a ponto de participar da transformação de uma saudável prática social em patologia. Sérgio Sant'Anna imprime assim uma marca *pop* na ficção literária da época em que imperam os meios de comunicação em massa. O recorte e colagem de fragmentos de discursos intersemióticos tornam o momento da composição individual o estuário de confluências anônimas. Boa parte da originalidade de invenção em Manfredo Rangel deve-se ao aproveitamento de recursos recorrentes nas mais diversificadas práticas discursivas. Uma nova linguagem nunca é feita pelo indivíduo. Jean-Claude Carrière frisa a importância da participação das platéias no processo de invenção e transformação do cinema. E foi através da repetição de formas, do contato cotidiano com todos os tipos de platéias, que a linguagem tomou forma e se expandiu, com cada grande cineasta enriquecendo, do seu próprio jeito, o vasto e invisível dicionário que hoje todos nós consulta-

---

[11] Sant'Anna 205.

mos. Uma linguagem que continua em mutação, semana a semana, dia a dia, como reflexo veloz dessas relações obscuras, multifacetadas, complexas e contraditórias, as relações que constituem o singular tecido conjuntivo das sociedades humanas.

No repertório de inovações da linguagem literária, resultantes do seu contato com o cinema, não há dúvida de que o nome de Rubem Fonseca é dos mais representativos, não só por se tratar de um escritor ligado à produção de filmes, fornecedor de argumentos e preparador de roteiros, mas sobretudo porque, em seus contos e romances, adota com sucesso invenções da sintaxe cinematográfica. Essa intimidade com a linguagem da sétima arte levou-o a adotar em seu romance, *O selvagem da ópera* (1994), a forma de um *script* destinado à filmagem. Trata-se de uma decisão que o autor explicita logo nas primeiras páginas do livro:

> Isto é um filme, ou melhor, o texto de um filme que tem como pano de fundo a ópera, como principal personagem um músico que depois de amado e glorificado foi esquecido e abandonado, um filme que pergunta se uma pessoa pode vir a ser aquilo que ela não é, um filme que fala da coragem de fazer e o medo de errar.[12]

Tomo de Ítalo Calvino a expressão *possessão absoluta* para descrever a presença ativa da linguagem do cinema na ficção de Rubem Fonseca. Desde os primeiros contos, *Os prisioneiros* (1963), técnicas de narrar marcadamente rubenfonsequianas denunciam essa obsessão que consiste não só na aclimatação ao meio literário de imagens visuais enquadradas a partir de ângulos escolhidos em vista de determinado efeito, expostas à magia da luz atmosférica ou ressaltadas numa angulação de choque, mas também no freqüente uso do corte e montagem. A justaposição de fragmentos relacionados entre si por analogia ou contraste e entremeados de abruptas elipses que acentuam a descontinuidade da ação é expediente próprio à economia narrativa do autor. Em tais recursos de expressão, pode o leitor mais familiarizado com os seus textos identificar traços de uma linguagem contundente, adequada à elaboração da matéria bruta que o escritor foi recolher no submundo do crime e nas camadas sociais mais sofisticadas, onde se aninham nichos de perversões violentas. Essa tônica, submetida a reelaborações constantes, atinge sua primeira culminância nas quinze pequenas nar-

---
[12] Fonseca, *O selvagem da ópera* 10-1.

rativas de *Feliz ano novo* (1975), todas elas peças bem acabadas do humor cortante de Rubem Fonseca. O procedimento que vai se aprimorando com a experiência do escritor, atingindo na maturidade o pleno domínio dos recursos expressionais aclimatados na sua prosa, já estava no livro de estréia, e pode ser exemplificativamente reconhecido no conto "Duzentas e vinte cinco gramas". A fria rudeza do legista que, depois de virar e revirar o cadáver da moça assassinada, começa a retalhar o seu corpo e, abruptamente, à maneira de um açougueiro, vai jogando na balança um a um os órgãos arrancados, pode ilustrar, metonimicamente, o trabalho do narrador, sempre às voltas com pedaços de matéria chocante, retirados de um corpo despedaçado e expostos com crueza ao olhar do leitor. A afinidade com o cinema fica ainda mais evidente no conto-título de "Lúcia McCartney" (1970), no qual trechos de diálogos ocasionais, de conversas telefônicas, de cartas íntimas, *flashes* de encontros e desencontros etc. ocupam o espaço narrativo como alternativas literárias ao procedimento fílmico de corte e montagem. Oferecendo ao leitor possibilidades de combinação, a narrativa abre a pauta para a polifonia. Ao se referir à pluralidade de vozes *que aparecem misturadas, se alternam e confundem* no conto de Rubem Fonseca, Boris Schnaiderman chama atenção para o especial interesse que, relativamente a esse aspecto, apresenta "A opção" de *A coleira do cão*.

> Além da fala de cada personagem, surge a sua voz interior em confronto com as vozes da cultura, numa ou em outra parte deformadas pela citação. A do narrador se interrompe bruscamente no final, como que impondo ao leitor a sua colaboração, para interpretar o desfecho. E toda a narrativa se desenvolve em cortes bruscos, marcados pelas vozes dos personagens.[13]

Na perspectiva de leitura em que venho me situando, permito-me acrescentar que, além de operar com a polifonia, Rubem Fonseca trabalha a *poliedolia*; quero dizer que imagens fônicas vêm acopladas a imagens visuais. Talvez em nenhuma outra narrativa o autor tenha se esmerado tanto nesta mixagem de som e imagem como fez no "Olhar" que integra a coletânea *Romance negro* (1992). Entremeando o texto com alusões a escritores e compositores, a obras musicais e a obras literárias, o narrador faz desfilar diante da imaginação do leitor uma cadeia

---

[13] Schnaiderman 777.

de imagens visuais acompanhadas de peças de música erudita, que funciona como traços de relevo nos lances de complexificação da intriga. Narrativa em primeira pessoa, o ponto de vista se desloca, ágil, das considerações subjetivas para anotação de detalhes do mundo dos objetos. Apresentando-se como escritor clássico interessado em raridades bibliográficas, o personagem-narrador erigiu em volta de si uma muralha literomusical que o protege do áspero contacto com o mundo da vida. Tendo descoberto *uma interessante sinergia entre música e literatura*, passa os dias em casa escrevendo ou "ouvindo música e relendo Petrarca, ou Bach e Dante, ou Brahms e Santo Tomás de Aquino, ou Chopin e Camões".[14] Considera o cinema uma arte menor — "manifestação cultural incapaz de produzir uma verdadeira obra clássica" (62). Mas a grande vicissitude de sua vida consiste em romper o círculo da alienação erudita, que ele qualificara de *fruição sublime*, e entrar em comunhão com a vida animal. A saída da passividade contemplativa em direção à atividade instintiva ou a descida da cultura para a barbárie (categorias utilizadas por Schnaiderman) dá-se através do olhar. "Arte é fome" (65), se lhe havia dito sentenciosamente o Dr. Goldblum, antes de convidá-lo para jantar no restaurante que servia o melhor peixe da cidade. Não propriamente o restaurante, mas "um enorme aquário cheio de trutas azuladas" (65) é o ponto nodal que transforma o sentido da trajetória do personagem erudito, amante dos clássicos. Subitamente, no momento em que o seu olhar se cruza com o olhar de uma das trutas que "nadava de maneira mais elegante do que as outras", ele se sente tocado pela novidade. Desse ponto em diante, o ritual de convívio com os clássicos é partilhado com os prazeres da mesa. Mas os únicos pratos que despertam o seu apetite são os preparados com a carne dos animais que, antes de serem sacrificados, tinham tido um momento de profunda comunhão, olho-no-olho, com o seu devorador. Os prazeres, anteriormente encontrados na "fruição sublime", localizam-se agora na satisfação de apetites impulsivos. E é o sentido da visão que está comprometido com a mudança. O olhar fica, assim, degradado do nível elevado em que pairava para descer à prática terrena de atos instintivos. Na seqüência da narrativa, torna-se patente a perversão do olhar que, no clímax do conto, se embriaga num ritual de sangue — esfaqueamento, esfoladura e evisceração de um

---

[14] Fonseca, *Romance negro* 10-1.

coelho —, cena consumada na banheira, com requintes de sadomasoquismo, ao som da Nona Sinfonia de Beethoven. A sinergia entre música e literatura é agora transportada para uma celebração transgressora: impacto dissonante da combinação sublimidade/crueza. Os elementos da cena, que tem como cenário o banheiro, como ação o sacrifício cruento do coelho e como fundo musical a nona de Beethoven, resulta numa montagem de choque com forte efeito dramático. Síntese expressiva da estética da dissonância, engavetamento de coisas fora do lugar, a lição do "Olhar", a um só tempo, denuncia a fragilidade da camada cultural que, no Ocidente, destroçou o desenvolvimento harmonioso do ser humano ao privilegiar apenas os sentidos conceituais (visão e audição), e indicia o sentido de contemporaneidade contido na prosa de Rubem Fonseca que, praticando uma estética de choque, visa a ativar a sensibilidade embotada do nosso tempo. Avançando o sinal, eu diria que o ficcionista suscita neste conto uma crítica demolidora à cultura ocidental, historicamente assentada na mitificação do olhar civilizado, procedimento que vem da Antigüidade clássica e toma conta da modernidade. Entre o olhar enfeitiçado pelas sombras que se movem no fundo da caverna platônica e o olhar hipnotizado pelas sombras que se agitam nos retângulos luminosos dos aparelhos receptores de TV são quinze séculos de teorias e práticas da imagem. Nada mais denunciador da degradação de valores implicadas nas perversões intelectuais da cultura de nosso tempo do que a banalização da célebre sinfonia número 41 de Mozart, "Júpiter", utilizada como música de mesa ("*Tafelmuisk*"), tempero adicionado ao coelho, saboreado com intenso gozo pelo homem erudito que o sacrificou e fez dele um ensopado.

Saturada de filmes e vídeos, fotos e tevês, revistas em quadrinhos e desenhos animados, cartazes e anúncios luminosos, "posters e grafites", a cultura nesta época das técnicas de reprodução em massa deu origem à expressão *era da imagem*. Alcunha forjada e sustentada, acriticamente, pelos meios de comunicação, requer, neste ponto do meu trabalho, algumas considerações. Ao me propor adentrar a vereda da ficção literária, contaminada pela linguagem cinematográfica, nada mais pretendi do que assinalar a marca da avassaladora presença da imagem visual na literatura do período que estou estudando. Nunca imaginei que esse traço pudesse dar conta de toda a complexidade da prosa de ficção nem que fosse índice exclusivo aos textos produzidos nesse mesmo período. Como se sabe, a ubiqüidade da imagem, que tomou conta dos meios de comunicação em nosso século, já há bastante tempo vem provocando reflexões críticas e teóricas. Interessam-me, nessa questão, sobretudo as modificações que, por influência do cinema, se introduziram no modo de acesso ao texto, na sua divulgação e interação com o leitor. A mudança na relação do público com a obra provocada pelo cinema foi apontada por Walter Benjamin como relevante em seu clássico ensaio "A obra de arte na era de sua reprodutibilidade técnica", publicado pela primeira vez em 1936. Estabelecendo um paralelo com a obra de Freud, afirma o ensaísta: "Alargando o mundo dos objetos dos quais tomamos conhecimento, tanto no sentido visual como no auditivo, o cinema acarretou, em conseqüência, um aprofundamento da percepção".[15]

Se as técnicas de reprodução aplicadas à obra de arte, como assegura Benjamin, "modificam a atitude da massa com relação à arte" (688), pode-se imaginar o quanto afeta a imaginação do autor. Ilustra bem essa interação de linguagens *O criado-mudo* (1991) de Edgar Telles Ribeiro, que, mediante a ênfase conferida ao detalhe, aproxima do olho do leitor os quatro personagens da narrativa como se uma câmera os tivesse focalizando em primeiríssimo plano. Relativamente à marca do cinema na ficção contemporânea, depoimentos e comentários dos ficcionistas que se ocuparam com o tema são bastante esclarecedores. Ítalo Calvino, por exemplo, sob a rubrica "visibilidade", dedica a quarta de suas cinco *Lezioni americane* (*Seis propostas para o próximo milênio*) à idéia de fundamentalidade da imagem visual no processo de invenção literária. Confessando-se possuído pelo cinema, refere-se à atividade produtiva da imaginação a que chama "cinema mental" como modo de funcionamento transistórico da mente humana. Partindo de Dante, cita o verso 25, canto XVII do *Purgatório*, que diz: "Poi piovve dentro a l'alta fantasia" ("Chove dentro da alta fantasia" — na tradução de Ivo Barroso), e se indaga a respeito do significado das imagens que, no contexto dantesco, se formam diretamente no espírito do autor.[16]

Essa excursão a bordo de Calvino serviu para armar um esquema, através do qual a produção imagística que o autor elabora, bombardeado de imagens por todos os lados, fosse visualizada não apenas numa perspectiva histórica como também num contexto de possibilidades presentes. A figura de um cinema mental anterior à invenção do cinema remete a imagem visual à sua verdadeira fonte: a imaginação. A dis-

---

[15] Benjamin 689.
[16] Calvino 81.

tinção formulada pelo pensamento grego que opunha "fantasma" a "fantasia", sendo aquela a imagem e esta a faculdade que a produz, de acordo com a lição de Jean Starobinski[17], remete as mais diversificadas manifestações do imaginário a uma fonte comum. Nessa perspectiva, o intercâmbio intersemiótico, na medida em que diversifica e enriquece as linguagens do nosso tempo, é agente revitalizador do literário, como se pode observar nas obras referidas neste estudo. Situada diante do amplo panorama que abre ao analista a interação cinema-literatura, retorno a João Gilberto Noll que parece escrever com o olhar voltado para o cinema, palavra e imagem rearticulando-se a partir da fonte, a imaginação criadora.

A linguagem dos contos de *O cego e a dançarina* (1980) incorpora à cena da escrita a presença de anúncios luminosos, de filmes, *shows* de *strip-tease*, programas de TV e de rádio, *video games*, *outdoors* etc. Em "Marilyn no inferno", um dos contos em que a palavra e imagem se entrelaçam, o autor, trabalhando com personagens sem fundo, imagina como protagonista um figurante do primeiro *western* rodado no Brasil. A Baixada Fluminense simula as pradarias do Arizona e, no mesmo tabuleiro, cruzam-se estrelas de Hollywood, Eisenstein, Kung Fu: "O rapazinho levanta a espingarda com vontade, e o céu daquele azul acidentado da Baixada Fluminense" (36). O diretor lembra Eisenstein e que prestará uma homenagem ao velho soviético. Sonhos de estrelato surgem acoplados a memórias de infância, pois o que o menino gostava de ouvir e

> (...) o tio gostava de contar mesmo era das estrelas de Hollywood, sabe como é que os diretores dos filmes lá tratam as estrelas? a porrada, a Bette Davis levava bofetões na cara, saía das filmagens toda roxa quando ela esquecia o texto ou não sabia fazer direito um gesto, um caminhar, a Marilyn durante a filmagem do Pecado mora ao lado foi açoitada pelo Billy Wilder, dizem que ele prendeu ela numa coluna e deu 37 chicotadas, ela saiu uma miséria, mas foi assim que ela aprendeu e fez aquela beleza de filme. (37)

A narrativa, verdadeira corrida cinematográfica fora do alcance de qualquer câmera, mistura, no mesmo cadinho, lembranças do passado, breve participação do figurante no *western* da Baixada Fluminense,

---

[17] Starobinski, "L'Empire de l'Imaginaire".

sonhos de estrelato e imagens sem fundo de cartazes e revista ilustradas em que o personagem quer se transformar. E será um grande cartaz de cinema em Caxias, anunciando Kung Fu, o obstáculo que fere o soldadinho de chumbo, uma imagem estática a ferir o corpo em movimento do menino: "Kung Fu contra os espadachins de Damasco, Kung Fu! repete o rapazinho que não agüenta tanta glória e é cuspido do cavalo contra o cartaz que se rasga e recebe um violento jato de sangue no olho de Kung Fu" (39).

Imitando movimentos de câmera, encharcando-se de comparações cinematográficas, ritmo alucinante, a velocidade da narrativa se choca com a imagem estática, o Kung Fu de papel que liqüida o soldadinho de chumbo. O corpo em movimento do figurante, provocando a explosão no espaço, ao mesmo tempo, acaba com o sonho de estrelato. Iconoclástica, a prosa ficcional de João Gilberto Noll constrói-se nesse caso sobre os escombros de um imaginário cinematográfico por ele mesmo hiperbolicamente deformado com visada crítico-satírica. À sua maneira, põe em prática a reciclagem de imagens usadas, uma das alternativas propostas por Calvino. Não por acaso, é a Baixada Fluminense o cenário do pastiche, pois é ali, na periferia da grande cidade, que se despejam diariamente toneladas de imagens de baixíssima categoria para consumo acrítico da massa privada do acesso às fontes liberadoras de energia emancipadora. Indireta e hiperbolicamente, o conto de Noll denuncia tal situação fazendo de uma parábola cinematográfica o simulacro da deformação alienante. Mas o seu texto é também descida simbólica à inquietude do viver. Busco identificar na voz de Noll, que reflete sobre a função existencial da literatura, reação viva ao peso do viver, confirmação do rumo tomado por minha leitura. Em 31 de outubro de 1990, perguntado em entrevista pelo *Jornal de Brasília* sobre o lugar do cinema na sua formação e na sua ficção, o autor responde:

> O cinema foi o grande respiradouro utópico contra as restrições do cotidiano de classe média da minha geração (...). Nas matinês de domingo você poderia perceber que havia outros mundos, outras possibilidades para além do marasmo daqueles colégios chatos que a gente era obrigado a freqüentar. Era uma fuga também do ambiente familiar. Eu mergulhava não só no mundo dos filmes estrangeiros, mas também nos filmes da Atlântida.

Reminiscências autobiográficas ajudam o autor a se rever no que fora a sua adolescência, como se estas lembranças melhor o capacitassem a explicar a motivação profunda do seu desejo de escrever. A paixão pelo cinema que tomou conta da alma do adolescente permanece como clara referência do trabalho do ficcionista. O interesse do leitor que segue o itinerário de seus personagens permanentemente em trânsito traz reminiscências de cenas de fuga e perseguição, narradas no cinema em seqüências de montagem paralela, que levam o espectador a ficar atento a cada gesto do personagem, a se surpreender a cada curva do cenário, a escutar cada sonoridade como se, além de figurada pelo olho, "a vida pudesse ser seguida através dos ruídos". A oportunidade dessas aproximações é incentivada pelo escritor na última resposta da mesma entrevista:

> Eu escrevo com o desejo de fazer outra coisa: cinema. Existe um simulacro cinematográfico em minha literatura. Meu desejo está muito mais na realização cinematográfica do que na literatura. Eu só não fiz cinema porque era muito mais fácil fazer literatura e também porque era muito tímido. Mas entre Antonioni e Thomas Mann eu fico com Antonioni. E isto lembrando que ler Thomas Mann é algo que me comove até às lágrimas. A voltagem poética da palavra é tão emancipadora quanto a do cinema.

Seria pouco provável que eu pudesse encontrar passagem mais adequada ao encerramento deste trabalho, pois neste trecho aproximam-se as três palavras-chave que presidiram à sua elaboração: simulacro, cinema e literatura.

Bibliografia

Benjamin, Walter. "A obra de arte na era de sua reprodutibilidade técnica". *Benjamin, Habermas, Horkheimer, Adorno*. Coleção Os Pensadores. Trad. Edson Araújo Cabral e José Benedito de Oliveira. São Paulo: Abril Cultural, 1983.
Calvino, Ítalo. *Seis propostas para o próximo milênio*. Trad. Ivo Barroso. São Paulo: Companhia das Letras, 1990.
Eco, Umberto. *Seis passeios pelos bosques da ficção*. Trad. Hildegard Feist. São Paulo: Companhia das Letras, 1994.
Fonseca, Rubem. *O selvagem da ópera*. São Paulo: Companhia das Letras, 1994.
_____. *Romance negro*. São Paulo: Companhia das Letras, 1994.
Gumbrecht, Hans Ulrich. "Entrevista". José Castelo, "Caderno Idéias", *Jornal do Brasil*, 3 de Setembro, 1988.
Noll, João Gilberto. *O cego e a dançarina*. Rio de Janeiro: Civilização Brasileira, 1980.
_____. *Hotel Atlântico*. Rio de Janeiro: Francisco Alves, 1995.

Paz, Octavio. *A outra voz*. Trad. Waldir Dupont. São Paulo: Siciliano, 1993.
Sant'Anna, Sérgio. *Notas de Manfredo Rangel, Repórter (A Respeito de Kramer)*. 2ª ed. Rio de Janeiro: Civilização Brasileira, 1977.
Schnaiderman, Boris. "Vozes de barbárie, vozes de cultura. Uma leitura dos contos de Rubem Fonseca". Rubem Fonseca. *Contos reunidos*. São Paulo: Companhia das Letras, 1994. 773-7.
Starobinski, Jean. "L'Empire de l'imaginaire". *La Relation Critique*. Paris: Gallimard, 1970. 177-81.
Wenders, Wim. *A lógica das imagens*. Trad. Maria Alexandra A. Lopes. Lisboa: Edições 70, 1990.

TRÊS PAULISTAS[1]

Arthur Nestrovski[2]

Três paulistas — e talvez seja isso tudo o que os une: o fato de serem paulistas e o de estarem juntos na trinca desse texto. Menos que isso, até, quando se pensa que um deles (Bernardo Carvalho) nasceu no Rio de Janeiro, embora more em São Paulo há anos. Mas os três representam bem certo estado da arte da ficção, que as contingências da vida nacional nos fazem associar à cidade ao mesmo tempo mais e menos brasileira de todas.

Modesto Carone, hoje com 64 anos, é o autor de uma obra relativamente extensa, se forem somados os livros de ficção, os ensaios de teoria e crítica literária e as traduções. Bernardo Carvalho (nascido em 1960) é um dos nossos escritores mais produtivos: seis livros de 1993 para cá, sem falar nas colunas semanais de crítica que assina na *Folha de S. Paulo*. Ainda é cedo para se dizer que está no meio da carreira, mas certamente não está mais no começo. Já Luís Francisco Carvalho Filho, que é da mesma geração de Bernardo, surge em cena de surpresa, com um livro arrojado e enxuto.

Cada um escreve com voz própria, cada um é o inventor e dono de si. Mas os três têm uma coragem de estilo, uma ambição de esculpir a língua para servir aos sentidos que honra a tradição paulistana da

---

[1] Este ensaio reúne textos publicados na revista *Bravo* e na *Folha de S. Paulo*.
[2] Professor titular de literatura na pós-graduação da Pontifícia Universidade Católica — São Paulo. Entre outros, autor de *Ironias da modernidade — Ensaios sobre literatura e música* (São Paulo: Ática, 1996); *Notas musicais — Do barroco ao jazz* (São Paulo: Publifolha, 2000). Articulista da *Folha de S. Paulo*. Editor associado da Publifolha. Organizador de *Catástrofe e representação* (São Paulo: Escuta, 2000) e *Figuras do Brasil* (São Paulo: Publifolha, 2002).

experimentação, algo que está na alma nada encantadora das ruas desde antes de 1922. Dão continuidade, tambèm, a um espírito de comprometimento ideológico e social, matizado que seja pelas ambigüidades desse nosso tempo, que os três paulistas entendem e combatem, cada um a seu modo, cada um de modo exemplar.

1 — *Resumo de Ana*

Modesto Carone, o tradutor de Kafka, é bem conhecido de todos. Sua tradução (em curso) das obras completas do escritor tcheco é tida, com justiça, como exemplo consumado do que pode esta arte, a que tão poucas vezes se concede reconhecimento. A lógica do sentido em Kafka, compelida à lógica da língua alemã, ganha em português um análogo inesperado, no sentido da língua reinventada pelo tradutor.

Sentido e língua têm outro acento em *Resumo de Ana* (1998), o quarto livro de contos de Modesto Carone (depois de *As marcas do real*, *Aos pés de Matilda* e *Dias melhores*), destinado a torná-lo mais conhecido ainda como autor do que como tradutor. A mesma magreza, ou rigor de estilo do recriador brasileiro de *O processo*, a mesma prosa no avesso da beleza serve aqui a uma narrativa comoventemente pessoal e brasileira, capaz de inverter, nalguma medida, a direção da influência. Se é inevitável ler Carone à sombra dos contos e parábolas de Kafka, não é menos verdade que essas memórias de Sorocaba (!) vêm alterar, para todos nós agora, as fantasias kafkianas de Praga. Não são muitos os escritores brasileiros da atualidade de quem se pode dizer algo parecido, o que indica a dimensão alcançada por Carone.

O *Resumo*, na verdade, são dois: duas vidas, recuperadas em seus episódios essenciais. A avó Ana (nascida em 1887) e o tio Ciro (1925) são "fiéis servidores de nossa paisagem", como diz Drummond num poema que serve de epígrafe ao livro e que ilumina obliquamente essas histórias. O poema é uma exortação de ancestrais ao "filho de cem anos depois", seu "fim natural". Há uma narrativa implícita, assim, na relação entre autor e personagens, enriquecida pelo "João Carone" que assina a impressionante foto da capa — um malabarista alemão nos céus de Sorocaba, na década de 50, o que no contexto dá mais uma volta no parafuso das interpretações.

Numa prosa tão sóbria e controlada, a passagem dessas vidas vividas com tanta dureza até sua realização exemplar, em frases perfeitas, compõe um outro livro, em contraponto à derrocada geral. A narrativa fragmentária, mas coerente de pequenos e grandes desastres, duas vidas caindo numa vertigem lenta, desfazendo-se em miséria, como se obedecendo a alguma lei indecifrável, sugere ainda *outro* livro, preservado nas entrelinhas pela reticência do autor. Sem fazer disto um foco, sem interpretar ou "resumir", este é também um relato sobre o Brasil, redigido com a "tristura meio cômica" a que se refere Drummond, nos labirintos da contingência familiar.

A cada etapa dessas vidas, cada degrau nessa escada abaixo de constrangimentos e ruína, correspondem momentos que a inteligência do narrador resgata como se houvesse um sentido em tudo. Mas só pode haver sentido final se tudo estiver no passado; e o próprio esforço da narração faz pensar que não há limites fixos para a criação, nem para a revelação. Desse ponto de vista, poucos livros, como esse, têm tamanha sabedoria para situar a morte. O respeito do autor pelas vidas narradas não é nunca mais contundente do que no seu desfecho, o que não exclui a consciência do absurdo.

Entre a verdade e o significado, entre o passado e o futuro, essas histórias traduzem a experiência para o presente: um enigma no vértice da interpretação. Sucinto e discreto, mas capaz de levar o leitor mais duro às lágrimas — que aqui são também uma forma de pensar —, *Resumo de Ana* entra serenamente para a literatura brasileira, com a confiança das obras que sabem o que são. Quem tiver olhos para ler, lerá, e saberá se render à arte atenciosa e humana de Modesto Carone.

2 — *As iniciais*

"Não era um texto autobiográfico, como este", diz o narrador a certa altura, "lembrando" outro "escrito". Vai tudo entre aspas, para falar desta prosa de um escritor-personagem, que se envolve com um personagem-escritor, um e outro redigindo "livros" que se cruzam na "vida" de todos. Que a "autobiografia" de um seja escrita num estilo que "imita" o de outro — ele mesmo autor de livros que estão "sempre confundindo fato com ficção" —, só ressalta o tom de irrealidade neste novo bom romance de Bernardo Carvalho, *As iniciais* (1999). Que a autobiografia tenha acentos de romance policial não causa surpresa, para quem conhece os outros livros do autor; mas que tenha acentos de comédia é novidade, e faz desse memorialista a melhor personagem até hoje do narrador do narrador.

Histórias de histórias e revelações de revelações são um artifício repetido da ficção moderna. Mas Bernardo Carvalho tem preocupações originais, e originalidade o bastante para não se preocupar com as repetições. "Já não confundo fato com ficção", diz o narrador, que confunde obsessivamente os fatos da ficção. Dá vontade de rir; e esse riso só esmaece quando confrontado com o desastre, destino mais ou menos inevitável para todos. Ou então com o "ato puro e incompreensível", que essa literatura tanto se esforça, por vias tortas que seja, para reproduzir.

Duplicidades e espelhos vêm fascinando o romancista desde os seus primeiros contos, e ganharam papel de destaque nos últimos dois romances, *Os bêbados e os sonâmbulos* (1996) e *Teatro* (1998). Uma parte do livro lê a outra, e é da revisão de fatos acontecidos que se vai montando e desmontando a trama. Era Lacan quem dizia que a vida é uma questão de chegar ao que aconteceu. Chegar ao que *não* aconteceu é mais fácil, no ambiente caracteristicamente paranóico desses romances, onde cada detalhe é rico de implicações, nem sempre as certas.

Resumido ao máximo, é um livro de duas festas: a primeira em um mosteiro, numa ilha européia, onde se reúnem doze convidados do escritor M. Entre eles, as iniciais A. e D., a quem o livro é dedicado, em mais uma espiral cômica. É lá que o narrador recebe, possivelmente por engano, uma caixinha com quatro iniciais enigmáticas, que o levam (talvez por engano) a presenciar uma cena mais enigmática ainda, cujo sentido ele há de passar o resto do livro, e da vida, para descobrir.

Dez anos mais tarde, numa fazenda rica do Brasil, o narrador se depara de novo com o suposto emissário da caixa, supostamente um pintor, possivelmente um falsário, talvez um estelionatário, quem sabe um assassino. O ambiente de irrealidade da ilha, onde começava a se desfazer também o amor do narrador por seu parceiro C., tem seu reverso no realismo da irrealidade brasileira, dramatizada num *vaudeville* de diálogos. Não é bonito esse mundo "imisericordioso". Nem Bernardo Carvalho escreve para dispensar piedade, muito embora não vacile nunca em sua empatia com o coração dos trágicos.

Misto de parábola, memória e enigma, o livro vai multiplicando casos: a história do contador que perdeu o milionário escocês; a história do pintor que pintava a grama de verde; a história do susto da herdeira de laticínios; a história do administrador de empresas que expiava uma paixão adolescente, e muitas outras. No meio de todas, no centro desse livro sem centro, paira uma imagem que a memória falseia e a razão não é capaz de entender: um episódio de terror sentimental, onde se misturam perda e manipulação. A "fabulação minguante" do escritor R. M. é uma das tantas figuras para o que o próprio livro será capaz de inventar, então, resistindo como pode a tanto sofrimento.

A mágica "só vem das falhas e erros", explica um mágico falido, para o jornalista errado. Nem há outra coisa, senão errância e falência, nessa comédia dos erros. Que o livro seja uma comédia é um alento, e dá vida nova à dicção trabalhada de B. C. Cabe a cada um de nós, agora, rir como puder daquilo de que não se pode não rir.

3 — *Nada mais foi dito nem perguntado*

"É tudo ficção. Qualquer semelhança (...)". Claro que não. E as frases, que servem menos de escusa legal do que epígrafe, podem ser lidas para além dessa primeira ambigüidade. Num limite metafísico, sugerem o ceticismo total: tudo é ficção, não existe verdade. Mas num limite lingüístico indicam outra forma de ceticismo, mais presa ao contexto: as verdades se escondem em suas ficções. É no cruzamento dessas incertezas, retratadas no cenário tragicômico da justiça brasileira, que se instaura o teatro literário de Luís Francisco Carvalho Filho.

"Eu sou escritor e estou fazendo um trabalho de pesquisa de linguagem (...)", explica um inominado "Homem", num dos treze episódios que compõem *Nada mais foi dito nem perguntado* (2001). São treze fragmentos, redigidos como peças de teatro, mas inaugurando um gênero novo, entre a ficção, o teatro e a reportagem. A aparição hitchcockiana de um escritor registrando os diálogos na corte de justiça é um dos raros momentos de auto-referência explícita, num livro escrito com sentido refinado de distanciamento e ironia. A explicação não é o bastante para o juiz, que expulsa o escritor da sala. Pesquisa de linguagem? Pode ser, mas a definição é pequena para a grandeza da empreitada. Porque o que importa, nesse livro de diálogos, é menos a constituição "pura" da linguagem do que as impurezas de sentido, toda a multiplicidade de marcas humanas, sociais, regionais e pessoais que se deixam escutar, num espaço de conflito.

Que o autor tem uma espécie de ouvido absoluto para os registros da fala fica manifesto ao longo do livro inteiro e rende exemplos virtuosísticos — como esses, escolhidos ao acaso: "DELEGADO: Ó a cara do filho da puta", "CHEFE [para o ADVOGADO]: O senhor pode usar o banheiro do gabinete. O juiz não se incomoda", "R...: Aí me levaram para outra sala, em outro andar. Tinha uma geladeira com pernas e braços". Não é fácil escrever assim. Se parece fácil, isso é um tributo à arte discreta de Luís Francisco Carvalho Filho, que controla as nuances da expressão com um senso fantástico de ritmos e acentos. E isso ainda é a parte menos notável deste livro, que abraça um projeto maior.

O ponto crucial na maioria dos casos é aquele onde se dá a passagem da linguagem "real" — quer dizer, oral transcrita — para o texto técnico ditado pelo juiz. (Nos autos de um processo, é sempre o texto ditado pelo juiz que aparece, não a transcrição, palavra por palavra, do que disseram réus, testemunhas e advogados.) Há muitos choques, no correr do texto, entre essa linguagem jurídica, formalizada, e aquilo que "de fato" se depreende do que foi "dito". São choques, em primeiro lugar, de entendimento, quando se toma consciência da sucessão de barbáries que a realidade nacional joga todos os dias no funil dos tribunais. São também chocantes os modos como a formalização do texto legal pode esconder aquilo que qualquer um vê: qualquer um que tenha a sensibilidade e a coragem (face ao risco de parecer sentimental) de pôr em jogo, de novo, as contingências humanas.

"JUIZ: "Sei. Vamos lá: [*Para a escrevente, ditando.*] *Que o réu admite em parte a acusação. Que foi preso pela Guarda quando...*" O texto acaba assim, nas reticências. Às vezes, nem se chega a avançar muito na cena, restrita a um pedaço de diálogo. O mínimo de traços rende o máximo de caracterização. E o caso jurídico, em si, não tem maior importância. Nunca se chega a veredictos. Cada vez de um jeito, o leitor é instigado a refletir sobre o enigma, a encenação de uma chaga, ou sintoma, desconfortavelmente típico e captado, aqui, em instantâneos da fala.

Um cabo que prende dois suspeitos de "homossexualismo" ("um tipo de prostituição") simplesmente porque estavam estacionados numa certa rua, numa certa hora; ou um juiz com interesse sexual na testemunha adolescente são exemplos verossivelmente caricatos. Mas na maior parte dos episódios o que se tem é uma multiplicidade compreensível de motivos, de origens diversas, ativados pelas circunstâncias do teatro jurídico. Esses motivos são todos até certa medida legítimos, mas nem por isso deixam de ser antagônicos. Nem o livro está aqui para arredondar absurdos e culpas, e pintar a responsabilidade dos bons corações.

É verdade que os juízes, de modo geral, não se saem muito bem. O poder do papel transfigura qualquer um, do magistrado mais arrogante ao delegado com instinto de Calígula. Mas a transfiguração de um fato acontecido em relatos, explicações, hipóteses, comentários é uma aflição universal, suportada com graus variados de ingenuidade e consciência. O fato de Luís Francisco ser advogado criminalista está, nalguma medida, implicado nas ficções do livro; e dá um outro tom, não simplesmente antilegalista, a esse seu quinhão de revolta.

O livro começa num "começo da tarde", no verão, e termina num "fim de tarde" de inverno, numa sala onde se dá o previsível confronto entre dois juízes, um tendo que julgar o outro. Tudo ficção? Da quase comédia nelsonrodrigueana passou-se a um outro tipo de olhar. Certa melancolia, mesmo, que se deixa perceber no fundo da raiva controlada e disfarçada da prosa. Que ninguém se engane. Esse pequeno livro é uma grande estréia e fica, desde já, na companhia daquelas outras, poucas obras surpreendentes e necessárias que nossa geração já foi capaz de escrever sobre o Brasil.

Bibliografia

Carone, Modesto. *As marcas do real*. Rio de Janeiro: Paz e Terra, 1979.
_____. *Aos pés de Matilda*. São Paulo: Sumus Editorial, 1980.
_____. *Dias melhores*: Contos. São Paulo: Brasiliense, 1984.
_____. *Resumo de Ana*. São Paulo: Companhia das Letras, 1998.
Carvalho, Bernardo. *Aberração*. São Paulo: Companhia das Letras, 1993.
_____. *Onze*. São Paulo: Companhia das Letras, 1995.
_____. *Os bêbados e os sonâmbulos*. São Paulo: Companhia das Letras, 1996.
_____. *Teatro*. São Paulo: Companhia das Letras, 1998.
_____. *As iniciais*. São Paulo: Companhia das Letras, 1999.
_____. *Medo de Sade*. São Paulo: Companhia das Letras, 2000.
Carvalho Filho, Luís Francisco. *Nada mais foi dito nem perguntado*. São Paulo: 34 Letras, 2001.

BREVE INTRODUÇÃO À LITERATURA AFRO-BRASILEIRA FEMININA CONTEMPORÊNEA

Maria Aparecida Ferreira de Andrade Salgueiro[1]

Apresentação

No Brasil, assim como nos Estados Unidos — consideradas as diferenças culturais — as mulheres afro-brasileiras vêm escrevendo e publicando de forma organizada há alguns anos, representando um grupo com traços próprios. No entanto, devido a características culturais nacionais específicas, embora boa parte de seu trabalho já tenha sido traduzido e se transformado em objeto de debate com agraciamento em alguns setores no exterior, no Brasil, um pleno reconhecimento de sua produção e valor literário ainda não chegou.

Em poemas, contos, romances e ensaios demonstradores de rara sensibilidade no domínio da palavra, tal literatura aponta, em vários sentidos, para uma geração em busca da identidade perdida, traduzindo a hoje tão debatida *quest for selfhood* — tema central em obras modernas e contemporâneas. Na verdade, trata-se de grupos de mulheres que se identificam como negras, por contingências não apenas étnicas, mas principalmente históricas e políticas. Grupos que já foram mapeados e descritos em obras como as de Davies (1995).

Paralelos freqüentes, sob essa ótica, levando a semelhanças e contrastes devidos às especificidades históricas, são traçados entre o caso brasileiro e o norte-americano na contemporaneidade. No que diz respeito a este último, críticos literários são unânimes em afirmar que um

---

[1] Professora de Literatura e Cultura Norte-Americana na Universidade do Estado do Rio de Janeiro. Pesquisadora e membro do Conselho Consultivo do PROAFRO/UERJ.

dos fatos mais marcantes que contribuíram para o reconhecimento da literatura afro-americana, foi de fato o movimento feminino interno. Na realidade, como sabemos, a partir dos anos setenta, as mulheres afro-americanas se transformaram em uma poderosa força na literatura norte-americana, produzindo em larga escala e atingindo um número cada vez maior de leitores. Tal força tem entre seus nomes de maior destaque Toni Morrison — ganhadora do Prêmio Nobel de Literatura de 1993 — Alice Walker, importante ativista dos Direitos Civis nos anos 60 e Maya Angelou.

Temos notícia, porém, que tal produção não é recente. Estudos literários centrados na teoria do gênero como elucidador do texto literário feminino vêm colaborando para se definir um perfil cultural de nação que possibilita ainda a abertura de novos caminhos dentro dos estudos étnicos, além de revelar autoras que, nas palavras de Alice Walker, devido a "instintos contrários", ficaram esquecidas, tais como a poeta Phillis Wheatley, no século XVIII e autoras como Zora Neale Hurston e Nella Larsen, do "Harlem Renaissance". No Brasil, tal tipo de abordagem também vem levando a autoras afro-brasileiras como Josephina Alvares de Azevedo, dramaturga no século XIX. Ou, relembrando a sempre presente Simone de Beauvoir: "Neste século as mulheres podem retomar o destino pela liberdade através da literatura" (Gennari). No Brasil, várias mulheres escritoras afro-brasileiras lutam por isso. Como representantes de um movimento feminino com expressão literária, buscam resgatar nomes esquecidos pela História literária e instigar o aparecimento de outros, assim como a expressão de emoções há séculos recalcadas, caladas e oprimidas.

Escrevendo da perspectiva "mulher" e "negra", nossas escritoras de origem africana examinam a individualidade e as relações pessoais como uma forma de compreensão de questões sociais complexas. Analisando dados como racismo e sexismo, institucionalizados não só na sociedade mas também na própria família e relações íntimas, as referidas autoras focalizam dilemas que atingem a todos, independente de raça ou sexo. No entanto, através da dor e da raiva, valorizam acima de tudo a diferença, muitas vezes expressa em um otimismo construtivo, em que essa aparece como elemento de articulação e crescimento.

Em essência, o que tais grupos buscam, além da apresentação de uma voz até então pouco (ou não) ouvida, é a rediscussão do conceito de cânon literário. Grupos se (re)organizam dentro da sociedade, tal quadro é obviamente refletido pela produção cultural, e a literatura se posiciona sob a égide de um novo perfil. Grupos até então considerados sem produção literária começam a apresentá-la, e principalmente, vêm a conhecimento produções anteriores suas até então desconhecidas ou julgadas inexistentes. Já desde entrevista concedida em 1974, Toni Morrison dizia que um de seus grandes objetivos era contribuir para a criação de um cânon de obras negras. Sempre produzindo literatura e polêmica libertadora que vai em busca do tempo perdido, Morrison discute tais temas em sua obra *Playing in the Dark*: *Whiteness and the Literary Imagination* (1992).

Tal conceito segue marcado pela questão político-cultural de forma cerrada. Em um momento histórico em que se discute "globalização", em que os levantes nacionalistas se sucedem, em que a própria noção de *nação* em seus parâmetros tradicionais é fortemente questionada, não é de se estranhar que o conceito de cânon também o seja. Nos Estados Unidos e no Brasil, por motivos intrínsecos diversos e particulares, mas com um pano de fundo semelhante, os anos 90 deste final de século presenciam o levante de uma grande virada que traz à luz e valoriza, entre outros "adjetivos", as literaturas de origem "Afro".

No Brasil, além de grupos de mulheres afro-brasileiras que, cada vez mais, de forma organizada, publicam seus escritos, temos, como edição que sobrevive e progride, a publicação sistemática do periódico anual *Cadernos negros*, que desde o início alterna números de poesia com números de prosa, e que muito tem contribuído para a divulgação e a expressão de escritores — homens e mulheres — afro-brasileiros. Na realidade, *Cadernos negros* é hoje referência básica para análise dessa literatura, e material de leitura obrigatória para qualquer pesquisador da área.

Dentro desse panorama de revisões, apesar de bastante diversa da norte-americana, devido às próprias diferenças nos processos de colonização e às nacionalidades aí envolvidas — inglesa e portuguesa — cabe lembrar que de forma velada ou latente, explícita ou implícita, a questão racial é, ainda no Brasil de hoje, uma questão apenas aparentemente tranqüila — na verdade, trata-se de uma questão eivada de emoção e preconceito, quando próxima de cada brasileiro.

Os nomes que passaram à literatura "oficial" são às vezes estudados sem referência à origem étnica do Autor, ou, quando tal ocorre, nenhuma análise mais fundamentada do assunto sob o ponto de vista contextual, cultural e histórico é realizada, como se não houvesse aí diferença, que levasse ao enriquecimento cultural. Exemplos precisos encontram-se em Castro Alves, Olavo Bilac, Aluísio de Azevedo, Machado de Assis, Cruz e Souza, Lima Barreto e — nenhuma menção feminina. Na verdade, a presença do negro na Literatura Brasileira não escapa ao tratamento marginalizador, tendo-se, quando ocorre, o que bem conceitua Proença: "a literatura *sobre* o negro, de um lado, e, [de visibilidade mais recente] a literatura *do* negro, de outro" (159).

Seguindo uma tendência internacional de extensos debates étnicos, segue hoje, em nosso país, a discussão sobre a democracia racial e seus mitos. Após o amplo debate que antecedeu o tricentenário de Zumbi dos Palmares, em 1995, tem-se maior clareza que a democracia racial só é praticável com a democracia social. E as autoras afro-americanas e afro-brasileiras têm cuidado de zelar por isso, a partir dos anos setenta, em ações articuladas, no Brasil como nos Estados Unidos, com o Movimento Negro.

Tais ações começam pelas coisas aparentemente mais "simples", como os termos que se empregam para designar as questões étnicas. No Brasil da atualidade, encontra-se a palavra "negro", usada com freqüência, como valorização da cor e da raça. Porém, nesse sentido também, já começa a aparecer, em contextos variados, o termo "afro-brasileiro". Darcy Ribeiro, escritor, antropólogo e político brasileiro contemporâneo, inclusive o utiliza em sua obra *O povo brasileiro*, produzida pouco antes de falecer em 1997.[2]

O atual momento histórico brasileiro presencia fatos próximos aos já vivenciados pelos negros nos Estados Unidos. Ações governamentais, ação afirmativa, mídia própria e artistas procuram a mudança cada um com seus meios. Grupos se organizam por temas diversos relacionados à cultura afro, eventos múltiplos centrados em discussões relativas às populações negras ocorrem nas universidades e fora delas, a questão das opções na educação formal para os negros é amplamente discutida, incluindo até polêmica tramitação, ora no Congresso Nacional, de cota de vagas para negros nas Universidades Públicas brasileiras. Tudo isso lado a lado com manifestações culturais diversas na música, na produção fonográfica, nas artes, no teatro e na imprensa, com a publicação mensal de revistas como *Raça Brasil: A Revista dos negros brasileiros* e *Black People* — esta última ainda com fortes marcadores, desde o seu título, da influência do exemplo norte-americano, porém, com todos os elemen-

---

[2] Darcy Ribeiro. *O povo brasileiro: A formação e o sentido do Brasil*. São Paulo: Companhia das Letras, 1995.

tos em conjunto, criando aos poucos um ambiente novo de produção que busca ser especificamente afro-brasileira.

Escritoras Afro-Brasileiras

Autoras como Conceição Evaristo, Miriam Alves, Esmeralda Ribeiro e Lia Vieira tiveram alguns de seus trabalhos traduzidos e publicados em obras como as de Davies (1994) . Sonia Fátima da Conceição e Geni Guimarães também fazem parte desse grupo cada vez mais requisitado a apresentar sua produção literária e ter seus textos traduzidos no exterior. Elisa Lucinda, com espetáculos iniciados no Rio de Janeiro, vai aos poucos ganhando o Brasil e o mundo. Aliás, aí se encontra um aspecto característico da produção literária feminina afro-brasileira: são escritoras que, pelo tratamento que recebem do exterior, ao serem constantemente convidadas a apresentar palestras fora de seu país e a assinar contratos de tradução de suas obras, se sentem muito mais reconhecidas no exterior do que no Brasil, onde de fato só aos poucos sua produção vai tendo visibilidade.

Como traços comuns entre as autoras citadas sua atuação profissional/política; sua constância de publicação na série *Cadernos negros* desde a década de 80, não só publicando, mas também divulgando, colaborando; a divulgação e a crítica respeitosa que vêm recebendo no exterior; os convites que lhes vêm sendo encaminhados para participar, como palestrantes, de encontros e seminários sobre Mulher e Literatura dentro e fora do Brasil; uma produção muitas vezes com tradução no exterior e completo desconhecimento interno, até mesmo por quem é da área, e ainda, o seu próprio pensar da questão da literatura negra ou afro-brasileira.[3]

Maria da Conceição Evaristo de Brito, uma das mais significativas representantes desse grupo, nasceu em Belo Horizonte, capital do estado de Minas Gerais, em 1946. Hoje, reside na cidade do Rio de Janeiro, em Santa Teresa, bairro montanhoso, onde habitam vários artistas e ativistas políticos dos anos 60. É professora da rede municipal de ensino, com atuação localizada nos últimos anos no Centro Cultural José Bonifácio, órgão de resgate e divulgação da cultura negra brasileira — e em especial da carioca — da Prefeitura da Cidade do Rio de Janeiro,

---

[3] Adjetivos cuja necessidade, como muitos outros críticos, Conceição Evaristo discute em sua dissertação de Mestrado intitulada *Literatura negra: uma poética de nossa afro-brasilidade.*

onde dá vazão a ação específica dentro do Movimento Negro. No Centro Cultural, entre outras funções, é responsável pela redação dos textos argumentativos, de *folders*, cartazes e material de divulgação, em geral, dos nomes ou fatos da cultura negra brasileira, escolhidos para temas de exposições e eventos periódicos.

Conceição Evaristo se destaca ainda pela sua constância de publicação na série Cadernos Negros desde 1989. Sua obra literária, que começa a ser reconhecida agora, é dividida entre poemas e contos publicados, além de um romance inédito, narra sob ótica nitidamente feminina, problemas do cotidiano das mulheres negras, em formato repleto de poesia, e pleno de referências culturais, que buscam momentos fortes de uma cultura que se reconstitui.

Miriam Alves se destaca por sua poesia e ainda por seu belo trabalho de apresentação, coletânea e divulgação na relevante antologia poética bilíngüe *Enfim... nós/ Finally... us: Escritoras Negras Brasileiras Contemporâneas*. Tal obra, nas palavras de Durham, pesquisadora norte-americana que assina a Introdução, "revela importante passo nesse caminhar de apresentação de uma visão coletiva literária ao público leitor das Américas" (23). E se manifesta em seus múltiplos textos contra o estereótipo da passividade da mulher negra.

Esmeralda Ribeiro afirma que através da Literatura, a mulher afro-brasileira pode revelar quem ela é realmente e reforça que nesse processo ela pode também desafiar as imagens negativas, estereotipadas e deturpadas apresentadas por escritores homens tanto no passado como no presente, tais como a da "mulata sensual".

Sônia Fátima da Conceição, com *Marcas, sonhos e raízes* reforça sua idéia de que a literatura é um instrumento com o qual devem ser exploradas estratégias liberadoras críticas para o lançamento da voz dos negros. Na obra citada, Sonia procura recriar o clima das organizações negras, abordando as dificuldades e conflitos gerados pela luta por um mundo sem a violência da discriminação. A Autora acompanha o desenvolvimento das situações através do olhar de uma personagem masculina, que deixa-se trair por práticas cristalizadas de privilégio machista.

Na produção narrativa, destaca-se Geni Guimarães, com seus belos livros de contos *Leite do peito* e *A cor da Ternura*. O primeiro, dada sua expressividade, recebeu o prêmio da Fundação Nestlé de Cultura. Além destes, a autora tem belos poemas e contos infantis, além de parte de sua obra traduzida na Alemanha.

Conclusões

Autoras mais de contos, poucos romances, muitos poemas, alguns ensaios — uma produção sem dúvida de grande riqueza, originalidade e inovação literária, em busca de traços e raízes brasileiros. Temos convicção de que o estudo da emergência de uma literatura de traços africanos trará elementos significativos para a compreensão de traços fundamentais de cultura, dentro de uma perspectiva contemporânea de compreensão étnica.

Os temas da maternidade, da tradição e da identidade são apenas três dos muitos tópicos abordados pelas escritoras afro-brasileiras contemporâneas. Os efeitos de raça, gênero e classe se fazem evidentes na interpretação desses temas. Os elementos criativos, afirmativos e subversivos expressos em suas obras são formas de resistência, destinadas a combater o racismo e o sexismo.

As escritoras afro-brasileiras, a partir de sua História, dentro de sua luta, retratam a razão e o coração da mulher negra brasileira e se estabelecem com o tempo como referência obrigatória no panorama da literatura contemporânea de seu país. Sempre combativas contra a discriminação, as escritoras afro-americanas e afro-brasileiras adotam específicas e diferentes estratégias de ação em sua luta. No entanto, com recorrentes pontos em comum: em trajetórias próprias, porém céleres e sólidas, que as consolidam e se desdobram no cenário literário, ao, por exemplo, forçar uma rediscussão do cânon, com a utilização da arte da palavra — uma contribuição definitiva para a literatura universal, para o movimento feminista e para a luta dos direitos humanos, seja lá ou cá.

Bibliografia

Alves, M. (Ed.) *Enfim... Nós/ Finally... Us: Escritoras Negras Brasileiras Contemporâneas/ Contemporary Black Brazilian Women Writers*. Trad. C. R. Durham. Colorado Springs: Three Continents Press, 1995.
Bhabha, H. K. *Nation and Narration*. London: Routledge, 1993.
_____. *The Location of Culture*. London: Routledge, 1994.
Brito, M. C. E. *Literatura negra: uma poética de nossa afro-brasilidade*. Rio de Janeiro, 1996. Dissertação (Mestrado em Letras) — Departamento de Letras, Pontifícia Universidade Católica — Rio.
Butler-Evans, E. *Race, Gender, and Desire*. Philadelphia: Temple University Press, 1989.
Cadernos negros. 12: contos. São Paulo: Quilombhoje, 1989.

_____. 13: *poemas*. São Paulo: Quilombhoje, 1990.
_____. 14: *contos*. São Paulo: Quilombhoje: Edição dos Autores, 1991.
_____. 15: *poemas*. São Paulo: Quilombhoje, 1992.
_____. 16: *contos*. São Paulo: Quilombhoje, 1993.
_____. 17: *poemas*. São Paulo: Quilombhoje/ Editora Anita, 1994.
_____. 18: *contos afro-brasileiros*. São Paulo: Quilombhoje/ Editora Anita,1995.
_____. 19: *poemas afro-brasileiros*. São Paulo: Quilombhoje/ Editora Anita,1996.
Callaloo, 18. (1995).
Carrol, P.N., Noble D.W. *The Free and the Unfree: A New History of the United States*. Nova York: Penguin Books, 1984.
Conceição, S. F. *Marcas, sonhos e raízes*: novela. São Paulo: Quilombhoje, 1991.
Davies, C. B. *Black Women, Writing and Identity: Migrations of the Subject*. London: Routledge, 1994.
_____. (org.). *Moving Beyond Boundaries*: volume 2: Black Women's Diasporas. Londres: Pluto Press, 1995.
_____. Ogundipe-Leslie, 'M. (orgs.). *Moving Beyond Boundaries*: volume 1: International Dimensions of Black Women's Writing. London: Pluto Press, 1995.
Durham, C. R. "The Beat of a Different Drum: Resistance in Contemporary Poetry by African-Brazilian Women". *Afro-Hispanic Review* (Fall, 1995): 21-6.
Fanon, F. *Les damnés de la terre*. Paris: Éditions La Découverte, 1968.
_____. *Peau noire, masques blancs*. Paris: Éditions du Seuil, 1975.
Gates Jr., H. L. *Figures in Black: Words, Signs, and the "Racial" Self*. Nova York: Oxford University Press, 1989.
_____. *Loose Canons: Notes on the Culture Wars*. Nova York: Oxford University Press, 1993.
Gazola, A. L. A. (Org.) *A mulher na literatura*. Belo Horizonte: UFMG, 1990. 3 v.
Gennari, G. *Simone de Beauvoir*. Nouvelle Édition revue et completée. Paris: Classiques du XXe siècle, 1958.
Groden, M. & Kreiswirth, M. (orgs.). *The Johns Hopkins Guide to Literary Theory and Criticism*. Baltimore: The Johns Hopkins University Press, 1994.
Guimarães, G. *Leite do peito*: contos. São Paulo: Fundação Nestlé de Cultura, 1988.
_____. *A cor da ternura*. São Paulo: FTD, 1989.
Morrison, T. *Beloved*. Nova York: Plume, 1988.
_____. *Playing in the Dark: Whiteness and the Literary Imagination*. Nova York: Vintage Books, 1993 [1992].
_____. *The Bluest Eye*. Nova York: Plume, 1994 [1970].
Schwarcz, L. M. (Org.) *História da vida privada no Brasil: Contrastes da Intimidade Contemporânea*. São Paulo: Companhia das Letras, 1998, v.4.
Proença Filho, D. "A trajetória do negro na literatura brasileira". In: Santos, J. R. *Negro brasileiro negro*. Revista do Patrimônio Histórico e Artístico Nacional. IPHAN (n° 25, 1997): 159-77.
Ruthven, K. K. *Feminist Literary Studies: An Introduction*. Cambridge: Cambridge University Press, 1990.
Said, E. W. *Cultura e Imperialismo*. Trad. D. Bottman. São Paulo: Companhia das Letras, 1995.

Tindall, G. B. & SHI, D. E. *America*. Brief Second Edition. Nova York: W. W. Norton & Company, 1989.
Walker, A. *In Love & Trouble*: *Stories of Black Women*. San Diego: Harcourt Brace & Company, 1973.
_____. *The Color Purple*. Nova York: Pocket Books, 1985 [1982].
_____. *Meridian*. Nova York: Pocket Books, 1986 [1976].

O DIÁLOGO INTERROMPIDO:
AS RELAÇÕES LITERÁRIAS ENTRE O BRASIL E PORTUGAL

João Almino[1]

Durante o período de afirmação da literatura brasileira, no século XIX, alguns escritores brasileiros, como Gonçalves Dias, Raimundo Correia e Olavo Bilac, tiveram participação nos movimentos literários portugueses e não apenas sofreram sua influência, mas também os influenciaram.[2] Os portugueses Almeida Garret (1799-1854), Antero de Quental (1842-1891), e sobretudo Camilo Castelo Branco (1825-1890) estiveram muito atentos ao que se passava no Brasil. A primeira edição de um dos livros de Camilo Castelo Branco, *Agulha em palheiro*, foi impressa no Rio de Janeiro, em 1863.[3] Uma demonstração de seu interesse pela poesia brasileira foi a preparação, em 1879, com um prefácio em que comentava os autores brasileiros, de uma antologia de poesia portuguesa e brasileira, intitulada *Cancioneiro alegre de poetas portugueses e brasileiros*. Entre os 32 poetas selecionados encontravam-se Gil Vicente, Camões, Bocage, Garret, Antero de Quental (ao todo, 21 portugueses) e onze brasileiros, entre os quais Fagundes Varela, Gonçalves Dias, Joaquim de Sousa Andrade (Sousândrade) e Casimiro de Abreu.[4] Já dois anos antes, em 1877, Teófilo Braga havia incluído,

---

[1] Escritor e diplomata. Entre outros livros, autor dos romances *Idéias para onde passar o fim do mundo* (São Paulo: Brasiliense, 1987); *Samba-enredo* (São Paulo: Marco Zero, 1994) e *As cinco estações do amor* (Rio de Janeiro: Record, 2001).
[2] Ver *Os últimos luso-brasileiros*, de Silveira. Trata-se de conferência de cerca de 30 páginas, sobre a participação de brasileiros nos movimentos literários portugueses do Realismo à dissolução do Simbolismo, ou seja, de cerca de 1870 até antes das revistas *Atlântida* (1915-1919) e *Orpheu* (1915).
[3] Ver Branco 1863.
[4] Branco, *Cancioneiro alegre de poetas portugueses e brasileiros*. O *Cancioneiro alegre* gerou polêmicas no Brasil e em Portugal. Ver "Os críticos do *Cancioneiro alegre*".

em seu *Parnaso português moderno*, poemas de Álvares de Azevedo, Gonçalves Dias, Casimiro de Abreu, Junqueira Freire, Gonçalves de Magalhães, Fagundes Varela, Castro Alves, Bernardo Guimarães, Machado de Assis e outros.[5]

O Brasil era, além disso, lembrado na literatura portuguesa, através da figura do "brasileiro", um personagem estereotipado, dominado pelo delírio de enriquecer, que corresponde ao "português" de Aluizio Azevedo em *O cortiço*, de 1890. No romance português — por exemplo, de Camilo Castelo Branco, que publicou *Os diamantes do brasileiro*, em 1869, e *A brasileira de Prazins*, em 1882 —, este personagem é o novo rico retornado do Brasil, que prima pela rudeza e mau gosto.[6]

Por outro lado, a presença da literatura portuguesa no Brasil era imensa. Nenhum outro autor português teve no Brasil o prestígio de Eça de Queirós e foi tão lido quanto ele.[7] Mas Camilo Castelo Branco e Garret foram outros dos nomes consagrados pelo público brasileiro. E entre finais do século passado e as primeiras décadas deste século eram amplamente lidas no Brasil as obras de Ramalho Ortigão, Fialho de Almeida, Gomes Leal, Cesário Verde, António Nobre, Guerra Junqueiro e Eugénio de Castro.

As relações literárias entre os dois países ganharam maior densidade num período de cerca de trinta anos, entre 1885 e 1915. A partir de 1885, começaram as edições portuguesas de autores brasileiros, como José de Alencar, Gonçalves Dias, Alvares de Azevedo, João Ribeiro, Olavo Bilac e Coelho Neto. Dizia Brito Broca, que "o número de obras de autores brasileiros, editados em Portugal de 1890 a 1910, é bem grande".[8]

Naquela altura, o espaço literário e cultural entre o Brasil e Portugal era praticamente um só. Nos chamados almanaques literários, bem como em jornais e revistas de Portugal, os brasileiros participavam lado a lado com os portugueses. Em 1910, era criada no Porto a revista *A Águia* (1910-1932), que também foi editada em 1920 e 1921 no Rio de Janeiro, na qual colaboraram, entre outros brasileiros, Vicente de Carvalho, Coelho Neto e Ronald de Carvalho. Diz o crítico e professor

---

[5] Braga 1877.
[6] Ver, entre outros, Berrini 1980.
[7] Ver Lyra 1965.
[8] Brito Broca. *A vida literária no Brasil — 1900*. Rio de Janeiro: Ministério da Educação e Cultura, 1956, 143. Apud Arnaldo Saraiva, *O modernismo brasileiro e o modernismo português. Subsídios para o seu estudo e para a história de suas relações*. Porto, 36.

da Universidade do Porto Arnaldo Saraiva que "o estudo dos ecos de algumas dessas colaborações em escritores portugueses é capaz de trazer tantas surpresas como a do estudo dos ecos das colaborações portuguesas em escritores brasileiros".[9] Entre os colaboradores de *A Águia*, encontrava-se Jaime Cortesão, que, mais tarde, em 1940, viria a morar no Brasil, onde sua filha Maria da Saudade casou-se com o poeta Murilo Mendes. Outro dos colaboradores de *A Águia* foi o brasileiro Lima Barreto, que, diga-se de passagem, teve seu romance *Recordações do escrivão Isaías Caminha* primeiro publicado em Lisboa.

Portugal, por sua vez, "tinha sempre lugar privilegiado nos noticiários da imprensa brasileira, ou não fosse ela em boa parte propriedade de portugueses, que colocavam freqüentemente portugueses na sua redação".[10]

Existiu uma conexão brasileira no lançamento da revista de vanguarda *Orpheu*, que serviu como marco para o modernismo português, sete anos antes da Semana de Arte Moderna de São Paulo, ou seja, em março de 1915. O grande crítico português João Gaspar Simões sugeria ao estudioso da literatura pesquisar se "teriam os poetas simbolistas do Brasil concorrido para que a poesia portuguesa transitasse do simbolismo para o modernismo", questão ainda hoje em aberto.[11] O que é certo é que, no início, tencionava-se que a revista *Orpheu* recolhesse textos de escritores portugueses e brasileiros. A idéia e o nome da revista tinham sido trazidos do Brasil por Luís de Montalvor, que acabava de chegar do Rio, onde permanecera dois anos como secretário da Embaixada de Portugal. Fernando Pessoa já vinha há tempos cogitando da idéia de uma revista e acolheu entusiasticamente a sugestão de Montalvor, quando Sá-Carneiro se dispôs a pagar as despesas.[12] Participou de sua direção um brasileiro, Ronald de Carvalho, juntamente com os portugueses Luís de Montalvor, Fernando Pessoa e Sá-Carneiro, sendo os dois últimos os diretores na prática. O nome de Ronald de Carvalho já não constaria do segundo número da revista, que se encerrou com o terceiro número. Além de Ronald de Carvalho, escreveu também para a revista o brasileiro Eduardo Guimaraens, sendo estes os dois únicos colaboradores não portugueses.

---

[9] Saraiva 99.
[10] Saraiva 103.
[11] Simões, "Influências brasileiras na poesia de Orpheu" 256.
[12] Idem 107.

Em novembro do mesmo ano de 1915, foi lançada, com textos, entre outros, de Bilac e Júlio Dantas, a revista *Atlântida*, que contrastava com a anterior por sua linha conservadora e que duraria até 1920. Era dirigida por João de Barros em Portugal e João do Rio no Brasil e contava com patrocínio oficial luso-brasileiro. Nela colaboraram Ronald de Carvalho, Graça Aranha, Afrânio Peixoto, Tristão de Ataíde e, entre os portugueses, Teófilo Braga, Jaime Cortesão, António Sérgio e Aquilino Ribeiro.

Em seu até hoje insuperado estudo *O modernismo brasileiro e o modernismo português*[13], Arnaldo Saraiva conseguiu demonstrar a tese de que é expressiva, ao contrário do que se supunha, a relação entre os modernismos brasileiro e português. Bastaria, para convencer-se disso, ler a correspondência entre Oswald de Andrade e António Ferro nos anos vinte, mas sobretudo aquela, nos anos 30, entre Mario de Andrade e José Osório de Oliveira, que divulgou os modernistas brasileiros em Portugal.

O escritor português António Ferro teve um contato estreito com os modernistas brasileiros e colaborou nos números 3 e 5 da revista *Klaxon*, respectivamente de 15 de junho e 15 de setembro de 1922. Foi entusiasticamente recebido no Brasil e aclamado pela imprensa quando de sua visita de quase um ano, de maio de 1922 a abril de 1923. Do Brasil, ele casou-se por procuração com a poeta portuguesa Fernanda de Castro, que a partir de agosto de 1922 o acompanhou na sua *tournée* brasileira.[14]

Contudo, o próprio estudo de Arnaldo Saraiva e outros nos levam a concluir que há sem dúvida uma diferença qualitativa entre os períodos anterior e posterior ao início do modernismo em Portugal e no Brasil, ficando claro que se processa um enfraquecimento dos laços literários lusobrasileiros. A ausência de autores portugueses nas revistas modernistas brasileiras, à exceção de António Ferro, e os textos claramente antilusitanos, como os dos Manifestos modernistas e o de Graça Aranha na Academia Brasileira de Letras, quando propunha que "em

---

[13] A obra, já citada, foi publicada em edição do autor, já esgotada. Trata-se de três volumes. No primeiro deles, Arnaldo Saraiva apresenta sua tese sobre a relação entre o modernismo brasileiro e o português, tentando desfazer a impressão de que o modernismo brasileiro promove uma ruptura definitiva com Portugal. Os outros dois volumes constituem uma riquíssima fonte documental para o estudioso das relações literárias entre o Brasil e Portugal principalmente na década de 20. O livro foi de enorme valia para a preparação deste artigo.

[14] Saraiva 185.

vez de tendermos para a unidade literária com Portugal, alarguemos a separação"[15], são indicações de que esse enfraquecimento não ocorreu por acaso.

O antilusitanismo dos modernistas trai um reconhecimento da relevância literária, ainda que decrescida, de Portugal para o Brasil. Mas o desejo de independência e de imersão profunda numa suposta brasilidade é conseqüente e a literatura brasileira passa, a partir do modernismo, a ser auto-referenciável, como já observou Antonio Candido.

Entretanto, mesmo depois do modernismo, poetas brasileiros, como Manuel Bandeira e Carlos Drummond de Andrade, ou portugueses, como Fernando Pessoa, foram lidos e comentados indistintamente no Brasil ou em Portugal lado a lado com os nacionais. Foram conhecidos em Portugal os poetas Jorge de Lima, Cecília Meireles, Murilo Mendes e, mais tarde, João Cabral de Melo Neto, bem como os romancistas Ribeiro Couto, Jorge Amado, Graciliano Ramos, José Lins do Rego, Armando Fontes, José Américo, Raquel de Queirós, João Guimarães Rosa, Clarice Lispector, Érico Veríssimo, Dinah Silveira de Queirós, que morou em Lisboa como esposa do Embaixador Dario de Castro Alves, Lígia Fagundes Teles, entre outros. Vários, dentre estes, ainda são editados em Portugal ou seus livros são encontráveis em algumas livrarias, em edições brasileiras.

Nos contatos literários entre os dois países, o trabalho de determinados indivíduos fez e continua fazendo diferença. Se nas primeiras duas décadas do século João do Rio no Brasil e João de Barros em Portugal foram propulsores da aproximação luso-brasileira, não será menor mais tarde o papel do luso-brasileiro Carlos Malheiro Dias, cronista e romancista, organizador da *História da colonização portuguesa no Brasil*, que residiu no Brasil em mais de uma ocasião, bem como do artista plástico português Correia Dias, marido da poeta brasileira Cecília Meireles. O sociólogo Gilberto Freyre muito contribuiu para desenvolver uma concepção de uma cultura luso-brasileira. O filólogo e diplomata Antônio Houaiss foi um dos defensores da unificação da língua, tendo em muito contribuído para a conclusão do acordo de unificação ortográfica entre os países de língua portuguesa, que ainda aguarda a ratificação de alguns dos signatários para entrar em vigor.

---

[15] *O espírito moderno*, 2ª Edição. São Paulo: Monteiro Lobato & Cia, s/d, 58. Apud Saraiva 16.

Um capítulo à parte é o de escritores brasileiros em função diplomática ou consular em Portugal. Já Raimundo Correia, cuja poesia alguns aproximam à de Antero de Quental, morara em Lisboa como segundo-secretário para a legação em 1897 e 1898, quando contribuiu para um estreitamento de laços com o parnasianismo brasileiro. O diplomata e historiador Oliveira Lima, encontrando-se em posto em Portugal, estreou a cadeira de estudos brasileiras (mais tarde Cadeira de Literatura) — a primeira em Portugal — na Faculdade de Letras da Universidade de Lisboa, em 1923. Ribeiro Couto viveu como diplomata em Lisboa no final da década de 20 e foi um dos responsáveis pela difusão da moderna literatura brasileira. Outros ainda, como o poeta João Cabral de Melo Neto, que foi Cônsul no Porto, contribuíram, pela própria importância de seus trabalhos, para o melhor conhecimento da literatura brasileira em Portugal. O poeta Alberto da Costa e Silva, que foi Secretário de Embaixada e depois Embaixador em Lisboa, ali organizou duas antologias de poesia brasileira, a que vou me referir mais adiante. Dário de Castro Alves, que também foi Embaixador do Brasil em Portugal, além de Cônsul-Geral no Porto, tem exercido um papel proeminente na aproximação cultural entre os dois países, tem realizado um trabalho próprio na crítica literária e tem sido, em particular, um estudioso da obra de Eça de Queirós. A lista é mais longa, e caberia ainda citar os nomes, em diferentes épocas, de Francisco Adolfo de Varnhagen, Gonçalves Dias, Raul Bopp, Luiz Guimarães Junior, Cardoso de Oliveira, Guerra Duval, Alvaro Teixeira Soares, A. G. de Araújo Jorge, João Neves da Fontoura, Olegário Mariano, Heitor Lyra, Alvaro Lins, Rubem A., Thiers Martins Moreira, Odylo Costa Filho, Otto Lara Resende, Gladstone Chaves de Mello, Josué Montello, Jayme d´Atavilla, Leandro Tocantins e Evaldo Cabral de Mello.

No Brasil, destaque-se o papel difusor da presença, entre outros, do ensaísta Fidelino de Figueiredo, que aqui morou por 15 anos, de 1938 a 1952, como professor da Universidade de São Paulo; do já citado Jaime Cortesão, que desde que veio para cá em 1940 e até sua morte, em agosto de 1960, foi uma presença constante na imprensa e nos círculos intelectuais, literários e oficiais brasileiros; de Agostinho da Silva, que, entre outros projetos, foi um dos pioneiros da Universidade de Brasília; do professor, ensaísta e poeta Adolfo Casais Monteiro, que se mudou para o Brasil em 1954; do poeta e escritor Jorge de Sena (que, quando morreu, guardava apenas a nacionalidade brasileira), bem como da colaboração nos suplementos e revistas culturais de João

Gaspar Simões e também de Jacinto do Prado Coelho, autor de um dicionário de literatura portuguesa, brasileira e galega e organizador, entre outros, de *O Rio de Janeiro na literatura portuguesa*.[16] Ferreira de Castro escreveu três romances brasileiros, dos quais o mais conhecido é *A selva*, de 1930. Ou outros são: *Emigrantes*, de 1928, e *O Instinto supremo*, de 1968. Veio para o Brasil com 12 anos e meio e regressou a Portugal com 21. "Formei meu espírito à luz do espírito brasileiro", disse em entrevista concedida a João Alves das Neves, em 1968.[17] Entre os intelectuais portugueses contemporâneos que moraram no Brasil, ressalte-se o nome de Eduardo Lourenço, que coincidiu com Antonio Candido na Universidade de Assis.

Houve dois momentos excepcionais de efetiva penetração da literatura brasileira em Portugal, o primeiro com impacto sobre o público em geral e o segundo, dirigido a determinadas elites de vanguarda. Refiro-me, no primeiro caso, ao romance regionalista dos anos trinta, em especial às obras de Graciliano Ramos, José Lins do Rego, Amando Fontes, José Américo de Almeida, Rachel de Queiroz e Jorge Amado, que influenciaram o chamado neo-realismo português, a que pertenceram os escritores Carlos de Oliveira (que, nascido em Belém do Pará, veio ainda criança com os pais portugueses para Portugal), Alves Redol, Fernando Namora e Vergílio Ferreira, entre outros tantos nomes.[18]

O segundo momento é o do concretismo. Em relação a esta corrente, há um reconhecimento internacional da primazia dos brasileiros, mais especificamente do "Grupo Noigrandes", de 1953, bem como do suíço boliviano Eugen Gomringer, que difundiu seu trabalho a partir da Alemanha. Pode-se depreender a significação do aporte brasileiro à poesia concreta em Portugal destas palavras de José Alberto Marques e E. M. de Melo e Castro, na introdução da *Antologia da poesia concreta em Portugal*, que eles organizaram e que foi publicada pela Assírio & Alvim, em abril de 1973: "Dois acontecimentos antecedem o aparecimento em Portugal de manifestações originais da Poesia Concreta: primeiro a rápida visita a Lisboa de Décio Pignatari em 1956 (sem resultados significativos) (...); segundo, a publicação em 1962, pela Embaixada do Brasil em Lisboa, de uma pequena mas excelente compilação da Poesia Concreta do Grupo Noigrandes — São Paulo — Brasil." E mais adiante:

---

[16] Ver Coelho.
[17] Neves 237.
[18] Ver, entre outros textos, Simões, "Jorge Amado, mestre do neo-realismo Português".

"É no começo de 60 que a Poesia Experimental virá a tomar forma, recebendo também o impulso de São Paulo (...)."[19] O auge da poesia experimental portuguesa, sobretudo de cunho visual e tendo Ezra Pound como uma de suas referências, ocorrerá em 1964 e 1965.

O livro acima também inclui uma entrevista concedida por Haroldo de Campos a E. M. de Melo e Castro e poemas, entre outros, de Alberto Pimenta, Salette Tavares, Alexandre O'Neill, Ana Hatherly e Herberto Helder, já apresentado ali como "um dos mais reconhecidos poetas portugueses atuais" e que havia sido co-organizador da revista de Poesia Experimental. O concretismo em Portugal, ou mais bem a poesia experimental, é um movimento eclético que contou, em seu início, com a participação de poetas que não vieram finalmente a tomar o caminho da poesia concreta, como é o caso não apenas de Herberto Helder, mas também de António Ramos Rosa e outros.

Se com o modernismo o diálogo literário entre o Brasil e Portugal não foi interrompido mas houve uma mudança qualitativa em razão de uma fissura no espaço cultural luso-brasileiro, com o Brasil seguindo seu próprio caminho, uma mudança de proporções semelhantes a esta, no sentido de um distanciamento ainda maior, se produz após a implantação da ditadura militar no Brasil, em 1964. Em parte isto se explica pelo substrato político de grande parte da produção literária no Brasil, numa época em que em Portugal também se vivia sob um regime ditatorial. É este, portanto, mais um efeito perverso das ditaduras. Até hoje, desconhece-se em Portugal, com algumas exceções, o romance brasileiro dos anos setenta, voltado para a contestação ao regime militar e que, no entanto, circulou em traduções nos Estados Unidos, em países da América Latina, na Alemanha e noutros países europeus.

A situação política mudou, mas o fosso permanece, talvez por inércia. As comunicações aéreas entre o Brasil e Portugal estão mais fáceis, recebem-se as revistas brasileiras, circulam pelo Brasil jornais literários portugueses, podem-se até comprar livros pela internet, mas ainda é possível repetir a queixa de que não se encontram livros brasileiros em Portugal e vice-versa. É bem verdade que, neste caso, a queixa é muito mais antiga do que as ditaduras. Camilo Castelo Branco, já em 1874, nas *Noites de insônia*, ao louvar a iniciativa de um livreiro em divulgar "um catálogo de variada literatura, em que realçam os nomes de mais voga" no Brasil, dizia: "Longo tempo se queixaram os estudio-

---

[19] *Antologia da poesia concreta em Portugal.*

sos do descuido dos livreiros portugueses em se fornecerem de livros brasileiros".[20] Sobre a ausência de livros portugueses no Brasil, por sua vez, dizia um livreiro em 1920: "É freqüente ouvir-se dizer, e até ver-se escrito, que o livro português está a perder terreno no Brasil e que, se não se lhe acode a tempo e a horas, ele vai pela água abaixo, desaparecendo para Portugal aquele belo mercado".[21]

Há uma ignorância quase completa tanto no Brasil quanto em Portugal em relação à poesia surgida no outro país a partir da década de setenta. Pouca gente terá ouvido falar em Ana Cristina César ou Paulo Leminski em Portugal, ou em Al Berto no Brasil. E aqui me limito a alguns dos melhores, que não deveriam ser tão desconhecidos. Mas seria pedir demais, pois só recentemente foi publicada no Brasil, organizada por Maria Lúcia Dal Farra, uma primeira antologia da obra de Herberto Helder. Não creio que seja um problema de mercado, pois publicar poesia não chega a ser uma atividade de mercado, tão insignificantes são geralmente as vendas, onde quer que se editem os livros.

Na realidade, poucas antologias da poesia brasileira da segunda metade do século XX foram lançadas em Portugal. Alberto da Costa e Silva organizou *A Nova Poesia Brasileira*, editada pela Embaixada do Brasil em 1960. Ali constavam, de um total de cerca de 100 poetas, poemas de Ferreira Gullar, João Cabral de Melo Neto, Hilda Hilst, José Paulo Paes, Lêdo Ivo, Mário Chamie, Haroldo de Campos e Marly de Oliveira. Foi ele também o responsável pela já mencionada antologia dos concretistas, *Poesia concreta*, editada pelo Serviço de Propaganda e Expansão Comercial da Embaixada do Brasil, em 1962.

Em 1986, a Imprensa Nacional portuguesa publicou uma *Antologia da poesia brasileira contemporânea*, com seleção, organização e notas de Carlos Nejar. Ali constam autores que vão da geração de 1945 à de 1970, chegando até 1979: João Cabral de Melo Neto, Ledo Ivo, Marcos Konder Reis, Ferreira Gullar, Hilda Hilst, Mauro Mota, Alberto da Costa e Silva, Mário Chamie, Gerardo Mello Mourão, Marly de Oliveira, Ivan Junqueira, Affonso Romano de Sant'Anna, Armindo Trevisan, Francisco Alvim e Adélia Prado, de um total de 52 poetas.[22]

---

[20] *Noites de insônia*. Porto: Livraria Internacional de Ernesto Chardron, n. 4, abril de 1874, 50. Apud: Saraiva 34.
[21] Figueirinhas, António. *Impressões sobre a instrução no Rio de Janeiro e São Paulo*. Porto, 1929, 152. Apud Saraiva 6.
[22] Destaque-se também, entre outras antologias, não voltadas para a poesia contemporânea e de cunho mais didático, a publicada por Torres.

Não é muito diferente a situação na área da ficção, onde há igualmente em Portugal um desconhecimento quase completo dos escritores novos brasileiros. Um número crescente de editoras portuguesas se interessa pela publicação do livro brasileiro, havendo pelo menos duas delas criado coleções brasileiras em seus catálogos. Como resultado disso, há algo de Dalton Trevisan publicado na década de oitenta e edições relativamente recentes de Rubem Fonseca, João Ubaldo Ribeiro, Moacyr Scliar, Ana Miranda, Raduan Nassar, Nélida Piñon, Chico Buarque, Jô Soares e Paulo Coelho. Nos últimos dois anos, foram lançados livros de Milton Hatoum, Patricia Melo e de Bernardo Carvalho. Mas, que eu saiba, nada de Ana Maria Machado, Márcio Souza, Silviano Santiago, Antonio Torres, Diogo Mainardi, Francisco Dantas, João Gilberto Noll, Sérgio Santana, Marilene Felinto, Rubem Figueiredo, Modesto Carone, Cristóvão Tezza ou José Roberto Torero.

Além disso, pouco se estuda a literatura brasileira em Portugal, sobre a qual é reduzido o número de trabalhos críticos publicados. Existem cadeiras de literatura brasileira apenas na Faculdade de Letras da Universidade Clássica, em Coimbra, na Universidade Nova de Lisboa; e na Universidade do Porto. Sem a mesma constância, há ainda cursos nas Universidades de Évora, de Aveiro e dos Açores.

É positivo que seja bem melhor a situação do estudo da literatura portuguesa no Brasil, onde um número expressivo de universidades oferece programas voltados para esta literatura. Cleonice Berardinelli é o melhor exemplo de uma lista extensa de professores universitários dedicados exclusivamente ao ensino da literatura portuguesa no Brasil. Tem sido, além disso, produzida uma quantidade significativa de teses sobre autores portugueses. É freqüente que escritores portugueses contemporâneos sejam objeto de livros no Brasil, às vezes advindos de teses universitárias, muito antes do que isso ocorra em Portugal. Para citar apenas alguns exemplos, já existem pelo menos dois livros sobre a obra do escritor Almeida Faria no Brasil, enquanto nenhum em Portugal; foi publicado um livro pioneiro de Maria Lucia dal Farra sobre a poesia de Herberto Helder, *Alquimia da linguagem: leitura da cosmogonia poética de Herberto Helder*, sua tese de doutoramento, de 1979, e ainda hoje a monografia mais consistente sobre este autor.[23] No caso da interpretação da obra do Prêmio Nobel de Literatura José Saramago, foi publicado em 1987 um livro de referência básica da portuguesa Maria

---

[23] Depois publicada pela Imprensa Nacional, Lisboa, 1986.

Alzira Seixo, *O essencial sobre José Saramago*, mas são de brasileiros os outros dois trabalhos pioneiros mais destacados sobre a obra do autor, o de Teresa Cristina Cerdeira da Silva, *José Saramago entre a história e a ficção: Uma saga de portugueses*, de 1989, e o de Horácio Costa, *José Saramago: O período formativo*, de 1998.

Não vamos exagerar, contudo, o alcance — e as conseqüências para a difusão das obras — do ensino universitário da literatura portuguesa no Brasil. Os escritores novos portugueses são desconhecidos no Brasil e já o eram também em 1923, se acreditarmos no que escreveu então António Ferro[24], que visitara o país no ano anterior. Hoje Saramago é uma exceção entre os já estabelecidos. Além dele, poucos autores portugueses, como o poeta e romancista Helder Macedo, têm sido editados nos últimos anos. Fora das universidades, registre-se o número recente da revista *Inimigo rumor*, editada por Carlito Azevedo e Augusto Massi, dedicado à poesia contemporânea portuguesa.[25] Destaca-se, também no terreno da poesia, a recente publicação da *Poesia reunida — 1985-1999*, de Luís Filipe de Castro Mendes, Cônsul de Portugal no Rio de Janeiro.[26]

As lacunas no conhecimento das respectivas literaturas não se limitam apenas às últimas décadas. Somente em 1998 foi publicado em Portugal, setenta anos após seu lançamento no Brasil, aquele que é o principal romance do modernismo brasileiro, *Macunaíma*, de Mário de Andrade. Haveria uma barreira lingüística para apreender o texto modernista brasileiro? O que há, sem dúvida, é um mal-entendido, até hoje não inteiramente desfeito, quanto às dificuldades, para um português, de ler textos escritos numa linguagem radicalmente brasileira. A observação é válida não apenas para *Macunaíma*, mas também e principalmente para a ficção de Guimarães Rosa, que, no entanto, teve edições portuguesas e é um autor conhecido em Portugal. Trata-se de um mal-entendido, porque as dificuldades que o português tem de entender

---

[24] Ferro, António. *Carta aberta ao Portugal de hoje ao Portugal de vinte e tantos anos* [que é uma carta aberta sobre sua estada no Brasil]. *Contemporânea*, n. 9, Março de 1923. *Documentos dispersos* [Coletados por Arnaldo Saraiva, como volume anexo ao já citado *O modernismo brasileiro e o modernismo português*], 81. Também citado pelo mesmo Saraiva, 16.

[25] Ver *Inimigo rumor*, 9. Rio de Janeiro: 7 Letras, 2000. Este número contou com a colaboração de Valter Hugo Mãe, correspondente da revista em Portugal e apresentou poemas e pequenas entrevistas de dez novos poetas portugueses: Adília Lopes, Al Berto, Luís Miguel Nava, Daniel Rodrigues, Jorge de Sousa Braga, Luís Quintais, Rui Pires Cabral, Jorge Melícias, Valter Hugo Mãe, Jorge Reis Sá.

[26] Ver Mendes.

Macunaíma ou um livro de Guimarães Rosa não são muito diferentes da que um brasileiro teria, da mesma forma que o texto de Joyce oferece um grau quase igual de dificuldade para um americano ou um inglês.

Apesar das diferenças, o que se fala e se escreve no Brasil ainda é português, e não uma língua brasileira à parte. O problema da linguagem é, portanto, uma falsa barreira, embora geralmente incomode mais aos portugueses o português escrito do Brasil, com seu vocabulário às vezes de raiz africana ou indígena, as formas gerundivas e a livre colocação — nem sempre gramaticalmente aceitável em Portugal — dos pronomes na frase, do que vice-versa, já que no Brasil o português escrito de Portugal é sempre considerado escorreito e são em menor número os vocábulos que já não tenham cruzado o Atlântico ao longo de quinhentos anos. Um livreiro me disse que é um obstáculo à colocação da literatura infantil brasileira em Portugal o temor de certos pais de que ela venha a criar nas crianças hábitos de linguagem escrita não correntes ali. Não se trata, porém, de um temor generalizado, pois a literatura infantil brasileira clássica — a de Monteiro Lobato — já teve o seu lugar em Portugal e hoje em dia se encontram facilmente nas bancas várias revistas em quadrinhos brasileiras. Chegou-se mesmo, em certa época, a traduzir alguns livros brasileiros para o português de Portugal, moda que felizmente já passou, e há hoje quem, longe de temer a deturpação da língua, acredite que o Brasil preservou algo do português quinhentista que já se perdeu na antiga metrópole.

Mas certamente os caminhos que a literatura trilha são mais sinuosos do que o da música popular ou o das novelas de televisão para atingir seu público. Há algo, então, que deva ser feito, além de simplesmente esperar que surja espontaneamente o interesse do público do Brasil ou de Portugal pela literatura do país irmão?

Assim como acontecia nas primeiras décadas do século, quando João do Rio colaborou com João de Barros para propulsar a aproximação literária luso-brasileira, esta hoje em dia se dá principalmente através do trabalho de alguns indivíduos que, num ou noutro lado do Atlântico, procuram estabelecer as pontes necessárias. Têm contribuído para a difusão das literaturas contemporâneas do Brasil e de Portugal no espaço luso-brasileiro, entre outros, Eduardo Prado Coelho, principalmente através de artigos no jornal *O Público*; José Carlos de Vasconcelos, que dirige o *Jornal de Letras*; Francisco José Viegas, no *Diário de Notícias* e, até há bem pouco tempo, na direção da revista *Ler*, Jorge Henrique Bastos, no caderno *Cartaz* do jornal *Expresso*, Joana

Varela, através da prestigiosa revista que dirige, a *Colóquio Letras*, Arnaldo Saraiva, Professor de Literatura brasileira na Universidade do Porto, que ali dirige a revista *Terceira Margem*, bem como outros professores de literatura brasileira, como Fernando Cristóvão, Vânia Chaves e Maria de Santa Cruz na Universidade Clássica de Lisboa; o crítico e professor Abel Barros Baptista, na Universidade Nova de Lisboa, também editor da *Colóquio Letras* e especialista, entre outras, na obra de Machado de Assis, e Aparecida Ribeiro, na Universidade de Coimbra.

 É importante também lembrar o trabalho realizado pelo Gabinete Português de Leitura, no Rio de Janeiro, e por José Blanco, na Fundação Calouste Gulbenkian. Além disso, Portugal conta com uma instituição eficaz para realizar sua política cultural externa, o Instituto Camões, atualmente presidido pelo historiador e brasilianista Jorge Couto, um promotor contemporâneo da aproximação luso-brasileira e autor do importante livro *A construção do Brasil*. O Brasil é, de fato, peça fundamental das políticas portuguesas voltadas para a língua e a literatura, pois existe a percepção de que o futuro da língua portuguesa não pode prescindir da grande maioria de seus falantes, ou seja, os 170 milhões que estão precisamente no Brasil, e de que a fortaleza de uma cultura não se faz no isolamento. Outro brasilianista, o historiador Joaquim Romero de Magalhães, preside a Comissão dos Descobrimentos. No Brasil, apesar dos louváveis esforços individuais ou institucionais que têm sido intensificados no âmbito dos Ministérios da Cultura e das Relações Exteriores, não temos, a bem dizer, uma política cultural, pelo menos não no sentido que têm não apenas Portugal, mas também países da América Latina, como o México.

 O simbolismo que cercou a comemoração dos 500 anos da viagem de Pedro Alvares Cabral ao Brasil, num momento de identidade de propósitos no campo político e de evidente intensificação dos laços econômicos, motivou algumas iniciativas com repercussão sobre as relações literárias entre os dois países. Uma delas foi a organização de um importante *Encontro de Literatura*, na cidade do Porto, em junho do ano 2000, no contexto do *Congresso Brasil-Portugal Ano 2000*, que compreendeu, além de literatura, em diferentes cidades e datas, os módulos de geografia, direito, economia, sociologia e antropologia, ciência política e relações internacionais, meio-ambiente e desenvolvimento e história, e teve como coordenadores-gerais, pelo lado brasileiro, o acadêmico, ex-Secretário da Cultura e Ministro do Tribunal de Contas da União, Marcos Vilaça e, pelo lado português, o economista, ex-Ministro da Economia e ex-Embaixador Ernâni Lopes. Como ficcionista, fui convidado para ser um dos coordenadores do referido *Encontro de Literatura*, juntamente com o poeta brasileiro Carlos Nejar e o crítico e professor português Arnaldo Saraiva. Desse encontro saiu uma antologia: *Literatura brasileira e portuguesa Ano 2000*, editada pela Comissão Nacional para as Comemorações dos Descobrimentos Portugueses, com o apoio da Fundação Calouste Gulbenkian. Uma das idéias que tivemos foi a de que o Encontro tivesse um sentido prospectivo e que não se esgotasse nele mesmo; que essa iniciativa tivesse continuidade e pudesse contribuir para modificar a dinâmica das relações literárias entre os dois países. Pensamos que o referido *Encontro de Literatura* pudesse ser, na verdade, o primeiro de um encontro bienal, trienal, ou quadrienal de escritores de Portugal e do Brasil, que gerasse antologias de textos inéditos neles apresentados e que, portanto, refletisse o estado do trabalho em andamento num e noutro país. Mas isto já será tarefa para as instituições culturais de ambos os países.

O esforço de aproximação que se faz neste momento e que envolve setores da sociedade brasileira e portuguesa, e muito especialmente os meios de comunicação, não garante que veremos surgir em breve um momento radicalmente novo nas relações literárias entre o Brasil e Portugal. Pode ser, por outro lado, que este novo momento já esteja ocorrendo sem que nos demos conta. Somente uma coisa é certa: um aumento da circulação dos textos literários no espaço luso-afro-brasileiro seria revigorante para a língua portuguesa e vantajoso para os países envolvidos, pois lhes propiciaria um enriquecimento cultural e especialmente a energização de uma literatura pela outra, o que é facilitado pela língua.

Colocando em perspectiva os altos e baixos das relações literárias entre os dois países, deve-se dizer que, mesmo quando elas foram mais intensas, é evidente que a literatura brasileira jamais poderia ter alcançado em Portugal no século passado e nas primeiras décadas deste século, o *status* das grandes literaturas européias. Mas a sorte da literatura portuguesa no Brasil não era muito melhor, por volta de 1920, a julgar pelo depoimento de Ronald de Carvalho: "A literatura portuguesa, apesar da comunidade da língua, desperta menos interesse no Brasil, sobretudo nas classes cultas, que a francesa, a italiana, a alemã ou a inglesa. Pondo de lado alguns escritores de maior renome, ignoramos tudo quanto se passa no mundo das letras em Portugal".[27] Hoje em dia

---

[27] Carvalho, Ronald de. *Intercâmbio luso-brasileiro* [Artigo a propósito de uma conferência de Fidelino de Figueiredo]. *O Jornal*, Rio de Janeiro, 3 de outubro de 1920. Cf. *Documentos Dispersos* 46.

a literatura norte-americana é certamente mais lida do que a brasileira em Portugal e a portuguesa no Brasil. Talvez, no seu conjunto, seja mais lida do que as próprias literaturas nacionais destes países.

O lastro sobre o qual se assenta o desejo de uma aproximação literária maior e a frustração de sua inexistência é verdadeiro: a história e a língua comuns. Mas de nada adianta, em nome deste lastro, fazer uma defesa da necessidade de se privilegiarem as relações literárias entre o Brasil e Portugal ou de se declarar guerra aos *best-sellers* traduzidos. Uma necessidade ou se sente ou não se sente. Veja-se o exemplo do denso intercâmbio literário espontâneo entre os Estados Unidos e a Inglaterra, assentado numa genuína admiração recíproca. Ou dos estreitos laços literários do mundo hispânico, aquém e além-mar.

Acho mesmo que, embora possa ser esclarecedor do ponto de vista sociocultural e seja às vezes inevitável, é uma limitação enfocar as literaturas sob seus prismas nacionais. No estudo das literaturas de língua portuguesa, é provavelmente mais fecundo analisar a aproximação entre textos literários a partir de critérios temáticos e formais que não têm por que estar subordinados a perspectivas nacionais. Haverá provavelmente autores brasileiros mais próximos de portugueses ou vice-versa, do que de seus próprios nacionais, o que justificam análises intertextuais e a observação da circularidade de seus textos numa pátria maior, luso-brasileira. A poeta portuguesa Ana Hatherly estabeleceu analogias, por exemplo, entre poemas de Cecilia Meireles e de Sophia de Melo Breyner Andresen, e entre versos do português António Ramos Rosa e dos brasileiros João Cabral de Melo Neto e Carlos Drummond de Andrade.[28] As influências, por sua vez, cruzam épocas e criam sua própria geografia. Camões está presente em muitos momentos da poesia brasileira, como mostrou Gilberto de Mendonça Teles em *Camões e a poesia brasileira*.

As obras tanto de autores brasileiros quanto de portugueses inserem-se, além disso, num contexto cultural para além desse espaço luso-brasileiro. Em muitos casos, é possível depreender uma relação entre as obras de determinados escritores brasileiros e a de franceses, portugueses e ingleses ao mesmo tempo. Será certamente recompensador investigar a obra de grandes autores como Eça de Queirós, Machado de Assis, Flaubert, Balzac, Borges, Kafka ou Clarice Lispector, no contexto da problemática supranacional do romance moderno. Como entender a poesia no Brasil ou em Portugal no século XIX sem

---

[28] Ver Hatherly.

levar em conta a influência, recebida em comum, de movimentos artísticos originados na França? Como estudar Machado de Assis ou Fernando Pessoa sem considerar suas ligações com a cultura inglesa? Proust, Kafka, Borges, Joyce, Virgina Woolf, entre outros, continuam irrigando o terreno de nossas literaturas, brasileira e portuguesa, deste século, é bom que assim seja e é bom também que o estudioso da literatura tenha olhos para enxergar os caminhos percorridos pelas idéias e as formas. O escritor português José Cardoso Pires recebeu influência de Hemingway, e será possível traçar paralelos entre a obra de autores contemporâneos portugueses, como Lobo Antunes, e brasileiros, como Patrícia Melo, e a literatura norte-americana da atualidade.

Não apenas nossos autores nacionais dialogam com outras culturas, mas o melhor do que produzem tem uma dimensão supranacional. A força de *Macunaíma* e do *Grande sertão: veredas* não reside apenas no seu caráter antropológico, regionalista, no seu brasileirismo. Não são obras que se fecham no horizonte provinciano. Eça de Queirós, Machado de Assis, Clarice Lispector, Sá-Carneiro, Fernando Pessoa, Graciliano Ramos, Guimarães Rosa, Raduan Nassar, José Cardoso Pires, Mário Cláudio, José Saramago, Lobo Antunes ou Herberto Helder devem ser lidos ao mesmo tempo como criadores individuais e como autores universais.

É claro, sua consistência, a substância mesma de que se nutrem, sua moeda de troca no espaço além fronteiras são dadas por sua base local, individual e cultural. No entanto, as culturas locais não são apenas um dado, um espírito fechado e estático. Têm sua dinâmica própria e podem ser abertas, como certamente o são as do Brasil e de Portugal. Mesmo quem, como Gilberto Freyre, acreditava na necessidade de defendê-las, prezava suas qualidades de abertura. Comentando o livro daquele sociólogo *Uma cultura ameaçada. A luso-brasileira*, Sérgio Buarque de Holanda dizia: "A própria cultura luso-brasileira ele a reverencia precisamente pelas suas qualidades universalistas, pela sua capacidade de acolher formas dissonantes, acomodando-se a elas ou acomododando-se a si sem com isso perder seu caráter."[29] De fato, Gilberto Freyre defende a tese de que os colonizadores portugueses quase sempre buscaram solução "largamente humana e não estreitamente étnica ou nacional" para os problemas sociais.[30] Dizia ele: "o por-

---

[29] Holanda 75.
[30] Freyre, *Uma cultura ameaçada* 23. O livro consiste na reprodução de uma conferência realizada por Gilberto Freyre em 1940 no Gabinete Português de Leitura do Recife.

tuguês se tem perpetuado, dissolvendo-se sempre noutros povos a ponto de parecer ir perder-se nos sangues e nas culturas estranhas".[31] Essa cultura portuguesa, já em si permeável e assimiladora, seria no Brasil tornada "plural e aberta a outras culturas".[32] Creio que, nesta questão, era correta a perspectiva adotada por Freyre.

É inegável que o Brasil é parte de um mundo luso-afro-indígena, base de outras misturas. É difícil separar claramente os ingredientes que foram passados no liqüidificador da história, mas a contribuição lusitana é visível e fundamental, porque legou a estrutura política, o território e a língua. Ainda que não exista uma só cultura luso-brasileira, é de se supor que culturas tão abertas, a brasileira e a portuguesa, estejam abertas uma à outra.

Para que haja maior aproximação literária entre o Brasil e Portugal, de pouco adiantam as queixas, os discursos e as boas intenções, se não houver genuíno interesse por parte do público. Era o que já escrevia Ronald de Carvalho em 1920: "Não é pretendendo conquistar mercados vantajosos, não é correndo atrás dos aplausos de encomenda que os escritores portugueses serão lidos no Brasil e os brasileiros em Portugal. Entre uns e outros, está o público, entidade bastante caprichosa para não levar em conta senão os seus próprios pendores (...). Enquanto esse público se não interessar perfeitamente por uma idéia ou por um homem, será inútil qualquer propaganda literária".[33]

O fato de ter sido escrito em português não é razão suficiente para que se dê preferência à compra de um livro brasileiro em Portugal ou português no Brasil, em vez de traduções. À bobagem e à má escrita não está imune a língua portuguesa. Se nossa literatura não tivesse o que dizer, estivesse conformada, pouco criativa, não surpreendesse, enfim, se não houvesse bons escritores no Brasil e em Portugal, paciência, não haveria o que fazer.

Felizmente não é este o caso. Penso que o momento é fértil não apenas paras as literaturas do Brasil e de Portugal, mas também para as da África de língua portuguesa, como atestam os livros do moçambicano Mia Couto ou do angolano Pepetela. Existe, portanto, uma possibilidade proveitosa de intercâmbio literário.

---

[31] Idem 26.
[32] Idem 27.
[33] Obra que consta dos também já citados *Documentos dispersos* 45.

No Brasil houve, desde Alencar até o modernismo, uma preocupação com a questão da formação de uma literatura com identidade própria, separada de Portugal. Com a maturidade, quando ninguém duvida da existência de uma literatura brasileira distinta da portuguesa, o que cabe é o processo inverso, de identificação das semelhanças, de busca de aproximações, com o intuito, não de encontrar modelos aqui ou lá, mas de estabelecer relações horizontais, que nos enriqueçam mutuamente. Afinal, brasileiros e portugueses vivem fases semelhantes diante de desafios globais, de integrações regionais e de processos de modernização que lhes afetam de maneira diferenciada.

Bibliografia

Azevedo, Carlito, Valter Hugo Mãe & Augusto Massi (orgs.). *Inimigo rumor*, 9. Rio de Janeiro: 7 Letras, 2000.

Braga, Teófilo. *Parnaso português moderno: precedido de um estudo da poesia moderna portuguesa*. Lisboa: Francisco Arthur da Silva, 1877.

Branco, Camilo Castelo. *Agulha no palheiro: romance original*. Rio de Janeiro: Tipografia Correio Mercantil,1863.

_____. *Cancioneiro alegre de poetas portugueses e brasileiros*. Comentado por Camillo Castello Branco. Braga: Livraria Internacional de Ernesto Chardron, 1879.

_____. "Os críticos do *Cancioneiro alegre*". *Polêmicas em Portugal e no Brasil*. Seleção e prefácio de Costa Rêgo. Rio de Janeiro: Dois Mundos Editora Ltda., 1944.

Berrini, Beatriz. "A permanência da figura do 'brasileiro' na literatura portuguesa". *VI Encontro nacional de professores universitários brasileiros de literatura portuguesa*. São Paulo: Cortez, 1980. 189-93.

Coelho, Jacinto Prado (org.), *O Rio de Janeiro na literatura portuguesa: coletânea*. Comissão Nacional das Comemorações do IV Centenário do Rio de Janeiro, 1965.

Couto, Jorge. *A construção do Brasil. Ameríndios, portugueses e africanos, do início do povoamento a finais de Quinhentos*. Lisboa: Edições Cosmos, 1998.

Freyre, Gilberto. *Uma cultura ameaçada. A luso-brasileira*, 2º edição. Rio de Janeiro: Casa do Estudante do Brasil, 1942.

Hatherly, Ana. "Circularidade nas relações entre a literatura brasileira e portuguesa". *VI Encontro nacional de professores universitários brasileiros de literatura portuguesa*. São Paulo: Cortez, 1980.

Holanda, Sérgio Buarque. *Cobra de vidro*. São Paulo: Perspectiva, 1979.

Lyra, Heitor. *O Brasil na vida de Eça de Queirós*. Lisboa: Edições Livros do Brasil, 1965.

Marques, José Alberto e Melo e Castro, E. M. de (orgs.). *Antologia da poesia concreta em Portugal*. Lisboa: Assírio & Alvim,1973.

Mendes, Luís Filipe de Castro. *Poesia reunida — 1985-1999*. Rio de Janeiro: Topbooks, 2001.

Neves, João Alves das. *As relações literárias de Portugal com o Brasil*. Lisboa: Instituto de Cultura e Língua Portuguesa, 1992.

Saraiva, Arnaldo. *O modernismo brasileiro e o modernismo português. Subsídios para o seu estudo e para a história de suas relações.* Porto: Edição do autor.

Silveira, Pedro da. *Os últimos luso-brasileiros.* Lisboa: Biblioteca Nacional, 1981.

Simões, João Gaspar, "Influências brasileiras na poesia de *Orpheu*". *Literatura, literatura, literatura... de Sá de Miranda ao concretismo brasileiro.* Lisboa: Portugália Editora, 1964 [1960].

_____. "Jorge Amado, mestre do neo-realismo Português", 1964 [1962]. 317-21.

Torres, Pinheiro Alexandre. *Antologia da poesia brasileira (do Padre Anchieta a João Cabral de Melo Neto).* Porto: Lello & Irmão, 1984.

CAMINHOS QUE SE BIFURCAM: BORGES, A VANGUARDA RIOPLATENSE E O MODERNISMO BRASILEIRO

Pablo Rocca[1]

Quando Borges, com apenas 22 anos de idade, em 1921, voltou a Buenos Aires trouxe consigo várias idéias radicais sobre arte e literatura. Em seus manifestos ultraístas, publicados na Espanha com alguns escritores espanhóis, como Gerardo Diego e Guillermo de Torre, havia apregoado o uso da metáfora como recurso fundamental da imagem poética, a abolição do sentimentalismo, dos "instrumentos ornamentais" e da "contextualização nebulosa" (Schwartz 110-2). Além disso, chegava em sua cidade com outros objetivos não menos claros. Entre eles, era fundamental destruir todo o resto de romantismo, todo vestígio — ainda triunfante na região do Rio da Prata — de modernismo, no sentido hispano-americano[2], e quase todos os comportamentos burgueses ou aburguesados dos intelectuais mais velhos de seu país.

Como cada um que inventa uma tradição necessariamente destrói outra (ou outras), em conseqüência, Borges encontrou na máxima figura viva do modernismo platino, Leopoldo Lugones, o poderoso inimigo que deveria aniquilar para conquistar um lugar no cenário cultural porteño. A luta contra Lugones representou, desde logo, um fator de união para o grupo da revista *Martín Fierro* (1924-1927), integrado

---

[1] Professor da Universidade da República, Montevidéu. Entre outros, autor de *Literatura y futbol en el Uruguay, 1899-1990* (Montevidéu: Arca, 1991); *Horacio Quiroga, el escritor y el mito* (Montevidéu: Ediciones de la Banda Oriental, 1996). Organizador da *Historia de la literatura uruguaya*, em três volumes.

[2] Nota da tradutora: na literatura hispano-americana, modernismo corresponde ao parnasianismo e simbolismo na literatura brasileira; já as vanguardas correspondem ao modernismo brasileiro.

por Evar Méndez, Oliverio Girondo, Eduardo González Lanuza, Nicolás Olivari, Leopoldo Marechal, além do próprio Borges. Estes, por sua vez, identificaram três guias ou companheiros pertencentes à geração anterior: o espanhol Ramón Gómez de la Serna e dois argentinos, o quase inédito Macedonio Fernández e Ricardo Güiraldes.

Sobre o criador das *greguerías*[3], então idolatrado em toda a região platina, Borges comentou em um artigo, posteriormente incluído em *Inquisiciones* (1925): "querendo fazer um trabalho fantástico, realizou a autobiografia de todos nós" (17). O modernista brasileiro Mário de Andrade possuía um exemplar deste livro; nele sublinhou aquela frase e anotou na margem: *fantasia argentina*. Para os vanguardistas rioplatenses, Gómez de la Serna representava a possibilidade de destruir a prosa inflamada do castelhano e, ao mesmo tempo, representava a opção pelo humor e pela paródia; evidentemente, esse aspecto não interessava ao paulista, que leu o livro em 1928. De qualquer modo, Mário observou no primeiro artigo de uma série sobre "Literatura modernista argentina", publicado nesse mesmo ano de 1928 no *Diário Nacional*:

> Como falaram muito bem Jorge Luis Borges e Nicolás Olivari, na literatura argentina moderna, tem muito mais influências francesas e italianas que espanholas. E, com efeito, a gente nota que a própria influência de Ramón Gómez de la Serna (...) é muito mais estilística que propriamente intelectual. (...) Deriva, pois, menos da própria personalidade do espanhol que daquilo em que a maneira dele coincide com certas tendências universais. (Apud Antelo 1986, 66).

Em suas "Notas autobiográficas", publicadas originalmente em inglês no *The New Yorker* em 1970, com a distorção hiperbólica própria da sua velhice, Borges declara que todo o plano que tinha quando voltou da Europa concentrava-se em encontrar um emblema na figura de Macedonio Fernández, a quem qualificou como "the major event of my return" (Borges 1970, 64). De certo modo é isso: ninguém melhor para esse papel que Macedonio Fernández, o cultor do paradoxo, do humor e da prosa profundamente questionadora das práticas realistas e dos pressupostos do positivismo.

---

[3] Nota da tradutora: *greguería* é um gênero literário em prosa que consiste em breves interpretações humorísticas de aspectos variados da vida cotidiana.

Uma outra dimensão é trazida por Ricardo Güiraldes. Este, em *Don Segundo Sombra* (1926), imaginará um relato sobre a vida de alguns personagens do pampa argentino, afirmando assim o mítico espaço de fundação da nação *criolla*. Güiraldes escreveu esse texto utilizando-se dos recursos modernos que a estética ultraísta elevou à categoria de absolutos: a metáfora, a elipse, a recusa da pura descrição naturalista. Antes deste romance, já havia publicado outros livros, entre eles o volume de poemas *El cencerro de cristal*, os *Cuentos de muerte y de sangre* e um volume de prosa narrativa de tons memorialistas: *Raucho*.

Hoje, graças à investigação feita por Raúl Antelo em seu livro *Na ilha de Marapatá (Mário de Andrade lê os hispano-americanos)*, podemos consultar o catálogo e as notas da riquíssima e atualizada biblioteca hispano-americana de Mário. Por essa descrição, sabemos que Mário possuiu e, sem dúvida, consultou e leu atentamente um *corpus* enorme de textos da vanguarda argentina, uruguaia e de outros países da América Hispânica. Podemos saber, também, que entre todo esse conjunto de informações sentiu-se atraído pela vida cultural e pela obra dos escritores argentinos e, em particular, pelos escritos de Borges e Güiraldes (Antelo 1986, 207-75).

Com efeito, da obra de Borges dos anos vinte, Mário conheceu o suficiente para ter uma noção muito precisa da sua literatura, das suas idéias estéticas, assim como do movimento intelectual argentino, sobre o qual comentou que possuía um *dinamismo excepcional* (Antelo 1986, 172). Em 13 de maio de 1928, Mário escreveu, em um artigo da fundamental série publicada no *Diário Nacional*, que Borges "me parece a personalidade mais saliente da geração moderna da Argentina (...) a figura que mais me atrai e me parece mais rica de lá" (Antelo 1986, 176). Em primeira mão, leu muitos textos publicados por Borges, presentes em sua biblioteca particular, os quais estão organizados aqui em três grupos, para facilitar sua identificação:

1. Ensaios — Entre os que conheceu, estão os livros: *Inquisiciones* (1925), no qual anotou profusamente, e *El idioma de los argentinos* (1928), exemplar sem anotações. Dos livros de ensaio, talvez só não tenha conhecido *El tamaño de mi esperanza* (1926).

2. Poesia — Não consta que tenha possuído nenhum dos três livros de poemas de Borges correspondentes a essa fase (*Fervor de Buenos Aires* (1923); *Luna de enfrente* (1925); *Cuaderno San Martín*

(1929), mas sim duas das recompilações publicadas na época: *Antología de la poesía argentina moderna* (1900-1925), com notas biográficas e bibliográficas organizadas por Julio Noé (Buenos Aires: Ed. Nosotros, 1927), e *Exposición de la actual poesía argentina* (1922-1927), de Juan Pedro Vignale e César Tiempo (Buenos Aires: Ed. Minerva, 1927), exemplar que tinha uma dedicatória de Vignale para Mário. Nessas antologias, Mário faz uma lista de seus autores preferidos e, entre muitos outros, sempre figura Jorge Luis Borges, ainda que não sublinhe nem destaque com anotações os textos que mais chamam sua atenção. Também consta entre seus livros um exemplar da *Antología de la moderna poesía uruguaya* (Buenos Aires: El Ateneo, 1927), de Idelfonso Pereda Valdés (1899-1996), que conta com um epílogo do escritor argentino.

3. Periódicos — Aqueles nos quais Borges participou como diretor ou colaborador ativo nos anos 20. Mário teve em mãos onze números da citada revista *Martín Fierro*, em sua segunda fase: 20, 23, 25, 26 (1925), 27-28, 29-30, 35, 36 (1926), 37, 44-45 (1927). Possuiu também dois números da segunda fase de *Proa* (1924-1926): 7 e 12, ambos de 1925. Por último, a biblioteca particular do brasileiro contou com vários livros de Ricardo Güiraldes (os quais leu com avidez), o venerado mentor da jovem geração argentina, morto precocemente, em 1927, circunstância que fez aumentar o respeito da juventude vanguardista.

Através de Güiraldes, podem ser visualizadas as primeiras linhas comparativas com os modernistas brasileiros, ou, mais particularmente, com Mário de Andrade, o qual dentre todos observou com maior atenção e interesse a sístole e diástole da nova geração argentina, ainda que não se possa descartar o olhar de outros, sobretudo daqueles que tiveram algum vínculo pessoal (como se verá) com Nicolás Olivari e o uruguaio Ildefonso Pereda Valdés.

Em uma margem de seu exemplar da primeira edição de *Raucho* (1917), Mário anota:

> Güiraldes só tem de modernista o ser precursor de renovação com o [livro de poemas El] *Cencerro de cristal*. No resto, todo a obra dele é um escritor sem facção dos que ficam por cima das épocas, mais respeitados de sua personalidade que da veleidade das inovações. Foram os apreciadores dele, os que souberam na Argentina perceber melhor a grandeza dele, especialmente os martinfierristas que, o atraindo pra eles, ou indo

a ele, o cobriram com o manto de modernidade. Mais ou menos o caso de Paul Valéry pra França e de Unamuno pra Espanha e de Pirandello pra Itália. (Antelo 1986, 209-10).

Essa inteligente leitura, que Mário desenvolve um pouco mais em um artigo sobre Güiraldes publicado no *Diário Nacional* (14/XII/1930)[4], não teria irritado muito ao jovem Borges e, segundo especulações, certamente até agradou muito ao Borges maduro, que passou a avaliar a literatura de Güiraldes do mesmo modo, ou seja, como um mero sintoma da mudança e desmoronamento do *realismo melancólico*, e não mais como um escritor reconhecido e estimado por suas qualidades estéticas intrínsecas. Quanto ao romance *Don Segundo Sombra*, Mário leu a primeira edição e sublinhou uma passagem em que o narrador comenta que os peões da estância *tenían almas de reseros que es tener alma de horizontes* (Antelo 1986, 232). Uma visão mistificadora do *gaucho*, que tanto agradou ao Borges jovem, talvez tenha sido notada por Mário pela qualidade moderna da metáfora (isso de "ter alma de horizontes") e, também, pela inapreensível qualidade dos contornos específicos do nacional.

O possível paralelo não acaba aqui. Há, por exemplo, uma frase na página 110 da primeira edição de *Raucho* que está sublinhada por Mário, e que diz o seguinte: "Era prudente y callado; solía reír sin ruido y sabedor de las inseguridades en la vida, no avanzaba un juicio sin anteponer la duda". Mário comenta, na margem: "Caráter criollo pra ajuntar ao que dá Borges". Refere-se às observações de Borges em um artigo de seu livro *Inquisiciones*, "Queja de todo criollo", o qual Mário traduz integralmente e publica no *Diário Nacional* em 13 de maio de 1928 (Antelo 1986, 224-9). Em seu exemplar do primeiro livro de ensaios de Borges, anota: "Inquisiciones; livro muito bonito duma elegância excepcional de pensamento, verdadeira aristocracia, que se caracteriza pela sobriedade, pela calma da exposição e pelo raro das idéias. Além disso apresentando uma erudição adequada". Estabelece uma relação de temas, consignando números de páginas: Girondo 11; Lanuza 96; fantasia argentina 17; nacionalismo argentino 19; história do modernismo 78; importância de Buenos Aires 23.

O entusiasmo de Mário de Andrade por esse livro e, em particular, por esse artigo, pode ser explicado, antes de mais nada, por uma

---

[4] Ver Antelo, 1986 179-85.

justaposição de estratégias de luta cultural que o permitiria sentir a semelhança da tarefa dos jovens latino-americanos. Há uma passagem do texto de Borges que confirma essa semelhança:

> Muy bien está el Lugones de *El solterón* y de la *Quimera lunar*, pero muy mal está en su altilocuencia de bostezable asustador de leyentes. En cuanto a gritadores como Ricardo Rojas, hechos de espuma y patriotería y de insondable nada, son un vejamen paradójico de nuestra verdadera forma de ser. (Borges 1994, 155)

Mário traduz esse fragmento colocando ênfase nas arestas agressivas da citação.

> Lugones está muito bem no *Solteirão* ou na *Quimera lunar*, mas vai muito mal na altiloqüência de assustador involuntário de leitores porém. Quanto a gritalhões que nem Ricardo Rojas, feitos de espuma patriotadas e nada insondável, são a vergonha paradoxal da verdadeira maneira de ser da gente. (Antelo 1986, 227)

Mário utiliza o texto de Borges para mais uma vez atacar seus inimigos, ou encontra na atitude do argentino a mesma beligerância empregada pouco antes pelos modernistas, durante e depois da Semana de Arte Moderna de 1922. Por outro lado, dificilmente poderia concordar com a insistência de Borges em inventar uma nacionalidade fundada nas raízes do caráter *criollo*, contra a ameaça de estrangeirização do país que se enchia de imigrantes, especialmente italianos. Essa "fundação mítica" é recorrente em toda a primeira fase de Borges.

Em um ensaio publicado no volume *El tamaño de mi esperanza*, Borges mostrava sentir falta de romances sobre "o símbolo cabal pampeano, cuja figuração humana é o gaúcho" ("La pampa y el suburbio son dioses", Borges 1993, 23). Mário, tal como Borges, perseguia a substancialidade estética do *criollo*; essa visão transcendente do gaúcho podia até certo ponto coincidir com seu intento de criar, mais do que de apreender esteticamente, a brasilidade, tal como Borges com a argentinidade: de forma estética, portanto, atemporal, fora da história.

Apenas um ano antes da publicação desse romance de Güiraldes, Mário não hesitava em apregoar que "Na língua, no amor, na sociedade, na tradição, na arte, nós realizaremos o brasileiro. Todo o sacrifício por esse ideal é muito bonito e não será em vão" ("Modernismo y acción", apud Schwartz 508). O escritor modernista viu, talvez, que um princípio dessa busca se concretizava na Argentina com *Don Segundo Sombra*, que considerou o livro "mais significativo da literatura argentina contemporânea", no qual se conseguiu "num assunto rapsódico de vida pampeana o equilíbrio entre a tendência criadora, o realismo observador, a dicção refinada e a fatalidade nacional" (apud Antelo, 1986 184-5). Em um prólogo de 1968, Borges não falará de *Don Segundo Sombra* como romance "rapsódico", mas dirá algo parecido: "(nesse romance) tudo é elegíaco. De algum modo sentimos que cada um dos fatos narrados acontece pela primeira vez" ("El Gaucho", Borges 1975, 65). E em um pós-escrito de 1974 ao seu prólogo de *Versos*, de Evaristo Carriego, anotou: "A poesia trabalha com o passado. (...) O verso exige a nostalgia, a pátina, mesmo que leve, do tempo. Isso podemos ver na evolução da literatura gauchesca. Ricardo Güiraldes cantou o que foi, o que pôde ser seu Don Segundo, e não o que era quando escreveu sua elegia" (Borges 1975, 42) E quanto ao problema da "fatalidade nacional", em seu célebre ensaio "El escritor argentino y la tradición", Borges acusará *Don Segundo Sombra*, de, apesar de ser um livro nacional, não servir aos propósitos nacionalistas, já que sua construção recorda "a técnica dos clubes literários franceses de seu tempo, e a obra de Kipling, que havia lido há muitos anos" (Borges 1980 II, 220).

Contudo, em sua primeira fase, Mário não considera que o nacional signifique a exaltação do heróico arquetípico, sentimental, idealista e reacionário:

> E é bom falar que no Rio Grande do Sul nossa gente se envaidecendo de revoluções discutivelmente bonitas e muito heróicas não tem dúvida, e de certo modo influenciada pela continuidade do sangue do boi correndo, está criando também um ideal valentão que me parece infantilmente frágil. (...) *Don Segundo Sombra* sofreu na Argentina duma traição de valores que talvez o tempo desfaça. Como criação é livro admirável. Como tipo, o gaúcho representado nele pelas duas figuras centrais, pode corresponder a uma realidade geral, o que não tem importância na ficção. Porém real ou irreal, *Don Segundo* é uma figura artística admiravelmente nítida, impressionante, genialmente vivida. (Antelo 1986, 181)

É bem conhecida, ao menos desde a publicação do livro fundador de Mário da Silva Brito, a oposição de Mário de Andrade aos academicistas portugueses e também aos regionalistas brasileiros.[5] Seu sentido de "brasilidade", como fica claro no artigo mencionado e, sobretudo, no enorme projeto que representou *Macunaíma* (1928), implica invenção — e ao mesmo tempo inversão — de sentidos, paródias, linguagens regionais mescladas, desterritorializadas (como diria Haroldo de Campos 19). Enfim, de mitos estetizados e portanto desprovidos da "-aura" do nacionalismo cultural, no sentido de Walter Benjamin, como ocultamento ideológico ou fetichização. O verso com o qual finaliza o poema "O trovador" (de *Paulicéia desvairada*, 1922), "Sou um tupi tangendo um alaúde!" (Andrade 1987, 83), sintetiza seu pensamento sobre o tema.

Mário se assume "como elemento da área culta que incorpora criticamente o popular", como observa Telê Ancona Lopez (Andrade 1976, 29). Nesse caso, há uma coincidência plena com seu colega do Rio da Prata. Naquilo que seria o princípio de uma larga e reiterada discussão, Borges, em seu precoce artigo "El idioma de los argentinos" (reunido em livro em 1928), também rechaça com violência as imposições do castelhano acadêmico peninsular, assim como a superstição de que o propriamente argentino possa residir na fala dos subúrbios, nos ouvidos populares. Em todo o caso, segundo sua opinião, o escritor deve se apropriar do popular: "o dever de cada um é encontrar sua voz. Mais ainda o dos escritores, claro que sim" (Borges 1994, 129). No entanto, segundo Raúl Antelo, são muito fortes as diferenças entre os nacionalismos dos dois escritores, já que este crítico estima que Mário estava vivendo em 1928 — data da redação destes artigos — uma fase de transição que modificará sua visão sobre as propostas de sua obra original.

> [Borges manifesta] um nacionalismo que pensa o espaço como um âmbito reservado e restrito e que concebe o tempo ciclicamente. Visto seu nominalismo, Borges passa por uma fase crioulista na qual o nacionalismo é concebido como categoria estética, i.é., um princípio que estabelece compromissos com o literário de uma maneira exclusiva, negando toda vinculação com a história.
>
> Pelo contrário, o nacionalismo de Mário, em 1928, atravessa um período de transição de uma fase ufanista e aproblemática, para uma fase em que ele se vincula à sociedade de classes, como instrumento para uma nova hegemonia. (Antelo 1986, 49)

---

[5] Ver Brito.

E ainda que, talvez, contra o que propõe Antelo, a história se manifeste e se recupere nos textos originais de Borges muito mais do que parece à primeira vista, no caso de Mário há, a partir das datas indicadas pelo crítico, uma forte inserção no coração dos processos sociais, o que levará aos seus posteriores argumentos antimodernistas, como veremos.

Em um pequeno trabalho sobre os dois escritores, publicado em 1978, Rodríguez Monegal já havia tratado dessas questões de política da língua e política nacionalista, fixando um paralelismo inquebrável entre os dois. Porém, como Rodrígues Monegal não encontra nos anos 20 uma condenação de Borges ao nacionalismo de pernas curtas, semelhante àquela que Mário de Andrade faz, o crítico recorre a um texto surgido em 1953, "El escritor argentino y la tradición", no qual Borges ataca com vigor aqueles que exaltam a cor local. Essa perspectiva não deixa de ser interessante, mas parece que força muito as coincidências, já que se trata de uma simples corroboração *a posteriori*, depois de trinta anos daquela "maior orgia intelectual que a história artística do país registra", segundo avaliou Mário em seu desencantado balanço (e liquidação) do período "O movimento modernista" (Andrade 1974, 238). Contudo, esse crítico foi responsável pela primeira divulgação em livro das notas escritas por Mário sobre literatura argentina moderna.[6]

Uma breve análise das concordâncias entre a poesia de Borges e a dos modernistas brasileiros pode trazer outras surpresas. Podemos nos remeter exclusivamente àqueles textos que Mário conheceu e admirou e que, provavelmente, outros companheiros no ofício de escrever poesia também conheceram. Entre os seis poemas de Borges que Vignale e Tiempo incluem em sua *Exposición actual de la poesía argentina*, seleciono dois que mostram duas variações ilustrativas. Primeiro, o poema "Ciudad".

>Anuncios luminosos tironeando el cansancio.
>Charras, algarabías,
>entran a saco en la quietud del alma.
>Colores impetuosos escalan las atónitas fachadas.
>De las plazas hendidas
>rebosan ampliamente las distancias.
>El ocaso arrasado
>que se acurruca tras los arrabales

---
[6] Ver Rodríguez Monegal 1978.

> es escarnio de sombras despeñadas.
> Yo atravieso las calles desalmado
> por la insolencia de las luces falsas
> y es tu recuerdo como un ascua viva
> que nunca suelto
> aunque me queme las manos. (Vignale/Tiempo 1927, 94)

Este poema concentra, em boa medida, quase todas as preocupações e artifícios do primeiro Borges: uso do verso livre, profusão de metáforas, tom melancólico, o movimento da cidade/ameaça do coletivo moderno oposto ao *eu* que se perde nesse espaço e encontra seu lugar no silêncio suburbano e na solidão.

Um poema de Manuel Bandeira da mesma época, incluído em seu livro *O ritmo dissoluto* (1924), propõe a mesma solução. Observe-se o fragmento inicial:

> Esta estrada onde moro, entre duas voltas do
>   caminho,
> Interessa mais que uma avenida urbana.
> Nas cidades todas as pessoas se parecem.
> Todo o mundo é igual. Todo o mundo é toda a
>   gente.
> Aqui, não: sente-se bem que cada um traz a sua
>   alma. (...) (Bandeira 1976, 38)

Ignoro se Bandeira tinha contato com Borges na época, mas está claro que tanto um como o outro lutavam contra a mesma retórica inflamada dos parnasianos dos dois países, das duas línguas, em prol de um resgate estetizado da fala coloquial. Os parnasianos, a quem Borges chamou, em um artigo sobre Lugones, de "maus carpinteiros e joalheiros, metidos a poetas" (Borges 1994, 95).

Outro poema fundamental de Borges, "Fundação mitológica de Buenos Aires", que Mário também pôde ler, já que foi incluído na antologia de Vignale e Tiempo, tem sintonia com muitas de suas criações, especialmente com os poemas de *Clã do jabuti* (1927). Cito algumas passagens da primeira versão, posteriormente modificada:

> ¿Y fué por este río con traza de quillango
> Que doce naos vinieron a fundarme la patria?
> Irían a los tumbos los barquitos pintados
> entre los camalotes de la corriente zaina.

> Pensando bien la cosa supondremos que el río
> era azulejo entonces como oriundo del cielo
> con su estrellita roja para marcar el sitio
> en que ayunó Juan Díaz y los indios comieron.
> Lo cierto es que mil hombres y otros mil arribaron
> Por un mar que tenía cinco lunas de anchura
> Y aun estaba repleto de sirenas y endriagos
> Y de piedras imanes que enloquecen la brújula.
>   (...)
>
> A mí se me hace cuento que empezó Buenos Aires:
> La juzgo tan eterna como el agua y el aire". (Vignale/Tiempo 96-7)

Outra vez, então, a negação da história como processo dialético, a circularidade do tempo e, portanto, sua anulação ligada aos fatos, às coisas materiais dessa Buenos Aires que se moderniza, que se vê invadida por imigrantes europeus e, em conseqüência, se "descrioliza". Nesse texto, o argentino também não põe em jogo a técnica que reduz o poema ao mais comprimido dos recursos de linguagem, tal como Oswald de Andrade a utiliza em *Pau-Brasil* (1925), mas se trata do mesmo espírito desmitificador com que Oswald imagina o descobrimento do Brasil nesse livro inaugural. Em "O poeta come amendoim", primeiro texto de *Clã do jabuti*, há um tom de festa e uma irreverência semelhantes em relação à "história pátria", ainda que Mário recuse expressamente a noção de Pátria:

> Noites pesadas de cheiros e calores amontoados...
> Foi o Sol que por todo o sítio imenso do Brasil
> Andou marcando de moreno os brasileiros.
>
> Estou pensando nos tempos de antes de eu nascer...
>
> A noite era pra descansar. As gargalhadas brancas dos mulatos...
> Silêncio! O Imperador medita os seus versinhos.
> Os Caramurus conspiram na sombra das mangueiras ovais.
> Só o murmurejo dos cre'm-deus-padre irmanava os homens de
>   meu país...
>   (...)
> Brasil...
> Mastigado na gostosura quente de amendoim...
> Falado numa língua curumim
> De palavras incertas num remeleixo melado melancólico...

> (...)
> Brasil amado não porque seja minha pátria,
> Pátria é acaso de migrações e do pão-nosso onde Deus der... (...)
>
>   (Andrade 1987, 161-2)

Fica por averiguar o que Borges disse, pensou ou soube de seu contemporâneo e tradutor brasileiro e de seus companheiros modernistas Manuel Bandeira, Oswald de Andrade ou Carlos Drummond de Andrade. Na realidade, não existe ainda um catálogo da biblioteca brasileira do escritor argentino — se é que esta se encontra conservada —, e foram publicadas apenas algumas poucas cartas de/e para Borges.

De qualquer modo, tanto nos livros como nas recompilações de artigos de Borges publicados em revistas, que apareceram nos últimos anos[7], pode-se verificar algo muito surpreendente: Borges quase não escreveu sobre escritores brasileiros. Nada, nem uma linha sequer sobre Machado de Assis, um escritor que realizou em seu país e com sua língua uma tarefa modernizadora tão parecida com a sua, um século antes; nada sobre o movimento brasileiro de renovação artística, que culminou na Semana de Arte Moderna de 1922, ao qual previsivelmente só poderia observar com interesse até 1928, e não mais posteriormente, quando começa sua autocrítica aos anos vanguardistas, de modo quase simultâneo ao "arrependimento" de Mário. Podem-se encontrar apenas algumas demonstrações de admiração por *Os sertões*, de Euclides da Cunha, no qual seguramente Borges encontrou ecos visíveis de *Facundo*, de Domingos F. Sarmiento, inclusive reconhecidos com admiração pelo autor brasileiro; e *Facundo* é um livro que para Borges representa uma espécie de Bíblia fundamental de e para a "civilização" argentina.[8]

De fato, há muito pouco além disso, como por exemplo dois artigos inclementes sobre livros de Paulo de Magalhães (*Versos*, 1933) e de Ribeiro Couto (*Nordeste e outros poemas do Brasil*, 1933).[9] E mais: em seu longo trabalho na revista *Sur*, onde entre 1931 e 1980 resenhou livros e filmes, traduziu e publicou contos e poemas, não há um único texto brasileiro traduzido, estudado ou resenhado. Absolutamente nada.[10]

---

[7] Ver Bibliografia de 1986 a 2000.
[8] Ver Rocca 2000.
[9] Ver Borges 1955.
[10] Ver Borges 1999.

É surpreendente que para esse incansável leitor de enciclopédias, e para aquele jovem interessado nos caminhos comuns da vanguarda, a literatura brasileira modernista seja um grande buraco negro. Isso contrasta com seu enorme conhecimento e interesse na poesia hispano-americana. Leve-se em conta, por exemplo, que em 1926, Borges escreveu o prólogo, junto com o peruano Alberto Hidalgo e o chileno Vicente Huidobro, para o volumoso *Índice de la nueva poesía americana* (Buenos Aires: El Inca), uma amostra resumida da nova geração, na qual não está presente o Brasil, nenhum poeta e nenhuma menção dos organizadores à situação do país americano de língua portuguesa, nem sequer uma fundamentação breve sobre os critérios seletivos e, em conseqüência, sobre os motivos da exclusão, por mais que esta estivesse a cargo de Hidalgo, como se depreende claramente de sua introdução. Note-se que Borges, em diversas revistas da época (além das mencionadas, também a revista *Síntesis*), comentou livros dos estridentistas[11] mexicanos (como *Andamios interiores*, de Manuel Maples) e de jovens uruguaios da época, como Fernán Silva Valdés, Pedro Leandro Ipuche, Francisco Espínola, Alfredo Mario Ferreiro e Ildefonso Pereda Valdés, este último muito próximo dos modernistas e martinfierristas.[12]

A Borges não faltaram oportunidades de tomar conhecimento do que acontecia no Brasil, de imediato e sem necessidade de ler em português, língua que conhecia muito bem. A forte amizade de Borges com Pereda Valdés poderia ter facilitado esse contato. Este passou, desde 1924 e 1925, longas temporadas no Rio e em São Paulo: onde estreitou laços de amizade com vários integrantes "do movimento modernista do Brasil, especialmente com Manuel Bandeira, Ribeiro Couto, Murilo Araújo, todos muito amigos meus". Escreveu colaborações para as revistas do modernismo, seus livros foram logo resenhados por Gilberto Freyre.[13] Mas também gozou da confiança de Mário de Andrade, que anos depois a ele recorreu para pedir ajuda em seu projeto de um *Compêndio de história da música*:

---

[11] Nota da tradutora: "estridentistas" refere-se ao movimento de vanguarda mexicano.
[12] Ver Borges 1997.
[13] Sob o pseudônimo Esmeraldino Olympio, Gilberto Freyre resenhou na *Revista do Brasil* (30 de novembro de 1926), o livro de poemas *La guitarra de los negros*, de Ildefonso Pereda Valdés. Este livro, publicado em co-edição pelas revistas *Martín Fierro* e a uruguaia *La Cruz del Sur*, contou com ilustrações da brasileira Maria Clemência. Agradeço a Guillermo Giucci a informação acerca da resenha de Freyre e seu pseudônimo.

Venho lhe pedir pois que me mande o nome e a nacionalidade dos melhores músicos modernos que conhece tanto do Uruguai, como do Paraguai e da Argentina. E também a enumeração das obras mais importantes como tamanho ou valor, que já fizeram.[14]

Segundo testemunho do próprio Pereda Valdés: "no ano de 1926, me radiquei em Buenos Aires e em 1928 voltei definitivamente para Montevidéu. (...) Um dos primeiros escritores que conheci em Buenos Aires foi Evar Méndez, [através do qual] conheci a maior parte dos jovens escritores argentinos" — Mastronardi, Borges, Macedonio Fernández, Güiraldes, Mallea, etc. Ninguém melhor que ele para servir de contato entre as duas línguas, entre os jovens dessas duas fronteiras da vanguarda.[15] Além disso, Pereda não foi o único uruguaio com que Mário teve contato. O já mencionado inventário de sua biblioteca mostra que, seguramente através de Domingo Cayafa Soca (1879-1956), escritor quase ignorado que residia em Durazno (pequena cidade do centro do país), muitos jovens autores uruguaios enviaram a ele seus livros. Muito mais que os argentinos, onde seus contatos não eram tão abundantes, ou tão fiéis. O arquivo de Cayafa foi extraviado ou destruído, segundo pudemos averiguar em novembro de 1999; entretanto, na Biblioteca Nacional há uma carta de Mário de Andrade a um desses jovens, o então poeta futurista Juvenal Ortiz Saralegui (1907-1959), cujo primeiro livro de poemas, *Palacio Salvo*, interessou a César Vallejo, Nicolás Olivari, Alfredo Mario Ferreiro, entre outros. As últimas linhas dessa carta foram publicadas pelo próprio Ortiz Saralegui no nº 1 da revista *Vanguardia*, a qual dirigiu em Montevidéu, em 1928, junto com Juan Carlos Welker. O texto completo esteve, até agora, inédito:

S. Paulo 2-VI-28

Sr. Juvenal Ortiz Saralegui

Fazem dois meses que recebi o seu *Palacio Salvo* logo lido com interesse americano com que leio tudo quanto sai de 'nós'. Mas quis esperar as férias de agora para lhe falar como o interesse foi compensado desta vez pelo prazer de encontrar mais um poeta excelente. Acabo na manhã

---

[14] Carta inédita de Mário de Andrade a Ildefonso Pereda Valdés, datada de "São Paulo: 11-X", e com o ano borrado no original, mas presumivelmente situado em torno de 1940. Original da Coleção Ildefonso Pereda Valdés, Pasta 19. Arquivo Literário, Biblioteca Nacional, Montevidéu.
[15] Ver Antelo 1992; Rocca 1999.

de hoje de reler o livro e saio dele com a compensação duma esperança cumprida. Minha esperança de sempre é encontrar poetas bem de agora porém desprovidos dos exclusivismos de agora. As preocupações artísticas do nosso tempo são tão intelectuais, ou os temperamentos surgem tão dominantemente individualistas que cada artista se especializa num rincão da técnica VU? do lirismo e é raro a gente encontrar uma figura bem totalizada e mais vasta. Me parece que você consegue isso devido talvez a essa sensualidade geral por tudo o que faz mundo, tão claramente manifesta no *Palacio Salvo*. A água é sensual, toca tudo e não esconde nada. E tudo fica através dela com um tremor mais intenso de vida. Você tem essa sensualidade da água e por isso *Palacio Salvo* é notável.

Lhe agradeço muito a dádiva a que corresponderei breve com meu livro novo, a sair.

Cordialmente
Mário de Andrade

Mário de Andrade
r. Lopes Chaves, 108
S. Paulo. Brasil.

Se faltassem exemplos conclusivos, basta pensar que a revista cultural de Montevidéu, *La Pluma*, com a qual Borges manteve cordiais relações, publicou, em 1928, um artigo panorâmico assinado por Peregrino Junior, bastante extenso e cheio de informações, sobre "O vanguardismo no Brasil" (1928). E três anos antes, na própria revista *Martín Fierro*, o poeta Nicolás Olivari publicou duas notas sobre "A moderna literatura brasileira" nos números 22 e 23, o primeiro dos quais Mário de Andrade conheceu, como vimos. Frutos de uma viagem a São Paulo, os artigos de Olivari transbordam de entusiasmo e de humor futurista pela ação renovadora dos jovens brasileiros. A rigor, trata-se de uma espécie de entrevista com Menotti del Picchia, que não pára de exaltar — com a cumplicidade ostensiva do entrevistador — os iniciadores do modernismo (Monteiro Lobato, Graça Aranha), os modernistas "ortodoxos" (Mário, Oswald, Bandeira, entre outros), e também "São Paulo [que] é a Meca da nova arte" (Olivari, 25-IX-1925). Em suma, Olivari não esconde seu espanto com o rápido triunfo da nova estética que conseguiu até mesmo tomar de assalto o Teatro Municipal, que "em Buenos Aires é algo que assusta. Quando passamos à sua frente, tiramos o chapéu e dizemos à musa que nos acompanha: 'Veja que velho bem conservado'" (idem).

Não se tratou, em conseqüência, de ignorância ou indiferença. O fato é que, como havíamos proposto em outro texto (Rocca 2000), Borges pensou o Brasil como o território da barbárie, do isolamento. Não sabia, talvez não quis sabê-lo, ou quando soube preferiu esquecer, mas muitas de suas idéias e das imagens de sua poesia eram, também, propriedade e invenção dos modernistas brasileiros. Este pequeno ato de cegueira e prepotência a ele pertence.

Tradução de Lara Valentina Pozzobon

Bibliografia

Andrade, Mário de. *Macunaíma. O herói sem nenhum caráter*. Edição crítica de Telê Ancona Lopez. São Paulo: EDUSP, 1978 [1928].

_____. *Aspectos da literatura brasileira*. 5ª ed. São Paulo: Livraria Martins Editora, 1974 [1943].

_____. *Taxi e crônicas do* Diário Nacional. Estabelecimento de Texto, Introdução e Notas de Telê Ancona Lopez. São Paulo: Livraria Duas Cidades/Secretaria da Cultura, Ciência e Tecnologia, 1976.

_____. *Poesias completas*. Edição crítica de Diléa Zanotto Manfio. São Paulo: Editora Itataia Limitada/EDUSP, 1987.

Antelo, Raúl. *Na ilha de Marapatá (Mário de Andrade lê os hispano-americanos)*. São Paulo: HUCITEC/ INAL/ Fundação Nacional Pró-Memória, 1986.

_____. "Veredas de enfrente: Martinfierrismo, Ultraísmo, Modernismo". *Revista Iberoamericana*. Pittsburgh, n°. 160-161 (julho-dezembro 1992).

Bandeira, Manuel. *Momento en un café y otros poemas*. Tradução, seleção e notas de Sergio Kovadloff. Buenos Aires: Calicanto, 1976.

Benjamin, Walter. "L'ouevre d'art au temps de ses techniques de reproduction". *Ouevres Choisies*. Paris: Juliard, 1959.

Borges, Jorge Luis. *Inquisiciones*. Barcelona: Seix Barral, 1994 [1925].

_____. *El tamaño de mi esperanza*. Barcelona: Seix Barral, 1993 [1926].

_____. *El idioma de los argentinos*. Barcelona: Seix Barral, 1994 [1928].

_____. (em colaboração com Norman Thomas di Giovanni). "Autobiographical Notes". New York: *New Yorker*, vol. XLVI, N° 31 (Setembro 19, 1970): 40-99.

_____. *Prólogos con un prólogo de prólogos*. Buenos Aires: Torres Agüero, 1975.

_____. *Obra poética, 1923-1976*. Buenos Aires: Emecé, 1977.

_____. *Prosa completa*. Barcelona: Bruguera, 1980, 2 vols.

_____. *Textos cautivos. Ensayos y reseñas en* El Hogar, *1936-1939*. Edição de Enrique Sacerio-Garí e Emir Rodríguez Monegal. Barcelona: Tusquets, 1986.

_____. *Borges en Revista Multicolor. Obras, reseñas y traducciones inéditas de Jorge Luis Borges. Diario. Crítica: Revista Multicolor de los sábados, 1933-1934*. (Edição crítica de Irma Zangara). Buenos Aires: Atlántida, 1995.

_____. *Textos recobrados, 1919-1929*. Sara Luisa del Carril (org.).Buenos Aires: Emecé, 1997.

_____. *Borges en* Sur, *1931-1980*. Sara Luisa del Carrill e Mercedes Rubio de Socchi (orgs.). Buenos Aires: Emecé, 1999.

_____. *Borges en* El Hogar, *1935-1958*. Buenos Aires: Emecé, 2000.

Brito, Mário da Silva. *História do modernismo brasileiro. Antecedentes da Semana de Arte Moderna*. Rio de Janeiro: Civilização Brasileira/MEC, 1971.

Campos, Haroldo de. "Uma poética da radicalidade". *Cadernos de poesia do aluno Oswald (Poesias reunidas)*. Oswald de Andrade. São Paulo: Globo, 1981.

Güiraldes, Ricardo. *Don Segundo Sombra*. Paul Verdevoye (org.). Madrid: ALCCA XX/Fondo de Cultura Económica, 1996 [1926].

Junior, Peregrino. "El vanguardismo en Brasil". *La Pluma*, Montevideo, Nº 9 (dezembro de 1928): 139-41.

Mérica, Ramón. "Ildefonso Pereda Valdés, Premio Nacional de Literatura: Negro es blanco. *El Día*, Suplemento Dominical, Montevideo, 13 de dezembro de 1981. [Entrevista].

Olivari, Nicolás. "La moderna literatura brasilera". *Martín Fierro*, II, Nº 22, setembro 10 de 1925, 161, col. 2. Cit. por *Revista Martín Fierro, 1924-1927*. Edição fac-similar. Buenos Aires: Fondo Nacional de las Artes, 1995. (Introdução de Horacio Salas).

Olivari, Nicolás. "La moderna literatura brasileira". *Martín Fierro*, II, Nº 23, setembro 25 de 1925, pág. 169, col. 2. Pereda Valdés, Ildefonso. "Cómo conocí a".... *El País*, Montevideo, 15 de janeiro de 1967.

Rocca, Pablo. "Las revistas literarias uruguayas ante la irrupción de las vanguardias (1920-1930)". *La cultura de un siglo. América Latina en sus revistas*. Saúl Sosnowski (org.). Buenos Aires: Alianza, 1999. 91-104.

_____. "Borges y la frontera". Inédito, 2000. [Comunicação lida no "Seminário Borges", Porto Alegre, maio de 2000].

Rodríguez Monegal, Emir. *Mário de Andrade/Borges. Um diálogo dos anos 20*. São Paulo: Perspectiva, 1978.

_____. *Borges, una biografía literaria*. Trad. Homero Alsina Thevenet. México, Fondo de Cultura Económica, 1987 [1981].

Schwartz, Jorge. *Las vanguardias latinoamericanas. Textos programáticos y críticos*. Madrid: Cátedra, 1991.

Vignale, Juan Pedro y César Tiempo (orgs.). *Exposición de la actual poesía argentina (1922-1927)*. Buenos Aires: Ed. Minerva, 1927.

ABAIXO TORDESILHAS!

Jorge Schwartz[1]

> *(...) filhos do mesmo continente, quase da mesma terra, oriundos de povos, em suma da mesma raça, ou pelo menos da mesma formação cultural, com grandes interesses comuns, vivemos nós, Latino-Americanos, pouco mais que alheios e indiferentes uns aos outros e nos ignorando quase que por completo.*
> (Palavras de saudação de José Veríssimo a Rubén Darío, por ocasião da visita deste à Academia Brasileira de Letras, em 1912.)

Podemos ainda considerar válidas as palavras de Mario de Andrade que, em abril de 1928, afirmou: "no rincão da Sulamérica o Brasil é um estrangeiro enorme".[2] Talvez, se ampliarmos a afirmação e nos perguntarmos qual a posição ocupada pelo Brasil no *corpus* do discurso crítico literário da América Latina. A retórica continentalista cristalizou e sedimentou cada vez mais o termo América Latina. Mas e o Brasil, gigante adormecido, continua ignorado pela crítica que pretende examinar de forma compreensiva a produção literária do continente? Repito aqui as palavras de César Vallejo de 1926:

> América Latina. Vedes duas palavras que na Europa têm sido e são exploradas por todos os arrivismos imagináveis: América Latina. Eis aqui um nome que se leva para baixo e para cima, de um a outro bulevar de

---

[1] Professor Titular de Literatura Hispano-americana da Universidade de São Paulo. Entre outros, autor de *Murilo Rubião: A poética do uroboro* (São Paulo: Editora Ática, 1981); *Vanguarda e cosmopolitismo na década de vinte* (São Paulo: Perspectiva, 1993). Organizador de *Brasil. De la antropofagia a Brasilia — 1920-1950* (Valencia: IVAM, 2000).
[2] Andrade, "Literatura modernista argentina".

Paris, de um a outro museu, de uma a outra revista tão meramente literária quanto intermitente. Em nome da América Latina conseguem ficar ricos, conhecidos e prestigiosos. A América Latina se presta a discursos, versos, contos, exibições cinematográficas com músicas, bolinhos, refrescos e ânimos dominicais. Em nome da América Latina cresce a rapinagem em torno dos gabinetes europeus que exploram as humildades jactanciáveis da América, com o objetivo de difundir um folclore e uma arqueologia sem pé nem cabeça e de oferecer decorados apotegmas de sociologia barata. Em nome da América Latina se interpreta o perigoso papel diplomático da oratória, suscetível de bajulações em banquetes e aniversários, em benefício das rutilantes quimeras convencionais da política européia. Estas duas palavras prestam-se a tudo isto. Delas retiram grande proveito pessoal todos aqueles que nada conseguem fazer por conta própria, exceto se agarrar a seu país de procedência, a antecedentes e a referências de família.[3]

Evidente que aqui Vallejo encontrava-se muito longe de pensar no problema da integração do Brasil à América Latina, mas captou o oportunismo do uso do termo, do qual, possivelmente, foi testemunha na Paris dos anos vinte, quando escreveu este fragmento. Ocorre-me questionar hoje a distância em que o Brasil se encontra dos pressupostos enunciados décadas atrás por Mário de Andrade e César Vallejo.

Sem me deter nas questões históricas que explicam o fosso cultural existente entre Espanha e Portugal[4], mencionarei a princípio o clássico entrave de caráter lingüístico, que faz do castelhano língua mais acessível ao leitor brasileiro do que o português para o leitor hispanoamericano. Aqui reside uma das barreiras que afastaram o leitor hispânico das obras escritas em português. Salvo em casos excepcionais, os críticos literários do Brasil debruçaram-se com muito maior curiosidade sobre a literatura de seus vizinhos do que aquela manifestada por estes em relação à brasileira. Não encontraremos, até meados do século XX, qualquer intelectual hispânico que tivesse pelas letras do Brasil o interesse abrangente e sistemático que José Veríssimo, Mário de Andrade ou Manuel Bandeira dedicaram às literaturas do continente.

---

[3] *Favorables París Poemas 2* (Outubro 1926) 14.
[4] Já em 1914, ao resenhar o livro de Oliveira Lima *América Latina e América Inglesa*, José Veríssimo observava: "Não há na conquista portuguesa da América nada comparável à espanhola do México, do Peru ou do Chile. As próprias lutas civis aqui não tiveram jamais — e ainda bem — a repetição, a duração, o encarniçamento de iguais lutas nas colônias espanholas, antes ou depois da independência".

Atento a esse problema, Emir Rodríguez Monegal, que sempre navegou em ambas as águas, afirmou: "os brasileiros cultos freqüentam mais assiduamente e com maior proveito a literatura hispano-americana que seus colegas hispânicos a brasileira, devido à preguiça (ou incapacidade) de verificar se realmente o português é tão difícil de se ler".[5]

Exemplo disso é Alfonso Reyes, que pouco aproveitou de sua experiência como diplomata no Brasil, no sentido de um intercâmbio mais próximo com a literatura brasileira. Durante os quatro anos em que dirigiu no Rio de Janeiro o *Correo literario de Alfonso Reyes* publicado integralmente em espanhol, dedicou ao Brasil reduzidíssimo espaço no erudito tablóide. O mesmo pode-se dizer de Gabriela Mistral em semelhante missão. Suas experiências não passaram de anedóticas e pessoais, tendo o Brasil pouco influenciado suas reflexões. Mesmo assim, houve casos excepcionais, como o diálogo implícito de Sor Juana com o Padre Vieira, por exemplo, revelando um dos aspectos mais sagazes e polêmicos da poetisa mexicana; a evidente influência de Góngora e Quevedo na obra de Gregório de Mattos, o maior poeta barroco brasileiro; ou a presença da América Latina n'*O guesa errante*, de Sousândrade. Estes escritores, porém, não estavam preocupados em criar um sistema literário (como bem aponta Antonio Candido, este será um processo que ocorrerá apenas no século XIX). Tampouco interessa, no momento, analisar estes escassos exemplos de intertextualidade literária entre as literaturas de língua espanhola e portuguesa. O que procuramos é uma reflexão crítica capaz de, ao considerar a América Latina, nela incluir devidamente o Brasil. Deve-se ainda atentar para o fato de, a partir de 1850, quando começam as tentativas de se distinguir uma América Latina de uma América Saxônica, o Brasil ser uma monarquia cercada de repúblicas. Assim, além das diferenças lingüísticas e culturais, havia um imenso fosso político, uma vez que grande parte dos países de fala espanhola começaram seu processo de independência nas primeiras décadas do século XIX acompanhados, quase sem exceção, de movimentos de afirmação de uma língua nacional.

Enquanto conceito aplicado a questões tanto políticas como literárias, o termo *América Latina* surge pela primeira vez em 1836, em artigo de Michel Chevalier, retomado com vigor pelo escritor e diplomata colombiano José Maria Torres Caicedo (1827-1889). Torres Caicedo foi defensor ardoroso e o maior divulgador do termo na segunda metade

---

[5] Monegal 12.

do século XIX, sobretudo por seu livro *Unión latinoamericana*, de 1865. Sua obra foi resgatada do esquecimento pelo venezuelano Arturo Ardao que, ao publicar em 1980 o fundamental *Génesis de la idea y el nombre de América Latina*, faz a defesa das idéias de Caicedo, empenhando-se, entre outras coisas, em desfazer o engano — hoje quase um mito — de o termo América Latina ter sido cunhado e difundido pelos ideólogos de Napoleão III, como justificativa da invasão do México.[6] Ainda em 1972, no extraordinário *América Latina en su literatura*, o organizador César Fernández Moreno encontrou dificuldades para conceituar o termo: "América Latina, entidad todavía no definida, pero que presenta a simple vista la consistencia de lo real".[7]

Na vertente hispânica, mencionarei as obras de Arturo Torres-Ríoseco (*Nueva historia de la gran literatura iberoamericana*, 1945) e de Pedro Henríquez-Ureña (*Historia de la cultura en la América Hispánica*, 1947). Esses dois trabalhos, sem sombra de dúvida, são pioneiros. Em ambos nota-se abordagem que privilegia a diacronia, na qual prevalece a intenção totalizante. O trabalho de Torres-Ríoseco dedica à literatura brasileira um capítulo em separado, mas pelo menos não a ignora. Já o crítico dominicano Pedro Henriquez-Ureña empreende extraordinário esforço integrador, chamando nossa atenção a definição com que abre sua obra: "A América Hispânica, que correntemente se designa com o nome de América Latina, abarca hoje dezenove nações. Uma é de língua portuguesa, o Brasil, a de maior extensão territorial. Dezoito são de língua espanhola".[8] As palavras de Pedro Henriquez-Ureña podem dar a impressão de que se opunha ao ideário panamericanista ou latino-americanista, pois, ao ser por fim integrado ao panorama continental, o Brasil o é sob a rubrica do hispanismo. Na realidade, ele está fazendo uso da acepção mais tradicional do conceito romano de Hispania, equivalente hoje a Iberoamérica.[9]

Essas iniciativas terão continuidade décadas mais tarde, nas obras de Emir Rodríguez Monegal e Ángel Rama, que formulam um projeto capaz de integrar o Brasil aos parâmetros continentais. Os dois grandes

---

[6] Ver Ardao.
[7] Moreno 9.
[8] Henríquez-Ureña 7.
[9] Neste sentido, assinala Arturo Ardao, *op. cit.*: "En acepción amplia, que tiene por fundamento la antigua aplicación a toda la península ibérica del nombre romano Hispania, Hispanoamérica — con sus variantes América Hispana y sobre todo América Hispánica — abarca al mismo tiempo las Américas Española y Portuguesa: los países americanos de origen español y el Brasil" (21).

críticos uruguaios contavam inicialmente com a vantagem de viver em um país limítrofe. Dadas as extraordinárias diferenças que os distinguiam, é surpreendente terem sido eles os críticos hispano-americanos contemporâneos que mais se aproximaram da literatura brasileira. Monegal passou grande parte de sua juventude em terras brasileiras, o que facilitou o seu acesso à língua. O caráter integrador da crítica do autor é evidente em quase toda a sua obra, o que se nota com toda a clareza na relação de articulistas do famoso *Mundo Nuevo*, publicado nos anos sessenta e, sobretudo, na *Borzoi Anthology of Latin American Literature*. Quanto a Ángel Rama, seu extraordinário projeto editorial — a Biblioteca Ayacucho — foi concebido desde o início com o propósito de, entre outras coisas, incorporar de forma significativa na coleção a produção literária do Brasil. Embora Rama tivesse chegado à literatura brasileira posteriormente a Monegal, em 1954 já há registro de um primeiro artigo sobre a "Nueva poesia brasileña".[10] Ángel Rama é também considerado como um dos primeiros, senão o primeiro, a desenvolver, sob a perspectiva comparatista com o movimento de vanguarda argentino — o martinfierrismo — o modernismo de 1922, em artigo com o feliz título de "Las dos vanguardias latinoamericanas".[11]

O mais importante, agora, é tornar conhecido aqueles críticos que, como dizia Lezama Lima, lançaram "uma ponte, uma grande ponte que não se vê" (*"un puente, um gran puente que no se le ve"*).

Nas primeiras décadas deste século, José Veríssimo foi o intelectual brasileiro melhor informado sobre as questões sociais, históricas e literárias da América Latina. Embora contemporâneo de Manoel Bonfim e Sílvio Romero (os quais mantiveram polêmica feroz através de livros com o mesmo título — *A América Latina* —, publicados em 1905 e 1906 respectivamente), seu discurso, apesar dos poucos anos que o separavam dos livros daqueles autores, deles divergiu em todos os sentidos. Seu conhecimento histórico da evolução política de países como Argentina, México, Venezuela e Paraguai, assim como sua aguçada consciência política, sempre o levaram a marcar posição contra a Doutrina Monroe, mantendo seu discurso sempre empenhado e veemente, sem contudo resvalar para o impressionismo da época. Veríssimo também se distinguiu de seus antecessores por deixar de lado teorias racistas ou evolucionistas nas quais Bonfim e Romero ainda se

---

[10] Em *El Nacional*, 17 maio, 1954.
[11] *Maldoror* 9 (1973) 58-64.

apoiavam. Dos intelectuais do início deste século, foi ele sem dúvida quem mais detidamente acompanhou a literatura dos países hispânicos. Já falava em *literatura latino-americana* com visão continentalista que assumia abertamente a retórica do nós, *latino-americanos* e, de forma pioneira, chamava a atenção para os processos de mútua exclusão vigentes entre o Brasil e seus vizinhos: "Tive já ocasião de confessar a minha ignorância das literaturas hispano-americanas. Creio que sem injustiça, associei nela a generalidade dos meus companheiros, ainda que homens de letras. Disse também que essa ignorância é recíproca, isto é, que os outros hispano-americanos (os outros escrevo porque hispano-americanos também somos nós, pois Portugal é Espanha) igualmente nada sabem das nossas letras".[12]

Dos sete artigos de Veríssimo sobre literatura recolhidos por João Alexandre Barbosa em *Cultura, literatura e política na América Latina*, três referem-se à literatura argentina. Seja pela proximidade geográfica, seja pela qualidade de sua produção intelectual, a Argentina foi o país que maior interesse despertou no brasileiro. Neste sentido, não poupou elogios a Bartolomé Mitre e a Paul Groussac, este último diretor da Biblioteca Nacional de Buenos Aires e editor dos *Anales de la Biblioteca*. Também foi ávido leitor de José Ingenieros e dos mais importantes pensadores e escritores argentinos do século XIX. Coube a José Veríssimo registrar as traduções para o espanhol, de *Inocência*, de Taunay; *Canaã*, de Graça Aranha e *Esaú e Jacó*, de Machado de Assis, realizadas por Roberto Payró no início do século. É espantoso o grau de informação e atualização de Veríssimo. Somente Mário de Andrade, Brito Broca e Manuel Bandeira foram capazes de atualizar tal visão nas décadas seguintes.

•

Ávido leitor, bibliófilo incansável e copioso correspondente, Mário de Andrade sempre fez questão de manter-se informado a respeito do que se passava na literatura e nas artes dos países vizinhos, sobretudo da Argentina. Imbuído talvez de ideais tanto anarquistas quanto de confraternização global, em nome de valores universais Mário de Andrade refutava qualquer defesa do nacionalismo. Por isso, rebelou-se igualmente contra a idéia de América Latina: "Mas, todo e qualquer alastramento do conceito de pátria que não abranja a huma-

---

[12] Veríssimo 74.

nidade inteira, me parece odioso. Tenho horror a essa história de *América Latina* muito agitada hoje em dia".[13] Apesar de tal afirmação, Mário de Andrade foi um dos primeiros críticos empenhados nessa visão integrativa. Em seus surpreendentes ensaios sobre literatura argentina, publicados em 1927 e 1928 no *Diário Nacional* de São Paulo, percebe-se seu conhecimento sobre toda a produção literária argentina da época. É ele quem, de certa forma, dá continuidade ao pensamento integracionista de José Veríssimo, o que lhe permitiu, inclusive, emitir juízos precoces e corretos como "Borges me parece a personalidade mais saliente da geração moderna argentina".[14] Nada porém o atraía mais que a comparação Brasil/Argentina, São Paulo/Buenos Aires. Interessava a Mário fazer um trabalho comparativo de culturas, quase que uma tese de antropologia social. Insistiu em diferença baseada na *psicologia social* do brasileiro, por oposição à do argentino, do peruano ou do mexicano. Tampouco descuidou das diversidades geográficas, mostrando as profundas diferenças entre os efeitos, no imaginário cultural, de lugar tão estéril como a Patagônia, e os da luxuriante região amazônica, base de inspiração de *Macunaíma*. Além disso, Mário de Andrade examinou os aspectos que definem as falas brasileira e argentina por oposição às normas das respectivas academias de Lisboa e Madri, tudo isto para definir um perfil nacional, uma identidade brasileira ou argentina. Suas considerações literárias revelam um escritor muito bem informado sobre a produção intelectual no país limítrofe.

Leitor voraz e crítico literário, tendo na crônica seu gênero predileto, Brito Broca publicou em 1944, pela editora Guaíba, de Curitiba, uma coletânea de sete ensaios sob o título de *Americanos* (primeira coleção Brito Broca da Unicamp (no Centro de série). Atualmente na Documentação Cultural Alexandre Eulálio (CEDAE) — existe uma segunda série, composta de sete artigos (que não se sabe se organizados pelo próprio Brito Broca ou por Alexandre Eulálio).[15] Além desses, encontram-se de forma esparsa cerca de doze outros artigos de temática afim, publicados nos anos quarenta sob a rubrica de *Literatura latinoamericana* e, posteriormente, *Literatura panamericana*, nos jornais *Cultura e Política*, e *A Manhã*, do Rio de Janeiro. Interessa saber que a

---

[13] Monegal 74.
[14] Monegal 101.
[15] As citações a seguir, que constam dos ensaios de Brito Broca, assim como os artigos de jornais, foram obtidos de arquivos do acima mencionado "Centro de Documentação Alexandre Eulálio" (CEDAE) da Universidade de Campinas (UNICAMP).

visão continental de Brito Broca é extensiva, incluindo autores como Walt Whitman, Fenimore Cooper e Mark Twain, apesar de a tônica recair sobretudo nos hispano-americanos. A aventura literária de Brito Broca é um verdadeiro exercício de literatura comparada: prevalece o tom impressionista, descritivo e anedótico; na maior parte das vezes sua intuição lhe permite aproximações certeiras entre as nossas literaturas. Assombra o número de leituras realizadas pelo crítico e, depois de José Veríssimo, é Brito Broca quem reivindica de forma mais explícita uma política cultural integracionista no continente.

Na leitura dos diversos autores, Brito Broca privilegiou, como forma diferenciadora de expressão, mais o espaço geográfico do que a linguagem. Isso explica seu fascínio pelo pampa argentino nos textos de W. H. Hudson, Ricardo Güiraldes e Benito Lynch; pela selva colombiana em *La vorágine*, de José Eustasio Rivera; ou pelo sertão colombiano em *Maria*, de Jorge Isaacs. Essa mesma predileção pela geografia o levou a descrever a produção literária latino-americana a partir de Paris (*A sedução de Paris*), ressaltando a crônica do guatemalteco Enrique Gómez Carrillo e contrapondo-o ao nosso João do Rio: "Há, porém, mais brilho, colorido e vibração no estilo do João do Rio, indiscutivelmente mais artista do que Gómez Carrillo".

Ao rastrear o interesse que os intelectuais brasileiros tinham pelas letras hispano-americanas, Brito Broca destacou o papel dos modernistas, especialmente Ronald de Carvalho nos poemas de *Toda América*. Conforme nos informa o crítico, o primeiro romance argentino traduzido para o português foi *O mal metafísico*, de Manuel Gálvez. Também ressaltou a importância de Monteiro Lobato na difusão das letras hispano-americanas, por intermédio da *Revista do Brasil* e da Biblioteca Sul-Americana, na qual foram publicados *Facundo*, de Sarmiento, e *Nacha Regules*, de Gálvez. Aliás, em 1947, o mesmo Monteiro Lobato, sob o pseudônimo de Miguel P. García, publicaria em Buenos Aires o romance didático-político destinado à promoção do plano qüinqüenal de Perón, *La nueva Argentina*. Brito Broca também deixou registradas as visitas ao Brasil de Miguel Ángel Asturias e Horacio Quiroga. Este último, autor de *Cuentos de la selva* e *Anaconda*, ao ser homenageado em São Paulo por vários escritores, foi alvo de engraçada saudação de Lobato, rememorada por Brito Broca: "[Lobato] chamou-o de amigo das serpentes, o maior *cobrófilo* até então conhecido. Vivendo entre elas, no território das Missões, criou-lhes tal amor, que em São Paulo logo ao chegar, sua primeira pergunta foi: Onde fica o Butantã? Conhecedores desta sua mania — dizia Lobato — tencionávamos organizar-lhe uma festa serpentina. Mesa em coleios de sucuri, garçons urutus, canja de cascavel, lingüiça de caninana, omelete de ovos de jararaca e várias garrafas de soro anticrotálico".

Da maior importância foi a viagem empreendida por Brito Broca a Buenos Aires e La Plata em 1947. Dela resultaram as vivazes entrevistas com Roberto Giusti, Eduardo Malíca e Benito Lynch. Embora as leituras do crítico revelem predominância de acertos literários, sua apreciação de Jorge Luis Borges aparece diluída e de forma indireta. Assim como acontecera com muitos argentinos, também ele só tomou conhecimento da obra borgiana por intermédio da crítica francesa:

> Na Argentina, atualmente, há um escritor originalíssimo e de grande mérito, cuja obra vem encontrando ressonância na França: Jorge Luis Borges (...). No Brasil, quem o conhece? Quem o lê? Com exceção do meu amigo Alexandre Eulálio, cada vez mais apaixonado pelo requinte espiritual e humor poético de livros como *História da infâmia*, creio que apenas uns dois ou três extravagantes, pois, continua a ser mais ou menos uma extravagância entre nós alguém interessar-se por escritor hispano-americano.[16]

Causa estranheza que, vinte anos após Mário de Andrade ter apresentado Borges aos brasileiros em artigos no *Diário Nacional*, Brito Broca tenha excluído Mário do seu panorama de latino-americanistas e redescoberto Borges via Europa. Na criativa leitura que Davi Arrigucci Jr. faz das relações Brito Broca/Alexandre Eulálio/Borges, acertadamente ressalta a "[incapacidade] de um reconhecimento crítico adequado do grande escritor e de sua real posição diante da tradição de onde surge", chamando esse diálogo de "conversa de fantasmas".[17] De fato, quando Brito Broca visitou Buenos Aires, Borges não só já havia publicado *Ficciones*, como vários livros de poesia e ensaios.

•

O caminho aberto por José Veríssimo, retomado dez anos mais tarde por Mário de Andrade e trilhado de maneira fecunda por Brito Broca, chegará a um momento de extraordinária expressividade em

---
[16] Ver nota 15.
[17] Arrigucci Jr., "Conversa entre fantasmas" 71.

Manuel Bandeira, destacando-se de várias maneiras dos anteriores, em especial pelo caráter profissional dado aos seus estudos de literatura hispano-americana. Bandeira foi professor catedrático dessa matéria na Universidade Federal do Rio de Janeiro no período de 1943 a 1956 e o primeiro a divulgar, no Brasil, a literatura hispano-americana *de forma sistemática*. Dele, merecem destaque a *Literatura hispano-americana*, em duas edições (1949 e 1960), e as *Três conferências sobre cultura hispano-americana* (1959). Bandeira também conseguiu cruzar a grande ponte ao publicar, em 1951, pela editora mexicana Fondo de Cultura Económica, seu *Panorama de la poesía brasileña*.

Embora denominado *Literatura hispano-americana*, o livro é mais que isso. Estamos frente à vasta leitura da cultura da América Latina desde as manifestações culturais pré-colombianas até os poetas e ensaístas contemporâneos a Bandeira. É admirável perceber que, apesar de os 27 capítulos serem organizados cronologicamente, esta cronologia subordina-se a um gosto muito individualizado e capaz de deter-se nos assuntos mais diversos como *Os primeiros colégios e universidades*: *A introdução da imprensa*, ou capítulos dedicados integralmente a cronistas, poetas, dramaturgos e ensaístas de sua predileção (como Garcilaso de la Vega, Sor Juana Inés de la Cruz, Juan Ruiz de Alarcón, Andrés Bello ou Rodó). Nesse sentido, Bandeira detém-se em todos os gêneros literários que constituíram a literatura hispano-americana — desde as narrativas do descobrimento, passando pelo barroco e pela poesia modernista, até chegar a critica contemporânea. Se o trabalho de Bandeira é erudito, assustando até pelo número de leituras e informações, não chega a ser acumulativo, estéril ou cansativo, como sói acontecer com este tipo de livro, próximo às vezes do manual literário. Sua crítica é extremamente *opinativa* e à distância percebemos que dificilmente comete erros qualitativos em sua avaliação. Por exemplo, ao tratar dos barrocos, exalta a poesia de Sor Juana. Em contraposição, afirma Bandeira que "a péssima qualidade dos gongoristas mexicanos está fartamente documentada no *Triunfo Parténico* de Carlos Singüenza y Góngora... Nada vale a sua poesia".[18] Seu gosto pelo comparatismo e por uma política literária latino-americanista já aparece na abertura do capítulo dedicado à *Literatura do descobrimento e da conquista*: "assim como a carta de Pero Vaz de Caminha inicia a literatura de língua portuguesa no Brasil, inauguram as *cartas-relaciones* de Colombo a literatu-

---

[18] Bandeira, *Literatura hispano-americana*.

ra de língua espanhola na Hispano-América".[19] De forma análoga, aproxima o poeta Caviedes a Gregório de Matos: "Caviedes foi a encarnação do espírito limenho; tornou-se a Boca do Inferno da Sociedade de Lima pelas suas sátiras desabusadas e mordazes".[20] Outro dos seus momentos de atrevimento crítico é considerar Herrera y Reissig de melhor qualidade que Rubén Darío: "deu o Uruguai o seu maior poeta, uma das vozes mais originais da poesia hispano-americana, por alguns mesmo considerada substancialmente mais forte e mais genuína que a do próprio Darío".[21]

Também nos inteiramos, através de Bandeira, que o importante romancista argentino do século XIX, José Mármol, autor de *Amalia*, viveu dois anos, entre 1843 e 44, no Rio de Janeiro: "Aqui escreveu grande parte do longo poema *El peregrino*, espécie de *Child Harold* americano, com um canto integralmente dedicado ao Brasil"[22], rememora Bandeira. Outra presença surpreendente no Rio de Janeiro do século XIX é a do poeta e jornalista argentino Carlos Guido y Spano:

> Aos treze anos veio para o Rio de Janeiro [em 1842], onde o pai servia como representante diplomático. Guido y Spano conseguiu dominar o idioma português, para o qual traduziu o *Raphael* de Lamartine. No Rio tomou parte do movimento romântico, e do seu prestígio em nosso meio literário se pode julgar pelo fato de o nosso Gonçalves Dias, já célebre e quatro anos mais velho do que ele, lhe ter pedido um prefácio para os *Últimos cantos*.[23]

À diferença dos críticos anteriores, Bandeira inclui no seu vastíssimo repertório as vozes femininas mais importantes de hispanoamérica. Cabe a Bandeira o mérito de ter sido o primeiro a divulgar de forma muito expressiva o nome de Sor Juana Inés de la Cruz, décadas antes de ela tornar-se moda feminista. Aliás, ele já a chama em 1949 de *monja feminista*.[24] Por proximidade ou não a Gabriel Mistral, de quem foi amigo pessoal durante sua permanência oficial no Rio de Janeiro, Bandeira inclui as vozes mais expressivas da poesia feminina das pri-

---

[19] Bandeira, *Literatura* 15.
[20] Bandeira, *Literatura* 65.
[21] Bandeira, *Literatura* 166-7.
[22] Bandeira, *Literatura* 95.
[23] Bandeira, *Literatura* 97.
[24] Bandeira, *Literatura* 63.

meiras décadas do século: a própria Mistral, Delmira Agustini, Maria Eugenia Vaz Ferreira, Juana de Ibarbouru e Alfonsina Storni.

Os autores comentados por Bandeira mostram sua proximidade com toda e com a melhor poesia de vanguarda do continente. Nesse sentido, aparecem mencionados importantes poetas nicaragüenses (Salomón de la Selva, José Coronel Urtecho, Pablo Antonio Cuadra), Vallejo, Huidobro, Neruda, Carrera Andrade. Bandeira também se aproxima da poesia afro-americana, nas vozes de Nicolás Guillén, Emilio Bailagas e Palés Matos.

Bandeira conhece a geração martinfierrista, mencionando os manifestos e revistas, assim como a importantíssima geração mexicana em torno da revista *Contemporáneos*. Dois pecados, entretanto: não estabelece a relação entre esses movimentos com a Semana de 22, da qual foi protagonista; e praticamente ignora a presença de Borges, que já publicara vários livros de poesia, livros de ensaios, *Ficciones* e *El aleph*, o que não se justifica. Bandeira era muito próximo de Mário de Andrade e de Alfonso Reyes; ambos, por sua vez, conhecedores do escritor argentino. Aliás, a única referência a Borges é estranha: "Um jovem poeta argentino que então vivia em Madri, Jorge Luis Borges, n. em 1900, regressando a Buenos Aires em 1921, começou a *bandeirizar* o ultraísmo entre os seus compatriotas..."[25]

Se por um lado surpreende a pouca atenção dada a Borges, por outro agrada o destaque dado a Mariátegui: "A América perdeu prematuramente em José Carlos Mariátegui (1891-1930) uma de suas mais fortes e nobres personalidades".[26]

Diferentemente de José Veríssimo, Mário de Andrade e Brito Broca, Bandeira não privilegia os argentinos. Nem por isso, eles deixam de estar devidamente representados e equiparados na descrição continental empreendida pelo autor de *Libertinagem*.

A cátedra de Manuel Bandeira na UFRJ foi sucedida por Bella Jozef, autora da *História da literatura hispano-americana*[27], já com várias reedições e, hoje, texto essencial para os estudantes brasileiros de literatura hispano-americana.

Raúl Antelo pertence à nova geração de críticos, empenhados, como eu, na eliminação da linha de Tordesilhas. Argentino residente no

---
[25] Bandeira, *Literatura* 198-9.
[26] Bandeira, *Literatura* 207.
[27] Petrópolis: Vozes, 1971.

Brasil, bilíngüe e bicultural, destaca-se em sua obra o livro publicado em 1986, dedicado às leituras que Mário de Andrade fez dos hispano-americanos — *Na ilha de Marapatá: Mário de Andrade lê os hispano-americanos*. É uma espécie de radiografia ideológica de época, a partir das leituras, anotações marginais, recortes e correspondência de Mário de Andrade com o mundo hispano-americano. Antelo demonstra inclusive como o processo seletivo do escritor paulista influenciou sua produção poética. Longe de limitar-se ao material hispânico na obra de Mário de Andrade, Antelo nos mostra a presença brasileira na América Hispânica como, por exemplo, duas raras resenhas de Borges, de 1933: uma de *Versos*, de Paulo de Magalhães, e outra, *Nordeste e outros poemas do Brasil*, de Ribeiro Couto, assim como o artigo de Maria Rosa Oliver, publicado em *Sur*, por ocasião da morte de Mário de Andrade. Esse trabalho tem continuidade no ensaio "*Macunaíma*: apropriação e originalidade", para a edição crítica de *Macunaíma* da coleção Arquivos, em que Antelo mostra com erudição as raízes latino-americanas do romance.[28]

Escapa à simples categorização a obra de Davi Arrigucci Jr., sobretudo seu brilhante trabalho sobre Julio Cortázar — *O escorpião encalacrado*, de 1973 —, inacessível ao público hispano-americano não tanto pelo enigmático título, mas pela fatalidade de ter sido escrito em português.

As duas grandes matrizes do discurso integrador de culturas são hoje representadas no Brasil por Antonio Candido e Haroldo de Campos. Ambos incorporaram às suas reflexões a produção literária e crítica da América Hispânica. Em seu clássico artigo "Literatura e subdesenvolvimento", de 1972, Antonio Candido tece relações cujos parâmetros básicos são os vínculos de dependência cultural, a consciência do subdesenvolvimento e a importação de modelos, para finalmente privilegiar o regionalismo e sua superação por meio do super-regionalismo. Sua crítica, como definida por Davi Arrigucci Jr.:

> (...) defende e demonstra pela prática analítica, com a clareza de sempre, a legitimidade do ponto de vista histórico no estudo da literatura, sem que isto signifique o abandono da perspectiva estética. Esta não se confunde, para ele, com qualquer formalismo redutor, e procura dar conta da obra como realidade própria, sem contudo perder de vista a realidade humana, psíquica e social, com que a primeira se relaciona, sem a ela tampouco se reduzir.[29]

---

[28] Antelo 1998.
[29] Arrigucci Jr., "Movimentos de um leitor".

Além da produção crítica propriamente dita, Antonio Candido destaca-se por ter privilegiado, nas últimas décadas, política cultural integracionista, através de vários projetos que mencionarei adiante.

Já Haroldo de Campos privilegia o *topos* frente ao *chronos*. Inspirado em Eliot, Jakobson e Borges, sua construção teórica baseia-se na poética sincrônica.[30] Em "Superação das linguagens exclusivas", de 1972, ampliado e publicado no Brasil em 1977 como "Ruptura dos gêneros na literatura latino-americana", o fundador da Poesia Concreta cruza fronteiras a partir de categorias estéticas: a fusão poesia/prosa (Lezama Lima, Clarice Lispector, Guimarães Rosa, Severo Sarduy), a metalinguagem (Machado de Assis, Macedonio Fernández, Jorge Luis Borges, Julio Cortázar), ou uma linhagem poética que aponta para a concretude do poema (Huidobro, Paz, Parra; Drummond, João Cabral e os próprios poetas concretos). Enquanto transcriador, Haroldo de Campos representa uma das vertentes mais fecundas e criativas neste diálogo: Sor Juana, Vallejo, Cortázar e o formidável *Transblanco* de Octavio Paz. Incorporados ao seu *paideuma*, encontram-se ainda Huidobro, Girondo, Lezama Lima e Sarduy.

•

Gostaria agora de mencionar alguns projetos que fazem da América Latina um *corpus* cultural unificado, nele incluído o Brasil.

Em primeiro lugar, a coleção "Literatura Latinoamericana", da Casa de Las Américas (Cuba), iniciada em 1963, tentando de forma ostensiva e pioneira essa visão integrativa. O primeiro título, justamente, é *Memórias póstumas de Brás Cubas*, de Machado de Assis, traduzido por A. Alatorre. Dos 134 títulos até hoje publicados, 33 pertencem ao Brasil.[31]

---

[30] Campos, "Texto e história".
[31] Os dez primeiros títulos brasileiros, publicados em espanhol, são os seguintes: Machado de Assis, *Memorias póstumas de Brás Cubas*, 1963 (tradução de A. Alatorre); Graciliano Ramos, *Vidas secas*, 1964 (prólogo de José Rodriguez Feo); Carolina Maria de Jesús, *La favela*, 1965 (prólogo de Mario Trejo); José Luis Lins do Rego, *Niño de ingenio*, 1969 (prólogo de José Triana); Carlos Drummond de Andrade, *Poemas*, 1970 (prólogo de Muñoz Unsain); Machado de Assis, *Varias historias*, 1972 (prólogo de Antonio Benítez Rojo); Euclides da Cunha, *Los sertones*, 1973 (prólogo de Glauber Rocha); Jorge Amado, *Gabriela, clavo y canela*, 1975 (prólogo de Adolfo Marti Fuentes); João Guimarães Rosa, *Gran sertón: veredas*, 1979 (prólogo de Trinidad Pérez Valdés); Clarice Lispector, *La pasión según G. H.*, 1982 (prólogo de Trinidad Pérez Valdés). Agradeço a informação a Silvia Gil.

Em segundo lugar, o já citado *América Latina en su literatura* publicado em 1972 com patrocínio da Unesco, obra precursora da crítica latino-americana como perspectiva totalizante de culturas. Em forma de ensaios organizados tematicamente, nele figuram doze países totalizando vinte e sete contribuições. Nas várias reuniões preparatórias iniciadas em Buenos Aires, em 1969, o Brasil foi representado por Sérgio Buarque de Holanda e Afonso Arinos de Melo Franco. Em conseqüência, foram incluídos no volume quatro intelectuais brasileiros de primeira grandeza: Antonio Houaiss, que tratou da pluralidade lingüística dos países ibéricos; Haroldo de Campos, com o mencionado artigo "Superação das linguagens exclusivas"; Antonio Candido, com o já clássico "Literatura e subdesenvolvimento"; e José Guilherme Merquior, que estudou o papel do escritor no continente desde os tempos coloniais. Pela primeira vez, um projeto trouxe proposta coerente para a queda do muro de Tordesilhas, o que aparece de forma explícita na introdução de César Fernández Moreno:

> Es por eso que hemos solicitado a todos los que colaboran en el proyecto que traten de encarar sus trabajos a partir de ese concepto de unidad. Satisfacer tal pedido ha presentado, es claro, serias dificultades, dada la tradicional falta de comunicación que ha habido entre los países de América Latina, sobre todo en lo que se refiere a sus dos regiones lingüísticas: hay en América Latina una enorme zona, casi un continente de por sí, que habla portugués, y que no siempre tiene una visión completa de lo que se produce en la zona que habla español, y viceversa.[32]

Como resultado dessa proposta unificadora e interativa, os quatro brasileiros lançaram olhar abrangente sobre as literaturas e linguagens americanas. Salvo algumas exceções, o mesmo não se pode dizer de seus colegas hispano-americanos com relação às brasileiras.

Em terceiro lugar pode ser citada a "Biblioteca Ayacucho", concebida por Ángel Rama e iniciada em 1976. Com a assessoria de Antonio Candido, tal coleção, inspirada talvez no modelo de Casa de las Américas, incorporou de forma significativa a produção literária do Brasil. As obras traduzidas para o espanhol constituem via de acesso ao interessado na literatura e cultura brasileiras, assim como os textos introdutórios o são à crítica literária brasileira.

---

[32] Moreno 17.

Um quarto projeto editorial de caráter muito diferenciado trata da Coleção Arquivos, dirigida por Amos Segala, também patrocinada pela Unesco. Oito países signatários apóiam o projeto. Trata-se de edições críticas nas línguas originais, portanto com perfil inteiramente diferente do de Casa de las Américas ou do da Biblioteca Ayacucho. Além de se buscar o estabelecimento definitivo do texto, com todas as suas variantes, as obras são publicadas com abundante material critico. Participam do projeto vinte e dois países, inclusive Dominica, Jamaica, Guiana e Haiti. Dois fatos merecem especial atenção: primeiro, a "Coleção Arquivos", assim como a Casa de las Américas, incluem no seu conceito de América Latina países do Caribe de expressão francesa e inglesa. Segundo, o Brasil está representado com o mesmo número de volumes que a Argentina e o México, doze no total; até o momento saíram três: *Macunaíma*, de Mário de Andrade; *A paixão segundo G. H.*, de Clarice Lispector; e *Crônica da casa assassinada*, de Lúcio Cardoso. De todos os projetos já realizados, a coleção Arquivos é o mais ambicioso e completo, contando com o maior número de colaboradores.

Importante ainda mencionar dois projetos no prelo. O primeiro, idealizado anos atrás por Ángel Rama e Antonio Candido, trata de três volumes programados para a coleção *América Latina: cultura, linguagem e literatura*. Concebido originalmente como uma história da literatura composta de artigos organizados em três volumes, conta com um terço dos ensaios em língua portuguesa. Atualmente, os responsáveis pelo projeto são Ana Pizarro para a parte hispânica; Antonio Candido, Alfredo Bosi e Roberto Schwarz, para cada uma das partes dedicadas ao Brasil.

O último projeto é o "DELAL": *Diccionario de las letras de América Latina*, organizado por Nelson Osório, verdadeira enciclopédia com 2200 verbetes, escritos por especialistas de vários países, no qual o Brasil aparecerá devidamente representado.

Cabe por fim observar que a obra de Torres-Ríoseco, Casa de las Américas, a Biblioteca Ayacucho, a antologia Borzoi, a Coleção Arquivos e o dicionário Delal colocam o Brasil junto a Hispano-América. E entenda-se *junto* em sentido literal: o Brasil *ao lado* da América Hispânica. Talvez seja um desejo utópico querer uma reflexão *conjunta*, entrelaçada. Já o fizeram alguns dos críticos mencionados neste texto. De qualquer forma, salta à vista o fato de até hoje não ter sido publicado em espanhol um clássico como a *Formação da literatura brasileira*, de Antonio Candido, nem um único livro de ensaios de Haroldo de Campos. É como se o

Brasil, para os leitores hispano-americanos, só interessasse enquanto verbete em obras de referência. O V Centenário da chegada dos portugueses ao Brasil foi comemorado no ano 2000, fica, porém, o desejo de que não tenhamos de esperar um novo século para que nossos vizinhos cheguem às nossas bibliotecas com suas caravelas.

Bibliografia

Andrade, Mário de. "Literatura modernista argentina". *Diário Nacional*. São Paulo, 22 de Abril, 1928.
_____. *Macunaíma. O herói sem nenhum caráter*. Telê Ancona Lopez (org.). Brasília: CNPq, 1988 [1928].
Antelo, Raúl. *Na ilha de Marapatá: Mário de Andrade lê os hispano-americanos*. São Paulo: HUCITEC, 1986.
_____. "*Macunaíma*: apropriação e originalidade". *Macunaíma. O herói sem nenhum caráter*. Telê Ancona Lopez (org.). Brasília: CNPq, 1988. 255-65.
Ardao, Arturo. *Génesis de la idea y el nombre de América Latina*. Caracas: Centro Rómulo Gallegos, 1980.
Arrigucci Jr, Davi. *O escorpião encalacrado*. São Paulo: Perspectiva, 1973.
_____. "Conversa entre fantasmas (Brito Broca e as Américas)" *Remates de Males 11* (Campinas, 1991).
_____. "Movimentos de um leitor. Ensaio e imaginação crítica em Antonio Candido". *Folha de São Paulo*, 23 de novembro de 1991.
Bandeira, Manuel. *Literatura hispano-americana*. Rio de Janeiro: Fundo de Cultura, 1960 [1949].
_____. *Panorama de la poesía brasileña*. México: Fondo de Cultura Económica, 1951.
Campos, Haroldo de. "Texto e história". *A operação do texto*. São Paulo: Perspectiva, 1976. 13-22.
Candido, Antonio. "Literatura y subdesarrollo". César Fernández Moreno (org.). *América Latina em su literatura*. México: Siglo XXI/Unesco, 1972. 335-53.
Henríquez-Ureña, Pedro. *Historia de la cultura en la América Hispánica*. México: Fondo de Cultura Económica, 1947.
Jozef, Bella. *História da Literatura hispano-americana*. Petrópolis: Vozes, 1971.
Monegal, Emir Rodríguez. *Mário de Andrade/Borges. Um diálogo dos anos 20*. São Paulo: Perspectiva, 1978. 12.
Moreno, César Fernández. (org.) *América Latina en su literatura*. México: Siglo XXI/Unesco, 1972.
Rama, Ángel. "Nueva poesía brasileña". *El Nacional*, 17 de maio de 1954.
_____. "Las dos vanguardias latinoamericanas". *Maldoror 9* (1973): 58-64.
Vallejo, César. *Favorables París Poemas 2* (Outubro, 1926): 14.
Veríssimo, José. *Cultura, literatura e política na América Latina*. João Alexandre Barbosa (org.). São Paulo: Brasiliense, 1986.

HISTÓRIA & CRÍTICA LITERÁRIA

PRIMÓRDIOS DA HISTORIOGRAFIA LITERÁRIA BRASILEIRA

Roberto Acízelo de Souza[1]

Pode-se dizer que a formação da história da literatura brasileira como disciplina se processa num período situado entre 1805 e 1888. A primeira data corresponde à publicação do quarto volume da obra *Geschichte der Poesie und Beredsamkeit seit dem Ende des 13 Jahrhunderts* intitulado *Geschichte der Portugiesischen Poesie und Beredsamkeit*, de autoria de Friedrich Bouterwek, onde a presença do Brasil, então ainda colônia de Portugal, se restringe à menção de dois escritores nascidos no país, Antônio José da Silva e Cláudio Manuel da Costa; a segunda, à publicação da *História da literatura brasileira* de Sílvio Romero, trabalho cuja abrangência e fundamentação conceitual atestam a consolidação da disciplina. Entre essas datas extremas, apareceram diversas contribuições, de importância e natureza variadas, devidas a autores nacionais e a estrangeiros. Apresentaremos aqui uma descrição genérica de tais contribuições, começando por aquelas devidas aos estrangeiros. Estas podem ser classificadas em cinco categorias.

Em primeiro lugar, temos obras que, no corpo de estudos historiográficos sobre a literatura portuguesa, fazem referência a alguns autores nascidos no Brasil. Além da já citada obra do alemão Friedrich Bouterwek (1766-1828), pertencem a este grupo: *De la littérature du midi de l'Europe* (1813), do suíço Simonde de Sismondi (1773-1842); "História abreviada da língua e poesia portuguesa" — mais tarde publi-

---

[1] Professor Titular de Literatura Brasileira na Universidade do Estado do Rio de Janeiro. Entre outros, autor de *Teoria da literatura* (São Paulo: Ática, 1986); *O império da eloqüência* (Rio de Janeiro: EdUERJ/EdUFF, 1999). Organizador de Joaquim Norberto de Sousa Silva. *História da literatura brasileira e outros ensaios* (Rio de Janeiro: Zé Mário Editor, 2002).

cada com o título de "Bosquejo da história da poesia e língua portuguesa" —, introdução ao *Parnaso lusitano* (1826), do português João Batista Leitão de Almeida Garrett (1799-1854). Podemos incluir neste grupo também o *Dicionário bibliográfico português*, que merece referência à parte, pela dimensão e pelo fato de a obra instituir equilíbrio entre o espaço concedido a autores portugueses e brasileiros. Subintitulado "Estudos aplicáveis a Portugal e ao Brasil", a publicação de seus vinte e dois volumes se iniciou em 1858 e encerrou-se em 1923, sob a responsabilidade de Inocêncio Francisco da Silva (1810-1876), sucedido por Brito Aranha, Gomes de Brito e Álvaro Neves.[2]

Numa segunda categoria, a história da literatura brasileira torna-se objeto de tratamento mais desenvolvido e autônomo, embora ainda permaneça como adendo à história da literatura portuguesa. Seu representante é um livro do francês Ferdinand Denis (1798-1890), intitulado *Résumé de l'histoire littéraire du Portugal, suivi du Résumé de l'histoire littéraire du Brésil* (1826).

Numa terceira categoria, a produção brasileira será presença exclusiva. O ensaio que a constitui — "De la poesía brasileña" (1855) — é de autoria do espanhol Juan Valera (1824-1905); originalmente publicado na *Revista Espanhola de Ambos os Mundos*, ocupa-se, como declara o título, apenas com poesia.

Num quarto conjunto, temos ensaios de teor mais crítico do que historiográfico. Estão neste grupo as contribuições do alemão C. Schlichthorst — capítulo do livro *Rio de Janeiro wie es ist* (1829) — e dos portugueses José da Gama e Castro (1795-1873) — carta-resposta a um leitor, publicada no *Jornal do Comércio* (Rio de Janeiro, 1842) — e Alexandre Herculano de Carvalho e Araújo (1810-1877) — "Futuro literário de Portugal e do Brasil", artigo incluído na *Revista Universal Lisbonense* (1847-1848).

Finalmente, uma quinta categoria é constituída pela obra *Le Brésil littéraire — Histoire da la littérature brésilienne* (1863), do austríaco Ferdinand Wolf (1796-1866), primeiro livro inteiramente dedicado à história da literatura brasileira.

Destas contribuições estrangeiras, cabe destacar a de Ferdinand Denis e a de Ferdinand Wolf. O francês exerceu grande influência sobre

---

[2] Se quisermos recuar ao século XVIII as origens da historiografia literária brasileira, deve ser mencionada uma outra espécie de dicionário, a *Biblioteca lusitana* (1741-1759), de Diogo Barbosa Machado (1682-1772), que contempla também autores brasileiros.

os nossos românticos, com suas exortações ao nacionalismo literário, mediante as quais, com a autoridade de europeu, recomendava o corte de vínculos com o velho mundo. Assim, o seu *Résumé* se apresenta pontuado de passagens como a seguinte: "A América, estuante de juventude, deve ter pensamentos novos e enérgicos como ela mesma; nossa glória literária não pode sempre iluminá-la como um foco que se enfraquece ao atravessar os mares, e destinado a apagar-se completamente diante das aspirações primitivas de uma nação cheia de energia (...). A América deve ser livre tanto na sua poesia como no seu governo" (36). O austríaco, por sua vez, além de também ter influído no meio brasileiro por seus incentivos para a adoção de uma perspectiva nacionalista na produção e apreciações literárias, tornou-se importante referência didática, pela circunstância de sua obra — escrita originalmente em alemão, depois traduzida para o francês e publicada em Berlim sob os auspícios do imperador Pedro II — figurar entre os compêndios adotados na escola brasileira do século XIX.

Passemos agora ao exame dos trabalhos devidos aos autores nacionais, começando por estabelecer uma divisão desse *corpus* em suas modalidades básicas. Inicialmente, temos as antologias de poesia, na época chamadas *parnasos* ou *florilégios*, precedidas de prólogos que algumas vezes assumem proporções de sínteses historiográficas. Há também ensaios que constituem como que declarações de princípios sobre a idéia de literatura brasileira, envolvendo tanto reconstituições e avaliações do passado quanto projetos para as produções do presente e do futuro. Outra modalidade é integrada por estudos sobre a vida de escritores, constituindo as chamadas *galerias*, coleções de biografias de *varões ilustres* e *brasileiras célebres*. Existem ainda as edições de textos, com aparato composto por notícia biográfica sobre seus autores e notas explicativas. Uma quinta categoria específica, constituída por um dicionário bibliográfico, é também conveniente distinguir-se. Por fim, temos as histórias literárias em sentido estrito, isto é, livros interessados em estabelecer periodizações e sínteses historiográficas, atentas menos à individualidade dos autores do que ao panorama das épocas sucessivas, então chamados *cursos* e *resumos*. Vejamos a seguir alguns destaques em cada modalidade.

Entre as antologias, a mais antiga é o *Parnaso brasileiro* (1829-1832), de Januário da Cunha Barbosa (1780-1846), obra que dispõe de dois sumários textos introdutórios, ambos de escasso valor como notícia historiográfica. Posteriormente, apareceram outras antologias melhor estruturadas e com prólogos mais extensos e informativos: um segundo *Parnaso brasileiro* (1843-1848), de João Manuel Pereira da Silva (1817-1898); o *Florilégio da poesia brasileira* (1850-1853), de Francisco Adolfo de Varnhagen (1816-1878); o *Mosaico poético* (1844), de Joaquim Norberto de Sousa Silva (1820-1891) e Emílio Adet (1818-1867). Integram ainda o rol das antologias as seguintes obras: *Meandro poético* (1864), de Joaquim Caetano Fernandes Pinheiro (1825-1876), sem prólogo de conteúdo historiográfico, mas apresentando informações sobre os vários autores selecionados; *Curso de literatura brasileira* (1870) — antologia, não obstante o título — e *Parnaso brasileiro* (1885), de Alexandre José de Melo Morais Filho (1844-1919), ambas pobres de informações historiográficas.

Entre os textos que julgamos poder reunir na rubrica "declarações de princípios" figuram verdadeiros manifestos Românticos, empenhados tanto em avaliar o passado literário do país segundo premissas nacionalistas — acentuando a identificação crescente de nossa produção com a especificidade da natureza e da história brasileiras —, quanto em projetar um futuro em que os últimos indícios de submissão colonial à Europa tenham sido definitivamente superados. O paradigma dessa modalidade é o "Ensaio sobre a história da literatura do Brasil" (1836) — cujo título depois teria a primeira palavra alterada para "Discurso" —, de Domingos José Gonçalves de Magalhães (1811-1882), escritor considerado por seus contemporâneos como o "chefe da escola Romântica". Trata-se de estudo originalmente publicado no primeiro número da revista *Niterói*, periódico lançado em Paris no ano de 1836, com o intuito de promover o Romantismo no Brasil. Nessa modalidade, destacam-se também dois ensaios de Santiago Nunes Ribeiro (nascido em fins da década de 1820 e morto em 1847), sob o título de "Da nacionalidade da literatura brasileira" (1843), publicados na revista *Minerva Brasiliense*, periódico fundado no Rio de Janeiro visando à divulgação das idéias românticas.

Embora o tom geral de tais ensaios, segundo já assinalamos, seja dado por uma combinação de nacionalismo e ufanismo, é importante pôr em relevo dois trabalhos que desafinam. Um deles se deve a José Inácio de Abreu e Lima (1794-1869), interessante figura de militar revolucionário e intelectual, que chegou a integrar o exército de Simon Bolívar, alcançando a patente de general. Trata-se do capítulo "Conclusão: Nosso estado intelectual", integrante do livro *Bosquejo histórico, político e literário do Brasil* (1835), em que o autor expõe um ponto de vista extremamente desencantado quanto às possibilidades de uma literatura brasileira, de que é exemplo a primeira de suas conclusões, expressa numa linguagem direta e rude que contrasta com a euforia ufanista dos demais historiadores românticos: "(...) sendo nós outros descendentes dos portugueses, nos achamos por esta causa muito mais atrasados em conhecimentos do que os nossos conterrâneos, e somos por isso mesmo *o povo mais ignorante do continente americano* (...)" (74). O outro ensaio que foge ao padrão dominante da época é o estudo "Literatura e civilização em Portugal", de Manuel Antônio Álvares de Azevedo (1831-1852), um dos principais representantes da segunda geração romântica. Escrito por volta de 1850, portanto num momento dominado por ideais nacionalistas, chama a atenção o desdém do poeta pelo nacionalismo como critério para a definição da literatura, donde sua convicção de que, tendo em vista a comunidade de língua, os poetas portugueses e brasileiros integravam a mesma literatura: "(...) Ignoro eu que lucro houvera (...) em não querermos derramar nossa mão cheia de jóias nesse cofre mais abundante da literatura pátria; por causa de Durão não podemos chamar Camões nosso ?" (340)

Na modalidade *galerias*, destacam-se *Plutarco brasileiro* (1847) — do já citado João Manuel Pereira da Silva —, livro depois republicado em versões bastante alteradas sob o título de *Varões ilustres do Brasil durante os tempos coloniais* (1856 e 1868); *Biografias de alguns poetas e homens ilustres da província de Pernambuco* (1856-1858), de Antônio Joaquim de Melo (1794-1873); *Brasileiras célebres* (1862), de Joaquim Norberto de Sousa Silva; *Panteon maranhense* (1873-1875), de Antônio Henriques Leal (1828-1885).

Entre as edições de textos, contam-se os trabalhos dos já mencionados Joaquim Norberto de Sousa Silva e Francisco Adolfo de Varnhagen. O primeiro é responsável por diversas edições de poetas do seu século e do século XVIII: Gonzaga (1862), Silva Alvarenga (1864), Alvarenga Peixoto (1865), Gonçalves Dias (1870), Álvares de Azevedo (1873), Laurindo Rabelo (1876), Casimiro de Abreu (1877); o segundo, por edições dos poemas setecentistas de José Basílio da Gama (*O Uraguai*) e José de Santa Rita Durão (*Caramuru*), reunidos no livro *Épicos brasileiros* (1845), bem como por textos de um poeta (Bento Teixeira) e de prosadores (Vicente do Salvador, Ambrósio Fernandes Brandão, Gabriel Soares de Sousa) do período colonial. Deve-se destacar também a edição do primeiro volume das obras de Gregório de Mattos — poeta até então publicado apenas em antologias —, aparecido em 1882, sob a responsabilidade de Alfredo do Vale Cabral (1851-1896).

A categoria dicionário é representada pelo *Dicionário bibliográfico brasileiro*, de Augusto Vitorino Alves Sacramento Blake (1827-1903), obra em sete volumes publicados de 1883 a 1902.

Por fim, entre as narrativas mais extensas do processo literário — as histórias literárias em sentido estrito —, concebidas com propósitos didáticos — aliás, explícitos em seus títulos —, figuram obras de Joaquim Caetano Fernandes Pinheiro (1825-1876) e Francisco Sotero dos Reis (1800-1871).

O primeiro é autor do *Curso elementar de literatura nacional* (1862), que, não obstante o título, não trata apenas da literatura brasileira, mas também da portuguesa, que inclusive ocupa o maior espaço da obra. É que, segundo Fernandes Pinheiro, só haveria literatura brasileira distinta da portuguesa a partir da independência e do Romantismo, pois, até então, ainda que "(...) certa fisionomia própria (...) caracterizasse os poetas americanos, e (...) os extremasse de seus irmãos de além-mar, tais diferenças, provenientes da influência do clima e dos costumes, (...) não eram, no entanto, suficientes para constituir uma literatura independente"(493). Também de sua autoria é o *Resumo de história literária* (1872), em que permanece fiel à tese exposta no *Curso* quanto à separação tardia entre as literaturas portuguesa e brasileira. O livro tem a pretensão, bem própria do historicismo Romântico — que hoje nos pareceria ingênua —, de abranger a literatura de todas as épocas e países. Assim, seu primeiro volume, além dos prolegômenos usuais, apresenta capítulos dedicados às literaturas orientais, hebraica, grega, latina, italiana, francesa, inglesa (complementado por apêndice sobre o que chama "literatura anglo-americana"), alemã e espanhola (complementado por apêndice sobre o que chama "literatura hispano-americana"). O segundo volume cobre o espaço da língua portuguesa, subdividindo-se em duas partes: literatura portuguesa e literatura luso-brasileira.

Francisco Sotero dos Reis é autor do *Curso de literatura portuguesa e brasileira* (1866-1873). O conteúdo relativo à literatura brasileira é tratado em parte dos volumes quarto e quinto, devendo assinalar-se que o autor começa a sua narrativa e análises com poetas do século XVIII, por ele considerados "precursores", cabendo apenas aos escritores do período pós-independência inclusão no que chama "literatura brasileira propriamente dita".

Entre essas obras empenhadas em estabelecer periodizações e traçar panoramas generalistas do processo literário, deve-se mencionar ainda uma *História da literatura brasileira* cujo plano foi concebido por um autor já antes mencionado, Joaquim Norberto de Sousa Silva. Ao contrário das demais semelhantes, anteriormente referidas, esta não tem objetivos didáticos, constituindo-se antes em apaixonada afirmação de idéias românticas relativas ao conceito de literatura brasileira, donde sua valorização da natureza grandiosa e edênica, bem como dos primitivos habitantes do país — os índios —, vistos como elementos propiciadores para o desenvolvimento de uma literatura original e autenticamente brasileira. Publicada sob a forma de capítulos em números sucessivos de um periódico romântico do Rio de Janeiro — a *Revista popular* —, entre os anos de 1859 e 1862, a obra não chegou a ser concluída, não se transformando, portanto, no livro que o autor se propusera posteriormente organizar.

Podemos ainda acrescentar às seis modalidades de produção historiográfica que procuramos distinguir — antologias, declarações de princípios, galerias, edições de textos, dicionários bibliográficos, histórias literárias *stricto sensu* — ensaios não propriamente historiográficos, mas de natureza crítica, sintonizados porém com a história literária pela circunstância de que se servem do *leitmotif* desta — o nacionalismo — como referencial para análises de valor. Nesse tipo de ensaio, destaca-se Antônio Joaquim de Macedo Soares (1838-1905), podendo-se aí incluir também a extensa e importante contribuição de José Martiniano de Alencar (1829-1877), o principal romancista romântico brasileiro, contribuição que consiste sobretudo numa reflexão acerca do significado de sua própria obra no empenho coletivo de se construir uma expressão literária genuinamente nacional.

Para concluir, parece-nos conveniente mencionar os novos rumos que vão tomando os estudos críticos e historiográficos já a partir de fins dos anos 60 do século XIX, porém melhor definidos nas décadas de 70 e 80. Tem início então a ultrapassagem da perspectiva romântica, cujo tom declamatório e ufanista vai cedendo lugar a uma linguagem mais analítica, que em geral procura fundamentar sua objetividade nos grandes sistemas de pensamento que ao mesmo tempo derivaram do romantismo e promoveram a sua contestação, como o positivismo, o Evolucionismo, o Determinismo, o Transformismo. Entre os autores dessa fase pós-Romântica, façamos alguns destaques.

Comecemos por Joaquim Maria Machado de Assis (1839-1908). Seu pensamento crítico, entre outras contribuições, sem aderir às atitudes anti-românticas já referidas, procurou rever o princípio romântico da chamada "cor local", argumentando que o caráter nacional das manifestações literárias não se define por evidências exteriores, como, por exemplo, a figuração de paisagens típicas, mas por qualidades por assim dizer mais entranhadas e por isso de alcance universal. Além de Machado de Assis, devem ainda ser mencionados: João Capistrano de Abreu (1853-1927), Tristão de Alencar Araripe Júnior (1848-1911), Sílvio Vasconcelos da Silveira Ramos Romero (1851-1914) e José Veríssimo Dias de Matos (1857-1916). O primeiro cedo abandonou os estudos literários pelos de história; Araripe, Sílvio e Veríssimo, por sua vez, constituiriam as três principais referências brasileiras no campo dos estudos literários na passagem do século XIX para o XX, cabendo assinalar que Sílvio em 1888 e Veríssimo em 1916, com a publicação de suas respectivas *Histórias da literatura brasileira*, oferecem contribuições decisivas no processo de consolidação da disciplina.

Bibliografia

Azevedo, Álvares de. *Obras completas*. Vol. 2. São Paulo: Cia. Ed. Nacional, 1942.
Candido, Antonio. *Formação da literatura brasileira.(Momentos Decisivos)*. 2 vols. São Paulo: Martins, 1971 [1959].
César, Guilhermino. *Historiadores e críticos do romantismo*. Vol.1. *A contribuição européia: Crítica e história literária*. São Paulo: Edusp; Rio de Janeiro: Livros Técnicos e Científicos, 1978.
Coutinho, Afrânio. *A tradição afortunada; o espírito de nacionalidade na crítica brasileira*. Rio de Janeiro: José Olympio, 1968.
_____. (org.). *Caminhos do pensamento crítico*. Rio de Janeiro: Pallas; Brasília: INL, 1980.
Denis, Ferdinand. *Resumo de história literária do Brasil*. César Guilhermino. *Historiadores e críticos do romantismo*. 35-82.
Lima, José Inácio de Abreu e. *Bosquejo histórico, político e literário do Brasil*. Niterói: Tipografia Niterói do Rego, 1835.
Nunes, Benedito. "Historiografia literária do Brasil". *Crivo de papel*. Rio de Janeiro: Fundação Biblioteca Nacional / Mogi das Cruzes (SP): Universidade de Mogi das Cruzes; São Paulo: Ática, 1998. 205-46.
Zilberman, Regina e Maria Eunice Moreira (orgs.). *Crítica literária romântica no Brasil: Primeiras manifestações. Cadernos do Centro de Pesquisas Literárias da PUC-RS*. 5.2. Porto Alegre: Pontifícia Universidade Católica - Rio Grande do Sul (Agosto 1999).
_____. (orgs.). *História da literatura e literatura brasileira. Cadernos do Centro de Pesquisas Literárias da PUC-RS*. 1.2. Porto Alegre: Pontifícia Universidade Católica - Rio Grande do Sul (Junho 1995).

ENTRE DUAS HISTÓRIAS:
DE SÍLVIO ROMERO A JOSÉ VERÍSSIMO

Regina Zilberman[1]

A Sílvio Romero (1851-1914) atribui-se a primogenitura da História da literatura brasileira: desde o título, o livro contendo essa matéria, de 1888, propõe-se a narrar, dos inícios à atualidade do autor, a trajetória da produção literária do país. José Veríssimo (1857-1916) desembarca no Rio de Janeiro poucos anos depois, colaborando na imprensa carioca a partir de 1891; sua *História da literatura brasileira* apareceu em 1916, ano de sua morte. Os dois intelectuais atuaram em períodos próximos, mas 25 anos separam suas obras mais importantes, balizando fase significativa, contudo nem sempre suficientemente conhecida, da vida literária nacional.

As circunstâncias que os avizinham parecem fortuitas: nascidos longe do Rio de Janeiro, migraram adultos para a Corte, onde desenvolveram atividades similares; redigiram uma História da literatura brasileira; faleceram em torno a 1915. A discórdia mostra-se mais notável, pois disputaram pontos de vista opostos e inconciliáveis, a ponto de Romero publicar em 1910 *Zeveríssimações ineptas da crítica*, agredindo o oponente. Por sua vez, a época em que aturam, limitada pelas datas de suas respectivas *Histórias*, de 1888 a 1916, é das mais férteis, contudo, paradoxalmente menosprezada: "sorriso da sociedade"[2] para Lúcia Miguel-Pereira

---

[1] Professora Titular de Teoria da Literatura e Literatura Brasileira na Pontifícia Universidade Católica — RS. Entre outros, publicou: *Estética da recepção* e *história da literatura* (São Paulo: Ática, 1989); *A Formação da leitura no Brasil* (com Marisa Lajolo — São Paulo: Ática, 1996); *O berço do cânone* (com Maria Eunice Moreira — Porto Alegre: Mercado Aberto, 1998).

[2] A expressão "sorriso da sociedade" foi utilizada pela primeira vez por Peixoto em *Panorama da literatura brasileira 5*.

(253), para Alceu Amoroso Lima e Alfredo Bosi, Pré-Modernismo, rótulo inadequado que aglomera fatores diversos e até incompatíveis. Uma reflexão sobre as obras de Romero e Veríssimo talvez ajude a entender a razão do desprestígio da época de que participaram.

Primeiro historiador da literatura brasileira a se conferir esta designação, Sílvio Romero trilhou a picada aberta pelos românticos Gonçalves de Magalhães, Pereira da Silva, Joaquim Norberto e Varnhagen, que pesquisaram dados fundamentais, necessários à sistematização do passado, não apenas ordenando elementos conhecidos, mas criando fatos, ao descobrir autores, obras, inéditos. Sem esse trabalho preparatório, cujo valor, mas sem entusiasmo, Romero reconhece, o esforço historiográfico não poderia se concretizar. Contudo, o que ele pretende é, a partir do material coletado, verificar seu sentido e testar a evolução, desde princípios teóricos fundados na ciência de seu tempo.

A preocupação de Romero com a História da literatura brasileira já se manifesta em *A literatura brasileira e a crítica moderna*, de 1880, em que "formula sistematicamente a sua teoria crítica" (Candido XV), calcada em Taine, de quem recebe as noções de raça, meio e momento. Na *Introdução à história da literatura brasileira*, de 1881, desenvolve os princípios deterministas, ao propor que o elemento racial predomina na formação da cultura brasileira, destacando-se o processo de mestiçagem.

Ao enfatizar a raça como fator de formação, Romero está observando os elementos postos em relevo pela metodologia de Taine. Mas só de modo parcial, porque tem em mente as distintas etnias que participaram da constituição da nacionalidade, o negro, o índio e o branco, enquanto que o francês lida apenas com a arte européia, diferenciada conforme os povos, que considera raças. Além disso, Taine, provavelmente nas pegadas de Staël, salienta a atuação do meio, fator que sobrepõe aos demais. Romero não aceitava a idéia, trabalhada pelos românticos, para quem a literatura brasileira se distinguia, porque poetas e intelectuais não tinham resistido à ação da natureza pujante da América, traduzida em textos repletos de cor local, a palavra-chave de suas reflexões. Em lugar do meio, propõe *raça* enquanto fator decisivo, o que é metodológica e ideologicamente inovador, e salienta a contribuição do *negro*, posicionando-se na contramão do até aí hegemônico *partido indianista* ("Partido Nativista"), modo como designa os seguidores da vertente romântica. Ao enfatizar a "miscigenação", aborda "a história nacional sob a perspectiva da luta e da fusão de raças" (Ventura 90).

O lançamento da *História da literatura brasileira* ocorre em 1888 e completa-se em 1902, essa sendo a edição de referência da obra, embora, atualmente, circule em cinco volumes, graças ao trabalho de compilação executado por Nelson Romero, que incorporou ao texto original materiais de natureza e épocas diversas.³ O prólogo da primeira edição não deixa de fazer alusões ao momento em que o livro é publicado, após a conquista da liberdade pelos negros, mas antes da implantação da República, movimento que conta com a solidariedade do autor. Datando-o ostensivamente de 18 e 19 de maio de 1888, declara sua opção política: partidário da "emancipação autonômica e popular", diz-se "sectário da república unitária, livre, autônoma, compatível com a boa e vasta descentralização administrativa e econômica e compatível também com a unidade política, espiritual e étnica do país"(xviii-xx). A produção da *História da literatura brasileira* integra-se a esses princípios, por não dissociar o exercício da política e o da crítica literária: "Inspirei-me sempre no ideal de um Brasil autônomo, independente na política e mais ainda na literatura. Desse pensamento inicial decorreram todas as minhas investidas no domínio das letras" (xxiv).

Tal afirmação exemplifica a coerência com que Sílvio Romero exerce sua atividade de crítico literário, historiador da literatura e homem de partido. Contaminando a história da literatura de ideário político, torna-a efetivamente polêmica, objetivo que buscou e atingiu: as interpretações nem sempre são aceitáveis, a escolha de certos autores revela gosto duvidoso, as recusas parecem movidas pela afronta. Tudo isso, contudo, resulta das finalidades que o levaram à produção da obra, escrita sob o clima de paixão declarado no prólogo, que contamina os diferentes capítulos, e destinada a fazer com que os intelectuais

---

³ Na terceira edição do volume I, Nelson Romero acrescenta: "Novas contribuições para o estudo do folclore brasileiro", em três partes; "O Brasil social e os elementos que o plasmaram", "Conclusões gerais", retiradas do *Compêndio de literatura brasileira* (segunda edição, de 1909) e contendo "I- O meio; II- A raça; III- Influxo estrangeiro; IV- Sentido teórico da literatura brasileira; V- Fases evolutivas da literatura brasileira"; "Da crítica e sua exata definição". Nelson Romero introduz no volume II: "Terceira época ou período de transformação romântica — teatro e romance", contendo estudo sobre "Martins Pena", "Macedo", "Alencar, Agrário, Manuel de Almeida, Pinheiro Guimarães, Franklin Távora, Taunay", "Machado de Assis"; "Diversas manifestações na prosa — história", contendo estudo sobre Martius e "historiadores"; "Diversas manifestações na prosa — publicistas e oradores", "Retrospecto literário", contendo "Retrospecto literário", de 1888, e "Confronto em retrospecto", de 1904; "Reações anti-românticas na poesia — evolução do lirismo", "Artigos esparsos" sobre João Ribeiro, Lopes Trovão, Tito Lívio de Castro, José do Patrocínio, Barão do Rio Branco, Joaquim Nabuco, Farias Brito, Nestor Vitor e Euclides da Cunha; "Quadro sintético da evolução dos gêneros na literatura brasileira", incorporando o livro com este nome, de 1909.

brasileiros refletissem sobre o passado e o presente da literatura e da cultura nacional.

O Livro I, sobre os "Fatores da literatura brasileira", dedica-se a questões teóricas e metodológicas, expondo a tese fundamental que norteia sua interpretação da vida nacional — a mestiçagem: "Todo brasileiro é um mestiço, quando não no sangue, nas idéias"(4); o mestiço consiste na "genuína formação histórica brasileira" (54), "produto fisiológico, étnico e histórico do Brasil; é a forma nova de nossa diferenciação nacional" (75). A mestiçagem constitui o fator de diferenciação preferido por Romero, escolha que contradiz a tradição de eleger a natureza enquanto expressão da especificidade brasileira. Contudo, Romero não deixa de emitir conceitos racistas, porque considera a fusão racial modo de aviltamento, superável com a vitória, pela via da seleção natural, do povo mais forte, o branco, de extração européia.

A originalidade do fator adotado por Sílvio Romero não exclui a incorporação dos preconceitos étnicos enunciados ao final do século XIX; mas ele não contrariava contemporâneos como Euclides da Cunha, que entendeu o massacre de Canudos como a vitória da civilização branca e européia sobre a barbárie sertaneja, constituída de indivíduos inferiores graças aos intercursos entre diferentes grupos biológicos, afetando a formação genética da população. De todo modo, Romero introduz dados novos, como o fator racial e o mestiço, na interpretação da vida nacional; os estudiosos da cultura brasileira demoraram a absorvê-lo, tendo de aguardar a explosão modernista, para admitir a mestiçagem e a confluência dos povos.

Municiado pela sociologia positivista, Romero inclui no Livro I capítulo relativo às relações econômicas, em que analisa as instituições políticas e sociais da colônia e do Império. Para ele, "o estado de riqueza ou pauperismo de um povo influi diretamente na formação de sua literatura" (94), este sendo o caso do Brasil, cuja economia se caracteriza pela dominação estrangeira e o coronelismo. Eis por que os movimentos literários durante quatrocentos anos de história reduzem-se à escola baiana do século XVII, liderada por Gregório de Mattos, a escola mineira do século XVIII, dominada por Gonzaga e Durão, a fluminense da primeira metade do século XIX, em que se destacaram Gonçalves de Magalhães e Gonçalves Dias; "e finalmente sobre todos estes movimentos isolados de uma ou outra província, o grande abalo nacional... torrente ainda mal definida, hasteando todas as bandeiras, mas tendo um só alvo: a mutação social" (12).

O retrato da atualidade é melancólico, dada a "completa indiferença pelo que é produto intelectual brasileiro" (97), de que conclui: "A grande pobreza das classes populares, a falta de instrução e todos os abusos de uma organização civil e social defeituosa, devem ser contados entre os empecilhos ao desenvolvimento de nossa literatura" (98). Mas a palavra de ordem não é menos enérgica: considerando que "todo escritor nacional na hora presente está carregado do imperioso dever de dizer toda a verdade a nosso povo, ainda que pelo rigor tenha de desagradar geralmente" (99), propõe: "Tomemos todos os encargos que os séculos nos legaram e aparelhemo-nos para solvê-los"(100).

Na seqüência, examina as quatro épocas das Letras brasileiras: a formação (1500 e 1750); o desenvolvimento autônomo (1750 e 1830); a transformação romântica (1830 e 1870); a reação crítica (depois de 1870). Na edição de 1888, Romero trata dos dois primeiros períodos; o Romantismo será matéria de análise na edição de 1902; o último período, de "reação crítica", do qual ele mesmo faria parte, não chegou a ser escrito. A partir dos anos 90, Sílvio Romero dedicou-se à política, afastando-se do estudo sistemático da história literária. Seu trabalho subseqüente aparece em *Evolução da literatura brasileira* e *Evolução do lirismo brasileiro* (1905); *Compêndio de literatura brasileira* (1906), com João Ribeiro; *Quadro sintético da evolução dos gêneros na literatura brasileira* (1909), obras que não fogem ao panorama desenhado pela *História da literatura brasileira*, mas de destino escolar e caráter menos controverso. O Sílvio Romero por excelência, veemente polemista, está no livro de 1902, cuja metodologia, apoiada na sociologia, ainda vigora nos estudos literários brasileiros, depuradas dos componentes racistas e disfóricos.

Tal como Sílvio Romero, José Veríssimo escreveu a *História da literatura brasileira* após ter militado na crítica literária e no ensino. No Rio de Janeiro, para onde emigrou nos primeiros anos da República, trabalhou, sobretudo em jornais, tendo dirigido também a *Revista Brasileira*, periódico de orientação cultural publicado de 1895 a 1899. O livro, cujo aparecimento público deu-se após sua morte, em 1916, corresponde ao coroamento de uma carreira, precedido pelos seis volumes dos *Estudos de literatura brasileira*, lançados entre 1901 e 1907. Assim, enquanto que a *História da literatura brasileira* de Romero vem na esteira de suas preocupações teóricas e metodológicas, a de José Veríssimo resulta de seu percurso na qualidade de crítico literário, a que se dedicou em tempo integral. O livro constitui o ponto de chegada de um trajeto que, iniciado pela verificação e análise de livros contemporâneos, conduziu o autor ao conhecimento das origens e trajetória, que, numa perspectiva evolutiva, acabam por desaguar com coerência no presente de onde partiu, sendo igualmente o momento de representação mais completa do conjunto.

A "Introdução", datada de 4 de dezembro de 1912, de um lado, ilustra a noção de que a *História da literatura brasileira* corresponde ao remate do itinerário do crítico, complementando-o; de outro, expõe as principais concepções do autor sobre a literatura nacional, sua rota histórica e a situação contemporânea. Ocupa, nesse sentido, o mesmo papel do prólogo elaborado por Romero: é o lugar onde Veríssimo esclarece as teses que fundamentam a escrita do livro. A primeira posiciona-se quanto à questão da emancipação: afirmando que a literatura "que se escreve no Brasil" é "já a expressão de um pensamento e sentimento que se não confundem mais com o português", elimina de imediato o tema da dependência, matéria que atormentara os românticos, empenhados em garantir a autonomia da poesia nacional em relação à matriz lusitana.

A convicção relativa à auto-suficiência da literatura brasileira determina a periodologia: Veríssimo reconhece tão-somente dois períodos, o colonial e o nacional, equivalente às divisões "na nossa história como povo"(6). Recusa a hipótese de subdividir a época colonial, pois a produção elaborada nesse tempo é "inteira e estritamente conjunta à portuguesa"(6), perspectiva que também o situa na contramão do Romantismo, quando os historiadores esforçavam-se por encontrar manifestações de nativismo, improvável devido ao estatuto político e cultural da região, mas possível em decorrência dos influxos da natureza. Ele é radical no que concerne a esse tópico, julgando "desarrazoado" o fato, forçado, de "enxergar mostras de sentimento literário autonômico" (6) nas expressões literárias dos séculos XVII e XVIII. O período nacional, por seu turno, nasce com a separação política de Portugal e abre com o Romantismo, cuja permanência estende-se até 1870; o esgotamento da poética romântica leva-o a discutir as tendências contemporâneas, detendo-se em particular no cientificismo, que não conta com sua admiração. Embora parta de pressupostos radicalmente distintos, ele, tanto quanto Romero, desencanta-se com o que então presencia na arte e cultura brasileiras.

A terceira tese esposada pelo historiador da literatura resume-se a uma frase: "literatura é arte literária" (12), afirmação que determina o principal recorte de sua obra: "sistematicamente excluo da História da literatura brasileira quanto a esta luz se não deva considerar literatura" (12). O conceito, próximo do esteticismo formulado desde o século XVIII e que, no século XX, garantiu à literatura o desenho de um campo teórico específico, contradizia algumas práticas vigentes à época de Veríssimo: a dos românticos, que colecionavam todos os possíveis fatos literários do passado, para encorpar a tradição artística do país; e a de Romero, para quem a literatura servia de instrumento para se pensar a cultura, verificar rumos e avaliar tendências. Veríssimo opera com o corte e a cesura, isolando a literatura, porque, de um lado, considera-a suficientemente independente para não ser atrelada à portuguesa, de outro, porque a julga apta a sustentar-se sem os suportes que a amarram aos estudos sociais.

O tripé escolhido — a autonomia da literatura brasileira após a independência política, a divisão histórica entre literatura colonial e nacional, o conceito de literatura enquanto arte literária — determina o percurso histórico, inaugurado por Bento Teixeira, a que se seguem manifestações isoladas e, de certo modo, descontínuas, representadas por individualidades como Gregório de Mattos ou grupos pequenos, como a plêiade mineira. Veríssimo está mais interessado na literatura nacional, que mapeia com cuidado, embora privilegie os grupos que atuaram no Rio de Janeiro. Raramente se afasta do ponto de vista da Capital Federal, a antiga Corte que centralizava a vida cultural brasileira e que ele acaba por referendar. Talvez porque as expressões regionais não tivessem qualquer repercussão no coração do país, Veríssimo mostrando-se coerente com o princípio recepcional explicitado na "Introdução": "uma literatura (...) só existe pelas obras que vivem, pelo livro lido, de valor efetivo e permanente e não momentâneo e contingente" (14); talvez porque estivesse mais interessado em alcançar logo o ápice, o capítulo dedicado a Machado de Assis, que abre de modo apoteótico: "chegamos agora ao escritor que é a mais alta expressão do nosso gênio literário, a mais eminente figura da nossa literatura, Joaquim Maria Machado de Assis" (304).

O final da História coincide com a conquista do cume de uma montanha, pico de uma trajetória marcada pelas oscilações entre autonomia e expressão da nacionalidade, atualização poética e reprodução indiscriminada de modismos estrangeiros, acusação que Veríssimo lança sobretudo aos coetâneos, dopados pela "petulância intelectual", "a improvisação e invencionice, a leviandade em aceitar inspirações desencontradas e a facilidade de entusiasmos irrefletidos por novidades estéticas, filosóficas ou literárias" (12). Machado de Assis é o avesso desse pendor, expressão de excelência, mas pela mesma razão figura única e solitária.

A *História* de José Veríssimo conclui de modo paradoxal: de um lado, apresenta a obra do maior escritor brasileiro, sugerindo que o percurso histórico coincide com uma linha ascensional que desemboca no presente, colocado acima de todos os demais períodos, graças ao aparecimento do expoente máximo da arte nacional; de outro, a obra de Machado não corresponde ao corolário individual de uma propensão coletiva, e sim o inverso — e, nesse aspecto, o crítico irmana-se ao ficcionista — daquilo que se verifica na época. O grupo encaminha-se para um lado, Machado e Veríssimo para outro, configurando o isolamento de ambos, especialmente o do segundo, após a morte do primeiro, em 1908.

Por razões diversas, e até opostas, Romero e Veríssimo, entre 1888 e 1916, estão desencantados com o presente: um denunciou o atraso e a ignorância vigentes; o outro expressou desalento diante da atualidade. Com isso, contradisseram um tique da historiografia literária, depois restaurada pelos modernistas: a de que a narração das fases do trajeto culmine na elevação do hoje, exaltado enquanto auge de um processo, de que ele é efeito e síntese. Os dois historiadores visualizaram no contemporâneo a ruína e o fracasso, embora fossem eles, sobretudo Romero, fruto desse tempo e de idéias evolucionistas. Por seu turno, a futura historiografia literária acolheu os dois diagnósticos: tanto o que narrava a trajetória cronológica, quanto o que atribuía ao período em que atuaram o juízo de decadente e desestimulante. Só que enxertou ao sintoma verificado o remédio, enxergando a si mesmo e à sua época como salvação, de modo que a historiografia da literatura brasileira produzida após o Modernismo resgatou o pendor do gênero e, outra vez, o presente apareceu como o ponto supremo da história, resultado da evolução contínua na direção do progresso. Da sua parte, Romero e Veríssimo permaneceram presos ao diagnóstico formulado, que os englobou e fixou no passado, fotografia muda de uma época carente de revitalização.

Bibliografia

Candido, Antonio. Introdução. *Silvio Romero: Teoria, crítica e história literária*. Seleção e apresentação de Antonio Candido. Rio de Janeiro: Livros Técnicos e Científicos: São Paulo: EDUSP, 1978.

Miguel-Pereira. Lúcia. *Prosa de ficção — de 1870 a 1920*. 3ª ed. Brasília: Instituto Nacional do Livro; Rio de Janeiro: José Olympio, 1973.
Peixoto, Afrânio. *Panorama da literatura brasileira*. São Paulo: Companhia Editora Nacional, 1940.
Romero, Sílvio. *História da literatura brasileira*. Rio de Janeiro: Garnier, 1888.
Romero, Silvio e João Ribeiro. *Compêndio de história da literatura brasileira*. 2ª ed. Rio de Janeiro: Francisco Alves, 1909.
Ventura, Roberto. *Estilo tropical: História cultural e polêmicas literárias no Brasil*. São Paulo: Companhia das Letras, 1991.
Veríssimo, José. *História da literatura brasileira. De Bento Teixeira (1601) a Machado de Assis (1908)*. 4ª ed. Brasília: Ed. da Universidade de Brasília, 1963 [1916].

"O BRASILEIRO ABSTRATO":
O MALANDRO COMO *PERSONA* NACIONAL

K. David Jackson[1]

A representação do mundo social brasileiro na prosa de ficção continua uma prática, comum desde a época romântica, a de retratar a vida nacional em crônicas ou caricaturas, reconhecidamente uma das principais técnicas estéticas do romance brasileiro. A presença de um amplo mundo social faz parte de um sistema de referências romanescas, embora sua presença às vezes não seja aparente ou enfatizada pelo autor. O Rio de Janeiro de Machado de Assis, por exemplo, só se torna reconhecível através dos nomes de algumas ruas, ou de alguns distritos ou edifícios. Alguns dos romances mais comemorados na literatura brasileira — incluindo *Memórias póstumas de Brás Cubas*, *Macunaíma* e *Memórias sentimentais de João Miramar* — estão compostos de retratos de uma galeria de tipos nacionais. Na ficção, a oscilação entre um herói "cronista-narrador" e a caricatura do mundo social forma a base de uma construção dialética, fundada em meados do século XIX, e que contribui o seu impulso à questão da identidade nacional e da organização social na literatura brasileira.

No celebrado ensaio, "Dialética da malandragem" (1970), Antonio Candido estudou as *Memórias de um sargento de milícias* (1854-55), de Manuel Antônio de Almeida, o primeiro romance a refletir a estrutura social do Rio de Janeiro, espelhando a hierarquia do Império. Nesse sentido, representa a crônica de uma época da vida nacional, à base da economia social da estrutura colonial. Os seus esboços são remanescentes de

---

[1] Professor de Português, Literatura e Cultura Brasileiras na Universidade de Yale. Entre outros, autor de *Vanguardist Prose in Oswald de Andrade* (1973) e *A vanguarda literária no Brasil: Bibliografia e antologia*. (Madrid: Iberoamericana, 1998).

uma série de desenhos célebres da vida diária brasileira e da cultura mercantil nas primeiras décadas do século XIX por Jean-Baptiste Debret, publicados em três volumes em 1834 com o título *Voyage pittoresque et historique au Brésil*. Focalizando a descrição física e a aparência externa dos personagens, o romance cria uma imagem de época, um verdadeiro auto-retrato de tipos sociais. Ao mesmo tempo, ao retratar a vida cotidiana das ruas da capital, as cenas dissolvem os indivíduos em categorias sociais do Império, ou em caricaturas de figuras semifolclóricas ou míticas:

> (...) designados pela profissão ou a posição no grupo, o que de um lado os dissolve em categorias sociais típicas, mas de outro os aproxima de paradigmas lendários e da indeterminação da fábula (...). (Candido 84)

Uma explicação da origem destas duas correntes fala de "duas tradições européias muito diferentes da prosa: romances ingleses satíricos e semipicarescos do século XVIII, como aqueles de Fielding e de Smollett, que Almeida e outros brasileiros leram em tradução francesa; e a primeira fase do costumbrismo romântico de Espanha e de Portugal — descrições geralmente compassivas, mesmo nostálgicas, de costumes locais e tradições ameaçados pela modernização" (Haberly 140-1). Ao reconhecer características do romance picaresco nas *Memórias* de Almeida, a crítica brasileira prefere chamar a nossa atenção, entretanto, para os antecedentes cômicos e satíricos na Regência (1831-1840) e no Segundo Império (1840-1889).

A descrição de "gente operária, de baixa burguesia, ciganos, suciantes e os grenadeiros" — a frase é de uma introdução por Mário de Andrade (129) — é um reflexo da sátira panorâmica em palavras e imagens publicada em jornais. A crônica — gênero popular na imprensa brasileira desde a década de 1830 que relata um episódio semifictício — funcionou freqüentemente como laboratório onde os escritores se preparavam para o romance (Arrigucci 58). O herói-cronista, narrador por excelência da prosa moderna, dá voz a uma corrente de auto-consciência nacional, que se torna constante no ideário brasileiro (Daniel 157), resultada do retrato de personagens ou *personae*. A crônica pode ser responsável pela mistura de figuras históricas e de personagens de ficção criados para refleti-los. Tal o caso nas *Memórias* de Major Vidigal, o Chefe caprichoso da Guarda Real de Polícia do Rio de Janeiro, que, como personagem de ficção, age como "uma espécie de bicho-papão, devorador da gente alegre" (Candido 27). Ilustrando a natureza dupla da autoridade, Vidigal pode ser considerado um predecessor do industrialista italiano voraz Pietro Pietra em *Macunaíma*, uma figura que caricatura um capitão real da indústria de São Paulo, Matarazzo. Pietro Pietra aparece à guisa de um canibal urbano, associado também a um gigante mítico, Piaimã, comedor de gente.

A caricatura começou a enraizar-se nesse período nos suplementos de revistas populares, influenciando com seus recursos cômicos a formação de personagens nacionais. Uma tradição satírica também parece ter sua origem no jornalismo de época, onde surgiu a caracterização de personagens principais pela sua natureza física e aparência social:

> E, considerando a própria movimentação entre materiais heterogêneos, entre a exigência de passar em revista as questões da semana e ser, ao mesmo tempo, breve, entre o registro do cotidiano e certos esforços no sentido da ficção, não é de estranhar que o cronista ou o narrador romanesco próximo ao cronista se vejam, muitas vezes, compelidos a tentativas de fixação da própria imagem, a ensaios, com freqüência irônicos, de autofiguração, em meio a suas mutações obrigatórias. (Süsssekind 177)

As caricaturas na imprensa ajudaram a ajustar o tom satírico dessa escrita, enquanto a reprodução da fala popular fixou o tom coloquial da linguagem brasileira. Excluindo os escravos e a elite, o retrato social restringe o seu campo de visão às "classes livres mais baixas, existindo às margens da hierarquia do poder e dos interstícios da estrutura social" (Holloway xii). O autor imitou o caricaturista, cujo retrato cândido de personagens na imprensa coloca a todos "a meio caminho entre o bilontra e o simplório" de modo jocoso e "deseroizado" (Süssekind 178). O uso da sátira nas crônicas e caricaturas visuais ajudou a transformar o mero retrato de um mundo social na complexidade de um romance, juntando um elenco estreito e superficial de personagens para comunicar as suas críticas sociais incisivas.

Leonardo, o herói aventureiro e picaresco das *Memórias*, fixa o padrão do herói satírico e articula uma forma particular de crítica social que ainda caracteriza uma linha de ficção satírica:

> A voz narrativa talvez seja a contribuição mais significativa de Almeida à prosa de ficção (...) a voz narrativa serve como única garantia da autenticidade e veracidade do texto (...) [e] controla as reações dos leitores. (Haberly 140-1)

O ensaio de Candido identifica algumas das características duradouras deste tipo de herói e da sua função no mundo social. Leonardo não representa os pontos de vista nem os valores da elite, sendo apenas um personagem entre muitos; tampouco é símbolo de interesses de classe ou da cultura popular, em si. O seu ponto de vista, outrossim, produto de uma tela social flexível e móvel, é motivado por um instinto de sobrevivência freqüentemente visto em um herói picaresco, "uma espécie de sabedoria irreverente, que é pré-crítica, mas que (...) se torna afinal mais desmistificadora" (52). A sua perspectiva pré-malandra, por assim dizer, flutuando entre camadas sociais, gera um novo tipo de objetividade, marcada por reflexões cínicas mas isenta de julgamentos morais. Parece, como observa Candido, que o herói "nada conclui, nada aprende" (23) propositadamente, pois no coração permanece otimista e aceita de bom grado o *status quo* da sociedade. Essa é sua fórmula especial enquanto herói moderno: "cinismo e bonomia" (39). Desviando-se das normas do gênero picaresco, Leonardo joga o papel de "aventureiro astucioso", enquanto ao mesmo tempo, sem dúvida, é o "menino da sua mãe".

No seu ensaio, Candido sugere formas de interpretação simbólica para as funções sociais no romance, mas sem reivindicar para a sua leitura uma teoria geral da função da realidade social brasileira. A sua análise literária, não obstante, contem observações que chegaram a ser centrais para o debate contemporâneo sobre a natureza e função do país como entidade nacional. Primeiro, na sociedade brasileira dessa época Candido repara numa dialética entre a ordem e a desordem, que estão caprichosamente balançadas num sistema de relacionamento humano. Há uma equivalência relativa entre os mundos que simbolizam a ordem e a desordem, tendo por resultado um mundo moral neutro, habitado por uma sociedade sem culpa, remorso, recalque, ou sanção, onde as ações são avaliadas somente à base de seu resultado prático:

> (...) O referido jogo dialético da ordem e da desordem, funcionando como correlativo do que se manifestava na sociedade daquele tempo. Ordem dificilmente imposta e mantida, cercada de todos os lados por uma desordem vivaz, que antepunha vinte mancebias a cada casamento e mil uniões fortuitas a cada mancebia. (Candido 95)

Se a desordem é a expressão caótica de uma sociedade jovem e vigorosa, a ordem representa a sua tentativa de aculturação, seguindo o velho padrão de cultural colonial que serviu de regra.

A segunda observação de importância no ensaio coloca o herói-narrador como mediador entre as categorias dialéticas, que são socialmente porosas. A composição híbrida da hierarquia social permitiu que abrisse um espaço de intermeio:

> Na sua estrutura mais íntima e na sua visão latente das coisas, este livro exprime a vasta acomodação geral que dissolve os extremos, tira o significado da lei e da ordem, manifesta a penetração recíproca dos grupos, das idéias, das atitudes mais díspares, criando uma espécie de terra-de-ninguém moral, onde a transgressão é apenas um matiz na gama que vem da norma e vai ao crime. (Candido 100)

Candido percebe um ritmo na construção social, criado pela passagem entre instituições ou tipos, de um lado, e pela sátira irreverente e desmistificadora das expressões populares, no outro:

> (...) a tensão das duas linhas que constituem a visão do autor e se traduzem em duas direções narrativas, interrelacionadas de maneira dinâmica. De um lado, o cunho popular introduz elementos arquetípicos, que trazem a presença do que há de mais universal nas culturas, puxando para a lenda e o irreal, sem discernimento da situação histórica particular. De outro lado, a percepção do ritmo social puxa para a representação de uma sociedade concreta, historicamente delimitada. (Candido 46)

O malandro vem a representar as formas mediadoras e espontâneas da vida social no romance. Uma terceira observação essencial no ensaio focaliza o ato de renúncia do herói. Na dialética social do malandro, Candido detecta uma forma particular de "tolerância corrosiva" (53) à raiz da cultura, que deseja a legitimidade enquanto ataca a rigidez de toda a norma ou lei. Ao tentar participar na disciplina e na ordem da cultura convencional ou legítima, o herói é forçado a reprimir ou renunciar a sua personalidade de rua em favor daquilo que Candido denomina um ser alienado ou mutilado, automático. O malandro, entretanto, possui "uma liberdade quase férrica" (50), porque se identifica com as formas espontâneas das classes livres mais baixas, servindo de mediador na dialética social. Finalmente, Candido observa que um mundo amoral de irreverência picaresca, governado somente pela agência livre e a impunidade, evoca certos arquétipos de heróis lendários cavalheirescos. As memórias do herói constituem uma corrente de eventos fabulosos, pertinentes ao romance satírico brasileiro a seguir, em que os eventos prosseguem do nascimento de um herói à falha econômica, e ao absurdo das relações sociais. O drama dialético termina em uma espécie de ópera *buffa*, na qual o intercâmbio da ordem e a desordem sociais é aceito e até comemorado em um espírito cômico positivo.

Ao destacar nas *Memórias* a primazia da imaginação e da improvisação sobre o retratismo ou a reconstituição histórica, o ensaio de Candido funda uma tradição cômica na literatura brasileira que exprime a irreverência cômica e a amoralidade das narrativas folclóricas, oriundas da tradição oral. Essa linha de ficção satírica, segundo Candido, atinge o seu apogeu na ficção experimental do modernismo, em *Macunaíma*, de Mário de Andrade, *Miramar*, de Oswald de Andrade, e a sua seqüência *Serafim Ponte Grande*. A "Dialética da malandragem" apresenta as *Memórias de um sargento de milícias* em termos de "um romance representativo", cujo humor irreverente venha somente a ser plenamente reconhecido e realizado nos grandes romances do modernismo, que fazem do malandro um símbolo nacional. O ensaio nem reivindica uma linha de originalidade ou de autenticidade para a sua interpretação da sociedade nacional, tampouco ele analisa a herança a seguir no romance satírico moderno, assunto apenas tocado como sugestão aliciante para o futuro. O presente estudo pretende levar a dialética do malandro ao romance moderno, onde a pertinência das observações fundamentais de Candido possa ser confirmada. Ao mesmo tempo, ao considerar a "Dialética da malandragem" à luz de interpretações simbólicas e estruturais da sociedade brasileira, recentemente oferecidas no campo das ciências sociais, a plena autenticidade e a originalidade do ensaio, e portanto do legado da tradição humanista na ficção brasileira, se tornam mais evidentes e empolgantes.

O Brasil como Sistema

Em *Carnavais, malandros e heróis* (1978), o antropólogo Roberto DaMatta interpreta o Brasil como um sistema, propondo conceitos quase idênticos aos do ensaio, "Dialética da malandragem". Da mesma maneira do analista literário, o antropólogo também procura as origens da especificidade e da individualidade brasileiras em forças ou sistemas universais. DaMatta discute a ritualização da organização social brasileiro em termos de uma dicotomia ou uma dialética, dominada também por uma oposição entre a ordem e a desordem e conduzida por seus principais tipos sociais, os malandros e os heróis:

> É evidente que temos um *continuum* que vai da ordem à desordem, ou da rotina fechada aos pontos onde ela se abre totalmente, cada ponto contendo posições sociais estereotipadas e reconhecidas em todas as camadas da sociedade brasileira. (DaMatta 208)

As esferas da ordem e da desordem constituem os estereótipos reconhecidos da vida diária, em que o drama da sociedade brasileira é encenado. O estudo de DaMatta justapõe o carnaval e o feriado nacional; trajes e uniformes; o povo e as autoridades; a casa e a rua; a pessoa livre e a pessoa jurídica. Em cada caso, o primeiro elemento da equação representa os direitos, a consciência e as regras de indivíduos iguais, enquanto o segundo é governado pela definição jurídica da totalidade social.

A segunda observação de DaMatta, recapitulando a análise do Candido, é que as categorias são intercambiáveis, elidindo em conseqüência da sua própria instabilidade. O trânsito de uma categoria à outra, por exemplo, permite uma troca da identidade entre o malandro e o herói: "Desse modo, sabemos que os heróis do Carnaval, isto é, os tipos que denunciam aquele período como sendo 'carnavalesco", são os marginais de todos os tipos" (DaMatta 203). O mundo do *malandro* é usualmente um de uma figura fora do lugar:

> Seja porque estão situados nos limites do tempo histórico, como os gregos (...) seja porque estão situados nos pontos extremos das nossas fronteiras, como as havaianas, as baianas, os chineses e os legionários; seja porque estão escondidos pelas prisões, pela polícia e por nossa ingenuidade (...) sabemos que todos eles são malandros. (208-9)

O papel de mediador jogado pelo malandro, uma figura alérgica ao trabalho e que se insinua nos espaços individuais da hierarquia social, tal como o carnaval, é considerado "muito mais criativo e livre" do que o seu oposto, uma figura de farda militar que marcha em procissões simbolizando a ordem.

Há dois pontos adicionais de comparação com o ensaio de Candido. No espaço neutro e hesitante aberto entre a ordem e a desordem na análise de DaMatta, o herói transforma-se num renunciador. A sua rejeição da sociedade é de um grau mais elevado do que a do malandro, tornando-o comparável às figuras messiânicas ou revolucionárias. O herói renunciador é arquétipo da história social brasileira e DaMatta identifica-o na história e na literatura, seja ele Augusto Matraga, de João Guimarães Rosa, Antônio Conselheiro de *Os sertões*, de Euclides da Cunha ou os heróis folclóricos Lampião e Padre Cícero, da tradição oral nordestina. Da mesma forma, os malandros são representados pelos arquétipos de contos populares, tal como Pedro Malasartes, a quem DaMatta dedica uma análise extensa. Mais uma vez, a flexibilidade da dialética da ordem social leva à permeabilidade de papéis. Se o malandro corre o risco de cair numa existência totalmente marginal, segundo nos lembra DaMatta, o renunciador por sua vez pode atravessar a linha para o banditismo e a vingança. Assim, o ritual do drama social brasileiro chega a formar um teatro comparável à *opera buffa* de Candido, ou seja, uma "dialética das indecisões, reflexos e paradoxos" (DaMatta 1). Exprime um espírito essencialmente cômico, em que "o bandido pode perfeitamente ocupar o salão e o mocinho..., de anarquista e futurista-canibal, passar a ser como a maioria, revolucionário de praia" (DaMatta 1).

Os Narradores-Cronistas

Nos setenta anos após Leonardo e suas *Memórias de um sargento de milícias*, dois grandes narradores-cronistas continuaram a desenvolver o romance satírico, Brás Cubas, de Machado de Assis, autor de memórias póstumas, e João Miramar, de Oswald de Andrade, autor de memórias sentimentais. Ambos são exemplos de uma narração desconfiada, de autores que se distanciam da sociedade. Uma investigação da relação entre *malandro* e sociedade nesses dois romances satíricos, à luz das categorias do ensaio de Candido, pode exemplificar a persistência e a pertinência desse gênero no romance moderno. Em um ensaio recente, Samira Mesquita de fato intercala os dois romances com um título cômico, "Memórias póstumas de João Miramar/Memórias sentimentais de Brás Cubas".

Brás Cubas exemplifica a voz da desordem, desde que é um narrador falecido, narrando sua vida de além da sepultura e ciente da liberdade que esta posição privilegiada lhe reserva. Não tem, aparentemente, nada a ganhar mais do que uma franca avaliação da vida que viveu; contudo, a dúvida permanece, como se o narrador estivesse inteiramente ciente de que viveu ou, certamente, procurou uma vida de desordem fora do corpo social. Seus antepassados, segundo aprendemos, fabricaram uma genealogia para a família Cubas com pretensões falsas à nobreza. Os temas principais de sua vida, congruentes, ocorrem à margem da sociedade e nos espaços de proibição, simbolizando suas falhas, sendo intrusões de um narrador não só falhado, mas também falecido. Seu caso com a esposa de sociedade Virgília, tema central das memórias, representa a união potencial que nunca houve, quando Brás hesitou, ficando demais no período de luto ou exílio em Petrópolis, assim permitindo que a Virgília escolhesse outro político mais prometedor. Sua paixão rediviva, porém tardia, é a corrente subterrânea do romance, vivida no mundo viciado dos subúrbios, enquanto a relação política de Brás com o marido, Lobo Neves, é baseada na decepção de uma espécie de falso parentesco. Quando Brás chega a ser deputado, no ápice da sua fortuna política, não pode mais do que dedicar seu discurso inaugural a uma crítica do estilo de chapéu usado pela milícia, cena que talvez seja a homenagem cômica de Machado às *Memórias* de Leonardo. A persistência de sua dedicação à desordem é manifestada no estilo do romance, nos capítulos curtos que truncam a descrição, cheios de alusão e sugestão, e às vezes compostos somente por marcas de pontuação ou símbolos semióticos.

A mediação de Brás entre níveis do universo social é um indício central, porém velado, de sua função social. Cria para Virgília um mundo proibido, ao aproveitar-se da benevolente D. Plácida, que lhe deve sua salvação da ruína econômica, emprestando a sua respeitabilidade ao *rendez-vous* dos amantes. Brás inverte os papéis sociais sérios e externos, representados pelo marido, Lobo Neves, e finalmente, transformando-se no discípulo do filósofo louco, Quincas Borba, demonstra que intelectualmente "nada conclui, nada aprende" das próprias memórias, sendo incapaz de distinguir entre o coerente e o louco.

Sempre o malandro, Brás abre o romance com a dedicatória "ao verme que primeiro roeu as carnes frias do meu cadáver", e intensifica a sátira no estilo, ao se despedir do leitor no prefácio com "um piparote". Os capítulos numerados de sua impossível "autobiografia póstuma" levam os títulos irônicos de um auto-retrato satírico. Como um mero menino numa *soirée* da sociedade, sem se dar conta, Brás denuncia o beijo trocado no jardim entre o Dr. Vilaça e a D. Eusébia, surpreendendo e deleitando a sociedade interesseira. Esse momento retorna sutilmente à sua autobiografia na pessoa da filha bonita mas coxa do casal, Eugênia, cujo amor sincero Brás rejeita apenas por causa de um defeito físico, atitude que subjaz o seu próprio trajeto de fortunas ilícitas e insinceras. A sua juventude picaresca no Brasil chega a um fim abrupto, quando o pai o manda para a Europa para tirá-lo da Marcela, amante avara que diminui a sua fortuna, embora dê margem aos seus poderes consideráveis de decepção. Como estudante em Coimbra, igual a gerações de alunos, continua a celebrar uma vida festiva ao esperar colar um título sem valor.

"De como não fui ministro d'Estado", o título que desmente um vazio, indica o seu trajeto de renúncia, de si e da sociedade. Brás renunciou Eugênia, evitou a união com Virgília, atrasou a entrada na vida política; não é de surpreender que suas ambições políticas estejam truncadas, desde que seus objetivos sempre foram fraudulentos, sendo aqueles de um fingidor à margem de instituições reais. Levanta-se a dúvida se Brás, conscientemente ou não, não esteja construindo a vida marginal e negativa de um malandro, para quem a sátira é também uma forma de renúncia. O narrador, apesar de tudo, está ciente de "defeitos na composição" das memórias, uma idéia à qual dedica um capítulo:

> Mas o livro é enfadonho, traz certa contração cadavérica, vício grave, e aliás ínfimo, porque o maior defeito deste livro és tu, leitor. Tu tens pressa de envelhecer, e o livro anda devagar. (111)

A falta aparente de seqüência, de cronologia e de conclusão significativos — seja na vida ou nas memórias — é o indício da função inversa e negativa de sua sátira. No capítulo final, Brás o memorialista faz uma confissão freqüentemente citada, dada a expressar o seu pessimismo filosófico: "achei-me com um pequeno saldo, que é a derradeira negativa deste capítulo de negativas: — Não tive filhos, não transmiti a nenhuma criatura o legado da nossa miséria". Contudo, mesmo aqui se esconde um duplo sentido e uma mensagem oculta. Brás alude a outro capítulo, "A causa secreta", no qual Virgília revela misteriosamente a sua gravidez, suprema surpresa que, por um momento, dá a Brás a visão de um lugar oficial no mundo exterior da ordem. O aborto, revelado no capítulo seguinte por seu marido, é a sua condenação fatal à marginalidade e sublimininaridade que, aliás, sempre desejou e procurou, mas que agora pode ser justificado e mesmo lamentado como um golpe injusto do destino. A declaração de seu "saldo pequeno" não se refere enfim a nenhum pessimismo amargo; pode ser lido como uma confirmação disfarçada da coerência de sua vida de malandro, uma declaração de seu sucesso em conseguir e evitar o que a vida poderia e não poderia lhe ter dado. Mas conseguiu ficar com um livro, substituindo a "transmissão" de memórias reais.

Nas memórias sentimentais, João Miramar, narrador e personagem, também constrói uma narração retrospectiva com o fim de reconstituir o mundo social brasileiro através da sátira. O romance é escrito não por um narrador falecido, mas por um homem chegado à meia-idade, trinta e cinco anos, o ponto incompleto simbólico da vida, com referência obrigatória a Dante. Desde um segundo ponto de vista exterior, baseado na viagem do narrador à Europa enquanto jovem, Miramar retorna ao Brasil com perspectivas críticas. Os capítulos, pequenos fragmentos de prosa compostos em estilo cubista, com títulos sucintos e irônicos, estão escritos num tempo presente transparente, à guisa de "kodaks" dos momentos formativos da vida do herói-narrador, Miramar. Essas imagens estão imbuídas, porém, de outras camadas irônicas de significação, da parte dos "outros" Miramar, o viajante que voltou e a cronista de meia-idade. Lembrando o romance de Joyce, *A Portrait of the Artist as a Young Man*, as memórias de Miramar partem de uma linguagem infantil, o que enfatiza o auto-retrato ingênuo, feito por um jovem aprendiz para quem o mundo social nacional é rotineiro e superficial.

Miramar fala desde a perspectiva da desordem por diversas contas: a sua alienação da família e da sociedade, a sua descoberta na infância dos frutos proibidos do Eros e do carnaval, o panteísmo de um professor da escola primária, o circo — e a confusão do rito religioso com a sexualidade em sua instrução religiosa:

> Senhor convosco, bendita sois entre as mulheres, as mulheres não têm pernas, são como o manequim de mamãe até embaixo. Para que pernas nas mulheres, amém. (13)

Ao voltar ao Brasil, depois de experimentar a vasta "ladeira do mundo", o exilado soube que também é órfão de mãe, assim duplamente alienado do mundo da família e da sociedade. A sua tentativa de reintegração na sociedade acaba apenas passando por uma galeria satírica de tipos sociais, inclusive o próprio Miramar, outro herói motivado por cinismo e bonomia. Em *Miramar*, a sátira se inicia com o círculo da família e dos amigos, que sempre achava "abomináveis": as primas fofoqueiras e insípidas Nair e Cotita, a tia ingênua Gabriela, o "Conde" picaresco e malandro José Chelinini e a sua futura esposa trivial, Célia. No mundo profissional, cada nome parodia um tipo: o crítico Dr. Limão Bravo, o médico sedutor Dr. Pepe Esborracha, o guia moral Dr. Pôncio Pilatos da Glória. As dimensões semifolclóricas de uma família nacional de personagens se comprovam na exótica *danseuse* Catarina Pinga-Fogo, a *femme fatale* e Madame Rocambola, assim como nas cartas caipiras de vários parentes analfabetos na Fazenda paulista, "Nova Lombardia".

Como Brás Cubas, João Miramar é também um renunciador. Em termos de estilo, a distância irônica entre os títulos de seus capítulos fragmentários e o respectivo conteúdo paralelo à sua relação ilógica, digressiva e antitética com a cultura e linguagem nacional, que lhe são estranhas. Nos capítulos "O grande divorciador" e "Último filme", o seu fracasso matrimonial e a bancarrota da empresa vedam qualquer possível retorno ou reintegração na vida social. João compara a sua vida a um verbo irregular, "crackar" — anglicismo que ainda vai aplicar a Wall Street. No último capítulo, "Entrevista entrevista", João suspende as memórias, em face da pressão do conformismo da *intelligentsia* literária do seu tempo. O seu "descanso meditativo" deixa as memórias em aberto, abrindo uma distância, que é também a de Brás Cubas, como marca de sua profunda alienação e marginalização.

Finalmente, João Miramar, o pseudônimo real do autor emprestado ao jovem escritor enquanto modernista, é consagrado como exemplo de um novo classicismo pelos pilares do conservadorismo crítico, que prefaciam e resenham as suas memórias. Machado Penumbra, aceitando a simultaneidade sintática porém rejeitando os "erros de pontuação", pergunta: "Será esse o brasileiro do século XXI?" E Pôncio Pilatos, leitor das memórias antes de uma viagem a Europa, atesta, "lembrou-lhe Virgílio, apenas um pouco mais nervoso no estilo". Assim consagrado pelo conservadorismo tradicionalista, Miramar recapitula ironicamente a viagem de Odisseu, partindo do Brasil a fim de forjar a consciência social de sua raça.

O Auto-Retrato Modernista

No seu retrato da sociedade, as obras principais de ficção modernista não criam novas perspectivas, tal como fazem na estrutura e no estilo, que seguem inovações encontradas nas vanguardas européias. Depois da semana de 1922, alguns romances se identificaram como crônicas da cidade de São Paulo. Nesse sentido, podem ser considerados como extensões de romances típicos do século XIX, em que a crônica e a caricatura continuavam a dominar o retratismo social. A razão desse aparente anacronismo se encontra na diferença entre a visão modernista de arte e progresso social e a realidade atual urbana de São Paulo:

> (...) a demolição de tudo que era considerado sagrado e respeitável iria ser dirigido, no Brasil, não só contra o estabelecido intelectual, mas também contra o abismo que nele existia entre a vida real e a contemporânea que tinha apenas a externa aparência de progresso. (Sena 100)

Os escritores modernistas procuravam a sua autenticidade na vida diária, uma vez que correspondia à sua própria experiência de um Brasil preso ao passado:

> Como brasileiros encontraram autenticidade (...) numa vida de dia a dia que eram, tal como o seu próprio passado, profundamente incrustados em estruturas sociais e padrões extremamente patriarcais, tremendamente conservadores, e recordando dramaticamente tudo o que conservou o Brasil num estado de escravatura semi-colonial e semifeudal. (Sena 100)

Monica Schpun confirmou o estado de relacionamentos sociais em São Paulo dos anos 20 em *Les Années folles a São Paulo* (1997), em que classifica como crônicas [*Chroniques*] os ensaios contemporâneos que condenam a repressão da mulher, no caso de Ercília Nogueira Cobra e Maria Lacerda de Moura. Nicolau Sevcenko documenta a inter-relação entre sociedade e cultura artística e a urbanização de São Paulo em *Orfeu extático na metrópole* (1992).

Em 1918, Oswald de Andrade aparece na imprensa numa série de caricaturas, traçando o seu perfil rotundo. No escandaloso "O parafuso", usando terno branco, a sua foto leva o título, "Sr. Oswald de Andrade, sedutor de menores", enquanto a revista esteticista, *Papel e Tinta* identifica-o como "Marquis d'Olz". O nome alude a "D'Olzani", nome de solteira da jovem musa Deisi que conhece na *garçonnière*, com quem Oswald se casa *in extremis* em 1919. Desde jovem, Oswald havia usado o pseudônimo "João Miramar" como persona poética, uma identidade e assinatura que chega ao seu apoteose nas memórias sentimentais de 1924.

Oswald manteve um diário coletivo na *garçonnière* (1918-19), que atesta a invasão do estúdio dos jovens artistas pelos ritmos das ruas do centro de São Paulo:

> Este diario colectivo escrito en la garçonnière de Oswald durante 1918 no es el diario que escribe un letrado en su estudio *fin-de-siècle*, sino un texto que se compone en consonancia con los ritmos de la calle (...). La relación entre la escritura del diario y la ciudad es de presuposición: no importan aquí tanto las referencias sino la forma del texto (su ritmo, su estructura) en el que la urbe es una presencia tácita (...). El afuera ya no es el lugar familiar al que los integrantes de la garçonnière estaban acostumbrados (muchos de ellos pertenecientes a familias tradicionales de San Pablo) sino un lugar extraño en el que predominan la multitud y los encuentros fortuitos. La experiencia de una ciudad que se vuelve ajena se consuela en la pequeña comunidad de firmas y anotaciones que ofrece el diario una vez aque se atraviesa la puerta de la garçonnière, ubicada en el centro de la ciudad. (Aguilar, 185)

Oswald de Andrade coleciona descrições de bolso dos membros do círculo modernista no estilo de retratos-relâmpago, constituindo um volume de caricaturas de *personae* sociais. Estas impressões estão desenhadas com uma certa malícia, jogando com a identidade da pessoa em questão, como a descrição de Mário de Andrade como "Macunaíma de conservatório". Esta coleção de esboços satíricos estava guardada num caderno e publicada seletivamente apenas em 1990 com o título de "Dicionário de Bolso". Mário de Andrade, da mesma maneira, fez uma caricatura dos bacharéis de Direito numa cena de *Macunaíma*, quando na sua fuga pela selva o herói encontra o bangalô de um *bacharel*:

> Correndo correndo, légua e meia adiante deram com a casa onde morava o bacharel de Cananéia. O coroca estava na porta sentado e lia manuscritos profundos. Macunaíma falou pra ele:
> — Como vai, bacharel?
> — Menos mal, ignoto viajor.
> — Tomando a fresca, não?
> — C'est vrai, como dizem os franceses.
> — Bem, té-logo bacharel, estou meio afobado. (26)

Com essa referência à Cananéia, é provável que o objeto da sátira marioandradina seja o diplomata Graça Aranha, autor de *Canaã*, também referido por Oswald em manuscrito como "velha besta".

Em *Macunaíma*, Mário de Andrade invocou o seu círculo modernista, incorporando os amigos numa cena de macumba:

E os macumbeiros, Macunaíma, Jaime Ovalle, Dodô, Manu Bandeira, Blaise Cendrars, Ascenso Ferreira, Raul Bopp, Antônio Bento, todos esses macumbeiros saíram na madrugada. (63)

Também mencionou por nome várias artesãs regionais, assim juntando o nacional ao folclore mítico:

Mandaram buscar pra ele em São Paulo os famosos sapatinhos de lã tricotados por dona Ana Francisca de Almeida Leite Morais e em Pernambuco as rendas "Rosa dos Alpes", "Flor de Guabiroba" e "Por ti padeço" tecidas pelas mãos de dona Joaquina Leitão mais conhecida pelo nome de Quinquina Cacunda. Filtravam o milhor tamarindo das irmãs Louro Vieira, de Óbidos (...) (24)

Nas sátiras do mundo social de São Paulo, Mário invoca os tipos pela vestimenta e comportamento, tal como as mulheres da elite paulistanas, parodiadas por Macunaíma na famosa carta às Icamiabas:

Monstros encantados (...) nem brincam por brincar, senão que a chuvas do vil metal, repuxos brasonados de champagne (...) assaz se preocupam elas de si mesmas (...) importam das regiões mais inóspitas o que lhes acrescente ao sabor, tais como pezinhos nipônicos, rubis da Índia, desenvolturas norte-americanas; e muitas outras sabedorias e tesoiros internacionais. (69-72)

Esta carta pode ser lida à luz de uma avaliação dos papéis socialmente aceitáveis para a mulher brasileira na época, atestada por Michelle Perrot:

Aux femmes, la maison, la direction d'une nombreuse domesticité, une maternité revalorisée, les rencontres de l'intérieur, des apparitions publiques ritualisées, de plus en plus obsédées par le devoir de cette beauté que les femmes se doivent d'offrir en spectacle aux hommes. (Schpun ii)

Na ficção urbana do modernismo, em muitos dos personagens se reconhecia o retrato ou a caricatura de personalidades conhecidas na cidade. Não somente a vida e paisagem citadina eram consideradas fontes de material artístico, a prática era de tal maneira aceita e até esperada que eram todos leitores uns dos outros, procurando se reconhecer nos trabalhos mútuos. Com a passagem do tempo, não ficou quase ninguém capaz ainda de identificar as alusões específicas a personalidades da cidade nos romances modernistas, a não ser através de uma pesquisa na correspondência entre autores ou nas referências de suas biografias.

O mundo social em *Miramar*, o romance cubista e experimental de Oswald de Andrade, confirma o parentesco desse romance com um mundo social superficial e caricaturado. A organização social não sai dos padrões estabelecidos por Candido para as *Memórias de um sargento de milícias*, ilustrando, de um lado, um círculo amplo de cultura, através de situações arquetípicas e, do outro, a realidade brasileira. No primeiro caso, ilustrativo do conhecimento geral do autor, há um elenco de personagens, reais e fictícios, que povoa ambos os romances, tirados do mundo universal de cultura política, as humanidades e as artes. Em *Miramar*, a galeria de nomes inclui o mundo clássico (Alexandre o Grande, Aspasia, Cleópatra, Cupido, Ícaro, Petrônio, Plutarco, Telêmaco), a cultura política (Lloyd George, o Kaiser, Lenin, Catarina de Médici, Mussolini, Napoleão, o Kemal Paxá, Poincaré, Woodrow Wilson), escritores (Lord Byron, Cocteau, Musset, Rimbaud, Virgílio), atrizes de cinema (Sarah Bernhardt, Baby Daniels, Mae Murray), a música e dança (Chopin, Isadora Duncan, Mozart, Puccini, Salomé, Satie, Schubert, Tosca) e a pintura (a Gioconda, Picasso, Rafael). Certos nomes brasileiros figuram na lista internacional, nos casos de figuras muito conhecidas: o diplomata Rui Barbosa; escritores Olavo Bilac e Basílio da Gama; os políticos José Bonifácio e Tiradentes; os imperadores Dom Pedro I e II; e o aviador Santos Dumont. Se os romances são convincentes, não é devido ao pastiche de tipos sociais, mas a uma visão da sociedade na sua totalidade. Nesse panorama social, os narradores-cronistas são eles mesmos os heróis e os malandros de suas próprias histórias, reafirmando a análise que faz DaMatta do dilema social brasileiro.

"O Brasileiro Abstrato": O Malandro

No ensaio "Nacional por subtração", Roberto Schwarz considera o problema da literatura e cultura imitativa no Brasil, enfraquecidas historicamente pela cópia de modelos importados das metrópoles européias. A sugestão, vinda do pano de fundo colonial, é que o Brasil tem sido vítima de uma "expropriação cultural" e ainda procura as raízes legítimas e genuínas de uma identidade nacional. Esse paradigma incômodo, de fonte e cópia, leva a uma divisão histórica que Schwarz detecta no mundo social brasileiro, que inevitavelmente nos faz lembrar da dialética de Candido: a ordem e a desordem. Notando que as instituições coloniais, como a escravidão, o latifúndio e o clientelismo criaram um conjunto de relacionamentos sociais, cada um com as próprias regras e fechado a influências exteriores (a desordem), esses entraram em conflito com o regime do Direito, as provisões de igualdade estabelecidas no século XIX (ordem). Em vista do dilema, Schwarz conclui que a dialética do pessoal e do legal é o fundamento de uma sociedade que apresenta elementos de originalidade (desordem) e falta de originalidade (ordem), mas sem chegar a uma solução para o seu dilema histórico.

Referindo-se à tentativa modernista de definir um caráter nacional autêntico, Schwarz inventa o termo "o brasileiro em geral" (38), expressão corrigida na tradução inglesa por John Gledson para "o brasileiro abstrato", a fim de descrever um herói modernista que sintetize as características nacionais, como no célebre caso do polimorfo Macunaíma.

Para Schwarz, a categoria é negativa, porque não especifica uma determinada classe social. Mas se o herói "sintético" for visto no seu papel de mediador entre as várias camadas de um sistema social dialético, porém, e sobretudo se o herói-narrador escrever desde um ponto de vista exterior, tal como o "póstumo" Cubas ou o viajante Miramar, então a categoria de "brasileiro abstrato" cabe bem na definição que Candido faz do malandro literário. Na nossa leitura da tradição de prosa satírica, o brasileiro abstrato, ou sintético, é também o malandro nacional, seja ele Malasartes, Macunaíma ou Miramar, figura essa que torna possível uma leitura miscigenada e exteriorizada da absurda configuração da dialética cultural brasileiro. O que possibilita essa leitura é a função do narrador como cronista, mediador e renunciador, nos termos estabelecidos por DaMatta. Da crônica das classes populares e da caricatura das instituições sociais, na sua inversão cômica, faz o retrato autêntico e inovador de um sistema nacional de carnavais, malandros e heróis. Dando voz à irreverência popular e zombando da hierarquia e das instituições sociais, o malandro — como autor de memórias retrospectivas, satíricas e desconfiadas — tem uma qualidade especial que Schwarz encontra nos romances de Machado de Assis: a capacidade de perceber "um modo particular de funcionalmente ideológico" (44) numa sociedade da cópia e da exceção. O conjunto de memórias satíricas cujos heróis — Leonardo, Brás e João — estão em desacordo com o sistema social equivale afirmar que a carnavalização e a ritualização do mundo social, segundo os esquemas desenvolvidas por Candido e DaMatta, neutralizam a estigma da imitação e da cópia trazidas pelos modelos culturais europeus. É o brasileiro abstrato que, atravessando as barreiras sociais e zombando das hierarquias estreitas, escreve a história fabulosa de sua própria autobiografia e cria o auto-retrato nacional. O herói-malandro funda uma linha de originalidade e autenticidade nas belas-artes, sob o signo de humor, afirmando na crônica de origem popular o mundo híbrido e flexível criado pela sociedade brasileira.

Bibliografia

Aguilar, Gonzalo. *Poesía concreta brasileña: las vanguardias en la encrucijada modernista*. Tese de doutorado. Universidade de Buenos Aires: Faculdade de Filosofia e Letras, 2000.
Almeida, Manuel Antônio de. *Memórias de um Sargento de Milícias*. Rio de Janeiro: Tipografia Brasiliense, 1854.
_____. *Memoirs of a Militia Sargent*. Trad. Ronald W. Sousa. Oxford: Oxford University Press, 1999.
Andrade, Mário de. *Macunaíma*. São Paulo: E. Cupolo, 1928.
_____. *Macunaíma*. Trad. E. A. Goodland. Nova York: Random House, 1984.
Andrade, Oswald de. *Memórias sentimentais de João Miramar*. São Paulo: Independência, 1924.
_____. *Sentimental Memoirs of John Seaborne*. Trad. Ralph Niebuhr e Albert Bork. *Texas Quarterly* 15.4 [1972].
_____. *Serafim Ponte Grande*. Rio de Janeiro: Ariel, 1933.
_____. *Seraphim Grosse Pointe*. Trad. Kenneth D. Jackson e Albert G. Bork. Austin: New Latin Quarter, 1979.
Arrigucci, Jr., Davi. "Fragmentos sobre a crônica". *Enigma e comentário*. São Paulo: Companhia das Letras, 1987. 51-66.
Assis, Joaquim Maria Machado de. *Memórias Póstumas de Brás Cubas*. Rio de Janeiro: Tipografia Nacional, 1881.
_____. *The Posthumous Memoirs of Brás Cubas*. Trad. Gregory Rabassa. Nova York e Oxford: Oxford University Press, 1997.
_____. *Epitaph of a Small Winner*. Trad. W. L. Grossman. Nova York: Noonday, 1952.
Candido, Antonio. "Dialética da malandragem". *Revista do Instituto de Estudos Brasileiros*, 8 (1970): 67-89; reimpresso in *O discurso e a cidade*. São Paulo: Duas Cidades, 1993), 48-49; "Dialectic of Malandroism". *On Literature and Society*. Tradução e introdução Howard S. Becker. Princeton: Princeton University Press, 1995. 79-103.
_____. "Literature and Underdevelopment". *On Literature and Society*. Howard S. Becker, trad., ed. e intro. Princeton: Princeton University Press, 1995. 119-41.
DaMatta, Roberto. *Carnavais, malandros e heróis: Para uma sociologia do dilema brasileiro*. Rio de Janeiro: Zahar, 1979;

_____. *Carnivals, Rogues, and Heroes: An Interpretation of the Brazilian Dilemma.* Trad. John Drury Notre Dame e London: Universidade of Notre Dame Press, 1991.

Daniel, Mary L. "Brazilian Fiction from 1900 to 1945". *The Cambridge History of Latin American Literature.* Roberto González Echevarría e Enrique Pupo-Walker (orgs.). Cambridge: Cambridge University Press, 1996. 157-87.

Debret, Jean-Baptiste. *Voyage pittoresque et historique au Brésil.* 3 vols. in 2. Paris: Didot Freres, 1834.

Ferreira, Antonio Celso. *Um eldorado errante: São Paulo na ficção histórica de Oswald de Andrade.* Sao Paulo: Editora UNESP, 1996.

Haberly, David T. "The Brazilian Novel from 1850 to 1900". *The Cambridge History of Latin American Literature.* Roberto González Echevarría e Enrique Pupo-Walker (orgs.). Cambridge: Cambridge University Press, 1996. 137-56.

Holloway, Thomas H. "Historical Context and Social Topography of *Memoirs of a Militia Sergeant*". Manuel Antônio de Almeida. *Memoirs of a Militia Sergeant.* Ronald W. Sousa, trad. Oxford: Oxford University Press, 1999. xi-xxii.

Mesquita, Samira Nahid. "Memórias Póstumas de João Miramar/Memórias Sentimentais de Brás Cubas". Helenice Valias de Moraes (org.) *Oswald Plural.* Rio de Janeiro: Universidade do Estado do Rio de Janeiro, 1995. 147-58.

Schpun, Monica Raisa. *Les Années folles a São Paulo: Hommes et femmes au temps de l'explosion urbaine (1920-1929).* Paris: L'Harmattan, 1997.

Schwarz, Roberto. "Brazilian Culture: Nationalism by Elimination". *Misplaced Ideas.* Tradução e introdução John Gledson. Londres: Verso, 1992. 1-18.

Sena, Jorge de. "Modernismo Brasileiro: 1922 e hoje". K. David Jackson (org.). *A vanguarda literária no Brasil: Bibliografia e antologia crítica.* Frankfurt: Vervuert, 1998. 97-110.

Sevcenko, Nicolau. *Orfeu extático na metrópole: São Paulo, sociedade e cultura nos frementes anos 20.* São Paulo: Companhia das Letras, 1992.

Süssekind, Flora. "The Novel and the *Crônica*". In Manuel Antônio de Almeida, *Memoirs of a Militia Sergeant.* Trad. Ronald W. Sousa. Oxford: Oxford University Press, 1999. 171-84.

A CRÍTICA DIALÉTICA
DE ROBERTO SCHWARZ

Regina Lúcia de Faria[1]

> Conhecer o Brasil era saber destes deslocamentos, vividos e praticados por todos como uma espécie de fatalidade, para os quais, entretanto, não havia nome, pois a utilização imprópria dos nomes era a sua natureza. (Roberto Schwarz, *Ao vencedor as batatas* 21)

I

Dentro dos limites impostos pela própria natureza desse ensaio, procurarei delinear o projeto crítico de Roberto Schwarz, tendo como base, seu estudo dos romances de Machado de Assis, publicado, sobretudo, nos livros *Ao vencedor as batatas* (1977), exame dos romances identificados como aqueles pertencentes à primeira fase de Machado[2], *Um mestre na periferia do capitalismo*: *Machado de Assis* (1990), análise de *Memórias póstumas de Brás Cubas*, e *Duas meninas* (1997), reflexão sobre *Dom Casmurro* e trabalho comparativo entre as atitudes das personagens femininas Capitu e Helena, narradora de *Minha vida de menina*, de Helena Morley, buscando demonstrar a importância de sua obra no cenário da crítica literária universitária brasileira das três últimas décadas.

---

[1] Professora de Literatura e Língua Portuguesa na UniverCidade. Realizou estudos de pós-graduação na Universidade de Stanford. Lecionou Português e Estudos latino-americanos no Instituto Romansk, Universidade de Aarhus, Dinamarca (1999-2001).
[2] Além de *Senhora* (1875), de José de Alencar, neste livro, merecem um estudo detalhado os seguintes romances machadianos: *A mão e a luva* (1874), *Helena* (1876), *Iaiá Garcia* (1878).

II

Roberto Schwarz faz parte de uma geração de intelectuais que, constituindo uma segunda leva de críticos de formação universitária, são identificados com a sistematização dos métodos de análise literária e com a renovação do debate a respeito da dependência cultural e cultura brasileira em geral. Atuando tanto através da prática docente em universidades como através da publicação de livros e de ensaios em jornais diários ou em revistas especializadas, a reflexão teórica desses intelectuais acerca da literatura brasileira assumiu uma importância inegável no panorama acadêmico a partir da segunda metade da década de 60, quando surgem no mercado editorial suas primeiras publicações[3], e , sobretudo, dos anos 70, tornando suas obras leitura obrigatória às gerações seguintes de estudantes de graduação e pós-graduação das diversas Faculdades de Letras no país. Tendo realizado sua formação acadêmica na Universidade de São Paulo, seu nome, junto com Davi Arrigucci Jr., João Luiz Lafetá, Walnice Nogueira Galvão, João Alexandre Barbosa e outros, vem associado à tradição crítico-dialética de análise do texto literário adotada pelo Professor Antonio Candido.

Silviano Santiago, um dos companheiros de geração, mas ligado ao grupo de críticos-professores cuja atuação profissional se dá em universidades do Rio de Janeiro, ao abordar a obra de Roberto Schwarz, observa que talvez a melhor forma de se aproximar do pensamento do colega paulista seja "rastreando-o nos trabalhos mais significativos dos seus mestres na Universidade de São Paulo": Caio Prado Jr. e Antonio Candido (Santiago 217). O primeiro identificando, na organização da sociedade brasileira oitocentista, a presença de um segmento até então desprezado pelos historiadores — o homem livre —, oferece-lhe a chave interpretativa para análise dos deslocamentos de sentido sofridos no processo de aclimatação das idéias liberais no Brasil. Já Antonio Candido, ao deixar de lado Machado de Assis em sua *Formação da literatura brasileira*, deixa-lhe caminho livre para a formulação de "um campo de estudos próprio e original" a respeito do maior escritor nacional do século passado, trabalho que se inaugura com o livro *Ao vencedor as batatas*.

---

[3] O primeiro livro de ensaios de Roberto Schwarz, *A sereia e o desconfiado*: *Ensaios críticos*, data de 1965. Luiz Costa Lima, só para citar um intelectual identificado com o grupo do Rio de Janeiro, embora maranhense de nascimento, publica, em 1966, *Por que literatura*?

III

O ponto de partida do ensaio que abre *Ao vencedor as batatas*, "As idéias fora do lugar", é o descompasso da vida cultural e cotidiana da sociedade brasileira do século XIX em relação ao seu modelo originalmente produzido no continente europeu. De acordo com Roberto Schwarz, tal descompasso, *grosso modo* expressão da disparidade entre a fachada liberal do Império, calcada nas idéias, variadamente liberais, francesas, inglesas e americanas, e o regime dominante de trabalho escravo, "foi de fato uma presença assídua, atravessando e desequilibrando, até no detalhe, a vida ideológica do Segundo Reinado", tendo por testemunha a prosa literária nacional da época (14). Na contramão da eficácia tão cara ao ideal racionalista, mas até certa altura ainda lucrativo, o trabalho escravo, "fundado na violência e na disciplina militar" e dependente da autoridade, era incompatível com o liberalismo. Entretanto, como chama a atenção o crítico, não era apenas a escravidão a pôr em relevo a desafinação das idéias liberais no solo brasileiro, nem estaria nela o nexo efetivo da vida ideológica do nosso século XIX. A relação instituída entre os membros pertencentes à classe dos proprietários e o "homem livre", uma "multidão dos terceiros (...) nem proprietários nem proletários, seu acesso à vida social e a seus bens dependendo materialmente do favor, indireto ou direto, de um grande", contribuiria de forma mais insidiosa para a torção do ideário liberal efetuada entre nós, pois o desloca no momento de sua absorção (16-9).

Conforme o argumento desenvolvido por Roberto Schwarz, o processo de colonização, baseado no monopólio da terra, gerou no país três classes: "o latifundiário, o escravo e o 'homem livre', na verdade dependente". Enquanto a relação entre o latifundiário e o escravo era clara e garantida pela força, a estabelecida entre o latifundiário e o homem livre se dava através do mecanismo do favor. Disfarce da violência reinante na esfera da produção, o favor "assegurava às duas partes, em especial à mais fraca, de que nenhuma é escrava" (18). Transformado na "nossa mediação quase universal", esse mecanismo afetou e governou as mais diferentes atividades, "como administração, política, indústria, comércio, vida urbana, Corte etc.", atingindo inclusive "as profissões liberais, como a medicina, ou qualificações operárias, como a tipografia, que, na acepção européia, não deviam nada a ninguém". Dessa forma, a prática do favor deslocava os ideais da civilização burguesa, tais como "a autonomia da pessoa, a universalidade da lei, a cultura desinteressada, a remuneração objetiva, a ética do trabalho etc.", cuja postulação pretendia ser, no contexto europeu, um xeque-mate tanto no privilégio feudal como nas prerrogativas de classe do *Ancien Régime* (16). Embora não tenhamos experimentado, direta ou indiretamente, o feudalismo, já que o processo de colonização resultara do espírito mercantilista, sendo, porém, de maneira substancial, tributários do pensamento europeu, adotávamos, no plano das idéias, os argumentos que a burguesia européia desenvolvera contra o arbítrio e a escravidão, e, na prática, aceitávamos estar à sombra do favor, reafirmando "sem descanso os sentimentos e as noções" nele intrincados (17).

O sistema escravista e a prática do favor provocaram uma aclimatação *sui generis* do pensamento moderno na sociedade brasileira, que assumiu entre nós uma feição bastante original com características práticas e ideológico-morais singulares. Nesse sentido, as fronteiras nacionais funcionariam como um contexto caprichoso no acolhimento do espírito moderno:

> (...) *adotadas as idéias e as razões européias, elas podiam servir e muitas vezes serviram de justificação, nominalmente 'objetiva', para o momento de arbítrio que é da natureza do favor.* Sem prejuízo de existir, o antagonismo se desfaz em fumaça e os incompatíveis saem de mãos dadas. Esta recomposição é capital. Seus efeitos são muitos, e levam longe em nossa literatura. De ideologia que havia sido — isto é, engano involuntário e bem fundado nas aparências — o liberalismo passa, na falta de outro termo, a penhor intencional duma variedade de prestígios com que nada tem a ver. Ao legitimar o arbítrio por meio de alguma razão 'racional', o favorecido conscientemente engrandece a si e ao seu benfeitor, que por sua vez não vê, nessa era de hegemonia das razões, motivo para desmenti-lo. (17, grifos do autor)

O deslocamento de sentido que as idéias liberais sofreram tornou-se, portanto, problema e matéria para a literatura brasileira oitocentista, ainda que o escritor não tivesse consciência de tal processo. Acompanhar, recompondo-o ficcionalmente, o movimento de como foram abraçadas no Brasil essas idéias liberais, eis o quinhão do escritor brasileiro, se quisesse que a diferença inevitável não parecesse defeito involuntário, identificado, formalmente, como "ingenuidade, tagarelice, estreiteza, servilismo, grosseria etc." (24). Tal descompasso formal decorreria da adoção de temas da história universal e de questões contemporâneas européias inevitáveis aos nossos escritores, já que eram temas ou questões obrigatoriamente presentes nos romances franceses e ingleses, que nos serviam de modelo, e da introdução de uma realidade dissonante com as "tramas extremadas, próprias do realismo de influência romântica", devido às exigências localistas, elas também sugeridas pelo romantismo europeu (32). Atinar, da maneira mais fina possível, como a forma real, isto é, as relações sociais no Brasil colocadas numa constelação prática, transforma-se em forma literária, isto é, em princípio de construção de um mundo imaginário, é o que faz Roberto Schwarz em seu estudo fundamental da obra machadiana.

Entendida como um princípio mediador que organiza em profundidade os elementos da ficção e do real, participando simultaneamente dos dois planos, a forma é o ponto de junção entre o romance e a sociedade. Daí, antes mesmo de ser intuída e objetivada pelo romancista, a forma é uma produção do processo social. Concordando com a teoria marxista, mais especificamente, com o marxismo ligado à tradição alemã e à influência lukacsiana, compreende-se o conceito de forma social como o produto de constrangimentos materiais de reprodução da sociedade, impresso em diferentes áreas da vida social. Desse modo, as formas encontradas nas obras "são a repetição ou a transformação, como resultado variável, de formas preexistentes artísticas ou extra-artísticas" (36). Qual a rentabilidade do estudo da forma para os estudos literários?

Tratando-se "de um esquema prático, dotado de lógica específica, programado segundo as condições históricas a que atende e, simultaneamente, o historicizam", a forma retém e reproduz, de certa maneira, o conjunto contingente de condições históricas em que nasce. Essas condições, por sua vez, passam "a ser seu efeito literário, o seu efeito de realidade, o mundo que significam", reaparecendo, "com a sua mesma lógica, no plano da ficção e como resultado formal" ("Originalidade" 35; *Ao vencedor* 38-9). Como sublinha Schwarz, "toda forma sempre articula um compacto heterogêneo de relações histórico-sociais", e "faz da historicidade, a ser decifrada pela crítica, a substância mesma das obras" ("Originalidade" 36). Nesse sentido, a representação literária configuraria, de maneira dinâmica, a organização sócio-econômica que lhe é contemporânea, tornando a sociedade e suas relações estruturais nela representadas em elemento interno ativo. A obra literária, então, passa a ser um objeto privilegiado para o conhecimento da realidade histórica nela configurada.

Formalmente, o resultado estético da obra alencariana é uma fratura exposta. Isso se explica pelo fato de o autor lançar mão de matérias (por exemplo, "o poder do dinheiro", em *Senhora*) cuja força simbólica teria a ver com uma sociedade "desmitologizada" e "mistificada", resultante da racionalidade burguesa, para refletir, diretamente, um universo social organizado pela lógica das relações paternalistas. Em compensação, tal fratura traduz, embora involuntariamente, o descompasso cultural, ideológico da vida brasileira.

Se em Alencar, temos o "reflexo involuntário" do nosso descompasso cultural, com Machado a "incongruência de idéias" é elevada à categoria de "verdade artística", isto é, o descompasso figura como resultado de uma "elaboração reflexiva", na medida em que é assimilado formalmente. Esse processo, traduzido de maneira incipiente em *Iaiá Garcia*, é tratado de modo magistral a partir de *Memórias póstumas de Brás Cubas*, conforme tese desenvolvida por Roberto Schwarz em *Ao vencedor as batatas* e desdobrada nos livros posteriores já mencionados.

Nos romances da primeira fase, os quais refletem a posição subalterna daqueles que não têm independência suficiente para o exercício crítico, Machado relega para segundo plano as referências ao ideário liberal, à nova civilização do Capital, às ideologias libertárias próprias do individualismo romântico, e traz para o seu centro a esfera familiar e as relações paternalistas — presentes apenas secundariamente nos de Alencar — a cuja autoridade são submetidos os conflitos neles arrolados. Se aí aparece tematizada a injustiça social, não há, entretanto, sombra de revolta nas personagens desprivilegiadas, que se conformam às exigências configuradas pela lógica do favor. Tal solução garantia aos romances maior verossimilhança dos temas locais, mas conferia-lhes, também, um tom "bolorento", "abafado", "enjoativo" e, o que era pior, cortando as ligações com o mundo contemporâneo, acentuava o nosso provincianismo (*Ao vencedor* 65-6). Machado supera esse embaraço formal a partir de *Memórias póstumas de Brás Cubas*, ao conferir, "envenenadamente", o ponto de vista da classe dominante aos narradores de seus romances. Esse artifício permite-lhe adotar os pressupostos sociais europeus e reciclá-los conforme as condições locais brasileiras, transformando, assim "a desproporção entre idéias burguesas e o vaivém do favor em dicção, em música sardônica e familiar" (*Ao vencedor* 50). O ajustamento formal via desdobramento do desajuste cultural na estruturação do romance indica também uma trilha a ser perseguida pela literatura de país dependente.

IV

No ensaio "A originalidade da crítica de Antonio Candido", Roberto Schwarz ressalta que o estudo formal permite "falar de obra e realidade uma em termos da outra" através da articulação de suas estruturas. Daí a originalidade do método e o seu interesse palpável para as discussões literárias (45). Em outro lugar, ainda se referindo ao método de análise desenvolvido pelo mestre, Schwarz afirma que "pela primeira vez a dialética da forma literária e processo social deixava de ser uma palavra vã" (*Que Horas* 154). Como já notou Silviano Santiago, o mesmo pode ser dito a respeito dos estudos do discípulo acerca de Machado de Assis (Santiago 219).

Buscar o depoimento da forma e a lógica que organizam o romance é a estratégia do crítico para escapar de uma concepção simplista da obra literária como ilustração da sociedade, ainda que a conteste. A grande novidade da ficção de Machado, conforme diz, é colocar seus narradores em situação social. Em outras palavras: colocada dentro de um campo de antagonismos, a lógica desses narradores, só se perfaz através dos tipos sociais que lhes são complementares e através dos quais eles se especificam, por exemplo, "a moça pobre, a senhora elegante e rica, o agregado". Imitando a escrita de seu objeto de estudo, Roberto Schwarz capta e descreve, apresentando dialeticamente os contrários, as relações que envolvem os narradores machadianos em situação como fossem filigranas morais e sociais, revelando, nomeando e formalizando aspectos da vida brasileira, vividos e praticados, que, anteriormente, nunca haviam sido nomeados, como diria um de seus comentadores, Davi Arrigucci Jr. (78).

Bibliografia

Arrigucci Jr., Davi, et al. "Machado de Assis: Um debate. Conversa com Roberto Schwarz". *Novos Estudos CEBRAP* 29 (Março de 1991): 59-84.
Candido, Antonio. "Dialética da malandragem". *Memórias de um Sargento de Milícias*. Manuel Antônio de Almeida. Cecília Lara (org.). Rio de Janeiro: Livros Técnicos e Científicos, 1978. 317-42.
Machado de Assis. *Obra completa*. Vol. I, 5ª ed. Rio de Janeiro: Nova Aguilar, 1985.
Santiago, Silviano. *Nas malhas da letra*: Ensaios. São Paulo: Companhia das Letras, 1989.
Schwarz, Roberto. *Ao vencedor as batatas; Forma literária e processo social nos inícios do romance brasileiro*. São Paulo: Duas Cidades, 1977.
_____. *Que horas são? Ensaios*. São Paulo: Companhia das Letras, 1987.

_____. *Um mestre na periferia do capitalismo*: Machado de Assis. São Paulo: Duas Cidades, 1990.

_____. "A originalidade da crítica de Antonio Candido". *Novos Estudos CEBRAP*, 32 (Março de 1992): 31-46.

_____. *Duas meninas*. São Paulo: Companhias das Letras, 1997.

Süssekind, Flora. *Papéis colados*: Ensaios. Rio de Janeiro: Editora UFRJ, 1993.

CRÍTICA HÍBRIDA E FORMA HISTÓRICA

Raúl Antelo[1]

> *La déconstruction n'a jamais eu de sens et d'interêt,
> à mes yeux du moins, que comme une radicalisation,
> c'est-à-dire aussi* dans la tradition *d'un certain
> marxisme, dans un certain* esprit de marxisme.
> (Jacques Derrida, Spectres de Marx)

"O sistema literário nacional parece um repositório de forças em desagregação" (Schwarz 58). Eis o diagnóstico lapidar com que Roberto Schwarz avalia em seu último livro o estado atual da contribuição decisiva de Antonio Candido aos estudos sobre literatura e cultura no Brasil, ao menos, tal como essa contribuição pode ser observada no presente. Descrevendo a situação de país periférico em irrestrita mundialização, Schwarz entende que o sistema, desenhado por Candido como efeito de uma peculiar formação histórico-cultural, passa a funcionar agora ou pode vir a funcionar em breve como o real, na medida em que esse é um dos espaços onde se torna possível sentir o que está em vias de decomposição. A sucinta descrição guarda algo de *Unheimlich* na sua referência à transformação desagregadora e abjeta do sistema (uma organização mas também uma hierarquia). Em poucas palavras, o crítico nos diz que a nação (esse Brasil que a geração anterior contemplou sob o prisma da

---

[1] Professor Titular de Literatura Brasileira pela Universidade Federal de Santa Catarina. Editor de *Obra completa* de Oliverio Girondo (UNESCO, 1999). Entre outros, autor de *Na ilha de Marapatá: Mário de Andrade lê os hispano-americanos* (São Paulo: HUCITEC, 1986) e *Transgressão e modernidade* (Ponta Grossa: Editora UEPG, 2001). Organizador de *Antonio Candido y los estudios latino-americanos* (Pittsburgh: Universidad de Pittsburgh, 2001).

formação e hoje se insinua na contundência da abjeção) a nação, em suma, é o real, aquilo que não pode ser simbolizado, o avesso do desejo ou, em palavras de Lacan, *"ce qui ne cesse pas de ne pas s'écrire"*.[2]

Longe, portanto, de continuar fiando a presença em si do observador literário, o real da situação presente (a impossibilidade desse mesmo presente, sua insuportável presença mas também sua censurável apresentação) introduz uma deformação inequívoca e uma distância irredutível em relação à própria imagem. É um ponto em que a moldura do presente se inscreve, em superposição de filigrana, no interior do próprio conteúdo material da representação, redundando assim numa dissimetria radical entre o olhar e a visão, aquela que torna toda comunicação (como a que se pressupõe nas páginas iniciais da *Formação da literatura brasileira* de Antonio Candido) tão somente um equívoco bem-sucedido. É limitado, em conseqüência, o argumento de Haroldo de Campos que censura o débito de Candido às funções lingüísticas jakobsonianas (mais fidedigno, talvez, seria evocar a triangulação comunicativa de Bühler) porque, para além da marca funcionalista inequivocamente presente no modelo da formação, ressalta a própria idéia da comunicação, da existência de uma comunidade, como algo que, para se implantar, requer algo de "real". Em outras palavras, para que essa comunidade advenha e a comunicação intersubjetiva funcione, finalmente, a contento, uma resposta do real torna-se imperiosa; porém, não desconhecemos, é claro, que inexiste comunicação simbólica, i.e. não há comunidade em formação, sem uma correlativa dimensão do *Unheimliche* da própria experiência. É isso, em última instância, que define o real.

Não é então o observador que vê a nação mas é ela, a Coisa, que nos vê, como aliás a própria literatura brasileira, em seus pontos altos de modernidade, soube deixar claro.[3] Esta concepção do real pode, aliás, introduzir elementos que dinamizem o debate, por sinal, bastante estereotipado, em relação à idéia de formação e seu rendimento na tradição crítica que remonta a Antonio Candido. Deveríamos então relembrar que existem, ao menos para Freud, dois modos de recusa do real. O primeiro é baseado no recalque, sublimação ou, como Mário de

---

[2] Ver *Séminaire* 20.
[3] Penso nos aforismos de *O discípulo de Emaús* (1945) de Murilo Mendes que problematizam o caráter ativo da leitura e a dimensão original do parasita bem como as ficções de Clarice Lispector, notadamente, *Água viva* (1973).

Andrade preferia traduzir o termo freudiano *Verdrängung*, o seqüestro. Há, porém, outro modo, que parte da derivação ou ramificação do rechaço. Aquilo que é seqüestrado pode retornar na pré-consciência de um modo simbolizado; já aquilo que é rejeitado pode igualmente retornar, porém, na forma de uma nova realidade delirante. Acompanhando esse raciocínio, diríamos que, no interior da formação, o barroco está, de fato, seqüestrado, como quer Haroldo de Campos, com a ressalva, porém, de que ele pode retornar e, de fato, retorna já que Góngora é, no dizer de Roberto Schwarz, "um pressuposto explícito da *Formação*, onde forma um contraste definidor com a imagem de tipo neoclássico" (Schwarz 51). Tal fato prova que deveríamos corrigir a disjuntiva apresentada por Roberto ("os ciclos históricos existem ou não existem") na forma de um trilema histórico: os ciclos históricos existem e não existem porque é próprio do evento (e sem dúvida o barroco tem esse porte peculiar) exasperar, face ao desafio do presente, a ur-história e a pós-história ou, em outras palavras, e para chegarmos, enfim, à expressão benjaminiana, cabe, justamente, ao presente definir onde e como os aspectos ur-históricos (a administração colonial mostrenga, por exemplo) e os pós-históricos (a acefalidade contemporânea) divergem e se tensionam mutuamente para assim melhor avaliar o evento e circunscrever-lhe o núcleo (Benjamin 494).

Retomemos, entretanto, as perspectivas traçadas por Roberto Schwarz ao identificar a exaustão da idéia de formação diante da emergência do real.

> Uma é de que ela (a formação), que é também um ideal, perdeu o sentido, desqualificada pelo rumo da história. A nação não vai se formar, as suas partes vão se desligar umas das outras, o setor 'avançado' da sociedade brasileira já se integrou à dinâmica mais moderna da ordem internacional e deixará cair o resto. Enfim, à vista da nação que não vai se integrar, o próprio processo formativo terá sido uma miragem que a bem do realismo é melhor abandonar. Entre o que prometia e o que cumpriu a distância é grande.
>
> Outra perspectiva possível: suponhamos que a economia deixou de empurrar em direção da integração nacional e da formação de um todo relativamente auto-regulado e auto-suficiente (aliás, ela está empurrando em direção oposta). Se a pressão for esta, a única instância que continua dizendo que isso aqui é um todo e que é preciso lhe dar um futuro é a unidade cultural que mal ou bem se formou historicamente, e que na literatura se completou. Nessa linha, a cultura formada, que

alcançou uma certa organicidade, funciona como um antídoto para a tendência dissociadora da economia. Contudo vocês não deixem de notar o idealismo dessa posição defensiva. Toda pessoa com algum tino materialista sabe que a economia está no comando e que o âmbito cultural sobretudo acompanha. Entretanto, é preciso reconhecer que nossa unidade cultural mais ou menos realizada é um elemento de antibarbárie, na medida em que diz que aqui se formou um todo, e que esse todo existe e faz parte interior de todos nós que nos ocupamos do assunto, e também de muitos outros que não se ocupam dele.

Outra hipótese ainda: despregado de um projeto econômico nacional, que deixou de existir em sentido forte, o desejo de formação fica esvaziado e sem dinâmica própria. Entretanto, nem por isso ele deixa de existir, sendo um elemento que pode ser utilizado no mercado das diferenças culturais, e até do turismo. A formação nacional pode ter deixado de ser uma perspectiva de realização substantiva, centrada numa certa autonomia político-econômica, mas pode não ter deixado de existir como feição histórica e de ser talvez um trunfo comercial em toda linha, no âmbito da comercialização internacional da cultura. Enfim, ao desligar-se do processo de auto-realização social e econômica do país, que incluía tarefas de relevância máxima para a humanidade, tais como a superação histórica das desigualdades coloniais, a formação não deixa de ser mercadoria. E ela pode inclusive, no momento presente, estar tendo um grande futuro nesse plano. (57-8)

Enumerados esses cenários hipotéticos, Roberto Schwarz relega, como vemos, a última instância o argumento estético segundo o qual a âmbito formativo já não faz sentido, uma vez que os modelos literários vêm de toda parte e de todo tempo. Schwarz, entretanto, raciocina que "se em lugar das influências literárias, que de fato estão como que à escolha, pensarmos na linguagem que usamos, comprometida — sob pena de pasteurização — com o tecido social da experiência, veremos que a mobilidade globalizada do ficcionista pode ser ilusória. A nova ordem mundial produz as suas cisões próprias e até segunda ordem qualifica as aspirações dos intelectuais" (58). Ora, é a própria sensibilidade crítica de Antonio Candido, não menos cindida e qualificada do que a nossa, a que problematiza essa observação justa em gênero, porém, não em parte.

Como se sabe, em sua análise de *O cortiço*, interessado em isolar o ponto de vista do brasileiro livre na ordem escravocrata, isto é, o foco nacional e autônomo que estrutura a obra, Candido analisa o sujeito de enunciação de um ditado popular, aparentemente secundário ou subalterno: "para português, negro e burro, três pês: pão para comer, pano para vestir, pau para trabalhar". O crítico percebe nesse ditado algo da ordem do real, isto é, sua gratuidade nula. Construído à moda dos julgamentos peremptórios da poesia de Gregório de Matos, tais como "Neste mundo é mais rico o que mais rapa" ou "De dois ff se compõe/ esta cidade a meu ver/um furtar, outro foder", que ainda se ouvem na lábia de mulato sabido de *Macunaíma* quem, por sua vez, esconjura, em aberta paródia ao 5º epigrama de Gregório, a muita saúva e a pouca saúde como males do país colonial, o axioma ético assenta na série *pão-pano-pau*, que não revela tão somente aspectos da vida social, figurações já formadas, representações identitárias ou valores dominantes. Exibe, ainda, a própria estrutura da série literária, sua energia liberada com o intuito de formar, e nos confronta, em última análise, com a relevância que tem, na poética barroca e em seu retorno modernista, a disseminação paronomásica. Essa escuta feliz de Antonio Candido, a de que a série paronomásica significa para além da forma e de que sua verdade reside, em compensação, na densidade de uma forma ideológica, não se justifica em função de nenhuma teoria formalista alheia à própria sensibilidade do mestre. É ele mesmo quem aponta, precisamente, a substituição da metáfora pela paronomásia como um dos traços definitórios da literatura moderna. Explica:

> Nós tínhamos uma literatura dominada pela imagem, pela analogia — "tu és bela como a rosa" —, e agora temos uma literatura dominada cada vez mais pela paronomásia, ou seja, por aquela figura que junta palavras pela sonoridade muito parecida, mas de significado diferente. (Candido 184)

Contra a visão referencial-analógica, pressuposta pela metáfora, o crítico observa a dominância alegórica do simulacro e do *ready-made*, em que "o discurso toma o mundo como arsenal das comparações... criando então um mundo paralelo, um mundo autônomo, que é uma espécie de duplicação do mundo natural" (Candido 187).

Graças a este recurso e a sua acuidade crítica, Candido propõe uma determinação recíproca ou sobredeterminação específica entre o social e o estético em que nenhum dos níveis ofusca ou diminui o outro. Antes, pelo contrário, mutuamente se determinam e reciprocamente se dinamizam. Aliás, da noção de paronomásia poderíamos derivar, ainda, na esteira de Sèrres, uma teoria desconstrutiva da autosuficiência na economia do parasita.

Paródico, parasita, paronomásico, nada de irrelevante vemos nesse sintoma. Afinal de contas, Valéry faria dessa basculação paronomásica a definição mesma do poético, oscilando sempre entre *son* e *sens*. Observe-se, aliás, que para formulá-la o poeta foi obrigado a lançar mão, precisamente, do mesmo recurso que queria definir, fazendo dessa tautologia teórica a reunião ficcional do sujeito do enunciado com o sujeito da enunciação.

Porém, nem mesmo a definição de Valéry autoriza a desatenção a esse modo autônomo de formar enunciados. Ao contrário, a oscilação entre *sens* e *son* repercute, para além da tensão metáfora/metonímia, em outros binômios críticos igualmente esclarecedores: representação/estereoscopia; identidade/devir; formação/disseminação; *beginnings* (Edward Said)/ *becomings* (Andrew Benjamin). Em última análise, diríamos, enquanto a metáfora se alinha do lado dos limites, esses marcos teleológicos que pautam toda formação, a paronomásia, entretanto, acena com o limiar que, sendo sempre penúltimo, não cessa de reabrir a cadeia significante e, assim fazendo, nos persuade que toda completude é da ordem do imaginário.

O eixo desse debate gira, como se vê, em torno do conceito de *formação*. Para melhor avaliá-lo, Roberto Schwarz ensaia uma arqueologia do conceito, relembrando que, ao ser publicado, o livro de Candido alinhou-se a outras obras que igualmente usavam o conceito de formação:

> No campo progressista, os congêneres mais importantes e conhecidos eram os livros de Caio Prado Jr., Sérgio Buarque de Holanda e Celso Furtado. A comparação entre estas obras ainda está engatinhando, à espera de trabalhos de síntese. Muito sumariamente quero sugerir alguns contrastes. Para Caio Prado Jr., a formação brasileira se completaria no momento em que fosse superada a nossa herança de inorganicidade social — o oposto da interligação com objetivos internos trazida da Colônia. Este momento alto estaria, ou esteve, no futuro. Se passarmos a Sérgio Buarque de Holanda, encontraremos algo análogo. O país será moderno e estará formado quando superar a sua herança portuguesa, rural e autoritária, quando então teríamos um país democrático. Também aqui o ponto de chegada está mais adiante, na dependência das decisões do presente. Celso Furtado, por seu turno, dirá que a nação não se completa enquanto as alavancas do comando, principalmente as do

comando econômico, não passarem para dentro do país. Ou seja, enquanto as decisões básicas que nos dizem respeito forem tomadas no estrangeiro, a nação continua incompleta. Como para os outros dois, a conclusão do processo encontra-se no futuro, que pareceu próximo à geração do autor, e agora parece remoto, como indica o título de um dos últimos livros dele mesmo: *Brasil: A construção interrompida* (1992). (Schwarz 54-5)

Ora, a formação de Candido, longe de aderir a um sentido linear e prospectivo, ou a uma inscrição inequívoca, como suas congêneres, arma-se, retrospectivamente, em relação a um ápice situado no passado, por volta de 1870 e antes mesmo da abolição da escravidão. Tal fato se desdobra como ambigüidade estrutural do sistema, ou antes, como uma avaliação ambivalente do próprio processo modernizador brasileiro que, ao mesmo tempo, existe e não existe. Tem perfil definido e consistência fantasmagórica. Acontece que, se aceitamos a premissa lacunar de Candido (toda avaliação, além de fragmentária, é radicalmente ambivalente), somos obrigados a suspender até nova ordem a confiança inabalada na existência de um "campo progressista" e torna-se necessário, portanto, rearmar a genealogia do conceito com olhar mais vasto e abrangente. Afinal, relembremos, não é o olhar que constitui o objeto; antes pelo contrário, é a visão que sobredetermina o sujeito.

Encontro, assim, em Silviano Santiago, a matriz dessa genealogia contramodernista que pode nos tirar das ilusões de completude. Em "Atração do mundo (políticas de identidade e de globalização na moderna cultura brasileira)", Santiago empreende uma releitura do conceito de formação, porém, surpreendentemente, não parte dos ensaios de interpretação nacional que tentam devolver homogeneidade estrutural e equilíbrio sistemático a formações nacionais afetadas pela crise do capitalismo. É, pelo contrário, um fragmento de *Minha formação*, um texto híbrido, memorialístico-especulativo, de Joaquim Nabuco, que traça o cenário indispensável para a constelação a que ele se propõe: a atitude do crítico como observador de uma representação (a metáfora teatral logo se impõe) e a mediação mundializadora da técnica, quando aplicada a ações restritas a escala local (o telégrafo para Nabuco, as redes informáticas para nós).

Dessa análise das constelações do conceito de formação e de sua própria espectralidade cultural surge então uma leitura, de fato, esclarecedora que pode não ser materialista, porém, é não dualista.

> Os modelos de análise, inspirados respectivamente pelas décadas de 20 e de 30, têm em comum uma nítida postura universalista, mas se distanciam um do outro no modo como se fundamentam disciplinarmente (cultura *versus* economia, e vice-versa) e no modo como concebem o processo histórico (pluralismo *versus* sentido único, e vice-versa). Por essas diferenças é que se distinguem tanto no peso dado à coisa nacional[4] quanto na maneira como avaliá-la na busca de progresso *moral* para os brasileiros; se distinguem ainda na concepção do desenvolvimento sócio-político da humanidade.[5] (Santiago, "Atração" 50)

A leitura de Silviano Santiago alude, no explícito, à unilateralidade e estreiteza de posições racionalistas e universalistas que, em função de seu caráter citadino e cosmopolita, reprimem aquilo que remete à condição amorfa das pulsões humanas; no implícito, entretanto, através de seu recurso à formação de Nabuco, autor confessadamente admirado por Fernando Henrique Cardoso, Silviano desvenda que o caráter hipermoral desse liberalismo dominante alimenta, paradoxalmente, o irracionalismo simplista, acrítico e regressivo da mundialização irreversível. Silviano Santiago, entretanto, parece reciclar o próprio conceito de entre-lugar (1971) e posicionar-se *entre* a esterilidade da crítica e a regressão do nacionalismo, *entre* a teoria e a ficção, em outras palavras, *entre* Esclarecimento e narrativa.

Não se veja esse *entre* como abstinência ética, porém, como um gênero específico da ficção teórica: o comum de dois.[6] Afirmar e negar,

---

[4] E talvez fosse mais oportuno dizer à Coisa nacional.

[5] O conceito de mundo (ainda impregnado das conotações pós-utópicas quando não de biopolítica acefálica de Resnais e Borges) aparece em outro ensaio em que Silviano se interroga sobre a consistência da experiência narrativa e opõe o narrador machadiano, contemporâneo de Nabuco, com o narrador pós-moderno. Cf "Toda a memória do mundo".

[6] Em *L'autre cap*, Jacques Derrida insiste nessa posição liminar de uma lei que se desdobra incessantemente. Refutando a perene ambição universalista da cultura francesa, sente-se na obrigação :

> (...) de rappeler ce qui s'est promis sous le nom de l'Europe, de réidentifier l'Europe, c'est un devoir qui dicte aussi d'ouvrir l'Europe, depuis le cap qui se divise parce qu'il est aussi un rivage: de l'ouvrir sur ce qui n'est pas, n'a jamais été et ne sera jamais l'Europe. Le *même devoir* dicte non seulement d'accueillir l'étranger pour l'intégrer, mais aussi pour reconnaitre et accepter son altérité. Le *même devoir* dicte de critiquer un dogmatisme totalitaire qui, sous prétexte de mettre fin au capital, a détruit la démocratie et l'héritage européen, mais , aussi de critiquer une religion du capital qui installe son dogmatisme sous de nouveaux visages que nous devons apprendre à identifier. Le *même devoir* dicte d'assumer l'héritage européen d'une idée de la démocratie, mais aussi de reconnaître que celle-ci n'est jamais donnée; ce n'est même pas une idée régulatrice au sens kantien, plutôt quelque chose qui reste à penser et à venir: non pas qui arrivera demain, mais qui a la structu-

apreciar e depreciar configuram assim uma ultrapassagem do modelo formativo de tensões estruturais que se orientam em direção a um devir ativo, o da transgressão, das forças reativas, e a um devir reativo, o da vontade de nada, das forças ativas.

Podemos assim retornar ao diagnóstico inicial de Roberto Schwarz, que lamentava ver diminuído o esforço civilizatório da formação de Antonio Candido, reduzida, no presente, a "um repositório de forças em desagregação". Ora, a meu ver, é nesse entre-lugar de forças enfrentadas, de integração e resistência, que reside a ambivalência dinâmica, ficcional, da empreitada do híbrido. Assim sendo, em sua crítica ao modelo romanesco da formação, não pode surpreender-nos que Santiago retorne à proliferação disseminante de *Em liberdade*, uma ficção contra-formativa do moderno. Seu entre-lugar, portanto, define-se em função de uma avaliação dúplice, na história e fora dela, no nome (*onomástica*) e para além dele (*paronomásica*), afirmativa em seu devir-ativo e, ao mesmo tempo, niilista em seu devir-reativo. Esse entre-lugar guarda, sintomaticamente, familiaridade com a posição reivindicada, recentemente, por Derrida: a de um marrano, como Spinoza mas também como Marx, "a sort of clandestine immigrant, a Hispano-Portuguese disguised as a German Jew who, we will assume, pretended to have converted to Protestanism". E, supremo paradoxo dessa fantasia paronomásica (Marx-marrano-Mal), a condição fora de lugar do próprio marrano não se esgotaria em si mas se aplicaria inclusive a seus descendentes, os filhos de Marx, os quais "had forgotten the fact that they were Marranos, repressed it, denied it, disavowed it. It is well known that this sometimes happens to 'real' Marranos as well, to those who, though they are really, presently,

---

re de la promesse et donc porte l'avenir ici maintenant. Le *même devoir* dicte de respecter la différence, l'idiome, la minorité, la singularité, mais aussi l'universalité du droit formel, le désir de traduction, l'accord et l'univocité, la loi de la majorité, l'opposition au racisme, au nationalisme, à la xénophobie. Le *même devoir* commande de tolérer et de respecter tout ce qui ne se place pas sous l'autorité de la raison.

Il peut s'agir de la foi, des différentes formes de foi. Il peut s'agir aussi de questions ou d' affirmations qui, pour penser l'histoire de la raison, excèdent son ordre, sans devenir pour autant irrationnelles, encore moins irrationalistes ; elles peuvent même rester assez fidèles à l'idéal des Lumières, de l'*Aufklärung* ou de l'*Illuminismo*, tout en reconnaissant ses limites, pour travaíller aux Lumières d'aujourd'hui. Ce *même devoir* appelle certes la responsabilité de penser, de parler et d'agir conformément à un impératif qui paraît contradictoire".

Para Derrida, em suma, levar à sério um conceito é tomá-lo entre aspas, em sua disseminação paronomásica que se dá recorrentemente como *le même devoir*. Ver *L'autre cap*. Paris. Ed. du Minuit, 1991.

currently, effectively, *ontologically* Marranos, no longer even know it themselves".[7]

Bibliografia

Benjamim, Walter. *Paris Capitale du XIX Siécle*: *Le livre des passages*. Trad. Jean Lacoste. Paris: Cerf, 1993.
Candido, Antonio. "Intervenção no ciclo de debates do Teatro Casa Grande". Rio de Janeiro: Inúbia 1976.
Derrida, Jacques. *L'autre Cap; Suivi de la democratie ajourneé*. Paris: Editions de Minuit, 1991.
_____. *The Other Heading*: *Reflections on Today's Europe*. Trad. Pascale-Anne Brault e Michael B. Naas; Afterword Michael B. Naas. Bloomington: Indiana University Press, 1992.
_____. *Spectres de Marx*: *The State of the Debet, the Work of Mourning, and the New International*. Trad. Peggy Kamuf; Afterword Bernd Magnus and Stephen Cullenberg. Nova Iorque: Routledge, 1994.
_____. "Marx and Sons". *Ghostly Demarcations*: *The Symposium on Jacques Derrida's Spectres of Marx*. Michael Sprinker (org.). Londres: Verso, 1999.
Lacan, Jacques. *Séminaire*. Paris: Seuil, 1975.
_____. *Scilicet*. Paris: Seuil.
Santiago, Silviano. "Atração do mundo" (Políticas de identidade e de globalização na moderna cultura brasileira". *Gragoatá* 1 (1996): 31-54.
_____. "Toda a memória do mundo". *Folha de São Paulo*, 13 Ago. 1988.
Schwarz, Roberto. "Os sete fôlegos de um Livro". *Seqüências brasileiras*. *Ensaios*. São Paulo: Compainha das Letras, 1999. 46-58.

---

[7] Derrida, *Spectres de Marx* 261-2.

A CRÍTICA LITERÁRIA ENTRE ANTIGAS E NOVAS POLÊMICAS

Rachel Esteves Lima[1]

Em 1976, Roberto Schwarz publica o irônico artigo intitulado "19 princípios de crítica literária", destacando, dentre eles, o seguinte: "Não esqueça: o marxismo é um reducionismo, e está superado pelo estruturalismo, pela fenomenologia, pela estilística, pela nova crítica americana, pelo formalismo russo, pela crítica estética, pela lingüística e pela filosofia das formas simbólicas".[2]

Em 1999, publica-se a comunicação apresentada por Lígia Chiappini no VI Congresso da Associação Brasileira de Literatura Comparada, no qual a autora, a partir de uma análise dos artigos incluídos nos *Anais* dos congressos anteriores, questiona: "Como não notar a predominância aí de uma monótona repetição de temas, conceitos e atitudes 'críticas' da moda"?[3]

Mais de vinte anos se passaram entre o estabelecimento desses dois diagnósticos sobre a crítica literária que se produz nas universidades brasileiras. Nesse ínterim, pode-se dizer que se consolidaram os principais cursos de pós-graduação em Letras do país, com a conseqüente multiplicação do número de mestres e doutores atuando em instituições que cobrem todo o território nacional e um significativo crescimento do mercado editorial especializado, voltado para as publicações das pesquisas desenvolvidas. Na contramão dessas saudáveis transformações, responsáveis pela disseminação dos espaços para o debate de idéias, ainda

---

[1] Professora Visitante de Teoria da Literatura da Universidade de Brasília.
[2] Schwarz, "19 princípios de crítica literária" 93-4.
[3] Chiappini 160.

se insiste, como se pode perceber pela segunda citação acima, em questionar a originalidade do pensamento que aqui vem se constituindo. Segundo essa visão, assim como ocorria com a poesia recenseada por Machado de Assis, ao final do século XIX, o "influxo externo é que determina a direção do movimento"[4] da "nova geração" de críticos. Incorporadora passiva das mais recentes teorias estrangeiras, tal geração continuaria a desprezar a tradição crítica que, de forma descontínua, se constrói internamente, perpetuando o caráter ornamental e a vocação mimética dos discursos produzidos pela classe intelectual brasileira.

Curiosamente, se, na crítica ao "torcicolo cultural", que se impôs na década de 70, se questionava a euforia da análise formal, em detrimento do estudo das funções cumpridas pela literatura na sociedade brasileira, ao final dos anos 90 será justamente o oposto a ser objeto de discussão. Recuperada a dimensão histórica da representação literária e reciclada a dicção ensaística que preside os estudos culturais na contemporaneidade, condena-se, agora, a excessiva contextualização dos trabalhos produzidos. E, coincidentemente, os autores dessas críticas procedem da mesma instituição de onde partiram as farpas que animaram as polêmicas que marcaram a vida intelectual brasileira no período da ditadura militar.

Nessa época, o debate girava em torno da importação das teorias imanentistas, voltadas para a análise dos elementos intrínsecos ao texto literário, predominante nas universidades do Rio de Janeiro, em detrimento da abordagem sociológica de base marxista, tal como praticada pelos professores da Universidade de São Paulo. Como já notado por Flora Süssekind, as polêmicas que se travaram naquele momento sobre tal questão reencenavam os "duelos de personalidades" em disputa pelo poder intelectual, característicos da vida literária brasileira do século XIX, e, enquanto espetáculo, cumpriam também a função de chamar a atenção para uma esfera cultural que, desde a década de 1950, vinha perdendo prestígio junto ao publico leitor de jornais.[5] Inserida num processo de especialização, determinado por diversos fatores, a crítica literária se transformaria a partir daquele momento em tarefa reservada aos profissionais da academia.

Nesse processo, cumprem papel preponderante os métodos, princípios e conceitos definidos por uma disciplina que, nas maiores universidades brasileiras, ao contrário do ocorrido nos países dos quais se ori-

---

[4] Assis 813. Apud Schwarz, *Ao vencedor as batatas* 27. E também: "Nacional por subtração" 30.
[5] Süssekind 34.

ginara, viria a constituir, a partir da reforma de ensino superior instituída em 1968, departamentos autônomos. Incluída nos currículos de Letras a partir do inicio da década de 1960, a Teoria Literária viveria o seu apogeu com a separação de várias Faculdades de Letras das Faculdades de Filosofia, possibilitada pela reforma, e a criação, nos anos 70, dos cursos de pós-graduação em literatura.

Uma diferença marcaria, entretanto, o perfil dos cursos da USP, instituição de onde provêm as críticas a que nos referimos, e sua inserção no cenário da crítica brasileira. Capitaneados por professores de formação humanista, nutridos pelos ideais ilustrados do Iluminismo europeu, pelo sentimento nacionalista impulsionado pelo movimento modernista de 1922 e pelas aulas dos professores franceses que procuravam criar uma tradição de pesquisa local, os cursos da universidade paulista se alinhariam, de modo geral, à "paixão do concreto" a que se referiu Antonio Candido.[6] Por essa expressão, Candido alude à perspectiva eminentemente crítica assumida pelo grupo *Clima*, do qual participara, e que definiria a linha a ser seguida pelos continuadores do seu trabalho nos departamentos de Letras daquela universidade. Adotando uma visão pragmática em relação à teoria — provavelmente explicável em função da sua área de atuação acadêmica ate finais da década de 1950, a sociologia — o autor da *Formação da literatura brasileira* orientava seus discípulos a "ensinar de maneira aderente ao texto, evitando teorizar demais e procurando a cada instante mostrar de que maneira os conceitos lucram em ser apresentados como instrumentos de prática imediata, isto é, de análise".[7] Em nome do equilíbrio e da instauração de um trabalho intelectual pautado pelo privilégio da crítica, de caráter eminentemente judicativo, manifesta-se, assim, certa resistência à atividade predominantemente teórica desenvolvida por estudiosos de outras universidades, que assumem, em suas pesquisas, uma perspectiva mais analítica que avaliativa e se comprometem com a explicitação dos conceitos, terminologias e metodologias utilizados.

Com efeito, em instituições menos voltadas para a construção de uma tradição nacionalista de pesquisa, como as Universidades Católica de São Paulo e do Rio de Janeiro, e as Federais do Rio e de Minas Gerais, predominava uma orientação mais cosmopolita, fornecida por

---

[6] Ver Leite Neto e Gonçalves 7-9. Ver também o depoimento no qual o crítico afirma ter se preocupado sempre em fazer "teoria literária aplicada". Martins e Abrantes 114.
[7] Candido 6.

professores cuja formação, em quase todos os casos, se dera tanto na periferia dos grandes centros, quanto nas mais prestigiadas universidades estrangeiras. Dessa forma, nomes como Haroldo de Campos, Décio Pignatari, Affonso Romano de Sant'Anna, Luiz Costa Lima, Silviano Santiago, Afrânio Coutinho, Eduardo Portella e Maria Luiza Ramos, podem ser considerados responsáveis pelo processo de consolidação da tradição teórica dos estudos literários brasileiros, através da orientação de trabalhos fortemente marcados pelos pressupostos de correntes como o formalismo russo, o *new criticism*, a estilística, a fenomenologia, o estruturalismo, a estética da recepção e o pós-estruturalismo.

Numa outra vertente, a posição defendida pelos velhos e novos opositores da importação dos modismos teóricos, ao desistoricizar e, conseqüentemente, essencializar o conceito de "crítica", cuja etimologia remete à faculdade de proferir uma sentença, um juízo estético que fundamente a cotação das obras na "Bolsa Literária"[8], evidencia uma resistência a abrir mão do papel de árbitros da cultura, num momento em que o intelectual vê questionado o seu poder de decidir as oscilações do mercado literário com base em critérios universais.[9] Compreende-se, assim, os motivos que levaram o estruturalismo a se transformar na besta a ser "exorcizada" da academia, nos anos 70.[10] Pois, se algumas correntes teóricas de cunho imanentista, como por exemplo o *new criticism*, a estilística e o formalismo russo, ofereciam um instrumental analítico a ser comedidamente "aplicado" (mesmo pelos adeptos da análise sociológica de base luckacsiana) para atestar a literariedade das obras analisadas, o estruturalismo, ao ampliar o conceito de texto e ao se abrir para a interdisciplinaridade, colocava por terra os próprios fundamentos que sustentaram, no meio acadêmico, o processo de autonomização da literatura e dos estudos literários.

Assumindo uma perspectiva marcadamente anti-humanista, o estruturalismo questiona o essencialismo implícito no conceito de verdade e opera a "impiedosa *desmistificação* da literatura"[11], ao enfatizar o

---

[8] Perrone-Moisés 17.
[9] Parafraseando a afirmação de Walter Moser sobre a arte e a paródia, ressalta-se aqui a necessidade de se analisar não apenas a história da crítica, mas também a história do conceito de crítica. Ver Moser, "Le recyclage culturel".
[10] *Exorcismo* é o título de um poema de Carlos Drummond de Andrade, publicado em 1975, no qual o escritor, satiricamente, compõe uma ladainha com a terminologia especializada da crítica da época. Sobre as polêmicas suscitadas pelo estruturalismo, consultar: Süssekind 28-41; Moriconi 55-68; Souza, "O livro de cabeceira da crítica"; Lima.
[11] Eagleton 113.

caráter construtivo de toda e qualquer representação do real. E, se incide num aistoricismo, ao priorizar a sincronia, em detrimento da diacronia, e recai no universalismo, em busca dos esquemas mentais que regem os processos de simbolização, paradoxalmente abre caminho para que os trabalhos críticos rompam com o continuísmo e a linearidade da história tradicional e se voltem, pela recuperação do olhar antropológico, para as manifestações culturais que foram desvalorizadas pela pequena comunidade de eruditos. Comunidade que, a exemplo dos investidores de características conservadoras, prefere não se arriscar, concentrando suas apostas nos escritores que já fazem parte da tradição, ainda que seja da tradição moderna.

O que se deixa de vislumbrar ao se insistir, indiscriminadamente, na tese das "idéias fora do lugar", segundo a qual as ideologias alienígenas cumprem apenas a função de ornamentar os discursos da elite de um país periférico, inserido num processo tardio de modernização, é que tais idéias podem, em última instância, representar, sim, um "desajuste", mas precisamente em relação aos interesses dessa elite. Além disso, se abandonados os dualismos simplistas que vigoram nas abordagens baseadas na oposição interno/externo, tais idéias podem ser de grande valia para se evidenciar a heterogeneidade que enriquece a vida cultural do país. É o que ocorre, por exemplo, com o estruturalismo, corrente teórica que, no Brasil, antecipa algumas das premissas dos estudos culturais. Incorporado num momento em que a ditadura militar reprimia os movimentos de aproximação dos intelectuais com a cultura popular, pode-se dizer que o estruturalismo permitiu legitimar a sua entrada no domínio da academia, impondo-se como objeto de pesquisa capaz de deslocar o cânone já consagrado. No elucidativo ensaio em que discorre sobre algumas das polêmicas que têm como objeto a crítica literária produzida nos anos 70, Eneida Maria de Souza ressalta o papel precursor do estruturalismo na instauração da pratica interdisciplinar e na democratização das análises culturais, não obstante o reconhecimento das suas limitações. Segundo a autora, o recurso à antropologia,

> (...) ao descentrar o eixo de valores etnocêntricos, propiciou a quebra da hierarquia dos discursos, aguçando o interesse pela valorização de textos considerados marginais pela cultura oficial. Proliferam, nessa época, pesquisas voltadas para a releitura de manifestações populares brasileiras, como os ritos do carnaval, do candomblé, do cotidiano, bem como da literatura de cordel, da música popular, o que muito con-

tribuiu para a revisão do conceito de literário. A revitalização dos discursos das minorias, como os da mulher, do índio, do negro, data do final da década de 70, quando se começa a lutar por seu espaço no debate acadêmico.[12]

Além da cultura popular tradicional, também a cultura de massas participa desse processo de reordenação de valores. Como lembra Renato Ortiz, a reflexão sobre a indústria cultural só se faz presente no Brasil a partir da década de 1970, quando se consolida no pais um mercado voltado para o consumo ampliado de todos os gêneros de bens simbólicos, cabendo a hegemonia aos produtos de comunicação audiovisual.[13] A universidade, evidentemente, não poderia permanecer alheia a esse processo. A incorporação, pela mídia, dos procedimentos e recursos técnicos da arte de vanguarda (e vice-versa), aliada à heterogeneidade que passa a caracterizar a vida acadêmica, a partir do significativo crescimento do número de estudantes e de professores propiciado pela reforma de 1968, passam a impedir a formulação de um consenso sobre os limites entre cultura erudita, cultura de massas e cultura popular.

E é justamente essa "indiferenciação"[14], essa recusa à imposição de uma hierarquia das representações culturais que vem incomodando os críticos da importação das teorias. Sob a aparente defesa da tradição do pensamento nacional, o que parece constituir o objetivo dessas intervenções, hoje, como nos anos 70, é a definição de critérios que garantam ao intelectual a "propriedade" do seu trabalho.[15] Com esse termo se quer aludir tanto ao desejo de demarcação de um espaço que lhe assegure a manutenção de sua autoridade, quanto à sua pretensão em impor aos discursos da crítica um padrão de qualidade fundado numa dosagem "equilibrada" de formalização e contextualização, capaz de não ameaçar o seu *status* no mercado "desespecializado" da crítica da cultura. Não fosse esse o caso, não seria hora de saldar o investimento que hoje, como nunca, se tem feito, em todas as áreas das ciências humanas, com o intuito de reler o passado através das representações literárias? Na área de Letras, especificamente, se lançarmos os olhos

---

[12] Souza 192. Da mesma autora, ver também: "As repercussões do estruturalismo nas Ciências Humanas".
[13] Ortiz 14.
[14] Chiappini 160.
[15] Termo utilizado por Luiz Costa Lima, no artigo "Quem tem medo da teoria?", de 1975, para referir-se às motivações que animavam os críticos do estruturalismo.

sobre as dissertações e teses que vêm sendo, ultimamente, defendidas, nos surpreenderemos com a quantidade de trabalhos voltados para a reinterpretação da função cumprida pelo imaginário criado tanto por obras canônicas quanto por aquelas que foram marginalizadas pela historiografia literária oficial. Ao fazê-lo, essas pesquisas reafirmam na prática as palavras proferidas por Roland Barthes em 1977, quando, negando-se a compactuar com as críticas que, num certo sentido, antecipavam as dos apocalípticos detratores do "vale-tudo", o crítico apresentou o seu diagnóstico sobre a crise do ensino da literatura: "Não é, por assim dizer, que a literatura esteja destruída: é que *ela não está mais guardada*: é pois o momento de ir a ela".[16] Que essa sugestão nunca seja esquecida.

Bibliografia

Assis, Machado de. "A nova geração". In: *Obras completas*. Afrânio Coutinho (org.). Rio de Janeiro: José Aguilar, 1973. Vol. III.
Barthes, Roland. *Aula*. São Paulo: Cultrix, 1989.
Candido, Antonio. *O estudo analítico do poema*. São Paulo: USP, 1987.
Chiappini, Lígia. "Forma e história na crítica literária brasileira: a atualidade de Antonio Candido". Andrade, Ana Luíza; Camargo, Maria Lúcia de Barros; Antelo, Raúl. *Leituras do ciclo*. Florianópolis: ABRALIC; Chapecó: Grifos, 1999.
Eagleton, Terry. *Teoria da literatura: uma introdução*. São Paulo: Martins Fontes, 1994.
Leite Neto, Alcino; Gonçalves, Marcos. "Andrade x Andrade". *Folha de São Paulo*, 16 fev.1992. Caderno Ilustrada, p. 7-9.
Lima, Luiz Costa. "Quem tem medo da teoria?" *Dispersa demanda: ensaios sobre literatura e teoria*. Rio de Janeiro: Francisco Alves, 1981.
Lima, Rachel Esteves. *A crítica literária na universidade brasileira*. Belo Horizonte: Faculdade de Letras da UFMG, 1997. Tese de Doutorado em Literatura Comparada.
Martins, Marília; Abrantes, Paulo Roberto (orgs.). *3 Antônios & 1 Jobim; histórias de uma geração*. Rio de Janeiro: Relume Dumará, 1993.
Moriconi, Italo. *Ana Cristina César; o sangue de uma poeta*. Rio de Janeiro: Relume Dumará, 1996.
Moser, Walter. "Le recyclage culturel". Dionne, Claude, Mariniello, Silvestra, Moser, Walter. *Recyclages: économies de l'appropriation culturelle*. Montreal: Les Éditions Balzac, 1996. 23-53.
Ortiz, Renato. *A moderna tradição brasileira*. São Paulo: Brasiliense, 1988.
Perrone-Moisés, Leyla. *Altas literaturas*. São Paulo: Companhia das Letras, 1998.
Schwarz, Roberto. "19 princípios de crítica literária". *O pai de família e outros estudos*. 2 ed. São Paulo: Paz e Terra, 1992.

---

[16] Barthes 42.

_____. *Ao vencedor as batatas*. São Paulo: Duas Cidades, 1981.
_____. "Nacional por subtração". *Que horas são?* São Paulo: Companhia das Letras, 1987.
Souza, Eneida Maria de. "As repercussões do estruturalismo nas Ciências Humanas". Mari, Hugo; Domingues, Ivan; Pinto, Julio. *Estruturalismo: memória e repercussões*. Belo Horizonte: UFMG; Rio de Janeiro: Diadorim, 1995. 109-18.
_____. "O livro de cabeceira da crítica". Antelo, Raúl et alii. *Declínio da arte, ascensão da cultura*. Florianópolis: ABRALIC/Letras Contemporâneas, 1998. 189-94.
Süssekind, Flora. *Literatura e vida literária; polêmicas, diários & retratos*. Rio de Janeiro: Jorge Zahar, 1985.

OS CAMINHOS DE UMA QUESTÃO: LUIZ COSTA LIMA E "O CONTROLE DO IMAGINÁRIO"

Sérgio Alcides[1]

Só agora Luiz Costa Lima começa a ver as universidades brasileiras dispensarem uma atenção mais ampla a seu esforço de reproposição das relações históricas entre razão e imaginação, a partir de seu envolvimento com o conceito de *mímesis*. Passaram-se já quinze anos desde a publicação de *O controle do imaginário* (1984), abertura da trilogia continuada em *Sociedade e discurso ficcional* (1986) e *O fingidor e o censor* (1988). O volume inicial foi reeditado em 1989 e outros livros se seguiram, sem que se notasse uma reação significativa brasileira nem em departamentos de letras e muito menos nos de história, exceto nos meios universitários a que o próprio autor está vinculado, no Rio de Janeiro. É um caso interessante, no qual a letra de forma não chega a ampliar tanto o eco da voz, na sala de aula, no colóquio, na comunicação face-a-face.

Essa recepção atrasada e ainda tímida, meio desconfiada e certamente constrangida, contrasta com a presteza com que essas obras foram reconhecidas e problematizadas em centros de ponta da Europa e dos Estados Unidos. A tradução americana do primeiro volume saiu em 1986, apenas dois anos depois da publicação do original. Em 1990, a editora Suhrkamp lançou a versão alemã. Dois anos depois o restante da trilogia apareceu em inglês num só tomo. Um desavisado poderia

---

[1] Doutorando em História Social da Cultura pela Universidade de São Paulo. Poeta, publicou *Nada a ver com a lua* (Rio de Janeiro: Sette Letras, 1996) e *O Ar das cidades* (2001). É co-tradutor de *Poemas civis* (1998) de Joan Brossa.

então supor que a difusão desses livros em idiomas mais acessíveis para os estudiosos estrangeiros do que o português seria um mero reflexo do interesse internacional crescente pelas chamadas "literaturas emergentes" ou, quem sabe, pelos "estudos pós-coloniais". Essa impressão, no entanto, desfaz-se à primeira olhadela nos índices: predominam os temas de lastro acadêmico bem mais antigo, na maioria vinculados à literatura e à história do pensamento europeus. Na verdade, a trilogia do *Controle do imaginário* tem sido lida e discutida como um conjunto de indagações teóricas e epistemológicas pertinentes à cultura ocidental, da maneira mais ampla possível.

O *insight* que motivou toda a série é relativamente simples: a hipótese de que a razão moderna, tal como se constituiu a partir do Renascimento italiano, encontrou no imaginário uma faculdade potencialmente disruptiva, que caberia manter sob permanente suspeita e controle, no âmbito de espaços e atividades sociais muito bem demarcados e regulados segundo critérios estritos. A literatura apareceria, assim, como um objeto desse controle, sobretudo quanto ao estatuto e à autonomia dedicados à categoria da ficção, hierarquicamente posta sob a dependência de um princípio de realidade que a concebia como essência dada, sempre idêntica a si própria, fixa e exterior à subjetividade de seus eventuais observadores.

A hipótese já mostra de saída que o autor se associa às perspectivas teóricas que têm desafiado cada vez mais, desde finais dos anos 60, a concepção metahistórica de literatura. Segundo a visão ora contestada, a literatura seria "uma espécie de produto que o homem (ao menos o ocidental) naturalmente secretaria" ("Pós-escrito" 271). A problematização do controle do imaginário, porém, permite-nos acompanhar passo a passo a construção histórica do conceito dominante de literatura, que entrou em vigor na passagem do século XVIII para o XIX. Ao mesmo tempo, vemos como se construíam também seus três principais apoios institucionais, igualmente tidos como "naturezas" anteriores à própria história: a nação com suas especificidades, o indivíduo autocentrado e o fato que não admite contestação; a "secreção" resultante seria a obra literária, a demandar uma interpretação sempre balizada por esses três referentes essenciais.

Os três livros que compõem a série examinam a hipótese sob diferentes ângulos, sem seguir uma ordem cronológica ou temática. A trilogia se impôs ao autor: "Ao iniciar a composição de *O controle do imaginário*, eu não previa os volumes que se sucederam", escreveu ele no "Pós-escrito" à segunda edição do volume inicial (266). Vistos em conjunto, os livros dão a impressão de uma obra em progresso, com idas e vindas, aperfeiçoamentos, recuos e avanços de um pensamento que quer testar-se até à exaustão, sem conseguir. Os capítulos se sucedem de modo aparentemente desordenado, saltando do Renascimento para o Romantismo alemão, daí para as astúcias de Machado de Assis, os muitos meandros do discurso da História, a ficção nos tempos das Luzes, o desembarque do controle no Novo Mundo, cultura e sociedade no Antigo Regime, a recepção da obra de Jorge Luis Borges e por aí afora. Mas, "aí" onde? O único fio condutor é a hipótese inicial, desdobrada pelas galerias do *Controle do imaginário*, em diferentes quadros. Concluído o terceiro volume, o autor não deixou de perceber a aparência de dispersão dos capítulos colecionados. Tanto que, no pós-escrito citado, julgou conveniente apresentar "uma espécie de mapa" que pudesse servir de guia para a exposição, dividindo seus acervos em três "subconjuntos", ou três enfoques gerais da mesma coleção. Cada um destes é composto de capítulos espalhados pelos três volumes da série.

O ponto de partida é a poetologia do Renascimento e sua tentativa de domesticar a imaginação selvagem da poesia, estabelecendo o primado da verdade sobre o verossímil, e excluindo deste a noção aristotélica de *enérgeia*, dirigida não para o existente e sim para o "possível". A consideração paralela do classicismo francês permitiu ao autor identificar uma justificativa a princípio religiosa para o exercício do controle, que assim contribuía para o fortalecimento das bases de legitimidade do Antigo Regime e sua presença colonial nas Américas. Esses temas constituem o primeiro "subconjunto" da coleção. O segundo já se refere a um outro tipo de controle: o Iluminismo, no século XVIII, vem trocar a religião pela ciência, como princípio controlador sobre as produções da imaginação humana. Nesse quadro é que Costa Lima aborda a resistência do primeiro romantismo (alemão) às restrições levantadas pela razão controladora — tema que afinal se tornaria uma das áreas de maestria do autor, também trabalhado por ele em livros posteriores, notadamente em *Limites da voz* (1993) e *Vida e mímesis* (1995). Por fim, o "mapa" aponta num terceiro "subconjunto" as partes em que a trilogia se interroga sobre a situação do controle na época contemporânea, e com isso se depara com uma possível inversão, a partir da crítica sistemática à idéia de verdade, quando se ameaça fazer a ficção passar de produto controlado a instância controladora.

O "mapa", desenhado *a posteriori*, revela, no entanto, a coerência interna das várias galerias. Estas foram abertas mais por acréscimo e expansão do que por planejamento prévio, mas não por falta de arquitetura competente, e sim como efeito da própria fecundidade da hipótese proposta, que ia aos poucos revelando ao autor a sua grande envergadura e a sua versatilidade. Num enunciado tão simples que pode ser reduzido a sete palavras – o controle do imaginário pela razão moderna – Luiz Costa Lima foi capaz de descobrir muito mais do que uma abertura empírica para suas reflexões sobre a *mímesis* na modernidade, lançando as bases para toda uma teoria da cultura de abrangência muito maior do que a coberta pelos fenômenos historicamente demarcáveis como literários. Fica-se com a impressão de que a sucessão dos quadros incluídos na trilogia poderia se prolongar indefinidamente, invadindo também outras áreas sujeitas à irrupção do imaginário, como por exemplo a indústria cultural, o comportamento, a política e — por que não? — a ética. Caberá a outros estudiosos aceitar o desafio, em diferentes áreas do conhecimento e forçosamente numa inscrição interdisciplinar.

O gatilho do *insight* sobre o controle, contudo, foi disparado por um conjunto de questões que pareciam inicialmente ater-se à disciplina das Letras, sobretudo quanto à preocupação em definir melhor o estatuto da ficção, ou seja, do produto de uma atividade demasiado humana, a *mímesis*. Toda a reflexão de *O controle do imaginário* seria impossível sem que, antes, Luiz Costa Lima tivesse operado a brilhante "desconstrução" (*latu sensu*) da antiga tradição que associava os conceitos de *mímesis* e *imitatio*. Foi em *Mímesis e modernidade*, livro publicado em 1980, que o autor separou esses termos definitivamente, ao demonstrar que a *mímesis* não pode ser tomada como representação por reflexo ou imitação de um real já dado; ao contrário, a sua especificidade é a "produção de diferença". Em outras palavras, a atividade mimética não reproduz o semelhante, senão que engendra o diferente.

Essa argumentação (aqui grosseiramente resumida) foi como que uma primícia do contato de Luiz Costa Lima com as perspectivas teóricas ligadas à Estética da Recepção iniciada por Hans Robert Jauss na Alemanha, em 1967. O estudioso brasileiro travou seus primeiros contatos com essa linha em meados da década seguinte; já devia pressentir os limites dos aportes estruturalistas que até então buscara. O enfoque recepcional virava o jogo da literatura, ao introduzir em papel central o leitor, como agente de constituição de sentido: qualquer produto ficcional só se cumpre esteticamente segundo os referenciais de experiências e expectativas que demarcam historicamente a atividade social da leitura. A ficção desperta, portanto, o imaginário do receptor; daí o resultado efetivo da *mímesis* ser variável no tempo e no espaço. Para quem tinha chegado a um impasse numa reflexão já antiga sobre o funcionamento da *mímesis*, a possibilidade de abordá-la não mais na partida e sim na chegada era uma oportunidade promissora. Só assim foi possível vislumbrar como, na recepção, o que a *mímesis* trazia à tona não era a semelhança e sim a alteridade, o outro, o que ainda não estava na coisa representada, o que o leitor demanda da literatura (parafraseando o título de um ensaio importante do autor, de 1979).

Essa formulação — a *mímesis* como produção de diferença — estava a apenas um passo do *insight* sobre o controle. Na abertura dos tempos modernos, uma série de deslocamentos históricos faz romper-se a segurança da cosmologia cristã que embasara por séculos a fio a ordem medieval. Começava a impor-se, então, uma nova racionalidade, sob o reconhecimento tácito da insuficiência da Revelação; agora, era necessário conciliar o pressuposto de um real unívoco com a nova responsabilidade humana de descrevê-lo, interpretá-lo e, enfim, habitá-lo. Para essa nova razão, se o produto da *mímesis* é a diferença, aí é que mora o perigo; tratava-se, portanto, de estabelecer um controle que inscrevesse essa atividade em áreas especiais da experiência social e assim limitasse a sua incidência sobre a própria univocidade suposta no real. Nos termos desse imperativo é que se deu o lento processo de construção histórica daquilo que em princípios do século XIX já era visto como uma propriedade humana metahistórica: a literatura, como desde então entendemos esse conceito.

O primeiro capítulo de *O controle do imaginário* procura refazer "o caminho dessa questão", incorporando contribuições importantes de historiadores, críticos e teóricos da literatura que têm em comum a preocupação com o ficcional, como Paul Zumthor, Howard Bloch, Jacqueline Cerquiglini, Hans Ulrich Gumbrecht e outros. Assim se monta uma abordagem dinâmica de momentos cruciais para a trajetória do controle nos tempos modernos, desde a poetologia do Renascimento até um instante de ruptura, com o primeiro Romantismo, e o posterior refluxo. Como assinalou o autor em seu belo "esboço de autobiografia intelectual", se a *mímesis*-diferença era fruto de uma reflexão abstrata, teórica, agora "a observação do controle se cumpria em nível empírico" ("Esboço" 48). E é no corpo-a-corpo com a empiria que se constrói algo que seria difícil consolidar por meio exclusivo da especulação, que é o enlace do controle com a emergência da subjetividade individual, sob a dependência do primado de uma Verdade maiúscula e substancialmente concebida. Esta, por sua vez, estimulava a atenção privilegiada a outro "indivisível" (nisto análogo ao "indivíduo"): o *fato*, sobre o qual ela se legitima e se generaliza na forma de lei.

Outra conexão importante diz respeito às condições políticas que coexistiram a essa... deriva (para usar uma palavra da preferência de Costa Lima, significativamente). O conceito metahistórico de literatura se constitui concomitantemente aos processos de autonomização do indivíduo como intenção e vontade, institucionalização do fato como unidade de verdade e construção das identidades nacionais politicamente soberanas, dentro das fronteiras do Estado-nação. Daí a importância que para toda a obra posterior de Costa Lima passará a ter a formação do discurso da História como narração verdadeira de fatos encadeados, contraposta, portanto, ao discurso da ficção. Ao situar-se no mirante do controle do imaginário, o autor pôde contemporaneamente fazer eco à velha desconfiança manifestada por Nietzsche, na segunda "meditação extemporânea", quanto à "admiração pelo acontecimento" e à "idolatria do factual", que para o filósofo alemão tendiam a promover a aquiescência a qualquer tipo de poder, seja do governo, seja da opinião pública, seja da maioria numérica (Nietzsche 147).

Essas balizas é que orientaram a abertura das galerias da trilogia de Costa Lima, à medida que iam se esclarecendo nas vizinhanças da hipótese inicial, ao sabor do "progresso" da obra. O que no primeiro volume chegou a ser chamado de "caminho de uma questão", ao final do terceiro só pode ser sugerido como uma questão que tem muitos caminhos — tantos que o próprio autor é forçado a reconhecer sua incapacidade de percorrê-los sozinho. Desde a segunda edição de *O controle do imaginário* em 1989, sempre que se refere ao próprio trabalho, ele menciona com certa melancolia seu sentimento de falência diante da vastidão do continente onde ele próprio "amarrou o seu barco". Por exemplo, no "Pós-escrito": "O preço pago pela confiança na hipótese do controle foi a afrontosa certeza de que, por mais que fizesse, jamais me aproximaria de exaurir o tema. O possível júbilo por haver encontrado um caminho viável e novo se convertia na sensação de inevitável falência" ("Pós-escrito" 268). Em seguida, esclarecia que essa falência não deve ser confundida com fracasso, porque reconhecia o valor de sua contribuição.

A mesma queixa reaparece no memorial de seis anos depois, acompanhada da mesma ressalva; desta vez, no entanto, um novo elemento aparecia:

> Falência significava o reconhecimento dos limites de alguém diante da magnitude envolvida na idéia do controle. Esse reconhecimento teria outras dimensões se seu autor pertencesse a uma cultura estavelmente implantada. Por não pertencer a uma cultura metropolitana, estava cercado pela ausência de intercâmbio eficaz, pela suspeita dos periféricos quanto à própria capacidade de dizer algo diferente do já dito, pela mesquinharia intelectual que se vale de qualquer arma. Tudo isso emprestava um sobretom melancólico ao reconhecimento de falência ("Esboço" 50-1).

Os termos aí postos — com o contraste entre uma "cultura metropolitana" e uma "periferia" — ressaltam a ironia do paradoxo que marcou a recepção da trilogia de Costa Lima, acima referido. O "lugar" de sua construção só pode ser mais bem conhecido por outros agentes que também tragam a sua marca; para estes, porém, olhar e escrutinar as imediações às vezes parece mais arriscado do que continuar contemplando o firmamento, ao longe.

A propósito desse paradoxo (talvez como quem tenta jogar o feitiço contra o feiticeiro), posso testar sobre a obra de Costa Lima alguns de seus próprios instrumentos. Para começar com uma afirmação relativamente simples, pode-se dizer que "vislumbrar" o controle do imaginário é já um princípio de escapada; com isso, teórico e historiador da literatura, o autor permite que sua própria atividade se candidate a uma curiosa analogia com a vitalidade da *mímesis*-diferença, com seu potencial transformador que despertou tanta azáfama. Como a *mímesis*, portanto, a trilogia do controle do imaginário também evidencia o "lugar" onde se produz e pensa a cultura. Assim, a indagação de Costa Lima em seu já antigo ensaio sobre a *antiphysis* em Jorge Luis Borges serve também para o crítico: para compreender bem *O controle do imaginário* e ir além é necessário interrogar o papel que teve o lugar sul-americano de Costa Lima para conformar a singularidade de sua obra. É uma tarefa que não cabe no espaço restrito de uma resenha, muito menos nas circunstâncias em que se encontra o resenhista, mas alguns pontos podem ser alinhavados.

A importância do "lugar" não escapou à argúcia de Hans Ulrich Gumbrecht em seu "Posfácio" à segunda edição de *Controle*; foi a partir desse ponto que se engendrou o que o teórico e historiador alemão chama de "dupla perspectiva": "Luiz Costa Lima é capaz de abordar a origem de sua reflexão a partir de dois lados: do lado latino-americano e do lado ocidental; ou, dito com uma ênfase mais política, do lado da dependência pós-colonial e do lado hegemônico" ("Posfácio" 265). Evidentemente, esse condicionamento situacional não é de tipo simples: o termo "lugar" não se refere a uma realidade fixa e independente de quem ou do que o ocupa, nem pode ser pensado como fonte de uma imanência incontornável, que projeta seus reflexos em tudo o que é produto local. Só evitando uma lamentosa teoria do reflexo é que podemos nos dar conta de que o mecanismo do controle do imaginário não poderia ser flagrado com tanta precisão por quem pertencesse a "uma cultura metropolitana", onde ele incide com maior eficácia. Ademais, no "lugar" periférico, o funcionamento precário do controle depõe sobre as inclinações locais na direção dos modelos da metrópole. Numa face da moeda, a melancolia, na outra, a oportunidade salvadora: só conhece bem a cidade quem mora longe dos *points* da moda. Infelizmente, porém, não se pode dizer que o distanciamento se dê por uma veleidade arquimédica, e sim por frustração.

Mas o traçado das "coordenadas" de *O controle do imaginário* não estaria completo sem que se considere, além de um "lugar" periférico, a ocorrência dessa reflexão num "tempo" que também pode ser caracterizado como uma periferia da modernidade ocidental (onde ela esbarra num prefixo: "pós") — e talvez seja esse ponto em comum entre primeiro e terceiro mundos o que torna a obra de Costa Lima inteligível também em Bochum e Berlim, Minneapolis e Stanford. Não há de ser um acaso que a equação literatura/indivíduo/nação/fato receba sua formulação mais clara no instante mesmo em que esses quatro termos se encontram tão profundamente abalados em seu antigo centramento; a "ilusão humanista" de sua metahistoricidade, convenhamos, não engana mais ninguém que esteja minimamente informado e (ainda) atento.

Uma "situação" a princípio desvantajosa, assim, foi justamente de onde se pôde abrir uma brecha num cenário que visto do camarote parecia a própria natureza em cena. A desvantagem inicial, porém, permanece mesmo que a partir dela o observador original tenha tirado proveito; de um modo ou de outro, sobrevém a melancolia da falência. Se não me engano, é esse o impasse descrito pelo mesmo Costa Lima num texto recente e ainda pouco ventilado, "O Pai e o *trickster*. Indivíduo e cultura nos campos metropolitano e marginal". Aí o autor parece veladamente refletir sobre a sensação de que ele próprio se queixava no pós-escrito de *Controle* em 1989 e na "Autobiografia" em 1994. Ao intelectual pertencente a uma cultura metropolitana, também aqui definida em termos de estabilidade, não ocorrem tantas oportunidades de um vislumbre que atinja o cerne das vigas de sustentação do seu mundo. Ele está como que restrito à exploração de temas já demarcados, dentro de limites pré-existentes; o sistema o protege contra a sombra da melancolia por frustração de seus esforços profissionais. Já para o seu colega ultramarino, pertencente a um campo marginal que se define pela instabilidade, a mera exploração de limites é impossível, por falsa: quando muito resulta em imitação barata. Sua única alternativa é a "explosão de limites", que pode permitir um *insight* mais forte e mais fecundo, porém ao preço terrível da insegurança e da descontinuidade.

No trecho da "Autobiografia" citado acima, Costa Lima dizia que o reconhecimento da falência (mas não de fracasso) teria outras dimensões caso "pertencesse a uma cultura estavelmente implantada". Vejamos o que ele escreve poucos anos depois em "O Pai e o *trickster*":

> O agente estável pode falar de um 'grau zero' porque, inconscientemente, sente que parte de algum lugar. A sensação referida não se propaga ao agente criador da área instável. (...) *Explodir os limites significa não só a sensação de partir de uma terra de ninguém, como alcançar uma conquista restrita*. Essa caracterização pesa sobre a própria possibilidade positiva: a liberdade de movimentos é tanto maior quanto menor sua eficácia (270-1; grifos do autor).

Duas imagens míticas são então associadas a esses colegas distantes: o "explorador de limites" (do campo metropolitano) é comparado ao Pai hierático, opaco, porém cheio de autoridade e cercado pela estabilidade das melhores tradições; ao "detonador de limites" se associa a figura brilhante do *trickster*, o homem das sete chaves, que não se confunde com um simples improvisador, já que fez-se de fato um mestre em sua arte de burlar a lei estabelecida pelo outro: "O *trickster* (...) é aquele cujo êxito depende da astúcia em vencer as regras de um jogo que, em princípio, lhe são desfavoráveis. Para o *trickster*, o pai é aquele cujo poder há de ser destruído. Sua vitória será a da astúcia contra a lei internalizada" (271). O sucesso do truque, contudo, está sempre condenado à provisoriedade: "a explosão de limites afinal se revela uma vitória conjuntural" (273). A única chance em contrário depende de o próprio meio a que se prende o *trickster* adquirir enfim alguma estabilidade. Segundo Costa Lima, não há escapatória para um ponto: "O campo a que pertencemos nos marca. Ele é nosso umbigo" (274).

E por esse cordão retornamos a *O controle do imaginário*. No primeiro volume, o capítulo final sobre a ficção de Machado de Assis traz uma interessante citação da *Interpretação dos sonhos*, de Freud, na qual o, digamos, Pai da psicanálise mencionava aquela porção do material onírico que em nada contribuía para o esclarecimento do seu significado: "é o umbigo do sonho, o lugar em que ele se põe sobre o desconhecido" (Freud 530). Costa Lima então puxa uma nota de rodapé: havia flagrado um lance de esquivez do mestre; "(...) pode-se interpretar esse umbigo como o ponto-limite de uma interpretação semanticamente conduzida. O umbigo abre a cena para o imaginário, *i. e.*, para o que não tem no fundo uma matriz semântica resgatável" (246, nota 1). O imaginário então é o desconhecido sobre o qual se põe o sonho. Presença inquietante, ele não admite uma interpretação de sentidos supostamente inscritos; só pode ser atingido (se entendo bem o ponto no qual toco) pela reconstituição de seus movimentos a partir de um outro: "Neste sentido", explicava Costa Lima em sua "Nota introdutória", "a construção analítica é também construção do sujeito analista. Mas construção a partir de um umbigo, que permanece sempre o mesmo" (8). É ao redor dessa marca, portanto, que se pode demarcar uma região pessoal, com que a fazemos comerciar com o mundo e os outros, sejamos hieráticos "exploradores de limites" ou *tricksters* "detonadores de limites".

Esses contatos é que movem o imaginário e seu potencial transformador. Creio que essa consideração pode se somar à variável extra de um "tempo periférico", de modo que, juntas, relativizem o fatalismo que Costa Lima atribui à nossa condição insegura de intelectuais do "campo marginal", o umbigo sobre o qual estamos postos e sonhamos. Até onde vai, hoje, a estabilidade real do campo ao nosso contraposto? Por outro lado, se o umbigo é menos um centro do que um *frame* ao qual pertencemos e que nos marca em definitivo, isso não elimina a sua analogia com o imaginário, não só pela carência de matriz interpretável e fundo semântico, mas também como significante de singularidade e diferença em ação.

Bibliografia

Freud, Sigmund. *Die Traumdeutung* 1900. *Gesammelte Werke*. Vols. 2/3. Frankfurt am Main: Fischer Verlag. 1975.
Gumbrecht. Hans Ulrich. "Posfácio: A inquietude de Luiz Costa Lima". Luiz Costa Lima. *O controle do imaginário*. 263-6.
Lima, Luiz Costa. "O leitor demanda (d)a literatura". *A literatura e o leitor. Textos de Estética da Recepção*. Luiz Costa Lima. (org.). São Paulo: Paz e Terra, 1979. 9-39.
_____. *Mímesis e modernidade (Formas das sombras)*. Rio de Janeiro: Graal, 1980.
_____. *O controle do imaginário. Razão e imaginação nos Tempos Modernos*. 2ª ed. Rio de Janeiro: Forense, 1989 [1984].
_____. *Control of the Imaginary: Reason and Imagination in Modern Times*. Trad. e Prefácio de Ronald Sousa; Posfácio de Jochen Schulte-Sasse. Minneapolis: Universidade de Minnesota P., 1988.
_____. *Die Kontrolle des Imaginären. Vernunft und Imagination in der Moderne*. Trad. Armin Biermann; Posfácio de Karl Ludwig Pfeiffer. Frankfurt a/M.: Suhrkamp, 1990.
_____. *Sociedade e discurso ficcional*. Rio de Janeiro: Guanabara, 1986.
_____. *O fingidor e o censor. No Ancien Régime, no Iluminismo e hoje*. Rio de Janeiro: Forense, 1988.
_____. *The Dark Side of Reason: Fictionality and Power*. Trad. Paulo Henriques Britto; Posfácio de Hans Ulrich Gumbrecht. Stanford: Stanford University Press, 1992.
_____. "Pós-escrito à Segunda Edição". 1989. *O controle do imaginário*. 267-77.
_____. *Limites da voz (Montaigne, Schlegel, Kafka)*. Rio de Janeiro: Rocco, 1993.
_____. *The Limits of Voice: Montaigne, Schlegel, Kafka*. Trad. Paulo Henriques Britto. Stanford: Stanford University Press, 1996.
_____. "Esboço de uma autobiografia intelectual". *Vida e Mímesis*. Rio de Janeiro: 34, 1995. 15-57.
_____. "O Pai e o *trickster*. Indivíduo e cultura nos campos metropolitano e marginal". *Terra ignota. A construção de* Os sertões. Rio de Janeiro: Civilização Brasileira. 1997. 239-74.
Nietzsche, Friedrich. "De l'Utilité et des inconvénients de l'histoire pour la vie". *Considérations Inactuelles I et II*. Trad. Pierre Rusch. *Oeuvres complètes*. Vol. 2. Paris: Gallimard, 1990 [1874]. 91-169.

O COMPARATISMO BRASILEIRO
DOS ANOS 90

Eduardo F. Coutinho[1]

Embora já se realizassem estudos de Literatura Comparada no Brasil desde meados do século XX, quando inclusive foi publicado, por Tasso da Silveira (1964), um manual segundo os modelos franceses, e a reflexão de ordem comparatista já tivesse presença marcante no discurso crítico-teórico desde a chamada era romântica, o grande impulso da disciplina só irá ocorrer de meados dos anos de 1970 para o presente, coincidindo com a transformação que esta sofreu no plano internacional, depois da longa hegemonia da perspectiva formalista norte-americana. Neste momento, em que a disciplina apresentou talvez a sua mais significativa transformação, passando de um discurso coeso e unânime, com forte propensão universalizante, para outro plural e descentrado, situado historicamente, e consciente das diferenças que identificam cada *corpus* literário envolvido no processo da comparação, esta passou a florescer com grande vigor no Brasil, inscrevendo-se na linha de frente das reflexões sobre o país. Desde então o comparatismo vem conquistando espaços cada vez maiores no meio acadêmico e intelectual brasileiro, dando frutos de expressiva relevância. Antes, porém, de nos ocuparmos do papel que a Literatura Comparada vem desempenhando no contexto brasileiro, é mister que teçamos algumas considerações sobre as transformações por que passou a disciplina no período mencionado.

---

[1] Professor Titular de Teoria da Literatura da Universidade Federal do Rio de Janeiro. Entre outros, autor de *Guimarães Rosa* (Rio de Janeiro: Civilização Brasileira, 1983); *The Synthesis Novel In Latin America* (Chapel Hill: University of North Carolina, 1991); *Em busca da terceira margem* (Salvador: Fundação Casa de Jorge Amado, 1993).

Marcada no início por uma perspectiva de teor historicista, calcada em princípios científico-causalistas, decorrentes do momento e contexto histórico em que se configurara, e em seguida por uma óptica predominantemente formalista, que conviveu, entretanto, com vozes dissonantes de significativa relevância, a Literatura Comparada atravessou seu primeiro século de existência em meio a intensos debates, mas apoiada em certos pilares, de tintas nitidamente etnocêntricas, que pouco se moveram ao largo de todo esse tempo. Dentre estes pilares, que permaneceram quase inabalados até os anos de 1970, é impossível deixar de reconhecer a pretensão de universalidade, com que se confundiu o cosmopolitismo dos estudos comparatistas, presente já desde suas primeiras manifestações, e o discurso de apolitização apregoado sobretudo pelos remanescentes da chamada "Escola Americana", que dominou a área nos meados do século XX.

Conquanto estes dois tipos de discurso apresentem, na superfície, variações, eles encerram, no íntimo, um forte denominador comum — o teor hegemônico de sua construção — e foi sobre este dado fundamental que se baseou grande parte da crítica empreendida a partir de então ao comparatismo tradicional. Em nome de uma pseudodemocracia das letras, que pretendia construir uma História Geral da Literatura ou uma poética universal, desenvolvendo um instrumental comum para a abordagem do fenômeno literário, independentemente de circunstâncias específicas, os comparatistas, provenientes na maioria do contexto euro-norte-americano, o que fizeram, conscientemente ou não, foi estender a outras literaturas os parâmetros instituídos a partir de reflexões desenvolvidas sobre o cânone literário europeu. O resultado inevitável foi a supervalorização de um sistema determinado e a identificação deste sistema com o universal. Do mesmo modo, a idéia de que a literatura deveria ser abordada por um viés apolítico, o que fazia era camuflar uma atitude prepotente de reafirmação da supremacia de um sistema sobre os demais.

O questionamento dessa postura universalizante e a desmitificação da proposta de apolitização, que se tornaram uma tônica da Literatura Comparada a partir dos anos de 1970, atuaram de modo diferente nos centros hegemônicos e nos focos de estudos comparatistas até então tidos como periféricos, mas em ambos estes contextos verificou-se um fenômeno similar: a aproximação cada vez maior do comparatismo a questões de identidade nacional e cultural. No eixo Europa Ocidental/América do Norte, o cerne das preocupações deslocou-se para grupos minoritários, de caráter étnico ou sexual, cujas vozes começaram a erguer-se cada vez com mais vigor, buscando foros de debate para formas alternativas de expressão, e nas outras partes do mundo clamava-se um desvio de olhar, com o qual se pudessem enfocar as questões literárias ali surgidas a partir do próprio *locus* onde se situava o pesquisador. A preocupação com a Historiografia, a Teoria e Crítica literárias continuou relevante nos dois contextos mencionados, mas passou-se a associar diretamente à *praxis* política cotidiana. As discussões teóricas voltadas para a busca de universais deixaram de ter sentido e seu lugar foi ocupado por questões localizadas, que passaram a dominar a agenda da disciplina: problemas como o das relações entre uma tradição local e outra importada, das implicações políticas da influência cultural, da necessidade de revisão do cânone literário e dos critérios de periodização.

Esse descentramento ocorrido no âmbito dos estudos comparatistas, agora muito mais voltados para questões contextualizadas, ampliou em muito o cunho internacional e interdisciplinar da Literatura Comparada, que passou a abranger uma rede complexa de relações culturais. A obra ou a série literárias não podiam mais ser abordadas por uma óptica exclusivamente estética; como produtos culturais, era preciso que se levassem em conta suas relações com as demais áreas do saber. Além disso, elementos que até então funcionaram como referenciais seguros nos estudos comparatistas, como os conceitos de nação e idioma, foram postos por terra, e a dicotomia tradicionalmente estabelecida entre Literaturas Nacionais e Comparada foi seriamente abalada. A perspectiva linear do historicismo cedeu lugar a uma visão múltipla e móvel, capaz de dar conta das diferenças específicas, e os conjuntos ou séries literárias passaram a ter de ser vistos por uma óptica plural, que considerasse tais aspectos. Categorias como Literatura Chicana, Literatura Afro-Americana ou Literatura Feminina passaram a integrar a ordem do dia dos estudos comparatistas e blocos, como Literatura Oriental, Africana ou Latino-Americana, instituídos pelos centros hegemônicos, revelaram-se como constructos frágeis, adquirindo uma feição nova, oscilante em conformidade com o olhar que o enformasse.

O desvio de olhar operado no seio do comparatismo, como resultado da consciência do teor etnocêntrico que o dominara em fases anteriores, emprestou novo alento à disciplina, que atingiu enorme efervescência justamente naqueles locais até então situados à margem e agora tornados postos fundamentais no debate internacional. Nesses locais, dentre os quais o Brasil, onde não há nenhum senso de incompatibilidade entre Literaturas Nacionais e Literatura Comparada, o modelo eurocêntrico até então tido como referência, vem sendo cada vez mais posto em xeque, e os paradigmas tradicionais cedem lugar a construções alternativas ricas e flexíveis, cuja principal preocupação reside na articulação da percepção dos produtos culturais locais em relação com os produtos de outras culturas, máxime daquelas com que a primeira havia mantido vínculos de subordinação. O desafio levantado por críticos como Edward Said e Homi Bhabha ao processo sistemático instituído pelas nações colonizadoras de "inventar" outras culturas alcança grande repercussão, ocasionando, em locais como a Índia, a África e a América Latina, reivindicações de constituição de uma História Literária calcada na tradição local, cujo resgate se tornara indispensável. O elemento político do comparatismo é agora não só assumido conscientemente, como inclusive enfatizado, e surge uma necessidade imperativa de revisão dos cânones literários.

Central dentro do quadro atual da Literatura Comparada, a "questão do cânone", como tem sido designada, constitui uma das instâncias mais vitais da luta contra o eurocentrismo que vem sendo travada nos meios acadêmicos, pois discutir o cânone nada mais é do que pôr em xeque um sistema de valores instituído por grupos detentores de poder, que legitimaram decisões particulares com um discurso globalizante. Um curso sobre as "grandes obras", por exemplo, tão freqüente em Literatura Comparada, quase sempre esteve circunscrito ao cânone da tradição ocidental, e sempre se baseou em premissas que ou ignoravam por completo toda produção exterior a um círculo geográfico restrito ou tocava tangencialmente nessa produção, incluindo, como uma espécie de concessão uma ou outra de suas manifestações. As reações a esta postura têm surgido de forma variada, e com matizes diferenciados dependendo do local de onde partem. Nos países centrais, é obviamente mais uma vez da parte dos chamados "grupos minoritários" que provêm as principais indagações, e, nos contextos periféricos, a questão se tornou uma constante, situando-se em alguns casos na linha de frente do processo de descolonização cultural.

Ampla, complexa e variada, a questão do cânone literário extrapola nossos objetivos neste trabalho, não podendo ser apreciada com o cuidado que requer, mas mencione-se que ela se estende desde a exclusão de uma produção literária vigorosa oriunda de grupos minoritários, nos centros hegemônicos, e do abafamento de uma tradição literária significativa, nos países que passaram por processos de colonização recente, como a Índia, até problemas relativos à especificidade ou não do elemento literário, dos padrões de avaliação estética e do delineamento de fronteiras entre constructos como Literaturas Nacionais e Literatura Comparada. Com a desconstrução dos pilares em que se apoiavam os estudos literários tradicionais e a indefinição instaurada entre os limites que funcionavam como referenciais, o cânone ou cânones tradicionais não têm mais base de sustentação, afetando toda a estrutura da Historiografia, da Teoria e da Crítica literárias. Como construírem-se cânones, seja na esfera nacional, seja na internacional, que contemplem as diferenças clamadas por cada grupo ou nação (entendendo-se este termo no sentido amplo utilizado por autores como Homi Bhabha), e como atribuir a estas novas construções um caráter suficientemente flexível que lhes permita constantes reformulações, são perguntas que se levantam hoje a respeito de terreno tão movediço.

Perguntas como estas encontram-se quase sempre sem resposta na agenda do comparatismo, sobretudo após o desenvolvimentos dos chamados Estudos Culturais e Pós-Coloniais, que atacaram, com força jamais vista, o etnocentrismo da disciplina. A crítica a este elemento, expresso por meio de um discurso pretensamente liberal, mas que no fundo escondia seu teor autoritário e totalizante, já se havia iniciado desde os tempos de Wellek e Etiemble, e se lançarmos uma mirada ao espectro de atuação da Literatura Comparada, veremos que ela sempre aflorou de maneira variada ao longo de sua evolução. Contudo, na maioria dos casos, essa crítica se manifestou à base de uma oposição binária, que continuava paradoxalmente tomando como referência o elemento europeu. Conscientes de que não se trata mais de uma simples inversão de modelos, da substituição do que era tido como central pela sua antítese periférica, os comparatistas atuais que questionam a hegemonia das culturas colonizadoras abandonam o paradigma dicotômico e se lançam na exploração da pluralidade de caminhos abertos como resultados do contacto entre colonizador e colonizado. A conseqüência é que ele se vê diante de um labirinto, hermético, mas profícuo, gerado pela desierarquização dos elementos envolvidos no processo da comparação, e sua tarefa maior passa a residir precisamente nessa construção em aberto, nessa viagem de descoberta sem marcos definidos.

Marcados profundamente por um processo de colonização, que continua vivo ainda hoje do ponto de vista cultural e econômico, os estudos literários no Brasil sempre foram moldados à maneira européia, e basta uma breve mirada a questões como as que vêm sendo consideradas aqui para que tal se torne evidente. A prática de se comparar autores, obras ou movimentos literários, já existia de há muito no país, mas por uma óptica tradicional, calcada, à maneira francesa nos célebres estudos de fontes e influências, que, além do mais, se realizavam por via unilateral. Tratava-se de um sistema nitidamente hierarquizante, segundo o qual um texto fonte ou primário, tomado como referencial na comparação, era envolvido por uma aura de superioridade, enquanto o outro termo do processo, enfeixado na condição de devedor, era visto com evidente desvantagem e relegado a nível secundário. Como sempre que este método era empregado no estudo da Literatura Brasileira, o texto fonte era uma obra européia, ou mais recentemente norte-americana, a situação de desigualdade emergente do processo se explicitava de imediato. O resultado inevitável era a acentuação da dependência e a ratificação incontestável do estado de colonialismo cultural ainda dominante.

Este tipo de comparatismo encontrara no Brasil um solo propício ao seu florescimento, e semeado já em boa parte por poderosos aliados no campo da História e da Teoria Literárias, a saber: uma historiografia alheia e inadequada, e um método, que poderíamos designar de aplicação de modelos teóricos tidos como universais. No primeiro caso, basta lembrar a questão da periodização literária, que sempre tomou como base movimentos ou escolas surgidos na Europa e encarou as manifestações locais como extensões dos primeiros, reduzindo-os a uma espécie de reflexo esmaecido dos modelos forâneos. E, no segundo caso, a aplicação dogmática, tanto na Crítica quanto no ensino da Literatura, de postulados de correntes teóricas européias a qualquer obra literária, sem se levar em conta as especificidades que caracterizavam e as diferenças entre o seu contexto histórico-cultural e aquele onde elas haviam brotado. Tais formulações, diga-se de passagem, haviam emergido, na maioria das vezes, de sérias reflexões sobre um *corpus* literário da Europa Ocidental, mas, ao serem generalizadas, homologavam a identificação, tão cara aos europeus, de sua cultura com o universal.

Esta prática, que atingira seu apogeu nos anos dourados do Estruturalismo francês, começou a ser posta em xeque no Brasil a partir de finais da década de 1970, e para tal contribuíram de modo decisivo o Descontrucionismo, com sua ênfase sobre a noção de diferença, e a revalorização da perspectiva histórica, que voltou a chamar atenção para a importância do contexto. O questionamento de noções cristalizadas, como as de autoria, cópia, influência e originalidade, empreendido pelos filósofos pós-estruturalistas teve grande repercussão no meio intelectual brasileiro, levando os estudiosos da Literatura a reestruturar os conceitos e categorias que utilizavam. Agora, nas abordagens comparatistas, o texto segundo não é mais apenas o "devedor", mas também o responsável pela revitalização do primeiro, e a relação entre ambos, em vez de unidirecional, adquire sentido de reciprocidade, tornando-se, em conseqüência, mais rica e dinâmica. O que passa a prevalecer na leitura comparatista não é mais a relação de semelhança ou continuidade, sempre desvantajosa para o texto segundo, mas o elemento de diferenciação que este último introduz no diálogo intertextual estabelecido com o primeiro.

Embora esta mudança de perspectiva ocorrida no seio do comparatismo se tenha originado mais uma vez no meio intelectual europeu, ela caiu, como era de se esperar, como a sopa no mel nos estudos de Literatura Comparada que envolviam a produção brasileira. Agora, o que se caracterizava como cópia imperfeita do modelo instituído pela cultura central passa a ser visto como resposta criativa, e o desvio de norma valoriza-se pela dessacralização que efetua do objeto artístico. Os critérios até então inquestionáveis de originalidade e anterioridade são lançados por terra e o valor da contribuição brasileira passa a residir exatamente na maneira como ela se apropria das formas literárias européias e as transforma, conferindo-lhes novo viço. Os termos do sistema hierárquico anterior invertem-se evidentemente no processo e o texto da cultura dominada acaba por configurar-se como o mais rico dos dois. Além disso, passa-se a estudar também, o que antes era inconcebível, a atuação dessa literatura sobre a européia e norte-americana, e inclusive sobre outras não pertencentes a nenhuma dessas esferas. Contudo, é preciso assinalar que não se trata de mera inversão do modelo-padrão do comparatismo tradicional nem de uma extensão do paradigma etnocêntrico a outros sistemas periféricos. O que se visa agora é à busca de estabelecimento de um diálogo em pé de igualdade entre essas diversas literaturas, assegurando a transversalidade própria da disciplina.

A outra tendência do pensamento contemporâneo que contribuiu para o questionamento da visão de mundo eurocêntrica — a revalorização da perspectiva histórica — também encontrou terreno fértil no campo dos estudos literários brasileiros. Num contexto onde correntes como o marxismo e o historicismo sempre tiveram grande penetração, e questões como a da dependência econômica sempre estiveram no cerne de qualquer debate de ordem política ou cultural, a idéia de que as manifestações literárias constituem redes de relações e só podem ser suficientemente compreendidas quando abordadas por uma óptica global que dê conta dessas relações, reacendeu a chama de antigas disputas que se haviam esfriado com o domínio do Estruturalismo e abriu amplas e frutíferas possibilidades para um novo tipo de comparatismo. De acordo com este, não basta insistir na importância das diferenças brasileiras, mas estudar a relação destas diferenças com o sistema de que fazem parte — a literatura do país em seus diversos registros — e investigar o sentido que assumem no quadro geral da tradição literária ocidental.

É no estudo das relações das especificidades do processo de apropriação com o sistema literário e cultural brasileiro, de maneira geral, que o comparatismo apresenta sua mais expressiva transformação no Brasil, passando de uma investigação mecânica e unilateral de fontes e influências a uma disciplina de abordagem do fenômeno literário, capaz de desencadear um verdadeiro diálogo cultural. O comparatismo é, como afirmou Claudio Guillén em seu livro *Entre lo uno y lo diverso*, "uma disciplina decididamente histórica"(27) e, como a Literatura Brasileira, pelas próprias circunstâncias em que foi engendrada, carrega como marca uma dialética entre o local e o universal, é nesta pluralidade, neste sintagma não-disjuntivo, que ela deve ser apreendida. A Literatura Brasileira recebe, sem dúvida, forte influência da européia, e assimila uma série de aspectos tanto desta quanto de outras literaturas. Mas ela modifica substancialmente tais aspectos no momento da apropriação, passando a apresentar elementos distintos muitas vezes resultantes desse processo. É o que se passou, por exemplo, com o Modernismo de 1922, originado, de uma lado, da transculturação das diversas Vanguardas européias, e, de outro, de uma releitura crítica da tradição literária do Brasil, máxime do período romântico.

Embora como contrapartida à sua própria condição colonial, o Brasil já houvesse desenvolvido, ao longo de todo esse tempo, uma forte tradição de busca de identidade, tanto na própria literatura quanto na ensaística, o comparatismo que se produzia no continente continuava, de modo geral, preso quer ao modelo francês de fontes e influências, quer à perspectiva formalista norte-americana, que lhe imprimia esterilidade e ratificava sua situação de dependência. Com as mudanças, entretanto, efetuadas dos anos de 1970 para o presente, ele parece ter encontrado seu rumo, e é hoje um dos focos de grande efervescência nos estudos brasileiros. Associando-se à preocupação com a busca da identidade, agora já não mais vista por uma óptica ontológica, mas sim como uma construção passível de questionamento e renovação, a Literatura Comparada no Brasil parece ter assumido com firmeza a necessidade de enfocar a produção literária a partir de uma perspectiva própria, e vem buscando um diálogo verdadeiro no plano internacional. Assim, questões como a da Crítica e da História Literária adquirem uma nova feição e os modelos teórico-críticos relativizam-se, cedendo lugar a uma reflexão mais eficaz.

Todas essas questões, que abordam as diferenças brasileiras, revelam a ineficácia da transferência de paradigmas de uma cultura para outra. A própria idéia de "literatura nacional", concebida no meio acadêmico europeu com base em noções de unidade e homogeneidade, não pode ser aplicada, de maneira desproblematizada, à realidade híbrida de países como o Brasil. Qualquer concepção monolítica da cultura brasileira vem sendo hoje posta em xeque e muitas vezes substituída por propostas alternativas que busquem dar conta de sua hibridez e pluralidade. Estas propostas, diversificadas e sujeitas a constante escrutínio crítico, indicam a pluralidade de rumos que o comparatismo vem tomando no país, em consonância perfeita com as tendências gerais da disciplina, observáveis sobretudo nos demais contextos tidos até recentemente como periféricos e hoje pólos fundamentais dos estudos comparatistas. A Literatura Comparada é hoje, máxime nesses locais, uma seara ampla e movediça, com inúmeras possibilidades de exploração, que ultrapassou o anseio totalizador de suas fases anteriores, e se erige como um diálogo transcultural, calcado na aceitação das diferenças.

Bibliografia

Guillén, Claudio. *Lo uno y lo diverso: Introducción a la Literatura Comparada*. Barcelona: Ed. Crítica, 1985.
Silveira, Tasso da. *Literatura Comparada*. Rio de Janeiro: Edições GRD, 1964.

AUDIOVISUAL

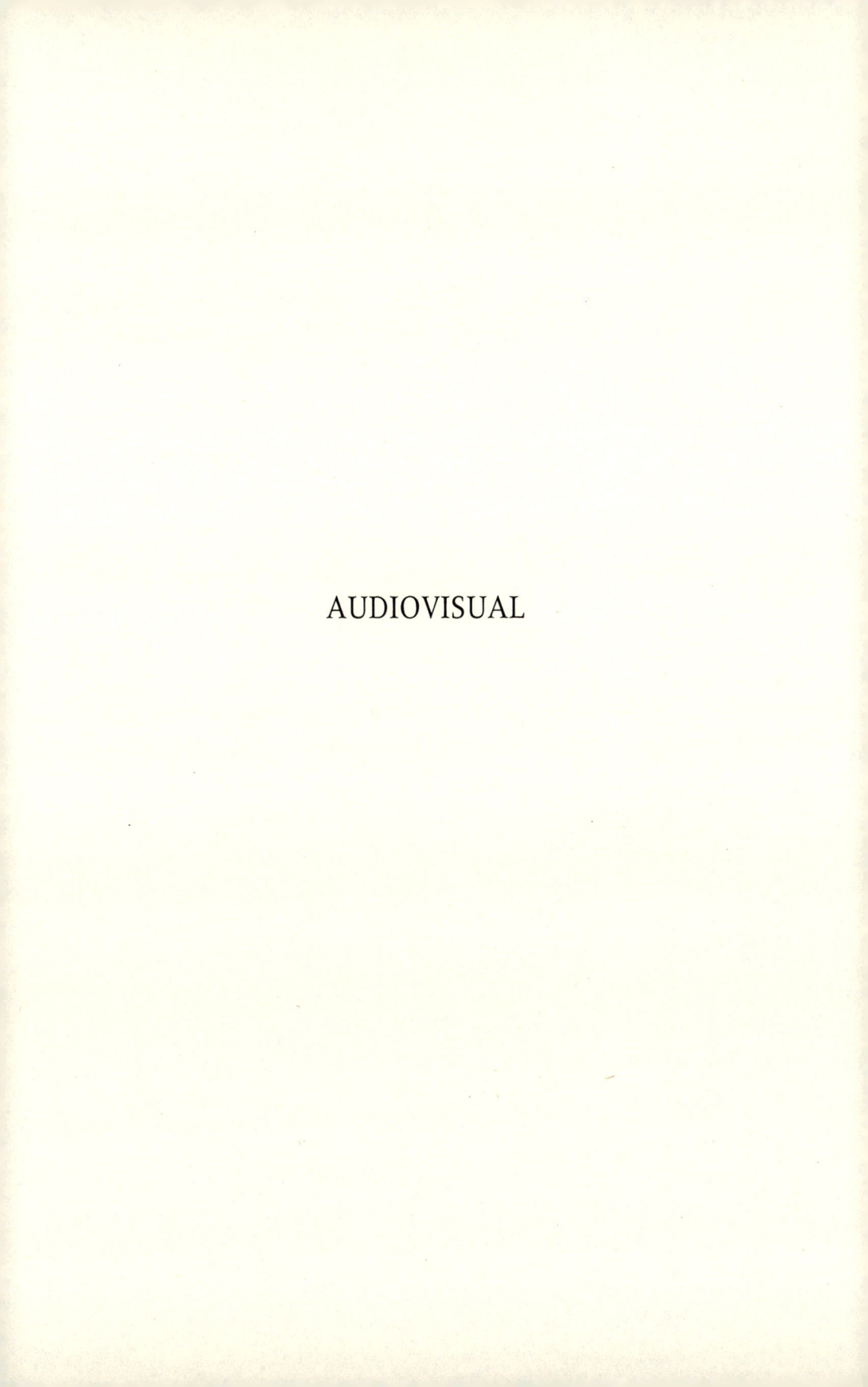

A PARTICIPAÇÃO DO RÁDIO NO COTIDIANO DA SOCIEDADE BRASILEIRA (1923-1960)

Lia Calabre[1]

No apagar das luzes do século XX, podemos dizer que este foi o tempo da revolução das formas de comunicação à distância. Muitos dirão que é o tempo da aceleração das descobertas tecnológicas em todos os setores do conhecimento humano. Sem dúvida, têm razão. Entretanto, sem os rápidos meios de comunicação estas descobertas ficariam restritas a pequenos grupos. A "imediaticidade" dos acontecimentos é diretamente proporcional a da sua divulgação para o mundo.

Essa história da rapidez da comunicação tem início com o surgimento da radiodifusão. No Brasil, a primeira estação de rádio iniciou suas atividades em 1923. O rádio brasileiro ao longo de seus quase 80 anos de história cumpriu papéis diversos, atendeu a interesses variados, adaptou-se às mudanças dos tempos e hoje alcança a marca de mais de 115 milhões de ouvintes contra uns 85 milhões de telespectadores e no máximo 8 milhões de leitores de jornais e revistas. Apesar de sua larga participação na construção de uma moderna sociedade de massa no Brasil, o rádio não tem sido visto como um campo de estudos promissor, sua importância vem sendo muitas vezes eclipsada por uma concorrente poderosa: a televisão.

No Brasil a transmissão televisiva teve início em 1950, somente alcançando um número significativo de aparelhos receptores na década de 60. Ou seja, entre os anos 20 e os anos 60 do século XX o rádio foi o principal veículo de comunicação de massa do Brasil. Este artigo vai

---
[1] Pesquisadora da Fundação Casa de Rui Barbosa.

abordar, de forma sintética, alguns dos principais aspectos do rádio brasileiro e de sua atuação nesse período. Seguindo a mesma dinâmica que se instaurou na maioria dos países do mundo ocidental, estes anos foram de mudanças profundas nas estruturas sociais, culturais, econômicas e políticas da sociedade brasileira. Mudanças das quais o rádio participou cumprindo ora papéis secundários, ora fundamentais.

O rádio fez sua primeira aparição pública e oficial no Brasil, em 1922, na Exposição Nacional, preparada para os festejos do "Centenário de Independência".[2] Como parte da solenidade de inauguração, ocorreu a transmissão do discurso do Presidente da República Epitácio Pessoa realizado em um dos pavilhões da Exposição. Após o discurso presidencial a ópera *O Guarany*, de Carlos Gomes, foi transmitida diretamente do Teatro Municipal. O sucesso e a repercussão das primeiras transmissões radiofônicas na imprensa escrita da época resultaram, logo no ano seguinte, no estabelecimento, no Rio de Janeiro, da primeira emissora de rádio brasileira, a Rádio Sociedade do Rio de Janeiro.

O crescimento do rádio na sua primeira década de existência no Brasil foi lento. A legislação brasileira não permitia a veiculação de textos comerciais o que dificultava a sobrevivência financeira das Rádios-Sociedades. Bem verdade que tal fato não impedia que as emissoras, mesmo não produzindo intervalos comerciais, tivessem seus programas patrocinados por anunciantes específicos cujos produtos eram recomendados ao público ao longo do programa. Nos primeiros anos o alcance do rádio era pequeno, pois o preço dos aparelhos receptores era alto, tornando-os inacessíveis a grande parte da população.

No início da década de 1930 a situação havia mudado, o rádio se tornara um veículo mais popular. Em São Paulo (que oferecia os maiores salários do país) um aparelho de rádio custava em torno de um sexto do salário médio mensal de uma família de trabalhadores.[3] Em março de 1932, através do Decreto Lei nº 21.111, o governo regulamentou e liberou a irradiação da *propaganda comercial* pelo rádio, reiterando que considerava a radiodifusão um setor de interesse nacional com finalidades educacionais.[4]

---

[2] Sobre o "Centenário", ver Motta.
[3] Tota 87.
[4] Sobre a relação entre o Estado e o rádio, ver Calabre, "O Estado na onda".

Ainda em 1932, no mês de maio, o rádio mostrava sua capacidade de mobilização política. Em São Paulo, tinha início um movimento que desejava a deposição do então Presidente Getúlio Vargas e as rádios paulistas, em especial a rádio Record, transformavam-se em poderosas armas contra o governo. Em julho, teve início a revolta armada que ficou conhecida como Revolução Constitucionalista, que exigia, além da saída de Vargas, a convocação de eleições para a formação de uma Assembléia Constituinte: o país necessitava de uma nova Constituição. Os cidadãos paulistanos eram convocados a participarem do movimento pelo rádio. Quando a cidade de São Paulo foi cercada pelas forças federais, somente as emissoras de rádio podiam divulgar os acontecimentos a outras partes do país. Em outubro, os revolucionários paulistas eram derrotados, porém o rádio saiu do conflito revigorado, pois enquanto o conflito se manteve as emissoras foram utilizadas como postos avançados de combate. Alguns radialistas paulistas, como o locutor César Ladeira, tornaram-se conhecidos em âmbito nacional por sua atuação durante a revolta.

Ao longo da década de 1930, o rádio foi se transformando em um veículo de publicidade promissor. A Legislação promulgada em 1932 oferecia soluções para o problema da sobrevivência financeira das emissoras, ao mesmo tempo em que garantia ao Estado uma hora diária da programação em todo o território nacional para a transmissão do programa oficial do governo. O *Programa Nacional*, previsto por Lei em 1932, somente alcançou plenamente os objetivos esperados em 1939 com a criação da *Hora do Brasil*. Através desse programa o governo pretendia personalizar a relação política com cada cidadão[5] sem que necessitasse montar um sistema de emissoras próprio. Para atrair o público ouvinte, o Departamento de Imprensa e Propaganda (DIP) convidava artistas famosos para se apresentarem no programa *Hora do Brasil* que era formado por quadros de notícias de caráter geral, entretenimento e informes políticos.

Em 1936 foi inaugurada a Rádio Nacional do Rio de Janeiro considerada um marco na história do rádio brasileiro. Nos seus quatro primeiro anos de existência a Nacional cresceu, passou a disputar o primeiro lugar de audiência.[6] Em 1940, o grupo de empresas ao qual per-

---

[5] Lenharo, *Sacralização* 42.
[6] Sobre a Rádio Nacional, ver Saroldi e Moreira.

tencia a Rádio Nacional foi incorporado ao patrimônio do governo e a emissora passou para o controle do Estado. Diferentemente do tratamento dispensado a outras emissoras estatais, a Rádio Nacional continuou a ser administrada como uma empresa privada, sendo sustentada financeiramente pelos recursos oriundos da venda de publicidade. Entre os anos de 1940 e 1946, a Rádio Nacional tornou-se campeã de audiência e captadora de altos investimentos publicitários, como foi o caso da chegada da Coca-cola ao mercado brasileiro — a empresa investiu uma quantia significativa na época para colocar no ar *Um milhão de melodias*, um programa criado exclusivamente para o lançamento do produto.

Na década de 40, as empresas multinacionais tiveram no rádio um aliado para sua entrada no mercado brasileiro — como já vinha ocorrendo em outros países das Américas. Em 1941 era lançada na Rádio Nacional a primeira radionovela no Brasil: *Em busca da felicidade*. Segundo Renato Ortiz, as radionovelas eram utilizadas nos Estados Unidos e em alguns países da América Latina como estratégia para o aumento na venda de produtos de higiene e de limpeza.[7] *Em busca da felicidade* era um original cubano de Leandro Blanco, adaptado por Gilberto Martins a pedido da Standart Propaganda, que além de patrocinar o programa escolheu o horário matinal para seu lançamento. A experiência parecia ousada, o horário escolhido era de baixa audiência; entretanto, o patrocinador criou uma estratégia para avaliar a receptividade do novo gênero, oferecendo um brinde a cada ouvinte que enviasse um rótulo do creme dental Colgate. Logo no primeiro mês de promoção chegaram 48.000 pedidos, comprovando a eficácia comercial da nova programação. Com o sucesso do gênero surgiram novas radionovelas irradiadas ao logo do dia. A Nacional se transformou em uma verdadeira fábrica de ilusões, suas novelas marcaram época, forjaram hábitos e atitudes, despertaram polêmicas e fizeram muito sucesso junto ao público ouvinte.[8]

Em 1942, a Rádio Nacional inaugurou a primeira emissora de ondas curtas do país passando a transmitir seus programas para todo o território nacional, o que a tornou uma estação ainda mais atrativa para os patrocinadores. A qualidade técnica dos programas e a contratação de profissionais altamente qualificados garantiram à Nacional altíssi-

---

[7] Ortiz 44-5.
[8] Sobre as radionovelas, ver Calabre, *Na sintonia do tempo*.

mos índices de audiência e a transformaram em um modelo a ser seguido. Dois setores garantiam o sucesso da emissora em todo o Brasil: as radionovelas e os programas musicais.

O chamado período "áureo do rádio brasileiro" concentra-se entre 1945 e os últimos anos da década de 50. É importante ressaltar que a expressão "áureo" está relacionada a um conjunto de elementos de época. Em outras palavras, isso não significa que o rádio daquele período possuísse mais ouvintes do que o de hoje, até mesmo porque tal fato seria estatisticamente impossível, já que a população brasileira atual é numericamente muito superior à da época e o número de aparelhos produzidos se multiplica velozmente — principalmente pelo fenômeno dos aparelhos portáteis de uso individual. Nos anos 40 e 50, o rádio possuía *glamour*, era considerado como uma espécie de Hollywood brasileira. Ser cantor ou ator de uma grande emissora carioca ou paulista era suficiente para que o artista conseguisse sucesso em todo o país, obtivesse destaque na imprensa escrita e até mesmo freqüentasse os meios políticos — como um convidado especial ou mesmo como candidato a algum cargo político. Normalmente as turnês nacionais desses artistas eram concorridíssimas, admiradores de todas as parte do país desejavam ver e, quem sabe, tocar em seus astros. Esse ambiente quase mágico que envolvia, principalmente, os artistas da Rádio Nacional, fazia com que o maior sonho de muitos jovens brasileiros fosse o de se tornar artista de rádio.[9]

Com o fim da 2ª Guerra Mundial, as indústrias de bens de consumo retomaram seu crescimento e alguns dos produtos já disponíveis nos Estados Unidos e na Europa desde o início do século começaram a chegar ao Brasil. Entre os anos de 1945 e 1950 ocorreu um processo de crescimento acelerado do setor radiofônico como um todo. Assiste-se ao surgimento de novas emissoras de rádio, ao aperfeiçoamento dos equipamentos (inclusive por determinação legal) e à ampliação do número de estações de ondas curtas.

Este novo quadro, que se configurou no início dos anos 50, criou uma situação de favorecimento aos patrocinadores que possuíam um campo de atuação nacional. Para uma melhor visualização do processo, vejamos os dados estatísticos de crescimento das emissoras brasileiras:

---

[9] Sobre os cantores do rádio, ver Lenharo, *Cantores do Rádio*, e Goldfeder.

ANO DE INAUGURAÇÃO	QUANTIDADE
De 1923 a 1930	013
De 1931 a 1940	056
De 1941 a 1950	223
De 1951 a 1956	180
Sem especificação	009
TOTAL	481

IBGE — Anuário Estatístico do Brasil — 1958

Observando-se a tabela percebe-se que, entre os anos 40 e 50, as emissoras de rádio se multiplicavam rapidamente. Para uma melhor percepção do alcance do rádio junto ao conjunto da população brasileira, é importante destacar que, segundo os dados fornecidos pelo recenseamento geral de 1960, no final da década de 50 o país ainda possuía um índice de 53,16 % de sua população analfabeta, sendo que 61,98 % dos que não sabiam ler se encontravam entre a população rural. Ou seja, mais da metade da população do país tinha o rádio como principal fonte de informação, de atualização, como canal de ligação com o restante da sociedade.

O censo de 1960 nos fornece ainda dados sobre as principais características dos domicílios particulares, nos quais detalha itens tais como o abastecimento de energia elétrica e a posse de aparelhos eletrodomésticos como rádio, geladeira e televisão, entre outros.

	Totais de domicílios número %		Domicílios urbanos número %		Domicílios rurais número %	
Totais	13,497,823		6,350,126		7,147,67	
Iluminação elétrica	5,201,521	38,54	4,604,057	72.50	597,464	8.36
Rádio	4,776,300	35,38	3,912,238	61.61	864,062	12.09
Geladeira	1,570,924	11,09	1,479,299	15.82	91,625	1.29
Televisão	621,919	4,3	601,552	9.47	20,367	0.28

IBGE — VII Recenseamento Geral — 1960

A partir da tabela acima podemos observar a proximidade entre os índices de fornecimento de energia elétrica e o da existência de aparelhos de rádios nos domicílios visitados — 38,54% do total com energia elétrica e 35,38% do total com aparelhos de rádio. Observa-se também que somente uma pequena parcela da população tinha acesso aos aparelhos de televisão — 4,6% do total —, sendo que, se passarmos para o quadro rural, o número de domicílios que possuía aparelhos de televisão é inexpressivo. A proximidade entre os índices de energia elétrica e de aparelhos de rádio demonstra que ocorreu um processo de popularização do rádio, tornando-o quase uma presença obrigatória nos lares brasileiros, uma espécie de utensílio indispensável. Os aparelhos de rádio dos anos 40 e 50 ainda eram relativamente grandes, principalmente se comparados ao tamanho dos atuais, e necessitavam de energia elétrica ou de geradores para funcionarem — os aparelhos transistorizados somente invadiram efetivamente o mercado nacional no final dos anos 60. As próprias características físicas do aparelho de rádio faziam com que ele ainda se mantivesse como um aparelho de escuta coletiva, o que permitia uma possível troca de impressões entre aqueles que se reuniam em torno dele. É importante chamar a atenção para o fato de que no período citado as famílias brasileiras mantinham o hábito de se reunirem para jantar, ouvir o rádio e conversarem sobre as notícias do dia.

Um outro indicador da popularização, ou até mesmo da banalização da presença do rádio nos grandes centros urbanos, é o de que em uma pesquisa do IBOPE (Instituto Brasileiro de Opinião Pública), de 1960[10], sobre o potencial efetivo dos mercados carioca e paulista para as utilidades domésticas o rádio simplesmente foi excluído: foram apuradas a existência de aparelhos de TV, colchões de mola, máquinas de lavar roupa, refrigeradores, liquidificadores e enceradeiras, ou seja, o rádio havia se tornado tão popular que não servia mais como um indicador de renda. Da mesma forma que, ainda em 1960, o IBOPE realizou uma pesquisa sobre o meio através da qual os habitantes de Belo Horizonte conheceram a loja *Ducal*: 73% dos entrevistados responderam que tal conhecimento ocorreu através dos anúncios de rádio, seguidos de 18% através dos jornais e 12% pela televisão.

O rádio chegava ao final dos anos 50 e início dos 60 consolidado em sua posição de meio de comunicação de massa, como um elemento

---
[10] IBOPE, Pesquisas Especiais 1-31, 1960.

fundamental na formação de hábitos na sociedade brasileira. Dos anos 30 aos 60, o rádio foi o meio através do qual as novidades tecnológicas, os modismos culturais, as mudanças políticas, as informações e o entretenimento chegavam ao mesmo tempo aos mais distantes pontos do país, promovendo o encontro entre a modernidade e a tradição. O rádio ajudou a criar novas práticas culturais e de consumo para toda a sociedade brasileira.

Bibliografia

Calabre, Lia. "O Estado na onda: Reflexões sobre o rádio e o poder nas décadas de 30 e 40". *Cadernos de Memória Cultural* 1.2. (Rio de Janeiro: Museu da República, 1996:) 61-7.

_____. *Na sintonia do tempo*: Uma leitura do cotidiano através da produção ficcional radiofônica. Dissertação de Mestrado. Universidade Federal Fluminense, 1996.

Goldfeder, Miriam. *Por trás das ondas da Rádio Nacional*. Rio de Janeiro: Paz e Terra, 1980.

Motta, Marly S. *A nação fez cem anos*: A questão nacional no Centenário da Independência. Rio de Janeiro: Fundação Getúlio Vargas, 1992.

Lenharo, Alcir. *Sacralização da política*. Campinas: Papirus. 1986.

_____. *Cantores do rádio*. Campinas: Ed. da UNICAMP, 1995.

Ortiz, Renato. *A moderna tradição brasileira — Cultura brasileira e indústria cultural*. São Paulo: Brasiliense, 1988.

Saroldi, Luiz Carlos e Sônia Virgínia Moreira. *Rádio Nacional: O Brasil em sintonia*. Rio de Janeiro: FUNARTE, 1984.

Tota, Antônio Pedro. *A locomotiva no ar: Rádio e modernidade em São Paulo, 1924-1934*. São Paulo: Secretaria de Estado e Cultura/PW, 1990.

A ANTROPOFAGIA PATRIARCAL
DA TELEVISÃO[1]

Eugênio Bucci[2]

Antes, o banquete. Devoro num ritual antropofágico permanente os nacos do discurso alheio que torno meus. Não há outro modo de sobreviver na selva: se não podemos passar pelos conteúdos, os conteúdos hão de passar por nós. Mastigar é caminhar. Andamos sobre os dentes e pelos nossos dentes somos andados. Não pisamos o chão da cultura com os pés, mas os pés da cultura é que nos pisam as gengivas, o céu da boca, o esôfago, as entranhas; a fala alheia (ou alienada) atravessa-nos enquanto se recicla e se desconhece. E assim, deglutindo, descobrimo-nos deglutidos.

•

Em "Antropofagia ao alcance de todos", prefácio de Benedito Nunes para *A utopia antropofágica*, são exploradas as relações de parentesco entre os escritos-manifestos de Oswald de Andrade e as vanguardas artísticas que marcaram o início do século XX, como o surrealismo e o dadaísmo. A busca do primitivo, "fosse através da emoção intensa, do sentimento espontâneo, fosse através da provocação do inconscien-

---

[1] Uma versão desse texto foi publicada em inglês no volume *Anthropophagy today?* João Cezar de Castro Rocha & Jorge Ruffinelli (orgs.). Stanford University, 1999.
[2] Jornalista. Foi editor da revista *Teoria e Debate* e diretor de redação de *Superinteressante* e *Quatro Rodas*. Foi articulista da *Folha de S. Paulo* e, como crítico de televisão, assinou colunas em *O Estado de São Paulo*, *Veja* e no *Jornal do Brasil*. Atualmente, é Presidente da Radiobrás. Entre outros, autor de *Brasil em tempo de TV* (São Paulo: Boitempo Editorial, 1996); *Sobre ética e imprensa* (São Paulo: Companhia das Letras, 2000).

te, que deriva para o automatismo psíquico e a catarse", tornada traço comum para dadaístas e surrealistas, pode sem muitos problemas ser estendida para a antropofagia modernista brasileira.³ Citando o "Manifeste Dada" de Tristan Tzara, de 1918, Nunes destaca a semelhança textual com que as palavras "dada" e "antropofagia" ingressam no imaginário vanguardista: "Como *dada*, 'antropofagia' nasceu de 'uma necessidade de independência, de desconfiança para com a comunidade'; como *dada* é uma palavra-guia que conduz o pensamento à caça das idéias". E quais eram os sentidos da palavra antropofagia? Nunes prossegue:

> Precisamos considerar, então, na leitura do "Manifesto antropófago", a ocorrência simultânea de múltiplos significados, e ter em mente que o uso da palavra 'antropófago', ora emocional, ora exortativo, ora referencial, faz-se nesses três modos da linguagem e em duas pautas semânticas, uma etnográfica, que nos remete às sociedades primitivas, particularmente aos tupis de antes da descoberta do Brasil; outra histórica, da sociedade brasileira, à qual se extrapola, como prática de rebeldia individual, dirigida contra os seus interditos e tabus, o rito antropofágico da primeira.⁴

Do cruzamento entre o etnográfico e o histórico, encontraremos a utopia oswaldiana como rebelião que faz aflorar o reprimido, o reprimido pela civilização. "Por baixo do parlamentarismo do Império, ficou o poder real do tacape; sob o verniz das instituições importadas, a política e a economia primitivas, e sob os ouropéis da literatura e da arte, a imaginação alógica do indígena, surrealista *avant la lettre*".⁵

O surrealismo *avant la lettre* que emana do primitivo, expressão interior contra o simbólico, contra a ordem, subverte o que seria o domínio do patriarcado em favor do que se imagina teria sido a pleni-

---

³ Nunes 9.
⁴ Nunes 16.
⁵ Nunes 17. Os versos a que faz referência encontram-se no "Manifesto antropófago", que assim os apresenta:
"Já tínhamos o comunismo. Já tínhamos a língua surrealista. A idade de ouro.
Catiti Catiti
Imara Notiá
Notiá Imara
Ipeju"
(Lua Nova, ó Lua nova, assopra em Fulano lembranças de mim.)

tude do matriarcado. E tudo pelo critério da festa. "A alegria é a prova dos nove. No matriarcado de Pindorama".[6] E tudo pelo critério da liberdade e da revolução. "Contra a realidade social, vestida e opressora, cadastrada por Freud — a realidade sem complexos, sem loucura, sem prostituição e sem penitenciárias do matriarcado de Pindorama".[7]

●

Há um livro de Hal Foster sobre o surrealismo, *The Compulsive Beauty*, que se lê com gosto. Beleza convulsiva, amor louco, rebeliões. Ali não se faz, porém, nenhuma associação com a antropofagia tropical de Oswald. As que se farão aqui, portanto, ficam por nossa conta.

Foster promove a incorporação do conceito freudiano de *uncanny* (no original alemão, *unheimlich*) que, no Brasil, foi traduzida simplesmente como "o estranho".[8] Para Foster, esse *uncanny*, *unheimlich* ou esse estranho freudiano é uma palavra-chave (palavra-guia?) para a leitura do surrealismo. O texto original de Freud trata do retorno do reprimido, mas de um retorno deslocado ou, poderíamos dizer, desfigurado, adjetivo capital para o entendimento do repertório surrealista. Assim, esse retorno específico produz o efeito do estranhamento, rompendo, no dizer de Foster, "normas estéticas e a ordem social". Bem ao gosto antropofágico, note-se. Mas não se trata de uma insurreição que tem na alegria sua prova dos nove, como queria Oswald, nem de um levante pelo restabelecimento da ausência de toda ordem, nem de um retorno puro e simples do que estivesse represado; trata-se isto sim, para o surrealismo, de uma expressão artística que elege, com algum controle, suas finalidades estéticas e éticas. O autor completa: "Os surrealistas não apenas são movidos pelo retorno do reprimido, mas também pela idéia de redirecionar esse retorno para fins críticos".[9]

Desde já, é bom que se saiba: a relação dos surrealistas com o conceito do *unheimlich* era intuitiva, não vinha de leituras e de estudos — estes, aliás, não aconteceram, ao menos por aquela época, segundo sustenta o próprio Foster: "Breton [*o maior líder surrealista*] conhecia a psi-

---

[6] Andrade 51.
[7] Andrade 52.
[8] Ver "O estranho", texto de 1919, parte do volume XVII das obras completas, publicadas no Brasil no CD-Rom *Edição Eletrônica Brasileira das Obras Completas de Sigmund Freud*, Rio de Janeiro: Imago, sem data.
[9] Foster xvii.

canálise apenas por resumos. Somente a partir de 1922 ele pôde começar a ler Freud em traduções, e os trabalhos mais importantes do pai da psicanálise só chegariam até ele mais tarde (e.g., *Ensaios de psicanálise*, que incluía 'Além do princípio de prazer', 'O Ego e o Id', *Ensaios de psicanálise aplicada*, com o texto 'The Uncanny')".[10] Mesmo assim, a vinculação entre surrealismo e o *estranho* freudiano, pretendida em *The Compulsive Beauty*, não poderia estar mais bem sustentada:

> Como é sabido, o *estranho* para Freud envolve o retorno de um fenômeno familiar (imagem ou objeto, pessoa ou evento) que se tornou estranho por ação de repressão. Esse retorno do reprimido deixa o sujeito ansioso e o fenômeno, ambíguo, e essa ambigüidade ansiosa produz os primeiros efeitos do *estranho*: (1) uma indistinção entre o real e o imaginado, o que é basicamente o objetivo do surrealismo, tal como o define Breton em dois manifestos; (2) uma confusão entre o animado e o inanimado, o que é exemplificado em figuras de cera, bonecas, manequins e autômatos, todas imagens cruciais no repertório surrealista; e (3) uma usurpação do referente pelo signo ou da realidade física pela realidade psíquica, e aqui de novo o surreal é freqüentemente vivenciado, especialmente por Breton e Dalí, como um eclipse do referencial pelo que o simboliza, ou pela escravidão do sujeito em relação a um signo ou a um sintoma, e o efeito disso é com freqüência aquele mesmo do *uncunny*: ansiedade. 'As mais notáveis coincidências de desejo e realização, a mais misteriosa repetição de experiências similares em determinado lugar ou em determinada data, as mais ilusórias visões e os mais suspeitos ruídos.' Isso soa como a própria beleza [*o sublime, o maravilhoso*] para os surrealistas; de fato, é a definição de *estranho* para Freud.[11]

Mais adiante, Foster desenha o nexo essencial entre o psíquico e o histórico. Essa passagem, a propósito, lembra o nexo esboçado por Benedito Nunes entre os sentidos etnográfico e o histórico de antropofagia, que seriam mediados pelos "três modos da linguagem", como Nunes mesmo os nomina: "ora emocional, ora exortativo, ora referencial". Eis o que diz Foster:

> Para mim, a concepção surrealista de maravilhoso e o *estranho* freudiano, com o retorno de imagens familiares tornadas estranhas pela

---
[10] Foster 2.
[11] Foster 7. A citação de Freud tem a seguinte origem: "The Uncanny". Philip Rieff (org.). *Studies in Parapsychology*. New York: 1963, 54.

repressão, estão relacionados ao conceito marxista de antiquado ("outmoded") [*e aqui o termo "antiquado" vem da tradução que Flávio Kothe deu a Walter Benjamin, que desenvolveu o "conceito marxista" ao qual se refere Foster*] e o anacrônico, com a persistência de formas culturais antigas no desenvolvimento desigual dos modos de produção e formações sociais; mais ainda, que os primeiros suprem o que os segundos não conseguem suprir: sua dimensão subjetiva.[12]

Como vimos, o conceito de *outmoded*, de antiquado, de *démodé*, Foster toma-o emprestado a Walter Benjamin. Ele tem a ver com memórias em mais de uma dimensão mas, aqui, essas memórias nos interessam mais de perto não como categorias propriamente objetivas ou históricas, e sim em seu retorno, por assim dizer subjetivo. Para os surrealistas, o *outmoded* estaria em objetos tão distintos quanto ruínas, fotos velhas, um vestido que saiu de moda cinco anos antes: o que tais objetos guardam como resíduo é a memória de um tempo (histórico) que se cruza com a memória pessoal (psíquica). Sua ressurreição dentro de uma obra, por uma via necessariamente subjetiva, produzirá o efeito do estranhamento aos olhos do espectador, fazendo o que estava perdido lá atrás no tempo retornar com renovada força, uma força que desestabiliza o presente. Estamos falando portanto de memórias traumáticas, memórias da infância, e que sempre são recuperadas ou viabilizadas por uma figura maternal. "Para ambos, Benjamin e surrealismo, isso fala com uma voz materna".[13]

•

A voz materna aqui não é uma referência marginal. É básica, central. Se nos afastarmos um pouco da argumentação de Foster e formos até o texto original de Freud, encontraremos passagens mais que expressivas da centralidade da voz materna no conceito do *estranho*. Eis um trecho: "Acontece com freqüência que os neuróticos do sexo masculino declaram que sentem haver algo estranho no órgão genital femi-

---

[12] Foster 163. Ver também Benjamin 32: "À forma de um meio antigo de construção que, no começo, ainda é dominada pela do modo antigo (Marx), correspondem imagens na consciência coletiva em que o novo se interpenetra com o antigo. Essas imagens são imagens do desejo e, nelas, a coletividade procura tanto superar quanto transfigurar as carências do produto social, bem como as deficiências da ordem social da produção. Além disso, nessas imagens desiderativas aparece a enfática aspiração de se distinguir do antiquado — mas isto quer dizer: do passado recente".
[13] Foster 163.

nino. Esse lugar *unheimlich*, no entanto, é a entrada para o antigo *Heim* [lar] de todos os seres humanos, para o lugar onde cada um de nós viveu certa vez, no princípio. Há um gracejo que diz: 'O amor é a saudade de casa'; e sempre que um homem sonha com um lugar ou um país e diz para si mesmo, enquanto ainda está sonhando: *'este lugar é-me familiar, estive aqui antes', podemos interpretar o lugar como sendo os genitais da sua mãe ou o seu corpo*. Nesse caso, também, o *unheimlich* é o que uma vez foi *heimisch*, familiar; o prefixo *'un'* ['in-'] é o sinal da *repressão*".

O *estranho* freudiano é o antes familiar tornado assustador ou incômodo pela repressão.

Mas, pelo menos para os surrealistas, a voz materna não é a genitora de uma outra ordem, uma ordem antipatriarcal. É a via do retorno mas não da emancipação. Para situar sucintamente a genealogia desse fracasso, permaneçamos um pouco mais com a discussão em torno do *outmoded* (o *antiquado* de Benjamin) e de sua via materna de retorno. O que terá produzido tudo o que fosse *outmoded* — o envelhecido, o ressequido, o sepultado ou simplesmente o *démodé* — aos olhos dos surrealistas? Para Aragon, a modernização. Para Dalí, a humanização.[14] Em um contexto mais amplo, a civilização. Como vimos, é pelo feminino (materno) que os surrealistas encontram espaço para degluti-lo, reciclá-lo e revivê-lo. A voz materna é a voz que traz de volta o que morto estaria e que conspira contra a ordem (patriarcal). Mas, eis o ponto, não se trata de um feminino que negue (ou supere) o masculino. Trata-se, ao contrário, de um feminino instrumentalizado pelo masculino dominante do surrealismo, isto é, a plenitude maternal não se consuma em suas últimas conseqüências, mas resulta aparelhada: a estética (feminina) não se liberta inteiramente de um fim político (masculino). Bem a propósito, Foster opera bastante com a noção de que há no surrealismo, mesmo que inconscientemente, uma instrumentalização do feminino. Mais: haveria mesmo uma diabolização dele, além de um certo heterossexismo. Como ele mesmo diz: "Forças reprimidas no modernismo ressurgem, com freqüência, no surrealismo, como o feminino diabolizado".[15] Daí o fracasso, ao menos nessa via, da utopia libertadora pretendida pelos surrealistas.

---

[14] Foster 189-90.
[15] Foster 190.

Assim, Foster começa a esboçar sua perturbadora conclusão:

> O surrealismo não apenas revolve o retorno do reprimido em geral, mas oscila entre duas fantasias em particular que têm a ver com o conceito de *estranho*: uma da plenitude materna, de tempo e espaço de intimidade corporal e unidade física anterior a qualquer separação ou perda, e uma outra de punição paterna, do trauma que tal perda ou separação podem acarretar.[16]

Assim, o desenvolvimento do surrealismo, já longe do controle de seus ideólogos, um surrealismo que sobrevive às suas aspirações de berço, teria contribuído menos para engendrar a libertação e mais para reafirmar, com os sinais invertidos, a repressão contra a qual teria se insurgido.

•

Já é hora de voltarmos um pouco à antropofagia e, de modo especial, já é hora de tocarmos no tema deste artigo, a saber, o modo como certos traços da antropofagia se verificam hoje na televisão brasileira.

Contra o humanismo europeu, Oswald de Andrade celebrava o Carnaval, o grande festim brasileiro que encarnaria os ideais do matriarcado: "Nunca fomos catequizados. Fizemos foi Carnaval".[17] É por aí que retorno ao tema. Todo ano, vemos a televisão tomada pelas fantasias e pelos batuques. Mulatas seminuas (maternas tornadas estranhas), ou mesmo completamente nuas (ainda mais maternas, ainda mais estranhas), rebolam na tela enquanto sorriem, convidando-nos para a festa que nos inclui compulsoriamente. O telespectador começa a chacoalhar os olhos e já sente balançar as melhores partes de seu corpo, todas conectadas ao grande espetáculo eletrônico que se anuncia. Ele está *lá*, e não sozinho consigo, lá dentro da televisão nacional, na formidável orgia pagã de Pindorama enriquecida com efeitos especiais de luzes e alegorias metálicas.

Oswald antevia a terra livre, sem prostituição, mas o que vemos agora é um mercado que nos engole, dentro de um turbilhão de prazer *prêt-à-porter*, um prazer que faz de cada um freguês e operário passivo, quase virtual. Simplesmente não nos restam escolhas. É isso ou nada; é

---

[16] Foster 193.
[17] Andrade 49.

isso ou nada somos. O facho incandescente em que (in)existimos, a linguagem eletronificada em que nos constituímos está materializada no aparelho de TV. Bum-bum-baticumdum.

O que agrava e aprofunda essa gigantesca cloaca insaciável do capital-espetáculo, que a tudo deglute sugerindo a existência de uma antropofagia industrializada — embora da antropofagia mesma seja não menos que a negação — e que prepara o megafrenesi do Carnaval, é que a televisão entre nós não é apenas show, mas ela englobou também o campo da cidadania, quer dizer, engendrou e delimitou o que se entende por espaço público no Brasil. A TV é mais, muito mais que um meio; é uma instância, confundindo-se com o próprio processo de constituição da integridade nacional e com o processo pelo qual os brasileiros se reconhecem como brasileiros.

O francês Dominique Wolton também recorre ao exemplo da Rede Globo para demonstrar sua tese de que a televisão exerce o papel de integrar as sociedades nacionais. Um papel que, segundo Wolton, é positivo. Diz ele:

> A televisão brasileira ilustra quase à perfeição a minha tese sobre o papel essencial da televisão geralista.[18] Nela encontramos, com efeito, o sucesso e o papel nacional de uma grande televisão, assistida por todos os meios sociais, e que pela diversidade de seus programas constitui um poderoso fator de integração social. Ela contribui também para valorizar a identidade nacional, o que constitui uma da funções da televisão geralista.[19]

A folia carnavelesca, ao tomar conta da programação dos canais abertos brasileiros, está acontecendo não apenas dentro de uma tela destinada a divertir toda gente; está acontecendo no interior da própria delimitação do espaço público. Mas será que ela conduz a alguma subversão desse espaço? Ou, ao contrário, será que concorre para reforçá-

---

[18] Ele chama de "geralista" a TV de canais abertos, feita para todo o público e não para um segmento específico.
[19] Wolton 153. Note-se que o entusiasmo de Wolton com a sua TV "geralista" ocupa uma certa contramão nos debates contemporâneos, o que lhe confere até um certo charme, não necessariamente reacionário. Mais numerosos são aqueles entusiasmados com as centenas de opções ao alcance do controle remoto do telespectador. Muitos desses desprezam a TV geralista como se fosse lixo. George Gilder é um bom representante dessa tendência. Em *A vida após a televisão*, afirma: "As pessoas têm pouco em comum, exceto seus interesses lascivos e seus medos e ansiedades mórbidas. Tendo necessariamente por alvo esse mínimo denominador comum, a televisão piora a cada ano" (13).

lo à medida que promove o grande circo eletrônico enquanto se calcificam as relações sociais que perpetuam os mecanismos de reprimir o que deve estar reprimido?

•

Se voltarmos outra vez a Oswald (sempre o retorno), vamos encontrar: "Só me interessa o que não é meu. Lei do homem. Lei do antropófago".[20] Ora, mas essa é também a lei do telespectador, pois o que dele não é terá sido o dele reprimido. Por isso a festa de Carnaval toma conta da tela: o telespectador quer ver o bacanal ao vivo, desde que não seja o dele, mas o dos outros. "Só me interessa o que não é meu". Sensualidade ensaiada na prateleira do vídeo-supermercado. Acontece que também essa formulação é falsa e nos conduz ao engano de que existe para valer uma separação entre o que é e o que não é "meu", e à ilusão de que o telespectador, vendo TV, poderia apropriar-se de algo, quando o que ocorre é o exato oposto, como veremos.

Para começar, frisemos que todo o espetáculo do Carnaval é um circo da ordem. As fantasias das escolas de samba reproduzem a exuberância *tupy*, ou a alegada exuberância *tupy*, mas elas, as escolas, desfilam como boiada numa passarela demarcada, para deleite das "elites vegetais" embriagadas, da casa-grande pós-moderna que bebe uísque no camarote, do público que apodrece dentro de casa. "Mas o Carnaval de Salvador não é assim", alegará alguém. "O Carnaval de Salvador toma conta da praça, da rua, o povo ocupa todos os espaços da cidade". Sim, é verdade. E isso também terá sua vez no imenso show carnavalesco da TV. Mas vejamos como é que isso se dá. A multidão se espalha líquida e fervilhante, pulando ritmada sobre os logradouros públicos, mas tudo sob as bênçãos dos coronéis, que dizem a hora de começar e a hora de acabar a festa.

"Só me interessa o que não é meu", saliva o telespectador. Ele tem fome das intimidades que pensa alheias, do bizarro, do baixo, do lúbrico, do abjeto. É ele o antropófago imaginário, mas ele é um tipo muito deprimido de antropófago, um antropófago parasitário e paralisado, um antropófago que nada cria. Pois as imagens não lhe pertencem, nem lhe pertencerão, nem mesmo quando lhe atravessam o corpo. É ele quem pertence àquilo que se sucede como cachoeira multicolorida e faiscante diante dos seus olhos.

---
[20] Andrade 47.

A própria televisão parte então para agir ela mesma como antropófaga em nome da sua platéia insaciável. Oferece festivais de pancadarias, mortes ao vivo, filmes baixos e apresentadores deseducados. Seu repertório parece uma explosão sem rumos. Mas, outra vez, é curioso: o ato de devorar os novos ingredientes do espetáculo — e aí o campo da televisão como espaço público ou espaço comum se espalha como chamas, expandindo-se sobre o que toca e, no mesmo instante, destrói — não produz reelaborações criativas ou libertárias, mas simples acomodações. Tudo choca para que tudo fique como está. A TV, antropófaga em nome do público, devora o próprio.

Há mais para ser dito: a cloaca, ou o arremedo de uma antropofagia transfigurada em indústria a que chegamos, não recicla o que nos seria estrangeiro e o que nos seria reprimido em nosso próprio passado, o que nos seria inédito, mas apropria-se de tudo indistintamente, indo da pilhagem para a pasteurização num único segundo. A volta do reprimido não se dá por libertação, mas por uma dessublimação repressiva (à la Marcuse). Antropófago no Brasil, infelizmente, lamentavelmente, é o poder.

•

Antropófago no Brasil é o poder, mas um antropófago antioswaldiano, com a televisão que lhe serve de base e de forma — e esse mesmo poder continua sendo o oposto da utopia antropofágica. Isso nos afasta, obrigatoriamente, de uma maneira ingênua de olhar as coisas mas, por certo, não joga por terra o sonho de Pindorama. Apenas para que não pairem mal-entendidos, não se trata de desprezar as pretensões estéticas (e libertárias) da antropofagia. Não pode haver arte entre nós sem uma mínima atitude antropofágica. O compositor Caetano Veloso, expoente do movimento da Tropicália que, nos anos 60, foi corretamente interpretado como uma retomada em outras bases do "Manifesto antropófago", lançou um livro em que discute o assunto. A sua defesa da antropofagia é de uma sinceridade e de uma eloqüência arrebatadoras:

> Oswald de Andrade, sendo um grande escritor construtivista, foi também um profeta da nova esquerda e da arte pop: ele não poderia deixar de interessar aos criadores que eram jovens nos anos 60. Esse 'antro-

pófago indigesto', que a cultura brasileira rejeitou por décadas, e que criou a utopia brasileira de superação do messianismo patriarcal por um matriarcado primal e moderno, tornou-se para nós o grande pai.[21]

Aqui, um breve comentário marginal tem pertinência: a menção da figura paterna, o grande pai, não aparece casualmente no texto de Caetano. Muitos criticaram a antropofagia exatamente porque, ao negar "o nome do pai", ela estaria apenas evitando a questão da falta de identidade da cultura brasileira, se é que se pode falar nesses termos. Transformando em totem o próprio Oswald, o negador por excelência do patriarcalismo, Caetano talvez pense em neutralizar esse tipo de crítica. Fim do comentário marginal.

O fato, todavia, é que nós não estamos tratando do que acontece com a criatividade bem ou mal-sucedida de um artista, ou mesmo de um movimento artístico. Nós estamos falando de uma indústria gigantesca, uma indústria que banalizou procedimentos e mitos da antropofagia num retrocesso político e estético. De modo que a questão posta ao longo deste texto prossegue. Se formalmente podemos verificar exaustivamente que a televisão se faria passar por uma seguidora contumaz do manifesto de Oswald, ela continua sendo um fator de organização social que é o contrário da utopia antropofágica.

Um artigo como este nunca pode se apresentar como um estudo conclusivo, e seria uma impostura inadmissível pretender iludir o leitor com aparências conclusivas. Isto aqui é uma desconclusão por princípio. E por ter a licença de não ter que ser conclusivo, este artigo pode ainda ensaiar — é este o termo exato, ensaiar — mais um fôlego da mesma idéia. Sem esse novo fôlego, o cenário que se apresenta não se completaria. Ei-lo: é possível estender o que acontece com a televisão brasileira para os meios eletrônicos globalizados. Pensando na TV do mundo todo, um monstruoso emaranhado de metais, antenas, satélites, cabos e aparelhos que envolvem o planeta como uma enorme teia eletrônica, pensando no enorme conglomerado das comunicações numa escala global, e na fusão de capitais que ela trouxe, é imperioso que nos distanciemos da noção clássica de veículo. A partir desse dado novo, da teia globalizada, é preciso considerar, nem que seja por mero exercício crítico, a hipótese dessa grande rede como lugar em que se dá a própria constituição do sujeito em relação ao outro. Isso é apenas

---
[21] Veloso 257.

uma extensão do que já se afirmou até aqui, mas essa extensão, se validada, vai nos levar a um problema de outra natureza. Seríamos obrigados a admitir haver aí, nessa rede, uma função imaginária que está engolindo a função simbólica.

A hipótese, então, é a seguinte: teríamos chegado à desestruturação da ordem simbólica tal como ela é entendida classicamente, instância institucional e reguladora, em favor de uma super-expansão do imaginário a ponto de torná-lo provedor de ordenamentos. Na mesma proporção, mas num outro nível, poderíamos dizer que há um recuo do Direito e uma expansão do mercado, a tal ponto que não é mais um passaporte que identifica um indivíduo numa portaria de hotel, mas o seu cartão de crédito, o que vale dizer: não é mais um Estado quem carimba o nome de alguém sobre alguém; é uma companhia privada, existente antes de mais nada como marca de consumo, marca no imaginário, quem estipula o carimbo do nome (e seu correspondente valor de troca, ou seu crédito) sobre o sujeito. Está aí o nexo imaginário entre o sujeito e o seu outro, posto do outro lado do guichê do hotel.

Assim como o mercado nomeia e ordena, aquilo que antes pensávamos como veículo, e por onde flui essa nova função do imaginário sobre o simbólico, deixa de ser mero veículo para ser concebido como lugar — ou como espelho, que se dissolve no instante mesmo da comunicação —, lugar que nos contém.

Neste ponto, surge uma intrigante interrogação: teria a instância do poder migrado para o interior dos meios de comunicação? Se a resposta é sim, nem que seja apenas um "sim, em termos", não há como escapar à hipótese de que as aparências antropofágicas, assim como as aparências surrealistas dispersas pela indústria do entretenimento planetário, não mais subvertem o simbólico mas, ao contrário, o consolidam.

Faço minha a dúvida que foi lançada por Hal Foster, e trago-a, antropofagicamente, para a utopia de oswaldiana. Eis o que diz Foster:

> Breton esperava que o surreal pudesse se tornar real, que o surrealismo pudesse superar essa oposição com efeitos libertários. Mas não será exatamente o oposto que aconteceu, será que no mundo pósmoderno de capitalismo avançado o real é que se torna surreal, que nossa floresta de símbolos traz menos rupturas do que traz um fator disciplinador em seu delírio?[22]

---

[22] Foster 209-10.

Na teia mediática planetária você pode ver uma propaganda de cigarro em que um sujeito aparece com a cara de camelo. Surrealismo revolucionário? Não, capitalismo. Na televisão brasileira, o Carnaval nos empanturra, ali está "a idade do ouro", ali estão "todas as girls", os adereços nas mãos dos passistas são *ready-mades* de Duchamp, as letras dos sambas enredos são *ready-mades* oswaldianos ou, melhor, *ready-mades* declamativos de si mesmos. E daí? O pop não parece ser mais um jeito despojado de ingressar no mundo da cultura e de fazer arte para o consumo. Será que o pop não é a nova etiqueta do poder? Será por isso que ele é autofágico? Então é este o circo da ordem, primal na sua aparência e patriarcal em suas relações? E por fim, será que os procedimentos e os mitos da própria antropofagia não estão servindo de última roupagem para o patriarcado do capital?

Bibliografia

Andrade, Oswald de. "Manifesto antropófago". *A utopia antropofágica*. São Paulo: Globo, 1995. 47-52.
Benjamin, Walter. *Sociologia*. São Paulo: Ática, 1985.
Foster, Hal. *The Compulsive Beauty*. Cambridge, Massachusetts: MIT Press, 1997 [1993].
Gilder, George. *A vida após a televisão*. São Paulo: Ediouro, 1996 [1994].
Nunes, Benedito. "A antropofagia ao alcance de todos". Oswald de Andrade. *A utopia antropofágica*. São Paulo: Globo, 1995. 5-39.
Veloso, Caetano. *Verdade tropical*. São Paulo: Companhia das Letras, 1997.
Wolton, Dominique. *Elogio do grande público — Uma teoria crítica da televisão*. São Paulo: Ática, 1996.

OS MEIOS DE COMUNICAÇÃO: PASSADO E FUTURO

Eduardo Neiva[1]

Em 20 de maio de 1653, quando o Brasil era um apêndice de Portugal, o Padre Antônio Vieira escreve para o rei D. João IV. A relação do rei com o nosso maior prosador é próxima o suficiente para fazer de Vieira um conselheiro influente nos assuntos do Brasil e seus habitantes. Sob muitos aspectos, a atitude de Vieira face à população brasileira é a mesma que a de qualquer outro padre da nova colônia: sua meta prioritária é salvar as almas daqueles que ainda não foram feitos cristãos. Na carta a D. João, a prosa majestosa e cintilante de Vieira eriça-se contra os proprietários de terra portugueses. A violência e a barbaridade dos colonizadores o horroriza e, o que é pior, faz com que os nativos fujam para regiões inacessíveis. Então, como é possível convertê-los? Vieira pede a intervenção do rei para que se pare com a escravização dos nativos. Ninguém deve ser forçado a trabalhar assim. Não é possível que se permita que os nativos sejam mal-tratados nas plantações de tabaco.[2]

Os pedidos do padre não foram atendidos. D. João morreu e o sonho de Vieira, não apenas de um tratamento justo dos nativos, mas também o desejo de ver uma renascença católica na Europa comandada por um rei português não se realizou. Vieira seria banido da corte portuguesa, exilado, e acusado de crenças heterodoxas pela Inquisição.

---

[1] Professor do Departamento de Comunicação da Universidade do Alabama. Entre outros, autor de *O racionalismo crítico de Popper* (1999); *Mythologies of Vision: Image, Culture, and Visuality* (Peter Lang Publishing, 1999).
[2] Viera 84-90.

Em 1691, perto da morte, Vieira continuava escrevendo a outro rei de Portugal, D. Pedro II, reclamando dos abusos aos nativos por parte de um sargento-mor português. Nada tinha, de fato, mudado.

É bem verdade que, desde a época da colônia, a vida brasileira sofreu transformações radicais. Por outro lado, é também verdade que, em vários assuntos atuais, o Brasil atém-se a mecanismos que persistem desde o seu passado como colônia. Para resolver questões importantes da vida social, os brasileiros ainda procuram soluções que vêm de cima, muito semelhantes às de Vieira escrevendo para um monarca com qual ele tem relações próximas e que, por isso mesmo, o ouvirá. O que deveria ser impessoal e comum a todos os atores sociais é efetivamente personalizado. Se a lei é dura ou impiedosa, pode-se amaciá-la através de laços próximos, isto é, se o indivíduo entretiver relações com os que estão no exercício do poder e da autoridade (Barbosa). O resultado é uma valoração generalizada dos nexos informais, a um enorme preço social: o senso de justiça e de legitimidade social se desfaz.[3] A sociedade vira um palco onde se confere poder a indivíduos descomprometidos com os outros membros da comunidade.

Desde a experiência colonial, os brasileiros se acostumaram a ver a acumulação de propriedade privada como efeito de doação governamental, fazendo da riqueza particular o resultado de ligações e de influências pessoais. Afinal fora assim que tudo começou, quando os colonizadores dividiram o país em 1532. O monarca elegia indivíduos bem relacionados que receberiam as capitanias hereditárias. A doação, feita em bases perpétuas, era um privilégio extenso às famílias dos escolhidos. A lei da terra resumia-se à vontade e à discrição dos favorecidos. Apesar da compreensão corajosa que demonstrara em tantos assuntos, Antônio Vieira não notara que tais doações levavam à escravidão da força de trabalho. Desde sempre, o país divide-se em estratos: um privilegiado, existindo ao lado de outro desprovido de direitos. Disciplina e respeito podem ser cobrados com impiedosa brutalidade. Na mesma moeda, um grupo de indivíduos paira sobre todos e essa classe desconsidera para si o que é imposto como regra aos outros.

As regras, no Brasil, sofrem freqüentemente a ação de um individualismo predatório, pois não resultam da interação de direitos e deveres distribuídos reciprocamente entre os membros do grupo. Facilmente, as regras viram instrumentos de dominação e de opressão, cujo propósi-

---

[3] Jair Ferreira dos Santos (1999) analisa esse fenômeno com perspicácia e elegância.

to torna-se discriminar e humilhar. Os direitos sociais não se espalham pela comunidade, criando autonomia e respeito generalizados. Os caprichos individuais dos poderosos e de seus escolhidos desenham a moldura por onde interagem os atores sociais. A vida brasileira oscila entre a implementação temerosa da ordem e o desabrido anárquico. O país não é nem rigidamente autoritário, nem anarquicamente fluído; fomenta tanto rituais que enfatizam a ordem, através das paradas militares no dia da Pátria, como celebra carnavais que, em frenesi orgiástico, invertem o que seria moral constituída (DaMatta). A ordem e sua inversão são os extremos por onde circula a experiência brasileira.

Nesse ambiente social, a promiscuidade de interesses individuais e da ação governamental é estarrecedora. Assim, nos seus primórdios, a imprensa brasileira fora essencialmente uma extensão, porque uma concessão, do poder governamental. Ao analisar a imprensa brasileira, Nelson Werneck Sodré (23) nota que, no século XIX, os assuntos dominantes em *A Gazeta do Rio de Janeiro* eram as notas oficiais ou a adulação da Corte Portuguesa e da nobreza européia. Pesquisa recente (Sá & Neiva; Neiva) mostra que o governo federal tem sido o assunto principal dos noticiários jornalísticos na TV. As mesmas tendências do período colonial estão presentes hoje. O principal anunciante, e portanto patrocinador, da imprensa brasileira tem sido, há muito tempo, o governo (Mattos).

A própria implementação moderna dos meios de comunicação não resulta da ação primária da empresa privada. É por meio de um órgão federal, a Empresa Brasileira de Comunicação (EMBRATEL), que se cria o sistema de satélites que seria então utilizado por companhias particulares. A infra-estrutura tecnológica, que permitiu a transmissão de sinais a cores, é também resultado das políticas dos governos militares que se sucedem após o golpe de 1964 (Mattos 218).

Certamente, a parceria de governos e de empresários não é um fenômenos exclusivo da história brasileira, pois repete-se em outros momentos da história mundial. Na Inglaterra, por exemplo, no início da Revolução Industrial, a produção têxtil expande-se ao encontrar mercados consumidores além das fronteiras inglesas, graças aos tentáculos da burocracia colonial que cobrem a vastidão do império britânico. Entretanto, se compararmos o caso da Inglaterra com a expansão da mídia brasileira durante as duas décadas da ditadura militar o que se vê é a nítida subversão do sistema de propriedade inglês, algo impensado no caso brasileiro. Diante da escassez de mão-de-obra que para eles trabalhe, os proprietários rurais ingleses abandonam o sistema econômico tradicional. Os senhores deixam de arrendar as propriedades para servos que, até então, se mantinham dóceis, graças a idéias de dever natural. Os senhores de terra passam a pagar salários a seus servos: dá-se início ao processo de criação de um mercado incipiente de consumidores. A transformação do sistema rural de classes na Inglaterra eventualmente impulsiona e cria as condições para a formação de um mercado interno que ajudará a expandir e estimular o crescimento fabril na Revolução Industrial (Brenner 51). A revolução tecnológica é acompanhada da transformação na estrutura social.

Nada disso acontece quando do impressionante crescimento dos meios de comunicação durante os anos 60 no Brasil. O golpe militar, orquestrador da expansão dos meios de massa brasileiros, fora uma operação feita com a elite empresarial para manter a inquietação trabalhista e as reivindicações social sob controle (Dreifuss). Se o objetivo do golpe empresarial era forjar uma aliança com os militares para que o aparato governamental fosse apropriado, o sistema de classes no país permaneceria intocado. Subsídios e políticas fiscais foram implementados com o propósito de enriquecer os que articularam ou apoiaram o golpe. De fato, a natureza conservadora do que poderia ter sido, através da expansão dos meios de comunicação, uma revolução social contundente é visível na definição jurídica que estabelece o espectro eletromagnético — onde os sinais comunicacionais serão transmitidos — como propriedade sem limites do governo federal que então autoriza e regula o que se passa nos meios.

Não é surpresa, portanto, que, num país com nossas práticas históricas, a criação de empreendimentos comunicacionais seja o resultado de barganhas e de influências políticas. O mercado comunicacional acaba sendo partilhado à maneira das antigas capitanias hereditárias. Se, nos Estados Unidos, a legislação a propósito dos meios tem por objetivo restringir o acúmulo de poder dos indivíduos ou de grupos econômicos em áreas do mercado consumidor, no Brasil, até hoje, as tentativas de legislar e reformar a posse dos meios fracassaram terrivelmente (Festa 17). Sem controle de baixo para cima, sem ser o resultado de uma representação democrática legítima, o que os meios de comunicação fazem no Brasil é perpetuar distorções históricas. Entre 1985 e 1988, durante o mandato do Presidente José Sarney, houve de fato uma expansão de 62% do número de estações de televisão. Acontece que, durante esse período de crescimento, José Sarney negociava, com o congresso brasileiro, uma extensão de seu mandato presidencial, o que o transformava no beneficiário direto da mudança constitucional, pois coincidentemente, as concessões de canais televisivos iam para aqueles que influenciavam a votação no congresso. O que era crescimento não passava de pilhagem política através da concessão de benefícios econômicos.[4]

Pode ser que minuetos políticos desse tipo não sejam evidentes para o espectador brasileiro. Mas, ao mesmo tempo que a esfera pública nacional é assaltada desavergonhadamente por interesses pessoais, com absoluto desrespeito pela participação democrática, os meios de comunicação mostram-se irremediavelmente conformistas. O que se têm é uma mídia anêmica, incapaz de incorporar a vitalidade da vida social. A crítica e a invenção são sufocadas e as imagens nas televisões reduzem-se à promoção de um éden social onírico e utópico, desligado dos conflitos e das contradições que assombram a vida civil. O que se tem é isso ou, por corte bajuladora dos consumidores, uma programação subserviente ao denominador mental mais baixo da audiência.

Sobre o futuro repousa o peso do passado. Haverá razão apenas para o mais completo desespero? Eu não saberia como responder a essa pergunta. Quero crer que tudo será diferente. Na era das redes eletrônicas, descentralizadas e transnacionais, os indivíduos são cada vez mais capazes de se fazer ouvidos. De uma maneira geral, através do mundo, os governos perdem progressivamente poder de autorização e de controle; mas o que acontecerá no Brasil, onde massas de indivíduos são mantidas fora dos privilégios das elites? Será que o país se dividirá, sem remédio, entre os que participam plenamente dos meios e os que deles são destituídos e feitos de voz passiva e sem força? A tarefa de reduzir esse abismo é de tal ordem que não há como não sentir-se tonto. Meu otimismo gostaria que, mais cedo ou mais tarde, o país acordasse. Uma mão-de-obra dócil, conformista e ignorante não oferece nenhum atrativo para os que entram na revolução pós-industrial. A revolução pós-industrial exige atores sociais críticos, autônomos e criativos. A pressão pode ser tal que o Brasil se veja na obrigação de enfrentar os desafios e as demandas que se abrem no início do novo milênio.

---

[4] A revista *Isto É*, de 31 de julho de 1991, reporta que a administração de Fernando Collor estava dando concessões de televisão para fins políticos. A lei permanece a mesma, bem como a tendência ao monopolismo extremo na mídia brasileira.

Bibliografia

Barbosa, Lívia. *O jeitinho brasileiro: ou a arte de ser mais igual que os outros*. Rio de Janeiro: Campus, 1992.

Brenner, Robert. "Agrarian Class Structure and Economic Development in Preindustrial Europe". *The Brenner Debate*. T. H. Aston & E. C. Philpin (orgs.). Cambridge: Cambridge University Press, 1985. 10-63.

DaMatta, Roberto. *Carnavais, malandros e heróis: para uma sociologia do dilema brasileiro*. Rio de Janeiro: Zahar, 1979.

Dreifuss, René Armand. *1964, a conquista do Estado: ação política, poder, e golpe de estado*. 5ª ed. Petrópolis: Vozes, 1987.

Festa, Regina. "A TV na América Latina: um pouco menos de euforia". *Políticas Governamentais* 7/1 (1991): 16-20.

Mattos, Sérgio. *The Impact of the 1964 Revolution on Brazilian Television*. San Antonio: Klingensmith, 1982.

_____. "Advertising and Government: The Case of the Brazilian Television". *Communication Research* 11/2 (1984): 203-20.

Neiva, Eduardo. "Brasil: el arraigo de la corrupción y la superficialidad de los medios". *Chasqui* 45 (1993): 79-84.

Sá, Fernando & Neiva, Eduardo. "O espelho mágico". *Políticas Governamentais* 7/8 (1992): 17-20.

Santos, Jair Ferreira dos. "A estrutura do oba-oba". *Folha de Londrina*. Dez. 31, 1999. *Caderno Retrospectiva, O País*: 2.

Vieira, Antônio. *Cartas*. Rio de Janeiro: W. W, Jackson, 1948.

POLÍTICA E ESTÉTICA DO MITO EM
DEUS E O DIABO NA TERRA DO SOL

Ivana Bentes[1]

Deus e o Diabo na Terra do Sol é um filme-síntese das principais questões presentes no cinema e no pensamento de Glauber Rocha.[2] Também é um filme-chave para se entender a primeira fase do Cinema Novo brasileiro (de 1962 a 1965) que redescobre e dá visibilidade a paisagem social e humana do Nordeste brasileiro. Um Brasil rural, pleno de conflitos e contrastes sociais, onde o sertão nordestino torna-se signo de uma "outra" nacionalidade, paradoxal, à margem das representações tradicionais.

Esse Brasil rural torna-se cenário de obras importantes do Cinema Novo nascente em clássicos como *Vidas secas*, de Nelson Pereira dos Santos (1963) e *Os fuzis*, de Ruy Guerra (1963) e *Deus e O Diabo na Terra do Sol*, de Glauber Rocha (1964). Filmes que tematizam o sertão como território de fronteiras e fraturas sociais (miséria, injustiça, abandono), mas também, é o caso do filme de Glauber, como território mítico, carregado de simbologias e signos de uma cultura de resistência e plena de virtualidades.

O sertão nordestino sempre foi o "outro" do Brasil moderno e positivista: lugar da miséria, do misticismo, dos deserdados, não-lugar,

---

[1] Professora da Escola de Comunicação da Universidade Federal do Rio de Janeiro. Entre outros, autora de *Joaquim Pedro de Andrade: a revolução intimista* (Rio de Janeiro: Relume-Dumará, 1996) e *Cartas ao Mundo. Glauber Rocha* (organização e introdução) (São Paulo: Companhia das Letras: 1997) É co-editora de *Cinemais*.
[2] Glauber Rocha (1939-1981) dirigiu os longa-metragens *Barravento* (1961); *Deus e o Diabo na Terra do Sol* (1964); *Terra em transe* (1967); *O Dragão da Maldade contra o Santo Guerreiro* (1969); *Der Leone has sept cabezas / O Leão de sete cabeças* (1970); *Cabeças cortadas* (1970), *História do Brasil* (1974); *Claro* (1975) e *A idade da terra* (1980).

e simultaneamente uma espécie de cartão-postal perverso, com suas reservas de "tipicidade" onde tradição e invenção são extraídas da adversidade. O sertão é uma importante figura na construção da idéia de "nação" e "brasilidade", que surge com diferentes sentidos na literatura de Euclides da Cunha, Graciliano Ramos, Guimarães Rosa. Sertão mítico e imaginado, literário e cinematográfico, território de utopias ligadas a nação, a religião, ao cangaço.

Em *Deus e o Diabo na Terra do Sol*, Glauber consegue sintetizar e combinar, de forma excepcional e paradigmática, diferentes vertentes da moderna literatura brasileira (Euclides da Cunha, Graciliano Ramos, Guimarães Rosa) e do cinema, passando pelo realismo e pelo documental e atingindo o mítico e o alegórico, que ganham neste filme uma forma monumental e operística. O filme traz ainda uma real contribuição para os estudos sobre a relação entre mito, política, religião e cultura popular, ao buscar uma recriação e politização de mitos populares a partir do atual vivido e da História.

A narrativa de *Deus e o Diabo na Terra do Sol* tem como contexto três importantes ciclos nordestinos justapostos: os movimentos messiânicos populares (o beatismo), o ciclo do cangaço e o coronelismo. Três formas distintas de poderes paralelos, que combinam crime e crença, desafiando costumes e leis. Ao escolher seus personagens: o vaqueiro Manuel, o beato Sebastião, o cangaceiro Corisco e Antonio das Mortes, matador de aluguel, Glauber cria tipos-sínteses que concentram nas suas ações e no seu *pathos*, etapas inteiras da moderna história nordestina. Os personagens têm características de figuras históricas e reais facilmente identificáveis[3] e ao mesmo tempo ganham o estatuto de figuras lendárias e míticas, personagens de uma fábula popular sertaneja, como nos cordéis. História, mito e fábula se combinam numa narrativa híbrida.

Glauber parte da História e do realismo, mas os transcende transformando o sertão num território mítico e metafísico. Como na literatura de Guimarães Rosa, em Glauber "o sertão é o mundo", um lugar de utopias possíveis e de transformações radicais, um lugar "fora do tempo" e ao mesmo atravessado pelas lutas do presente.

É essa articulação entre mito e política, entre mito e o atual vivido, entre uma narrativa ao mesmo tempo patética (no sentido eisens-

---

[3] O beato Sebastião é inspirado em Antonio Conselheiro, líder religioso da comunidade de Canudos, destruída em 1897, pelo exército brasileiro e em outros "santos" populares, como o beato Lourenço do Caldeirão e o Padre Cícero, considerados milagreiros.

teiniano) e crítica, épica e didática, que faz do filme uma obra excepcional, capaz de rivalizar com um estudo sociológico, sem abandonar as preocupações de ordem estética e expressivas.

O filme se estrutura a partir da história do vaqueiro Manuel e sua mulher Rosa, dois personagens comuns que atravessam três ritos de iniciação e provação, três fases muito bem delimitadas pela narrativa e que sintetizam três ciclos fundamentais da história do Nordeste, elementos históricos que serão descontruídos e reelaborados na construção de uma nova mitologia.

O filme situa-se no num território simultaneamente atual e atemporal. No início, descreve um Nordeste perfeitamente contemporâneo, marcado pelo "coronelismo", onde o vaqueiro Manuel mata o patrão (latifundiário dono de grande quantidade de terras e gado) depois de ser enganado e humilhado por ele. Como vingança, tem sua casa invadida e sua mãe assassinada. As relações desiguais de trabalho, a economia de subsistência do sertanejo, o pequeno comércio das feiras são apresentados ao espectador de forma sintética, numa narrativa crua e de cortes secos, onde a história é ao mesmo tempo contada e cantada, pelo personagem do cantador cego que testemunha a história e faz circular o mito.

Num cenário de imobilidade, onde se repetem ações e hábitos, acontece a primeira ruptura e inversão do filme. O primeiro gesto de revolta e descontentamento individual do personagem, cuja saída é o crime e a justiça feita pelas próprias mãos. Tema — do personagem proscrito depois de um ato de rebeldia individual — que marca o próprio *western* americano.

A diferença é que Glauber dá um sentido político a essa revolta, cujo horizonte, no filme, é uma transformação radical: uma revolução coletiva, em gestação. Ao contrário do *western*, a violência não é um "dado", uma "natureza", mas sintoma de uma mudança mais ampla, que Glauber iria tematizar e explicitar no seu manifesto "Eztetyka da Fome".[4]

Tudo nessas primeiras seqüências remete à dureza e crueza da vida no sertão, numa espécie de prólogo explicativo que descreve a terra, cenário de lutas imemoriais e atuais, e o homem que sobrevive naquele inferno. As imagens se alongam num movimento de repetição e exasperação, imagens descritivas como a seqüência inicial da vastidão da terra queimada pelo sol, que apresenta esse teatro natural que será

---

[4] Rocha, 1981: 28-33.

transformado por Glauber num tablado brechtiano. Contrastando com a paisagem vasta, o primeiro plano de uma cabeça de boi morto e o vaqueiro solitário que monta seu cavalo.

Já nessas primeiras seqüências, Glauber pontua a estética realista e quase documental — marcada pelo som monótono e repetitivo do trabalho de fazer farinha e pelo rosto grandioso e indiferente de Rosa na lida — com uma visão lúdica: a do grupo de beatos que canta e reza seguindo o santo Sebastião, empunhando estandartes pela paisagem desolada, como numa aparição mágica.

A câmera oscila entre a descrição indiferente e a expressão subjetiva da visão do vaqueiro Manuel, que ronda o grupo de beatos, fascinado: "Eu vi!", diz a Rosa, ao chegar em casa. Toda a seqüência inicial, se dá nesse silencioso monólogo, onde Manuel fabula sozinho e tece um futuro melhor para o casal, depois da visão do santo: "Pode vir um milagre!"

A fala é pontuada pelo rosto descrente, indiferente e exaurido de Rosa. Nesse prólogo explicativo, Glauber comenta e narra a história pela voz de um cantador, no estilo dos cantadores populares do nordeste e da literatura de cordel. Uma música que faz avançar a narrativa, que antecipa e comenta a história, como nas baladas dos *westerns* e funciona ainda como lugar da construção do mito. A música antecede, deflagra e comenta a ação.

O segundo movimento do filme se dá, com a transformação do vaqueiro em beato, buscando expiação para o crime que cometeu: "Foi a mão de Deus me chamando pelo caminho da desgraça. Agora não tem outro jeito senão pedir ajuda para o beato Sebastião. Vambora logo, não tem nada para levar a não ser nosso destino".

Glauber se afasta do realismo inicial, para criar uma visão grandiloqüente do transe místico. Inspirado nas descrições de Euclides da Cunha em *Os sertões*, sobre a comunidade religiosa de Canudos fundada por Antonio Conselheiro e dizimada pelo exército brasileiro, o diretor recria, de forma original, a gênese dos líderes religiosos populares nordestinos que constroem comunidades religiosas poderosas, ameaçando a hegemonia da Igreja e dos poderes estabelecidos. Na expressão de Benedict Anderson, tratam-se de "comunidades imaginadas" que rivalizam com a Nação e com o Estado que os abandonou, acenando com um novo "reino" de justiça e fartura.[5]

---

[5] Para o conceito de "comunidade imaginada", ver Anderson 1989.

Da revolta individual que leva ao crime, Manuel chega a uma outra saída da miséria: pelo misticismo, de vaqueiro torna-se a beato. Toda o segundo movimento do filme é uma imersão no transe, no messianismo, na utopia religiosa e nas tecnologias de adestramento do corpo e da alma. Humilhação, martírio, exaltação da dor e do sofrimento, penitências e expiações redentoras são o caminho que levam a Terra Prometida, descrita pelo beato Sebastião, como uma espécie de sertão exuberante:

> Do lado de lá deste Monte Santo existe uma terra onde tudo é verde, os cavalos comendo as flor e os meninos bebendo leite nas águas do rio. (...) Tem água e comida, tem a fartura do céu e todo dia quando o sol nasce aparece Jesus Cristo e a Virgem Maria, São Jorge e o meu santo Sebastião todo cravado de flecha no peito.

A ascensão e iniciação de Manuel se dá à medida que percorre o caminho do Monte Santo, uma escalada penosa, trilha de penitentes, que tornou-se uma espécie de Via Sacra natural e monumental, até hoje percorrida por fiéis no sertão nordestino.

O filme constrói através da música, do espaço monumental e lúdico da serra e do monte, do som do vento e da voz do Santo Sebastião, um clima de exaltação crescente que chega a histeria, a comoção e a exasperação. "Entrego minha força ao meu santo para libertar o meu povo!", grita Manuel. Em algumas seqüências os cantos de louvor, misturam-se ao som de balas. Armas e terço, cruz e fuzil, transformam os beatos no braço armado do Santo: "Jesus mandou um anjo guerreiro com sua lança para cortar a cabeça dos inimigos".

A religião é mostrada como lugar de apaziguamento, conformismo, humilhação, mas também como um teatro da violência, da exaltação e do êxtase. Nessas seqüências a montagem rompe com o realismo buscando um efeito final de violência e *pathos*. Violência visual e sonora criada pela movimentação da câmera inquieta que ronda, persegue e circunda os personagens.

A violência é tratada de diferentes formas que se opõem e completam, criando um ritmo de distensão e exasperação que marca o filme. Violência experimentada por alongamento e exaustão do tempo, como na seqüência da penitência de Manuel carregando de forma penosa e lenta, exasperante, uma imensa pedra na cabeça, enquanto é fustigado pelo chicote do beato.

Violência representada de forma ritual e hierática, como na seqüência, com som ambiente, em que o Santo sacrifica uma criança oferecida por Manuel. Planos fixos e imóveis, que contemplam impotentes a cena. Indiferença narrativa que leva a uma explosão de ódio e revolta de Rosa, que acaba apunhalando e matando o Santo Sebastião. Segundo crime libertador que tira Manuel e Rosa da influência do Santo.

O outro modo de violência que marca o filme é o transe da câmera na mão, girando entre os personagens. Glauber faz do transe um momento privilegiado do seu cinema. Seqüências de exaltação mística do povo em Monte Santo, enquanto ouve-se as profecias do beato; seqüências de delírio e dor da personagem Rosa que tenta libertar o marido Manuel da influência do Santo Sebastião; e finalmente as cenas de massacre e horror desse mesmo povo, dizimado pelo personagem de Antonio das Mortes.

Fazer entrar em transe ou em crise seria a primeira figura do pensamento e do cinema de Glauber. O transe é transição, passagem, devir e possessão. Para entrar em crise ou em transe é preciso se deixar atravessar, ou ser possuído por um outro. O transe dos personagens é "apresentado" e experimentado pela câmera na mão e pela montagem sincopada e rítmica.

Glauber faz do transe uma forma de experimentação e conhecimento. Entrar em transe é entrar em fase com um objeto ou situação, é conhecer de dentro. E é essa crise e transe da Terra, do homem e das formações sociais que acompanhamos em *Deus e o Diabo*, onde as imagens não representam o transe, mas entram em "transe" ou "em fase" com os personagens, cenários, objetos e com o espectador, formando, em muitas seqüências, um só fluxo.

O transe e a possessão também vão marcar o personagem de Corisco, o cangaceiro "de duas cabeças" — uma para matar e outra para pensar —, que marca o terceiro momento do filme: a conversão do vaqueiro e depois beato Manuel em cangaceiro. Órfão do Deus Negro, o Santo Sebastião, cujos fiéis são dizimados por Antonio das Mortes, enxerga no Diabo Louro, Corisco, uma nova força de comando e liderança, um novo mito que dá sentido a vida explodida do camponês. Tanto o Santo quanto Corisco surgem no cinema de Glauber como "rebeldes primitivos", revolta que também marca o personagem do matador de aluguel, Antonio das Mortes.

O Santo, o cangaceiro e o matador são em *Deus e o Diabo* os nossos rebeldes primitivos, portadores de uma ira revolucionária difusa, emissários da cólera da Terra e do homem. Glauber parte de todo o imaginário euclidiano de *Os sertões*, onde a violência, a ferocidade, a fome e a revolta são atributos ou condições do homem e da Terra e procede uma transmutação de tal forma que toda violência da terra, do meio, da religião, do cangaço, do povo massacrado, toda rebeldia (o crime, o misticismo, o cangaço) será o embrião de uma ira revolucionária. Glauber procura dar um sentido político, ético e estético para essa rebeldia.

É dessa forma que transforma beatos, vaqueiros, matadores de aluguel em agentes da Revolução. Para Glauber, "somente pela violência e pelo horror, o colonizador pode compreender a força da cultura que explora", escreve em "A Eztetyka da Fome" (31-2). A violência não é um simples sintoma, é um desejo de transformação, é "a mais nobre manifestação cultural da fome" (Idem 31). O marxismo de Glauber tem algo de sádico e histérico. Para explodir, a revolução tem que ser precedida por um crime ou massacre.

O beato Sebastião impingindo penitências e castigos aos fiéis, o cangaceiro Corisco matando no fuzil "para não deixar pobre morrer de fome". Antônio das Mortes matando beatos e cangaceiros em nome de uma Revolução que virá: "uma guerra maior nesse sertão (...) Uma guerra grande, sem a cegueira de Deus nem do Diabo", diz ao justificar porque mata de forma indiferente mistificadores religiosos e cangaceiros, santos e "demônios". Figuras de um passado que deve desaparecer para sempre, assim como ele próprio, Antonio das Mortes. Santo, cangaceiro, matador são esses rebeldes primitivos, forças desestabilizadoras na sua cegueira, profetas e anunciadores dessa "guerra maior" que virá.

Glauber subverte o evangelho cristão, combina cristianismo, messianismo, sebastianismo e marxismo, numa incrível torção política que se apropria de simbologias e mitos imemoriais na construção de uma mitologia pré-revolucionária. O personagem de Corisco, belo, violento, amoral, anárquico, uma força desestabilizadora que vem para "desarrumar o arrumado", funciona como um personagem síntese desse devir revolucionário. Quando Manuel vê Corisco, cai de joelhos, extasiado com a figura do cangaceiro: "É o meu São Jorge" (o santo guerreiro da mitologia cristã). Corisco acolhe e batiza Manuel, dando-lhe um novo nome: Satanás. Religião ou cangaço lidam com as mesmas forças de aglutinação e pertencimento que dão sentido ao grupo, reino, bando ou nação.

Corisco é um personagem ele mesmo místico, mas de um misticismo híbrido e sincrético que mistura práticas de diferentes religiões:

batismo, exorcismo, possessão, fechamento do corpo. Cristianismo, beatismo e candomblé fazem parte de sua experiência religiosa, mas Corisco proclama o poder das armas, dos rifles e da força, como instrumentos de transformação, no lugar de rezas e o rosários.

A entrada de Manuel e Rosa no bando de Corisco constituirá um novo rito de iniciação e provação, onde a idéia de rebeldia e anarquia traz consigo uma sexualidade desprovida de tabus e proibições que envolve e une Corisco, Dadá, Manuel e Rosa. Em três seqüências essa sexualidade livre se expressa: no encontro de Rosa e Dadá, carregado de sensualidade e admiração, onde as mulheres se desejam e se tocam. Na cena em que Rosa se entrega a Corisco, sucumbindo ela também ao encanto do Diabo Louro. E quando o bando de Corisco invade uma fazenda e monta um teatro de orgia e crueldade, onde se mata e se estupra.

De forma quase simétrica às provações impingidas pelo Santo Sebastião, Manuel também será humilhado e fustigado por Corisco até "converter-se" ao cangaço, depois de duvidar dos métodos sanguinários do cangaceiro. Manuel, levado pela mão de Corisco, comete novo crime, filiando-se pelo sangue e pelo sacrifício de um inocente ao cangaço, como fizera, ao filiar-se ao Santo Sebastião, pelo sacrifício de uma criança. Misticismo e cangaço se igualam, propondo um mundo com sua ética e regras próprias, para além do bem e do mal, que dá sentido a vida de deserdados e proscritos.

As seqüências de apresentação do bando de Corisco são marcadas por um uso extraordinário dos planos-seqüências e da movimentação dos atores, que se deslocam num tablado natural: o sertão branco e infinito, paisagem quase abstrata que valoriza os gestos e os deslocamentos no espaço. A câmera na mão traça longos planos-seqüências, acompanhando o vai e vem dos personagens: movimentos de hesitação, de oscilação, de inquietação, que caracterizam todo o "teatro" em torno de Corisco.

O anti-naturalismo da interpretação, o caráter quase operístico da apresentação de Corisco, que rodopia, salta, gira, de forma admirável e estonteante, alia-se ao efeito da interpretação brecthiana de Othon Bastos e a montagem eisensteiniana de Glauber, que confere ao personagem um caráter épico e monumental. Como na seqüência em que Corisco incorpora Lampião e trava um diálogo com ele, alternando as vozes e gestos de um e outro, transformando-se num "cangaceiro de duas cabeças" num mesmo corpo. Posse e possessão que ressuscita os mortos: "Virgulino [Lampião] acabou na carne, mas no espirito está vivo aqui em mim", diz Corisco. A possessão é realizada num efeito de montagem e interpretação antológicos.

O ciclo do misticismo e do cangaço se fecham pelas mãos do mesmo agente: Antonio das Mortes, o matador de aluguel, apresentado pela canção que descreve um homem sem deus e sem lei: "rezando em dez igrejas, sem santo padroeiro, Antonio das Mortes, matador de cangaceiro".

O personagem de Antônio das Mortes é construído como uma figura paradoxal, instância crítica e consciente de seus atos que serve a Igreja e aos coronéis no extermínio dos fanáticos religiosos e cangaceiros que perturbam os bons negócios dos padres e fazendeiros. Antonio das Mortes mata por convicção de que misticismo e cangaço são forças do passado que devem desaparecer, como ele mesmo, em nome de uma transformação radical. Mistura de cavaleiro solitário, mercenário, justiceiro, capanga, Zorro, de capa preta, chapéu e rifle na mão, ele está totalmente no terreno da lenda. É um personagem de *western* e ao mesmo tempo é uma espécie de matador politizado, que mata os fanáticos do Santo e no final, o próprio Corisco, num duelo estilizado que termina com o grito do cangaceiro exortando à luta: "Mais fortes são os poderes do povo!"

Afastando-se da solução "conciliatória" ou paternalista na representação das relações de poder entre Igreja, fazendeiros, cangaceiros, místicos e o povo miserável, Glauber Rocha propõe uma pedagogia da violência e da revolta em estado puro. Em *Deus e O Diabo*, não existe o personagem do intelectual como legítimo representante ou mediador do povo, nem o discurso da exaltação ou "vitimização" desse povo, comum nos anos 60.

No filme o povo é chicoteado, humilhado, fuzilado, massacrado em diferentes níveis. Ao invés de condenar "moralmente" a violência e exploração desse povo, Glauber representa essa violência com tal radicalidade e força que ela passa a ser um intolerável para o espectador. Glauber também aponta novos agentes e intermediários nesse processo de mudança (o cangeiro, o beato, o mercenário) que destituem o intelectual do seu lugar privilegiado como agente de transformação.

Ao final de tantas provações e humilhações, Manuel e Rosa, libertos de Deus e do Diabo, do misticismo e do cangaço, assumem esse lugar de um povo por vir, um povo a se inventar, um casal mítico, que corre numa desesperada corrida pelo sertão, em longos e magníficos planos-seqüências que acabam, no final do filme, realizando, cinematograficamente, a profecia do Santo Sebastião de que "o sertão vai virar mar e o mar vai virar sertão", adotando o próprio filme uma visão messiânica ou mítica. Ao justapor, ao final da seqüência em que Rosa e Manuel correm sem rumo, a imagem do mar grandioso que tudo cobre.

Utopia cinematográfica de transformação, ao som do narrador cego que canta: "Tá contada minha história, verdade e imaginação. Espero que o senhor tenha tirado uma lição. Assim mal dividido esse mundo anda errado, que a terra é do homem, não é de Deus nem do Diabo". Para logo depois, mudar de registro e passar do popular ao erudito, invadindo o sertão do cordel com o mar e a sinfonia, a música de Villa-Lobos que fecha o filme.

Com *Deus e o Diabo*, Glauber constrói uma narrativa que expressa sua infinita crença na transformação e no devir, nas forças desestabilizadoras, sejam elas impuras, ambíguas ou frágeis (o místico, o cangaceiro, o miserável, o matador). Também traz uma nova compreensão de movimentos como o misticismo e o cangaço, encarados não como "obscurantismo" e "alienação", mas como expressões de descontentamento, rebeldia capaz de constituir comunidades poderosas. O filme sublinha essa força de aglutinação e unificação da religião, assim como a violência desetabilizadora do cangaço, violência pode servir a qualquer ideologia, inclusive à Revolução. Glauber persegue essa rebeldia em estado puro, espécie de "intolerável" de onde pode surgir um devir revolucionário.

Busca construir assim uma nova mitologia nacional, "às margens da nação" e inverter um "povo", chamando atenção para as diferentes formas de identidade e pertencimento, criada pela experiência mística, pelas comunidades, bandos e grupos de deserdados e proscritos da nação. Nessa construção de "comunidades imaginadas" as mais diversas, Glauber acredita que o próprio cinema ou "um conjunto de filmes em evolução poderia dar, por fim, ao público, a consciência de sua própria existência" ("Eztetyka da Fome" 33).

Bibliografia

Anderson, Benedict. *Nação e consciência nacional*. Trad. Lólio Lourenço de Oliveira. São Paulo: Ática, 1989.
Deleuze, Gilles. *Cinema 2 — A Imagem-Tempo*. Trad. Stella Senra. São Paulo: Ed. Brasiliense, 1989.

Bentes, Ivana (organização e introdução). *Cartas ao mundo. Glauber Rocha*. São Paulo: Companhia das Letras, 1997.

_____. *Teoria e biografia na obra de Glauber Rocha*. Dissertação de Doutorado, apresentada no Curso de Pós-Graduação da Escola de Comunicação da UFRJ, 1997.

Bernadet, Jean-Claude. *Brasil em tempo de cinema*. Rio de Janeiro: Civilização Brasileira, 1967.

Rocha, Glauber e outros. *Deus e o Diabo na Terra do Sol*. Rio de Janeiro: Civilização Brasileira, 1965.

_____. "Eztetyka da Fome". *A revolução do Cinema Novo*. Rio de Janeiro: Alhambra/Embrafilme, 1981. 28-33.

_____. *Roteiros do Terceyro Mundo*. Orlando Senna (org.). Rio de Janeiro: Embrafilme/Alhambra, 1985.

_____. *Revisão crítica do cinema brasileiro*. Rio de Janeiro: Civilização Brasileira, 1963

Xavier, Ismail. *Sertão Mar: Glauber Rocha e a estética da fome*. São Paulo: Editora Brasiliense, 1983.

A REDENÇÃO PELO EXCESSO DE PECADO

José Carlos Avellar[1]

No fundo da imagem, o marido morto sobre a cama — o corpo, já preparado para o enterro, velado pelo filho que se debruça choroso sobre o rosto do pai. Em primeiro plano, a viúva ri gostosamente com a boca de poucos dentes escancarada numa barulhenta gargalhada. Lá atrás, o velho morto e, ao lado dele, o filho preocupado em afastar as moscas que voam sobre a cara do defunto e ameaçam entrar pela boca entreaberta. Aqui na frente, a velha, boca desdentada muito pintada, roupa de cores bem vivas, satisfeita porque o velho morreu antes dela e ela está solta para gozar a vida.

Na frente da imagem, num pequeno lance de escadas que leva até a porta de entrada de uma casa, um cachorro vira-lata deitado no último degrau. No fundo da imagem, um pedaço de rua e um homem que caminha a passos lentos na direção da casa. Tudo está meio parado: o cachorro, de tão encolhido parece um pedaço da escada; o homem, Nelsinho, na rua vazia, caminha tão lentamente que parece nem sair do lugar. De repente, movimento brusco: depois de subir a escada com o mesmo passo parado de até então, e antes de entrar em casa, o homem dá um violento chute no cachorro.

Estas duas imagens — o riso da velha Amália e o chute de Nelsinho no cachorro — comentam não só a violência política do momento em que *Guerra conjugal* foi realizado, a ditadura militar que se instalara

---

[1] Crítico de cinema. Entre outros, autor de *O cinema dilacerado* (Rio de Janeiro: Alhambra, 1986); *A ponte clandestina: Birri, Glauber, Solanas, Garcia Espinosa, Sanjines, Alea: Teorias de cinema na América Latina* (São Paulo: EdUSP/Editora 34, 1995); *Deus e o Diabo na Terra do Sol: A linha reta, o melaço de cana e o retrato do artista quando jovem* (Rio de Janeiro: Rocco, 1995).

em 1964 e se tornara mais dura a partir de dezembro de 1968 com o Ato Institucional número 5. Elas se referem, também, a uma certa característica da sociedade brasileira, a um certo jeito de ser violento de bons modos. Amália ri divertidamente, como uma boca banguela qualquer poderia se escancarar por um instante, na intimidade, às escondidas, riso aberto para dentro, ao antever uma qualquer alegria que ainda não está ali. Nelsinho chuta indiferente, sem raiva, de modo mecânico quase, como uma pessoa qualquer, com futebol na cabeça, poderia brincar de chutar um traste qualquer na rua como quem bate um pênalti. São gestos interiores. Não se exibem para ninguém, não se mostram nem para o espelho. O filho, preocupado com as moscas em volta da cara do pai, não vê o riso aberto da mãe; na rua deserta ninguém vê Nelsinho chutar o cachorro. São agressões dirigidas contra coisa nenhuma, ou contra todas as coisas, contra a existência de um modo geral. Amália ri do velho morto com indiferença; ri porque já pode deixar de sentir a raiva que sentia quando ele estava vivo; não terá mais de dizer que sente nojo quando, na mesa, ele chupa a colher como se estivesse tomando a última sopa de sua vida; nem terá de ouvir Joãozinho segredar o último desejo para o filho, apontando para a velha mulher: "quando eu morrer, no meu enterro, não deixe ela me beijar". Nelsinho chuta o cachorro quase só para mover o pé; ginástica, alongamento, exercício, esporte, futebol com cachorro na falta de uma bola. A namorada tenta agradá-lo com um beijo carinhoso e Nelsinho reclama do gosto ruim do beijo: "Você continua com a mania de bala de hortelã". Ele acha horrível o vestido que a namorada está usando, ela se propõe a trocá-lo mas Nelsinho protesta de novo: "Não vale a pena, tanto faz". Não há violência, só indiferença. Ou melhor, como o que existe é só indiferença, tudo aqui é violência.

A tortura contra os presos políticos nas prisões, ao que parece, começava até a diminuir quando *Guerra conjugal* chegou aos cinemas. A brutalidade do Estado se disciplinava. E o filme retrata exatamente isto, a violência incorporada ao cotidiano: gesto comum, demonstração de boas maneiras, linguagem erudita através da qual as pessoas se entendem. Não se agride mais com expressão de raiva e mão aberta estalando na cara. Em lugar de uma bofetada, um beijo interrompido: retira-se a boca no meio do beijo com cara de nojo. *Guerra conjugal*, como uma espécie de reportagem transfigurada, retrata o que o país vivia então: mostra não o que mas o porque; retira o que acontece de sua aparente localização num ponto particular no espaço e no tempo para compreender o que se passa como parte integrante de uma tradição, digamos assim, antropofágica. Retoma-se o berro de *Macunaíma* ao chegar à cidade grande com os irmãos Jiguê e Maanape: "agora é cada um por si e Deus contra todos". O berro, aqui, é berrado em imagens com "uma concentração exacerbada para destacar os elementos, ultrapassar uma convenção realista e chegar a uma expressão fundamental, reveladora da essência das coisas"(*Jornal do Brasil*, 5/6/1974, 2). O que Joaquim Pedro disse em 1969, ao apresentar *Macunaíma*, pode ser repetido como apresentação de *Guerra conjugal*, realizado em 1974. Num processo antropofágico, o Brasil devora os brasileiros.

> De fato, em nossa sociedade os homens se devoram uns aos outros. Todo consumo é redutível em última análise ao canibalismo. As relações de trabalho, como as relações entre as pessoas, as relações sociais, políticas e econômicas, são ainda basicamente antropofágicas. Enfim, quem pode come o outro, por interposto produto ou diretamente, como nas relações sexuais. A antropofagia se institucionaliza e se disfarça. Baseado em lendas indígenas, *Macunaíma* é a história de um brasileiro que foi comido pelo Brasil. As lendas contêm uma mesma verdade, e o gigante comedor de homens, por exemplo, é um típico industrial brasileiro. Mais numerosamente, enquanto isso, o Brasil devora os brasileiros. (Apud Holanda 114)

O Brasil comemorava o sesquicentenário de sua Independência, em 1972, quando Joaquim Pedro filmou *Os inconfidentes*, filme que transfere para outro contexto, para um tom mais amargo, a conversa iniciada em *Macunaíma* e antecipa a que explodiria em seguida em *Guerra conjugal*. Este entrelaçamento entre um filme e outro não se faz ao acaso. Joaquim, como ele mesmo disse numa entrevista para a crítica alemã Ute Hermanns, em 1988, procura estabelecer um diálogo entre um e outro de seus filmes. Esta relação "pode ser, às vezes, feita de contradições — um filme mais recente pode contrariar um anterior pelos princípios aplicados na montagem, pela direção, pela decupagem, pelos valores éticos, políticos etc.", mas a conversa existe sempre. Um filme responde e questiona o outro assim como dentro de um mesmo filme dois planos conversam entre si, mais ou menos assim como em *Os inconfidentes* se relacionam os dois planos que narram o enforcamento de Tiradentes: um corte direto e abrupto desloca a ação do tempo em que Tiradentes viveu para aquele em que o espectador se encontra. Estamos no final de *Os inconfidentes*. Tiradentes vai ser enforcado em

Ouro Preto. No exato instante em que seu corpo pende no ar, no alto da forca, a imagem salta para os estudantes que, naquela mesma cidade de Ouro Preto, tempo presente, tempo em que o filme foi realizado, tempo em que o espectador vê o filme, festejam a rebelião que em 1779 tentou tornar o Brasil independente. A ligação entre as duas imagens é direta. Vemos Tiradentes na forca e no plano seguinte os colegiais aplaudem. O especial na montagem destes dois planos é que o espectador (levado pela posição da câmera numa e noutra imagem) vive a sensação de se encontrar no ponto de vista do enforcado (a câmera vê os estudantes de cima, como se estivesse pendurada na forca sobre a praça) e vê jovens de hoje aplaudirem o enforcamento de Tiradentes. Primeiro, a câmera vê a forca como se estivesse no chão, na praça, no lugar dos estudantes; depois vê os estudantes que aplaudem como se estivesse na forca, no lugar de Tiradentes. Saímos do passado para o presente, da coisa encenada para a informação jornalística, da violência da história para uma festa. A ironia imediatamente percebida no desenho da imagem é acentuada pelo som, os aplausos e logo a música – *Aquarela do Brasil*, de Ari Barroso, em arranjo de Tom Jobim que nada tem a ver com o tom grandiloqüente e solene como o de um hino nacional das primeiras gravações; bem ao contrário, soa com um jeito carnavalesco e brincalhão. *Os inconfidentes* se apresenta ao espectador como uma indagação, como imagem para ser lida em dois níveis. Fala de uma tentativa frustrada de libertar o país (no instante em que o poder festejava os 150 anos de independência) para perguntar se estávamos mesmo independentes; para perguntar se a história estaria se repetindo; para perguntar se estávamos todos (os que sonhávamos com o país livre) vivendo numa prisão.

Para comemorar a independência, um filme que se passa quase inteiro dentro de uma prisão e fala de um brasileiro comido pelo Brasil: Tiradentes. "Toda a história da conspiração está vista a partir da cadeia — disse Joaquim na época do lançamento — o que corresponde aliás ao ponto de vista dos documentos que existem sobre a Inconfidência. Foi a partir daí que passamos a tratar com mais interesse da conspiração que não chegou jamais à ação, que ficou apenas em reuniões, conversas e discussões".

"Um filme sobre a transformação do país — acrescentou Joaquim na citada entrevista a Ute Hermanns em 1988 —, mas a transformação ainda num nível de sonho e não de uma prática revolucionária real, prestes a se declarar como movimento armado".

Um filme histórico. Mais exatamente um diálogo com a história, assim como diretamente expresso no salto de Tiradentes na forca para os estudantes na praça. Tratava-se de mostrar como, nesse processo de sonhar a transformação,

> (...) estas pessoas são surpreendidas pela repressão policial, que atua com muita dureza e crueldade. Queria a partir daí examinar o problema das pessoas que, para salvar a pele, para adiar a morte, renegam todos os ideais em que acreditavam até então. Na Inconfidência Mineira tudo isso aconteceu, embora num plano mais do desejo do que da prática, no final do século dezoito. A minha experiência de ação política tinha muito a ver com tudo isso: as pessoas trabalhando num estágio de sonho, de utopia, e de repente (...) a repressão terrível. Esse problema se colocou para muitos de nós: como resistir, como enfrentar a repressão. Isso é o que está no filme. Mas como naquele tempo não se podia tratar de questões políticas brasileiras de forma direta — a censura não permitia — eu me escudei em fatos históricos. Tudo no filme tem defesa histórica. Um documento histórico diz como tal coisa aconteceu. Basicamente o filme indagava se vale a pena renegar completamente seus ideais, delatar os amigos e companheiros, comportar-se indignamente, só para ganhar mais algum tempo de vida.

Para comemorar a independência, a prisão. Na prisão, um anti-herói que sonhou mais alto. "Acho que quando a gente faz do anti-herói a figura principal de um filme estamos de fato demonstrando como é que deveria ser o herói".

Um exemplo do sonho sonhado mais alto: Tiradentes e Maciel caminham a passo lento e a câmera caminha com eles. Aparecem filmados de perfil, de corpo inteiro na tela. Conversam durante a caminhada sobre as riquezas naturais do país. Lentamente a câmera se aproxima dos dois até enquadrar apenas o rosto de Tiradentes, ainda de perfil. Tiradentes pára, baixa a cabeça, tira o chapéu, volta o rosto para a câmera e diz que os Governadores "não têm o menor interesse no progresso do Brasil". que pelo contrário, querem "manter o povo pobre e ignorante" para "roubar com mais tranqüilidade".

Quando a frase vai chegando ao fim a câmera se desvia para Maciel, que caminha adiante e responde à observação de Tiradentes dizendo que "na Europa, as pessoas se admiram do Brasil não ter seguido até agora o exemplo da América do Norte e mandado Portugal às favas, como eles fizeram com a Inglaterra".

Um corte nos coloca de novo diante de Tiradentes. Ele volta a olhar para a câmera, mas desta vez seu olhar vai mais fundo, direto para o espectador. Sua voz tem um outro tom, sussurrado. Ele fala como quem cochicha, como quem diz um segredo, como quem pensa em voz alta: "Foi então que me ocorreu a independência que esse país poderia ter, e eu comecei a desejá-la primeiro e depois a cuidar de como se poderia chegar a ela"

Esta cena em que os personagens conversam um com o outro e, quase ao mesmo tempo, diretamente com o espectador, com outra impostação de voz e outro tempo dramático, esta cena é um bom exemplo da estrutura narrativa do filme. E, digamos assim, uma outra reportagem transfigurada para retratar o que país vivia então (a repressão a um sonho popular semelhante ao que ocorreu a Tiradentes) com imagens do que se vivera no país 150 anos antes. Com diálogos extraídos dos "Autos da Devassa", e dos poemas dos inconfidentes Cláudio Manuel da Costa, Tomás Antônio Gonzaga, Alvarenga Peixoto (e também de poemas de Cecília Meireles), o filme se baseia na palavra. Procura montar o texto com liberdade igual àquela com que no cinema as imagens são associadas entre si. E montar as imagens com liberdade igual à que num poema se associam as palavras. Deste modo, numa só imagem, sem que exista um corte a separar os dois trechos da fala, Tiradentes aparece inicialmente no tempo e espaço da inconfidência, na realidade/outra do filme, e logo depois numa dimensão intermediária: meio na cena, meio na ficção, meio fora dela, quase como se tivesse saído do filme para a sala de projeção, ou como se o espectador tivesse saído da sala para dentro filme, conversando diretamente com o espectador e só com ele.

A imagem como texto, o texto como imagem. Outro exemplo: Sala de interrogatórios. Alvarenga diante do inquisidor descreve um encontro com o coronel Francisco de Paula. A cena é vista como se estivéssemos quase no mesmo ponto de vista do inquisidor. O rosto de Alvarenga ocupa metade da tela. Na outra metade, bem mais afastado no plano, no fundo do quadro, o coronel Francisco de Paula, ainda com a farda, satisfeito, arrogante, a pose de mando de antes da prisão. Alvarenga fala sem mover o rosto, sem olhar para trás, com os olhos na câmera — ou no inquisidor, ou no espectador — mas a um só tempo ele descreve para o inquisidor seu encontro com o coronel Francisco de Paula e conversa com ele, uma vez que todas as observações feitas pelo coronel durante o encontro são ditas por ele mesmo, coronel Francisco de Paula, que está ali, visível na cena, lá atrás, lembrança tornada presente e viva, passado visível que fala no presente, e enquanto fala caminha, avança lá do fundo para o primeiro plano.

Esta reunião de duas ações (que se passaram em locais e momentos diferentes) num mesmo plano, é um bom exemplo da importância da elaboração da imagem neste filme tão apoiado nas palavras. O personagem na prisão dialoga com o outro, solto, no passado. Alvarenga, ar abatido, cabelos em desalinho, rosto sulcado, roupa suja conversa com o coronel Francisco de Paula antes da prisão, limpo bem vestido, otimista. Dois diferentes tempos num só, dois diferentes espaços num só, dois diferentes interrogatórios num só. Não estamos simplesmente diante de um homem que responde a um inquisidor, nem simplesmente diante de duas pessoas que dialogam antes de serem presas. As duas ações são apresentadas num só instante. Uma adjetiva a outra. O espectador não se informa apenas pelo ponto de vista de Alvarenga, ou do coronel Francisco de Paula, ou do inquisidor. Ele acompanha a cena de um ponto no espaço e no tempo que lhe dá uma informação de outra natureza, e muito mais ampla, que a dos três personagens envolvidos na ação.

Para falar de uma rebelião pela independência que foi mais sonho que ação, o filme se serve de imagens quase sem ação. Em cena os personagens se movem pouco. Ficam parados, desanimados no espaço estreito da cela. Quem se movimenta de fato, livre e solto, é o personagem invisível que interroga o interrogatório: a câmera. Ela age como quer, age como agimos todos quando estamos numa sala de projeção, diante de um filme. No cinema, o espectador vê e ouve meio dentro meio fora da cena. Vê as imagens como se estivesse numa ponte entre a realidade do filme e a realidade/outra em que ele vive. E fica aí, nesta ponte, porque na tela vale mais o que faz o personagem invisível (a câmera, que vê e analisa, que ouve e pergunta) que as dores sofridas pelos personagens visíveis.

Quando Tiradentes é surrado na prisão, e vira o rosto coberto de sangue, o espectador (especialmente o que pegou o filme ali, no instante em que ele se fez, mas não somente ele), sem sair do espaço e do tempo do filme, pode se voltar imediatamente para seu próprio tempo, para as coisas que através de frases sussurradas e de insinuações nas entrelinhas eram sabidas então. Sofre a cena, a violência da ação, assim como se ela fosse de verdade, e sofre também, e mais, como espectador, a violência da representação. A imagem prende e solta os olhos do espectador porque — como dizê-lo? — Joaquim Pedro fez uma imagem. Nem uma reconstituição do passado nem uma alegoria do presente. A cena não se reduz a uma função utilitária, nem se destina a um só espectador, aquele que viveu o tempo em que o filme foi realizado. É imagem, cena dramática, realidade autônoma e aberta, realidade/outra que não é igual à nossa mas a ela se refere. É imagem crítica, mais reflexão que reflexo. O que aparece de fato na tela não é a aparência mas a estrutura das coisas; ou, repetindo as palavras do realizador, o que aparece na tela é "uma concentração exacerbada para destacar os elementos, ultrapassar uma convenção realista e chegar a uma expressão fundamental".

> O princípio de composição é o mesmo em *Macunaíma*, *Os inconfidentes* e *Guerra conjugal*, o excesso para recuperar o humano: a servidão doméstica, o beijo apodrecido, as varizes, a porta aberta, a arteriosclerose, o barulho da boca, o erotismo de cozinha, a concupiscência senil, os tapas na gorda, o delírio da carne em flor, a cama dentada, o voyeurismo necrófilo, a decoração de interiores, o sexo em dúvida, a bronquite asmática e mesmo o triunfo final da prostituição sobre a velhice indicam, entretanto, a possibilidade de redenção pelo excesso de pecado. (*Jornal do Brasil*, 5/6/1974,2)

E acrescentou Joaquim na já citada entrevista de 1988:

> *Guerra conjugal* é uma critica da civilização terno-e-gravata. Todos os homens estão com o uniforme do ridículo. Todos eles usam terno e gravata. Essa indumentária vai associada a um certo tipo de comportamento moral que é uma guerra danada e muito egoísta. Na verdade um quer derrotar o outro. A união entre eles é uma união provocada pela fraqueza de cada um. Ninguém escapa, a não ser o próprio Nelsinho, porque é o pior de todos, que é o vampiro de Curitiba, como Dalton Trevisan o chamava, e que no fim diz que se redime porque atinge o máximo do pecado. O que é uma velha tese, se não me engano católica-cristã: você atinge a santidade pelo excesso de pecado. Porque tem muito santo que era libertino ou um guerreiro implacável, cruel, e um belo dia — uma iluminação! — ele passa a ser o contrário. O excesso de pecado coloca o indivíduo em contato com a santidade. Esse último filme que eu escrevi, *O imponderável Bento contra o crioulo voador*, é sobre a santidade e a carne, coisas que acho engraçadas. Porque a castidade é uma invenção delirante do espírito para negar o próprio corpo.

O excesso ("O céu é bem mais aborrecido que o inferno. O inferno é muito mais divertido") para recuperar o humano ("A idéia de fazer uma pessoa boa no meio de tanta maldade é engraçada"). Temos aqui uma espécie de princípio de composição que se esboça em *O padre a moça* ("um filme meio obsessivo e fechado"), explode em *Macunaíma* ("um filme que despreza qualquer limite rigoroso no enquadramento") e que depois de *Guerra conjugal* prossegue em *O homem do pau-brasil* e especialmente no talvez mais contundente dos filmes de Joaquim Pedro: *Vereda tropical*, história "educativa e libertária" de uma absoluta impossibilidade de contato humano traduzida na ligação sexual e apaixonada entre um homem e uma melancia. A base do filme é uma dessas imagens que — digamos assim para que a questão salte logo aos olhos — nem precisa ser vista para começar a agir enquanto imagem, enquanto forma que estimula o imaginário. É imagem mais conceito que aparência. É mais o absurdo da situação, um homem que só consegue se relacionar sexualmente com melancias, que a visão direta da situação, mais a sugestão que o imediatamente visível. É mais assombração, o entrevisto, o imaginado sem contornos precisos, que a coisa vista, concreta. O filme joga com este lado absurdo, impreciso e perturbador da visão tratando a aventura com simplicidade e um tom até neo-realista. Nada de fantástico, tudo é muito simples, e alguns detalhes mais do que familiares pontuam esta história nada familiar. Maior excesso de pecado é difícil de imaginar; maior redenção, também; tudo acontece de maneira casta e pura.

Um jovem professor chega em casa de bicicleta, desajeitado, apressado, tiques nervosos no rosto, a boca se mexendo como se fosse dizer alguma coisa mas sem som algum. Pega a melancia que trouxe da feira e corre com ela para o chuveiro e depois do banho, para a cama: um encontro sexual, marcado pelas falas do homem que sussurra seus sentimentos com o rosto colado na casca da amante e tenta adivinhar os sentimentos dela, muda, roliça, verde, coberta de talco e perfume. Um encontro sexual marcado pela voz fanha do homem e pelo olhar ironicamente doce da câmera, que um tanto pudica vê a cena tal como os filmes de bons modos costumam ver as cenas de amor, tratando de educadamente desviar os olhos quando a boa educação assim o sugere. Tudo muito simples, no limite entre algo normal, o professor lava a melancia que trouxe da feira, e algo bem absurdo — ele faz um pequeno corte numa das extremidades da melancia, sai do chuveiro nervoso, apressado, quase deixa a melancia cair, e vai para o quarto comê-la, sexualmente, na cama.

Depois, algumas conversas do professor com uma amiga. Ele confessa sua paixão por melancias enquanto viaja de barca (com livros e cadernos debaixo do braço) entre o Rio de Janeiro e a ilha de Paquetá, onde mora. E ainda, alguns passeios de bicicleta em Paquetá ("lugar tão lindo pra se amar", diz a canção "Luar de Paquetá" cantada por Carlos Galhardo na cena final), alguns passeios do homem e a amiga na feira, ela já convencida da vocação sexual de legumes e frutas, curiosa, examinando a possibilidade de cada um, à procura do amante ideal. "Educativo e libertário", disse Joaquim Pedro, ao apresentar o filme, uma das quatro partes do longa-metragem *Contos eróticos*, realizado em 1977, e durante dois anos proibido pela censura:

> Crônica de uma tara gentil, encontro lírico nas veredas escapistas de Paquetá, imagética, verbalização e exposição vergonhosamente impudica de fantasias eróticas, Vereda tropical contém a denúncia da vocação genital dos legumes, a inteligência das mocinhas em flor, o gosto da vida e a suma poética de Carlos Galhardo. Foi bom de fazer, como eu espero que seja bom de ver: educativo e libertário. (*Vereda tropical*, Press Book)

Um filme curto, um quase nada, uma ampliação reduzida (poderíamos dizer assim?) do universo de *Guerra conjugal*. Começava no país a abertura política e, num recanto bem romântico do país tropical (bem lá onde se deu num certo instante do século passado a história de amor de *A moreninha*, um dos clássicos da literatura romântica no Brasil, a ilha de Paquetá), um jovem professor abre o coração para uma amiga e confessa, com voz fanha e os olhos míopes bem abertos por trás das lentes pesadas de seus óculos, que para ele, mulher de verdade era a melancia. Cinema? De outro jeito a vida não vale a pena. Está na resposta à pergunta feita a um conjunto de realizadores pelo jornal francês *Liberation* em maio de 1985, "Pourquoi filmez vous?" É uma das razões pelas quais Joaquim Pedro fez cinema: de outro jeito a vida não vale a pena. A resposta, inteira, é um texto que funciona como imagem de filme:

> Para chatear os imbecis; para não ser aplaudido depois de seqüências dó de peito; para viver à beira do abismo; para correr o risco de ser desmascarado pelo grande público; para que conhecidos e desconhecidos se deliciem; para que os justos e os bons ganhem algum dinheiro, sobretudo eu mesmo; porque de outro jeito a vida não vale a pena; para ver e mostrar o nunca visto, o bem e o mal, o feio e o bonito; porque vi

Simão do deserto; para insultar os arrogantes e poderosos quando ficam como cachorros dentro d'água no escuro do cinema; para ser lesado em meus direitos autorais. (*Liberation*, Maio 1985)

Joaquim Pedro costumava colar em seus filmes um texto assim, conciso e instigante, que, embora não inserido entre as imagens na tela, fazia parte da projeção, funcionava como um plano que preparava os demais e que era estruturalmente ligado a todos os outros planos do filme. O que ele disse ao jornal francês tornou-se uma imagem inseparável de seu cinema — seis filmes longos, oito filmes curtos e um conjunto de roteiros não filmados, entre eles, *Casa-grande & senzala* e *O imponderável Bento contra o crioulo voador*. Seus escritos são tão deliciosamente provocadores de imagens quanto os filmes que dirigiu. E este aqui, especialmente, feito de imagens, inventivas e críticas, nos deixa a sensação que de outro jeito o cinema não vale a pena.

Filmografia de Joaquim Pedro de Andrade

Longa-metragens

Garrincha, alegria do povo (1963)
O padre e a moça (1966)
Macunaíma (1969)
Os inconfidentes (1972)
Guerra conjugal (1974)
O homem do pau-brasil (1981)

Curta-metragens

O mestre de Apipucos (1959)
O poeta do Castelo (1959)
Couro de gato (1961)
Cinema Novo/ Improvisiert und Zielbewusst (1967)
Brasília: Contradições de uma cidade nova (1967)
A linguagem da persuasão (1970)
Vereda tropical (1977)
O Aleijadinho (1978)

Bibliografia e sugestões de leitura

Amaral, Sérgio Botelho do. "*Guerra conjugal*: Uma batalha de Joaquim Pedro". *Cinema brasileiro*. *Três olhares de Sérgio do Amaral, Marcos da Silva Graça e Sônia Goulart*. Niterói: EdUFF, 1997. 127-77.
Andrade, Joaquim Pedro de. "Entrevista". José Carlos Avellar. *Jornal do Brasil*, 15 de abril de 1972.
_____. "Entrevista". José Carlos Avellar. *Jornal do Brasil*, 6 Maio 1974.
_____. " Porquoi filmez-vous?". *Liberation*, Maio 1985.
_____. *O imperdoável Bento contra o crioulo voador*. São Paulo: Marco Zero, 1990.
Avellar, José Carlos. "O grito desumano". *O cinema dilacerado*. Rio de Janeiro: Alhambra, 1986. 143-57.
_____. *O chão da palavra*: Cinema e literatura no Brasil. São Paulo: Prêmio Editorial, 1994.
Bentes, Ivana. *Joaquim Pedro de Andrade, A revolução intimista*. Rio de Janeiro: Relume Dumará, 1996.
Holanda, Heloísa Buarque de. *Macunaíma, da literatura ao cinema*. Rio de Janeiro: Livraria José Olympio, 1978.
"Joaquim Pedro de Andrade. Intimidade com as coisas do Brasil". Catálogo da Retrospectiva organizada pelo Festival de Brasília de Cinema Brasileiro, 1998.
Johnson, Randal. "Joaquim Pedro: The Poet of Satire". *Cinema Novo X Masters of Contemporary Brazilian Film*. Austin: University of Texas Press, 1984. 13-51.
Monteiro, Ronald F. "O Filme de Nossa Gente". *O Eureka das artes puras*. Cadernos de cinema e crítica 3 (Set. 1993): Edição da Associação de Críticos de Cinema do Rio de Janeiro/ Universidade do Estado do Rio de Janeiro. 34-74.
Pierre, Sylvie. "O Cinema Novo e o modernismo". *Cinemais* 6 (1997): 87:109.
_____. "Joaquim, le majeur et les autres". *Cahiers du Cinema* (Maio 1984).
Stam, Robert. *O espetáculo interrompido: Literatura e cinema de desmistificação*. Rio de Janeiro: Paz e Terra, 1981.
Viany, Alex. *O processo do Cinema Novo*. Rio de Janeiro: Ed. Aeroplano, 1999. 157-72; 257-270.
Xavier, Ismall. "*Macunaíma*: As ilusões da eterna infância". *Alegorias do subdesenvolvimento*. São Paulo: Brasiliense, 1993. 139-58.

BRASIL 2001 E WALTER SALLES:
UM CINEMA PARA A ALDEIA GLOBAL?

Jorge Ruffinelli[1]

> *Alex: "Você não tem nem idéia de onde você está, né? Isso aqui é a ponta da Europa. (Abrindo os braços) Isso aqui é o fim do mundo".*
>
> *(Terra estrangeira)*[2]
>
> *Funcionário: "Isso aqui é o fim do mundo, dona"...*
> *(Central do Brasil)*[3]

O sentimento é romântico; a imagem, simbólica. Em dois momentos diferentes, em dois diferentes filmes do mesmo autor, dois personagens se encontram "no fim do mundo". É mais um sentimento do que uma certeza geográfica; é mais um mito do que uma fronteira real. No primeiro caso, o personagem viajou de São Paulo para uma praia de Portugal. No segundo, do Rio de Janeiro para o "coração" da região mais miserável do Brasil: o sertão. A viagem não importa. Não importa que o viajante vá para o coração do Brasil ou para sua "origem" portuguesa, porque em ambos os casos ele chega no "fim do mundo". E o que encontra além dele? O vazio.

Walter Salles, autor desses dois filmes, referia-se ao período de crise que os brasileiros viveram durante o governo de Fernando Collor.[4]

---

[1] Professor de Literatura Hispano-americana e de cinema Latino-americano da Universidade de Stanford. Entre outros, autor de *Juan Carlos Onetti* (Madrid: Taurus, 1987); *Ángel Rama. La riesgosa navegación del escritor exiliado* (Montevideo: Arca, 1993).
[2] Bernstein, Marcos; Salles, Walter e Thomas, Daniela 67.
[3] Bernstein, Marcos; Carneiro, João Emanuel e Salles, Walter 90.
[4] Ver Salles, "Terra à Vista", *Terra estrangeira*, 5.

O que ocorreu naquele momento foi uma migração desordenada que só poderia levar os viajantes ao "fim do mundo". Salles encontrou a melhor metáfora para a estagnação econômica e para a desolação pessoal daquele período na imagem do navio encalhado perto da praia, assim como na imagem de "órfãos" despatriados perdidos na imensidão da paisagem.[5]

Há outra epifania no filme *Central do Brasil*. Quando Dora e Josué, já no Nordeste, procuram pelo pai do menino, encontram uma multidão de peregrinos que, se tivessem vivido no século anterior, provavelmente teriam sido fiéis seguidores de Antônio Conselheiro. O filme os registra e certifica sua existência. Mas o problema é que a multidão está se dirigindo a algum lugar daquele deserto, não está saindo do Brasil. Está indo reverenciar imagens em um santuário localizado na "terra de ninguém" do Nordeste, está indo para o ponto que contém todo o universo, o *aleph*.

Há alguns anos, perguntei a Gabriel García Márquez: "Por que você acha que os cineastas continuam filmando na América Latina, já que as condições de produção fazem dessa atividade um esforço quase inútil, cheio de riscos e absurdos, sem retorno financeiro visível e imponderável possibilidade de fama?" García Márques pulverizou minha pergunta sinuosa com uma frase simples e irrefutável: "Porque, se não o fizessem, morreriam". Walter Salles respondeu a Carlos Alberto Mattos de modo similar: "Eu percebo que, para o cineasta, contar uma história é uma questão visceral, porque ele não consegue parar de contar histórias".[6] O cinema brasileiro, que havia sido destruído pelo governo Collor, renasceu. Ao invés de morrer, os cineastas mostraram que ainda são consumidos pela paixão por essa arte jovem, capaz de rejuvenescê-los ainda mais, por esse ofício de visionários, mágicos e maravilhosos inventores de realidade.

Nos anos 90, o cinema brasileiro não poderia ignorar as questões étnicas relacionadas aos indígenas brasileiros, mas, por outro lado, já seria capaz de reverter seu olhar ironicamente e analisar o modo como o próprio cinema havia abordado esse "objeto de estudo". Algo equiva-

---

[5] "Como um filme nasce? No caso de *Terra estrangeira*, no início havia apenas uma imagem: a de um casal à deriva, encalhado numa praia deserta como um navio emborcado na areia. Logo depois a imagem materializou-se na capa de um livro de Jean Pierre Favreau. Foi, estranhamente, nesse momento que tivemos a certeza que o filme também existiria". *Terra estrangeira* 5.
[6] Entrevista a Carlos Alberto Mattos, Ivana Bentes e José Carlos Avellar 7ss.

lente ao que o cineasta negro Manthia Diawara fez com Jean Rouch: "um documentário etnográfico sobre o etnógrafo (*Rouch in Reverse*, 1995). Também em 1995 o incansável Sylvio Back apresentou *Yndio do Brasil*, documentário que revelou como os filmes tinham mostrado os nativos, desde a origem do cinema.

O sertão — que Glauber Rocha retratara com energia e originalidade nos anos 60 (*Deus e o Diabo na Terra do Sol* — 1964; *O Dragão da Maldade contra o Santo Guerreiro* — 1969) — não poderia ficar de fora, embora a estética dos anos 90 seja bem diferente. Sérgio Resende voltou ao sertão com um olhar épico em *Guerra de canudos* (1998), enquanto Paulo Caldas e Lírio Ferreira convidaram-nos para o excelente *Baile perfumado* (1996).

Ao mesmo tempo, Sandra Werneck explorou as relações amorosas em *Pequeno dicionário amoroso* (1996). Domingos de Oliveira fez o mesmo a partir de uma perspectiva masculina em *Amores* (1998).

Murilo Salles voltou seu olhar para os marginalizados em *Como nascem os anjos* (1996), assim como José Joffily em *Quem matou Pixote?* (1996) e Tizuka Yamasaki em *Fica comigo* (1996). Em 1994, farsa e paródia foram aplicadas à história do Brasil Colonial em *Carlota Joaquina, Princesa do Brasil* (de Carla Camurati), enquanto a história contemporânea aparecia com Sérgio Rezende (*Lamarca* — 1994) e com Bruno Barreto (*O que é isso, companheiro?* — 1997). No entanto, muito pouco desses filmes, que são apenas exemplos, alcançaram grandes platéias internacionais. Por outro lado, *Central do Brasil*, de Walter Salles foi muito além das expectativas dos seus produtores. Vale a pena analisar os motivos dessa diferença.

Costuma-se confundir o caminho para um cinema internacional com a busca do grande público e do mercado. Ambos podem coincidir, mas não necessariamente. Sabemos que esses caminhos são sinuosos e podem se cruzar. Muitos parecem chegar ao mesmo ponto, mas levam a lugares diferentes. Aí se encontra a difícil distinção entre cinema *popular* e cinema *populista*. A preocupação em conquistar o público é legítima. O que não é legítimo, também sabemos, é sacrificar a integridade artística de um trabalho pelo esforço de alcançar grandes bilheterias. Um cinema popular às vezes é confundido com um cinema populista e o teste que os diferencia é a intenção do autor.

Se essas questões forem colocadas a partir de um ponto de vista teórico, surgirão outras, formuladas por informações concretas. Por exemplo, como se pode entender que, num importante festival de cinema americano, um diretor tão "nacional" como Francis Ford Coppola escolheria, dentre 4.000 filmes de todo o mundo, *Deus e o Diabo na Terra do Sol*[7], ou que Martin Scorsese escreveria com profunda admiração sobre *O Dragão da Maldade contra o Santo Guerreiro*?[8] Quando foi que Glauber tornou-se "universal"?

Foi por meio da operação inversa que Glauber Rocha transculturou os filmes de John Ford e Orson Welles para criar seu próprio cinema? Essa hipótese é sedutora. Como observou Ángel Rama, referindo-se à literatura no seu seminal *Transculturación narrativa en América Latina* (1983), o conceito de *transculturação* é o processo dialético no qual culturas periféricas apropriam-se, ativa e seletivamente, de elementos de uma cultura central. Desse modo, Rama substitui a noção tradicional — e simplista — da teoria da influência. Nesse sentido, o "conhecimento" que Coppola e Scorsese têm de Glauber Rocha pode ser um caminho de volta, um *re-conhecimento* de elementos ativos em suas próprias culturas que teriam sido transformados pelo ímpeto latino-americano.

O cinema brasileiro dos anos 90 não deixou de ser *nacional*, nem deixou de dialogar com seu público natural, capaz de entender seus códigos históricos, sociais, políticos e cotidianos. O filme *Quem matou Pixote*? seria incompreensível para um público que não soubesse do caso real noticiado pela imprensa, ou que não conhecesse o filme de Hector Babenco, que tornou famoso o personagem/ator, assim como o contexto social de delinqüência juvenil nas ruas do Rio de Janeiro e de São Paulo. Pela mesma razão, *Que é isso, companheiro*? seria incompreensível para um público que desconhecesse os acontecimentos ligados à ditadura militar aos quais o filme se refere.

No entanto, nem tudo depende de contexto histórico. Alguns parâmetros se relacionam com a superestrutura dos "gêneros", o que permite que a análise vá além das "fronteiras" do local e do nacional, já que nesse caso lida-se com elementos particulares das funções narrativas. Quando o interesse tradicional por questões e temáticas é substi-

---

[7] Em 1997, o San Francisco Internacional Film Festival perguntou a alguns cineastas famosos quais eram seus filmes preferidos entre os 4.000 que o festival havia apresentado ao longo de suas quatro décadas. Os únicos filmes latino-americanos escolhidos foram ambos de Glauber Rocha. Lourdes Portillo escolheu *O Dragão da Maldade contra o Santo Guerreiro*, e Francis Ford Coppola, *Deus e o Diabo na Terra do Sol*. Um exemplo da recepção francesa: Walter Salles foi o único latino-americano consultado numa pesquisa sobre "1990-2000: Uma década em questão" — *Cahiers du Cinéma* 452, Jan./2000.

[8] Ver Scorsese.

tuído por elementos estruturais e narrativos, o "gênero" surge como forma ideal de uma recepção transnacional. Características nacionais deixam então de ser obstáculos para funcionarem como diferentes sotaques de uma mesma língua. Assim, dentro de um gênero bem-sucedido como o policial, variantes nacionais (como o Cinema Noir francês, a variante italiana de Cinema Político, os filmes de ação de Hong Kong, os filmes de mistério ingleses e os filmes de rua americanos) são aceitas sem que o gênero perca sua identidade.

Devido exatamente à complexa relação do público com o melodrama, e também pelo uso que faz do gênero de suspense policial, os filmes de Walter Salles são uma interessante fonte de debate. A discussão sobre o público parece não apenas pertinente, mas fascinante, quando um filme se destaca por ter ultrapassado seu próprio "nacionalismo" e conquistado platéias distantes de suas fronteiras. O interesse e a pertinência desse tema surgiu de uma conversa entre alguns críticos brasileiros (Ivana Bentes, Carlos Alberto Mattos e José Carlos Avellar) e Walter Salles sobre *Central do Brasil* e sua conquista de públicos estrangeiros (-juntando-se a isso seu sucesso de público e crítica no Brasil). Um primeiro problema a ser considerado no diálogo é a necessidade de distinguir-se o que seria espontaneamente popular do que seria "populista".

Salles defende-se de qualquer traço de populismo, alegando que não procurou deliberadamente o que agradaria ao público. Na resposta a seguir, ele nega qualquer sinal de *calculismo* ou de *ação deliberada*.

> Acho que ele (o diretor) não pode pensar no público. Toda a hipótese que prevê um cálculo de partida me parece suicida, porque o cálculo vai se imprimir na película — entende? Fazer alguma coisa com tal fim específico é realmente um ato suicida. Acho que você tem que contar uma história como uma questão visceral, porque não pode mais deixar de contar.

Os entrevistadores insistem, e Walter Salles continua: "Se você me perguntar: 'você partiu para fazer o filme com essa voltagem emocional?' Eu responderia: 'Não'. Eu não sabia que ia chegar a esse resultado".

E mais adiante:

> Na verdade, por trás de tuas perguntas tem uma que talvez seja mais simples e menos articulada: por que as pessoas se emocionam com o filme? A resposta talvez seja: porque eu me emocionei ao fazer o filme. Eu não tive mais medo e não busquei mais o distanciamento que me

impus no primeiro filme. Tentei me aproximar e gostar daqueles personagens, e chegou um momento em que os personagens faziam coisas e eu tentava servi-los.

De qualquer modo, a notável recepção que teve *Central do Brasil* em diferentes lugares permitiu a Salles elaborar uma aguda análise dos estímulos que podem conquistar um público. Tratava-se não de um *cinema* nacional, mas de *públicos* nacionais e específicos. Mattos pergunta se a recepção do filme nos Estados Unidos corresponde a uma "certa imagem que é esperada do cinema brasileiro, do Brasil, lá fora". Salles responde:

> Acho a questão interessantíssima porque eu mesmo não esperava esse tipo de acolhida que o filme teve. Agora, acho que ela aconteceu nos Estados Unidos por uma razão clara, a exaustão da questão da violência, a exaustão de todas as declinações possíveis do universo tarantiniano onde a questão do cinismo é essencial, constitutiva. Estranhamente o filme estava dentro daquilo que os jornais americanos chamaram de neo-humanismo, e que foi a marca do Sundance deste ano. Antes de chegar lá, eu achava que ele ia funcionar contra a corrente, e na verdade ele estava dentro de um fluxo em sincronismo. Bom, isso por um lado. Por outro, acho que há uma pluralização e uma diversificação naquilo que chega hoje aos cinemas nos Estados Unidos. Filmes que há alguns anos não seriam distribuídos lá, começam a aparecer. (...) Isso denota uma mudança, uma reação à questão da imagem transnacional. Toda vez que há uma imposição de uma imagem, surge um contrafluxo, o que explica, também, o espaço conquistado pelo cinema iraniano e pela quinta geração chinesa.

Salles já trabalhou em documentários, policiais e melodramas. Ele conhece vários caminhos que, mesmo sem ter considerado *a priori* um público real ou potencial, levaram-no a aproximar-se ou a distanciar-se de diferentes públicos.

Seu primeiro longa-metragem foi o mais obviamente internacional ou "transnacional". Falado em inglês, com atores americanos nos papéis principais, seu resultado foi irregular. Porém, esse caminho não era novidade. Outros cineastas latino-americanos (Luis Puenzo, Héctor Olivera, Christiane Lucas, Carlos Sorin, Luis Mandoki, Luis Llosa) haviam trilhado o mesmo caminho, quase sempre com resultados decepcionantes. O filme de Salles é lançado em 1991 e seu roteiro baseia-se num romance de Rubem Fonseca, também chamado *A grande arte*. Embora bem realizado do ponto-de-vista técnico, parece que em nenhum momento o diretor sentiu-se confortável naquele empreendimento híbrido.

Em *A grande arte*, Peter Mandrake é um fotógrafo americano que vive no Rio de Janeiro. Ele está escrevendo um livro sobre a pobreza e a vida violenta dos jovens, enquanto, ao mesmo tempo, um *serial killer* assassina mulheres, deixando um corte de faca em seus rostos. Por um momento, *A grande arte* parece ligar a violência daqueles assassinatos (filmados em interiores) com a vida miserável das ruas. Porém, esse não é um filme social, mas um filme de suspense bastante violento, que respeita as normas do gênero e se assemelha aos filmes de ação da televisão americana.

Foi por isso que o Rio de Janeiro gerou pouco interesse como cenário da história. A Bolívia chama mais atenção, assim como as imagens poeirentas da fronteira, numa seqüência que está entre as melhores do filme. A atividade de Mandrake faz com que ele se aproxime de uma jovem prostituta, e quando ela é assassinada, após dizer a ele que havia sido ameaçada, ele se aproxima também do mundo das drogas e das armas. Com a jovem morta, seus assassinos pensam que ela entregara a Mandrake um disquete com informações sobre suas operações, e ele torna-se um novo alvo a ser eliminado. Logo que chega ao Rio de Janeiro, a bela Marie, namorada de Mandrake, jovem arqueóloga, também torna-se uma vítima. Numa noite, dois bandidos os assaltam, ferem Mandrake e violentam Marie.

Mandrake se recupera dos ferimentos e decide aprender a lutar com facas para vingar a morte da prostituta, as agressões contra Marie e o ataque que ele próprio sofrera. Ele procura Hermes, um *expert* no manejo de facas que, em troca de um antigo favor devido a Mandrake, inicia-o na arte das facas. Hermes o treina, mas Mandrake não sabe que ele também trabalha para o chefe do tráfico, o elegante Lima Prada, que, além de outras coisas, é o assassino da prostituta.

O filme extrai seus personagens daquele ambiente retratado. No entanto, os personagens secundários mais parecem ter saído de um circo. Isso inclui Zakkai, um anão dono de um prostíbulo; Chink, um gângster boliviano gigante; e Rafael, um assassino sádico. Embora a vida cotidiana esteja presente, "documentada" através das fotos de Mandrake (a conexão com o herói dos quadrinhos "Mandrake o Mágico" não deve ser descartada), o filme não se baseia naquela vida, pelo contrário, extrai daquele ambiente toda sua capacidade de ilusão. É como se o tráfico de drogas e armas fosse uma instituição internacional, similar e neutra em todo o mundo, e não existissem as circunstâncias sociais específicas. O filme opta por concentrar-se no personagem americano, e no seu estereotipado ritual de preparação como herói. Como era de ser esperado, Mandrake finalmente confronta-se com (e vence) o maior Inimigo, o Mestre das facas e cérebro da quadrilha de criminosos. A falha artística do filme *A grande arte* não foi determinada pelo gênero em si, mas pelo uso que faz de uma qualidade abstrata e neutra.

O segundo caminho trilhado por Walter Salles, *Terra estrangeira* (com Daniela Thomas como co-diretora), insistiu no gênero de suspense, mas nesse caso o filme foi ambientado no coração dos acontecimentos políticos do Brasil e de Portugal dos anos 90. Isso foi o marco do início de sua legitimação, que começou por possibilitar o alcance de um público que tinha o mesmo horizonte de experiências que ele, ou seja, um público da sua *geração*. Nesse sentido, uma inflexão estilística particular e original, com um lirismo visual e musical saídos da própria cultura, estava ligada a uma temática mais "autêntica". Salles e Thomas atacaram em dois níveis: até certo ponto a mesma cultura, língua e história e, ao mesmo tempo, dois diferentes países e duas culturas nacionais colocadas lado a lado, Brasil e Portugal. Isso foi reforçado pelas locações do filme, que ficaram circunscritas a duas cidades: São Paulo e Lisboa. Em relação à fotografia, o diretor optou pelo uso nada popular do preto e branco. Em relação à música, o filme faz um uso correto do Fado português, cuja carga melancólica como gênero musical se adapta perfeitamente ao tom da história. A câmera liberta-se do tripé e torna-se ágil e fluida, sempre a serviço da narrativa. A estetização acabou por ser bem absorvida pelo público e, assim, *Terra estrangeira* conseguiu contar, de modo brilhante, uma história de emoção, suspense e melancolia.

A data precisa em que a história de *Terra estrangeira* começa nos dois países e cidades mencionados é importante porque indiretamente declara, logo de início, que esse não será um filme de suspense tradicional, mas sim uma reflexão original sobre o Brasil, suas origens, identidade e história. Ligando simultaneamente os dois lugares distantes, Salles e Thomas permitem que sua história alterne as "vidas paralelas" dos dois protagonistas em duas linhas, que evoluem até seu encontro em Lisboa. Em São Paulo, vivem Manuela e seu filho Paco, para quem os acontecimentos de março de 1990 tiveram graves conseqüências: foi o momento em que o governo Collor iniciou as drásticas modificações na economia do país, com o congelamento das poupanças e contas-correntes, e outras medidas que tornaram o país um caos e geraram uma emigração de proporções consideráveis. Manuela, humilde costureira de origem basca, que juntou as economias de toda sua vida para voltar para a terra de seus pais, não suporta ouvir a notícia fatal que a televisão lhe dá, e morre. Da tragédia só o que sobra para seu filho Paco — que tem vinte e um anos, vocação para o teatro e lê Fausto — é a solidão.

Ao mesmo tempo, em Lisboa, Alex, vinte e oito anos, ganha a vida como garçonete de um restaurante e não é feliz com seu companheiro Miguel, um músico desempregado que vive discutindo com ela e rouba seu dinheiro para comprar drogas. Na verdade, o personagem Miguel é um indicador da "crise" européia. Músico de bar sem trabalho, ele é como um europeu "sem futuro", sobrevivendo numa vida boêmia que envolve drogas e contrabandos. (Outro indicador da "situação" européia é o grupo de africanos que lota um apartamento em Lisboa, e com quem Paco tem contato em sua viagem.)

Ainda em São Paulo, Paco encontra Igor num bar, durante seu desespero com a recente morte da mãe. Igor, um antiquário muito expansivo, após alguns drinques convida Paco para ver suas antiguidades, e mostra os objetos mais raros e antigos que possui, assegurando que ali está contida toda a história do Brasil, desde a conquista por Portugal. Toda uma história nacional é reduzida a isso: um amontoado de objetos de antiquário. Igor contrata Paco para levar um Stradivarius a Lisboa, já que ele manifesta o desejo de conhecer a terra de seus antepassados, San Sebastian, na Espanha. No entanto, Paco não sabe que estará levando, junto com o violino, diamantes contrabandeados. É aí que começa uma aventura imprevisível e trágica, já que seu contato em Lisboa é Miguel, que por sua vez trai seus companheiros e por eles é morto pouco antes da chegada de Paco a Portugal. Entretanto, esse incidente provoca o encontro de Paco com Alex depois da morte de Miguel. Provoca ainda uma viagem para uma cidade litorânea, a perda dos diamantes, a fuga de bandidos franceses e também do próprio Igor, e ao mesmo tempo a inesperada relação amorosa entre os companheiros de fuga. Uma história de amor vivida por perdedores, imigrantes, perseguidos.

Na estrada para a fronteira de Portugal com a Espanha, próximo a San Sebastian, Alex e Paco fazem uma parada num restaurante, onde Igor e seu cúmplice os encontram. No confronto, Igor é seriamente ferido e seu parceiro morre. Alex pega o carro e vai em direção a San Sebastian, com Paco morrendo no seu colo com uma bala na barriga. A comovente seqüência final — em que Alex implora para Paco não dormir (isto é, para não morrer), prometendo desesperadamente levá-lo para "casa", e desajeitada e docemente canta uma canção brasileira, famosa na voz de Gal Costa na década de 70 — combina história individual com história coletiva, visão íntima (de dentro do carro) com visão exterior (os planos aéreos do carro na estrada), e a canção que Alex canta, sobreposta aos poucos pela voz de Gal Costa (de repente, na trilha sonora, a voz da atriz é inteiramente substituída pela voz da gravação original, numa sutil e poética transição simbólica).

A praia (a imagem original do filme) é o ponto que marca o fim do mundo, como explica Alex na frase que utilizei como epígrafe. Partindo dessa metáfora-alegoria, esse filme pode ser entendido como uma história sobre fronteiras, imigrações e exílios em busca da *U-topia*. Isso se confirma também com os personagens secundários, imigrantes angolanos que moram perto do hotel de Lisboa onde Igor mandou Paco esperar seu contato. Apesar de estarem na periferia da história, eles são parte desse universo de constantes mudanças no mundo, de pessoas em busca de melhores oportunidades econômicas. Mas ainda que eles tenham ido da África para a Europa (ou pelo menos para Portugal), vivem amontoados numa pensão; não há futuro para eles também. Loli, o angolano do qual Paco rapidamente torna-se amigo, pergunta o que ele está procurando em Lisboa, e a partir daí o diálogo imediatamente torna-se alegórico: "Eu vim aqui... pelo menos para descobrir uma coisa. Não foi daqui que saíram as pessoas que descobriram todo o mundo?" Entretanto, "Lisboa é o lugar ideal para perder alguém ou perder-se a si próprio", como diz, em outro momento, outro personagem do filme. O tema fascinante do filme é a descoberta de algo na hora errada. Utopia, o lugar sem lugar, o "lugar ideal", faz com que Paco viva um vislumbre de amor, felicidade sexual e paixão. A volta ao "lar" (tanto para a San Sebastian materna, quanto para Lisboa, de onde saíram os "descobridores do mundo") torna-se impossível. Mas o filme alcança sua maior carga melancólica com o desejo faustiano do absoluto, e com a intuição de tê-lo tocado pelo menos por um instante.

Terra estrangeira foi o caminho trilhado em direção a um cinema mais aberto e seguro, que permitiu a seus autores facilmente vencer as limitações das convenções do gênero. Ao mesmo tempo, eles empregam a textura fotográfica do preto e branco como um tributo ao melhor cinema *noir* francês e americano. Depois de *Terra Estrangeira*, foi possível falar da poesia da imagem, que Salles começa a controlar e manejar com fascinante beleza e emoção.

Um terceiro caminho foi tomado por Walter Salles na direção do coração do Brasil, com uma comovente história de buscas sem fim: *Central do Brasil*. Em alguns aspectos, o filme pode estar relacionado com *Terra estrangeira*: ambos são *road movies* e em ambos os personagens estão sendo perseguidos. Eles são também diferentes. *Central do Brasil* abre uma brecha de esperança que a estrutura "fechada" de *Terra Estrangeira* não permitiria (devido às limitações do gênero policial "lírico" e ainda às circunstâncias históricas do período representado).

Baseado no tema da procura do pai por um menino que não o havia conhecido, Salles constrói uma história simples, porém cheia de nuances e ressonâncias. Embora na segunda metade o filme se concentre na viagem empreendida por Dora e Josué para o sertão (um espaço "mítico" na cultura cinematográfica brasileira), não é por acaso que *Central do Brasil* abre com uma poderosa imagem de coletividade: a impressionante massa humana saindo dos trens da estação Central do Brasil, no Rio de Janeiro, como se estivessem saindo da prisão ou como se corressem numa corrida de cavalos com um final imprevisível. Também não é por acaso que aquele plano geral tem continuidade com *closes* de pessoas humildes, que verbalizam o desejo de se comunicar para uma escrevedora de cartas, Dora. Ela era professora de Português, e agora dedica-se a redigir cartas ditadas por pessoas analfabetas. No entanto, Dora não é exatamente uma "boa samaritana". Ela desempenha um papel cínico e sinistro. Quando chega em casa, cansada de sua jornada, encontra-se com sua vizinha Irene, e com ela lê e "seleciona" as cartas a serem enviadas, sendo que muitas delas acabam na lixeira e outras numa gaveta, que ela chama de Purgatório. Desse modo, muitos dos humildes sonhos e ansiedades daquelas pessoas nunca chegam ao seu destino.

Em seu terceiro longa-metragem, Walter Salles queria contar, através de imagens, uma história que nasceu de uma idéia singular: *uma carta que não chega ao seu destino*. A carta é a que Ana, mãe de Josué, escreve para o pai do menino (a quem não via há nove anos), dizendo a ele que seu filho estava ansioso para conhecê-lo. Ana morre logo depois, atropelada em frente à estação. Como muitas crianças, Josué torna-se órfão e, sozinho, presencia a voracidade das ruas, o roubo e uma morte violenta (um assassinato cometido por um "parapolicial"), e torna-se um involuntário possível doador de órgãos vitais para uma quadrilha internacional de tráfico de órgãos. Dora, longe de servir como mãe substituta, é a antagonista principal do menino. Assim, a história de *Central do Brasil* é também a história de sua redenção, e nesse sentido é que o filme foi considerado um filme humanista.

É interessante ver como Salles relê um de seus diretores favoritos, John Cassavettes. Quando Dora, arrependida, volta para resgatar Josué após tê-lo vendido a Pedrão por mil dólares, e foge com o menino para salvá-lo do assassino, ela está reencarnando Gloria (*Gloria*, John Cassavettes, 1980). O espectador encontra o mesmo tipo de antagonismo verbal entre a mulher madura e a criança, que brigam o tempo todo e se acusam mutuamente, exatamente como em *Gloria*. E em ambos os casos a relação inicial se transforma: Josué encontra nela uma amiga, uma avó, ou uma mãe substituta; Dora se redime, resgatando sua generosidade e afetividade, em meio a um mundo no qual restam poucos valores desse tipo.

O filme torna-se um *road movie* a partir do momento em que os dois protagonistas saem do Rio de Janeiro. Passando por muitas dificuldades e vencendo vários obstáculos, Dora e Josué rumam para Bom Jesus do Norte e, lá chegando, encontram-se com uma multidão de crentes, fanáticos e peregrinos (como muitos que vivem no interior), e são engolidos por uma grande procissão, uma massa humana que caminha em direção a uma sacristia coberta por dezenas de fotos, oferendas e ex-votos. A cena parece saída de um universo fantástico, e o filme a utiliza como pano de fundo para mostrar milhares de esperanças, desejos e utopias coletivas nos quais Dora e Josué parecem perder-se, pelo menos por algumas horas. Entretanto, eles ressurgem numa imagem de beatitude, especialmente quando no amanhecer do dia seguinte Dora acorda de seu desmaio no colo do menino, numa espécie de *Pietà* invertida.

A história não acaba com o encontro de Josué com o pai que ele procurava, mas com a descoberta de dois meio-irmãos. A seqüência final contém outra releitura cinematográfica de Salles. No dia seguinte ao encontro com os meio-irmãos, quando Dora vai embora sem se despedir, ela escreve uma despedida em forma de carta (a primeira que ela mesma quer enviar, sem apenas ser uma intermediária). Ao mesmo tempo, Josué acorda, percebe a ausência de Dora e corre inutilmente sem conseguir alcançá-la, como o menino (Joey) atrás de Shane, em *Shane* (1953), de George Stevens. Tudo o que resta a ambos é uma fotografia duplicada que os dois olham ao mesmo tempo, como a uma recordação, para combater o inevitável esquecimento.

Paradoxalmente, o caminho trilhado por *Central do Brasil*, caminho que o tornou um exemplo de filme humanista, inclui uma outra via. Essa via, se não secreta, é pelo menos pouco conhecida, o que explica a necessidade de redenção no final do filme. Embora essa via seja autônoma, ela traz oculta em si outra história, a de um descobrimento. Essa história tem a ver com um imigrante polonês e uma presidiária: Franz Krajcberg e Socorro Nobre. Sem eles, provavelmente *Central do Brasil* não existiria.

Em 1987, Salles descobre Franz Krajcberg, ou pelo menos o "descobre" para o público, com seu documentário *Franz Krajcberg — o poeta dos vestígios*. Nascido na Polônia, Krajcberg vive e sofre a Segunda Guerra Mundial, e nela perde sua mãe. Emigra para o Brasil por volta de 1948, e começa a isolar-se do mundo pouco a pouco, profundamente abalado com o caráter destruidor do homem. O problema é que ele encontra no Brasil esse mesmo traço destrutivo presente na exploração dos recursos naturais, as queimadas das florestas (literalmente grandes queimadas, com conseqüências graves e duradouras para a vegetação) e o desmatamento, freqüentemente causados pelo que Krajcberg chama de "progresso sem rumo".

Anos depois, Salles filma um curto documentário, *Socorro Nobre* (1992). Esse excelente filme foi a origem do longa *Central do Brasil*, de 1997. Assim como em *Central do Brasil* o ponto de partida é uma carta que não chega ao seu destino, o curta-metragem *Socorro Nobre* parte da idéia de uma carta que alcança seu destinatário, mas que poderia nunca ter chegado. De um jeito ou de outro, a carta significava uma mudança no destino. É por isso que *Central do Brasil* tem início com o registro das circunstâncias de um destinatário de uma carta, o escultor Franz Krajcberg, a cujo extraordinário trabalho Salles dedicou um documentário para televisão com cinco episódios, chamado *Franz Krajcberg: o poeta dos vestígios*. A história que o escultor conta é a mesma, porém há um olhar mais otimista no filme *Socorro Nobre*. A experiência de Krajcberg é muito singular, apesar dos sofrimentos coletivos que viveu na Segunda Guerra Mundial. Como ele resume no documentário, nasceu na Polônia, viveu num gueto e perdeu toda a família em 1940. No gueto, sofreu privações e teve contato com a morte diariamente.

Com o fim da guerra, ele fugiu de uma nação que se dedicava a demonstrar "a superioridade de sua raça", isolou-se da humanidade, pensou em suicidar-se, e finalmente encontrou no Brasil a paz que não poderia encontrar na Europa. "Existe um outro lado para minha vida", avisa ele, pois na natureza da Amazônia, do Mato Grosso e mais tarde da Bahia encontra exultante as formas que inspiram sua escultura: "Eu fiquei tão feliz que queria dançar quando descobri aquelas plantas maravilhosas". Suas esculturas baseiam-se num retorno à humanidade através da natureza, também por sua súbita transformação em militante ecológico. Assim como encontrou o modelo para todas as formas e cores possíveis, encontrou também a destruição da natureza nas brutais queimadas, com as quais os homens continuam destruindo as florestas no Brasil. Como resultado disso, e também como manifestação de uma arte rebelde e radical, Krajcberg dedicou-se a um trabalho brilhante de construir sua arte com os restos das árvores queimadas. O que resta da natureza destruída pode dar uma idéia daquilo que é perdido todos os dias.

Krajcberg conta que costumava receber centenas de cartas, por suas atividades artísticas e ecológicas. No entanto, uma que chamou sua atenção vinha da penitenciária feminina de Salvador. Era de uma mulher chamada Socorro Nobre, condenada a vinte e um anos de prisão. A prisioneira lera uma reportagem na revista *Veja* sobre Franz Krajcberg e escrevera para o artista, explicando sua própria necessidade de redenção, tendo nele um exemplo de possível redenção, depois dos horrores da guerra na Europa. Isso a teria inspirado, ela queria mudar e havia começado a mudar, com o sonho de um dia reencontrar sua liberdade perdida.

O filme inicia com imagens de Krajcberg desfrutando a bela liberdade que a natureza lhe proporciona (ele corre e brinca com seu cachorro na praia, molha as mãos nas ondas) e logo desloca-se para a prisão. Uma breve transição faz a fusão do som com a imagem: enquanto são mostradas as imagens de Krajcberg, a banda sonora nos traz a voz de Socorro Nobre lendo a primeira carta que escrevera para ele. Desse momento em diante, o filme alterna o mundo aberto e renovado de Krajcberg com o mundo da prisão de Socorro Nobre. O documentário volta-se para a mulher, que fala, expressando idéias e pensamentos em rápidos *flashes*, em meio a várias "pontuações" ou pausas visuais. Ao invés de fazer um "relato" convencional, Salles corta a entrevista filmada e substitui o que poderia ser preenchido com técnicas de montagem como corte-sobre-corte (*jump cuts*), *fade in*, ou *fade out*, por momentos de silêncio e tela preta. O mecanismo o permite "isolar" fragmentos da história de Socorro Nobre para enfatizar suas idéias: "A gente tem que sonhar, de vez em quando". Ao mesmo tempo, com um notável trabalho fotográfico, o documentário "descobre" formas na chuva, em roupas estendidas no varal, nos rostos das mulheres. Isso pode ser visto inclusive (já que estamos falando de imagens fílmicas) no extraordinário uso do silêncio, com o qual a câmera se detém brevemente na expressão estática das mulheres, refletindo a silenciosa espera pelo tempo que é a prisão.

A carta para Krajcberg era um instrumento de Socorro Nobre para sua própria transformação existencial, e eventualmente para sua liberdade condicional. Como informa o documentário num letreiro final, no início de 1995 Socorro Nobre conquistou a liberdade condicional e "vive com seus três filhos no interior da Bahia". O documentário termina com curtos planos de um encontro de Nobre com Krajcberg. No entanto, a "história" quase mágica da carta que teve um final feliz continua em *Central do Brasil*. No início do filme, a própria Socorro Nobre "atua" no papel da primeira pessoa que se senta em frente à mesa de Dora para ditar uma carta. É um comovente jogo auto-referencial, uma cena que capta — ou exemplifica mais uma vez — a filosofia da criação cinematográfica que Walter Salles teve a chance de colocar em prática. É a filosofia de um cinema que influencia vidas, um cinema que começa a ser um *evento*, uma *realidade*, mesmo antes de chegar à tela e comover os espectadores. Como se pode ver pelas vidas de Krajcberg e de Socorro Nobre, não é em vão que *Central do Brasil* é uma história sobre redenção.

Em 1998, Walter Salles fez ainda outro filme, porém, como o caminho internacional já estava estabelecido, foram eles que vieram chamá-lo. *O primeiro dia* (1998) foi produzido para uma série internacional, para a qual vários diretores de países diferentes foram convidados para retratar, em uma hora, como seria a passagem para o novo século e para o novo milênio. É por isso que a história se passa em torno do dia 31 de dezembro de 1999. Mais uma vez, há duas histórias paralelas e dois personagens que vão se encontrar. A mulher é uma professora de linguagem de sinais; o homem é um presidiário. Ironicamente, o filme logo deixa claro que não há comunicação entre a mulher, que trabalha com comunicação, e seu companheiro. Um dia ele decide abandoná-la e faz isso simplesmente deixando-lhe um bilhete de despedida. Ela entra em crise, não agüenta a solidão e a mudança, e decide se suicidar.

Nesse meio tempo, o presidiário consegue fugir da prisão com a ajuda de um carcereiro que, em troca, contrata-o para um assassinato. Na verdade, ele negocia a liberdade em troca do assassinato de seu melhor amigo, e cumpre sua parte no negócio. Ele imediatamente trata de fugir, pois descobre que foi contratado para matar o amigo em troca de nada, já que o carcereiro está ao seu encalço para também eliminá-lo. Ele consegue escapar e esconder-se na cobertura vazia de um edifício. É o lugar do encontro. Os últimos minutos do ano se aproximam e as pessoas no Rio de Janeiro preparam-se para ver os fogos de artifício. O homem vê uma mulher se aproximando do parapeito para se matar. Ele a segura, impedindo-a de se atirar, enquanto estouram os fogos, como num "espetáculo". Dois seres humanos numa situação-limite, fugindo de fantasmas imaginários e reais, eles acabam celebrando o momento, o encontro e a possibilidade do prazer sexual, que parecia ser algo difícil em suas vidas. Na manhã seguinte, a praia os desperta. Enquanto ela mergulha, ele a espera sentado na areia. Seus perseguidores o encontram, e quando ela sai do mar ele já está morto. Algumas vidas são salvas, outras são perdidas.

O primeiro dia é um filme curto e perfeito. Ele não deixa espaço para o melodrama. Tudo nele acontece de modo inesperado e fugidio. Muito poucas vezes o cinema brasileiro foi capaz, como nesse caso, de mostrar com tanto brilhantismo a precariedade e a força da vida. Assim como Josué, com *Central do Brasil* e com *O primeiro dia* Walter Salles "voltou para casa". Como Tolstoi, Georg Lukács costumava dizer que o universal só é alcançado por meio do particular. Essa é a melhor lição aprendida por Walter Salles em sua curta carreira, e é a lição que ele pode dar ao cinema brasileiro para que este seja autenticamente universal sem deixar de ser nacional. Que ele possa tornar-se um cinema para a aldeia global do segundo milênio.

Tradução de Lara Valentina Pozzobon

Filmografia de Walter Salles

Documentários sobre música e músicos populares: *Chico no país da delicadeza*; *Visão do paraíso*; *Caetano cinqüenta anos*, etc.
Franz Krajcberg: O poeta dos vestígios. Rede Manchete/Videofilmes, 1987.
A grande arte. Alberto Flaksman (Paulo Carlos de Brito Production), 1991.
Terra estrangeira. Co-dir. Daniela Thomas. Movi Art, Secretaria para o Desenvolvimento do Audiovisual, Riofilme (Flávio Tambellini — Brasil —; Antonio da Cunha Telles e Maria João Mayer — Portugal —, 1995.
Socorro Nobre. Videofilmes/Mini Kerti, 1995.
Central do Brasil. Videofilmes (Brasil), co-prod. Arthur Cohn Production — MACT Productions (Paris) e Riofilme (Rio de Janeiro), 1997.
O primeiro dia. Co-dir. Daniela Thomas. Hart & Court, 1998.

Bibliografia

Bernstein, Marcos, Walter Salles e Daniela Thomas. *Terra estrangeira*. Rio de Janeiro: Editora Relume Dumará, 1999.
Bernstein, Marcos, João Emanuel Carneiro e Walter Salles. *Central do Brasil*, Rio de Janeiro: Editora Objetiva, 1998.
Mattos, Carlos Alberto, Ivana Bentes e José Carlos Avellar. "Conversa com Walter Salles: O documental como socorro nobre da ficção". *Cinemais* 9 (jan/fev 1998): 7-40.
Scorsese, Martin. "Three Portraits in Form of an Homage — Ida Lupino, John Cassavettes, Glauber Rocha". *Projections* 7 (London; Faber and Faber, 1997) p. 87-92.

CLICHÊS MACHISTAS
EM FILMES DE MULHERES

Lara Valentina Pozzobon[1]

Dois filmes brasileiros dos anos noventa chamam a atenção por alguns motivos, um deles especialmente curioso e talvez não tão explícito. O motivo mais evidente é que ambos são filmes de estréia de duas novas diretoras. Só esse fato já costuma ser saudado como um bom sinal, como uma amostra de que um número crescente de mulheres, como em todas as áreas profissionais, também no cinema agora começa a se afirmar. Todos nós temos uma noção clara da diferença de quantidade de mulheres e homens cineastas no mundo todo. A título de exemplo: na edição brasileira do *Dicionário de cineastas*, do francês Jean Toulard, constam 97 mulheres e 2.304 homens.

A conseqüência imediata do aumento do número de mulheres na direção de filmes poderia ser uma maior oxigenação da criação cinematográfica: uma ampliação dos horizontes, variação das escolhas de temas, de abordagens, dos universos explorados, etc. Mais do que esperar ou exigir uma visada feminina, um olhar de mulher (seja lá o que isso for) sobre o mundo e sobre as relações entre as pessoas, talvez fosse lícito esperar pelo menos uma maior pluralidade de abordagens e construções ficcionais e, principalmente, uma libertação de certos estigmas e clichês que pairam sobre a figura feminina, povoando o imaginário de homens e mulheres.

Pois bem, o motivo pelo qual esses dois filmes de cineastas-mulheres estreantes chamam mais a atenção é por estarem inteiramen-

---

[1] Doutora em Literatura Comparada pela Universidade do Estado do Rio de Janeiro. Entre outros, produtora dos curtas-metragens *Cão guia* (1999) e *Numa noite qualquer* (2001).

te ligados a uma ideologia machista e conservadora que vem sendo repetida continuamente pelas ficções veiculadas em grande parte pelos meios de comunicação de massa. Os dois filmes a que me refiro são *Pequeno dicionário amoroso* (1997), de Sandra Werneck, e *Como ser solteiro* (1998), de Rosane Svartman.

Revestidos por uma atmosfera urbana e charmosa, numa estética contemporânea, colorida e próxima à da televisão, ambos os filmes propõem-se como comédias leves e costumam ser considerados divertidos pelo grande público. Entretanto, sua possível diversão provém, em grande medida, da repetição de clichês relacionados ao comportamento de casais; clichês esses calcados em estereótipos da mulher, do homem e do casamento. A repetição dos clichês de comportamento e as situações e piadas daí decorrentes fornecem as bases dos dois filmes.

•

Em primeiro lugar, analisarei *Pequeno dicionário amoroso*, de Sandra Werneck.

O filme começa com uma cena de tribunal em que se discute uma separação litigiosa, onde vemos um dos advogados refletir sobre a impossibilidade da vida conjugal. O filme inicia com essa premissa e desenvolve seu enredo apenas para confirmá-la. Na dinâmica do filme não aparecem elementos complexos, os personagens são destituídos de profundidade, não há situações de aporia: tudo no filme é rudimentar, simplificado e maniqueísta. Destacaremos diversas cenas em que essas características se apresentam, revelando-se também os estereótipos em que caem os personagens, vítimas de uma série de clichês próprios da ideologia machista mais corriqueira. E, talvez, por ser corriqueira, muitas vezes a ideologia que informa esses discursos não é percebida como machista, nem mesmo como conservadora. Pelo contrário, ela parece como algo "natural". Sabemos que basta a repetição constante de determinada idéia, assim como sua inserção em algumas esferas sociais para que seja naturalizada. E nada mais eficaz que as piadas e os ditos populares para fixar conceitos e naturalizar idéias. Sobretudo neles circulam muitas das idéias contidas no discurso do filme.

A separação discutida no tribunal é a do protagonista. Ainda na abertura do filme, em um dos primeiros diálogos, o protagonista faz uma declaração, na verdade, uma das pérolas da cultura cotidiana: "Bem que meu pai me dizia: mulher é por um tempo e ex-mulher é pro resto da vida". O fato de que essa afirmação não tenha um contraponto feminino, que represente o ponto de vista de marido e ex-marido, torna-a parte de um imaginário machista que permeia todas as esferas da sociedade. Descritiva do que seria a pior conseqüência do casamento, a frase trata a mulher como um fardo que mais cedo ou mais tarde deve se tornar pesado e incômodo para o homem.

Logo depois, seguindo a estrutura do filme — que alterna cenas do desenvolvimento do enredo com "depoimentos" individuais feitos por cada um dos personagens para a câmera, como se fosse uma confissão —, surge a protagonista explicando como os seres de cada sexo são atraídos pelo sexo oposto: "Enquanto os homens buscam a beleza perfeita, a gente se contenta com detalhes interessantes nos homens". E exemplifica quais poderiam ser os tais detalhes masculinos. O curioso nessa afirmação é que, em primeiro lugar, ela usa o verbo "contentar-se", como se a mulher não tivesse outra escolha a não ser "contentar-se" com homens não-lindos e não-perfeitos, enquanto os homens só aceitariam mulheres esteticamente perfeitas. Ora, a afirmação é tão tola que não resiste a uma simples conta. Para que assim fosse, todas as mulheres teriam que ser perfeitas e todos os homens deveriam ter "detalhes interessantes". Ora, e os homens lindos, onde ficariam? Afinal, eles não são disputados? E as mulheres que não são perfeitas, mas que possuem "detalhes interessantes", estariam fadadas ao desprezo masculino? E todas as não-perfeitas que bem ou mal são casadas? Quem se contenta com o quê, afinal? Essas são perguntas motivadas pelo discurso da personagem, mas são descartadas por terem como base uma afirmação inicial infundada. Ora, o desejo e a atração obedecem a combinações bem mais complexas, formadas no imaginário consciente e inconsciente de cada indivíduo. E essas combinações ainda interagem com o imaginário coletivo, que, por sua vez, está ligado à comunicação de massa. Complexidade ignorada em *Pequeno dicionário amoroso*.

Após conhecer o protagonista, em um encontro casual, a protagonista conversa com uma amiga. A amiga pergunta se ela já está apaixonada, vislumbrando a imagem de um vestido de noiva. Ela responde que não acha essa uma má idéia. Por outro lado, vemos o "futuro" marido falando com um amigo logo após o primeiro encontro, que também o deixou impressionado. Ele conta que conheceu uma mulher que o interessou, mas imediatamente afirma a inutilidade da mulher na vida de um homem: "Mulher e besouro (os dois amigos são biólogos, especialistas em insetos) é só para sexo. Tendo microondas, lavadora e

TV a cabo, não se precisa de ninguém. Esse negócio de mulher em casa é pra quem gosta de samambaia, tensão pré-menstrual e conversa fiada interrompendo a leitura". Aqui fica clara a definição de mulher que perdurará ao longo de todo o filme: um ser cuja maior qualidade é organizar a vida do homem, além de ampará-lo silenciosamente quando for preciso.

Para o espectador do filme, trata-se de uma afirmação inteiramente aceitável. Há um personagem cuja personalidade está sendo construída por meio de suas ações e opiniões. Porém, essas opiniões são tão rasteiras e preconceituosas que, pensamos, são apresentadas precisamente para serem desconstruídas. Por exemplo, o protagonista poderia encontrar uma mulher diferente, uma mulher cuja vida não se limite a estereótipos. Qual não é a surpresa do espectador quando vê que o filme apresenta a mulher com a qual ele vai relacionar-se fazendo exatamente o que se diz das mulheres — tudo o que é insuportável. Ou seja, o filme anuncia que todas as mulheres são insuportáveis e logo mostra um personagem tendo um relacionamento com uma mulher que é exatamente como ele temia. E o mais desconcertante é que o filme confirma o próprio exemplo dado anteriormente. Há mais de uma cena em que ele está lendo e ela o interrompe querendo conversar... Roteiros como esse desmerecem a capacidade do grande público[2], ou do chamado público médio. As piadas com os estereótipos fazem-no rir, assim como o anedotário popular preconceituoso (sobre negros, judeus, gays, etc.) ou etnocêntrico (sobre estrangeiros e brasileiros) também pode fazer rir. Mas certamente piadas mais críticas seriam igualmente cômicas e compreensíveis, piadas que de algum modo invertessem os estereótipos, ou que deles se distanciassem.

O enredo prossegue com o casal começando o namoro. Em depoimento para a câmera, o protagonista revela temer que ela não corresponda às suas expectativas, que não seja melhor que ele e ao mesmo tempo tem medo que o seja. Sem dúvida, trata-se de uma insegurança comum. Já o depoimento da mulher privilegia a "importância da primeira vez, do primeiro beijo, da primeira página de um livro, da primeira transa". Prossegue na caracterização da alma feminina como

---

[2] A título de informação, o público total do cinema brasileiro no ano de 1998 foi de 3 milhões e seiscentos mil espectadores, e no ano de 1999 foi de 6 milhões — *Catálogo do cinema brasileiro*, publicado pela Secretaria do Audiovisual. Os dois filmes comentados fizeram uma bilheteria próxima aos 400 mil espectadores cada um.

romântica e ritualística. Um elemento dessa caracterização já foi expresso quando a protagonista admite a sua amiga que, apenas conheceu o homem, e já pensa em casamento. Eis a imagem da mulher: sonhar com a estabilidade, com a construção da família. Por sua vez, o homem preza acima de tudo sua liberdade.

Os outros dois personagens do filme, o amigo dele e a amiga dela, não vivem outro tipo de experiência afetiva, a fim de oferecer um contraponto discursivo, como se poderia esperar. Simplesmente eles não têm relacionamentos amorosos. São pessoas que fogem de qualquer tipo de relação, ambos solteiros convictos e céticos, duvidando de qualquer possibilidade de união.

Num encontro com sua ex-mulher, o protagonista tenta abraçá-la, após um carinho sem malícia que ela fizera. Ela se desvencilha e filosofa: "Os homens são todos iguais. Vem com essa conversa de romantismo, mas, na primeira oportunidade, viram uns canalhas". Não é preciso dizer que a ex-mulher também representa a figura tradicional de ex-mulher da ideologia machista: em certo momento, diz que não abre mão da pensão conforme foi estabelecido no divórcio litigioso. Em outro momento, declara que ele continua sendo um meninão, que não cresce e, para completar, abraça-o de forma acolhedora e maternal: ele sentado e ela de pé. Esposa maternal; ex-mulher impiedosa e recalcada (ao exigir a compensação financeira pelo fracasso afetivo); mulher que fala demais e vive interrompendo a leitura do homem; mulher durona que não quer se relacionar com ninguém, etc. Em outras palavras, são clichês clássicos e que informam o enredo de *Pequeno dicionário amoroso*. O filme pretende mostrar o desenvolvimento de uma relação amorosa que, logo supomos, terá não só começo e meio, mas sobretudo fim. A relação que o filme mostra tem a profundidade daqueles casamentos que vemos divulgados em capas de revistas e que duram alguns poucos meses ou mesmo semanas. A decepção do casal com a rotina, que o filme mostra, é tão infantil e desinteressante quanto deve ser a daqueles casamentos, que se extinguem em tempo recorde, com a alegação de incompatibilidade de gênios.

Continuando as caracterizações dos personagens principais, acompanhamos suas primeiras conversas. Deduzimos que ele já foi casado e teve inúmeras mulheres. Ela, "quase" foi casada, ficou muito tempo à espera do homem ideal e ainda tem esperança de encontrar o seu. Mais uma vez, o imaginário e as vivências dos dois são muito típicos: homens com muitas experiências sexuais e mulheres reservadas, à procura de um "grande amor". Nessas conversas iniciais, ela chega a dizer que acha possível encontrar uma "pessoa legal" com quem passaria o resto da vida. Ele rebate, dizendo que nunca acreditou muito nessa história de pessoa ideal. E ela, fechando a conversa com chave de ouro, antes de um beijo: "Tem que saber procurar".

Os dois homens se encontram no trabalho e na sinuca, local que durante muitos anos foi um ambiente tipicamente masculino — e ainda o é, com exceção de alguns poucos lugares nas grandes cidades. Ele confessa ao amigo que está apaixonado, e assim descreve sua alegria e excitação: "Estou apaixonado. É tão bom ficar com ela... ela é como um parque de diversões... Estou me sentindo com a corda no pescoço, como se estivesse para ser enforcado". Ou seja, a alegria e o prazer da paixão estão ligados à sensação do sacrifício, da perda da liberdade — na imagem usada, da perda da própria vida. O amigo se diverte, concorda e pede mais uma bebida "aqui pro condenado". Simultaneamente, ela conversa num restaurante com sua amiga e confidente. Admite a paixão, a insegurança, mas imagina ter chegado "ao final de uma busca eterna". Uma outra vez, uma união seria a possibilidade de estabilidade, de conquista da coisa mais almejada e difícil da vida. Já para o homem, a união representa o sacrifício, embora com direito a alguma compensação.

No início do relacionamento amoroso, as imagens, sob o entretítulo "Idílio" — o filme é todo guiado por entretítulos compostos por palavras em ordem alfabética relacionadas às fases do relacionamento —, mostram o casal nadando e namorando dentro de uma piscina, vestidos de noivos. Mais adiante, em um dos depoimentos isolados, ele declara: "A palavra casamento sempre me deu pânico, taquicardia. Eu fico pensando nos meus pais, meus tios, meus avós, todos casados. Não quero ser como eles". O filme mostra que o casamento é sempre ruim ou dura pouco. Talvez esteja tentando mostrar que o amor só pode ser encontrado em várias relações de pouca duração, mas isso não se esclarece. Afinal, mesmo a protagonista, que diz que apenas "quase" casou, e não teve grandes experiências afetivas antes de encontrar o protagonista, depois que se separa dele, logo aparece feliz com outro homem. E não é tudo: ela está... grávida. Assim prossegue o depoimento do protagonista sobre o casamento: "Casamento é coisa de doido, rituais absurdos, vestidos brancos e estrogonofe. Será que eu sou o único que percebe que casamento sempre dá errado, sempre? Ninguém vê essa multidão de casados infelizes? Eu acho que casamento é como caipirinha de boteco.

Todo mundo sabe que dá dor-de-cabeça, mas todo mundo faz questão de experimentar". Aqui há mais uma definição de casamento inteiramente caricata, que não é desmentida pelo filme. O personagem define o casamento; o filme prossegue e narra um casamento que acaba, ou "não dá certo". No caso dos personagens do filme, moram juntos e depois separam-se. Isso porque são "inteligentes", "moderninhos", metropolitanos, classe média culta, etc. Se não fosse assim, haveria a festa com estrogonofe e passariam o resto da vida juntos e infelizes. No universo apresentado pelo filme, só há duas hipóteses: o casamento fracassado, que se suporta com infelicidade, ou o casamento fracassado e, logo, a separação.

Preparando a casa nova, o casal faz juras de amor dentro de uma banheira. Usam as mesmas tradicionais palavras usadas no altar — "até que a morte nos separe", etc. Ele faz um adendo, com a certeza do destino inexorável: "Ou então: até que o tédio nos atinja, congelando nossos corações e destruindo esse amor que a gente construiu". E ela, sempre romântica e idealizadora: "Mas que ele não venha nunca, tá?"

Na seqüência, há mais de uma cena em que ela atrapalha a leitura, seja filmando com uma câmera de vídeo, seja conversando sobre assuntos cotidianos. Ela reclama que ele olha para as mulheres na rua. No mesmo instante, quase automaticamente, ele olha para uma que passa na sua frente. Esse é outro clichê típico do imaginário machista: todo homem é um eterno e indisfarçável "Don Juan". E a mulher, quando apaixonada, só tem olhos para o seu homem.[3] Outro clichê apresentado pelo filme: em determinada ocasião, a mulher solicita uma declaração de amor convincente. Declaração *falada* mesmo. Ele desiste de falar, pois ela não se satisfaz, oferecendo porém, através do sexo, uma prova de amor "mais científica". Ou seja: mulher quer sempre falar, homem quer sempre fazer sexo.

A figura "mulher que fala demais" aparece várias vezes no filme, como no seguinte diálogo: Ela: "Posso te fazer uma pergunta?" Ele: "Vai fazer de qualquer jeito..." Em outra ocasião, quando ela está interrompendo a leitura e ele reclama: "Tudo bem, não falo mais nada". Ele: "Você consegue? Não vai passar mal?" Esse leve cinismo se amplia e exacerba quando as coisas começam a piorar. Na fase em que começam os desentendimentos, ela sai sozinha numa noite e vai dançar e beber

---

[3] Existem, é claro, muitos outros mitos sobre a figura da mulher, que não aparecem no filme, como o de que toda mulher é adúltera. Mas esse mito já pertence a uma esfera mais complexa.

numa boate. Não o vemos sozinho em casa na ausência da mulher. No final da noite, ele surge do nada para buscá-la, ampará-la, tranqüilo e superior. Outra noite, ele vai a um prostíbulo. Aí sim, o que vemos é ela em casa sozinha, sofrendo sua ausência e tendo pesadelos. Ela, frágil. Ele, forte e onipresente.

Quando finalmente se separam, ele sente-se um pouco triste, um pouco desamparado, mas aliviado pela liberdade reconquistada. Ela, pelo contrário, sente-se incompleta, como um ser pela metade. Ele, inteiro, autônomo, apenas sentindo falta do auxílio daquele ser que o fazia diferente de seu amigo solteiro: este tinha "cara de quem só come sanduíche, camisa mal passada e cabelo ensebado". Ela, metade de ser que precisa de um outro para tornar-se integral.

A análise de *Pequeno dicionário amoroso* foi bem mais longa do que será a de *Como ser solteiro*. Por um lado, no primeiro filme, de tal modo se apresenta um pequeno compêndio explícito de clichês que vale a pena analisá-lo minuciosamente. Por outro lado, no segundo filme, os conceitos informam a ação dos personagens muito mais do que são tematizados em seus discursos. Além disso, a análise de *Pequeno dicionário amoroso* antecipou questões que retomarei na leitura de *Como ser solteiro*, de Rosane Svartman.

•

Sabemos que um filme comunica idéias através dos fatos que mostra, das ações dos personagens e também através de suas falas. De modo que não é apenas porque os personagens expressam idéias estereotipadas e maniqueístas que consideramos um filme assim, mas porque a ação dramática, os fatos do enredo e o universo construído pelo filme confirmam essas idéias.

Em *Como ser solteiro*, as relações afetivas são entendidas como batalhas, disputas e jogos, sugerindo que um casal é sempre formado por dois antagonistas em permanente guerra. Logo no início, o conquistador bonitão ensina a seu amigo tímido e franzino: "Toda mulher é uma batalha e o solteiro é acima de tudo um guerreiro". E completa: "Homem não namora, a gente conquista!". O discurso sobre as relações afetivas é muito parecido com o do *Pequeno dicionário amoroso*, porém, diferencia-se por abordar um universo maior de personagens, assim como vários ambientes sociais, além de mostrar a dinâmica das trocas de parceiros nesses ambientes. Aqui ficam ainda mais explícitas as vaidades e as leviandades dos personagens. A ideologia do filme é construída sobre os mesmos estereótipos da mulher, do homem e do casal que povoam o imaginário machista.

Uma das declarações do personagem bonitão para um amigo que acaba de se separar e está sofrendo: "Amor, para mim, é Tony Ramos e Elisabeth Savalla na novela das seis. É improvável! O negócio é tesão, é conquista, desejo". Como em *Pequeno dicionário amoroso*, aparece a impossibilidade do amor com base nos conceitos tradicionais de casamento. Esse personagem que tem no binômio conquista/descarte a sua melhor idéia do que seja o amor, considera o casamento uma prisão, uma monotonia composta por casa, filhos, quintal e cachorro. Seu extremo oposto é justamente a personagem feminina desajeitada (mas não feia; não há ninguém exatamente feio no filme), que não arruma namorado. Ela, que não joga o jogo da sedução, esquematicamente ocupa na trama a posição reservada para a casadoura, repetindo várias vezes que quer casar, ter filhos, casa, quintal e cachorro. Ela é meiga, meio lenta — é professora-recreadora de pré-escola — sonhadora; e o desfecho do filme indica que realizará seu sonho singelo.

O filme se organiza entre esses dois extremos: o conquistador, que não acredita no amor, e a desajeitada, que só pensa em encontrar o amor no seu aspecto mais tradicional possível. Porém, o choque entre os dois, como o espectador poderia esperar, não ocorre. A questão de um possível conflito simplesmente não é colocada. No entanto, no esquema do roteiro há um outro personagem desajeitado, franzino, *nerd*, — aliás, trata-se de um jornalista e crítico de literatura e cinema. Ele passa por uma transformação, a partir das lições de seu amigo conquistador. "Aprende" as estratégias da conquista e do descarte. Por exemplo, "se um homem se interessa por uma mulher, jamais deve dizer que está apaixonado. E se disser, deve desaparecer por pelo menos três semanas". Esse tipo de ensinamento, o desajeitado segue à risca e se transforma em um grande conquistador. Porém, rapidamente se cansa dessa vida "excitante" e, dentro da estrutura de estereótipos em que o filme se baseia, deseja casar-se justamente com a casadoura.

Por outro lado, o bonitão conquistador tem uma namorada fixa, além das ocasionais. Esta, bonita e, por fazer parte desse universo, necessariamente superficial, quando descobre que é traída e percebe a tranqüilidade cínica do namorado no flagrante, torna-se homossexual. Assim, tão simples. São duas as figuras femininas apresentadas no filme: uma que só pensa em encontrar um homem para casar, viver o resto da vida com ele e ter uma vida estável e tradicional: o estereótipo de mulher que os homens "livres" mais temem. A outra, que participa do ambiente superficial da troca de parceiros num mesmo grupo (mais de uma vez os personagens declaram que amor é análise combinatória), e, ao decepcionar-se, resolve a situação fugindo do contato com homens.

É quase a mesma imagem das duas personagens femininas do *Pequeno dicionário amoroso*. Uma é a casadoura e a outra é a durona, que não se relaciona com ninguém. Por sua vez, entre os homens, há o "vencedor", que é bonitão e não crê no amor. Há o desajeitado, que aprende a ser também um vencedor, mas se apaixona pela sua primeira conquista, a mais explicitamente convencional das mulheres que conheceu, a que oferece menos riscos de surpresas futuras. Esse é o personagem que poderia ter saído um pouco do esquema dos estereótipos, ao mostrar uma trajetória de transformação, no entanto, ao unir-se justamente com a casadoura, acaba fechando o círculo das figuras desprovidas de profundidade que compõem o filme. Os dois personagens secundários, que sofrem por suas mulheres, são ridicularizados e recebem a mesma repreensão — Nenhuma mulher merece esse sofrimento; nenhuma merece uma atenção continuada. "Afinal, há tanta mulher por aí..." No discurso do filme, a figura feminina é um ser plural, mas plural por serem muitas.

Um conceito de família é indiretamente enunciado no filme, quando o conquistador resolve escrever um manual para os solteiros, em que ensina como conquistar muitas mulheres e não se ligar a nenhuma: "A família é uma das culpadas pela superpopulação do mundo e pela monotonia do mundo moderno". Não são apenas os personagens que o afirmam, é o discurso do filme que se constrói assim, já que não se questiona nenhuma dessas afirmações e não se discute nenhuma das idéias formuladas.

•

Como vimos, o efeito cômico de ambos os filmes provém da repetição de clichês semelhantes aos usados nas anedotas populares. Fazem rir, embora também possam entediar, como o excesso de anedotas entedia. Mas não necessariamente fazem pensar. Poderiam ter esse efeito duplo se tomassem os mesmos clichês para deslocá-los de seus lugares tradicionais. É o mínimo que se espera da arte: algum grau, mínimo que seja, de reflexão sobre a realidade, de olhar crítico sobre a mesma. Talvez mais ainda de uma comédia, forma que, em sua origem, era o lugar da inversão de valores como modo de alcançar o efeito cômico.

É possível que essas duas cineastas não estejam conscientes dos estereótipos contidos nos discursos de seus filmes. Essa ocorrência pode ser o reflexo daquilo que a sociedade e os meios de comunicação lhes oferecem continuamente. Para além de uma crítica que busque os índices de uma cultura machista inerente à nossa sociedade, é possível analisar esses filmes destacando o elemento que lhes faz falta: um aprofundamento da personalidade dos personagens, uma complexificação de suas idéias e ações. Isso não significa exigir personagens inteligentes ou cultos. Longe disso. Trata-se de reconhecer que qualquer pessoa tem dúvidas e sentimentos contraditórios, algum tipo de vida interior. Em outras palavras, trata-se da dimensão propriamente humana dos personagens. Como vimos, o que conduz os roteiros são esquemas previsíveis em enredos superficiais.[4]

Se o aumento do número de mulheres em carreiras como a de cineasta não fizer nenhuma diferença no aprofundamento de questões importantes da nossa cultura, nem em um maior distanciamento dos padrões de pensamento que informam as relações sociais e afetivas, então, teremos que continuar contando com alguns poucos homens cuja sensibilidade permite tal aprofundamento e questionamento. Talvez Domingos Oliveira, *Amores* (1998), e Hector Babenco, com *Coração iluminado* (1998), sejam os melhores exemplos no cinema brasileiro dos anos 90 por colocarem em xeque a conduta dos personagens. Pelo menos uma vez no filme, cada personagem deve desempenhar-se frente a uma situação difícil e inesperada. E, nesse momento, acabam mostrando toda sua dimensão humana, muitas vezes, agindo de forma visceral. Também são pessoas em busca do amor, como os personagens dos outros filmes, mas são seres integrais e complexos, plenos e contraditórios, como todos nós somos. A fim de antecipar possíveis e previsíveis críticas sobre a superioridade masculina "mesmo" em fazer filmes "não-machistas", acrescento que o exemplo de dois cineastas contrapostos às duas cineastas serve apenas para mostrar como essas

---

[4] O roteiro de *Como ser solteiro* é assinado pela diretora do filme. O de *Pequeno dicionário amoroso*, por dois roteiristas que são também diretores de curta-metragem, José Roberto Torero e Paulo Halm. Vale notar que um dos curtas-metragens que este último realizou (*Bela e Galhofeira* — 1998) contém vários dos clichês encontrados no filme de Sandra Werneck.

idéias e formulações conservadoras e esquemáticas estão diluídas no imaginário de todos. De uma forma mais precisa: não basta ser mulher para compreendê-lo; ser homem não impede de compreendê-lo.

Bibliografia

Toulard, Jean. *Dicionário de cineastas*. Porto Alegre: L&PM, 1996.

DIAMANTINA — PEDRA DE TOQUE DA ARQUITETURA NO BRASIL[1]

Roberto Conduru[2]

Na historiografia da arquitetura no Brasil, é consenso que o movimento neocolonial começou em São Paulo e oficializou-se no Rio de Janeiro, para depois ganhar o país, assim como o movimento moderno teve início em São Paulo, consolidou-se no Rio de Janeiro, desabrochou em Belo Horizonte e culminou em Brasília, tendo experiências fundamentais em Recife, Nova Iorque, Goiânia, Ouro Preto, Nova Friburgo, Cataguases e Petrópolis. Nesse roteiro, é preciso incluir Diamantina. O antigo Arraial do Tijuco destaca-se na história da arte no Brasil por suas peculiaridades no quadro do urbanismo luso-brasileiro tanto por sua condição administrativa excepcional quanto pela singularidade e beleza de sua configuração urbana.[3] Destaca-se também devido a sua especial importância tanto para o movimento neocolonial quanto para o movimento moderno de arquitetura, funcionando como referência da arquitetura no Brasil em seu desenvolvimento no século XX, uma verdadeira pedra de toque a revelar os valores a serem seguidos.

O movimento em prol da criação de um estilo nacional de arquitetura, latente na Escola Nacional de Belas Artes, a partir da atuação

---

[1] Esse trabalho começou a germinar durante uma viagem a Diamantina, em 1994, para visitar Til Costa Pestana, com quem eu conheci a cidade pela primeira vez, em 1985. Além do agradecimento pela ajuda na pesquisa, a ela dedico esse texto.
[2] Professor de História e Teoria da Arte na Universidade do Estado do Rio de Janeiro e do Curso de Especialização em História da Arte e Arquitetura no Brasil da Pontifícia Universidade Católica — Rio. Autor de *Vital Brazil* (São Paulo: Cosac & Naify, 2000).
[3] A esse respeito, ver Pestana 104.

didática de Ernesto da Cunha de Araújo Viana, germinou em São Paulo, nos anos 1910, com a ação do arquiteto português Ricardo Severo e sua valorização da arquitetura tradicional luso-brasileira, e ganhou força na Capital Federal, nos anos 20, sendo renomeado como estilo neocolonial por seu patrono, o médico José Mariano Filho.[4] Entre as várias atividades que o líder do movimento no Rio de Janeiro propôs com vistas à criação do estilo arquitetônico nacional estavam as viagens promovidas pela Sociedade Brasileira de Belas Artes. Em 1924, os arquitetos Ângelo Brunhs, Lúcio Costa, Nereu Sampaio e Nestor de Figueiredo viajaram, respectivamente, para Mariana, Diamantina, São João del Rey e Ouro Preto, com o objetivo de estudar os edifícios dessas cidades e inventariar detalhes arquitetônicos para organizar um dossiê sobre a arquitetura tradicional do país. Algo que pusesse fim ao desconhecimento dos arquitetos sobre o passado da arquitetura brasileira, os afastasse dos pastiches do neocolonial espanhol e permitisse o surgimento de edifícios em acordo com a linguagem da arquitetura luso-brasileira, obras com caráter nacional.[5]

O intuito de estudar e estabelecer a tradição autêntica da arquitetura brasileira se transformou na construção efetiva de um passado nacional por meio de um estilo, um processo contrário ao ideal de desvelar uma verdade pretensamente oculta e desvalorizada que animava os seus adeptos. Entre a observação dos elementos arquitetônicos, sua sistematização como linguagem e a aplicação da mesma nos projetos, apareceram diferenças quanto ao emprego dos elementos arquitetônicos, articulações estranhas entre os mesmos, alterações de forma, proporção e escala, e até invenções de novos elementos — práticas nada estranhas à matriz do neocolonial: o historicismo figurativo, nostálgico e eclético.

Além de ter sido objeto das pesquisas dos arquitetos do movimento neocolonial e uma das principais matrizes do estilo, Diamantina também foi uma "vítima" das contradições inerentes às suas idéias e práticas. Em 1932, a igreja matriz da cidade, construída no século XVIII e consagrada a Santo Antônio, foi demolida para que fosse construído um novo templo vazado na linguagem neobarroca nacional, o qual foi concluído 6 nos depois. O projeto é de autoria de José Wasth

---

[4] A esse respeito, ver Campofiorito e Lemos.
[5] A respeito do movimento neocolonial, ver Santos e Amaral.

Rodrigues[6], artista e pesquisador que levantou detalhes da arquitetura colonial em São Paulo, Rio de Janeiro, Minas Gerais e Bahia sob o incentivo e patrocínio de Ricardo Severo. No entender de Lúcio Costa, quando há muito não era mais um escudeiro do movimento neocolonial, a antiga matriz foi "'trocada' pelo monstruoso arremedo ouropretano atual"[7], "substituída por pesada igreja pseudobarroca de feição mais bávara que ouropretana".[8] Com efeito, nessa empreitada, não apenas um prédio original foi demolido para que algo pretensamente mais verdadeiro fosse construído, embora com caráter contemporâneo e em total discordância com a arquitetura local, mas também foi destruída para sempre uma configuração urbana autêntica, já que a inserção do novo templo alterou a conformação, a linguagem e a escala do lugar.

Entretanto, o movimento neocolonial começou a ser questionado por Lúcio Costa ainda em 1924, em sua viagem a Diamantina. Em depoimento de 1982, por ocasião de seu 80º aniversário, o arquiteto afirmou:

> Comecei aí a perceber o equívoco do chamado neocolonial, grotesca mistura de arquitetura religiosa e civil, de pormenores próprios de épocas e técnicas diferentes, quando teria sido fácil aproveitar a experiência tradicional no que ela tem de válido para hoje e para sempre.[9]

Mais: em Diamantina teria começado não apenas a crítica ao movimento neocolonial, mas o próprio modernismo arquitetônico. Em uma entrevista de 1993, ao ser questionado sobre o surgimento nessa viagem da idéia da arquitetura brasileira antiga ser tão simples e construtiva quanto a arquitetura modernista, Lúcio Costa confirmou, citando o antigo Arraial do Tijuco:

> Ela nasce em Diamantina porque Diamantina, para mim, foi uma revelação. Eu não tinha nenhuma noção de uma cidade antiga, colonial, assim, ainda viva. (...) Longe, de trem, trinta e duas horas, de modo que

---

[6] "A Planta da Catedral". *A Catedral*, Diamantina, 25/12/1936.
[7] Costa, "Lúcio Costa por ele mesmo".
[8] Costa, "Diamantina".
[9] Costa, "Lúcio Costa por ele mesmo".

> quando caí em cheio em Diamantina foi uma revelação... A pureza era total. Diamantina não tinha nada de atual, era simples, de pau-a-pique, nada de alvenaria. Não era uma cidade de alvenaria como as outras: Mariana e Ouro Preto. Essa pureza me surpreendeu e eu fiquei encantado. Foi uma revelação. E foi aquele Brasil antigo que vem (sic) à tona."[10]

Em *Registro de uma vivência*, autobiografia de 1995, Lúcio Costa refere-se a Diamantina outras vezes. A primeira é um texto especialmente sobre a viagem à cidade:

> Em 1922 (sic), comissionado pela Sociedade Brasileira de Belas Artes, conheci Diamantina. Foram trinta e tantas horas de trem com baldeação em Corintho. (...)
> Lá chegando caí em cheio no passado no seu sentido mais despojado, mais puro; um passado de verdade, que eu ignorava, um passado que era novo em folha para mim. Foi uma revelação: casas, igrejas, pousada dos tropeiros, era tudo de pau-a-pique, ou seja, fortes arcabouços de madeira — esteios, baldrames, frechais — enquadrando paredes de trama barreada, a chamada taipa de mão, ou de sebe, ao contrário de São Paulo onde a taipa de pilão imperava.
> Pouca vegetação em torno, dando a impressão de que a área de mata nativa, verdadeiro oásis encravado no duro chão de minério, fora toda transformada em casas, talhas, igrejas, e que nada sobrara a não ser conjuntos maciços de jabuticabeiras, bem como roseiras debruçadas sobre a coberta telhada dos portões, nas casas mais afastadas do centro urbano.[11]

Na imagem ímpar de Lúcio Costa, com algumas exceções, as árvores da região foram transformadas em matéria-prima arquitetônica. A baixa resistência das pedras da região para a construção explica o uso predominante da madeira, a dominância do pau-a-pique. Ainda em sua autobiografia, Diamantina aparece como um dos "'ingredientes' da concepção urbanística de Brasília" em uma sentença reveladora: "A pureza da distante Diamantina dos anos vinte marcou-me para sempre"![12]

Entretanto, a consciência dessa importância fundamental não foi gerada pela passagem do tempo. Em 1931, na polêmica travada com o

---
[10] Costa, 1993 76.
[11] Costa, "Diamantina".
[12] Costa, "Diamantina" 282.

patrono do movimento neocolonial, o arquiteto estabeleceu a afinidade entre a arquitetura modernista e a arquitetura tradicional brasileira:

> Foi Bahia e Recife, foram as velhas cidades de Minas que, aos poucos, me abriram os olhos e me fizeram compreender a verdadeira arquitetura, não futurista como o Sr. José Mariano diz (ele sabe perfeitamente que não se trata de futurismos), mas simplesmente contemporânea, em acordo com os nossos materiais e meios de realização, os nossos hábitos e costumes. Nada mais, apenas isso.
> Estudando a nossa antiga arquitetura, não do ponto de vista amador e diletante mais ou menos expansivo do sr. Mariano, mas como profissional, analisando os sistemas construtivos absolutamente honestos em que a fisionomia arquitetônica reflete não mais ou menos, porém fielmente, exatamente a construção, em que tudo de fato é aquilo que parece ser, compreendi a infinita tolice dessa falsa arquitetura que, com uma grandiosa dose de ridículo e romantismo, tendia a se popularizar. Compreendi o absurdo em que estávamos todos, arquitetos, engenheiros, construtores.[13]

8 anos depois, Lúcio Costa chegou a referir-se especificamente a Diamantina e a articular explicitamente as estruturas em pau-a-pique aos montantes estruturais em concreto armado. Em carta a Le Corbusier, datada de 14 de abril de 1939, ao relatar suas viagens naquela época, comenta:

> No começo de 38 fui para Minas, mais uma vez de avião e carro mas agora com montanhas ao invés das planícies do sul. Entretanto a mesma imensidão vazia, a mesma solidão. Até Diamantina, cidade construída de madeira e barro pelos exploradores de diamantes do séc. XVII. Estruturas sobre pilotis![14]

Nesse sentido, o edifício que Lúcio Costa denomina como "pousada de tropeiros" — o mercado construído em 1835 como rancho para os tropeiros e que é, desde a sua última restauração, em 1998, o Centro Cultural David Ribeiro[15] —, exemplifica bem a sua leitura "modernista" da arquitetura de pau-a-pique. O vínculo existente entre a verdade construtiva do passado e a do presente — a similitude entre a estrutura

---
[13] Costa, "Uma Escola Viva de Belas-Artes" 47-8.
[14] Costa, "Carta a Le Corbusier" 190.
[15] "Viaje pela história, conheça Diamantina" (folheto turístico).

em madeira independente do fechamento em taipa de mão ou sebe e a estrutura em concreto armado ou ferro independente do fechamento em alvenaria ou vidro —, permite estabelecer uma afinidade essencial entre a arquitetura tradicional brasileira e a arquitetura racionalista, oferecendo tanto uma forte justificativa para a arquitetura modernista quanto um ponto de partida para a criação de um estilo de conciliação cujas possibilidades o arquiteto exemplificou em uma série de obras iniciadas no final dos anos 1930 — as residências Marinho de Azevedo, Hungria Machado e Barão de Saavedra, o Park Hotel e os edifícios do Parque Guinle, entre outras —, gerando uma vertente dentro do modernismo que ganhou o Brasil.[16]

A "pousada dos tropeiros" também foi importante para outros arquitetos modernistas do Rio de Janeiro. Foi importante para Alcides Rocha Miranda, pois sua primeira tarefa no Serviço de Patrimônio Histórico e Artístico Nacional foi referente ao Mercado Municipal de Diamantina, como ele relatou:

> Queriam demolir o mercado. Fizeram um abaixo-assinado ao Getúlio (Vargas) e ele mandou pra nós (do SPHAN). Fui lá, e só de Belo Horizonte a Diamantina levei 27 horas, num trem de bitola estreita. Cheguei, e vi que era uma beleza, além de estar intacto. Um belo perfil do telhado sobre belas arcadas de cores azul e sangue-de-boi, o piso formando desenhos geométricos, feito de seixos rolados de cristal e de ferro. Tinha muita gente lá me esperando. Quando eu elogiei a construção, houve uma reação desfavorável. Perguntei porque e me chamaram a atenção para o problema do odor, que eu já havia notado na entrada. Aí vi que o mercado precisava era de água e de instalações sanitárias. Como o prédio estivesse na extremidade de um platô, logo se encontrou um local invisível, debaixo dele, para colocar todas as instalações necessárias. Fizemos a obra e ficaram satisfeitos.[17]

O depoimento ajuda a perceber a ressonância desse edifício, como de outros da arquitetura tradicional do Brasil, na obra de Alcides Rocha Miranda, em seu gosto por partidos singelos e pela exploração das peculiaridades plástico-sensoriais dos materiais de construção.

Também para Oscar Niemeyer a "pousada dos tropeiros" foi importante. É o que sugere uma hipótese freqüente em folhetos de

---

[16] A esse respeito, ver Bruand 119-49; Czajkowski 141.
[17] Apud Frota 46-8.

orientação turística, em textos da imprensa local e nos discursos repetidos de modo monocórdio pelos guias infantis que se oferecem para apresentar a cidade aos viajantes. Uma hipótese simples — Oscar Niemeyer teria se inspirado nas arcadas do Mercado de Diamantina para compor os arcos do Palácio da Alvorada, em Brasília. Uma hipótese provincianamente singela — tanto as falas das crianças quanto as páginas dos jornais e folhetos exibem o orgulho próprio do cidadão diamantinense: a cidade teria legado ao Brasil não apenas Juscelino Kubitschek, seu filho mais ilustre, para ser Presidente da nação e criador da nova capital do país, mas também o modelo plástico da residência oficial da Presidência da República. Uma hipótese cuja pretensão é até mesmo limitada, porque inculta — caso conhecessem o edifício-sede da editora Mondadori, em Milão, projeto de Oscar Niemeyer de 1968, veriam no edifício italiano a recorrência de um recurso compositivo presente no edifício diamantinense: a variação dos vãos dos arcos da fachada. Mas uma hipótese que tem certa dose de razão. O edifício do Mercado de Diamantina é um grande salão aberto, pontuado por esteios de madeira que sustentam a cobertura em cerâmica, cuja fachada tem seu principal atrativo no plano de madeira justaposto à estrutura, recortado no belo desenho de uma arcada com ritmo irregular. É, assim, similar ao Palácio da Alvorada, uma caixa regular de vidro com teto plano à qual é acrescida uma arcada na fachada que, além das similitudes formais, é interrompida em certo trecho segundo um arranjo gratuito de composição, enfatizando o seu sentido de elemento justaposto à construção.

Conhecer a "pousada dos tropeiros", Oscar Niemeyer conhecia, pois, no início dos anos 1950, quando Juscelino Kubitscheck foi governador de Minas Gerais, o arquiteto construiu na cidade algumas obras que deram continuidade à sua investigação plástica inovadora a partir das conquistas da técnica e da arte. No clube, de 1950, tem destaque a estrutura de arcos e abóbadas, no hotel e na escola, de 1951, o inusitado aparece em volumes de seção trapezoidal invertida e assimétrica sobre pilotis em "V" também desigual. Além das dissonâncias formais, a implantação desses edifícios descolados das divisas dos lotes e em patamares cortados em terrenos inclinados, de modo que se abram para a bela vista da serra do Espinhaço sobre a qual se debruça o antigo Arraial do Tijuco, implicam em grande contraste com o urbanismo local.

Entretanto, se questionado a respeito, Niemeyer provavelmente refutaria a hipótese. Confirmar seria aceitar uma genealogia para as formas que concebeu, algo incompatível com a lenda construída de uma criatividade fundamentada no desenvolvimento da técnica, no compromisso social e em sua imaginação genial.

Em 1944, ao apresentar o conjunto que projetou, em 1942, para a lagoa da Pampulha, em Belo Horizonte, Oscar Niemeyer dá indicações do caminho novo que procurava desde o final da década de 1930, afastando-se do racionalismo estrito dos seus primeiros projetos, como a Obra do Berço, no Rio de Janeiro, de 1937, e da conciliação de modernidade e tradição presente em algumas de suas obras, como o Hotel de Ouro Preto, de 1940. O arquiteto nega a pertinência dos vínculos com a cultura arquitetônica pretérita e defende a valorização da inventividade aberta pelas técnicas contemporâneas de construção:

> Temos com a maleabilidade enorme dos novos materiais um grande campo de experiências plásticas que não pode ser limitado por compromissos passadistas. Obra de arquitetura deve antes de tudo traduzir o espírito de sua época (...).
>
> A história da arquitetura mostra-nos que a evolução arquitetônica se faz em função das novas conquistas técnicas e sociais e que cada avanço nesses setores solicita e determina uma nova concepção plástica. Isso se verifica mesmo dentro de uma época na qual a arquitetura varia de acordo com os meios por que é executada. Assim, na arquitetura moderna, por exemplo, temos as construções em estrutura metálica que é bem semelhante ao sistema de pau-a-pique, usado no período colonial. Ambos são sistemas que obrigam a um tipo de construção mais ou menos simples, rígido e frio.
>
> A construção moderna, entretanto, feita em concreto armado, nos dá todas as possibilidades, sugerindo logicamente uma concepção plástica diferente, mais livre em forma e movimento. Realmente, não será com a adoção de um estilo fácil convencional que demonstraremos as enormes possibilidades desse processo construtivo.[18]

Oscar Niemeyer parte da relação estabelecida por Lúcio Costa entre os sistemas estruturais antigos e contemporâneos, mas associa as estruturas metálicas ao sistema de pau-a-pique e ao rigor, em oposição à liberdade possível nas construções em concreto armado, a seu ver, mais pertinentes para tradução do *Zeitgeist*, o "espírito da época".

---

[18] Niemeyer, "Pampulha: Arquitetura" 132.

Se, no texto de 1944, Niemeyer ressalta os vínculos de sua arquitetura com a contemporaneidade, em 1950, no livro organizado por Stamo Papadaki sobre a sua obra, indica o rumo da pesquisa arquitetônica e estabelece uma conexão entre o presente e o passado da arquitetura local:

> A arquitetura no Brasil, dominando o estágio do *Funcionalismo ortodoxo*, está agora à procura de *expressões plásticas*. É a extrema maleabilidade dos presentes métodos de construção juntamente com o nosso intuitivo amor pela curva — uma afinidade real com o Barroco dos tempos coloniais — que sugere as formas livres de um novo e admirável vocabulário plástico.[19]

Passou, portanto, não só a admitir, mas, também, a incentivar a associação de *Zeitgeist* a *Volksgeist*, do "espírito da época" com o "espírito do povo".

Nos seus escritos posteriores, Oscar Niemeyer não nega que haja vínculos de sua obra com a tradição. Entretanto, no seu entender, essa relação nunca decorre de um edifício ou um estilo arquitetônico em particular, diz respeito sim a um entendimento específico sobre o seu ofício. Em *A forma na arquitetura*, ao apresentar a história da arquitetura como uma oposição entre o privilégio dado à função ou à forma, vê, no primeiro caso, frieza e monotonia, e declara procurar em seus projetos criatividade, invenção e lirismo, beleza, fantasia e surpresa. Algo que não vê como extemporâneo, pois se a técnica e a função possibilitam e ensejam a liberdade projetual, é justo imaginar "os vãos imensos, as formas livres que o concreto armado permite e os temas modernos solicitam."[20] Discorrendo sobre a oposição entre o academicismo e o modernismo, esclarece o sentido de sua opção inicial pelo funcionalismo:

> Durante os primeiros tempos procurei aceitar tudo isso (rigorismo estrutural opressivo) como uma limitação provisória e necessária, mas depois, com a arquitetura contemporânea vitoriosa, voltei-me inteiramente contra o funcionalismo, desejoso de vê-la integrada na técnica que surgira e juntas caminhando pelo campo da beleza e da poesia.[21]

---

[19] Niemeyer apud Papadaki.
[20] Niemeyer, *A forma na arquitetura* 16.
[21] Idem 22.

Explicitando, a seguir, as raízes de sua opção arquitetônica, inclui, além das formas naturais, as formas arquitetônicas criadas pelo homem.

> E essa idéia passou a dominar-me, como uma deliberação interior irreprimível, decorrente talvez de antigas lembranças, das igrejas de Minas Gerais, das mulheres belas e sensuais que passam pela vida, das montanhas recortadas esculturais e inesquecíveis do meu país.[22]

As formas criadas pelo homem em Minas Gerais não são, contudo, as únicas referências do arquiteto, pois outras aparecem no texto: as abóbadas, os arcos e as ogivas, as pirâmides do Egito e o Palácio dos Doges, em Veneza.

Caso tenha se apropriado das formas arquitetônicas pretéritas, Oscar Niemeyer não foi o primeiro arquiteto modernista a fazê-lo. Lúcio Costa já havia incorporado um muxarabi à residência Hungria Machado, no Rio de Janeiro, de 1942. E até mesmo Le Corbusier o teria feito na perspectiva do gigantesco edifício curvilíneo que projetou para Argel, em 1930: a fachada composta por uma estrutura ortogonal acolhe em determinado momento uma arcada islâmica, ainda que se possa dizer que não é propriamente uma citação historicista, mas a incorporação de um elemento da cultura arquitetônica local ainda vigente (embora seja de qualquer modo uma figura do "passado"), um procedimento que Le Corbusier adotou no fim dos anos 20 em sua revisão crítica do purismo em obras como a casa em Mathes e a casa Errazuris.

Entretanto, toda essa argumentação não visa nem consegue provar que a arcada do Mercado de Diamantina é a origem formal das arcadas do Palácio da Alvorada. Provavelmente não é, ou se é, não é a única matriz. Podem ser lembradas outras hipóteses aventadas no anedotário arquitetônico: as formas das colunas seriam transposições plásticas das funções matemáticas das forças nelas atuantes — hipótese que vincula forma e estrutura — ou estariam presentes em outros exemplares da arquitetura tradicional do Brasil, sendo uma reminiscência infantil de uma bandeira de janela da casa em que o arquiteto nasceu, como propôs Antônio Pedro de Alcântara. Pode-se argumentar também que são próximas das formas da arte contemporânea das esculturas abstratas e concretas, tidas em alta conta no Brasil à mesma época.

---
[22] Idem 22.

O interessante é ver como a hipótese de Oscar Niemeyer ter-se inspirado na arquitetura da "pousada dos tropeiros" para projetar a residência oficial da Presidência da República, seja ela verdadeira ou falsa, foi aventada por alguém em algum momento e ainda persiste. Persistência essa que implica outra leitura sobre a arquitetura de Diamantina e, conseqüentemente, outra relação da arquitetura brasileira antiga com a arquitetura modernista. Nesse sentido, a análise do Palácio dos Doges feita pelo arquiteto dá a ver o seu entendimento da função da forma na arquitetura e permite conectar o edifício em Brasília ao Mercado de Diamantina. Ao comentar o contraste entre o grafismo curvilíneo das colunas do palácio veneziano e o plano extenso e liso que suportam, Niemeyer justifica a função da forma como sendo a de criar beleza. Para além de suas funções estruturais — efetivamente fictícia no caso do rancho dos tropeiros e apenas verossímil no caso da residência presidencial —, as arcadas do Mercado em Diamantina e do Palácio em Brasília teriam, portanto, uma função estética.

Assim, no campo arquitetônico brasileiro, é possível observar não só interpretações variadas da arquitetura luso-brasileira, mas, também, modos distintos de apropriação desse passado, tanto para a construção da tradição arquitetônica nacional quanto para a constituição de novos edifícios. As diferenças residem menos na tradição eleita como símbolo do país, pois as obras arquitetônicas do período colonial e, especialmente, as mineiras, foram transformadas em emblemas da nação, do que no modo como interpretam essa arquitetura. Visões distintas da arquitetura luso-brasileira e da arquitetura contemporânea subsidiaram práticas variadas de apropriação de seus princípios e de sua linguagem. O exemplo do passado permitiu estabelecer e defender diferentes relações entre técnica e forma na arquitetura contemporânea.

Enquanto para os adeptos do movimento neocolonial Diamantina ofereceu um elenco de formas que poderia ser manipulado com vistas à criação de um estilo tradicional brasileiro em acordo com a teoria do estilo historicista — figurativa, nostálgica e eclética —, para os defensores do racionalismo modernista, a cidade funcionou de modo diversificado. Lúcio Costa encontrou em sua arquitetura de pau-a-pique um precedente artesanal da construção industrial, um exemplo pretérito do rigor construtivo a ser procurado nas construções contemporâneas com estruturas em concreto armado ou em aço; uma valorização da verdade técnica vinculada a uma teoria da arquitetura baseada na cultura da tectônica, tal como historiada e defendida por Kenneth Frampton. Se aceita a hipótese corrente na cidade, Oscar Niemeyer teria ali encontrado um exemplar arquitetônico cuja liberdade formal, não submissa aos ditames da construção, justificava sua defesa da invenção plástica a partir das conquistas técnicas contemporâneas; uma valorização da invenção formal a partir, mas também não compromissada com a explicitação da verdade da técnica, a qual pode ser relacionada à teoria do "abrigo decorado" de Robert Venturi, da arquitetura como um galpão "revestido" por uma membrana significante.

Entre outras questões, essa relatividade na interpretação e na apropriação do passado importa porque libera as obras em estilo neocolonial do juízo negativo quase unânime que têm na historiografia da arquitetura no Brasil. Se Lúcio Costa empreendeu uma leitura tectônica e essencialista de Diamantina que valoriza a verdade da construção (embora em outras ocasiões, como no citado exemplo da casa Hungria Machado, tenha feito apropriações figurativas), tanto os adeptos do movimento neocolonial quanto Oscar Niemeyer fizeram uma interpretação formal e "cenográfica" do passado arquitetônico: os primeiros de modo figurativo, o último, de maneira abstratizante.

Sem querer insistir na mistificação contida na idéia de que Minas Gerais é a alma brasileira, hoje, quando a arquitetura no Brasil parece seguir mais ou menos às cegas caminhos mal traçados, talvez seja o momento de viajar para Diamantina e estudar sua arquitetura, de afinar o timbre na cidade que é uma pedra de toque para a arquitetura brasileira do século XX.

Bibliografia

Amaral, Aracy (org.). *Arquitectura neocolonial: América Latina, Caribe, Estados Unidos*. São Paulo: Memorial, Fondo de Cultura Económica, 1994.

Bruand, Yves. *Arquitetura contemporânea no Brasil*. São Paulo: Perspectiva, 1981.

Campofiorito, Ítalo. "Muda o mundo do patrimônio. Notas para um balanço crítico". *Revista do Brasil*. Rio de Janeiro: 1985 (ano II, n. 4): 32-43.

Costa, Lúcio. "Carta a Le Corbusier". Rio de Janeiro, 14/abril/1939. Santos, Cecília Rodrigues dos et alii (orgs.). *Le Corbusier e o Brasil*. São Paulo: Tessela; Projeto, 1987.

_____. "Lúcio Costa por ele mesmo". *Jornal do Brasil*, Rio de Janeiro, 27/fev/1982.

_____. "Uma Escola Viva de Belas-Artes". Alberto Xavier (org.). *Arquitetura moderna brasileira: Depoimento de uma geração*. São Paulo: PINI, 1987. 47-8.

_____. "Lúcio Costa: revelações de 90 anos". Entrevista a Alfredo Britto e Italo Campofiorito. *Piracema*. Rio de Janeiro: FUNARTE/IBAC, n. 1, 1993.
_____. "Diamantina". Costa, Lúcio. *Registro de uma Vivência*. São Paulo: Empresa das Artes, 1995. 26-9.
Czajkowski, Jorge. "Breve notícia sobre pesquisa. O nativismo carioca: uma arquitetura entre a tradição e a modernidade". *Gávea*, Rio de Janeiro, PUC-Rio, n. 6, dez. 1988.
Frota, Lélia Coelho. "Mestre Alcides". Frota, Lélia Coelho. *Alcides Rocha Miranda. Caminho de um arquiteto*. Rio de Janeiro: UFRJ, 1993, 46-8.
Lemos, Carlos. *Alvenaria burguesa*. São Paulo: Nobel, 1985.
Niemeyer, Oscar. *A Forma na Arquitetura*. Rio de Janeiro: Avenir, 1980
_____. "Pampulha: Arquitetura". Alberto Xavier (org.). *Arquitetura moderna brasileira: Depoimento de uma geração*. São Paulo: PINI, 1987.
Papadaki, Stamo. *The Work of Oscar Niemeyer*. New York: Reinhold, 1950.
Pestana, Til Costa. "Diamantina". Walter Rossa (org.). *Universo urbanístico português 1415-1822*. Coimbra: CNCDP, 1999.
Santos, Cecília Rodrigues dos et alii (orgs.). *Le Corbusier e o Brasil*. São Paulo: Tessela; Projeto, 1987.
Santos, Paulo. *Quatro séculos de arquitetura*. Rio de Janeiro: IAB, 1981.
"A Planta da Catedral". *A Catedral*, Diamantina, 25/12/1936.
"Viaje pela história, conheça Diamantina". Diamantina: Prefeitura Municipal de Diamantina — Secretaria Municipal de Cultura e Turismo, s. d. (folheto turístico)

Mercado Municipal de Diamantina
ou Pousada dos Tropeiros, Diamantina, MG, séc. XIX.

Mercado Municipal de Diamantina
ou Pousada dos Tropeiros, Diamantina, MG, séc. XIX.

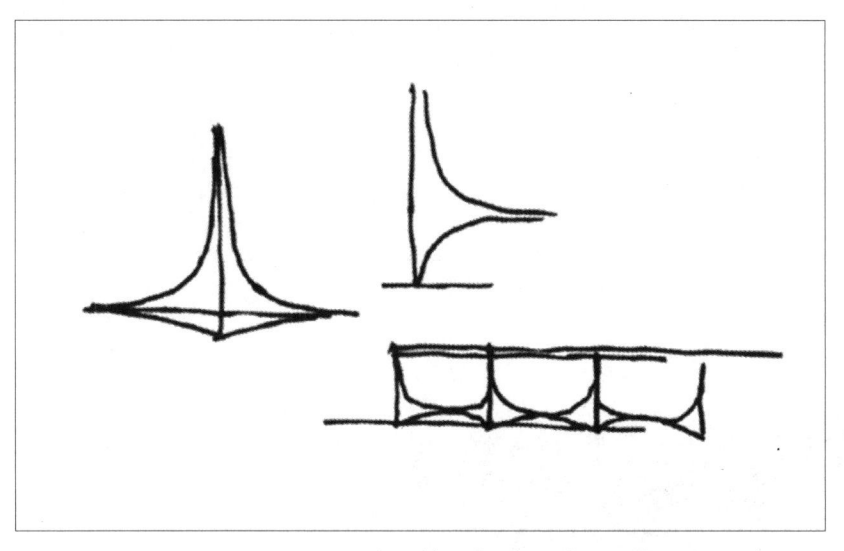

Oscar Niemeyer. Croquis do Palácio da Alvorada, Brasília, DF.

Oscar Niemeyer. Croquis da Editora Mondadori, Milão, 1968.

Le Corbusier. Plan Obus, Argel, 1930.

A IMAGEM DO ÍNDIO BRASILEIRO — ESCULTURA, REGIONALISMO E DISPUTA SIMBÓLICA

Paulo Knauss[1]

Leituras do passado

Em 1922, o centenário da Independência do Brasil provocou inúmeras comemorações. O evento oficial foi a Exposição Universal, que se realizou no Rio de Janeiro com uma longa e intensa programação. Para sua realização na Capital Federal foi iniciado o desmonte do morro do Castelo, lugar onde a cidade havia sido estabelecida no início dos tempos coloniais. Na área derrubada do antigo morro instalaram-se pavilhões, representando diversos países do mundo, além de um parque de diversões cheio de atrativos diários. Ao festejar o passado, o espaço da capital se desfazia da mais antiga marca de sua história, renovando seu ambiente a partir de edificações destinadas a abrigar representações de sociedades estrangeiras. A arquitetura foi a linguagem que recebeu a missão de atualizar a paisagem da cidade com base nos padrões de culturas tradicionais, valendo-se dos estilos históricos — a arquitetura européia barroca e neoclássica, o gênero mourisco e o neocolonial. As referências às culturas nativas do Brasil ficaram relegadas secundariamente às vitrines da exposição no pavilhão brasileiro. Essa iniciativa internacionalizante caracterizou-se como um empenho para a integração do Brasil nos quadros da cultura ocidental.[2]

---

[1] Professor do Departamento de História da Universidade Federal Fluminense / Laboratório de História Oral e Imagem / UFF. Organizador de *Cidade vaidosa. Imagens urbanas do Rio de Janeiro* (Rio de Janeiro: Sette Letras, 1999).

[2] Uma caracterização genérica da Exposição Universal e uma análise acerca dos tratamentos que envolveram a derrubada do morro do Castelo no Rio de Janeiro encontra-se em Motta.

Na cidade de São Paulo, a Semana de Arte Moderna promovia uma outra comemoração da Independência, que resultou em discussão acerca do Brasil e sua inserção no Ocidente. Contudo, no caso do evento paulista, a iniciativa era crítica em relação à programação oficial. A ocasião permitiu a introdução do sentido de vanguarda no Brasil. Destacaram-se personalidades, que apareceram, nos anos seguintes, com uma produção artística que buscava inspiração nas culturas nativas do Brasil. É o caso do desenvolvimento da obra musical de Heitor Villa-Lobos, por exemplo, ou do grupo antropofágico, reunido em 1928, em torno da liderança de Oswald de Andrade e da máxima do *"tupy or not tupy"*. Do ponto de vista da escultura, Victor Brecheret destacou-se ao expor o modelo de seu monumento comemorativo da Independência, que integrava na composição escultórica figuras indígenas, tematizando a nação a partir do mito fundador das três raças.

Tratava-se de um projeto de monumento preterido no contexto das discussões sobre o concurso público, realizado em 1919, em favor do monumento oficial que seria erguido no parque do Ipiranga e existente até hoje.[3] Não apenas as soluções formais distinguiam as duas obras, mas, sobretudo, seu tratamento temático. A peça oficial era de autoria do escultor italiano Ettore Ximenez, que ficou conhecido internacionalmente na sua época pela obra dedicada ao czar da Rússia e que não chegou a ser realizada após a Revolução Bolchevique. Sob a mesma inspiração, sua criação dedicada à Independência do Brasil, localizada em São Paulo, compõe-se de uma alegoria feminina de padrões clássicos, representando a Independência na figura de uma mulher em biga romana, cercada de outras figuras humanas alegóricas. Este conjunto escultórico encima uma estrutura escalonada de perspectiva frontal e verticalizada, estabelecida sobre uma imensa escadaria, que nivela o declive do terreno, complementada por outras alegorias escultóricas secundárias e isoladas. A escadaria serve de soco para um primeiro pedestal largo de base, voltado para o rio Ipiranga, cuja face frontal consiste numa representação em relevo de bronze da famosa pintura histórica do *Grito do Ipiranga*. Acima disso, se localiza o pedestal secundário e central que ergue o conjunto escultórico que tematiza o evento histórico da Independência na paisagem da cidade. Notadamente, o que se observa é o caráter acadêmico da criação de Ettore Ximenez.

---

[3] A história do concurso de 1919 é tratada por Amaral.

Por sua vez, a peça modernista de Brecheret representava o movimento colonial das Bandeiras. Os contrastes entre as duas obras são grandes. Ao contrário da ênfase no bronze e na perspectiva frontal e vertical da obra de Ettore Ximenez, o monumento de Brecheret é esculpido em pedra e possui uma estrutura horizontalizada que enfatiza a perspectiva do perfil, ligeiramente diagonalizada por uma linha ascendente. No *Monumento às Bandeiras*, o conjunto de figuras enfileiradas representa o esforço para puxar uma embarcação de carga e tematiza a ação bandeirante, salientando a força física e a organização coletiva da entrada no sertão. No estudo mais antigo, observa-se uma maior artificialidade das figuras representadas por corpos em contorção e perfil, além de uma tendência alegórica sublinhada pelo contraste de figura vertical representando um anjo no extremo posterior. Ao contrário, a solução final de 1953, em pedra de granito cinza, eliminou a alegoria do anjo e deu às figuras um tratamento mais expressivo, acentuando as massas corporais, o que confere rigidez à forma. O caráter dinâmico da composição plástica é obtido a partir da linha ascendente do perfil do conjunto, que é conferido pela inclinação das figuras, representando o movimento de puxar a carga e avanço, bem como pela colocação de algumas figuras de lado e outras de perfil, multiplicando o foco sobre a escultura.

Na comparação da Exposição Universal com a Semana de Arte Moderna, o primeiro evento ficou identificado pela associação com as culturas estrangeiras históricas, enquanto o segundo buscou relacionar a vanguarda internacional contemporânea com matrizes culturais do passado anterior à colonização. Certamente o emblema indígena foi um elemento diferenciador. O evento na Capital Federal caracterizava-se por padrões formais consagrados e valores tradicionais, enquanto o movimento modernista foi marcado pelo espírito de vanguarda, por valores futuristas e por uma dose de extemporaneidade. Como é comum nessas ocasiões, eventos paralelos ocorrem, evidenciando a importância da mobilização em torno da significação de um fato da história nacional. As comemorações da Independência do Brasil serviam como pretexto para dar publicidade a várias leituras do passado e, sobretudo, fortalecer projetos sociais distintos para a sociedade nacional.

De qualquer forma, as iniciativas e os debates se multiplicaram, inclusive pela participação de outros países. A ausência à referência indígena por parte do discurso oficial foi quase absoluta, havendo apenas um registro, ainda que discreto, acerca das culturas indígenas e do processo colonizador. Essa exceção coube ao governo do México que ofereceu à sociedade brasileira uma estátua de Cuauhtémoc, o último rei azteca, que foi derrubado pelos colonizadores espanhóis. A figura indígena em bronze é representada com manto e capacete, empunhando uma lança, na posição de guerra reunindo no mesmo emblema a referência indígena e clássica. A estátua está colocada sobre um pedestal alto de ligeira sugestão piramidal, de cantos chanfrados com um entablamento escalonado, com inscrição e medalhão na face frontal, que se completa com um soco do mesmo material, que se destaca pelo volume saliente dos cantos do pedestal, conferindo uma dinâmica diagonalizada às linhas da base do monumento, que se acentua pelo relevo de voluta geometrizada pelos ângulos de marca *art déco*. Importa frisar que o emblema mexicano deveria representar a solidariedade dos dois povos a partir da associação com o passado pré-colombiano e a imposição do domínio colonial na América. O fato é que a iniciativa mexicana repercutiu no meio da classe política do Brasil.[4]

Olhar sobre a civilização

Em 30 de setembro do mesmo ano de 1922, na Câmara de Deputados foi apresentado um projeto de homenagem à raça indígena no Brasil, motivado pela imagem mexicana.[5] O deputado Tavares Cavalcanti, representante do Estado da Paraíba, propunha a elaboração de um monumento ao índio Poti, batizado de Antonio Felipe Camarão. Na sua justificativa o deputado anotava que "no tempo da Independência o índio brasileiro foi como que escolhido para simbolizar o Brasil livre", considerando, entretanto, que seria um anacronismo voltarmos àquela concepção. Mesmo assim, defendia que a ocasião do centenário da Independência deveria "render um culto de reconhecimento e de afeto a uma raça quase extinta, que foi um dos grandes elementos formadores da nossa nacionalidade", pretendendo uma renovação do valor simbólico do indígena. Assim, de acordo com a proposta, o conceito de independência se articulava com a formação da nacionalidade

---

[4] Para um aprofundamento acerca da participação mexicana nas comemorações do Centenário da Independência do Brasil consulte-se Tenório. Quanto ao histórico da estátua, nos arquivos do Arquivo Nacional do Rio de Janeiro, uma notícia no *Correio da Manhã* e fotos indicam que chegou a ser pretendida a sua transferência para o bairro da Glória, sob a justificativa de que um rei só poderia ter como lugar a glória. Importa salientar a força simbólica das imagens urbanas e especificamente dessa imagem feita quase 40 anos antes e que manteve atualizado seu poder simbólico.
[5] *Diário do Congresso Nacional*. Rio de Janeiro, setembro de 1922, 3760-2.

no Brasil, caracterizada pelos seus traços raciais. A certa altura, a justificativa acrescentava ainda que "o brasileiro" derivava de "elementos étnicos componentes". Assim, ser brasileiro significava pertencer a um grupo racial e, por conseqüência, a independência nacional era demarcada pela unidade da raça.

Ao lado disso, o pronunciamento do deputado enfatizava que o "elemento aborígene" teria sido "proscrito pela civilização", mesmo tendo "prestado grandes e reais serviços à própria causa da civilização que os veio assimilar e extinguir". Desse modo, a história da nacionalidade, caracterizada pela história racial, confundia-se igualmente com a história da civilização. Essa associação fica explícita na referência à iniciativa mexicana, definida como "monumento comemorativo das raças e das civilizações pré-colombianas do nosso continente". A relação estabelecida com a Independência transformava esse fato da história do Estado em dado da história da raça e da civilização. Assim, em poucas palavras, as civilizações se identificavam com nacionalidades particulares, demarcadas por critérios raciais e pelo Estado, segundo o projeto proposto na Câmara de Deputados.

Em outra parte, o objeto da proposta era definido como "um olhar de recordação, um olhar de saudade, um olhar de gratidão para com as figuras originárias desta nossa pátria amada".[6] Nesse contexto, o projeto se sustentava no recurso ao sentido visual. Desse modo, o olhar se define como instrumento de uma lembrança sentimental, e o objeto visual se definia como elemento mnemônico de base afetiva, que estabelece a empatia, capaz de tecer as relações entre passado e presente, ultrapassando a distância imposta pelo tempo. A recordação, portanto, era demarcada afetivamente pelo sentimento saudoso e como gesto de agradecimento, acompanhados ainda pela referência ao amor. É assim que o produto escultórico final era concebido como instrumento de lembrança de personagens da terra nacional e de um tempo anterior e a sensibilidade a ser despertada deveria ser investida em biografias exemplares da pátria. Desse modo, o sentido sensível e a afetividade mediavam o conteúdo da iniciativa, garantindo a identificação com uma vida humana modelar que estabelecia uma ponte com a história do passado e o espaço da pátria. A história e a escultura narrativa eram transformadas em recursos didáticos para a promoção e instrução de um modelo de civismo que se sustentava na mobilização da subjetivi-

---

[6] Idem.

dade humana. Resumidamente, o sentido da visão, a afetividade e a biografia eram instrumentos para definir a história da raça identificada com o Estado nacional no Brasil, demarcando a medida da civilização.

Emblema do Estado

Tendo estabelecido os princípios gerais, tratava-se de pensar na elaboração da iniciativa. A proposta acompanhava a mesma noção de monumento consagrada desde a estátua eqüestre de D. Pedro I. Baseava-se na recordação de um personagem histórico, concebido como um herói capaz de uma ação extraordinária e que fosse fundadora da nação. Desse modo, o tratamento propunha um problema em torno da escolha do personagem e da biografia. Para tanto, era preciso escolher uma biografia exemplar que encarnasse uma ação histórica a ser guardada pela posteridade. Além disso, era preciso que essa ação fosse um fato formador da nacionalidade, no caso associada ao elemento racial, definida como civilização e representada pelo Estado.

Vale observar que o tratamento biográfico na imaginária urbana tem uma tradição construída em torno do enunciado da gratidão dedicada ao personagem representado. Isso ocorre ao menos desde a inauguração da estátua eqüestre de D. Pedro I, no Rio de Janeiro, proposta inicialmente em 1825 e inaugurada em 1864. Essa primeira imagem urbana do Brasil apresenta o monarca em situação eqüestre, assentado sobre o tempo, registrado no gradil pela inscrição das datas da cronologia da Independência do Brasil, e no espaço a partir de alegoria dos quatro rios — Madeira, Amazonas, São Francisco e Paraná — representados por elementos da fauna e por tipos indígenas, compondo o pedestal. Curiosamente, os índios aparecem associados ao espaço e não integrados à nação aludida pela Constituição que o personagem do Estado traz na mão como seu outorgante. Os índios, desse modo, são representados como parte da geografia nacional e não como atores da história nacional. Assim, a escultura representa o monarca, cuja ação está fundada no tempo e no espaço, identificando o Estado como construtor da nação. A gratidão do povo ao personagem investido de sujeito da história ficou registrada na inscrição do pedestal.[7]

Em certa medida, o monumento nacional ao índio pretendido pelo deputado em 1922 guardava alguma identidade com a iniciativa

---

[7] Para uma reflexão maior acerca dessa estátua, consulte-se Maria Ribeiro, "Memória de bronze", e Fridman.

imperial. Sua marca era enfatizar a incorporação do índio à formação da nação a partir da composição racial da nacionalidade. O projeto de Tavares Cavalcanti de homenagem à raça indígena do Brasil defendia o índio Poti, que, depois de convertido ao cristianismo, passou a ser conhecido como Antonio Felipe Camarão.[8] Sua biografia se relaciona ao evento da batalha de Guararapes, marcando o fim da dominação holandesa no Brasil colonial e reafirmando a dominação lusitana. A fala do parlamentar afirmava que tinha sido "preciso escolher o período culminante da nossa vida colonial e nessa época também o vulto mais elevado, o mais nobre da raça indígena." Prosseguia afirmando que o período da vida colonial foi "de sacrifícios e trabalhos, em que a nacionalidade brasileira começou a afirmar-se nas lutas contra os invasores holandeses", instante em que "houve a verdadeira convergência, quer das três raças formadoras, quer da raça brasileira, então formada". A argumentação ressaltava, ainda, que o personagem escolhido nunca teria lutado "contra os que vinham trazer-nos o batismo da catequese", sendo "sempre o braço direito nas lutas, quer contra os seus irmãos selvagens, quer contra os invasores estrangeiros", além de "dedicado à causa nacional". Tinha-se, desse modo, a biografia e o fato fundador da nacionalidade relacionados ao elemento racial que garantia a coesão da sociedade através dos tempos. Acrescentavam-se, no entanto, ao lado da questão racial, a religião e a Igreja como outro fator da construção da nacionalidade e de iniciação à civilização.

Dessa forma, se entende também que a proposta incluísse a representação de Dona Clara Camarão, a esposa do herói indígena. Assim, o monumento poderia ser igualmente percebido como uma "glorificação da mulher brasileira", conforme considerou um deputado interlocutor. A representação de um casal convertido, além de aludir ao sacramento do casamento pela Igreja, sugeria a relação com a descendência, enfatizando o laço racial tão importante na conceituação simbólica do projeto. O casal sintetizava o conceito de civilização e nacionalidade sustentado na condição racial e religiosa.

Todavia, a biografia e o fato são identificados com o motivo religioso, seja pela caracterização dos inimigos como protestantes, seja pelo fato de o personagem haver optado pelo catolicismo a partir do sacramento do batismo. Portanto, a particularidade do grupo nacional era ainda afirmada pela definição do grupo rival como estrangeiro e invasor. O fato,

---

[8] *Diário do Congresso Nacional*. Rio de Janeiro, setembro de 1922, 3760-2.

além disso, caracteriza-se como feito militar, marcado pelo risco e pela dificuldade penosa da ação. Reúnem-se, assim, os elementos heróicos necessários para afirmar positivamente a especificidade dos vitoriosos, homogeneizados pela confluência das raças e pela Igreja católica.

Os personagens foram escolhidos por terem estado "sempre ao lado da causa da civilização, que se procurava implantar na América" e pelas "qualidades extraordinárias de patriotismo, de dedicação à causa pública, que nunca desfaleceram em nenhum dos períodos angustiosos da nossa história". Ao longo da explanação do deputado, o elemento pré-colombiano é definido como selvagem — assim como o nome Poti — e a civilização é o sentido do processo histórico, que resulta na construção da nação. A chave é a conversão religiosa que resume a iniciação civilizadora. A história biográfica de Poti, transformado em Antonio Felipe Camarão, torna-se não apenas um exemplo heróico, mas igualmente um resumo da história nacional, concebida como processo de construção da civilização. Por ser um "grande expoente da raça indígena no Brasil", "um grande nome", um "vulto da história brasileira" é que "devia ser escolhido para, ao lado do herói mexicano, representar a grandeza do aborígene brasileiro".

Desse modo, as ações do personagem que são valorizadas se associam à construção da civilização identificada pela Igreja — através da conversão — e do Estado nacional — reconhecido na Independência e na homogeneidade racial. Portanto, verifica-se que a recordação pretendida operava seletivamente, enfatizando a história do Estado. Reconhecer o modelo biográfico equivalia a reconhecer o valor da dedicação ao Estado e que se define como referência principal da história. O índio e a Sociedade ganham sentido na medida em que se relacionam com a afirmação das estruturas do Estado nacional.

Questão regional

O debate se instalou em torno do emblema do herói. O consenso quanto à concepção da homenagem não foi questionado. A querela se desenvolveu em torno do personagem que deveria personificar a recordação pretendida. Por isso mesmo, provavelmente, em sua fala o autor do projeto de monumento fez questão de registrar que a escolha de Poti não pretendia "obscurecer" outros nomes, e citava os exemplos de Araribóia, Tibiriçá, ambos batizados com o nome de Martim Afonso.[9]

---
[9] Idem.

Esse último era mencionado como "herói paulista, cujo nome ressoa e ressoará nas tradições gloriosas daquele Estado do Sul". Citava ainda "aquele povo que, no nordeste", dizia o deputado, "foi o melhor aliado dos portugueses, a célebre nação Tabajara", citando os nomes de Piragibe, Guiragibe, Tabira e Uirá-Uby. A certa altura, outro parlamentar, Napoleão Gomes, interpelava o orador destacando os Terena, "que auxiliaram grandemente as forças brasileiras na célebre retirada da Laguna"; e mais outro — o deputado Americano do Brasil (nome curioso para a situação!) — recordava, que ao referir-se aos índios do norte e do sul, não se podia deixar de mencionar os do centro, como os Apinagé, que, "em 1823, auxiliaram as forças legais, batendo os insurrectos do sul do Maranhão e norte de Goiás". Talvez, por isso mesmo Tavares Cavalcanti continuava sua justificação, citando ainda os Cariri do nordeste e os Corema, que resistiram de início e, posteriormente, se entregaram à paz com o colonizador. Mas o grande rival de Poti que se anunciava era o nome de Araribóia, referido mais de uma vez.

Respondendo às anotações de outros parlamentares, o autor do projeto do monumento à raça indígena do Brasil, além de frisar conclusivamente que "não há Estado (...) não há região do Brasil, onde não tenha caído o sangue generoso do selvagem, ora trucidado injustamente, ora sacrificado (...)", salientava que o seu "pensamento era mesmo irmanar os indígenas do sul com os do norte". E concluía sua proposta, dizendo que se tratava de uma comemoração, "em que devem estar igualmente representados os indígenas de todas as épocas e de todas as regiões do Brasil". O objetivo, portanto, era a unificação dos tempos e dos espaços.

Como se pode perceber no discurso de justificativa do projeto e dos comentários do plenário da Câmara, o problema em torno da escolha do herói se confundia com a questão nacional. Era preciso que o monumento se tornasse uma representação da unidade nacional no tempo e no espaço, estabelecida e afirmada desde a Independência, cujo centenário se comemorava. De alguma forma, a eleição de um personagem indígena da história nacional tinha que se articular com a incorporação de todas as regiões do país na União nacional. Os indígenas eram mencionados como representantes de parcelas regionais do Estado nacional. Fundamentalmente, o monumento esbarrava, assim, na questão federativa, problematizando as bases da inserção das estruturas políticas regionais na ordem da sociedade nacional. O nacional era assim atravessado pelos regionalismos que se traduziam em torno das disputas pela imagem do índio brasileiro.

Esse aspecto não podia deixar de provocar outras manifestações. Adolfo Morales de los Rios esboçou um estudo acerca do projeto de construção do monumento ao indígena brasileiro, iniciativa valorizada pelo autor a partir da menção dos exemplos da estátua de Capolican, em Santiago do Chile, e o monumento a Blackhawk, ou o Pele Vermelha, em Illinois, nos EUA. Segundo o arquiteto espanhol — radicado no Brasil e de grande prestígio na época — "a maioria mostrara suas preferências pelo Araribóia", contraposto ao nome de Poti, por exemplo. Um escritor anônimo chegou a escrever em *O Imparcial* uma crônica, datada de 27 de dezembro de 1922, com o título "Um pouco de História — Poti não foi maior que Araribóia". A matéria destacava que, se o intento do monumento era destacar a "colaboração na formação da nossa nacionalidade", os serviços militares de Araribóia teriam sido mais "relevantes", pela comparação com o contingente liderado por Poti. Pendia a favor de Araribóia o argumento de um maior número de nativos liderados, o destaque de sua atuação também em período de paz e sua longevidade. Ademais, o herói da batalha de Guararapes "não sobreviveu às suas glórias militares", ao passo que Martim Afonso — o Araribóia — que, depois de colaborar decisivamente para a expulsão dos rivais europeus, "torna-se um elemento civilizador, continuando a prestar, na paz, excelentes serviços à metrópole".[10] Os critérios que se impõem são de ordem quantitativa, no sentido militar e temporal — garantia da perenidade de sua influência.

Importa observar que os termos permitem a comparação entre os dois personagens da história: ambos eram índios e comandaram contingentes guerreiros a favor das forças lusitanas; arriscaram suas vidas em feitos militares contra europeus protestantes; se cristianizaram e se colocaram a serviço do projeto colonizador; resumidamente, ambos são caracterizados por terem deixado a condição de selvagem, defendendo a civilização. Com esses termos se avaliava a importância dos personagens indígenas para a história da formação da nacionalidade. Na verdade, o debate que se instalava não mudava os conceitos da discussão, apenas provocavam seu rearranjo a partir de informações disponíveis que levavam a aprofundar a concepção. O debate se desenvolvia sem recolocar efetivamente os pontos da discussão e perceber os limites da conceituação proposta. Os termos, assim, podiam sempre ser requalificados, revelando o verdadeiro problema, que era a questão da unidade

---

[10] IHGB, lata 788, Pasta 3, Adolfo Morales de los Rios, s.d.

nacional face aos regionalismo, tal qual formulado pelo pensamento hegemônico da época.

Não sem razão, como se vê, no tempo do Império a identificação do Estado com o indianismo recaiu sobre a idéia de um "índio genérico", composto da reunião de elementos indígenas descontextualizados, cujas qualidades não continham rigor com as referências reais. Dessa forma, ainda que o índio não fosse incorporado à nação politicamente definida, era possível associar simbolicamente a cultura indígena com o espaço natural, reforçando a noção de pátria, sustentada no nativismo.[11]

Disputa simbólica

Provavelmente, por se haver apresentado muito complexa a eleição de um personagem indígena individual da história nacional, o monumento de 1922 nunca chegou a ser realizado. Não se pode deixar de levar em conta que o tratamento da questão indígena no Brasil é sempre problemática, uma vez que não pode ser dissociada dos fatos do extermínio desenvolvido desde o Descobrimento e o processo de subjugação das populações nativas da América portuguesa. A recordação da cultura indígena necessariamente anda junto com a denúncia do caráter violento de afirmação das estruturas de poder, que a construção do Estado nacional no Brasil herdou do período colonial. Assim, a tônica da historiografia tradicional em torno dos indígenas recai sempre sobre sua absorção cultural a partir da conquista espiritual identificada com a conversão pela catequese. Era esse tipo de personagem que era valorizado pela cultura histórica que inspirava o debate parlamentar.

Contudo, faltava aos personagens citados no debate uma composição, que não os identificasse por demasiado com parcelas regionais da nação e enfatizasse mais a sua articulação biográfica com a história do Estado nacional. Ora, é preciso levar em conta que, se o sentido do monumento era marcado, em última instância, pela gratidão ao Estado, era preciso que o resultado valorizasse a ação estatal na construção da unidade nacional. De fato, a imagem dos índios biografados parecia favorecer, sobretudo, o processo de afirmação regional de parcelas incorporadas ao Estado nacional.

---

[11] Uma análise da noção de "índio genérico" se encontra em Darcy Ribeiro. Para uma discussão das noções de pátria e nação na conjuntura da Independência consulte-se Maria Ribeiro, *Os símbolos do poder*.

Noutro sentido, pode compreender-se a rejeição da idéia a partir da circunstância histórica. De um lado, o regime político da época no Brasil enfatizava o federalismo, valorizando os regionalismos de acordo com a ordem oligárquica do poder. Ao lado disso, as comemorações do centenário da Independência investiam na associação do país com a modernidade, identificada ao estabelecimento de padrões de civilização, bem como pelo investimento simbólico no futuro. O projeto da imagem indígena de 1922 afirmava um emblema passadista, marcado pela identificação com a sociedade selvagem, além de procurar suspender a lógica federativa em favor de uma lógica nacional homogeneizadora.

Poti aparecia deslocado no tempo.

Ocorre que, além de deslocado no tempo, Poti surgia na proposta deslocado no espaço, colocando uma segunda questão. A cidade do Rio de Janeiro tinha sua urbanidade afirmada há alguns séculos e a presença indígena pertencia a um passado histórico. Nesses termos, a questão indígena não encontrava ressonância para se instalar na urbanidade contemporânea, que não se reconhecia nas etnias ameríndias, ao menos como questão política da época.[12] Além disso, o Rio de Janeiro era definido como Capital Federal, conformando a sede do poder político do Brasil. Isso significa dizer que a cidade se afirmava como emblema da univocidade do conjunto social nacional, ainda mais quando se comemorava a Independência do Brasil. Nos quadros do federalismo, a Capital Federal não podia ser a medida dos regionalismos com que se apresentava a polêmica da questão da imagem indígena, mas, ao contrário, tinha que traduzir a unidade das parcelas federativas. Assim como a questão indígena não se impunha como tema autônomo e forte na agenda política da época[13], também não encontrava inserção social no espaço da Capital Federal.

É preciso reconhecer que esse deslocamento de Poti era o produto de uma disputa simbólica ou resultado de uma *luta de representações*.[14] O confronto dos emblemas heróicos indígenas colocava em contraposição não apenas representações de personagens da história, pois se con-

---

[12] Nesse caso seria possível estabelecer uma comparação com o Monumento a Zumbi dos Palmares da década de 1980 no Rio de Janeiro. Consulte-se Soares.

[13] Para avaliar o lugar da questão indígena no Brasil da primeira metade do século XX, recorra-se a Lima. Considere-se, por exemplo, que o aparelho de Estado responsável pela política indigenista, a Sociedade e Proteção aos Índios e Localização de Trabalhadores Nacionais, criado em 1910, era ligado ao Ministério da Agricultura e Indústria e Comércio.

[14] Essa expressão se deve a Chartier, sugerida a partir da leitura do artigo de Mendonça.

fundia com as rivalidades entre parcelas federativas regionais que compunham o Estado nacional. Longe de enfatizar a unidade da nação, a polêmica do monumento ao indígena evidenciava a complexidade do equilíbrio entre os grupos políticos regionais. A discussão parlamentar traduzia, assim, o esforço de impor a legitimidade e garantir a validade do particular como referência generalizadora e princípio universal. Por outro lado, o que terminou sendo salientado foi a incapacidade da imagem indígena funcionar no plano simbólico como instrumento da hegemonia de um determinado segmento social regional no universo do debate parlamentar. Nesse contexto, a imagem indígena em escultura explicita uma disputa simbólica, que é transfiguração da dinâmica da disputa pelas instâncias de poder. É, assim, que a escultura não realizada se afirmou como um capítulo da história da imagem no Brasil.

Bibliografia

Amaral, Aracy. *Artes plásticas na Semana de 22*. São Paulo: Perspectiva, 1979.
Chartier, Roger. *História cultural; entre práticas e representações*. Lisboa: DIFEL, 1989.
Fridman, Sergio A. *Posteridade em pedra e bronze*. Rio de Janeiro: s/e, 1996.
Knauss, Paulo. (Org.) *Cidade vaidosa. Imagens urbanas do Rio de Janeiro*. Rio de Janeiro: Sette Letras, 1999.
Lima, Antonio Carlos Souza. *Um grande cerco de paz; poder tutelar, indianidade e formação do Estado no Brasil*. Petrópolis: Vozes, 1996.
Mendonça, Sonia. "Estado, violência simbólica e metaforização da cidadania". *Tempo*. Departamento de História/UFF/ Rio de Janeiro: Relume-Dumará (Vol. I. n.1): 94-125.
Motta, Marly da Silva. *A nação faz cem anos*. Rio de Janeiro: Editora FGV, 1992.
Ribeiro, Darcy. *Os índios e a civilização*. 5º ed. Petrópolis: Vozes, 1986.
Ribeiro, Maria Eurydice de Barros. *Os símbolos do poder*. Brasília: EdUnB, 1995.
_____. "Memória em bronze. Estátua eqüestre de D. Pedro I". Paulo Knauss (org.). *Cidade vaidosa. Imagens urbanas do Rio de Janeiro*. Rio de Janeiro: Sette Letras, 1999. 15-28.
Soares, Mariza Carvalho. "Nos atalhos da memória — *Monumento a Zumbi*". Paulo Knauss (org.). *Cidade vaidosa. Imagens urbanas do Rio de Janeiro*. Rio de Janeiro: Sette Letras, 1999. 117-35.
Tenório, Mauricio. "Um Cuauhtémoc carioca, comemorando o centenário da Independência do Brasil e a raça cósmica". *Estudos Históricos*. Rio de Janeiro: FGV-CPDOC, jul-dez/1994. v. 7. n. 14.

CONTRA O FETICHE BRASIL: AFINIDADES ELETIVAS ENTRE CINEMA, LITERATURA E ARTES PLÁSTICAS

Ivone da Silva Ramos Maya[1]

Li, com paixão, há mais de uma década, o último livro de Glauber Rocha, *Revolução do Cinema Novo*, que utilizei como um *baedecker* (retomando um termo caro a Joaquim Nabuco em *Minha formação*) para me guiar no meio dos fragmentos de seu discurso, sobre os vinte anos mais representativos de sua produção cinematográfica.

O texto, além de demonstrar sua lucidez quanto aos filmes e cineastas que o influenciaram ou exerceram fascínio sobre sua geração, revela o íntimo de Glauber torturado com questões prioritárias da vida nacional — *nosso subdesenvolvimento, nossa fome* — e que deveriam deixar de ser, em termos estéticos, encarados como puro exotismo para olhos europeus.

O cinema, embora colonizado, propõe-se a revelar os meios para combater o colonialismo cultural. Segundo Glauber o primeiro problema a enfrentar seria o da *imitação*, elemento constitutivo da cultura brasileira. Em termos de cinema, a imitação teria a ver com a adoção das idéias burguesas veiculadas pelos filmes americanos e europeus. A saída, numa primeira etapa, seria a busca dos genuínos artesãos da filmografia brasileira, em cujos filmes Glauber reconhecia um esforço de criação do cinema nacional:

> O Cinema Novo fez a pesquisa, descobrimos o Pai, a semente, a raiz, o tronco, que se nutre das raízes de Mário Peixoto, Alberto Caval-

---

[1] Professora da Universidade Federal Fluminense.

canti, Lima Barreto: são os três que parem Nelson, nossos queridos avós de uma Mãe/Avó.²

Ou ainda, em revelação mais contundente, misto de autocrítica e busca do caminho: "(...) não poderíamos nós, pobres cineastas brasileiros, expurgar os pecados de nossas ambições? Não poderíamos voltar àquela antiga condição de artesão obscuro e procurar, com nossas miseráveis câmaras e os poucos metros de filmes de que dispomos, aquela escrita misteriosa e fascinante do verdadeiro cinema que permanece esquecido?"³

O primeiro desafio enfrentado pelo Cinema Novo seria este: como conquistar o público sem usar as formas americanas, já diluídas àquela altura em outras subformas européias? A busca do primitivismo, correspondente ao artesanal, equivaleria para Glauber à maneira de preservar a qualidade estética de seu cinema e a fugir da imitação, ao mesmo tempo que significava posicionamento político: "O Cineasta do Terceiro Mundo não deve ter medo de ser 'primitivo'. Será *naif* se insistir em imitar a cultura dominadora. Também será *naif* se se fizer patrioteiro!"⁴

A afirmação nos remete diretamente em linha contínua a Antonio Candido e a Roberto Schwarz que, em textos escritos na mesma época, se posicionaram sobre o problema da imitação e das influências na cultura brasileira, rejeitando a perspectiva de análise romântica do problema, como forma de se superar a condição de subdesenvolvimento cultural. Tal qual em Glauber. Vejamos os dois autores:

> Sabemos, pois, que somos parte de uma cultura mais ampla, da qual participamos como variedade cultural. E que, ao contrário, do que supuseram por vezes candidamente os nossos avós, é uma ilusão falar em supressão de contatos e influências.⁵

> Nem tudo que é nacional é bom, nem tudo que é estrangeiro é ruim, o que é estrangeiro pode servir de revelador do nacional, e o nacional pode servir de cobertura às piores dependências.⁶

---

² Rocha 399.
³ Idem 14.
⁴ Idem 206.
⁵ Candido, "Literatura e subdesenvolvimento" 154.
⁶ Schwarz 115.

As três posições — a do cineasta e a dos críticos — se assemelham do ponto de vista das idéias, embora difiram no tom. Analisando-as, vemos que a frase de Glauber põe em relevo uma práxis do cinema: isto é, em sua opinião, trata-se de "ocupar" o espaço nacional com filmes de qualidade artesanal, mas que descolonizem a cultura cinematográfica feita em Hollywood. Daí, Glauber postular o primitivismo como virtude intrínseca do cineasta, não se confundindo com improvisação ou falta de capacidade. Caminha-se para uma estratégia em que o primitivo deve ser utilizado como fator de diferenciação e marca de um cinema original; isto é, o Terceiro Mundo agora aparece como portador de uma estética, subvertendo o lugar até então ocupado pelas filmografias européia e americana.

O desdobramento dessa posição de Glauber, que já indica uma postura revolucionária, estará melhor explicitado em seus textos-manifestos escritos a partir de 1965: "Estética da Fome", "Teoria e Prática do Cinema Latino-Americano", "A Revolução é uma Estética", "Tricontinental" e "O Cinema Novo e a Aventura da Criação".

A afirmação de Antonio Candido diz respeito à condição natural de dependência de nossa literatura vinculada placentariamente[7], como ele mesmo afirma em outro ensaio, às literaturas européias, sobretudo a portuguesa. A frase funciona como finalização da querela ardorosamente sustentada por alguns críticos sobre as influências sofridas por nossos autores e que, para Candido significaria sintoma de imobilismo e diluição patrioteira. Tanto Schwarz quanto Candido empenham-se em mostrar que a imitação é fato irrecusável e a questão não é saber se esta é boa ou ruim, raciocínio mecânico, e sim como ela pode ser um elemento ativo na composição de uma obra. Desfaz-se assim aquele pensamento maniqueísta, que defende o autêntico/tradicional, pois este se reveste de uma peculiaridade: é preciso não ceder à tentação do pitoresco, mas tampouco assimilar servilmente os modelos estrangeiros.

No pensamento de Glauber, primitivismo adquire dupla conotação: ora quer dizer a marca pessoal latino-americana e traduz a própria visão do cineasta, ora sua linguagem fílmica, isto é, a sua "interpretação" da realidade do Terceiro Mundo, despojada do *décor* de Hollywood. Na perspectiva tradicional, primitivismo seria a ingenuidade, o pitoresco

---

[7] "Cada literatura requer tratamento peculiar, em virtude dos seus problemas específicos ou da relação que mantém com outras. *A brasileira é recente, gerou no seio da portuguesa e dependeu da influência de mais duas ou três para se constituir*". Candido, *Formação* 9, grifos meus.

nacional que, freqüentemente, estaria de acordo com uma visão patrioteira da realidade brasileira, o *folc-Brasil*, de que falava Hélio Oiticica. Elemento que, segundo Glauber, era interpretado pela cultura européia como mero desfastio, exotismo e que teria na fome seu símbolo maior, pois esta torna-se justamente "original" aos olhos estrangeiros...

A ação do Cinema Novo é tentar transformar essa miséria em dado sócio-político, preconizando a fome como sintoma de linguagem, fazendo explodir nas telas a violência do cotidiano do Terceiro Mundo como singular — nossa originalidade, nossa fome — lema do Cinema Novo é a maneira de se pensar dialeticamente a questão do subdesenvolvimento cultural.

Tratava-se de desmascarar o *status quo* da própria miséria. Continuar a exibi-la nos moldes tradicionais é, segundo Glauber, alimentar um estranho surrealismo tropical; ao contrário, canalizar essa fome através da violência da realidade mostrada em seus filmes é mudar a ótica do colonizador, impondo uma postura política: "Assim, somente uma cultura da fome, minando suas próprias estruturas, pode superar-se qualitativamente: e a mais nobre manifestação cultural da fome é a violência".

O Cinema Novo passa a ser revolucionário quebrando-se os elos com o imperialismo da cultura de consumo/digestiva, veiculada pelos filmes americanos; passávamos a exibir o que tínhamos de mais original — nossa fome — , problema político que agora passa a ser dialético. Criar é revolucionar, diria Glauber no texto "A Revolução é uma Eztetyka", inspirado certamente nas lições de Che, só que dirigindo sua pregação para a classe média alienada, representante da cultura burguesa.

•

O Concretismo, experiência renovadora na poesia e nas artes plásticas, surgido na década de 50, pretendeu continuar a lição modernista de 1922, buscando na técnica e no construtivo, na depuração das formas, uma via nova para a arte que vinha sendo até então praticada. O crítico Frederico de Morais iria se referir a ele através da expressão *barroco expressionista*.

No entanto, o movimento "acaba comprometido com a ideologia desenvolvimentista dominante, enredando-se nas malhas do desenvolvimento tecnológico e sua aparente neutralidade".[8] Embora o Concre-

---
[8] Ver Arantes.

tismo atue como uma aceleração da realidade brasileira pós-50, fazendo ingressar no país a arte construtiva (a I Bienal de São Paulo em 1951, premiará a obra de Max Bill), ele permanece filiado aos movimentos estéticos internacionais, tomando-os como modelo de arte para a superação do nosso subdesenvolvimento. Daí a esterilidade em parte do movimento no que concerne à arte brasileira.

Reação imediata a esse movimento, o Neoconcretismo de Oiticica propõe a volta aos valores expressivos nacionais, com a finalidade de entender nossas contradições e aguçá-las do ponto de vista crítico. O movimento não deixa de lado o debate do popular na cultura brasileira e se espraiaria na década de 60 por outras manifestações artísticas, tais como a Música (sobretudo a vertente tropicalista), o Cinema (através de Glauber e do Cinema Novo), o Teatro (por exemplo, na "releitura" das peças brasileiras formulada pelos grupos Oficina, Arena, particularmente), a Literatura (com a emergência da contracultura, calcada na postura underground, à margem do sistema).

Para Oiticica tratava-se de debater o subdesenvolvimento: colocar a questão e assumir o fenômeno, significava aceitar as ambivalências do processo e não se refugiar numa posição xenófoba e sentir-se invadido pela cultura estrangeira. Glauber revelaria em seu texto de 1967, "A Revolução é uma Eztetyka", uma posição bastante próxima a de Oiticica: "A cultura colonial informa o colonizado sobre sua própria condição. O autoconhecimento total deve provocar em seguida uma atitude anticolonial, isto é, negação da cultura colonial e do elemento inconsciente da cultura nacional, erradamente considerados valores pela tradição nacionalista".[9]

Desmistificar a admiração ou a paranóia da pureza de nossa cultura, defendida pelo pensamento oficial de então, teria sido a proposta de duas personalidades complementares — Glauber Rocha e Hélio Oiticica. Tanto um quanto outro postulam que o maior inimigo seria a própria imagem-Brasil, o fetiche, a mentalidade saudosista e nostálgica, o moralismo culposo, de origem branca, portuguesa, cristã.

Como macular? Como ir contra o fetiche? Através de obras que remexessem a própria estrutura social brasileira, denunciando o que havia de cafona e reacionário/retrógrado em nossa formação. Somente uma posição crítica face aos chamados valores nacionais permitiria o ultrapasse de nossa condição colonialista. Oiticica abre caminho, atra-

---

[9] Rocha 66.

vés, principalmente, de duas obras conceituais: "Parangolé" e "Tropicália", em que a estrutura opressiva da cultura sobre o indivíduo era posta em evidência. Tratava-se de repensar o nacional-popular, dessacralizando-o, utilizando-se dos próprios mitos que compunham o *folc-Brasil* — como vimos, expressão do próprio Oiticica.

No experimental, Oiticica encontraria uma forma de engajamento político e, sobretudo, no nível estético, uma resposta às suas inquietações. A maneira neo-construtivista de ver o mundo implica a participação do criador e a transformação do artista em *homo faber*; todos os materiais são válidos: o cotidiano, o passado e o moderno, o precário, a violência, a multidão. Utilizados pelo artista eles terão como função sensibilizar o participante para o ato estético, ao mesmo tempo que o libera daquela atitude passiva, característica dos contempladores. Prega-se a desalienação do espectador através da participação.

A primeira obra, "Parangolé" — capa feita de panos usada por um passista da Mangueira — é ritualizada no espaço fechado/simbólico/sacro do Museu (o de Arte Moderna do Rio). A relação com o corpo do espectador, transformado em objeto-plástico, torna-se parte integrante da obra, justifica-a. Ao mesmo tempo a proposta "Parangolé" é de unir a cultura popular à erudita e aí reside sua originalidade: o ponto de partida era simbólico, aventura da criação; a concretização do ato estético se dará através da maneira como essas capas serão utilizadas pelo espectador-participante.

A segunda obra, "Tropicália", mistura todos os semas que compunham a raiz-Brasil, isto é, a imagem evidente da "tropicalidade": papagaios, araras, plantas, bananeiras, televisão, Carmem Miranda, etc. Reúne o velho e o novo, o passado e o moderno, a floresta e a escola, como na lição oswaldiana. Paradoxalmente, "Tropicália" foi tomada ao pé da letra pela opinião nacional como modelo a seguir, retorno às origens, ao autêntico. Exatamente o oposto do que Oiticica pretendia passar como mensagem. Essa "apropriação" oficial da "Tropicália" ia de encontro à manutenção do subsubdesenvolvimento e à fetichização ou folclore da cultura brasileira. Típico retrocesso diante da postura anárquica do criador:

> Todas estas coisas de imagem óbvia de Tropicalidade, que tinham arara, plantas, areia, não eram para ser tomadas como uma escola, como uma coisa para ser feita depois, tudo que passou a ser abacaxi e Carmem Miranda e não sei o que passou a ser símbolo do tropicalismo, exata-

mente o oposto do que eu queria 'Tropicália' era exatamente para acabar com isso; por isso é que ela era até certo ponto dadá, neo-dadá; sob este ponto de vista era a imagem óbvia, era o óbvio ululante (...). Foi exatamente o oposto que foi feito, todo mundo passou a pintar palmeiras e a fazer cenários de palmeiras e botar araras em tudo.[10]

A tendência para se institucionalizar os elementos apresentados pelo artista como reveladores da raiz Brasil e que deveriam ser entendidos como ambivalentes e contraditórios, não como moldes a seguir, é que faz o pensamento de Oiticica próximo do de Glauber e da própria crítica literária, que denuncia a necessidade de uma posição crítica (onde está implícita a questão da ambivalência) ao se tratar da realidade brasileira.

Bibliografia

Arantes, Otília B. "Depois das vanguardas". *Arte em Revista*. Ano 5, agosto de 1983.
Candido, Antonio. *Formação da literatura brasileira (Momentos decisivos)*. BeloHorizonte: Itatiaia, 1981 [1959].
_____. "Literatura e subdesenvolvimento". *A educação pela noite e outros ensaios*. São Paulo: Ática, 1989 [1970]. 140-162.
Rocha, Glauber. *A revolução do Cinema Novo*. Rio de Janeiro: Alhambra/Embrafilme, 1981.
Schwarz, Roberto. *O pai de família e outros estudos*. São Paulo: Paz e Terra, 1978.
Salomão, Waly. "Por um projeto de superação do provinciano". *Arte em Revista*. Ano 3, maio de 1981.

---

[10] Waly Salomão, pertencente à mesma geração de Hélio Oiticica, ligado ao Tropicalismo e à Literatura, declararia seu ponto de vista sobre a questão do autêntico, buscando inspiração no "Manifesto da poesia Pau-Brasil" (1924), de Oswald de Andrade, e no próprio Oiticica: "Não pode interessar aos verdadeiros produtores a busca do genuinamente brasileiro. Isto é projeto de fábrica de guaraná. Por um projeto mais ambicioso. Por um projeto de superação do provinciano, da estreiteza localista do colonizado, da consciência culpada, do ufanismo. Chegar a ser contemporâneo de nossa época. (...)". Salomão 36.

A FRATRIA ÓRFÃ: O ESFORÇO CIVILIZATÓRIO DO RAP NA PERIFERIA DE SÃO PAULO[1]

Maria Rita Kehl[2]

Meu interesse a respeito do trabalho dos *Racionais MC's*, um dos mais importantes grupos de *rap* brasileiros, além da fascinação que o efeito poético das letras do *rap* produz em mim, refere-se ao que considero como o esforço civilizatório deste grupo em relação às condições de vida e ao apelo ao gozo entre os jovens pobres da periferia de São Paulo. Este esforço civilizatório é característica do *rap* em geral, e mais particularmente do que se produz nos bolsões de pobreza urbana do Brasil — a origem do *rap*, como se sabe, está nos jovens moradores dos guetos típicos da segregação racial e social da sociedade norte-americana. Os *Racionais* são, a meu ver, o mais expressivo dentre os grupos que se proliferam, há mais de dez anos, no Brasil.

Para entender este esforço civilizatório cujo destino ainda é incerto, vejamos como eles se colocam diante de seu imenso público, composto, em sua maioria, de jovens negros pobres, das periferias urbanas do Brasil... Os quatro jovens integrantes do grupo — Mano Brown, Ice Blue, KL Jay e Edy Rock — apesar do 1 milhão de cópias vendidas do último CD, *Sobrevivendo no inferno*, recusam qualquer postura de *pop star*. Para eles, a questão do reconhecimento e da inclusão não se resolve através da ascensão oferecida pela lógica do mercado, segundo a qual dois ou três indivíduos excepcionais são tolerados por seu talento

---
[1] Uma versão mais longa desse ensaio foi publicada como "A fratria órfã", em *A função fraterna*.
[2] Psicanalista e ensaísta. Doutora em psicanálise pela PUC-SP. Entre outros, autora de *A mínima Diferença* (1996) e *Deslocamentos do feminino* (1998). É a organizadora de *A função fraterna* (Rio de Janeiro: Relume Dumará, 2000). Como poeta, publicou *Processos primários* (São Paulo: Estação Liberdade, 1996).

e podem mesmo se destacar de sua origem miserável, ser investidos narcisicamente pelo *star system* e se oferecer como objetos de adoração, de identificação e de consolo para a grande massa de fãs, que sonham individualmente com a sorte de um dia também virarem exceção.

Os integrantes dos *Racionais* dirigem-se à multidão de jovens da periferia a partir de um outro lugar: o lugar do semelhante. Para isto, necessariamente, apostam e concedem muito pouco à mídia. "Não somos um produto, somos artistas", diz KL Jay em entrevista ao *Jornal da Tarde* (5/8/98), explicando por que se recusam a aparecer na Globo (uma emissora que apoiou a ditadura militar "e que faz com que o povo fique cada vez mais burro") e no SBT ("como posso ir ao Gugu se o programa dele só mostra garotas peladas rebolando ou então explorando o bizarro?"). Até mesmo o rótulo de artista é questionado, numa recusa a qualquer tipo de "domesticação". "Eu não sou artista. Artista faz arte, eu faço arma. Sou terrorista" (Mano Brown).

O tratamento de "mano" não é gratuito. Indica uma intenção de igualdade, um sentimento de fratria, um campo de identificações *horizontais*, em contraposição ao modo de identificação/dominação *vertical*, da massa em relação ao líder ou ao ídolo. As letras são apelos dramáticos ao semelhante, ao irmão: junte-se a nós, aumente nossa força. Fique esperto, fique consciente — não faça o que eles esperam de você, não seja o "negro limitado" (título de uma das músicas de Brown) que o sistema quer, não justifique o preconceito dos "racistas otários" (título de outra música). A força dos grupos de *rap* não vem de sua capacidade de excluir, de colocar-se acima da massa e produzir fascínio, inveja. Vem de seu poder de inclusão, da insistência na igualdade entre artistas e público, todos negros, todos de origem pobre, todos vítimas da mesma discriminação e da mesma escassez de oportunidades. Os *rappers* não querem excluir nenhum garoto ou garota que se pareça com eles. "Eu sou apenas um rapaz latino americano/ apoiado por mais de cinqüenta mil manos/ efeito colateral que o seu sistema fez", canta Mano Brown, líder dos *Racionais* — "Capítulo 4, Versículo 3". À diferença das bandas de rock pesado, não oferecem a seu público o gozo masoquista de ser insultados por um *popstar* milionário fantasiado de *outsider*. A designação "mano" faz sentido: eles procuram ampliar a grande fratria dos excluídos, fazendo da "consciência" a arma capaz de virar o jogo da marginalização. "Somos os pretos mais perigosos do país e vamos mudar muita coisa por aqui. Há pouco ainda não tínhamos consciência disso" (KLJay).

A que perigo Jay se refere? A julgar por algumas declarações à imprensa e a maior parte das faixas dos CDs dos *Racionais*, há uma mudança de atitude, partindo dos *rappers* e pretendendo modificar a auto-imagem e o comportamento de todos os negros pobres do Brasil: é o fim da humildade, do sentimento de inferioridade que tanto agrada à elite da casa-grande, acostumada a se beneficiar da mansidão — ou seja: do medo — de nossa "boa gente de cor".

    Entrevista à revista *Raça*: "Quando vocês falam com um cara, o que esperam que aconteça depois?"
    — Brown: "Levantar a cabeça, perder o medo e encarar. Se tomar um soco, devolve".
    Raça: "E o que aconteceria, se todo negro da periferia agisse assim?"
    — Brown: "O Brasil ia ser um país mais justo".

As mensagens dos *Racionais* para o pessoal que ouve e compra seus CDs são as seguintes: "Gostaria que eles se valorizassem e gostassem de si mesmos" (Mano Brown). "Ideologia e autovalorização" (KL Jay). "Dignidade deve ser o seu lema" (Ice Blue). "Que escutem os *Racionais*, é lógico. E paz!"(Edy Rock) (entrevista para DJ Sound n. 15, 1991).

Eles apelam para a consciência de cada um, para mudanças de atitude que só podem partir de escolhas individuais; mas a autovalorização e a dignidade de cada negro, de cada ouvinte do *rap*, depende da produção de um discurso onde o lugar do negro seja diferente do que a tradição brasileira indica. Daí a diferença entre os *Racionais* e outro jovem músico negro de grande carisma, nosso outro Brown, baiano. "Tem gente que fala que o *rap* de São Paulo é triste (entrevistador da *Raça*). O Carlinhos Brown falou que isto é não saber reinar sobre a miséria" — Mano Brown: "Na Bahia os caras têm que esconder a miséria que é pro turista vir, pra dar dinheiro pros caras lá, inclusive o Carlinhos Brown. São Paulo não é um ponto turístico. E esse negócio de reinar sobre a miséria, você não pode é aceitar a miséria. Mas acho válido o que ele faz pela sua comunidade".

Acontece que os *Racionais* não estão interessados nem em reinar sobre a miséria (o que seria isto? uma forma mais sedutora de dominação?) nem em esconder a miséria para inglês ver. Seu público alvo não é o turista — são os pretos pobres como eles. Não, eles não excluem seus iguais, nem se consideram superiores aos anônimos da periferia.

Se eles excluem alguém, sou eu, é você, consumidor de classe média — "boy", "burguês", "perua", "babaca", "racista otário" — que curtem o som dos *Racionais* no toca-CD do carro importado "e se sente parte da bandidagem" (KL Jay). Ou seja: não estão vendendo uma fachada de malandragem para animar o tédio dos jovens de classe média.

Assim, fica difícil gostar deles não sendo um(a) deles. Mais difícil ainda falar deles. Eles não nos autorizam, não nos dão entrada. "Nós" estamos do outro lado. Do lado dos que têm tudo o que eles não têm. Do lado dos que eles invejam, quase declaradamente, e odeiam, declaradamente também. Mas sobretudo, do lado dos que eles desprezam. Neste ponto, está em causa o limite deste esforço civilizatório dos *rappers*: a emancipação que eles propõem aos *manos* corre o sério risco de esbarrar na segregação que eles próprios produzem, ao se fecharem para tudo e todos que diferem deles. Tratarei desta questão no final do texto.

Como gostar desta música que não se permite alegria nenhuma, exaltação nenhuma? Como escutar estas letras intimidatórias, acusatórias, freqüentemente autoritárias, embaladas pelo ritmo que lembra um campo de trabalhos forçados ou a marcha dos detentos ao redor do pátio, que os garotos dançam de cabeça baixa, rosto quase escondido pelo capuz do moletom e os óculos escuros, curvados, como se tivessem ainda nos pés as correntes da escravidão? Por onde se produz a identificação que rompe a barreira da segregação e atravessa um abismo de diferenças, e faz com que adolescentes ricos ouçam e (por que não?) entendam o que estão denunciando os *Racionais*, e uma mulher adulta de classe média como eu receba a bofetada violenta do Rap não como um insulto mas como um desabafo compartilhado, não como uma provocação *pour épater*, mas como uma denúncia que me compromete imediatamente com eles?

Se eles não me autorizam, vou ter que forçar a entrada. A identificação me facilita as coisas; aposto no espaço virtual, simbólico e potencialmente inesgotável da fratria e me passo para o lado dos *manos*, sem esquecer (nem poderia) a minha diferença — é de um outro lugar, do "meu" lugar, que escuto e posso falar dos *Racionais MC's*. É porque eles se dirigem diretamente ao mal estar que sinto por viver num país que reproduz diariamente, numa velocidade de linha de montagem industrial, a violenta exclusão de milhares de jovens e crianças que, apesar dos atuais discursos neoliberais que enfatizam a competência e o esforço individual, não encontram nenhuma oportunidade de sair da marginalização em que se encontram. É a capacidade de simbolizar a experiência de desamparo destes milhões de periféricos urbanos, de forçar a barra para que a cara deles seja definitivamente incluída no retrato atual do país (um retrato que ainda se pretende doce, gentil, miscigenado), é a capacidade de produzir uma fala significativa e nova sobre a exclusão, que faz dos *Racionais MC's* o mais importante fenômeno musical de massas do Brasil dos anos 90.

A fratria órfã

> 60% dos jovens de periferia sem antecedentes criminais já sofreram violência policial.
> A cada 4 pessoas mortas pela polícia, 3 são negras. Nas universidades brasileiras, apenas 3% dos alunos são negros. A cada 4 horas, um jovem negro morre violentamente em São Paulo. Aqui quem fala é Primo Preto, mais um sobrevivente". (Cap. 4, Versículo 3)

Quem prestar atenção às letras quilométricas do *rap*, provavelmente vai se sentir mal diante do tom com que são proferidos estes discursos. É um tom que se poderia chamar de autoritário, mistura de advertência e de acusação. A voz do cantor/narrador dirige-se diretamente ao ouvinte, ora supondo que seja outro *mano* — e então avisa, adverte, tenta "chamar à consciência" — ora supondo que seja um inimigo — e então, sem ambigüidades, acusa. Diante de uma voz assim tão ameaçadora, de um discurso que nos convida a "trocar uma idéia" mas não troca nada, não negocia nada de seu ponto de vista e de sua posição (posição sempre moral, mas não necessariamente moralista — veremos), cabe ao ouvinte indagar: mas como ele se autoriza? Quem ele pensa que é?

O Brasil é um país que se considera, tradicionalmente, órfão de pai. Não prezamos nossos antepassados portugueses; não respeitamos uma elite governante que não respeita nem a lei, nem a sociedade, nem a si mesma; não temos grandes heróis entre os fundadores da sociedade atual, capazes de fornecer símbolos para nossa auto-estima ou ideais identificatórios para as massas. Nossos "heróis nacionais" não são figuras históricas ligadas a algum mito de fundação desta sociedade, mas personalidades emergentes do mundo dos esportes e da música popular — muito mais próximos, portanto, da posição de irmãos mais habilidosos e mais espertos, do que de um pai exemplar (totêmico) ligado a um mito das origens.

Nossa passagem do "estado de natureza" (que é como, erradamente, simboliza-se as culturas indígenas) ao "estado de cultura" não se deu com a chegada de um grupo de puritanos trazendo o projeto de fundar uma comunidade religiosa, como no caso dos Estados Unidos, mas pelo despejo, nessas terras, de um bando de degredados da Coroa portuguesa. Não vieram para civilizar, mas para usufruir e principalmente, usurpar. Pelo menos é assim que se interpreta popularmente, com boa dose de ironia, a chegada dos portugueses ao Brasil.[3] Fundou-se assim o mito da "pátria-mãe gentil" (que Caetano Veloso acertadamente chamou "mátria", pedindo a seguir: "quero fratria!") que tudo autoriza, tudo tolera, "tudo dá".

É óbvio que o mito da abundância fácil produziu exploração, concentração de riquezas numa escala que nos coloca em primeiro lugar no *ranking* da vergonha mundial, e miséria.

É óbvio que a orfandade simbólica produziu não uma ausência de figuras paternas mas um excesso de pais *reais*, abusados, arbitrários e brutais como o "pai da horda primitiva" do mito freudiano. O que falta à sociedade brasileira não é mais um *painho* mandão e pseudoprotetor (vide Antônio Carlos Magalhães e Getúlio Vargas por exemplo), mas uma *fratria* forte, que confie em si mesma, capaz de suplantar o poder do "pai da horda" e erigir um pai simbólico, na forma de uma lei justa, que contemple as necessidades de todos e não a voracidade de alguns. São os irmãos que fazem a função paterna, renunciando voluntariamente ao mais gozar que um dia foi privilégio do pai às custas da servidão dos filhos todos.

Mas numa sociedade acostumada ao paternalismo autoritário, também para as formações fraternas, em sua função criadora de significantes e de cidadania, coloca-se uma questão: como evitar que, do ato de coragem *coletivo* que elimina a antiga dominação do pai onipotente e institui um novo pacto civilizatório, produza-se um novo usurpador, na figura do herói? Por outro lado, como manter, na ausência do herói concentracionário da fala coletiva[4], um discurso consistente que suporte e legitime as formações sociais produzidas na horizontalidade das relações democráticas? Como sustentar, na expressão de Jacques Rancière, a "letra órfã", as novas formas de linguagem produzidas nas trocas horizontais e que tentam comunicar, de um semelhante a outro,

---

[3] Ver Calligaris.
[4] Lembrar Roland Barthes: "o mito é uma fala roubada".

experiências que façam sentido, que produzam valor, que sugiram um "programa mínimo"(9) de renúncias necessárias para sustentar uma ética da convivência?

Freud sugere, nos dois textos em que relaciona as formações coletivas ao assassinato do pai primitivo[5], que o herói que se coloca como único autor de um ato que foi coletivo é justamente o poeta épico. É ele quem cria o mito do assassinato do pai tirano, situando-se no centro de sua própria narrativa. "O mito constitui o passo com que o indivíduo se separa da psicologia coletiva" (2605). Assim, o poeta é ao mesmo tempo aquele que mantém a unidade da fratria em torno da memória de um ato (fictício) das origens, e em que se destaca, psicologicamente, do coletivo.

As falas dos *Racionais* oscilam; passam do lugar comunitário dos *manos* ao lugar do herói/poeta exemplar, escorregando deste para o lugar da autoridade, falando em nome de um "pai" que sabe mais, que pode aconselhar, julgar, orientar. Por que "Racionais"? — perguntou o repórter da revista *Raça*. Edy Rock — "Vem de raciocínio, né? Um nome que tem a ver com as letras, que tem a ver com a gente. *Você pensa pra falar*" (grifo meu). Brown — "Naquela época o *rap* era muito bobo. *Rap* de enganar, se liga, mano? Não forçava a pensar". Mais adiante, Brown (respondendo a uma questão de por que o *rap* é político):

> Você já nasceu preto, descendente de escravo que sofreu, filho de escravo que sofreu, continua tomando "enquadro" da polícia, continua convivendo com drogas, com tráfico, com alcoolismo, com todos os baratos que não foi a gente que trouxe pra cá. Foi o que colocaram pra gente. Então não é uma questão de escolha, é que nem o ar que você respira. Então o *rap* vai falar disso aí, porque a vida é assim.

Vejamos um dos muitos trechos de letras que ilustram esta dupla inscrição do sujeito, que por um lado "pensa pra falar" — produz uma fala própria, destacada dos discursos do Outro — mas por outro lado não poderia falar de outra coisa, "porque a vida é assim", ou seja — não confunde sua autonomia pensante e crítica com uma arbitrariedade de referências, como o delírio de auto-suficiência típico da alienação subjetiva das sociedades de consumo. O distanciamento necessário para se pensar antes de falar vem de um mergulho na própria história ("somos descendentes de escravo que sofreu...") e de uma aceitação ativa, não

---
[5] *Totem e tabu, Psicologia das massas e Análise do Eu.*

conformista, da própria condição, do pertencimento a um lugar e uma coletividade que, por um lado, fortalece os enunciados e, por outro, recorta um campo a partir de onde o sujeito pode falar, dificultando o escape na direção de fantasias de adesão a fórmulas imaginárias de aliciamento ou de consolação.

Eu não sei se eles/ estão ou não autorizados/ a decidir o que é certo ou errado/ inocente ou culpado retrato falado/ não existe mais justiça ou estou enganado? Se eu fosse citar o nome de todos os que se foram/ o meu tempo não daria para falar mais.../ e eu vou lembrar que ficou por isso mesmo/ e então que segurança se tem em tal situação/ quantos terão que sofrer pra se tomar providência/ ou vão dar mais um tempo e assistir a seqüência/ e com certeza ignorar a procedência/ O sensacionalismo pra eles é o máximo/ acabar com delinqüentes eles acham ótimo/ desde que nenhum parente ou então é lógico/ seus próprios filhos sejam os próximos... Ei Brown, qual será a nossa atitude?/ A mudança estará em nossa consciência/ praticando nossos atos com coerência/ e a conseqüência será o fim do próprio medo/ pois quem gosta de nós somos nós mesmos/ tipo, porque ninguém cuidará de você/ não entre nessa à toa/ não dê motivo pra morrer/ honestidade nunca será demais/ sua moral não se ganha, se faz/ não somos donos da verdade/ por isso não mentimos/ sentimos a necessidade de uma melhoria/ nossa filosofia é sempre transmitir/ a realidade em si/ Racionais MC's. ("Pânico na zona Sul")

Nos últimos versos de "Júri Racional" o grupo condena um negro *otário* que "se passou para o outro lado", recusando a identificação com os manos em troca da aceitação dos *playboys*.

Eu quero é devolver nosso valor, que a outra raça tirou/ Esse é meu ponto de vista. Não sou racista, morou?/ E se avisaram sua mente, muitos de nossa gente/ mas você, infelizmente/ sequer demonstra interesse em se libertar./ Essa é a questão, autovalorização/ esse é o título da nossa revolução/. Capítulo 1:/ O verdadeiro negro tem que ser capaz/ de remar contra a maré, contra qualquer sacrifício./ Mas no seu caso é difícil: você só pensa no próprio benefício./ Desde o início, me mostrou indícios/ que seus artifícios são vícios pouco originais/ artificiais, embranquiçados demais./ Ovelha branca da raça, traidor! Vendeu a alma ao inimigo, renegou sua cor" Refrão : "Mas nosso júri é racional, não falha/ por que? não somos fãs de canalha! " Conclusão: "Por unanimidade/ o júri deste tribunal declara a ação procedente/ e considera o réu culpado/por ignorar a luta dos antepassados negros/ por menosprezar a cultura negra milenar/por humilhar e ridicularizar os demais irmãos/ sendo instrumento voluntário do inimigo racista/. / Caso encerrado".

O viés autoritário desses versos, que terminam utilizando a imagem de um tribunal como forma de sustentar a lei que exige renúncia ao gozo ("mas no seu caso é difícil: você só pensa no próprio benefício"), tem pelo menos três determinantes. Primeiro, a certeza de que uma causa coletiva está em jogo. Trata-se de estancar o derramamento de sangue de várias gerações de negros, de barrar a discriminação sem recusar a marca originária. Nada de abaixar a cabeça, fazer o "preto de alma branca" que a elite sempre apreciou; mas também nada de tentar, pela ascensão rápida possibilitada pelo tráfico, por exemplo, passar-se "para o outro lado". Trata-se de produzir "melhoria" na vida da periferia. Mas para isto — aí vem a segunda razão — é necessário "transmitir a realidade em si". Isto porque a maior ameaça não vem necessariamente da violência policial nem da indiferença dos "boys". Vem da mistificação produzida pelos apelos da publicidade, pela confusão entre consumidor e cidadão que se estabeleceu no Brasil neoliberal, que fazem com que o jovem da periferia esqueça sua própria cultura, desvalorize seus iguais e sua origem, fascinado pelos signos de poder ostentados pelo burguês. Mesmo porque, no Brasil, freqüentemente é a ostentação destes signos de poder econômico que garante ao sujeito algum respeito, reconhecimento, cidadania. Mas é por isto mesmo, dizem as letras de Brown, que ele se perde.

Aqui entra a terceira determinação, que justifica que o discurso predominantemente moral dos *Racionais* não se confunda com moralismo, já que não fala em nome de nenhum valor universal além da preservação da própria vida. O tom autoritário das letras está avisando os *manos*: onde reina a "lei da selva" a pena de morte já está instalada, sem juízo prévio. Diante da vida sempre ameaçada, não se pode vacilar.

O terror, e não o poder, dá o tom exasperado a essas falas. O crime e a droga são uma tentação enorme, agravada ainda pela falta de alternativas. O *rap* não oferece, evidentemente, nenhuma saída material para a miséria; também não aposta na transgressão como via de auto-afirmação, como é comum entre os jovens de classe média (exemplo disso, a meu ver, é o sucesso do grupo *Planet Hemp*). Muito menos no confronto direto com a principal fonte de ameaças contra a vida dos jovens, que a julgar pelo *rap*, é a própria polícia. Conformismo ou sabedoria? Provavelmente um pouco de cada um, se é que se pode considerar conformista o ceticismo dos manos quanto à possibilidade de enfrentamento com as instituições policiais no Brasil.

Mas a ameaça da polícia não é a única razão pela qual os *Racionais* falam contra o consumo de drogas. A droga é vista como destrutiva, tanto do corpo quanto da auto-estima, além de lançar o dependente nas mãos do pior tipo de capitalista selvagem — o traficante. A droga representa o primado do individualismo, com seu apelo ao gozo solitário e imediato, e os reis do tráfico não se diferenciam dos policiais violentos nem dos grandes especuladores do capital: exploram até a morte crianças e jovens, viciados ou passadores de droga. Eles não sofrem as condições da vida na periferia e sim, ao contrário, aproveitam-se dela.

Do outro lado, o lado "careta" da sociedade de consumo, o fetiche da mercadoria também produz alienação e pode conduzir ao crime. O que o *Rap* procura promover são algumas atitudes individuais, só que fundamentadas numa referência coletiva:

> Se eu fosse aquele cara que se humilha no sinal/ por menos de um real, minha chance era pouca/ mas se eu fosse aquele moleque de touca/ que engatilha e enfia o cano dentro de sua boca/ de quebrada, sem roupa, você e sua mina/ um, dois, nem me viu! já sumi na neblina/. Mas não! permaneço vivo, eu sigo a mística/ *27 anos contrariando a estatística*. (grifo meu) /Seu comercial de TV não me engana/ eu não preciso de status, nem fama./ Seu carro e sua grana já não me seduz/ e nem a sua puta de olhos azuis./ *Eu sou apenas um rapaz latino-americano/apoiado por mais de cinqüenta mil manos* (grifo meu)/ efeito colateral que seu sistema produz (...). (Capítulo 4, Versículo 3)

O apelo parece simples: "permanecer vivo contrariando as estatísticas", seguindo uma "mística" não explicitada, mas que sugere a adesão a alguns valores compartilhados "por mais de cinqüenta mil manos". Produzir um estilo de vida, uma fala própria, um lugar de onde se possa falar, sem repetir os clichês da publicidade. O que não é nada é simples, quando se está destinado, pelo Outro, a ser o "efeito colateral que seu sistema produz".

Função do pai, invenções dos manos

Os "cinqüenta mil manos" produzem um apoio — mas onde está um pai? Qual o significante capaz de abrigar uma lei, uma interdição ao gozo, quando a única compensação é o direito de continuar, "contrariando as estatísticas", a lutar pela sobrevivência? Surpreendentemente, Mano Brown "usa" Deus para fazer esta função. Embora em nenhum momento fale em nome de igreja nenhuma, Deus é lembrado — mas para quê?

> Irmão, o demônio fode tudo ao seu redor/ pelo rádio, jornal, revista e outdoor/ Te oferece dinheiro, conversa com calma/ contamina seu caráter, rouba sua alma/ depois te joga na merda sozinho,/ transforma um preto tipo A num neguinho./ Minha palavra alivia sua dor,/ ilumina minha alma, louvado seja o meu Senhor/ que não deixa o mano aqui desandar,/ ah, nem sentar o dedo em nenhum pilantra./ Mas que nenhum filho da puta ignore a minha lei:/ Racionais. (Capítulo 4, versículo 3")

Deus é lembrado como referência que "não deixa o mano aqui desandar", já que todas as outras referências ("rádio, jornal, revista e outdoor") estão aí para "transformar um preto tipo A num neguinho". Deus é lembrado como pai cujo desejo indica ao filho o que é ser um homem: um *preto tipo A*; pois é preciso que o Outro me ame, para que eu possa me amar. É preciso que o Outro aponte, a partir do seu desejo (que não se pode conhecer, mas a cultura não cessa de produzir pistas para que se possa imaginar), um lugar de dignidade, para que o sujeito sinta-se digno de ocupar algum lugar.

Não me atrevo a interpretar a religiosidade pessoal, íntima, dos componentes do grupo. Mas sugiro que o Senhor que aparece em alguns destes Raps (junto com os Orixás! ver "A fórmula mágica da paz" — Mano Brown: "agradeço a Deus e aos Orixás/ parei no meio do caminho e olhei para trás"), além de simbolizar a Lei, tem a função de conferir valor à vida, que para um *mano* comum "vale menos que o seu celular e o seu computador"("Diário de um detento", Brown/Jocenir, este último prisioneiro da casa de Detenção de São Paulo). No que depender da lei dos homens, estes jovens já estão excluídos, de fato, até do programa mínimo da "Declaração dos Direitos do Homem". A alternativa simbólica moderna, imanente, a Deus, seria "a sociedade" — esta outra entidade abstrata, abrangente, que deveria simbolizar o interesse comum entre os homens, a instância que "quer" que você seja uma pessoa "de bem", e em troca lhe oferece amparo, oportunidades e até algumas alternativas de prazer.

Mas a sociedade, dizem as letras do *rap*, não parece disposta a alterar seu sistema de privilégios para incluir e contemplar os direitos deles. A sociedade não faz valer, para todos, a lei — a parcela de renúncia necessária para sustentar o laço social é sempre exigida do *outro*. A regressão (do ponto de vista filosófico) a Deus faz Vale lembrar — estarei sendo otimista? — que o Deus de Brown não produz conformismo, esperança numa salvação mágica, desvalorização desta vida em nome de qualquer felicidade eterna. Deus está lá como referência simbólica, para "não deixar desandar" a vida desses moços nada comportados que falam numa revolução aqui na terra mesmo ("Deus está comigo, mas o revólver também me acompanha" Ice Blue ao *Jornal da Tarde*) e lembram sempre: "quem gosta de nós somos nós mesmos" ("Pânico na Zona Sul").

Mas que não se confunda este "gostar de nós" com uma afirmação de auto-suficiência, de um individualismo que só se sustenta (imaginariamente!) nos casos em que é possível se cumprir as condições impostas pela sociedade de consumo — a posse de bens cuja função é obturar as brechas da "fortaleza narcísica" do *eu*, a alienação própria da posição do "senhor", que não lhe permite enxergar sua dependência quanto ao trabalho do "escravo", e a disponibilidade do dinheiro como fetiche capaz de velar, para o sujeito, a consciência de seu desamparo. O mandato "goste de você" emitido pelos *Racionais* não poderia ser uma incitação ao individualismo mesmo se quisesse, já que estas condições estão muito longe de se cumprir dada a situação de permanente desamparo e falta *no real*, que caracteriza a vida na periferia — a não ser, é claro, em sua face bárbara, a do tráfico e consumo de drogas.

O traficante representa, nas letras de Brown e Edy Rock, a face bárbara do individualismo burguês: o cara que não está nem aí pra ninguém, que só defende a dele, que não tem escrúpulos em viciar a molecada, expor crianças ao perigo fazendo avião para eles. A outra face é a do otário, o "negro limitado" (título de música — Brown/Rock), a quem falta "postura", "atitude", que se ilude pensando que pode se destacar sobre seus semelhantes recusando a raça etc. "Não quero ser o mais certo/ e sim o mano esperto", responde Brown ao "mano limitado". Mais uma vez, uma postura moral se funda sobre a ameaça extrema do extermínio. O "mano esperto" é o que sabe que a opção da alienação — que na miséria da periferia precisa da droga para se sustentar — está sujeita à pena de morte, à lei da selva da polícia brasileira ou destes capitalistas selvagens que são os donos do tráfico:

> A segunda opção é o caminho mais rápido/ e fácil, a morte percorre a mesma estrada, é/ inevitável/ planejam nossa restrição, esse é o títu-

lo/ da nossa revolução, segundo versículo/ leia, se forme, se atualize, decore/ antes que racistas otários fardados de cérebro atrofiado/os seus miolos estourem e estará tudo acabado./ Cuidado!/ O Boletim de Ocorrência com seu nome em algum livro/ em qualquer arquivo, em qualquer distrito/ caso encerrado, nada mais que isso. ("Negro Limitado")

A insignificância da vida, o vazio que nossa passagem pelo mundo dos vivos vai deixar depois de nossa morte — nós que apostamos sempre em marcar nossa presença deixando uma obra, uma palavra, uma lembrança imortal — isto que a psicanálise aponta como a precariedade da condição humana e que um neurótico de classe média precisa tanto trabalho para suportar, estão dados no dia-a-dia, na concretude da vida no "inferno periférico"(Edy Rock) de onde eles vêm. Portanto, a possibilidade do delírio narcísico-individualista está excluída, a não ser que se encare as conseqüências da opção pelo crime.

Não tava nem aí, nem levava nada a sério/ admirava os ladrão e os malandro mais velho/ mas se liga, olhe ao redor e diga/ o que melhorou da função, quem sobrou, sei lá/ muito velório rolou de lá pra cá/ qual a próxima mãe a chorar/ já demorou mas hoje eu posso compreender/ *que malandragem de verdade é viver* (grifo meu)/ Agradeço a Deus e aos Orixás/ parei no meio do caminho e olhei para trás. ("Fórmula Mágica da Paz" — Mano Brown).

A outra opção — a primeira, aliás, nos versos da música "Negro Limitado" — é o apelo ao outro como parceiro na construção de outras referências, na invenção de espaços simbólicos que possibilitem alguma independência em relação à sedução do circuito crime-consumismo-extermínio. Assim, o "goste de você" não soa como comando ao isolamento, a um fechar-se sobre si mesmo como resposta para todos os problemas. Pelo contrário, a frase soa como *apelo* ao outro para que reconheça e valorize os traços que marcam a semelhança entre eles.

Não ignoro que, no limite, a tentativa de aderir a uma coletividade para escapar do enfrentamento solitário com o próprio desejo pode produzir a obediência cega ao grupo, o fanatismo, formas extremas de alienação, fruto do que Contardo Calligaris denominou *paixão da instrumentalidade*. Fica por responder a questão sobre o que é que marca a diferença entre os dois modos de operar a referência fraterna: um, que fortalece o sujeito em sua diferença em relação ao desejo do Outro; o segundo, que produz a ilusão compartilhada de um "Outro do Outro" cujo desejo se dá a conhecer, e ao qual o sujeito obedece cegamente, gozando com a possibilidade imaginária de fazer o Outro gozar. A possibilidade sempre presente da passagem de um modo de funcionamento ao outro atestam a fragilidade das formações fraternas, mas não nos autorizam a desconsiderar sua importância na produção e renovação do laço social.

É importante aqui ressaltar que a fratria não é convocada a operar só na falta do pai. Mas quando ninguém nessa vida encarna o pai civilizador e o arbítrio típico do "pai da horda primitiva" prevalece; quando é preciso apelar ao "Senhor" para imaginar que "alguém" (no eixo vertical da constituição subjetiva) me ama e me proíbe abusos, o reconhecimento entre irmãos se torna essencial. Até mesmo para sustentar a existência deste Deus que, aliás, se não fosse o significante de uma formação simbólica (portanto coletiva), seria o elemento central de um delírio psicótico. Além disso, na falta do reconhecimento de um pai, é a circulação libidinal entre os membros da fratria que produz um lugar de onde o sujeito se vê, visto pelo olhar do(s) outro(s). Prova disto é a grande importância que a criação de apelidos adquire nos grupos de adolescentes por exemplo, como indicativos de um "segundo batismo", a partir de outros campos identificatórios por onde os sujeitos possam se mover, ampliando as possibilidades estreitas fundadas sobre o traço unário da identificação ao ideal paterno. As identificações horizontais talvez permitam a passagem da ilusão de uma "identidade" (em que o sujeito acredita-se idêntico a si mesmo, colado ao nome próprio dado pelo pai) à precariedade das identificações secundárias, a partir de outros lugares que o sujeito vai ocupando entre seus semelhantes, e que o apelido dado pela turma é capaz de revelar. As identificações horizontais permitem ao sujeito passar da prisão imaginária de uma "identidade" (que supõe uma concordância subjetiva impossível do sujeito consigo mesmo e produz, como efeito do recalque, o fantasma persecutório do outro na forma do *duplo*) às possibilidades mais móveis de circulação por um campo identificatório.

Neste ponto, vale perguntar: quando os *Racionais* apelam a que os *manos* se identifiquem com a causa dos negros, estarão propondo um campo identificatório — com sua diversidade de manifestação singulares —ou a produção de uma identidade, com sua camisa-de-força subjetiva?

Gosto de Nelson Mandela, admiro Spike Lee,/ Zumbi, um grande herói, o maior daqui./ São importantes pra mim, mas você ri e dá as costas/ então acho que sei de que porra você gosta: / se vestir como playboy, freqüentar danceterias/ agradar os vagabundos, ver novela todo dia, / que merda!/ Se esse é seu ideal, é lamentável/ é bem provável que você se foda muito/ você se autodestrói e também quer nos incluir/ porém, não quero, não vou/ sou negro, não vou admitir!/ De que valem roupas caras, se não tem atitude?/ e o que vale a negritude, se não pô-la em prática?/ A principal tática, herança da nossa mãe África/ a única coisa que não puderam roubar!/ se soubessem o valor que a nossa raça tem/ tingiam a palma da mão pra ser escura também! ("Júri racional" — Mano Brown).

A questão é complicada. Uma vez, indagado sobre sua identificação ao judaísmo, Freud respondeu que se não existisse anti-semitismo, não faria questão nem de circuncidar os próprios filhos; mas diante do preconceito, não tinha outra opção senão a de se afirmar como judeu. Talvez se possa interpretar desta forma a convocação dos *Racionais* a uma "atitude" que sustente o amor próprio entre os negros contra o sentimento de inferioridade produzido pela discriminação. A "atitude" passa pela afirmação da raça — este significante tão duvidoso, que produz discriminação, ao mesmo tempo em que indica a diferença.

Mas quem sabe não se possa mesmo ultrapassar esta limitação imaginária, este suporte físico — cor da pele — que produz simultaneamente a identificação e a discriminação racial? Quem sabe a multidão de admiradores dos grupos de *rap* não estarão tentando dizer, como os estudantes parisienses em maio de 68, quando o governo tentou expulsar Daniel Cohn-Bendit sob a alegação de não ser um cidadão francês — "somos todos judeus alemães"! — e explodir a fronteira da raça e da segregação pela via das identificações com as formações culturais: somos todos *manos* negros da periferia? Pois se a afirmação dos campos identificatórios (estou recusando propositalmente o termo *identidade*) não produzir laços sociais, afinidades eletivas que incluam o semelhante na diferença (tornando obsoletos os traços da raça, ou do sexo, por exemplo), há sempre de produzir isolamento entre os grupos e, num sentido ou no outro, discriminação. Que a auto-estima e a dignidade dos rapazes negros da periferia não dependam da aceitação por parte da elite branca, não significa que não produzam outros laços, outras formas de comunicação, inclusive com grupos mais ou menos marginais a esta própria elite. Neste caso a identificação, que começou passando pela cor da pele, ampliou-se para abrigar outros sentidos: exclusão, indignação, repúdio à violência e às injustiças. Passa também pela identificação ao estilo — as músicas, a dança, ritmo-e-poesia, além da tal "atitude" apregoada pelos *rappers*. Pelos efeitos que a criação estética produz no campo social. Não somos "todos" pretos pobres da periferia, mas somos muitos mais do que eles supunham quando começaram a falar.

Bibliografia

Assoun, P. L. *Frères et soeurs* I. (*Le lien inconscient*). Paris: Anthropos, 1998.
Barthes, Roland. "O mito como linguagem roubada". *Mitologias*. São Paulo: Difel, 1975. 152-8.
Calligaris, Contardo. "Função paterna". *Hello Brasil*. São Paulo: Escuta, 1991. 59-81.
Dör, J. *O pai e sua função em psicanálise*. Rio de Janeiro: Zahar, 1985.
Freud, Sigmund. *Totem y Tabu. Obras completas*. Vol II. Madri: Biblioteca Nueva, 1973.
_____. *Psicologia das massas* e *Análise do eu*. *Obras completas*. Vol III. Madri: Biblioteca Nueva, 1973 [1920/21].
Kehl, Maria Rita. "Introdução: Existe uma função fraterna?" *Função fraterna*. Maria Rita Kehl (org.). Rio de Janeiro: Relume Dumará, 2000. 31-47.
KL Jay. Entrevista. *Jornal da Tarde*. 5 Agosto,1998.
Racionais Mc's. *Sobrevivendo no inferno*. Zambia, 1997.
Rancière, Jacques. "Prefácio". *Políticas da escrita*. Rio de Janeiro: Editora 34, 1999. 7-24.
Renault, A. *O indivíduo*. São Paulo: Difel, 1998.

ÍNDICE ANALÍTICO

Acontecimento lingüístico **467**
Amigo/ Inimigo **213**ss, **216**
Antagonismos em equilíbrio **158**, **212-3, 215, 244**ss, **250-1, 399**ss
Antigo sistema colonial **267, 272, 313, 315, 390, 394, 439**ss
Antropofagia **25**ss, **225, 345, 347, 392, 487, 615**ss, **961**ss, **967, 995, 1050**
Arqueologia da ausência **22, 361**ss, **456**
Arquitetura luso-brasileira **1045**
Arquitetura moderna **117, 120-21, 123, 1035, 1037, 1040, 1042, 1045**
Arquitetura neocolonial **1035, 1037, 1045**

Bicontinentalidade **245**ss
Biofilia **139**
Brasileiro abstrato **899-900**
Brutalismo **393, 730**

Cangaço **982, 986, 988**ss
Cânone **262, 343, 495, 513, 946**
Capital/ Trabalho **336**ss, **340-1, 350, 401**

Carnavalização **457**
Carta relatória **55**
Catequese **463**ss, **470**
Cidadania **24, 335, 339**
Cinema Novo **981, 1064, 1066-67**
Cinema *popular* **1007**
Cinema *populista* **1007**
Citação **186-7, 534**
Civilização brasileira **404**ss
Comunicação à distância **953**
Comunidade imaginada **498, 984**
Controle do imaginário **930**ss
Convivência **383**ss
Cor local **106, 514, 516, 523, 529, 874**
Cordialidade, homem cordial **58**ss, **149, 207**ss, **229, 230, 232, 261, 330-1**
Coronelismo **587, 982**ss
Cultura brasileira **25-6, 28-9, 75, 104, 114, 150, 155, 344, 347, 394**ss, **420**ss, **971**
Cultura de massas/ Cultura erudita **150, 386, 399, 926**
Cultura metropolitana (ver Periferia) **106-8, 164, 186, 267, 935-7, 1008, 1064**

Cultura popular **150, 380, 385-6, 399, 576, 926**
Condição pós-colonial **25, 28, 70**
Cultura sertaneja **587, 595**
Cultura transnacional **61, 199, 1009**

Dépaysement **156**
Dependência cultural **25, 106, 161, 164, 186, 271, 345, 483, 878, 904, 922, 936**
Devotio moderna **97**
Dialética da malandragem **511-2, 887, 889, 883, 888**
Dialética negativa **57**
Durcharbeitung **735**

Empatia **196**
Epoché **25, 178**
Estado-nação **20, 49, 126, 291, 306, 354, 421, 587**
Estamento burocrático **350n, 389, 394**
Estética da fome **983, 987, 990, 1065-66**
Esteticismo **199, 879**
Estruturalismo **185ss, 437, 921, 924-25**
Estudos culturais **345, 928, 925, 930, 945**
Eternidade **95ss, 299**
Evolucionismo **316ss, 321, 580, 601**
Exotismo **64, 69, 75, 107, 144, 156, 531, 1063**

Favor, Lógica do **304, 330-1, 905-6, 908**
Ficcionalidade **22, 29, 178, 184, 415, 548ss, 930**
Formação **155, 157, 212, 219, 238, 254, 313, 350, 359, 396, 446, 515, 523, 865, 874, 902**
Fratria **26, 1072, 1075**

Globalização **56, 61, 203, 347, 394, 396ss, 911, 916, 971**
Gramatização **463**

Hibridismo **61, 154-57, 399, 489, 520**
História da literatura **20-1, 26, 31, 103, 105, 174, 865, 946**
Humanismo **135, 137, 140, 273, 391**

Idéias fora do lugar **336, 396, 414, 424, 444n, 484, 906ss, 913ss, 922ss, 1064ss**
Ideologia machista **1027, 1031, 1033**
Ilustração luso-brasileira **261ss, 278, 294, 428ss, 474ss**
Imediaticidade **36, 38, 64, 102, 953**
Imitação **164, 480, 482, 485, 495, 519, 1063-65**
Imitatio (Ver *Mímesis*) **932**
Imperialismo **316-7, 398, 401, 479**
Indianismo **499ss, 514ss, 528**
Indústria cultural **926**
Instinto de nacionalidade **528-9, 872**
Interdisciplinaridade **153, 155, 209, 247, 261, 393, 395, 403, 415, 924-5**
Intermediário cultural **27-8, 103, 144, 151-52, 161**

Língua geral **462ss**
Língua imaginária **462n, 473**
Literatura – Sorriso da sociedade **873n**
Literatura brasileira, Conceito de **103ss, 106, 163, 291, 453ss, 493, 514, 524, 871, 878**
Literatura Comparada **484, 942ss**
Literaturas emergentes **930**
Luso-tropicalismo **261, 392ss**

Maçonaria **285**
Materialidade da comunicação **542-3, 548ss, 566**
Matriarcado **962, 967**
Matriz institucional **231**
Meios de comunicação **30, 177, 594, 959, 972, 977ss, 1033**
Memória social **19, 75, 251, 311, 384, 391, 462, 473, 525, 534, 579**

Messianismo **595, 602, 982, 985, 987ss**
Método comparativo **256, 326ss, 350, 372, 400**
Milenarismo **367ss, 373, 602**
Mímesis (Ver *Imitatio*) **929, 933ss**
Mimetismo cultural **164, 167, 488-9**
Miscigenação **28, 57-8, 61, 76, 140, 199-200, 206, 210ss, 241, 243ss, 245ss, 248, 344, 387n, 395, 399ss, 457, 517ss, 523, 595, 874, 876**
Modernidade, Processo de modernização **264, 272, 276, 281, 510, 568, 579, 589, 884, 916-7, 925, 966**
Modernidade/Moderno **22, 207ss, 225, 228, 230, 247-8, 347, 355, 361, 394, 906, 912, 919, 932-3, 636, 960, 970, 981, 1032, 1042, 1060, 1068**
Modernity at large **61**
Moeda colonial **439ss**

Nação, Narração da **20n, 21-23, 26-7, 54, 66, 343, 346, 481**
Nativismo **451ss, 453, 459**
Necrofilia **139, 249**

Ocidentalização, Processo de **51, 53, 54, 235, 247-8**
Oralidade **29-30, 96-7, 249ss, 346, 380, 384, 386, 519**
Oratorianos *versus* jesuítas **263**
Ordem/ Desordem **293, 301, 443-4, 886, 977**

Parasitismo ibérico **315ss**
Parasitismo orgânico **318**
Parasitismo social **313ss, 318**
Patriarcado **206, 238, 962**
Patrimonialismo **278, 308, 358ss, 412**
Pensamento selvagem **188, 194**
Pergunta filosófica **22, 184**
Periferia (Ver Cultura metropolitana) **101-2, 164, 186, 225, 316, 390, 577, 935, 938, 944, 947, 1008, 1063, 1067**
Plasticidade **245, 369, 523**
Poética da releitura **530ss**
Poetologia renascentista **931**
Positivismo **321, 339-40, 381, 437, 568, 575**
Pós-moderno **181, 343ss, 348, 972**
Primitivo **146ss, 347, 516, 523, 961ss**
Princípio da errata **534ss, 548, 550ss, 560, 566ss**
Princípio da incerteza **181**
Princípio da volubilidade **540ss, 545**
Determinismo **318, 345, 595, 601, 874**

Questão jesuítica **265, 270, 279, 465, 470, 475**
Questão social **335ss, 350**

Racismo **222ss, 226, 228ss, 316, 319, 349, 502, 590**
Rádio (no Brasil) **18, 954ss**
Radionovela **956**
Reforma hermenêutica **552, 555, 566**
Reformas ilustradas pombalinas **474, 261ss**
Região, Conceito de **440ss**
Representações, Luta de **241, 1060**
Repressão **438, 446, 997**
Revolução Industrial **977**
Revolução pós-industrial **979**

Sebastianismo **98, 987**
Segunda Escolástica Portuguesa **265, 273ss**
Sentido da colonização **255, 315, 440**
Sertão **50, 585-90, 594, 981ss, 1005, 1007, 1051**
Simulacro **915**
Sincretismo **154ss, 244**
Sociedade de massa **953**
Sociologia da carta **55**

Tautologia nacional **20, 26**
Telenovela **168**
Televisão (no Brasil) **30, 168, 967ss, 970**
Tempo saquarema **435ss**
Teologia negativa **22ss**
Teoria **19ss, 180ss**
Teoria literária **946**
Texto escrevível **721**
Tortura **137n, 994**
Tradição, Invenção da **54**

Transculturação **61, 1008**
Trickster **937ss**

Unheimlich **911-2, 963, 965-6**
Urbanização **206, 209, 216n, 238ss, 568, 590**
Ursprung **457**

Vanguarda **118, 124, 129, 135, 140-41, 345ss, 392, 1050-51**
Verdrängung **913**

ÍNDICE ONOMÁSTICO

Abreu, Caio Fernando **730**
Abreu, Capistrano de **346, 523-4, 532, 872**
Abreu, Casimiro de **497, 638, 746, 807-8, 869**
Afonso Celso de Assis Figueiredo (visconde de Ouro Preto) **56, 583, 609**
Agostinho de Hipona, Santo **368**
Aguiar, Joaquim Alves de **715**
Agustini, Delmira **856**
Al Berto **815**
Alcântara Machado, Antônio de **510**
Aleijadinho (Antônio Francisco Lisboa) **150, 155**
Alencar, José Martiniano de **25, 76, 77, 79, 481, 493, 509, 513-25, 520-22, 531, 808, 824, 871, 903n, 908**
Alencar, Mário de **633**
Alencastro, Luiz Felipe de **23, 26, 238,**
Alexandre, o Grande **898**
Alfredo, Agache **131**
Almeida Garrett, João Baptista de **84, 807-8, 866**
Almeida, Cândido Mendes de **262n**
Almeida, José Américo de **636, 811, 813**
Almeida, Manuel Antônio de **505-12, 515, 531, 632, 883**
Almeida, Renato **380, 634**
Almino, João **410**
Alonso, Damaso **20**
Alvarenga Peixoto, Inácio **869, 998**
Alves, Miriam **801-02**
Alvim, Francisco **763, 815**
Amado, Jorge **351, 378, 398, 811, 813**
Amaral, Aracy **1036n, 1050n**
Amaral, Azevedo **340**
Amaral, Suzana **723**
Amaral, Tarsila do **25, 632**
Ancona Lopez, Telê **834**
Anchieta, José de **99, 463, 481**
Anderson, Benedict **498, 984**
Anderson, Sherwood **150**
Andrada e Silva, José Bonifácio de **278, 390, 898**
Andrade Guimarães, Artur Oscar de **497**
Andrade, Almir **349**
Andrade, Carlos Drummond de **17, 18, 19, 27, 127, 150, 377, 379,**

382, 392, 398, 497, 648, 683-693, 713, 724, 739, 743, 791, 811, 821, 838, 858, 924n
Andrade, Joaquim Pedro de 25, 995-1003
Andrade, Mário de 60, 117-20, 155-6, 303, 346-7, 379, 382, 508, 525, 580, 605, 613, 627-43, 672-3, 676, 680-1, 810, 817, 828-41, 845-6, 850-1, 853, 856-7, 860, 884, 888, 896-7, 913
Andrade, Oswald de 25-6, 60, 120, 345-7, 401, 497, 615-25, 646, 647n, 810, 837-8, 841, 888, 890, 895-6, 898, 961, 963, 967-71, 1050, 1068, 1068n
Angelou, Maya 498
Anjos, Augusto dos 567-84
Antelo, Raúl 829, 834, 856
Antonil (João Antonio Andreoni) 351, 588
Antonio Conselheiro (Antonio Vicente Mendes Maciel) 595-6, 598, 703, 982n, 984, 1006
Antonioni, Michelangelo 786
Appadurai, Arjun 61
Aranha, Graça 56, 633, 645, 810, 841, 850, 896
Arariboia (Martim Afonso) 1056-8
Araripe Júnior, Tristão de Alencar 524, 872, 877ss
Araújo Jorge, Artur Guimarães de 812
Araújo Porto Alegre, Manuel de 486
Araújo, Antônio de 327
Araújo, Murilo 839
Araujo, Ricardo Benzaquen de 158n, 206n, 215n
Arguedas, Alcides 199
Aristóteles 559
Arrigucci Júnior, Davi 715, 857, 884, 904, 909
Arroux, Sylvain 463
Artigas, Vilanova 131
Ascher, Nelson 765
Aspásia de Mileto 898

Asturias, Miguel Ángel 852
Augusti, Valéria 292n
Avellar, José Carlos 1006n, 1009
Azevedo, Aluísio 528, 800, 808
Azevedo, Álvares de 808, 869
Azevedo, Carlito 767n, 817
Azevedo, Josephina Alvares de 798
Azevedo, Thales de 229, 232,

Babenco, Hector 1008, 1033
Back, Sylvio 1007
Bach, Johann Sebastian 119, 781
Bailagas, Emilio 856
Bakhtin, Mikhail 246n, 612
Baltar, Antônio Bezerra 129-30,
Balzac, Honoré de 821
Bandarra, Gonçalo Anes 98
Barata, Cipriano 390
Barbosa, Francisco de Assis 581-2, 611, 613
Barbosa, Januário da Cunha 867
Barbosa, Lívia 976
Barbosa, Rui 316, 335-41, 898
Barca, Conde da (António de Araújo de Azevedo) 327
Bardi, Lina Bo 392
Barreto, Bruno 1007
Barreto, Luís Felipe 50
Barreto, Vítor Lima 1064
Barros Baptista, Abel 543, 819
Barros, João de 810-1
Barros, João de (historiador) 515
Barroso, Ari 996
Barthes, Roland 66, 199, 721, 737, 927, 1076n
Bastide, Roger 153-8, 225, 227, 230, 402
Bastos, Cláudio 385
Bastos, Jorge Henrique 818
Bastos, Othon 988
Bauch, Emil 122
Baudelaire, Charles 119, 570, 676-7
Baymford-Parkes, Henry 642
Beard, Charles 196
Beauvoir, Simone de 798
Becker, Cacilda 166

Beethoven, Ludwig van **782**
Bello, Andrés **854**
Benedito XIV, Papa **468**
Benjamin, Andrew **916**
Benjamin, Walter **65, 522, 783, 834, 913, 965**
Bentes, Ivana **1006n, 1009**
Berardinelli, Cleonice **816**
Berger, Peter **254n**
Bernhardt, Sarah **898**
Bethânia, Maria **766**
Bhabha, Homi **21, 66, 164, 482, 489, 944-5**
Bilac, Olavo **319, 609, 800, 807-8, 810, 898**
Bilden, Rudiger **197-8, 198, 223**
Bill, Max **1067**
Bishop, Elizabeth **139-48**
Bittencourt e Sá, Arruda Câmara **278**
Bittencourt, Machado **497**
Blake, William **150**
Blanco, José **819**
Bloch, Howard **933**
Bloom, Harold **484, 488**
Bloy, Léon **174**
Boal, Augusto **482, 484n**
Boas, Franz **188, 195, 197-8, 244, 251**
Boaventura, São **371**
Bocage, Manuel Maria Barbosa du **807**
Bocaiúva, Quintino Antônio Ferreira de Sousa **506-7**
Bolívar, Simón **404**
Bomfim, Manoel **313-28, 396, 402, 665, 849**
Bonaparte, Napoleão **109, 329, 333, 898**
Bopp, Raul **812, 897**
Borda, Orlando Fals **403**
Borges, Jorge Luis **26, 60, 208, 214, 577, 685, 686, 821-2, 827-42, 851, 853, 856-7, 858, 918n, 931, 935**
Bosi, Alfredo **453, 730, 860, 874**

Bourdieu, Pierre **254n**
Bourne, Randolph **61, 199**
Bouterwek, Friedrich **865**
Boxer, Charles Ralph **390**
Braga, Teófilo **807, 810**
Brahms, Johannes **781**
Brandão, Ambrósio Fernandes **351, 869**
Brandão, Ignácio de Loyola **730**
Brasil, Emanuel **144**
Braudel, Fernand **393, 402**
Brecheret, Victor **1050-51**
Brecht, Bertold **138, 140**
Brennand, Francisco **392**
Breton, André **617, 963, 972**
Briesemeister, Dietrich **30**
Brito, Fernando Saturnino de **129-30**
Brito, Jomard Muniz **392**
Brito, Maria da Conceição Evaristo de **801-2**
Brito, Mario da Silva **833**
Broca, Brito **808, 850-3, 856**
Brod, Max **136n**
Bruno, Sampaio **389**
Bueno, Alexei **568n**
Bueno, Antonio Sérgio **715**
Buffon, conde de (Georges Louis Leclerc) **104**
Burckhardt, Jacob **174, 304**
Burke, Edmund **295**
Burle Marx, Roberto **130**
Burton, Robert **534**
Byron, George Gordon, Lord **898**

Cabeza de Vaca, Alvar Núñez **51**
Cabral de Melo Neto, João **127-30, 150, 667, 738-49, 811-2, 815, 821, 858**
Cabral, Amílcar **390, 398**
Cabral, Pedro Álvares **49, 74, 819**
Cacaso (Antônio Carlos de Brito) **762**
Caetano dos Santos, João **482-4, 489-90**
Cairu, Visconde de (José da Silva

Lisboa) **291-302**
Caldas, Paulo **1007**
Caldwell, Helen **554, 556-9, 563-4**
Calígula, Caio Júlio César **794**
Calil, Carlos Augusto **345**
Calligaris, Contardo **1076n, 1083**
Calvino, Ítalo **779, 783, 785**
Caminha, Pero Vaz de **27, 35ss, 49ss, 63ss, 73-5, 103-5, 499, 586, 591, 607, 854**
Camões, Luís de **36, 84, 515, 781, 807, 821**
Campos, Francisco **349**
Campos, Haroldo de **28n, 457, 519, 522, 814-5, 834, 857-8, 859-60, 913, 924**
Campos, Humberto de **696**
Campos, Paulo Mendes **669**
Camurati, Carla **1007**
Camus, Marcel **150**
Canclini, García Nestor **61**
Candido de Mello e Souza, Antonio **27-8, 107, 158, 163, 209, 313, 316, 396, 402-3, 419, 510-1, 530, 532, 628-9, 634, 642, 666, 695, 811, 813, 847, 857-60, 874, 883, 886-90, 898-900, 904, 909, 911-2, 917, 919, 923, 914ss, 1064-5**
Caneca, Frei (Joaquim do Amor Divino Rebelo e Caneca) **292n**
Capanema, Gustavo **124-127, 399, 640**
Capelo, Joaquín **214**
Cardenal, Ernesto **398**
Cardim, Fernão **462**
Cardoso, Fernando Henrique **228, 253-58, 402, 436n, 918**
Cardoso Pires, José **822**
Cardoso, Lúcio **720, 860**
Cardozo, Joaquim **129-30,**
Carlos Galhardo (Castelo Carlos Guagliardi) **1002**
Carlos Gomes, Antônio **954**
Carmen Miranda **1068**
Carneiro, Édson **189-90, 380, 382**
Carone, Modesto **789, 791, 816**

Carpeaux, Otto Maria **171-6, 581**
Carrera Andrade, Jorge **856**
Carriego, Evaristo **833**
Carrière, Jean-Claude **778**
Carrillo, Enrique Gómez **852**
Carvalho Filho, Luís Francisco **789, 793-4**
Carvalho, Ayrton **129-30**
Carvalho, Bernardo **789, 791-793, 816**
Carvalho, Joaquim Barradas de **390, 393**
Carvalho, José Murilo de **411-7, 435**
Carvalho, Laerte Ramos de **279**
Carvalho, Ronald de **633, 679, 808-10, 820, 823, 852**
Carvalho, Vicente de **808**
Casais Monteiro, Adolfo **812**
Casanova, Pablo Gonzalez **403**
Cascudo, Luís da Câmara **377-87**
Castelo Branco, Camilo **807-8, 814**
Castello, José Aderaldo **451, 514**
Castro Alves, Antônio Frederico de **638, 800, 808, 812**
Castro Mendes, Luís Filipe de **817**
Castro, Aníbal Pinto de **98**
Castro, Eugénio de **568, 669, 808**
Castro, Fernanda de **810**
Castro, Ferreira de **813**
Castro, Josué de **382**
Cavalcanti Proença, Manuel **519, 521, 523, 581**
Cavalcanti, Alberto **1064**
Cavalheiro, Edgard **642, 655, 660**
Cayafa Soca, Domingo **840**
Celi, Adolfo **165**
Cendrars, Blaise **26, 649, 897**
Cerquiglini, Jacqueline **933**
César, Ana Cristina **815**
Cesário Verde, José **568, 808**
Cícero Romão Batista, Padre **890, 982n**
Cicero, Antonio **765**
Clara Camarão, Dona **1055**
Clark, Lygia **755**
Claudel, Paul **670**

Clemência, Maria **839n**
Cleópatra **898**
Cocteau, Jean **898**
Coelho Neto, Henrique Maximiano **583, 609, 808**
Coelho, Paulo **816**
Coelho, Ruy **158, 225**
Coimbra, Frei Henrique de **63**
Coleridge, Samuel Taylor **178**
Colombo, Cristóvão **36, 60, 64n, 73, 205ss, 576, 618, 854**
Collor de Mello, Fernando **979n, 1005-6, 1013**
Comte, Auguste **135-6, 340**
Conceição, Sonia Fátima da **801-2**
Consenza, Barão de **485**
Constant de Rebecque, Benjamin **413**
Contier, Arnaldo **392**
Contucci, Filipe **323**
Cony, Carlos Heitor **172, 173**
Cooper, James Fenimore **516, 852**
Coppola, Francis Ford **1008**
Coronel Urtecho, José **856**
Corrêa, José Celso Martinez **25, 168n**
Corrêa, Mariza **224**
Correia, Raimundo **807, 812**
Cortázar, Julio **857-8**
Cortés, Hernán **36**
Cortesão, Jaime **63, 390, 809-10, 812**
Costa e Silva, Alberto da **812, 815**
Costa Filho, Odylo **812**
Costa Pinto, Luiz de Aguiar **225, 230-1,**
Costa, Cláudio Manuel da **459, 865, 998**
Costa, Cruz **390**
Costa, Gal (Maria da Graça Costa Penna Burgos) **1014**
Costa, Hipólito da **333**
Costa, Horácio **817**
Costa, Lúcio **123-4, 126, 131-3, 251, 1036ss, 1045ss**
Coutinho, Afrânio **28n, 528, 924**
Couto, Jorge **819**

Couto, Mia (António Emílio Leite Couto) **823**
Couto, Ribeiro **209, 216, 811-2, 838-9, 857**
Cristóvão, Fernando **819**
Cruz e Souza, João da **800**
Cuadra, Pablo Antonio **856**
Cuauhtémoc **1052**
Cunha, Euclides da **28n, 253-58, 393, 569, 591, 593-602, 662, 703-4, 708, 838, 876, 890, 982, 984**
Curtius, Ernst Robert **304**
Cuvier, Georges **104**
Chacal (Ricardo de Carvalho Duarte) **763**
Chamie, Mário **815**
Chateaubriand, Visconde de (François Auguste René) **516**
Chaves, Vânia **819**
Che Guevara, Ernesto **398, 404, 757, 1066**
Chevalier, Michel **847**
Chiappini, Ligia **28n, 921**
Chico Buarque (Francisco Buarque de Holanda) **392, 766, 816**
Chopin, Frédéric **781, 898**

D'Alencastro, João **455**
D'Atavilla, Jayme **812**
Dal Farra, Maria Lúcia **815-6**
Dalí, Salvador **966**
DaMatta, Roberto **23n, 220, 228, 419-25, 888-90, 898, 900, 977**
Dantas, Francisco **816**
Dantas, Júlio **810**
Dante Alighieri **568, 706, 781, 783, 893**
Darío, Rubén **845, 855**
Darwin, Charles **180, 317-8,**
David, Jacques-Louis **109**
De Sanctis, Francesco **175**
Debret, Jean-Baptiste **109-115, 329, 884**
Debussy, Claude **679**

Delisle, Léopold **630**
Denis, Jean Ferdinand **26, 103-8, 515, 587, 866**
Derrida, Jacques **718, 918n, 919**
Dewey, John **397, 402**
Dewey, Melvin **634**
Di Cavalcanti, Emiliano **398**
Diderot, Denis **641**
Diego, Gerardo **827**
Diegues Júnior, Manuel **380**
Dilthey, Wilhelm **170-2**
Dines, Alberto **142**
Diniz Pinheiro, João da Cruz **466**
Disraeli **318**
Domingues, Antônio José **490**
Donghi, Tulio Halperin **398, 403**
Dostoievski, Fiodor Mikhailovitch **592, 706**
Dreifuss, René **978**
Dreiser, Theodore **150**
Drummond, Roberto **730**
Du Bellay, Joachim **107**
Du Vair, Gillaume **295-6**
Duarte Filho, João **591**
Duchamp, Marcel **972**
Duncan, Isadora **898**
Durkheim, Émile **188**
Dvorak, Antonín **175**
Dwight, Timothy **373**

Eco, Umberto **774**
Edy Rock **1071ss**
Eisenstein, Sergei Mikhailovitch **784, 983, 988**
Elias, Norbert **254n**
Eliot, Thomas Stearns **706, 858**
Ender, Thomas **122**
Engels, Friedrich **318, 357**
Epicuro **294**
Erasmo de Roterdã **533**
Espínola, Francisco **839**
Eulálio, Alexandre **851, 853**

Fagundes Teles, Lígia **811**
Falcon, Francisco José Calazans **427-33**

Falleto, Enzo **253-8, 436n**
Faoro, Raymundo **213, 259-64, 357-64, 389, 396, 403, 435**
Faras, Mestre João **50**
Faria Ferraz, José Bento **630**
Faria, Almeida **816**
Faria, Luiz de Castro **188-90**
Faria, Otávio de **720**
Faun, Barberine **69**
Febvre, Lucien **369**
Federado Gonnett, João Julião **479**
Feijó, Diogo Antônio **443**
Felinto, Marilene **816**
Felipe Camarão, Antônio (Poti) **76-7, 518, 524, 1052, 1055ss, 1058, 1060**
Fernandes, Florestan **158, 227-9, 231, 232, 253-8, 389-410, 420, 444n**
Fernandes, Gonçalves **380**
Fernandes, Padre André **98**
Fernández Moreno, César **848, 859**
Fernández, Macedonio **828, 840, 858**
Ferreira, Antônio **515**
Ferreira, Ascenso **897**
Ferreira, Lírio **1007**
Ferreira, Silvestre Pinheiro **327**
Ferreira, Vergílio **813**
Ferreiro, Alfredo Mario **839-40**
Ferrez, Marc **109n**
Ferrez, Zephirin **109n**
Ferro, António **810, 817**
Fialho de Almeida, José **808**
Fialho, Ester **583**
Fielding, Henry **884**
Figueiredo, Fidelino de **393, 812**
Figueiredo, Rubem **816**
Fitzgerald, Francis Scott **402**
Flaubert, Gustave **532, 737n, 821**
Flusser, Vilém **177-84**
Fonseca, Edson Nery da **173**
Fonseca, Hermes Rodrigues da **567**
Fonseca, Manuel Deodoro da **340**
Fonseca, Pedro da **274**

Fonseca, Rubem **729-37, 779-80, 782, 816, 1011**
Fontaine, Jean de la **297n**
Fontes, Armando **811, 813**
Fontes, Lourival **698**
Fontoura, João Neves da **812**
Ford, Henry **663**
Ford, John **1008**
Foster, Hal **963-6, 972**
Foucault, Michel **734**
Fraginals, Manuel Moreno **403**
França Júnior, Joaquim José da **486-8**
Francisco Xavier, São **99n**
Franco, Maria Silvia de Carvalho **444n**
Freire de Andrade, Francisco de Paula **998-9**
Freire, Junqueira **808**
Freitas Filho, Armando **753**
Freud, Sigmund **81, 88, 180-1, 616, 783, 912, 938, 963-5, 1077, 1085**
Freyre, Gilberto **28, 61, 157-8, 176, 195-204, 205-20, 224, 231-2, 237-42, 243-52, 253-8, 320-1, 325-6, 329-30, 382-3, 389-410, 422, 581, 582, 646n, 708, 725, 811, 822-3, 839**
Fromm, Erich **139**
Frost, Robert **745**
Furtado, Celso **253-8, 292n, 378, 396, 436n, 916**
Gabeira, Fernando **715**
Gabriela Mistral **847, 855-6**
Galante de Sousa, José **480**
Galvão, Walnice Nogueira **904**
Gálvez, Manuel **852**
Gama, Chichorro da **481**
Gama, José Basílio da **105, 799, 898**
Gama, Lopes **301**
Gama, Mauro **175**
Garcia Bento, Antônio **897**
Garcia, Celina Fontenele **715**
Garcilaso de la Vega, Inca **854**
Gaspar Simões, João **809, 813**
Gauguin, Paul **68**
Geertz, Clifford **415**

Genovesi, Antonio **270, 275-7, 282**
Giddens, Anthony **56**
Gide, André **151**
Gil, Gilberto **392, 398**
Girondo, Oliverio **617, 828, 858**
Giusti, Roberto **853**
Gledson, John **17n, 557-9, 563, 690**
Gobineau, Conde de **212-3**
Godinho, Vitorino Magalhães **390-1**
Godzich, Wlad **19-20**
Góes, Moacyr de **378**
Goethe, Johann Wolfgang von **496, 498, 670, 706**
Goffman, Erving **254n**
Gomes Brito, Bernardo **866**
Gomes Leal, António **808**
Gomes, João Carlos Teixeira **453**
Gomes, Paulo Emílio Salles **158**
Gómez de la Serna, Ramón **828**
Gomringer, Eugen **813**
Gonçalves de Magalhães, Domingos José (Visconde de Araguaia) **500, 502, 509, 516, 520, 808, 868, 874**
Gonçalves Dias, Antônio **493-503, 509, 515-6, 807-8, 812, 855, 869**
Gonçalves, Marcos **923n**
Góngora (y Argote), Luis de **847**
Gonzaga Duque **606**
Gonzaga, Tomás Antônio **105, 276, 869, 998**
González Lanuza, Eduardo **828**
Gorki, Maksim **165**
Grafton, Anthony **217n**
Graham, Mary **327**
Gramsci, Antonio **438**
Greenblatt, Stephen **64**
Gregório Magno, São **378**
Grembecki, Maria Helena **118**
Griaule, Marcel **154**
Gropius, Walter **117, 123, 129, 131**
Groussac, Paul **850**
Gruzinski, Serge **53**
Guérin, Charles **669**
Guerra Junqueiro, Abílio Manuel **568, 808**
Guerra, Ruy **981**

Guerra-Peixe, César **380**
Guerreiro Ramos, Alberto **226, 413**
Guido y Spano, Carlos **855**
Guillén, Claudio **948**
Guillén, Nicolás **856**
Guimaraens, Eduardo **809**
Guimarães Júnior, Luiz **812**
Guimarães Rosa, João **382, 525, 658, 703-11, 740, 811, 817-8, 822, 858, 890, 982**
Guimarães, Bernardo **493, 659, 808**
Guimarães, Geni **801-2**
Güiraldes, Ricardo **828-33, 840, 852**
Gullar, Ferreira **751-60, 815**
Gumbrecht, Hans Ulrich **102, 771-2, 933, 935**
Gurvicht, Georges **154**

Habermas, Jürgen **254n**
Hahner, June **75**
Hall, Stuart **54, 61**
Hans Staden **51, 619**
Hatherly, Ana **814, 821**
Hatoum, Milton **816**
Hearn, Lafcadio **199**
Heine, Heinrich **669-70**
Heisenberg, Werner Karl **181**
Heitor Lyra **812**
Helder, Herberto **814-6, 822**
Helena, Lúcia **453, 581**
Henriques, Dom Afonso **98**
Henríquez-Ureña, Pedro **848**
Herculano de Carvalho e Araújo, Alexandre **84, 494, 515, 866**
Herkenhoff, Paulo **25**
Herkovits, Melville **223**
Hermanns, Ute **995-6**
Herrera y Reissig, Julio **855**
Herskovits, Melville Jean **154**
Hesse, Hermann **136n**
Hidalgo, Alberto **839**
Hilst, Hilda **815**
Hitler, Adolf **138-40,**
Ho Chi Minh **404**
Hofmannsthal, Hugo von **136n**
Holanda, Heloísa Buarque de **995**

Holanda, Sérgio Buarque de **24, 55, 58n, 149, 203, 205-18, 253-8, 292n, 304, 320, 367-75, 393, 396-8, 403, 413, 422, 633, 822, 859, 916**
Homero **176, 706**
Horkheimer, Max **138, 140**
Houaiss, Antônio **173, 581-2, 811, 859**
Hudson, William Henry **852**
Hugo, Victor Marie **119, 151**
Huidobro Fernández, Vicente **839, 856, 858**
Hurston, Zora Neale **798**
Husserl, Edmund **178**
Huysmans, Joris Karl **119**

Ianni, Octávio **228, 232, 393**
Ibarbourou, Juana de **856**
Ice Blue **1071ss**
Ingenieros, José **199, 850**
Ipuche, Pedro Leandro **839**
Isaacs, Jorge **852**
Iser, Wofgang **20n, 22**
Isidoro de Sevilha, Santo **371**
Itaboraí, Visconde de (Joaquim José Rodrigues Torres) **443**
Ivo, Lêdo **815**
Jakobson, Roman **188, 858**
James, William **397**
Jauss, Hans Robert **932**
Jesus de Nazaré **370-1**
Jô Soares (José Eugênio Soares) **816**
João do Rio (João Paulo Coelho Barreto) **810-1, 818, 852**
João I, Dom **364**
João IV, Dom **98, 975ss**
João V, Dom **263, 275**
João VI, Dom **80, 325-34, 393, 505**
Joãozinho Trinta (João Clemente Jorge Trinta) **380**
Joaquina, Dona Carlota **81, 332**
Joffily, José **1007**
Johnson, Randal **28n**
José I, Dom **262, 275, 279**
José Veríssimo Dias de Matos **508,**

633, 658, 845-6, 849-53, 856, 872-4, 877-80
José, Antônio **104**
Joyce, James **397, 705, 818, 822,** **793**
Jozef, Bella **856**
Junqueira, Ivan **815**

Kafka, Franz **790, 821-2**
Kant, Immanuel **17**
Kehl, Maria Rita **26**
Kilkerry, Pedro **569, 575**
Kipling, Rudyard **833**
KL Jay **1071ss**
Koch-Grünberg, Theodor **639**
Kogut, Vivian **765**
Konder Reis, Marcos **815**
Koster, Henry **586**
Kothe, Flávio **964**
Krajcberg, Franz **1017ss**
Kroeber, Alfred Louis **188**
Kubitschek, Juscelino **227, 326, 1041**
Kublai Khan **619**

Lacan, Jacques **792-3, 912**
Ladeira, César **955**
Lafetá, João Luiz **904**
Lamartine, Alphonse de **855**
Lamounier, Bolívar **341**
Lampião (Virgulino Ferreira da Silva) **890, 988-9**
Landis, Ruth **184, 186**
Lara Resende, Otto **812**
Larsen, Nella **798**
Lautréamont, Conde de **119**
Le Bon, Gustave **319**
Le Corbusier (Charles Édouard Ozenfant et Jeanneret) **117-33, 1044**
Le Play, Frédéric **351**
Leal, Antônio Henriques **493, 518**
Leal, Victor Nunes **253-8**
Leão, Carlos **125**
Lee, Spike **1084**
Leiris, Michel **154**

Leite Neto, Alcino **923n**
Lejeune, Philippe **699**
Leminski, Paulo **815**
Lenau Nikolaus **669-70**
Lenin (Vladimir Ilitch Ulianov) **404, 438n, 898**
Leopardi, Giacomo **568**
Leutze, Emanuel **66**
Lévi-Strauss, Claude **60, 158, 185-90, 402**
Lévy-Bruhl **154n**
Lezama Lima, José **849, 858**
Lima Barreto, Afonso Henriques de **393, 569, 576-7, 605-13, 662, 800, 809**
Lima, Alceu Amoroso (Tristão de Ataíde) **292n, 810, 874**
Lima, Attílio Correa **126, 131**
Lima, Jorge de **647, 811**
Lima, Luiz Costa **28n, 143, 684, 687, 904, 924, 929-38**
Lima, Manuel de Oliveira **195-7, 325-33, 351, 390, 812, 846n**
Lima, Mariângela Alves de **163ss**
Linhares, Conde de (Rodrigo de Souza Coutinho) **327**
Lins, Álvaro **172, 812**
Lisboa, Henriqueta **639**
Lispector, Clarice **719-27, 811, 821-22, 858, 860, 912n**
Lobo Antunes, António **822**
Locke, John **276-7, 474**
Lombroso, Cesare **599**
Lopes, Raimundo **189**
Lourenço, Eduardo **391, 813**
Louzeiro, José **730**
Lowell, Robert **143-4, 146, 150**
Lucas, São **300**
Luccock, John **327, 351**
Luciano de Samósata **533**
Lucinda, Elisa **766, 801**
Luckman, Thomas **254n**
Lueger, Karl **138**
Lugones, Leopoldo **827, 832, 836**
Luhmann, Niklas **100**
Lukács, Georg **1020**

Lula (Luís Inácio da Silva) **404**
Luz, Fábio **583**
Lynch, Benito **852-3**
Lyotard, Jean-François **22, 348**
Lyra, Pedro **453**
Lloyd George, David **898**

Macaulay, Thomas Babington **304**
Macedo Soares, Antônio Joaquim de **871**
Macedo, Helder **817**
Macedo, Joaquim Manuel de **292n, 486-8, 493, 507, 515, 531**
Machado de Assis, Joaquim Maria **301, 317, 390, 480, 510, 527-45, 547-66, 723, 732, 740, 800, 808, 819, 821-2, 838, 850, 858, 871, 872, 879-80, 883, 890-1, 899, 903, 908-9, 922, 931, 938**
Machado, Ana Maria **816**
Machado, Antonio **520**
Maeterlinck, Maurice **162**
Magalhães, Antônio Carlos **1076**
Magalhães, Couto de **513, 520, 522**
Magalhães, Joaquim Romero de **819**
Magalhães, Paulo de **838, 857**
Mainardi, Diogo **816**
Malheiro Dias, Carlos **811**
Malíca, Eduardo **853**
Malinowski, Bronislaw **188**
Mallea, Eduardo **840**
Malraux, André **133**
Manasses-ben-Israel **98**
Mandela, Nelson **404, 1084**
Manet, Édouard **68**
Mann, Heinrich **136n**
Mann, Thomas **136n, 138, 140, 706, 786**
Mannheim, Karl **226, 401, 404**
Mano Brown **1071ss**
Manuel Bandeira **146, 174, 480, 581, 631, 636-7, 667-82, 714, 811, 836, 838-9, 841, 846, 850, 854-6, 897**
Manuel, Dom **52**
Maples Arce, Manuel **839**

Marcuse, Herbert **134, 136**
Marechal, Leopoldo **828**
Maria de Jesus, Carolina **696**
Maria I, Dona **284n, 327**
Mariano Filho, José **1036, 1039**
Mariano, Olegário **812**
Mariátegui, José Carlos **404, 856**
Maricá, Marquês de **301**
Marighela, Carlos **404**
Marinetti, Filippo Tommaso **605**
Mário Cláudio **822**
Mariza, Corrêa **224**
Mármol, José **855**
Marques, José Alberto **813**
Márquez, Gabriel García **1006**
Marrocos, Luiz Joaquim dos Santos **327**
Marshall, Thomas Riley **339**
Martí, José **404**
Martins Moreira, Thiers **812**
Martins Pena, Luís Carlos **483-4, 487, 489, 516**
Martins, Marília **923n**
Martins, Oliveira **84, 314**
Martius, Karl Friedrich von **26, 210-2, 327, 351, 502**
Marx, Karl **180, 316, 318, 357, 401, 403-4, 919, 965n**
Massi, Augusto **817**
Matisse, Henri **67**
Mattos & Guerra, Gregório de **451-9, 847, 855, 879**
Mattos, Carlos Alberto **1006, 1009**
Mattos, Ilmar Rohloff de **435-48**
Mauá, Barão de (Irineu Evangelista de Sousa) **239**
Maugué, Jean **162**
Maupassant, Guy de **661**
Mauss, Marcel **154n, 188**
Mawe, John **327**
Maybury-Lewis, David **190**
Medeiros, Paulo de **30**
Médici, Catarina de **898**
Meireles, Cecília **811, 821, 998**
Meirelles, Victor **65, 66n, 74, 76, 83, 90**

Melo Breyner, Sophia de **821**
Melo Franco, Afonso Arinos de **662, 859**
Melo, Patrícia **816, 822**
Mello Mourão, Gerardo **815**
Mello, Evaldo Cabral de **304, 326, 812**
Mello, Gladstone Chaves de **812**
Memória, Archimedes **127**
Mencken, Henry **200-2**
Mendes, Murilo **132, 497, 638, 714, 745, 809, 811, 912n**
Méndez, Evar **828, 840**
Mendonça Furtado, Francisco Xavier de **467**
Mendonça Teles, Gilberto de **821**
Mendonça, Bernardo de **508, 510**
Mendoza, Lourenço **370**
Menezes, Arthur de Sá e **463-4**
Menezes, Lu **765**
Menipo de Gadara **533**
Menotti del Picchia, Paulo **645, 841**
Merquior, José Guilherme **686, 688, 859**
Merton, Robert King **254n, 256**
Mesquita, Júlio de **600**
Métraux, Alfred **226**
Meyer, Augusto **379, 636**
Michalski, Yan **162-3, 165-6**
Mies van der Rohe, Ludwig **123, 131**
Mignolo, Walter **55**
Miller, Henry **150**
Milliet, Sérgio **397, 660**
Mills, Charles Wright **254n**
Mirabeau, Conde de **293**
Miranda, Alcides Rocha **1040**
Miranda, Ana **816**
Miranda, Maria do Carmo Tavares de **237n**
Miranda, Sá de **515**
Mitre, Bartolomeu **850**
Moisés **368, 373, 536**
Molina, Luis de **273n, 274**
Mommsen, Theodor **304**
Monegal, Emir Rodríguez **835, 847-9**
Monroe, James **305, 316, 849**

Monsiváis, Carlos **396**
Montaigne, Michel Eyquem de **516, 620**
Montalvor, Luís de **809**
Monteiro Lobato, José Bento de **196, 346, 382, 397, 569, 655-66, 818, 841, 852-3**
Monteiro, Pedro Meira **117n, 216**
Montello, Josué **508, 812**
Montesquieu, Barão de (Charles-Louis de Secondat) **641**
Moraes, Vinícius de **742**
Morais Barros, Prudente José de **600**
Morais, Frederico de **1066**
Morais, Manuel de **105**
Moreira César, Antônio **596**
Moreira, Jorge Machado **125, 131**
Moreira, Maria Eunice **873n**
Moreno, Martim Soares **524-5**
Morley, Helena **144, 150, 696, 903**
Morrison, Toni **798-9**
Morse, Richard **221-2, 401, 404**
Morton, Thomas **372, 374**
Moser, Walter **924n**
Mota, Arthur **633**
Mota, Carlos Guilherme **31**
Mota, Lourenço Dantas **31**
Mota, Mauro **815**
Mota, Valdo **765**
Moura, Emílio **713**
Mozart, Wolfgang Amadeus **119, 782, 898**
Mumford, Lewis **350-2**
Murici, Andrade **581**
Musil, Robert **705-6**
Musset, Alfred de **669, 898**
Mussolini, Benito **898**
Mustafá Kemal Paxá **898**
Myrdal, Gunnar **221-2, 230, 420**

Nabuco de Araújo **303-11**
Nabuco, Joaquim **238, 303-11, 313, 316, 325, 351, 402, 414, 917**
Namora, Fernando **813**
Napoleão III (Carlos Luís Napoleão Bonaparte) **844**

Nassar, Raduan **816, 822**
Nava, Pedro **713-18**
Neiva, Artur **656**
Nejar, Carlos **815**
Nepomuceno, Filipe **767**
Nery, Adalgisa **695-702**
Nery, Ismael **698**
Neves, Álvaro **866**
Neves, João Alves das **813**
Newton, Isaac **180**
Niemeyer, Oscar **125-6, 131, 392, 1040ss**
Nietzsche, Friedrich Wilhelm **119, 199, 201, 249n, 424, 676, 934**
Nobre, António **670, 808**
Nobre, Socorro **1017ss**
Nóbrega, Manuel da **99, 619, 620n**
Noé, Julio **830**
Nogueira, Oracy **222, 230, 232**
Noll, João Gilberto **730, 773-5, 784-5, 816**
Normano, João Frederico **350**
Novais, Fernando **454**
Novalis **751**
Nunes, Benedito **961, 964**
Nunes, Luiz **126, 129, 131**

O'Neill, Alexandre **814**
Oiticica, Hélio **755, 1068-9**
Olinda, Marquês de (Pedro de Araújo Lima) **443, 445**
Olivari, Nicolás **828, 830, 840-1**
Oliveira, Alberto de **583**
Oliveira, Carlos de **813**
Oliveira, Domingos de **1007, 1033**
Oliveira, Franklin de **175**
Oliveira, José Osório de **810**
Oliveira, Manuel Botelho de **452, 456**
Oliveira, Marly de **815**
Oliveira, Roberto Cardoso de **190**
Olympio, José **206**
Oppenheimer, Julius Robert **183**
Orlandi, Eni Puccinelli **462n**
Ortega y Gasset, José **171, 174**
Ortigão, Ramalho **808**
Ortiz Saralegui, Juvenal **840**
Ortiz, Fernando **61**
Ortiz, Renato **926, 956**
Osório, Nelson **860**
Otaviano, Francisco **506**
Otto, Klineberg **226**
Ottoni, Teófilo Benedito **310-1**
Oud, Jacobus Johannes Pieter **129**
Ovalle, Jaime **897**
Ovídio **386**

Pablo Neruda (Neftalí Ricardo Reyes) **856**
Paim, Antonio **272n, 273**
Palés Matos, Luis **856**
Palmela, Conde de **327, 332**
Pancetti, José **398**
Pane, Frei Ramón **51**
Parra, Nicanor **858**
Parsons, Talcott **254n**
Pascal, Blaise **300-1, 539**
Pater, Walter **199**
Patrocínio, José Carlos do **210n, 305**
Paulo Paes, José **815**
Paulo, São (Saulo de Tarso) **300**
Payró, Roberto **850**
Paz, Octavio **773, 858**
Pêcheux, Michel **476**
Pedro I, Dom **80, 307, 393, 412-3, 442, 898, 1054**
Pedro II, Dom **212, 307, 325, 393, 413, 443, 516, 898, 976**
Peirano, Mariza Gomes e Sousa **227, 419**
Peixoto, Afrânio **137, 383, 524, 810, 873n**
Peixoto, Floriano **607**
Peixoto, Mário **1063**
Pena, Cornélio **720**
Pepetela, José **823**
Pereda Valdés, Idelfonso **830, 839-40**
Peregrino Júnior **841**
Pereira da Silva **868-9, 874**
Pereira, Astrogildo **528**
Pereira, Duarte Pacheco **390**
Pereira, José Mario **237n**

Pereira, Lúcia Miguel **873**
Pereira, Paulo Roberto **58**
Pérez-Reverte, Arturo **183**
Perrone-Moisés, Leila **924n**
Pessoa, Fernando **25, 84, 424, 809, 811, 822**
Pestana, Til Costa **1035**
Petrarca, Francesco **568, 7881**
Petrônio **898**
Piazzolla, Astor **26**
Picabia, Francis **617**
Picasso, Pablo **347, 397, 898**
Picker, Charles **671-2, 679**
Pierson, Donald **401**
Pignatari, Décio **813, 924**
Pimenta, Alberto **814**
Pinheiro, Fernandes **870**
Pinto, Bento Teixeira **104, 869**
Piñon, Nélida **730, 816**
Pirandello, Luigi **831**
Pirenne, Henri **350**
Pirou, Gaetan **350**
Pita, Rocha **105**
Platão **682, 711**
Plutarco **898**
Poe, Edgar Allan **568**
Poincaré, Raymond **898**
Pólo, Marco **619**
Pombal, Marquês de (Sebastião José de Carvalho e Melo) **261-2, 270ss, 276, 279, 280, 284n, 462 467, 470-1, 473, 475**
Pompeu Brazil **588**
Portella, Eduardo **28n, 394, 397, 924**
Portinari, Cândido **398**
Portugal, Tomás Antônio **327**
Pound, Ezra **706, 814**
Prado Coelho, Eduardo **818**
Prado Coelho, Jacinto de **813**
Prado Júnior, Caio **203, 320, 396, 398-9, 403, 415, 904, 916**
Prado, Adélia **815**
Prado, Décio de Almeida **158, 163**
Prado, Paulo **210, 343-8, 647n, 663**
Pratt, Mary Louise **399**
Prestes, Luís Carlos **404**

Proudhon, Pierre Joseph **337**
Proust, Marcel **251-2, 397, 577, 705, 822**
Prudhomme, Sully **669**
Puccini, Giacomo **898**
Putnam, Samuel **28**

Queirós, Dinah Silveira de **811**
Queirós, Eça de **85, 390, 808, 812, 821-2**
Queirós, Eusébio de **443, 445**
Queiroz, Rachel de **697, 811, 813**
Quental, Antero de **568, 807, 812**
Quevedo y Villegas, Francisco de **847**
Quintana, Mário **439**
Quiroga, Horacio **852**

Rabelais, François **246n**
Rafael **898**
Raleigh, Sir Walter **65n**
Rama, Ángel **848-9, 859-60, 1008**
Ramos, Arthur **222-4**
Ramos, Graciliano **174, 697-9, 739, 811, 813, 822, 982**
Ramos, Maria Luiza **924**
Rancière, Jacques **751, 760, 1076**
Ranke, Leopold von **217, 304**
Rathenau, Walther **136n**
Ratto, Gianni **165**
Reale, Miguel **176**
Rebelo, Marques **508-9**
Rebouças, André **305**
Rebouças, Antônio **310**
Redol, Alves **813**
Rego, Enylton de Sá **532**
Rego, José Lins do **351, 397, 581, 645-53, 811, 813**
Rego, Paula **65-71, 73-4, 76, 78-9, 82-5, 87-91**
Reich, Wilhelm **138**
Reidy, Afonso Eduardo **125, 131,**
Reis, Francisco Sotero dos **870**
Reis, Zenir Campos **581-2**
Renan, Ernest **21**
Renard, Jules **166**
Renault, Abgar **127, 713**

Resende, Sérgio **1007**
Resnais, Alain **918**
Reyes, Alfonso **209, 847, 856**
Ribeiro, Aparecida **819**
Ribeiro, Aquilino **810**
Ribeiro, Darcy **190, 313, 321, 800, 1059n**
Ribeiro, Edgar Telles **783**
Ribeiro, Esmeralda **801-2**
Ribeiro, João **345, 808, 876**
Ribeiro, Santiago Nunes **868**
Ricardo, Cassiano **208, 212, 216, 350**
Richard, Gaston **152n**
Rilke, Rainer Maria **687**
Rimbaud, Arthur **26, 742, 898**
Rio Branco, Barão do (José Maria da Silva Paranhos) **316, 325**
Rivera, José Eustasio **852**
Roberto, Marcelo **126, 129**
Roberto, Maurício **126, 129**
Roberto, Milton **126, 129**
Rocha Pombo **314, 583**
Rocha, Glauber **392, 981-91, 1007ss, 1063ss**
Rocha, João Cezar de Castro **22n, 25n, 58n**
Rochefoucauld, François, Duque de la **296-301,**
Rodó, José Enrique **854**
Rodrigues, José Honório **211-2**
Rodrigues, Nelson **162, 166, 456, 481**
Rodrigues, Nina **154n,**
Rojas, Ricardo **832**
Rolland, Romain **397**
Romano de Sant'Anna, Affonso **687, 699, 815, 924**
Romero, Nelson **875**
Romero, Sílvio **316, 318-9, 480, 633, 659, 849, 865, 872-80**
Roosevelt, Franklin Delano **353, 402**
Roquette-Pinto, Claudia **765**
Rosa Oliver, Maria **857**
Rosa, António Ramos **814, 821**
Rosenfeld, Anatol **582**
Ross, Edward **350-1**

Rousseau, Jean-Jacques **516**
Ruffinelli, Jorge **25n**
Rugendas, Joahann Moritz **351**
Ruggero, Jacobbi **165**
Ruiz de Alarcón y Mendoza, Juan **854**
Ruiz, Antônio **370**
Ruskin, John **119**

Saarinen, Eero **131**
Sabino, Fernando **669, 681**
Sá-Carneiro, Mário de **809, 822**
Sacramento Blake, Augusto Vitorino Alves **870**
Sade, Marquês de **734**
Said, Edward **916, 944**
Sainte-Beuve, Charles Augustin **104**
Salazar, António de Oliveira **84, 86-7, 395**
Salomão, Waly **764, 1069n**
Salústio, Crispo Caio **297**
Salvador, Frei Vicente do **50, 869**
Salles Júnior, Walter **724, 1005-6, 1009-12, 1015, 1019-20**
Salles, Murilo **1007**
Sampaio, Teodoro **590-1**
Sanches, Francisco **274**
Sanches, Ribeiro **279, 281**
Sande, Antônio Paes de **465**
Sant'Anna, Sérgio **730, 775-8, 816**
Santa Cruz, Maria de **819**
Santa Rita Durão, José de **104, 869**
Santa Rosa **162**
Santiago, Silviano **552, 554, 772, 816, 904, 909, 916, 918-9, 924**
Santos Dumont, Alberto **898**
Santos, Boaventura de Sousa **391**
Santos, Cecília Rodrigues dos **1036n**
Santos, Edgard **392**
Santos, Mário Ferreira dos **176**
Santos, Nelson Pereira dos **724, 981, 1064**
Santos, Wanderley Guilherme dos **231**
São Tomás, João de **275**
Sapir, Edward **198**

Saraiva, Arnaldo **809-10, 819-20**
Saraiva, Juracy **543-4**
Saramago, José **816, 822**
Sardinha, Pero Fernandes (Bispo Sardinha) **25, 620**
Sarduy, Severo **858**
Sarmiento, Domingos Faustino **838, 852**
Sarney, José **978**
Satie, Erik **898**
Saussure, Ferdinand de **101**
Savietto, Maria do Carmo **715**
Scliar, Moacyr **816**
Scorsese, Martin **1008**
Schlichthorst, Carl **866**
Schmidt, Augusto Frederico **174**
Schmitt, Carl **213, 214n, 330**
Schnaiderman, Boris **780-1**
Schonberger, Axel **30**
Schopenhauer, Arthur **457**
Schorske, Carl **138**
Schubert, Franz **898**
Schüch de Capanema, Barão **590**
Schwartz, Jorge **26, 205n**
Schwarz, Roberto **391, 396, 444n, 529-1, 533, 540, 543, 545, 554, 860, 898-9, 902-9, 911, 913-4, 916, 921, 1064-5**
Sebastião, Dom **98**
Segala, Amos **860**
Seixo, Maria Alzira **817**
Seligman, Edwin **198**
Sena, Jorge de **812**
Sêneca, Lúcio Anneo **297, 533**
Sérgio, António **393, 810**
Serres, Michel **916**
Sevcenko, Nicolau **895**
Shakespeare, William **485, 489, 568, 638**
Shönerer, Georg von **138**
Sigüenza y Góngora, Carlos **854**
Silva Alvarenga, Manuel Inácio da **869**
Silva Brito, Mário da **634**
Silva Ferraz, Ângelo Muniz da **309**
Silva Valdés, Fernán **839**

Silva, Agostinho da **392, 812**
Silva, Aguinaldo **730**
Silva, Inocêncio Francisco da **866**
Silva, José Alberto Moreira **766**
Silva, José Seabra da **281**
Silva, Teresa Cristina Cerdeira da **817**
Silveira, Tasso da **941**
Simão de Vasconcelos, Padre **371**
Simmel, Georg **55, 197**
Sirkis, Alfredo **730**
Sismondi, Simonde de **865**
Smith, Adam **294**
Smollett, Tobias George **884**
Soares, Lota de Macedo **143-9, 152**
Soárez, Elena **421**
Sócrates **675**
Sodré, Nelson Werneck **977, 1024ss**
Sombart, Werner **350-1**
Sontag, Susan **199**
Sor Juana Inés de la Cruz **847, 854-5, 858**
Sousa e Silva, Joaquim Norberto de **515, 868-9, 871, 874**
Sousa, Gabriel Soares de **869**
Sousândrade (Joaquim de Sousa Andrade) **807**
Souza, Eneida Maria de **925**
Souza, Gilda de Mello e **158**
Souza, Márcio **816**
Souza, Rodrigo de **327**
Speer, Albert **140**
Spencer, Herbert **317**
Spinoza, Baruch **919**
Spitzer, Leo **20**
Spivak, Gayatri **70**
Spix, Johann Baptist von **351**
Spock, Benjamin **147**
Stäel, Madame de **874**
Staiger, Emil **457**
Stanislavski, Konstantin Sergeievitch **165, 777**
Starobinski, Jean **784**
Stein, Barbara **401, 403**
Stein, Stanley **401, 403**
Sterne, Laurence **532-4, 541**

Storni, Alfonsina **856**
Suárez, Francisco **273n, 274**
Sumter, Thomas **327**
Süssekind, Flora **512n, 535, 542, 885, 922**
Svartman, Rosane **1024, 1030ss**

Taine, Hippolyte **304**
Tamen, Miguel **18-9**
Taunay, Auguste Marie **108n**
Taunay, Felix Émile **122**
Taunay, Nicolas Antoine **109n**
Tavares, Raposo **523**
Tavares, Salette **814**
Teixeira Soares, Alvaro **812**
Tezza, Cristóvão **816**
Thomas, Daniela **1012**
Thompson, Edward Palmer **437-8**
Ticiano, Vecellio **69**
Tiempo, César **830, 835-6**
Tiradentes (Joaquim José da Silva Xavier) **270n, 898, 995ss, 999**
Tocantins, Leandro **812**
Tolstoi, Leon Nikolaievitch **1020**
Tollenare, Louis-François de **327**
Tom Jobim (Antonio Carlos Jobim) **392, 743, 996**
Tomás de Aquino, São **273n, 274, 781**
Tomé, São **370**
Torero, José Roberto **816**
Torga, Miguel **84**
Torre, Guillermo de **827**
Torres Caicedo, José Maria **847**
Torres, Antonio **816**
Torres, Heloísa Alberto **189**
Torres-Ríoseco, Arturo **848, 860**
Toynbee, Arnold **362-3**
Trevisan, Armindo **815**
Trevisan, Dalton **730, 816, 1000**
Trotsky, Leon **361-2**
Tucídides **682**
Turner, Frederick **586**
Twain, Mark **852**
Tzara, Tristan **617, 962**

Ubaldo Ribeiro, João **816**
Unamuno, Miguel de **831**
Urbano VIII, Papa **468**
Uruguai, Visconde do (Paulino José Soares de Sousa) **443**

Vainfas, Ronaldo **211**
Valdes, Gregorio **147**
Valera, Juan **866**
Valéry, Paul **176, 669, 831, 916**
Valle Caviedes, Juan del **855**
Vallejo, César **840, 845-6, 856, 858**
Varela, Fagundes **638, 808**
Varela, Joana **819**
Vargas, Getúlio **18, 341, 364, 401, 1076**
Varnhagen, Francisco Adolfo **319, 502, 812, 868-9**
Varrão, Marco Terêncio **533**
Vasconcelos, Ernani **125**
Vasconcelos, José **57**
Vasconcelos, José Carlos de **818**
Vasques, Francisco Corrêa **486**
Vaz Ferreira, Maria Eugenia **856**
Veblen, Thornstein **350**
Velázquez, Diego de Silva **69**
Veloso, Caetano **30, 392, 398, 970-1, 1076**
Veloso, Conceição **278**
Ventura, Roberto **874**
Veríssimo, Érico **397, 811**
Vernet, Horace **65**
Verney, Luís Antônio **270, 275-6, 282, 474**
Vianna, Ferreira **415**
Vianna, Joseli **765**
Vianna, Oliveira **199, 253-8, 340-1, 349-55**
Vicente, Gil **84, 515, 807**
Viegas, Francisco José **818**
Vieira, Antônio **95-102, 451, 463-4, 847, 975-6**
Vieira, José Geraldo **172, 351**
Vieira, Lia **801**
Vignale, Juan Pedro **830, 835-6**
Vilar, Bluma Waddington **17n**

Vilhena, Luiz Rodolfo **419**
Villa-Lobos, Heitor **380, 382, 392, 398, 1050**
Villon, François **669**
Virgílio **898**
Vital Brazil **126, 130-1, 1035n**
Volney, Conde de **298**
Voltaire (François-Marie Arouet) **532, 641**

Wagley, Charles **184-6, 225, 229, 401**
Walker, Alice **798**
Warchavchik, Gregori **120-1**
Washington Luís **645**
Weber, Max **174, 214, 254, 350, 357-60, 403-4**
Weinstock, Herbert **401**
Welker, Juan Carlos **840**
Welles, Orson **1008**
Wenders, Wim **775**
Werneck, Sandra **1007**
Wheatley, Philis **798**
Whitehead, Alfred **256**
Whitman, Walt **150-1, 378, 852**
Whyte, Leslie **190**
Wilde, Oscar **84**

Wilson, Edmund **150**
Wilson, Thomas Woodrow **898**
Willems, Emilio **401**
Williams, George Huntston **367-75**
Williams, Tennessee **166**
Wittgenstein, Ludwig **178**
Wolf, Ferdinand **866**
Wölfflin, Heinrich **114**
Wolton, Dominique **968**
Wood, Grant **66**
Woolf, Virginia **822**
Wright, Frank Lloyd **131**

Ximenez, Ettore **1050-51**

Yamasaki, Tizuka **1007**

Zaluar, Augusto Emílio **507**
Zampari, Franco **164-5**
Zé, Tom **26**
Ziembinski, Zbigniew **161-8**
Zola, Émile **532**
Zumbi dos Palmares **99, 800, 1060, 1084**
Zumthor, Paul **933**
Zweig, Stefan **57, 58, 135-142**

markgraph
Rua Aguiar Moreira, 386 - Bonsucesso
Tel.: (21) 3868-5802 Fax: (21) 270-9656
e-mail: markgraph@domain.com.br
Rio de Janeiro - RJ